The Budget Estimate and Budget Handbook of Highway Project

公路工程概算预算手册

（第二版）

沈其明　李红镝
刘　燕　何寿奎　主　编

人民交通出版社

内 容 提 要

本手册共分十篇三十章，内容包括公路工程项目建设各阶段编制公路工程造价文件所涉及的各个方面。主要内容涉及：工程建设及项目建设管理；工程造价所涉及的各项费用名称、定义、内容及相关计算方法；公路工程各类定额，如估算指标、概算定额、预算定额、费用定额、施工定额的使用方法、注意事项及其相关内容的运用；公路工程项目建设各阶段造价文件的组成、费用标准、计算方法；各建设阶段工程量的计取及辅助计算机程序简介等。本手册对公路工程造价审查与审计也作了扼要介绍。

本手册的内容涵盖范围广泛，注重理论与实际相结合，是从事公路工程造价编制工作人员的必备工具书，是业主(建设单位)、设计、施工、监理等单位人员以及政府主管部门从事公路工程(造价)管理人员的参考书，也可作为大(中)专院校相关专业师生的参考书。

图书在版编目(CIP)数据

公路工程概算预算手册/沈其明等主编. —2版. —北京：人民交通出版社，2010.4
ISBN 978-7-114-07980-1

I. 公… II. 沈… III. ①道路工程—概算编制—手册 ②道路工程—预算编制—手册 IV. U415.13-62

中国版本图书馆CIP数据核字(2009)第161602号

书　　名：**公路工程概算预算手册**（第二版）
著 作 者：沈其明　等
责任编辑：沈鸿雁　韩亚楠
出版发行：人民交通出版社
地　　址：（100011）北京市朝阳区安定门外外馆斜街3号
网　　址：http://www.ccpress.com.cn
销售电话：（010）59757969，59757973
总 经 销：人民交通出版社发行部
经　　销：各地新华书店
印　　刷：北京市密东印刷有限公司
开　　本：787×1092　1/16
印　　张：50.25
字　　数：1278千
版　　次：2005年12月第1版　2010年4月第2版
印　　次：2011年6月第2版第2次印刷　总第4次印刷
书　　号：ISBN 978-7-114-07980-1
印　　数：8501－10500册
定　　价：108.00元

前　言

国家社会经济的大发展，加快了公路交通网络的建设速度，特别是高速公路（高等级公路）的大规模建设，形成了公路建设事业蓬勃发展的大好形势。与此同时，公路建设项目投资数额巨大，项目的成功与否关系到社会公众的切身利益，因此，其项目投资常常备受国家和社会公众关注。如何能更好地控制投资，节约投资额，最大限度地提高投资效率，成为决定公路事业进一步健康发展的关键。这就对公路建设的管理人员，公路造价编制的从业人员提出了更高的要求：如何控制好造价，在公路项目建设各阶段准确地计算造价，为公路建设各阶段提供有参考价值的限额标准、控制指标，成为公路工程造价从业人员必须面对的问题。但是由于公路工程建设的特点，使其确定造价的程序和方法较为复杂，且公路工程项目建设各阶段都有与之对应的指标、定额及造价文件编制办法，每一标准下又有很多不同的规定及其要注意的事项。

为了使建设项目的业主（建设单位）、施工（或总承包）单位、建筑行业的其他有关单位，如设计、施工、监理、银行以及政府的基本建设主管部门等从事公路工程造价管理和造价编制的人员，能有在实际工作中作为查阅、引导、参考的简洁、清晰的实用资料，我们特地编写了本手册。

本手册是在第一版的基础上，依据最新《公路工程预算定额》（JTG/T B06-02—2007）、《公路工程概算定额》（JTG B06-01—2007）、《公路工程基本建设项目概算预算编制办法》（JTG B06—2007）、《公路工程机械台班费用定额》（JTG/T B06-03—2007）、《公路工程施工定额》（2009 年版）及中华人民共和国交通运输部发布的《公路工程标准施工招标文件》（2009 年版）进行的修订。由于发布的新定额标准中，没有对《公路工程估算指标》、《公路基本建设工程投资估算编制办法》进行修订、发布新标准，因此对于项目建设前期的投资估算的内容编写，仍然沿用原定额和编制办法。

《公路工程概算预算手册》一书在编写过程中着重于理论与实际的结合，全面介绍了公路工程项目建设各阶段造价文件编制过程中关于指标、定额、费用的计算以及工程量计取、计量等问题。为使本书简明易懂、便于查询，大量采用了图表和实例。

本手册不仅是造价管理与编制人员的必备工具书,也是工程技术人员和大专院校公路工程管理及相关专业师生的有益参考书。

本手册由沈其明、李红镝、刘燕、何寿奎主编。具体编写人员为:第一篇何寿奎、万先进;第二篇刘燕;第三篇李红镝;第四篇第一章孙立东、第二章李红镝、孙立东;第五、六篇刘燕;第七篇何寿奎;第八篇沈其明、涂忠仁;第九篇李红镝;第十篇何寿奎。全书由沈其明统稿。

限于编者水平有限,书中难免存在不少疏漏,恳请读者批评指正。(编者邮箱:sqm481209@126.com)

编　者

2009 年 7 月

目　　录

第一篇　导　　论

第二篇　公路工程造价概述

第三篇　公路工程定额及其运用

第四篇　项目建设前期的造价编制

第五篇　勘察、设计阶段的造价编制

第六篇　公路工程施工招标、投标阶段的造价编制

第七篇　公路工程施工阶段的造价编制

第八篇　工程量计算与计量

第九篇　公路工程造价编制电算化

第十篇　公路工程造价审查与审计

第一篇 导 论

第一章　工程建设概述

第一节　工 程 建 设

一、工程建设的概念

(一)工程建设的定义

工程建设,是指固定资产的建筑、添置和安装,是国民经济各部门为了扩大再生产和部分简单再生产而进行的增加或改造固定资产的建设工作。具体来讲,就是把一定的建筑材料、设备等,通过购置、建造和安装等活动,转化为固定资产的过程,诸如房屋、电站、公路、铁路、港口、学校、医院等工程的建设,以及机具、各种设备等的添置和安装。

工程建设通过勘察、设计和施工,以及有关的经济活动来实现。按项目性质可分为新建、扩建、改建和重建,其中新建和改建是最主要的形式;按经济内容可分为生产性建设和非生产性建设;按项目规模可分为大型、中型和小型。大、中、小型项目是按工程建设总规模和总投资确定的,国家对建设项目的大、中、小型划分标准有明文规定。

(二)工程建设的内容

工程建设的内容,按其任务与分工不同可以分为以下三方面。

1. 建设项目的小修、保养

建设项目的构造物与设备在长期使用过程中,因负荷运行和自然因素的作用而不断损坏,只有通过定期和不定期的维修保养,才能保证固定资产的正常使用,保持生产不间断地进行,使原有生产能力得到维持。所以,建设工程的小修、保养是实现固定资产简单再生产的重要手段之一。

2. 建设项目大、中修与技术改造

由于受到材料、结构、设备等功能方面的制约,项目各组成部分必然具有不同的寿命。因此,固定资产尽管经过维修,也不可能无限期地使用下去,到一定年限某些组成部分就会丧失原有的功能,这时就需要进行固定资产的更新工作。建设项目大、中修这种固定资产的更新,一般是与项目的技术改造相结合进行的(如局部改线与改装,改造不合标准的结构,提高等级标准等),通过这种更新与技术改造,可提高项目的运行能力,实现固定资产简单再生产和部分扩大再生产。

3. 基本建设

为适应国民经济各部门生产、流通及人民生活水平发展的需要,必须通过新建、扩建和重建这三种基本建设形式来实现固定资产扩大再生产,达到不断扩大项目运行能力的目的。

工程项目通过固定资产维修、固定资产更新和技术改造、基本建设三条途径来实现固定资产的简单再生产和扩大再生产。它们之间既有相同之点,又有区别之处。所谓相同之处是:首先,它们都是我国固定资产再生产不可缺少的组成部分,都是社会主义现代化建设事业的重要手段;其次,都需要消耗一定数量的人力、财力和物力。所谓区别之处主要表现在:第一,资金来源有所不同;第二,管理方式方法不同;第三,任务与分工不同。

工程建设固定资产再生产的管理方式是:项目小修、保养由各部门内自行安排和管理;项目大、中修工程由各部门提出计划报上级主管部门批准后,自行管理和安排;对于新建、改建、扩建、重建的工程项目,一般由地方(省、市)政府主管部门下达任务,对其中列入基本建设投资的,必须纳入全国统一的基本建设计划,一切基本建设活动必须按照国家规定和要求进行管理,一切基本建设资金活动必须通过中国人民建设银行进行拨款或监督和办理结算。

工程建设活动的内容构成主要有三部分:

(1)建筑安装工程;

(2)设备、工具、器具的购置;

(3)其他基本建设工作,如设计、招标、征地、质检与监理等。

二、建设项目的概念

建设项目是一个建设单位在一个或几个建设区域内,根据上级下达的计划任务书和批准的总体设计和总概算书,经济上实行独立核算,行政上具有独立的组织形式,严格按基建程序实施的基本建设工程。一般指符合国家总体建设规划,能独立发挥生产功能或满足生活需要,其项目建议书经准立项和可行性研究报告经批准的建设任务,如工业建设中的一座工厂、一座矿山,民用建设中的一个居民区、一幢住宅、一所学校等均为一个建设项目。其包括基本建设项目(新建、扩建等扩大生产能力的建设项目)和技术改造项目。

建设项目的基本特征如下。

1.具有特定的对象

任何建设项目都有具体的对象,项目对象确定了项目的最基本特征,是项目分类的依据;同时确定了项目的工作范围、规模及界限。建设项目的对象可能是:一定生产能力(产量)的流水线;一定生产能力的车间或工厂;一定长度和等级的公路;一定发电量的水力发电站或核电站;一定规模的医院、住宅小区等。

建设项目的对象在项目的生命期中经历了由构思到实施、由总体到具体的过程。通常,它在项目前期策划和决策阶段得到确定,在项目的设计和计划阶段被逐渐分解、细化和具体化,并通过项目的施工过程一步步得到实现,在运行中实现价值。建设项目的对象通常由可行性研究报告、项目任务书、设计图纸、规范、实物模型等方式来定义和说明。

2.有时间限制

人们对建设项目的需求有一定的时间限制,希望尽快地实现项目的目标,没有时间限制的建设项目是不存在的。这里包含两方面的意义:

(1)一个建设项目的持续时间是一定的,即任何项目不可能无限期延长,否则这个项目没有意义。建设项目的时间限制不仅确定了项目的生命期限,而且构成了建设项目管理的一个重要目标,例如规定一条高速公路建设项目必须在4年内建成。

(2)市场经济条件下建设项目的作用、功能、价值只能在一定历史阶段中体现出来,因此建设项目的实施必须在一定的时间范围(如2006年2月1日至2008年12月31日)内进行。例如企业投资开发一个新产品,只有尽快地将该工程建成投产,其产品及时占领市场,该项目才有价值;否则,因拖延时间,让其他企业捷足先登,那么同样的项目就失去了它的价值。

项目的时间限制通常由项目开始日期、持续时间、结束日期等构成。

3.有资金限制和经济性要求

任何建设项目都不可能没有财力上的限制,必然存在着与任务(目标)相关的(或者说相匹配的)投资、费用或成本预算。如果没有财力的限制，人们就能够实现当代科学技术允许的任何目标，完成任何建设项目。

建设项目的资金限制和经济性要求常常表现在：

(1)必须按投资者(企业、国家、地方等)所具有的或能够提供的财力来策划相应工程范围和规模的项目；

(2)必须按项目实施计划安排资金计划，并保障资金供应；

(3)以尽可能少的费用消耗(投资、成本)完成预定的工程目标，达到预定的功能要求，提高建设项目整体经济效益。

现代建设项目资金来源渠道较多，投资呈多元化，对项目的资金限制越来越严格，经济性要求也会越来越高。这就要求尽可能做全面的经济分析，严格的投资控制。在现代社会中，财务和经济性问题已成为建设项目能否立项，能否取得成功的最关键问题。

4.一次性

任何建设项目作为总体来说是一次性的、不重复的。它经历前期策划、批准、设计和计划、施工、运行的全过程，最后结束；即使在形式上极为相似的项目，例如两个相同的产品、相同产量、相同工艺的生产流水线，两栋建筑造型和结构形式完全相同的房屋，也必然存在着差异和区别，例如实施时间不同、环境不同、项目组织不同、风险不同。所以它们之间无法等同，无法替代。

建设项目的一次性是项目管理区别于企业管理最显著的标志之一。通常的企业管理工作，特别是企业职能管理工作，虽然有阶段性，但它却是循环的，无终了的，具有继承性。而建设项目是一次性的，这就决定了项目管理也是一次性的。任何项目都有一个独立的管理过程，它的计划、控制、组织都是一次性的。建设项目的一次性特点对项目的组织和组织行为的影响尤为显著。

5.特殊的组织和法律条件

由于社会化大生产和专业化分工，现代建设项目都有几十个、几百个，甚至几千、几万个单位和部门参加。要保证项目有秩序、按计划实施，必须建立严密的项目组织。与企业组织相比，项目组织有它的特殊性。

企业组织按企业法和企业章程建立，组织单元之间主要为行政的隶属关系，组织单元之间的协调行为规范按企业规章制度执行，企业组织结构是相对稳定的。

而建设项目组织是一次性的，随项目的确立而产生，随项目的结束而消亡；项目参加单位之间主要靠合同作为纽带，建设项目适用与其建设和运行相关的法律条件，例如:合同法、环境保护法、税法、招标投标法等，以此来协调各方利益与冲突。

6.复杂性和系统性

现代建设项目越来越具有如下特征：

(1)项目规模大，范围广，投资大；

(2)有新知识、新工艺的要求，技术复杂、新颖；

(3)由许多专业组成，有几十个、上百个甚至几千个单位共同协作，由成千上万个在时间和空间上相互影响、互相制约的活动构成；

(4)建设项目经历由构思、决策、设计、计划、采购供应、施工、验收到运行的全过程，项目使用期长，对全局影响大；

(5)受多目标限制，如资金限制、时间限制、资源限制、环境限制等。

三、建设项目的分类与组成

(一)建设项目分类

1. 按性质分类

一个基本建设项目只能有一种建设性质，并在整个建设周期内保持不变。

(1)新建项目。指从无到有，“平地起家”新开始建设的项目。经改、扩建活动后新增加的固定资产价值超过该企事业和行政单位原有固定资产价值3倍以上的，也算作新建项目。

(2)扩建项目。指在原有基础上增建主要生产车间、生产线、办公楼、增加道路宽度等，提高产品生产能力，扩大生产规模，提高道路通行能力的建设工程。

(3)改建项目。为了提高产品质量，治理三废污染，降低能耗和成本，采用新工艺、新材料、新技术、新设备对现有设施进行的技术改造和更新活动。

(4)迁建项目。指为改变生产力布局或由于环境保护和安全生产的需要等原因而易地建设的工程。不论迁移他地建设项目规模的大小，均算作迁建项目。

(5)恢复项目。因自然灾害等原因，使原有固定资产全部或部分报废后，更新投资建设的项目。

2. 按规模分类

建设项目按照计划总投资、设计生产能力或工程效益，可划分为以下三类：大型基建项目、中型基建项目、小型基建项目。

3. 按隶属关系分类

(1)部直属项目(中央项目)。指国务院下属部、委、署、总局、总公司以及直属机构领导和管理的固定资产投资建设项目。

(2)地方项目。指各省、直辖市自治区或地、县直接领导和管理的固定资产投资建设项目。

(3)部直供项目。指由国务院有关部委与各级地方政府协商后，由中央部下达固定资产投资计划的地方建设项目。

中央与地方合建的地方项目，全部投资(包括中央投资部分)均列入“地方”计划；中央与地方合建的中央项目(包括地方投资部分)均列入“中央”计划。

4. 按国民经济行业分类

(1)农、林、牧、渔、水利建设项目；

(2)工业建设项目；

(3)其他类建设项目，包括地质普查和勘探行业建设项目，交通运输和邮电通信行业建设项目，商业、公共饮食业、物资供销和仓储行业的建设项目，卫生体育和社会福利行业的建设项目，教育、文化艺术和广播电视行业的建设项目，科学研究和综合技术服务行业的建设项目，金融、保险行业的建设项目，国家党政机关和社会团体的建设项目及其他。

5. 按技术引进方式分类

包括专有技术转让项目，许可证贸易项目，引进成套设备项目，引进生产线项目，引进关键设备项目，技术服务项目等。

6. 按生产属性分类

(1)生产性建设项目。生产性建设项目是指用于物质生产或直接用于物质生产服务的项目，包括工业建设项目，水利气象建设项目，运输邮电建设项目，建筑企业建设项目，商业和物资供应建设项目，地质资源勘探建设项目及与上述项目相关的工器具和设备的购置。

(2)非生产性建设项目。非生产性建设项目通常是指用于人们生活、公用事业以及文化福利设施等的项目，由下列内容构成：住宅建设项目，文教卫生建设项目，行政部门办公楼建设项目，公用、生活服务事业建设项目，科学研究和综合技术服务事业建设项目及其他。

(二)建设项目的组成

一个建设项目由若干个单项工程、单位工程、分部工程、分项工程组成。工程量和造价是由局部到整体的一个分部组合计算的过程。认识建设项目的组成，对研究工程计量与工程概算预算的编制，具有重要作用。

1.建设项目

建设项目是指在一个场地或几个场地上，按照一个总体设计进行建设，经济上实行独立核算，能独立发挥投资生产功能，行政管理上具有独立组织形式的各个单项工程的总和，如一条公路、一座工厂。

在我国，通常把建设一个企业、事业单位或一个独立工程项目作为一个建设项目。凡属于一个总体设计中分期分批建设的主体工程、公路交通安全设施、房屋水电气供应工程、配套或综合利用工程都应合归作为一个建设项目。不能把不属于一个总体设计的工程，归算为一个建设项目；也不能把同一个总体设计内的工程，按地区或施工单位分为几个建设项目，只能标明××建设项目第×期工程或第×合同段。

建设项目的投资额巨大，建设周期较长。建设项目一般在行政上实行统一管理，在经济上实行统一核算。管理者有权统一管理总体设计所规定的各项工程。建设项目的工程量是指建设的全部工程量，其造价一般指投资估算、设计总概算和竣工总决算的造价。

2.单项工程

单项工程又称工程项目，是建设项目的组成部分。单项工程是有独立的设计文件，建成后可以独立发挥生产能力或经济效益的工程。单项工程一般包括建筑工程和安装工程，如工业建设中的一个车间或住宅区建设，公路建设项目的独立大中桥、某隧道工程等，是构成该建设项目的单项工程。有时，一个建设项目只有一个单项工程，则此单项工程也就是建设项目。单项工程的工程量与工程造价，分别由构成该单项工程的各单位工程的工程量和造价的总和组成。

3.单位工程

单位工程是单项工程的组成部分。单位工程是单项工程中具有独立的设计图纸和施工条件，可以独立组织施工，一般不能独立发挥生产能力或经济效益的工程。单位工程一般施工企业的工程产品，如车间的土建工程、电气工程、给排水工程、机械安装工程；公路项目被划分为路基工程、路面工程、大中桥梁工程、互通立交工程、隧道工程和交通安全设施六个单位工程。工程量清单和施工图预算，往往针对单位工程进行编制。

4.分部工程

分部工程是单位工程的组成部分。一般将单位工程按结构部位、路段长度及施工特点划分为若干分部工程。土建工程的分部工程是按建筑工程的主要部位划分的，如房屋的基础工程、主体工程、装饰工程、防水工程；公路路基工程划分为路基土石方工程、排水工程、砌筑工程及大型挡土墙等分部工程。安装工程的分部工程是按工程的种类和部位划分的，如管道工程、电气工程、通风工程以及设备安装工程等。

5.分项工程

分项工程是分部工程的组成部分。分项工程一般是按施工方法、材料、工序，并能按某种计量单位计算，便于测定或统计工程基本构造要素和工程量来划分的。

如公路路基土石方工程又划分为土方路基、石方路基、软土地基处理、土工合成材料处治等分项工程。工程计量就是按照全国统一定额《工程量计算规则》计算的分项工程的工程量→分部工程的工程量→单位工程的工程量。分项工程也是公路工程预算与施工组织的最小单位。

只有建设项目、单项工程、单位工程的施工才能称为施工项目，而分部、分项工程不能称为施工项目。因为前者是施工企业的产品，而后者不是完整的产品。但是它们是构成施工项目产品的组成部分，是工程计量与工程造价计算的基础。

四、公路工程建设项目

公路建设项目属于基本建设项目的一种，自然具有基本建设项目的特性。公路建设项目按划分的标准不同，有以下不同的分类方法。

1. 按投资的再生产性质划分

可分为基本建设项目和更新改造项目。属于基本建设项目的有新建、扩建、改建、迁建和重建等；属于更新改造项目的有技术改造项目、技术引进项目和设备技术更新项目等。

2. 按建设规模(设计规模或投资规模)划分

依据国家颁布的《基本建设项目大中小型划分标准》，对于公路建设项目，新、扩建国防、边防和跨省干线长度大于200km，独立公路大桥大于1 000m的，为大、中型项目。对于公路更新改造项目，总投资大于5 000万元的，为限额以上项目；总投资在100万～5 000万元的，为限额以下项目；总投资小于100万元的，为小型项目。

依据《公路工程技术标准》(JTG B01—2003)，公路隧道：长度大于3 000m的为特长隧道；长度在1 000～3 000m之间的为长隧道；长度在500～1 000m之间的为中隧道；长度在500m以下的为短隧道。公路桥梁：总长8～30m，或单孔跨径5～20m的为小桥；总长30～100m，或单孔跨径20～40m的为中桥；总长100～1 000m，或单孔跨径40～150m的为大桥；总长大于1 000m，或单孔跨径大于150m的为特大桥。

3. 按建设阶段划分

可分为预备项目(投资前期项目)或筹建项目、新开工项目、施工项目、续建项目、投产项目、收尾项目、停建项目。

4. 按投资建设的用途划分

可分为生产性建设项目和非生产性建设项目。

(1)生产性建设项目。即用于物质产品生产的建设项目，如工业项目、运输项目等。交通运输项目是为生产和流通服务的，是国民经济的重要基础设施，应该看成是生产性建设项目。

(2)非生产性建设项目。是指为满足人们物质文化生活需要的项目。非生产性项目还可分为经营性项目和非经营性项目。

5. 按资金来源划分

可分为国家预算拨款项目、国家拨改贷项目、银行贷款项目、企业联合投资项目、企业自有资金项目、利用外资项目、外资项目等。

6. 基础性和公益性项目

(1)基础性项目。是指建设周期长、投资量较大的基础设施和部分基础工业项目，如交通、通信、能源、水利、城市公用设施等。一些基础性项目具有自然垄断性，而有些基础性项目收益较低。

(2)公益性项目。是指那些主要为社会发展服务、难以产生直接回报的建设项目,如科研、教育、医疗保健、文化等社会事业,也包括某些公路建设项目。

7.按公路技术等级划分

按照《公路工程技术标准》(JTG B01—2003),公路根据使用任务、功能和适应的交通量分为高速公路、一级公路、二级公路、三级公路、四级公路五个等级。

高速公路为专供汽车分向、分车道行驶并全部控制出入的干线公路。

四车道高速公路能适应按各种汽车折合成小客车的远景设计年限年平均昼夜交通量为25 000~55 000 辆;六车道高速公路能适应按各种汽车折合成小客车的年平均日交通量为45 000~80 000 辆;八车道高速公路能适应按各种汽车折合成小客车的年平均日交通量为60 000~100 000 辆。

一级公路为供汽车分向、分车道行驶的部分控制出入的多车道公路。四车道一级公路能适应按各种汽车折合成小客车的年平均日交通量为 15 000~30 000 辆;六车道一级公路能适应按各种汽车折合成小客车的年平均日交通量为 25 000~55 000 辆。

二级公路为供汽车行驶的双车道公路,双车道二级公路能适应按各种汽车折合成小客车的年平均日交通量为 5 000~15 000 辆。

三级公路为供汽车行驶的双车道公路,双车道三级公路能适应按各种汽车折合成小客车的年平均日交通量为 2 000~6 000 辆。

四级公路为供汽车行驶的双车道或单车道公路,双车道四级公路能适应按各种汽车折合成小客车的年平均日交通量为 2 000 辆以下,单车道四级公路能适应按各种汽车折合成小客车的年平均日交通量为 400 辆以下。

在公路设计时,我国规定高速公路和具有干线功能的一级公路设计交通量按 20 年预测;具有集散功能的一级公路,以及二、三级公路设计交通量按 15 年预测;四级公路可根据实际情况确定。

8.按公路的行政隶属关系划分

《中华人民共和国公路管理条例实施细则》第三条规定:“公路分为国家干线公路(以下简称国道),省、自治区、直辖市干线公路(以下简称省道),县公路(以下简称县道),乡公路(以下简称乡道)和专用公路五个行政等级。”这就是我国按照行政管理体制,根据公路所处的地理位置、公路在国民经济中的地位和作用及公路交通运输的特点进行公路行政分级。

(1)国道。国道是指具有全国性政治、经济意义的主要干线公路,包括重要的国际公路、国防公路,联结首都与各省、自治区首府和直辖市的公路,联结各大经济中心、港站枢纽、商品生产基地和战略要地的公路。

(2)省道。省道是指具有全省(自治区、直辖市)政治、经济意义,以省会城市为中心,联结省内重要城市、交通枢纽、主要经济区的干线道路,以及不属于国道的省际间重要公路,它们是在中央政府颁布国道后,由省、市、自治区交通主管部门对具有全省意义的干线公路加以规划,并负责建设、养护和改造的公路。

(3)县道。县道是指具有全县政治、经济意义,联结县城和县内主要乡(镇)、主要商品生产和集散地的公路,以及不属于国道、省道的县际间的公路。

(4)乡道。乡道是直接或主要为乡、村内部经济、文化、行政服务的公路和乡、村与外部联系的公路。乡道要由县级政府统一规划,并由县、乡组织建设、养护、管理和使用。

(5)专用公路。专用公路就是专供或主要供某特定工厂、矿山、农场、林场、油田、电站、旅游区、军事要地等与外部联结的公路，它由专用部门或单位自行规划、建设、使用和维护。

9. 按公路的经济性质划分

按公路的经济性质划分为经营性公路和非经营性公路。

第一类是经营性公路，它主要包括有偿转让经营权的公路，实施公路企业资本化经营的公路和实施 BOT 项目建设经营的公路。它是政府对公路基础设施的特许经营。

第二类是非经营性公路，非经营性公路又可以细分为两种，一种是收费性的高等级公路，这类收费公路并不是以盈利为目的，其收费的目的，中央政府也有明文规定，就是为了偿还借贷款，一旦借贷款还清本息之后，要立即停止收费；另一种是不收费的社会公益性公路，它们是由国家财政拨款投资、养路费投资、民工建勤、以工代赈或者个人及社会捐资修建的公路。这些公路不收取过路费，其养护管理成本从征收的养路费中支取，即社会公益性公路的价值补偿和实物补偿要通过收取税费的方式解决。

第二节　投资主体与投资资金来源

一、投资主体

改革开放以来，我国投资体制从宏观管理到微观运行的各个方面实施了一系列改革，在投资领域形成了投资主体多元化、投资资金筹集多渠道。投资主体可分为政府投资主体、企业(公司)投资主体、国家授权投资主体和个体投资主体。

1. 政府投资主体

政府投资主体，尤其是中央政府投资主体，依靠各种财政手段筹集了大量的资金，具有雄厚的筹集投资要素、偿还投资债务和承担投资风险的能力。政府投资的最终目标是服务于社会的整体利益，具有投资目标的两重性。一是公益目标，主要表现在维护国家主权、保持社会稳定、提高全民族文化素质和保护生态环境、加强基础设施建设等方面，因此政府投资主要不是一种单纯的经济行为，非经营性投资是它的主要领域；二是经济目标，社会上有些投资领域，如需要国家扶持的支柱产业、高新技术产业等重点建设，以及具有经营性的公共基础设施建设，具有明显的经济效益，但因投资规模大、资金需要量多、投资周期长等原因，企业和个人等投资主体无力涉足或不愿投资，而这些投资又是推动社会经济发展所必不可少的。因此，那些能直接使全国或地区受益，应由政府投资主体承担。

2. 企业(公司)投资主体

它是整个社会投资的基础。企业从其局部利益和经营目标出发，利用自己创造的税后利润、银行贷款、折旧转化的货币资金，以及通过其他合法方式筹集的资金，对有盈利的项目进行投资，其主要动机在于追求收益的最大化。所以，那些盈利高、见效快的经营性投资项目最适合由企业投资主体投资。

3. 国家授权投资主体

在建立社会主义市场经济体系过程中，为了保障国有资产保值增值，客观上要求政府对国有资产的管理由行政管理向基于以产权为纽带的所有权管理转变，尽快落实能真正代表所有者的、与法人财产权相对应的出资人所有权主体，即国家授权投资机构。国家授权投资机构既然属于企业性质，它自然就拥有投资主体地位，具有投资主体的一般特性，但它与一般企业投资主体相比，又有其特有性质。第一，它是政府和众多国家投资企业之间的产权中介，有权代表国家进行投资，但它不直接干预下属企业的生产经营活动，它与被投资企业都具有独立的法人身份，两者的法律地位平等。第二，它是国有全资公司，其资本百分之百来自政府，不得有政府之外的其他出资人。第三，国家授权投资机构一般不直接生产产品或提供劳务，基本属于资产管理型公司。第四，国家授权投资机构是一类特殊的公司法人。

4.个体投资主体

是指个人或家庭利用生活消费后剩余的收入及部分贷款和某些权利（如专利权）直接进行的投资，如从事固定资产购置等直接投资、购买有价证券等间接投资。

二、投资资金来源

我国投资体制从宏观管理到微观运行的各个方面实施了一系列改革，打破了传统体制下主要依靠国家财政拨款的全民单位单一投资渠道，开辟了自筹资金、国内银行贷款、利用外资和利用长期金融市场上资金等多源化的融资渠道。

1.财政预算投资

用国家预算安排的，并列入年度基本建设计划的建设项目投资，称为财政预算投资或称国家投资（包括中央财政安排的投资和地方财政安排的投资）。国家投资主体筹集资金的主要手段是：财政税收、财政信用及举借外债。

(1)税收。税收是国家为了维持自身的存在，用来取得收入的一种手段。税收这种筹集资金的形式，同其他财政收入形式相比，具有强制性、无偿性和固定性的特征。税收在国家财政收入中占有很大比重，它是保证财政收入，为国家重点建设项目筹集资金的重要工具。中央政府和地方政府每年用于固定资产的投资，绝大部分来源于税收形式的财政收入。

(2)财政信用。财政信用是以财政为主体的投资信用，是由财政出面采取信用方式或半信用方式筹集资金的一种制度。财政信用的具体融资工具是各类政府债券，如公债券、国库券、国家重点建设债券等。

(3)举借外债。举借外债是财政筹资的另一手段，是国家信用的一种形式。它由财政部门出面，代表国家从国外借入款项，用于国内的投资建设。

财政预算投资用于公益性项目，如国防、科研、文教卫生、行政事业单位等非营业性的无偿还能力的建设项目，以及基础性项目，如跨地区的重大基础设施、重大基础工业项目和重大水利工程项目的建设，由中央政府投资主体为主承担。

2.企业自有资金

企业自有资金是指企业有权支配使用、不需偿还的资金。改扩建项目和技术改造项目的企业自有资金主要来源于新产品试制基金、生产发展基金、职工福利基金和基本折旧基金、大修理基金等，以及各种形式的社会集资。新建项目自有资金的筹集可以采取国家投资、各方集资或者发行股票等方式。企业投资可分为自有资金和负债投资两大类。目前我国有关法规已公布了开办企业必须筹集最低资本金数额的规定。

3.国内银行贷款

中央银行，就是银行的银行，发行货币的银行，是办理政府有关业务的银行，是监督和管理整个金融业的银行。我国的中央银行是中国人民银行。中国人民银行不直接对工商企业发放政策性贷款，中央银行的作用是金融宏观调控。

政策性银行是具有独立法人地位的经济实体，实行独立核算，自主经营，自担风险，责权统一。它的任务是:引导社会资金结构,确保重点建设,资金总量调节,促进经济发展。我国目前政策性银行有三家,即国家开发银行、中国农业发展银行、中国进出口信贷银行。

商业银行,通俗地讲,就是以经营存、放款为主要业务,并以盈利性、安全性和流动性为主要经营原则的信用机构。在整个金融体系中,它是唯一能够接受活期存款的银行,通过发放贷款,创造存款货币。如工商银行、建设银行、中国银行、交通银行等。它们是我国竞争性项目投资的重要来源。

4. 利用外资

(1)国外贷款

①外国政府贷款。外国政府贷款指外国政府通过财政预算每年拨出一定款项,直接向我国政府提供的贷款。这种贷款的特点是利率较低(年利率一般为2%～3%),期限较长,但数额有限,具有双边经济援助的性质,一般都限定用途如发电站及能源开发项目等,并要从贷款国进口机器设备。

②国际金融组织贷款。是指联合国的专门国际金融机构,如国际货币基金组织、世界银行集团,以及其他地区性的国际金融结构,按照各项贷款的具体规定,根据成员国的申请,经审查核准后提供的贷款。

③国外商业银行贷款。包括国外开发银行、投资银行、长期信用银行以及开发金融公司对我国提供的贷款。一般通过中国银行、国际信托投资公司办理。贷款可以筹集大额资金,但贷款条件较为苛刻,贷款利率相对高,贷款期限较短,另外要收取承诺费、手续费等费用。

④在国外金融市场发行债券。债券是一种有价证券,在发行时就规定了利率和还本期限。这种方式筹资比较适用于金额不大,资金运用要求自由的建设项目,特别是在国外银行贷款较多,希望分散债权人的情况下,可以采用这种方式筹资。

⑤利用出口信贷。出口信贷(Export Credit)是西方国家政府为了鼓励资本和商品输出而设置的专门信贷。这种贷款的特点是利息率较低,期限一般为10～15年,借方所借款项只能用于购买出口信贷国设备。

⑥混合贷款。这是出口买方信贷的一种发展方式,是外国政府与商业银行联合提供的贷款,用以购买其资本货物和劳务。

(2)国外直接投资

吸引国外资本直接投资主要包括与外商合资经营、合作经营、合作开发及外商独资等形式。国外资本直接投资方式的特点是:不发生债务、债权关系,但要让出一部分管理权,并要支付一部分利润。

5. 利用债券筹集建设资金

债券(Bond)是借款单位为筹集资金而发行的一种信用凭证,它证明持券人有权按期取得固定利息并到期收回本金。我国发行的债券种类有:

(1)国家债券。又称公债、国库券。是国家以信用方式从社会上筹集资金的一种重要工具。“公债”的对象主要是个人,而国库券发行的对象不仅限于个人,还包括国有企业、集体所有制企业、企业主管部门、地方政府和机关团体、部队、事业单位等。

(2)地方政府债券。是由地方政府发行的债券,筹措的资金主要用于地方的能源、交通、市政设施等重点工程建设。

(3)企业债券。企业债券是指由企业发行的债券。中国人民银行是企业债券的主管机关,企业发行债券须经中国人民银行批准。企业发行的债券总金额不得超过企业的自有资产净值。投资项目必须经有关部门审查批准，纳入国家控制的固定资产投资规模。债券的利率不得高于定期存款利率的20%。

(4)金融债券。是金融机构为筹措资金而发行的债券。目前我国发行的金融债券有:建设银行债券、工商银行债券、农业银行债券、中国银行债券等，主要向个人发行，分一年、二年、三年期，均为有息债券。

6.利用股票筹集建设资金

股票(Stock)是股份公司发给股东作为已投资入股的证书和索取股息的凭证，是可作为买卖对象或抵押品的有价证券。通过发行股票，把分散的资本集中起来而构成企业的总资本。它可以广泛筹集社会资金，又可分散投资风险;通过大量资本集中，使整个生产规模得以迅速扩大，促进技术进步。随着生产国际化和资本国际化的发展，购买别国股份公司的股票已成为国际投资的重要形式，股票成为吸引外资的重要渠道。

第三节　项目建设程序

基本建设不是行业，也不是生产部门，而是指基本建设的投资转化为固定资产的过程，是扩大再生产的手段，是进行技术改造的手段。基本建设有其特定的工作程序，如先计划后建设;先勘察后设计;先设计后施工;先验收后使用。它反映了固定资产形成过程中客观规律的要求，是关系基本建设工作全局性的一个重大问题。几十年来我国基本建设工作的经验教训表明，只有严格按基本建设程序办事，才能多快好省地进行基建工作。一个建设项目，特别是大中型工程项目，从确定建设到建成投产，都要经历一个循序渐进的过程。

根据原交通部令2000年第8号发布的《公路建设监督管理办法》，我国公路基本建设程序的主要内容包括以下10个步骤，除国家另有规定外，公路建设应当按照下列程序进行。

(1)根据规划，进行预可行性研究，编制项目建议书;

(2)根据批准的项目建议书进行工程可行性研究，编制可行性研究报告;

(3)根据批准的可行性研究报告，编制初步设计文件;

(4)根据批准的初步设计文件，编制施工图设计文件;

(5)根据批准的施工图设计文件，编制项目招标文件;

(6)根据批准的项目招标文件、资格预审结果和公路建设计划，组织项目招标投标;

(7)根据国家有关规定，进行征地拆迁等施工前准备工作，编制项目开工报告;

(8)根据批准的项目开工报告，组织项目实施;

(9)项目完工后，编制竣工图表和工程决算，办理项目验收;

(10)竣工验收合格后，组织项目后评价。

这些程序必须循序渐进，不完成上一环节，就不能进入下一阶段。如没有可行性研究报告就不能设计，没有设计就不能施工，工程不经竣工验收合格就不能交付使用等;否则，将会造成不必要的经济损失和带来不良后果。

一、项目建议书

项目建议书是建设起始阶段，对要求建设某一具体项目的建议文件，是对建设项目的轮廓设想。项目建议书应论证拟建项目的必要性、条件的可行性和获利的可能性，作为投资者和建设管理部门选择并确定是否进行下一步工作的依据。项目建议书经批准后，可以进行详细的可行性研究工作。

项目建议书一般应包括以下几个方面的内容：

(1)建设项目提出的必要性和依据；

(2)产品方案、拟建规模和建设地点的初步设想；

(3)资源情况、建设条件、协作关系等的初步分析；

(4)投资估算和资金筹措设想；

(5)经济效益和社会效益的估计。

项目建议书由业主根据国民经济和社会发展的长远规划、行业规划、地区规划等要求，经过调查、预测分析后提出。大中型或限额以上项目由行业归口主管部门初审后，由国家计委审批；小型和限额以下项目，按项目隶属关系由部门或地方计委审批。

二、可行性研究

可行性研究是一系列对项目建议书批准的建设项目在技术上是否可行和经济上是否合理的分析和论证工作。凡未经可行性研究确认的项目，不得编制向上报送的可行性研究报告和进行下一步工作。不同行业的建设项目，其可行性研究内容可以有不同的侧重点，但一般要求具备以下基本内容。

(1)项目提出的背景和依据；

(2)建设规模、产品方案、市场预测和确定的依据；

(3)技术工艺、主要设备、建设标准；

(4)资源、原材料、燃料、动力、运输、供水等协作配合条件；

(5)建设地点、厂区布置方案、占地面积；

(6)项目设计方案、协作配套工程；

(7)环保、防震等要求；

(8)劳动定员和人员培训；

(9)投资估算和资金筹措方式；

(10)经济效益和社会效益。

公路建设项目可行性研究报告是在必要的测量(高等级公路必须做)、地质勘探(大桥、隧道及不良地质地段等)，在认真调查研究、占有必要资料的基础上提出。其主要内容包括：

(1)建设项目依据、历史背景；

(2)建设地区综合运输网的交通运输现状和建设项目在交通运输网中的地位及作用；

(3)原有公路的技术状况及适应程度；

(4)论述建设项目所在地区的经济特征，研究建设项目与经济发展的内在联系，预测交通量、运输量的发展水平；

(5)建设项目的地理位置，地形、地质、地震、气候、水文等自然特征；

(6)筑路材料来源及运输条件；

(7)论证不同建设方案的路线起讫点和主要控制点、建设规模、标准，提出推荐意见；

(8)评价建设项目对环境的影响；

(9)测算主要工程数量、征地拆迁数量，估算投资，提出资金筹措方式；

(10)提出勘测、设计、施工计划安排；

(11)确定运输成本及有关经济参数，进行经济评价、敏感性分析。

收费公路、桥梁、隧道尚需作财务分析，评价推荐方案，提出存在问题和有关建议。

可行性研究报告的审批：总投资2亿元以上的项目，不论是中央项目还是地方项目，都要经国家计委审查后报国务院审批。中央各部门所属小型和限额以下项目，由各部门审批。地方投资2亿元以下的项目，由地方计委审批。

三、工程勘察

工程勘察是运用各种科学技术方法，为查明工程项目建设地形、地貌、土质、岩性、地质构造、水文等自然条件而进行的测量、测试、观察、勘探、鉴定和综合评价等工作，其目的是为设计和施工提供可靠的依据。一般分为初测和定测两个阶段。

(1)初测。初测是两阶段设计的第一阶段(初步设计阶段)的外业勘测工作。初测的目的是根据计划任务书确定的修建原则和路线基本走向，通过现场对各有价值方案的勘测，从中确定采用的路线，搜集编制初步设计文件的资料。

初测的任务则是要对路线方案作进一步的核查落实，并进行导线、高程、地形、桥涵、路线交叉和其他资料的测量、概算预算资料等调查工作，进行纸上定线和有关的内业工作。

(2)定测。定测是施工图设计阶段的外业勘察和调查工作。其具体任务是：根据上级批准的初步设计，具体核实建筑方案，实地标定路线或放线，并进行详细测量和调查工作。

工作内容：

(1)对初步设计方案进行补充勘察，如有方案变化应及时与有关主管部门联系，并报上级批准；

(2)实地选定路线或实地放线(纸上定线时)，进行测角、量距、中线测设、桩志固定等工作；

(3)引设水准点，并进行路线水准测量；

(4)路线横断面测量；

(5)测绘或勾绘路线沿线的带状地形图；

(6)对有大型构造物地带，应测绘局部大比例地形图；

(7)进行桥、涵、隧道的勘测与调查；

(8)进行路基路面调查；

(9)占地、拆迁及预算资料调查；

(10)沿线土壤地质调查及筑路材料勘查。

四、工程设计

设计是对拟建工程在技术上和经济上的全面和详尽的安排，是建设计划的具体化，是建设实施的依据。设计单位应通过招投标选择确定。设计一般分初步设计和施工图设计两个阶段。重大、技术复杂项目，可根据不同行业的特点和需要，在初步设计阶段后，增加技术设计或扩大初步设计阶段，即进行初步设计、技术设计和施工图设计三阶段设计。

各类建设项目的初步设计内容不尽相同，工业项目的初步设计内容一般包括：

(1)建设依据和设计指导思想；

(2)建设规模、产品方案及原材料、燃料、动力的来源及用量；

(3)工艺流程、主要设备选型和配置；

(4)主要建筑物、构筑物、公用设施和生活区的建设；

(5)占地面积和土地使用情况；

(6)总体运输；

(7)外部协作配合条件；

(8)环保与抗震措施；

(9)生产组织与各项技术经济指标；

(10)设计总概算。

两阶段(或三阶段)施工图设计应根据批准的初步设计(或技术设计)和定测(或补充定测)资料，进一步对所审定的修建原则、设计方案、技术设计加以具体和深化，最终确定工程数量，提出文字说明和适应施工需要的图表资料以及施工组织计划，编制施工图预算。

初步设计由主要投资方组织审批。初步设计文件批准后，不得随意修改或变更。初步设计总概算超过可行性研究报告确定的投资估算的10%以上或其他指标必须要变更时，要重新报批可行性研究报告。施工图设计编制后，应报建设主管部门审查批准，并编制施工图预算，施工图预算的工程造价应控制在设计概算以内。

五、建设准备阶段

项目在开工建设之前，要做好各项准备工作，主要内容包括：

(1)建设主管部门应根据计划要求的建设进度，指定一个企业或事业单位组织基建管理机构，组织招投标，择优选择施工单位；办理登记及征地、拆迁，做好施工沿线有关单位和部门的协调工作，抓紧配套工程项目的落实，组织分工范围内的技术资料、材料、设备的供应。

(2)勘测设计单位应按照技术资料供应协议，按时提供各种图纸资料，做好施工图纸的会审及移交工作。

(3)施工单位应组织机具、人员进场，进行施工测量，修筑便道及生产、生活等临时设施，组织材料、物资采购、加工、运输、供应、储备，做好施工图纸的接收工作，熟悉图纸的要求，编制实施性施工组织设计和施工预算，提出开工报告，按投资隶属关系报请提交基建主管部门核准。

(4)建设银行应会同建设、设计、施工单位做好图纸的会审，严格按计划要求进行财政拨款或贷款。

项目在报批开工前，必须由有资格的审计单位，对项目建设资金、支出等进行审计。新开工的项目必须具有能连续3个月施工的施工图纸；否则，不能开工建设。

六、工程施工

在建设年度计划批准后，即可组织施工。工程地质勘察、平整工地、旧有建筑物拆除、临时建筑、施工用水、电、路工程施工，不算正式开工。项目新开工时间，是指设计文件中规定的任何一项永久性工程，第一次正式破土开槽开始施工的日期。

施工单位要遵照施工程序合理组织施工，施工过程中应严格按照设计要求和施工规范，确保工程质量，安全施工，推广应用新工艺、新技术，努力缩短工期，降低造价，同时应注意做好施工记录，建立技术档案。监理单位严格监理，建设单位搞好投资与质量控制。

七、竣工验收

当建设项目按设计文件规定内容全部施工完成后，按照规定的竣工验收标准、准备工作内容、验收程序和组织的规定，经过各单项工程的验收，符合设计要求，并具备竣工图表、竣工决算、工程总结等必要文件资料，由项目主管部门或建设单位向可行性研究报告的审批单位提出竣工验收申请报告。

负责竣工验收的单位，根据工程规模和技术复杂程度，组成验收委员会或验收组。验收委员会或验收组应由银行、物资、环保、劳动、统计及其他有关部门的专家组成。建设、接管、勘察设计、监理、施工单位参加验收工作。

验收委员会或验收组，负责审查工程建设的各个环节，审阅工程档案并实地查验建筑工程和设备安装工程质量，并对工程作出全面评价，不合格的工程不予验收。对遗留问题提出具体意见，限期落实完成。

竣工验收是建设过程的最后一环节，是投资转入生产或服务成果的标志，对促进建设项目及时投产、发挥投资效益及总结建设经验都具有重要作用。

八、项目使用阶段

业主要根据建设项目或主要单项工程生产技术特点，及时组织专门班子有计划地做好使用准备工作，保证项目建成后能及时投产或投入使用。生产性项目，生产准备的主要内容是：

(1)招收和培训人员：组织生产人员参加设备的安装调试，掌握生产技术和工艺流程。

(2)生产组织准备：做好生产管理机构的设置、管理制度的制订、生产人员的配备等工作。

(3)生产技术准备：做好国内外设计技术资料汇总建档、施工技术资料的收集整理、编制生产岗位操作规程和采用新技术的准备等工作。

(4)生产物资准备：落实产品原材料、协作配套产品、燃料、水、电、气等的来源和其他协作配合条件。

项目使用阶段管理的主要工作：确立有效的管理体制；加强运营管理；做好项目使用控制；抓好资金管理与投资回收工作；做好项目维护决策；做好项目建设与投资效果评价等。

第四节　工程建设管理基本制度

为了避免政府投资的无谓浪费，保证投资效果，工程建设应严格执行项目法人责任制、承发包制、招标投标制、合同管理制、工程监理制、施工项目经理制、质量终身责任制。

一、项目法人责任制

为建立投资约束机制，规范项目法人的行为，明确其责、权、利，提高建设水平和投资效益，原国家计委于1996年发布了《关于实行建设项目法人责任制的暂行规定》。文件规定：国有单位经营性基本建设大中型项目在建设阶段必须组建项目法人。项目法人责任制度是指按《公司法》的规定设立有限责任公司(包括国有独资公司)和股份有限公司的形式设立项目法人，由项目法人对项目的策划、决策、资金筹措、建设实施、生产经营、债务偿还和资产的保值增值，实行全过程负责的制度。

1.项目法人的设立

项目建议书被批准后，应由项目的投资方派代表组成项目法人筹备组，具体负责项目法人的筹建工作。在申报项目可行性研究报告时，需同时提出项目法人的组建方案；否则，可行性研究报告不被批准。在项目可行性研究报告被批准后，正式成立项目法人，确保项目资本金按时到位，及时办理公司设立登记。重点工程的公司章程报国家计委备案，其他项目的公司章程按隶属关系分别报有关部门和地方计委。

由原有企业负责建设的大中型基建项目，需设立子公司的，要重新设立项目法人；只设立分公司或分厂的，原企业法人即是项目法人，原企业法人应向分公司或分厂派遣专职管理人员，并实行专项考核。

2.项目法人的组织形式与职责

国有独资公司设立董事会，由投资方负责组建。国有控股或参股的有限责任公司、股份有限责任公司设立股东大会、董事会、监事会，按现代企业模式管理。

原交通部[2000]第7号令规定经营性公路建设项目法人应按照基建程序，履行以下职责：筹措建设资金；编制项目实施计划；选择勘察设计、施工、监理单位；办理开工报告；负责工程质量、进度、投资、安全生产和环保监督管理；接受交通主管部门和公路工程质量监督机构的监督检查；建立健全建设项目的所有档案；及时组织交工验收，做好竣工验收的准备工作；组织项目后评价；做好公路养护管理工作；负责收费管理，按期偿还贷款。公益性公路建设项目法人，根据交通主管部门授权，履行以上相应职责。

3.考核与奖罚

(1)项目董事会负责对总经理进行定期考核，各投资方负责对董事会成员进行定期考核。

(2)国务院各有关部门、各地计委负责对有关项目进行考核。考核内容包括：国家发布的固定资产投资与建设的法规的执行情况；投资计划和批准设计文件的执行情况；概算控制、资金使用和工程组织管理情况；建设工期、施工安全和工程质量控制情况；生产能力和国有资产形成及投资效益情况；土地、环境保护和国有资源利用情况；精神文明建设情况。

(3)建立对董事长、总经理的任职和离职的审计制度。

(4)凡应实行项目法人责任制而没有实行的建设项目，投资计划管理部门不准批准开工，也不予安排投资计划。

二、承发包制

建设项目的建设单位委托(发包)从事设计或施工单位负责完成(承包)任务而形成的相互关系。确定上述承包关系的一系列规章制度，通称承发包制。

采用承发包制时，建设单位(即发包单位，或发包人)以工程所有者的身份向设计、施工部门发包，所建工程由其对国家负责，设计施工单位(即承包单位，或承包人)以工程建设者的身份向建设单位承包，它在经济上直接对建设单位负责。承发包双方之间签订的承包合同(或协议)，具有法律效力，必须严格执行。

从“一五”计划时期到1984年前后，我国广泛实行的建设工程承包制度，基本上是一种生产型的承发包制，即按照行政隶属关系层层下达任务，再由建设单位作为发包单位，由设计、施工单位作为承包单位，双方签订合同。在这种情况下，设计单位提出设计时间的长短、设计水平的高低，以及施工单位提出的施工工期的长短、造价高低、质量优劣，都与承包设计、施工任务的单位的经济利益没有直接关系，也不负任何的经济责任。

自1984年起开始推行的招标承包制，是对过去传统的计划经济下承发包制的改造、完善和发展，是一种生产经营承发包制，是在承认建筑企业作为相对独立的商品生产者和经营者的前提下，通过招标投标方式来实现承发包。因此，招标承包制是符合市场经济发展规律的新型的承包制。

三、招标投标制度

为把市场竞争机制引入投资体制改革，党的十四届五中全会不仅明确提出工程建设要全面推行项目法人责任制，而且还明确要求工程建设实行招标投标制度。国家计委 1997 年 8 月印发了大中型项目实行招标投标制度的有关规定；1999 年，全国人大又通过了《中华人民共和国招标投标法》，要求大中型建设项目的主体工程设计、建筑安装、监理和主要设备、材料、工程总承包单位以及招标代理机构，必须通过招标投标确定。招标投标不受地区、部门、行业的限制，任何地区、部门和单位不得进行保护。为了规范施工招标资格预审文件、招标文件编制活动，促进招标投标活动的公开、公平和公正，由多部委联合制定了《标准施工招标资格预审文件》和《标准施工招标文件》（试行规定）及相关附件，自 2008 年 5 月 1 日起施行。招标投标应遵循公平、公开、公正、择优和诚实守信的原则。招标投标必须严格按照程序进行。

原交通部[2000]第 7 号令规定，公路建设项目除涉及国家安全、国家机密、抢险救灾或利用扶贫资金实行以工代赈、民工建勤、民办公助的项目不适宜招标外，达到下列规模标准之一的，必须进行招标：

(1)建设项目总投资额在 3 000 万元人民币以上的；

(2)工程单项合同估算价在 200 万元人民币以上的；

(3)重要设备、材料等货物的采购，单项合同估算价在 100 万元人民币以上的；

(4)勘察、设计、监理等服务的采购，单项合同估算价在 50 万元人民币以上的。

公路项目分标段招标的，招标人应合理划分标段，合理确定工期。施工标段的确定应有利于施工单位的合理投入和机械化施工。高速公路标段路基工程一般应不少于 10km，路面工程一般应不少于 15km。其他等级公路标段工作量一般应不少于 5 000 万元。边远地区和特殊地段可视实际情况调整。监理标段的划分应不低于施工标段标准。

施工招标的评标可采用综合评价的方法，对投标人的人员素质、设备投入、技术方案、业绩信誉、投标价等方面分别打分，按照得分高低推荐中标候选人；也可以通过商务和技术评审、最低评标价中标的原则，推荐中标候选人，但不得推荐投标价低于成本价的投标人作为中标候选人。

四、合同管理制

合同是约束和规范合同双方行为的重要依据和手段。从 1991 年起，原建设部和国家工商行政管理局相继联合颁发《建设工程勘察合同（示范文本）》(GF-2000—0203)(GF-2000-0204)、《建设工程施工合同（示范文本）》(GF-1999-0201)、《建设工程委托监理合同（示范文本）》(GF-2000-0202)、《建筑装饰工程施工合同（示范文本）》（甲种本 GF-96-0205）（乙种本 GF-96-0206)，原交通部也参照 FIDIC 合同条件编制了合同文件范本。自 1999 年 10 月 1 日起施行《合同法》，由多部委联合制定的《标准施工招标文件》于 2008 年 5 月 1 日起施行，使我国建设工程合同管理进一步规范和完善。

勘察设计合同内容应包括：提交有关基础资料和设计文件的期限、质量要求、费用支付等条款。勘察设计单位必须按照合同约定，按期提供勘察资料和设计文件，并对所提供资料的真实性、完整性和设计质量负责，完成设计变更、派驻设计代表等后续服务工作。项目法人应提供勘察设计必需的有关资料和相关条件，按合同规定支付费用。

施工合同内容包括：工程范围、建设工期、合同价、合同条款、技术规范、图纸等。施工单位对施工的工程质量、进度和安全负责。施工单位的管理、技术人员及施工设备必须按合同约定及时到位，均衡组织生产，按期完成施工任务；严禁将工程转包和违法分包。项目法人必须按合同约定及时提供施工图、施工用地，按时拨付工程款，协调施工外部环境。不得违反合同，强行分包，不得指定采购材料和设备，不得随意压缩工期。

监理服务合同内容应包括：监理现场组织机构、监理工程师资格、主要检测设备的配备要求、质量责任、费用支付等条款。监理单位应按合同约定及时派驻现场监理机构和人员，配齐设备，依照《公路工程施工监理办法》(交工发[1992]378 号)和《公路工程施工监理规范》(JTG G10—2006)的要求开展监理工作。项目法人必须按合同约定及时提交施工合同，按合同向监理单位支付费用和提供监理工作条件。

五、工程监理制

所谓工程监理制就是监理的执行者依据建设行业法规和技术标准，综合运用法律、经济、行政和技术手段，对工程建设参与者的行为及其责、权、利，进行必要的协调与约束，保障工程建设井然有序、顺利进行，达到工程建设的好、快、省，取得最佳投资效益的目的。包括建设前期的投资决策咨询、设计阶段、招投标阶段和施工阶段监理。

监理的主要内容是：控制工程建设的投资、进度(工期)和质量，进行工程建设合同管理，协调有关单位间的关系。但实践中，由于种种原因，目前工程监理主要在施工阶段，而且重在施工质量控制。为此，今后应参照国外工程监理的做法，加大工程监理的力度，拓展工程监理的范围。遵照相关建筑法，将政府投资的工程建设项目列为强制监理的工程范围。另外，还应加强监理工程师培训、注册、执业管理，提高监理队伍的整体素质和监理水平，达到国际先进水平。

六、施工项目经理制

施工项目经理责任制，是指在工程项目建设过程中，用以确立项目承包者与企业、职工三者之间责、权、利关系的一种管理手段和方法。它是以工程项目为对象，以项目经理负责为前提，以施工图预算为依据，以创优质工程为目标，以承包合同为纽带，以求得最终产品的最佳经济效益为目的，实行从工程项目开工到竣工验收交付使用的一次性全过程的施工承包经营管理，即实行“经理负责、全员管理、集体承包、风险抵押、单独核算、自负盈亏”的经济责任制。

1994 年原建设部颁发了《建筑施工企业项目经理资质管理办法》，各施工企业建立了单位对项目经理及项目经理部管理细则，通过强化建立项目经理全面组织生产诸要素优化配置的责任、权力、利益和风险机制，更有利于对工程项目的工期、质量、成本、安全等各项目标实施强有力的管理，使项目管理有动力和压力，同时也有法律保证。2008 年 3 月 1 日开始，大中型工程项目施工的项目经理必须由取得建造师注册证书的人员担任。

七、质量终身责任制

1999 年国务院办公厅 16 号文件《关于加强基础设施工程质量管理的通知》中规定，项目工程质量的行政领导责任人，项目法定代表人，勘察设计、施工、监理等单位的法定代表人，要按各自的职责对其经手的工程质量负终身责任。如发生重大工程质量事故，不管调到哪里工作，担任什么职务，都要追究相应的行政和法律责任。

公路工程质量事故，系指由于勘测、设计、施工、监理、试验检测等责任过失而使工程在下述时限内遭受损毁或产生不可弥补的本质缺陷，因构造物倒塌造成人身伤亡或财产损失以及需加固、补强、返工处理的事故。

(1)道路工程：现场监理鉴定至工程项目通车后两年内。

(2)结构工程：施工过程中和设计使用年限内。

具备下列条件之一者为重大质量事故：死亡 1 人以上；或直接经济损失 300 万元以上；或中小型桥梁主体结构垮塌。

2000 年国务院 279 号令《建设工程质量管理条例》也对建设工程质量责任和质量保修时间作了相关规定。

第二章　项目建设管理及造价管理

项目建设管理就是为使工程项目在一定的约束条件下取得成功，对项目的所有活动实施的决策与计划、组织与指挥、控制与协调、教育与激励等一系列工作的总称。而造价管理则是贯穿于项目建设管理全过程的核心管理工作之一，它包括工程造价的合理确定和有效控制。

第一节　项目计划管理

项目计划管理是对项目预期目标进行筹划安排等一系列活动的总称。项目计划管理是项目管理的重要组成部分，它对项目的总体目标进行规划，对项目实施的各项活动进行周密的安排，系统地确定项目的任务、综合进度和完成任务所需的资源等。如对工程项目的可行性研究和论证、工程项目的选址、勘察设计、建筑施工、设备安装、竣工验收以及投产使用等全过程的人力、物力、财力和内外关系进行有计划、有步骤、高效率的规划、组织、指导和控制，从而使工程项目在合理的工期内，以较低的价格、高质量地完成任务。

一、项目计划管理的作用

项目计划管理的主要作用是：

(1)为工程项目的决策提供更为详尽的论证和依据。工程项目计划过程是一个决策过程，通过收集、整理和分析所掌握的信息，为项目决策人提供工程项目需不需要进行，有没有可能进行，怎样进行以及可能达到的目标等一系列决策依据。

(2)项目计划是工程项目实施的指导性文件。凡工程项目都必须有明确的项目目标和实施方案，而项目各项工作的开展，要以项目计划为依据。

(3)项目计划是实现项目目标的一种手段。通过计划管理使各种资源得到充分有效的运用，及时进行协调，以达到质量优良、工期合理、造价较低的理想目标。

二、项目计划管理的任务

项目计划管理的主要任务是：

(1)按照国家法令和有关政策，经过市场预测和可行性研究，使项目目标符合国民经济发展总目标，并获得良好的经济效益、社会效益和环境效益。

(2)在广泛收集资料的基础上，运用科学的预测方法，通过计划的编制，使项目实施计划的各项工作得以统筹安排、综合平衡、优化组合；拟定有效的措施，在项目计划统一指导下协调地、有节奏地进行，以充分挖掘和发挥人力、物力、财力的潜力，实现项目的预期目标。

(3)通过项目计划实现过程中的检查、控制、调节等手段和统计分析，揭露矛盾、解决问题、总结经验教训、反馈信息，达到改善管理、提高效率的目的。

三、项目计划管理的内容

项目计划管理工作的主要内容：

(1)计划编制。包括项目目标、项目实施方案、进度安排、资源使用、合同形式、组织机构及质量控制计划等。

(2)计划实施。根据计划的内容和要求，组织落实，认真执行，使项目能在计划目标指导下协调进行。

(3)计划的控制。在计划执行过程中，通过工程监理与政府监督，通过施工单位的检查与调节，消除实施计划过程中的不协调因素和薄弱环节，并对计划作出动态调整。项目计划管理的软件有 Project2000 等。

第二节　项目设计管理

一、项目设计阶段建设单位的管理

设计阶段建设单位的项目设计管理就是指做好管理和配合工作，组织协调勘察设计单位之间以及与其他单位之间的工作配合，为设计单位创造必要的工作条件，以保证其及时提供设计文件，满足工程需要，使项目建设得以顺利进行。抓好三大控制，即①质量控制：严格按技术标准执行，同时做到适用、经济、美观、防灾、抗灾、安全、节约用地与环境协调；②进度控制：业主对设计所形成的项目进度的控制，就是要对设计内容审查其实施过程所需的劳动力投入和时间进程，是否能在预定的计划工期内完成；③投资控制：如施工图设计预算不超过设计概算；施工过程中设计变更引起的预算改变不超过批准的总投资额。

建设单位设计管理的具体工作包括：

(1)选定勘察设计单位，招标发包勘察设计任务，签订勘察设计协议或合同，并开展组织管理工作。

(2)收集、提供勘察设计基础资料及建设协议文件；为设计人员提供工作和生活条件。

(3)协调各勘察与设计单位之间以及设计单位与科研、物资、设备供应及施工的关系。

(4)主持研究和确认重大设计方案；做好概算预算的管理工作。

(5)组织设计、施工单位进行设计交底，会审施工图纸。

(6)做好勘察、设计文件和图纸的验收、分发、使用、保管和归档工作。

(7)组织上报设计文件，提请国家主管部门批准；办理勘察、设计等费用的支付和结算。

二、勘察设计单位的管理

勘察设计单位的管理工作内容主要有以下几项。

1.承揽勘察设计任务

通过工程设计投标或协商委托承揽工程设计任务，与建设单位签订工程勘察设计合同，明确设计目的、意图、特殊要求、完成期限、技术标准、设计费用额、双方的职责、权利等。

2.组织勘察设计队伍

根据工程的特点、难易、复杂程度，组织好勘察设计队伍。组织的设计队伍专业应配套，并应根据设计工作的相关性质划分设计小组，比如方案设计组、建筑设计组、结构设计组等。各小组应有具体负责人，对该小组的设计工作和设计成果负责。小组内应明确分工，在分工的基础上密切合作；应实行技术经济责任制和岗位责任制。

3.制订勘察设计工作计划，加强设计过程中的管理

设计工作计划是使设计工作有秩序、进度有控制、质量有保证的基础和前提，要根据工程特点、技术、工艺、工序的特殊要求，安排好各项设计工作的衔接配合和进度，并应有保证设计质量的可行措施。

设计工作中，应建立健全质量管理制度，推行设计全面质量管理，加强内部设计质量监控工作，任一设计文件应有复核和审核人，以对设计成果的质量负责。

积极推行限额设计。所谓限额设计，就是按照批准的设计任务书中的投资限额进行初步设计、按批准的初步设计概算限额进行施工图设计、按施工图预算造价对施工图设计中的各专业设计文件作出决策，且设计的项目使用功能不得减少、技术标准不得降低、工程规模不得削减。限额设计的管理方式可使工程的概算预算金额控制在要求的限额值以内。

进行技术管理，加强设计情报工作，积极推广运用新技术、新工艺、新设备、新材料、新结构，以获得设计的较好技术经济效果，不断提高设计装备水平，用先进的技术手段来保证勘察设计成果的质量。

实行工序控制。通过发挥各设计人员的职能作用和使用各种管理手段，从而确保每道工序质量，不使上道工序的不合格品进入下道工序。工程设计的工序控制范围，应包括设计前期的准备阶段、方案设计阶段、初步设计阶段、施工图设计阶段和配合验收总结阶段。

加强设计审核，不应忽视每个环节，既要审技术，又要审造价；既要把住总造价关，又要把住分部分项工程造价关。

4.设计完成后的管理

设计单位完成勘察设计工作后，首先应对设计文件进行自审，以确保“设计产品”符合质量要求，然后才能提交给建设单位；应参加建设单位组织的对设计文件的验收和审查，听取有益的意见和建议，以改进设计水平，必要时进行修改设计；应把工程施工阶段作为设计工作的继续，在这一阶段应做好设计技术交底、施工现场服务、设计文件变更、工程竣工验收以及工程回访、设计总结等工作。

第三节 项目施工管理

施工管理，就是对项目施工过程进行科学的指挥，合理的组织、监督和调节，最有效地利用人力、物力和财力，取得最大的经济效益。

一、项目施工管理的主要任务

(1)认真贯彻执行国家基本建设方针、政策法令，科学合理地组织施工，全面完成和超额完成计划任务，全面履行工程承包合同。

(2)不断调整施工人员在施工过程中的相互关系，正确指挥和使用施工力量，调动一切积极因素，促进生产管理水平的提高。

(3)积极采用先进技术，努力提高工程质量，认真履行工程合同和上级主管部门的指示。

(4)确保安全生产，合理使用材料、机具等施工资源，降低成本，提高劳动生产率。

(5)因地制宜地安排施工计划，并在计划执行过程中，加强监督和调节，协调工程施工与其他相关工作的关系，不断提高企业的技术水平和管理水平。

二、项目施工管理的主要内容

(1)计划管理。包括安排施工进度，编制施工计划，管理班组作业计划，进度偏差分析与调整控制。

(2)技术管理。即施工测量、施工预算、施工组织设计、技术方案与措施、建立技术责任制、技术交底、技术试验、执行技术规程、质量安全事故处理及建立工程技术档案等。

(3)全面质量管理。包括按 ISO 9001—2000 建立质量保证体系、质量管理工作计划、质量检验、质量分析与质量控制等。

(4)劳动工资管理。包括劳动计划的编制与劳动组织、劳动定额与承包考核与工资制度等。

(5)物资管理。包括编制物资计划、物资采购与储备、物资使用控制及相关责任制。

(6)财务管理。包括资金的筹集、计划、分配、使用、监督和核算等。

第四节　项目质量管理

工程质量管理是指为满足工程项目的质量需求而采取的作业技术和活动。对工程质量的控制是实现工程项目管理三大控制的重点。

工程项目质量是国家现行的有关法律、法规、规范、规程、技术标准、设计文件及工程合同对工程项目的安全、适用、经济、美观等性能在规定期限内的综合要求。工程项目质量有其特殊性则根据具体的工程项目和业主对它们的要求而差异，它们分别体现在工程项目的适用性、经济性、可靠性、外观及环境协调等方面。因此，工程项目质量的目标必须由业主用合同的形式约定。任何工程项目的建设，都是通过一道道工序来完成的。所以，工程项目质量由工序质量、分项工程质量、分部工程质量和单位工程质量等组成。从另一个角度看，工程项目质量包括工程规划、设计与施工等方面的质量。

工程项目质量管理的任务，就是根据相关国家现行的有关法规、技术标准和工程合同规定的工程建设各阶段质量目标，实施全过程监督管理。由于工程建设各阶段的质量目标不同，因此需要分别确定各阶段的质量控制对象和任务。

一、工程项目决策阶段质量管理

(1)审核可行性研究报告是否符合国民经济发展的长远规划、国家经济建设的方针政策。

(2)审核可行性研究报告是否符合工程项目建议书或业主的要求。

(3)审核可行性研究报告是否具有可靠的基础资料和数据，如测算工程量与交通量。

(4)审核可行性研究报告是否符合技术经济方面的规范标准和定额等指标。

(5)审核可行性研究报告的内容、深度和计算指标是否达到标准要求。

二、工程项目设计阶段质量管理

(1)审查设计基础资料的正确性和完整性，包括地形图、前期勘测资料及相关的批文等。

(2)编制设计招标文件，组织设计方案竞赛，力求拟建工程项目造价较低。

(3)审查设计方案的先进性和合理性，主要审查技术指标与建设造价，确定最佳设计方案。

(4)督促设计单位完善质量保证体系，建立内部专业交底及专业会签制度。

(5)进行设计质量跟踪检查，控制设计图纸的质量。在初步设计和技术设计阶段，主要检查生产工艺及设备的选型，总平面与运输布置，建筑与设施的布置，采用的设计标准和主要技术参数；在施工图设计阶段，主要检查计算是否有错误，选用的材料和做法是否合理，标注的各部分设计高程和尺寸是否正确，各专业设计之间是否有矛盾等。

三、工程项目施工阶段质量管理

(1)事前控制：审查承包人及分包人的技术资质；协助承包人完善质量体系；督促承包人完善现场质量管理制度，包括现场会议制度、现场质量检验制度、质量统计报表制度和质量事故报告及处理制度等；与当地质量监督站联系，争取其配合、支持和帮助；组织设计交底和图纸会审，对有的工程部位应下达质量要求标准；审查承包人提交的施工组织设计；审核工程中采用的新材料、新结构、新工艺、新技术的技术鉴定书；对工程所需原材料、构配件的质量进行检查与控制；对永久性生产设备或装置，应按审批同意的设计图纸组织采购或订货，到场后进行检查验收；对施工场地进行检查验收，重要工程还应复核；把好开工关。

(2)事中控制：督促承包人完善工序控制；严格工序交接检查；重要的工程部位或专业工程(如混凝土工程)要做试验或技术复核；审查质量事故处理方案；对完成的分项分部工程，按相应的质量评定标准和办法进行检查验收；审核设计变更和图纸修改；按合同行使质量监督权和质量否决权；组织定期或不定期的质量现场会议，及时分析、通报工程质量状况。

(3)事后控制：审核承包人提供的质量检验报告及有关技术性文件；审核承包人提交的竣工图；组织联动试验车；按规定的质量评定标准和办法进行检查验收；组织项目竣工总验收；整理有关工程项目质量的技术文件，并编目、建档。

四、工程项目保修阶段质量管理

审核承包人的工程保修书，检查鉴定工程质量状况和工程使用情况，对出现的质量缺陷确定责任者，督促承包人修复缺陷，在保修期结束后，检查工程保修状况，移交保修资料。

第五节　项目进度管理

项目进度管理是指对项目各建设阶段的工作内容、工作程序、持续时间和衔接关系编制计划，在实际建设进度与计划进度出现偏差时进行纠正，并控制整个计划的实施。进度管理在工程项目建设中与质量管理、造价管理之间有着相互影响、相互依赖、相互制约的关系。从经济角度看，并非所有工程项目的工期越短越好。如果盲目地缩短工期，会造成工程项目经济上的极大浪费和质量上难以保证。工程项目的工期确定下来后，就要根据具体的工程项目及其影响因素对工程项目的实施进度进行控制，以保证工程项目在预定工期内完成工程项目的建设任务。

工程项目的建设进度影响因素很多，有人的因素、材料设备因素、技术因素、资金因素、工程水文地质因素、气象因素、自然环境因素、社会环境因素等。归纳起来在工程项目上有如下具体表现：不满足业主使用要求的设计变更，业主提供的施工场地不满足施工需要，勘察资料不准确，设计、施工中采用的技术及工艺不合理，不能及时提供设计图纸，材料供应不及时，各专业、工序交接不协调，社会环境干扰，质量事故时的停工调查，业主资金供应问题，突发事件的影响等。应编制可行的进度计划，按进度计划执行的同时需要协调和控制这些影响因素，使工程项目按原进度计划进行或按调整后的进度计划进行。

一、设计阶段的进度管理

主要是确立设计进度控制总目标与阶段目标及控制措施。设计进度控制的总目标就是按质、按量、按时间要求提供施工图设计文件。阶段进度控制目标包括设计准备目标；时间目标，即方案设计、初步设计、技术设计、施工图设计交付时间；各有关阶段设计审批目标，审批手续完成，才是设计各阶段的目标实现。

二、施工阶段进度管理

1.事前进度管理

是指项目正式施工前进行的进度管理，包括：

(1)编制施工阶段进度管理工作细则。即施工阶段进度目标分解图，施工阶段进度管理的主要工作内容和深度，各项工作的时间与流程，进度控制所采取的具体措施，进度控制的方法，进度目标实现的风险分析。

(2)编制或审核施工总进度计划。审核项目的划分是否合理；进度安排上是否符合合同中规定的工期，施工顺序的安排是否符合逻辑，物资供应的均衡性；资源供应计划是否能确保施工总进度计划的实现；进度安排与建设单位提供资金的能力是否一致。

(3)审核单位工程施工进度计划。施工单位在编制单位工程施工进度计划时，除满足关键控制日期的要求外，只要不影响合同规定和关键控制工作的进度目标的实现，业主、监理工程师可不予干涉。

(4)进度计划系统的综合。业主、监理对施工单位提交的进度计划审核以后，要把若干个相互联系的处于同一层次或不同层次的施工进度计划综合成一个多阶群体的施工总进度，利于总体控制。

(5)编制年度、季度、月度工程进度计划。进度控制人员应以施工总进度计划为基础编制年度进度计划，安排年度工程投资额，单项工程的项目、形象进度和所需各种资源，做好综合平衡，相互衔接。最后，适时发布开工令。

2.事中进度管理

是指项目施工过程中进行的进度管理，这是施工进度计划能否付诸实现的关键过程。进度管理人员一旦发现实际进度与目标偏离，必须及时采取措施以纠正这种偏差。事中进度控制的具体内容包括：

(1)建立现场办公室，以便从组织角度保证施工进度的顺利实施。

(2)协助施工单位实施进度计划，随时注意施工进度计划的关键控制点与关键线路的变化。

(3)及时检查施工单位提交的进度统计分析资料和进度控制报表，严格进行检查，监理工程师需进行必要的现场跟踪检查，为进度分析提供可靠的数据资料，并将计划与实际进行比较，从中发现是否有进度偏差。

(4)分析进度偏差将带来的影响并进行工程进度预测，提出可行的修改措施，调整进度计划并付诸实施。

(5)定期向建设单位汇报工程实际进展状况，按期提供必要的进度报告，组织定期和不定期的现场会议，及时分析、通报工程施工进度状况，并协调施工单位之间的生产活动。

(6)核实已完工程量，及时签发应付工程进度款。

3.事后进度管理

是指完成整个施工任务后进行的进度管理工作，具体内容有：

(1)及时组织验收工作。

(2)处理与工程延误有关的索赔。

(3)整理工程进度资料。施工过程中的工程进度资料一方面为业主提供有用信息，另一方面也是处理工程索赔必不可缺少的资料，必须认真整理，妥善保存。

(4)工程进度资料的归类、编目和建档。

第六节　项目造价管理

项目造价管理是指为了实现投资的预期目标，在拟定的规划、设计方案的条件下，预测、计算、确定和监控工程造价及其变动的系统活动。它包括了合理确定和有效控制工程造价的一系列工作。合理确定工程造价，即在建设程序的各个阶段，采用科学的计算方法和切合实际的计价依据，合理确定投资估算、设计概算、施工图预算、承包合同价、竣工结算价和竣工决算。有效控制工程造价，即在投资决策阶段、设计阶段、建设项目发包阶段和建设实施阶段，把建设工程造价的发生控制在批准的造价限额以内，随时纠正发生的偏差，以保证项目投资控制目标的实现，以求在各个建设项目中能合理使用人力、物力、财力，取得较好的投资效益和社会效益。

项目造价管理的任务是：加强工程造价的全过程动态管理，强化工程造价的约束机制，维护有关各方的经济利益，规范价格行为，促进微观效益和宏观效益的统一。

造价管理的基本内容：工程造价管理的基本内容就是合理确定和有效地控制工程造价。

一、工程造价的合理确定

所谓工程造价的合理确定，就是在建设程序的各个阶段合理确定投资估算、概算造价、预算造价、承包合同价、结算价、竣工决算价。

(1)在项目建议书阶段，按照有关规定，应编制初步投资估算。经有权部门批准，作为拟建项目列入国家中长期计划和开展前期工作的控制造价。

(2)在可行性研究报告阶段，按照有关规定编制的投资估算，经有权部门批准，作为该项目的控制造价。

(3)在初步设计阶段，按照有关规定编制的初步设计总概算，经有权部门批准，即作为拟建项目工程造价的最高限额。对初步设计阶段，实行建设项目招标承包制签订承包合同协议的，其标底及合同价也应在最高限价相应的范围以内。

(4)在施工图设计阶段，按《公路工程预算定额》(JTG/T B06-02—2007)(以下简称《预算定额》)、《公路工程基本建设项目概算预算编制办法》(JTG B06—2007)(以下简称《概算预算编制办法》)等规定编制施工图预算，并核实施工图预算造价是否超过批准的初步设计概算。

(5)对以施工图预算为基础的招标投标工程，承包合同价也是以经济合同形式确定的建筑安装工程造价。

(6)在工程实施阶段要按照承包方实际完成的工程量，以合同价为基础，同时考虑因物价上涨所引起的造价提高，考虑到设计中难以预计而在实施阶段实际发生的工程费用，合理确定工程结算价。

(7)在竣工验收阶段，全面汇集在工程建设过程中实际花费的全部费用，编制竣工决算，如实体现该建设工程的实际造价。

二、工程造价的有效控制

所谓工程造价的有效控制，就是在优化建设方案、设计方案的基础上，在建设程序的各个阶段，采用一定的方法和措施，把工程造价的发生控制在合理的范围和核定的造价限额以内。具体来说，就是要用投资估算价控制设计方案的选择和初步设计概算造价，用概算造价控制技术设计和修正概算造价，用概算造价或修正概算造价控制施工图设计和预算造价，以求合理使用人力、物力和财力，取得较好的投资效益。控制造价在这里强调的是控制项目投资。

第七节　项目合同管理

项目合同的管理，是指各级工商行政管理机关、交通行政主管机关和金融机构，以及工程发包单位、社会监理单位、承包企业，依照法律和行政法规、规章制度，采取法律的、行政的手段，对施工合同关系进行组织、指导、协调及监督，保护施工合同当事人的合法权益，处理施工合同纠纷，防止和制裁违法行为，保证施工合同法规的贯彻实施等一系列活动，其内容如下。

一、合同的签订管理

在发包方具备了与承包方签订施工合同的情况下，发包方或者监理单位，可以对承包方的资格、资信和履约能力进行预审。对承包方的预审，招标工程可以通过招标预审进行，非招标工程可以通过社会调查进行。发包方和监理工程师还应做好施工合同的谈判签订管理。使用施工合同示范文本时，要根据该项目的合同条件，逐条与承包方进行谈判，避免对合同内容的误解或认识上的分歧。经过谈判后，双方对施工合同内容取得完全一致意见后，即可正式签订施工合同文件，经双方签字、盖章后，施工合同即正式签订完毕。

二、合同的履行管理

发包方和监理工程师在合同履行中，应严格按照施工合同的规定，履行应尽的义务。合同规定应由发包方负责的工作，都是合同履行的基础，是为承包方开工、施工创造的先决条件，发包方必须严格履行。在履行管理中，发包方、甲方代表、监理工程师也应实施自己的权利、履行自己的职责，对承包方的施工活动进行监督、检查。发包方对施工合同履行的管理主要是通过甲方代表(或总监理工程师)进行。在合同履行中进行以下管理工作。

(1)在工期管理方面：按合同规定，要求承包方在开工前提出包括分月、分阶段进度施工的总进度计划，并加以审核；按照分月、分阶段进度计划，进行实际检查；对影响进度计划的因素进行分析，属于发包方的原因，应及时主动解决，属于承包方的原因，应督促其迅速解决，在同意承包方修改进度计划时，审批承包方修改的进度计划；确认竣工日期的延误与处理措施等。

(2)在质量管理方面：检验工程使用的材料、设备的质量，检验工程使用的半成品及构件质量，按合同规定的规范与规程监督检验施工质量；按合同规定的程序，验收隐蔽工程和需要中间验收工程的质量，验收单项竣工工程和全部竣工工程的质量等。

(3)在费用管理方面：严格进行合同约定的价款的管理；当出现合同约定的情况时，对合同价款进行调整，对预付工程款进行管理，包括批准和扣还；对工程量进行核实确认，进行工程款的结算和支付；对变更价款进行确定；对施工中涉及的其他费用，如安全施工方面的费用、专利技术等涉及的费用；办理竣工结算；对保留金进行管理等。

三、施工合同的档案管理

发包方、监理工程师及承包人应做好施工合同的档案管理工作。工程项目全部竣工之后，应将全部合同文件加以系统整理，建档保管。在合同的履行过程中，对合同文件，包括有关的签证、记录、协议、补充合同、备忘录、函件、电报、电传等都应做好系统分类，认真管理，它是处理索赔、分析质量事故、竣工验收及项目使用与维修的依据。

第八节　项目风险管理

项目风险管理指项目管理班子通过风险识别、风险估计和风险评价，并以此为基础合理地使用多种管理方法、技术和手段对工程项目活动涉及的风险实行有效的控制，采取主动行动，创造条件，尽量扩大风险事件的有利结果，妥善地处理风险事故造成的不利后果，以最少的成本保证安全、可靠地实现工程项目的总目标。

一、项目风险管理的四个阶段

(1)风险识别。对潜在的可能损失的识别是首要的任务，因为如果对所有有关的可能损失未能作出正确的识别，就会失去对风险加以适当处置的机会。识别风险可依靠观察、掌握有关的知识、调查研究、实地踏勘、采访或参考有关资料、听取专家意见、咨询有关法规等，当然还要掌握正在评估的风险系统或类似的项目发生的风险事件的索赔资料。

(2)风险分析和评价。对已识别的风险要进行分析和评价，这一阶段的主要任务是测度风险量。风险的分析与评价涉及统计与财务方法，内容涉及预测技术、总体研究、估计可能的最大损失、严重灾害分析、事故分析、灾害逻辑树分析等，并且特别要注意已完类似工程项目的索赔频率及索赔事件严重程度的评审资料。

(3)风险处理。一旦风险被识别、分析、评价以及风险量被确定之后，就要考虑各种风险的处理方法。一般而言，有下列三种风险处理方法：

①风险控制。包括主动采取措施避免风险、消灭风险、中和风险。

②风险自留。即风险量被确认为不大，并不超过项目应急费用时，可以自留风险。

③风险转移。包括将风险转移给合同对手、第三方以及专业保险公司或其他风险投资机构等。

(4)风险监督。它包括对风险发生的监督和对风险管理的监督，前者是指对已经识别的风险源进行监视和控制，以便及早发现风险事件发生的苗头；后者是指在项目实施中监督人们认真执行风险管理的组织措施与技术措施，以消除风险发生的人为诱因。

二、风险管理的工作内容

(1)业主风险管理的工作内容：项目前期注意分析各种风险发生的可能性与概率；认真编

制招标文件和合同条款，尽可能用明确的文件和合同条款来规范招标；强化资格预审工作，注意评标择优选择承包人；聘用优秀的监理工程师，对工程项目的实施进行科学和严格的独立监督管理工作；高度重视开工前及工程实施过程中的协调管理工作；督促和检查承包人的工程保险工作。

(2)承包人风险管理的工作内容：对工程项目所在国的政治及经济信息的考察与分析，以及法律与风俗的了解；加强工程现场调查，充分研究潜在的工程风险；依据招标文件及合同计价方式，增加风险性报价；争取公平合理的合同条款，以减少相应风险；进行合理的工程分包以转移风险；精心选择联营体以共担施工项目风险；向保险公司投保以转移风险；加强预防和控制风险事件以减轻风险损失；谨慎对待议标时的保留条件以及授标意向书，可避开风险。

第二篇　公路工程造价概述

第一章　公路工程造价的一般概念

第一节　公路工程的技术经济特征

公路工程除具有一般建设项目的特征外，还具有以下的一些技术经济特点。

(1)公路工程项目属于线形工程。由于公路路线所经路段地质特性的多变性，使得公路路基施工复杂、多变性凸现，结构物施工也因地质条件的不确定性经常导致设计变更、工期延长，进度控制、质量控制、投资控制难度加大。

(2)公路工程项目构成复杂。公路工程项目的单位工程包括：路基土石方工程、路面工程、桥梁工程、隧道工程、互通式立体交叉工程、沿线设施及交通工程、绿化工程等。各单位工程中工程内容差异很大。

(3)公路工程项目形体庞大，施工过程多，工作面有限，决定了其施工工期较长。

(4)公路工程项目建设投资额大。

(5)施工流动性大。公路建设线长点多，工程量分布不均，在建造过程中和建成后都无法移动，因此，施工人员和机械等沿着线路移动进行施工。

(6)受外界干扰及自然因素影响大。公路建筑产品具有固定性，因此施工的大部分是露天进行的，受外界干扰及自然条件的影响很大。

第二节　公路工程造价及其构成

工程造价是指一个建设项目从立项开始到建成交付使用预期花费或实际花费的全部费用，即该建设项目有计划地进行固定资产再生产和形成相应的无形资产、递延资产和铺底流动资金的一次性费用总和。我国现行公路工程投资构成和工程造价的构成如图 2-1-1 所示。

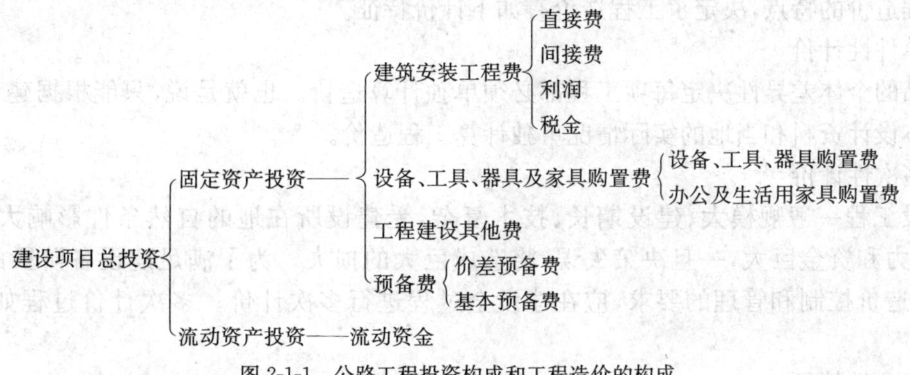

图 2-1-1　公路工程投资构成和工程造价的构成

工程造价有时又指工程价格，即为建成一项工程，预计或实际在土地市场、设备市场、技术劳务市场以及工程承包市场等交易活动中所形成的建筑安装工程的价格或建设工程总价格。

第三节　公路工程造价的计价特点

一、工程造价的特点

由于工程建设的特点，工程造价有以下特点。

(1)工程造价的大额性。这就决定了工程造价的特殊地位，也说明了造价管理的重要性。

(2)工程造价的个别性、差异性。工程内容和实物形态的个别性、差异性决定了工程造价的个别性、差异性。

(3)工程造价的动态性。工程造价在整个建设期中处于不确定状态，直至竣工决算后才能最终确定工程的实际造价。

(4)工程造价的层次性。造价的层次性取决于工程项目的层次性。工程项目的层次性如图 2-1-2 所示。与此相适应，工程造价有多个层次：建设项目总造价—单项工程造价—单位工程造价—分部工程造价—分项工程造价。从造价的计算和工程管理的角度看，工程造价的层次性是非常突出的。

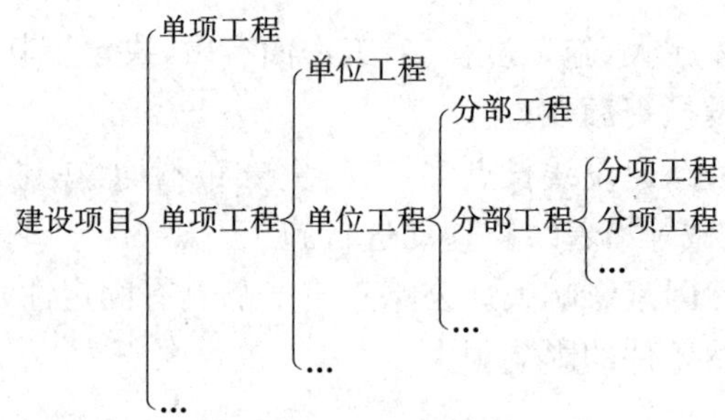

图 2-1-2　工程项目的层次性

(5)工程造价的兼容性。造价的兼容性首先表现在它具有的前述两种含义上，其次表现在造价构成因素的广泛性和复杂性上。

二、工程造价的计价特征

工程造价的特点，决定了工程造价有如下计价特征。

1. 单件性计价

产品的个体差异性决定每项工程都必须单独计算造价。也就是说，只能根据建设工程项目的具体设计资料和当地的实际情况单独计算工程造价。

2. 多次性计价

建设工程一般规模大、建设期长、技术复杂，受建设所在地的自然条件影响大，消耗的人力、物力和资金巨大，一旦决策失误，将造成巨大的损失。为了满足建设各阶段的不同需要，适应造价控制和管理的要求，应在建设全过程进行多次计价。多次计价过程如图 2-1-3 所示。

3. 组合性特征

工程造价的计算是分部组合而成的，这一特征和建设项目的组合性有关。其计算过程和计算顺序是：分项工程造价—分部工程造价—单位工程造价—单项工程造价—建设项目总造价。如将公路建设工程分解为路基工程、路面工程、桥梁工程等,对路基工程再分解为土方工程、石方工程、防护工程等,对土方工程再分解为挖方工程、填方工程等,对挖方工程再分解为机械挖、人力挖,机械挖再分解为挖掘机挖或推土机推挖等,如确定采用推土机推挖,就可以通过推土机推挖土方的工效定额得到推挖 $1m^3$ 土方所需推土机的台班消耗量,再按推土机的每台班单价计算出所需的费用。各项工程都可以这样分解,然后再将各部分的费用加以组合就可确定全部工程所需要的费用。任何规模庞大、技术复杂的工程都可以采用这种方法计算其全部造价。

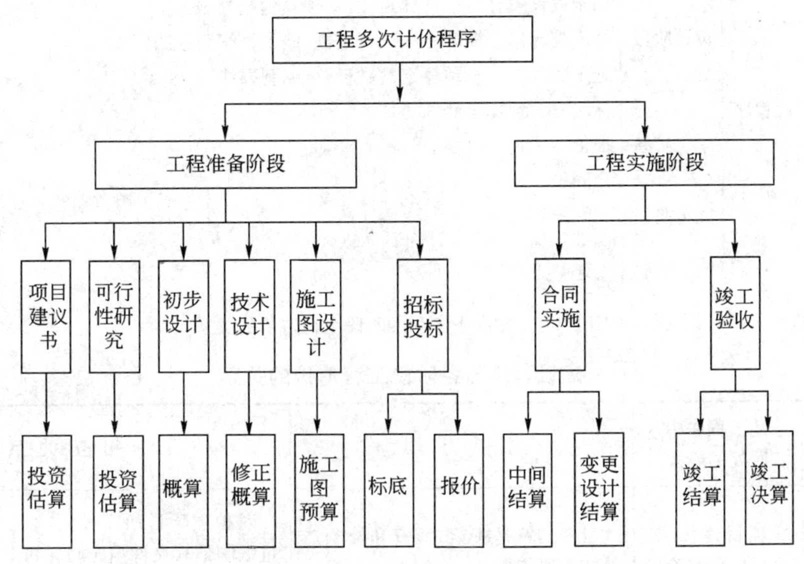

图 2-1-3　工程造价多次计价过程图

4.方法的多样性

由于多次计价有各不相同的计价依据,且对多次计价的精确度要求不同,因而计价方法有多样性特征。计算和确定概算预算造价有两种基本方法,即单价法和实物量法。计算和确定投资估算的方法有设备系数法、生产能力指数估算法等。不同的方法各有利弊,适应条件也不同,计价时要加以选择。

5.依据的复杂性特征

影响造价的因素多,计价依据复杂、种类繁多,主要可分为七类。

(1)计算设备和工程量依据。包括项目建议书、可行性研究报告、设计文件等。

(2)计算人工、材料、机械等实物消耗量依据。包括投资估算指标、概算定额、预算定额等。

(3)计算工程单价的价格依据。包括人工单价、材料价格、材料运杂费、机械台班费等。

(4)计算设备购置费的依据。包括设备原价、设备运杂费、进口设备关税等。

(5)计算其他工程费、间接费和工程建设其他费用依据。主要是相关的费用定额和指标。

(6)政府规定的税、费。

(7)物价指数和工程造价指数。

计价依据的复杂性不仅使计算过程复杂,而且要求计价人员熟悉各类依据,并加以正确利用。

三、建设程序和各阶段工程造价的关系

公路工程造价包括建设程序的各阶段所编制的各种造价文件。由于建设各阶段的工作深度不同，因而，各阶段所编制的造价文件的准确性和作用也有所不同，所使用的主要计价依据之一的定额也不相同，如图 2-1-4 和表 2-1-1 所示。

- 建设程序
  - 建设前期
    - 项目建议书投资估算——估算指标中的综合指标、投资估算编制办法
    - 可行性研究投资估算——估算指标中的分项指标，投资估算编制办法
  - 设计阶段
    - 初步设计概算——概算定额、概预算编制办法
    - 技术设计修正概算——概算定额、概预算编制办法
    - 施工图预算——预算定额、概预算编制办法
  - 施工准备
    - 标底——预算定额
    - 报价——企业定额
    - 合同价
  - 施工阶段
    - 中间结算
  - 竣工验收
    - 竣工结算
    - 竣工决算

图 2-1-4　建设程序和各阶段工程造价的关系

建设程序与各阶段工程造价的关系　　表 2-1-1

<table>
<tr><th>造价文件的名称</th><th>建设程序中所处的阶段</th><th>主要作用</th><th colspan="2">相互关系</th></tr>
<tr><td>投资估算</td><td>项目建议书、可行性研究阶段</td><td>投资估算是决策、筹资和控制造价的主要依据</td><td>对拟建项目所需投资，通过编制估算文件预先测算和确定</td><td rowspan="4">各个阶段的造价文件相互衔接，由粗到细，由浅到深，由预期到实际，前者制约后者，后者修正和补充前者</td></tr>
<tr><td>概算造价</td><td>初步设计阶段</td><td>按两阶段设计的建设项目，概算经批准后是确定建设项目投资的额度；是签订建设项目总承包合同的依据；在初步设计批准后即进行招标的工程，其概算的建筑安装工程费用，是编制标底的控制依据</td><td>概算造价较投资估算造价准确性有所提高，但它受估算造价的控制</td></tr>
<tr><td>修正概算造价</td><td>技术设计阶段</td><td>按三阶段设计的建设项目，修正概算经批准后是确定建设项目投资的额度；是签订建设项目总承包合同的依据；在技术设计批准后即进行招标的工程，其修正概算的建筑安装工程费用，是编制标底的控制依据</td><td>它是对初步设计概算进行修正调整，比概算造价准确，但受概算造价控制</td></tr>
<tr><td>预算造价</td><td>施工图设计阶段</td><td>施工图预算经批准后，是签订建筑安装工程承包合同、办理工程价款结算的依据，也是实行建筑安装工程造价包干的依据；实行招标的工程，其建筑安装工程费用是编制标底的基础</td><td>它比概算造价或修正概算造价更为详尽和准确，但同样要受前一阶段所确定的工程造价即概算的控制</td></tr>
</table>

续上表

造价文件的名称	建设程序中所处的阶段	主要作用	相互关系	
标底、报价	工程招投标阶段	标底是评标中衡量投标报价是否合理的尺度，是确定投标单位能否中标的重要依据；标底是招标中防止盲目报价、抑制低价抢标现象的重要手段；标底是控制投资额，核实建设规模的文件。 报价是投标单位在对建设项目进行成本预测的基础上考虑适当利润而确定出来的，报价是投标单位完成招标文件规定的工作内容向建设单位提出的意向性价格	标底是建筑产品在建筑市场交易中的一种预期价格；报价是投标者根据本企业的成本核算情况，在本项目成本预测的基础上，考虑适当利润及相应的投资策略确定出来的。标底、报价不能超过预算或概算	
合同价	在工程招投标阶段通过签订合同确定的价格	合同价是合同双方在合同执行过程中的依据	合同价属于市场价格的性质，它是由承发包双方，即商品和劳务买卖双方根据市场行情共同议定和认可的成交价格，但它并不等同于实际工程造价	各个阶段的造价文件相互衔接，由粗到细，由浅到深，由预期到实际，前者制约后者，后者修正和补充前者
结算价	合同实施阶段	结算价是该结算工程的实际价格	结算价是指在合同实施阶段，在工程结算时按合同调价范围和调价方法，对实际发生的工程量增减、设备和材料价差等进行调整后计算和确定的价格	
竣工决算	工程完工后	它是确定新增固定资产价值，全面反映建设成果的文件，是竣工验收和移交固定资产的依据	竣工决算是工程完工后，将设计变更和施工变化等方面因素考虑进去，对施工图预算进行最后调整补充而编制的	

从以上可知，公路工程造价的编制泛指估算、概算、预算、标底、报价、工程结算和竣工决算等造价文件的编审工作。工程建设不论其投资来源和隶属关系如何，都必须按基本建设程序办事，进行工程建设各阶段的工程造价文件的编制。

第四节　工程造价的计价原则和依据

一、工程造价的计价原则

在建设的各阶段要合理确定其造价，为造价控制提供依据，应遵循以下基本原则。

(一)符合国家的有关规定

由于工程建设投资巨大,涉及国民经济的方方面面,因此国家对投资规模、投资方向、投资结构等必须进行宏观调控。在造价编制过程中,就应贯彻国家在工程建设方面的有关法规,使国家的宏观调控政策得以实施。

(二)应保证计价依据的准确性

合理确定工程造价是工程造价管理的重要内容,而造价编制的基础资料的准确性则是合理确定造价的保证。为确保计价依据的准确性,应注意几个方面。

1.正确摘取工程量,合理确定工、料、机单价

由于公路工程造价是按实物量法进行编制的,即:

直接工程费=∑(分部分项工程量×定额工、料、机消耗量×当时当地的工、料、机单价)

因此,工程量及工、料、机单价的合理与否,直接影响到造价中最为重要、最为基本的直接工程费的准确性。

2.正确选用工程定额

为适应建设各阶段确定造价的需要,交通运输部编制颁发了估算指标、概算定额、预算定额等工程定额。在编制造价时合理选用定额,才能准确地编制各阶段造价。

3.合理使用费用定额

公路工程造价编制中,除直接工程费以外的其他多项费用,均按《公路基本建设工程投资估算编制办法》(以下简称《估算编制办法》)或《概算预算编制办法》中规定的计算方法及费率进行计算。各项费率应根据工程的实际情况取定。如行车干扰工程施工增加费,一般只有改建工程才有,它与公路改建时保持通车的昼夜交通量有关,但计算时应考虑自然分流的影响;否则,这项费用会比实际发生的费用大。若在直接工程费中考虑了一些临时工程,如修一个临时简易桥或临时道路分流,则行车干扰费应减少,甚至不计。

4.注意计价依据的时效性

计价依据是一定时期社会生产力的反映,而生产力是不断向前发展的。当社会生产力向前发展了,计价依据就会与已经发展了的社会生产力不相适应,因而,计价依据在具有稳定性的同时,也具有时效性。在编制造价时,应注意不要使用过时或作废的计价依据,以保证造价的准确合理性。

(三)技术与经济相结合

完成同一项工程,可有多个设计方案、多个施工方案。不同方案消耗的资源不同,因而其造价也不相同。编制造价时,在考虑技术可行的同时,应考虑各可行方案的经济合理性,通过技术比较、经济分析和效果评价,选择方案,确定造价。

二、工程造价的计价依据

(一)有关工程造价的经济法规、政策

有关工程造价的经济法规、政策,包括与建安工程造价相关的国家规定的建筑安装工程营业税率、城市建设税率、教育费附加费率;与进口设备价格相关的设备进口关税率、增值税率;与其他基建费中土地补偿相关的国家对征用各类土地所规定的各项补偿费标准等。

(二)设计图纸资料

设计图纸资料在编制造价时其作用主要表现在两个方面:一是提供计价的主要工程量,这

部分工程量一般是从设计图纸中直接摘取。二是根据设计图纸提出合理的施工组织方案，确定造价编制中有关费用的基础数据，计算相应的辅助工程和辅助设施的费用。

(三)工程定额

工程定额是指在正常施工条件下，完成规定计量单位的符合国家技术标准、技术规范(包括设计、施工、验收等技术规范)和计量评定标准，并反映一定时间施工技术和工艺水平所必需的人工、材料、施工机械台班(时)消耗量的额定标准。在建筑材料、设计、施工及相关规范等没有突破性的变化之前，其消耗量具有相对的稳定性。工程定额包括了施工定额、预算定额、概算定额和估算指标等，其定额名称、性质、特征及作用如表2-1-2所示。

定额的名称、性质、特征及作用 表2-1-2

工程定额名称	工程定额性质	主要特征	主要作用	编制和使用顺序
施工定额	企业生产定额	为了适应组织生产和管理的需要，施工定额的项目划分很细，是工程建设定额中分项最细、定额子目最多的一种定额	是工程建设定额中的基础性定额，是编制预算定额的重要依据	编制↑
预算定额	计价性的定额	预算定额是在编制施工图预算时，计算工程造价和计算工程中劳动、机械台班、材料需要量使用的一种定额	在工程委托承包的情况下，它是确定工程造价的主要依据；在招标承包的情况下，它是计算标底和确定报价的主要依据；预算定额则是概算定额或估算指标的编制基础，可以说预算定额在计价中是基础性定额	
概算定额	计价性的定额	概算定额是编制初步设计概算及修正设计概算时，计算和确定工程概算造价，计算劳动、机械台班、材料需要量所使用的定额。它的项目划分粗细，与初步设计的深度相适应。它是在预算定额基础上，对预算定额的综合扩大	概算定额是控制项目投资的重要依据，在工程建设的投资管理中有重要作用	
投资估算指标	计价性的定额	投资估算指标是在项目建议书和可行性研究报告阶段编制投资估算、计算投资需要量时使用的一种定额。它非常概略，往往以独立的单项工程或完整的工程项目为计算对象。它的概略程度与项目建议书和可行性研究相适应	它的主要作用是为项目决策和投资控制提供依据。投资估算指标往往根据历史的预、决算资料和价格变动等资料编制，但其编制基础仍然离不开预算定额、概算定额	↓使用

（四）费用定额

公路基本建设工程费用定额是公路工程建设项目在编制工程造价中，除人工、材料、机械消耗以外的其他费用需要量计算的标准，即是工程造价计价依据除工程定额以外各项费用计算的主要内容。公路工程费用定额在公路工程计价依据体系中占有很重要的地位，是编制新建或改建公路基本建设工程投资估算、设计概算及施工图预算配套使用的一种定额，也是正确计算建筑安装工程费，确定工程总造价不可缺少的标准。根据交通主管部门规定，现行公路工程费用定额包括有其他工程费定额、间接费定额、设备工具器具购置费定额以及工程建设其他费用中各项指标和定额等，费用定额的名称、内容如表 2-1-3 所示。

费用定额的名称及内容 表 2-1-3

费用定额的名称	费用定额的内容
其他工程费定额	其他工程费定额是工程定额以外，与建筑安装施工生产直接有关的各项费用的开支标准。由于其费用发生的特点不同，只能独立于工程定额之外，它是编制施工图预算、设计概算、投资估算以及招投标标底的依据。列入其他工程费的项目主要有冬雨季施工增加费、夜间施工增加费、特殊地区施工增加费、行车干扰工程施工增加费、安全及文明施工措施费、临时设施费、施工辅助费、工地转移费等九项
间接费定额	间接费定额是指施工企业按法律、法规、规章、规程规定，必须缴纳的费用及为组织施工生产和经营管理活动所必然发生的各项费用开支的标准。间接费包括规费和企业管理费。由于间接费的发生和施工任务的大小没有直接关系，因此通过间接费定额的管理，有效地控制间接费的发生是十分必要的
设备、工具、器具及家具购置费定额	设备、工具、器具及家具购置费包括设备购置费、工器具购置费、办公和生活用家具购置费。设备购置费定额是指为满足公路的运营、管理、养护需要，购置的达到固定资产标准的设备和虽低于固定资产标准但属于设计明确列入设备清单的设备的数量标准。工器具是指建设项目交付使用后，为满足初期正常营运必须购置的第一套不构成固定资产的设备、仪器、仪表、工卡模具、器具、工作台（框、架、柜）等。办公和生活用家具是指为保证新建、改建项目初期正常生产、使用和管理所必须购置的办公和生活用家具、用具
工程建设其他费用定额	是指独立于建筑安装工程、设备、工具、器具及家具购置之外的其他费用开支标准。工程建设的其他费用主要包括土地征用及拆迁补偿费、建设项目管理费等，这些费用的发生和整个项目的建设密切相关。其他费用定额是按各项独立费用分别制定的，以便合理控制这些费用的开支

（五）基础单价

基础单价是指工程建设中所消耗的劳动力、材料、机械台班以及设备工器具等单位价格的总称。

(1)劳动力的单位价格。是指建筑安装生产工人日工资单价，由生产工人基本工资、工资性补贴、辅助工资、职工福利费和劳动保护费等组成。

(2)材料单位价格。习惯称为材料的预算价格，是指材料(包括构件、成品、半成品、燃料、电等)从其来源地(或交货地点)到达施工工地仓库后的出库价格。

(3)施工机械台班单价。是各类施工机械使用台班的额定费用。

(4)设备费单价。是指各种进口设备、国产标准设备和国产非标准设备从其来源地(或交货地点)到达施工工地仓库后的出库价格。

(六)施工组织设计

施工组织设计是对工程施工的时间、空间、资源所作的全面规划和统筹安排，它包括施工方案的确定、施工进度的安排、施工资源的计划和施工平面的布置等内容。以上这些内容均涉及造价编制中有关费用的计算，如对同一施工任务可采用不同的施工方法，因而其工程费用会不相同；资源供应计划不同，施工现场的临时生产和生活设施就不会相同，因而相应的费用也不会相同；施工平面布置中堆场、拌和场的位置不同，则材料运距不同，因而其运费也不相同等。由以上可知，施工组织设计是造价编制中不可忽略的重要计价依据之一。

(七)工程量计算规则

工程量计算规则是计量工作的法规，它规定工程量的计算方法和计算范围。在公路工程中，工程量计算规则都是放在工程定额的说明中。在公路工程设计文件中均列有各分部分项工程的工程量，在编制造价时，对设计文件中提供的工程量进行复核，检查是否符合工程量计算规则，否则应按工程量计算规则进行调整。

(八)其他资料

在编制造价时，还会用到其他的一些资料，如某种型号钢筋的每米重量、土地平整中土体体积计算时的棱台公式、标准构件的尺寸等，这些资料应从一些工具书、标准图集中查阅。

第五节　公路工程造价编制的一般工作步骤

公路建设项目是由路基、路面、桥涵等不同功能结构的工程所组成的，而每一项工程又包含有众多的分部工程和分项工程，同时，项目建设还要受到建设环境和市场行情的影响。所以，对其造价的编制是一项十分繁琐而又细致的工作。为确保工程造价的编制质量，达到经济合理的目的，学习和研究工程造价的编制步骤是十分必要的。

工程造价的编制步骤和工作内容，概括起来就是：拟订工作方案，确定编制原则；在熟悉设计图表资料和施工现场的基础上，根据计价定额、指标，正确摘取工程量；了解施工方案和施工计划中的内容，确定先进合理、安全可靠的施工方法；进行工程造价的各种价格、费用的分析和累计计算，复核及审核，最后编写编制说明和出版等。上述各项工作内容，一部分是属于工程造价编制前的准备工作，它是编制工程造价的基础，一部分属于工程造价具体编制运作环节。只有做好了准备工作，有了可靠的基础资料，才能编好工程造价。所以，重视做好工程造价编制前的各项资料的收集和准备，是按质、按期完成工程造价编制工作的重要前提和必要条件。

工程造价编制流程见图 2-1-5。其具体内容对不同阶段的造价有所不同，将在以后各章节中详细介绍。

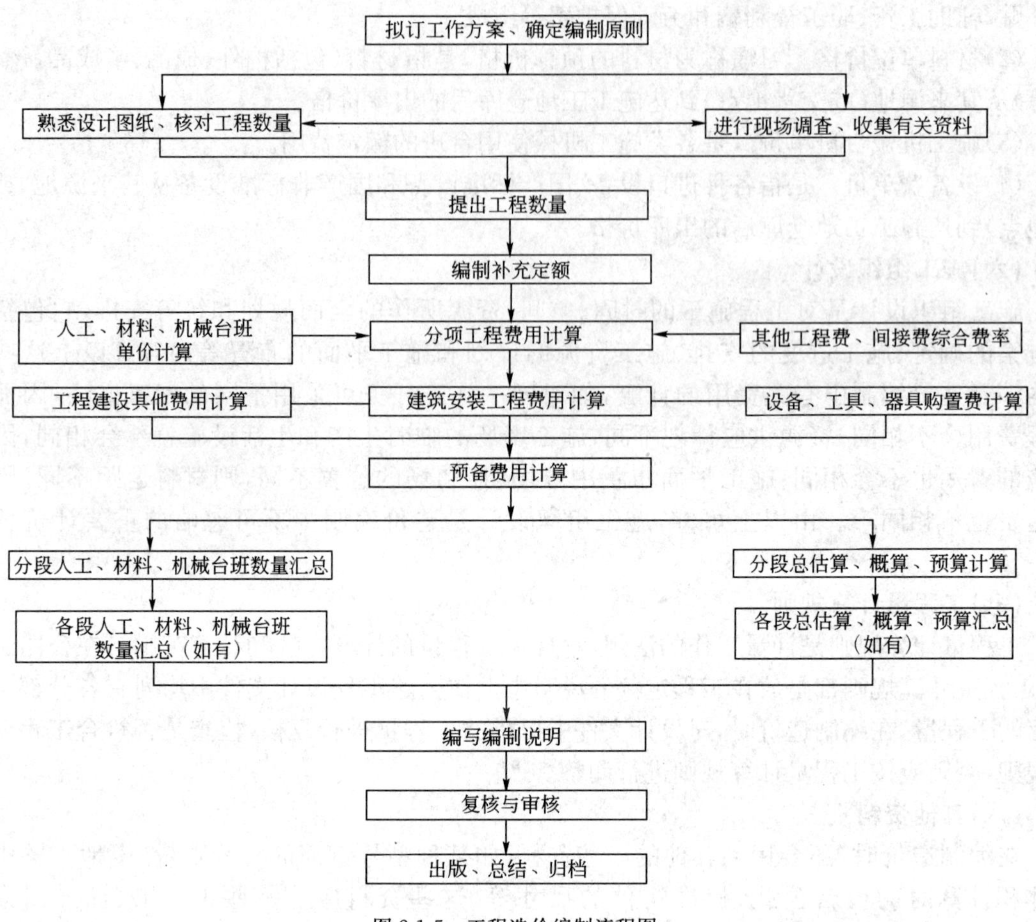

图 2-1-5　工程造价编制流程图

第二章　建筑安装工程费

建筑安装工程费是直接用于形成工程实体所发生的费用，包括直接费、间接费、利润及税金，下面分别介绍各项费用的计算。

第一节　直　接　费

直接费由直接工程费、其他工程费组成。

一、直接工程费

直接工程费是指施工过程中耗费的构成工程实体和有助于工程形成的各项费用，包括人工费、材料费、施工机械使用费。

1.人工费

(1)人工费的内容

人工费系指列入概算预算定额的直接从事建筑安装工程施工的生产工人开支的各项费用，以概算预算定额人工工日数和每工日人工费计算，即：

$$人工费=\sum(实物工程数量\times定额人工工日数\times人工费单价) \tag{2-2-1}$$

人工费中包括生产工人的基本工资、工资性津贴、辅助工资、职工福利费等。

①基本工资系指发放生产工人的基本工资、流动施工津贴和生产工人劳动保护费，以及为职工缴纳的养老、失业、医疗保险费和住房公积金等。生产工人劳动保护费系指按国家有关部门规定标准发放的劳动保护用品的购置费及修理费、徒工服装补贴、防暑降温费、在有碍身体健康环境中施工的保健费用等。

②工资性津贴系指按规定标准发放的物价补贴，煤、燃气补贴，交通费补贴，地区津贴等。地区生活补贴和工资性津贴系由各省、自治区、直辖市公路(交通)工程定额(造价管理)站根据当地人民政府的有关规定核定后公布执行，并抄送部公路工程定额站备案。

③生产工人辅助工资系指生产工人年有效施工天数以外非作业天数的工资，包括开会和执行必要的社会义务时间的工资，职工学习、培训期间的工资，调动工作、探亲、休假期间的工资，因气候影响停工期间的工资，女工哺乳时间的工资，病假在6个月以内的工资及产、婚、丧假期的工资。

④职工福利费系指按国家规定标准计提的职工福利费。

(2)人工费的计算

公路工程生产工人每工日人工费按如下公式计算：

$$\begin{aligned}人工费(元/工日)=&[基本工资(元/月)+地区生活补贴(元/月)+工资性津贴(元/月)]\times\\&(1+14\%)\times12月\div240(工日)\end{aligned} \tag{2-2-2}$$

式中各项说明如下。

①生产工人基本工资:按不低于工程所在地政府主管部门发布的最低工资标准的1.2倍计算。

②地区生活补贴:指国家规定的边远地区生活补贴、特区补贴。

③工资性津贴:指物价补贴,煤、燃气补贴,交通费补贴、住房补贴等。

以上各项标准由各省、自治区、直辖市公路(交通)工程造价(定额)管理站根据当地人民政府的有关规定核定后公布执行,并抄送交通运输部公路局备案,并应根据最低工资标准的变化情况,及时调整公路工程生产工人工资标准。

人工费单价仅作为编制概算预算的依据,不作为施工企业实发工资的依据。

2.材料费

(1)材料费的计算

材料费是指施工过程中耗用的,构成工程实体的原材料、辅助材料、构(配)件、零件和半成品、成品的用量以及周转材料的摊销量,按工程所在地的材料预算价格计算的费用,即:

材料费=∑[实物工程数量×(定额材料用量×材料预算价格+其他材料费)]　　(2-2-3)

其中,实物工程数量从设计资料中摘取;定额材料用量、其他材料费等均从工程定额、指标中查得,材料预算价格按下述方法计算。

(2)材料预算价格的计算

材料预算价格系指材料从来源地或交货地到达工地仓库或施工地点堆放材料的地方后的综合平均价格,因此由材料的原价、运杂费、场外运输损耗、采购及仓库保管费四部分组成。由于建筑材料的品种规格多、来源渠道多、工程种类多、施工分散点多,故根据公路建设工程的实践和以上的特点,不论用于哪类工程的材料,对构成材料预算价格的各个因素,一般均以一个建设项目为对象,作为综合计算的依据。这样有利于规范各类工程及其分部分项工程材料费的计算。材料预算价格的计算公式如下:

材料预算价格=(材料原价+运杂费)×(1+场外运输损耗率)×
(1+采购及仓库保管费率)-包装品的回收价值　　(2-2-4)

①材料原价

公路建设工程所耗用的各种建筑材料,可分为外购材料、地方性材料和自采材料三部分,其材料原价可按下列要求计算。

a.外购材料

外购材料主要是国家或地方的工业产品,如水泥、钢材、木材、沥青、油燃料、化工产品、民用爆破器材、五金及构(配)件等,应按工业产品出厂价格或供销部门的供应价格计算。若一种材料有多个价格,应取加权平均价,并根据实际情况加计供销部门手续费和包装费。

材料供销部门手续费是指材料不能向生产厂家直接采购订货供应,必须经过物资部门或供销部门供应时,按规定支付给物资部门或供销部门的附加手续费。供销部门手续费标准,应按国家规定计算,其计算式为:

供销部门手续费=原价×供销部门手续费率　　(2-2-5)

或:　供销部门手续费=材料净重×供销部门手续费(元/t)　　(2-2-6)

供销部门手续费可参考表2-2-1取值。

包装费是指为便于材料的运输或为保护材料免受损坏而进行包装所需要的费用。包括包装材料的折旧摊销及水运、陆运中的支撑、篷布摊销等费用。

凡由生产厂家负责包装者，其包装费已计入材料原价内的，不再另行计算包装材料费，并应扣回包装器材的回收价值。

供销部门手续费取值表 表 2-2-1

序　号	材料名称	费　率	备　注
1	金属材料	2.5	包括有色金属、黑色金属、生铁
2	木材	3.0	包括竹、胶合板
3	电器材料	1.8	
4	化工材料	2.0	包括液体橡胶及制品
5	轻工产品	3.0	
6	建筑材料	3.0	包括一、二、三类物资

如用户自备周转使用包装容器的，按下列公式计算包装费：

$$包装费=\frac{包装材料原价\times(1-回收率\times回收残值率)+使用期维修费}{周转使用次数\times包装器材标准容量} \tag{2-2-7}$$

b. 地方性材料

地方性材料主要是当地乡镇等企业统一开采加工出售的石灰、砂、石等建筑材料，按实际调查价格或当地主管部门规定的预算价格计算。若品种规格与设计要求不符，需要加工改制时，可参照《预算定额》中“材料采集及加工”的规定，增加其改制加工的费用，作为供应价格。

c. 自采材料

自采材料主要是由施工单位自行开采加工的砂、石、土及黏土等材料。根据建设工程沿线开采条件，按定额中开采单价加辅助生产间接费和矿产资源税(如有)计算。若开采的料场需开挖盖山土石方时，可将其综合分摊在料场价格内，以简化计算工作。至于发生的料场征地赔偿费和复耕费应计入征地补偿费中。

②运杂费

a. 运杂费的确定

运杂费是指材料自供应点或产地至工地仓库或施工现场堆放材料的地点的一切费用，包括装卸费、运费，如有发生，还应计囤存费及其他杂费(如过磅、检签、支撑加固路桥通行等费用)。材料的运输流程见图 2-2-1。

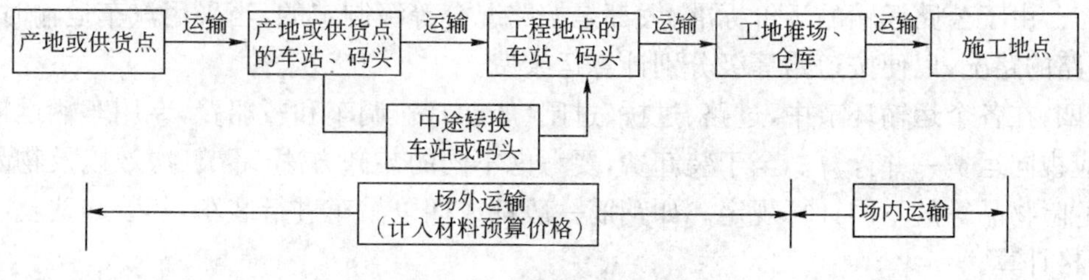

图 2-2-1　材料运输流程图

运杂费的计算中，运距和运价的确定是关键。

运距的确定：从材料的运输流程图可见，运距应从材料来源地算到工地堆放地点，因此运距的确定其实关键是运距终点的取定。一般情况下，运距终点可根据施工组织设计中的施工平面规划来确定，如果施工组织设计不能提供工地仓库和堆料场位置时，材料终点位置为：路线工程为路线中心点里程桩号，大中桥或独立桥梁工程为桥梁中心桩号。

运价的确定:分社会运输和自办运输两种情况。社会运输即通过公路、铁路、水运等部门运输,按铁路、航运和当地交通部门规定的运价计算运费。自办运输是在施工企业根据公路建设项目所在地交通不便,社会运力缺乏的情况下,结合本企业运输能力而组织材料运输的一种运输方式。自办运输运费的确定,应按《概算预算编制办法》的规定进行。

第一,单程运距。15km 以上的长途汽车运输,按当地交通部门规定的统一运价计算运费。

第二,5～15km 以内的汽车运输,按当地交通部门规定的统一运价计算运费。

第三,单程运距 5km 及以内的汽车运输以及人力场外运输,按预算定额计算运费,其中人力装卸和运输另按人工费加计辅助生产间接费。

第四,当工程所在地交通不便、社会运输力量缺乏时,如边远地区和某些山岭区,允许按当地交通部门规定的统一运价加 50%计算运费。

b. 注意事项

第一,凡有容器或包装材料及长大轻浮材料,应按《概算预算编制办法》规定的系数计算运杂费,见表 2-2-2。

材料毛质量系数及单位毛质量表 表 2-2-2

材 料 名 称	单 位	毛质量系数	单位毛质量
爆破材料	t	1.35	—
水泥、块状沥青	t	1.01	—
铁钉、铁件、焊条	t	1.10	—
液体沥青、液体燃料、水	t	桶装 1.17,油罐车装 1.00	—
木料	m^3	—	1.000 t
草袋	个	—	0.004 t

第二,一种建筑材料若有两个以上的供应点时,都应根据不同的运距、运量、运价采用加权平均法计算运杂费。但通常都先计算出加权平均运距,然后再计算费用,这样量价分离就有利于规范材料运杂费的计算行为。若分标段编制工程造价文件时,则应以各标段作为计算加权平均运距的依据。同时,在按上述要求计算加权平均运距时,不得在工地仓库或堆料场之外,再加场内运输运距或二次倒运的运距,因为定额中已计入“工地小搬运”项目。

第三,由于公路运输的运价标准,大都是按路况分等级制定的,当采用汽车运输时,要注意了解道路的路况,以便按道路等级分别计算运杂费。

第四,在各个运输环节中,过路、过桥、过闸(船舶)费,调车和驳船费,专用车辆运输增加费等,均应视同运费一并计算。至于装卸费,要考虑不同的装卸方法、环节、次数以及物品的单件重量、危险物品等的不同计算规定。如钢筋一般都成捆以吊车进行装车,其装卸费就应按吊车装吊价格计算。

第五,砂、石材料的运输,无论是施工单位自办运输还是社会运输,原则上均应按当地交通运输部门规定的运价计算,其装卸费则应按《预算定额》中“材料运输”的相应装卸定额计算,采用人工装卸的应加计辅助生产间接费。若采用汽车台班定额计算时,应按相应规定执行,如长短途的界定等。

第六,在不能采用各种运输工具运输建筑材料的条件下,可按人工运输定额计算并加计辅助生产间接费。

运杂费的计算是比较复杂繁琐的，因为存在运输里程、运输方法、运价标准和计费方式的不同，而一般建筑材料又有多个运输环节，所以除应正确选择材料来源地以缩短运距外，还应综合考虑其他因素，如运输方式、运输条件是否方便等，这对降低材料预算价格有着特别重要的现实意义。

③场外运输损耗

场外运输损耗是指有些材料在正常的运输过程中所发生的损耗。

$$场外运输损耗=(材料的供应价格+运杂费)\times场外运输损耗率 \tag{2-2-8}$$

场外运输损耗率可参考表2-2-3。

场外运输损耗率 表2-2-3

材料名称		场外运输(包括一次装卸)	每增加一次装卸
块状沥青		0.5	0.2
石屑、碎砾石、砂砾、煤渣、工业废渣、煤		1.0	0.4
砖、瓦、桶装沥青、石灰、黏土		3.0	1.0
草皮		7.0	3.0
水泥	袋装①	1.0	0.4
	散装	1.0	0.4
砂	一般地区	2.5	1.0
	多风地区	5.0	2.0

注：①汽车运水泥如果运距超过500km时，增加损耗率：袋装0.5%。

④材料采购及仓库保管费

材料采购及仓库保管费是指材料供应部门(包括工地仓库以及各处材料管理部门)在组织采购、供应和保管材料的过程中，所需的各项费用及工地仓库材料储存损耗。

$$材料采购及仓库保管费=(材料供应价格+运杂费+场外运输损耗)\times采购保管费率 \tag{2-2-9}$$

材料的采购保管费率为2.5%。

外购的构件、成品及半成品的预算价格，其计算方法与材料相同，但构件(如外购的钢桁梁、钢筋混凝土构件及加工钢材等半成品)的采购保管费率为1%。

商品混凝土预算价格的计算方法与材料相同，但其采购保管费率为0。

⑤包装品的回收价值

如主管部门有规定者，应按规定计算。例如公路工程概预算编制办法规定：桶装沥青、汽油、柴油，按每吨摊销一个旧汽油桶计算包装费(不计回收)。如无规定时，可参考表2-2-4数据计算。

包装品的回收价值 表2-2-4

包装品的种类	回收量	回收价值
木材制品包装	70%	原价的20%
铁桶、铁皮、铁丝制品包装	铁桶95%，铁皮50%，铁丝20%	原价的50%
纸皮、纤维品包装	60%	原价的50%
草绳、草袋制品包装	0	0

3.施工机械使用费

施工机械使用费是指列入概算预算定额的施工机械台班数量，按相应机械台班费用定额计算的施工机械使用费和小型机具使用费，即：

$$机械使用费=\sum\{实物工程量\times(定额机械台班数量\times 机械台班预算价格+小型机具使用费)\} \quad (2\text{-}2\text{-}10)$$

其中：实物工程量从设计资料中摘取；定额机械台班数量、小型机具使用费从工程定额、指标中查得；施工机械台班预算价格，应按交通部公布的《公路工程机械台班费用定额》(JTG/T B06-03—2007)(以下简称《机械台班费用定额》)计算。在编制公路工程造价时，不得采用社会租赁台班单价计价。

施工机械台班预算价格，应按《机械台班费用定额》计算，不变费用包括折旧费、大修理费、经常修理费、安装拆卸及辅助设施费等；可变费用包括机上人员人工费、动力燃料费、养路费及车船使用税。可变费用中的人工工日数及动力燃料消耗量，应以机械台班费用定额中的数值为准。台班人工费工日单价同生产工人人工费单价。动力燃料费用则按材料费的计算规定计算。施工机械台班预算价格公式如下：

施工机械台班预算价格＝不变费用×调整系数＋可变费用

＝不变费用×调整系数＋(定额人工消耗量×人工单价＋定额燃料、动力消耗量×燃料、动力单价＋运输机械的养路费、车船使用税和保险费)　(2-2-11)

其中不变费用部分，除青海、新疆、西藏可按其省、自治区交通厅批准的调整系数进行调整外，其他地区均应以定额规定的数值为准，即调整系数为1；可变费用中人工工日预算价格同生产工人的人工费单价，动力燃料的预算价格，则按材料预算价格计算方法计算。运输机械的养路费、车船使用税和保险费，应按当地政府规定的征收范围和标准计算。

在计算施工机械台班预算价格时，要注意以下几个问题。

(1)当工程用电为自发电时，电动机械每度(kW·h)电的预算价格，应按《机械台班费用定额》计算所选定的发电机组的台班预算价格，然后按下列近似公式进行换算确定。

$$A = 0.24K/N \quad (2\text{-}2\text{-}12)$$

式中：A——每度(kW·h)电单价，元/度；

K——发电机组的台班单价，元/台班；

N——发电机组的总功率，kW。

若采用多台发电机组联合发电时，应将其价格和功率分别汇总，作为计算依据。

【例2-2-1】　自发电预算价格的计算示例

某工程施工用电采用自发电，拟采用250kW的柴油发电机组发电，已知人工单价为50元/工日，柴油的预算价格为5.0元/kg，试确定电的预算价格。

解：①确定发电机组的台班预算价格

根据《机械台班费用定额》得：

不变费用＝433.53元/台班

人工＝2工日，柴油＝291.21kg

则可变费用＝2×50＋291.21×5＝1 556.05元

台班预算价格＝433.53＋1 556.05＝1 989.58元/台班

②按公式计算电的预算价格

$$电的预算价格=0.24K/N=0.24\times\frac{1\,989.58\text{元/台班}}{250\text{kW}}=1.91\text{元/度}$$

(2)当工程用电采用电网供电时，则应计算电能损耗。

①如施工用电从主降压、变压器的高压侧按电表计量收费时，要计算变配设备和配电线路的损耗，一般为6%～10%。线路质量好，供电距离短，用电负荷比较均匀，采用低限值，反之则取高限值。

②若从电网供电变电站出线侧计量收费时，则还应计算主变压器高压侧的高压线路(指35kV·A及以上的电压等级)的损耗，一般为4%～6%。

③当两者都要计算时，其综合电能损耗可按17%计算。

(3)当同时使用自发电和电网供电时，可按各自供电的电动机械的总功率所占的比重计算综合电价，也可按各自供电时间的长短作为计算综合电价的依据。

(4)运输机械的养路费、车船使用税和保险费，应按当地政府规定的征收范围和标准计算，其计算公式如下。

台班养路费、车船使用税和保险费=[养路费(元/月吨)×吨位×12+车船使用税(元/年)×吨位+保险费(元/年)]÷年工作台班　　(2-2-13)

年工作台班按《机械台班费用定额》计算，见表2-2-5。

年工作台班参考表　　表2-2-5

机 械 种 类	年工作台班
沥青洒布车、标(画)线设备	150台班
平板拖车组	160台班
路面清扫车、道路养护车、高空作业车、工程修理车	180台班
轮胎式推土机、自行式平地机、轮胎式拖拉机、沥青运输车、散装水泥车、混凝土搅拌运输车、混凝土输送泵车、运(加)油汽车、洒水汽车、轮胎式起重机、汽车式起重机、汽车式钻机	200台班
自卸汽车、起重船	210台班
机动翻斗车、手扶式拖拉机、打桩船、混凝土搅拌船	220台班
轮胎式单斗挖土机、内燃拖轮、工程驳船、泥浆船、抛锚船、机动艇	230台班
轮胎式装载机、载货汽车	240台班

在编制各设计阶段的公路工程造价文件的过程中，除投资估算不需计算施工机械台班的预算价格外，其余都要分别编制人工、材料、施工机械台班的预算价格。其计算的原则、方法和表现形式都是一样的。其中材料和施工机械台班的预算价格，是采用表格化的形式计算确定的。因此，特设置了三大计算表，即材料预算单价计算表、自采材料料场价格计算表、机械台班单价计算表，是工程造价文件的组成部分，在运作过程中，不得随意修改表格的形式和内容。人工、材料、施工机械台班预算价格，不论是编制哪个阶段的造价文件，都要取两位小数。

【例2-2-2】 一般材料预算价格的计算示例

某工程需要钢筋，其供应价为3 300元/t，供应点距施工现场堆放地点的距离为30km，每t·km运价为0.5元，装卸费为1.1元/t，求钢筋的预算价格。

解:材料预算价格=(材料供应价格+运杂费)×(1+场外运输损耗率)×(1+采购及仓库保管费率)−包装的回收价值

钢筋的运杂费=30×0.5+1.1=16.1元/t

钢筋的场外运输损耗率为0，材料的采保费率为2.5%。

钢筋的预算价格=(3 300+16.1)×(1+2.5%)=3 399元/t

【例2-2-3】 材料预算价格中运距、运量加权计算示例

某工程需要某种材料，经调查有A、B、C三个供应地点，A地的供应价为45元/t，可供量为25%；B地的供应价为52元/t，可供量为35%；C地的供应价为49元/t，可供量为40%。运输方式为汽车运输，单位运价为0.5元/km，装卸费为1.0元/t。A地离工地材料堆场的距离为20km，B地离工地材料堆场的距离为24km，C地离工地材料堆场的距离为17km，材料不需包装，场外运输损耗率为2%，供销部门手续费不计。试计算材料的预算价格。

解：①综合供应价的确定

当一种材料有几个供应价时，应按其所占的比重计算加权平均供应价。

综合供应价=45×25%+52×35%+49×40%=49.05元/t

②综合运距的确定

当一种材料采用同一运输方式但运输距离不同时，应按其所占的比重计算加权平均运距。

综合运距=20×25%+24×35%+17×40%=20.2km

③运杂费的确定

运杂费=20.2×0.5+1.0=11.1元/t

④预算价格的确定

预算价格=(49.05+11.1)×(1+2%)×(1+2.5%)=62.89元/t

【例2-2-4】 人工单价、自采材料价格及机械台班单价的计算示例

在编制某公路工程材料预算单价时，地方性材料考虑为施工企业自采加工。已知工程所在地政府主管部门发布的最低工资标准为480元/月，工资性津贴55元/人月，地区生活补贴不计。该地区公路工程造价站公布的几种常用建筑材料的预算价格如表2-2-6所示。根据施工组织设计，石料场至工地平均运距100m，采用手推车运输，试计算片石的预算单价。

建筑材料预算单价表 表2-2-6

材料规格或名称	单 位	预算单价(元)	材料规格或名称	单 位	预算单价(元)
汽油	kg	5.5	硝铵炸药	kg	6
柴油	kg	5.0	导火线	m	1
空心钢钎	kg	7.0	普通雷管	个	0.8
合金钻头	个	30	煤	t	265

解：据题意可知，片石采用施工企业自行开采的方式，因此片石预算价格中的供应价格应是料场价格(本例不计矿产资源税)，即：

片石原价=料场价格=定额开采价+辅助生产间接费

辅助生产间接费=开采人工费×5%

定额开采价应根据《预算定额》第八章"材料采集及加工"确定。查《预算定额》第八章"材料采集及加工"第8-1-6节"开采片石、块石"，见表2-2-8。可见除人工单价和空压机的台班预算单价应通过计算确定外，其他的材料单价题中已给出，因此先计算人工单价和空压机的台班预算单价，然后再计算定额开采价和片石的预算单价。

①计算人工单价

人工预算单价(元/工日)=[基本工资(元/月)+地区生活补助(元/月)
+工资性津贴(元/月)]×(1+14%)×12(月)÷240(工日)

则： 人工预算单价=(480×1.2+55)×(1+14%)×12÷240=35.97 元/工日

②计算 $9m^3/min$ 机动空压机的台班预算单价

查《机械台班费用定额》动力机械部分,见表 2-2-7,得 $9m^3/min$ 机动空压机的定额代号为 1 842,其台班费用如下。

不变费用:203.06 元/台班

可变费用:人工　1 工日

柴油:60.34kg

则 $9m^3/min$ 机动空压机台班单价=203.06+1×35.97+60.34×5.0=540.73 元/台班

动力机械台班费用定额　　表 2-2-7

<table>
<tr><td colspan="3">序　号</td><td>622</td><td>623</td><td>624</td><td>625</td><td>626</td></tr>
<tr><td colspan="3">代　号</td><td>1841</td><td>1842</td><td>1843</td><td>1844</td><td>1845</td></tr>
<tr><td colspan="2" rowspan="4">费用项目</td><td rowspan="4">单位</td><td colspan="5">空气压缩机</td></tr>
<tr><td colspan="5">机动</td></tr>
<tr><td colspan="5">排气量(m³/min)</td></tr>
<tr><td>6 以内</td><td>9 以内</td><td>12 以内</td><td>17 以内</td><td>40 以内</td></tr>
<tr><td rowspan="5">不变费用</td><td>折旧费</td><td>元</td><td>49.56</td><td>65.44</td><td>69.97</td><td>77.11</td><td>215.84</td></tr>
<tr><td>大修理费</td><td>元</td><td>23.13</td><td>30.54</td><td>32.65</td><td>32.13</td><td>89.01</td></tr>
<tr><td>经常修理费</td><td>元</td><td>80.72</td><td>106.58</td><td>113.95</td><td>112.13</td><td>275.93</td></tr>
<tr><td>安拆及辅助费</td><td>元</td><td>0.45</td><td>0.50</td><td>0.75</td><td>3.08</td><td>4.63</td></tr>
<tr><td>小计</td><td>元</td><td>153.86</td><td>203.06</td><td>217.32</td><td>224.45</td><td>585.41</td></tr>
<tr><td rowspan="9">可变费用</td><td>工人</td><td>工日</td><td>1</td><td>1</td><td>1</td><td>1</td><td>1</td></tr>
<tr><td>汽油</td><td>kg</td><td></td><td></td><td></td><td></td><td></td></tr>
<tr><td>柴油</td><td>kg</td><td>43.89</td><td>60.34</td><td>70.63</td><td>96.00</td><td>226.29</td></tr>
<tr><td>煤</td><td>kg</td><td></td><td></td><td></td><td></td><td></td></tr>
<tr><td>电</td><td>kW·h</td><td></td><td></td><td></td><td></td><td></td></tr>
<tr><td>水</td><td>t</td><td></td><td></td><td></td><td></td><td></td></tr>
<tr><td>木柴</td><td>kg</td><td></td><td></td><td></td><td></td><td></td></tr>
<tr><td></td><td></td><td></td><td></td><td></td><td></td><td></td></tr>
<tr><td>养路费及车船税</td><td>元</td><td></td><td></td><td></td><td></td><td></td></tr>
<tr><td colspan="2">基价</td><td>元</td><td>418.12</td><td>547.93</td><td>612.61</td><td>744.05</td><td>1 743.43</td></tr>
</table>

③计算片石料场单价

片石采用机械开采,查《预算定额》第八章“材料采集及加工”第 8-1-6 节“开采片石、块石”,即 8-1-6-(2),见表 2-2-8。

人工费=(39.2×35.97)÷100=14.10 元/m^3

辅助生产间接费=人工费×5%=14.10×5%=0.71 元

材料费=Σ材料消耗指标×材料预算单价

$=(2.1\times7.0+3.0\times30+20.4\times6+52\times1+49\times0.8)\div100$

$=3.18$ 元/m^3

8-1-6 开采片石、块石 表 2-2-8

工程内容 片石 开采:打眼、爆破、撬石、锲开、解小、码方

捡清:撬石、解小、码方

块石 开采:打眼、爆破、楔开、劈石、粗清、码方

捡清:选石、劈石、粗清、码方

单位:100m^3 码方

顺序号	项目	单位	代号	片石			块石		
				人工开采	机械开采	捡清	人工开采	机械开采	捡清
				1	9	3	4	5	6
1	人工	工日	1	68.5	39.2	27.7	202.5	118.4	101.0
2	钢钎	kg	211	3.5	—	—	3.0	—	—
3	空心钢钎	kg	212	—	2.1	—	—	0.9	—
4	合金钻头	个	213	—	3.0	—	—	3.0	—
5	硝铵炸药	kg	841	20.4	20.4	—	11.9	11.9	—
6	导火线	m	842	52	52	—	36	36	—
7	普通雷管	个	845	49	49	—	35	35	—
8	煤	t	864	0.024	—	—	0.018	—	—
9	9m^3/min 空压机	台班	1 842	—	1.31	—	—	3.95	—
10	小型机具使用费	元	1 998	—	54.9	—	—	165.3	—
11	基价	元	1 999	3 596	2 996	1 363	10 109	8 368	4 969

机械费$=\sum$机械台班消耗指标$\times$机械台班单价

$=(1.31\times540.73+54.9)\div100$

$=7.63$ 元/m^3

片石料场单价=人工费+材料费+机械费+辅助生产间接费

$=14.10+3.18+7.63+0.71$

$=25.62$ 元/m^3

④计算片石预算单价

片石原价即为料场单价:25.62 元/m^3

运杂费计算如下。

查《预算定额》第九章"材料运输"第 9-1-2 节"手推车运输"(表 2-2-9),片石装卸定额为 9-1-2-7,片石推运定额为 9-1-2-8。

9-1-2 手推车运输 表 2-2-9

工程内容 1)装料;2)推运;3)卸料;4)空回 单位:100m^3

顺序号	项目	单位	代号	土、砂、石屑		黏土		砂砾、碎(砾)石、碎(砾)石土		片石、大卵石	
				100m^3							
				装卸	推运 10m	装卸	推运 10m	装卸	推运 10m	装卸	推运 10m
				1	2	3	4	5	6	7	8
1	人工	工日	1	9.1	0.7	11.2	0.7	13.1	0.8	17.3	1.0
2	基价	元	1999	448	34	551	34	645	39	851	49

则：　　运杂费＝(17.3×35.97＋1.0×10×35.97)÷100＝9.82 元/m³

辅助生产间接费＝9.82×5%＝0.49 元

单位运杂费＝9.82＋0.49＝10.31 元/m³

原价运杂费合计＝25.62＋10.31＝35.93 元/m³

片石场外运输损耗率为零，采保费率 2.5%。

采保费＝35.93×2.5%＝0.90 元

则片石预算单价＝35.93＋0.90＝36.83 元/m³

【例 2-2-5】 直接工程费计算示例

某跨径 20m 以内石拱桥，其浆砌块石拱圈工程量为 300m³，若人工单价为 50 元/工日，原木的预算价格为 1 100 元/ m³，锯材的预算价格为 1 300 元/ m³，铁钉的预算价格为 7 元/kg，铁丝的预算价格为 6.5 元/kg，32.5 级水泥的预算价格为 320 元/t，水的预算价格为 0.5 元/m³，中(粗)砂的预算价格为 60 元/m³，块石的预算价格为 90 元/m³，试求浆砌块石拱圈的直接工程费。

解：查《预算定额》第四章“桥涵工程”，定额号为 4-5-3，如表 2-2-10 所示。

4-5-3　浆砌块石(单位：10m³)　　　　表 2-2-10

工程内容　1)选、修、洗石料；2)搭、拆、脚手架、踏步或井字架；3)配、拌、运砂浆；4)砌筑；5)勾缝；6)养生

顺序号	项　目	单位	代号	拱圈 跨径(m) 20 以内	拱圈 跨径(m) 50 以内	锥坡、沟、槽、池	填腹石 实体式墩 高度(m) 10 以内	填腹石 实体式墩 高度(m) 20 以内	填腹石 实体式台、墙 高度(m) 10 以内	填腹石 实体式台、墙 高度(m) 20 以内
				8	9	10	11	12	13	14
1	人工	工日	1	19.3	21.1	16.2	15.2	16.9	12.4	13.7
2	M5 水泥砂浆	m³	65	—	—	(2.70)	—	—	(2.70)	(2.70)
3	M7.5 水泥砂浆	m³	66	(2.70)	(2.70)	—	(2.70)	(2.70)	—	—
4	M10 水泥砂浆	m³	67	(0.11)	(0.07)	(0.17)	—	—	—	—
5	原木	m³	101	0.012	0.025	—	0.011	0.010	0.003	0.003
6	锯材	m³	102	0.016	0.019	—	0.049	0.009	0.016	0.003
7	铁钉	kg	653	0.1	0.1	—	0.3	0.1	0.1	—
8	8～12 号铁丝	kg	655	1.5	2.4	—	1.8	0.3	0.6	0.1
9	32.5 级水泥	t	832	0.751	0.741	0.643	0.718	0.718	0.589	0.589
10	水	m³	866	15	14	18	7	7	7	7
11	中(粗)砂	m³	899	3.06	3.02	3.21	2.94	2.94	3.02	3.02
12	块石	m³	981	10.50	10.50	10.50	10.50	10.50	10.50	10.50
13	其他材料费	元	996	4.5	4.5	1.2	5.6	7.0	2.8	3.1
14	30kN 以内单筒慢速卷扬机	台班	1499	—	—	—	—	0.90	—	0.90
15	基价	元	1999	2 328	2 435	2 104	2 214	2 306	1 936	2 051

注：表内数字带“(　)”者，表示基价中未包括其价值。

定额表中砌筑砂浆为 M7.5，设计与定额相同，故可直接套用定额。

因定额单位 $10m^3$，则 $300m^3=300\div10=30$ 个定额单位，300 m^3 浆砌块石拱圈工、料、机消耗量为：

人工　　$19.3\times30=579$ 工日

原木　　$0.012\times30=0.36m^3$

锯材　　$0.016\times30=0.48m^3$

铁钉　　$0.1\times30=3kg$

8～20 号铁丝　　$1.5\times30=45kg$

32.5 级水泥　　$0.751\times30=22.53t$

水　　$15\times30=450m^3$

中(粗)砂　　$3.06\times30=91.8m^3$

块石　　$10.5\times30=315m^3$

其他材料费　　$4.5\times30=135$ 元

$$直接工程费=579\times50+0.36\times1100+0.48\times1300+3\times7+45\times6.5+22.53\times320+450\times0.5+91.8\times60+315\times90+135=71711.1 元$$

二、其他工程费

1.工程类别划分

由于其他工程费、间接费是根据工程项目的直接工程费和直接费为基数，以规定的费率计算的，而工程项目内容千差万别，无法个别地按各具体工程项目来制定费率标准。因此，只能将性质相近的工程项目合并成若干类别来制定费率。《概算预算编制办法》规定，其他工程费、间接费取费标准的工程类别，可划分为如下 13 类，见表 2-2-11。

工程类别划分表　　表 2-2-11

工程类别	内容
(1)人工土方	系指人工施工的路基、改河等土方工程，以及人工施工的砍树、挖根、除草、平整场地、挖盖山土等工程项目，并适用于无路面的便道工程
(2)机械土方	系指机械施工的路基、改河等土方工程，以及机械施工的砍树、挖根、除草等工程项目
(3)汽车运输	系指汽车、拖拉机、机动翻斗车等运送的路基、改河土(石)方，路面基层和面料混合料，水泥混凝土及预制构件，绿化苗木等。购买路基填料的费用不作为其他工程费和间接费的计算基数
(4)人工石方	系指人工施工的路基、改河等石方工程，以及人工施工的挖盖山石项目
(5)机械石方	系指机械施工的路基、改河等石方工程(机械打眼即属机械施工)
(6)高级路面	系指沥青混凝土路面、厂拌沥青碎石路面和水泥混凝土路面的面层
(7)其他路面	系指除高级路面以外的其他路面的面层，各等级路面的基层、底基层、垫层、透层、黏层、封层，采用结合料稳定的路基和软土等特殊路基处理等工程，以及有路面的便道工程

续上表

工程类别	内　　容
(8)构造物Ⅰ	系指无夜间施工的桥梁、涵洞、防护(包括绿化)及其他工程,交通工程及沿线设施工程(设备安装及金属标志牌、防撞钢护栏、防眩板(网)、隔离栅、防护网除外),以及临时工程中的便桥、电力电信线路、轨道铺设等工程项目
(9)构造物Ⅱ	系指有夜间施工的桥梁工程
(10)构造物Ⅲ	系指商品混凝土(包括沥青混凝土和水泥混凝土)的浇筑和外购构件及设备的安装工程。商品混凝土和外购构件及设备的费用不作为其他工程费和其他工程费和间接费的计算基数
(11)技术复杂大桥	系指单孔跨径在120m以上(含120m)和基础水深在10m以上(含10m)的大桥主桥部分的基础、下部和上部工程
(12)隧道	系指隧道工程的洞门及洞内土建工程
(13)钢材及钢结构	系指钢桥及钢索吊桥的上部构造,钢沉井、钢围堰、钢套箱及钢护筒等基础工程,钢索塔,钢锚箱,钢筋及预应力钢材,模数式及橡胶板式伸缩缝,钢盆式橡胶支座,四氟板式橡胶支座,金属标志牌、防撞钢护栏、防眩板(网)、隔离栅、防护网等工程项目

2.其他工程费的计算

其他工程费系指直接工程费以外施工过程中发生的直接用于工程的费用,内容包括冬季施工增加费、雨季施工增加费、夜间施工增加费、特殊地区施工增加费、行车干扰工程施工增加费、安全及文明施工措施费、临时设施费、施工辅助费、工地转移费等九项。公路工程中的水电费及因场地狭小等特殊情况而发生的材料二次搬运等其他工程费已包括在概算预算定额中,不再另计。

(1)冬季施工增加费

冬季施工增加费系指按照上海《公路工程施工及验收规范》所规定的冬季施工要求,为保证工程质量和安全生产所需采取的防寒保温设施、工效降低和机械作业率降低以及技术操作过程的改变等所增加的有关费用。

冬季施工增加费的内容包括:

①因冬季施工所需增加的一切人工、机械与材料的支出。

②施工机具所需修建的暖棚(包括拆、移),增加油脂及其他保温设备费用。

③因施工组织设计确定,需增加的一切保温、加温及照明等有关支出。

④与冬季施工有关的其他各项费用,如清除工作地点的冰雪等费用。冬季施工增加费系指按照施工及验收规范所规定的冬季施工要求,为保证工程质量和安全生产而增加的其他直接费。内容包括材料费、保温设施费、工效降低和机械作业率降低所增加的费用,以及工地临时取暖费等。

冬季施工增加费取费与工程所在地区的气温有关。在现行《概算预算编制办法》附录七中列有"全国冬季施工气温区划分表",见表2-2-12。

表 2-2-12

全国冬季施工气温区划分表

省、自治区、直辖市	地区、市、自治州、盟(县)	气温区	
北京	全境	冬二	I
天津	全境	冬二	I
河北	石家庄、邢台、邯郸、衡水(冀州市、枣强县、故城县)	冬一	II
	廊坊、保定(涞源县及以北除外)、衡水(冀州市、枣强县、故城县除外)、沧州市	冬二	I
	唐山、秦皇岛市		II
	承德(围场县除外)、张家口(沽源县、张北县、尚义县、康保县除外)、保定县(涞源县及以北)	冬三	
	承德(围场县)、张家口市(沽源县、张北县、尚义县、康保县)	冬四	
山西	运城(万荣县、夏县、绛县、新绛县、稷山县、闻喜县除外)	冬一	II
	运城(万荣县、夏县、绛县、新绛县、稷山县、闻喜县)、临汾(尧都区、侯马市、曲沃县、翼城县、襄汾县、洪洞县)、阳泉(盂县除外)、长治(黎城县)、晋城市(城区、泽州县、沁水县、阳城县)	冬二	I
	太原(娄烦县除外)、阳泉(盂县)、长治(黎城县除外)、晋城(城区、泽州县、沁水县、阳城县除外)、晋中(寿阳县、和顺县、左权县除外)、临汾(尧都区、侯马市、曲沃县、翼城县、襄汾县、洪洞县除外)、吕梁市(孝义市、汾阳市、文水县、交城县、柳林县、石楼县、交口县、中阳县)		II
	太原(娄烦县)、大同(左云县除外)、朔州(右玉县除外)、晋中(寿阳县、和顺县、左权县)、忻州、吕梁市(离石区、临县、岚县、方山县、兴县)	冬三	
	大同(左云县)、朔州市(右玉县)	冬四	
内蒙古	乌海市、阿拉善盟(阿拉善左旗、阿拉善右旗)	冬二	I
	呼和浩特(武川县除外)、包头(固阳县除外)、赤峰、鄂尔多斯、巴彦淖尔、乌兰察布(察哈尔右翼中旗除外)、阿拉善盟(额济纳旗)	冬三	
	呼和浩特(武川县)、包头(固阳县)、通辽、乌兰察布市(察哈尔右翼中旗)、锡林郭勒(苏尼特右旗、多伦县)、兴安盟(阿尔山市除外)	冬四	
	呼伦贝尔市(海拉尔区、新巴尔虎左右旗、阿荣旗)、兴安(阿尔山市)、锡林郭勒盟(冬四区以外各地)	冬五	
	呼伦贝尔市(冬五区以外各地)	冬六	
辽宁	大连(瓦房店市、普兰店市、庄河市除外)、葫芦岛市(绥中)	冬二	I
	沈阳(康平县、法库县除外)、大连(瓦房店市、普兰店市、庄河市)、鞍山、本溪(桓仁县除外)、丹东、锦州、阜新、营口、辽阳、朝阳(建平县除外)、葫芦岛(绥中县除外)、盘锦市	冬三	
	沈阳(康平县、法库县)、抚顺、本溪(桓仁县)、朝阳(建平县)、铁岭市	冬四	

续上表

<table>
<tr><th>省、自治区、直辖市</th><th>地区、市、自治州、盟(县)</th><th colspan="2">气温区</th></tr>
<tr><td rowspan="2">吉林</td><td>长春(榆树市除外)、四平、通化(辉南县除外)、辽源、白山(靖宇县、抚松先、长白县除外)、松原(长岭县)、白城市(通榆县)、延边自治州(敦化市、汪清县、安图县除外)</td><td colspan="2">冬四</td></tr>
<tr><td>长春(榆树市)、吉林、通化(辉南县)、白山(靖宇县、抚松县、长白县)、白城(通榆县除外)、松原市(长岭县除外)、延边自治州(敦化市、汪清县、安图县)</td><td colspan="2">冬五</td></tr>
<tr><td rowspan="3">黑龙江</td><td>牡丹江市(绥芬河市、东宁县)</td><td colspan="2">冬四</td></tr>
<tr><td>哈尔滨(依兰县除外)、齐齐哈尔(讷河市、依安县、富裕县、克山县、拜泉县除外)、绥化(安达市、肇东市、兰西市)、牡丹江(绥芬河市、东宁县除外)、双鸭山(宝清县)、佳木斯(桦南县)、鸡西、七台河、大庆市</td><td colspan="2">冬五</td></tr>
<tr><td>哈尔滨(依兰县)、佳木斯(桦南县除外)、双鸭山(宝清县除外)、绥化(安达市、肇东市、兰西市除外)、齐齐哈尔(讷河市、依安县、富裕县、克山县、拜泉县)、黑河、鹤岗、伊春市、大兴安岭地区</td><td colspan="2">冬六</td></tr>
<tr><td>上海</td><td>全境</td><td colspan="2">准二</td></tr>
<tr><td rowspan="2">江苏</td><td>徐州、连云港市</td><td>冬一</td><td>I</td></tr>
<tr><td>南京、无锡、常州、淮安、盐城、宿迁、扬州、泰州、南通、镇江、苏州市</td><td colspan="2">准二</td></tr>
<tr><td>浙江</td><td>杭州、嘉兴、绍兴、宁波、湖州、衢州、舟山、金华、温州、台州、丽水市</td><td colspan="2">准二</td></tr>
<tr><td rowspan="3">安徽</td><td>亳州市</td><td>冬一</td><td>I</td></tr>
<tr><td>阜阳、蚌埠、淮南、滁州、合肥、六安、马鞍山、果湖、芜湖、铜陵、池州、宣城、黄山市</td><td colspan="2">准一</td></tr>
<tr><td>淮北、宿州市</td><td colspan="2">准二</td></tr>
<tr><td>福建</td><td>宁德(寿宁县、周宁县、屏南县)、三明市</td><td colspan="2">准一</td></tr>
<tr><td>江西</td><td>南昌、萍乡、景德镇、九江、新余、上饶、抚州、宜春市</td><td colspan="2">准一</td></tr>
<tr><td>山东</td><td>全境</td><td>冬一</td><td>I</td></tr>
<tr><td rowspan="2">河南</td><td>安阳、商丘、周口(西华县、淮阳县、鹿邑县、扶沟县、太康县)、新乡、三门峡、洛阳、郑州、开封、鹤壁、焦作、济源、濮阳、许昌市</td><td>冬一</td><td>I</td></tr>
<tr><td>驻马店、信阳、南阳、周口(西华县、淮阳县、鹿邑县、扶沟县、太康县除外)、平顶山、漯河市</td><td colspan="2">准二</td></tr>
<tr><td rowspan="2">湖北</td><td>武汉、黄石、荆州、荆门、鄂州、宜昌、咸宁、黄冈、天门、潜江、仙桃市、恩施自治州</td><td colspan="2">准一</td></tr>
<tr><td>孝感、十堰、襄樊、随州市、神农架林区</td><td colspan="2">准二</td></tr>
<tr><td>湖南</td><td>全境</td><td colspan="2">准一</td></tr>
<tr><td rowspan="6">四川</td><td>阿坝(黑水县)、甘孜自治州(新龙县、道浮县、泸定县)</td><td>冬一</td><td>II</td></tr>
<tr><td>甘孜自治州(甘孜县、康定县、白玉县、炉霍县)</td><td rowspan="2">冬二</td><td>I</td></tr>
<tr><td>阿坝(壤塘县、红原县、松潘县)、甘孜自治州(德格县)</td><td>II</td></tr>
<tr><td>阿坝(阿坝县、若尔盖县、九寨沟县)、甘孜自治州(石渠县、色达县)</td><td colspan="2">冬三</td></tr>
<tr><td>广元市(青川县)、阿坝(汶川县、小金县、茂县、理县)、甘孜(巴塘县、雅江县、得荣县、九龙县、理塘县、乡城县、稻城县)、凉山自治州(盐源县、木里县)</td><td colspan="2">准一</td></tr>
<tr><td>阿坝(马尔康县、金川县)、甘孜自治州(丹巴县)</td><td colspan="2">准二</td></tr>
</table>

续上表

<table>
<tr><th>省、自治区、直辖市</th><th>地区、市、自治州、盟(县)</th><th colspan="2">气温区</th></tr>
<tr><td rowspan="2">贵州</td><td>贵阳、遵义(赤水市除外)、安顺市、黔东南、黔南、黔西南自治州</td><td colspan="2">准一</td></tr>
<tr><td>六盘水市、毕节地区</td><td colspan="2">准二</td></tr>
<tr><td rowspan="2">云南</td><td>迪庆自治州(德钦县、香格里拉县)</td><td>冬一</td><td>II</td></tr>
<tr><td>曲靖(宣威市、金泽县)、丽江(玉龙县、宁蒗县)、昭通市(昭阳区、大关县、威信县、彝良县、镇雄县、鲁甸县)、迪庆(维系县)、怒江(兰坪县)、大理自治州(剑川县)</td><td colspan="2">准一</td></tr>
<tr><td rowspan="6">西藏</td><td>拉萨市(当雄县除外)、日喀则(拉孜县)、山南(浪卡子县、错那县、隆子县除外)、昌都(芒康县、左贡县、类乌齐县、丁青县、洛隆县除外)、林芝地区</td><td rowspan="2">冬一</td><td>I</td></tr>
<tr><td>山南(隆子县)、日喀则地区(定日县、聂拉木县、亚东县、拉孜县除外)</td><td>II</td></tr>
<tr><td>昌都地区</td><td rowspan="2">冬二</td><td>I</td></tr>
<tr><td>昌都(芒康县、左贡县、类乌齐县、丁青县)、山南(浪卡子县)、日喀则(定日县、聂拉木县)、阿里地区(普兰县)</td><td>II</td></tr>
<tr><td>拉萨市(当雄县)、那曲(安多县除外)、山南(错那县)、日喀则(亚东县)、阿里地区(普兰县除外)</td><td colspan="2">冬三</td></tr>
<tr><td>那曲地区(安多县)</td><td colspan="2">冬四</td></tr>
<tr><td rowspan="5">陕西</td><td>西安、宝鸡、渭南、咸阳(彬县、旬邑县、长武县除外)、汉中(留坝县、佛坪县)、铜川市(耀州区)</td><td rowspan="2">冬一</td><td>I</td></tr>
<tr><td>铜川(印台区、王益区)、咸阳市(彬县、旬邑县、长武县)</td><td>II</td></tr>
<tr><td>延安(吴起县除外)、榆林(清涧县)、铜川市(宜君县)</td><td>冬二</td><td>II</td></tr>
<tr><td>延安(吴起县)、榆林市(清涧县除外)</td><td colspan="2">冬三</td></tr>
<tr><td>商洛、安康、汉中市(留坝县、佛坪县除外)</td><td colspan="2">准二</td></tr>
<tr><td rowspan="5">甘肃</td><td>陇南市(两当县、徽县)</td><td>冬一</td><td>II</td></tr>
<tr><td>兰州、天水、白银(会宁县、靖远县)、定西、平凉、庆阳、陇南市(西和县、礼县、宕昌县)、临夏、甘南自治州(舟曲县)</td><td>冬二</td><td>II</td></tr>
<tr><td>嘉峪关、金昌、白银(白银区、平川区、景泰县)、酒泉、张掖、武威市、甘南自治州(舟曲县除外)</td><td colspan="2">冬三</td></tr>
<tr><td>陇南市(武都区、文县)</td><td colspan="2">准一</td></tr>
<tr><td>陇南市(成县、康县)</td><td colspan="2">准二</td></tr>
<tr><td rowspan="4">青海</td><td>海东地区(民和县)</td><td>冬二</td><td>II</td></tr>
<tr><td>西宁市、海东地区(民和县除外)、黄南(泽库县除外)、海南、果洛(班玛县、达日县、久治县除外)、玉树(囊谦县、杂多县、称多县、玉树县)、海西自治州(德令哈市、格尔木市、都兰县、乌兰县)</td><td colspan="2">冬三</td></tr>
<tr><td>海北(野牛沟、托勒除外)、黄南(泽库县)、果洛(玛沁县、甘德县、玛多县)、玉树(曲麻莱县、治多县)、海西自治州(冷湖、茫崖、大柴旦、天峻县)</td><td colspan="2">冬四</td></tr>
<tr><td>海北(野牛沟、托勒)、玉树(清水河)、海西自治市(唐古拉山区)</td><td colspan="2">冬五</td></tr>
</table>

续上表

省、自治区、直辖市	地区、市、自治州、盟(县)	气温区	
宁夏	全境	冬二	II
新疆	阿拉尔市、喀什(喀什市、伽师县、巴楚县、英吉沙县、麦盖提县、莎车县、叶城县、泽普县)、哈密(哈密市沁城镇)、阿克苏(沙雅县、阿瓦提县)、和田地区、伊犁(伊宁市、新源县、霍城县霍尔果斯镇)、巴音郭楞(库尔勒市、若羌县、且末县、尉犁县铁干里可)、克孜勒苏自治州(阿图什市、阿克陶县)	冬二	I
	喀什地区(岳普湖县)		II
	乌鲁木齐市(牧业气象实验站、达板城区、乌鲁木齐县小渠子乡)、塔城(乌苏市、沙湾县、额敏县除外)、阿克苏(沙雅县、阿瓦提县除外)、哈密(哈密市十三间房、哈密市红柳河、伊吾县淖毛湖)、喀什(塔什库尔干县)、吐鲁番地区、克孜勒苏(乌恰县、阿合奇县)、巴音郭楞(和静县、焉耆县、和硕县、轮台县、尉犁县、且末县塔中)、伊犁自治州(伊宁市、霍城县、察布查尔县、尼勒克县、巩留县、昭苏县、特克斯县)	冬三	
	乌鲁木齐市(冬三区以外各地)、塔城(额敏县、乌苏县)、阿勒泰(阿勒泰市、哈巴河县、吉木乃县)、哈密地区(巴里坤县)、昌吉(昌吉市、米泉市、木垒县、奇台县贝塔山镇、阜康市天池)、博尔塔拉(温泉县、精河县、阿卡山口口岸)、克孜勒自治州(乌恰县吐尔尕特口岸)	冬四	
	克拉玛依、石河子市、塔城(沙湾县)、阿勒泰地区(布尔津县、福海县、富蕴县、清河县)、博尔塔拉(博乐市)、昌吉(阜康市、玛纳斯县、呼图壁县、吉木萨尔县、奇台县、米泉市蔡家湖)、巴音郭勒自治州(和静县巴音布鲁克乡)	冬五	

注:表中行政区划以 2006 年地图出版社出版的《中华人民共和国行政区简册》为准。为避免繁冗,各民族自治州名称予以简化,如青海省的“海西蒙古族藏族自治州”简化“海西自治州”。

从表 2-2-12 可知,气温区划分为冬一区(包括 I、II 副区)、冬二区(包括 I、II 副区)、冬三区、冬四区、冬五区、冬六区、准一区、准二区。只要知道工程所在的省和县名,即可查得工程所属的气温区。若当地气温资料与表中划定的冬季气温区划分有较大出入时,可按当地气温资料以及《概算预算编制办法》的划分标准来确定工程所在地的冬季气温区。

冬季施工增加费,对于一个建设项目来说,是以各类工程的直接工程费之和为基数,按工程所在地的气温区选用表 2-2-13 的费率计算的。

冬季施工增加费费率表 表 2-2-13

气温	冬季期平均温度(℃)								准一区	准二区
	−1 以上		−1～−4		−4～−7	−7～−10	−10～−14	−14～以下		
	冬一区		冬二区		冬三区	冬四区	冬五区	冬六区		
工程类别	I	II	I	II						
人工土方	0.28	0.44	0.59	0.76	1.44	2.05	3.07	4.61	—	—
机械土方	0.43	0.67	0.93	1.17	2.21	3.14	4.71	7.07	—	—
汽车运输	0.08	0.12	0.17	0.21	0.40	0.56	0.84	1.27	—	—

续上表

工程类别＼气温	冬季期平均温度(℃)								准一区	准二区
	−1以上		−1～−4		−4～−7	−7～−10	−10～−14	−14～以下		
	冬一区		冬二区		冬三区	冬四区	冬五区	冬六区		
	I	II	I	II						
人工石方	0.06	0.10	0.13	0.15	0.30	0.44	0.65	0.98	—	—
机械石方	0.08	0.13	0.18	0.21	0.42	0.61	0.91	1.37	—	—
高等级路面	0.37	0.52	0.72	0.81	1.48	2.00	3.00	4.50	0.06	0.16
其他路面	0.11	0.20	0.29	0.37	0.62	0.80	1.20	1.80	—	—
构造物I	0.34	0.49	0.66	0.75	1.36	1.84	2.76	4.14	0.06	0.15
构造物II	0.42	0.60	0.81	0.92	1.67	2.27	3.40	5.10	0.08	0.19
构造物III	0.83	1.18	1.60	1.81	3.29	4.46	6.69	10.03	0.15	0.37
技术复杂大桥	0.48	0.68	0.93	1.05	1.91	2.58	3.87	5.81	0.08	0.21
隧道	0.10	0.19	0.27	0.35	0.58	0.75	1.12	1.69	—	—
钢材及钢结构	0.02	0.05	0.07	0.09	0.15	0.19	0.29	0.43	—	—

编制概算预算时要注意：

①建设项目不论是否在冬季施工，均按规定标准计列冬季施工增加费。采用全年平均摊销的方法。

②一条路线工程，在穿过两个以上气温区时，可分段计算或按各区的工程量比例求得全线的平均增加率，计算冬季施工增加费。

③冬季施工增加费在概算预算表格中不直接出现，而是将其费率纳入另外几项其他工程费费率组成“其他工程费综合费率I”，然后再将“其他工程费综合费率I”乘以直接工程费来形成其他工程费I(其他工程费中各项费用的计算基数有两种，因此，把其他工程费的综合费率分为综合费率I和综合费率II，以直接工程费、人工费和机械使用费之和分别乘以综合费率I和综合费率II，形成其他工程费I和其他工程费II，其他工程费为其他工程费I与其他工程费II之和)。

在编制概算预算时，首先根据取费工程分类，将各类工程的冬季施工增加费率均列入04表，形成“综合费率”中的一种；其次在08-2表中将根据工程类别选取的“其他工程费综合费率I”乘以工程细目的直接工程费，则可形成工程细目的其他工程费I；最后将各工程细目的其他工程费累计起来就形成了项目的其他工程费，这其中就包含了冬季施工增加费。

(2)雨季施工增加费

雨季施工增加费系指雨季期间施工为保证工程质量和安全生产所需采取的防雨、排水、防潮和防护措施、工效降低和机械作业率降低以及技术作业过程的改变等，所需增加的有关费用。

雨季施工增加的内容包括：

①因雨季施工所需增加的工、料、机费用的支出，包括工作效率的降低及易被雨水冲毁的工程所增加的工作内容等(如基坑坍塌和排水沟等堵塞的清理，路基边坡冲沟的填补等)。

②路基土方工程的开挖和运输，因雨季施工(非土壤中水影响)而引起的黏附工具，降低工

效所增加的费用。

③因防止雨水必须采取的防护措施的费用,如挖临时排水沟、防止基坑坍塌所需的支撑、挡板等费用。

④材料因受潮、受湿的损耗费用。

⑤增加防雨、防潮设备的费用。

⑥其他有关雨季施工所需增加的费用,如因河水高涨致使工作困难而增加的费用等雨季施工增加费,系指雨季期间施工为保证工程质量和安全生产而增加的其他直接费。内容包括防雨、排水、防潮措施费、材料费、工效降低和机械作业率降低所需增加的费用。

在《概算预算编制办法》附录八中列有"全国雨季施工雨量区及雨季期划分表",见表 2-2-14。

全国雨季施工雨量区及雨季期划分表 表 2-2-14

省、自治区、直辖市	地区、市、自治州、盟(县)	雨量区	雨季期(月数)
北京	全境	II	2
天津	全境	I	2
河北	张家口、承德市(围场)	I	1.5
	承德(围场县除外)、保定、沧州、石家庄、廊坊、邢台、衡水、邯郸、唐山、秦皇岛市	II	2
山西	全境	I	1.5
内蒙古	呼和浩特、通辽、呼伦贝尔盟(海拉尔区、满洲里市、陈巴尔虎旗、鄂温克旗)、鄂尔多斯(东胜区、准格尔旗、伊金霍洛旗、达拉特旗、乌审旗)、赤峰、包头、乌兰察布市(集宁区、化德县、商都县、兴和县、四子王旗、察哈尔右翼中旗、察哈尔右翼后旗、卓资县及以南)、锡林郭勒盟(锡林浩特市、多伦县、太仆寺旗、西乌珠穆沁旗、正蓝旗、正镶白旗)	I	1
	呼伦贝尔市(牙克石市、额尔古纳市、鄂伦春旗、扎兰屯市及以东)、兴安盟		2
辽宁	大连(长海县、瓦房店市、普兰店市、庄河市除外)、朝阳市(建平县)	I	2
	沈阳(康平县)、大连(长海县)、锦州(北宁市除外)、营口(盖州市)、朝阳市(凌源市、建平县除外)		2.5
	沈阳(康平县、辽中县除外)、大连(瓦房店市)、鞍山(海城市、台安县、岫岩县除外)、锦州(北宁市)、阜新、朝阳(凌源市)、盘锦、葫芦岛(建昌县)、铁岭市		3
	抚顺(新宾县)、辽阳市		3.5
	沈阳(辽中县)、鞍山(海城市、台安县)、营口(盖州市除外)、葫芦岛市(兴安县)	II	2.5
	大连(普兰店市)、葫芦岛市(兴城市、建昌县除外)		3
	大连(庄河市)、鞍山(岫岩县)、抚顺(新宾县除外)、丹东(凤城市、宽甸县除外)、本溪市		3.5
	丹东(凤城市、宽甸县)		4
吉林	辽源、四平(双辽市)、白城、松原市	I	2
	吉林、长春、四平(双辽市除外)、白山市、延边自治州	II	2
	通化市		3

续上表

省、自治区、直辖市	地区、市、自治州、盟(县)	雨量区	雨季期(月数)
黑龙江	哈尔滨(市区、呼兰区、五常市、阿城市、双城市)、佳木斯(抚远县)、双鸭山(市区、集贤县除外)、齐齐哈尔(拜泉县、克东县除外)、黑河(五大连池市、嫩江县)、绥化(北林区、海伦市、望奎县、绥棱县、庆安县除外)、牡丹江、大庆、鸡西、七台河市、大兴安岭地区(呼玛县除外)	I	2
	哈尔滨(市区、呼兰区、五常市、阿城市、双城市除外)、佳木斯(抚远县除外)、双鸭山(市区、集贤县)、齐齐哈尔(拜泉县、克东县)、黑河(五大连池市、嫩江县除外)、绥化(北林区、海伦市、望奎县、绥棱县、庆安县)、鹤岗、伊春市、大兴安岭地区(呼玛县)	II	2
上海	全境	II	4
江苏	徐州市、连云港市	II	2
	盐城市		3
	南京、镇江、淮安、南通、宿迁、扬州、常州、泰州市		4
	无锡、苏州市		4.5
浙江	舟山市	II	4
	嘉兴、湖州市		4.5
	宁波、绍兴市		6
	杭州、金华、温州、衢州、台州、丽水市		7
安徽	亳州、淮北、宿州、蚌埠、淮南、六安、合肥市	II	1
	阜阳市		2
	滁州、巢湖、马鞍山、芜湖、铜陵、宣城市		3
	池州市		4
	安庆、黄山市		5
福建	泉州市(惠安县崇武)	I	4
	福州(平潭县)、泉州(晋江市)、厦门(同安区除外)、漳州市(东山县)	II	5
	三明(永安市)、福州(市区、长乐市)、莆田市(仙游县除外)		6
	南平(顺昌县除外)、宁德(福鼎市、霞浦县)、三明(永安市、尤溪县、大田县除外)、福州(市区、长乐市、平潭县除外)、龙岩(长汀县、连城县)、泉州(晋江市、惠安县崇武、德化县除外)、莆田(仙游县)、厦门(同安区)、漳州市(东山县除外)		7
	南平(顺昌县)、宁德(福鼎市、霞浦县除外)、三明(永安市、尤溪县、大田县)、龙岩(长汀县、连城县除外)、泉州市(德化县)		8
江西	南昌、九江市,吉安市	II	6
	萍乡、景德镇、新余、鹰潭、上饶、宜春、抚州、赣州市		7
山东	济南、潍坊、聊城市	I	3
	淄博、东营、烟台、济宁、威海、德州、滨州市		4
	枣庄、泰安、莱芜、临沂、菏泽市		5
	青岛市	II	3
	日照市		4

续上表

<table>
<tr><th>省、自治区、直辖市</th><th>地区、市、自治州、盟(县)</th><th>雨量区</th><th>雨季期(月数)</th></tr>
<tr><td rowspan="4">河南</td><td>郑州、许昌、洛阳、济源、新乡、焦作、三门峡、开封、濮阳、鹤壁市</td><td rowspan="3">I</td><td>2</td></tr>
<tr><td>周口、驻马店、漯河、平顶山、安阳、商丘市</td><td>3</td></tr>
<tr><td>南阳市</td><td>4</td></tr>
<tr><td>信阳市</td><td>II</td><td>2</td></tr>
<tr><td rowspan="3">湖北</td><td>十堰、襄樊、随州市、神农架林区</td><td>I</td><td>3</td></tr>
<tr><td>宜昌(秭归县、远安县、兴安县)、荆门市(钟祥市、京山县)</td><td rowspan="2">II</td><td>2</td></tr>
<tr><td>武汉、黄石、荆州、孝感、黄冈、咸宁、荆门市(钟祥市、京山县除外)、天门、潜江、仙桃、鄂州、宜昌市(秭归县、远安县、兴安县除外)、恩施自治州</td><td>6</td></tr>
<tr><td>湖南</td><td>全境</td><td>II</td><td>6</td></tr>
<tr><td rowspan="5">广东</td><td>茂名、中山、汕头、潮州市</td><td rowspan="2">I</td><td>5</td></tr>
<tr><td>广州、江门、肇庆、顺德、湛江、东莞市</td><td>6</td></tr>
<tr><td>珠海市</td><td rowspan="3">II</td><td>5</td></tr>
<tr><td>深圳、阳江、汕尾、佛山、河源、梅州、揭阳、惠州、云浮、韶关市</td><td>6</td></tr>
<tr><td>清远市</td><td>7</td></tr>
<tr><td rowspan="2">广西</td><td>百色、河池、南宁、崇左市</td><td rowspan="2">II</td><td>5</td></tr>
<tr><td>桂林、玉林、梧州、北海、贵港、钦州、防城港、贺州、柳州、来宾市</td><td>6</td></tr>
<tr><td>海南</td><td>全境</td><td>II</td><td>6</td></tr>
<tr><td>重庆</td><td>全境</td><td>II</td><td>4</td></tr>
<tr><td rowspan="9">四川</td><td>甘孜自治州(巴塘县)</td><td rowspan="5">I</td><td>1</td></tr>
<tr><td>阿坝(若尔盖县)、甘孜自治州(石渠县)</td><td>2</td></tr>
<tr><td>乐山(峨边县)、雅安市(汉源县)、甘孜自治州(甘孜县、色达县)</td><td>3</td></tr>
<tr><td>雅安(石棉县)、绵阳(干武县)、泸州(古蔺县)、遂宁市、阿坝(若尔盖县、汶川县除外)、甘孜自治州(巴塘县、石渠县、甘孜县、色达县、九龙县、得荣县除外)</td><td>4</td></tr>
<tr><td>南充(高坪区)、资阳市(安岳县)</td><td>5</td></tr>
<tr><td>宜宾市(高县)、凉山自治州(雷波县)</td><td rowspan="4">II</td><td>3</td></tr>
<tr><td>成都、乐山(峨边县、马边县除外)、德阳、南充(南部县)、绵阳(平武县除外)、资阳(安岳县除外)、广元、自贡、攀枝花、眉山市、凉山(雷波县除外)、甘孜自治州(九龙县)</td><td>4</td></tr>
<tr><td>乐山(马边县)、南充(高坪区、南部县除外)、雅安(汉源县、石棉县除外)、广安(邻水县除外)、巴中、宜宾(高县除外)、泸州(古蔺县除外)、内江市</td><td>5</td></tr>
<tr><td>广安(邻水县)、达州市</td><td>6</td></tr>
<tr><td rowspan="4">贵州</td><td>贵阳、遵义市、毕节地区</td><td rowspan="4">II</td><td>4</td></tr>
<tr><td>安顺市、铜仁地区、黔东南自治州</td><td>5</td></tr>
<tr><td>黔西南自治州</td><td>6</td></tr>
<tr><td>黔南自治州</td><td>7</td></tr>
</table>

续上表

省、自治区、直辖市	地区、市、自治州、盟（县）	雨量区	雨季期（月数）
云南	昆明（市区、崇明县除外）、玉溪、曲靖（富源县、师宗县、罗平县除外）、丽江（宁蒗县、永胜县）、思茅（墨江县）、昭通市、怒江（兰坪县、泸水县六库镇）、大理（大理市、漾濞县除外）、红河（个旧市、开远市、蒙自县、红河县、石屏县、建水县、弥勒县、泸西县）、迪庆、楚雄自治州	I	5
	保山（腾冲县、龙陵县除外）、临沧市（凤庆县、云县、水德县、镇康县）、怒江（福贡县、泸水县）、红河自治州（元阳县）		6
	昆明（市区、崇明县）、曲靖（富源县、师宗县、罗平县）、丽江（古城区、华坪县）、思茅市（翠云区、景东县、镇沅县、普洱县、景谷县）、大理（大理市、漾濞县）、文山自治州	II	5
	保山（腾冲县、龙陵县）、临沧（临祥区、双江县、耿马县、沧源县）、思茅（西盟县、澜沧县、孟连县、江城县）、怒江（贡山县）、德宏、红河（绿春县、金平县、屏边县、河口县）、西双版纳自治州		6
西藏	那曲（索县除外）、山南（加查县除外）、日喀则（定日县）、阿里地区	I	1
	拉萨市、那曲（索县）、昌都（类乌齐县、丁青县、芒康县除外）、日喀则（拉孜县）、林芝地区（察隅县）		2
	昌都（类乌齐县）、林芝地区（米林县）		3
	昌都（丁青县）、林芝地区（米林县、波密县、察隅县除外）		4
	林芝地区（波密县）		5
	山南（加查县）、日喀则地区（定日县、拉孜县除外）	II	1
	昌都地区（芒康县）		2
陕西	榆林、延安市	I	1.5
	铜川、西安、宝鸡、咸阳市、渭南市、杨凌区		2
	商洛、安康、汉中市		3
甘肃	天水（甘谷县、武山县）、陇南市（武都区、文县、礼县）、临夏（康乐县、广河县、水靖县）、甘南自治州（夏河县）	I	1
	天水（北道区、秦城区）、定西（渭源县）、庆阳（西峰区）、陇南市（西和县）、临夏（临夏市）、甘南自治州（临潭县、卓尼县）		1.5
	天水（秦安县）、定西（临洮县、岷县）、平凉（崆峒区）、庆阳（华池县、宁县、环县）、陇南市（宕昌县）、临夏（临夏县、东乡县、积石山县）、甘南自治州（合作市）		2
	天水（张家川县）、平凉（静宁县、庄浪县）、庆阳（镇原县）、陇南市（两当县）、临夏（和政县）、甘南自治州（玛曲县）		2.5
	天水（清水县）、平凉（泾川县、灵台县、华亭县、崇信县）、庆阳（西峰区、合水县、正宁县）、陇南市（徽县、成县、康县）、甘南自治州（碌曲县、迭部县）		3
青海	西宁市（湟源县）、海东地区（平安县、乐都县、民和县、化隆县）、海北（海晏县、祁连县、刚察县、托勒）、海南（同德县、贵南县）、黄南（泽库县、同仁县）、海西自治州（天峻县）	I	1
	西宁市（湟源县除外）、海东地区（互助县）、海北（门源县）、果洛（达日县、久治县、班玛县）、玉树自治州（称多县、杂多县、囊谦县、玉树县）、河南自治县		1.5

续上表

省、自治区、直辖市	地区、市、自治州、盟(县)	雨量区	雨季期(月数)
宁夏	固原地区(隆德县、泾源县)	I	2
新疆	乌鲁木齐市(小渠子乡、牧业气象实验站、大溪沟乡)、昌吉地区(阜康市天池)、克孜勒苏(吐尔尕特、托云、巴音库鲁提)、伊犁自治州(昭苏县、霍城县二台、松树头)	I	1
港澳台			

该表是根据气象部门满15年以上的降雨资料确定的。雨量区划分为I区、II区两类,凡月平均降雨天数在10d以上,月平均日降雨量在3.5～5mm之间者为I区,月平均日降雨量在5mm以上者为II区。若当地气象资料与表2-2-14所划定的雨量区、雨季期出入较大者,可按当地气象资料及《概算预算编制办法》所述划分标准,确定工程所在地的雨量区、雨季期。只要知道工程所在的省和县名,即可在表2-2-14中查得工程所属的雨量区、雨季期。

雨季施工增加费,以各类工程的直接工程费之和为基数,按工程所在地的雨量区、雨季期选用表2-2-15的费率计算。

雨季施工增加费费率表(%) 表2-2-15

雨季期(月数) / 雨量区 / 工程类别	1	1.5	2		2.5		3		3.5		4		4.5		5		6		7	8
	I	I	I	II	I	II	I	II	I	II	I	II	I	II	I	II	I	II	II	II
人工土方	0.04	0.05	0.07	0.11	0.09	0.13	0.11	0.15	0.13	0.17	0.15	0.20	0.17	0.23	0.19	0.26	0.21	0.31	0.36	0.42
机械石方	0.04	0.05	0.07	0.11	0.09	0.13	0.11	0.15	0.13	0.17	0.15	0.20	0.17	0.23	0.19	0.27	0.22	0.32	0.37	0.43
汽车运输	0.04	0.05	0.07	0.11	0.09	0.13	0.11	0.16	0.13	0.19	0.15	0.22	0.17	0.25	0.19	0.27	0.22	0.32	0.37	0.43
人工石方	0.02	0.03	0.05	0.07	0.06	0.09	0.07	0.11	0.08	0.13	0.09	0.15	0.10	0.17	0.12	0.19	0.15	0.23	0.27	0.32
机械石方	0.03	0.04	0.06	0.10	0.08	0.12	0.10	0.14	0.12	0.16	0.14	0.19	0.16	0.22	0.18	0.25	0.20	0.29	0.34	0.39
高等级路面	0.03	0.04	0.06	0.10	0.08	0.13	0.10	0.15	0.12	0.17	0.14	0.19	0.16	0.22	0.18	0.25	0.20	0.29	0.34	0.39
其他路面	0.03	0.04	0.06	0.09	0.08	0.12	0.09	0.14	0.10	0.16	0.12	0.18	0.14	0.21	0.16	0.24	0.19	0.28	0.32	0.37
构造物I	0.03	0.04	0.05	0.08	0.06	0.09	0.07	0.11	0.08	0.13	0.10	0.15	0.12	0.17	0.14	0.19	0.16	0.23	0.27	0.31
构造物II	0.03	0.04	0.05	0.08	0.07	0.10	0.08	0.12	0.09	0.14	0.11	0.16	0.13	0.18	0.15	0.21	0.17	0.25	0.30	0.34
构造物III	0.06	0.08	0.11	0.17	0.14	0.21	0.17	0.25	0.20	0.30	0.23	0.35	0.27	0.40	0.31	0.45	0.35	0.52	0.60	0.69
技术复杂大桥	0.03	0.05	0.07	0.10	0.08	0.12	0.10	0.14	0.12	0.16	0.14	0.19	0.16	0.22	0.18	0.25	0.2	0.29	0.34	0.39
隧道	—	—	—	—	—	—	—	—	—	—	—	—	—	—	—	—	—	—	—	—
钢材及钢结构	—	—	—	—	—	—	—	—	—	—	—	—	—	—	—	—	—	—	—	—

注:①不论工程是否在雨季期施工,均应计列雨季施工增加费。

②一条路线通过几个雨量区或雨季期时,应分别计算雨季施工增加费,或按工程量比例求得平均增加率来计算全线雨季施工增加费。

③其费率纳入"综合费率",然后以综合费率乘定额基价,与另外几种其他直接费一起共同形成工程细目的其他直接费。其计算方法与冬季施工增加费相同。

(3)夜间施工增加费

夜间施工增加费系根据设计、施工的技术要求和合理的施工进度要求，必须在夜间连续施工而发生的工效降低、夜班津贴以及有关照明设施(包括所需照明设施的安拆、摊销、维修及油燃料、电)等增加的费用。

夜间施工增加费按夜间施工工程项目(如桥梁工程项目包括上、下部构造全部工程)的直接工程费之和为基数，乘以表2-2-16费率计算。

夜间施工增加费费率表(%) 表2-2-16

工程类别	费率	工程类别	费率
构造物II	0.35	技术复杂大桥	0.35
构造物III	0.70	钢材及钢结构	0.35

注:设备安装工程及金属标志牌、防撞钢护栏、防眩板(网)、隔离栅、防护网等不计夜间施工增加费。

编制概算预算时，夜间施工增加费也是通过04表和08-2表联合计算出来的，也是与其他各种其他工程费一起综合反映在“其他工程费”中。

注意:应按工程实际应该发生的项目定额基价之和来计列此费。

(4)特殊地区施工增加费

特殊地区施工增加费包括高原地区施工增加费、风沙地区施工增加费和沿海地区施工增加费三项。

①高原地区施工增加费

高原地区施工增加费，系指在海拔1 500m以上地区施工，由于受气候、气压影响，致使人工、机械效率降低而增加的费用。

高原地区施工增加费，以各类工程人工费和机械使用费之和为基数，按表2-2-17的费率计算。

高原地区施工增加费费率表(%) 表2-2-17

工程类别	海拔高度(m)							
	1 501~2 000	2 001~2 500	2 501~3 000	3 001~3 500	3 501~4 000	4 001~4 500	4 501~5 000	5 000以上
人工土方	7.00	13.25	19.75	29.75	43.25	60.00	80.00	110.00
机械土方	6.56	12.60	18.66	25.60	36.05	49.08	64.72	83.80
汽车运输	6.50	12.50	18.50	25.00	35.00	47.50	62.50	80.00
人工石方	7.00	13.25	19.75	29.75	43.25	60.00	80.00	110.00
机械石方	6.71	12.82	19.03	27.01	38.50	52.80	69.92	92.72
高级路面	6.58	12.61	18.69	25.72	36.26	49.41	65.17	84.58
其他路面	6.73	12.84	19.07	27.15	38.74	53.17	70.44	93.60
构造物I	6.87	13.06	19.44	28.56	41.18	56.86	75.61	102.47
构造物II	6.77	12.90	19.17	27.54	39.41	54.18	71.85	96.03
构造物III	6.73	12.85	19.08	27.19	38.81	53.27	70.57	93.84
技术复杂大桥	6.70	12.81	19.01	26.94	38.37	52.61	69.65	92.27
隧道	6.76	12.9	19.16	27.50	39.35	54.09	71.72	95.81
钢材及钢结构	6.78	12.92	19.20	27.66	39.62	54.50	72.30	96.80

在编制概算预算时，要注意工程项目所在地的海拔高度是否在1 500m以上，切勿漏列；对工程细目的工程类别，也要正确选定。

②风沙地区施工增加费

风沙地区施工增加费系指在沙漠地区施工时，由于受风沙影响，按照施工及验收规范的要求，为保证工程质量和安全生产而增加的有关费用。内容包括防风、防沙及气候影响的措施费，材料费，人工、机械效率降低增加的费用，以及积沙、风蚀的清理修复等费用。

风沙地区的划分，根据《公路自然区划标准》(JTJ 003—86)、“沙漠地区公路建设成套技术研究报告”的公路自然区划和沙漠公路区别，结合风沙地区的气候状况将风沙地区分为三区九类：半干旱、半湿润沙地为风沙一区，干旱、极干旱寒冷沙漠地区为风沙二区，极干旱炎热沙漠地区为风沙三区；根据覆盖度（沙漠中植被、戈壁等覆盖度）又将每区分为固定沙漠（覆盖度＞50％）、半固定沙漠（覆盖度10％～50％）、流动沙漠（覆盖度＜10％）三类，覆盖度由工程勘察设计人员在公路工程勘察设计时确定。

风沙地区施工增加费以各类工程的人工费和机械使用费之和为基数，根据工程所在地的风沙区划及类别，按表2-2-18的费率计算。

风沙地区施工增加费费率表(％) 表2-2-18

风沙区划 / 工程类别	风沙一区			风沙二区			风沙三区		
	沙漠类型								
	固定	半固定	流动	固定	半固定	流动	固定	半固定	流动
人工土方	6.00	11.00	18.00	7.00	17.00	26.00	11.00	24.00	37.00
机械石方	4.00	7.00	12.00	5.00	11.00	17.00	7.00	15.00	24.00
汽车运输	4.00	8.00	13.00	5.00	12.00	18.00	8.00	17.00	26.00
人工石方	—	—	—	—	—	—	—	—	—
机械石方	—	—	—	—	—	—	—	—	—
高级路面	0.50	1.00	2.00	1.00	2.00	3.00	2.00	3.00	5.00
其他路面	2.00	4.00	7.00	3.00	7.00	10.00	4.00	10.00	15.00
构造物I	4.00	7.00	12.00	5.00	11.00	17.00	7.00	16.00	24.00
构造物II	—	—	—	—	—	—	—	—	—
构造物III	—	—	—	—	—	—	—	—	—
技术复杂大桥	—	—	—	—	—	—	—	—	—
隧道	—	—	—	—	—	—	—	—	—
钢材及钢结构	1.00	2.00	4.00	1.00	3.00	5.00	2.00	5.00	7.00

编制概算预算时要注意：

a. 全国风沙地区公路施工区划见《概算预算编制办法》中附录九。若当地气象资料及自然特征与附录九中的风沙地区划分有较大出入时，由工程所在省、自治区、直辖市公路（交通）工程造价（定额）管理站按当地气象资料和自然特征及上述划分标准确定工程所在地的风沙区划，并抄送交通运输部公路局备案。

b. 一条路线穿过两个以上（含两个）不同风沙区时，按路线长度经过不同的风沙区加权计算项目全线风沙地区施工增加费。

③沿海地区工程施工增加费

沿海地区工程施工增加费系指工程项目在沿海地区施工，受海风、海浪和潮汐的影响，致使人工、机械效率降低等所需增加的费用。本项费用由沿海各省、自治区、直辖市交通运输厅(局)制定具体的适用范围(地区)，并抄送部公路工程定额站备案。

沿海地区工程施工增加费，以各类工程的直接工程费之和为基数，按表2-2-19的费率计算。

沿海地区工程施工增加费费率表(%) 表2-2-19

工程类别	费率	工程类别	费率
构造物II	0.15	技术复杂大桥	0.15
构造物III	0.15	钢材及钢结构	0.15

(5)行车干扰工程施工增加费

行车干扰工程施工增加费，系指由于边施工边维持通车，受行车干扰的影响，致使人工、机械效率降低而增加的费用。

行车干扰工程施工增加费，以受行车影响部分的工程项目的人工费和机械使用费之和为基数，按表2-2-20的费率计算。

行车干扰工程施工增加费费率表(%) 表2-2-20

工程类别	施工期间平均每昼夜双向行车次数(汽车、兽力车合计)							
	51～100	101～500	501～1 000	1 001～2 000	2 001～3 000	3 001～4 000	4 001～5 000	5 000以上
人工土方	1.64	2.46	3.28	4.10	4.76	5.29	5.86	6.44
机械土方	1.39	2.19	3.00	3.89	4.51	5.02	5.56	6.11
汽车运输	1.36	2.09	2.85	3.75	4.35	4.84	5.36	5.89
人工石方	1.66	2.40	3.33	4.06	4.71	5.24	5.81	6.37
机械石方	1.16	1.71	2.38	3.19	3.70	4.12	4.56	5.01
高级路面	1.24	1.87	2.50	3.11	3.61	4.01	4.45	4.88
其他路面	1.17	1.77	2.36	2.94	3.41	3.79	4.20	4.62
构造物I	0.94	1.41	1.89	2.36	2.74	3.04	3.37	3.71
构造物II	0.95	1.43	1.90	2.37	2.75	3.06	3.39	3.72
构造物III	0.95	1.42	1.90	2.37	2.75	3.05	3.38	3.72
技术复杂大桥	—	—	—	—	—	—	—	—
隧道	—	—	—	—	—	—	—	—
钢材及钢结构	—	—	—	—	—	—	—	—

由于该增加费用以受行车影响部分的工程项目的人工费和机械使用费之和为计算基数，所以如何区分受行车影响部分的工程，是正确计算该费用的核心。特别是对于不设便道的半幅施工半幅通车的工程、在原路线一侧加宽改建扩建工程等，均应作具体分析，以确定是否可以按局部工程计列该增加费用。另外，还应考虑到交通流量的分流导致交通流量的降低，这也是在取定费率时应考虑的。

(6)安全及文明施工措施费

安全及文明施工措施费系指工程施工期间为满足安全生产、文明施工、职工健康生活所发生的费用。该费用不包括施工期间为保证交通安全而设置的临时安全设施和标志、标牌的费用，需要时，应根据设计要求计算。

安全及文明施工措施费以各类工程的直接工程费之和为基数，按表 2-2-21 计算。

安全及文明施工措施费费率表(%) 表 2-2-21

工程类别	费率	工程类别	费率
人工土方	0.59	构造物 I	0.72
机械土方	0.59	构造物 II	0.78
汽车运输	0.21	构造物 III	1.57
人工石方	0.59	技术复杂大桥	0.86
机械石方	0.59	隧道	0.73
高级路面	1.00	钢材及钢结构	0.53
其他路面	1.02		

注：设备安装工程按表中费率的 50%计算。

(7)临时设施费

临时设施费系指施工企业为进行建筑安装工程施工所必需的生活和生产用的临时建筑物、构筑物和其他临时设施的费用等，但不包括概算预算定额中临时工程在内。临时设施费与临时工程的划分：在公路工程定额中列有临时工程定额，以计算临时工程的费用，这是公路工程不同于一般工业与民用建筑工程的地方。为使临时设施费所包括的生活与生产房屋及规定范围内的道路、水、电、管线等内容，与临时工程所包括的内容不发生交叉，可参照表 2-2-22 所列项目计算。

公路工程施工现场设施、临时工程、临时设施划分表 表 2-2-22

工程类别		施工现场设施	临时工程	临时设施
划分原则		指某些工程施工需要的专用施工设备和设施	指工程施工需配备的一般通用的大型的施工设备和设施	指工程施工需要的生活、生产用房屋、盖棚及通用的、小型的施工设备及生活设施
一	房屋			
	1.生活房屋			工地办公室、宿舍、食堂(礼堂、电视娱乐室)、洗澡房、托儿所、厕所、医疗室、招待房、探亲房等
	2.生产房屋			料库(材料、半成品、成品房)、工具房、加工房及工作台架(金属加工、木材加工及沥青加热等用房及工作棚)； 配电、通信站房； 预制场的工具房、工作棚(如顶推施工)； 施工机械的盖棚、机修房
二	便道		运输材料(包括路基填料)预制构件、加工半成品、成品的汽车便道、通往料库、加工房、预制场的汽车便道	生活区内的汽车、架子车及人行便道、生产工作区内的架子车、机动翻斗车便道
三	便桥	属于临时工程范围内便道中的桥跨为水中施工需要搭设的便桥	生活区内便道中的桥跨、生产工作区内的架子车、机动翻斗车便道中的桥跨	

续上表

工程类别		施工现场设施	临时工程	临时设施
四	轨道铺设	各种架桥设备移动需要的轨道(但不包括龙门架行走的钢轨); 各种架桥设备上为吊移构件的轨道; 沉井下水轨道; 软土处理中带门架打桩架的轨道; 打桩平台上的打桩机轨道	龙门架行走轨道、预制场至吊装设备处的运输构件轨道	
五	电力线路		地方电源至工地变电站的电力干线	工地变电站至电力机械、加工厂的动力线及生活用电线路
六	电信线路		电话总机至地方电信线路的干线	电话总机联系的各工点的电话分机间的线路
七	供水设施	由社会自来水至工地的水管干线; 为工程配备的取水设施	施工及生活区内的临时水管支线	
八	场地	预制场、构件堆放场; 金属构件拼装场混合料拌和场(厂)		机械停放场 堆料场 生活文体活动场
九	构筑物	临时墩、临时支座; 水泥、沥青混凝土拌和站的基座、料仓及隔墙大型预制构件底座; 先张法张拉、冷拉台座; 打桩、灌注桩工作平台; 蒸气养生室、养生棚; 施工期间的航标; 施工电梯; 预制构件下水栈桥码头	码头(包括砌石及浮箱拼装)	水泥混凝土搅拌机工作台; 钢筋作业台(制作、电焊); 碎石机工作台; 工地范围的围墙、刺铁丝围栏; 预制场、拌和厂;料厂的围栏或围墙

临时设施包括:临时生活及居住房屋(包括职工家属房屋及探亲房屋)、文化福利及公用房屋(如广播室、文体活动室等)和生产、办公房屋(如仓库、加工厂、加工棚、发电站、变电站、空压机站、停机棚等),工地范围内的各种临时的工作便道(包括汽车、畜力车、人力车道)、人行便道,工地临时用水、用电的水管支线和电线支线,临时构筑物(如水井、水塔等)以及其他小型临时设施。临时设施费用内容包括:临时设施的搭设、维修、拆除费或摊销费。

临时设施费以各类工程的直接工程费之和为基数,按表 2-2-23 的费率计算。

临时设施费费率表(%) 表 2-2-23

工程类别	费率	工程类别	费率
人工土方	1.57	构造物 I	2.65
机械土方	1.42	构造物 II	3.14
汽车运输	0.92	构造物 III	5.81
人工石方	1.60	技术复杂大桥	2.92
机械石方	1.97	隧道	2.57
高级路面	1.92	钢桥钢材及钢结构	2.48
其他路面	1.87		

为进行建安工程的施工必须具有临时设施，临时设施所需费用在“临时设施费”中已计算，临时设施的搭设、维修、拆除等所需的人工数量也应反映在概算预算文件中。

临时设施用工指标在表 2-2-24 中列出，其计算办法为：

$$路线工程用工数量=路线长度(km)\times用工指标$$

$$独立大中桥工程用工数量=桥面面积(100m^2)\times用工指标 \quad (2\text{-}2\text{-}14)$$

式中：路线长度——设计路线总里程，km；

桥面面积——按每座桥全桥面积计。

临时设施用工指标表 表 2-2-24

项　目	路线(1km)					独立大中桥(100m² 桥面)
	公路等级					
	高速公路	一级公路	二级公路	三级公路	四级公路	
工日	2 340	1 160	340	160	100	60

根据上述计算办法求出的用工数不另计入预算单价，而是供统计人工工日数等用。临时用工数量，可在 02 表中填入计算结果，不必在辅助表格中计算。

(8)施工辅助费

①定义。施工辅助费，系指生产工具用具使用费、检验试验费和工程定位复测、工程点交、场地清理等费用。了解各费用内容对于施工中会计核算和编制竣工决算很有必要。

生产工具用具使用费，是指施工所需不属于固定资产的生产工具、检验用具、试验用具等的购置、摊销和维修费，以及支付给工人自备工具的补贴费。检验试验费，是指对建筑材料、构件和建筑安装工程进行一般鉴定、检查所发生的费用，包括自设试验室进行试验所耗用的材料和化学药品的费用，以及技术革新和研究试验费，但不包括新结构、新材料的试验费和建设单位要求对具有出厂合格证明的材料进行检验、对构件破坏性试验及其他特殊要求检验的费用。

②费率表和计算方法。施工辅助费以各类工程的直接工程费之和为基数，按表 2-2-25 的费率计算。

施工辅助费费率表(%) 表 2-2-25

工程类别	费　率	工程类别	费　率	工程类别	费　率
人工土方	0.89	高级路面	0.80	技术复杂大桥	1.68
机械土方	0.49	其他路面	0.74	隧道	1.23
汽车运输	0.16	构造物 I	1.30	钢材及钢结构	0.56
人工石方	0.85	构造物 II	1.56		
机械石方	0.46	构造物 III	3.03		

该增加费也是通过 04 表和 08-2 表联合计算出来的，与前述的各种其他工程费的计算方式一样。

(9)工地转移费

工地转移费系指施工企业根据建设任务的需要，由已竣工的工地或后方基地迁至新工地的搬迁费用。其内容包括：

①施工单位全体职工及随职工迁移的家属向新工地转移的车费、家具行李运费、途中住宿费、行程补助费、杂费及工资与工资附加费等。

②公物、工具、施工设备器材、施工机械的运杂费，以及外租机械的往返费及本工程内部各工地之间施工机械、设备、公物、工具的转移费等。

③非固定工人进退场及一条路线中各工地转移的费用。

工地转移费以各类工程的直接工程费之和为基数，按表2-2-26的费率计算。

工地转移费费率表(%)　　表2-2-26

工程类别	工地转移距离(km)					
	50	100	300	500	1 000	每增加100
人工土方	0.15	0.21	0.32	0.43	0.56	0.03
机械土方	0.50	0.67	1.05	1.37	1.82	0.08
汽车运输	0.31	0.40	0.62	0.82	1.07	0.05
人工石方	0.16	0.22	0.33	0.45	0.58	0.03
机械石方	0.36	0.43	0.74	0.97	1.28	0.06
高级路面	0.61	0.83	1.30	1.70	2.27	0.12
其他路面	0.56	0.75	1.18	1.54	2.06	0.10
构造物I	0.56	0.75	1.18	1.54	2.06	0.11
构造物II	0.66	0.89	1.40	1.83	2.45	0.13
构造物III	1.31	1.77	2.77	3.62	4.85	0.25
技术复杂大桥	0.75	1.01	1.58	2.06	2.76	0.14
隧道	0.52	0.71	1.11	1.45	1.94	0.10
钢材及钢结构	0.72	0.97	1.51	1.97	2.64	0.13

转移距离以工程承包单位(如工程处、工程公司等)转移前后驻地距离或两路线中点的距离为准；编制概算预算时，如施工单位不明确时，高速、一级公路及独立大桥、隧道按省会(自治区首府)至工地的里程，二级及以下公路按地区(市、盟)至工地的里程计算工地转移费；工地转移里程数在表列里程之间时，费率可内插计算。工地转移距离在50km以内的工程不计取本项目费用。

以上介绍了九种其他直接工程费的费用标准和计算方法，但必须指出，与冬季、雨季、夜间施工增加费相应的增加工数，也必须在概算预算中反映出来，下面就介绍这个问题。

(10)冬季、雨季及夜间施工增加工数的计算

在概算预算的其他直接工程费计算出费用之后，还必须计算冬季、雨季及夜间施工所增加的人工数。

①冬季施工增加工数

冬季施工增加的人工数量以概算预算工数之和乘以表2-2-27的冬季施工增工百分率。

冬季、雨季施工增工百分率表(%)　　表2-2-27

项目	雨季施工(雨量区)		冬季施工							
			冬一区		冬二区		冬三区	冬四区	冬五区	冬六区
	I	II	I	II	I	II				
路线	0.30	0.45	0.70	1.00	1.40	1.80	2.40	3.00	4.50	6.75
独立大中桥	0.30	0.45	0.30	0.40	0.50	0.60	0.80	1.00	1.50	2.25

注：冬季、雨季施工增加工以各类工程概算预算工数之和为依据，表中雨季施工增工百分率为每个雨季月的增加率，如雨季期(不是施工期)为两个半月时，表列数值乘2.5，余类推。夜间施工增加工按夜间施工工程项目概算预算工数的4%计算。

②雨季施工增加工数

雨季施工增加的人工数量，以概算预算工数之和乘以表2-2-27中雨季施工增工百分率再乘以雨季期的月数，即：

$$雨季施工增加工数=工数之和\times费率\times雨季期月数 \qquad (2\text{-}2\text{-}15)$$

③夜间施工增加工数

夜间施工增加的人工数，按概算预算夜间施工的工程项目的工数乘以4%计算。

第二节　间　接　费

间接费由规费和企业管理费组成。

一、规费

规费系指法律、法规、规章、规程规定施工企业必须缴纳的费用(简称规费)，包括：

(1)养老保险费。系指施工企业按规定标准为职工缴纳的基本养老保险费。

(2)失业保险费。系指施工企业按国家规定标准为职工缴纳的失业保险费。

(3)医疗保险费。系指施工企业按规定标准为职工缴纳的基本医疗保险费和生育保险费。

(4)住房公积金。系指施工企业按规定标准为职工缴纳的住房公积金。

(5)工伤保险费。系指施工企业按规定标准为职工缴纳的工伤保险费。

各项规费以各类工程的人工费之和为基数，按国家或工程所在地法律、法规、规章、规程规定的标准计算。

二、企业管理费

企业管理费由基本费、主副食运费补贴、职工探亲路费、职工取暖补贴和财务费用五项组成。

1.基本费用

企业管理费基本费用系指施工企业为组织施工生产和经营管理所需的费用，内容包括：

(1)管理人员的工资。系指管理人员的基本工资、工资性补贴、职工福利费、劳动保护费以及缴纳的养老、失业、医疗、生育、工伤保险费和住房公积金等。

(2)办公费。是指企业办公用的文具、纸张、账表、印刷、邮电、书报、会议、水、电、烧水和集体取暖(包括现场临时宿舍取暖)用煤(气)等费用。

(3)差旅交通费。是指职工因公出差和工作调动(包括随行家属的旅费)的差旅费、住勤补助费，市内交通费、误餐补助费，职工探亲路费，劳动力招募费，职工离退休、退职一次性路费，工伤人员就医路费，以及管理部门使用的交通工具的油料、燃料、养路费及牌照费。

(4)固定资产使用费。是指管理和试验部门及附属单位使用的属于固定资产的房屋、设备、仪器等的折旧、大修理、维修费或租赁费等。

(5)工具用具使用费。是指管理使用的不属于固定资产的工具、器具、家具、交通工具和检验、试验、测绘、消防用具等的购置、维修和摊销费。

(6)劳动保险费。系指企业支付离退休职工的异地安家补助费、职工退休金、6个月以上的病假人员工资、职工死亡丧葬补助费、抚恤费、按规定支付给离退休干部的各项经费。

(7)工会经费。系指企业按职工工资总额计提的工会经费。

(8)职工教育经费。系指企业为职工学习先进技术和提高文化水平，按职工工资总额计提的费用。

(9)保险费。是指企业财产保险、管理用车辆等保险费用。

(10)工程保修费。是指工程竣工交付使用后，在规定保修期以内的修理费用。

(11)工程排污费。是指施工现场按规定缴纳的排污费用。

(12)税金。系指企业按规定缴纳的房产税、车船使用税、土地使用税、印花税等。

(13)其他。系指上述项目以外的其他必要的费用支出，包括技术转让费、技术开发费、业务招待费、绿化费、广告费、投标费、公证费、定额测定费、法律顾问费、审计费、咨询费等。

基本费用以各类工程的直接费之和为基数，按表 2-2-28 的费率计算。

基本费用费率表(%) 表 2-2-28

工程类别	费率	工程类别	费率
人工土方	3.36	构造物 I	4.44
机械土方	3.26	构造物 II	5.53
汽车运输	1.44	构造物 III	9.79
人工石方	3.45	技术复杂大桥	4.72
机械石方	3.28	隧道	4.22
高级路面	1.91	钢材及钢结构	2.42
其他路面	3.28		

2. 主副食运费补贴

主副食运费补贴系指施工企业在远离城镇及乡村的野外施工购买生活必需品所需的费用。该费用以各类工程的直接费之和为基数，按表 2-2-29 的费率计算。

主副食运费补贴费费率表(%) 表 2-2-29

工程类别	综合里程(km)											
	1	3	5	8	10	15	20	25	30	40	50	每增加 10
人工土方	0.17	0.25	0.31	0.39	0.45	0.56	0.67	0.76	0.89	1.06	1.22	0.16
机械土方	0.13	0.19	0.24	0.30	0.35	0.43	0.52	0.59	0.69	0.81	0.95	0.13
汽车运输	0.14	0.20	0.25	0.32	0.37	0.45	0.55	0.62	0.73	0.86	1.00	0.14
人工石方	0.13	0.19	0.24	0.30	0.34	0.42	0.51	0.58	0.67	0.80	0.92	0.12
机械石方	0.12	0.18	0.22	0.28	0.33	0.41	0.49	0.55	0.65	0.76	0.89	0.12
高级路面	0.08	0.12	0.15	0.20	0.22	0.28	0.33	0.38	0.44	0.52	0.60	0.08
其他路面	0.09	0.12	0.15	0.20	0.22	0.28	0.33	0.38	0.44	0.52	0.61	0.09
构造物 I	0.13	0.18	0.23	0.28	0.32	0.40	0.49	0.55	0.65	0.76	0.89	0.12
构造物 II	0.14	0.20	0.25	0.30	0.35	0.43	0.52	0.60	0.70	0.83	0.96	0.13
构造物 III	0.25	0.36	0.45	0.55	0.64	0.79	0.96	1.09	1.28	1.51	1.76	0.24
技术复杂大桥	0.11	0.16	0.20	0.25	0.29	0.36	0.43	0.49	0.57	0.68	0.79	0.11
隧道	0.11	0.16	0.19	0.24	0.28	0.34	0.42	0.48	0.56	0.66	0.77	0.10
钢材及钢结构	0.11	0.16	0.20	0.26	0.30	0.37	0.44	0.50	0.59	0.69	0.80	0.11

注：①综合里程＝粮食运距×0.06＋燃料运距×0.09＋蔬菜运距×0.15＋水运距×0.70；粮食、燃料、蔬菜、水的运距均为全线平均运距；

②综合里程数在表列里程之间时，费率可内插；

③综合里程在 1km 以内的工程不计取本项费用。

3. 职工探亲路费

职工探亲路费系指按照有关规定施工企业在探亲期间发生的往返车船费、市内交通费和途中住宿费等费用。该费用以各类工程的直接费之和为基数，按表 2-2-30 的费率计算。

职工探亲路费费率表(%) 表 2-2-30

工程类别	费率	工程类别	费率
人工土方	0.10	构造物 I	0.29
机械土方	0.22	构造物 II	0.34
汽车运输	0.14	构造物 III	0.55
人工石方	0.10	技术复杂大桥	0.20
机械石方	0.22	隧道	0.27
高级路面	0.14	钢材及钢结构	0.16
其他路面	0.16		

4. 职工取暖补贴

职工取暖补贴系指按规定发放给职工的冬季取暖费或在施工现场设置的临时取暖设施的费用。该费用以各类工程的直接费之和为基数，按工程所在地的气温区(表 2-2-12)选用表 2-2-31 的费率计算。

职工取暖补贴费费率表(%) 表 2-2-31

工程类别	气温区						
	准二区	冬一区	冬二区	冬三区	冬四区	冬五区	冬六区
人工土方	0.03	0.06	0.10	0.15	0.17	0.26	0.31
机械土方	0.06	0.13	0.22	0.33	0.44	0.55	0.66
汽车运输	0.06	0.12	0.21	0.31	0.41	0.51	0.62
人工石方	0.03	0.06	0.10	0.15	0.17	0.25	0.31
机械石方	0.05	0.11	0.17	0.26	0.35	0.44	0.53
高级路面	0.04	0.07	0.13	0.19	0.25	0.31	0.38
其他路面	0.04	0.07	0.12	0.18	0.24	0.30	0.36
构造物 I	0.06	0.12	0.19	0.28	0.36	0.46	0.56
构造物 II	0.06	0.13	0.20	0.30	0.41	0.51	0.62
构造物 III	0.11	0.23	0.37	0.56	0.74	0.93	1.13
技术复杂大桥	0.05	0.10	0.17	0.26	0.34	0.42	0.51
隧道	0.04	0.08	0.14	0.22	0.28	0.36	0.43
钢材及钢结构	0.04	0.07	0.12	0.19	0.25	0.31	0.37

5. 财务费用

财务费用系指施工企业为筹集资金而发生的各项费用，包括企业经营期间发生的短期贷款利息净支出、汇兑净损失、调剂外汇手续费、金融机构手续费，以及企业筹集资金发生的其他财务费用。财务费用以各类工程的直接费之和为基数，按表 2-2-32 的费率计算。

财务费用费率表(%)　　表 2-2-32

工程类别	费率	工程类别	费率
人工土方	0.23	构造物 I	0.37
机械土方	0.21	构造物 II	0.40
汽车运输	0.21	构造物 III	0.82
人工石方	0.22	技术复杂大桥	0.46
机械石方	0.20	隧道	0.39
高级路面	0.27	钢材及钢结构	0.48
其他路面	0.30		

三、辅助生产间接费

1.辅助生产间接费的内容

辅助生产间接费系指由施工单位自行开采加工的砂、石等自采材料及施工单位自办的人工装卸和运输的间接费。辅助生产间接费不直接出现在概算预算中,而是将其并入材料预算单价之内构成材料费。

2.辅助生产间接费计算

辅助生产间接费按辅助生产人工费的5%计列。高原地区施工单位的辅助生产,可按其他工程费中高原地区施工增加费费率,以直接工程费为基数计算高原地区施工增加费(其中:人工采集、加工材料、人工装卸、运输材料按人工土方费率计算;机械采集、加工材料按机械石方费率计算;机械装、运输材料按汽车运输费率计算)。辅助生产高原地区施工增加费不作为辅助生产间接费的计算基数。

【例 2-2-6】 其他工程费和间接费计算示例

某路桥公司四川省绵阳地区施工,公司驻地距工地 100km,粮食运距 75km,燃料运距 50km,蔬菜运距 20km,水运距 15km。工程内容为水泥碎石基层 60 000m²,压实厚度为 18cm,直接工程费为 877 680 元,其中人工费为 31 000 元。按当地有关部门规定,养老保险费费率为 20%,失业保险费费率为 2%,医疗保险费费率为 7%,住房公积金费率为 9%,工伤保险费费率为 1%,计算该项目的预算其他工程费和间接费。

解:(1)确定费率,其结果见表 2-2-33。

费率计算表　　表 2-2-33

序号	项目	其他工程费(%)										间接费(%)					
												企业管理费					综合费率
		冬季施工增加费	雨季施工增加费	夜间施工增加费	高原施工增加费	沿海地区增加费	行车干扰增加费	施工辅助费	临时设施费	工地转移费	综合费率	基本费用	主副食运费补贴	职工探亲路费	职工取暖补贴	财务费用	
1	2	3	4	5	6	7	8	9	10	11	12	13	14	15	16	17	18
1	水泥碎石基层	0	0.18	0	0	0	0	0.74	1.87	0.75	3.54	3.28	0.36	0.16	0	0.30	4.10

各费率的确定和计算如下：

工程内容为水泥碎石基层，其工程类别为“其他路面”；查表2-2-14知绵阳雨量区为Ⅱ区，雨季期为4个月。

①确定其他工程费费率：查表2-2-15，知雨季施工增加费费率为0.18%；查表2-2-23知临时设施费率为1.87%；查表2-2-25知施工辅助费费率为0.74%；查表2-2-26知工地转移费费率为0.75%。

②确定间接费费率：查表2-2-28知基本费用费率为3.28%；查表2-2-30知职工探亲路费费率为0.16%；查表2-2-32知财务费用费率为0.30%；据表2-2-29知主副食综合里程的计算公式，得主副食综合里程＝75×0.06＋50×0.09＋20×0.15＋15×0.7＝22.5km；查表2-2-30知综合里程为20km，其他路面的费率为0.33%；综合里程为25m，其他路面的费率为0.38%，用内插的方法得综合里程为22.5km时的主副食运费补贴费率为0.36%。

故现场经费综合费率＝3.28%＋0.36%＋0.16%＋0.30%＝4.10%

(2)其他工程费计算

雨季施工增加费＝直接工程费×雨季施工增加费费率＝877 680×0.18%＝1 579.82元

施工辅助费＝直接工程费×施工辅助费费率＝877 680×0.74%＝6 494.83元

同理可得，临时设施费为16 412.62元，工地转移费为6 582.60元

其他工程费＝1 579.82＋6 494.83＋1 6412.62＋6 582.60＝31 069.87元

(3)间接费计算

①规费计算

规费＝人工费×规费费率＝31 000×(20%＋2%＋7%＋9%＋1%)＝12 090元

②企业管理费

基本费用＝直接费×基本费用费率＝877 680×3.28%＝28 787.90元

主副食运输补贴＝直接费×主副食运输补贴费率＝87 7680×0.36%＝3 159.65元

同理可求得，职工探亲路费为1 404.29元，财务费用为2 633.04元

企业管理费＝28 787.90＋3 159.65＋1 404.29＋2 633.04＝35 984.88元

间接费＝规费＋企业管理费＝48 074.88元

第三节　利　润

利润系指施工企业完成所承包工程应取得的盈利。其计算公式：

利润＝(直接费＋间接费－规费)×7%　　(2-2-16)

第四节　税　金

税金系指按国家税法规定应计入建筑安装工程造价内的营业税、城市维护建设税及教育费附加。

1. 计算公式

$$综合税金额=(直接费+间接费+利润)\times综合税率 \tag{2-2-17}$$

2. 综合税率

(1)纳税地点在市区的企业，综合税率为：

$$综合税率(\%)=\left(\frac{1}{1-3\%-3\%\times7\%-3\%\times3\%}-1\right)\times100=3.41(\%)$$

(2)纳税地点在县城、乡镇的企业，综合税率为：

$$综合税率(\%)=\left(\frac{1}{1-3\%-3\%\times5\%-3\%\times3\%}-1\right)\times100=3.35(\%)$$

(3)纳税地点不在市区、县城、乡镇的企业，综合税率为：

$$综合税率(\%)=\left(\frac{1}{1-3\%-3\%\times1\%-3\%\times3\%}-1\right)\times100=3.22(\%)$$

应注意的是：上面提到的纳税人所在地，是指工程的施工企业的登记注册地址。

第五节　公路交工前养护费和绿化工程费

在《概算预算编制办法》的概算预算项目表中的第一部分第七项 4 目 5 节和第八项，列有公路交工前养护费和绿化及环境保护工程两个费用项目，这两个费用项目虽然也是属于建安费中的工程项目，但其计算方法却比较特殊。

一、公路交工前养护费

公路交工前养护费，是指对路线工程陆续完工的路段，在路段交工初验时止，以路面为主，包括路基、构造物在内的养护费用。

1. 养护费指标

公路交工前养护费指标，按工程的全线里程及平均养护月数以下列标准计算。

(1)三、四级公路养护费按 60 工日/(月·km)；

(2)二级及以上公路养护费按 30 工日/(月·km)。

2. 养护费用计算

按路面工程类别，以其人工费为基数计算其他工程费和间接费。

本项费用应在 08-2 表立项计算，然后转入 03 表计算其建安费。

3. 养护用工计算

公路交工前养护用工，也需要在概算预算中反映，但不再计入单价。公路交工前养护用工数量，按上述指标标准，以路线里程及平均养护月数之乘积计算。公路交工前养护用工数量应在 02 表中单列分项计算。

【例 2-2-7】 公路交工前养护的用工及其建筑安装工程费计算示例

某一级公路全长 60km，平均养护月数为 2 月，工程所在地人工单价为 50 元/工日，平微区，其他工程费费率为 5.5%，规费费率为 40.5%，企业管理费费率为 5.3%，试计算该工程公路交工前养护的用工及其建筑安装工程费。

解：(1)公路交工前养护用工

一级公路交工前养护用工的指标为30工日/(月·km),本工程全长60km,平均养护月数为2月,则:

公路交工前养护用工=30×60×2=3 600工日

(2)建筑安装工程费

①直接工程费=3 600×50=180 000元

②其他工程费:现行编制办法规定,按路面工程类别计算其他工程经费和间接费。

其他工程费=180 000×5.5%=9 900元

③直接费=180 000+9 900=189 900元

④间接费=180 000×40.5%+189 900×5.3%=82 964.7元

⑤利润=(189 900+82 964.7-180 000×40.5%)×7%=199 964.7元

⑥税金=(189 900+82 964.7+199 964.7)×3.41%=16 123.5元

⑦建筑安装工程费=189 900+82 964.7+199 964.7+16 123.5=488 952.9元

二、绿化工程费

绿化工程,是属于建安费的工程项目。凡新建、改建路线工程,应计绿化工程费。绿化工程应由施工单位负责在适宜的气候条件下完成绿化施工。绿化工程费是按路线总里程,以下列绿化补助费指标计算(注:本指标仅适用于无绿色设计的二级以下等级公路建设项目):

(1)平原微丘区为5 000元/km;

(2)山岭重丘区为1 000元/km。

若为改建公路,按上列指标的80%计。

由于以上指标内已包括其他工程费和间接费,故编制概算预算时,不再计列。绿化工程费,先在08-2表中计算,再转入03表计算建安费。

【例2-2-8】 绿化工程的建筑安装工程费计算示例

某新建公路全长50km,其中平原微丘区为20km,山岭重丘区为30km,试计算绿化工程的建筑安装工程费。

解:绿化工程费山岭重丘区指标为1 000元/km,平原微丘区指标为5 000元/km(以上指标内已包括其他工程费和间接费),则:

直接工程费、其他工程费和间接费=20×5 000+30×1 000=130 000元

利润=130 000×7%=9 100元

税金=(130 000+9 100)×3.41%=4 743.31元

建筑安装工程费=130 000+9 100+4 743.31=143 843.31元

第六节 建筑安装工程费的计算程序和方法

公路工程建筑安装工程费的编制,是按照实物量法的计价方法进行的,是由单个到总体,即按照分项工程、分部工程、工程项目,逐项计算,层层汇总,可以用下述一系列的公式来表达。

(1)分项工程(又称工程细目)建筑安装工程费。如路基土方,要按人工挖运松土、普通土、硬土,或推土机推运松土、普通土、硬土等,分别逐项进行计算,其计算过程如下:

①直接工程费(即工、料、机费)

=分项工程量×工、料、机定额消耗×相应的预算价格

②其他工程费=直接工程费×其他工程费综合费率

或其他工程费=人工费和机械费之和×其他工程费综合费率

③直接费=直接工程费+其他工程费

④间接费=人工费×规费综合费率+直接费×企业管理费综合费率

⑤利润=[直接费+间接费-规费]×利润率

⑥税金=[直接费+间接费+利润]×综合税率

⑦建筑安装工程费=直接费+间接费+利润+税金

(2)分部工程的建筑安装工程费。就是指将上述人工挖运松土、普通土、硬土综合为人工土方一项。不过这种综合,要根据项目表的规定和要求与建设工程的实际情况来确定,其综合的内容,就是将各分项工程的各种材料和机械台班数量及其各项金额分别进行汇总。

(3)工程项目的建筑安装工程费。是指将各分部工程的建筑安装工程费进一步汇总。如将人工土方和机械土方综合为土方一项,其汇总的内容,亦要包括各种实物量(工、料、机)和各种金额。

(4)最后将各工程项目的金额进行汇总,就是建筑安装工程费;而建筑安装工程费的编制工作至此就算全部完成。

从以上所述可以看出,建筑安装工程费的编制,是一个比较细致而繁琐的计算过程。因此,为了科学而有序地进行这一计算工作,特设置了以实物量法为表现形式的计算表格,表头为编制范围、工程名称及页数,留有填写位置;表内横向为填写有关分项工程的名称、单位、数量等资料,并分为定额、数量、金额三栏;纵向则填列人工、各种材料和施工机械,以及各项费用等数据资料。在概算预算文件中为"分项工程概(预)算表"(08-2 表)。为了便于汇总各项费用和了解费用的构成情况,以积累造价资料,在概算预算文件中,还规定了一种"建筑安装工程费计算表"(03 表),除将各项费用列出外,还要计算其价格,如果是实行概算预算承包时,其价格就是工程结算价。表内各项数据资料,基本上是由"分项工程概(预)算表"转抄过来的,故该表实际上是一种费用汇总表。上述表式详见《概算预算编制办法》。计算建筑安装工程费时,人工、各种材料和机械台班的数量,应取一位小数,金额以元为单位取整数。

【例 2-2-9】 一般工程的建筑安装工程费计算示例

厂拌基层稳定土混合料,人工费为 7 740 元,材料费为 485 789 元,机械使用费为 563 905 元,其他工程费费率为 4.45%,规费费率为 40.5%,企业管理费费率为 3.88%,利润率 7%,综合税率 3.41%,求该项目的建筑安装工程费。

解: 直接工程费=人工费+材料费+机械使用费

=7 740+485 789+563 905=1 057 434 元

其他工程费=直接工程费×其他工程费费率

=1 057 434×4.45%=47 056 元

规费=人工费×规费费率

=7 740×40.5%=3 135 元

企业管理费=直接费×企业管理费费率

=(1 057 434+47 056)×3.88%=1 104 490×3.88%=42 854 元

利润=(直接费+间接费-规费)×利润率

=(1 104 490+42 854)×7%=80 314 元

税金=(直接费+间接费+利润)×综合税率

=(1 104 490+3 135+42 854+80 314)×3.41%=41 970 元

建筑安装工程费=直接费+间接费+利润+税金

=1 104 490+3 135+42 854+80 314+41 970=1 272 673 元

第三章　设备、工具、器具及家具购置费

第一节　设备、工具、器具购置费

一、费用内容

设备购置费，系指为满足公路的营运、管理、养护需要购置的达到固定资产标准的设备和虽低于固定资产标准但属于设计明确列入设备清单的设备的费用，包括渡口设备，隧道照明、消防、通风的动力设备，高等级公路的收费、监控、通信、供电设备，养护用的机械、设备和工具、器具等的购置费用。

二、设备与材料的划分标准

工程建设设备与材料的划分，直接关系到投资构成的合理划分、概算预算的编制以及施工产值的计算等方面，为合理确定工程造价，加强对建设过程投资管理，统一概算预算编制口径，现对交通工程中设备与材料的划分提出如下划分原则和规定。本规定如与国家主管部门新颁布的规定相抵触时，按国家规定执行。

(一)设备与材料的划分原则

1.设备

凡是经过加工制造，由多种材料和部件按各自用途组成生产加工、动力、传送、储存、运输、科研等功能的机器、容器和其他机械、成套装置等均为设备。

设备分为标准设备和非标准设备。

标准设备(包括通用设备和专用设备)：是指按国家规定的产品标准批量生产的、已进入设备系列的设备。

非标准设备：是指国家未定型、非批量生产的、由设计单位提供制造图纸，委托承制单位或施工企业在工厂或施工现场制作的设备。

设备一般包括以下各项：

(1)各种设备的本体及随设备到货的配件、备件和附属于设备本体制作成型的梯子、平台、栏杆及管道等。

(2)各种计量器、仪表及自动化控制装置、试验的仪器及属于设备本体部分的仪器仪表等。

(3)附属于设备本体的油类、化学药品等设备的组成部分。

(4)无论用于生产或生活或附属于建筑物的水泵、锅炉及水处理设备、电气、通风设备等。

2.材料

为完成建筑、安装工程所需的原料和经过工业加工在工艺生产过程中不起单元工艺生产用的设备本体以外的零配件、附件、成品、半成品等均为材料。

材料一般包括以下各项：

(1)设备本体以外的不属于设备配套供货,需由施工企业进行加工制作或委托加工的平台、梯子、栏杆及其他金属构件等,以及成品、半成品形式供货的管道、管件、阀门、法兰等。

(2)设备本体以外的各种行车轨道、滑触线、电梯的滑轨等均为材料。

(二)设备与材料的划分界限

1.设备

(1)通信系统。市内、长途电话交换机,程控电话交换机,微波、载波通信设备,电报和传真设备,中、短波通信设备及中短波电视天馈线装置,移动通信设备,卫星地球站设备,通信电源设备,光纤通信数字设备,有线广播设备等各种生产及配套设备和随机附件等。

(2)监控和收费系统。自动化控制装置,计算机及其终端,工业电视,检测控制装置,各种探测器,除尘设备,分析仪表,显示仪表,基地式仪表,单元组合仪表,变送器、传送器及调节阀,盘上安装器,压力、温度、流量、差压、物位仪表,成套供应的盘、箱、柜、屏(包括箱和已经安装就位的仪表、元件等)及随主机配套供应的仪表等。

(3)电气系统。各种电力变压器、互感器、调压器、感应移相器、电抗器、高压断路器、高压熔断器、稳压器、电源调整器、高压隔离开关、装置式空气开关、电力电容器、蓄电池、磁力启动器、交直流报警器、成套箱式变电站、共箱母线、密封式母线槽,成套供应的箱、盘、柜、屏及其随设备带来的母线和支持瓷瓶等。

(4)通风及管道系统。空气加热器、冷却器,各种空调机、风尘管、过滤器、制冷机组、空调机组、空调器、各类风机、除尘设备、风机盘管、净化工作台、风淋室、冷却塔、公称直径 300mm 以上的人工阀门和电动阀门等。

(5)房屋建筑。电梯,成套或散装到货的锅炉及其附属设备,汽轮发电机及其附属设备,电动机、污水处理装置、电子秤、地中衡、开水炉、冷藏箱,热力系统的除氧器水箱和疏水箱,工业水系统的工业水箱,油冷却系统的油箱,酸碱系统的酸碱储存槽,循环水系统的旋转滤网、启闭装置的启闭机等。

(6)消防及安全系统。隔膜式气压水罐(气压罐)、泡沫发生器、比例混合器、报警控制器、报警信号前端传输设备、无线报警发送设备、报警信号接收机、可视对讲主机、联动控制器、报警联动一体机、重复显示器、远程控制器、消防广播控制柜、广播功放、录音机、广播分配器、消防通信电话交换机、消防报警备用电源、X 射线安全检查设备、金属武器探测门、摄像设备、监视器、镜头、云台、控制台、监视器柜、支台控制器、视频切换器、全电脑视频切换设备、音频、视频、脉冲分配器、视频补偿器、视频传输设备、汉字发生设备、录像、录音设备、电源、CRT 显示终端、模拟盘等。

(7)炉窑砌筑。装置在炉窑中的成品炉管、电机、鼓风机和炉窑传动、提升装置,属于炉窑本体的金属铸体、锻件、加工件及测温装置、仪器仪表、消烟、回收、除尘装置,随炉供应已安装就位的金具、耐火衬里、炉体金属预埋件等。

(8)各种机动车辆。

(9)各种工艺设备在试车时必须填充的一次性填充材料(如各种瓷环、钢环、塑料环、钢球等),各种化学药品(如树脂、珠光砂、触煤、干燥剂、催化剂等)及变压器油等,不论是随设备带来的,还是单独订货购置的,均视为设备的组成部分。

2.材料

(1)各种管道、管件、配件、公称直径 300mm 以内的人工阀门、水表、防腐保温及绝缘材料、油漆、支架、消火栓、空气泡沫枪、泡沫炮、灭火器、灭火机、灭火剂、泡沫液、水泵接合器、可曲橡胶接头、消防喷头、卫生器具、钢制排水漏斗、水箱、分汽缸、疏水器、减压器、压力表、温度计、调压板、散热器、供暖器具、凝结水箱、膨胀水箱、冷热水混合器、除污器、分水缸（器）、各种风管及其附件和各种调节阀、风口、风帽、罩类、消声器及其部（构）件、散流器、保护壳、风机减振台座、减振器、凝结水收集器、单双人焊接装置、煤气灶、煤气表、烘箱灶、火管式沸水器、水型热水器、开关、引火棒、防雨帽、放散管拉紧装置等。

（2）各种电线、母线、绞线、电缆、电缆终端头、电缆中间头、吊车滑触线、接地母线，接地极、避雷线、避雷装置（包括各种避雷器、避雷针等）、高低压绝缘子、线夹、穿墙套管、灯具、开关、灯头盒、开关盒、接线盒、插座、闸盒保险器、电杆、横担、铁塔、各种支架、仪表插座、桥架、梯架、立柱、托臂、人孔手孔、挂墙照明配电箱、局部照明变压器、按钮、行程开关、刀闸开关、组合开关、转换开关、铁壳开关、电扇、电铃、电表、蜂鸣器、电笛、信号灯、低音扬声器、电话单机、熔断器等。

（3）循环水系统的钢板闸门及拦污栅、启闭构架等。

（4）现场制作与安装的炉管及其他所需的材料或填料，现场砌筑用的耐火、耐酸、保温、防腐、捣打料、绝热纤维、天然白泡石、玄武岩、金具、炉门及窥视孔、预埋件等。

（5）所有随管线（路）同时组合安装的一次性仪表、配件、部件及元件（包括就地安装的温度计、压力表）等。

（6）制造厂以散件或分段分片供货的塔、器、罐等，在现场拼接、组装、焊接、安装内件或改制时所消耗的物料均为材料。

（7）各种金属材料、金属制品、焊接材料、非金属材料、化工辅助材料、其他材料等。

3. 其他

对于一些在制造厂未整体制作完成的设备，或分片压制成型，或分段散装供货的设备，需要建筑安装工人在施工现场加工、拼装、焊接的，按上述划分原则和其投资构成应属于设备购置费。为合理反映建筑安装工人付出的劳动和创造的价值，可按其在现场加工组装焊接的工作量，将其分片或组装件按其设备价值的一部分以加工费的形式计入安装工程费内。

供应原材料，在施工现场制作安装或施工企业附属生产单位为本单元承包工程制作并安装的非标准设备，除配套的电机、减速机外，其加工制作消耗的工、料（包括主材）、机等均应计入安装工程费内。

凡是制造厂未制造完成的设备，已分片压制成型，散装或分段供货，需要建筑安装工人在施工现场拼装、组装、焊接及安装内件的，其制作、安装所需的物料为材料，内件、塔盘为设备。

三、费用的计算

（一）设备购置费

设备购置费的计算应根据设计规格、数量清单，在可行性研究报告、初步设计、技术设计和施工图设计阶段按以下公式计算。

设备购置费＝设备原价＋运杂费（运输费＋装卸费＋搬运费）＋运输保险费＋采购及保管费　　（2-3-1）

需要安装的设备，应在第一部分建筑安装工程费的有关项目内加计安装工程费用。

1. 国产设备原价的构成及计算

国产设备的原价一般是指设备制造厂的交货价，即出厂价或订货合同价。它一般根据生产厂或供应商的询价、报价、合同价确定，或采用一定的方法计算确定。内容包括按专业标准规定的在运输过程中不受损失的一般包装费，及按产品设计规定配带的工具、附件和易损件的费用，即：

设备原价＝出厂价（或供货地点价）＋包装费＋手续费　　(2-3-2)

2.进口设备原价的构成及计算

进口设备的原价是指进口设备的抵岸价，即抵达买方边镜港口或边境车站，且交完关税为止形成的价格，即：

进口设备原价＝货价＋国际运费＋运输保险费＋银行财务费＋外贸手续费＋关税＋增值税＋消费税＋商检费＋检疫费＋车辆购置附加费　　(2-3-3)

(1)货价。一般指装运港船上交货价（FOB，习惯称离岸价）。设备货价分为原币货价和人民币货价，原币货价一律折算为美元表示，人民币货价按原币货价乘以外汇市场美元兑换人民币的中间价确定。进口设备货价按有关生产厂商询价、报价、订货合同价计算。

(2)国际运费。即从装运港（站）到达我国抵达港（站）的运费，即：

国际运费＝原币货价（FOB价）×运费费率　　(2-3-4)

我国进口设备大多采用海洋运输，小部分采用铁路运输，个别采用航空运输。运费费率参照有关部门或进出口公司的规定执行，海运费费率一般为6％。

(3)运输保险费。对外贸易货物运输保险是由保险人（保险公司）与被保险人（出口人或进口人）订立保险契约，在被保险人交付议定的保险费后，保险人根据保险契约的规定对货物在运输过程中发生的承保责任范围内的损失给予经济上的补偿。这是一种财产保险，计算公式为：

运输保险费＝[原币货价（FOB价）＋国际运费]÷（1－保险费费率）×保险费费率　　(2-3-5)

保险费费率是按保险公司规定的进口货物保险费费率计算，一般为0.35％。

(4)银行财务费。一般指中国银行手续费，可按下式简化计算：

银行财务费＝人民币货价（FOB价）×银行财务费费率　　(2-3-6)

银行财务费费率一般为0.4％～0.5％

(5)外贸手续费。指按规定计取的外贸手续费，计算公式为：

外贸手续费＝[人民币货价（FOB价）＋国际运费＋运输保险费]×外贸手续费费率　　(2-3-7)

外贸手续费费率一般为1％～1.5％。

(6)关税。指海关对进口国境或关境的货物和物品征收的一种税，计算公式为：

关税＝[人民币货价（FOB价）＋国际运费＋运输保险费]×进口关税税率　　(2-3-8)

进口关税税率按我国海关总署发布的进口关税税率计算。

(7)增值税。是对从事进口贸易的单位和个人，在进口商品报关进口后征收的税种。按《中华人民共和国增值税条例》的规定，进口应税产品均按组成计税价格和增值税税率直接计算应纳税额，即：

增值税＝[人民币货价（FOB价）＋国际运费＋运输保险费＋关税＋消费税]×增值税税率　　(2-3-9)

增值税税率根据规定的税率计算，目前进口设备适用的税率为17％。

(8)消费税。对部分进口设备(如轿车、摩托车等)征收,一般计算公式为:

应纳消费税额=[人民币货价(FOB价)+国际运费+运输保险费+关税]÷(1-消费税税率)×消耗税税率 (2-3-10)

消费税税率根据规定的税率计算。

(9)商检费。指进口设备按规定付给商品检查部门和进口设备检验鉴定费,其计算公式为:

商检费=[人民币货价(FOB价)+国际运费+运输保险费]×商检费费率 (2-3-11)

商检费费率一般为0.8%。

(10)检疫费:指进口设备按规定付给商品检疫部门的进口设备检验鉴定费,其计算公式为:

检疫费=[人民币货价(FOB价)+国际运费+运输保险费]×检疫费费率 (2-3-12)

检疫费费率一般为0.17%。

(11)车辆购置附加费。指进口车辆需缴纳的进口车辆购置附加费,计算公式为:

进口车辆购置附加费=[人民币货价(FOB价)+国际运费+运输保险费+关税+消费税+增值税]×进口车辆购置附加费费率 (2-3-13)

在计算进口设备原价时,应注意工程项目的性质,有无按国家有关规定减免进口环节税的可能。

3.设备运杂费的构成及计算

国产设备运杂费指由设备制造厂交货地点起至工地仓库(或施工组织设计指定的需要安装设备的堆放地点)止所发生的运费和装卸费;进口设备运杂费指由我国到岸港口或边境车站起至工地仓库(或施工组织设计指定的需要安装设备的堆放地点)止所发生的运费和装卸费,其计算公式为:

运杂费=设备原价×运杂费费率

设备运杂费费率见表2-3-1。

设备运杂费费率表 表2-3-1

运输里程(km)	100以内	101~200	201~300	301~400	401~500	501~750	751~1 000	1 001~1 250	1 251~1 500	1 501~1 750	1 751~2 000	2 000以上每增250
费率(%)	0.8	0.9	1.0	1.1	1.2	1.5	1.7	2.0	2.2	2.4	2.6	0.2

4.设备运输保险费的构成及计算

设备运输保险费指国内运输保险费,其计算公式为:

运输保险费=设备原价×保险费费率 (2-3-14)

设备运输保险费费率一般为1%。

5.设备采购及保管费的构成及计算

设备采购及保管费指采购、验收、保管和收发设备所发生的各种费用,包括设备采购人员、保管人员和管理人员的工资、工资附加费、办公费、差旅交通费,设备部门办公和仓库所占固定资产使用费、工具用具使用费、劳动保护费、检验试验费等,其计算公式为:

采购及保管费=设备原价×采购及保管费费率 (2-3-15)

需要安装的设备的采购保管费费率为2.4%,不需要安装的设备的采购保管费费率为

1.2%。

(二)工器具及生产家具(简称工器具)购置费

工器具购置费系指建设项目交付使用后为满足初期正常营运必须购置的第一套不构成固定资产的设备、仪器、仪表、工卡模具、器具、工作台(框、架、柜)等的费用。该费用不包括构成固定资产的设备、工器具和备品、备件,及已列入设备购置费中的专用工具和备品、备件。

第二节　办公和生活用家具购置费

一、费用内容

办公和生活用家具购置费系指为保证新建、改建项目初期正常生产、使用和管理所必须购置的办公和生活用家具、用具的费用。其具体范围包括:行政、生产部门的办公室、会议室、资料档案室、阅览室、单身宿舍及生活福利设施等的家具、用具。

二、计算办法

办公和生活用家具购置费,按路线工程的设计里程和有看桥房的独立大中桥的座数,乘以表2-3-2的相应购置费标准计算,对改建工程取费标准按2-3-2表所列数的80%计。

办公和生活用家具购置费标准表　　表2-3-2

工程所在地	路线(元/km)				有看桥房的独立大桥(元/座)	
	高速公路	一级公路	二级公路	三、四级公路	一般大桥	技术复杂大桥
内蒙古、黑龙江、青海、新疆、西藏	21 500	15 600	7 800	4 000	24 000	60 000
其他省、自治区、直辖市	17 500	14 600	5 800	2 900	19 800	49 000

注:改建工程按表列数80%计。

【例2-3-1】　设备工具器具购置费和办公用家具购置费计算示例

四川省某高速公路23km,该工程的施工图设计中配置了收费系统、通信系统、监控系统、供电照明系统等设备。试计算施工图预算中的设备、工具、器具购置费和办公用家具购置费。

解:(1)设备工具器具购置费

根据甲方认可的设备购置计划清单,按如下公式计算:

设备购置费=设备原价+运杂费+运输保险费+采购及保管费

根据询价如下:

收费系统设备购置费=8 322 304元

通信系统设备购置费=2 295 000元

监控系统设备购置费=3 771 760元

供电照明系统设备购置费=1 172 205元

合计设备购置费=15 561 269元

(2)办公和生活用家具购置费

根据表 2-3-2 查得办公和生活用家具购置费标准为 17 500 元/km,则：

$$办公和生活用家具购置费=23\times17\,500=402\,500\ 元$$

(3)设备工具器具购置费和办公用家具购置费总计金额

设备工具器具购置费和办公用家具购置费=15 963 769 元

(注:需安装的设备,其安装费在第一部分费用建筑安装费中计算。)

第四章　工程建设其他费用及预备费

第一节　工程建设其他费用的组成

工程建设其他费用包括：土地征用及拆迁补偿费、建设项目管理费、研究试验费、建设项目前期工作费、专项评价(估)费、施工机构迁移费、联合试运转费、生产人员培训费、建设期贷款利息等。

第二节　工程建设其他费用项目

一、土地、青苗等补偿费和安置补助费的计算

1.费用内容

(1)土地补偿费

指被征用土地地上、地下附着物及青苗补偿费，征用城市郊区的菜地等缴纳的菜地开发建设基金，租用土地费，耕地占用税，用地图编制费及勘界费，征地管理费等。

(2)征用耕地安置补助费

指征用耕地需要安置农业人口的补助费。

(3)拆迁补偿费

指被征用或占用土地上的房屋及附属构筑物、城市公用设施等拆除、迁建补偿费，拆迁管理费等。

(4)复耕费

指临时占用的耕地、鱼塘等，待工程竣工后将其恢复到原有标准所发生的费用。

(5)耕地开垦费

指公路建设项目占用耕地的，应由建设项目法人(业主)负责补充耕地所发生的费用；没有条件开垦或者开垦的耕地不符合要求的，按规定缴纳的耕地开垦费。

(6)森林植被恢复费

指公路建设项目需要占用、征用或者临时占用林地的，经县级以上林业主管部门审核同意或批准，建设项目法人(业主)单位按照有关规定向县级以上林业主管部门预缴的森林植被恢复费。

2.计算方法

土地征用及拆迁补偿费应根据审批单位批准的建设工程用地和临时用地面积及其附着物的情况，以及实际发生的费用项目，按国家有关规定及工程所在地的省(自治区、直辖市)人民政府颁发的有关规定和标准计算。

森林植被恢复费应根据审批单位批准的建设工程占用林地的类型及面积，按国家有关规

定及工程所在地的省(自治区、直辖市)人民政府颁发的有关规定和标准计算。

当与原有的电力电信设施、水利工程、铁路及铁路设施互相干扰时,应与有关部门联系,商定合理的解决方案和赔偿金额,也可由这些部门按规定编制费用以确定赔偿金额。

二、建设项目管理费

建设项目管理费包括建设单位(业主)管理费、工程质量监督费、工程监理费、工程定额测定费、设计文件审查费和竣(交)工验收试验检验费。

(一)建设单位(业主)管理费

1. 费用内容

建设单位(业主)管理费系指建设单位(业主)为建设项目的立项、筹建、建设、竣(交)工验收、总结等工作所发生的管理费用,不包括应计入设备、材料预算价格的建设单位采购及保管设备、材料所需的费用。

费用内容包括:工作人员的工资、工资性补贴、施工现场津贴、社会保障费用(基本养老、基本医疗、失业、工伤保险)、住房公积金、职工福利费、工会经费、劳动保护费;办公费、差旅交通费、固定资产使用费(包括办公及生活房屋折旧、维修或租赁费、车辆折旧、维修、使用或租赁费,通信设备购置、使用费、测量、试验设备仪器折旧、维修或租赁费、其他设备折旧、维修或租赁费等)、零星固定资产购置费、招募生产工人费;技术图书资料费、职工教育经费、工程招标费(不含招标文件及标底或造价控制值编制费);合同契约公证费、法律顾问费、咨询费、建设单位的临时设施费、完工清理费、竣(交)工验收费(含其他行业或部门要求的竣工验收费用)、各种税费(包括房产税、车船使用税、印花税等)、建设项目审计费、境内外融资费用(不含建设期贷款利息)、业务招待费和其他管理性开支。

由施工企业代替建设单位(业主)办理"土地、青苗等补偿费"的工作人员所发生的费用,应在建设单位(业主)管理费项目中支付。当建设单位(业主)委托有资质的单位代理招标时,其代理费应在建设单位(业主)管理费中支出。

2. 计算办法

建设单位(业主)管理费以建筑安装工程费总额为基数,按表 2-4-1 的费率,以累进办法计算。

建设单位管理费费率表 表 2-4-1

第一部分 建筑安装工程费(万元)	费率(%)	算例(万元)	
		建筑安装工程费	建设单位(业主)管理费
500 以下	3.48	500	500×3.48%=17.4
501~1 000	2.73	1 000	17.4+500×2.73%=31.05
1 001~5 000	2.18	5 000	31.05+4 000×2.18%=118.25
5 001~10 000	1.84	10 000	118.25+5 000×1.84%=210.25
10 001~30 000	1.52	30 000	210.25+20 000×1.52%=514.25
30 001~50 000	1.27	50 000	514.25+20 000×1.27%=768.25
50 001~100 000	0.94	100 000	768.25+50 000×0.94%=1 238.25
100 001~150 000	0.76	150 000	1 238.25+50 000×0.76%=1 618.25
150 001~200 000	0.59	200 000	1 618.25+50 000×0.59%=1 913.25
200 001~300 000	0.43	300 000	1 913.25+100 000×0.43%=2 343.25
300 000 以上	0.32	310 000	2 343.25+10 000×0.32%=2 375.25

(1)水深大于15m、跨度不小于400m的斜拉桥和跨度不小于800m的悬索桥等独立特大型桥梁工程的建设单位(业主)管理费按表2-4-1中的费率乘以1.0～1.2的系数计算;

(2)海上工程(指由于风浪影响,工程施工期(不包括封冻期)全年月平均工作日少于15d的工程)的建设单位(业主)管理费按表2-4-1中的费率乘以1.0～1.3的系数计算。

(二)工程质量监督费

工程质量监督费系指根据国家有关部门规定,各级公路工程质量监督机构对工程建设质量和安全生产实施监督应收取的管理费用。

工程质量监督费以建筑安装工程费总额为基数,按0.15%计算(根据财政部、国家发改委财综[2008]78号文,已取消该项收费)。

(三)工程监理费

工程监理费系指建设单位(业主)委托具有公路工程监理资格证书的单位,按施工监理办法进行全面的监督与管理所发生的费用。

费用内容包括:工作人员的基本工资、工资性津贴、社会保障费用(基本养老、基本医疗、失业、工伤保险)、住房公积金、职工福利费、工会经费、劳动保护费;办公费、会议费、差旅交通费、固定资产使用费(包括办公及生活房屋折旧、维修或租赁费,车辆折旧、维修、使用或租赁费,通信设备购置、使用费,测量、试验、检测设备仪器折旧、维修或租赁费、其他设备折旧、维修或租赁费等)、零星固定资产购置费、招募生产工人费;技术图书资料费、职工教育经费、投标费用;合同契约公证费、咨询费、业务招待费;财务费用、监理单位的临时设施费、各种税费和其他管理性开支。

工程监理费以定额建设安装工程费总额为基数,按表2-4-2费率计算。

工程监理费费率表 表2-4-2

工程类别	高速公路	一级及二级公路	三级及四级公路	桥梁及隧道
费率(%)	2.0	2.5	3.0	2.5

表2-4-2中的桥梁指水深大于15m、斜拉桥和悬索桥等独立特大型桥梁工程;隧道指水下隧道工程。

建设单位(业主)管理费和工程监理费均为实施建设项目管理费用,执行时可根据建设单位(业主)和施工监理单位所实际承担的工作内容和工作量统筹使用。

(四)工程定额测定费

工程定额测定费系指各级公路(交通)工程定额(造价管理)站为测定劳动定额、搜集定额资料、编制工程定额及定额管理所需要的工作经费。

工程定额测定费以建筑安装工程费总额为基数,按0.12%计算(根据财政部、国家发改委财综[2008]78号文,已取消该项收费)。

(五)设计文件审查费

设计文件审查费系指国家和省级交通主管部门在项目审批前,为保证勘察设计工作的质量,组织有关专家或委托有资质的单位,对设计单位提交的建设项目可行性研究报告和勘察设计文件以及对设计变更、调整概算进行审查所需要的相关费用。

设计文件审查费以建筑安装工程费总额为基数,按0.1%计算。

(六)竣(交)工验收试验检测费

竣(交)工验收试验检测费系指在公路建设项目交工验收和竣工验收前,由建设单位(业主)或工程质量监督机构委托有资质的公路工程质量检测单位按照有关规定对建设项目的工程质量进行检测，并出具检测意见所需要的相关费用。

竣(交)工验收试验检测费按表 2-4-3 的规定计算。

竣(交)工验收试验检测费标准表 表 2-4-3

项 目	路线(元/公路公里)				独立大桥(元/座)	
	高速公路	一级公路	二级公路	三、四公路	一般大桥	技术复杂大桥
试验检测费	15 000	12 000	10 000	5 000	30 000	100 000

竣(交)工验收试验检测费，高速公路、一级公路按四车道计算，二级及以下等级公路按双车道计算，每增加一条车道，按表 2-4-3 的费用增加 10%。

【例 2-4-1】 建设项目管理费计算示例

某桥梁工程，其建筑安装工程费为 800 万元，试计算该工程的建设单位管理费、工程质量监督费、工程监理费、工程定额测定费、设计文件审查费和竣(交)工验收试验检验费。

解:(1)建设单位管理费

由题示已知建筑安装费为 800 万元，按累进计算办法得：

建设单位管理费＝500×3.48%＋300×2.73%＝25.59 万元

(2)工程质量监督费

按 0.15%计，即：

工程质量监督费＝800×0.15%＝1.2 万元

(3)工程监理费

查表 2-4-2，桥梁工程的费率为 2.5%计，即：

工程质量监理费＝800×2.5%＝20 万元

(4) 工程定额测定费

其编制管理的总费率以 0.12%计，即：

定额测定费＝800×0.12%＝0.96 万元

(5)设计文件审查费

设计文件审查费＝800×0.1%＝0.8 万元

(6)竣(交)工验收试验检验费

查表 2-4-3，一般大桥的竣(交)工验收试验检验费标准为 30 000 元/座，则：

竣(交)工验收试验检验费＝3 万元

建设项目管理费合计＝51.55 万元

三、研究试验费

1. 费用内容

研究试验费系指为本建设项目提供或验证设计数据、资料进行必要的研究试验和按照设计规定在施工过程中必须进行试验所需的费用，以及支付科技成果、先进技术的一次性技术转让费。该费用不包括：

(1)应由科技三项费用(即新产品试制费、中间试验费和重要科学研究补助费)开支的项目。

(2)应由施工辅助费开支的施工企业对建筑材料、构件和建筑物进行一般鉴定、检查所发生的费用及技术革新研究试验费。

(3)应由勘察设计费或建筑安装工程费用中开支的项目。

2. 计算方法

按照设计提出的研究试验内容和要求进行编制,不需验证设计基础资料的不计本项费用。

四、建设项目前期工作费

1. 费用内容

建设项目前期工作费系指委托勘察设计、咨询单位对建设项目进行可行性研究、工程勘察设计,以及设计、监理、施工招标文件及招标标底或造价控制值文件编制时,按规定应支付的费用。该费用包括:

(1)编制项目建议书(或预可行性研究报告)、可行性研究报告、投资估算,以及相应的勘察、设计、专题研究等所需的费用。

(2)初步设计和施工图设计的勘察费(包括测量、水文调查、地质勘探等)、设计费、概(预)算及调整概算编制费等。

(3)设计、监理、施工招标文件及招标标底(或造价控制值或清单预算)文件编制费等。

2. 计算方法

依据委托合同计列,或按国家颁发的收费标准和有关规定进行编制。

五、专项评价(估)费

专项评价(估)费系指依据国家法律、法规规定须进行评价(评估)、咨询,按规定应支付的费用。该费用包括环境影响评价费、水土保持评估费、地震安全性评价费、地质灾害危险性评价费、压覆重要矿床评估费、文物勘察费、通航认证费、行洪认证(评估)费、使用林地可行性研究报告编制费、用地预审报告编制费等费用。

计算方法:按国家颁发的收费标准和有关规定进行编制。

六、施工机构迁移费

1. 费用内容

施工机构迁移费系指施工机构根据建设任务的需要,经有关部门决定成建制地(指工程处等)由原驻地迁移到另一地区所发生的一次性搬迁费用。该费用不包括:

(1)应由施工企业自行负担的,在规定距离范围内调动施工力量以及内部平衡施工力量所发生的迁移费用。

(2)由于违反基建程序,盲目调迁队伍所发生的迁移费。

(3)因中标而引起施工机构迁移所发生的迁移费。

费用内容包括:职工及随同家属的差旅费,调迁期间的工资,施工机械、设备、工具、用具和周转性材料的搬运费。

2. 计算方法

施工机构迁移费应经建设项目的主管部门同意按实计算。但计算施工机构迁移费后,如迁移地点即新工地地点(如独立大桥),则其他工程费内工地转移费应不再计算;如施工机构迁移地点至新工地地点尚有部分距离，则工地转移费的距离，应以施工机构新地点为计算起点。

施工机构迁移费是一项计量出入比较大，甲乙双方易发生争议的费用，所以计算难度较大。计算该费用时，必须经建设单位主管部门同意，并签订协议或纪要之后，设计单位方根据有关规定和标准，公正地按实计算。

七、供电贴费

1. 费用内容

供电贴费系指按国家规定，建设项目应交付的供电工程贴费、施工临时用电贴费。

2. 计算方法

按国家有关规定计列(目前停止征收)。

八、联合试运转费

1. 费用内容

联合试运转费指新建、改(扩)建工程项目，在竣工验收前按照设计规定的工程质量标准，进行动(静)载荷载实验所需的费用，或进行整套设备带负荷联合试运转期间所需的全部费用抵扣试车期间收入的差额。不包括应由设备安装工程项下开支的调试费的费用。

费用内容包括：联合试运转期间所需的材料、油燃料和动力的消耗，机械和检测设备使用费，工具用具和低值易耗品费，参加联合试运转人员工资及其他费用等。

2. 计算方法

联合试运转费以建筑安装工程费总额为基数，独立特大型桥梁按 0.075%，其他工程按 0.05%计算。

九、生产人员培训费

生产人员培训费系指新建、改(扩)建公路工程项目，为保证生产的正常运行，在工程竣工验收交付使用前对运营部门生产人员和管理人员进行培训所必需的费用。

费用内容包括：培训人员的工资、工资性补贴、职工福利费、差旅交通费、劳动保护费、培训及教学实习费等。

生产人员培训费按设计定员和 2 000 元/人的标准计算。

十、固定资产投资方向调节税

固定资产投资方向调节税系指为了贯彻国家产业政策，控制投资规模，引导投资方向，调整投资结构，加强重点建设，促进国民经济持续稳定协调发展，依照《中华人民共和国固定资产投资方向调节税暂行条例》规定，公路建设项目应缴纳的固定资产投资方向调节税。

计算方法：按国家有关规定计算(目前暂停征收)。

十一、建设期贷款利息

1. 费用内容

建设期贷款利息是指建设项目中分年度使用国内贷款或国外贷款部分，在建设期内应归还的贷款利息。费用内容包括各种金融机构贷款、企业集资、建设债券和外汇贷款等利息。

2. 费用计算

根据不同的资金来源按需付息的分年度投资计算。

计算公式如下：

建设期贷款利息＝∑(上年末付息贷款本息累计＋本年度付息贷款额÷2)×年利率

即：

$$S=\sum_{n=1}^{N}(F_{n-1}+b_n\div 2)\times i \quad (2\text{-}4\text{-}1)$$

式中：S——建设期贷款利息，元；

N——项目建设期，年；

n——施工年度；

F_{n-1}——建设期第(n－1)年末需付息贷款本息累计，元；

b_n——建设期第 n 年度付息贷款额，元；

i——建设期贷款年利率，％。

【例 2-4-2】 建设期贷款利息计算示例

某工程贷款 4 550 万元，建设期 3 年，第一、三年均贷款 1 500 万元，第二年贷款 1 550 万元，贷款利率为 5％，求其贷款利息为多少。

解：根据上面公式可得：

第 1 年贷款利息＝(0＋1 500÷2) ×5％＝37.5 万元

第 2 年贷款利息＝(1 500＋37.5＋1 550÷2)×5％＝115.625 万元

第 3 年贷款利息＝(1 500＋37.5＋1 550＋115.625＋1 500÷2)×5％＝197.656 3 万元

建设期贷款利息＝37.5＋115.625＋197.656 3＝350.781 3 万元

第三节 预 备 费

预备费由价差预备费及基本预备费两部分组成。在公路工程建设期限内，凡需动用预备费时，属于公路交通部门投资的项目，需经建设单位提出，按建设项目隶属关系，报交通运输部或交通运输厅(局、委)基建主管部门核定批准；属于其他部门投资的建设项目，按其隶属关系报有关部门核定批准。

一、价差预备费

价差预备费系指设计文件编制年至工程竣工年期间，第一部分费用的人工费、材料费、机械使用费、其他工程费、间接费等以及第二、三部分费用由于政策、价格变化可能发生上浮而预留的费用及外资贷款汇率变动部分的费用。

价差预备费以概(预)算或修正概算第一部分建筑安装工程费总额为基数，按设计文件编制年始至建设项目工程竣工年终的年数和年工程造价增涨率计算。其计算公式如下：

$$价差预备费=P\times[(1+i)^{n-1}-1] \quad (2\text{-}4\text{-}2)$$

式中：P——建筑安装工程费总额，元；

i——年工程造价增长率，％；

n——设计文件编制年至建设项目开工年＋建设项目建设期限，年。

设计文件编制至工程完工在一年以内的工程，不计列此项费用。年工程造价增涨率按有关部门公布的工程投资价格指数计算，或由设计单位会同建设单位根据该工程人工费、材料费、施工机械使用费、其他工程费、间接费以及第二、三部分费用可能发生的上浮因素，以第一部分建安费为基数进行综合分析预测。

二、基本预备费

1. 费用内容

基本预备费是指经初步设计和概算中难以预料的工程和费用，其用途如下：

(1)在进行技术设计、施工图设计和施工过程中，在批准的初步设计和概算的范围内所增加的工程费用。

(2)在设备订货时，由于规格、型号改变的价差；材料货源变更、运输距离或方式的改变，以及因规格不同而代换使用等原因而发生的价差。

(3)由于一般自然灾害所造成的损失和预防自然灾害所采取的措施费用。

(4)在项目主管部门组织竣(交)工验收时，验收委员会(或小组)为鉴定工程质量必须开挖和修复隐蔽工程的费用。

(5)投保的工程根据工程特点和保险合同发生的工程保险费用。

2. 计算方法

预备费以第一、二、三部分费用之和(扣除固定资产投资方向调节税和建设期贷款利息两项)为基数，按规定费率计算：

设计概算按5%计列；

修正概算按4%计列；

施工图预算按3%计列。

采用施工图预算加系数包干承包的工程，包干系数为施工图预算中直接费与间接费之和的3%。施工图预算包干费用由施工单位包干使用。

该包干费用的内容为：

(1)在施工过程中，设计单位对分部分项工程修改设计而增加的费用。但不包括因水文地质条件变化造成的基础变更、结构变更、标准提高、工程规模改变而增加的费用。

(2)预算审定后，施工单位负责采购的材料由于货源变更、运输距离或方式的改变以及因规格不同而代换使用等原因发生的价差。

(3)由于一般自然灾害所造成的损失和预防自然灾害所采取的措施的费用(例如一般防台风、防洪的费用)等。

【例2-4-3】 施工图预算加系数包干费计算示例

某高速公路工程，当不实行施工图预算加系数包干时的预算总金额为12.8亿元，其中，第一、二、三部分费用之和(扣除固定资产投资方向调节税、建设期贷款利息)为9.86亿元，施工图预算中直接费与间接费之和为7.76亿元。试问该工程实行施工图预算加系数包干时的预算总金额为多少。

解：基本预备费费率为3%，包干系数为施工图预算中直接费与间接费之和的3%，则：

(1)预备费＝9.86×3%＝0.2958亿元

(2)施工图预算加系数包干费＝7.76×3%＝0.2328亿元

(3)施工图预算加系数包干预算总金额＝12.8－0.2958＋0.2328＝12.737亿元

第四节　回 收 金 额

概算预算定额所列材料一般不计回收，只对按全部材料计价的一些临时工程项目和由于工程规模或工期限制达不到规定周转次数的拱盔、支架及施工金属设备的材料计算回收金额。回收率见表 2-4-4，其计算方法如下。

回 收 率 表　　表 2-4-4

回收项目	使用年数或周转次数				计算基数
	一年或一次	二年或二次	三年或三次	四年或四次	
临时电力、电信线路	50%	30%	10%	—	材料原价
拱盔、支架	60%	45%	30%	15%	
施工金属设备	65%	65%	50%	30%	

注：施工金属设备指钢壳沉井、钢护筒等。

一、达不到周转次数的工程细目回收金额计算

公路工程中所使用的材料，包括一次性消耗材料（如水泥、钢筋等）和周转性消耗材料（如模板、脚手杆、支架、拱盔等）。在概算预算定额中不仅计入了一次性消耗材料，而且也计入大部分周转性材料。所以编概算预算时，一般直接套用即可。但是，对于确因施工安排而达不到定额规定周转次数的就地浇筑钢筋混凝土梁用的支架，拱圈用的拱盔、支架，及施工金属设备的材料，却可以根据实际周转次数，按需备料，然后再按规定计算回收金额。

周转性材料按实际周转次数的备料数量，可按下式计算：

$$F_J = E'_J \times Q_J \tag{2-4-3}$$

式中：F_J——工程细目中周转性材料 J 按实际周转次数计算的备料数量；

E'_J——实际周转次数的周转性材料 J 定额（材料计量单位/工程量计量单位），E'_J＝定额规定的周转性材料 J 定额×定额规定的材料周转次数/实际周转次数；

Q_J——J 材料之工程细目的工程量（工程量计量单位 $10m^3$、$100m^2$ 等）。

工程细目中某种周转性材料的回收金额可按下式计算：

$$U_J = S_J \times F_J \times I_J \tag{2-4-4}$$

式中：U_J——工程细目中周转性材料 J 的回收金额，元；

S_J——J 材料的原价，即出厂价格、供应价格，元/材料计量单位；

F_J——J 材料按实际周转次数计算的备料的数量，m^3、t…；

I_J——按 J 材料所在工程细目以不同周转次数确定的回收百分率，%，按表 2-4-4 确定。

某工程细目中全部周转性材料的总回收金额，按下式计算：

$$U = -\sum S_J \times F_J \times I_J \tag{2-4-5}$$

式中：U——某临时工程工程细目的总计回收金额，元。

【例 2-4-4】　回收金额计算示例

某二孔跨径 25m 石拱桥，矢跨比为 1/5，施工时制备一孔木拱盔（满堂式），试计算编制施工图预算时拱盔的回收金额。已知原木的原价为 1 100 元/m^3，锯材为 1 300 元/m^3，铁件为 5 元/kg，铁钉 7 元/kg。

解:(1)计算拱盔按实际周转次数的周转性材料预算定额

由《预算定额》第四章桥梁工程第九节拱盔支架工程第二个项目桥梁拱盔的第三个子目,即4-9-2-3查得每$10m^2$立面积周转材料定额为:原木$0.954m^3$,锯材$0.566m^3$,铁件35kg,铁钉0.9kg。

由《预算定额》附录三"材料周转及摊销"定额查得拱盔的周转次数定额n为:木料5次、铁件5次、铁钉4次:实际周转次数为2次。

周转性材料实际周转次数的定额E';

原木为 $0.954\times5/2=2.385m^3$

锯材为 $0.566\times5/2=1.415m^3$

铁件为 $35\times5/2=87.5kg$

铁钉为 $0.9\times4/2=1.8kg$

(2)由《预算定额》第四章第九节说明可知拱盔立面积为:

$$F=K\times L^2=0.138\times25^2=86.25m^2$$

(3)计算按实际周转2次的各种材料的备料数量F_J:

$$F_{原木}=2.385\times86.25/10=20.57m^3$$

$$F_{锯材}=1.415\times86.25/10=12.20m^3$$

$$F_{铁件}=87.5\times86.25/10=754.69kg$$

$$F_{铁钉}=1.8\times86.25/10=15.52kg$$

(4)计算拱盔总计回收金额

$$U=-(20.57\times1\,100+12.2\times1\,300+754.69\times5+15.52\times7)\times45\%=-19\,066.09\text{元}$$

二、按全部材料计价的临时工程的回收金额计算

在概算预算中,对于临时工程如架设输电、电信线路等工程,是按全部材料备料计价的。对这些临时工程在工程竣工时将要拆除,此时应按其使用年限,以表2-4-2的回收率计算其回收金额。

某临时工程工程细目的回收金额,可按下列公式计算:

$$U'_J=E_J\times Q'_J\times S_J\times I_J \tag{2-4-6}$$

$$U'=-\sum E_J\times Q'_J\times S_J\times I_J \tag{2-4-7}$$

式中:U'_J——按全部材料价格计价临时工程细目中J材料的回收金额(元);

E_J——J材料的概算预算定额值(材料计量单位/工程量计量单位,如$m^3/100\ m$等);

Q'_J——工程细目的工程数量,100m、1 000m等;

I_J——工程细目的回收百分率,%,以使用年数按2-4-2确定;

U'——临时工程工程细目的回收金额,元。

编制概算预算时,回收金额以负值表示。在06表中先计算各工程细目的回收金额。然后再汇总,即可算得建设项目的总计回收金额。

【例2-4-5】 回收金额计算示例

某架设输电线路工程,其干线工程细目工程量为5.2km,工期为2年,采用角铁横担三线裸铝线,材料原价为:原木1 100元/m^3,裸铝线4元/m。试计算该工程细目的工程预算回收

金额。

解:(1)确定回收材料的预算定额值

由预算定额说明可知:木料和电线的材料消耗定额均按一次使用计列,应按规定计算回收(其他材料不回收)。

由《预算定额》7-1-5-1 查得:原木消耗定额为 1.112m^3/100m,裸铝线消耗定额为 315m/100m

(2)计算该工程细目的回收金额

由表 2-4-4 知使用年数为 2 年时,回收率为 30%。

由题意可知:线路长 5 200m,即为 52 个定额单位,则:

$$\begin{aligned}回收金额&=1.112\times52\times1\,100\times30\%+315\times52\times4\times30\%\\&=38\,737.92\text{ 元}\end{aligned}$$

表 2-4-5 为概算预算各项费用的计算程序及计算方式。

概算预算各项费用的计算程序及计算方式 表 2-4-5

代号	项目	说明及计算式
(一)	直接工程费(即工、料、机费)	按编制年工程所在地的预算价格计算
(二)	其他工程费	(一)×其他工程费综合费率或各类工程人工费和机械费之和×其他工程费综合费率
(三)	直接费	(一)+(二)
(四)	间接费	各类工程人工费×规费综合费率+(三)×企业管理费综合费率
(五)	利润	[(三)+(四)—规费]×利润率
(六)	税金	[(三)+(四)+(五)]×综合税率
(七)	建筑安装工程费	(三)+(四)+(五)+(六)
(八)	设备、工具、器具购置费(包括备品备件)	∑(设备、工具、器具购置数量×单价+运杂费)×(1+采购保管费率)
	办公和生活用家具购置费	按有关定额计算
(九)	工程建设其他费用	
	土地征用及拆迁补偿费	按有关规定计算
	建设单位(业主)管理费	(七)×费率
	工程质量监督费	(七)×费率
	工程监理费	(七)×费率
	工程定额测定费	(七)×费率
	设计文件审查费	(七)×费率
	竣(交)工验收试验检测费	按有关定额计算
	研究试验费	按批准的计划编制
	前期工作费	按有关规定计算
	专项评价(估)费	按有关规定计算
	施工机构迁移费	按实计算
	供电贴费	按有关规定计算

续上表

代号	项　目	说明及计算式
（九）	联合试运转费	（七）×费率
	生产人员培训费	按有关规定计算
	固定资产投资方向调节税	按有关规定计算
	建设期贷款利息	按实际贷款数及利率计算
（十）	预备费	包括价差预备费和基本预备费两项
	价差预备费	按规定的公式计算
	基本预备费	[（七）＋（八）＋（九）－固定资产投资方向调节税－建设期贷款利息]×费率
	预备费中施工图预算包干系数	[（三）＋（四）]×费率
（十一）	建设项目总费用	（七）＋（八）＋（九）＋（十）

第三篇　公路工程定额及其运用

第一章　公路工程定额概述

第一节　定额的概念

一、定额的概念

(一)定额的含义

“定额”二字，顾名思义不难理解，“定”是确定，“额”是数额，综合起来是确定数额。即在合理的生产组织、合理的使用资源、合理的生产技术条件下，经过国家或主管部门科学地测定、分析、计算而加以合理确定的生产单位合格产品或完成一定量工作所消耗的人力、机械、材料、资金等数量的标准。所以，定额是一种标准，是衡量经济效果的尺度。由于定额是在正常施工条件下，完成规定计量单位的符合国家技术标准、技术规范(包括设计、施工、验收等技术规范)和计量评定标准，并反映一定时间施工技术和工艺水平所必需的人工、材料、施工机械台班(时)消耗量的额定标准，所以在建筑材料、设计、施工及相关规范等未有突破性的变化之前，定额具有相对的稳定性。

在我国，凡经国家或其授权机关颁发的定额，是具有法令性的一种指标，不得擅自修改和滥用。定额要保持相对的稳定性，但也要随着技术条件、管理条件的变化，及时地进行修订并补充，直到重新颁布新定额为止。

定额属于计价依据主要内容之一。所谓计价依据系指用以计算工程造价的基础资料的总称，除包括定额、指标、费率、基础单价外，还包括工程量数据以及政府主管部门颁发的各种有关经济法规、政策、计价办法等。

(二)定额水平

定额水平就是定额标准的高低，它与当时的生产因素及生产力水平有着密切的关系，是一定时期社会生产力的反映。定额水平高反映生产力水平较高，完成单位合格产品所需要消耗的资源较少；反之，则说明生产力水平较低，完成单位合格产品所需消耗的资源较多。

影响定额水平的因素有：

(1)被视察人员的技术水平、心理因素、劳动态度等；

(2)被视察对象的机械化程度；

(3)新材料、新工艺、新技术的应用；

(4)企业的组织管理水平；

(5)劳动生产环境；

(6)产品的质量及操作安全等要求。

因此，定额水平的确定必须从实际出发，根据生产条件、质量标准和现有的技术水平，选择先进合理的操作对象进行观测、计算、分析而定；并随着生产力水平的提高而进行补充和修订，以适应生产发展的需要。

定额应起到调动职工积极性、提高劳动生产率、降低工程成本、保证质量及工期的作用，因此，既要考虑定额的先进合理性，同时，还要考虑在正常条件下，大多数人经过努力均可达到且少数人可能超额的情况。

二、工程建设定额

在建筑安装工程施工生产过程中，为完成某项工程或某项结构构件，都必须消耗一定数量的劳动力、材料和机具。在社会平均的生产条件下，把科学的方法和实践经验相结合，生产质量合格的单位工程产品所必需的人工、材料、机具的数量标准，就称为工程建设定额。工程建设定额除了规定有数量标准外，也要规定出它的工作内容、质量标准、生产方法、安全要求和适用的范围等。

工程建设定额是一个综合概念，是工程建设中各类定额的总称。它包括许多种类定额。在日常工作经常接触的定额中，有许多内容和形式都很相似，甚至名称不仔细区别也很难分清。为了对定额能有一个全面的了解，可以按照不同的原则和方法进行科学分类。

第二节　定额的分类

公路工程定额一般可分为两类，即按生产因素分类和按定额用途分类。其中按生产因素分类是基本的，按用途分类的定额，实际上已经包括了按生产因素分类的基本因素，具体分类内容如下。

一、按生产因素分类

在施工生产中起主要作用的有三大要素，即劳动力、材料和机械。公路工程定额是建立在实物法的编制基础上，所以工、料、机三要素在公路工程定额中是主要内容，见表3-1-1。

定额按生产要素分类　　表3-1-1

名称	表现形式	内容解释	计量单位	相关关系
劳动定额	时间定额	生产单位数量合格产品所消耗的劳动量标准	劳动量单位/产品单位；如：工日/m^3	时间定额与产量定额互为倒数
	产量定额	劳动者在单位劳动量内完成合格产品的数量	产品单位劳动量单位；如：m^3/工日	同上
材料定额	材料净消耗定额	在合理的施工条件下，生产单位合格产品所消耗的材料净用量	以材料的实物计量单位来表示；如：m，kg，t等	材料消耗量＝(1＋材料损耗率)×完成单位产品的材料净用量
	必要损耗量	在施工过程中发生的自然和工艺性的损耗量	同上	
	材料产品定额	一定规格的原材料，在合理的操作前提下，规定完成合格产品的数量	件、块、根等可以表达产品数量的单位	
	材料周转定额	周转性材料（如模板、支架的木料）在施工中合理使用的次数和用量标准	表达为一次使用量和摊销量，其单位可用实物计量单位来表示	影响因素有：一次使用量；每周转使用一次材料的损耗；周转使用次数；最终回收折价

续上表

名称	表现形式	内容解释	计量单位	相关关系
机械台班定额	时间定额	在一定的操作内容、质量和安全要求的前提下，规定完成单位数量产品或任务所需作业量（如台时、台班等）的数量标准	作业量单位/产品单位；如：台班/ m^3	机械台班消耗定额的时间定额与机械台班消耗定额的产量定额互为倒数
	产量定额	在一定的操作内容、质量和安全要求的前提下，规定每单位作业量（如台时、台班等）完成的产品或任务的数量标准	产品单位/作业量单位；如：m^3/台班	同上
	费用定额	以机械的一个台班为单位，规定其所消耗的工时、燃料及费用等数量标准，并可折算为货币形式表现的定额	金额/台班；如：334.8 元/台班，334.8 元中包括每台班所消耗的可变和不变费用	

二、按使用要求分类

在公路基本建设活动中，工程建设工作所处的阶段不同，编制造价文件的主要依据是不同的。按定额的用途分为施工定额、预算定额、概算定额、估算指标等，见表 3-1-2。

定额按使用要求分类 表 3-1-2

名称	内容	适用阶段	作用	特点	定额水平
施工定额	施工企业为组织生产和加强管理在企业内部使用的一种定额	施工阶段的施工企业	是施工单位组织生产、编制施工组织设计、签发任务单、计算计件工资、进行经济核算等的依据	项目划分很细，是定额中分项最细、定额子目最多的一种定额，是工程建设中的基础性定额	平均先进定额
预算定额	计算工程造价和计算工程中劳动量、机械台班、材料使用量而使用的一种定额	施工图设计	编制施工图预算的依据，也是编制概算定额、估算指标，设计方案进行技术经济比较，进行技术经济分析的依据；是工程结算的依据；是合理编制标底、投标的基础	产品计量单位比施工定额大	先进合理
概算定额	计算和确定工程概算造价、计算劳动量、机械台班、材料需要量所使用的定额	初步设计	编制项目概算、修正概算的依据；设计方案比较的依据；编制主要材料需要量的计算基础	是在预算定额基础上加以综合而成的，定额中的工程项目单位都比较大	
估算指标	在编制项目建议书、可行性研究报告和编制设计任务书阶段进行投资估算、计算投资需要量时使用的一种定额	项目建议书、可行性研究、设计任务书	综合指标是编制建设项目建议书投资估算的依据，主要用于在经济上研究建设项目的选择、建设的合理性、公路网布局的合理性、编制长远发展规划等。分项指标是编制可行性研究报告投资估算的依据，用于在经济上确定方案的成本，以便研究经济上是否可行	综合指标其项目按全国省区、公路等级、地质地貌区划的类型划分，它是以公里为单位编制的实物量指标。分项指标是以各项工程的人工、材料、其他材料费、机械使用费及施工管理指标为表现形式的指标。其项目的划分与概算十分接近	

三、按编制单位和执行定额的范围不同分类

定额按编制单位和执行定额的范围不同，分为全国统一定额、行业统一定额、地方统一定额、企业定额和补充定额，见表 3-1-3。

定额按编制单位和执行定额的范围不同分类　　表 3-1-3

名　称	编制单位	适用范围	内　容
全国统一定额	国家建设行政主管部门	全国范围	分为两类，一类是通用性较强的；一类是专业性较强的，如公路工程的定额
地方统一定额	省、自治区、直辖市	地区内	如建筑工程预算定额、市政工程预算定额、房屋修缮定额等结合各地区特点编制的定额
行业统一定额	各行业部门	在本行业和相同专业性质的范围内使用	是考虑到各行业部门专业工程技术特点，以及施工生产和管理水平编制的专业定额，如公路工程定额、矿井建设工程定额，铁路建设工程定额等
企业定额	企业自行编制	企业内部	如施工企业附属的加工厂、车间为了内部核算便利而编制的定额。企业定额水平一般应高于国家现行定额，才能满足生产技术发展、企业管理和市场竞争的需要
补充定额	一般由施工企业提出测定资料，与建设单位或设计部门协商议定	在指定的范围内使用只作为一次使用，并同时报主管部门备查	是指随着设计、施工技术的发展在现行定额不能满足需要的情况下，为了补充缺项所编制的定额，经过总结和分析，往往成为补充或修订正式统一定额的基本资料

四、各种定额之间的关系

从定额的分类中，可以看出各种定额之间的有机联系。它们相互区别，相互交叉，相互补充，相互联系。从而形成一个与建设程序分阶段工作深度相适应，层次分明、分工有序的庞大的工程体系。它的体系结构用示意图简单表示如图 3-1-1 所示。

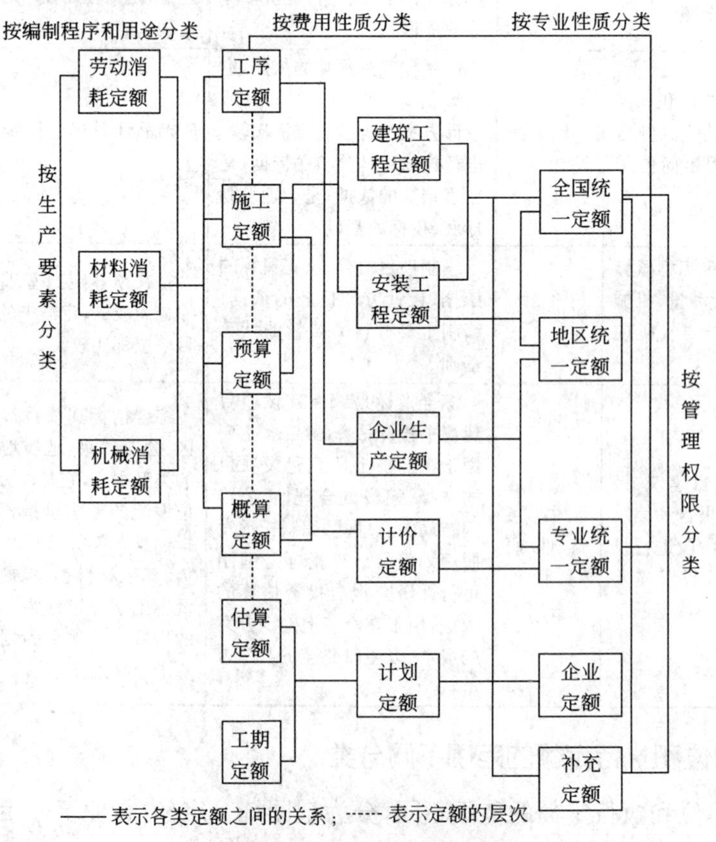

图 3-1-1　工程定额体系示意图

第三节　定额的编制与管理

定额的编制过程是一个循序渐进的过程，是一个不断综合的过程。在编制过程中，一般从最详细、细目最多的定额开始，一步步综合扩大口径范围，具体的过程表现为编制施工定额→预算定额→概算定额→估算指标。

一、施工定额的制定

（一）施工定额的表现形式

施工定额的内容一般包括劳动定额、机械台班定额、材料定额三部分。其具体内容及表现形式见表 3-1-1。

（二）施工定额的编制原则

施工定额的编制原则有三条。

(1)施工定额水平要贯彻平均先进的原则。

定额水平是指完成单位产品消耗的人工、材料、机械台班的数量大小的程度。定额水平高是指完成单位产品的工、料、机消耗量小；定额水平低是指完成单位产品的工、料、机消耗量大。定额水平的高低反映了工人劳动生产率水平的高低，它们之间成正比例关系。

在施工企业内部，工人劳动生产率总是存在高、中、低三种水平，即先进、中间、后进三种状态。施工定额的定额水平应能让大多数中间状态的工人经过努力可以达到。那么在贯彻执行定额的过程中，让大多数劳动者看到希望，经过努力就可以完成定额指标，这实际上就是肯定了先进、促进了中间、带动了后进。因此，施工定额水平应遵守平均先进水平的原则，就会起到有利于劳动生产率的提高，促进施工企业整体生产力的发展的作用。

(2)施工定额在内容和形式上要贯彻简明适用的原则。

简明适用的原则是指定额在内容和形式上既要能够满足多方面用途的需要，又要简单明了，易于掌握，便于使用。

施工定额项目是根据施工过程来划分的，施工定额应为所有的各种不同性质的施工过程规定出定额指标，特别是那些主要的、常有的施工过程，都必须直接反映在各个定额项目中，以便在需要时能及时查找到它们的工、料、机消耗标准。施工定额的项目划分要粗细恰当、步距合理。在施工企业内部，施工定额要满足编制施工作业计划、签发施工任务单、计算工人劳动报酬等需要，项目划分必须以工序为基础，适当综合或不综合。项目划分过粗就会失去它的适用性。定额的步距是指同类性质的一组定额，在确定和合并项目时保留的间隔。例如灌注桩人工挖孔定额将孔深分成 10m 以内和 20m 以内两大项；搭拆门式支架定额，按支架高度分成为 6m 以内、8m 以内、10m 以内等。前者保留孔深 10m 的间隔，后者保留支架高度 2m 的间隔。步距大，定额项目就会减少，精确度就会降低；步距小，定额项目就会增加，精确度也会提高。所以确定步距时，除依据定额所属的施工过程类型、性质及定额量差别大小外，对于主要工种、主要项目、常用项目，定额步距要小些；对于次要工种、次要项目和不常用项目，定额步距可以适当大些。步距合理，定额项目划分合理，既保证定额的精确度，还提高它的适用性。

(3)施工定额在编制的方法上要贯彻以专业人员为主、专业人员和群众相结合的原则。

（三）施工定额编制依据

(1)施工定额编制期间施行的部颁各项建安工程施工及验收技术规范；

(2)施工操作规程和安全操作规程；

(3)建筑安装工人技术等级标准；

(4)技术测定资料，经验统计资料，有关半成品配合比资料等。

(四)劳动定额和机械定额的测定

1.施工过程工序研究

施工定额的制订对象是工序。也就是说，施工定额中的时间定额或产量定额都是对施工过程中的独立的最小组成部分——工序而言的。研究完成施工过程中的工序所需要消耗的时间是制订施工定额的基本方法和着眼点。然而，为了科学地确定完成工序所用的时间消耗，首先应对不同性质的工序和工序的结构、工序的类型作一了解，见表 3-1-4 和表 3-1-5。

不同性质的工序 表 3-1-4

不同性质工序名称	工时消耗特点	举　例
手动作业	完全是以人工劳动的工时消耗去完成工序过程、生产工序产品的。这种工序过程通常需要劳动者循序使用各种不同的工具，做出各种不同的动作来完成几个操作过程	人工浇捣混凝土
机械化作业	完全是以机械施工的工时消耗去完成工序过程的，通常需要循序各种机械运动行迹来完成几个操作过程(这里包括机械操作人员的劳动在内)	推土机、挖掘机推挖土方
手机并动作业	以人工劳动工时消耗为主，配备机械工时消耗，以及以机械施工工时消耗为主，配备人工劳动工时消耗这样两种方式去完成工序过程的	人工配合机械摊铺路面
设备作业	自始至终是在同一设备工作制度下完成工序过程，生产工序产品的	水泥混凝土搅拌

工 序 分 类 表 3-1-5

分 类 原 则	分 类 名 称
按完成工序的施工过程方法不同	手动工序
	机械施工工序
	手机并动工序
按完成工序的施工过程所必须参与的人工或机械数量不同	个人(机)完成的工序
	班组(群体或群机)完成的工序
按施工工艺性质不同	完全循环施工过程，如挖土机挖土方
	完全非循环施工过程，如模板制作与安装
	部分循环施工过程

施工过程可以分解为一个或多个工序，一个工序又可以分为若干个操作过程，一个操作过程又可分为若干个动作，如图 3-1-2 所示。

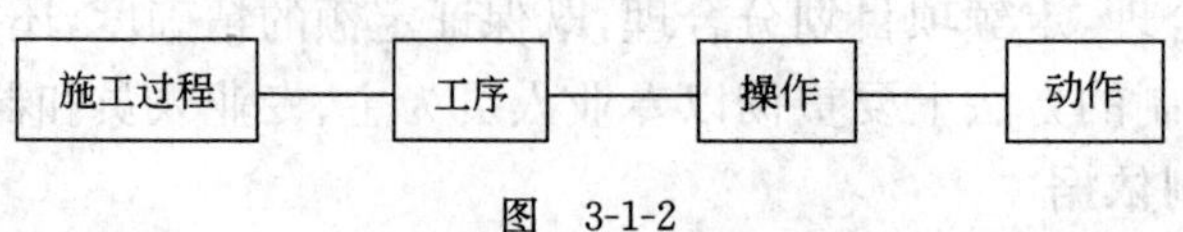

图 3-1-2

比如：钢筋加工施工过程的分解，见图 3-1-3。

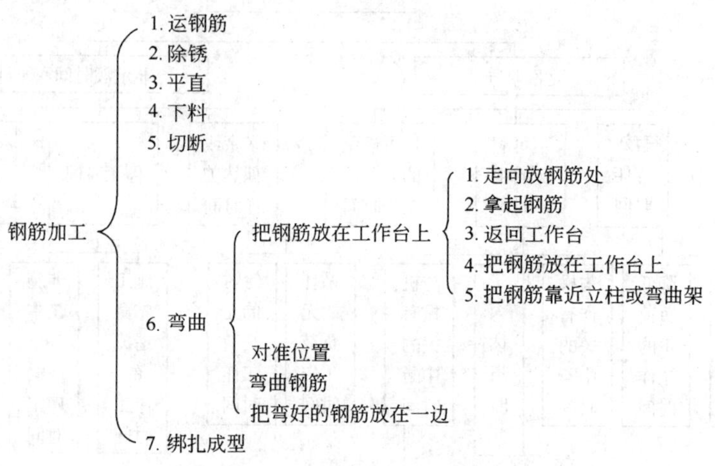

图 3-1-3 钢筋加工施工过程的分解

2. 施工过程中的工作时间研究

研究施工中的工作时间，最主要的目的是确定施工的时间定额和产量定额。在工作研究中称之为确定时间标准。工作时间，在这里指的是工作班延续时间（不包括午休）。

对工作时间消耗的研究，可以分为两个系统进行，即工人工作时间的消耗和工人所使用的机器工作时间的消耗。

(1)工人工作时间分析

工人的工作时间可分为定额时间和非定额时间两大类，如图 3-1-4 所示。

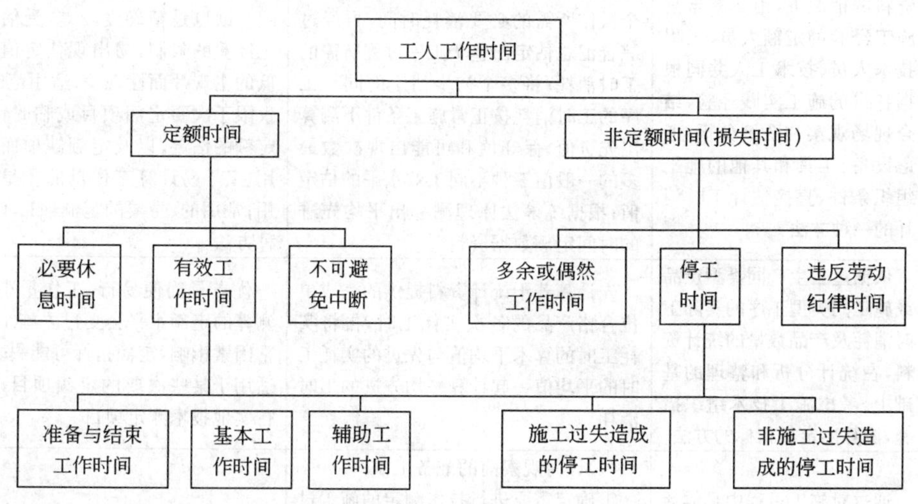

图 3-1-4 工人工作时间分析

(2)机械工作时间分析

机械工作时间分析见图 3-1-5。

3. 劳动定额、机械定额的一般测定方法

常用的施工定额测定方法有三种：经验估计法、统计分析法、计时观察法，详细情况见表 3-1-6。

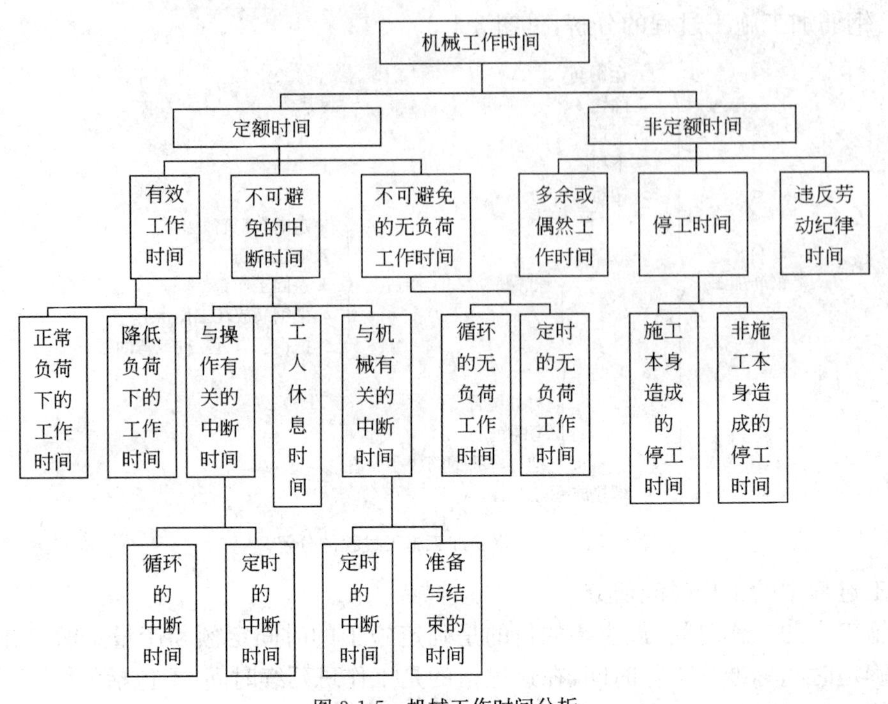

图 3-1-5　机械工作时间分析

施工定额测定方法汇总表　　表 3-1-6

方法名称	内　　容	主 要 步 骤	主 要 特 点
经验估计法	在没有任何施工生产工效资料的情况下，由具有丰富施工经验的定额人员、工程技术人员、技术工人共同根据各自的施工实践经验，结合现场观察和图纸分析，考虑设备、工具和其他的施工组织条件，直接估计工时消耗的一种方法	以施工工序为估定对象，将工序细分为若干个操作，然后分别估计出每个操作所需的必要消耗时间；再经过综合汇总估定出整个工序过程所需的工时消耗；将多个初步估定的同一工序的工时消耗按正常施工条件下测算出先进值、保守值和可能出现次数最多的一般值三种不同工效水平的估定值；根据统筹法原理测算出平均先进的时间定额数据资料	优点是简便易行，工作量小，速度快，减少测定环节，缩短拟定定额的工作时间。缺点是精确度较差，受估工人员施工经验的限制，易出现估定值偏高或偏低的主观片面性现象；适用范围小，一般仅限于次要定额项目或临时性、一次性定额的估定，以及定额缺项而又急于使用、又不易计算工作量的零星工程中采用；常用的、主要的定额项目不宜采用此种方法
统计分析法	依据过去生产同类型产品或施工同类型工序的实际工时消耗及产品数量的统计资料，在统计分析和整理的基础上，考虑施工技术组织措施，测算出定额指标的方法	先计算若干统计资料提供的完成单位合格产品的各次实耗工时，再将实耗工时的算术平均值与先进的实耗工时的平均值一起计算平均先进的工时消耗	优点是简便易行，工作量小。缺点是测算的定额水平会受过去施工生产不正常因素影响，定额指标可能失真； 适用于某些次要的定额项目，或无法进行实地技术测定项目
计时观察法	通过对施工过程中具体活动的实地观察，详细地记录施工中的工人、机械等各种工时消耗，完成产品的数量及各种有关影响因素，然后将记录结果加以整理，分析各种因素对工时消耗的影响，在取舍和分析的基础上取得技术数据的方法	(1)计时观察前的准备工作 ①确定需要进行技术测定的施工过程，拟定工作大纲；②熟悉技术测定有关技术资料，收集现行施工定额及其执行情况的统计资料；③把施工过程(工序)划分为若干个组成部分，并确定计量单位；④选择施工的正常条件；⑤选择观察对象。 (2)观察测时 (3)整理和分析观测资料 (4)制定定额	由于重视对施工技术组织条件和操作方法的分析，故更容易发现工时消耗不合理因素和各种浪费现象，并找出工时损失的原因。取得的技术测定资料就更具准确性。测定的数据较稳定，工种与工种之间的定额水平比较平衡。制定施工定额，其定额质量是相对较高的。适用范围较广

4.常用的几种计时观察法

计时观察法方法很多，其中主要的有三种，见表 3-1-7，表列各种观察法的记录表详见表 3-1-8～表 3-1-13。

常用计时观察法汇总表 表 3-1-7

方法名称	分类	工 作 内 容	主 要 特 点	表格形式	资料整理
测时法	选择法测时	不是连续测定施工过程的全部组成部分，而是有选择地观察、测定。当被观察的某一循环工作的组成部分开始，观察者立即开动秒表，当该组成部分终止，则立即停止秒表。然后把秒表上指示的延续时间记录到选择法测时记录表上，下一组成部分开始，再开动秒表，如此依次观察下去，并依次记录延续时间	比较容易掌握，使用比较广泛。缺点是测定起始和结束点的时刻时容易发生读数偏差。适用于研究机械的有效工作和不可避免的无负荷工作的循环组成部分，以及机械循环的工艺中断	见表 3-1-8	整理、补充、确定影响工时消耗的具体因素。清理测时数据时，首先删掉完全是由于人力的因素影响而出现的偏差的数据，其次应删除由于施工因素的影响而出现的偏差极大的数据，再算均值
	接续法测时	施工过程中循环出现的各组成部分进行不间断地连续测时，不应漏掉任何一个循环组成部分。在循环组成部分开始工作时即开始开动秒表计时，在工作进行中和非循环组成部分出现之前一直不停止秒表，秒针走动过程中，观测者根据各循环组成部分之间的定时点，记录它的终止时间	在各个组成部分相互联系中求出每个组成部分的延续时间，各组成部分之间延续时间的观测误差可以相互抵消，所取得的资料具有较高的准确性。在观测延续时间在 5s 以下的组成部分时，要使用双针秒表，以便使其辅助针停止在某一组成部分的终止时间上，便于记录	见表 3-1-9	同上
写实记录法	数示法	对一个工人或一个工人小组，通过用普通表测时，并将结果用数值记录下来。可以同时对两个工人进行观察，但不能超过两人	精确度较高，技术上比较复杂，使用比较少	见表 3-1-10	应详细测量或计算最终完成产品数量，对所测得的原始记录应分页进行整理。如同时观测两个工人，应分别进行统计
	图示法	对一个工人或一个工人小组，通过用普通表测时，并将结果用图表形式记录下来。可以同时对三个工人进行观察	时间记录清晰易懂，记录技术简便，整理图表容易，应用比数示法更广泛	见表 3-1-11	同上
	混合法	对一个工人或一个工人小组，通过用普通表测时，用线段长度表示延续时间，并在线段始端用数字表示操作人数。可以同时对三个以上工人进行观察	吸取了图示法和数示法的优点，比较经济	见表 3-1-12	应将所测施工过程同一组成部分中各个线段的时间分别计算出来（将工人人数与他们工作的时间相乘），将所得各值相加，即可得出完成某一组成部分的时间消耗合计
	工作日写实法	研究工人在整个工作班内，按着时间消耗的顺序，进行现场写实记录来分析工时利用情况的一种测定方法。是对包括有效工作时间（准备与结束时间、基本工作时间和辅助工作时间）、工人休息时间、不可避免中断时间及各种损失时间在内的全部工时利用情况的研究	不但可以取得编制定额的基础资料，还可以检查定额的执行情况；实际上是一种扩大了的写实记录法	见表 3-1-13	将获得的工作日写实记录资料，按照定额时间和非定额时间两大类内容进行分类整理

选择法测时记录表

表 3-1-8

<table>
<tr><td colspan="2">单位名称</td><td colspan="2">工程名称</td><td colspan="7">工序或项目名称</td><td colspan="3">观测日期</td><td colspan="3">开始时间</td><td colspan="3">终止时间</td><td>观测号次</td><td>页次</td></tr>
<tr><td colspan="2">××</td><td colspan="2">××</td><td colspan="7">1m³ 斗容量挖土机反铲挖土方</td><td colspan="3">1998 年 10 月 20 日</td><td colspan="3">8:40</td><td colspan="3">9:00</td><td>3</td><td>1/1</td></tr>
<tr><td colspan="2">施工过程简要说明</td><td colspan="12">挖土机斗容量 1m³ 反铲挖普通土、取土坑深度最大不超过 2m，自卸车配合装、运、卸土，挖土机斗臂回转角度为 120°～180°</td><td colspan="3">被观测人员简介</td><td colspan="5">挖土机操作人员 1 人</td></tr>
<tr><td rowspan="3">序号</td><td rowspan="3">组成部分名称</td><td colspan="12">每一次循环内各组成部分的工时消耗(s)</td><td colspan="6">时间整理</td><td rowspan="3">备注</td></tr>
<tr><td colspan="12">测定次数</td><td colspan="2" rowspan="2">时间总计
正常延续
(s)</td><td rowspan="2">正常
循环
次数</td><td rowspan="2">数列
中的
最大
值</td><td rowspan="2">数列
中的
最小
值</td><td rowspan="2">平均
修正
值
(s)</td></tr>
<tr><td>1</td><td>2</td><td>3</td><td>4</td><td>5</td><td>6</td><td>7</td><td>8</td><td>9</td><td>10</td><td>11</td><td>12</td></tr>
<tr><td>1</td><td>土斗挖土并提升斗臂</td><td>17</td><td>17</td><td>16</td><td>17</td><td>15</td><td>18</td><td>16</td><td>17</td><td>20</td><td>17</td><td>16</td><td>18</td><td>204</td><td>12</td><td>20</td><td>15</td><td>17.0</td><td></td><td rowspan="9">1. 自卸汽车组织不合理，挖土机等候装土的数据整理后被删除
2. 一次循环工作挖土机挖土产量为 1m³</td></tr>
<tr><td>2</td><td>回转斗臂土斗卸土</td><td>20</td><td>16</td><td>15</td><td>18</td><td>21</td><td>20</td><td>20</td><td>20</td><td>14</td><td>18</td><td>38①</td><td>18</td><td>200</td><td>11</td><td>21</td><td>14</td><td>18.2</td><td></td></tr>
<tr><td>3</td><td>返转斗臂土斗落下</td><td>10</td><td>10</td><td>12</td><td>12</td><td>12</td><td>11</td><td>14</td><td>10</td><td>12</td><td>14</td><td>10</td><td>13</td><td>140</td><td>12</td><td>14</td><td>10</td><td>11.7</td><td></td></tr>
<tr><td></td><td></td><td></td><td></td><td></td><td></td><td></td><td></td><td></td><td></td><td></td><td></td><td></td><td></td><td></td><td></td><td></td><td></td><td></td><td></td></tr>
<tr><td></td><td></td><td></td><td></td><td></td><td></td><td></td><td></td><td></td><td></td><td></td><td></td><td></td><td></td><td></td><td></td><td></td><td></td><td></td><td></td></tr>
<tr><td></td><td></td><td></td><td></td><td></td><td></td><td></td><td></td><td></td><td></td><td></td><td></td><td></td><td></td><td></td><td></td><td></td><td></td><td></td><td></td></tr>
<tr><td></td><td></td><td></td><td></td><td></td><td></td><td></td><td></td><td></td><td></td><td></td><td></td><td></td><td></td><td></td><td></td><td></td><td></td><td></td><td></td></tr>
<tr><td></td><td></td><td></td><td></td><td></td><td></td><td></td><td></td><td></td><td></td><td></td><td></td><td></td><td></td><td></td><td></td><td></td><td></td><td></td><td></td></tr>
<tr><td></td><td>总计</td><td></td><td></td><td></td><td></td><td></td><td></td><td></td><td></td><td></td><td></td><td></td><td></td><td></td><td></td><td></td><td></td><td></td><td>46.9</td></tr>
</table>

观测：×××　　　　整理：×××

接续法测时记录表

表 3-1-9

单位名称	工程名称	工序或项目名称	观测日期	开始时间	结束时间	延续时间	观测号次	页次
××	××	机械拌和水泥混凝土	1988年9月20日	9:00	9:21	21min	3	1/1
施工过程简要说明	进料入鼓、混合、出料			被观测人员简介	混凝土搅拌机操作人员1人			

序号	组成部分名称	观测次数 时间	每一次循环内各组成部分的工时消耗																				时间整理					备注
			1		2		3		4		5		6		7		8		9		10		正常循环时间合计(s)	正常循环次数	最大值(s)	最小值(s)	平均修正值(s)	
			min	s	min	s	min	s	min	s	min	s	min	s	min	s	min	s	min	s	min	s						
1	进料、入鼓	终止时间 延续时间	0	15 15	2	16 13	4	20 13	6	30 17	8	33 14	10	39 15	12	44 16	14	56 19	17	4 12	19	5 14	148	10	19	12	14.8	
2	加水机械搅拌	终止时间 延续时间	1	45 90	3	48 92	5	55 95	7	57 87	10	4 91	12	9 90	14	20 96	16	28 92	18	33 89	20	38 93	915	10	96	87	91.5	1.施工过程中连续正常 2.循环一次拌和水泥混凝土 0.25m³
3	卸料装车	终止时间 延续时间	2	3 18	4	7 19	6	13 18	8	19 22	10	24 20	12	28 19	14	37 17	16	52 24	18	51 18	20	54 16	191	10	24	16	19.1	
4		终止时间 延续时间																										
5		终止时间 延续时间																										
6		终止时间 延续时间																										
7	总计																										125.4	

观测:××× 整理:××× 复核:××

数示法写实记录表

表 3-1-10

<table>
<tr><td colspan="2">单位名称</td><td colspan="2">工程名称</td><td colspan="2">工序或项目名称</td><td>观测日期</td><td>开始时间</td><td>终止时间</td><td>延续时间</td><td>观测号次</td><td>页次</td></tr>
<tr><td colspan="2">××</td><td colspan="2">××</td><td colspan="2">人工拌和砂浆</td><td>1988 年 10 月 15 日</td><td>8:00</td><td>11:25</td><td>205min</td><td></td><td></td></tr>
<tr><td colspan="2">施工过程简要说明</td><td colspan="5">布置拌盘、配料、拌和、出料、清洗拌盘及工具、30m 内运送料具</td><td colspan="2">被观测人员简介</td><td colspan="3">混凝土二级工 1 人，混凝土三级工 1 人</td></tr>
<tr><td colspan="2">组成部分</td><td colspan="5">混凝土二级工工时消耗(min)</td><td colspan="5">混凝土三级工工时消耗(min)</td></tr>
<tr><td>代号</td><td>名称</td><td>代号</td><td>终止时间</td><td>延续时间</td><td>产品数量</td><td>备注</td><td>代号</td><td>终止时间</td><td>延续时间</td><td>产品数量</td><td>备注</td></tr>
<tr><td rowspan="2">X</td><td rowspan="2">开始工作</td><td>X</td><td>8:00</td><td></td><td></td><td></td><td>X</td><td>8:00</td><td></td><td></td><td></td></tr>
<tr><td>1</td><td>8:15</td><td>15</td><td></td><td></td><td>1</td><td>8:12</td><td>12</td><td></td><td></td></tr>
<tr><td rowspan="2">1</td><td rowspan="2">取工具、布置拌盘</td><td>2</td><td>8:30</td><td>15</td><td></td><td></td><td>2</td><td>8:36</td><td>24</td><td></td><td></td></tr>
<tr><td>3</td><td>8:35</td><td>5</td><td>0.16m³ 砂浆</td><td></td><td>3</td><td>8:42</td><td>6</td><td>0.22m³ 砂浆</td><td></td></tr>
<tr><td rowspan="2">2</td><td rowspan="2">取砂、水泥倒入拌盘</td><td>4</td><td>8:44</td><td>9</td><td></td><td></td><td>4</td><td>8:54</td><td>12</td><td></td><td></td></tr>
<tr><td>5</td><td>8:46</td><td>2</td><td></td><td></td><td>5</td><td>8:56</td><td>2</td><td></td><td></td></tr>
<tr><td rowspan="2">3</td><td rowspan="2">干拌</td><td>6</td><td>8:52</td><td>6</td><td></td><td></td><td>6</td><td>9:02</td><td>6</td><td></td><td></td></tr>
<tr><td>7</td><td>9:00</td><td>8</td><td></td><td></td><td>7</td><td>9:10</td><td>8</td><td></td><td></td></tr>
<tr><td rowspan="2">4</td><td rowspan="2">水称重、浇拌水泥砂浆</td><td>2</td><td>9:18</td><td>18</td><td></td><td></td><td>2</td><td>9:34</td><td>24</td><td></td><td></td></tr>
<tr><td>3</td><td>9:22</td><td>4</td><td></td><td></td><td>3</td><td>9:39</td><td>5</td><td></td><td></td></tr>
<tr><td rowspan="2">5</td><td rowspan="2">浇湿砂浆桶</td><td>4</td><td>9:30</td><td>8</td><td>0.16m³ 砂浆</td><td></td><td>4</td><td>9:51</td><td>12</td><td>0.22m³ 砂浆</td><td></td></tr>
<tr><td>5</td><td>9:35</td><td>5</td><td></td><td></td><td>6</td><td>9:56</td><td>5</td><td></td><td></td></tr>
</table>

续上表

单位名称		工程名称		工序或项目名称	观测日期		开始时间	终止时间	延续时间	观测号次	页次
××		××		人工拌和砂浆	1988年10月15日		8:00	11:25	205min		
施工过程简要说明		布置拌盘、配料、拌和、出料、清洗拌盘及工具、30m内运送料具					被观测人员简介		混凝土二级工1人，混凝土三级工1人		
组成部分		混凝土二级工工时消耗(min)					混凝土三级工工时消耗(min)				
代号	名称	代号	终止时间	延续时间	产品数量	备注	代号	终止时间	延续时间	产品数量	备注
6	将砂浆盛入砂浆桶	6	9:45	10			7	10:08	12		
		2	10:02	17			2	10:34	26		
7	休息	3	10:06	4			3	10:38	4		
		4	10:16	10	0.16m^3砂浆		4	10:51	13	0.22m^3砂浆	
8	清洗拌盘工具、收工	6	10:20	4			6	10:57	6		
		7	10:30	10			8	11:05	8		
		2	10:50	20			7	11:25	20		
		3	10:54	4							
		4	11:04	10	0.16m^3砂浆						
		6	11:08	4							
		8	11:25	17							
	合计			205	0.64m^3砂浆				205	0.66m^3砂浆	

观测：×××　　整理：×××　　复核：×××

图示法写实记录表

表 3-1-11

单位名称	工程名称	工序或项目名称	观测日期	开始时间	结束时间	延续时间	观测号次	页次
×××	×××	机械拌和水泥混凝土	1985 年 9 月 20 日	8:00	12:00	4h	3	1/1
施工过程简要说明	搭移脚手架、挂线找平、选修石料、铺浆安砌、填缝、30m 内材料搬运			被观测人简介	瓦工:五级一人,三级一人			

代号	组成部分名称	时间(min) 5 10 15 20 25 30 35 40 45 50 55 60	工时消耗(min) 每一执行者	工时消耗(min) 全部执行者	产品数量 第一执行者	产品数量 全部执行者	备注
1	铺灰浆	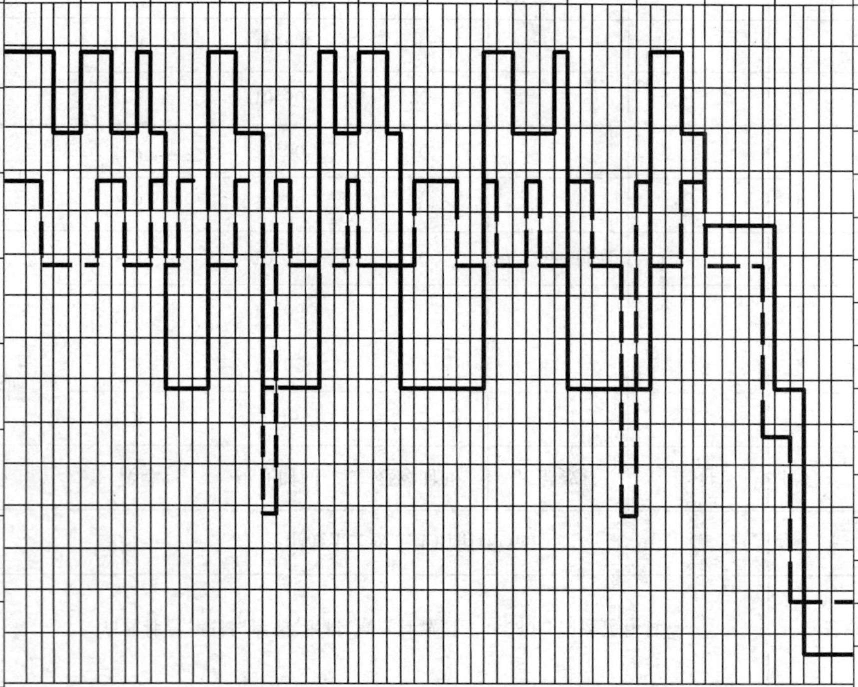	16	16			完整产品数量按半个工作班结束后测量结果
2	搬块石放于墙上		15	15			
3	斩块石		21 5	26			
4	切墙身两侧的块石		31	31			
5	切墙身中间的块石		21	21			
6	填缝		2	2			
7	挂线找平		2	2			
8	休息		4 3	7			
	总计		60 60	120			

观测:×××　　整理:×××　　复核:×××

混合法写实记录表

表 3-1-12

单位名称	工程名称	工序或项目名称	观测日期	开始时间	结束时间	延续时间	观测号次	页次
×××	×××	混凝土矩形板木模板制作	1989 年 5 月 10 日	上午 8:00 下午 1:00	12:00	4h 1h	3	1/1
施工过程简要说明	选配料、画线、下料、机械刨光、拼钉、成品堆放、机具小修、50m 内料具搬运			被观测人简介	木工:五级 1 人,三级 2 人,四级 2 人			

代号	组成部分名称	时间(min) 5 10 15 20 25 30 35 40 45 50 55 60	工时消耗(min) 每一执行者	工时消耗(min) 全部执行者	产品数量 第一执行者	产品数量 全部执行者	备注
1	领运材料(板、枋)	2	17 17	34			1. 完整产品的数量在第五页的记录表中; 2. 中午休息一个小时
2	准备工具	3	12 12 12	36			
3	选配料	3	10 10 10	30			
4	画线	2	20 20	40			
5	下料	3 2	25 5 25 25 5	85			
6	刨光	2	23 23	46			
7	清理场地、准备拼钉	1	10	10			
8	拼钉模板	2 3	5 3 3 5 3	19			
9	成品堆放						
10	休息						
	总计						

观测:××× 整理:××× 复核:×××

工作日写实结果表(正面) 表 3-1-13

<table>
<tr><td colspan="2" rowspan="2">工作日写实结果表</td><td colspan="8">观察的对象和工地:造船厂工地甲种宿舍</td></tr>
<tr><td colspan="8">工作队(小组):小组　　工种:瓦工</td></tr>
<tr><td colspan="2">工作(过程):垒砌 2 砖混水墙</td><td colspan="8" rowspan="3">小组(工作队)的
工作组成</td></tr>
<tr><td colspan="2">观察日期:1984 年 7 月 20 日</td></tr>
<tr><td colspan="2">工作班:自 8:00 到 17:00 完成</td></tr>
<tr><td colspan="2">共 8 工时</td><td>1 级</td><td>2 级</td><td>3 级</td><td>4 级</td><td>5 级</td><td>6 级</td><td>7 级</td><td>共计</td></tr>
<tr><td></td><td></td><td></td><td></td><td></td><td>2</td><td></td><td></td><td></td><td>4</td></tr>
</table>

<table>
<tr><td rowspan="2">号次</td><td colspan="3">工时平衡表</td><td rowspan="2">劳动组织的主要缺点</td></tr>
<tr><td>工时消费种类</td><td>消耗量(工分)</td><td>百分(%)</td></tr>
<tr><td>1</td><td>1. 必须消耗的时间</td><td></td><td></td><td rowspan="5">1. 架子工搭设的脚手板的工作没有保证质量,同时架子工的工作未按计划进度完成,以至影响了砌砖工人的工作</td></tr>
<tr><td>2</td><td>适合于技术水平的有效工作</td><td>1 120</td><td>58.3</td></tr>
<tr><td>3</td><td>不适合于技术水平的有效工作</td><td>67</td><td>3.5</td></tr>
<tr><td>4</td><td>有效工作共计</td><td>1 187</td><td>61.8</td></tr>
<tr><td>5</td><td>休息</td><td>176</td><td>9.2</td></tr>
<tr><td>6</td><td>不可避免的中断</td><td></td><td></td><td rowspan="3">2. 由于灰浆拖搅拌机时有故障发生,使灰浆不能及时供应</td></tr>
<tr><td>7</td><td>必须消耗的时间共计(A)</td><td>1 363</td><td>71</td></tr>
<tr><td>8</td><td>2. 损失的时间</td><td></td><td></td></tr>
<tr><td>9</td><td>因砖层垒砌不正确而加以更正</td><td>49</td><td>2.6</td><td rowspan="7">3. 工长和工地技术人员,对于工人工作指导不及时,并缺乏经常的检查、督促,致使砌砖返工,架子工搭设脚手板后,也未校验,又由于没有及时指示,造成砌砖工停工</td></tr>
<tr><td>10</td><td>因架子工把脚手板铺得太差而加以修正</td><td>54</td><td>2.8</td></tr>
<tr><td>11</td><td>多余和偶然工作共计</td><td>103</td><td>5.4</td></tr>
<tr><td>12</td><td>因为没有灰浆而停工</td><td>112</td><td>5.9</td></tr>
<tr><td>13</td><td>因脚手板准备不及时而停工</td><td>64</td><td>3.3</td></tr>
<tr><td>14</td><td>因工长耽误批示而停工</td><td>100</td><td>5.2</td></tr>
<tr><td>15</td><td></td><td></td><td></td></tr>
<tr><td>16</td><td></td><td></td><td></td><td rowspan="3">4. 由于工人宿舍距施工地点远,工人经常迟到</td></tr>
<tr><td>17</td><td>由于施工本身而停工共计</td><td>276</td><td>14.4</td></tr>
<tr><td>18</td><td>因雨停工</td><td>96</td><td>5</td></tr>
<tr><td>19</td><td>因电流中断而停工</td><td>12</td><td>0.6</td><td rowspan="9"></td></tr>
<tr><td>20</td><td></td><td></td><td></td></tr>
<tr><td>21</td><td>非施工本身而停工共计</td><td>108</td><td>5.6</td></tr>
<tr><td>22</td><td>工作班开始时迟到</td><td>34</td><td>1.7</td></tr>
<tr><td>23</td><td>午后迟到</td><td>36</td><td>1.9</td></tr>
<tr><td>24</td><td>违背劳动纪律共计</td><td>70</td><td>3.6</td></tr>
<tr><td>25</td><td>损失时间共计</td><td>557</td><td>29</td></tr>
<tr><td></td><td>总共消耗的时间(B)</td><td>1 920</td><td>100</td></tr>
<tr><td></td><td>现行定额总共消耗时间</td><td></td><td></td></tr>
</table>

工作日写实结果表(反面)　　表 3-1-13

<table>
<tr><th colspan="8">完成定额情况的计算</th></tr>
<tr><th rowspan="2">序号</th><th rowspan="2">定额编号</th><th rowspan="2">定额项目</th><th rowspan="2">计量单位</th><th rowspan="2">完成工作数量</th><th colspan="2">定额工时消耗</th><th rowspan="2">备　注</th></tr>
<tr><th>单位</th><th>总计</th></tr>
<tr><td>1</td><td>瓦 10</td><td>2 砖水混墙</td><td>千块</td><td>6.66</td><td>4.3</td><td>28.64</td><td></td></tr>
<tr><td>2</td><td></td><td></td><td></td><td></td><td></td><td></td><td></td></tr>
<tr><td>3</td><td></td><td></td><td></td><td></td><td></td><td></td><td></td></tr>
<tr><td>4</td><td></td><td>总计</td><td></td><td></td><td></td><td>28.64</td><td></td></tr>
<tr><td colspan="2" rowspan="2">完成定额情况</td><td colspan="6">实际：$\frac{60\times28.64}{1\,920}\times100\%=89.5\%$</td></tr>
<tr><td colspan="6">可能：$\frac{60\times28.64}{1\,363}\times100\%=126\%$</td></tr>
<tr><th colspan="8">建议和结论</th></tr>
<tr><td>建议</td><td colspan="7">1. 建设工长和技术人员加强对砌砖工人工作的指导，并及时检查督促；
2. 工人开始工作前要先检验脚手板，工地领导和安全技术员必须负责贯彻技术安全规范；
3. 立即修好灰浆搅拌机；
4. 采取措施，消除上班迟到现象</td></tr>
<tr><td>结论</td><td colspan="7">全工作日中时间损失占 29%，原因主要是施工技术人员指导不力。如果能够对工人小组的工作给予切实有效的指导，改善施工组织管理，劳动生产率就可以提高 35%以上</td></tr>
</table>

(五)劳动定额与机械定额的制定

1. 确定人工定额消耗量的方法

时间定额和产量定额是人工定额的两种表现形式。拟订出时间定额，也就可以计算出产量定额。

时间定额是在拟订基本工作时间、辅助工作时间、不可避免中断时间、准备与结束的工作时间，以及休息时间的基础上制定的。

(1)拟订基本工作时间

基本工作时间在必需消耗的工作时间中占的比重最大。在确定基本工作时间时，必须细致、精确。基本工作时间消耗一般应根据计时观察资料来确定。其做法是，首先确定工作过程每一组成部分的工时消耗，然后再综合出工作过程的工时消耗。如果组成部分的产品计量单位和工作过程的产品计量单位不符，就需先求出不同计量单位的换算系数，进行产品计量单位的换算，然后再相加，求得工作过程的工时消耗。

(2)拟订辅助工作时间和准备与结束工作时间

辅助工作和准备与结束工作时间的确定方法与基本工作时间相同。但是，如果这两项工作时间在整个工作班工作时间消耗中所占比重不超过 5%～6%，则可归纳为一项，以工作过程的计量单位表示，确定出工作过程的工时消耗。

如果在计时观察时不能取得足够的资料，也可采用工时规范或经验数据来确定。如具有现行的工时规范，可以直接利用工时规范中规定的辅助和准备与结束工作时间的百分比来计算。

(3)拟订不可避免的中断时间

在确定不可避免中断时间的定额时，必须注意由工艺特点所引起的不可避免中断才可列入工作过程的时间定额。

不可避免中断时间也需要根据测时资料通过整理分析获得，也可以根据经验数据或工时规范，以占工作日的百分比表示此项工时消耗的时间定额。

(4)拟订休息时间

休息时间应根据工作班作息制度、经验资料、计时观察资料，以及对工作的疲劳程度作全面分析来确定。同时，应考虑尽可能利用不可避免中断时间作为休息时间。

从事不同工种、不同工作的工人，疲劳程度有很大差别。为了合理确定休息时间，往往要对从事各种工作的工人进行观察、测定，以及进行生理和心理方面的测试，以便确定其疲劳程度。国内外往往按工作轻重和工作条件好坏，将各种工作划分为不同的级别。如我国某地区工时规范将体力劳动分为六类：最沉重、沉重、较重、中等、较轻、轻便。

划分出疲劳程度的等级，就可以合理规定休息需要的时间。在上面引用的规范中，按六个等级其休息时间见表 3-1-14。

休息时间占工作日的比重 表 3-1-14

疲劳程度	轻便	较轻	中等	较重	沉重	最沉重
等级	1	2	3	4	5	6
占工作日比重(%)	4.16	6.25	8.33	11.45	16.7	22.9

(5)拟订定额时间

确定的基本工作时间、辅助工作时间、准备与结束工作时间、不可避免中断时间和休息时间之和，就是劳动定额的时间定额。根据时间定额可计算出产量定额，时间定额和产量定额互成倒数。

【例 3-1-1】 某施工单位预制场预制先张法混凝土空心板梁。由于限于对现有设备的利用及考虑预制场整体施工生产计划安排，浇筑空心板梁混凝土的施工方法采用 3m³ 混凝土罐车配溜槽进行浇筑，混凝土拌和楼供料。混凝土班共有 13 人，计划浇筑两片空心板梁，每片混凝土体积 5.43m³。浇筑工作内容：清理模板内杂物，用水冲净模板内底板；罐车运送混凝土并配溜槽卸料于模内；安、拆、移溜槽及简单踏板；混凝土浇筑、振捣棒振捣、抹平，抽芯(充气橡胶芯模)；小修振捣器。

用混合法写实记录了三次完整的空心板梁浇筑过程，用摘要整理表分别对各次观测资料进行整理，并将整理结果汇总列于表 3-1-15 内，试确定定额时间中各类工时消耗量。

确定、计算时间定额表 表 3-1-15

工时消耗分类	工时消耗(min)				单位产品工时消耗(min/m³)	单位产品定额时间(min/m³)	备注
	观测次数			加权平均值			
	1	2	3				
准备与结束时间	257	251	236	248	23	23	
基本工作时间	2 012	2 025	1 982	2 006	186	186	
辅助工作时间	127	126	134	129	12	12	
休息时间	270	270	370	303	28	28	
不可避免中断时间	0	0	0	0	0	6	0
损失时间	185	75	0	87	8	0	
总计	2 851	2 747	2 722	2 773	257	255	
观测期产品产量	10.8m³	10.8m³	10.8m³				

在表中，“单位产品定额时间”栏内对各类工时消耗进行调整：取消损失时间，增补不可避免中断时间。根据经验，当罐车交替浇筑混凝土和振捣器振捣过程中时常会有短暂的工作停顿，故补设每次观测期有 5min 不可避免停工。则混凝土班 13 人共消耗工时：5×13＝65min；单位产品其定额时间则为：65÷10.8＝6min/m^3，记入本栏不可避免中断时间。

将各类定额时间相加，即得到总计数 255min/m^3。

时间定额＝255÷60÷8＝0.531 工日/m^3

其产量定额＝1÷0.531＝1.883m^3/工日

2.确定机械台班定额消耗量的基本方法

(1)确定正常的施工条件

拟定机械工作正常条件，主要是拟定工作地点的合理组织和合理的工人编制。

工作地点的合理组织，就是对施工地点机械和材料的放置位置、工人从事操作的场所，作出科学合理的平面布置和空间安排。它要求施工机械和操纵机械的工人在最小范围内移动，但又不阻碍机械运转和工人操作；应使机械的开关和操纵装置尽可能集中地装置在操纵工人的近旁，以节省工作时间和减轻劳动强度；应最大限度发挥机械的效能，减少工人的手工操作。

拟定合理的工人编制，就是根据施工机械的性能和设计能力，工人的专业分工和劳动工效，合理确定操纵机械的工人和直接参加机械化施工过程的工人的编制人数。

拟定合理的工人编制，应要求保持机械的正常生产率和工人正常的劳动工效。

(2)确定机械 1h 纯工作正常生产率

确定机械正常生产率时，必须首先确定出机械纯工作 1h 的正常生产效率。

机械纯工作时间，就是指机械的必需消耗时间。机械 1h 纯工作正常生产率，就是在正常施工组织条件下，具有必需的知识和技能的技术工人操纵机械 1h 的生产率。

根据机械工作特点的不同，机械 1h 纯工作正常生产率的确定方法，也有所不同。对于循环动作机械，确定机械纯工作 1h 正常生产率的计算公式如下：

$$\left(\begin{matrix}\text{机械一次循环的}\\\text{正常延续时间}\end{matrix}\right)=\sum\left(\begin{matrix}\text{循环各组成部分}\\\text{正常延续时间}\end{matrix}\right)-\text{交叠时间} \tag{3-1-1}$$

$$\left(\begin{matrix}\text{机械纯工作 1h}\\\text{循环次数}\end{matrix}\right)=\left(\frac{60\times60(\text{s})}{\text{一次循环的正常延续时间}}\right) \tag{3-1-2}$$

$$\left(\begin{matrix}\text{机械纯工作 1h}\\\text{正常生产数}\end{matrix}\right)=\left(\begin{matrix}\text{机械纯工作 1h}\\\text{正常循环次数}\end{matrix}\right)\times\left(\begin{matrix}\text{一次循环生产的}\\\text{产品数量}\end{matrix}\right) \tag{3-1-3}$$

从公式中可以看到，计算循环机械纯工作 1h 正常生产率的步骤是：根据现场观察资料和机械说明书确定各循环组成部分的延续时间；将各循环组成部分的延续时间相加，减去各组成部分之间的交叠时间，求出循环过程的正常延续时间；计算机械纯工作 1h 的正常循环次数；计算循环机械纯工作 1h 的正常生产率。

对于连续动作机械，确定机械纯工作 1h 正常生产率要根据机械的类型和结构特征，以及工作过程的特点来进行，计算公式如下：

$$\left(\begin{matrix}\text{连续动作机械纯工作 1h}\\\text{正常生产率}\end{matrix}\right)=\left(\frac{\text{工作时间内生产的产品数量}}{\text{工作时间(h)}}\right) \tag{3-1-4}$$

工作时间内的产品数量和工作时间的消耗，要通过多次现场观察和机械说明书来取得数据。

对于同一机械进行作业属于不同的工作过程，如挖掘机所挖土壤的类别不同，碎石机所破碎的石块硬度和粒径不同，均需分别确定其纯工作 1h 的正常生产率。

(3)确定施工机械的正常利用系数

确定施工机械的正常利用系数，是指机械在工作班内对工作时间的利用率。机械的利用系数和机械在工作班内的工作状况有着密切的关系。所以，要确定机械的正常利用系数，首先要拟定机械工作班的正常工作状况，保证合理利用工时。

确定机械正常利用系数，要计算工作班正常状况下准备与结束工作，机械启动、机械维护等工作所必需消耗的时间，以及机械有效工作的开始与结束时间。从而进一步计算出机械在工作班内的纯工作时间和机械正常利用系数。机械正常利用系数的计算公式如下：

$$\text{机械正常利用系数}=\frac{\text{机械在一个工作班内纯工作时间}}{\text{一个工作班延续时间(8h)}} \tag{3-1-5}$$

(4)计算施工机械台班定额

计算施工机械定额是编制机械定额工作的最后一步。在确定了机械工作正常条件、机械 1h 纯工作正常生产率和机械正常利用系数之后，采用下列公式计算施工机械的产量定额：

$$\left(\begin{matrix}\text{施工机械台班}\\\text{产量定额}\end{matrix}\right)=\left(\begin{matrix}\text{机械 1h 纯工作}\\\text{正常生产率}\end{matrix}\right)\times\text{工作班纯工作时间} \tag{3-1-6}$$

或：

$$\left(\begin{matrix}\text{施工机械台班}\\\text{产量定额}\end{matrix}\right)=\left(\begin{matrix}\text{机械 1h 纯工作}\\\text{正常生产率}\end{matrix}\right)\times\left(\begin{matrix}\text{工作班}\\\text{延续时间}\end{matrix}\right)\times\left(\begin{matrix}\text{机械正常}\\\text{利用系数}\end{matrix}\right) \tag{3-1-7}$$

$$\text{施工机械时间定额}=\frac{1}{\text{机械台班产量定额指标}} \tag{3-1-8}$$

(六)确定材料定额消耗量的基本方法

1.确定材料消耗量的基本方法

确定材料净用量定额和材料损耗定额的计算数据，是通过现场技术测定、实验室试验、现场统计和理论计算等方法获得的。

(1)利用现场技术测定法，主要是编制材料损耗定额，也可以提供编制材料净用量定额的参考数据。其优点是能通过现场观察、测定，取得产品产量和材料消耗的情况，为编制材料定额提供技术根据。

(2)利用实验室试验法，主要是编制材料净用量定额。通过试验，能够对材料的结构、化学成分和物理性能以及按强度等级控制的混凝土、砂浆配比作出科学的结论，给编制材料消耗定额提供出有技术根据的、比较精确的计算数据。用于施工生产时，需加以必要的调整方可作为定额数据。

(3)采用现场统计法，是通过对现场进料、用料的大量统计资料进行分析计算，获得材料消耗的数据。这种方法由于不能分清材料消耗的性质，因而不能作为确定材料净用量定额和材料损耗定额的依据。

上述三种方法的选择必须符合国家相关标准规范，即材料的产品标准，计量要使用标准容器和称量设备，质量符合施工验收规范要求，以保证获得可靠的定额编制依据。

(4)理论计算法，是运用一定的数学公式计算材料消耗定额。例如，砌砖工程中砖和砂浆净用量一般都采用以下公式计算：

①计算每立方米 1 砖墙砖的净用量：

$$\text{砖数}=\frac{1}{(\text{砖宽}+\text{灰缝})\times(\text{砖厚}+\text{灰缝})}\times\frac{1}{\text{砖长}} \tag{3-1-9}$$

②计算每立方米 $1\frac{1}{2}$ 个砖墙砖的净用量：

$$砖数=\left[\frac{1}{(砖宽+灰缝)\times(砖厚+灰缝)}+\frac{1}{(砖宽+灰缝)\times(砖厚+灰缝)}\right]\times\frac{1}{砖长+砖宽+灰缝} \tag{3-1-10}$$

③计算砂浆用量：

$$砂浆(m^3)=(1m^3\ 砌体-砖数的体积)\times1.07 \tag{3-1-11}$$

注：1.07 是砂浆实体积折合为虚体积的系数；砖和砂浆的损耗量是根据现场观察资料计算的，并以损耗率表现出来；净用量和损耗量相加，即等于材料的消耗总量。

2. 施工周转材料的计算

在编制材料消耗定额时，某些工序定额、单项定额和综合定额中涉及周转材料的确定和计算，如劳动定额中的架子工程、模板工程等。

施工中使用周转材料，是在施工中工程上多次周转使用的材料，亦称材料型的工具或称工具型材料，如钢、木脚手架、模板、挡土板、支撑、活动支架等材料，习惯上也叫施工作业用料或施工手段用料。

在编制材料消耗定额时，应按多次使用、分次摊销的办法确定。为了使周转材料的周转次数确定接近合理，应根据工程类型和使用条件，采用各种测定手段进行实地观察，结合有关的原始记录、经验数据加以综合取定。影响周转次数的主要因素有以下几方面：

(1)材质及功能对周转次数的影响，如金属制的周转材料比木制的周转次数多 10 倍，甚至百倍；

(2)使用条件的好坏，对周转材料使用次数的影响；

(3)施工速度的快慢，对周转材料使用次数的影响；

(4)对周转材料的保管、保养和维修的好坏，也对周转材料使用次数有影响等。

确定出最佳的周转次数，是十分不容易的。

材料消耗量中应计算材料摊销量，为此，应根据施工过程中各工序计算出一次使用量和摊销量，其计算公式为：

$$一次使用量=材料净用量\times(1-材料损耗量) \tag{3-1-12}$$

$$材料摊销量=一次使用量\times摊销系数 \tag{3-1-13}$$

$$摊销系数=\frac{周转使用系数-[(1-损耗率)\times回收价值率]}{周转次数\times100\%} \tag{3-1-14}$$

$$周转使用系数=\frac{[(周转次数-1)\times损耗率]}{周转次数\times100\%} \tag{3-1-15}$$

$$回收价值率=\frac{一次使用量\times(1-损耗率)}{周转次数\times100\%} \tag{3-1-16}$$

二、预算定额、概算定额和估算指标的制定

预算定额、概算定额和估算指标是在施工定额基础上的一个循序渐进过程，其编制的主要内容见表 3-1-16 及表 3-1-17；人工幅度差、机械幅度差取值分别见表 3-1-18、表 3-1-19。

预算定额、概算定额和估算指标的编制原则、依据及基础 表 3-1-16

定额名称	编制原则	编制依据	编制基础
预算定额	按社会平均水平确定预算定额；简明适用；坚持统一性和差别性相结合	现行劳动定额和施工定额；现行设计规范、施工及验收规范、质量评定标准和安全操作规程；具有代表性的典型工程；施工图及有关标准图；新技术、新结构、新材料和先进的施工方法；有关科学实验、技术测定的统计、经验资料；现行的预算定额、材料预算价格及有关文件规定等	施工定额
概算定额	贯彻社会平均水平和简明适用的原则；符合价值规律和反映现阶段大多数企业的设计、生产及施工管理水平；在概预算定额水平之间应保留必要的幅度差，概算定额加权平均水平比综合预算定额增加造价 2.06%，并在概算定额的编制过程中严格控制；概算定额的内容和深度是以预算定额为基础的综合和扩大；在合并中不得遗漏或增减项目，以保证其严密性和正确性，达到简化、准确和适用的目的	现行的设计规范和预算定额；具有代表性的标准设计图纸和其他设计资料；现行的人工工资标准、材料预算价格、机械台班预算价格及其他的价格资料	预算定额
估算指标	除应遵循一般定额的编制原则外，还必须在投资估算指标项目的确定时，应考虑以后几年编制建设项目建议书和可行性研究报告投资估算的需要；指标的分类、项目划分、项目内容、表现形式等要结合各专业的特点，并且要与项目建议书、可行性研究报告的编制深度相适应；指标的编制内容，典型工程的选择，必须遵循国家的有关建设方针政策，符合国家技术发展方向；指标的编制要适应项目前期工作深度的需要，而且具有更大的综合性；指标的编制要体现国家对固定资产投资实施间接调控作用的特点；指标的编制要动静结合	现行的设计规范和概算定额；具有代表性的典型工程；现行的有关定额资料	概算定额

预算定额、概算定额和估算指标中人工、材料、机械定额的制定 表 3-1-17

定额名称	人工定额制定	材料定额制定	机械定额制定
预算定额	定额包括完成某分项工程所必需的各种用工量。它是根据测算后综合取定的工程数量和参照施工定额中人工消耗指标计算出的。各种用工包括：基本用工指完成该分项工程的主要用工量，包括属于预算定额规定工作内容范围内的一些用工，超运距用工，辅助用工，人工幅度差。 人工幅度差=(基本用工+超运距用工+辅助用工)×人工幅度差系数	材料消耗量由材料的净用量和各种合理损耗组成，其中材料的净用量的计算在施工定额中已做介绍。各种合理损耗是指场内运输损耗和操作损耗，而场外运输损耗和工地仓库保管损耗则纳入材料预算价格之中。对于周转性的材料，《公路工程预算定额》中对周转性材料采用了多次使用、平均摊销的方法，即不考虑替换，也不考虑回收	根据其施工定额各分项工程的机械台班耗用量，再考虑机械的幅度差来确定

续上表

定额名称	人工定额制定	材料定额制定	机械定额制定
备注	人工幅度差系数取值见表3-1-18，机械幅度差系数见表3-1-19		
概算定额	公路工程概算定额中，人工幅度差系数取值如下：路基工程1.02；路面、其他工程及沿线设施、临时工程为1.05；涵洞工程为1.06；隧道、桥梁工程为1.10	材料幅度差系数桥涵、隧道按1.02计算	机械幅度差系数一律为1.05
备注	概算定额的项目，主要是根据初步设计或技术设计所能提供的工程量的深度加以划分。项目划分与预算定额的项目划分有很大不同。只编列了初步设计或技术设计所能提供的主要工程项目，在主要工程项目中综合了在初步设计或技术设计中难以提供的次要工程项目和施工现场设施，以避免漏项。但考虑到概算要控制投资的要求，对某些定额项目适当加深，以提高计算的准确性。估算指标的编制，就是利用已完工程或在建工程的概、预、决算资料，在概算定额项目划分的基础上，进行适当的综合和扩大，其关键环节就是指标中综合的工程项目的工程量含量的确定，因此，指标的编制方法也就是基础资料工程量含量分析取定的方法		
估算指标	估算指标是一种比概算定额、预算定额更综合、更扩大，适用于基本建设项目前期工作阶段估算工程投资的计价依据。而对于一个建设项目而言，所涉及的工程项目甚多，在估算指标中仅综合主要工程项目，将次要工程项目综合在其他工程指标内，不列工、料、机消耗量，以主要工程费的百分率计算。估算指标中所列的工、料、机品种不像概、预算定额那么多，是以人工、主要材料、其他材料费、机械使用费为表现形式，一般来讲，主要材料指在建设项目中用量较大，单价较高，对整个建设项目的工程造价影响较大的材料，如木材、钢材、水泥等。在建设项目中用量较少，单价较低，对整个建设项目的工程造价影响不大的材料，均归入其他材料费中，在指标中不列其消耗量，以其费用"元"的形式表现。人工消耗量与概、预算定额相同，列直接生产工人的人工消耗。施工机械在指标中也不列具体消耗数量，而是以机械使用费"元"的形式表现		

人工幅度差系数表 表3-1-18

预算定额工程项目	系数
准备工作、土方、石方、安全设施、材料采集加工、材料运输	1.04
路面、临时工程、纵向排水、整修路基、其他零星工程	1.06
砌筑、涵管、木作、支拱架、混凝土及钢筋混凝土、沿线房屋	1.80
隧道、基坑、围堰、打桩、造孔、沉井、安装、预应力、刚桥	1.10

机械幅度差系数 表3-1-19

机械	系数	机械	系数	机械	系数
推土机	1.25	散装水泥车	1.33	柴油发电机组	1.25
装载机	1.43	混凝土搅拌站	1.33	工程驳船	3.00
羊足碾	1.43	钢绞线压花机	1.66	铲运机	1.33
强夯机械	1.43	载重汽车	1.25	平地机	1.54
锻钎机、磨钻机	2.00	洒水汽车	1.54	压路机、拖式振动碾	1.43
沥青乳化机	1.33	起重机、卷扬机	1.66	凿岩机	2.00
沥青油运输车	1.33	柴油打桩机、重锤打桩机	1.43	稳定土拌和机	1.54
黑色粒料拌和机	1.43	冲击钻机、回旋钻机	1.54	沥青乳化设备	1.25
路面画线车	1.33	全套管钻孔机	1.54	沥青洒布车	1.54
混凝土切缝机	1.33	水泵	2.00	沥青混合料拌和设备	1.25
混凝土振捣器(现浇)	2.50	木料加工机械	1.66	水泥混凝土真空吸水机组	2.00
混凝土喷射机	2.00	自动埋弧焊机	1.66	混凝土搅拌机(现浇)	2.50

续上表

机　械	系数	机　械	系数	机　械	系数
混凝土振捣器(预制)	2.00	空气压缩机	1.54	预应力钢绞线拉伸设备	1.66
水泥喷枪	2.00	通风机	2.00	波纹管卷制机	1.25
混凝土搅拌运输车	1.33	挖掘机	1.33	平板拖车组	2.00
预应力拉伸机	1.66	拖拉机	1.33	轨道拖车头	1.66
钢绞线穿束机	1.66	夯土机	1.43	液压千斤顶	2.50
自卸汽车	1.33	装岩机	1.54	振动打拔桩锤	1.43
机动翻斗车	1.48	稳定土厂拌设备	1.33	潜水钻井机	1.43
皮带运输机	1.54	石屑撒布机	1.33	振冲器	1.43
振动打拔桩机	1.43	沥青混合料摊铺机	1.25	钢筋加工机械	1.66
汽车式钻孔机	1.43	混凝土抹平机	2.00	对焊机	2.00
袋装砂井机	1.43	混凝土搅拌机(预制)	2.00	破碎机、筛分机	1.43
泥装泵、砂泵	2.00	灰浆搅拌机	2.00	工业锅炉	1.33
电焊机、点焊机	1.66	灌浆机、压浆机	2.00	潜水设备	1.66
气焊设备	1.66	混凝土输送泵	1.33		

下面是对编制过程中一些具体问题的应用示例。

【例 3-1-2】 关于预算定额中人工消耗定额中人工幅度差系数的应用

人工挖运土的预算定额。定额单位为 100m³。试计算挖普通土、人工运输 20m 的定额用工。

解:查《公路工程施工定额》(以下简称《施工定额》)2-2,见表 3-1-20。

每 1m³ 的劳动定额　　表 3-1-20

项　目	第一个 20m 挖运		
	槽　外		
	松土	普通土	硬土
时间定额	0.158	0.231	0.33
每工产量	6.33	4.33	3.03
编号	1	2	3

本项目无超运距用工及辅助用工。

基本用工＝0.231×100＝23.1 工日

定额用工,查表 3-1-18 知土方人工幅度差系数为 1.04。

则定额用工＝23.1×1.04＝24.024 工日

【例 3-1-3】 关于预算定额中机械消耗定额中机械幅度差系数的应用

挖掘机挖装土方的机械预算定额。定额单位 1 000m³。试计算挖普通土、挖掘机斗容量分别是 0.6m³、1.0m³、2.0m³ 以内的机械台班。

解:查《施工定额》2-7,见表 3-1-21。

每 100m³ 的机械定额 表 3-1-21

项目		松土	普通土	硬土
挖掘机斗容量（m³）	0.6 以内	$\frac{0.263}{3.8}$	$\frac{0.303}{3.3}$	$\frac{0.346}{2.89}$
	1.0 以内	$\frac{0.165}{6.06}$	$\frac{0.19}{5.26}$	$\frac{0.216}{4.63}$
	2.0 以内	$\frac{0.1}{10}$	$\frac{0.116}{8.62}$	$\frac{0.133}{7.52}$
编号		1	2	3

查表 3-1-19，挖掘机的机械幅度差系数为 1.33。

则预算定额的挖掘机机械台班分别为：

斗容量 0.6（m³）以内的机械 0.303×10×1.33＝4.03 台班

斗容量 1.0（m³）以内的机械 0.19×10×1.33＝2.53 台班

斗容量 2.0（m³）以内的机械 0.116×10×1.33＝1.54 台班

【例 3-1-4】 预算定额路面材料消耗量计算

解：计算式：路面材料数量＝定额单位×路面压实厚度×压实混合料干密度×（所占配合比/配合比之和）÷材料松方干密度×损耗系数

水泥、生石灰材料数量＝定额单位×路面压实厚度×压实混合料干密度×（所占配合比/配合比之和）×损耗系数

计算过程见表 3-1-22。

计算过程 表 3-1-22

项目						水泥碎石基层
						水泥含量（%）
						5
基本数据	定额单位					1 000m²
	路面压实厚度（m）					0.15
	压实混料干密度（t/m³）					2.10
	压实系数					
	压实混合料定额单位质量（t）					315.0
	混合料组成材料名称					水泥：碎石
	混合料组成材料配合比					5：95
	混合料配合比之和					100
各种材料数量	材料名称	单位	松方干密度（t/m³）	损耗系数（%）	所占配合比（%）	数量
	水泥	t	—	2	5	16.065
	碎石	m³	1.45	2	95	210.51
	水	m³	1.00	—	6	19
	材料总质量	t	—	—	—	331.8
	养生用水	m³	—	—	—	14

三、补充定额的编制

(一)补充定额的编制条件

当设计图纸上某项工程采用新材料、新结构、新工艺、新设备,而现行的计价定额资料又无近似的可资利用的工料消耗和机械台班定额来编制这类工程造价时,可以编制补充定额作为工程造价计价的依据。这是编制补充定额必须遵守的一条基本原则。凡有近似定额可以套用的,均不允许编制补充定额,但也不能随意套用工程内容不同和差异较大的定额作为计价依据。

(二)补充定额的编制方法和原则

(1)补充定额的内容和表现形式,如定额的计量单位、工程内容等必须与现行的同类定额标准一致。

(2)编制补充定额要做到科学合理、严谨准确、简明适用、便于摘取工程量进行计价。同时要符合技术规范、施工安全操作规程和有关规定。

(3)要根据设计图纸按施工工序计算出全部工序的工程细目数量,以便将确定的定额子目折算成定额单位的工程含量,计算工料机消耗量。如无图纸资料,必须自行绘制草图,作为计算工程数量的依据。总之,要有依有据。

(4)人工、材料、施工机械的基本消耗定额资料,可参照《预算定额》附录中的各种计算基础资料、基本定额、材料的周转及摊销等,作为计算分析的依据。当没有资料可利用参考时,应在确定合理的劳动组合,安全可靠的施工方法和最大可能的工时利用的原则下,通过必要的调查研究确定各种消耗水平,作为编制定额的依据。

(5)在编制公路工程概预算时,若施工机械台班费用定额缺项,可以编制补充定额。但必须参照制订同类型号施工机械台班费用所采用的基础数据资料,包括使用总台班、年工作台班、时间利用系数、大修理费和经常修理费标准、油燃料消耗的计算原则以及人员配备等作为计算编制依据,不得随意提高或降低标准。同时,要确定相应的产量定额,以便与台班费用定额配套使用。至于购置新的或进口同类型施工机械设备的补充定额,其编制原则和方法应按照国家统一规定,取定各项计算数据。

(6)要按照制订概预算定额的方法和要求,编制人工、机械台班数量计算表,材料消耗数量计算表,其他材料费、小型机具使用费、设备摊销费计算表,基价及质量计算表,最后提出定额成果表并写出定额编制说明,作为公路工程造价文件的附件。同时,应抄送当地公路(交通)工程定额(造价管理)站备查。若有普遍使用和推广价值的,定额管理部门可以作为工程价格信息进行交流。

(三)补充定额的编制步骤

编制一个补充定额,一般要经过以下步骤:

(1)确定补充定额的子目名称;

(2)确定补充定额的计量单位;

(3)确定补充定额项目的工作内容;

(4)根据子目划分原则和综合误差进行子目平衡;

(5)按典型设计图纸和资料,根据工程量计算规则计算补充定额项目的工程数量;

(6)计算补充定额项目的人工、机械台班消耗数量;

(7)计算补充定额项目的材料消耗数量;

(8)计算其他材料费、小型机具使用费、设备摊销费；

(9)计算定额基价及材料总质量；

(10)整理出补充定额成果表并写出编制说明。

(四)补充定额的编制示例

1. 花岗岩贴面的补充预算定额编制

【例 3-1-5】 已知某桥梁结构物花岗岩贴面工程的定额测定资料如下：

(1)完成 $1m^2$ 花岗岩贴面消耗的基本工作时间为 240min，辅助工作时间占工作班连续时间的 2%，准备与结束工作时间占工作班连续时间的 2%，不可避免的中断时间占工作班连续时间的 1%，休息时间占工作班连续时间的 15%。

(2)每贴面 $100m^2$ 花岗岩需消耗 M7.5 水泥砂浆 $5.55m^3$，花岗岩板 $102m^2$，白水泥 15kg，铁件 34.78kg，塑料薄膜 $28.05m^2$，水 $1.53m^3$(注：材料消耗量中均已包含场内运输及操作损耗量)。

(3)水泥砂浆用 200L 灰浆搅拌机拌和，劳动组合为 25 个生产工人/班组。

(4)人工幅度差系数为 1.1，机械幅度差系数为 1.05。

(5)该工程所在地的预算价格如下。

①人工工资单价：48.50 元/工日

②花岗岩板预算价格：300.00 元/m^2

③白水泥预算价格：450.00 元/t

42.5 级普通硅酸盐水泥预算价格：320.00 元/t

④铁件预算价格：5.33 元/kg

⑤塑料薄膜预算价格：1.00 元/m^2

⑥水预算价格：1.50 元/m^3

⑦电预算价格：0.80 元/kW·h

⑧中(粗)砂预算价格：40.00 元/m^3

⑨200L 砂浆搅拌机的台班价格为 27.96 元/台班

试根据以上已知条件：

(1)计算完成 $1m^2$ 花岗岩贴面的劳动定额。

(2)编制花岗岩贴面的补充预算定额(定额计量单位为 $100m^2$)。

解：(1)完成 $1m^2$ 花岗岩贴面的劳动定额

假定花岗岩贴面的工作班连续时间为 x，则：

x＝基本工作时间＋辅助工作时间＋准备与结束工作时间＋中断时间＋休息时间

$x=240+2\%x+2\%x+1\%x+15\%x$

$x=240\div[1-(2\%+2\%+1\%+15\%)]=300\text{min}/m^2$

桥涵工程每工日按 8h 计算，完成 $1m^2$ 花岗岩贴面需要的时间定额和产量定额为：

时间定额＝300min÷60÷8＝0.625 工日/m^2

产量定额＝1÷0.625＝$1.6m^2$/工日

(2)编制花岗岩贴面的补充预算定额(计量单位为 $100m^2$)

预算定额由人工、主要材料和施工机械的消耗量构成。人工消耗量由施工定额中劳动定额乘以幅度差系数确定；主要材料消耗量根据测定的数量确定；施工机械消耗量由施工定额中的机械定额乘以幅度差系数确定。

①人工消耗量

由题意可知，由施工定额综合为预算定额的人工幅度差为 1.1，则人工数量＝0.625×1.1×100＝68.75 工日/100m^2

②材料消耗

铁件数量：34.87×1＝34.87kg/100m^2

白水泥数量：0.015×1＝0.015t/100m^2

42.5 级水泥数量：0.261×5.55＝1.449t/100m^2

水数量：1.53×1＝1.53m^3/100m^2

花岗岩板数量：102×1＝102m^2/100m^2

中(粗)砂数量：1.11×5.55＝6.16m^3/100m^2

塑料薄膜数量：28.05×1＝28.05m^2/100m^2

③机械消耗

由题意可知，由施工定额综合为预算定额的机械幅度差系数为 1.05，则 200L 砂浆搅拌机数量为：0.625×100÷25×1.05＝2.63 台班/100m^2

④基价

基价＝∑(工、料、机消耗量×统一的工、料、机的价格)

＝68.75×48.5＋34.87×5.33＋0.015×450＋1.449×320＋1.53×1.5＋102×300＋6.16×40＋28.05×1＋2.63×27.86

＝34 941 元

2. 粉煤灰路基施工补充预算定额编制

由于粉煤灰强度和干密度同其含水率和配合比关系很大，粉煤灰路基应用机械施工，主要施工内容有摊铺、碾压及养护等，采用的主要机械为 75kW 的推土机和 120kW 平地机、光轮和振动压路机、洒水车等进行施工。具体观测结果值如表 3-1-23 所示。

观测结果统计表　计算单位 1 000m^3　　表 3-1-23

观测对象		观测数量	观测次数	时间平均值	时间先进值	平均先进值	13%宽放时间	合计时间	观测工程量 m^3	时间定额计算
人工	人工摊铺	10 人	10	12.6	11.9	12.2	1.6	13.8	2 867.5m^3	6.0 工日
	人工辅助碾压	6 人	10	1.62	1.59	1.60	0.21	1.81	9 000m^2	0.151 工日
机械	75kW 推土机	2 台	10	35	33	34	4.4	38.4	2 867.5m^3	3.348 台班
	120kW 平地机	1 台	10	6.9	6.4	6.6	0.8	7.4	2 867.5m^3	0.322 台班
	12～15t 光轮压路机	2 台	10	4	3.7	3.8	0.5	4.3	9 000m^2	0.119 台班
	20t 以内振动压路机	2 台	10	1.37	1.33	1.35	0.18	1.53	9 000m^2	0.054 台班
	4 000L 洒水车	2 台	10	6.8	6.6	6.7	0.9	7.6	9 000m^2	0.2 台班

主要计算式如下：

人工摊铺：13.8×10×1 000/(8×2 867.5)＝6.0 工日

75kW 推土机：38.4×2×1 000/(8×2 867.5)＝3.348 台班

120kW 平地机：7.4×1 000/(8×2 867.5)＝0.322 台班

人工辅助碾压：1.81×6×1 000/(8×9 000)＝0.151 工日

12～15t 光轮压路机：4.3×2×1 000/(8×9 000)＝0.119 台班

20t 以内振动压路机：1.53×2×1 000/(8×9 000)=0.054 台班

洒水车：7.6×2×1 000/(8×9 000)=0.2 台班

根据《公路粉煤灰路堤设计与施工技术规范》(JTJ 016—93)的规定及施工现场实际，每层按 20cm 计算，实际每层振动压路机碾压 8 遍，光轮压路机再碾压 2 遍，预算定额消耗量计算结果如下。

定额名称：机械碾压粉煤灰路基

工作内容：人工填筑包边土、人工配合机械摊铺、碾压、洒水养护

人工摊铺：定额单位 1 000m^3　6×1.06=6.36 工日

人工碾压：定额单位 1 000m^3　0.151×1.06×8×5=6.40 工日

人工部分工日=6.36+6.40=12.76 工日

75kW 推土机：定额单位 1 000m^3　3.348×1.25=4.185 台班

120kW 平地机：定额单位 1 000m^3　0.322×1.54=0.496 台班

12～15t 光轮压路机：定额单位 1 000m^2　0.119×2×5×1.43=1.702 台班

20t 以内振动压路机：定额单位 1 000m^2　0.054×1.43×8×5=3.089 台班

4 000L 洒水车：定额单位 1 000m^2　0.2×1.54×5=1.54 台班

基价：12.76×49.2+4.185×612.89+0.496×908.89+1.702×411.77+3.089×1 003.98+1.54×455.56=8 147.23 元

四、定额管理

定额管理就是指定额的制订、执行、统计与分析、修订工作和相应的组织管理工作。从工作性质来分，我们把定额的制订、执行、统计与分析、修订这四方面的工作称为定额的技术管理工作。

1. 正确执行定额

对定额的贯彻和完成的过程就是定额的执行过程。定额的执行就是指将已制定了的先进合理的、有技术依据的定额贯彻到建设过程中去，并使从事该工程项目的各个阶段与方面都能完成定额。如果每个定额在它的执行过程中都能被正确地贯彻和完成，那么，由它们的执行过程所组成的建设过程就会是一个具有先进的施工技术、合理的施工组织调配和高效率的过程，这样的建设过程结束之后，会给实施该工程项目的各个方面带来预期的经济效益和社会效益。由此看出，在建设过程中，能否正确执行每一个相关的定额，是建设项目实现效益的关键，所以必须加强这一关键环节的管理工作。

执行定额的过程，实质上是一个认识物质资料生产过程中的资源消耗规律的过程。所以，应特别注重从实际出发，加强调查研究，及时总结和推广定额的制定、执行等管理方面的先进经验。这不仅是认识在施工生产过程中人工、机械和材料消耗内在规律的一个重要途径，也是正确执行反映这种内在规律的定额的重要途径，而且也是不断提高定额管理水平的一项重要基础工作。

2. 统计、检查与分析定额

检查、监督对定额的执行情况，统计、分析完成定额水平的资料，为修订定额积累真实的原始数据，这一项工作就是对定额在贯彻执行过程中的统计、检查与分析工作。它是定额在技术管理工作中的重要组成部分，是一项长期的、细致的、工作量很大的任务，又是贯彻落实各类经济核算制的必不可少的基础工作。

及时、全面掌握定额执行情况，需要我们加强对原始情况的记录，不但给正确检查、分析定额完成情况提供了真实的原始资料，还为准确进行经济核算提供了详细的依据。通过对大量统计资料和原始记录的分析工作，如对执行定额过程中的工作环境、工人技术等级和熟练程度、机械的完好程度、材料的质量等与定额要求的条件进行比较和分析，去伪存真，切实掌握工人和机械设备的实际生产效率，切实掌握定额的合理程度，完成、超额完成或未完成定额的原因，阻碍提高社会劳动生产率的因素等，以便及时采取措施，扬长避短，巩固先进的生产管理水平，克服不利于生产的因素，就会促进社会劳动生产率的提高，同时还能切实掌握不合理的定额，并为修订定额积累大量资料。

3.定额的修订

定额的修订工作是指随着生产的客观条件不断变化，生产水平不断提高，从而对定额进行定期修订和补充的一项工作。定额是相对稳定在某一个时期的社会劳动生产率条件下的，一旦社会劳动生产率水平随着科学技术的进步而增长了，反映社会劳动生产率水平的定额水平也应及时调整。所以，定额的修订工作是一个长期的、连续性的工作。

定额的修订工作分为两种，一种是个别修订，一种是普遍修订。个别修订一般是在实现了一定的技术组织措施以后进行的，或者是原规定的生产技术条件发生了较大的变化时，根据所引起的定额各个组成部分的延续时间的变化来修订相应的工时消耗和所匹配的机械台班消耗定额；至于普通修订，则是由于生产技术条件不断发生变化，以及由于国民经济建设的要求而进行的。另外，还有临时性定额的修订，例如在试制新产品、掌握新的加工方法、使用新型设备等的时候，都要先拟定一个临时定额(一次性估工申报表就是为拟定临时定额所使用的表格)，当转入正式施工生产时，就必须对这些临时性定额加以修订。

修订定额的方法同制定定额的方法一样。在经过调查研究，认真分析现有资料之后，反复到现场测定、核对，汇总各方面的资料，修订出具有代表性的、先进合理的定额，上报批准后方可使用，以此确保它的科学性和严肃性。

第四节　定额的运用

为了正确地运用定额，必须全面了解定额、深刻理解定额、熟练地掌握定额。在这一节里，将介绍定额运用方面的基本知识，对于各类定额的具体使用，将在以后的章节中详细说明。

一、运用定额的步骤

所谓运用定额，就是平时所说的“查定额”，是根据编制造价文件的具体条件和目的，查得需要的、正确的定额的过程。为了正确地运用定额，首先，必须反复学习定额，熟练地掌握定额；其次，必须收集并熟悉中央及地方交通主管部门有关定额运用方面的文章和规定。在此前提下，运用定额的基本步骤如下：

(1)根据运用定额的目的，确定所用定额的种类。

(2)根据项目表，依次按目、节确定预查定额的项目名称，再据此在有关定额的目录中找到其所在页次，并找到所需定额表。但要注意核查定额的工作内容、作业方式是否与施工组织设计相符。

(3)查到定额表后再进行：

①看表上“工程内容”与设计要求、施工组织要求有没有出入。若无出入，则可在表中找到

相应的细目，并进一步确定子目。

②检查定额表的计量单位与工程项目取定的计量单位是否一致、是否符合规定的工程量计算规则。

③看看定额的总说明、章说明、节说明以及表下的小注是否与所查子目的定额查定有关。若有关，则采取相应措施。

④根据设计图纸和施工组织设计，检查一下子目中有无需要抽换的定额，是否允许抽换。若应抽换，则进行具体抽换计算。

依子目各序号确定各项定额值，可直接引用的就直接抄录，需计算的则在计算后抄录。

⑤重新按上述步骤复核。

⑥该项目的该细目定额查完后，再查该定额项目的另外细目的定额，依次完成后，再查另一项目的定额。

二、运用定额应注意的问题

(1)计量单位要求表与项目之间一致，特别是在抽换、增量计算时更应注意。

(2)当项目中任何项(工、料、机)定额值变化时，不要忘记其相应基价也要作相应的变化。

(3)当查定额时，首先要鉴别工程项目是属于哪类工程，以免盲目随意确定而在表中找不到栏目，无法计算或错误引用定额。

(4)定额表中对某些物品规定按成品价格编制预算，而对某些物品规定按半成品价格编制预算，查定额时要注意。

第二章　公路工程估算指标

第一节　公路工程估算指标

一、公路工程估算指标的用途

1. 公路工程估算指标的概念

估算指标是固定资产投资管理和控制的重要手段，它为完成建设项目决策阶段的定价提供可靠的依据和科学的手段，其准确与否将直接影响到建设项目决策的科学化、规范化和准确度。

《公路工程估算指标》(以下简称《估算指标》)是全国公路专业工程估算指标，适用于公路基本建设新建、改建工程。公路工程估算指标根据基本建设前期工作的深度和要求，分为综合指标和分项指标两类。综合指标是编制建设项目项目建议书投资估算的依据，主要用于从经济角度研究建设项目的选择，研究某条公路或某座桥梁建设的合理性，研究全国公路网布局的合理性，以及研究建设规模和编制长远发展规划等。分项指标是编制建设项目可行性研究报告投资估算的依据，也可作为技术方案比较的参考。

公路工程估算指标是根据原交通部对公路建设项目建议书和可行性研究报告的工作深度要求，以现行的《公路工程技术标准》、技术规范、《公路工程概算定额》(JTG B06-01—2007)(以下简称《概算定额》)、各项费用定额以及近几年公路建设项目的设计和竣工资料为依据制定的，反映了我国当前公路建设的实际情况。

2. 公路工程估算指标的作用

公路工程投资估算指标是编制项目建议书和可行性研究报告投资估算的依据，具体的作用可以概括以下方面：

(1)在编制项目建议书和可行性研究报告阶段，它是多方案比选、优化设计方案、正确编制投资估算、合理确定项目投资额的重要基础。

(2)在建设项目评价、决策过程中，它是评价建设项目投资可行性、分析投资效益的主要经济指标。

(3)在实施阶段，它是限额设计和工程造价确定与控制的依据。

(4)估算指标是固定资产投资管理和控制的重要手段，它为完成建设项目决策阶段的定价提供可靠的依据和科学的手段，其准确与否将直接影响到建设项目决策的科学化、规范化和准确度。

(5)估算指标，可在宏观控制固定资产投资规模、引导投资方向、制订中长期投资计划工作中发挥重要的作用。

(6)在项目投资决策的实施阶段，利用估算指标可以强化投资项目的管理。

二、公路工程估算指标的分类、内容及表现形式

1. 估算指标的分类内容

公路工程估算指标根据基本建设前期工作的深度和要求，分为综合指标和分项指标两部分(图 3-2-1)。

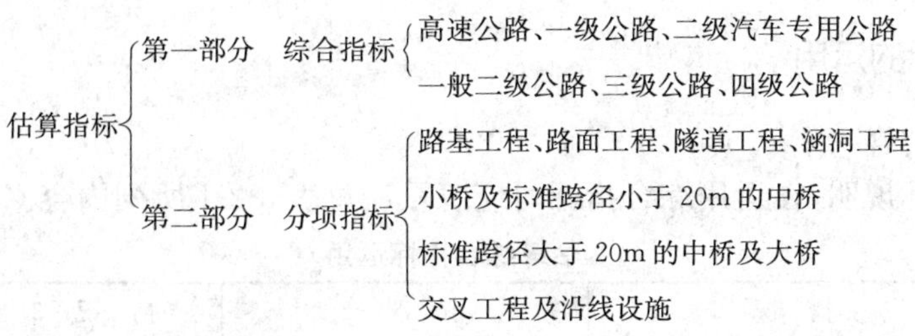

图 3-2-1　估算指标分类图

综合指标是编制建设项目建议书投资估算的依据，主要用于在经济上研究建设项目的选择、研究某条公路或某桥梁建设的合理性、研究全国公路网布局的合理性，以及研究建设规模和编制长远发展规划等。分项指标是编制建设项目可行性研究报告投资估算的依据，也可作为技术方案比较的参考，主要用于在经济上确定近期建设方案和建设项目的成本，以便研究经济上是否可行。

除此而外，估算指标的内容还包括：总说明、各部分说明、附录(一)(综合指标及分项指标和其他工程指标表)、附录(二)(材料预算价格的规格取定表)、附录(三)(综合指标各等级公路路面的面层结构厚度、总厚度取值表)、附录(四)(分项指标路面压实厚度超过规定厚度机械费加倍取值表)、附录(五)(综合指标所含主要工程项目工程量)。

需要说明的是：估算指标仅包括主要工程项目的建筑安装工程费中的人工费、材料费和机械使用费，至于其他工程和各项费用指标均不包括。其他工程的费用以主要工程费为基数按规定的费率计算，不列工、料、机消耗量。各项费用分别项目按《估算编制办法》中的规定计算。

2. 估算指标的表现形式

估算指标与概算定额、预算定额一样，是以人工、主要材料、其他材料费、机械使用费、基价等实物指标为表现形式。实物指标供计算具体建设项目造价和提供人工、主要材料数量使用。估算指标也是一种扩大的定额。

根据公路工程的特点，选择对公路工程造价的变化影响较大的因素，指标中，"人工"列生产工人的工日数；"主要材料"列原木、锯材、I 级钢筋、II 级钢筋、预应力粗钢筋、高强钢丝、钢绞线、钢材、加工钢材、波形钢板及型钢立柱、钢梁、钢板标志、铝合金标志、钢板网及铁丝编织网、水泥、石油沥青、生石灰、砂、砂砾、片石、碎(砾)石、块石、粉煤灰、矿渣等 23 种材料；其他材料费包括除上述主要材料以外的其他材料的费用以及概算定额内的"其他材料费"和"设备摊销费"，以"元"表示；机械使用费按规定的《机械台班费用定额》计算，以"元"表示。

指标表头应写明指标名称、工程内容、计量单位、子目划分等内容。

因此，编制投资估算时应按指标的说明及附注(包括允许换算说明)正确使用指标，不要随意抽换指标内容，以免造成重算或漏算的失误。

对指标中缺少的项目可以编制地区补充指标。地区补充指标应按照指标的编制原则、方法进行编制，由各省、自治区、直辖市交通厅(局)批准执行，抄送交通运输部公路工程定额站备案。

当项目建议书阶段的工作深度已达到可行性研究报告的深度时，可采用指标中的分项指

标编制项目建议书投资估算。当可行性研究报告的工作深度已达到初步设计的深度时，可采用《概算定额》编制可行性研究报告投资估算。

第二节　公路工程估算指标的运用

一、综合指标的运用

1. 指标包括内容

根据综合指标说明，在运用综合指标时应着重注意表 3-2-1 所列内容。

估算综合指标运用　　表 3-2-1

指标内容	情况 1	情况 2	情况 3	情况 4
指标主要包括内容	路基、路面、桥涵、交叉、安全设施、服务设施等主要工程			
指标未包括内容	全长 1 000m 以上（含 1 000m）特大桥工程、辅道工程、支线工程等主要工程	其他工程：清除场地，拆除旧建筑物、构造物绿化、公路交工前养护费、临时工程、其他零星工程	城市进出口处的大型互通式立体交叉工程	
允许调整及另行计算内容	建设项目主要工程量与典型工程量有出入时参考调整指标调整	全长 1 000m 以上（含 1 000m）特大桥工程、辅道工程、支线工程等主要工程、城市进出口处的大型互通式立体交叉工程可参考分项指标计算	改建工程使用指标时，可对指标进行相应系数调整	项目实际路基宽度取定值与指标取定值不同时，可按路基宽度比例调整

综合指标的项目划分见表 3-2-2。

综合指标项目　　表 3-2-2

高速公路	平原微丘区	重丘区	山岭区	调整指标
一级公路	平原微丘区	山岭重丘区		调整指标
二级汽车专用公路	平原微丘区	山岭重丘区		调整指标
一般二级公路	平原微丘区	山岭重丘区		调整指标
三级公路	平原微丘区	山岭重丘区		调整指标
四级公路	平原微丘区	山岭重丘区		调整指标

2. 指标的具体运用

(1)指标直接套用情况

【例 3-2-1】　按估算综合指标求四川省境内重丘区修筑高速公路 1km 所需的工、料、机械及其他各项指标。

解：由《估算指标》1-II-47 可知，每 1km 高速公路所需人工：149 952 工日；原木：46.52m^3；锯材：92.96m^3；I 级钢筋：100.05t；II 级钢筋：179.30t；预应力粗钢筋 2.37t；钢绞线：28.54t；高强钢丝：18.92t；钢材：102.70t；波形钢板及型钢立柱：35.06t；加工钢材：32.02t；铝合金标志：1.25t；钢板网及铁丝编织网：1 222.3m^2；水泥：3 000.38t；石油沥青：613.00t；生石灰：1 153.65t；砂、砂砾：19 409.5m^3；片石：11 605.4m^3；碎(砾)石：16 103.1m^3；块石：2 261.4m^3；其他材料

费：1 121 443 元；设备摊销费：49 315 元；机械使用费：5 066 924 元；指标基价：13 885 965 元。若实际所修筑的高速公路为若干公里，则只需在上述各项指标基础上进行乘积即可，即：

各项指标的总数量＝各项单位数量定额指标×实际公路公里数　(3-2-1)

(2)关于调整指标的使用

【例 3-2-2】 仍以例 3-2-1 为例，若在该地区修筑 1km 高速公路，其路基土方量为 105 000m^3/km，路基石方 100 000m^3/km，求此时的工、料、机械及其他指标。

解：由《估算指标》“附录五　综合指标所含主要工程项目工程量”所规定的指标标准为：

路基土方：67 830m^3/km；路基石方：110 660m^3/km。

按规定需进行相应项目的调整，由“高速公路的调整指标”1-IV 可知，重丘区的路基土方每增减 1 000m^3 时，则需增减相应的人工 61 工日、碎(砾)石 0.3m^3、其他材料费 7 元、机械使用费 13 723 元、指标基价 14 716 元；路基石方每增减 1 000m^3，则需相应增减人工 336 工日、原木 0.03m^3、钢材 0.02t、其他材料费 2 175 元、机械使用费 19 372 元、指标基价 27 015 元。

本例实际增加的土方量是：105 000－67 830＝37 170m^3

则需增加的相应指标为：

人工：(37 170/1 000)×61＝2 267.37 工日

碎(砾)石：(37 170/1 000)×0.3＝11.151m^3

其他材料费：(37 170/1 000)×7＝260.19 元

机械使用费：(37 170/1 000)×13 723＝510 083.91 元

指标基价：(37 170/1 000)×14 716＝546 993.72 元

实际减少的石方量是：100 000－110 660＝－10 660m^3

则需减少的相应指标为：

人工：(－10 660/1 000)×336＝－3 581.76m^3

原木：(－10 660/1 000)×0.03＝－0.32m^3

钢材：(－10 660/1 000)×0.02＝－0.21t

其他材料费：(－10 660/1 000)×2 175＝－23 185.5 元

机械使用费：(－10 660/1 000)×19 372＝－206 505.52 元

指标基价：(－10 660/1 000)×27 015＝－287 980 元

此时每公里消耗的指标为：

人工：149 952＋2 267.37－3 581.76＝148 637.61 工日

碎(砾)石：11.151＋16 103.1＝16 114.25m^3

原木：46.52－0.32＝46.2m^3

钢材：102.7－0.21＝102.49t

其他材料费：1 121 443－23 185.5＋260.19＝1 098 517.69 元

机械使用费：5 066 924－206 505.52＋510 083.91＝5 370 502.39 元

指标基价：13 885 965－287 980＋546 993.72＝14 144 978.7 元

其余指标不变。

(3)关于新、改建路混合情况下综合指标的系数调整

【例 3-2-3】 仍以例 3-2-1 为例，若进行高速公路改建，改建路线长度为 55km，其中可利用的原有路线为 25km，新建路段为 30km，试按综合指标求出其每公里所需的工、料、机械及各项指标。

解:根据题意,按《估算指标》综合指标说明中第五条的要求,则其调整系数为:

$$K=\frac{L_1+L_2\times0.8}{L}=\frac{30+25\times0.8}{55}=0.91$$

将例 3-2-1 查得的指标乘以 0.91 的系数即为所求。

(4)关于路基宽度变化的系数调整

【例 3-2-4】 仍以例 3-2-1 为例,若实际路基宽度取定为 26m,试按综合指标求出其每公路所需的工、料、机械及各项指标。

解:根据《估算指标》总说明中的规定,路基宽度一般数值如表 3-2-3 所示。

公路路基宽度取定值(m) 表 3-2-3

公路等级	汽车专用公路							一般公路					
	高速公路			一级公路		二级公路		二级公路		三级公路		四级公路	
地形	平原微丘	重丘	山岭	平原微丘	山岭重丘	平原微丘	山岭重丘	平原微丘	山岭重丘	平原微丘	山岭重丘	平原微丘	山岭重丘
取定值	26.0	24.5	21.5	24.5	21.5	11.0	9.0	12.0	8.5	8.5	7.5	6.5	6.5

本例根据题意高速公路处于重丘区,路基宽度指标取定值 24.5m,而实际路基宽度值为 26.0m,按照综合指标第六条的规定,可对指标按路基宽度比例调整。

$$26/24.5=1.06$$

将例 3-2-1 查得的指标乘以 1.06 的系数即为所求。

二、分项指标的运用

《估算指标》中的分项指标从表现形式上按不同的单项工程、单位工程和分部工程编制。具体的指标分项内容见表 3-2-4。

分项指标的项目 表 3-2-4

分项指标名称	分项指标细分内容		
路基工程	路基土方、路基石方、填筑路堤、排水与防护、特殊路基处理		
路面工程	垫层、稳定土基层、其他路面基层、沥青路面、水泥混凝土路面、其他路面和拦水带、沥青路面镶边及路缘石		
隧道工程	洞身、洞门、装饰及通风、照明、洞内消防及救援和消音设施		
涵洞工程	高速公路、一级公路、二级公路、三级公路、四级公路		
桥梁工程	小桥及标准跨径小于20m的中桥	标准跨径大于或等于 20m 的中桥及一般大桥	技术复杂大桥
	按不同的公路技术等级、地形划分	预应力混凝土空心板桥、钢筋混凝土 T 形梁桥、预应力混凝土 T 形梁桥、预应力混凝土 I 形梁桥、预应力混凝土简支箱梁桥、钢筋混凝土双曲拱桥、钢筋混凝土箱形拱桥、钢筋混凝土刚架拱桥、石拱桥、钢筋混凝土斜腿刚构、架拱桥、钢索吊桥	基础工程、上部构造、下部构造
交叉工程及沿线设施	互通式立体交叉、分离式立体交叉、平面交叉、通道、人行天桥及渡槽、安全设施、服务及管理设施		

1. 路基工程指标的运用

(1)关于路基土方量的计算规则

工程量按设计断面计价方数量计算,亦即:

$$计价方数量=填方数量+挖方数量-利用方数量$$

如果在使用本指标时,设计仅提供断面方数量,则请注意:

对于平原微丘区的项目,以断面方乘以 0.85 的系数折成计价方;

对于山岭重丘区的项目,以断面方乘以 0.75 的系数折成计价方;

如断面方绝大部分是借土填方时,则不乘折减系数;

使用本指标对于机械施工不分机械种类,当平均运距超过指标规定的运距时,其超过部分可按远运指标计算;

本指标已综合了耕地填前压实、清除表土和压实、软土地段填土下沉及路基边缘压实加宽所需增加的土方量和洒水用量。

远运指标运距的计算:不足第一个指标运距单位的均按第一个指标运距单位计算;超过第一个指标运距单位,其运距尾数不足一个指标单位的,均按一个指标单位计算。

【例 3-2-5】 修筑某平原微丘区一级公路,经设计所提供的断面方数量为 50 000m³,机械施工,汽车运输运距为 2 000m,用分项估算指标求其工、料、机消耗量。

解:查《估算指标》中分项指标路基 1-1-4 及 1-1-21、1-1-22,根据路基土方的工程量计算规则,做如下计算。

①路基的土方量

$$M=50\,000\times0.85=42\,500\text{m}^3$$

②各项指标

人工:42.5×(57+9)=2 805 工日

碎(砾)石:42.5×0.4=17m³

其他材料费:42.5×3=127.5 元

机械使用费:42.5×(11 592+3 043+3×786)=722 202.5 元

指标基价:42.5×(12 519+3 187+3×786)=767 720 元

(2)关于路基石方

路基石方的指标单位为 1 000m³,工程量按开挖天然密实断面方计算。

(3)粉煤灰及填石路堤

其指标单位为 1 000m³,工程量按设计断面压实方计算。使用本指标需注意的问题是:一级公路填石路堤指标适用于购买或采集岩渣填筑路堤,要求岩渣最大粒径不得大于 20cm,路槽底面以下 80cm 范围内不得大于 12cm。二级、三级、四级公路填石路堤指标适用于利用路基石方填筑路堤,其石方调运应在路基石方中计算。

(4)排水与防护

砌石圬工包括浆砌及干砌,按挡土墙、护岸墙、护坡、边沟、急流槽等砌石圬工实体数量计算;

混凝土圬工按护坡现浇混凝土挡土墙、锚锭板式挡土墙等混凝土圬工实体数量计算;

加筋土挡土墙按面板、基础垫板、檐板等混凝土圬工实体数量计算;

其他排水防护工程按建设项目路线总长度公路公里计算;

加筋土挡土墙指标中已综合了防渗层、泄水层、基层垫层、填内心以及墙脚铺砌等;

中间带排水设施、非圬工防护工程(如铺草皮护坡、铁丝笼护坡等)、边沟涵以及其他零星排水防护工程等已综合在其他排水防护工程中。

(5)特殊路基处理

工程量按需要处理的路基长度计算。使用时请注意:二级及以下等级公路的软土处理指标中已综合了因地基土含水率过大而进行表土换填或翻挖掺灰的处理方法,高速公路及一级公路软土处理指标中未综合该处理方法的费用,如高速公路或一级公路仅采用表土换填或翻挖掺灰方法处理地基时,可采用二级公路软土处理指标计算。指标中未综合防雪设施,需要时可采用《概算定额》中的有关项目计算。

2. 路面工程指标运用

路面工程计算规则

(1)沥青路面:沥青路面及水泥混凝土路面指标单位为 $100m^3$,工程量按路面实体计算。

(2)垫层(基层):基层、垫层及其他路面指标单位为 1 $000m^2$,工程量按面积计算。

(3)挡水带:拦水带、沥青路面镶边及路缘石指标单位为 1 000m,工程量按需要设置的长度(指单边长度)计算。

(4)路面面层:稳定土基层、级配碎(砾)石基层的压实厚度在 15cm 以内,填隙碎石基层的压实厚度在 12cm 以内,垫层和其他种类基层的压实厚度在 20cm 以内,机械使用费按指标数量计算。如实际压实厚度超过上述压实厚度需进行分层拌和、碾压时,机械使用费按《估算指标》附录四的规定增列。

【例 3-2-6】 某路面垫层面积 3 $000m^2$,厚度 25cm,要求分层拌和碾压,求用分项指标计算的工、料、机消耗。

解:查《估算指标》分项指标 2-1-1、2-1-2 及附录四,根据工程量计算规则:

人工:3×(88+10×5+3.2)=423.6 工日

砂、砂砾:3×(191.3+10×12.8)=957.9m^3

其他材料费:3×(9+10×1)=57 元

机械使用费:3×(643+10×22+224)=3 261 元

指标基价:3×(6 691+10×412+275)=33 258 元

3. 隧道工程指标的运用

工程量计算规则:

(1)隧道正洞面积=隧道长度×隧道宽度。

隧道长度为进出洞门墙墙面之间的距离,实际测量时,按两端墙面与路面的交线同路线中线交点间的距离。

隧道宽度为车行道+侧向宽度+人行道(或修道的宽度)。

(2)隧道长度是按 1 000m 以内,即施工工作面距洞口在 500m 以内,若工作面距洞口长度超过 500m 时(不足 500m 时,按 500m 计),人工工日及机械使用费按相应指标增加 50%。

(3)隧道洞身项目中列出了衬砌圬工的数量,如工程可行性研究设计达到一定的深度,能够提出隧道衬砌圬工数量时,应按衬砌材料调整指标抽换洞身指标。

(4)衬砌圬工的工程量计算规则:①混凝土衬砌主要指喷射混凝土,现浇拱顶、边墙、仰拱;②石料衬砌为拱顶、边墙砌石。

(5)隧道工程的分项指标未列四级公路。三级公路指标同样适用于四级公路。当四级公路采用行车道宽为 3.5m 时,可按三级公路的指标再乘以 1.3 的系数计算。

几点说明:

(1)隧道工程的分项指标，仅指隧道洞内工程，即隧道进出口洞门端墙面之间的工程，洞门墙以外的工程应按有关指标另行计算。

(2)本指标未综合隧道内消防及求援设施、消音设施等，需要时，可根据《预算定额》、《概算定额》中的有关规定项目另行计算。

【例 3-2-7】 某一级公路的石质隧道，采用新奥法施工，混凝土衬砌，经设计所提供的本隧道混凝土圬工，衬砌数量：$350m^3/100m^2$，试求其洞身各项估算指标。

解：查《估算指标》中分项指标 3-1-4，知该指标所给定的洞身数量标准为 $200.89m^3/100m^2$ 的混凝土圬工衬砌，而本设计所要求的是峒身 $350m^3/100m^2$ 混凝土圬工衬砌，所以查 3-1-18 根据工程量计算规则抽换，结果如下。

人工：79×350/10＝2 765 工日

原木：0.02×350/10＝$0.7m^3$

锯材：0.04×350/10＝$1.4m^3$

I 级钢筋：0.13×350/10＝4.55t

II 级钢筋：0.06×350/10＝2.1t

钢材：0.03×350/10＝1.05t

水泥：5.05×350/10＝176.75t

砂、砂砾：8×350/10＝$280m^3$

碎(砾)石：12.7×350/10＝$444.5m^3$

其他材料费：544×350/10＝19 040 元

机械使用费：1 271×350/10＝44 485 元

指标基价：6 078×350/10＝212 730 元

4. 涵洞工程指标的运用

工程量计算规则：

(1)指标单位为 1 道。工程量不分涵洞类型，按总道数计算。

(2)跨径小于 0.5m 的灌溉涵已综合在指标中，不得将这些灌溉涵的道数作为工程量参加计算。

(3)指标是按一定的路基宽度编制的，如路基宽度与指标取定值不同时，可按如下系数调整指标。

路基设计宽度大于取定值时：

$$k = 1 + (r - 1) \times n \tag{3-2-2}$$

路基设计宽度小于取定值时：

$$k = \frac{1}{1 + (r - 1) \times n} \tag{3-2-3}$$

式中：k——指标调整系数；

r——路基宽度每增减 1m 调整系数，见表 3-2-5；

n——路基宽度增减幅度，m。

路基宽度每增减 1m 调整系数表 表 3-2-5

公路等级	高速公路	一级公路	二级公路	三级公路	四级公路
调整系数 r	1.020	1.025	1.040	1.050	1.055

(3)路基宽度的取定值见表 3-2-3(或《估算指标》总说明第七条)。

【例 3-2-8】 拟在河北境内平原微丘区修建一条一级公路,沿线有 10 道涵洞,路基实际取定宽度 26m,试按分项指标,求算其工、料、机及主要估算指标。

解:根据工程量计算规则,查表 3-2-3 及表 3-2-5,计算调整系数为:

$$k = 1 + (1.025 - 1) \times 1.5 = 1.037\,5$$

查《估算指标》分项指标 4-2-2 得:

人工:1.037 5×1 104×10=11 454 工日

原木:1.037 5×1.58×10=16.39m^3

锯材:1.037 5×1.07×10=11.10m^3

Ⅰ级钢筋:1.037 5×0.60×10=6.23t

Ⅱ级钢筋:1.037 5×0.93×10=9.65t

钢材:1.037 5×0.12×10=1.25t

加工钢材:1.037 5×0.20×10=2.08t

水泥:1.037 5×40.01×10=415.10t

生石灰:1.037 5×0.60×10=6.23t

砂、砂砾:1.037 5×110.0×10=1 141.3m^3

片石:1.037 5×70.9×10=735.6m^3

碎(砾)石:1.037 5×77.2×10=801.0m^3

块石:1.037 5×73.3×10=760.5m^3

其他材料费:1.037 5×2 179×10=22 607 元

机械使用费:1.037 5×4 516×10=46 854 元

指标基价:1.037 5×57 117×10=592 589 元

5. 桥梁工程指标的运用

工程量计算规则:

(1)桥面面积为桥梁全长与桥面宽度的乘积。

(2)桥梁分有桥台和无桥台两种,有桥台的桥梁全长为两岸桥台侧墙或八字墙尾端门的距离;没有桥台的桥梁全长为桥面系行车道的长度。

(3)桥面宽度为行车道加人行道或安全带或桥梁护栏的宽度并计算至外缘。

(4)指标中均已综合混凝土集中拌和、混凝土运输及拌和站安拆、混凝土构件蒸气养生及蒸气养生室建筑、行车道桥头搭板等项目。指标中的预应力混凝土简支箱梁项目同样适用于先简支后连续的预应力混凝土连续箱梁工程。

(5)指标中的沉井基础仅适用于水深在 10m 以内的桥梁工程,水深在 10m 以上时,应编制补充指标计算。

(6)如工程可行性研究设计达到一定的深度,能提出技术复杂大桥上部构造用高强钢丝(钢绞线)和基础工程或八字墙沉井或双壁钢围堰以及上部构造、下部构造、基础等各部门用的I、II 级钢筋的数量,使用本指标时,可按实际设计数量调整上部构造、下部构造和基础工程指标中高强钢丝(钢绞线)及 I、II 级钢筋的数量和钢壳沉井指标或承台及围堰指标中加工钢材的数量。

(7)四级公路采用行车道宽为净-3.5m 时,指标乘以 1.3 的系数。

6. 交叉工程指标的运用

工程量计算规则：

(1)互通式立体交叉，按跨线桥、匝道、被交道分别编制。

跨线桥指标单位为 100m² 桥面，工程量按桥面面积计算。桥面面积和计算规定同大(中)桥。

本指标包括基础、下部、上部、桥台锥坡等全部工程。

本指标适用于匝道桥。

匝道指标单位为 1km，工程量按设计长度计算。

指标包括除匝道桥以外的路基、路面、构造物以及其他附属设施等全部工程，是按匝道路基宽度 7m 编制的，如设计匝道宽度与指标取定值不同时，可按如下系数调整指标：

$$k=\frac{(w_1-w_0)\times 0.8}{w_0}+1 \tag{3-2-4}$$

式中：k——指标调整系数；

w_1——设计匝道路基宽度，m；

w_0——指标取定匝道路基宽度，m。

被交道指标单位为 1km，工程量按设计整修长度计算。

指标包括路基、路面、构造物以及其他附属设施等全部工程。

指标中路况差指被交道路面需全部重新修建或大部分路面需补强；路况好指被交道路面基本完好，只需进行小面积的处理。

指标仅指被交道的整修工程，如被交道属改线或为规划路、等级提高(改建)等情况，应根据设计数量套用相应的分项指标计算或按照相应等级的综合指标进行估算，单列工程项目。

(2)分离式立体交叉，按跨线桥、被交道分别编制。

跨线桥指标单位为 100m² 桥面，工程量按桥面面积计算。桥面面积的计算规定同大(中)桥。其中，顶进箱涵的工程量为公路路基宽度与箱涵长度的乘积，指标包括基础、下部、上部、桥台锥坡等全部工程。

被交道指标单位为 1km，工程量按设计整修长度计算。指标包括路基、路面构造物以及其他附属设施等全部工程。

指标仅指被交道的整修工程，如被交道属改线或为规划路、等级提高(改建)等情况，应根据设计数量套用相应的分项指标计算或按照相应等级的综合指标进行估算，单列工程项目。

(3)平面交叉指标单位为 1 处，工程量按需要设置的交叉处数计算。

指标包括路基、路面、构造物以及其他附属设施等全部工程。

(4)通道指标单位为 1 道，分涵洞式通道和小桥式通道编列，工程量不分涵洞或小桥的结构类型按需要设置的总道数计算。

指标包括通道本身、通道内路面、被交道等全部工程。其仅适用于跨径为 8m 以内的通道工程，跨径超过 8m 的通道工程按分离式立体交叉指标计算。

指标是按一定的路基宽度编制的，如设计路基宽度与指标取定值不同时，涵洞式通道可按涵洞工程的调整方法调整本指标，小桥式通道可按路基宽度比例调整本指标。

(5)人行天桥及渡槽指标单位为 1 座，工程量不分结构类型按需要设置的总数量计算。

指标包括基础、下部、上部及其他附属设施等全部工程。

【例 3-2-9】 拟在某平原微丘区高速公路上设计互通式立体交叉工程一处，其跨线桥长 120m，桥面宽 18m，采用连续结构；其匝道共 2km，路基宽 8m；设计线从原有道路上方跨过，被交道路为二级，路况较差，路线长 2km，试分别求出跨线桥、匝道、被交道的估算指标。

解：(1)跨线桥部分

桥面面积＝120×18＝2 160m^2

查《估算指标》分项指标 7-1-2。

人工：1 435×2 160/100＝30 996 工日

材料部分以水泥为例：69.71×2 160/100＝1 505.736t

其他主要材料的计算方法相同，未一一列出。

其他材料费：5 859×2 160/100＝126 554.4 元

设备摊销费：158×2 160/100＝3 412.8 元

机械使用费：24 009×2 160/100＝518 594.4 元

指标基价：140 427×2 160/100＝3 033 223.2 元

(2)匝道部分

根据工程量计算规则，按式(3-2-4)计算调整系数如下：

$$k=\frac{(w_1-w_0)\times 0.8}{w_0}+1=\frac{(8-7)\times 0.8}{7}+1=1.1143$$

查《估算指标》分项指标 7-1-3。

人工：1.114 3×2×10 083＝22 471 工日

材料部分以水泥为例：307.18×2×1.114 3＝684.58t

其他主要材料的计算方法相同，未一一列出。

其他材料费：47 561×2×1.114 3＝105 994.4 元

设备摊销费：55×2×1.114 3≐122.57 元

机械使用费：709 478×2×1.114 3＝1 581 142.67 元

指标基价：1 431 298×2×1.114 3＝3 189 790.72 元

(3)被交道部分

查《估算指标》分项指标 7-1-6。

人工：2×6 081＝12 162 工日

材料部分以水泥为例：60.2×2＝120.4t

其他主要材料的计算方法相同，未一一列出。

其他材料费：37 806×2＝75 612 元

设备摊销费：81×2＝162 元

机械使用费：405 624×2＝811 248 元

指标基价：832 939×2＝1 665 878 元

第三章　公路工程概算定额

第一节　公路工程概算定额

一、公路工程概算定额的用途

1. 概算定额的概念

概算定额，是在预算定额基础上根据有代表性的通用设计图和标准图等资料，以主要工序为准综合相关工序，进行综合、扩大及合并而成的定额。

《概算定额》是全国公路专业统一定额，它是编制初步设计概算、修正概算的依据，也是编制建设项目投资估算指标的基础，适用于公路基本建设新建、改建工程。《概算定额》是按照合理的施工组织和一般正常的资源消耗量标准，根据国家现行的公路工程施工技术及验收规范、质量评定标准及安全操作规程取定的，即在正常条件下，反映了大多数设计、生产及施工管理水平。

2. 概算定额的作用

(1)概算定额是初步设计阶段编制建设项目概算和技术设计阶段编制修正概算的依据。建设程序规定，采用两阶段设计时，其初步设计必须编制概算；采用三阶段设计时，其技术设计必须编制修正概算，对拟建项目进行总估价。

(2)概算定额是设计方案比较的依据。所谓设计方案比较，目的是选择出技术先进可靠、经济合理的方案，在满足使用功能的条件下，降低造价和资源消耗。概算定额采用扩大综合后，可为设计方案的比较提供方便条件。

(3)概算定额是编制主要材料需要量的计算基础。根据概算定额所列材料消耗指标计算工程用料数量，可在施工图设计之前提出供应计划，为材料的采购、供应做好施工准备，提供前提条件。

(4)概算定额是编制建设项目投资估算指标的基础。估算指标是概算定额的综合扩大，在编制估算指标时，是以概算定额为基础，将概算定额的工程项目进行合理综合编制的。概算定额直接影响到估算指标的准确性。

(5)在不具备施工图预算的情况下，概算定额还可以作为制定工程标底的基础。

(6)在实行建设项目投资包干时，其项目包干费通常也以概算定额为计算依据。

二、公路工程概算定额的内容

1. 概算定额的表现形式

概算是初步设计文件或技术设计文件的重要组成部分，为一些大的工程项目在确定技术方案时，提供经济比较的依据。

正确、合理地使用概算定额，对确定工程造价、控制和节约建设投资、保证材料物资供应等各方面都有重要作用，因此必须明了概算定额的组成和表现形式，才能保证概算的编制质量。

(1)概算定额的总说明及各章、节说明

总说明的内容：

①概算定额的适用范围及包括的内容。

②对各章、节都适用的统一规定。

③概算定额所采用的标准及抽换的统一规定。

④概算定额的材料名称在预算定额的基础上综合情况的说明，以及对应于预算定额材料名称的统一规定。

⑤概算定额中未包括的内容。

⑥概算定额中未包括的项目，须编制补充定额的规定。

章、节说明：包括各章、节的工作内容、工作范围、工程项目的统一规定、工程量的计算规则等。

(2)概算定额项目表

①工程项目名称及定额单位。

②工程项目包括的工程内容。

③完成定额单位工程的人工消耗量的单位、代号、数量，数量中包括预算定额综合为概算定额项目的人工幅度差。

④完成定额单位工程的材料消耗量的名称、单位、代号、数量。其中主要材料以定额消耗量或周转使用量表示，主要材料中数量很小的材料及次要材料以其他材料费表示，吊装等金属设备的折旧费以设备摊销费表示。在桥涵及隧道工程还包括预算定额综合为概算定额的材料幅度差。

⑤完成定额单位工程的机械名称、单位、代号、数量。其中主要机械以台班消耗数量表示，数量中包括预算定额综合为概算定额的机械幅度差。次要机械以小型机械使用费的形式表示。

⑥完成定额单位工程的定额基价，定额基价是人工费、材料费、机械使用费的合计价值。定额基价可作为各项目间技术经济比较的参考。

⑦有些定额项目下还列有在章、节说明中未包括的使用本概算定额项目的注解。

2.概算定额的基本内容介绍

该定额包括路基工程、路面工程、隧道工程、涵洞工程、桥梁工程、交通工程及沿线设施、临时工程共七章。概算定额中特别强调不包括附录内容。基本组成内容见表3-3-1。

概算定额基本组成 表3-3-1

概算定额章	主要内容	说明
路基工程	伐树、挖根、除草、清除表土，土方工程，机械碾压路基，石方工程，洒水汽车洒水，路基零星工程，路基排水工程，软土地基处理，砌石防护工程，混凝土防护工程，抛石防护工程，各式挡土墙，铺草皮、编篱及铁丝(木、竹)笼填石护坡，防风固沙，防雪、防砂设施，抗滑桩等	
路面工程	各种类型路面以及路槽、路肩、垫层、基层等	
隧道工程	开挖、支护、防排水、初砌、装饰、照明、通风及消防设施、洞门及辅助坑道等	

续上表

概算定额章	主要内容	说明
涵洞工程	石盖板涵、石拱涵、钢筋混凝土圆管涵、钢筋混凝土盖板涵、钢筋混凝土箱涵	为了满足不同情况的需要，定额中除按涵洞洞身、洞口编制分项定额外，还编制了扩大定额
桥梁工程	基础工程，下部构造，上部构造，钢筋及预应力钢筋、钢丝束、钢绞线	基础工程、下部构造、上部构造、人行道的定额区分为：1. 基础工程。天然地基上的基础为基础顶面以下；打桩和灌注桩基础为横系梁底面以下或承台顶面以下；沉井基础为井盖顶面以下的全部工程。2. 下部构造。桥台是指基础顶面或承台顶面以上的全部工程，但不包括桥台上的路面、人行道、栏杆，如U形桥台有二层帽缘石者，第二层以下属桥台，以上属人行道。桥墩是指基础顶面或承台顶面(柱式墩台为系梁底面)以上、墩帽或盖梁(拱桥为拱座)顶面以下的全部工程。索塔，塔墩固结的为基础顶面或承台顶面以上至塔顶的全部工程；塔墩分离的为桥面顶部以上至塔顶的全部工程，桥面顶部以下部分按桥墩定额计算。3. 上部构造。梁、板桥指墩台帽或盖梁顶面以上，拱桥指拱座顶以上两桥台背墙前缘之间，人行道梁底面以下(无人行道梁时为第二层缘石顶面以下)的全部工程，但不包括桥面铺装。4. 人行道及安全带为人行道梁或安全带底面以上(无人行道梁时为第一层缘石底面以上)的全部工程
交通工程及沿线设施	交通安全设施、服务设施和管理设施	
临时工程	汽车便道，临时便桥，临时码头，轨道铺设，架设输电、电信线路，人工夯打小圆木桩	

第二节　公路工程概算定额的运用

概算定额综合性很强，套用概算定额时，计算工作量也比套用预算定额较简单，但应注意以下三点，防止漏项和重复。

(1)注意定额项目的综合内容。有的概算定额，直接将预算定额中所综合进来的项目名称和工程量等标注在分项概算定额表内，有的概算定额只是在分项定额表上的工程内容和子项栏内作简单标注。凡内容中未包括的应另列项计算。

(2)注意工程量计算规则。概算定额对工程量的取定尺寸，与预算定额大不相同。

(3)注意定额单位。因为概算定额有很强的综合性，故计量单位与预算定额也不相同。

概算定额的具体运用如下。

一、关于概算定额总说明的运用

现行《概算定额》的总说明共有23条。总说明是对使用概算定额的总体规定和解释。它对于正确运用概算定额具有重要作用。

总说明中关于不得变更、不允许抽换的规定汇总如表3-3-2所示。

总说明中不得变更、不允许抽换的规定 表 3-3-2

编 号	规定内容	说 明
第四条	定额中所采用的施工方法和工程质量标准,不得因具体工程的施工组织、操作方法和材料消耗与定额的规定不同而变更定额	除定额中规定允许换算者外
第八条	建筑材料、成品、半成品从现场堆放地点或场内加工地点至操作或安装地点的场内水平或垂直运输所需的人工和机械消耗,已按一般正常合理的施工组织设计计算在定额项目内,并考虑了材料发生二次倒运费用和场内运输超运距用工,以及材料从工地仓库运至施工现场用工,不得另行增加定额用工	除定额中另有说明者外
第九条	材料消耗量系按现行材料标准的合格料和标准规格料计算的。定额内材料、成品、半成品均已包括场内运输及操作损耗,不得另行增加	场外运输损耗、仓库保管损耗以及由于材料供应规格和质量不符合定额规定而发生加工损耗,应在材料预算价格内考虑
第十条	周转性的材料、模板、支撑、脚手杆、脚手板和挡土板的数量,已考虑了材料的正常周转次数,不准予以抽换	就地浇注钢筋混凝土梁用的支架及拱圈用的拱盔、支架,如确因施工安排达不到规定的周转次数时,可根据具体情况进行换算并按规定计算回收
第十一条	列有的混凝土、砂浆的强度等级和用量,其材料用量已按预算定额附录中配合比表规定的数量列入定额,不得重算	设计采用的混凝土、砂浆强度等级或水泥强度等级与定额所列强度等级不同时,可按预算定额附录所列的配合比进行换算。但实际施工配合比材料用量和定额配合比表用量不同时,除配合比表说明允许换算者,均不得调整
第十五条	各项目的施工机械种类、规格是按一般合理的施工组织确定的,如施工中实际采用的机械种类、规格与定额规定的不同时,一律不得抽换	

概算定额中只列工程所需的主要材料用量和主要机械台班数量。对某些品种、规格相近的材料,在预算定额的基础上进行了综合。

定额中只列出了工程中所需的主要材料用量和主要机械台班数量。次要、零星材料和小型机具均未一一列出,分别列入“其他材料费”及“小型机具使用费”内,以元计,编制概算即按此计算。

定额中的施工机械的台班消耗,已考虑了工地合理的停置、空转和必要的备用量等因素。

二、关于概算定额第一章(路基工程)的运用

(一)定额的直接套用

【例 3-3-1】 某路路基土方 560 000m^3,均属普通土,采用 1.0m^3 挖掘机挖土方,6t 自卸汽车配合挖掘机运土,运距 2.0km,求概算中的工、料、机消耗量。

解:查《概算定额》1-1-6-5、1-1-8-5 及 1-1-8-6。

挖掘机部分:

人工 14.7×560 000/1 000=8 232 工日

75kW 以内履带式推土机 0.44×560 000/1 000=246.4 台班

1m^3 以内单斗挖掘机 2.06×560 000/1 000=1 153.6 台班

基价 2 694×560 000/1 000＝1 508 640 元

自卸汽车配合挖掘机运土：

6t 以内自卸汽车　(13.79＋2.04×1/0.5)×560 000/1 000＝10 007.2 台班

(二)定额的调整使用

1. 土方体积的计算

除定额中另有说明者外，土方挖方按天然密实体积计算，填方按压(夯)实后的体积计算；石方爆破按天然密实体积计算。当以填方压实体积为工程量，采用以天然密实方为计量单位的定额时，所采用的定额应乘以表 3-3-3 中所列系数。

系　　数　　表 3-3-3

土类 / 公路等级	土方			石方
	松土	普通土	硬土	
二级及以上等级公路	1.23	1.16	1.09	0.92
三、四级公路	1.11	1.05	1.0	0.84

其中：推土机、铲运机施工土方的增运定额按普通土栏目系数计算；人工挖运土方的增运定额和机械翻斗车、手扶拖拉机运输土方、自卸汽车运输土方的运输定额在表 3-3-3 的基础上增加 0.03 的土方运输损耗，但弃方运输不应计算运输损耗。

【例 3-3-2】 某二级公路路段挖方 1 000m^3(其中松土 200m^3，普通土 600m^3，硬土 200m^3)填方数量为 1 200m^3。本断面挖方可利用方量 900m^3(松土 100m^3，普通土 600m^3，硬土 200m^3)，远运利用方量为普通土 200m^3(天然方)求本桩利用方、远运利用方、借方、弃方及若采用 6t 自卸汽车配合运输，运距 1km 时，工、料、机消耗量。

解：本桩利用方(压实方)　100/1.23＋600/1.16＋200/1.09＝782m^3

远运利用方(压实方)　200/1.16＝172m^3

借方(压实方)　1 200－782－172＝246m^3

弃方(天然方)　1 000－900＝100m^3

采用自卸汽车配合运输，查《概算定额》1-1-8-5。

借方部分：6t 以内自卸汽车为　246/1 000×13.79×1.19＝4.04 台班

弃方部分：6t 以内自卸汽车为　100/1 000×13.79＝1.38 台班

2. 乘系数调整计算

需进行系数调整的定额如表 3-3-4 所示。

调 整 系 数　　表 3-3-4

概算定额表号	调整工作内容	调 整 系 数	备　注
1-1-1	挖芦苇根按挖竹根	0.73	
1-1-6	挖掘机挖装土方，如不需装车时	0.87	适用于 1-1-6 下所有子目
1-1-7	推土机与装载机配合使用时	0.8	系数乘在推土机推土人工、机械台班数量上
1-1-10	采用自行式铲运机铲运土方时	0.7	系数只针对铲运机台班数量
1-3-1	采用叠铺草皮时	2	人工工日和草皮数量加倍
1-3-4	砌石防护当采用骨架护坡时	1.3	系数乘在人工工日

【例 3-3-3】 某省修建一条一级公路，该工程中有一段路基工程，全部是借土填方，共计普通土 1 000 000m^3，在指定取土范围取土，使用 165kW 以内推土机集土 40m，3m^3 以内装载机装土，求概算定额下的工、料、机消耗量。

解:查《概算定额》1-1-9-10 推土机推土。

人工:1 000 000/1 000×1.16×0.8×15.5=14 384 工日

165kW 推土机:1 000 000/1 000×1.16×0.8×1.71=1 586.88 台班

基价:1 000 000/1 000×1.16×0.8×3 128=2 902 784 元

查《概算定额》1-1-7-3 装载机装土、石。

$3m^3$ 以内轮式装载机:1 000 000/1 000×1.16×1.10=1 276 台班

基价:1 000 000/1 000×1.16×994=1 153 040 元

3.增减工日调整

需进行增减工日调整的定额如表 3-3-5 所示。

增减工日调整表 表 3-3-5

概算定额表号	调整工作内容	增减数量
1-1-2	当采用人工挖、装,机动翻斗车运输时	挖、装人工按第一个 40m 挖运定额减 72 工日
	当采用人工挖、装、卸,手扶拖拉机运输时	挖、装、卸人工按第一个 40m 挖运定额减 42 工日
1-1-11	当采用人工开炸、装车,机动翻斗车运输时	开炸、装车所需工料消耗按第一个 40m 开炸运定额减 120 工日
	当采用人工开炸、装车、卸车,手扶拖拉机运输时	开炸、装车、卸车所需工料消耗按第一个 40m 开炸运定额减 69 工日

【例 3-3-4】 某路段路基工程,土方量 500 000m^3,全部为松土,采用人工开挖,机动翻斗车配合运输的方法进行施工,运距 200m,求概算定额下的工、料、机消耗量。

解:查《概算定额》1-1-2-1 人工挖运土方。

人工:500 000/1 000×(148.1−72)=38 050 工日

基价:500 000/1 000×7 287=3 643 500 元

查《概算定额》1-1-5-1 及 1-1-5-3。

1t 以内机动翻斗车:500 000/1 000×(33.47+2.23×2)=18 965 台班

基价:500 000/1 000×(4 209+280×2)=2 384 500 元

三、关于概算定额第二章(路面工程)的运用

概算定额的路面工程章说明的内容与预算定额的路面工程章说明的内容基本相同,具体运用请见预算定额运用中的有关内容。下面仅强调一下概算定额的工程项目综合情况。

(1)泥结碎石、级配碎石、级配砾石面层定额中,均未包括磨耗层和保护层,需要时应按磨耗层和保护层定额另行计算。

(2)沥青混合料拌和设备和稳定土厂拌设备的安装拆除项目中,综合了场地清理、平整、碾压、铺设垫层等工程内容。

(3)沥青贯入式路面面层项目中综合了沥青上封层。

(4)单列了过水路面定额。其中混合式过水路面中的涵洞另按涵洞工程相关定额计算,过水路面的工程量不扣除涵洞的宽度。

(一)定额的直接套用

【例 3-3-5】 某公路工程中，路面采用中粒式沥青混凝土，计 350 000m²，厚度为 6cm，用 30t/h 拌和设备进行拌和，利用概算指标求拌和部分的工、料、机消耗量。

解：查《概算定额》2-2-10-31。

定额单位是 1 000m³ 路面实体。

本题工程量换算成定额工程量为 350 000×0.06÷1 000＝21

人工：21×224.4＝4 712.42 工日

石油沥青：21×113.47＝2 382.77t

路面用碎石(2.5cm)：21×520.05＝10 921.05m³

其他材料的计算方法相同，在此不一一列出。

30t/h 以内沥青拌和设备：21×16.84＝353.64 台班

4.5m 内沥青混合料摊铺机：21×10.99＝230.79 台班

其他机械的计算方法相同，在此不一一列出。

基价：21×650 121＝13 652 541 元

(二)定额的调整使用

(1)定额乘系数调整

需进行系数调整的定额如表 3-3-6 所示。

调 整 系 数 表 3-3-6

概算定额表号	调整工作内容	调 整 系 数	备 注
2-2-16	过水路面按双车道路面宽 7.5m，如为单车道时	0.8	
2-3-1	修整旧黑色路面每块修整面积大于 30m² 者	0.8	适用于相应路面定额人工及机械，其他不变
2-3-3	挖路槽、培路肩按全挖路槽断面编制，如为半填半挖路槽时	0.8	只针对本定额中的人工工日部分

【例 3-3-6】 某公路原有沥青混凝土路面，现需进行路面修整，修整总面积 40 000m²，每块修整面积 40m²，利用概算定额求此时的工、料、机消耗量。

解：查《概算定额》2-3-1-7。

人工：40 000/1 000×44.7×0.8＝1 430.42 工日

石油沥青：40 000/1 000×5.578＝223.12t

路面用碎石(2.5cm)：40 000/1 000×20.73＝829.2m³

其他材料的计算方法相同，在此不一一列出。

1m³ 以内轮式装载机：40 000/1 000×0.7×0.8＝22.4 台班

6～8t 光轮压路机：40 000/1 000×0.88×0.8＝28.16 台班

其他机械的计算方法相同，都要乘系数 0.8，在此不一一列出。

基价：40 000/1 000×33 632＝1 345 280 元

(2)增减数量调整

需进行增减工日调整的定额如表 3-3-7 所示。

增减工日调整表 表 3-3-7

概算定额表号	调整工作内容	增减数量
2-2-9	当拌和层与贯人部分不能连续施工又要在短期内通行施工车辆时	每 1 000m^2 路面增加人工 1.5 工日、石屑 2.5m^3、6～8t 光轮压路机 0.14 台班
2-2-12	粒料基层浇洒透层沥青后，不能及时铺筑并需要开放施工车辆通行时	每 1 000m^2 增加粗砂 0.83m^3、6～8t 光轮压路机 0.12 台班；沥青用量乘以 1.1 系数
2-3-2	挖除旧路面，废渣清除后，底层如需碾压时	每 1 000m^2 增加 15t 以内振动压路机 0.18 台班

四、关于概算定额第三章(隧道工程)的运用

隧道工程的概算定额包括开挖、支护、防排水、衬砌、装饰、照明、通风及消防设施、洞门及辅助坑道等项目。在围岩的分类方面概算定额按现行隧道设计、施工技术规范分为六级，即Ⅰ级～Ⅵ级。在运用中有如下需要强调的，见表 3-3-8。

需要强调的内容 表 3-3-8

定额运用规定	具体内容
不得另行计算的规定	定额中人工开挖、机械开挖轻轨斗车运输项目是按上导洞、扩大、马口开挖编制的，也综合了下导洞扇形扩大开挖方法，并综合了木支撑的工、料消耗
	开挖定额中已综合考虑超挖及预留变形因素
	本定额未考虑施工时所需进行的监控量测以及超前地质预报的费用，监控量测的费用已在《公路工程基本建设项目概算预算编制办法》的施工辅助费中综合考虑，使用定额时不得另行计算，超前的地质预报的费用可根据需要另行计算
系数调整的规定	洞内工程项目如需采用其他章节中有关项目时，所采用定额的人工工日、机械台班数量及小型机具使用费应乘以 1.26 系数
允许另行计算的规定	定额中混凝土工程均未考虑拌和费用，应按桥梁工程相关定额另行计算
	定额中均未包括混凝土及预制块的运输，需要时应按有关定额另行计算
	定额未考虑地震、坍塌、溶洞及大量地下水处理，以及其他特殊情况所需的费用，需要时可根据设计另行计算
	洞门墙工程量为主墙和翼墙等圬工体积之和。仰坡、截水沟等应按有关定额另行计算
	喷射混凝土定额中已综合考虑混凝土的回弹量；钢纤维混凝土中钢纤维掺入量按喷射混凝土质量的 3%掺入。当设计采用的钢纤维掺入量与本定额不同或采用其他材料时，可进行抽换
工程量计算的规则	隧道长度均指隧道进出口(含与隧道相连的明洞)洞门端墙墙面之间的距离，即两端端墙墙面与路面的交线同路线中线交点间的距离。双线隧道按上、下行隧道长度的平均值计算
	现浇混凝土衬砌中浇筑、运输的工程量均按设计断面衬砌数量计算，包括洞身及所有附属洞室的衬砌数量。定额中已综合因超挖及预留变形需回填的混凝土数量，不得将上述因素的工程量计入计价工程量中
	开挖工程量按设计断面(成洞断面加衬砌断面)计算，包口洞身及所有附属洞室的数量，定额中已考虑超挖因素，不得将超挖数量计人工程量
	锚杆工程量为锚杆、垫板及螺母等材料重量之和；中空注浆锚杆、自进式锚杆的工程量按锚杆设计长度计算
	喷射混凝土工程量按设计厚度乘以喷护面积计算，喷射面积按设计外轮廓线计算

续上表

定额运用规定	具 体 内 容
工程量计算的规则	防水板、明洞防水层的工程数量按设计敷设面积计算
	止水带(条)、盲沟、透水管的工程数量,均按设计数量计算
	拱顶压浆的工程数量按设计数量计算,设计时可按每延长米 0.25m^3 综合考虑
	管棚、小导管的工程量按设计钢管长度计算,当管径与定额不同时,可调整定额中钢管的消耗量
	横向塑料排水管每处为单洞两侧的工程数量;纵向弹簧管按隧道纵向每侧铺设长度之和计算;环向盲沟按隧道横断面敷设长度计算
	格栅钢架、型钢钢架工程数量按钢架的设计数量计算
	洞门工程的工程量均按设计工程数量计算; 现浇混凝土衬砌工程数量均按设计断面衬砌数量计算

【例 3-3-7】 某隧道工程,隧道长为 800m,土质为Ⅳ级围岩,土方量 5 000m^3,工作面距洞口长度为 500m,采用机械开挖,自卸汽车配合运输,试确定概算定额下的工料机消耗量。

解:查《概算定额》3-1-3-4。

人工:5 000/100×89.6=4 480 工日

原木:5 000/100×0.022=1.1m^3

锯材:5 000/100×0.02=1.0m^3

其他材料的计算方法相同,在此不一一列出。

2m^3 以内轮胎式装载机:5 000/100×0.36=18 台班

10m^3/min 以内电动空压机:5 000/100×0.23=11.5 台班

其他机械的计算方法相同,在此不一一列出。

基价:7 913 元。

五、关于概算定额第四章(涵洞工程)的运用

为了满足不同情况的需要,定额中除按涵洞洞身、洞口编制分项定额外,还编制了扩大定额。一般公路应尽量使用分项定额编制,厂矿、林业道路不能提供具体工程数量时,可使用扩大定额编制。

在定额运用中有如下需要强调的,见表 3-3-9。

需要强调的内容 表 3-3-9

定额运用规定	具 体 内 容
不得另行计算的规定	涵洞洞身定额中已按不同结构分别计入了拱盔、支架和安装设备以及其他附属设施等。为了计算方便,已将涵洞基础开挖需要的全部水泵台班计入洞身定额中,洞口工程不得另行计算
系数调整的规定	涵洞扩大定额按每道单孔和取定涵长计算,如涵长与定额中涵长不同时,可用每增减 1m 定额进行调整;如为双孔时,可按调整好的单孔定额乘以下列系数:石盖板涵为 1.6,钢筋混凝土圆管涵 1.8,石拱涵 1.5,钢筋混凝土盖板涵 1.6

续上表

定额运用规定	具体内容
允许另行计算的规定	各类涵洞定额中均不包括涵洞顶上及台背填土、涵上路面等工程内容，这部分工程数量应包括在路基、路面工程数量中
	定额中均未包括混凝土的拌和和运输，应根据施工组织设计按桥梁工程的相关定额进行计算
	定额中涵洞洞口按一般标准洞口计算，遇有特殊洞口时，可根据圬工实体数量，套用石砌洞口定额计算

(一)定额直接套用

【例 3-3-8】 某路段建有涵洞 5 道，均为钢筋混凝土盖板涵，墙身混凝土，圬工实体工程量 $500m^3$，求概算定额下涵洞洞身的工料机消耗。

解：查《概算定额》4-1-1-8，直接套用。

人工：45.3×500/10＝2 265 工日

原木：0.211×500/10＝10.55m^3

光圆钢筋：0.028×500/10＝1.4t

带肋钢筋：0.077×500/10＝3.85t

其他材料的计算方法相同，在此不一一列出。

6t 以内载重汽车：0.05×500/10＝2.5 台班

其他机械的计算方法相同，在此不一一列出。

基价：5 285×500/10＝264 250 元

(二)定额的调整运用

【例 3-3-9】 某厂矿道路的石盖板涵工程，不能提供具体工程量。已知涵长 18m、标准跨径 2.0m、双孔，用概算定额计算工料机消耗量。

解：根据题意，本工程应套用涵洞工程的扩大定额。根据涵长及双孔的系数调整，查《概算定额》4-1-3-5 及 4-1-3-10。

人工：〔226.0＋(18－13)×10.6〕×1.6＝446.4 工日

原木：〔0.014＋(18－13)×0.004〕×1.6＝0.054 4m^3

盖板石：〔12.10＋(18－13)×0.90〕×1.6＝26.56m^3

其他材料的计算方法相同，在此不一一列出。

ϕ150mm 电动单级水泵：〔3.58＋(18－13)×0.07〕×1.6＝6.288 台班

基价：〔21 823＋(18－13)×1 062〕×1.6＝43 412.8 元

六、关于概算定额第五章(桥梁工程)的运用

概算定额中桥梁工程是内容最广、牵涉细节最多的部分，也是整个定额中唯一分节的章，在运用时要特别注意章、节及各定额表下的注。

章说明中有如下需要强调的，见表 3-3-10。

需要强调的内容　　表 3-3-10

定额运用规定	具体内容
不得另行计算的规定	定额中除轨道铺设、电信电力线路、场内临时便道、便桥未计入定额外，其余场内需要设置的各种安装设备以及构件运输、平整场地等均摊入定额中，悬拼箱梁还计入了栈桥码头，编制概算时，均不得另行计算
	定额中混凝土工程均已包括操作范围内的混凝土运输
	人行道部分的桥头搭板已综合在人行道定额中，编制概算时，不得另行计算

续上表

定额运用规定	具 体 内 容
系数及数量增减调整的规定	混凝土均按露天养生考虑,如采用蒸气养生时,应从各有关定额中每 $10m^3$ 实体减去人工 1.5 工日及其他材料费 4 元,另按预算定额中蒸气养生有关定额计算蒸气养生费用
允许另行计算的规定	现浇混凝土工程的混凝土平均运距超过 50m 时,可根据施工组织设计提供的混凝土平均运距,按混凝土运输定额增列混凝土运输
	定额中除注明者外,均未包括混凝土的拌和和运输,应根据施工组织设计按第三节的相关定额另行计算
	大体积混凝土项目必须采用埋设冷却管来降低混凝土水化热时,可根据实际需要另行计算
	导流工程、改河土石方工程、桥头引道工程等均未包括在定额中,需要时按有关定额另行计算
工程量计算的规则	现浇混凝土、预制混凝土的工程量为构筑物或预制构件的实体体积,不包括其中空心部分的体积,钢筋混凝土项目的工程量不扣除钢筋所占体积
	钢筋工程量为钢筋的设计质量,定额中已计入施工操作损耗。施工中钢筋接长所需的搭接长度的数量本定额中未计入,应在钢筋设计质量内计算

(一)基础工程定额的运用

基础工程说明中有如下需要强调的,见表 3-3-11。

需要强调的内容 表 3-3-11

定额运用规定	具 体 内 容
不得另行计算及抽换的规定	钢板桩围堰按一般常用的打桩机械在工作平台上打桩编制。定额中已包括工作平台、其他打桩附属设施和钢板桩的运输,编制概算时,不得另行计算
	开挖基坑定额中,已按不同的覆盖层将基坑开挖的排水和基础、墩台施工的排水所需的水泵台班综合在内,编制概算时,不得另行计算
	沉井基础定额中,钢丝网水泥薄壁沉井浮运、落床定额已综合了下水轨道修筑、轨道基础开挖及沉井下水等项目,编制概算时,不得另行计算
	导向船、定位船船体本身加固所需的工、料、机消耗及沉井定位落床所需的锚绳均已综合在沉井定位落床定额中,编制概算时,不得另行计算
	无导向船定位落床定额已将所需的地笼、锚碇等的工、料、机消耗综合在定额中,编制概算时,不得另行计算
	锚碇系统定额均已将锚链的消耗计入定额中,并已将抛锚、起锚所需的工、料、机消耗综合在定额中,不得随意抽换定额
	沉井接高项目已综合在定位落床定额中,编制概算时,不得另行计算
	打桩工程按一般常用的机械综合为陆地和水中工作平台及船上打桩,定额中已将桩的运输及打桩的附属设施以及桩的接头综合在内,编制概算时,不得另行计算
	灌注桩基础成孔定额中已按摊销方式计入钻架的制作、拼装、移位、拆除及钻头维修所耗用的工、料、机械台班数量,钻头的费用已计入设备摊销费中,编制概算时,不得另行计算
	灌注桩混凝土定额,按机械拌和、工作平台上导管倾注水下混凝土编制,定额中已包括设备(如导管等)摊销的工、料费用和灌注桩检测管的费用及扩孔增加的混凝土数量,编制概算时,不得另行计算
	护筒定额中,已包括陆地上埋设护筒用的黏土或水中埋设护筒定位用的导向架及钢质或钢筋混凝土护筒接头用的铁件、硫黄胶泥等埋设时用的材料、设备消耗,编制概算时,不得另行计算。水中埋设的钢护筒系按护筒全部计质量计入定额中,可根据设计规定的回收量按规定计算回收金额

续上表

定额运用规定	具体内容
系数及数量增减调整的规定	定额5-1-7打钢筋混凝土方桩基础为不射水打桩，如为射水打桩，按相应定额人工及机械台班消耗乘以系数0.98，并按打桩机台班数量增加ϕ100mm电动多级水泵(≤120m)台班，其余不变；另定额为打直桩，如打斜桩时，人工乘1.08的系数，机械乘1.20的系数
	使用成孔定额时，应根据施工组织设计的需要合理选用定额子目，当不采用泥浆船的方式进行水中灌注桩施工时，除按90kW以内内燃拖轮数量的一半保留拖轮和驳船的数量外，其余拖轮和驳船的消耗应扣除
	沉井基础定额中，当下沉深度超过40m时，按每增加10m为一档，每增加一档按下沉深度30～40m定额的人工、机械分不同地质乘以相应的系数，其中，砂土、黏土、砂砾、砾(卵)石乘以1.5，软质岩石乘以1.3，硬质岩石乘以1.2
	打钢管桩如设计钢管桩数量与本定额中的数量不相同时，可按设计数量抽换定额中的钢管桩的消耗，但定额中的其他消耗量不变
	当设计桩径与定额采用桩径不同时，可按节说明的表列系数调整
允许另行计算的规定	沉井基础定额中，船坞拼装钢壳沉井未包括船坞开挖，应按开挖基坑定额另行计算
	有导向船定位落床定额未综合锚碇系统，编制概算时，应按有关定额另行计算
	沉井接高项目，接高所需的吊装设备及定位船或导向船之间连接所需的金属设备本定额中未综合，编制概算时，应根据实际需要按预算定额中的有关项目计算
	钢壳沉井作钢围堰使用时，应按施工组织设计计算回收，但回收部分的拆除所需的工、料、机消耗量本定额中未计列，需要时应根据实际情况另行计算
	地下连续墙定额中未包括施工便道、挡水帷幕、注浆加固等，需要时应根据施工组织设计另行计算。挖出的土石方或凿铣的泥渣如需外运时，应按路基工程中的相关定额进行计算
	在河滩、水中采用筑岛方法施工时，应采用陆地上成孔定额计算
	灌注桩基础成孔定额按不同的钻孔方法和不同的土壤地质情况及不同孔深编制，回旋钻机、潜水钻机还编制了配有船上泥浆循环系统定额，编制概算时，应根据实际情况选用
	承台定额适用于无水或浅水中施工的有底模及无底模承台的浇筑，定额中已计入底模和侧模，深水中浇筑承台应增列套箱项目
工程量计算的规则	围堰、筑岛高度为平均施工水深加50cm，长度按围堰中心长度计算。套箱围堰的工程量为套箱金属结构的质量、套箱整体下沉时的悬吊平台的质量及套箱内支撑的质量之和
	钢板桩围堰的工程量按设计需要的钢板桩质量计算
	开挖基坑的工程量应根据设计图纸、地质情况、施工规范确定边坡后计算。但集水井、排水沟、基坑回填、夯实等均综合在定额内，不得计入工程量内
	天然地基上的基础的工程量按基础、支撑梁、河床铺砌及隔水墙工程量的总和计算
	沉井制作的工程量：重力式沉井为设计图纸井壁及隔墙混凝土数量；钢丝网水泥薄壁沉井为刃脚及骨架钢材的质量，但不包括铁丝网的质量；钢壳沉井的工程量为钢材的设计总质量
	沉井浮运、定位落床的工程量为沉井刃脚外缘所包围的面积
	锚碇系统定额的工程量指锚碇的数量，按施工组织设计的需要量计算
	沉井下沉定额的工程量按沉井刃脚外缘所包围的面积乘沉井刃脚下沉入土深度计算。沉井下沉按土、石所在的不同深度分别采用不同下沉深度的定额。定额中的下沉深度指沉井顶面到作业面的高度。定额中已综合溢流(翻砂)的数量，不得另加工程量

续上表

定额运用规定	具体内容
工程量计算的规则	沉井填塞的工程量:实心为封底、填心、封顶的工程量总和;空心的为封底、封顶的工程量总和
	地下连续墙导墙的工程量按设计需要设置的导墙的混凝土体积计算;成槽和墙体混凝土的工程量按地下连续墙设计长度、厚度和深度的乘积计算;锁口管吊拔和清底置换的工程量按地下连续墙的设计槽段数(指槽壁单元槽段)计算;内衬的工程量按设计需要设计的内衬的混凝土体积计算
	人工挖孔的工程量按护筒(护壁)外缘所包围的面积乘设计孔深计算
	灌注桩成孔的工程量按设计图纸入土深度计算。孔深指护筒顶至桩底的深度。成孔定额中同一孔内的不同土质,不论其所在的深度如何,均执行总孔深定额
	灌注桩混凝土的工程量为设计桩径断面积乘以设计桩长计算,不得将扩孔因素和凿除桩头的数量计入工程量内
	灌注桩工作平台的工程量按施工组织设计需要的面积计算
	钢护筒的工程量按护筒的设计质量计算。设计质量为加工后的成品质量,包括加劲肋及连接用法兰盘等全部钢材质量。只有在设计上提供不出钢护筒的具体数量时,可参考参数计算钢护筒的质量

1. 基础工程定额的直接运用

【例 3-3-10】 某桥梁混凝土基础建立在天然地基上,钢筋混凝土实体式墩台工程量为 $500m^3$,求概算定额下的工料机消耗量。

解:查《概算定额》5-1-4-1。

人工:5.4×500/10=270 工日

锯材:0.001×500/10=0.05m^3

32.5 级水泥:3.040×500/10=152t

其他材料的计算方法相同,在此不一一列出。

12t 以内汽车式起重机:0.18×500/10=9 台班

小型机具使用费:6.8×500/10=340 元

基价:2 233×500/10=111 650 元

2. 基础工程定额的调整运用

【例 3-3-11】 某桥人工开挖基坑工程,已知湿处挖基工程量为 $150m^3$、地面水位高 2m 以内,土质为亚黏土。试确定人工挖基坑土及抽水等概算定额。

解:根据"基础工程"节说明,可知概算定额中已将开挖、砌筑时排水所需水泵台班综合在内,故不必另算抽水台班。

查《概算定额》5-1-3-3。

人工:736.3×150/1 000=110.45 工日

ϕ150mm 电动单级离心水泵:61.18×150/1 000=9.177 台班

基价:45 846×150/1 000=6 876.9 元

【例 3-3-12】 某桥基础需打钢筋混凝土排架方桩,打桩时为射水斜桩,基础桩体积为 $500m^3$,工作平台搭在水中,求概算定额下的工料机消耗量。

解:查《概算定额》5-1-7-4,根据系数规定计算如下:

人工:63.5×500/10×0.98×1.08=3 360.42 工日

锯材：0.918×500/10＝45.9m^3

型钢：0.082×500/10＝4.1t

其他材料的计算方法相同，都不需做系数调整，在此不一一列出。

8t 以内轮胎式起重机：0.27×500/10×0.98×1.20＝15.876 台班

其他机械的计算方法相同，都需做系数调整，系数为 0.98×1.20＝1.176，在此不一一列出。

基价：10 044＋人工、机械扩大部分。

【例 3-3-13】 某桥钢壳沉井基础，船坞拼装钢材 12t，沉井基坑土方量 150m^3，人工开挖湿处土方，地面水 2m 以内，求概算定额下钢壳沉井船坞拼装、人工挖基坑等工料机消耗量。

解：根据定额使用规定，沉井基础定额中，船坞拼装钢壳沉井未包括船坞开挖，应按开挖基坑定额另行计算。因此查《概算定额》5-1-5-4。

(1)查《概算定额》5-1-5-4 钢壳沉井船坞拼装部分：

人工：147.1×12/10＝176.52 人工

锯材：0.800×12/10＝0.96m^3

其他材料的计算方法相同，都不需做系数调整，在此不一一列出。

25t 以内轮胎式起重机：1.33×12/10＝1.596 台班

32kV·A 以内交流电焊机：10.30×12/10＝12.36 台班

9m^3/min 以内机动空压机：1.53×12/10＝1.836 台班

小型机具使用费：30.8×12/10＝36.96 元

基价：60 686×12/10＝72 823.2 元

(2)人工开挖基坑部分的计算同例 3-3-11。

(二)下部构造定额的运用

下部构造定额中墩、台按一般常用结构编制。在运用中有需要强调部分，见表 3-3-12。

需要强调部分内容 表 3-3-12

定额运用规定	具体内容
不得另行计算的规定	台背排水，防水层均已摊入桥台定额中，编制概算时，不得另行计算
	索塔混凝土定额已将劲性骨架、提升模架综合在定额中，使用定额时不得另行计算
	方柱墩、空心墩、索塔等采用提升架施工的项目已将提升架的费用综合在定额中，编制概算时，不得另行计算
允许另行计算的规定	桥台上的路面本定额中未计入，编制概算时，应按有关定额另行计算
	索塔混凝土定额未包括上、中、下横梁的施工支架，使用定额时应按有关规定另行计算
	下部构造定额中圆柱墩、方柱墩、空心墩和索塔等项目均按混凝土泵送和非泵送划分定额子目，使用定额时应根据实际情况选用
	定额中未包括高墩、索塔的施工电梯、塔式起重机的安、拆及使用费用，使用定额时应根据施工组织设计确定的施工工期并结合上部构造的施工合理计算使用费用
	除钢筋混凝土拱桥其他形式的桥台外，其他均未包括粗料石镶面，需要时应根据预算定额另行计算
	砌石桥墩定额中未包括粗料石镶面，需要时根据预算定额另行计算
	桥台锥形护坡定额中未包括围堰及开挖基坑项目，需要时应按有关定额另行计算

续上表

定额运用规定	具 体 内 容
工程量计算的规则	墩台的工程量为墩台身、墩台帽、拱座、盖梁、系梁、侧墙、翼墙、耳墙、背墙、填平层、腹拱圈、桥台第二层以下的帽石(有人行道时为第一层以下的帽石)的工程数量之和
	索塔钢锚箱的工程量为钢锚箱钢板、剪力钉、定位件的质量之和
	索塔锚固套筒定额中已综合加劲钢板和钢筋的数量，其工程量以锚固套筒钢管的质量计算
	索塔的工程量：塔墩固结的为基础顶面或承台顶面以上至塔顶的全部工程数量之和；塔墩分离的为桥面顶以上至塔顶的全部工程数量之和；桥面顶以下部分的工程数量按墩台定额计算
	桥台锥形护坡的工程量为一座桥台，包括锥坡铺砌、锥坡基础、水平铺砌的工程量；柱式、埋置式桥台还包括台前护坡工程量

1. 下部构造定额的直接运用

【例 3-3-14】 某梁桥为重力式砌石桥墩，工程量 350m^3 实体，求概算定额下的工料机消耗量。

解：查《概算定额》5-2-4-2。

人工：20.6×350/10＝721 工日

原木：0.011×350/10＝0.39m^3

水泥(32.5 级)：0.967×350/10＝33.86t

其他材料的计算方法相同，都不需做系数调整，在此不一一列出。

30kN 以内单筒慢速卷扬机：1.02×350/10＝35.7 台班

小型机具使用费：6.5×350/10＝227.5 元

基价：2 478×350/10＝86 730 元

2. 下部构造定额的调整运用

【例 3-3-15】 试列出下列工程的概算定额的标号：(1)桥台后缘以外的填土；(2)砌石桥台台背排水；(3)桥台上的路面(沥青贯入式)；(4)桥台锥坡的人工开挖基坑；(5)斜拉桥索塔的塔的拉索锚固箱制作和安装。

解：根据概算定额下部构造的运用注意点回答如下：

(1)桥台翼墙后缘外的填土，属于路基(引道)工程，定额表号为“1-1-2　人工挖运土方”，“1-1-15　机械碾压路基”。

(2)台背排水已包含在桥台定额之中，所以不能单列子目。

(3)桥台上路面可查“2-2-8 沥青贯入式路面”。

(4)桥台锥形护坡定额应查“5-1-3 开挖基坑”。

(5)塔上拉索锚固箱已包括在“5-2-6 索塔”概算定额中，不能单立子目。

(三)上部构造定额的运用

上部构造定额运用中有如下需要强调的，见表 3-3-13。

需要强调的内容 表 3-3-13

定额运用规定	具 体 内 容
不得另行计算的规定	钢桁架桥按拖拉架设法施工编制，定额中综合了施工用的导梁、上下滑道、连接及加固杆件等，定额中还包括了人行道、桥面铺装、金属栏杆等，编制概算时，不得另行计算
	移动模架浇筑箱梁定额中已包括移动模架、悬浇箱梁定额中已包括悬浇挂篮，使用定额时不得另行计算
	预制安装钢筋混凝土梁、板桥等上部结构定额中综合了吊装所需设备、预制场内龙门架、预制构件底座、构件出坑及运输，使用定额时不得另行计算
	连续钢构、T形钢构、连续梁、混凝土斜拉桥上部结构定额中综合了0号块的托架，使用定额时不得另行计算
	梁、板、拱桥人行道及安全带定额中已综合人行横道梁(无人行横道时按第一层帽石)、人行道板、缘石、栏杆柱、扶手、桥头搭板、安全带以及砂浆抹面和安装时的砂浆填塞等全部工程量，还包括混凝土的拌和费用，使用定额时不得另行计算
	自锚式悬索桥顶推钢梁定额中综合了滑道、导梁等，使用定额时不得另行计算
	本定额中均综合了桥面泄水管，使用定额时不得另行计算
	现浇钢筋混凝土板桥、预制安装矩形板、连续板、混凝土拱桥、石拱桥定额中均已综合了支座和伸缩缝，使用定额时不得另行计算
	模数式伸缩缝定额中综合了预留槽钢纤维混凝土和钢筋，使用定额时不得另行计算
	索引系统定额中已综合塔顶平台，主缆定额中已综合了缆套和检修道，使用定额时不得另行计算
	钢索吊桥定额中综合了主索、套筒及拉杆、悬吊系统、抗风缆、金属支座及栏杆、人行道、桥面铺装等，编制概算时，不得另行计算
	支座及伸缩缝定额单位每米伸缩缝指桥面行车道的宽度，行车道以外的伸缩缝的工、料、机消耗量已包括在定额中
允许另行计算及换算的规定	现浇钢筋混凝土梁、板桥，现浇钢筋混凝土拱桥和石拱桥上部构造，均未包括拱盔、支架及钢拱架，编制概算时，应另列项目计算
	钢索吊桥定额中未包括主索锚洞的开挖、衬砌以及护索罩、检查井等，应根据设计图纸按有关项目另行计算
	为了方便使用，除钢桁架桥、钢索吊桥外，人行道、安全带和桥面铺装均单独编制定额，编制概算时，应单列项目计算
	连续钢构、T形钢构、连续梁、混凝土斜拉桥上部结构定额中未包括边跨合龙段支架，使用定额时应另行计算
	主索鞍定额已综合塔顶门架和鞍罩，但未包括鞍罩内防腐及抽湿系统，需要时应按设计要求另行计算。悬索桥的主缆、吊索、索夹定额中均未包括涂装防护费用，使用定额时应另行计算
	钢管拱定额是按缆索吊装工艺编制的，定额中未包括缆索吊装的塔架、索道、扣塔、索道运输、地锚等，使用定额时以上项目应按预算定额中的有关规定另行计算
	上部构造定额中均未包括施工电梯、塔式起重机的安、拆及使用费用，使用定额时应根据施工组织设计确定的施工工期并结合下部构造中桥墩、索塔的施工统筹考虑计算
	本定额中均未考虑施工期间航道的维护费用，需要时应根据实际情况另列项目计算
	除现浇钢筋混凝土板桥、预制安装矩形板、连续板、混凝土拱桥、石拱桥以外的其余上部构造定额中未包括支座和伸缩缝，使用定额时应另行计算

续上表

定额运用规定	具体内容
允许另行计算及换算的规定	拱盔、支架定额除钢支架是按有效宽度 12m 编制外,其他均是按有效宽度 8.5m 编制的,若宽度不同时,可按比例换算
	定额 5-3-4 预制、安装钢筋混凝土 T 形梁、I 形梁上部构造中,普通钢筋混凝土 T 形梁若翼板设计有现浇混凝土时,其现浇混凝土部分按现浇混凝土 T 形梁定额另行计算
	定额 5-3-18 悬索桥猫道宽度为 4.0m,定额中未包括猫道承重索制作加工场地及张拉槽座的费用,需要时另行计算
	定额 5-3-30 钢管支架定额中每 $100m^2$ 综合的金属设备质量为 18.4t,设备摊销费按每 t 每月 90 元,并按使用 4 个月编制,如施工工期不同时,可以调整
	定额 5-3-32 混凝土拌和及运输不包括混凝土搅拌站的场地清理、平整、碾压,需要时可根据施工组织设计另行计算
	定额 5-3-34 施工电梯,当设计采用的施工电梯的规格、型号与定额不同时,可按实际情况对定额进行抽换
	定额 5-3-35 施工塔式起重机,当设计采用的塔式起重机的规格、型号与定额不同时,可以按实际情况对定额进行抽换
工程量计算的规则	梁、板桥上部构造的工程量包括梁、板、横隔板、箱梁 0 号块、桥面连续结构的工程量以及安装时的现浇混凝土的工程量
	拱桥上部构造的工程量包括拱圈、拱波、填平层、拱板、横墙、侧墙(薄壳拱的边梁、端梁)、横隔板(梁)、拱眉、行车道板、护拱、帽石(第二层以下或有人行道梁的第一层以下)的工程量,以及安装时拱肋接头混凝土、浇筑的横隔板、填塞砂浆的工程量。拱顶填料、防水层等均已摊入定额中,编制概算时,不得另行计算
	人行道及安全带的工程量按桥梁总长度计算
	斜拉桥混凝土箱梁锚固套筒定额中已综合了加劲钢板和钢筋的数量,其工程量以混凝土箱梁中锚固套筒钢管的质量计算
	悬索桥锚固系统中工程量以定位钢支架、环氧钢绞线、锚固拉杆等的设计质量计算。定位钢支架质量为定位钢支架型钢、钢板和钢管的质量之和;锚固拉杆、连接器、螺母(包括锁紧和球面)、垫圈(包括锁紧和球面)的质量之和;环氧钢绞线的质量不包括两端锚具的质量
	钢格栅的工程量以钢格栅和反力架的质量之和计算
	主索鞍的质量包括承板、鞍体、安装板、挡块、槽盖、拉杆、隔板、锚梁、锌质填块的质量;散索鞍的质量包括底板、底座、承板、鞍体、压紧梁、隔板、拉杆、锌质填块的质量
	索引系统长度为索引系统所需的单侧长度,以 m 为单位计算
	猫道系统长度为猫道系统的单侧长度,以 m 为单位计算
	索夹质量包括索夹主题、螺母、螺杆、防水螺母、球面垫圈质量,以 t 为单位计算
	紧缆的工程量以主缆长度扣除猫跨区、塔顶区无需紧缆的主缆长度后的单侧长度,以 m 为单位计算
	缠丝的工程量以主缆长度扣除猫跨区、塔顶区、索夹处后无需缠丝的主缆长度后的单侧长度,以 m 为单位计算
	钢箱梁的质量为钢箱梁(包括箱梁内横隔板)、桥面板(包括横肋)、横梁、钢锚箱质量之和。如为钢—混混合梁结构,其结合部的剪力钉质量也计入钢箱梁质量内

续上表

定额运用规定	具体内容
工程量计算的规则	钢管拱肋的工程量以设计质量计算，包括拱肋钢管、横撑、腹板、拱脚处外侧钢板、拱脚接头钢板及各种加劲块的质量。不包括支座和钢拱肋内的混凝土的质量
	安装板式橡胶支座的工程量按支座的设计体积计算。至于锚栓、梁上的钢筋网、铁件等均已综合在定额内
	支架预压的工程量按支架上现浇混凝土的体积计算
	钢管支架下部的工程量按立柱质量计算，上部的工程量按支架水平投影面积计算
	蒸气养生室的面积按有效面积计算，其工程量按每一养生室安置两片梁，其梁间距离为 0.8m，并按长度每端增加 1.5m，宽度每边增加 1.0m 考虑。定额中已将其附属工程及设备，按摊销量计入定额中，使用定额时不得另行计算
	钢桁架桥的工程量为钢桁架的质量。施工用的导梁、连接及加固杆件、上下滑道等不得计入工程量内。行车道板与桥面铺装的工程量为行车道梁、人行道板和行车道水泥混凝土桥面铺装的数量之和；行车道沥青混凝土桥面铺装及人行道沥青砂铺装的数量已综合在定额中，计算工程量时不得再计这部分数量
	钢索吊桥的工程量：加劲桁架式的为钢桁架的质量；柔式的为钢纵、横梁的质量。主索、套筒及拉杆、悬吊系统、抗风缆、金属栏杆等不得计入工程量内。木桥面及桥面铺装的工程量为木桥面板的数量，柔式桥还包括木栏杆的数量；行车道沥青混凝土桥面铺装及钢筋混凝土人行道板的数量已综合在定额中，计算工程量时不得再计这部分数量
	桥梁拱盔定额单位的立面积系指起拱线以上的弓形侧面积，其工程量按下式计算：$F=K\times$(净跨)^2，K 取值见表 3-3-14
	桥梁支架定额单位的立面积为桥梁净跨径乘以高度，拱桥高度为起拱线以下至地面的高度，梁式桥高度为墩、台帽顶至地面的高度，这里的地面指支架地梁的底面
	钢拱架的工程量为钢拱架及支座金属构件的质量之和，其设备摊销费按 4 个月计算，若实际使用期与定额不同时，可予以调整

K 值表 表 3-3-14

拱 矢 度	1/2	1/2.5	1/3	1/3.5	1/4	1/4.5	1/5	1/5.5	1/6	1/6.5	1/7	1/7.5	1/8	1/9	1/10
K	0.393	0.298	0.241	0.203	0.172	0.154	0.138	0.125	0.113	0.104	0.096	0.090	0.084	0.076	0.067

1. 上部构造定额的直接运用

【例 3-3-16】 某钢筋混凝土矩形板桥上部构造共 50m³，求概算定额下的预制、安装上部结构的工料机消耗量。

解：查《概算定额》5-3-3-1。

人工：43.0×50/10＝215 工日

原木：0.006×50/10＝0.03m³

锯材：0.070×50/10＝0.35m³

其他材料的计算方法相同，都不需做系数调整，在此不一一列出。

6～8t 光轮压路机：0.02×50/10＝0.10 台班

其他机械台班的计算方法相同，都不需做系数调整，在此不一一列出。

基价：6 247×50/10＝31 235 元

2. 上部构造定额的调整运用

【例 3-3-17】 某预制 T 形梁工程，已知主梁 150m^3，横隔板 12m^3，桥面连续结构 0.5m^3，人行道板 18m^3，现浇混凝土 3m^3，采用普通钢筋。试确定所需人工工日、钢筋质量及总基价金额。

解：根据上部构造工程量计算规则的规定，预制 T 梁的工程量＝150＋12＋0.5＋3＝165.5m^3。

由《概算定额》5-3-4-1 得：

人工：72.7×165.5/10＝1 203.19 工日

光圆钢筋：0.021×165.5/10＝0.348t

基价：10 413×165.5/10＝172 335.15 元

【例 3-3-18】 某桥为满堂式木拱盔，有效宽度 9.0m，桥梁净跨 30m，拱矢度 1/3，求概算定额下的工料机消耗量。

解：根据表 3-3-13 及表 3-3-14 工程量计算规则，得拱盔的立面积为：

$$F=0.241\times(30)^2=216.9\text{m}^2$$

因有效宽度为 9.0m，所以定额的换算系数为：9/8.5＝1.06

查《概算定额》5-3-28-3，得：

人工：398.0×216.9/100×1.06＝915.06 工日

原木：9.540×216.9/100×1.06＝21.93m^3

锯材：5.660×216.9/100×1.06＝13.01m^3

铁件：350×216.9/100×1.06＝804.70kg

铁钉：9.0×216.9/100×1.06＝20.69kg

ϕ500mm 木工圆锯机：8.55×216.9/100×1.06＝19.67 台班

小型机具使用费：189.5×216.9/100×1.06＝435.69 元

基价：40 285×216.9/100×1.06＝92 620.85 元

（四）钢筋及预应力钢筋、钢丝束、钢绞线定额的运用

本节钢筋定额中光圆钢筋与带肋钢筋比例关系与设计图纸不同时，可据实调整。在运用中有需要强调部分，见表 3-3-15。

需要强调部分内容 表 3-3-15

定额运用规定	具体内容
不得另行计算的规定	预应力钢筋、钢丝束及钢绞线定额中均已包括制束、穿束、张拉、波纹管制作、安装或胶管预留孔道、孔道压浆等的工、料、机消耗量。锚垫板、螺旋筋含在锚具单价中。上述项目不得另行计算
允许另行计算的规定	制作、张拉预应力钢筋、钢丝束定额，是按不同的锚头形式分别编制的，当每吨钢丝的束数或每吨钢筋的根数有变化时，可根据定额进行换算
	本定额按现场卷制波纹管考虑，若采取外购波纹管时，可根据需要对波纹管消耗进行抽换，并将波纹管卷制机台班消耗调整为 0，其他不变
工程量计算规则	预应力钢绞线、预应力精轧螺纹粗钢筋及配椎形（弗氏）锚的预应力钢丝的工程量为锚固长度及工作长度的质量之和
	配镦头锚的预应力钢丝的工程量为锚固长度的质量
	先张钢绞线质量为设计图纸质量，定额中已包括钢绞线损耗及预制场构件间的工作长度及张拉工作长度
	钢筋工程定额的工程量为设计图纸的钢筋数量，当设计上提供不出具体的钢筋数量时，可参考定额中各项目的钢筋含量取定钢筋数量

【例 3-3-19】 某预应力混凝土箱梁上部构造，设计规定采用弗氏锚、波纹管成孔、钢筋为每 10t75 束。试列出预应力钢丝束制作、张拉的概算定额。

解：根据《概算定额》桥梁工程第四节的说明 2，当每吨钢筋根数与定额规定不符时，可按每增减一束的定额值进行换算(抽换)。

查《概算定额》5-4-2-3 及 5-4-2-4。根据题式钢筋为每 10t75 束，与定额所列每 10t80 束不符，故应抽换。

人工：350－(80－75)×1.8＝341 工日

光圆钢筋：0.073－(80－75)×0.001＝0.068t

高强钢丝：10.400t

其他材料的计算方法相同，根据定额值分别调整，在此不一一列出。

90t 以内预应力拉伸机：26.56－(80－75)×0.34＝24.86 台班

波纹管卷制机：9.24 台班

50kN 以内单筒慢速卷扬机：20.78 台班

32kV·A 以内交流电焊机：1.25－(80－75)×0.02＝1.15 台班

小型机具使用费：221.2－(80－75)×0.6＝218.2 元

基价：98 946－(80－75)×221＝97 841 元

【例 3-3-20】 某预制、安装钢筋混凝土预应力空心板桥，上部构造先张法施工，工程量 270m^3，下部构造为 Y 形墩，工程量 90.0 m^3。试确定：上部构造预制、安装所需钢筋、钢材数量；Y 形墩所需钢筋(工程量)。

解：(1)Y 形墩所需钢筋工程量

根据概算定额第四节的说明 6(4)的规定，当设计上提供不出具体的钢筋工程量时，可参考该项的附表确定。由于 Y 形墩工程量为 190m^3，由查表得指标为 1 586kg/10m^3，故：

$$钢筋工程量＝190×1\ 586÷10÷1\ 000＝30.134t$$

(2)空心板上部构造的钢筋工程量

由《概算定额》的附表查得预制、安装空心板先张预应力筋指标为 425kg/10m^3 圬工实体。圬工实体为 270m^3 时，上部构造钢筋工程量为：

270×425÷10÷1 000＝11.475t

七、关于概算定额第六章(交通工程及沿线设施)的运用

本章定额包括交通安全设施、服务设施和管理设施等项目。

本章定额中只列工程所需的主要材料用量。次要、零星材料和小型施工机具均未一一列出，分别列入“其他材料费”和“小型机具使用费”内，以元计，编制概算即按此计算。

本章定额中均已包括混凝土的拌和费用。

本章若有未包括的项目，可参考相关行业定额。

本章定额分为七节，各节说明中有如下需要强调的，见表 3-3-16。

需要强调的内容 表 3-3-16

节	定额运用规定	具体内容
安全设施	不得另行计算的规定	定额中公共汽车停靠站防雨篷规格:钢结构防雨篷为 15m×3m,钢筋混凝土防雨篷为 24m×3.75m。站台地坪及浇筑防雨篷混凝土的支架及工作平台已综合在定额中,编制概算时,不得另行计算
		水泥混凝土构建的预制、安装定额中均包括了混凝土即构建运输的工程内容,使用定额时不得另行计算
	工程量计算规则	墙式护栏项目中钢筋混凝土防撞护栏的工程量为墙体长度
		波形钢板护栏及隔离栅的工程量为两端立柱中心间的距离
		中间带及车道分离块项目中,路缘带的工程量为路缘带起讫点间的距离;隔离墩、钢管栏杆及防眩板的工程量为隔离墩的实际设置长度;车道分离块的工程量为实际设置长度
		路面标线按画线的净面积计算
		机械铺筑拦水带的工程量为拦水带的铺筑长度
监控、收费系统	不得另行计算的规定	收费岛上涂刷反光标志漆和粘贴反光膜的数量,已综合在收费岛混凝土定额中,使用定额时不得另行计算
		防撞栏杆的预埋钢套管数量已综合在定额中,使用定额时不得另行计算
		防撞立柱的预埋钢套管及立柱填充混凝土、立柱与预埋钢套管之间灌填水泥砂浆的数量,均已综合在定额中,使用定额时不得另行计算
		设备基础混凝土定额中综合了预埋钢筋、地脚螺母、底座法兰盘的数量,使用定额时不得另行计算
		敷设电线钢套管定额中综合了螺栓、螺母、镀锌管接头、钢管用塑料护口、醇酸防锈漆、裸铜线、钢锯条、溶剂汽油等的数量,使用定额时不得另行计算
	允许另行计算的规定	如设计采用的人(手)孔混凝土强度等级和数量与定额不同时,可调整定额用量;人(手)孔中所列电缆支架等附属的消耗量如与设计数量不同时,可调整定额用量
	工程量计算规则	设备安装定额单位除 LED 显示屏以 m^2 计、系统运行以系统·月计外,其余均以台或套计
		计算机系统可靠性、稳定性运行按计算机系统 24h 连续计算确定的,超过要求时,其费用另行计算
		收费岛现浇混凝土工程量按岛身、收费亭基础、收费亭敷设穿线钢管水泥混凝土垫层、防撞柱水泥混凝土基础,配电箱水泥混凝土基础和控制箱水泥混凝土基础体积之和计算
		收费岛钢筋工程数量按收费岛、收费亭基础的钢筋数量之和计算
		设备基础混凝土工程量按设备水泥混凝土基础体积计算
		镀锌防撞护栏中的工程量按镀锌防撞护栏的质量计算
		钢管防撞柱的工程量按钢管防撞立柱的质量计算
		配电箱基础预埋 PVC 管的工程量按 PVC 管的长度计算
		辐射电线钢套管的工程量按敷设电线钢套管质量计算

续上表

节	定额运用规定	具体内容
通信系统	不得另行计算的规定	硅芯管敷设定额已综合标石的制作及埋放、人孔处的包封等，使用定额时不得另行计算
		镀锌钢管敷设定额中已综合接口处套装的切割、焊接、防锈处理等内容，使用定额时不得另行计算
	系数调整规定	2.5Gb/s系统的ADM分插复用器，分插支路是按8个155Mb/s(或140Mb/s)光口或电口考虑，当支路数超过8个时，每增加1个155Mb/s(或140Mb/s)支路增加2个工日
	允许另行计算的规定	安装电缆走线架定额中，不包括通过沉降(伸缩)缝和要做特殊处理的内容，需要时按有关定额另行计算
		通信铁塔的安装是按在正常的气象条件下施工确定的，定额中不包括铁塔基础施工、预埋件埋设及防雷接地工程等内容，需要时按有关定额另行计算
		通信管道定额中不包括管道过桥时的托架和管箱等工程内容，应按相关定额另行计算
供电、照明系统	不得另行计算的规定	各种灯架元器具件的配线，均已综合考虑在定额内，使用时不作调整
		本定额一般可利用仪表测量绝缘及一般灯具的试亮等工作内容，不得另行计算，但不包括全负荷试运行
	系数调整规定	干式变压器如果带有保护外罩时，人工和机械乘以系数1.2
	允许另行计算的规定	控制设备安装未包括支架的制作和安装，需要时可按相关定额另行计算
		灯具安装定额是按灯具类型分别编制的，对于灯具本身及异型光源，定额已综合了安装费，但未包括其本身的价值，应另行计算
光缆、电缆敷设	系数调整规定	双绞线缆的敷设及跳线架的安装、打接定额消耗量是按五类非屏蔽布线系统编制的，高于五类的布线工程按定额人工工日消耗量增加10%、屏蔽系统增加20%计取
	工程量计算规则	电缆敷设按单根延长米计算(如一个架上敷设3根各长100m的电缆，工程量应按300m计算，以此类推)。电缆附加及预留的长度是电缆敷设长度的组成部分，应计入电缆工程量之内。电缆进入建筑物预留长度按2m计算，电缆进入沟内或吊架预留长度按1.5m计算，电缆中间接头盒长度两端各按2m计算
		电缆沟盖板揭、盖定额，按每揭盖一次以延长米计算。如又揭又盖，则按两次计算
		用于扩(改)建工程时，所用定额的人工工日乘以1.35系数；用于拆除工程时，所用定额的人工工日乘以0.25系数。施工单位为配合认证单位验收测试而发生的费用，按本定额验证测试子目的工日、仪器仪表台班总用量乘以0.30系数计取
配管、配线及接地工程	允许另行计算的规定	接地装置是按变配电系统接地、车间接地和设备接地等工业设施接地编制的。定额中未包括接地电阻率高的土质换土和化学处理的土壤及由此发生的接地电阻测试等费用，需要时另行计算
	工程量计算规则	给水管道：室内外界线以建筑物外墙皮1.5m为界，入口处设阀门者以阀门为界；与市政管道界线以水表井为界，无水表井者，以与市政管道碰头点为界
		配管的工程量计算不扣除管路中的接线箱(盒)、灯盒、开关盒所占的长度

续上表

节	定额运用规定	具体内容
绿化工程	不得另行计算的规定	苗木及地被植物的场内运输已在定额中综合考虑,使用定额时不得另行计算
	允许另行计算的规定	本定额的工作内容中清理场地,是指工程完工后将树穴淤泥杂物清除并归堆,若有淤泥杂物需外运时,其费用另按土石方有关定额子目计算
		栽植子目中均按土可用的情况进行编制,若需要换土,则按有关子目进行计算
		测量放样均指在场地平整好并达到设计要求后进行的,场地平整费用另按场地平整定额子目计算

(一)定额的直接运用

【例 3-3-21】 某路沿线设有柱式护栏 500 根,求概算定额下的工料机消耗量。

解:查《概算定额》6-1-1-1 得:

人工:49.4×500/100=247 工日

锯材:0.450×500/100=2.25m^3

光圆钢筋:0.288×500/100=1.44t

其他材料的计算方法相同,在此不一一列出。

3t 以内载重汽车:1.22×500/100=6.1 台班

小型机具使用费:14.1×500/100=70.5 元

基价:5 943×500/100=29 715 元

(二)定额的调整运用

【例 3-3-22】 某路设栏式轮廓标 500 块,且将栏式轮廓标安装在波形钢板护栏上,试计算概算定额下的材料消耗量。

解:查《概算定额》6-1-6-3,定额表后注明栏式轮廓标安装在波形钢板护栏上时,应扣减定额中铁件的数量。

材料消耗量:

镀锌钢板:0.008×500/100=0.04t

镀锌铁件:不计

反光膜:1.3×500/100=6.5m^2

其他材料费:3.6×500/100=18 元

基价:503×500/100=2 515 元

八、关于概算定额第七章(临时工程)的运用

本章定额包括汽车便道,临时便桥,临时码头,轨道铺设,架设输电、电信线路,人工夯打小圆木桩共六个项目。

汽车便道按路基宽度为 7.0m 和 4.0m 分别编制,便道路面宽度按 6.0m 和 3.5m 分别编制,路基宽度 4.5m 的定额中已包括错车道的设置。汽车便道项目中未包括便道使用期内养护所需的工、料、机数量,如便道使用期内需要养护,编制概算时,可根据施工期按表 3-3-17 增加数量。

调 整 值 表(单位:km·月)　　表 3-3-17

序号	项　目	单　位	代　号	汽车便道路基宽度(m)	
				7.0	4.5
1	人工	工日	1	3.0	2.0
2	天然砂砾	m^3	908	18.00	10.80
3	6～8t 光轮压路机	台班	1 075	2.20	1.32

临时汽车便桥按桥面净宽 4m、单孔跨径 21m 编制。

重力式砌石码头定额中不包括码头拆除的工程内容,需要时可按"桥涵工程"项目的"拆除旧建筑物"定额另行计算。

轨道铺设定额中轻轨(11kg/m,15kg/m)部分未考虑道渣,轨距为 75cm,枕距为 80cm,枕长为 1.2m;重轨(32kg/m)部分轨距为 1.435m,枕距为 80cm,枕长为 2.5m,岔枕长为3.35m,并考虑了道渣铺筑。

人工夯打小圆木桩的土质划分及桩入土深度的计算方法与打桩工程相同。圆木桩的体积,根据设计桩长和梢径(小头直径),按木材材积表计算。

本章定额中便桥,输电、电信线路的木料、电线的材料消耗均按一次使用量计列,编制概算时,应按规定计算回收;其他各项定额分别不同情况,按其周转次数摊入材料数量。

本章定额在运用时,有如下需要强调的,见表 3-3-18。

需要强调的内容　　表 3-3-18

定额运用规定	具 体 内 容
不得另行计算的规定	7-1-3　临时码头定额中,钢筋混凝土锚定额中已包括了栓锚钢丝绳及锚链的数量,使用定额时不得另行计算
	7-1-4　轨道铺设定额中,轨重 32kg/m 的道渣已考虑了周转使用,本定额按实际使用量的 30%计
允许另行计算的规定	7-1-2　临时便桥定额中,设备摊销费按使用 4 个月编制,若使用期不同时,可予以调整;定额中钢管桩为使用 1 年的消耗量,若使用期不同时,可予以调整
	7-1-3　浮箱码头定额中每 100 m^2 码头平面面积的浮箱质量为 25.365t(包括浮箱连接件),其设备摊销费按每 t 每月 90 元,并按使用 12 个月编制,若浮箱实际质量和施工期不同时,可予以调整
	设备摊销费为变压器的费用,按施工期 2 年计算,如工期不同,可按比例调整
系数调整规定	7-1-4　轨道铺设定额中,如需设置道岔时,每处道岔工、料按相应轨道铺设增加:轨重 11kg/m、15kg/m 的增加 16m,轨重 32kg/m 的增加 31m

【例 3-3-23】 某临时便桥工程,要求桥面净宽 8m。试确定该工程的概算定额值。

解:根据概算定额第七章"临时工程"说明 3 规定,临时汽车便桥定额值系按桥面净宽 4m 编制的。本工程的载重标准与定额相符,只是桥面净宽与定额不符。但是本工程的桥面净宽正好是定额规定的桥面净宽的 2 倍,即将表列定额乘以 2 即可。

查《概算定额》7-1-2-1 得:

人工:47.6×2=95.2 工日

原木:0.171×2=0.342m^3

锯材:5.165×2=10.33m^3

铁件:16.1×2=32.2kg

其他材料费:384.0×2=768 元

设备摊销费:2 353.3×2=4 706.6 元(设备摊销费按使用 4 个月编制的,若使用期不同时,可予以调整)

50kN 以内单筒慢速卷扬机:3.08×2=6.16 台班

小型机具使用费:6.3×2=12.6 元

基价:12 627×2=25 254 元

第四章　公路工程预算定额

第一节　公路工程预算定额

一、公路工程预算定额的作用

(一)公路工程预算定额的概念

预算定额,是规定消耗在单位工程量上基本构造要素上的劳动力、材料和机械设备的数量标准,是计算建筑安装工程产品价格的基础。

预算定额是工程建设中一项重要的技术经济文件,它的各项指标,反映了在完成规定计量单位符合设计标准和验收规范分项工程消耗的活劳动和物化劳动的数量限度。这种限度最终决定着单项工程和单位工程的成本和造价。

预算定额是一种具有广泛用途的计价定额。与施工定额的性质不同,预算定额不是企业内部使用的定额,不具有企业定额的性质。

(二)公路工程预算定额的作用

1.预算定额是编制施工图预算,确定和控制项目投资、建筑安装工程造价的基础

施工图预算是施工图设计文件之一,是控制建设工程项目投资和确定建筑安装工程造价的必要手段。编制施工图预算的依据:一是设计文件,它决定着工程的功能和规模,它的尺寸,选用材料及文字说明,是计算分部分项工程量和结构构件数量的依据。二是预算定额,是确定一定计量单位工程分项人工、材料、机械的消耗量的依据;也是计算分项工程单价的基础。三是人工工资单价、材料预算价格(或市场价格)、机械台班单价等价格资料。

2.预算定额是对设计方案进行技术经济比较,进行技术经济分析的依据

设计方案在设计工作中居于中心地位。设计方案的选择要满足功能,并要符合设计规范。既要技术先进又要经济合理。根据预算定额对方案进行技术经济分析和比较,是选择经济合理设计方案的重要方法。

对设计方案进行比较,主要是对不同方案通过定额对所需人工、材料和机械台班消耗量,材料质量、材料资源以及工期等进行比较。这种比较可以判明不同方案对工程造价及工期的影响;材料质量对荷载及基础工程量和材料运输量的影响,因此而产生的对工程造价的影响。

对于新结构、新材料的应用和推广,也需要借助于预算定额进行技术经济分析和比较,从技术与经济的结合上考虑普遍采用的可能性和效益。

3.预算定额是资源组织的依据

在不同的设计阶段要编制相应的施工组织(计划)设计,进行资源组织,确定出人工、材料、机械、水电动力资源需要量,以及物料运输方案。根据预算定额确定的劳动力、建筑材料、成品、半成品和施工机械、台班的需用量,为组织材料供应和预制构件加工,平衡劳动力和施工机械提供可靠依据。

4. 预算定额是工程结算的依据

对于不实行施工招标而以施工图预算包干的工程结算，是建设单位(发包人)和施工企业(承包人)按照工程进度对已完工程实现货币支付的行为，是商品交换中结算的一种形式。由于建筑安装工程的周期长，不可能都采取竣工后一次结算，往往需要在施工过程中通过分次结算方式支付工程价款。当采用按已完成分部分项工程量进行结算时，必须以预算定额为依据确定的工程预算来结算工程价款。

5. 预算定额是施工企业进行经济活动分析的依据

实行经济核算的根本目的，是用经济的方法促使企业在保证质量和工期的条件下，用较少的劳动消耗取得最大的经济效果。在目前，预算定额仍决定着企业的收入，企业就必须以预算定额作为评价企业工作的重要标准，成为努力实现的具体目标。企业只有在施工中尽量降低劳动消耗，提高劳动生产率，采用新技术和提高劳动者素质，才能取得较好的经济效果。

施工企业可根据预算定额，对施工中的劳动、材料、机械的消耗情况进行具体的分析，以便找出低工效、高消耗的薄弱环节及其原因，为实现经济效益的增长由粗放型向集约型转变，提供对比数据，促进企业提高在市场上竞争的能力。

6. 预算定额是编制概算定额和估算指标的基础

概算定额和估算指标是在预算定额基础上经综合扩大编制的，也需要利用预算定额作为编制依据，这样做不但可以节省编制工作中大量的人力、物力和时间，收到事半功倍的效果。还可以使概算定额和估算指标在水平上与预算定额一致，以避免造成执行中的不一致。

7. 预算定额也是合理编制标底、投标的基础

目前，公路建设项目一般都在初步设计批准后即进行施工招标，但初步设计概算主要是为控制建设项目总造价而编制的，项目划分较粗，在工料机的消耗量上比预算定额或实际需要有一定的余量，不宜直接作为编制标底采用。建设单位在编制招标标底时应以预算定额为基础，施工单位投标报价也可以预算定额作为报价的参考。

二、公路工程预算定额的内容

现行《预算定额》分为路基工程、路面工程、隧道工程、桥涵工程、防护工程、交通工程及沿线设施、临时工程、材料采集及加工、材料运输等九章。主要内容包括总说明、9 个章说明(第四章桥涵工程又有 11 个节说明)、定额表及表下附注和附录。

1. 预算定额的总说明及各章、节说明

(1)总说明的内容

预算定额的适用范围、指导思想及目的作用；预算定额的编制原则、主要依据及有关定额修编文件；对各章、节都适用的统一规定。定额所采用的标准及允许抽换定额的原则；定额中包括的内容。对定额中未包括的项目需编制补充定额的规定。

(2)章说明的内容

本章包括的内容；本章工程项目的统一规定；本章工程项目综合的内容及允许抽换的规定；本章工程项目的工程量计算规则。

(3)节说明的内容

预算定额只在桥涵工程章分节，由于桥涵工程包括的内容较多，为便于使用，按工程项目类别分为 11 节。

本节工程项目的统一规定；本节工程综合的内容及允许抽换的规定；本节工程项目的工程

量计算规则。

2. 预算定额项目表

预算定额项目表主要内容包括：

(1)工程项目名称及定额单位。

(2)工程项目包括的工程内容。

(3)完成定额单位工程的人工、单位、代号、数量。数量中包括施工定额综合为预算定额项目的人工幅度差，还包括材料工地小搬运的人工工日。

(4)完成定额单位工程的材料名称、单位、代号、数量。

①主要材料以实际使用量或周转使用量的消耗数量表示，材料消耗量包括施工过程中的场内运输及操作损耗。

②次要材料及消耗量很少的材料以其他材料费的形式表示。

③不以材料数量表示，而以使用时间来进行折旧的金属构件，以设备摊销费的形式表示。

(5)完成定额单位工程的机械名称、单位、代号、数量。

①主要机械以实际使用台班数量表示，定额的台班数量包括由施工定额综合为预算定额项目的机械幅度差。

②次要机械及消耗量很少的机械以小型机具使用费的形式表示。

(6)定额基价。将完成单位工程项目所需人工、材料、机械的数量以费用的形式表示，并作为计算其他直接费、现场经费和间接费的计价依据。

(7)有些定额项目下还列有在章、节说明中没有包括的，仅供本定额项目使用的注释。如路基工程洒水汽车洒水项目中注明，若水需计费时，水费另行计算。

3. 定额附录

定额附录是配合定额使用不可缺少的一个重要组成部分。定额附录的作用包括：

(1)了解定额编制时采用的各种统一规定，如路面材料计算基础数据；预制构件混凝土与模板的接触面积，每 $10m^2$ 接触面积的模板所需的人工、机械及材料的周转使用量。

(2)供抽换定额中混凝土强度等级、砂浆强度等级时使用的混凝土、砂浆配合比表。

(3)编制补充预算定额所需的统一规定，如材料的周转次数、规格，单位重、代号、基价等。

(4)便于使用单位经过施工实践核定定额水平，并对定额水平提出意见，作为修订定额的重要资料。

第二节　公路工程预算定额的运用

预算定额的运用主要是直接套用和换算两种形式。当设计要求、结构形式、施工工艺、施工机械等与定额条件完全符合时，可直接套用定额。在应用定额编制预算时，绝大多数项目属于直接套用定额这种情况。当设计要求与定额条件不完全相符时则不可直接套用定额，应根据定额的规定进行换算。要想能充分正确地运用好定额，必须很好地理解、掌握定额中的规定。下面对总说明及各章节的规定加以详细说明。

一、关于预算定额总说明的运用

定额的总说明是涉及定额使用方面的全面性的规定和解释。它是非常重要的，需要真正理解、切实掌握，而且应当记住。预算定额的总说明共有二十二条，现就其内容重点介绍如下。

(1)关于本定额类属、作用、适用范围：

①本定额的分类是属于全国公路专业统一定额。

②本定额的作用，不仅是编制施工图预算的依据，而且是编制概算定额的基础。

③本定额适用范围是：公路基本建设新建、改建工程；养路大中修工程可参考使用。不适用于独立核算执行产品出厂价格的构件厂中生产的各种工程构件和配件。

(2)在使用定额时要注意总说明中第四条的规定，即“除定额中规定允许换算者外，均不得因具体工程的施工组织、操作方法和材料消耗与定额的规定不同而变更定额”。

(3)定额的“工程内容”已包括定额操作的全部施工过程，编预算时不得再另列材料工地小搬运等项目。

(4)编预算时不得另行增加材料及半成品等的场内运输损耗及操作损耗。其场外损耗应在材料预算单价中考虑，而与定额无关。

(5)大于工程中使用的周转性材料，允许根据具体情况（达不到周转次数者）进行换算并按规定计算回收的，只限于①就地浇筑的钢筋混凝土梁用的支架；②拱圈用的拱盔、支架。其余工程一般不予抽换，只能套用定额规定值。关于周转性材料的换算方法见例 3-4-1。

(6)当施工图设计中采用的砂浆强度、水泥混凝土强度或水泥强度与定额表中规定的强度不相符时，可按《预算定额》附录二中“配合比表”（见《预算定额》的 1009～1016 页）进行换算后，用以替换定额表中相应的材料消耗定额值。抽换方法见《预算定额》第四章桥涵工程定额的运用部分。

(7)《预算定额》中未包括机械台班单价，编制预算时应按《机械台班费用定额》分析计算机械台班单价。

(8)次要、零星材料和小型机具的费用已包括在定额的“其他材料费”和“小型机具使用费”中，编预算时不得另列。

(9)对于工程中的房屋工程，应执行地区的建筑安装工程预算定额。

(10)定额表中注明“某某数以内、以下”者均包括某某数本身，反之则不包括某某数本身。

在编制预算时除应特别注意上述各项之外，还必须注意全面阅读和遵循总说明的规定。

【例 3-4-1】 关于材料周转及摊销。某 2 孔跨径 50m 石拱桥，制备 1 孔满堂式木拱盔，若实际周转次数为 3 次，试确定其实际周转次数的周转性材料预算定额。

在《预算定额》附录三中编有“材料的周转及摊销”定额。它的用途主要是：

(1)规定各种周转性材料的周转、摊销次数。

(2)对达不到规定周转次数的材料定额进行抽换，换算公式为：

$$E' = E \cdot k \tag{3-4-1}$$

式中：E'——实际周转次数的周转性材料定额；

E——定额规定的周转性材料定额；

k——换算系数，$k=n/n'$；

n——定额规定的材料周转次数；

n'——实际的材料周转次数。

本题查预算定额 4-9-2-3，得每 $10m^2$ 立面积周转性材料 E 值为：原木 $0.954m^3$、锯材 $0.566m^3$、铁件 35kg、铁钉 0.9kg。

查附录三“材料的周转及摊销”得拱盔的周转次数定额 n 为：木料 5 次、铁件 5 次、铁钉 4 次。

根据式(3-4-1),计算得 E':

原木:0.954×5/3 = 1.59m³　　　　锯材:0.566×5/3 = 0.943m³

铁件:35×5/3 = 58.3kg　　　　铁钉:0.9×4/3 = 1.2kg

【例 3-4-2】 某浆砌块石石拱圈工程,跨度20m以内,设计采用M10水泥砂浆砌筑。试问编预算时是否需要抽换?怎样抽换?

解:总说明第九条规定,定额中列有混凝土、砂浆的强度等级和用量,其材料用量已按附录中配合比表规定的数量列入定额,不得重算。如设计采用的混凝土、砂浆强度等级或水泥强度等级与定额所列强度等级不同时,可按配合比表进行换算。但实际施工配合比材料用量与定额配合比表用量不同时,除配合比表说明中允许换算者外,均不得调整。

混凝土、砂浆配合比表的水泥用量,已综合考虑了采用不同品种水泥的因素,实际施工中不论采用何种水泥,不得调整定额用量。

查《预算定额》4-5-3-8,知定额给定砌筑是用M7.5水泥砂浆,用量是2.7m³/10m³,与设计要求不符,故需要抽换。抽换方法如下:

基本定额砂浆配合比表,如表3-4-1所示。

砂浆配合比表(单位:1m³ 砂浆及水泥浆)　　表 3-4-1

序号	项目	单位	水泥砂浆									
			砂浆强度等级									
			M5	M7.5	M10	M12.5	M15	M20	M25	M30	M35	M40
			1	2	3	4	5	6	7	8	9	10
1	32.5级水泥	kg	218	266	311	345	393	448	527	612	693	760
2	生石灰	kg	—	—	—	—	—	—	—	—	—	—
3	中(粗)砂	m³	1.12	1.09	1.07	1.07	1.07	1.06	1.02	0.99	0.98	0.95

表中对应于M10砂浆32.5级水泥定额:311kg/1m³

M10砂浆的砂定额:1.07m³/1m³

《预算定额》4-5-3-8中水泥砂浆用量2.70m³/10m³。

有每10m³拱圈用M10砂浆时砂浆材料定额:

32.5级水泥2.7×0.311=0.840t/10m³;砂2.7×1.07=2.89m³/10m³

用M7.5砂浆时砂浆材料定额:

32.5级水泥2.7×0.266=0.718t/10m³;砂2.7×1.09=2.94m³/10m³

抽换值:32.5级水泥1.5−0.718+0.840=1.622t/m³

砂3.06−2.94+2.89=3.01m³/10m³

从以上例题中可以看出:

在砂浆强度等级的换算中,除砂浆的材料用量需换算外,其余的工、料、机用量不变。

二、关于预算定额中路基工程定额的运用

(一)路基工程章说明

路基工程章说明共有2条,路基土、石方工程节说明有8条,排水工程节说明有4条,软基处理工程节说明有8条,现对需要特别强调部分介绍如下。

(1)土石方体积计算。

此内容同概算部分。具体应用详见第三章例 3-3-2。

(2)应由施工组织设计提出,并计入填方数量内的几种土石方数量。

①清除表土或零填地段的基底压实,耕地填前夯(压)实后,回填至原地面高程所需的土石方数量。

②因路基沉陷需增加填筑的土石方数量。

先计算天然土因压实而产生的沉降量 h。

$$h = p/c \tag{3-4-2}$$

式中:h——天然土因压实而产生的沉降量,cm;

p——有效作用力,N/cm²,一般按 12～15t 压路机的有效作用力 $p=66\text{kN/cm}^2$;

c——土的抗沉陷系数,N/cm²,其值见表 3-4-2。

各种原状土的 c 值参考表 表 3-4-2

原状土名称	c(N/cm²)	原状土名称	c(N/cm²)
1. 沼泽土	1～1.5	4. 大块胶结的砂、潮湿黏土	3.5～6.0
2. 凝滞土、细粒砂	1.8～2.5	5. 坚实的黏土	10.0～12.5
3. 松砂、松湿黏土、耕土	2.5～3.5	6. 泥灰石	13.0～18.0

碾压天然土地面的面积乘以沉降量就是需增加的填方数量,即:

$$Q = Fh \tag{3-4-3}$$

式中:Q——增加的填方数量,m³;

F——填前压(夯)实的天然土的地面面积,m²;

h——沉降量,m。

计算出的 Q 值应计入设计填方数量。

③为保证路基边缘的压实度须加宽填筑时,所需的土、石方数量。

填筑路堤时,为保证路基边缘有足够的压实度,一般在施工时需超出设计宽度填筑,采用机械碾压时,路基每边加宽的填筑宽度视路堤填筑高度而定,通常在 20～50cm 之间,路基加宽填筑部分如需清除时,按土方运输定额计算。

需填宽的土方量一般可用下列公式计算:

宽填土方量=填方区边缘全长×边坡平均坡长×宽填厚度 (3-4-4)

下面用一例题说明该条文的运用。

【例 3-4-3】 某高速公路路基工程,全长 20km,按设计断面计算的填缺为 6 000 000m³,无利用方,平均填土高度为 5.0m,平均边坡长度为 10.5m,宽填厚度 0.2m,路基平均占地宽 45m,路基占地及取土坑均为耕地,土质为 III 类土,填前以 12t 压路机压实耕地。试计算:填前压实增加土方量为多少?路基宽填增加土方量多少?总计计价方量(压实方)为多少?

解:①填前压实耕地增加的土方量

由表 3-4-2 查得 $c=3.5\text{N/cm}^2$,$p=66\text{N/cm}^2$。由式(3-4-2)及式(3-4-3)算得:

$h=66/3.5=18.86\text{cm}$

$Q=45\times20\,000\times0.188\,6=169\,740\text{m}^3$

②路基宽填增加土方量

由式(3-4-4)得：

$$宽填土方量=10.5\times 20\,000\times 0.2\times 2=84\,000m^3$$

③总计计价方量(压实方)

$$6\,000\,000+169\,740+84\,000=6\,253\,740m^3$$

(3)零填及挖方地段基底压实面积等于路槽地面宽度(m)和长度(m)的乘积。

【例 3-4-4】 某路基工程，路槽宽度为 8.5m，零填方地段累计全长 5.0km，试计算零填地段基底压实面积为多少？

解：基底压实面积$=8.5\times 5\,000=42\,500m^2$

(4)机械施工土、石方，挖方部分机械达不到需由人工完成的工程量由施工组织设计确定。其中人工操作部分，按相应定额乘以 1.15 系数。

【例 3-4-5】 某路基工程采用挖掘机挖装土方，机械无法操作之处需采用人工挖装土方，其工程量 6 500m³，并查得其定额表 1-1-6-2 的定额值为 181.1 工日/1 000m³ 天然密实土，试问实际采用的计算定额值为多少？其所需劳动量为多少？

解：实际采用的计算定额值为相应定额值乘以 1.15 系数，即：

$$181.1\times 1.15=208.265\ 工日/1\,000m^3$$

所需总劳动量为 $6\,500/1\,000\times 208.265=1\,353.722\,5$ 工日

(二)路基工程定额表

1. 关于乘系数及增减定额值调整部分

增减定额值调整见表 3-4-3。

增减定额值调整表 表 3-4-3

需调整定额表号	调整条件及调整内容	系数及增减量值
1-1-1-10	挖芦苇使用挖竹根定额时	乘 0.73
1-1-6	当采用人工挖、装，机动翻斗车运输时	挖、装人工按第一个 20m 挖运定额减 30.0 个工日
1-1-9	挖掘机挖装土方，不需装车时	乘 0.87
1-1-10	装载机装土方如需推土机配合推松、集土时	人工、推土机台班的数量按推土机推运土方第一个 20m 定额乘以 0.8
1-1-13	采用自行式铲运机铲运土方时	铲运机台班数量应乘以 0.7 系数
1-1-14	当采用人工开炸、装车，机动翻斗车运输时	开炸、装车所需的工、料消耗按第一个 20m 开炸运定额减 50.0 个工日
1-2-6	雨水箅子的规格和定额不同时	可按设计用量抽换定额中铸铁箅子的消耗
1-3-1	袋装砂井处理软土地基定额按砂井直径 7cm 编制，如砂井直径不同时	按砂井截面积的比例关系调整中(粗)砂的用量，其他不作变动
1-3-7	高压旋喷桩定额中的浆液系按普通水泥浆编制的，当设计采用添加剂或水泥用量与定额不同时	可按设计要求进行抽换

2. 其他需要说明的部分

(1)洒水汽车洒水定额中的水不计费用，若用水需计水费时，应按相应的水价另行计算。

(2)自卸汽车运输路基土、石方定额项目和洒水汽车洒水定额项目，仅适用于平均运距在 15km 以内的土、石方或水的运输。当平均运距超过 15km 时，应按社会运输的有关规定计算其运输费用。当运距超过第一个定额运距单位时，其运距尾数不足一个增运定额单位的半数时不计，等于或超过半数时按一个增运定额运距单位计算。

(3)凡工作内容中未包括运输，而又需要有运输配合时，运输按有关的定额另行计算。

(4)路基碾压定额中编制了推土机推平土方及平地机摊平土方两种方式，推土机的台班数量列于括号内。推土机及平地机不可同时选用，定额基价是按平地机计算的，如采用推土机整平土方时，可采用括号内数字并扣除定额中平地机的全部台班数量。对零填及挖方路段路基，只考虑铺设高等级路面的情况。如三、四级公路铺设高等级路面，按二级公路取定，对铺设低等级路面的公路，不考虑压实。

(5)边沟、排水沟、截水沟、急流槽定额均未包括垫层的费用，需要时按有关定额另行计算。

(6)土工布的铺设面积为锚固沟外边缘所包围的面积，包括锚固沟的底面积和侧面积。定额中不包括排水内容，需要时另行计算。

(7)强夯定额适用于处理松、软的碎石土、沙土、低饱和度的粉土与黏性土、湿陷性黄土、杂填土和素填土等地基。定额中已综合考虑夯坑的排水费用，使用定额时不得另行增加费用。夯击遍数应根据地基土的性质由设计确定，低能量满夯不作为夯击遍数计算。强夯处理软土地基定额中未包括垫层，需要时应按相关定额另行计算。

(8)软土地基垫层定额中，压实如需用水时，费用另行计算。

(9)堆载预压定额中包括了堆载四面的放坡、沉降观测、修坡道增加的工、料、机消耗以及施工中测量放线、定位的工、料消耗，使用定额时均不得另行计算。而本定额中未包括堆载材料的运输，应按相关定额另行计算。

(三)路基工程定额运用例题

【例 3-4-6】 某公路用袋装砂井法处理软土地基，使用带门架的袋装砂井机，砂井直径9cm，试求 1 500m 砂井的人工、铁件、中(粗)砂及袋装砂井机(带门架)的消耗量。

解：查《预算定额》1-3-1-1，由附注知本题需对中(粗)砂消耗量进行比例扩大，而其他不变。

人工：11.3×1 500/1 000＝16.95 工日

铁件：4.5×1 500/1 000＝6.75kg

中(粗)砂：4.56×1 500/1 000×9/7＝8.794m^3

袋装砂井机(带门架)：2.11×1 500/1 000＝3.165 台班

【例 3-4-7】 某地平原微丘区二级公路，其中一段的路基工程全部采用借土填方，填方量计 130 000m^3，借方平均运距为 3km，试确定定额消耗量指标。

解：(1)推土机集土

根据借方数量，拟采用 105kW 推土机进行集土。

查《预算定额》表 1-1-12-10(105kW 以内推土机第一个 20m 普通土)，定额单位 1 000 m^3，则工程量为：130 000/1 000＝130 个定额单位。

人工：4.5×130×1.16×0.8＝542.88 工日

105kW 以内履带式推土机：2.08×130×1.16×0.8＝250.931 台班

(2)装载机装土

查《预算定额》1-1-10-2(2 m^3 装载机装土方)：

2 m^3 以内轮式装载机：1.42×130×1.16＝214.136 台班

(3)载重汽车运输土方

根据定额建议的装载机与自卸载重汽车配备，可选用 10t 以内的自卸汽车运输土方。

查定额 1-1-11-13(10t 以内自卸汽车配合装载机运输土方第一个 1km、1-1-11-14 10t 以内自卸汽车配合装载机运输土方每增运 0.5km)。此时的增运距为 2km，则 2/0.5＝4 个定额单位;同时还应考虑土方运输时增加的 0.03 土方运输损耗。

10t 以内自卸汽车:(7.58+1.02×4)×130×1.19= 1 803.802 台班

(4)填方压实

查《预算定额》1-1-18-6(12~15t 光轮压路机碾压二级公路路基)拟采用平地机推平土方:

人工:3.0×130=390 工日

120kW 以内自行式平地机:1.63×130=211.9 台班

6~8t 光轮压路机:1.24×130=161.2 台班

12~15t 光轮压路机:4.01×130=521.3 台班

定额基价:3 592×130=466 960 元

三、关于预算定额中路面工程定额的运用

(一)路面工程章、节说明及定额表

路面工程定额在运用中应注意的部分,统一列在表 3-4-4 中。

定额在运用中应注意的部分 表 3-4-4

定额运用规定	对应定额表号	具体内容	调整情况
不得另行计算的规定	2-2-7、2-2-8、2-2-9	沥青表面处治路面、沥青贯入式路面和沥青上拌下贯式路面的下贯层定额中已计入热化、熬制沥青用的锅、灶等设备费用,编制预算时,不得另行计算	
		铺砌水泥混凝土预制块人行道、路缘石、沥青路面镶边和土硬路肩加固定额中,均已包括水泥混凝土预制块的预制,使用定额时不得另行计算	
系数及数量增减调整的规定		自卸汽车运输稳定土混合料、沥青混合料和水泥稳定土定额项目,仅适用于平均运距在 15km 以内的混合料运输,当平均运距超过 15km 时,应按社会运输的有关规定计算其运输费用。当运距超过第一个定额运距单位时	其运距尾数不足一个增运定额单位的半数时不计,等于或超过半数时按一个增运定额运距单位计算
		各类稳定土基层、级配碎石、级配砾石路面的压实厚度在 15cm 以内,填隙碎石一层的压实厚度在 12cm 以内,垫层和其他种类的基层压实厚度在 20cm 以内,面层的压实厚度在 15cm 以内,拖拉机、平地机和压路机台班按定额数量计算。如超过以上压实厚度进行分层拌和、碾压时	拖拉机、平地机和压路机台班按定额数量加倍,每 1 000m^2 增加 3.0 工日
		各类稳定土底基层采用稳定土基层定额时	每 1 000m^2 路面减少 12~15t 光轮压路机 0.18 台班
		水泥、石灰稳定类基层定额中的水泥或石灰与其他材料系按一定配合比编制的,当设计配合比与定额标明的配合比不同时,有关材料可分别按公式换算	见例题

续上表

定额运用规定	对应定额表号	具体内容	调整情况
系数及数量增减调整的规定	2-2-7、2-2-8、2-2-9、2-2-14	在冬五区、冬六区沥青路面采用层铺法施工时，其用油量可按定额用油量乘以系数	沥青表面处治1.05；沥青贯入式基层或联结层1.02；面层1.028；沥青上拌下贯式下贯部分1.043
		压路机台班按行驶速度两轮光轮压路机为2.0km/h、三轮光轮压路机为2.5km/h、轮胎式压路机为5.0 km/h、振动压路机为3.0km/h计算编制	如设计为单车道路面宽度时，两轮光轮压路机乘以1.14系数，三轮光轮压路机乘以1.33系数，轮胎式压路机和振动压路机乘以1.29系数
	2-3-1	修整旧黑色路面定额适用于每块修整面积$30m^2$以内者，每块修整面积大于$30m^2$者	按相应路面定额人工及机械乘以0.8系数，其他不变
	2-3-2	挖除旧路面废渣清除后，底层如需碾压	每1 000m^2可增加15t以内振动压路机0.18台班
	2-3-3	挖路槽如为半挖半填路槽时	人工工日乘以0.8系数
	2-2-16	粒料基层浇洒透层沥青后，不能及时铺筑面层并需开放施工车辆通行时	每1 000m^2增加粗砂0.83m^3、6～8t光轮压路机0.12台班；沥青用量乘以1.1的系数
		本定额系按一定的油石比编制的。当设计采用的油石比与定额不同时，可按油石比调整定额中的沥青用量	换算公式：$S_i=S_d\times L_i/L_d$ S_i是按设计油石比换算后的沥青数量； S_d是定额中的沥青数量； L_i是设计采用的油石比； L_d是定额中标明的油石比
允许另行计算的规定	2-2-1、2-2-2、2-2-3	泥结碎石及级配碎石、级配砾石面层定额中，均未包括磨耗层和保护层，需要时应按磨耗层和保护层定额另行计算	
		沥青路面定额中均未包括黏层、透层、封层，需要时可按有关定额另行计算	
		沥青路面定额中的乳化沥青和改性沥青，均按外购成品料进行编制；如在现场自行配制时	其配制费用计入材料预算价格中
		如沥青玛蹄脂碎石混合料设计采用的纤维稳定剂的掺和比例与定额不同时	可按设计用量调整定额中纤维稳定剂的消耗
		沥青路面定额中，均未考虑为保证石料与沥青的黏附性而采用的抗剥离措施的费用，需要时	应根据石料的性质，按设计提出的抗剥离措施，计算其费用
		硬路肩工程项目，根据其不同设计层次结构，分别采用不同的路面定额项目进行计算	

续上表

定额运用规定	对应定额表号	具体内容	调整情况
		本章定额中凡列有洒水汽车的子目均按5km范围内洒水汽车在水源处自吸水编制，不计水费。如工地附近无天然水源可利用，必须采用供水部门供水(如自来水)时，可根据定额子目中洒水汽车的台班数量，按每台班 $35m^3$ 计算定额水量，乘以供水部门规定的水价增列水费。洒水汽车取水的平均运距超过5km时，可按路基工程的洒水汽车洒水定额中的增运定额增加洒水汽车的台班消耗，增加的洒水汽车台班不得再计水费	
允许另行计算的规定	2-1-10	基层稳定土厂拌设备安装、拆除定额中，拌和厂场地清理、平整、垫层、碾压、围栏等内容不包括在本定额内，需要时可按有关定额另行计算	
	2-2-2	级配碎石路面定额若石屑缺乏时，可将石屑用量的10%以细砂砾或粗砂代替	
	2-2-9	沥青上拌下贯式路面定额仅包括下贯部分消耗量，其上拌部分实际用量可按压实厚度范围2～4cm计算工程量，按有关定额另行计算	
	2-2-15	沥青混合料拌和设备安装、拆除定额中，拌和厂场地清理、平整、垫层、碾压、围栏等内容不包括在本定额内，需要时可按有关定额另行计算	
	2-2-17	水泥混凝土路面定额不包括混凝土拌和站安拆费用，需要时可按有关定额另行计算	
	2-2-18	碾压混凝土路面定额未包括混凝土拌和站的安拆费用，需要时按有关定额另行计算	

(二)路面工程定额运用例题

【例3-4-8】 石灰、粉煤灰稳定碎石基层，定额取定的配合比为5：15：80，基本压实厚度为15cm；设计配合比为4：11：85，设计厚度为16cm，求各种材料调整后的数量。

解：水泥、石灰稳定类基层定额中的水泥或石灰与其他材料系按一定配合比编制的，当设计配合比与定额标明的配合比不同时，有关材料可分别按下式换算：

$$C_i = [C_d + B_d \times (H_1 - H_0)] \times \frac{L_i}{L_d} \tag{3-4-5}$$

式中：C_i——按设计配合比换算后的材料数量；

C_d——定额中基本压实厚度的材料数量；

B_d——定额中压实厚度每增减 1cm 的材料数量；

H_0——定额的基本压实厚度；

H_1——设计的压实厚度；

L_d——定额标明的材料百分率；

L_i——设计配合比的材料百分率。

本例中，根据式(3-4-5)，查定额 2-1-4-21、22，计算如下：

石灰：$[15.829+1.055\times(16-15)]\times\frac{4}{5}=13.507\text{t}$

粉煤灰：$[63.31+4.22\times(16-15)]\times\frac{11}{15}=49.52\text{m}^3$

碎石：$[164.89+10.99\times(16-15)]\times\frac{85}{80}=186.87\text{m}^3$

【例 3-4-9】 某沥青混凝土混合料路面面层摊铺工程，采用机械摊铺，沥青混凝土混合料为粗粒式，厚度 10cm，路面宽 8.0m，路段长 12km，需分层拌和碾压，试计算所需人工劳动量及压路机作业量。

解：查《预算定额》2-2-14-30，定额单位为 1 000m^3 路面实体，选用 30t 以内沥青混合料拌和设备，12～15t 光轮压路机。

工程量为：$8\times12\,000\times0.1=9\,600\text{m}^3=9.6$ 定额单位

又面层需分层碾压，按规定人工每 1 000m^2 需增加人工 3.0 工日，压路机台班按定额数加倍。

人工：$61.1\times9.6+(8\times12\,000)/1\,000\times3=874.56$ 工日

压路机作业量：$10.52\times2\times9.6=201.984$ 台班

【例 3-4-10】 某冬五区沥青贯入式面层工程，路面宽 8.5m、铺装长度 10km，设计厚度 6cm，需铺黏层，采用层铺法施工，试求其总劳动量和总用油量。

解：查《预算定额》2-2-8-3，定额单位 1 000m^2，根据第二节路面面层说明冬五区沥青路面采用层铺法施工时，其用油量沥青贯入式面层乘 1.028 系数。

人工：$17.7\times8.5\times10\,000/1\,000=1504.5$ 工日

石油沥青：$6.283\times8.5\times10\,000/1\,000\times1.028=549.01\text{t}$

另根据路面面层节说明 5 的规定，应另计黏层的工、料、机等。

查《预算定额》2-2-16-5，定额单位 1 000m^2。

人工：$0.7\times8.5\times10\,000/1\,000=59.5$ 工日

石油沥青：$0.412\times8.5\times10\,000/1\,000=35.02\text{t}$

总计人工：$1\,504.5+59.5=1\,564$ 工日

总计石油沥青：$549.01+35.02=584.03\text{t}$

【例 3-4-11】 某石灰土砂砾基层工程，共 60 000m^2，采用 6 000L 洒水汽车洒水，需在距工地 6km 处吸取自来水，自来水单价 0.85 元/m^3，试计算增列水费和该子目实用洒水汽车定额及总作业量。

解：查《预算定额》2-1-3-29，定额单位 1 000m^2，根据章说明 4 的规定计算如下。

增列水费：水费＝0.88×60 000/1 000×0.85×35＝1 570.8 元

查《预算定额》1-1-22-7 洒水汽车洒水，定额单位 1 000m^3。

洒水汽车增运运距 1km。

增列洒水汽车定额＝0.88×1/0.5×35×0.88/1 000＝0.054 台班

实用洒水汽车定额＝0.88＋0.054＝0.934 台班

洒水汽车总计作业量：0.934×60 000/1 000＝56.1 台班

四、关于预算定额中隧道工程定额的运用

(一)隧道工程定额的章说明

预算定额的隧道工程章说明共 8 条，第一节说明 11 条，第二节说明 3 条，第三节说明 4 条，第四节说明 3 条。其中要特别注意：

(1)本章定额按现行隧道设计文件、施工技术规范将围岩分为六级，即Ⅰ级～Ⅵ级。

(2)工作面距洞口长度大于 500m 时人工定额和台班定额要增加 5%。

(3)隧道工程项目采用其他各章节定额时按章说明 8 的规定处理。

(4)工程数量计算规则按该第一节说明 11，第二节说明 3，第三节说明 4，第四节说明 3 的规定。

(5)本章定额中混凝土工程均未考虑拌和的费用，应按桥涵工程相关定额另行计算。

(6)本章开挖定额中已综合考虑超挖及预留变形因素。

(7)本定额中均未包括混凝土及预制块的运输，需要时应按有关定额另行计算。

(8)本定额未考虑地震、坍塌、溶洞及大量地下水处理，以及其他特殊情况所需的费用，需要时可根据设计另行计算。

(9)本定额未考虑施工时所需进行的监控量测以及超前地质预报的费用，监控量测的费用已在《概算预算编制办法》的施工辅助费中综合考虑，使用定额时不得另行计算，超前地质预报的费用可根据需要另行计算。

(10)本定额中凡是按不同隧道长度编制的项目，均只编制到隧道长度在 4 000m 以内。当隧道长度超过 4 000m 时，应按以下规定计算。

①洞身开挖：以隧道 4 000m 以内定额为基础，与隧道长度 4 000m 以上每增加 1 000m 定额叠加使用。

②正洞出渣运输：通过隧道进出口开挖正洞，以换算隧道长度套用相应的出渣定额计算。换算隧道长度计算公式为：

换算隧道长度＝全隧长度－通过辅助坑道开挖正洞的长度

当换算隧道长度超过 4 000m 时，隧道长度 4 000m 以内定额为基础，与隧道长度 4 000m 以上每增加 1 000m 定额叠加使用。

通过斜井开挖正洞，出渣运输按正洞和斜井两段分别计算，二者叠加使用。

③通风、管线路定额，按正洞隧道长度综合编制，当隧道长度超过 4 000m 时，以隧道长度 4 000m 以内定额为基础，与隧道长度 4 000m 以上每增加 1 000m 定额叠加使用。

(二)隧道工程定额表

本章共有 4 节，其中需要特别注意的使用原则见表 3-4-5 所列。

需要特别注意的使用原则　　表 3-4-5

	对应定额表号	具体内容	说　明
不得另行计算	3-1-1、3-1-2	本定额人工开挖、机械开挖轻轨斗车运输项目系按上导洞、扩大、马口开挖编制的,也综合了下导洞扇形扩大开挖方法,并综合了木支撑和出渣、通风及临时管线的工料机消耗	
	3-1-5	格栅钢架和型钢钢架均按永久性支护编制,如作为临时支护时,应按规定计取回收。定额中已综合连接钢筋的数量	
	3-3-1、3-3-2、3-3-4	斜井项目按开挖、出渣、通风及管线路分别编制,竖井项目定额中已综合了出渣、通风及管线路	
		斜井相关定额项目系按斜井长度 800m 以内综合编制的,已含斜井建成后,通过斜井进行正洞作业时,斜井内通风及管线路的摊销部分	
	3-4-4	洞内预埋件工程量按设计预埋件的敷设长度计算,定额中已综合了预留导线的数量	
系数调整	3-1-1、3-1-2、3-1-3	洞内出渣运输定额已综合门外 500m 运距,当洞门外运距超过此运距时	可按照路基工程自卸汽车运输土石方的增运定额加计增运部分的费用
	3-1-5	注意钢支撑材料的周转及回收	
		洞内排水定额仅适用于反坡排水的情况,排水量按 10 m^3/h 以内编制,超过此排水量时(正洞内排水系按全隧道长度综合编制,当隧道长度超过 4 000m 时,以隧道长度 4 000m 以内定额为基础,与隧道长度 4 000m 以上每增加 1 000m 定额叠加使用)	抽水机按涌水量(10 m^3/h):10 以内 1.00,15 以内 1.2,20 以内 1.35 的系数调整(当排水量超过 20 m^3/h 时,根据采取治水措施后的排水量采用以上系数调整)
	3-1-8	喷射混凝土定额中已综合考虑混凝土的回弹量;钢纤维混凝土中钢纤维掺入量按喷射混凝土质量的 3%掺入	当设计采用的钢纤维掺入量与本定额不同或采用其他材料时,可进行抽换
允许另行计算的规定	3-1-22	照明设施定额中不包括洞外线路	需要时另行计算
		本定额连拱隧道中导洞、侧导洞开挖和中隔墙衬砌是按连拱隧道施工方法编制的	除此以外的其他部位的开挖、衬砌、支护可套用本节其他定额
		洞身衬砌项目按现浇混凝土衬砌,石料、混凝土预制块衬砌分别编制,不分工程部位(即拱部、边墙、仰拱、底板、沟槽、洞室)均使用本定额。定额中已综合考虑超挖回填因素	当设计采用的混凝土强度等级与定额采用的不符时或采用特殊混凝土时,可根据具体情况对混凝土配合比进行抽换
	3-1-2、3-1-3	混凝土运输定额仅适用于洞内混凝土运输	洞外运输应按桥涵工程有关定额计算
	3-1-16、3-1-22	照明设施为隧道营运所需的洞内永久性设施。本定额不包括洞外线路	需要时应另行计算
		仰坡、截水沟等应按有关定额另行计算	
		斜井支护按正洞相关定额计算	

(三)隧道工程定额的运用例题

【例 3-4-12】 关于章说明 4 的运用示例见概算定额使用部分,与例 3-3-7 类似,在此不多述。

【例 3-4-13】 某土质隧道内路面基层采用 15cm 的二灰碎石,数量为 10 000m^2,试确定其工、料、机消耗量及基价。

解:《预算定额》第三章“隧道工程”中无洞内路面的相关定额,章说明规定:“洞内工程若采用其他章节的有关项目时,所采用定额的人工工日、机械台班数量及小型机具使用费应乘以 1.26 系数”,此时洞内的路面工程可以按此办理。

查定额 2-1-4-21,定额的单位为 1 000m^2。

人工:22.3×10 000/1 000×1.26 = 280.98 工日

粉煤灰:63.31×10 000/1 000=633.1m^3

碎石:164.89×10 000/1 000 = 1 648.9m^3

生石灰:15.829×10 000/1 000=158.29m^3

设备摊销费:1.6×10 000/1 000=16 元

120kW 以内自行式平地机:0.51×10 000/1 000×1.26=6.426 台班

75 kW 以内履带式拖拉机:0.21×10 000/1 000×1.26 =2.646 台班

6～8t 光轮压路机:0.41×10 000/1 000×1.26=5.166 台班

12～15t 光轮压路机:1.27×10 000/1 000×1.26=16.002 台班

6 000L 以内洒水汽车:0.92×10 000/1 000=9.2 台班

基价:10 297×10 000/1 000+增加的人工费和机械使用费

【例 3-4-14】 某隧道采用钢支撑,并将钢支撑作为永久性支撑浇筑在混凝土内。已知钢支撑共计 10t,试求工、料、机消耗量。

解:查《预算定额》3-1-5-1,根据第一节 4 条说明,格栅钢架和型钢钢架均按永久性支护编制,计算如下。

人工:18.7×10=187 工日

型钢:0.96×10=9.6t

钢板:0.1×10=1.0t

电焊条:4.1×10=41kg

铁件:15×10=150kg

其他材料费:(158.4−143)×10=154 元

4t 以内载货汽车:15.7×10=157 台班

32kV·A 以内交流电焊机:1.01×10=10.1 台班

五、关于预算定额中桥涵工程定额的运用

(一)桥涵工程章说明

桥涵工程章说明中需注意内容列于表 3-4-6。

需要注意的内容　　表 3-4-6

章说明项目	具体内容	调整数值
混凝土工程	定额中混凝土均按露天养生考虑，如采用蒸气养生时	应从各有关定额中减去人工 1.5 工日及其他材料费 4 元，并按蒸气养生有关定额计算
	定额中混凝土工程除小型构件、大型预制构件底座、混凝土搅拌站安拆和钢桁架桥式码头项目中已考虑混凝土的拌和费用外	其他混凝土项目中均未考虑混凝土的拌和费用，应按有关定额另行计算
	除另有说明外，混凝土定额中均已综合脚手架、上下架、爬梯及安全围护等搭拆及摊销费用	使用定额时不得另行计算
	定额中混凝土工程均已包括操作范围内的混凝土运输。现浇混凝土工程的混凝土平均运距超过 50m 时	可根据施工组织设计的混凝土平均运距，按第十一节杂项工程中混凝土运输定额增列混凝土运输
	定额中采用泵送混凝土的项目均已包括水平和向上垂直泵送所消耗的人工、机械，当水平泵送距离超过定额综合范围时	可按章说明中表里数值增列人工及机械消耗量。向上垂直泵送不得调整
钢筋工程	定额中的钢筋按选用图纸分为光圆钢筋、带肋钢筋，如施工图的钢筋比例与定额有出入时	可以调整钢筋品种的比例关系
	定额中的钢筋是按一般定尺长度计算的，如设计提供的钢筋连接用钢套筒数量与定额有出入时	可按设计数量调整定额中的钢套筒消耗，其他消耗不调整
模板工程	模板不单列项目。混凝土工程中所需的模板包括钢模板、组合钢模板、木模板，均按其周转摊销量计入现浇混凝土或预制混凝土定额中	
	定额中的模板均为常规模板，当设计或施工对混凝土结构的外观有特殊要求需要对模板进行特殊处理时	可根据定额中所列的混凝土模板接触面积增列相应的特殊模板材料的费用
	关于钢模板材料及组合钢模板的说明	
设备摊销费	定额中设备摊销费的设备指属于固定资产的金属设备，包括用万能杆件、装配式钢桥桁架及有关配件拼装的金属架桥设备	设备摊销费按设备质量每吨每月 90 元计算(除设备本身折旧费用，还包括设备的维修、保养等费用)。各项目中凡注明允许调整的，可按计划使用时间调整
工程量计算规则	1. 现浇混凝土、预制混凝土、构件安装的工程量为构筑物或预制构件的实际体积，不包括其中空心部分的体积，钢筋混凝土项目工程量不扣除钢筋所占体积。 2. 构件安装定额中在括号内所列的构件体积数量，表示安装时需要备制的构件数量。 3. 钢筋工程量为钢筋的设计质量，定额中已计入施工操作损耗。一般钢筋因接长所需增加的钢筋质量已包括在定额中，不得将这部分质量计入钢筋设计质量内。但由于某些特殊的工程，必须在施工现场分段施工采用搭接接长时，其搭接长度的钢筋质量未包括在定额中，应在钢筋设计质量内计算	

【例 3-4-15】 某桥预制等截面箱梁的设计图纸中光圆钢筋为 2.50t，带肋钢筋为 8.20t。试确定该分项的钢筋定额。

解：查《预算定额》4-7-16-3，光圆钢筋与带肋钢筋的比例为：0.156∶0.869＝0.180。

设计图纸中，光圆钢筋与带肋钢筋的比例为：2.50∶8.20＝0.305，与定额不符，根据章说明应对钢筋定额进行抽换。

由预算定额附录四可知，光圆、带肋钢筋的场内运输及操作损耗为 2.5%。

抽换后定额(1t 钢筋)：

光圆钢筋 $\frac{2.5}{2.5+8.2}\times(1+0.025)=0.239\text{t}$

带肋钢筋 $\frac{8.2}{2.5+8.2}\times(1+0.025)=0.786\text{t}$

(二)第一节开挖基坑节说明及定额表

节说明及定额表内主要内容见表 3-4-7。

主 要 内 容 表 表 3-4-7

定额运用规定	对应定额表号	具 体 内 容	调 整 情 况
不得另行计算的规定	4-1-1、4-1-2、4-1-3	开挖基坑定额已综合了基底夯实、基坑回填及捡平石质基底用工，湿处挖基还包括挖边沟、挖集水井及排水作业用工	编制预算时，不得另行计算
系数及数量增减调整的规定		基坑水泵台班，如钢板桩围堰打进覆盖层	表列台班数乘以 0.7 系数
	4-1-1	土方基坑深超过 6m 时	每加深 1m，按挖基深度 6m 以内定额干处递增 5%、湿处递增 10%
允许另行计算的规定	4-1-1、4-1-2、4-1-3	开挖基坑土、石方运输按弃土于坑外 10m 范围内考虑，如坑上水平运距超过 10m 时	按路基土、石方增运定额计算
	4-1-2、4-1-3	电动卷扬机配抓斗及人工开挖配卷扬机吊运基坑土、石方定额中，已包括移动摇头扒杆用工	摇头扒杆的配置数量应根据工程需要按吊装设备定额另行计算
		开挖基坑定额不包括挡土板	需要时应据实按有关定额另行计算
	4-1-1、4-1-2、4-1-3	挖基定额中未包括水泵台班	挖基及基础、墩台砌筑所需的水泵台班按“基坑水泵台班消耗”表的规定计算，并计入挖基项目中
		本节基坑开挖定额均按原土回填考虑，若采用取土回填时	应按路基工程有关定额另计取土费用
	4-1-3	锚碇基坑开挖土石方的坑外运输应按自卸汽车运路基土石方定额另行计算，除放坡方式开挖石方需另计装车费用外，其他均不得再计装车的费用	

【例 3-4-16】 人工挖基坑土方，坑深 7m，干处开挖，试计算 10 m^3 土方的工、料、机用量。

解：查《预算定额》4-1-1-2，根据注及表列说明，计算如下。

每 1 000 m^3 实体需人工 539.1 工日，则人工用量为：

539.1×(1+5%)×10/1 000=5.66 工日

(三)第二节筑岛、围堰及沉井工程节说明及定额表

节说明及定额表内主要内容见表 3-4-8。

定额表内主要内容 表 3-4-8

定额运用规定	对应定额表号	具体内容	调整情况
不得另行计算的规定	4-2-9	沉井下沉用的工作台、三脚架、运土坡道、卷扬机工作台均已包括在定额中。井下爆破材料除硝铵炸药外，其他列入“其他材料费”中	
	4-2-8	沉井下水轨道的钢轨、枕木、铁件按周转摊销量计入定额中，定额还综合了轨道的基础及围堰等的工、料	编制预算时，不得另行计算。但轨道基础的开挖工作本定额中未计入，需要时按有关定额另行计算
	4-2-8	沉井浮运定额仅适用于只有一节的沉井或多节沉井的底节	分节施工的沉井除底节外的其余各节的浮运、接高均应执行沉井接高定额
	4-2-8	导向船、定位船船体本身加固所需的工、料、机消耗及沉井定位落床所需的锚绳均已综合在沉井定位落床定额中	编制预算时，不得另行计算
	4-2-8	无导向船定位落床定额已将所需的地笼、锚锭等的工、料、机消耗综合在定额中	编制预算时，不得另行计算
	4-2-8	锚碇系统定额均已将锚链的消耗计入定额中，并已将抛锚、起锚所需的工、料、机消耗综合在定额中	编制预算时，不得随意进行抽换
系数及数量增减调整的规定	4-2-9	沉井下沉应按土、石所在的不同深度分别采用不同的下沉深度定额	如沉井下沉在 5m 以内的土、石，应采用下沉深度 0～5m 的定额，当沉井继续下沉到 10m 以内时，对于超过 5m 的土、石应执行下沉深度 5～10m的定额。当下沉深度超过 40m 时，按每增 10m 为一档，每增加一档按下沉深度 30～40m 定额的人工、机械分不同地质乘以下列系数进行计算：砂土、黏土、砂砾、砾（卵）石乘以 1.5，软质岩石乘 1.3，硬质岩石乘 1.2
	4-2-6	套箱围堰定额仅适用于水深在 10m 以内的单壁钢套箱围堰	
允许另行计算的规定	4-2-1、4-2-2、4-2-3、4-2-4	草土、草、麻袋、竹笼、木笼铁丝围堰定额中已包括 50m 以内人工挖运土方的工日数量	定额中括号内所列“土”的数量不计价，仅限于取土运距超过 50m 时，按人工挖运土方的增运定额，增加运输用工
	4-2-8	沉井下水轨道的基础的开挖工作本定额中未计入	需要时按施工组织设计的需要按有关定额另行计算
	4-2-8	有导向船定位落床定额未综合锚炭系统	应按有关定额另行计算。
	4-2-8	导向船联结梁设备摊销费是按施工期 4 个月编制的，如实际施工期与定额不同时	可按实际施工期进行调整

续上表

定额运用规定	对应定额表号	具体内容	调整情况
允许另行计算的规定	4-2-11	地下连续墙定额中未包括施工便道、挡水帷幕、注浆加固等，需要时应根据施工组织设计另行计算。挖出的土石方或凿铣的泥渣如需远运时	应按路基工程中相关定额进行计算
		钢壳沉井接高所需的吊装设备本定额中未计入	需要时应按金属设备吊装定额另行计算
		钢壳沉井作双壁钢围堰使用时，应按施工组织设计计算回收，但回收部分的拆除所需的工、料、机消耗量本定额中未计算	需要时应根据实际情况另行计算
	4-2-1、4-2-2、4-2-3、4-2-4	围堰高度不够时	用内插法计算
	4-2-5	筑岛填心所需土、砂，均为附近挖运，如运距超过50m时	超运部分另行计算

【例3-4-17】 某桥施工组织设计要求施工采用草袋围堰，围堰高为1.7m，围堰长60m，土运距100m，试求预算定额下的工、料消耗量。

解：查《预算定额》4-2-2-2，定额单位10m围堰。

围堰高度可以内插，围堰高1.7m是介于1.5m和1.8m之间的，定额应在4-2-2-3及4-2-2-4之间内插，具体计算如下。

人工：$$6\times\left[17.7+\frac{0.2\times(24.7-17.7)}{0.3}\right]=134.2\text{ 工日}$$

草袋：$$6\times\left[543+\frac{0.2\times(741-543)}{0.3}\right]=4\,050\text{ 个}$$

土：$$6\times\left[33.54+\frac{0.2\times(45.3-33.54)}{0.3}\right]=248.28\text{m}^3$$

运距100m大于定额运距50m，增列超运距运输用工。查定额1-1-6-4，定额单位为1 000 m^3，于是有：

$$(100-50)/10\times18.2\times248.28/1\,000=22.59\text{ 人工}$$

$$\text{总用工数}=134.2+22.59=156.79\text{ 工日}$$

(四)第三节　打桩工程节说明及定额表

节说明及定额表内主要内容见表3-4-9。

定额表内主要内容　　表 3-4-9

定额运用规定	对应定额表号	具体内容	调整情况
不得另行计算的规定	4-3-6	利用打桩时搭设的工作平台拔桩时，不得另计搭设工作平台的工、料消耗	编制预算时，不得另行计算
	4-3-5	打每组钢板桩时，用的夹板材料及钢板桩的截头、连接(接头)、整形等的材料已按摊销方式，将其工、料计入定额中	
	4-3-5	钢板桩木支撑的制作、试拼、安装的工、料消耗，均已计入打桩定额中，拆除的工、料消耗已计入拔桩定额中	
	4-3-7	船上打桩工作平台所需驳船艘班，包括在打桩或拔桩的定额中	
系数及数量增减调整的规定	4-3-1、4-3-2、4-3-3、4-3-5	打桩定额均为打直桩，如打斜桩时	机械乘 1.20 的系数，人工乘 1.08 的系数
	4-3-1	本定额为不射水打桩，如为射水打桩时	按相应定额人工及机械台班消耗乘 0.98 系数，并按打桩机台班数量增加 5～6 级高压水泵台班，其余不变
	4-3-2	本定额为不射水打桩，如为射水打桩时	按打桩机台班数量增加 5～6 级高压水泵台班，其余不变
	4-3-3	打钢管桩工程如设计钢管桩数量与本定额不相同时	可按设计数量抽换定额中的钢管桩消耗，但定额中的其他消耗量不变
	4-3-1、4-3-2	接头定额系指考虑在打桩时接桩，如在场地预先接桩时	扣除打桩机台班，人工乘 0.5 系数，其余不变
	4-3-1、4-3-2、4-3-3、4-3-5	打桩定额中，均按在已搭好的工作平台上操作，但未包括打桩用的工作平台的搭设和拆除的工、料消耗	需要时应按打桩工作平台定额另行计算
允许另行计算的规定	4-3-1、4-3-2、4-3-3、4-3-5	打桩定额中已包括打导桩、打送桩及打桩架的安、拆工作，并将打桩架、送桩、导桩及导桩夹木等的工、料按摊销方式计入定额中	编制预算时，不得另行计算。但定额中均未包括拔桩破桩头工作，已计入承台定额中
	4-3-7	如需搭设工作平台时，可根据施工组织设计规定的面积	按打桩工作平台人工消耗的 50% 计算人工消耗，但各种材料一律不计
	4-3-3、4-3-5	打钢板桩、钢管桩定额中未包括钢板桩、钢管桩的防锈工作	如需进行防锈处理，另按相应定额计算

【例 3-4-18】 某桥采用在水中工作平台上打桩基础。已知地基上层次为亚黏土 8.0m、黏土 2.0m、干的固结黄土；设计斜桩入土深为 12m，设计规定凿去桩头 1.0m，打桩工作平台 160m^2。试确定打钢筋混凝土方桩及工作平台的预算定额。

解：根据题意及节说明，应按 II 组土计算。查《预算定额》4-3-1-6，定额单位 10 m^3 及 10 个接头。

根据节说明 5 的规定，打斜桩时机械乘 1.20 系数、人工乘 1.08 系数。

根据节说明4,破桩头工作已计入承台定额,这里不再计列。但根据节说明11工程量计算规则的规定,凿去桩头的数量应计入设计工程量中。

根据上列各项,计算如下。

(1)斜桩

人工:23.2×1.08=25.056工日

材料部分定额消耗量不做调整,同于《预算定额》4-3-1-6中相关数值。

12t以内汽车式起重机:0.17×1.20=0.204台班

1.8t以内柴油打桩机:2.18×1.20=2.616台班

221kW以内燃油拖轮:0.6×1.20=0.72艘班

200t以内工程驳船:1.34×1.20=1.608艘班

基价:3 854元

(2)工作平台定额

查《预算定额》4-3-7-4,定额单位100m^2。

人工:51.2×160/100=81.92工日

锯材:1.466×160/100=2.35m^3

型钢:0.971×160/100=1.55t

其他材料的计算方法同此,不再详列。

50kN以内单筒慢速卷扬机:2.42×160/100=3.872台班

32kV·A以内交流电弧焊机:2.02×160/100=3.232台班

小型机具使用费:213.4×160/100=341.44元

基价:9 168×160/100=14 668.8元

(五)第四节　灌注桩工程节说明及定额表

节说明及定额表内主要内容见表3-4-10。

定额表内主要内容　　表3-4-10

定额运用规定	对应定额表号	具体内容	调整情况
不得另行计算的规定		成孔定额分人工挖孔、卷扬机带冲抓锥、卷扬机带冲击锥、冲击钻机、回旋钻机、潜水钻机钻孔等六种。定额中已按摊销方式计入钻架的制作、拼装、移位、拆除及钻头维修所耗用的工、料、机械台班数量,钻头的费用已计入设备摊销费中	编制预算时,不得另行计算
	4-4-7	灌注桩混凝土定额,按机械拌和、工作平台上导管倾注水下混凝土编制,定额中已包括设备(如导管等)摊销的工、料费用及扩孔增加的混凝土数量	编制预算时,不得另行计算
	4-4-8	钢护筒定额中,干处埋设按护筒设计质量的周转摊销量计入定额中	编制预算时,不得另行计算
	4-4-8	护筒定额中,已包括陆地上埋设护筒用的黏土或水中埋设护筒定位用的导向架及钢质或钢筋混凝土护筒接头用的铁件、硫黄胶泥等埋设时用的材料、设备消耗	编制预算时,不得另行计算

续上表

<table>
<tr><th>定额运用规定</th><th>对应定额表号</th><th>具 体 内 容</th><th>调 整 情 况</th></tr>
<tr><td rowspan="2">允许另行计算的规定</td><td>4-4-9</td><td>桩基工作平台中的设备摊销费按使用 4 个月编制</td><td>如实际施工期与定额不同时，可予以调整</td></tr>
<tr><td>4-4-9</td><td>浮箱工作平台的浮箱质量为 5.321t/只，其设备摊销费按使用一个月编制</td><td>如浮箱质量和实际施工期与定额不同时，可予以调整</td></tr>
<tr><td rowspan="4">系数及数量增减调整的规定</td><td></td><td>使用成孔定额时，应根据施工组织设计的需要合理选用定额子目，当不采用泥浆船的方式进行水中灌注桩施工时</td><td>除按 90kW 以内内燃拖轮数量的一半保留拖轮和驳船的数量外，其余拖轮和驳船的消耗应扣除</td></tr>
<tr><td></td><td>在河滩、水中采用筑岛方法施工时</td><td>应采用陆地上成孔定额计算</td></tr>
<tr><td></td><td>本定额系按一般黏土造浆进行编制的，如实际采用膨润土造浆时，其膨润土的用量可按定额中黏土用量乘系数进行计算</td><td>即：$Q=0.095\times V\times 1\,000$
Q 指膨润土的用量(kg)；
V 指黏土的用量(m^3)</td></tr>
<tr><td colspan="3">当设计桩径与定额采用桩径不同时，可按下表系数调整：
<table>
<tr><td>桩径(cm)</td><td>130</td><td>140</td><td>160</td><td>170</td><td>180</td><td>190</td><td>210</td><td>220</td><td>230</td><td>240</td></tr>
<tr><td>调整系数</td><td>0.94</td><td>0.97</td><td>0.70</td><td>0.79</td><td>0.89</td><td>0.95</td><td>0.93</td><td>0.94</td><td>0.96</td><td>0.98</td></tr>
<tr><td>计算基数</td><td colspan="2">桩径 150cm 以内</td><td colspan="4">桩径 200cm 以内</td><td colspan="4">桩径 250cm 以内</td></tr>
</table></td></tr>
</table>

【例 3-4-19】 某桥的回旋钻机钻孔工程设计桩深 25m，直径为 100cm，地层由上至下为黏土 8m，砂砾 12m，以下为松软的页岩。试确定该项目预算定额。

解：查《预算定额》4-4-5-2，4-4-5-3，4-4-5-6，定额单位为 10m。

黏土 8m，砂砾 12m，软岩为 25-12-8=5

人工：8/25×9.6+12/25×14.3+5/25×36=17.136 工日

锯材：0.010m^3

电焊条：8/25×0.2+12/25×0.3+5/25×1.0=0.408kg

铁件：0.1kg

水：8/25×18+12/25×31+5/25×27=26.04m^3；

黏土：8/25×2.98+12/25×5.96+5/25×5.22=4.86m^3

其他材料费：1.0 元

设备摊销费：8/25×8.6+12/25×9.2+5/25×20.0=11.17 元

泥浆搅拌机：0.27 台班

1.0m^3 以内履带式单斗挖掘机：0.03 台班

15t 以内载货汽车：0.11 台班

15t 以内履带式起重机：0.10 台班

ϕ1 500mm 以内回旋钻机：8/25×1.86+12/25×3.06+5/25×9.31=3.93 台班

32kV·A 以内交流电焊机：8/25×0.03+12/25×0.03+5/25×0.11=0.05 台班

基价：8/25×2 740+12/25×4 313+5/25×12 217=5 390.44 元

【例 3-4-20】 某桥的灌注桩采用浮箱工作平台 20 只，预计使用两个月，求预算定额下的工、料、机消耗量。

解:查《预算定额》4-4-9-5,定额单位 10 只,根据定额表下注的要求对定额注作调整计算如下。

人工:189.4×2×20/10=757.6 工日

锯材:3.56×2×20/10=14.24m^3

钢板:0.042×2×20/10=0.168t

其他材料消耗量的计算方法与此相同,要乘以 2(个月),再乘以 2(20/10)系数调整。

8t 以内载货汽车:0.86×2×20/10=3.44 台班

12t 以内汽车式起重机:0.86×2×20/10=3.44 台班

其他机械台班消耗量的计算方法与此相同,要乘以 2(个月),再乘以 2(20/10)系数调整。

基价:25 182×2×20/10=100 728 元

(六)第五节 砌筑工程节说明及定额表

节说明及定额表内主要内容见表 3-4-11。

定额表内主要内容 表 3-4-11

定额运用规定	具体内容	调整情况
允许另行计算的规定	定额中的 M5、M7.5、M12.5 水泥砂浆为砌筑用砂浆,M10、M15 水泥砂浆为勾缝用砂浆	设计若与此有不同,可按配合比进行抽换,抽换方法见章说明部分
	浆砌混凝土预制块定额中,未包括预制块的预制	应按定额中括号内所列预制块数量,另按预制混凝土构件的有关定额计算
	桥、涵拱圈定额中,未包括拱盔和支架	需要时应按第九节拱盔、支架工程中有关定额另行计算
	定额中均未包括垫层及拱背、台背填料和砂浆抹面	需要时应按第十一节杂项工程中有关定额另行计算
	浆砌料石或混凝土预制块作镶面时	其内部应按填腹石定额计算

(七)第六节 现浇混凝土及钢筋混凝土节说明及定额表

节说明及定额表内主要内容见表 3-4-12。

定额表内主要内容 表 3-4-12

定额运用规定	对应定额表号	具体内容	调整情况
不得另行计算的规定		定额中片石混凝土中片石含量均按 15% 计算	
	4-6-1	有底模承台适用于高桩承台施工	
	4-6-1	使用套箱围堰浇筑承台混凝土时,应采用无底模承台的定额	
	4-6-13	桥面铺装定额中橡胶沥青混凝土仅适用于钢桥桥面铺装	
		斜拉索锚固套筒定额中已综合加劲钢板和钢筋数量,其工程量以混凝土箱梁中锚固套筒钢管的质量计算	
		斜拉索钢锚箱的工程量为钢锚箱钢板、剪刀钉、定位件的质量之和	不包括钢管和型钢的质量

续上表

定额运用规定	对应定额表号	具体内容	调整情况
允许另行计算的规定	4-6-8、4-6-9	定额中未包括现浇混凝土及钢筋混凝土上部构造所需的拱盔、支架	需要时按有关定额另行计算
		定额中均不包括扒杆、提升模架、拐角门架、悬浇挂篮、移动模架等金属设备	需要时，应按有关定额另行计算
	4-6-5	索塔的高度为基础顶、承台顶或系梁顶到索塔顶的高度。当塔墩固结时，工程量应为基础顶面或承台顶面以上至塔顶的全部数量	当塔墩分离时，工程量应为桥面顶部以上至塔顶的数量，桥面顶部以下部分的数量按墩台定额计算
	4-6-14	现浇混凝土桥头搭板定额未包括搭板垫层的费用	需要时，可按有关定额另行计算

【例 3-4-21】 某桥下部构造为高桩承台，上部构造为钢桁架，用起重机配吊斗施工，实体量 100m^3，用橡胶沥青混凝土做行车道铺装，铺装实体量 40m^3，试求预算定额下的工、料、机消耗量。

解：(1)由节说明 3 可知，高桩承台混凝土应按《预算定额》“4-6-1-6”，有底模栏确定，定额单位 10m^3。

人工：100/10×7.6＝76 工日

原木：100/10×0.016＝0.16m^3

锯材：100/10×0.013＝0.13m^3

其他材料的计算方法相同，不一一列出。

12t 以内汽车式起重机：0.27×100/10＝2.7 台班

小型机具使用费：6.8×100/10＝68 元

基价：2 553×100/10＝25 530 元

(2)桥面铺装部分，查《预算定额》4-6-13-8，按节说明橡胶沥青混凝土仅适用于钢桥，定额单位 10m^3。

人工：40/10×44.5＝178 工日

氯化胶乳：40/10×223.8＝895.2kg

石油沥青：40/10×1.572＝6.288t

其他材料的计算方法相同，不一一列出。

8～10t 光轮压路机：40/10×0.08＝0.32 台班

10～12t 光轮压路机：40/10×0.18＝0.72 台班

小型机具使用费：40/10×2.1＝8.4 元

基价：40/10×10 935＝43 740 元

(八)第七节　预制、安装混凝土及钢筋混凝土构件节说明及定额表

节说明及定额表内主要内容见表 3-4-13。

定额表内主要内容 表 3-4-13

定额运用规定	对应定额表号	具体内容	调整情况
不得另行计算的规定	4-7-7	预制立交箱涵、箱梁的内模、翼板的门式支架等工、料已包括在定额中	
	4-7-20	预应力钢筋、钢丝束及钢绞线定额中均已计入预应力管道及压浆的消耗量，斜拉索的防腐费用也已计入定额中	编制预算时不得另行计算。镦头锚的锚具质量可按设计数量进行调整
	4-7-20	预应力钢筋、钢丝束及钢绞线定额中均已计入预应力管道及压浆的消耗量	使用定额时不得另行计算。墩头锚的锚具质量可按设计数量进行调整
允许另行计算的规定	4-7-6、4-7-8	顶进立交箱涵、圆管涵的顶进靠背由于形式很多，宜根据不同的地形、地质情况设计，定额中未单独编列子目	需要时可根据施工图纸采用有关定额另行计算
	4-7-35	顶进立交箱涵、圆管涵定额是根据全部顶进的施工方法编制的。顶进设备未包括在顶进定额中	应按顶进设备定额另行计算
	4-7-19	顶推预应力连续梁是按多点顶推的施工工艺编制的，顶推使用的滑道单独编列子目，其他滑块、拉杆、拉锚器及顶推用的机具、预制箱梁的工作平台均摊入顶推定额中	本定额中未计入顶推用的导梁及工作平台底模顶升千斤顶以下的工程，应按有关定额另行计算
		本节定额中凡采用金属结构吊装设备和缆索吊装设备安装的项目，均未包括吊装设备的费用	应按有关定额另行计算
	4-7-20	制作、张拉预应力钢筋、钢丝束定额，是按不同的锚头形式分别编制的，当每吨钢丝的束数或每吨钢筋的根数有变化时	可根据定额进行抽换
	4-7-20	预应力钢筋、钢丝束及钢绞线定额按现场卷制波纹管考虑，若采用外购波纹管时，可根据需要对波纹管消耗进行抽换，并将波纹管卷制机台班消耗调整为0，其他不变	

【例 3-4-22】 某省拟新建一条六车道高速公路，地处平原微丘区，有一座钢筋混凝土盖板涵，标准跨径 4.0m，涵高 3.0m，八字墙，路基宽度 35.0m，其施工图设计主要工程量如表 3-4-14所示。

设计主要工程量表 表 3-4-14

序号	项目	单位
1	挖基坑土方(干处)	m^3
2	浆砌片石基础、护底、截水墙	m^3
3	浆砌片石台、墙	m^3
4	混凝土帽石	m^3
5	矩形板混凝土	m^3
6	矩形板钢筋	t

试列出本题中各工程细目对应的预算定额表号。

解:根据题意综合列表见表 3-4-15。

工程细目对应的预算定额表号 表 3-4-15

序号	工程细目名称	定 额 表 号
1	挖基坑土方(干处)	4-1-1-1
2	浆砌片石基础、护底、截水墙	4-5-2-1
3	浆砌片石台、墙	4-5-2-5
4	混凝土帽石	4-6-3-2
5	预制矩形板混凝土	4-7-9-1
6	矩形板钢筋	4-7-9-3
7	安装矩形板	4-7-10-2

【例 3-4-23】 某桥桥栏杆扶手木模预制,混凝土实体 $34m^3$,光圆钢筋用量 0.12t,试求预算定额下的工、料、机消耗量。

解:桥栏杆预制、安装属小型构件,查《预算定额》4-7-28-5、4-7-28-11、4-7-29-3,计算如下。

(1)预制桥栏杆扶手查《预算定额》4-7-28-5

人工:87.0×34/10=295.8 工日

锯材:1.023×34/10=$3.48m^3$

铁钉:34.4×34/10=116.96kg

其他材料的计算方法相同,不一一列出。

小型机具使用费:12.9×34/10=43.86 元

基价:7 792×34/10=26 492.8 元

(2)预制小型构件钢筋查《预算定额》4-7-28-11

光圆钢筋:1.025×0.12/1=0.123t

20～22 号铁丝:4.2×0.12=0.504kg

小型机具使用费:13.8×0.12=1.656 元

基价:3 723×0.12=446.76 元

(3)安装小型构件查《预算定额》4-7-29-3

人工:19.2×34/10=65.28 工日

油毛毡:24×34/10=$81.6m^2$

其他材料的计算方法相同,不一一列出。

基价:1 923×34/10=6 538.2 元

(九)第八节 构件运输节说明及定额表

节说明及定额表内主要内容如下:

(1)本节的各种运输距离以 10m、50m、1km 为计算单位,不足第一个 10m、50m、1km 者,均按 10m、50m、1km 计,超过第一个定额运距单位时,其运距尾数不足一个定额单位的半数时不计,等于或超过半数时按一个定额运距单位计算。

(2)运输便道、轨道的铺设,栈桥码头、扒杆、龙门架、缆索的架设等,均未包括在定额内,应按有关章节定额另行计算。

(3)本节定额未单列构件出坑堆放的定额，如需出坑堆放，可按相应构件运输第一个运距单位定额计列。

(4)凡以手摇卷扬机和电动卷扬机配合运输的构件重载升坡时，第一个定额运距单位不增加人工及机械，每增加定额单位运距按以下规定乘换算系数。

①手推车运输每增运10m定额的人工的换算系数为：坡度1%以内，系数取1；坡度5%以内，系数取1.5；坡度10%以内，系数取2.5。

②垫滚子绞运每增加10m定额的人工和小型机具使用费的换算系数为：坡度0.4%以内，系数取1.0；坡度0.7%以内，系数取1.1；坡度1.0%以内，系数取1.3；坡度1.5%以内，系数取1.9；坡度2.0%以内，系数取2.5；坡度2.5%以内，系数取3.0。

③轻轨平车运输配电动卷扬机每增运50m定额的人工及电动卷扬机台班的换算系数为：坡度0.7%以内，系数取1.0；坡度1.0%以内，系数取1.05；坡度1.5%以内，系数取1.10；坡度2.0%以内，系数取1.15；坡度3.0%以内，系数取1.25。

(5)驳船运输定额仅适用于运距在1km以内的构件运输，当拖轮牵引运距在5km以内时，每增500m乘以表3-4-16系数计算，超过5km时按社会运输计算。

调整系数表 表3-4-16

运距(m)	1 500以内	2 000以内	2 500以内	3 000以内	3 500以内	4 000以内	4 500以内	5 000以内
增运定额调整系数	0.982	0.961	0.94	0.925	0.909	0.892	0.874	0.856

【例3-4-24】 某桥梁工程以手推车运预制构件，每构件质量小于3t，需构件出坑堆放，运输重载升坡4%，运距84m，试确定预算定额。

解：查《预算定额》4-8-1-1、4-8-1-2，由节说明3可知构件如需出坑堆放，可按相应构件运输第一个运距单位定额计列。手推车运输每增运10m定额的人工的换算系数为：坡度5%以内，系数取1.5；运距尾数计算按该节说明1的规定办理。

手推车运输定额运距为10m，增运运距单位也是10m。

运距增运为(84－10)/10＝7.4≈7

每10m³构件预算定额值为：

人工：2.5＋7×0.4×1.5＋2.5＝9.2工日

其他材料费：4.2＋4.2＝8.4元

基价：127＋127＋7×20×1.5＝464元

(十)第九节 拱盔、支架工程节说明及定额

节说明及定额表内主要内容见表3-4-17。

定额表内主要内容 表3-4-17

定额运用规定	对应定额表号	具体内容	调整情况
系数调整	4-9-2	就地浇筑混凝土双曲拱桥采用本定额时	按相应项目乘以0.73系数
	4-9-5	钢管支架下部定额中钢管桩消耗量为陆地上搭设管桩支架的消耗，若为水中搭设钢管桩支架或用于索塔横梁的现浇支架时	应将定额中的钢管桩消耗量调整为3.467t，其余消耗量不变

续上表

定额运用规定	对应定额表号	具体内容	调整情况
允许另行计算的规定	4-9-2、4-9-3、4-9-4	桥梁拱盔、木支架及简单支架均按有效宽度 8.5m 计，钢支架按有效宽度 12.0m 计	如实际宽度与定额不同时可按比例换算
	4-9-3	桁构式拱盔安装、拆除用的人字扒杆、地锚移动用工及拱盔缆风设备工料已计入定额，但不包括扒杆制作的工、料	扒杆数量根据施工组织设计另行计算
	4-9-3	木支架及轻型门式钢支架的帽梁和地梁已计入定额中，地梁以下的基础工程未计入定额中	如需要时应按有关相应定额另行计算
	4-9-3	钢拱架的工程量为钢拱架及支座金属构件的质量之和，其设备摊销费按 4 个月计算	若实际使用期与定额不同时可予以调整
	4-9-2	桥梁拱盔定额的设备摊销费按每 t 每月 90 元，并按使用 4 个月编制	如施工期不同时，可予以调整
	4-9-3	桥梁简单支架高度与定额不同时	可用内插法换算
	4-9-2	钢拱架安拆所需设备未安排在定额中	需要时另行计算

【例 3-4-25】 某桥净跨径 30m，拱矢度为 1/3，采用钢拱架，施工期 5 个月，试求预算定额下的工、料、机消耗量。

解：查《预算定额》4-9-2-8，根据定额注的说明，进行如下计算。

跨径 30m，拱矢度 1/3，查《预算定额》第 632 页附注第 3 条表得钢拱架全套设备质量 131t。

人工：50.4×131/10=660.24 工日

锯材：0.47×131/10=6.16m^3

光圆钢筋：0.016×131/10=0.209 6t

铁件：72.5×131/10=949.75kg

其他材料消耗量的计算方法同此，不再一一列出。

设备摊销费：131×90×5=58 950 元

50kN 以内单筒慢速卷扬机：1.05×131/10=13.76 台班

小型机具使用费：7.5×131/10=98.25 元

(十一)第十节　钢结构工程节说明及定额

节说明及定额表内主要内容见表 3-4-18。

定额表内主要内容　　表 3-4-18

定额运用规定	对应定额表号	具体内容	调整情况
不得另行计算的规定	4-10-5	钢索吊桥定额中已综合了缆索吊装设备及钢行油漆项目	编制预算时不得另行计算
	4-10-6	栏杆座钢板、插销等均以材料数量综合在定额内	

续上表

定额运用规定	对应定额表号	具体内容	调整情况
允许另行计算的规定	4-10-1	钢桁梁桥定额是按高强螺栓栓接、连孔拖拉架设法编制的，钢索吊桥的加劲桁拼装定额也是按高强螺栓栓接编制的	如采用其他方法施工，应另行计算
	4-10-5	主索锚碇除套筒及拉杆、承托板以外，其他项目如锚洞开挖、衬砌，护索罩的预制、安装，检查井的砌筑等	应按其他章节有关定额另计
	4-10-5	抗风缆结构安装定额中未包括锚碇部分	编制预算时应按有关相应定额另行计算
		施工电梯、施工塔式起重机未计入定额中	需要时根据施工组织设计另行计算其安拆及使用费
	4-10-19	钢管拱桥定额中未计入钢塔架、扣塔、地锚、索道的费用	应根据施工组织设计套用第七节相关定额另行计算
	4-10-11、4-10-13、4-10-15-2	悬索桥的主缆、吊索、索夹、检修道定额未包括涂装防护	需要时另行计算
		本定额未含施工监控费用	需要时另行计算
		本定额未含施工期间航道占用费	需要时另行计算
	4-10-8	悬索桥索鞍定额如果水中塔可利用施工便桥浆主索鞍运至塔底时	应按岸上塔主索鞍定额计算
		鞍罩定额未包括防腐和抽湿系统	需要时另行计算
	4-10-9	悬索桥牵引系统定额未包括先导索过江航道管制费用	需要时另行计算
	4-10-10	本定额猫道宽度 4.0m，定额中未包括猫道承重索制作加工场地及张拉槽座的费用	需要时另行计算

【例 3-4-26】 某钢桁架桥，采用高强螺栓栓接、连孔拖拉架设，共计重 35t，金属栏杆钢管重 10t，试确定该下承式、刚性桥的工、料、机消耗以及安装金属栏杆部分的人工、机械消耗量。

解：(1)查《预算定额》4-10-1-2，定额单位 10t，计算如下。

人工：66.7×35/10=233.45 工日

锯材：0.031×35/10=0.11m^3

高强螺栓：319.9×35/10=1 119.65kg

其他材料消耗量计算方法相同，不一一列举。

10t 以内履带式起重机：1.90×35/10=6.65 台班

9m^3/min 以内机动空压机：0.85×35/10=2.98 台班

小型机具使用费：79.1×35/10=276.85 元

基价：108 306×35/10=379 071 元

(2)安装部分查《预算定额》4-10-6-2，定额单位 1t 钢管，计算如下。

人工：35.1×10=351 工日

32kV·A 以内交流电弧焊机：0.35×10=3.5 台班

(十二)第十一节　杂项工程节说明及定额

节说明及定额表内主要内容如下：

(1)杂项工程包括平整场地、锥坡填土、拱上填料及台背排水、土牛(拱)胎、防水层、基础垫层、水泥砂浆勾缝及抹面、伸缩缝及泄水管、混凝土构件蒸气养生室建筑及蒸气养生、预制构件底座、先张法预应力张拉台座、混凝土搅拌站及混凝土运输、钢行架栈桥式码头、冷却管、施工电梯、塔吊安拆、拆除旧建筑物等项目，本节定额适用于桥涵及其他构造物工程。

(2)大型预制构件底座定额分为平面底座和曲面底座两项。

平面底座定额适用于T形梁、I形梁、等截面箱梁，每根梁底座面积的工程量按下式计算：

$$底座面积=(梁长+2.00m)\times(梁宽+1.00m)$$

曲面底座定额适用于梁底为曲面的箱形梁(如T形刚构等)，每块梁底座的工程量按下式计算：

$$底座面积=构件下弧长\times底座实际修建宽度$$

平面底座的梁宽指预制梁的顶面宽度。

(3)模数式伸缩缝预留槽钢纤维混凝土中钢纤维的含量按水泥用量的1%计算，如设计钢纤维含量与定额不同时，可按设计用量抽换定额中钢纤维的消耗。

(4)蒸气养生室面积按有效面积计算，其工程量按每一养生室安置两片梁，其梁间距离为0.8m，并按长度每端增加1.5m，宽度每边各增加1.0m考虑。定额中已将其附属工程及设备，按摊销量计入定额中，编制预算时不得另行计算。

(5)施工电梯定额中当设计采用的施工电梯的规格、型号与定额不同时，可以按实际情况对定额进行抽换。

(6)施工塔式起重机定额中当设计采用的塔式起重机的规格、型号与定额不同时，可以按实际情况对定额进行抽换。

【例3-4-27】 某高速公路互通式立体交叉的匝道上设有1～1.0m的圆管涵1道，涵长14.5m，该互通式立体交叉处于山岭重丘区，其设计图主要工程内容如表3-4-19所示。

主要工程数量表　　表3-4-19

序　号	项　目	单　位
1	挖基土方	m^3
2	基础砂砾石垫层	m^3
3	M5浆砌块石管身基础	m^3
4	预制C30混凝土圆管涵	m^3
5	圆管钢筋	t
6	M5浆砌粗料石帽石	m^3
7	M5浆砌块石八字墙	m^3
8	M5浆砌块石跌水井	m^3
9	M5浆砌片石急流槽	m^3
10	M5浆砌片石铺底及隔水墙	m^3

试列出完成所有工程项目的全部工程细目名称、定额代号。

解：全部所需定额工程细目名称、定额代号列于表3-4-20中，有些定额细目对应的工程量可以是根据实际情况拟订的数量。

工程细目与定额代号　　表 3-4-20

序　号	项　目	定额代号
1	挖基土方	1-1-6-2
2	挖基土方每增运 10m	1-1-6-5
3	基础砂砾石垫层	4-11-5-5
4	M7.5 浆砌块石管身基础	4-5-3-1
5	预制 C20 混凝土圆管涵	4-7-4-2
6	圆管钢筋	4-7-4-3
7	汽车运预制构件第一个 1km	4-8-3-8
8	汽车运预制构件每增运 1km	4-8-3-12
9	安装圆管涵	4-7-5-3
10	M7.5 浆砌粗料石帽石	4-5-4-6
11	M7.5 浆砌块石八字墙	4-5-3-5
12	M7.5 浆砌块石跌水井	4-5-3-10
13	M7.5 浆砌片石急流槽	4-5-2-9
14	M7.5 浆砌片石铺底及隔水墙	4-5-2-1
15	预制场地平整	4-11-1-2
16	预制场地砂砾垫层	4-11-5-1
17	预制场地砂浆抹面	4-11-6-17
18	圆管接头沥青油毡防水层	4-11-4-4
19	M7.5 砂浆调整为 M5 砂浆	
20	M10 砂浆调整为 M5 砂浆	

六、关于预算定额中防护工程定额的运用

(一)防护工程定额

防护工程章定额实际上从某种意义上可以认为是与桥涵工程章定额之间的互补，在本章定额中未列出的其他结构形式的砌石防护工程，需要时按“桥涵工程”项目的有关定额计算，而且防护工程定额中除已注明者外，均不包括挖基、基础垫层的工程内容，需要时按“桥涵工程”项目的有关定额计算。

在应用过程中，大部分定额根据实际工程内容属于直接套用，但仍有几点需要说明，列表于 3-4-21。

需要说明的内容　　表 3-4-21

定额运用规定	对应定额表号	具 体 内 容	调 整 情 况
不得另行计算的规定	本章定额除注明者外，均已包括按设计要求需要设置的伸缩缝、沉降缝的费用		
	本章定额除注明者外，均已包括水泥混凝土的拌和费用		
	植草护坡定额中均已综合考虑黏结剂、保水剂、营养土、肥料、覆盖薄膜等的费用，使用定额时不得另行计算		
系数调整	5-1-1	采用叠铺草皮时	定额中人工工日和草皮数量加倍计算，其他材料费不变

续上表

定额运用规定	对应定额表号	具 体 内 容	调 整 情 况
允许另行计算的规定	5-1-3	本定额不包括坡脚铺填片石	需要时根据设计按有关定额另行计算
	5-1-10	当采用骨架护坡时	人工工日乘 1.3 的系数
	5-1-2	本定额挂铁丝网未包括锚固筋(或锚杆)的消耗	应按相应定额另行计算
	5-1-6	码砌菱形护坡定额未包括框格间缝隙的填塞费用	需要时应另行计算
	5-1-21	本定额锚碇板预制按使用木模计算,若采用钢模	按预制、安装钢筋混凝土锚碇板式挡土墙定额计算
	5-1-22	本定额未包括地下部分桩(柱)的开挖	可参照抗滑桩开挖定额计算
	5-1-25	填内芯所需填料的挖运	按路基土方定额计算

(二)防护工程定额的运用

【例 3-4-28】 某路有浆砌片石挡土墙 5 处,其中墙身采用 M5 水泥砂浆浆砌片石 560m³,基础采用 M5 水泥砂浆浆砌片石 400m³,试计算预算定额下工、料、机消耗量。

解:查《预算定额》5-1-15-5、5-1-15-7,定额单位 10m³。

(1)基础部分查定额 5-1-15-5

人工:8.0×400/10=320 工日

32.5 级水泥:0.763×400/10=30.52t

水:7×400/10=280m³

中(粗)砂:3.92×400/10=156.8m³

黏土:0.03×400/10=1.2m³

片石:11.50×400/10=460m³

其他材料费:2.3×400/10=92 元

基价:1 270×400/10=50 800 元

(2)墙身部分,查定额 5-1-15-7

人工:12.6×560/10=705.6 工日

原木:0.03×560/10=1.68m³

锯材:0.017×560/10=0.95m³

铁钉:0.1×560/10=5.6kg

8~12 号铁丝:2.7×560/10=151.2kg

32.5 级水泥:0.786×560/10=44.016t

水:7×560/10=392t

中(粗)砂:3.99×560/10=223.44m³

黏土:0.18×560/10=10.08m³

片石:11.50×560/10=644m³

碎石(8cm):0.11×560/10=6.16m³

其他材料费:3.6×560/10=201.6 元

基价：1 590×560/10＝89 040 元

(3)整个挡墙的工、料、机消耗将墙身、基础对应的相加即为所得。

七、关于预算定额中交通工程及沿线设施定额的运用

(一)安全设施

安全设施节定额包括柱式护栏，墙式护栏，波形钢板护栏，隔离栅，中间带，车道分离块，标志牌，轮廓标，路面标线，机械铺筑拦水带，里程碑、百米桩、界碑，公共汽车停靠站防雨篷共十二个项目。在应用过程中大部分定额根据实际工程内容属于直接套用，但仍有几点需要说明。列表于 3-4-22。

需要说明的内容表 表 3-4-22

定额运用规定	对应定额表号	具体内容	调整情况
系数调整	6-1-5	隔离墩上如不安装钢管栏杆或防眩板时	应在钢筋子目中扣除人工 4.0 工日，钢板 0.081t，电焊条 7.7kg，30kV·A交流电焊机 2.3 台班
	6-1-6	定额中分离块的连接是按钢筋连接编制的	若采用钢管连接时，每 10 m^3 构件实体按钢管长度 546m 计算，并扣减安装定额中的钢筋数量
	6-1-8	栏式轮廓标如安装在波形钢板护栏上时	应扣减定额中镀锌铁件的数量
允许另行计算的规定	6-1-4、6-1-5、6-1-6	水泥混凝土构件的预制、安装定额中均包括了混凝土及构件运输的工程内容	编制预算时，不得另行计算
	6-1-12	钢筋混凝土防雨篷的水泥混凝土体积按水泥混凝土垫层、基础、立柱及顶棚的体积之和计算，定额中已综合了浇筑立柱及篷顶混凝土所需的支架等	编制预算时，不得另行计算
	6-1-12	站台地坪按地坪铺砌的净面积计算，路缘石及地坪层已综合在定额中	编制预算时，不得另行计算
	6-1-5	中间带的绿化	可按设计另行计算
		中间带填土如需远运时	可按“路基工程”项目的土方运输定额另行计算

(二)监控、收费系统

(1)本节包括监控、收费系统中管理站、分中心、中心(计算机网络设备，视频控制设备安装，附属配套设备)，收费车道设备，外场管理设备(车辆检测设备安装、调试，环境检测及设备安装、调试，信息显示设备安装、调试，视频监控与传输设备安装、调试)，系统互联与调试，系统试运行，收费岛和人(手)孔等十二个项目。

(2)本节不包括以下内容：

①设备本身的功能性故障排除。

②制作缺件、配件。

③在特殊环境条件下的设备加固、防护。

④与计算机系统以外的外系统联试、校检或统调。

⑤设备基础和隐蔽管线施工。

⑥外场主干通信电缆和信号控制电缆的敷设施工及试运行。

⑦接地装置、避雷装置的制作与安装，安装调试设备必需的技术改造和修复施工。

在应用过程中大部分定额根据实际工程内容属于直接套用，但仍有几点需要说明，列于表3-4-23中。

需要说明的内容表

表 3-4-23

定额运用规定	对应定额表号	具体内容	调整情况
不得另行计算的规定	6-2-11	收费岛上涂刷反光标志漆和粘贴反光膜的数量，已综合收费岛混凝土定额中	使用定额时，均不得另行计算
	6-2-11-4	防撞栏杆的预埋钢套管的数量已综合在定额中	使用定额时，不得另行计算
	6-2-11-5	防撞立柱的预埋钢套管及立柱填充水泥混凝土、立柱与预埋钢套管之间灌填水泥砂浆的数量，均已综合在定额中	使用定额时，不得另行计算
	6-2-11-3	设备基础混凝土定额中综合了预埋钢筋、地脚螺母、底座法兰盘等的数量	使用定额时，不得另行计算
	6-2-11-8	敷设电线钢套管定额中综合了螺栓、螺母、镀锌管接头、钢管用塑料护口、醇酸防锈漆、裸铜线、钢锯条、溶剂汽油等的数量	使用定额时，不得另行计算
允许另行计算的规定	6-2-12	如设计采用的人(手)孔混凝土强度等级和数量与定额不同时	可调整定额用量
	6-2-10	计算机系统可靠性、稳定性运行按计算机系统24h连续解散确定的，超过要求时	其费用另行计算

(三)通信系统

本节定额适用于通信系统工程，内容包括光电传输设备安装，程控交换设备安装、调试，有线广播设备安装，会议专用设备安装，微波通信系统的安装、调试，无线通信系统的安装、调试，电源安装、通信管道敷设和包封等共二十三个项目。在应用过程中大部分定额根据实际工程内容属于直接套用，但仍有几点需要说明，列表于3-4-24。

需要说明的内容表

表 3-4-24

定额运用规定	对应定额表号	具体内容	调整情况
不得另行计算的规定	6-3-22-1 6-3-22-2	安装通信电线，不论有无操作平台均执行本定额	使用定额时，不得另行计算
		硅芯管敷设定额中已综合标石的制作及埋放、人孔处的包封等	
	6-3-22-6、7、8、9、10、11、12、13	镀锌钢管敷设定额中已综合接口处套管的切割、焊接、防锈处理等内容	使用定额时，不得另行计算
系数调整	6-3-1	本定额中测试2.5Gb/s系统为1+0状态，当系统为1+1时	2.5Gb/s系统终端复用器(TM)每端增加2个工日，分插复用器每端增加4个工日
		155Mb/s系统终端复用器高速侧接光口，若接电口时	使用2/155Mb/s跳级复用子目

续上表

定额运用规定	对应定额表号	具体内容	调整情况
允许另行计算的规定	6-3-1	安装电缆走线架定额中，不包括通过沉降(伸缩)缝和要做特殊处理的内容	需要时按有关的定额另行计算
	6-3-16	通信铁塔的安装是按在正常条件下施工确定的，定额中不包括铁塔基础施工、预埋件埋设及防雷接地工程内容	需要时按有关定额另行计算
	6-3-22	通信管道定额中不包括管道过桥时的托架和管箱等工程内容，应按相关定额另行计算；挖管沟本定额也未包括	应按“路基工程”项目人工挖运土方定额计算

(四)供电、照明系统

本节定额包括干式变压器安装，电力变压器干燥，杆上、埋地变压器安装，组合型成套箱式变电站安装，控制、继电、模拟及配电屏安装，电力系统调试试验，柴油发电机组及其附属设备安装，排气系统安装，其他配电设备安装，灯架安装，立灯杆，杆座安装，高杆灯具安装，照明灯具安装，标志、诱导装饰灯具安装，其他灯具安装灯十六个内容。在应用过程中大部分定额根据实际工程内容属于直接套用，但仍有几点需要说明，列于表 3-4-25 中。

需要说明的内容

表 3-4-25

定额运用规定	对应定额表号	具体内容	调整情况
不得另行计算的规定	6-4-3	变压器油是按设备自带考虑的，但施工中变压器油的过滤损耗及操作损耗已包括在定额中。变压器安装过程中放注油、油过滤所使用的油罐，已摊入油过滤定额中	
	6-4-10	各种灯架元器具件的配线，均已综合考虑在定额内	使用时不作调整
	6-4-14	本节定额已包括利用仪表测量绝缘及一般灯具的试量等工作内容	使用定额时，不得另行计算，但不包括全负荷试运行
	6-4-14 6-4-15 6-4-16	普通吸顶灯、荧光灯、嵌入式灯、标志灯等成套灯具安装是按灯具出厂时达到安装条件编制的，其他成套灯具安装所需配线，定额中均已包括	
	6-4-14	照明灯具安装定额中电容器安装已包含在定额内	
系数调整	6-4-1	干式变压器如果带有保护外罩时	人工和机械乘以系数 1.2
	6-4-6	电力系统调整试验定额中当断路器为六氟化硫断路器时	定额乘以系数 1.3
允许另行计算的规定	6-4-5	控制设备安装未包括支架的制作和安装	需要时可按相关定额另行计算
	6-4-14 6-4-15 6-4-16	灯具安装定额是按灯具类型分别编制的，对于灯具本身及异型光源，定额已综合了安装费，但未包括其本身的价值	应另行计算
	6-4-7	柴油发电机组安装定额中未包括安装柴油发电机组所需的底座的费用	应根据设计图纸按有关定额另行计算

(五)光缆、电缆敷设

(1)本节定额包括:室内光缆穿放和连接、安装测试光缆终端盒、室外敷设管道光缆、光缆接续、光纤测试、塑料子管、穿放或布放电话线、敷设双绞线缆、跳线架和配线架安装、布放同轴电缆、敷设多芯电缆、安装线槽、开槽、电缆沟铺砂盖板、揭盖板、顶管、铜芯电缆敷设、热缩式电缆终端头或中间头制作安装、控制电缆头制作安装、桥架或支架安装等共十八个项目。

(2)本节定额均包括:准备工作、施工安全防护、搬运、开箱、检查、定位、安装、清理、接电源、接口正确性检查和调试、清理现场和办理手续等工作内容。

(3)本节定额不包括:设备本身的功能性故障排除,制作缺件、配件,在特殊环境下的设备加固、防护等工作内容。

(4)双绞线缆的敷设及跳线架和配线架的安装、打接定额消耗量是按五类非屏蔽布线系统编制的,高于五类的布线工程按定额人工工日消耗量增加10%、屏蔽系统增加20%计取。

(5)用于扩(改)建工程时,所用定额的人工工日乘以1.35系数;用于拆除工程时,所用定额的人工工日乘以0.25系数。施工单位为配合认证单位验收测试而发生的费用,按本定额验证测试子目的工日、仪器仪表台班总用量乘以0.30系数计取。

(六)配管、配线及接地工程

(1)本节定额包括镀锌钢管、给水管道、钢管地埋敷设、钢管砖、混凝土结构、钢管钢结构支架配管、PVC阻燃塑料管、母线、母线槽、落地式控制箱、成套配电箱、接地箱、接线盒的安装、接地装置安装、避雷针及引下线安装、防雷装置安装、防雷接地装置测试等共十四个项目。

(2)接地装置是按变配电系统接地、车间接地和设备接地等工业设施接地编制的。定额中未包括接地电阻率高的土质换土和化学处理的土壤及由此发生的接地电阻测试等费用,需要时另行计算。接地装置换填土执行电缆沟挖填土相应子目。

(3)母线、母线槽等安装定额带形母线和引下线的规格为每相一片800mm^{2}以下;母线槽每节之间的接地连线设计规格不同时可进行抽换。

(七)绿化工程

在应用过程中大部分定额根据实际工程内容属于直接套用,但仍有几点需要说明,列于表3-4-26。

需要说明的内容

表3-4-26

定额运用规定	对应定额表号	具体内容	调整情况
不得另行计算的规定	6-7-2 6-7-3 6-7-4 6-7-5	死苗补植在栽植子目中已包含,使用定额时不得更改。盆栽植物均按脱盆的规格套用相应的定额子目	
		苗木及地被植物的场内运输已在定额中综合考虑	使用定额时不得另行增加
允许另行计算的规定	6-7-2 6-7-3 6-7-4 6-7-5	本定额的工作内容中清理场地,是指工程完工后将树穴淤泥杂物清除并归堆,若有淤泥杂物需外运时	其费用另按土石方有关定额子目计算
		栽植子目中均按土可用的情况进行编制,若需换土	则按有关子目进行计算

续上表

定额运用规定	对应定额表号	具体内容	调整情况
允许另行计算的规定		当编制中央分隔带部分的绿化工程预算时，若中央分隔带内的填土没有计入该项工程预算	其填土可按路基土方有关定额子目计算，但应扣减树穴所占的体积
		测量放样均指在场地平整好，达到设计要求后进行的	场地平整费用另按场地平整定额子目计算
	6-7-8	绿化成活期保养定额成活期保养期间发生的浇水、松土施肥、喷药除虫等费用	按相关子目计算
	6-7-9	苗木运输定额中胸径超过 8cm 的乔木运输，是以保留 1/3～1/2 树冠考虑；截干乔木的运输	应按相应子目汽车运输台班的 70%计算
	6-7-6	浇水定额中若水费需计费时	其费用另行计算；需水泵辅助时台班消耗按路面洒水说明增计

【例 3-4-29】 某路段为确保安全在沿线挡土墙上设置柱式护栏，共 30 根，路肩上共设 20 根，试求预算定额下的工、料、机消耗量。

解：查《预算定额》6-1-1-2、6-1-1-1，定额单位为 10 根。

(1)挡墙上设置柱式护栏，计算如下。

人工：3.7×30/10＝11.1 工日

锯材：0.033×30/10＝0.099m^3

光圆钢筋：0.021×30/10＝0.063t

铁钉：1.0×30/10＝3.0kg

20～22 号铁丝：0.1×30/10＝0.3kg

其他材料的计算方法相同，在此不一一列出。

3t 以内载货汽车：0.09×30/10＝0.27 台班

小型机具使用费：1.2×30/10＝3.6 台班

基价：412×30/10＝1 236 元

(2)路肩上设置柱式护栏，计算如下。

人工：5.6×20/10＝11.2 工日

锯材：0.053×20/10＝0.106m^3

光圆钢筋：0.034×20/10＝0.068t

铁钉：1.6×20/10＝3.2kg

20～22 号铁丝：0.2×20/10＝0.4kg

其他材料的计算方法相同，在此不一一列出。

3t 以内载货汽车：0.14×20/10＝0.28 台班

小型机具使用费：1.5×20/10＝3.0 元

基价：707×20/10＝1 414 元

(3)将两部分的结果对应相加即为所求。

八、关于预算定额中临时工程定额的运用

本章定额包括汽车便道，临时便桥，临时码头，轨道铺设，架设输电、电信线路，人工夯打小圆木桩共六个项目。

(一)临时工程定额章说明及定额表

在应用过程中大部分定额根据实际工程内容属于直接套用，但仍有几点需要说明，列表于3-4-27。

需要说明的内容　　表 3-4-27

定额运用规定	对应定额表号	具 体 内 容	调 整 情 况
不得另行计算的规定	7-1-3	钢筋混凝土锚定额中已包括了栓锚钢丝绳及锚链的数量	编制预算时，不得另行计算
系数及数量的调整		汽车便道项目中未包括便道使用期内养护所需的工、料、机数量	如便道使用期内需要养护，编制预算时，可根据章说明进行数量调整
	7-1-4	轨道铺设如需设置道岔时，每处道岔工、料按相应轨道铺设增加	轨重 11kg/m、15kg/m 的增加16m，轨重 32kg/m 的增加 31m，轨重32kg/m 的道渣已考虑了周转使用，本定额按实际使用量的 30%计
允许另行计算的规定	7-1-3	重力式砌石码头定额中不包括码头拆除的工程内容	需要时可按桥涵工程项目的拆除旧建筑物定额另行计算
	7-1-2 7-1-5	本章定额中便桥，输电、电信线路的材料消耗均按一次使用量计列	编制预算时应按规定计算回收，其他各项定额分别不同情况，按其周转次数摊入材料数量
	7-1-2	定额中的设备摊销费按使用 4 个月编制的	若使用期不同时，可予以调整
	7-1-2	定额中钢管为使用 1 年的消耗量	若使用期不同时，可予以调整
	7-1-3	浮箱码头定额中每 $100m^2$ 码头平面面积的浮箱质量为 25.365t(包括浮箱连接件)，其设备摊销费按每 t 每月 90 元，并按使用 12 个月编制	若浮箱实际质量和施工期不同时，可予以调整
	7-1-5	设备摊销费为变压器的费用，按施工期 2 年计算	如施工期不同，可以按比例调整

(二)临时工程定额运用

【例 3-4-30】 某汽车便道，山岭重丘区，路基宽 7.0m，路面宽 6.0m，使用期 36 个月，便道全长 8km，需养护。试列出该便道工程及养护所需工、料、机数量。

解：(1)汽车便道

查《预算定额》7-1-1-2 及 7-1-1-5。

①路基

人工：136.9×5＝684.5 工日

75kW 以内履带式推土机：20.74×5＝103.7 台班

6～8t 光轮压路机：1.64×5＝8.2 台班

8～10t 光轮压路机：1.25×5＝6.25 台班

12～15t 光轮压路机：4.88×5＝24.4 台班

基价：22 219×5＝111 095 元

②路面

人工：248.1×5＝1 240.5 工日

水：112×5＝560m^3

天然级配：1 193.4×5＝5 967m^3

8～10t 光轮压路机：1.62×5＝8.1 台班

12～15t 压路机：3.24×5＝16.2 台班

0.6t 以内手扶式振动碾：5.65×5＝28.25 台班

基价：62 362×5＝311 810 元

(2)汽车便道养护

章说明规定，如便道使用期内需要养护，编制预算时，可根据施工期按表 3-4-28 增加数量。

调整值表(单位：km 月)　　表 3-4-28

序号	项　目	单　位	代　号	汽车便道路基宽度(m)	
				7.0	4.5
1	人工	工日	1	3.0	2.0
2	天然砂砾	m^3	908	18.00	10.80
3	6～8t 光轮压路机	台班	1 075	2.20	1.32

本题中：

人工：3.0×36×5＝540 工日

天然砂砾：18×36×5＝3 240m^3

6～8t 光轮压路机：2.20×36×5＝396 台班

九、关于预算定额中材料采集及加工定额的运用

(一)材料采集及加工定额章说明及定额表

本章中材料计量单位标准，除有特别说明者外，土、黏土、砂、石屑、碎(砾)石、碎(砾)石土、煤渣、矿渣均按堆方计算；片石、块石、大卵石均按码方计算；料石、盖板石均按实方计算。开炸路基石方的片(块)石如需利用时，应按本章捡清片(块)石项目计算。材料采集及加工定额中，已包括采、筛、洗、堆及加工等操作损耗在内。

在应用过程中，大部分定额根据实际工程内容属于直接套用，但仍有几点需要说明，列表于 3-4-29。

需要说明的内容　　表 3-4-29

定额运用规定	对应定额表号	具 体 内 容	调 整 情 况
系数及数量的调整	8-1-4	如人工采、筛、洗、堆联合作业时	按“采、筛、堆”及“洗、堆”工日之和扣减一次堆方，每 100m^3 扣减 3 工日计算，其中洗、堆定额中的砂不计价
	8-1-5	如需备水洗石时	每 1m^3 石料用水量按 0.3m^3 计算，运水工另行计算
	8-1-11	如需备水时	每 1m^3 碎(砾、卵)石用水量按 0.3 m^3 计算，运水工另行计算

续上表

定额运用规定	对应定额表号	具 体 内 容	调 整 情 况
允许另行计算的规定	8-1-1	盖山土石厚度超过1m时	按"路基工程"项目人工开挖(炸)土,石方定额计算
	8-1-4	需要清除表土及备水时	其工日另计。每$1m^3$砂按$0.5\ m^3$用水量计
	8-1-7	如需爆破者	按开采块石所需材料计列

(二)材料采集及加工定额运用

【例3-4-31】 某路线工程的桥涵工程所需片石由两种方法取得,一种是在采石场开采片石,一种是利用开炸路基石方时捡清片石。试列出这两种采集片石方法的预算定额。

解:(1)机械开采片石定额

查《预算定额》8-1-6-2,定额单位$100m^3$码方。

人工:39.2工日;空心钢钎:2.1kg;合金钻头:3个;硝铵炸药:20.4kg;导火线:52m;普通雷管:49个;$9\ m^3/min$以内机动空压机:1.31台班;小型机具使用费:54.9元;基价:2 996元。

(2)捡清片石定额

查《预算定额》8-1-6-3,定额单位$100m^3$码方。

人工:27.7工日;基价:1 363元。

十、关于预算定额中材料运输定额的运用

(一)材料运输定额章说明及定额表

(1)汽车运输项目中因路基不平、土路松软、泥泞、急弯、陡坡而增加的时间消耗,定额内已予考虑。

(2)人力装卸船舶可按人力挑抬运输、手推车运输相应项目定额计算。

(3)所有材料的运输及装卸定额中,均未包括堆、码方工日。

(4)本章定额中未列名称的材料,可按下列规定执行,其中不是以质量计量的应按单位质量进行换算。

①水按运输沥青、油料定额乘以0.85系数计算。

②与碎石运输定额相同的材料有:天然级配、石渣、风化石。

③定额中未列的其他材料,一律按水泥运输定额计算。

(二)材料运输定额运用

【例3-4-32】 试列出下列预算定额:

(1)装载机装15t以内自卸汽车运输土,运距9km;

(2)15t以内自卸汽车配装载机运路基土方,运距9km;

(3)15t以内载重汽车运水9km,计量单位100t。

解:(1)查《预算定额》9-1-6-91及9-1-6-92

15t以内自卸汽车:$0.45+(9-1)\times0.09=1.17$台班

基价:$308+(9-1)\times62=804$元

(2)查《预算定额》1-1-11-21及1-1-11-23

15t 以内自卸汽车：5.57＋(9－1)/0.5×0.64＝15.81 台班

基价：3 816＋(9－1)/0.5×438＝10 824 元

(3)查《预算定额》9-1-5-59 及 9-1-5-60，运水的定额按运输沥青、油料定额乘以 0.85 系数

15t 以内载货汽车运水 100t：[1.49＋(9－1)×0.05]×0.85＝1.61 台班

基价：[1 020＋(9－1)×34]×0.85＝1 098.2 元

第五章　公路工程施工机械台班费用定额

第一节　公路工程施工机械台班费用定额

一、公路工程施工机械台班费用定额的作用

1. 公路工程施工机械台班费用定额的概念

《机械台班费用定额》是编制公路基本建设工程概算预算，确定机械台班预算价格，进行经济核算和结算的依据。

2. 公路工程施工机械台班费用定额的作用

(1)据以计算机械台班单价。根据《概算定额》总说明及《预算定额》总说明的规定，若地区机械工人的工资、燃料、水和电的预算价格与定额中的基价出入较大，编制预算时，机械台班单价应按台班费用定额分析计算确定。

(2)据以计算台班消耗的人工、燃料等实物量。为了编制施工组织设计，需要统计消耗的人工、材料等实物量，其中有关机械所消耗的各种资源实物量，要根据台班费用定额分析计算确定。

(3)条件相近时，可用定额中的基价作为概算预算中的台班单价。

(4)公路工程养护大、中修工程，可参考使用本定额。

二、公路工程施工机械台班费用定额的内容

《机械台班费用定额》的内容包括土石方工程机械，路面工程机械，混凝土及灰浆机械，水平运输机械，起重及垂直运输机械，打桩、钻孔机械，泵类机械，金属、木、石料加工机械、动力机械，工程船舶，其他机械等共计 11 类 746 个子目。

台班费用定额表，是《机械台班费用定额》的主要组成部分。台班费用定额表是按机械分类编制的，共分十一个表；每个表又根据机械的规格分为若干子目。

现将台班费用定额表的组成栏目介绍如下。

1. 表名

如“二、路面工程机械”，就是指《机械台班费用定额》所列的各种规格路面工程机械的台班费用定额。

2. 代号

是指每种规格的机械在用电子计算机编制概算预算时对机械的识别符号，也就是该子目机械的代号。各子目所示的代号与《概算定额》、《预算定额》中该子目所示机械的代号是一致的、相同的。代号不许变动，而且在各类机械之间，留有一些空号，如土石方机械的代号由 1002～1139，而路面机械的代号则由 1151～1260，两类中间有 10 个左右的空号，以备补充

之用。

3.子目

每个代号为一个子目,表示一种规格的机械。如代号1135表示风动锻钎机,而1136则表示液压锻钎机

4.不变费用

指定额表中的1～4项费用(折旧费、大修理费、经常修理费、安装拆卸及辅助设施费)为不变费用。编制机械台班单价时,除青海、新疆、西藏边远地区外,应直接采用定额值,至于边远地区因维修工资、配件材料等差价较大而需要调整不变费用时,可根据具体情况,由省、自治区交通厅制定系数并报交通运输部公路局备案后执行。

5.可变费用

定额表中的5～7项费用(人工费、动力燃料费、养路费及车船使用税)为可变费用。构成可变费用的人工单价、燃料单价以及养路费标准等,不仅各地不同,而且每年也可能不同,所以构成人工费、燃料费、养路费等可变费用也必然会变动。人工单价、燃料单价按各省、自治区、直辖市交通厅的规定执行。养路费的征收标准,各地也不相同。计算机械台班单价时要特别注意当地政府是否对公路工程车辆免征养路费,如果不免征,则对水平运输机械等计列养路费及车船使用税。

6.基价

是不变费用和可变费用之合计数,供概算预算编制时选用。

第二节　公路工程施工机械台班费用定额的运用

一、几点说明

《台班费用定额》中的说明中对定额的使用作了简单的解释,在运用本定额的时候,应注意以下几点。

(1)本定额由以下7项费用组成

①折旧费:指机械设备在规定的使用期限内陆续收回其原值的费用。

②大修理费:指机械设备按规定的大修间隔台班必须进行大修理,以恢复其正常功能所需的费用。

③经常修理费:指机械设备除大修理以外的各级保养(包括一、二、三级保养)及为排除临时故障所需的费用;为保障机械正常运转所需替换设备、随机使用工具、附具摊销和维护的费用;机械运转与日常保养所需的润滑油脂,擦拭材料(布及棉纱等)费用和机械在规定年工作台班以外的维护、保养费用等。

④安装拆卸及辅助设施费:指机械在施工现场进行安装、拆卸所需的人工费、材料费、机械费、试运转费以及安装所需的辅助设施费。辅助设施费包括安置机械的基础、底座及固定锚桩等项费用。打桩、钻孔机械在施工过程中的过墩、移位等所发生的安装及拆卸费包括在工程项目费之内;稳定土厂拌设备、沥青乳化设备、黑色粒料拌和机、沥青混合料拌和设备、混凝土搅拌站(楼)、塔式起重机的安装、拆卸以及拌和设备、混凝土搅拌站(楼)、大型发电机的混凝土基础、沉淀池、散热池等辅助设施和机械操作所需的轨道、工作台的设置费用,不在此项费用内,在工程项目中应另行计算。

⑤人工费：指随机操作人员的工作日工资（包括基本工资、各类津贴、补贴、辅助工资、劳动保护费以及各类保险和住房公积金等）。

⑥动力燃料费：指机械在运转施工作业中所耗用的电力、固体燃料（煤、木柴）、液体燃料（汽油、柴油、重油）和水等。

⑦养路费及车船使用税：指按国家规定应缴纳的机械养路费和车船使用税等。

(2)本定额中第1～4项费用（折旧费、大修理费、经常修理费、安装拆卸及辅助设施费）为不变费用，编制机械台班单价时，除青海、新疆、西藏边远地区外，应直接采用；至于边远地区的维修工资、配件材料等价差较大而需调整不变费用时，可根据具体情况，由省、自治区交通厅制定系数并报交通运输部备案后执行。

(3)本定额中第5～7项费用（人工费、动力燃料费、养路费及车船使用税）为可变费用，编制机械台班单价时，随机操作人员数及动力物资消耗量应以本定额中的数值为准。工资标准按现行的《概算预算编制办法》的规定执行。工程船舶和潜水设备的工日单价，按当地有关部门规定计算。动力燃料费按当地的动力物质的工地预算价格计算。养路费及车船使用税，如需缴纳时，应根据各省、自治区、直辖市及国务院有关部门的规定标准，按机械的年工作台班计入台班费中。

(4)机械自管理部门至工地或自某一工地至另一工地的运杂费，不包括在本定额中。

(5)加油及油料过滤的损耗和由变电设备至机械之间的输电线路电力损失，均已包括在本定额中。

二、具体示例

【例3-5-1】 重庆境内某公路路基土石方工程中，用推土机集土，根据工程量和预算定额计算，需105kW内履带式推土机218.36台班。已知该地区人工单价为50.39元/工日，柴油5.9元/kg。试确定推土机的台班单价及完成该工程的机械使用费。

解：(1)机械台班单价应根据《机械台班费用定额》确定：

机械的台班单价＝不变费用＋可变费用

查《机械台班费用定额》的土石方工程机械105kW推土机，代号1005得：

不变费用＝折旧费＋大修理费＋经常修理费＋安装拆卸及辅助设施费
＝136.68＋53.55＋139.23＋0.95
＝330.41元

因该工程地处重庆境内，故不变费用直接采用，不予调整。

可变费用＝人工费＋燃料动力费
＝2工日×50.39元/工日＋76.52kg×5.9元/kg
＝552.25元

故105kW推土机的台班单价＝330.41＋552.25＝882.66元/台班

(2)完成该工程的机械使用费＝台班消耗量×台班单价
＝218.36台班×882.66元/台班
＝192 737.2元

第六章　公路工程费用定额

第一节　公路工程费用定额

一、公路工程费用定额的作用

(一)公路工程费用定额的概念

公路基本建设工程费用定额是公路工程建设项目在编制工程造价中除人工、材料、机械消耗以外的其他费用需要量计算的标准,即工程造价计价依据除工程定额以外各项费用计算的主要内容。《估算编制办法》和《概算预算编制办法》中规定的费用指标和一系列费用的取费率,都属于费用定额的范围,因此,从这个角度来看,《估算编制办法》和《概算预算编制办法》就是费用定额。

(二)公路工程费用定额的作用

公路工程费用定额在公路工程计价依据体系中占有很重要的地位,是编制新建或改建公路基本建设工程投资估算、设计概算及施工图预算配套使用的一种定额,也是正确计算建筑安装工程费,确定工程总造价不可缺少的标准,就其作用来说主要有以下几点。

(1)是编制公路基本建设项目建议书、可行性研究报告投资估算的重要依据。

(2)是编制公路基本建设项目初步设计概算(或技术设计修正概算)和施工图预算的重要依据。

(3)对施工招投标的工程,是编制工程标底的重要依据。

(4)费用定额对加强施工企业经营管理和投标报价,加强经济活动分析,提高效益,降低工程成本,促进企业经营体制的改变等都起着重要参考作用。

二、公路工程费用定额的内容

现行公路基本建设工程费用定额项目,按国家有关规定划分,主要由建筑安装工程费用定额、设备工具器具及家具购置费定额、工程建设其他费用定额、预备费定额和回收金额定额组成。

(一)建筑安装工程费用定额

建筑安装工程费用定额一般以某个或多个自变量为计算基础,反映专项费用(应变量)社会必要劳动量的百分率或标准,包括直接费、间接费、利润和税金。

1. 直接费

直接费由直接工程费和其他工程费组成。

1)直接工程费

直接工程费是指施工过程中耗费的构成工程实体和有助于工程形成的各项费用,包括人工费、材料费、施工机械使用费。

2)其他工程费定额

其他工程费是指直接工程费以外施工过程中发生的直接用于工程的费用。

公路工程其他工程费项目有：

(1)冬季施工增加费。

(2)雨季施工增加费。

(3)夜间施工增加费。

(4)特殊地区施工增加费。

(5)行车干扰工程施工增加费。

(6)安全及文明施工措施费。

(7)临时设施费。

(8)施工辅助费。

(9)工地转移费。

由于建筑安装施工生产的特点所决定，这些费用不能以消耗量的形式列入预算定额分项之内，而是以费率作为定额的表现形式。

其他工程费与施工现场的施工条件有关，也和施工的工作量直接有关。当施工条件发生变化时，它就可能少发生或不发生，对于某一个具体工程来说，具体情况会很不相同。

其他工程费定额除包括各项费用的内容、计费规定和规定的费率外，还包括如下内容。

①冬季施工增加费定额还包括有冬季气温区的划分，以及如何根据全国气温资料进行对气温区的划分。

②雨季施工增加费定额还包括雨量区和雨季期的划分内容，以及如何根据全国的降雨资料进行的雨量区和雨季期的划分。

2.间接费定额

间接费定额是与建筑安装生产的个别产品无关，而为企业生产全部产品所必需、为维持企业的经营管理活动所必需发生的各项费用开支的标准。间接费定额由企业管理费定额和规费定额两项组成。

3.利润定额

利润系指施工企业完成所承包工程计划取得的盈利。利润按直接费与间接费之和扣除规费的7%计算。

4.税金

税金系指按国家税法规定应计入建筑安装工程造价内的营业税、城市维护建设税及教育费附加等。

计算公式：

$$综合税金额=(直接费+间接费+利润)\times 综合税率$$

(1)纳税地点在市区的企业，综合税率为3.41%。

(2)纳税地点在县城、乡镇的企业，综合税率为3.35%。

(3)纳税地点不在市区、县城、乡镇的企业，综合税率为3.22%。

(二)设备、工具、器具及家具购置费

1.设备购置费

设备购置费是指为满足公路的营运、管理、养护的需要，购置的达到固定资产标准的设备和虽低于固定资产标准但属于设计明确列入设备清单的设备的费用，包括渡口设备，隧道照明、消防、通风的动力设备，高等级公路的收费、监控、通信、供电设备，养护用的机械、设备和工具、器具等的购置费用。

设备购置费应由设计单位列出计划购置的清单(包括设备的规格、型号、数量),以设备原价加综合业务费和运杂费,按式(3-6-1)计算:

设备购置费=设备原价+运杂费(运输费+装卸费+搬运费)+
运输保险费+采购及保管费 (3-6-1)

需要安装的设备,应在第一部分建筑安装工程费的有关项目内另计设备的安装工程费。

1)国产设备原价的构成及计算

国产设备的原价一般是指设备制造厂的交货价,即出厂价或订货合同价。它一般根据生产厂或供应商的询价、报价、合同价确定,或采用一定的方法计算确定。其内容包括按专业标准规定的在运输过程中不受损失的一般包装费,及按产品设计规定配带的工具、附件和易损件的费用,即:

设备原价=出厂价(或供货地点价)+包装费+手续费 (3-6-2)

2)进口设备原价的构成及计算

进口设备的原价是指进口设备的抵岸价,即抵达买方边境港口或边境车站,且交完关税为止形成的价格,即:

进口设备原价=货价+国际运费+运输保险费+银行财务费+外贸手续费+关税+
增值税+消费税+商检费+检疫费+车辆购置附加费 (3-6-3)

(1)货价。一般指装运港船上交货价(FOB,习惯称离岸价)。设备货价分为原币货价和人民币货价。原币货价一律折算为美元表示,人民币货价按原币货价乘以外汇市场美元兑换人民币的中间价确定。进口设备货价按有关生产厂商询价、报价、订货合同价计算。

(2)国际运费。即从装运港(站)到达我国抵达港(站)的运费,即:

国际运费=原币货价(FOB价)×运费费率 (3-6-4)

我国进口设备大多采用海洋运输,小部分采用铁路运输,个别采用航空运输。运费费率参照有关部门或进出口公司的规定执行,海运费费率一般为6%。

(3)运输保险费。对外贸易货物运输保险是由保险人(保险公司)与被保险人(出口人或进口人)订立保险契约,在被保险人交付议定的保险费后,保险人根据保险契约的规定对货物在运输过程中发生的承保责任范围内的损失给予经济上的补偿。这是一种财产保险。计算公式为:

运输保险费=[原币货价(FOB价)+国际运费]÷(1-保险费费率)×
保险费费率 (3-6-5)

保险费费率是按保险公司规定的进口货物保险费费率计算,一般为0.35%。

(4)银行财务费。一般指中国银行手续费,可按下式简化计算:

银行财务费=人民币货价(FOB价)×银行财务费费率 (3-6-6)

银行财务费费率一般为0.4%~0.5%。

(5)外贸手续费。指按规定计取的外贸手续费,计算公式为:

外贸手续费=[人民币货价(FOB价)+国际运费+运输保险费]×
外贸手续费费率 (3-6-7)

外贸手续费费率一般为1%～1.5%。

(6)关税。指海关对进出国境或关境的货物和物品征收的一种税，计算公式为：

关税＝[人民币货价(FOB价)＋国际运费＋运输保险费]×进口关税税率　(3-6-8)

进口关税税率按我国海关总署发布的进口关税税率计算。

(7)增值税。是对从事进口贸易的单位和个人，在进口商品报关进口后征收的税种。按《中华人民共和国增值税条例》的规定，进口应税产品均按组成计税价格和增值税税率直接计算应纳税额，即：

增值税＝[人民币货价(FOB价)＋国际运费＋运输保险费＋关税＋消费税]×增值税税率　(3-6-9)

增值税税率根据规定的税率计算，目前进口设备适用的税率为17%。

(8)消费税。对部分进口设备(如轿车、摩托车等)征收，一般计算公式为：

应纳消费税额＝[人民币货价(FOB价)＋国际运费＋运输保险费＋关税]÷(1－消费税税率)×消耗费税率　(3-6-10)

消耗税税率根据规定的税率计算。

(9)商检费。指进口设备按规定付给商品检查部门和进口设备检验鉴定费，其计算公式为：

商检费＝[人民币货价(FOB价)＋国际运费＋运输保险费]×商检费费率　(3-6-11)

商检费费率一般为0.8%。

(10)检疫费。指进口设备按规定付给商品检疫部门的进口设备检验鉴定费，其计算公式为：

检疫费＝[人民币货价(FOB价)＋国际运费＋运输保险费]×检疫费费率　(3-6-12)

检疫费费率一般为0.17%。

(11)车辆设置附加费。指进口车辆需缴纳的进口车辆购置附加费，计算公式为：

进口车辆购置附加费＝[人民币货价(FOB价)＋国际运费＋运输保险费＋关税＋消费税＋增值税]×进口车辆购置附加费费率　(3-6-13)

在计算进口设备原价时，应注意工程项目的性质，有无按国家有关规定减免进口环节税的可能。

3)设备运杂费的构成及计算

国产设备运杂费指由设备制造厂交货地点起至工地仓库(或施工组织设计指定的需要安装设备的堆放地点)止所发生的运费和装卸费；进口设备运杂费指由我国到岸港口或边境车站起至工地仓库(或施工组织设计指定的需要安装设备的堆放地点)止所发生的运费和装卸费，其计算公式为：

运杂费＝设备原价×运杂费费率　(3-6-14)

设备运杂费费率见表3-6-1。

设备运杂费费率表(%)　　表3-6-1

运输里程(km)	100以内	101～200	201～300	301～400	401～500	501～750	751～1 000	1 001～1 250	1 251～1 500	1 501～1 750	1 751～2 000	2 000以上每增250
费率(%)	0.8	0.9	1.0	1.1	1.2	1.5	1.7	2.0	2.2	2.4	2.6	0.2

4)设备运输保险费的构成及计算

设备运输保险费指国内运输保险费，其计算公式为：

$$运输保险费=设备原价\times保险费费率 \tag{3-6-15}$$

设备运输保险费费率一般为1%。

5)设备采购及保管费的构成及计算

设备采购及保管费指采购、验收、保管和收发设备所发生的各种费用，包括设备采购人员、保管人员和管理人员的工资、工资附加费、办公费、差旅交通费，设备部门办公和仓库所占固定资产使用费、工具用具使用费、劳动保护费、检验试验费等，其计算公式为：

$$采购及保管费=设备原价\times采购及保管费费率 \tag{3-6-16}$$

需要安装的设备的采购保管费费率为2.4%，不需要安装的设备的采购保管费费率为1.2%。

2.工器具及生产家具(简称工器具)购置费

工器具购置费系指建设项目交付使用后为满足初期正常营运必须购置的第一套不构成固定资产的设备、仪器、仪表、工卡模具、器具、工作台(框、架、柜)等的费用。不包括构成固定资产的设备、工器具和备品、备件，已列入设备购置费中的专用工具和备品、备件。

对于工器具购置，应由设计单位列出计划购置的清单(包括规格、型号、数量)，购置费的计算方法同设备购置费。

3.办公和生活用家具购置费

办公和生活用家具购置费系指为保证新建、改建项目初期正常生产、使用和管理所必须购置的办公和生活用家具、用具的费用。

范围包括：行政、生产部门的办公室、会议室、资料档案室、阅览室、单身宿舍及生活福利设施等的家具、用具。

办公和生活用家具购置费按表3-6-2的规定计算。

办公和生活用家具购置费标准表 表3-6-2

工程所在地	路线(元/km)				有看桥房的独立大桥(元/座)	
	高速公路	一级公路	二级公路	三、四级公路	一般大桥	技术复杂大桥
内蒙古、黑龙江、青海、新疆、西藏	21 500	15 600	7 800	4 000	24 000	60 000
其他省、自治区、直辖市	17 500	14 600	5 800	2 900	19 800	49 000

注：改建工程按表列数80%计。

(三)工程建设其他费用定额

工程建设其他费用定额是指从工程筹建开始至工程竣工验收交付使用的整个建设期间，除建筑安装工程费、设备及工具器具购置费以外的，为保证工程建设顺利完成和交付使用后能正常发挥效用而发生的各项费用开支的标准。

工程建设其他费用包括有：土地征用及拆迁补偿费、建设项目管理费定额(除建设单位(业主)管理费外，还包括工程质量监督费、工程监理费、工程定额测定费和设计文件审查费及竣(交)工验收试验检测费)、研究试验费、建设项目前期工作费、专项评价(估)费，施工机构迁移费、供电贴费、联合试运转费、生产人员培训费、固定资产投资方向调节税、建设期贷款利息等。

(四)预备费

预备费由价差预备费及基本预备费两部分组成。在公路工程建设期限内，凡需动用预备费时，属于公路交通部门投资的项目，需经建设单位提出，按建设项目隶属关系，报交通运输部或交通厅(局、委)基建主管部门核定批准；属于其他部门投资的建设项目，按其隶属关系报有关部门核定批准。

(五)回收金额

概、预算定额所列材料一般不计回收，只对全部材料计价的一些临时工程项目和由于工程规模或工期限制达不到规定周转次数的拱盔、支架及施工金属设备的材料计算回收金额。

第二节　公路工程费用定额的运用

一、公路工程概算预算编制办法(2007)中费用定额的运用

【例 3-6-1】 某高速公路路基土、石方工程，有一段挖土方计普通土 3 000 000m³，平均运距 50km，采用 105kW 以内推土机推土施工。机械土方其他工程费综合费率为 3.66%，规费综合费率按人工费的 40.2%计，企业管理费综合费率为 3.61%，利润率为 7%，综合税率为 3.41%。初步设计概算编制时工程所在地的各类预算价格按 2007 年定额基价增加 10%计算。试求初步设计概算该段挖土方的直接工程费、其他工程费、直接费、间接费及建筑安装工程费各多少。

解：本案例主要的计算方法有：

直接工程费(即工、料、机费)按编制年工程所在地的预算价格计算。

其他工程费＝直接工程费×其他工程费综合费率或各类工程人工费和机械费之和×其他工程费费率

直接费＝直接工程费＋其他工程费

间接费＝各类工程人工费×规费综合费率＋直接费×企业管理费综合费率

利润＝(直接费＋间接费－规费)×利润率

税金＝(直接费＋间接费＋利润)×综合税率

建筑安装工程费＝直接费＋间接费＋利润＋税金

具体计算如下。

(1)直接工程费、其他工程费、规费、企业管理费、间接费

①直接工程费

查《预算定额》1-1-12-10、1-1-12-12，定额单位为 1 000m³ 天然密实方。

(1 893＋571×3)×3 000×1.1＝11 899 800 元

②其他工程费

11 899 800×3.66%＝435 532.68 元

③直接费

11 899 800＋435 532.68＝12 335 332.68 元

④规费

查《预算定额》1-1-12-10 及附录四。

$$4.5\times3\,000\times49.2\times1.1\times40.2\%=293\,709.24\text{ 元}$$

⑤企业管理费

$$12\,335\,332.68\times3.61\%=445\,305.51\text{ 元}$$

⑥间接费

$$445\,305.51+293\,709.24=739\,014.75\text{ 元}$$

(2)建筑安装工程费

①利润

$$(12\,335\,332.68+739\,014.75-293\,709.24)\times7\%=894\,644.67\text{ 元}$$

②税金

$$(12\,335\,332.68+739\,014.75+894\,644.67)\times3.41\%=476\,342.63\text{ 元}$$

③建筑安装工程费

$$12\,335\,332.68+739\,014.75+894\,644.67+476\,342.63=14\,445\,334.73\text{ 元}$$

【例 3-6-2】 某省拟新建一条六车道高速公路，地处平原微丘区，有一座钢筋混凝土盖板涵，标准跨径 4.00m，涵高 3.00m，八字墙，路基宽度 35.00m，其施工图设计主要工程量如表 3-6-3所示。

主要工程数量表 表 3-6-3

序号	项目	单位	工程量
1	挖基坑土方(干处)	m^3	460
2	浆砌片石基础、护底、截水墙	m^3	410
3	浆砌片石台、墙	m^3	335
4	混凝土帽石	m^3	0.6
5	矩形板混凝土	m^3	71.7
6	矩形板钢筋	t	6.02
7	沉降缝高 3m 计 10 道	m^2	50

25 座盖板涵的混凝土矩形板预制，设一处预制场计 10 000m^2，场地需平整碾压，30%面积需铺 15cm 厚的砂砾垫层，20%面积需做 2cm 厚的水泥砂浆抹平，作为预制板底模。构件运输 4km。该地区规费综合费率为 40.2%，利润率为 7%，综合税率为 3.41%，该项目其他工程费、企业管理费的综合费率见表 3-6-4。

其他工程费、企业管理费的综合费率(%) 表 3-6-4

序号	项目	其他工程费	企业管理费
1	构造物 I	5.98	5.35
2	构造物 II	6.88	6.54
3	构造物 III	12.25	11.64

试求若编制年工程所在地的各项预算价格，以定额基价为基础上调 15%计算，编制该盖板涵的施工图预算建筑安装工程费。

解:(1)直接工程费

根据题意计算综合列于表 3-6-5 中。

直接工程费计算表

表 3-6-5

序号	工程细目名称		工程量	定额表号	基价(元)	直接工程费(元)
1	挖基坑土方(干处)		460	4-1-1-1	22.056	460×22.056×1.15=11 668
2	浆砌片石基础、护底、截水墙		410	4-5-2-1	139.6	410×139.6×1.15=65 812
3	浆砌片石台、墙		335	4-5-2-5	164	335×164×1.15=63 181
4	混凝土帽石		0.6	4-6-3-2	456.4	0.6×456.4×1.15=315
5	预制矩形板混凝土		71.7	4-7-9-1	349.3	71.7×349.3×1.15=28 802
6	矩形板钢筋		6.02	4-7-9-3	3869	6.02×3 869×1.15=26 785
7	安装矩形板		71.7	4-7-10-2	95	71.7×95×1.15=7 833
8	预制构件运输	第一个 1km	71.7	4-8-3-7	32.7	71.7×32.7×1.15=2696
		每增运 1km	71.7×6	4-8-3-11	1.23	71.7×6×1.23×1.15=609
9	预制场地平整		400	4-11-1-2	2.291	400×2.291×1.15=1 054
10	预制场地铺砂砾垫层		18	4-11-5-1	69.3	18×69.3×1.15=1 435
11	预制场地水泥砂浆抹面		80	4-11-6-17	7.13	80×7.13×1.15=656
12	沉降缝高 3m 计 10 道		50	4-11-7-13	163	50×163×1.15=9 373
13	合计					220 219

直工程接费为 220 228 元。

(2)其他工程费

220 219×0.059 8=13 170 元

(3)直接费

220 219+13 169=233 397 元

(4)间接费

①规费

人工单价为 56.58 元/工日,如表 3-6-6 所示。

规费计算表

表 3-6-6

序号	工程细目名称		工程量	定额表号	工日	规费(元)
1	挖基坑土方(干处)		460	4-1-1-1	0.448 3	4 690
2	浆砌片石基础、护底、截水墙		410	4-5-2-1	0.95	8 859
3	浆砌片石台、墙		335	4-5-2-5	1.32	10058
4	混凝土帽石		0.6	4-6-3-2	2.16	29
5	预制矩形板混凝土		71.7	4-7-9-1	2.35	3 832
6	矩形板钢筋		6.02	4-7-9-3	6.9	945
7	安装矩形板		71.7	4-7-10-2	0.64	1044
8	预制构件运输	第一个 1km	71.7	4-8-3-7	0.091	148
		每增运 1km	71.7×6	4-8-3-11	0	0
9	预制场地平整		400	4-11-1-2	0.0452	411

续上表

序号	工程细目名称	工程量	定额表号	工日	规费(元)
10	预制场地铺砂砾垫层	18	4-11-5-1	0.59	242
11	预制场地水泥砂浆抹面	80	4-11-6-17	0.055	100
12	沉降缝高 3m 计 10 道	50	4-11-7-13	0.5	569
13	合计				30 927

②企业管理费

$$233\ 388\times0.053\ 5=12\ 486\text{ 元}$$

③间接费

$$30\ 927+12\ 486=43\ 413\text{ 元}$$

(5)利润

$$(233\ 388+43\ 413-30\ 927)\times0.07=17\ 211\text{ 元}$$

(6)税金

$$(233\ 388+43\ 413+17\ 211)\times0.034\ 1=10\ 025\text{ 元}$$

(7)建筑安装工程费

$$233\ 388+43\ 413+17\ 211+10\ 025=304\ 037\text{ 元}$$

二、公路工程投资估算编制办法(1996)中费用定额的运用

【例 3-6-3】 广东省拟新建一条四车道高速公路，路基宽 26.00m，地处平原微丘区，建设项目总里程为 50km。该工程 99 年编制项目建议书，建设工期为 3 年，具体情况如下。

(1)主要工程数量在《估算指标》附录五“综合指标所含主要工程项目工程量”的基础上，每公路公里工程量作如下调整：路基土方中 50 000m^3 增加汽车运输平均运距 15km、大(中)桥增加 50m 计 1 300m^2。

(2)投资估算编制年工程所在地人工工日单价、材料预算价格以及机械使用费等比 1996 年指标基价逐年递增 5%。

(3)该项目投资中资本金占 35%，其余全部为国内银行贷款，贷款利息年利率为 6%，用款计划为第一年 40%、第二年 30%、第三年 30%。

(4)本工程永久占地单价为 7 000 元/亩，临时占地单价为 4 000 元/亩。

(5)本工程不计“大型专用机械设备购置费”及“固定资产投资方向调节税”，工程施工按国内招标办理。

试求每公路公里指标建筑安装工程费和建筑安装工程费及建设项目投资估算总金额。

解：公路建设项目投资估算由建筑安装工程费、设备及工器具购置费、工程建设其他费用和预留费用组成。

建筑安装工程费包括：直接费、其他工程费、其他直接费、现场经费、间接费、施工技术装备费、计划利润和税金。

其他工程费＝直接费×其他工程费率

其他直接费、现场经费及间接费＝指标基价×(1＋其他工程费率)×综合费率

具体计算如下：

(1)每公路公里指标建筑安装工程费和建筑安装工程费

①每公路公里指标直接费

14 246 239+(3 187+786×29)×50+203 886×13=18 195 807 元

②每公路公里直接费

18 195 807×1.3=23 654 549 元

③每公路公里其他工程费

23 654 549×0.022 64=535 539 元

④每公路公里其他直接费、现场经费、间接费综合费用

18 195 807×(1+0.022 64)×0.277=5 154 350 元

⑤每公路公里综合利税费

(23 654 549+535 539+5 154 350)×0.1=2 934 444 元

⑥每公路公里指标建筑安装工程费

18 195 807×(1+0.022 64)+5 154 350+2 934 444=26 696 554 元

⑦每公路公里建筑安装工程费

23 654 549+535 539+5 154 350+2 934 444=32 278 882 元

(2)建设项目投资估算总金额

①每公路公里设备、工具、器具购置费

32 278 882×0.018 76=605 552 元

②每公路公里征用土地费用

115.35×7 000+14.5×4 000=865 450 元

③每公路公里拆迁赔偿费

32 278 882×0.048 95=1 580 051 元

④每公路公里建设单位管理费

26 696 554×0.004 872=130 079 元

⑤每公路公里质量监督费、工程监理费、定额编制管理费及设计文件审查费

26 696 554×(0.001 5+0.016+0.001 7+0.000 5)=525 922 元

⑥每公路公里研究试验费、勘察设计费、供电贴费

32 278 882×(0.007 28+0.021 13+0.002 18)=988 702 元

⑦每公路公里建设期贷款利息

(32 278 882+605 552+865 450+1 580 051+130 079+525 922+988 702)

×(0.4×3+0.3×2+0.3×1)×0.06=4 658 804 元

⑧每公路公里建设期贷款利息

(32 278 882+605 552+865 450+1 580 051+130 079+525 922

+988 702+4 658 804)×50=2 081 672 100 元

⑨工程造价增涨预留费

32 278 882×50×$[(1+0.05)^{5-1}-1]$=347 815 041 元

⑩预备费

(32 278 882+605 552+865 450+1 580 051+130 079+525 922

+988 702)×502×0.11=203 360 509 元

投资估算总金额为：

2 081 672 100+347 815 041+203 360 509=2 632 847 650 元

【例 3-6-4】 某地区拟新建一条四车道高速公路，路基宽 26m，地处平原微丘区，建设项目总里程为 30km。该工程 2000 年编制可行性研究报告投资估算，编制年工程所在地的各项预算价格以指标基价为基数按每年上调 5%计算，建设工期为 3 年。其主要工程项目的工程量如下。

(1)路基土方：3 000 000m^3，其中有 300 000m^3 增加汽车远运平均运距 5km。

(2)排水与防护：共计圬工 120 000m^3。其中：砌石圬工 80 000m^3、混凝土圬工 40 000m^3。

(3)软土处理：2km。

(4)路面工程：665 000m^2。其中沥青混凝土 66 500m^2，沥青碎石 39 900m^3。

稳定土基层：15cm 厚水泥砂砾 672 000m^2、40cm 厚石灰土 676 000m^2。

拦水带：40 000m。

镶边：20 000m。

(5)涵洞：60 道。

(6)标准跨径大于 20m 的中桥及大桥：19 500m^2，其中预应力混凝土空心板桥 13 600m^2(干处)，跨径≤30m 的预应力混凝土 T 形梁桥 5 900m^2(水中)。

(注：基础均为灌注桩基础)

(7)互通式立体交叉 2 处，其中：连续梁跨线桥 1 200m^2(注：基础均为天然基础)，匝道 6km，被交道主线下穿二级路 3km。

(8)分离式立体交叉 11 处，其中：空心板桥跨线桥 5 200m^2(注：基础均为天然基础)，被交道主线下穿三级路 17km。

(9)通道：30 道，其中涵洞式 20 道，小桥式 10 道。

(10)人行天桥：3 座。

(11)该项目其他直接费、现场经费、间接费的综合费率见表 3-6-7。

综 合 费 率 表 3-6-7

序 号	项 目	其他直接费	现 场 经 费	间 接 费
1	机械土方	2.5	9.5	3.5
2	汽车运土	0.8	5.2	1.5
3	高级路面	2.8	8.0	2.5
4	其他路面	2.0	10.0	4.0
5	构造物 I	3.7	13.8	4.8
6	构造物 II	3.5	13.5	4.0

试求指标建筑安装工程费和建筑安装工程费。

解：各类综合费率为：机械土方(1+0.025+0.095)×(1+0.035)−1=0.159 2

汽车运土(1+0.008+0.052)×(1+0.015)−1=0.075 9

高级路面(1+0.028+0.08)×(1+0.025)−1=0.135 7

其他路面(1+0.02+0.1)×(1+0.04)−1=0.164 8

构造物 I(1+0.037+0.138)×(1+0.048)−1=0.231 4

构造物 II(1+0.035+0.135)×(1+0.04)−1=0.216 8

(1)土方

①指标直接费

12 603×3 000=37 809 000 元

(3 187+786×9)×300=3 078 300 元

②其他直接费、现场经费和间接费

37 809 000×(1+0.02)×0.159 2+3 078 300×(1+0.02)×0.075 9=6377 892 元

(2)排水与防护

①指标直接费

13 567×800+43 430×400+60 037×30=30 026 710 元

②其他直接费、现场经费和间接费

30 026 710×(1+0.02)×0.231 4=7 087 144 元

(3)软土处理

①指标直接费

2 009 368×2=4 018 736 元

②其他直接费、现场经费和间接费

4 018 736×(1+0.02)×0.164 8=675 533 元

(4)路面

①指标直接费

高级路面:35 716×399+39 054×665=40 221 594 元

其他路面:17 980×672+(6 893+374×25+877×2)×676+16 877×40+3 206×20=24 987 732 元

②其他直接费、现场经费和间接费

40 221 594×(1+0.02)×0.135 7+24 987 732×(1+0.02)×0.164 8=9 767 570 元

(5)桥涵

①指标直接费

涵洞:69 648×60=4 178 880 元

大中桥:133 600×136+251 319×59=32 997 421 元

②其他直接费、现场经费和间接费

4 178 880×(1+0.02)×0.231 4+32 997 421×(1+0.02)×0.216 8=8 283 250 元

(6)交叉工程

①指标直接费

互通:140 427×12+1 431 298×6+1 793 318×3=15 652 866 元

分离:133 370×52+966 861×17=23 371 877 元

通道:175 745×20+353 197×10=7 046 870 元

天桥:247 074×3=741 222 元

②其他直接费、现场经费和间接费

(15 652 866+23 371 877+7 046 870+741 222)×(1+0.02)×0.231 4=11 049 140 元

(7)安全设施及服务管理设施

①指标直接费

(41 335+286 336+16 574+104 913+191 817)×30=40 229 250 元

②其他直接费、现场经费和间接费

40 229 250×(1+0.02)×0.231 4=9 495 229 元

(8)指标直接费合计

37 809 000＋3 078 300＋30 026 710＋4 018 736＋40 221 594＋24 987 732＋4 178 880＋32 997 421＋15 652 866＋23 371 877＋7 046 870＋741 222＋40 229 250＝264 360 458 元

(9)直接费与其他工程费合计

$$264\ 360\ 458\times(1+0.05)^4\times(1+0.02)=327\ 758\ 425 \text{ 元}$$

(10)其他直接费、现场经费和间接费合计

6 377 892＋7 087 144＋675 533＋9 767 570＋8 283 250＋11 049 140＋9 495 229＝52 735 758 元

(11)施工技术装备费合计

$$[264\ 360\ 458\times(1+0.02)+52\ 735\ 758]\times0.03=9\ 671\ 503 \text{ 元}$$

(12)计划利润合计

$$[64\ 360\ 458\times(1+0.02)+5\ 273\ 575]\times0.04=12\ 895\ 337 \text{ 元}$$

(13)税金合计

$$(327\ 758\ 425+52\ 735\ 758+12\ 895\ 337)\times0.034\ 1=13\ 414\ 583 \text{ 元}$$

(14)指标建筑安装工程费合计

$$264\ 360\ 458\times(1+0.02)+52\ 735\ 758+9\ 671\ 503+12\ 895\ 337+13\ 414\ 583=358\ 364\ 848 \text{ 元}$$

(15)建筑安装工程费合计

$$327\ 758\ 425+52\ 735\ 758+9\ 671\ 503+12\ 895\ 337+13\ 414\ 583=416\ 475\ 606 \text{ 元}$$

第七章　公路工程施工定额

第一节　公路工程施工定额

一、公路工程施工定额的作用

(一)施工定额的概念

施工定额是规定在合理的劳动组织和正常施工条件下，为完成单位合格产品生产所需消耗的人工、材料和机械台班的数量标准。它反映了企业的施工水平、装备水平和管理水平，是直接用于建筑施工管理的定额，是编制施工预算实行内部经济核算的依据。施工定额不同于预算定额，它是制定预算定额的基础。

施工定额是以先进合理为原则的定额水平制定的。定额水平是指定额规定的劳动力、材料和机械的消耗标准。先进合理原则是指在合理的生产技术组织条件下，经过努力，部分工人可以超额，多数工人可以达到的水平。

《公路工程预算定额》的编制基础是《公路工程施工定额》(下文简称《施工定额》)，《公路工程预算定额》最新颁布于2007年，相应的《公路工程施工定额》最新颁布于2009年，以上两定额均由人民交通出版社出版发行。

(二)施工定额的作用

1.施工定额是企业计划管理的依据

施工定额是企业编制施工组织设计、施工作业计划的依据。

施工组织设计是指导拟建工程进行施工准备和施工生产的技术经济文件，其基本任务是根据招标文件及合同协议的规定，确定出经济合理的施工方案，在人力和物力、时间和空间、技术和组织上对拟建工程作出最佳的安排。施工作业计划则是根据企业的施工计划、拟建工程施工组织设计和现场实际情况编制的，它是一个以实现企业施工计划为目的的施工队、组的具体执行计划。它综合体现了企业生产计划、施工进度计划和现场实际情况的要求，是组织和指挥生产的技术文件，也是队、组进行施工的依据。因此，施工组织设计和施工作业计划是企业计划管理中不可缺少的环节。这些计划的编制必须依据施工定额。

2.施工定额是组织和指挥施工生产的有效工具

施工任务单，是下达施工任务的技术文件，也是班、组经济核算的原始凭证。施工任务单下达给班组的工程任务，包括工程名称、工作内容、质量要求、开工和竣工日期、计划用工量、实物工程量、定额指标、计件单价和平均技术等级等内容。实际完成任务情况的记载和工资结算，包括实际开、竣工日期，完成的实物工程量、实用工日数、实际平均技术等级、完成工程的工资额、工人工时记录和每人工资分配额等。这里可以明显看出，施工任务单上的工程计量单位、产量定额和计件单位，均需取自施工的劳动定额，工资结算也要根据劳动定额的完成情况计算。

限额领料单是施工队随任务单同时签发的领取材料的凭证。这一凭证是根据施工任务和施工的材料定额填写的。其中领料的数量,是班组为完成规定的工程任务消耗材料的最高限额。这一限额也是评价班组完成任务情况的一项重要指标。

3.施工定额是编制单位工程施工预算,进行施工预算和施工图预算“两算对比”,加强企业经济核算和成本管理的依据

施工预算是施工单位用以确定单位工程人工、机械、材料和资金需要量的计划文件。施工预算以施工定额为编制基础,既要反映设计图纸的要求,也要考虑在现有条件下可能采取的节约人工、材料和降低成本的各项具体措施。这样能够更合理地组织施工生产,有效地控制施工中人力、物力消耗,节约成本开支。

施工中人工、机械和材料的费用,是构成工程成本中直接费用的主要内容,对间接费用的开支也有着很大的影响。严格执行施工定额可以起到控制成本、降低费用开支、加强经济核算、班组核算和增加盈利的作用

4.施工定额有利于先进技术的推广

施工定额是按成熟的、先进的施工技术和施工组织编制的,工人要达到和超过定额,就必须掌握和运用这些先进技术;如果工人要想大幅度超过定额,他就必须创造性地劳动,在工作中注意改进工具和改进技术操作方法,注意原材料的节约,避免原材料和能源的浪费。施工定额中往往明确要求采用某些较先进的施工工具和施工方法,所以贯彻施工定额也就意味着推广先进技术。企业或主管部门为了推行施工定额,往往也要组织技术培训,以帮助工人能达到和超过定额。技术培训和技术表演等方式也都可以大大普及先进技术和先进操作方法。

二、公路工程施工定额的内容

施工定额的主要内容包括文字说明、分节定额和附录三部分。

1.文字说明

文字说明又分为总说明,章说明和分节说明。

(1)总说明:有关定额全部并具有共同性的问题和规定,通常列入总说明中。总说明的基本内容有:定额的用途、适用范围及编制依据;定额水平;有关定额全册综合性工作内容;工程质量及安全要求;定额指标的计算方法;有关规定及说明等。有的施工定额还有分册的定额项目和工作内容;施工方法和质量安全要求;有关规定和说明等。

(2)章说明:主要内容有使用范围、工作内容、定额计算方法、质量要求、施工方法、术语说明以及其他说明。

(3)分节说明:主要内容有工作内容、施工方法、小组成员等。

2.分节定额

分节定额包括分节说明,定额表和附注。

定额表是分节定额中的核心部分和主要内容。《施工定额》中包括劳动定额、机械台班定额等。

附注一般列在定额表的下面,主要是根据施工条件的变动,规定工人、材料、机械定额用量的增减变化,通常采用乘系数和增减工日或台班的方法来计算。附注的作用是对定额表的补充,也是对定额使用的限制。

3.附录

附录放在定额分册的最后，作为使用定额的参考和换算的依据。包括名词解释，必要时附图解说明；先进经验介绍及先进工具介绍；参考资料。例如《公路工程施工定额》1997 版本的附录有：爆破材料单位耗用量，砌筑工程石料及砂浆消耗、勾缝及抹面砂浆消耗.砌筑砂浆配合比表，混凝土配合比表，钢材焊接与切割单位材料耗用量表，加工碎石的片石耗用量表，土石分类表，锯材分类表等。

第二节　公路工程施工定额的运用

一、施工定额总说明的主要内容

(一)几点说明

(1)定额的章节内容，除各章节另有说明外，均包括：准备、结束、熟悉施工图纸、检查安全技术措施、布置操作地点、领退料具、工序交接、队组自检互检、机械加油加水、排除一般机械故障、保养机具、操作完毕后的场地清理、操作过程中的次要工序，以及汽车在 5km、其他自行式机械在 1km 以内由停车场至工作地点的往返空驶。

(2)根据公路工程的特点，本定额除列有劳动定额外，还列有机械定额，有的项目还同时列出劳动定额和机械定额，均表示在一定的生产组织条件下，某种机械单独或班组工人与机械共同完成某一项工程项目的机械定额或劳动与机械定额。本定额中所列机械定额均为机械的台班定额，均不包括在《机械台班费用定额》中规定配备的操作机械工人的劳动定额。有些项目虽说明在某种机械配合下进行，但未列出机械定额，这些机械的时间定额可按配合的班组时间定额推算确定。

(二)有关规定、说明及计算方法

(1)综合定额就是完成同一产品的各项(或工序)定额的综合。定额表内的时间定额工序综合用“综合”表示，其计算方法如下：

$$\text{综合时间定额(工日)}=\text{各单项(或工序)时间定额总和} \tag{3-7-1}$$

$$\text{综合产量定额}=\frac{1}{\text{综合时间定额(工日)}} \tag{3-7-2}$$

(2)复式表的时间定额、产量定额除少数项目外，均用下列形式表示：

$$\frac{\text{时间定额(工日)}}{\text{每工产量}} \quad \text{或} \quad \frac{\text{时间定额(台班)}}{\text{台班产量}}$$

(3)本定额各个项目内均包括正常施工条件下的场内搬运距离的运输，至于场外运输及在特殊情况下发生了超过定额运距的运输时，可根据材料运输一章中有关的项目计算和增加。

(4)同时使用两个或两个以上系数时，按连乘方法计算。

(5)本定额所指的构件体积均为构件实体，不包括空心部分。

二、关于施工定额第一章——准备工作

(一)准备工作定额章说明及定额表

在应用过程中，大部分定额根据实际工程内容属于直接套用，但仍有需要说明的几点，列表于 3-7-1。

需要说明的内容　　表 3-7-1

定额运用规定	对应定额表号	具体内容	调整情况
系数调整	1-4	挖芦苇根	按挖竹根时间定额乘 0.73 系数
允许另行计算的规定	1-1	直径大于或等于 10cm 的执行伐树挖根定额，直径小于 10cm 的执行砍挖灌木林定额	直径大于 100cm 的另行处理
	1-7	备水工另计	

(二)准备工作定额的运用

【例 3-7-1】 某公路施工清理场地过程中，需推挖直径 50cm 以内树根 50 棵，拟采用 105kW 以内推土机进行施工，试用施工定额计算其所用台班。

解：查《施工定额》1-2 推土机推挖树根，105kW 推土机每 10 棵的机械定额 0.077 台班。

∴50/10×0.077＝0.385 台班

三、关于施工定额第二章——路基工程

(一)路基工程定额章说明及定额表

(1)路基土石方的开挖，根据施工方法的不同和开挖的难易程度，将开挖断面分为陡坡、槽外、槽内三个部位。

(2)开挖边沟定额仅供单列工程使用。

(3)使用机械填挖路基的定额，未包括机械施工所需要的辅助工。对机械施工路段，机械开挖不到而需辅以人力完成的工程量，采用人力施工定额，其时间定额乘以 1.15 系数。

在应用过程中，大部分定额根据实际工程内容属于直接套用，但仍有需要说明的几点，列于表 3-7-2 中。

需要说明的内容　　表 3-7-2

定额运用规定	对应定额表号	具体内容	调整情况
系数及数量的调整	2-3	如需洒水	备水工另计
	2-4	如需排水	排水工另计
	2-7	挖掘机挖装土方不需装汽车时	机械定额乘 0.87 系数
	2-8	在便道上行驶时	时间定额乘 1.12 系数
	2-9	采用自行式铲运机铲运土方时	时间定额乘 0.7 系数
	2-9	铲土区土层的平均厚度若小于 30cm 时	时间定额乘 1.18 系数
	2-9	铲运含石量大于 30% 的土壤或爆破后的软石	时间定额按硬土定额乘 1.11 系数
	2-10	推土机配合推松集土时	推土机时间定额按推土机推挖土方运距 20m 的定额乘 0.8 系数
	2-11	在便道上行驶时	时间定额乘 1.12 系数
	2-14	如用推土机清运	时间定额减少 0.20 工日
	2-15	如用推土机清运	劳动定额减少 20 工日
	2-16	如用推土机清运	清理定额减少 0.2 工日
	2-20	在便道上行驶时	时间定额乘 1.12 系数
	2-22	在便道上行驶时	时间定额乘 1.12 系数
	2-33	在便道上行驶时	时间定额乘 1.12 系数
	2-34	采用不带门架的袋装砂井机施工	机械定额乘 0.8 系数

(二)路基工程定额运用

【例 3-7-2】 一路基开挖工程，其中边沟开挖土方 10m³，槽外土方 200m³，槽内土方 100m³，均为硬土，手推车运输 40m。试计算需多少工日。

解：查《施工定额》2-2 人工挖土方。

(1)说明中规定：路基土石方开挖定额中已包括边沟开挖，不得再使用边沟开挖定额；

(2)定额中基础运距 20m，因此，增运距应为：40－20＝20m。

(3)计算如下。

挖槽内土方，定额为 2-2-6 及 2-2-8：

$$(100+10)\times0.379+20/10\times0.01\times(100+10)=43.89\text{ 工日}$$

挖槽外土方，定额为 2-2-3 及 2-2-8：

$$200\times0.33+20/10\times0.01\times200=70\text{ 工日}$$

合计用工＝43.89＋70＝113.89 工日

【例 3-7-3】 一路基开挖工程，槽外石方 200m³ 为次坚石，机械打眼开炸，并用推土机清运，试求所消耗的人工、机械时间定额。

解：查《施工定额》2-15-2，根据附注的说明如用推土机清运，劳动定额减少 20 工日。

劳动定额：200/100×(38.6－20)＝37.2 工日

9m³/min 空压机：200/100×0.652＝1.304 台班

凿岩机：200/100×1.63＝3.26 台班

四、关于施工定额第三章——路面工程

(一)路面工程定额章说明及定额表

(1)路面材料及水除另有说明外，定额中均按已运至路基两侧，平均运距不超过 20m 的情况制定。如需从远处运料或取水时，其超过 20m 以外的增运，按 18 章材料运输有关项目计算。

(2)材料如用汽车直接运至路槽上，不堆方、不装运时，按材料场内手推车运输定额减 20m 装运工。

在应用过程中大部分定额根据实际工程内容属于直接套用，但仍有需要说明的几点，列于表 3-7-3 中。

需要说明的内容 表 3-7-3

定额运用规定	对应定额表号	具体内容	调整情况
系数及数量的调整	3-2	废渣清除后，底层如需碾压	每 100m² 可增加 15t 以内振动压路机 0.015 2台班
	3-3	挖路槽若为半填半挖时	土质路槽工日乘以 0.81，石质路槽工日乘以 0.83 系数
	3-5	路拌法施工摊铺材料时，采用层铺 2 种或 3 种材料时	时间定额应乘以 2 或 3 的系数
	3-7	采用筛拌法施工时	拌和的时间定额乘以 0.83 系数，筛工另计
	3-9	超过 20cm 分两层铺筑时	时间定额乘以 2.0 系数
	3-13	当集料含水率在 5%以上时	时间定额乘以 1.20 系数
	3-24	拌和站的安拆	按有关定额另计
	3-24	钢筋	按普通水泥混凝土路面中的钢筋子目计算
	3-24	运输混凝土超出 1km 运距	按“搅拌车运输混凝土”每增运 1km 计算
	3-35	填土的装卸和运输	按相应定额另计

(二)路基工程定额运用

【例 3-7-4】 某路用 75kW 以内拖拉机拌和稳定土混合料，压实厚度 30cm，分两层铺筑，工程量 2 000m^2，试求劳动消耗和机械消耗。

解：查《施工定额》3-9，根据附注说明，时间定额乘以 2.0 系数。

人工：2 000/1 000×1.37×2=5.48 工日

机械：2 000/1 000×0.23×2=0.92 台班

五、关于施工定额第四章——隧道工程

(一)隧道工程定额章说明及定额表

(1)人工开挖及机械开挖定额中，包括开挖、装卸、运渣等工序。人力手推车运输按 50m 计，人力斗车运输按 100m 计，超出定额运距时，按增运定额计算；斗车的斗容积为 0.6m^3。

(2)水沟开挖已包括在马口中，每米隧道长可增加修整工 0.3 工日。

(3)轨道铺设、通风、照明设备的安拆另计。

(4)机械开挖自卸汽车运输定额按"新奥法"的施工方法和原则制定。不分工程部位均使用本定额，并已考虑超挖及预留变形因素。

(5)衬砌项目不分工程部位均使用本定额。

(6)当隧长＞4 000m 时：

①正洞开挖以隧长≤4 000m 定额为基础，与＞4 000m 增加定额叠加使用。

②正洞出渣运输，当通过隧道进出口开挖正洞，以换算隧长套用相应的出渣定额，换算隧长公式为：

换算隧长＝全隧长度－通过辅助坑道开挖正洞的长度

③洞外出渣距离按 500m 以内编制，若超过时，超过部分可按路基工程中"自卸汽车配合装载机运土、石方"项目的增运定额计算。当换算隧长＞4 000m 时，以隧长≤4 000m 定额为基础，与隧长＞4 000m 每增加 1 000m 叠加使用。

(7)洞门挖基、仰坡及天沟开挖、明洞明挖土石方及明洞顶防水层等，应使用其他章节有关定额。

(8)洞内工程项目如需采用其他章节的有关项目时，所采用定额的人工工日、机械台班数量及小型机械使用费应乘 1.26 系数。

(9)本定额未考虑地震、坍塌、溶洞及大量地下水处理，以及其他特殊情况所需的费用，需要时可根据设计另行计算。

在应用过程，中大部分定额根据实际工程内容属于直接套用，但仍有需要说明的几点，列于表 3-7-4 中。

需要说明的内容 表 3-7-4

定额运用规定	对应定额表号	具体内容	调整情况
系数及数量的调整	4-1	人工开挖土质隧道，如采用爆破开挖	时间定额乘以 0.9 系数
	4-11	弹簧管盲沟按每延米 2 根设置，当设计采用 1 根或 3 根时，另行计算	其时间定额分别乘以 0.7 和 1.3 系数

(二)隧道工程定额的运用

【例 3-7-5】 某土质隧道采用人工开挖，需要爆破，上导洞工程量 200m^3，试求人工装渣、手推车运输的劳动消耗。

解：查《施工定额》4-1-1，根据附注及题意需进行系数调整。

人工：1.67×200/1×0.9＝300.6 工日

六、关于施工定额第五章——基础工程

（一）基础工程定额章说明及定额表

（1）关于基坑深度与沉井下沉深度。

①基坑深度是指原地面至基坑底部的平均深度。在同一基坑内，不论开挖哪一深度的土石方，均执行该基坑全深度的定额。例如在 6m 深的基坑内，深度 0～2m 为普通土，2～4m 为湿处硬土，则该两部分的普通土与湿处硬土的开挖，分别执行基坑深度在 6m 以内的干处普通土和湿处硬土的定额。

②沉井下沉深度指沉井刃脚底面入土的深度。沉井土石的开挖应按土质所在的不同深度分别采用不同的下沉深度定额。例如采用抽水开挖下沉的方法，当沉井下沉在 5cm 以内时所挖土石方，均执行沉井下沉深度在 0～5m 的定额，当沉井继续下沉到 10m 以内时，则改为执行下沉深度在 5～10m 的定额。

（2）在基坑开挖中，对 0.03～0.3m^3 的孤石，采用撬挖的按软石计，采用爆破的按次坚石计。冻土开挖按路基工程人工挖冻土时间定额乘以 1.1 的系数计算。在湿处开挖，若经抽水后仍有 30cm 以内的浅水时，则按该类土石的开挖定额乘以 1.2 的系数计算。

在应用过程中大部分定额根据实际工程内容属于直接套用，但仍有需要说明的几点，列于表 3-7-5 中。

需要说明的内容 表 3-7-5

定额运用规定	对应定额表号	具体内容	调整情况
系数及数量的调整	5-1	挖深超过 6m 时	按 6m 以内定额干处递增 5%，湿处递增 10%计算；排水工另计
	5-2	挖深超过 6m 时	按 6m 以内定额递增 5%
	5-11	筑岛需要围堰时	按围堰定额另计

（二）基础工程定额运用

【例 3-7-6】 某桥采用人工开挖基坑的施工方法，基坑深 6m，其中上面 2m 为干处普通土开挖，下面 4m 为湿处硬土开挖，开挖土方量共 100m^3，试求劳动消耗量。

解：查《施工定额》5-1，根据说明要求，干处、湿处开挖必须全部采用坑深 6m 的定额。

干处普通土开挖人工：100/1×0.234 6＝23.46 工日

湿处硬土开挖人工：100/1×0.550 8＝55.08 工日

劳动消耗：23.46＋55.08＝78.54 工日

七、关于施工定额第六章——打桩工程

（一）打桩工程定额章说明及定额表

（1）打桩均按在已搭好的支架平台上操作（搭、拆支架平台工时未包括在打桩定额内，应另行计列）。除注明者外，如在陆地上打桩时，时间定额乘以 0.9 系数；在船上打桩时，时间定额乘以 1.45 系数。

（2）打桩定额均为打直桩，打斜桩时，时间定额机械乘以 1.2 系数，人工乘以 1.08 系数。

（3）机械打钢筋混凝土双排架桩墩时，机械及人工的时间定额均乘 1.09 的系数。

在应用过程中大部分定额根据实际工程内容属于直接套用，但仍有需要说明的几点，列于表 3-7-6 中。

需要说明的内容 表 3-7-6

定额运用规定	对应定额表号	具体内容	调整情况
系数及数量的调整	6-2	用人工夯打桩径 15cm 以下圆木桩时	时间定额乘以 0.65 系数
	6-3	打、拔基坑挡土木板桩	时间定额乘以 0.7 系数
	6-6、6-7	如要接桩	每个接头增加人工 1.0 工日、机械 0.1 台班
	6-8	未包括围囹、潜水班，需要时	另计
	6-8	不包括拼装船及水上运桩工日，需要时	另计
	6-9	就位水上运输	另计

(二)打桩工程定额运用

【例 3-7-7】 某桩基础陆地上人工夯打，桩为斜圆木桩，直径在 15cm 以下，桩共有 15 根，每根入土 3m，试求劳动消耗为多少。

解：查《施工定额》6-2-1，根据章说明及附注说明，本题需要进行系数调整，计算如下：

$$15 \times 3 \times 0.173 \times 0.65 \times 1.08 \times 0.9 = 4.92 \text{ 工日}$$

八、关于施工定额第七章——灌注桩造孔工程

(一)灌注桩造孔工程定额章说明及定额表

在应用过程中大部分定额根据实际工程内容属于直接套用，但仍有需要说明的几点。

(1)造孔中发生塌孔回填仍在原处重钻时，回填部分按钻黏土定额计算。

(2)造孔入土深度按实际钻(挖)深度计算。定额中的孔深指护筒顶至桩底(设计高程)的深度。造孔定额中同一孔内的不同土质，不论其所在的深度如何，均采用总孔深定额。

(3)造孔的钻机与钻架的架立、横移与纵移均未包括在造孔定额内，应按钻孔机具移动定额分别计算；木钻架及钢钻架的安、拆、移动均包括钻机的安、拆、移动。

(二)灌注桩造孔工程定额运用

【例 3-7-8】 某灌注桩采用回旋钻机钻孔，桩径 100cm 以内，孔深共计 30m，上 10m 为黏土，下 20m 为软石，试求钻孔人工、机械的时间消耗定额。

解：根据章说明的要求，查《施工定额》7-6-1 及 7-6-5，计算如下。

人工：$0.376 \times 10 + 2.716 \times 20 = 58.08$ 工日

机械：$0.094 \times 10 + 0.679 \times 20 = 14.52$ 台班

九、关于施工定额第八章——砌筑工程

关于砌筑工程定额章说明及定额表的几点强调。

1. 本章定额根据以下施工方法编制

(1)砌筑使用一般工具，手工操作。

(2)干砌片、块石应将石块支垫平稳，空隙中用小石块填塞饱满。

(3)浆砌工程一律使用挤浆法，保证砂浆饱满，大的空隙用小石块嵌入，防止出现空洞。

2. 有关规定及说明

(1)浆砌工程不分砂浆种类，均执行本定额。

(2)砌体高度的计算：一般自基础顶面算起，回填后从回填后的地面算起。

(3)填腹石定额只在配合不同石料镶面时使用，其镶面部分的定额按相应部位的时间定额乘以 1.1 的系数。

(4)定额项目中的墙，指挡土墙、侧墙、翼墙，但不包括拱上侧墙、横墙。

(5)本章定额不包括各种护坡和护底的垫层或反滤层，需要时按其他章节另计。

(6)砌石定额中均未包括搭拆脚手架、井字架、配拌砂浆和勾缝用工。

(7)本章有关配合垂直运输用工均包括在定额中。

十、关于施工定额第九章——模板、架子及木作工程

在应用过程中大部分定额根据实际工程内容属于直接套用，但仍有需要说明的几点。

1.本章定额系根据以下施工方法编制

(1)木模板及木拱盔、支架制作采用人工配合电锯、电刨、电钻施工，如全部采用人工制作时，其时间定额乘以1.3的系数。木模板安装、拆除一般按手工操作，但下部构造以及预制和现浇的T形梁、箱形梁、桁架梁、箱形拱、桁架拱、顶进箱涵等项目按人工配合机械或扒杆施工考虑。如果全部采用人工安装、拆除时，其时间定额乘以1.25的系数，其余项目均按一般手工操作。

(2)钢模板、胶囊不包括制作，直接采用加工成品或市场采购的成品。钢模安装、拆除分起重机配合安拆和人工安拆均包括所需部分镶嵌木料的加工、制作和安拆。

2.有关规定及说明

(1)模板工程量按模板与混凝土接触面积计算，留孔洞在0.1m^2以内时，不扣除工程量。

(2)本定额每1m^2模板接触面积：本模板包括支撑、框架、垫楞、背木等；钢模板包括支撑、木夹条、压楞型钢、钢模连接件等。箱形梁、箱形拱包括箱体内模及翼板支撑等。

(3)拱涵拱盔、支架及板涵支架均包括底板，其工程量按水平投影面积(净跨×涵长)计算。桥梁木拱盔、支架均按竣工木料计算。

(4)土模工作内容包括整平，夯实，整型，贴塑料薄膜，修整。

(5)木桥墩台均不包括打桩工程。

(6)本章定额的木材系以下列第二类木材为准，如使用第一类或第三类木材时，时间定额应乘以表3-7-7中的系数。

木材系数表

表3-7-7

木材分类	木材名称	系数
第一类	杉木、红松	0.90
第二类	白杉、杉松、杨柳木、椴木、樟子木、云杉	1.00
第三类	青松、黄花松、水曲柳、秋子木、马尾松、榆木、柏木、樟木、梓木、黄菠萝、槐木、椿木、楠木	1.15

3.定额表中需进行系数调整的内容

定额表中需进行系数调整的内容见表3-7-8。

需调整的内容

表3-7-8

定额运用规定	对应定额表号	具体内容	调整情况
系数及数量的调整	9-1	墩台高度超过20m(索塔高度为50m)时	每增高10m，时间定额增加10%
	9-10	墩台高度超过20m时	每增加10m，其时间定额乘以1.1的系数
	9-10	钢木结构定额中	钢结构部分按钢结构定额另计

十一、关于施工定额第十章——钢筋及钢丝束工程

在应用过程中大部分定额根据实际工程内容属于直接套用，但仍有需要说明的几点。

(1)工程量除注明者外，均按设计图纸计算。

(2)钢筋不分钢种、钢号、类别、等级均执行本定额。

(3)定额中的主筋直径系指一个构件内质量最大的一种规格钢筋直径。

(4)钢筋机械制作系指一个工地有调直机或卷扬机、切断机、弯曲机等全部机械设备者;只有部分机械时,如只有卷扬机和切断机,没有调直机和弯曲机,或只有卷扬机、弯曲机,没有调直机和切断机者,采用定额中的机械制作和人工制作的平均值计算。

(5)钢筋制作与绑扎,不分预制和现浇均执行同一定额。但如现场绑扎墩台、索塔、悬臂浇筑箱梁施工高度超过10m时,其时间定额乘以1.1的系数,机械定额乘以1.05系数。

(6)梁的分布钢筋和桥面钢筋采用点焊网片拼装时,应将手工绑扎的时间定额乘以0.3后,另加点焊网片用工。

(7)拼焊钢筋骨架时,按焊缝长度采用搭接焊定额和人工配合电焊骨架定额计算。

(8)构件钢筋为整体骨架入模时,除按钢筋绑扎计算外另按骨架入模定额计算。

(9)预应力钢筋、钢丝束、钢绞线不分桥梁结构形式均执行本定额。

(10)本定额未包括各种锚具的加工制作和有关金属设备的制作,需要时,可另行处理。

定额表中需进行系数调整的内容见表3-7-9。

需调整的内容　　表3-7-9

定额运用规定	对应定额表号	具体内容	调整情况
系数及数量的调整	10-8	双面焊时	焊缝长度按实际长度计算
	10-8	立焊和仰焊时	时间定额分别乘以1.3和2.0系数
	10-17	采用单向张拉时	机械定额乘以0.8系数

十二、关于施工定额第十一章——混凝土及钢筋混凝土工程

(1)钢筋混凝土计算工程量时,不扣除钢筋和铁件所占体积。

(2)浇筑片石混凝土工程量按片石混凝土成品方数计算,其时间定额按现浇混凝土的时间定额乘以1.01系数。

(3)混凝土拌和定额中未包括拌和机工作台的搭、拆用工。

(4)定额中混凝土捣固除注明者外,均为机械捣固。如需人工捣固时,每m^3混凝土增加0.1工日。

(5)现浇混凝土和预制混凝土构件定额均未包括养生工日。

(6)定额中已考虑了小体积混凝土的增加工日。

定额表中需进行系数调整的内容见表3-7-10。

需调整的内容　　表3-7-10

定额运用规定	对应定额表号	具体内容	调整情况
系数及数量的调整	11-5	墩高30m以内的方柱式墩台按提升模板计算	另计30kN以内单筒卷扬机0.067台班

【例3-7-9】 现浇混凝土基础,已知混凝土方量为$20m^3$,人工配运料50m,250L混凝土搅拌机拌和机动翻斗车运混凝土,运距300m到浇筑现场,振动棒振捣机械捣固,露天养护生。试计算从后场运料到混凝土养护完毕所需用工数及机动翻斗车的机械台班数。

解:(1)人工配运料及机械拌和用工

查《施工定额》11-1-2,即

人工:0.383×20=7.66工日

250L 搅拌机台班用量：0.027 4×20＝0.548 台班

(2)浇筑混凝土基础

查《施工定额》11-4-1，根据章说明一的第 2 条，手推车改为 1t 机动翻斗车运输，每 m^3 混凝土减少 0.21 个工日。

即：0.559－0.21＝0.349(工日/m^3)

人工：0.349×20＝6.98 工日

(3)1t 机动翻斗车台班用量：

参照《施工定额》18-3-1，即：

1t 机动翻斗车台班用量＝0.024 1×20＋(300－100)/100×20×0.002 77＝0.593 台班

0.024 5×20＋(300－100)/100×20×0.009 19＝0.857 6 台班

(4)养护

查《施工定额》11-11，即

人工：0.11×20＝2.2 工日

合计用工：7.66＋6.98＋2.2＝16.84 工日

250L 搅拌机台班：0.548 台班

1t 机动翻斗车：0.593 台班

施工定额以后各章还包括预制构件运输工程、安装工程、钢结构工程、杂项工程、临时工程、备料、材料运输及附录，其定额运用基本上属于根据实际可能发生的工程内容直接套用定额，只是要特别注意系数调整即可。

第四篇　项目建设前期的造价编制

由于工程建设具有阶段性的特点，因此也就决定了建设项目的造价，具有从项目决策直至竣工决算多次定价的特性。公路基本建设前期工作的项目建议书、(预)可行性研究阶段对建设项目投资的估算，是研究项目投资行为、项目投资决策和考核投资效益的重要依据，也是国家对固定资产投资实行宏观调控的重要依据，是设计阶段控制设计的经济依据。

投资估算是项目建议书和(预)可行性研究报告的重要组成部分，是建设项目经济评价中支出费用的关键部分。投资估算应根据项目建议书和(预)可行性研究报告的工作深度，核实工程项目及其数量，根据工程所在地的建设条件，按《估算指标》、《估算编制办法》以及有关规定编制。

由于2007年发布的新定额标准中，没有对《估算指标》、《估算编制办法》进行修订、发布新的标准，因此项目建设前期的造价编制仍然按原标准执行。

根据《估算编制办法》规定，编制投资估算有以下几项基本要求：

(1)必须严格执行国家的方针、政策和有关制度，符合公路工程技术标准、设计和施工技术规范。估算文件应达到的质量要求是：符合规定、结合实际、经济合理、提交及时、不重不漏、计算正确、字迹清晰、装订整齐完善。

(2)估算编制人员要了解业主对建设项目中有关资金筹措、实施计划、水电供应、配套工程(如路、桥及水路管理设施等)、土地拆迁赔偿、工程监理等安排意见。

(3)估算编制人员要掌握设计方案的具体工程数量和设计实施方案，参与实地调查研究，搜集工程所在地有关估算编制的基础资料，包括人工工资、材料供应和价格、运输条件和运价、施工条件以及各种赔偿单价等。

(4)公路建设项目的投资包括：第一部分建筑安装工程费；第二部分设备、工具、器具购置费；第三部分工程建设其他费用以及预留费。编制投资估算应按《办法》规定的计算程序和计算方法逐项进行。

(5)估算指标中以人民币绝对值“元”表示的消耗量，如其他材料费、机械使用费，在投资中占有一定的比例，编制投资估算时应按年价格上涨率予以调整。该部分的消耗量是按1996年价格计算的，年价格上涨率一般可按5%估列，以1996年为基期，按下列公式调整：

$$A = B \times (1 + C)^{n-1}$$

式中：A——投资估算编制年指标消耗量；

B——指标中消耗量(青海、新疆、西藏的机械使用费为乘以1.15系数后的数值)；

C——年价格上涨率；

n——1996年至投资估算编制年的年数。

例如，某建设项目投资估算在1997年编制，则

$$n = 1997 - 1996 + 1 = 2$$

第一章　项目建议书阶段的投资估算

第一节　项目建议书投资估算概述

项目建议书是公路基本建设程序中前期准备工作阶段的第一个工作环节，是国家选择建设项目和进行可行性研究报告编制的依据，是能否立项的重要依据，故具有极其重要的作用。

项目建议书阶段的投资估算，应根据项目建议书工作深度，核实工程项目及数量，结合项目所在地建设条件，按《估算指标》中的“综合指标”和《估算编制办法》进行编制，因此，项目建议书阶段的投资估算，就其工作深度而言，不是依靠详细的分析计算，而是依靠粗略的估计来进行的，其误差率一般在±30％左右。

尽管从表面上看，编制项目建议书阶段的投资估算的编制比较简单且精确度要求不高，但项目建议书阶段的投资估算是项目建设全过程造价管理的“龙头”，编制的实际困难较大，必须由经验丰富的造价工程师才能完成。

一、编制依据

项目建议书投资估算，是建设项目初步经济评价中计算支出费用部分的原始资料，而且也是立项决策的重要依据，所以其编制除应遵守国家的方针、政策和有关工程造价管理的规定和制度外，必须要坚持实事求是的原则，避免受外界因素的干扰。其编制依据有：

(1)建设规模和技术标准。通过踏勘和调查后，提出的路线或桥型方案设想，地形类别、主要工程数量、用地数量等基础资料，加工整理好的外业调查资料，以及项目建议书文字说明。

(2)建设项目总体实施规划与要求的意见。

(3)《估算指标》、《估算编制办法》以及《概算预算编制办法》。

(4)项目所在地的人工、材料价格信息，包括材料的运输、装卸价格。

(5)商定或批准的设备和大型专用机械设备购置计划清单。

(6)项目所在地有关征地、拆迁赔偿标准和有关规定。

(7)委托书、合同或协议的有关规定和要求。

(8)项目主管部门或建设单位对建设项目的有关要求。

二、项目建议书投资估算费用组成

项目建议书投资估算费用包含：第一部分建筑安装工程费；第二部分设备、工具、器具购置费；第三部分工程建设其他费用以及预留费。估算费用组成如图 4-1-1 所示。

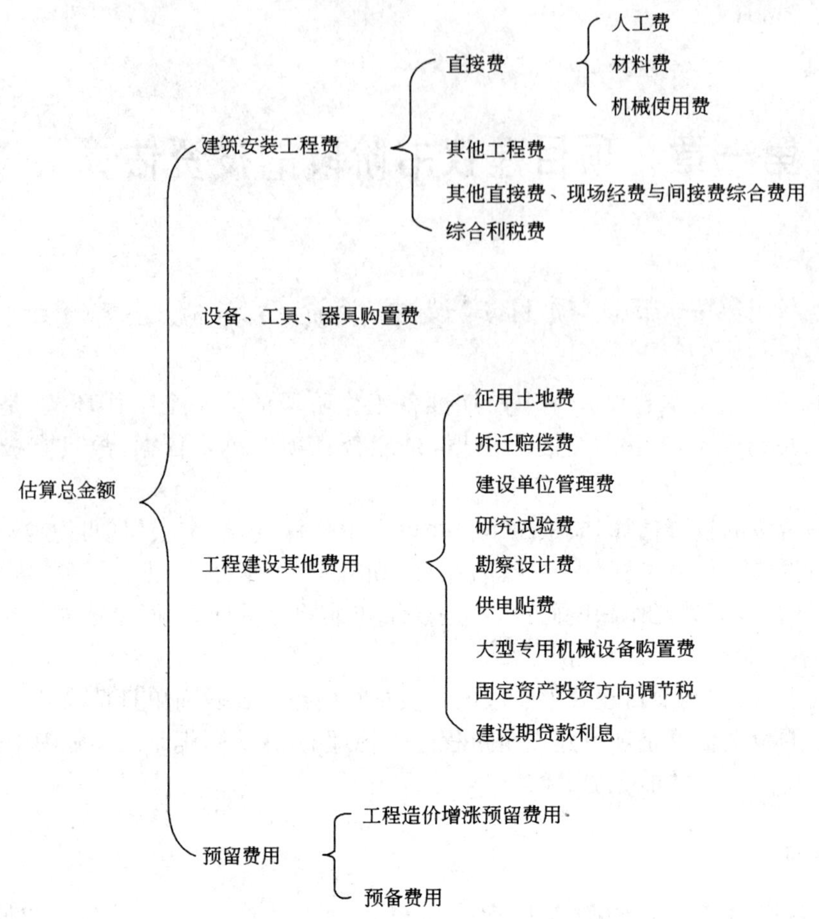

图 4-1-1 项目建议书投资估算费用的组成

第二节 项目建议书投资估算造价文件的组成

项目建议书投资估算文件由封面、目录、编制说明及全部估算计算表格组成。

1. 封面及目录

估算文件的封面和扉页应按《公路工程基本建设项目设计文件编制办法》中的规定制作，扉页的次页应有建设项目名称，编制单位，编制、复核人员姓名并加盖资格印章，编制日期及第几册共几册等内容。目录应按估算表的标号顺序编排。

2. 估算编制说明

估算编制完成后，应写出编制说明，文字力求简明扼要。应叙述的内容一般有：

(1)项目建议书的依据及有关文号，依据的资料及比选方案等。

(2)采用的估算指标、费用标准及人工、材料单价的依据或来源，补充指标及编制依据的详细说明。

(3)与估算有关的委托书、协议书、会议纪要的主要内容(或将抄件附后)。

(4)总估算金额，人工、钢材、水泥、木材、沥青的总需要量情况，各建设方案的经济比较以及编制中存在的问题。

(5)其他与估算有关但不能在表格中反映的事项。

3. 估算表格

项目建议书投资估算应按统一的估算表格计算。

封面及表格式样见《投资估算编制办法》。

4. 估算文件

项目建议书投资估算文件是项目建议书的组成部分，应按《公路建设项目可行性研究报告编制办法》关于文件报送份数的规定报送。

公路工程项目投资估算文件包括的内容如下：

(1)项目建议书投资估算编制说明。

(2)项目建议书总估算汇总表(01 表)。

(3)项目建议书总估算表(02 表)。

(4)项目建议书人工、主要材料数量汇总表(03 表)。

(5)项目建议书设备、工具、器具购置费与工程建设其他费用计算表(04 表)。

(6)项目建议书工程估算表(05 表)。

(7)项目建议书人工及主要材料价格计算表(06 表)。

以上内容及组成关系见图 4-1-2。

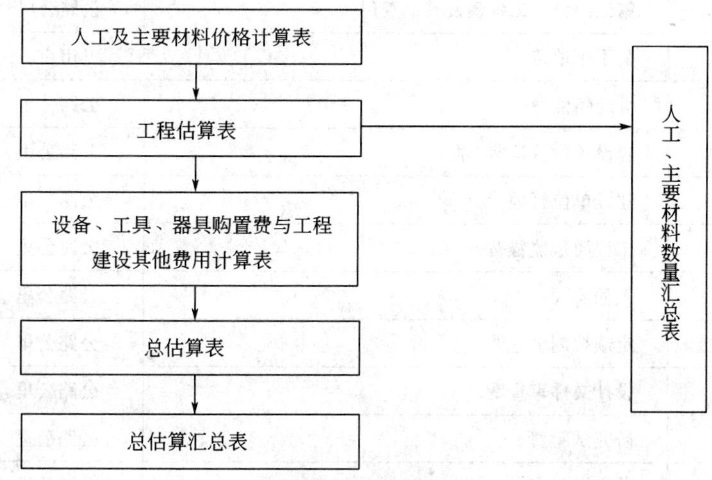

图 4-1-2　项目建议书投资估算文件组成关系

第三节　项目建议书投资估算造价文件的编制

一、项目建议书投资估算项目

项目建议书投资估算项目应按项目表的序列及内容编制，如实际不发生某部分费用时，第一、二、三部分的序号应保留不变，如第二部分设备、工具、器具购置费在该项目中不发生，工程建设其他费用仍为第三部分。估算应按一个建设项目(如一条路线或一座独立大、中桥)进行编制。当一个建设项目需要分段估算投资时，应分别编制总估算表，但必须汇总编制“总估算汇总表”。

项目建议书投资估算项目分为路线工程估算项目(表 4-1-1)和独立桥梁工程估算项目(表

4-1-2)。项目表中的单位是总估算表中数量栏的单位，也是技术经济指标的单位。

项目建议书路线工程估算项目表

表 4-1-1

项	目	节	工程或费用名称	单 位	备 注
			第一部分 建筑安装工程费	公路公里	
一			路线工程	公路公里	按路段分目
	1		……		
二			桥长 1 000m 以上(含 1 000m)特大桥工程	m/座	按桥名分目
	1		……		
三			附属工程	公路公里	按项目分目
	1		辅道工程	km	
	2		支线工程	km	
	3		……		
四			综合利税费	公路公里	
			第二部分 设备、工具、器具购置费	公路公里	
			第三部分 工程建设其他费用	公路公里	
一			征用土地费	市亩	
二			拆迁赔偿费	公路公里	
三			建设单位管理费	公路公里	
	1		建设单位管理费	公路公里	
	2		工程质量监督费	公路公里	
	3		工程监理费	公路公里	
	4		定额编制管理费	公路公里	
	5		设计文件审查费	公路公里	
四			研究试验费	公路公里	
五			勘察设计费	公路公里	
六			供电贴费	公路公里	
七			大型专用机械设备购置费	公路公里	
八			固定资产投资方向调节税	公路公里	
九			建设期贷款利息	公路公里	
			第一、二、三部分 费用合计	公路公里	
			预留费用	公路公里	
			1.工程造价增涨预留费	公路公里	
			2.预备费	公路公里	
			投资估算总金额	公路公里	
			平均每公路公里造价	万元	

项目建议书独立桥梁工程估算项目表 表 4-1-2

项	目	节	工程或费用名称	单位	备注
			第一部分 建筑安装工程费	桥长米	
一			引道工程	桥长米	
二			大桥工程	桥长米	
	1		主桥	m^2/m	按结构形式分节
		1	……		
	2		引桥	m^2/m	按结构形式分节
		1	……		
	3		调治工程	m^3	按结构形式分节
		1	……		
三			综合利税费	桥长米	
			第二部分 设备、工具、器具购置费	桥长米	
			第三部分 工程建设其他费用	桥长米	
一			征用土地费	市亩	
二			拆迁赔偿费	桥长米	
三			建设单位管理费	桥长米	
	1		建设单位管理费	桥长米	
	2		工程质量监督费	桥长米	
	3		工程监理费	桥长米	
	4		定额编制管理费	桥长米	
	5		设计文件审查费	桥长米	
四			研究试验费	桥长米	
五			勘察设计费	桥长米	
六			供电贴费	桥长米	
七			大型专用机械设备购置费	桥长米	
八			固定资产投资方向调节税	桥长米	
九			建设期贷款利息	桥长米	
			第一、二、三部分费用合计	桥长米	
			预留费用	桥长米	
			1.工程造价增涨预留费	桥长米	
			2.预备费	桥长米	
			投资估算总金额	桥长米	
			平均每桥长米造价	万元	

二、项目建议书投资估算费用标准及计算方法

(一)第一部分　建筑安装工程费

建筑安装工程费包括:主要工程费(直接费)、其他工程费、综合费用(其他直接费、现场经费与间接费)、综合利税费。

1. 直接费

直接费即主要工程的工、料、机费,由人工费、材料费、机械使用费组成。

人工费、材料费以"综合指标"的人工工日数及各种材料数量乘以工程所在地的人工费单价、材料预算单价计算。工程所在地人工费单价和材料预算单价按《公路基本建设工程概算预算编制办法》的规定计算,并根据《估算指标》附录二"材料预算价格的规格取定表"计算指标材料综合价格。

关于人工费单价,往往已由各省级交通行政主管部门或定额站根据当地人民政府的有关规定进行核定,并以补充规定形式发布,可直接采用。

其他材料费、机械使用费应按估算编制办法的规定调整。青海、新疆、西藏三省(区),可将指标内"机械使用费"乘以 1.15 系数后再按上述规定调整。

【例 4-1-1】 拟在重庆市某山岭重丘区新建一段二级公路,试按《估算指标》中的综合指标估算其每公里所需人工费、材料费、其他材料费和机械使用费。

解:(1)人工费

根据重庆市交通委员会《关于执行交通部〈公路工程基本建设项目概算预算编制办法〉(JTG B06—2007)的通知》(渝交路委[2008]31 号),该地区人工工资单价为 43.15 元/工日。

$$人工费=69\ 025\times43.15=2\ 978\ 428.8\ 元/km$$

(2)材料费

仅举一种材料为例,如水泥,其数量在指标中是:639.92t/km,其预算价格的取定见指标的"附录二",水泥的规格取定"包括各种标号以 32.5 级 40%(大桥 30%),42.5 级 50%,52.5 级 10%(大桥 20%)计",根据当地近期市场价格,32.5 级水泥单价为 270 元/t,42.5 级水泥价格为 320 元/t,52.5 级水泥价格为 420 元/t,则水泥预算价格$=270\times40\%+320\times50\%+420\times10\%=310$ 元/t,水泥费$=639.92\times310=198\ 375.2$ 元/t。

其他材料费:在《估算指标》中查得是 143 840 元/km。根据编制办法,应予调整。设 $n=3$,$C=5\%$,则其调整后的值为:$A=B\times(1+C)^{n-1}=143\ 830\times1.05^2=158\ 572.58$ 元/km。

机械使用费:在《估算指标》中查得是 698 947 元/km。同样应予调整,其调整后得值为:

$$A=B\times(1+C)^{n-1}=689\ 847\times1.05^2=760\ 556.32\ 元/km。$$

2. 其他工程费

其他工程费主要包括清除场地,拆除旧建筑物、构筑物,绿化工程,公路交工前养护,临时轨道铺设,便道,便桥,临时电信线路,临时码头,改河土方和其他零星工程等所需的费用。

其他工程费不列工料机指标,以直接费为基数,路线工程、隧道工程、独立大(中)桥工程和路线工程项目中的 1 000m 以上(含 1 000m)特大桥工程分别按《估算指标》附录一规定的百分率计算。

【例 4-1-2】 某省新建一条平原微丘区一级公路,经分析其直接费(工、料、机)为7 623 109 元/km,试估算其他工程费。

解:根据编制办法，查《估算指标》附录一可知安徽省平原微丘区新建一级公路其他工程费率指标为 3.023%，则改工程的其他工程费为:7 623 109×3.023%=230 446.59 元/km。

3.其他直接费、现场经费与间接费

其他直接费、现场经费与间接费的基本概念及所含内容与《概算预算编制办法》所述的完全相同，请看相关章节的有关内容。在项目建议书投资估算中，这三项之和称为综合费用。

其他直接费、现场经费与间接费综合费用按《估算编制办法》附录规定的费率计算，路线工程项目中的 1 000m 以上(含 1 000m)的特大桥工程按独立桥梁工程的费率计算。附录中未列北京市、天津市、上海市的费率，北京市、天津市、上海市的费率，可采用临近省份的费率计算。其他直接费、现场经费与间接费综合费用的计算公式如下。

综合费用=指标直接费×(1+其他工程费率)×(其他直接费、现场经费与间接费综合费率)

“综合费率”是以省会地点和省、自治区、直辖市直属施工企业施工为对象测算的，如与建设项目实际有较大出入时，可以进行调整。

【例 4-1-3】 仍以上题为例，根据《估算指标》“综合指标”2-1 表查得指标直接费为 7 628 923元/km，其他工程费率为 3.023%，又查《估算编制办法》附录，其综合费率为 24.4%，则其综合费用为:

综合费用=7 628 923×(1+3.023%)×24.4%=1 917 729.06 元/km

4.综合利税费

综合利税费指施工技术装备费、计划利润和税金之和。综合利税费以直接费、其他工程费、其他直接费、现场经费与间接费综合费用之和为基数，按综合利税率 10%计算。

【例 4-1-4】 以例 4-1-2 为例，已知其直接费为 7 623 109 元/km，其他工程费 230 446.59 元/km，综合费用为 1 917 729.06 元/km，求其综合利税费。

解:根据编制办法，综合利税费=(7 623 109+230 446.59+1 917 729.06)×10%

=977 128.47 元/km

5.项目建议书投资估算的建筑安装工程费

根据其费用组成得基本内容，建筑安装工程费计算公式为:

建安工程费=直接费+其他工程费+综合费用+综合利税费

【例 4-1-5】 求例 4-1-2 的项目建议书投资估算的建安工程费。

解:按计算要求

建安工程费=7 623 109+230 447+1 917 729+977 128=10 748 413 元/km

6.指标直接费与指标建安费

指标直接费是指估算指标的基价。由此而构成的指标建筑安装工程费=估算指标基价+其他工程费+综合费用+综合利税费。

如上例，其指标建安工程费=7 628 923+230 447+1 917 729+977 128

=10 754 227 元/km

(二)第二部分　设备、工具、器具购置费

路线工程和独立桥梁工程的设备、工具、器具购置费，其基本含义与概算预算编制办法中的解释完全一致，请看相关章节的有关内容。

设备、工具、器具购置费的计算:以第一部分建筑安装工程费总额为基数，乘以《估算编制办法》附录中规定的费率。如前例，我们已知该项工程的建安费总额为 10 748 413 元/km，求其所需的设备、工具、器具购置费用。

解:查《估算编制办法》附录,查得其设备购置费率为 1.821%,则其设备、工具、器具购置费用为:10 748 413×1.821%=195 728.6 元/km

(三)第三部分　工程建设其他费用

工程建设其他费用包括:征用土地费、拆迁赔偿费、建设单位管理费、研究试验费、勘察设计费、供电贴费、大型专用机械设备购置费、固定资产投资方向调节税和建设期贷款利息共九个方面的费用。

(1)征用土地费:包括永久性占地和临时性占地费,按《估算编制办法》附录规定的亩数,以工程所在地的价格计算。如建设项目的亩数有较大出入时,可以抽换。

(2)拆迁赔偿费、研究试验费、勘察设计费、供电贴费:以第一部分建筑安装工程费总额为基数,乘以《估算编制办法》附录中规定的费率。

(3)建设单位管理费(除本身费用外,含工程质量监督费、工程监理费、定额编制管理费、设计文件审查费):以"指标建筑安装工程费"总额为基数,按《概算预算编制办法》的规定费率进行计算。

(4)大型专用机械设备购置费、固定资产投资方向调节税和建设期贷款利息:均按《公路工程基本建设项目概算预算编制办法》的规定计算。

(5)路线工程项目中的 1 000m 以上(含 1 000m)的特大桥工程按独立桥梁工程的数值和费率计算。附录中未列北京市、天津市、上海市的费率,北京市、天津市、上海市的费率,可采用临近省份的数值和费率计算。

【例 4-1-6】 仍以前面的工程计算为例,其建安费总额为 10 748 413 元,指标建安费总额为 10 754 227 元,试求该项目的征用土地费、拆迁赔偿费、研究试验费、勘察设计费、供电贴费、建设单位管理费。

解:(1)征用土地费

经调查了解,并与当地政府协商,该工程永久性占地 5 万元/亩,临时性占地 3 万元/亩,查《估算编制办法》附录得永久性占地费为 88.45×500 000=4 422 500 元,临时性占地费为 11.08×30 000=332 400 元,则征用土地费为:4 422 500+332 400=4 754 900 元。

(2)拆迁赔偿费

查《估算编制办法》附录,其费率为 4.972%,建安费总额为 10 748 413 元,则拆迁赔偿费为 10 748 413×4.972%=534 411.1 元。

(3)研究试验费(方法同上)

其费用:10 748 413×0.706%=75 884 元

(4)勘察设计费(方法同上)

其费用:10 748 413×2.24%=240 764 元

(5)供电贴费(方法同上)

其费用:10 748 413×0.233%=25 044 元

(6)建设单位管理费

费率和计算方法以《概算预算编制办法》的要求计算,基数为"指标建筑安装工程费",即 10 754 227 元。

①建设单位管理费(本身费用):14.9+75.422 7×0.95%=15.62 万元

②工程质量监督费:10 754 227×0.15%=16 131 元

③工程监理费(国内招标):10 754 227×1.6%=172 068 元

④定额编制管理费:10 754 227×0.17%=18 282 元

⑤设计文件审查费:10 754 227×0.05%=5 377 元

则建设单位管理费(除本身费用外,含工程质量监督费、工程监理费、定额编制管理费、设计文件审查费)小计为:

156 200+16 131+172 068+18 282+5 377=368 058 元

(四)预留费用

预留费用由工程造价增涨预留费和预备费两部分组成。其所含内容及基本概念见《概算预算编制办法》所述。

(1)工程造价增涨预留费按《概算预算编制办法》的规定计算。

(2)预备费的计算:预备费以第一、二、三部分费用之和(扣除大型专用机械设备购置费、固定资产投资方向调节税、建设期贷款利息之后)的 11%计算。

(五)项目建议书投资估算的计算程序和计算方式

项目建议书投资估算的计算程序和计算方法见表 4-1-3。

项目建议书投资估算的计算程序及计算方法 表 4-1-3

代号	项 目	计 算 式
一	指标直接费	指估算指标的基价
二	直接费	指估算编制年工程所在地的人工费、材料费、机械使用费之和
三	其他工程费	(二)×《指标》规定的其他工程费率
四	其他直接费、现场经费与间接费综合费用	[(一)×(1+其他工程费率)]×综合费率
五	综合利税费	[(二)+(三)+(四)]×综合利税费率
六	指标建筑安装工程费	(一)×(1+其他工程费率)+(四)+(五)
七	建筑安装工程费	(二)+(三)+(四)+(五)
八	设备、工具、起居购置费	按本办法附录或有关规定计算
九	工程建设其他费	
	征用土地费	按本办法附录或有关规定计算
	拆迁赔偿费	按本办法附录或有关规定计算
	建设单位管理费	(六)×费率
	工程质量监督费	(六)×费率
	工程监理费	(六)×费率
	定额编制管理费	(六)×费率
	设计文件审查费	(六)×费率
	研究试验费	按本办法附录或有关规定计算
	勘察设计费	按本办法附录或有关规定计算
	供电贴费	按本办法附录或有关规定计算

续上表

代号	项　目	计　算　式
	大型机械设备购置费	按需购置的清单估算
	固定资产投资方向调节税	按有关规定计算
	建设期贷款利息	按实际贷款数及利息计算
十	预留费用	包括工程造价增涨预留费和预备费两项
	工程造价增长预留费	以(七)为基数按规定的计算式计算
	预备费	[(七)+(八)+(九)−大型专用机械设备购置费−固定资产投资方向调节税建设期贷款利息]×费率
十一	建设项目投资总金额	(七)+(八)+(九)+(十)

注意：计算式中“指标建筑安装工程费”和“建筑安装工程费”是不同的，在计算建设单位管理费时，是以“指标建筑安装工程费”为基数的。

三、项目建议书投资估算的编制

项目建议书，是国家选择建设项目和进行可行性研究报告的依据，是公路建设基本程序中前期工作阶段的第一个工作环节，故具有极其重要的作用。

编制公路项目建议书，是以国民经济与社会发展长远规划、路网规划和地区规划的要求为依据，通过勘察和调查，对拟建项目的规模、技术标准、投资额度等提出建议，并重点分析项目建设的必要性和可能性。而其中投资估算则是审批立项的一个重要条件。由于基本建设工程要消耗大量的物质资源，而这些物质资源毕竟是有限的，尤其我国公路建设资金短缺，需要建设的公路、桥梁等交通基础设施又很多，为把有限的建设资金投入到急需的项目上，以便更好地发挥投资的最大效益，做好投资估算工作，就尤显重要。

遵照公路基本建设程序的规定和要求编制的公路项目建议书，就其工作深度而言，其投资估算的编制，不是依靠详细的分析计算，而是依靠粗略的估算来进行的，所以影响投资的估算是多方面的，其可塑性也是比较大的；同时，它又是公路工程造价多次性计价过程中的第一阶段，认真做好项目建议书的投资估算工作，就具有十分重要的现实意义。

(一)项目建设书投资估算外业调查工作的要求

项目建议书投资外业调查工作，一般是在具有较丰富建设实践经验的，并有广泛基础知识的公路勘察、设计和工程经济、交通工程等人员组成的调查研究小组的统一指导下，分工配合共同完成的。但投资估算不同于概、预算的编制，由于他特殊的一面，应结合拟建项目的实际情况，按下列要求，做好涉及投资估算基础资料的外业调查工作，并做好记录，整理成册，以备查考。

(1)向建设项目的主管部门或建设单位了解项目的筹资方式，要求贷款的最大额度，以便安排年度计划贷款数和计算建设期贷款利息。

(2)了解掌握建设项目的总体实施部署方案，如计划何年开始建设，要求几年建成，是否分段建成，分段交付使用，是采用国际招标还是国内招标，或者采用其他方式分派施工任务和工程监理等。这些因素与取定工资标准和一些费率有关。

(3)调查掌握公路沿线路基土石方的比例，以便与综合指标的含量进行比较，据以进行必要的换算与调整。

(4)了解、收集当地交通主管部门或公路(交通)工程定额(造价管理)部门发布的人工、材料的价格信息。这些价格信息，从我国现阶段的情况来讲，是属于指令性的，应严格遵照执行。

(5)调查收集拟建项目所在地各种外购材料的供应地点、供应渠道和可能采用的经济合理的运输方式，并计算取定其平均运距。同时，了解有无收取过路、过桥费等情况，以便据以计算材料运费。

(6)调查砂石材料当地市场销售价格及产销情况，今后施工单位自行开采的可能性与开采条件，以及平均运距、运输方式等原始资料。

(7)调查掌握建设项目所在地的砂石料的规格品种情况。因为综合指标规定了材料预算价格的取定数据，如砂与砂砾、碎石与砾石等，是分别按一定的含量(%)综合为单一价格的，而他们彼此之间，不仅供应价格差异大，而且内容也不同，对投资估算的编制会产生一定的影响。因此，建设项目若无砾石可供使用，则应采用碎石的价格作为计算依据；如果有的话，则应合理确定施工的比重，作为综合取定的依据。凡类似综合取定价格的材料品种，均应按此原则加以必要的分析，合理确定，以确保投资估算的质量，这是在外业工作中要特别予以注意的一个问题。

(8)调查了解征用土地的各种赔偿费用标准，以及每公里可能需要占用土地的数量，当地政府有无特殊的优惠政策，如暂不征耕地占用税，征地赔偿由地方政府的土地管理部门统一负责等情况。

(9)调查掌握因工程的兴建而需拆迁的建筑物、构造物的数量与可能需要的赔偿费用，以便与综合指标规定的费额进行比较。如有较大的差异，则可据以进行必要的调整。

(10)调查掌握项目实施时利用电网供电的可能性与额度，以便核查供电贴费计算指标与实际有无较大的差异，是否需要进行调整。

(11)了解并与建设项目的主管部门或建设单位商定应列入投资估算的设备、工具、器具和大型专用机械设备的规格品种和数量的购置计划清单，以便据以计算这些费用。

(12)收集当地的工程造价历史资料，以供编制投资估算时参考。

(13)了解当地人民政府对项目兴建时和建成后的合理要求，以及对投资估算会产生影响的有关因素和事项。

从某种意义上来讲，项目建设书投资估算的编制，在这种工程造价多次性计价中，是一项既比较简单而又精度不高的一次计价工作。由于这种关系，如果收集的有关投资估算的基础资料不真实的话，就会进一步影响到估算的编制质量，所以要求对通过调查等方法所收集的各种原始基础资料，应加以必要的分析、整理，去伪存真，同时还应注意资料的来源、日期、数据的统计口径等，以免造成失误，从而为编制项目建议书的投资估算提供可靠的原始基础资料。

(二)编制项目建议书投资估算的依据

项目建议书的投资估算，是建设项目初步经济评价中计算费用部分的原始资料，而且也是立项决策的重要依据。所以项目建议书投资估算的编制，除应遵照国家的方针、政策和有关工程造价管理的规定和制度外，还要坚持实事求是的原则，避免受外界因素的干扰，尤其是“长官意志”的影响。

(1)建设规模和技术标准，即通过勘查和调查后，提出路线或桥型方案的设想，取定平原微丘区、山岭重丘区路段的长度和主要工程数量、征用土地等基础资料，加工整理好的外业调查资料，以及项目建议书文字说明。

(2)建设项目总体实施规划与要求的意见。

(3)《估算指标》及指标中规定的工程量计算规则。

(4)《估算编制办法》中规定的六种计算表格，以及《估算编制办法》中以《概算预算编制办法》的规定为依据，结合各省区的实际情况，将其他直接经费、间接经费、间接费三项综合取定的“综合费率”和计算利润、综合税率两项取定的费率，它们是编制项目建议书投资估算和计算这些费用的依据。

(5)当地公路(交通)工程定额(造价管理)站发布的人工单价、材料供应价格信息。

(6)当地交通运输主管部门颁布的运输和装卸价格，但应考虑运输市场的影响因素，合理取定运价。

(7)当地人民政府颁布的征地、拆迁赔偿标准和有关的各项规定。

(8)编制项目建议书的委托书、合同或协议的有关规定和要求。

(9)经研究商定获批准的设备和大型专用机械设备的购置计划订单。

(10)建设项目的主管部门或建设单位对建设项目的有关通知与要求。

(三)编制项目建议书投资估算的程序和方法

遵循国家颁布的公路基本建设程序和工程造价管理的有关规定和要求，在编制项目建议书投资估算时，首先应当熟悉了解所必备的基础资料，尤其是对综合估算指标的内容，即指标所包括的主要工程与含量，应有充分的了解。因为结合拟建项目的实际情况和踏勘调查资料对适用指标及允许进行必要的换算调整，都作了明确而具体的规定，其次是应根据建设项目的主管部门或建设单位对拟建项目的总体实施规划进行必要的分析研究，尽可能做到合理可靠，然后按照下列程序和方法进行项目建议书投资估算的编制工作。

1. 项目建议书投资估算的编制程序

编制项目建议书投资估算的一般步骤和程序，概括起来，就是熟悉设计意图，整理外业调查资料，确定人工、材料价格，进行计算汇总，写出编制说明并装订签章，其顺序如下。

(1)熟悉拟建项目的建设规模、技术标准，了解路线或桥型方案设想意图和工程全貌，掌握建设项目现场的有关实际情况。

(2)对勘查调查所涉及的有关投资估算的积蓄资料进行分析整理，去伪存真，做到合理可靠。

(3)对路线中路基土石方、排水与防护、路面、大(中)桥、立体交叉工程等几项主要工程每公里的实际含量进行可能的和必要的分析比较，以便据以确定是否应对综合指标进行调整。

(4)研究建设项目的总体施工部署和实施方案，确定合理的建设工期。

(5)取定工资标准(人工费单价)、材料供应价格和运输方案，计算材料的预算价格。

(6)对适应指标中的其他材料费和机械使用费，以及指标规定的应予以调整的其他事项进行调整。

(7)进行人工和材料实物量的分析计算。

(8)计算各项费用并汇编总估算及人工、材料需要量。

(9)写出编制说明，进行复核与审核。

(10)出版、盖章、上报。

2. 项目建议书投资估算的编制方法

《估算编制办法》对编制项目建议书的投资估算，只设置六种表格，其中三种是反映计算内容的，另三种是统计汇总表，加上封面和编制说明，它们就是构成项目建议书投资估算文件的全部内容，是项目建议书的重要组成部分。同时，以费率计算的其他直接费、现场经费和间接费，以《概算预算编制办法》的规定为依据，进行了综合扩大，定名为“综合费率”，作为附录载列于《估算编制办法》中，以指标直接费作为计算基数，从而达到简化计算的目的。

项目建议书投资估算文件中的建筑安装工程费的编制，是以采用实物量分析的方法进行的。但综合估算指标所包括的实物量内容，只有人工和十几项主要材料，所以需要分析计算的量是不多的。但由于指标的工程内容范围广，而每一项建设工程的实际情况又各不相同，这是公路工程的技术经济特点，故要求尽可能认真地做好有关分析工作，以提高估算的质量。现就构成估算的第一、二、三部分费用的编制方法和对表格的应用，分析如下。

(1)关于项目建议书投资估算第一部分“建筑安装工程费”的编制。

根据《估算编制办法》中路线项目的规定，这部分只有四项，路线工程、桥长1 000m以上(含1 000m)特大桥工程、隧道工程和附属工程(指辅道和支线工程)。就是说，这四项工程应按不同的估算指标分别进行计算，并反映在“项目建议书总估算表”上，然后进行汇总，以便计算有关技术经济指标。

①在按照“项目建议书工程估算表”的要求，进行人工、材料实物量分析之前，要求对适用的估算指标中以费额(人民币绝对值)反映的其他材料费和机械使用费两项的消耗量进行调整。这种调整，主要是考虑在价值规律作用影响下，以消除因物价波动而产生的影响而作必要的增加，可按公式进行计算，但其中设备摊销费和指标基价不得按此规定进行调整。

②取定人工费单价，同时通过“项目建议书人工及主要材料价格计算表”计算出材料的预算价格。但应予以注意的是，其中水泥是不分标号的；砂和砂砾、碎石和砾石，是各种不同规格品种的综合价格。因此，应结合拟建项目的实际情况，采取算术平均法或加权平均法取定。若条件许可的话，最好是按加权平均法计算确定，以减少计算上的误差影响。

③根据踏勘调查的和在拟定方案设想的基础之上提出的主要工程数量资料，进行分析比较后，以确定是否应调整综合指标中的路基土方、路基石方、排水与防护、路面、大(中)桥、互通式或分立式立体交叉工程的含量。同时，考虑到路面的厚度对投资估算也会产生一定的影响。故将综合指标中的路面结构形式、厚度，以及总厚度的取定值，分别编列在“公路工程估算指标”中，并规定进行调整。故在进行上述主要工程数量差异的分析研究时，还应注意路面的厚度和结构形式是否也需要进行调整，这是不可忽视的。

在《估算指标》第一部分“综合指标”中有这样的规定：“如已知建设项目各类工程的工程量时，可与本指标中附录五所列工程量进行比较，如含量有较大出入时，可按调整指标或分项指标的相应项目予以增减”。但这两种指标差异较大，从指标基价上就可明显地看出，主要是两者所综合的工程内容不同，如高速公路平原微丘区中的排水与防护调整指标，是根据各地已建成的该类工程的造价历史资料进行综合分析后取定的，即包括了砌石、混凝土等圬工。因此，在确定采用哪类指标作为调整依据时，应慎重考虑，多方比较，在一般情况下，以采用“调整指标”作为调整的依据为宜。

此外，综合估算指标，是以新建工程为对象制定的，如是改建工程时，其指标应乘以0.8的系数。但也可以将新建改建工程合并在一起计算，则可按下列调整系数调整使用的指标。

$$K=\frac{L_1+L_2\times 0.8}{L} \tag{4-1-1}$$

式中：L_1——拟建项目中的新建长度，km；

L_2——拟建项目中的改建长度，km；

L——拟建项目的总长度，km。

公路工程综合估算指标，是按一般标准路基宽度编制的，若拟建项目的路基宽度与适用指标所采用的宽度不同时，还应进行调整。不过这类调整最好采用增减主要工程含量的方法进行调整，这样较为简单易行。

当经过分析比较，确定综合指标中的主要工程数量需要进行调整时，一般应采用将其增减的主要工程数量，分别套用调整指标，逐项计算工、料、机等各种费用，求出其代数和，然后进行汇总。这是一种比较合理简便的计算方法，意即不对综合指标本身进行调整换算。

④按“项目建议书工程估算表”的要求填入工程量并套用指标，计算出人工、材料数量和机械使用费，以及指标直接费等，然后以人工费单价、材料预算价格，分别算出人工和材料的费用。最后按照《估算指标》中规定的“综合指标和分项指标其他工程指标表”的百分比和《估算编制办法》中规定的“综合费率”，以及综合利税率，通过层层计算汇总，这样，建筑安装工程费的编制就告完成。

⑤当项目建议书阶段的工作深度已达到可行性研究报告阶段的深度时，也可提出各项主要的工程数量，采用分项指标编制项目建议书的投资估算中的建筑安装工程费。

(2)关于投资估算第二部分“设备、工具、器具购置费”的编制。

这部分费用有如下两种计算方法，一般情况下，最好采用第二种计算方法。

①按《估算编制办法》规定的费率计算。

②按照与建设项目的主管部门或建设单位商定的设备购置计划清单与市场价格计算，将更加合理可靠。这样做既不致增加过多的工作任务，而且更有利于可行性研究报告投资估算和概预算的编制工作。

但按市场供应价格计算时，应相应计算从供应地点至工地的运杂费和采购保管费。若供应地点不明确时，其运杂费可按供应价的7%计算，采购保管费一般按供应价和运杂费之和的1%计算。

(3)关于投资估算第三部分“工程建设其他费用”的编制。

《估算编制办法》对这部分费用，结合不同的内容，分别规定为数量(如征用土地)、费率等不同的表现形式，并要求通过“项目建议书设备、工具、器具购置费与工程建设其他费用计算表”逐项进行计算确定。至于征用土地的数量可以按指标数量或调查测算的资料，并以当地政府规定的赔偿标准，进行计算确定。建设单位管理费则应按《概算预算编制办法》的规定计算。

(4)在第一、二、三部分费用计算完成之后，应按项目建议书路线或独立大桥项目表序列的规定内容与要求，逐项将计算成果节录转入“项目建议书总估算表”的相应栏内，并进行汇总。同时，据以计算出预留费用。然后分别计算技术经济指标和各项费用比重(%)。

预留费用包括工程造价增涨预留费和预备费两项，其计算方法如下。

①工程造价增涨预留费＝建筑安装工程费总额×$[(1+\text{年造价增涨率})^{n-1}]$

式中的n为项目建议书投资估算编制年至建设项目全部建成之年止的年数，年造价增涨率一般可按5%估列，亦可根据建设工程的第一、二、三部分费用，结合市场变化情况、可能发生的影响因素，而以第一部分建筑安装工程费为基数进行综合分析预测取定。

②预备费则以第一、二、三部分费用之和的规定费率计算。

至于大型专用机械设备购置费，是否在投资估算中计列，应以与建设项目的主管部门或建设单位共同商定的购置计划清单为依据，没有时不能随意估列。

(5)若是分段编制投资估算的，还应编制“项目建议书总估算汇总表”，经汇总后，应再次计算出技术经济指标和各项费用比重(%)。

(6)统计汇总建设项目所需的人工和主要材料的需要量，编制“项目建议书人工、主要材料数量汇总表”。

因为其他工程，即清理场地，拆除旧建筑、构筑物，绿化工程，临时轨道铺设，便桥、便道，临时电力线路，临时电信线路，临时码头，改河土方，其他零星工程等，是以主要工程费用为基数的一定百分比计算的，所以这部分工程所需的人工和主要材料数量，以及冬雨季、夜间施工增加的人工和临时设施用工，可参照以往的工程造价历史资料予以增列。由此可知，造价工程师在实际工作中注意积累有关这些方面的历史资料，就具有十分重要的意义。其次是凡规定可计列场外运输损耗的材料，其损耗亦应予以增列。

(7)最后按要求写出编制说明，经过复核与审核程序，就可出版、上报。

四、项目建议书投资估算计算实例

某项目基本概况如下：该项目为地处四川省××县的一座连续刚构特大桥，主桥跨径组合为90m+180m+90m，主桥长364m，桥型结构为三向预应力混凝土连续刚构；引桥为25m×20m预应力钢筋混凝土空心板桥，桥长517m。桥宽16.5m。主桥桥墩为双薄壁墩3 400m^3，钻孔桩基础2 500m^3。主桥和引桥均为干处基础。引道按二级公路标准建设，路基宽度12m，全长800m。现以此项目为例，其项目建议书投资估算编制如下。

(一)编制依据

《估算指标》和《估算编制办法》；《概算预算编制办法》；当地有关补充说明和规定等；项目设计文件。

(二)主要工程数量

根据估算指标，独立桥梁工程的引道工程按综合指标中相应等级公路的项目计算，桥梁工程按分项指标的大(中)桥工程项目计算，本项目工程数量如下。

1.引道工程

项目为平原微丘区二级公路，全长800m。

2.主桥工程

主桥为技术复杂大桥，干处灌注桩基础2 500m^3，干处薄壁墩3 400m^3，连续刚构(≤200)上部构造364×16.5=6 006m^2。

3.引桥工程

$$517\times16.5=8\ 531m^2$$

(三)人工、主要材料价格

根据当地补充规定，人工预算单价为15.87元/工日；主要材料单价采用工程所在地预算单价，本估算采用工程现场所在地现行市场价。人工及主要材料价格见表4-1-4。

项目建议书投资估算人工及主要材料单价表 表4-1-4

序号	名称	单位	预算单价(元)	序号	名称	单位	预算单价(元)
1	人工	工日	15.87	5	II级钢筋	t	2 900
2	原木	m^3	1 000	6	预应力粗钢筋	t	6 000
3	锯材	m^3	1 600	7	钢绞线	t	6 850
4	I级钢筋	t	2 850	8	钢材	t	3 500

续上表

序号	名　称	单位	预算单价（元）	序号	名　称	单位	预算单价（元）
9	波形钢板及型钢立柱	t	5 300	15	石油沥青	t	2 500
10	加工钢材	t	5 000	16	生石灰	t	70
11	钢板标志	t	7 000	17	砂、砂砾	m^3	65
12	铝合金标志	t	8 750	18	片石	m^3	25
13	钢板网及铁丝编制网	m^2	19	19	碎(砾)石	m^3	36
14	水泥	t	380	20	块石	t	70

(四)费率

费率均按《估算编制办法》的规定确定。

(五)投资估算表的编制

项目建议书投资估算表按照《估算编制办法》附录Ⅱ所示的目录表编制，具体计算按其中项目建议书编制办法的要求和规定进行。

1.项目建议书人工及主要材料价格计算表(06表)

人工、主要材料单价应采用预算单价，按《概算预算编制办法》和《估算指标》附录二“材料预算价格的规格取定表”计算指标材料综合价格。本工程人工、主要材料单价依据当地补充规定和市场调查得来，计算略。

2.项目建议书工程估算表(05表)

05表用于计算第一部分费用“建筑安装工程费”。本工程分引道工程、主桥工程(基础、桥墩、上部构造)和引桥工程计算。需要注意的是，估算指标中以人民币绝对值“元”表示的消耗量，如其他材料费、机械使用费，在投资中占有一定的比例，编制投资估算时应按年价格上涨率予以调整。调整办法按《估算编制办法》“一般规定”中的公式。本项目编制年为2003年，则调整系数$(1+C)^{n-1}=(1+5\%)^7=1.407$。

3.项目建议书设备、工具、器具购置费与工程建设其他费用计算表(04表)

04表用于计算第二部分“设备、工具、器具购置费”和第三部分“工程建设其他费用”。

4.项目建议书人工、主要材料数量汇总表(03表)

通过项目建议书工程估算表(05表)将人工、主要材料数量汇总。

5.项目建议书总估算汇总表(02表)

第一、二、三部分费用按“项目建议书独立桥梁工程项目表”的格式汇总到02表中，并计算表格的其他内容。

(1)预留费用：根据国家有关规定，本项目不考虑工程造价增涨预留费用，只考虑预备费。

(2)本项目根据需要，特设立25万元环保费。

(3)技术经济指标：估算金额除以数量即得技术经济指标。

(4)各项费用比重：即各部分费用和各项费用占估算总金额的比重，一般不必计算各目费用、各节费用占估算总金额的比重。

通过以上分析、计算，汇总02～06表见表4-1-5～表4-1-9。

6.写编制说明

复核并按《估算编制办法》第二章第一节“二、估算编制说明”写“编制说明”，经审核后即可出版。

表 4-1-5

项目建议书总估算表

建设项目名称：××县××大桥

编 制 范 围：K0＋000～K1＋681　　　　第 1 页共 1 页　　　　02 表

项	目	节	工程或费用名称	单　位	数　量	估算金额(万元)	技术经济指标	各项费用比重(%)	备注
			第一部分　建筑安装工程费	桥长米	881	6 222 0947	70 625.37	76.82%	
一			引道工程	桥长米	881	3 025 937	3 434.66	3.74%	
	1		平原微丘区二级公路	km	0.8	3 025 937	3 782 421.64		
二			大桥工程	桥长米	881	53 538 560	60 770.22	66.10%	
	1		主桥	m^2/m	6 004/364	35 350 957	5 888/97118		
		1	预应力混凝土连续刚构	m^2/m	6 004/364	35 350 957	5 888/97 118		
	2		引桥	m^2/m	8 531/517	18 187 603	2 132/35 179		
			预应力钢筋混凝土空心板桥	m^2/m	8 531/517	18 187 603	2 132/35 179		
三			综合利税费	桥长米	881	5 656 450	6 420.49	6.98%	
			第二部分　设备、工具、器具	桥长米	881	359 637	408.21	0.44%	
			第三部分　工程建设其他费用	桥长米	881	10 509 000	11 928.49	12.97%	
一			征用土地费	桥长米	881	613 000	695.80		
二			拆迁赔偿费	桥长米	881	1 022 290	1 160.37		
三			建设单位管理费	桥长米	881	1 627 832	1 847.71		

续上表

项	目	节	工程或费用名称	单　位	数　量	估算金额(万元)	技术经济指标	各项费用比重(%)	备注
	1		建设单位管理费	桥长米	881	561 876	637.77		
	2		工程质量监督费	桥长米	881	81 164	92.13		
	3		工程监理费	桥长米	881	865 751	982.69		
	4		定额编制管理费	桥长米	881	91 986	104.41		
	5		设计文件审查费	桥长米	881	27 055	30.71		
四			研究试验费	桥长米	881	848 694	963.33		
五			勘察设计费	桥长米	881	2 465 816	2 798.88		
六			供电贴费	桥长米	881	475 368	539.58		
九			建设期贷款利息	桥长米	881	3 456 000	3 922.81		
			第一、二、三部分　费用合计	桥长米	881	73 089 584	82 962.07	90.23%	
			预留费用	桥长米	881	7 659 694	8 694.32	9.46%	
			2. 预备费	桥长米	881	7 659 694	8 694.32	9.46%	
			环保费	桥长米	881	250 000	283.77	0.31%	
			估算总金额	桥长米	881	80 999 278	91 940.16	100.00%	
			桥梁基本造价	桥长米	881	80 999 278	91 940.16		

编制：×××　　　　复核：×××

项目建议书人工、主要材料数量汇总表

表 4-1-6

建设项目名称：××县××大桥　　　　第 1 页共 1 页　　　　03 表

序　号	材料规格名称	单　位	总 数 量	分 项 统 计			
				引　道	主　桥	引　桥	
1	人工	工日	251 702.95	23 732.00	132 338.44	95 632.51	
2	原木	m^3	74.13	7.97	41.42	24.74	
3	锯材	m^3	389.17	13.54	204.16	171.47	
4	I级钢筋	t	459.10	11.35	204.62	243.13	
5	II级钢筋	t	1 627.04	18.11	1 120.96	487.97	
6	预应力粗钢筋	t	111.71	0.00	111.71	0.00	
7	钢绞线	t	658.14	0.59	489.49	168.06	
8	钢材	t	127.32	7.29	68.85	51.19	
9	波形钢板及型钢立柱	t	0.10	0.10	0.00	0.00	
10	加工钢材	t	114.77	2.73	77.06	34.98	
11	钢板标志	t	0.80	0.80	0.00	0.00	
12	铝合金标志	t	0.24	0.24	0.00	0.00	
13	钢板网及铁丝编制网	m^2	7.36	7.36	0.00	0.00	
14	水泥	t	12 091.90	488.82	6 888.00	4 715.08	
15	石油沥青	t	152.35	84.96	0.00	67.39	
16	生石灰	t	127.42	127.42	0.00	0.00	
17	砂、砂砾	m^3	21 620.94	4 949.20	8 208.99	8 462.75	
18	片石	m^3	4 085.58	2 628.00	84.08	1 373.49	
19	碎(砾)石	m^3	22 124.64	2 017.52	11 499.34	8 607.78	
20	块石	t	495.76	495.76	0.00	0.00	
21	其他材料费	元	4 757 352.19	102 014.78	1 964 286.58	2 691 050.83	
22	设备摊销费	元	1 262 032.24	8 523.65	1 125 906.35	127 602.24	
23	机械使用费	元	12 573 561.57	771 057.26	9 191 399.95	2 611 104.36	

编制：×××　　　　复核：×××

表 4-1-7

项目建议书设备、工具、器具购置费与工程建设其他费用计算表

建设项目名称：××县××大桥

编 制 范 围：K0＋000～K1＋681　　　　第 1 页共 1 页　　　　04 表

序　号	费 用 名 称	说明及计算式	金额(元)	备　注
第二部分	设备、工具、器具购置费	(38 886 052＋3 328 531＋20 006 363)×0.578％	359 637.07	计费基数(建安费)＝62 220 946
第三部分	工程建设其他费用		10 508 999.96	
一	征用土地费		613 000	
1	永久占地	90(亩)×5 500(单价)＝495 000(元)		
2	临时占地	59(亩)×2 000(单价)＝118 000(元)		
二	拆迁赔偿费	(38 886 052＋3 328 531＋20 006 363)×1.643％	1 022 290.14	计费基数(建安费)＝62 220 946
三	建设单位管理费		1 627 832	计费基数(指标建安费)＝54 109 446
1	建设单位管理费	529 000＋4 109 446×0.8％	561 875.57	
2	工程质量监督费	54 109 446×0.15％	81 164.17	
3	工程监理费	54 109 446×1.6％	865 751.14	
4	定额编制管理费	54 109 446×0.17％	91 986.06	
5	设计文件审查费	54 109 446×0.05％	27 054.72	
四	研究试验费	62 220 946×1.364％	848 693.70	计费基数(建安费)＝62 220 946
五	勘察设计费	62 220 946×3.963％	2 465 816.09	计费基数(建安费)＝62 220 946
六	供电贴费	62 220 946×0.764％	475 368.03	计费基数(建安费)＝62 220 946
九	建设期贷款利息		3 456 000	
	贷款名称：银行贷款	第 1 年贷款 20 000 000 元，2 年应计息 20 000 000×2×5.76％＝2 304 000		
		第 1 年贷款 20 000 000 元，1 年应计息 20 000 000×1×5.76％＝1 152 000		

编制：×××　　　　复核：×××

项目建议书工程估算表

表 4-1-8

建设项目名称：××县××大桥

编 制 范 围：引道 K0＋000～K0＋800

第 1 页共 3 页　　05 表

序号	工 程 名 称			一般二级公路												合计	
	工程细目名称			平原微丘区二级公路													
	指 标 单 位			1km													
	工 程 数 量			0.8													
	估算指标表号			4-1-20													
	工、料、机名称	单位	单价(元)	指标	数量	金额(元)	指标	数量	金额(元)	指标	数量	金额(元)	指标	数量	金额(元)	数量	金额(元)
1	人工	工日	15.87	29 665	23 732	376 626.84										23 732	376 626.84
2	原木	m^3	1 000	9.96	7.968	7 968										7.968	7 968
3	锯材	m^3	1 600	16.92	13.536	21 657.6										13.536	21 657.6
4	Ⅰ级钢筋	t	2 850	14.19	11.352	32 353.2										11.352	32 353.2
5	Ⅱ级钢筋	t	2 900	22.64	18.112	52 524.8										18.112	52 524.8
6	预应力粗钢筋	t	6 000	0	0	0										0	0
7	钢绞线	t	6 850	0.74	0.592	4 055.2										0.592	4 055.2
8	钢材	t	3 500	9.11	7.288	25 508										7.288	25 508
9	波形钢板及型钢立柱	t	5 300	0.12	0.096	508.8										0.096	508.8
10	加工钢材	t	5 000	3.41	2.728	13 640										2.728	13 640
11	钢板标志	t	7 000	1	0.8	5 600										0.8	5 600
12	铝合金标志	t	8 750	0.3	0.24	2 100										0.24	2 100
13	钢板网及铁丝编制网	m^2	19	9.2	7.36	139.84										7.36	139.84
14	水泥	t	380	611.02	488.816	185 750.08										488.816	185 750.08
15	石油沥青	t	2 500	106.2	84.96	212 400										84.96	212 400

续上表

序号	工程名称			一般二级公路												合计	
	工程细目名称			平原微丘区二级公路													
	指标单位			1km													
	工程数量			0.8													
	估算指标表号			4-1-20													
	工、料、机名称	单位	单价(元)	指标	数量	金额(元)	指标	数量	金额(元)	指标	数量	金额(元)	指标	数量	金额(元)	数量	金额(元)
16	生石灰	t	70	159.27	127.416	8 919.12										127.416	8 919.12
17	砂、砂砾	m^3	65	6 186.5	4 949.2	321 698										4 949.2	321 698
18	片石	m^3	25	3 285	2 628	65 700										2 628	65 700
19	碎(砾)石	m^3	36	2 521.9	2 017.52	72 630.72										2 017.52	72 630.72
20	块石	t	70	619.7	495.76	34 703.2										495.76	34 703.2
21	其他材料费	元	1	127 518	102 014.78	102 014.78										102 014.780 6	102 014.780 6
22	设备摊销费	元	1	10 654.6	8 523.651 5	8 523.651 5										8 523.651 52	8 523.651 52
23	机械使用费	元	1	963 822	771 057.26	771 057.26										771 057.261 2	771 057.261 2
24	指标基价	元	1	2 159 197	1 727 357.6	1 727 357.6										1 727 357.6	1 727 357.6
	直接费	元				2 326 079.1											2326079.093
	其他工程费	%		6.881		160 057.5											160 057.502 4
	综合费用	%		28.6		539 800.72											539 800.719 3
	综合利税费	%		10		302 593.73											302 593.731 5
	直接工程费与间接费合计	元				3 328 531											3 328 531.047

编制：×××　　　　复核：×××

项目建议书工程估算表

表 4-1-8

建设项目名称：××县××大桥

编 制 范 围：跨径组合 90m+180m+90m 连续刚构桥　　　　第 2 页共 3 页　　　　05 表

序号	工程名称			技术复杂大桥基础工程			技术复杂搭桥下部构造			技术复杂搭桥上部构造						合计	
	工程细目名称			灌注桩基础干处			薄壁桥墩干处			连续刚构跨径≤200m							
	指标单位			$10m^3$			$10m^3$			$100m^2$							
	工程数量			250			340			60.06							
	估算指标表号			6-12-5			6-13-5			6-14-7							
	工、料、机名称	单位	单价（元）	指标	数量	金额（元）	指标	数量	金额（元）	指标	数量	金额（元）	指标	数量	金额（元）	数量	金额（元）
1	人工	工日	15.87	95.0	23 750.0	376 912.5	59.0	20 060.0	318 352.2	1 474.0	88 528.4	1 404 946.3				132 338.4	2 100 211.0
2	原木	m^3	1 000	0.0	0.0	0.0	0.1	20.4	20 400.0	0.4	21.0	21 021.0				41.4	41 421.0
3	锯材	m^3	1 600	0.1	25.0	40 000.0	0.1	17.0	27 200.0	2.7	162.2	259 459.2				204.2	326 659.2
4	I 级钢筋	t	2 850	0.1	27.5	78 375.0	0.2	61.2	174 420.0	1.9	115.9	330 360.0				204.6	583 155.0
5	II 级钢筋	t	2 900	0.5	112.5	326 250.0	0.4	149.6	433 840.0	14.3	858.9	2 490 688.2				1 121.0	3 250 778.2
6	预应力粗钢筋	t	6 000	0.0	0.0	0.0	0.0	0.0	0.0	1.9	111.7	670 269.6				111.7	670 269.6
7	钢绞线	t	6 850	0.0	0.0	0.0	0.0	0.0	0.0	8.2	489.5	3 352 999.7				489.5	3 352 999.7
8	钢材	t	3 500	0.0	10.0	35 000.0	0.0	10.2	35 700.0	0.8	48.6	170 270.1				68.8	240 970.1
9	加工钢材	t	5 000	0.0	5.0	25 000.0	0.0	10.2	51 000.0	1.0	61.9	309 309.0				77.1	385 309.0
10	水泥	t	380	5.5	1 367.5	519 650.0	3.6	1 217.2	462 536.0	71.7	4 303.3	1 635 253.6				6 888.0	2 617 439.6
11	石油沥青	t	2 500	0.0	0.0	0.0	0.0	0.0	0.0	0.0	0.0	0.0				0.0	0.0
12	生石灰	t	70	0.0	0.0	0.0	0.0	0.0	0.0	0.0	0.0	0.0				0.0	0.0
13	砂、砂砾	m^3	65	5.8	1 450.0	94 250.0	5.2	1 768.0	114 920.0	83.1	4 991.0	324 414.1				8 209.0	533 584.1
14	片石	m^3	25	0.0	0.0	0.0	0.0	0.0	0.0	1.4	84.1	2 102.1				84.1	2 102.1
15	碎(砾)石	m^3	36	8.5	2 125.0	76 500.0	8.9	3 026.0	108 936.0	105.7	6 348.3	228 540.3				11 499.3	413 976.3

续上表

序号	工程名称			技术复杂大桥基础工程			技术复杂搭桥下部构造			技术复杂搭桥上部构造						合计	
	工程细目名称			灌注桩基础干处			薄壁桥墩干处			连续刚构跨径≤200m							
	指标单位			10m³			10m³			100m²							
	工程数量			250			340			60.06							
	估算指标表号			6-12-5			6-13-5			6-14-7							
	工、料、机名称	单位	单价(元)	指标	数量	金额(元)	指标	数量	金额(元)	指标	数量	金额(元)	指标	数量	金额(元)	数量	金额(元)
16	块石	t	70	0.0	0.0	0.0	0.0	0.0	0.0	0.0	0.0	0.0				0.0	0.0
17	其他材料费	元	1	333.5	83 370.7	83 370.7	429.2	145 916.3	145 916.3	28 887.8	1 734 999.6	1 734 999.6				1 964 286.6	1 964 286.6
18	设备摊销费	元	1	49.2	12 312.1	12 312.1	0.0	0.0	0.0	18 541.4	1 113 594.2	1 113 594.2				1 125 906.3	1 125 906.3
19	机械使用费	元	1	10 560	2 640 072.2	2 640 072.2	1 760.3	598 496.1	598 496.1	99 114.7	5 952 831.7	5 952 831.7				9 191 399.9	9 191 399.9
20	指标基价	元	1	13 514	3 378 500.0	3 378 500.0	6 223.0	2 115 820	2 115 820.0	268 237.0	16 110 314.2	16 110 314.2				21 604 634.2	21 604 634.2
	直接费	元				4 307 692.5			2 491 716.6			20 001 058.7					26 800 467.8
	其他工程费	%		6.9		296 412.3	6.9		171 455.0	6.9		13 762 72.9					1 844 140.2
	综合费用	%		28.6		1 051 024.9	28.6		654 160.7	28.6		5 001 163.9					6 706 349.5
	综合利税费	%		10.0		565 513.0	10.0		331 733.2	10.0		2 637 849.5					3 535 095.7
	直接工程费与间接费合计	元				6 220 642.7			3 649 065.5			29 016 345.0					38 886 053.2

编制：×××　　复核：×××

表 4-1-8

项目建议书工程估算表

建设项目名称：××县××大桥

编 制 范 围：25m×20m 预应力钢筋混凝土空心板引桥　　　　第 3 页共 3 页　　05 表

序号	工 程 名 称			预应力混凝土空心板桥									合 计	
	工程细目名称			干处预应力混凝土空心板桥										
	指 标 单 位			$100m^2$										
	工 程 数 量			85.31										
	估算指标表号			6-1-1										
	工、料、机名称	单位	单价(元)	指标	数量	金额(元)	指标	数量	金额(元)	指标	数量	金额(元)	数量	金额(元)
1	人工	工日	15.87	1 121	95 632.51	1 517 688							95 632.51	1 517 687.9
2	原木	m^3	1 000	0.29	24.739 9	24 739.9							24.739 9	24 739.9
3	锯材	m^3	1 600	2.01	171.473 1	274 357							171.473 1	274 356.96
4	Ⅰ级钢筋	t	2 850	2.85	243.133 5	692 930.5							243.133 5	692 930.48
5	Ⅱ级钢筋	t	2 900	5.72	487.973 2	1 415 122							487.973 2	1 415 122.3
6	预应力粗钢筋	t	6 000	0	0	0							0	0
7	钢绞线	t	6 850	1.97	168.060 7	1 151 216							168.060 7	1 151 215.8
8	钢材	t	3 500	0.6	51.186	179 151							51.186	179 151
9	加工钢材	t	5 000	0.41	34.977 1	174 885.5							34.977 1	174 885.5
10	水泥	t	380	55.27	4 715.084	1 791 732							4 715.083 7	1 791 731.8
11	石油沥青	t	2 500	0.79	67.394 9	168 487.3							67.394 9	168 487.25
12	生石灰	t	70	0	0	0							0	0
13	砂、砂砾	m^3	65	99.2	8 462.752	550 078.9							8 462.752	550 078.88
14	片石	m^3	25	16.1	1 373.491	34 337.28							1 373.491	34 337.275
15	碎(砾)石	m^3	36	100.9	8 607.779	309 880							8 607.779	309 880.04

续上表

序号	工程名称			预应力混凝土空心板桥									合计	
	工程细目名称			干处预应力混凝土空心板桥										
	指标单位			$100m^2$										
	工程数量			85.31										
	估算指标表号			6-1-1										
	工、料、机名称	单位	单价(元)	指标	数量	金额(元)	指标	数量	金额(元)	指标	数量	金额(元)	数量	金额(元)
16	块石	t	70	0	0	0							0	0
17	其他材料费	元	1	31 544	2 691 051	2 691 051							2 691 050.83	2 691 050.8
18	设备摊销费	元	1	1 495.7	127 602.2	127 602.2							127 602.24	127 602.24
19	机械使用费	元	1	30 607	2 611 104	2 611 104							2 611 104.36	2 611 104.4
20	指标基价	元	1	133 600	11 397 416	11 397 416							11 397 416	11 397 416
	直接费	元				13 714 363								13 714 363
	其他工程费	%		6.881		943 685.3								943 685.29
	综合费用	%		28.6		3 529 555								3 529 555
	综合利税费	%		10		1 818 760								1 818 760.3
	直接工程费与间接费合计	元				20 006 363								20 006 363

编制：×××　　　　复核：×××

表 4-1-9

项目建议书人工及主要材料价格计算表

建设项目名称:××县××大桥

编 制 范 围:K0+000~K1+681　　第1页共1页　　06表

人工工资(元/工日)		15.87		
序　号	材料名称及规格	单　位	预算价格	计算依据
1	人工	工日	15.87	
2	原木	m^3	1 000	
3	锯材	m^3	1 600	
4	I级钢筋	t	2 850	
5	II级钢筋	t	2 900	
6	预应力粗钢筋	t	6 000	
7	钢绞线	t	6 850	
8	钢材	t	3 500	
9	波形钢板及型钢立柱	t	5 300	
10	加工钢材	t	5 000	
11	钢板标志	t	7 000	
12	铝合金标志	t	8 750	
13	钢板网及铁丝编制网	m^2	19	
14	水泥	t	380	
15	石油沥青	t	2 500	
16	生石灰	t	70	
17	砂、砂砾	m^3	65	
18	片石	m^3	25	
19	碎(砾)石	m^3	36	
20	块石	t	70	

编制:×××　　复核:×××

第二章　可行性研究阶段的投资估算

第一节　可行性研究报告投资估算概述

可行性研究报告，是公路基本建设程序中的一个关键环节，是以批准的项目建议书为依据，通过必要的测量、地质勘探（大桥、隧道及不良地质地段等），在认真调查研究、占有必要资料的基础上，对不同建设方案从经济上、技术上进行综合论证，提出推荐建设方案，并对项目建设的必要性、经济合理性、技术可行性、实施可能性，提出综合性的研究论证报告。可行性研究报告基本建设程序中决策的前期工作阶段，是建设项目是否可行的重要论证依据。

可行性研究报告投资估算是项目经济评价支出费用、资金筹措基础、经批准后是进行初步设计或施工图设计（采用一阶段设计时）的依据，故对可行性研究报告投资估算的精度有较高的要求。可行性研究报告投资估算应按《估算指标》中的“分项指标”和《估算编制办法》编制。

投资估算编制前，估算编制人员应配合设计人员深入现场调查研究，掌握有关估算编制基础资料，并了解设计方案的工程项目和工程量情况，合理选用估算指标和各种费率。估算编制后，应通过经济分析，论证设计方案在经济方面的合理性。

第二节　可行性研究报告投资估算文件的组成

一、可行性研究报告投资估算文件的组成

可行性研究报告投资估算文件由封面、目录、估算编制说明及全部估算计算表格组成。

1.封面及目录

估算文件的封面和扉页按《公路工程基本建设项目设计文件编制办法》规定制作，扉页的次页应有建设项目名称，编制单位，编制、复核人员姓名并加盖资格印章，编制日期及第几册共几册等内容。目录应按估算表的表号顺序编排。

2.估算编制说明

估算编制完成后，应写出编制说明，文字力求简明扼要。应叙述的内容一般有：

(1)可行性研究报告的依据及有关文号、依据的资料及比选方案等。

(2)采用的估算指标、费用标准及人工、材料单价的依据或来源，补充指标及编制依据的详细说明。

(3)与估算有关的委托书、协议书、会谈纪要的主要内容（或将抄件附后）。

(4)总估算金额，人工、刚才、水泥、木料、沥青的总需要量情况，各建设方案的经济比较以及编制中存在的问题。

(5)其他与估算有关但不能在表格中反映的事项。

3.估算表格

可行性研究报告投资估算应按统一的估算表格计算。

封面及表格式样见投资估算编制办法。

4.估算文件

可行性研究报告投资估算文件是可行性研究报告的组成部分,应按《公路建设项目可行性研究报告编制办法》关于文件报送份数的规定报送。

可行性研究报告投资估算文件包括的内容如下:

(1)可行性研究报告投资估算编制说明。

(2)可行性研究报告总估算汇总表。

(3)可行性研究报告总估算表。

(4)可行性研究报告人工、主要材料数量汇总表。

(5)可行性研究报告设备、工具、器具购置费计算表。

(6)可行性研究报告工程建设其他费用计算表。

(7)可行性研究报告分项工程估算表。

(8)可行性研究报告其他直接费、现场经费及间接费综合费率计算表。

(9)可行性研究报告材料预算价格计算表。

二、可行性研究报告投资估算文件组成关系图

可行性研究报告投资估算文件组成关系如图 4-2-1 所示。

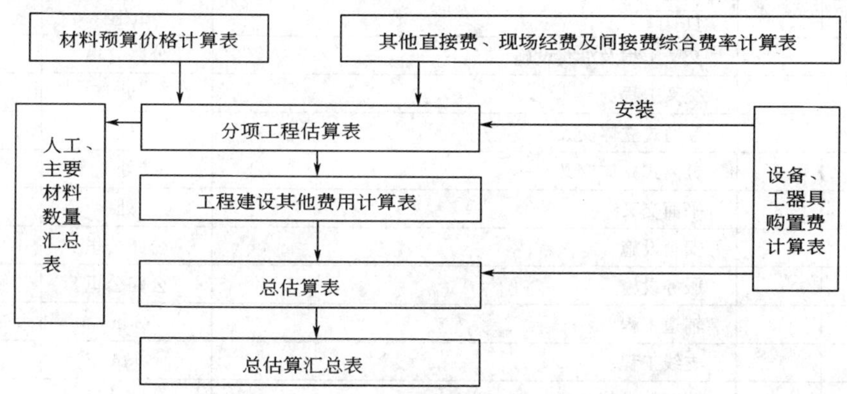

图 4-2-1 可行性研究报告投资估算文件组成关系

第三节 可行性研究报告投资估算造价文件的编制

一、可行性研究报告投资估算项目

可行性研究报告投资估算项目应按项目表的序列及内容编制,如实际不发生某部分费用时,第一、二、三部分的序号应保留不变,如第二部分设备、工具、器具购置费在该项目中不发生,工程建设其他费用仍为第三部分。估算应按一个建设项目(如一条路线或一座独立大、中桥)进行编制。当一个建设项目需要分段估算投资时,应分别编制总估算表,但必须汇总编制"总估算汇总表"。

可行性研究报告投资估算项目分为"路线工程估算项目"(表 4-2-1)和独立"桥梁工程估算

项目”(表 4-2-2)。项目表中的单位是总估算表中数量栏的单位,也是技术经济指标的单位。

可行性研究报告路线工程项目表

表 4-2-1

项	目	节	工程或费用名称	单　位	备　注
			第一部分　建筑安装工程费	公路公里	
一			路基	公路公里	
		1	土方	m^3	
		2	石方	m^3	
		3	排水防护工程	m^3	
		4	特殊路基工程	km	
二			路面	公路公里	
三			桥梁涵洞	公路公里	
	1		涵洞	道	
	2		小桥及标准跨径＜20m 中桥	m/座	
	3		标准跨径＞20m 中桥及大桥	m/座	
		1	预应力混凝土 T 形梁桥	m/座	
		2	……	m/座	
四			隧道	公路公里	
	1		土质隧道	m/座	
	2		石质隧道	m/座	
五			交叉工程及沿线设施	公路公里	
	1		交叉工程	处	
		1	互通式立体交叉	处	
		2	分离式立体交叉	处	
		3	平面交叉	处	
	2		安全设施	公路公里	
	3		服务设施	公路公里	
	4		辅道工程	km	
	5		支线工程	km	
六			施工技术装备费	公路公里	
七			计划利润	公路公里	
八			税金	公路公里	
			第二部分　设备、工具、器具购置费	公路公里	
一			设备购置	公路公里	
二			工具、器具购置	公路公里	
三			办公及生活家具购置	公路公里	
			第三部分　工程建设其他费用	公路公里	
一			土地、青苗等补偿费和安置补助费	公路公里	
二			建设单位管理费	公路公里	
	1		建设单位管理费	公路公里	

续上表

项	目	节	工程或费用名称	单　位	备　注
	2		工程质量监督费	公路公里	
	3		工程监理费	公路公里	
	4		定额编制管理费	公路公里	
	5		设计文件审查费	公路公里	
三			勘察设计费	公路公里	
四			研究试验费	公路公里	
五			施工机构迁移费	公路公里	
六			供电贴费	公路公里	
七			大型专用机械设备购置费	公路公里	
八			固定资产投资方向调节税	公路公里	
九			建设期贷款利息	公路公里	
			第一、二、三部分费用合计	公路公里	
			预留费用	公路公里	
			1.工程造价增涨预留费	公路公里	
			2.预备费	公路公里	
			投资估算总金额	公路公里	
			平均每公路公里造价	元	

可行性研究报告桥梁工程项目表　　表 4-2-2

项	目	节	工程或费用名称	单位	备注
			第一部分　建筑安装工程费	桥长米	
一			桥头引道	桥长米	
	1		路基	km	
		1	土方	m^3	
		2	……		
	2		路面	m^2	
	3		桥梁涵洞	m/座(道)	涵洞为道
		1	涵洞	道	
		2	……		
	4		……		
二			大桥工程	桥长米	
	1		主桥	m/m^2	按结构类型分节
	2		引桥	m/m^2	按结构类型分节
	3		调治构造物	m^3	按结构形式分目
		1	导流坝	m^3	

续上表

项	目	节	工程或费用名称	单位	备注
		2	驳岸	m^3	
		3	……		
	4		……		
三			施工技术装备费	桥长米	
四			计划利润	桥长米	
五			税金	桥长米	
			第二部分　设备、工具、器具购置费	桥长米	
一			设备购置	桥长米	
二			工具、器具购置	桥长米	
三			办公及生活家具购置	桥长米	
			第三部分　工程建设其他费用	桥长米	
一			土地、青苗等补偿费和安置补助费	桥长米	
二			建设单位管理费	桥长米	
	1		建设单位管理费	桥长米	
	2		工程质量监督费	桥长米	
	3		工程监理费	桥长米	
	4		定额编制管理费	桥长米	
	5		设计文件审查费	桥长米	
三			勘察设计费	桥长米	
四			研究试验费	桥长米	
五			施工机构迁移费	桥长米	
六			供电贴费	桥长米	
七			大型专用机械设备购置费	桥长米	
八			固定资产投资方向调节税	桥长米	
九			建设期贷款利息	桥长米	
			第一、二、三部分　费用合计	桥长米	
			预留费用	桥长米	
			1.工程造价增涨预留费	桥长米	
			2.预备费	桥长米	
			投资估算总金额	桥长米	
			平均每桥长米造价	元	
			平均每平方米桥面造价	元	

二、可行性研究报告投资估算费用组成

可行性研究报告投资估算费用组成如图 4-2-2 所示。

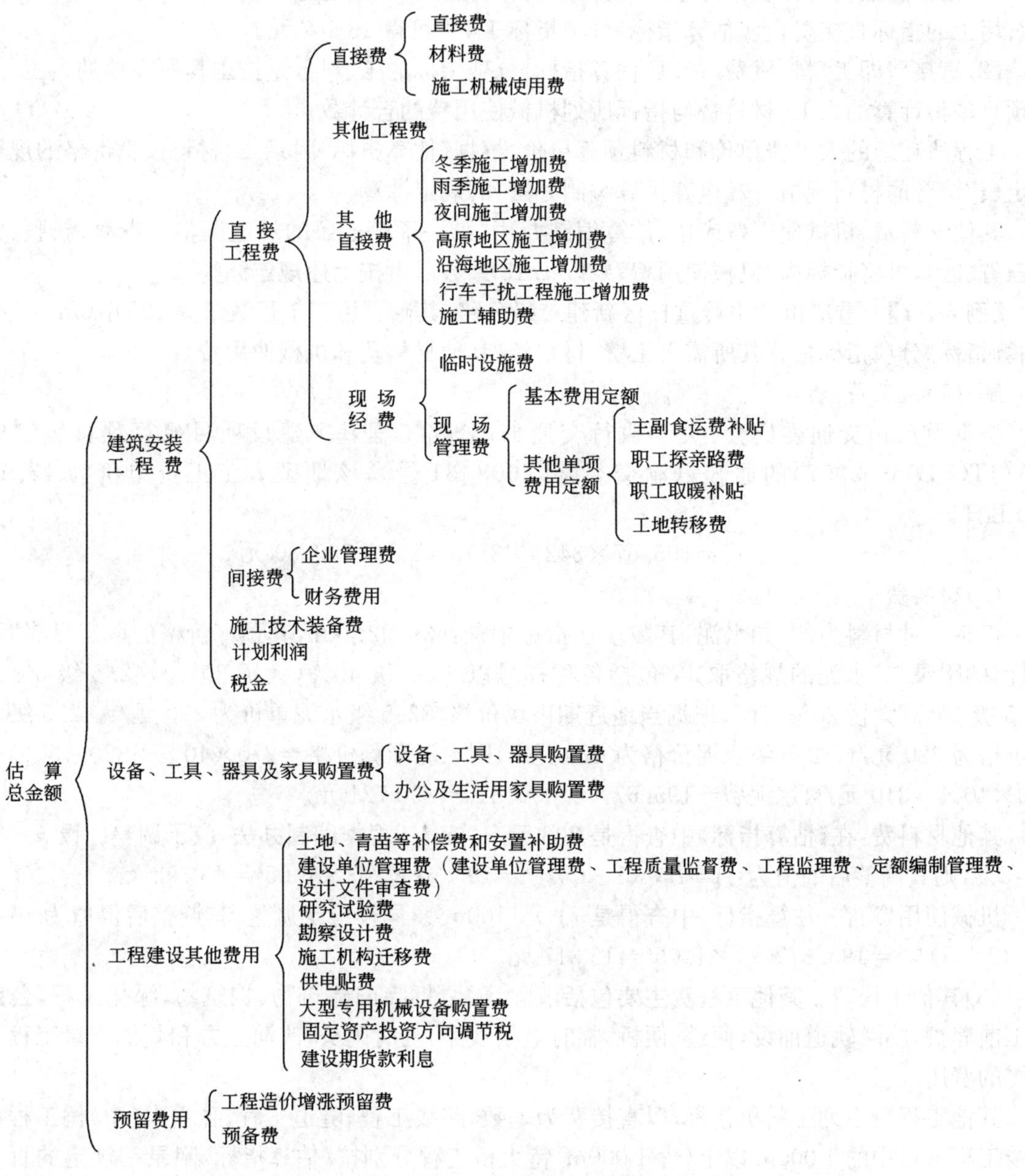

图 4-2-2　可行性研究报告投资估算费用

三、可行性研究报告投资估算费用标准及计算方法

(一)第一部分　建筑安装工程费

建筑安装工程费由直接工程费、间接费、施工技术装备费、计划利润、税金五部分组成。其

中直接工程费由主要工程的直接费(即工、料、机费)、其他工程费、其他直接费和现场经费四部分组成。

为了使以百分率计算的费用不受材料价格波动的影响,这些费用以指标基价为计算基价。

(1)指标直接费指分项指标中所列指标基价。指标直接费通过查分项指标得到,如 $100m^3$ 砌石圬工的指标直接费,查《估算指标》分项指标 1-4-1 可得 13 567 元。

(2)直接费即工、料、机费,指以《估算指标》分项指标的工、料数量按工程所在地的人工、材料预算单价计算的人工、材料费与指标所列机械使用费的合计数。

工程所在地的人工费单价和材料预算单价,根据《估算指标》附录二"材料预算价格的规格取定表"综合的材料规格,按《概算预算编制办法》的规定计算。

其他材料费、机械使用费应按《估算编制办法》第一章第七条的规定调整。青海、新疆、西藏三省(区),可将指标内"机械使用费"乘以 1.15 系数后再按上述规定调整。

【例 4-2-1】 重庆市某山岭重丘区新建二级公路,其砌石圬工工程数量为 $195\,670m^3$,试按《估算指标》分项指标估算其所需人工费、材料费、其他材料费和机械使用费。

解:(1)人工费

根据重庆市交通委员会《关于执行交通部〈公路工程基本建设项目概算预算编制办法〉(JTG B06—2007)的通知》(渝交委路[2008]31 号),该地区人工工资单价为 43.15 元/工日。

$$人工费=195.67\times342\times43.15=2\,887\,560.80\ 元$$

(2)材料费

仅举一种材料为例,如水泥,其数量在指标中是:639.92t/km,其预算价格的取定见《估算指标》的附录二,水泥的规格取定"包括各种标号以 32.5 级 40%(大桥 30%),42.5 级 50%,52.5 级 10%(大桥 20%)计",根据当地近期市场价格,32.5 级水泥单价为 270 元/t,42.5 级水泥价格为 320 元/t,52.5 级水泥价格为 420 元/t,则水泥预算价格 $=270\times40\%+320\times50\%+420\times10\%=310$ 元/t,水泥费 $=195.67\times8.09\times310=490\,721$ 元。

其他材料费:在《估算指标》中查得是 203 元/$100m^3$。根据编制办法,应予调整。设 $n=3$,$C=5\%$,则其调整后的值为:$A=B\times(1+C)^{n-1}=195.67\times203\times1.05^2=43\,792$ 元。

机械使用费:在《估算指标》中查得是 71 元/$100m^3$。同样应予调整,其调整后得值为:$A=B\times(1+C)^{n-1}=195.67\times71\times1.05^2=15\,317$ 元。

(3)其他工程费。其他工程费主要包括清除场地,拆除旧建筑物、构筑物,绿化工程,公路交工前养护,临时轨道铺设,便道,便桥,临时电信线路,临时码头,改河土方和其他零星工程等所需的费用。

其他工程费不列工料机指标,以直接费为基数,路线工程、隧道工程、独立大(中)桥工程和路线工程项目中的 1 000m 以上(含 1 000m)特大桥工程分别按《估算指标》附录一规定的百分率计算。此费用的含义及计算与项目建议书投资估算中相同,举例略。

(4)其他直接费=指标直接费×(1+其他工程费率)×其他直接费综合费率。

需要说明的是:以上式中"其他工程费率"是从《估算指标》附录一中查得。"其他直接费综合费率"是以《概算预算编制办法》中规定的其他直接费取费标准(包括冬季、雨季、夜间、高原、沿海、行车干扰施工增加费和施工辅助费共 7 项),在"可行性研究报告其他直接费、现场经费、间接费综合费率计算表"(即 07 表)中综合统计计算而来。

(5)现场经费=指标基价×(1+其他工程费率)×现场经费综合费率。

同样,“其他工程费率”是从《估算指标》附录一中查得。“现场经费综合费率”是以《概算预算编制办法》中规定的现场经费取费标准,在“可行性研究报告其他直接费、现场经费、间接费综合费率计算表”(即07表)中综合统计计算而来。

(6)直接工程费=直接费(即工、料、机费)+其他工程费+其他直接费+现场经费。

(7)指标直接工程费=指标直接费+其他工程费+其他直接费+现场经费。

(8)间接费=指标直接工程费×间接费率。

(9)施工技术装备费、计划利润分别以指标直接工程费与间接费之和为基数,按规定的费率计算。

施工技术装备费=(指标直接工程费+间接费)×施工技术装备费率

计划利润=(指标直接工程费+间接费)×计划利润率

(10)税金以直接工程费、间接费及计划利润之和为基数,按规定的费率计算。税金的综合税率按3.41%计算。

税金=(直接工程费+间接费+计划利润)×综合税率

其他直接费综合费率、现场经费综合费率、间接费综合费率、施工技术装备费率、计划利润率、税金的综合税率均按《概算预算编制办法》的规定,在“可行性研究报告其他直接费、现场经费、间接费综合费率计算表”中综合计算而来。

(11)建筑安装工程费=直接工程费+间接费+施工技术装备费+计划利润+税金;指标建筑安装工程费=指标直接工程费+间接费+施工技术装备费+计划利润+税金。

(二)第二部分　设备、工具、器具购置费

设备、工具、器具购置费应列出计划购置清单,按《概算预算编制办法》中规定的公式计算。

设备工具器具购置费=Σ(设备工具器具购置数量×单价+运杂费)×(1+采购保管费率)

办公和生活用家具购置费按《概算预算编制办法》中规定的标准计算。

设备、工具、器具购置费在“可行性研究报告设备、工具、器具购置费计算表(04表)”中计算。

(三)第三部分　工程建设其他费用

工程建设其他费用包括土地、青苗等补偿费和安置补助费、建设单位管理费、工程质量监督费、工程监理费、定额编制管理费、设计文件审查费、研究试验费、勘察设计费、施工机构迁移费、供电贴费、大型专用机械设备购置费、固定资产投资方向调节税、建设期贷款利息,均按《概算预算编制办法》中规定的内容和要求,在“可行性研究报告工程建设其他费用计算表(05表)”中计算。

(四)预留费用

预留费用包括预备费和工程造价增涨预留费。预备费以第一、二、三部分费用之和(扣除大型专用机械设备购置费、固定资产投资方向调节税、建设期贷款利息)的9%计算。

工程造价增涨预留费按《概算预算编制办法》的规定计算。

(五)计算程序及计算方式

可行性研究报告投资估算的计算程序及计算方式见表4-2-3。

可行性研究报告投资估算的计算程序及计算方式　　表 4-2-3

代　号	项　目	说明及计算式
一	指标直接费	指公路工程估算指标基价
二	直接费(即工、料、机费)	按估算编制年工程所在地的预算价格计算
三	其他工程费	(二)×其他工程费率
四	其他直接费	[(一)×(1+其他工程费率)]×其他直接费综合费率
五	现场经费	[(一)×(1+其他工程费率)]×现场经费综合费率
六	指标直接工程费	(一)×(1+其他工程费率)+(四)+(五)
七	直接工程费	(二)+(三)+(四)+(五)
八	间接费	(六)×间接费综合费率
九	施工技术装备费	[(六)+(八)]×施工技术装备费率
十	计划利润	[(六)+(八)]×计划利润率
十一	税金	[(七)+(八)+(十)]×税金综合税率
十二	指标建筑安装工程费	(六)+(八)+(九)+(十)+(十一)
十三	建筑安装工程费	(七)+(八)+(九)+(十)+(十一)
十四	设备、工具、器具购置费	Σ(设备、工具、器具购置数量×单价+运杂费)×(1+采购保管费率)
	办公和生活用家具购置费	按有关规定计算
十五	工程建设其他费用	
	土地补偿费和安置补助费	按有关规定计算
	建设单位管理费	(十二)×费率
	工程质量监督费	(十二)×费率
	工程监理费	(十二)×费率
	定额编制管理费	(十二)×费率
	设计文件审查费	(十二)×费率
	研究试验费	按批准的计划编制
	勘察设计费	按有关规定计算
	施工机构迁移费	按有关规定计算
	供电贴费	按有关规定计算
	大型专用机械设备购置费	按需购置的清单编制
	固定资产投资方向调节税	按有关规定计算
	建设期贷款利息	按实际贷款数及利息计算
十六	预留费用	
	工程造价增涨预留费	以(十三)为基数按规定公式计算
	预备费	[(十三)+(十四)+(十五)-大型专用机械设备购置费-固定资产投资方向调节税-建设期贷款利息]×费率
十七	投资估算总金额	(十三)+(十四)+(十五)+(十六)

四、可行性研究报告投资估算的编制

一个公路建设项目能否成立取决于众多的因素，而可行性研究报告的目的，就是在公路建设项目决定兴建之前，运用现代手段和多种学科科研成果，对有关影响建设工程项目投资效果的各种因素，诸如国家的产业政策，国民经济长期发展规划，地区经济与社会发展规划，全国和地区的综合运输体系，路网状况，建设项目的地位和作用，建设条件，环境保护，社会和经济效益等，进行全面、详细的调查研究和经济评价，就项目建设的必然性、技术的可行性、经济的合理性和实施的可能性等方面进行综合研究，拟定多种比较方案，提出综合性的研究论证报告，尽可能把主要问题加以详尽的研究，使项目选择建立在可靠的科学基础上，建成后能发挥最好的经济效益和社会效益，以避免或减少因盲目建设、仓促上马而造成的损失和浪费。这就是可行性研究报告所要达到的目的，它在我国长期的正反两个方面的建设实践经验中，充分证明了可行性研究报告阶段在项目决策中的重要性。

可行性研究报告，是以批准的项目建议书为依据，是公路基本建设程序中的一个关键性工作环节，其研究应全面细致并且具有相当的深度，不能因研究结论的欠缺而导致在设计和施工过程中的重大变更。因此，通过踏勘和调查，除全面收集可行性研究报告所需的各种基础资料(如高速公路、一级公路等高等级公路)外，要求进行必要的测量，大型桥梁、隧道和路基的不良地质地段，还应进行地质钻探，根据在万分之一地形图上选定的路线方案，列表逐项估算各种主要工程数量，这些估算表有：路基土石方数量估算表、路基排水与防护工程数量估算表、不良地质地段表、隧道工程数量估算表、路面工程数量估算表、涵洞工程数量估算表、桥梁工程数量估算表、路线交叉工程数量估算表，以及典型大桥工程布置图、典型路段和典型构造物的布置图、征地和拆迁等资料，这些资料都是可行性研究报告投资估算的基础资料，若达不到一定的深度和可靠度，就难以保证投资估算的编制质量。

可行性研究报告经批准后，是进行初步设计或施工图设计(采用一阶段设计时)的依据，故对可行性研究报告的精度有较高的要求。国家计委曾规定，初步设计概算与可行性研究报告投资估算的误差不得大于10%，否则需对该项目重新进行决策，意即要重新编制可行性研究报告报批。由此可知，投资估算在可行性研究报告中的重要性和在投资估算编制工作的必要性，它是可行性研究报告工作的一项重要内容。

可行性研究，是人们通过长期的建设实践和对客观事物的必然认识，而形成的一套科学的工作方法，其研究成果起着决策性的作用。但对未来事物的发展，是按照一般的客观规律进行预测和分析的，由于人们认识的局限性，加上公路建设工程客观因素多变性的特点，往往难免产生一些差错，所以在整个研究和编制投资估算的过程中，必须从实际出发，秉着实事求是的态度，尽可能把各种因素考虑到，克服主观片面性和“长官意志”的干扰，以避免人为的影响因素。同时，为了维护可行性研究的严肃性和科学性，不能把可行性研究作为争项目、争投资的手段，这是在实际工作中应当特别引起重视的。

可行性研究报告不是目的而是一种手段，是使建设项目的主管部门或建设单位能据此作出有科学依据的决策。因此，要求按照一定的程序和方法，做好投资估算的编制和审批工作，具有十分重要的意义。

(一)可行性研究报告投资估算的作用

根据公路基本建设程序的有关规定和要求，为科学地组织建设项目的实施，减少损失，根据长期的建设实践经验，可行性研究报告投资估算在项目建设中具有多方面的作用。

(1)可行性研究报告投资估算是项目建设投资决策的依据。因为一个建设项目能否兴建，主要看可行性研究的结果，而根据投资估算所作的经济评价，对投资的经济效益，已提出了结论性意见，故是投资决策的一个重要依据。

(2)公路建设项目的国民经济评价，是支出费用与获得效益的相对比较，是通过效益费用比、净现值、内部收益率、投资回收期四个评价指标来进行的，而所得到的指标是作为评价的定量标准，其支出费用就是在可行性研究报告投资估算的基础上，按照国民经济评价的有关规定和方法进行调整后取定的。若没有投资估算资料，就无法进行这种评价，这是显而易见的。

(3)可行性研究报告投资估算，是编制初步设计概算或施工图预算(采用一阶段设计时)的主要依据。因为国家规定初步设计概算与可行性研究报告投资估算的误差不能超过10%，所以初步设计概算的编制，必须严格控制在投资估算的允许范围内。

(4)可行性研究报告投资估算，是资金筹措的依据。目前，世界银行等许多国际金融组织，都把可行性研究报告作为建设项目能否给予贷款的先决条件，国内银行贷款也是通过对可行性研究报告的审查了解，确认该项目有较好的经济效益，并具有偿还贷款能力，才能给予贷款。同时，他们在确定贷款的额度时，都是按照投资估算的一定比例作为贷款的主要依据的。

(5)当采用一阶段设计时，可行性研究报告投资估算是编制年度建设投资计划的依据。因为年度建设投资计划是国家控制投资规模、综合平衡投资计划、实行宏观调控的重要手段，故凡没有列入年度建设投资计划的建设项目，按公路基本建设程序的规定，就不得组织招标或施工。故做好投资估算的编制工作就尤为重要。

综上所述，可见可行性研究报告投资估算在公路建设工程中具有极其重要的作用，而且是多方面的。因此，严格按照国家有关规定编制投资估算，对建设项目的前期准备工作和建设项目的实施，都有着重要的影响。

(二)可行性研究报告投资估算的外业调查工作

所谓可行性研究报告投资估算的外业调查，就是指搜集编制投资估算所需的原始基础资料，它是编制投资估算的基础工作。基础资料的全面可靠与否，是关系到投资估算质量的关键因素。所以，造价工程师应结合编制投资估算的有关规定和要求，在可行性研究报告编写小组的统一部署和领导下，互相配合，分工协作，进行涉及投资估算的基础资料的外业调查工作。同时，应事先拟好调查提纲，逐项进行调查记录，整理成册，以免资料搜集的重复或遗漏。

外业调查的工作内容如下：

(1)根据批准的项目建议书的筹资方式，贷款额度，年度贷款计划，向建设项目的主管部门或建设单位进一步了解落实，是否有变动或新的意图，以便确定建设期贷款利息。

(2)有关建设安排和实施方案的调查研究，主要是向建设项目的主管部门或建设单位进一步了解对项目建议书中的总体实施规划有无需要进行调整和补充的。同时，对建设项目的建设条件和特点，制约整个建设工程的工期、质量、造价的关键环节，在设计和实施阶段，可能采用的标段划分和合理可靠的施工方案，作必要的调查，搜集涉及投资估算的有关资料。虽然在可行性研究报告阶段，不需要按标段来分别编制投资估算，但在今后实施阶段，施工单位所需的生产、生活临时用地数量与标段划分的多少有着密切的关系，故在投资估算时，必须考虑到这些因素，以免漏项。

(3)调查掌握公路沿线的水文地质、地形地貌情况，以便正确摘取工程数量套用分项指标。因为《估算指标》中的路基土方、路基石方、涵洞工程、小桥及标准跨径小于20m的中桥、通道等分项指标，是按平原微丘区、山岭重丘区等不同地形条件，分别制定估算指标的；标准跨径大于20m的中桥及大桥的各种桥型结构，是分干处、水中两种不同的指标，如果了解不清，情况不明，就难以正确摘取工程数量、选用指标，也就不能保证投资估算的编制质量。

(4)项目建议书与可行型研究报告的投资估算，是在不同的时期编制的，故既要了解掌握作为编制项目建议书投资估算的工资标准和材料供应价格情况，又要了解当地公路(交通)工程定额(造价管理)站是否发布了新的价格信息。如果有的话,一则应以此作为编制可行性研究报告投资估算的依据,二则可与项目建议书投资估算所采用的价格水平相比较,以了解其价格的变化情况,从而掌握对可行性研究报告投资估算可能产生的影响程度。

(5)调查落实建设项目所在地的各种外购材料的供应地点、供应渠道,并据以核查原项目建议书投资估算所取定的经济合理的运输方式和计算的平均运距,以及计算的过路费、过桥费和运费标准有无变化,除应以调查落实的资料作为计算材料运费的依据外,应对存在的差异作必要的分析,掌握其变化规律,以不断提高投资估算的编制水平。

(6)调查落实公路沿线砂石材料的生产供应情况和市场销售价格,施工单位自行开采的可能性与开采条件,规格品种、质量、数量,以及在今后实施阶段可能产生的变化和问题,都应着重予以调查落实,凡对投资估算可能产生的影响因素,均应作必要的考虑,检查与原项目建议书所采用的数据有无差异,并绘制出筑路材料运距示意图,提出筑路材料调查表,作为计算材料预算价格的原始依据。

(7)调查建设项目占用土地和应予拆迁的建筑物、构筑物的种类和数量,人均占有耕地等资料,以及当地人民政府颁布的征用土地赔偿标准、耕地占用税等有关规定,并提出拆迁及土地占用量表,作为计算土地、青苗等补偿费和安置补助费的依据。

(8)调查选定大型混凝土构件预制场和路面混合料拌和场的设置地点和规模,提出需要占用土地的面积和需要恢复耕种土地的有关各项费用。

(9)调查建设项目可利用电网供电的情况,如电压等级、使用期限等资料,以便计算用电贴费。

(10)凡列入可行性研究报告投资估算内的设备、工具、器具购置费和大型专用机械设备购置费,除应以批准的项目建议书投资估算文件内的购置计划清单为依据外,还要调查了解市场新的行情,以市场供应价格为计算依据。若认为原购置计划清单有不恰当之处,经研究亦可作必要的调整,但应取得合法的依据,如建设单位的书面认可等。

(11)搜集当地工程造价历史资料,供编制投资估算参考,借以提高投资估算的编制质量,是进行投资估算时的一个极为重要的工作手段。

(12)调查收集可行性研究报告投资估算的其他有关资料。

可行性研究报告投资估算外业调查工作的内容,是十分广泛的,原则上应在原项目建议的基础上,并以可行性研究报告提出的各种设计图表资料为依据进行,以利分析对比,了解其变化情况,达到控制投资的目的。对于调查搜集的各种原始资料,应进行分析整理,以提高资料的可靠性。要使初步设计概算与可行性研究报告投资估算误差控制在允许范围之内,关键在于做好外业调查,全面搜集第一手资料,同时对客观情况要有正确的估量,所以,外业调查是编制投资估算的一个重要工作环节,是编制前的一项重要准备工作。

(三)编制可行性研究报告投资估算的依据

投资估算,是可行性研究报告的重要组成部分,是建设项目国民经济评价中计算支出费用的基础资料,具有控制建设项目投资限额的重要作用。故编制可行性研究报告投资估算必须严格执行国家有关的公路基本建设工程的方针、政策和公路工程造价管理制度。有关具体的编制依据有如下各项内容。

(1)经批准的项目建议书投资估算文件。

(2)通过踏勘调查和必要的测量、地质钻探,根据万分之一的地形图上确定的路线方案而提出的路基土石方、排水与防护工程、路面、桥梁涵洞等主要工程数量,以及对一些典型路段和有代表性的大型结构物作出的典型初步设计资料，都是编制可行性研究报告投资估算的基本依据。

(3)建设项目施工组织规划设计的意见。

(4)《估算指标》中的分项指标及其相应的有关各项工程量的计算方法的规定。

(5)《预算定额》、《概算定额》。

(6)《估算编制办法》中规定的八种计算表格，以及可行性研究报告投资估算路线和独立桥梁工程项目表的序列及内容的规定。

(7)《概算预算编制办法》中规定的其他直接费、现场经费、间接费、计划利润、综合税率、建设单位管理费等费率标准，以及有关相应的计算规定。

(8)当地公路(交通)工程定额(造价管理)站发布的人工费单价、材料供应价格信息及有关规定。

(9)当地交通运输主管部门颁布的运价和有关规定，以及收取过路费、过桥费的标准。但应考虑运输市场的影响因素，合理取定运价。

(10)当地人民政府颁布的征地、拆迁赔偿标准和有关规定。

(11)国家颁布的《公路工程勘察、设计收费标准》及其有关各项计算的规定。

(12)原国家计委颁发的《关于110kV及以下供电工程收取贴费的暂行规定》。

(13)编制可行性研究报告的委托书、合同或协议的有关规定和要求。

(14)建设项目的主管部门或建设单位，对拟建项目投资估算有关的通知和要求。

(四)施工方案对投资估算的影响

根据设计方案，结合建设项目的特定条件和实际情况而拟定施工方案的目的，是为了建设项目的顺利实施和科学而合理地部署施工现场，从而有序地组织施工，不断提高投资经济效益，达到节约建设费用的目的。

按照编制公路工程可行性研究报告的规定与要求，需要论述和研究的主要内容之一，就是要求就建设项目的特定条件，提出建设安排和实施方案的意见，也常称为总体施工部署或施工组织规划设计，一般应包括以下主要内容。

(1)勘测设计计划。如应实行几阶段设计，各设计阶段完成勘察设计任务的具体时间，应由哪一级的勘察设计单位承担。

(2)分期建设的设想。为提高建设项目的投资效益和社会效益，说明分期建设和分段通车的可能性和必要性。

(3)施工进度计划。如合理的建设工期、计划开竣工时间，分年度完成的投资计划和贷款使用计划等。

(4)现场施工平面规划设计。如适当的标段划分，合理可行的施工方法，取土场、弃土场、大型混凝土构件预制场、路面混合料拌和场、材料堆放场、施工等单位驻地的选定，使之具有一个良好的施工环境。

(5)实施方法。如采用哪种招标方式，组织管理模式，实行工程监理的意见等。

综上所述，可以明显地看出，作为编制可行性研究报告投资估算的一些主要基础资料，诸如以取土场、弃土场为依据而计算的土石方运量；以构件预制等场地为依据而计算的材料平均运距；计算工程监理费和勘察设计费的依据；建设期贷款利息和工程造价增涨预留费的计算年限；临时生产、生活用地数量的取定等。无不是以上述施工组织规划设计的内容为依据的。所以，施工方案不仅对建设项目的实施起着决定性的指导作用，而且也是编制可行性研究报告投资估算的重要依据，施工方案规划的正确与否，会对投资估算的编制产生重要的影响。因此，充分认识做好施工方案的规划设计工作的必要性和重要性，无疑对提高投资估算的编制质量具有十分重要的现实意义。

(五)编制可行性研究报告投资估算的程序和方法

编制可行性研究报告投资估算的程序和方法，在某种程度上，是取决于国家规定的投资估算的编制办法和可行性研究工作的深度，这也是我国社会主义制度所决定的，但不可能是一成不变的固定模式。所以严格贯彻执行国家有关规定和工程造价管理制度，结合建设项目的实际情况，遵循客观经济规律的要求，是做好投资估算编制工作的重要原则。同时在工作实践中注意积累工作经验，对提高编制工作水平，也是十分重要的。

1. 编制可行性研究报告投资估算的程序

现根据我国有关工程造价管理的规定，在一般情况下，就编制可行性研究报告投资估算的程序，说明如下。

(1)熟悉设计方案和各种图表资料，对各项主要工程数量进行必要的核对和计算，若发现与分项指标的计算口径和要求不一致时，要提请设计人员查实，或在外业调查时，予以解决。然后按分项指标的内容要求，正确摘取各种计价工程数量，为编制投资估算提供可靠的基础资料。

(2)按照编制可行性研究报告投资估算的要求，整理分析好涉及投资估算的各种外业调查资料，如进行材料综合供应价格的分析取定，计算各种材料的平均运距并确定合理的运输方案等。

(3)研究建设安排和实施方案的内容和要求是否合理可行，如建设工期、工程进度等；核查与批准的项目建议书投资估算文件的规定是否相符，如有变动，则要分析其合理性，做到更符合实际，合理可靠。

(4)取定人工费单价和材料供应价格，按照运距示意图确定的运输方案和平均运距，计算材料的预算价格。

(5)根据确定的总体实施方案的要求，结合建设项目的实际情况，正确取定其他直接费、现场经费、间接费等费率标准，并进行汇总。

(6)对拟选用的各种分项估算指标中的其他材料费、机械使用费，按指标规定的调整计算公式进行逐项调整，以及指标规定的可以调整的其他有关内容进行调整。

(7)根据摘取的主要工程数量和选用的并经调整好的分项估算指标，计算出人工和材料的实物量。

(8)根据确定的人工、材料的预算价格和各种费率标准，计算出各项费用，并进行累计汇总。

(9)编制设备、工具、器具购置费和工程建设其他费用。

(10)编制总估算及统计汇总人工和主要材料数量。

(11)若系分段编制投资估算的，再汇编总估算。

(12)写出编制说明，进行复核与审核。

(13)出版、盖章、上报。

2. 编制可行性研究报告投资估算的方法

《估算编制办法》，对编制可行性研究报告投资估算规定了八种计算表格，加上封面和编制说明，就构成了可行性研究报告投资估算文件的全部内容，这是保证编制质量的重要手段，故必须严格按照统一规定的各种计算表格的内容与要求进行投资估算的编制工作。

可行性研究报告投资估算与项目建议书投资估算的编制有一个显著不同点，就是《估算编制办法》只规定了计算表格、计算程序及计算方式，至于各种费率标准，如其他直接费、现场经费、间接费、施工技术装备费、计划利润、综合税率等，均应以《概算预算编制办法》所规定的为准，并可结合拟建项目的实际情况与要求，在编制可行性研究报告投资估算时，合理取定。这样做更有利于减少与初步设计概算的误差。现结合这些特点，为叙述方便起见，按照构成可行性研究报告投资估算的第一、二、三部分费用的顺序，随同各种计算表格的编制方法，说明如下。

(1)关于编制可行性研究报告投资估算中的第一部分建筑安装工程费的方法。这是投资估算的主要部分，是通过计算表格采用实物量法进行编制的。因此在分析计算之前，要求事先做好相关的一些准备工作，然后着手进行人工和材料实物量的计算。

①根据摘取的工程量和选用的各种分项估算指标，按指标规定的调整计算公式，调整选定的各种分项指标中其他材料费、机械使用费消耗量；其年度物价上涨率，应根据市场行情，进行必要的分析预测，合理取定，一般可按5%估列。

②《估算指标》中的分项指标，其中以1km或1道计量单位的项目是按路基的一般标准宽度取定的，要受到路基宽度的影响。当路基的设计宽度与指标规定不同时，可以按《估算指标》中的规定进行调整。

③交叉工程中的匝道指标，是按匝道宽7m以km为计量单位取定的，匝道的设计宽度与指标规定不同时，亦应按《估算指标》中的规定进行调整。

④根据路面施工技术规范的规定，当路面面层、稳定土基层、级配碎(砾)石基层的压实厚度超过15cm，填隙碎石基层压石厚度超过12cm，垫层及其他种类基层的压实厚度超过20cm时，要分层进行铺筑。这样，故需增计碾压机具的台班费和跟机找补的人工费。因此，特在《估算指标》中制定了一项“分项指标路面压实厚度超过规定厚度机械费加倍取值表”，即当同一结构形式的路面需分层进行拌和、碾压时，就可将“加倍取值”指标资料并入相应的分项路面指标内进行计算，亦可单独列项计算，然后累计加总。若分三层进行铺筑时，则“加倍取值”指标资料应再乘以2的系数。

⑤根据外业调查资料取定的材料供应价格和计算的平均运距，以及运价和运输方式，通过“可行性研究报告材料预算价格计算表”计算出各种材料的预算价格。至于要由施工单位自行开采加工的砂石材料的供应价格，则可按《预算定额》及《概算预算编制办法》的有关规定分析计算取定。

⑥根据《概算预算编制办法》所规定的其他直接费、现场经费、间接费，结合拟建项目的实际情况，编制的“可行性研究报告其他直接费、现场经费、间接费综合费率计算表”，实际上是一种综合汇总表，是为计算建筑安装工程费提供的一项基础数据资料。

⑦根据经过核对和外业调查后而摘取的主要工程数量和调整好的拟选用的各种分项估算指标，以及经过计算取定的人工、材料预算价格，综合汇总了的其他直接费、现场经费、间接费综合费率，《估算指标》中规定的“综合指标及分项指标其他工程指标”费率，分别取定填入“可行性研究报告分项工程估算表”中得各行各栏内，然后首先计算出人工和材料的实物量，再逐项计算各种费用。同时，在该表上将构成建筑安装工程费的计划利润和税金一并计算完成，并按照《估算编制办法》所规定的可行性研究报告的路线工程或独立大桥工程项目表序列及内容进行累计，以便据以转入总估算表汇总。

⑧当可行性研究报告的工作深度已达到初步设计的深度时，也可采用《概算定额》编制可行性研究报告投资估算中的建筑安装工程费用。

⑨在各项主要工程的投资估算(建筑安装工程费)编制完成之后，应以搜集和掌握的当地建设工程造价历史资料为参考依据，进行必要的造价分析。不过，这种分析主要是进行价格分析，故要注意它的可比性。进行比较时，要考虑消除其人工和材料等的价格影响因素，同时，也应了解掌握各种主要工程和分项工程之间的估算构成情况，注意有无明显不合适之处。若有悬殊过大的工程项目，如该地已建成的隧道工程每米实际造价约 5 万多元，与拟建隧道的技术标准、地质构造等都基本类似，而估算出的费用相差较大，每米不足 4 万元；又如路基石方，经估算出的价格也与当地实际综合价格有较大的出入，这可能是由于估算指标所综合的岩石类别的比例与拟建工程不同的原因。诸如类似这些问题，除通过造价分析，找出原因外，在按照造价分析的方法扣除人工和材料等价格影响后，可据以对估算作必要的合理的调整。这是提高投资估算的合理性和可靠性的有效手段，在实践中切不可忽视。

(2)关于编制可行性研究报告投资估算中第二部分设备、工具、器具购置费的方法。这部分费用应以批准的项目建议书投资估算文件为依据，结合外业调查搜集的市场供应价格资料，通过编制“可行性研究报告设备、工具、器具购置费计算表”，逐项列式计算出以设备购置计划清单和《概算预算编制办法》规定的办公和生活家具购置费标准为依据的各项费用。设备购置费应包括供应价、运杂费和采购保管费。

(3)关于编制可行性研究报告投资估算中的第三部分工程建设其他费用的方法。这部分费用包括的内容比较多，是为完成拟建项目必不可少的有关费用，计有土地、青苗等补偿费和安置补助费、建设单位管理费、研究试验费、勘察设计费、施工机构迁移费、供电贴费、大型专用机械设备购置费、固定资产投资方向调节税、建设期贷款利息。原则上要求根据整理好的外业调查资料，结合拟建项目的实际情况，按照《概算预算编制办法》的相应规定与要求，通过编制“可行性研究报告工程建设其他费用计算表”，逐项计算确定。

①土地、青苗等补偿费和安置补助费。根据“拆迁土地占用量表”的数据资料和搜集的当地人民政府颁布的征用土地的补偿费和安置补助费标准及有关规定进行计算。至于应拆迁的电力、电信线路等设施的赔偿费用，可根据调查资料或参照工程造价历史资料计算，还有耕地占用税，若当地人民政府规定公路建设用地暂不征收时，则不得计列此项费用。

②建设单位管理费。应根据所采用的招标方式和安排工程监理的要求，按照《概算预算编制办法》的规定，分别计算出建设单位本身的管理费、工程质量监督费、工程监理费、定额编制管理费、设计文件审查费。

③研究试验费。应根据设计提出的科研项目的任务范围分析计算确定。

④勘察设计费。应按照国家有关公路工程勘察设计收费标准详细计算好，已完成的项目建议书的费用，以及而后计划实施的初步设计、技术设计和施工图设计各阶段的勘察设计费用，均应根据勘察设计规划的各阶段所需的费用计列，以免漏列。也就是说，不能只计可行性研究报告阶段的费用。

⑤施工机构迁移费。应经建设项目的主管部门同意按实计算。

⑥供电贴费。根据调查资料和确定计划使用电网供电量和期限，按国家规定的收取供电贴费标准计算。

⑦大型专用机械购置费。应以批准的项目建议书投资估算文件中的购置计划清单为依据，其供应价格应以调查的市场价格为依据，参照第二部分设备、工具、器具购置费的计算原则

和方法计算确定，若原没有购置计划清单的就不得随意增列，这是编制投资估算时，应遵守的一条原则。

⑧固定资产投资方向调节税。目前国家对公路基础设施建设暂不征收调节税，但税法是以固定资产投资项目的单位工程分别确定适用税率的，如公路建设工程中的服务性等房屋建筑是要征税的，故要结合拟建项目的实际情况，按税法的规定计算。

⑨建设期贷款利息。按照计划贷款额度、年度适用贷款计划和贷款的性质，计算应支付的利息和银行的管理费，但原则上应以批准的项目建议书投资估算文件为依据。

(4)在上述第一、二、三部分费用，按照一定的程序和方法，通过各种计算表格计算完成之后，同时，又进行了必要的造价分析，就可根据《估算编制办法》中规定的可行性研究报告投资估算项目表序列及内容的要求，按照路基(分土方、石方、排水及防护、特殊路基处理四项)、路面、桥梁涵洞等逐项节录其数量和金额，填入"可行性研究报告总估算表"的相应栏内，并进行汇总。同时，据以计算出工程造价增涨预留费和预备费，然后再分别计算技术经济指标和各项费用比重(%)。

工程造价增涨预留费的计算公式和方法，见《项目建议书投资估算》，其中造价增涨率，一般可按5%估列，计算年限应以可行性研究报告估算编制年算起至计划竣工交验之年止为准。需要特别说明的是，此项费用根据物价水平的变动情况，国家会作出一定的规定和调整，原国家计委曾于2000年发文，明确现阶段造价编制时暂不考虑此项费用，因此目前投资估算编制时不计算此项费用；由此可见，作为一名造价编制或管理人员，要熟悉国家相关政策。

预备费则以第一、二、三部分费用之和的9%计算。

(5)若采用分段编制可行性研究报告投资估算时，应编制"可行性研究报告总估算汇总表"。经汇总后，计算出整个建设项目的技术经济指标和各项费用比重(%)。

(6)根据"可行性研究报告分项工程估算表"计算的人工、主要材料数量要进行统计汇总。同时，将以费率形式计入投资估算的其他工程所需的人工和主要材料数量，以及冬雨季、夜间施工增加的人工和临时设施用工，参照以往的工程造价资料，予以增计。其次，凡规定可增计的场外运输操作损耗的材料，其损耗亦应注意不要漏计。

(7)最后应按可行性研究报告投资估算编制的规定要求，写出编制说明，经复核、审核定稿后，就可出版、上报。

(六)编制投资估算应注意的问题

(1)投资估算编制必须严格执行国家的方针、政策和有关制度，符合公路技术标准、设计施工技术规范，估算文件的质量应达到符合规定、结合实际、经济合理、提交及时、不重不漏、计算正确、装订整齐完善的要求。

(2)估算编制人员要充分做好调查工作。要深入了解业主对建设项目有关资金筹措、实施计划、水电供应、配套工程(如路、桥及水陆管理设施等)、土地拆迁赔偿、工程监理等安排意见；要掌握设计方案的具体工程数量和设计实施方案，参与实地调查研究，搜集工程所在地有关估算编制的基础资料，包括人工工资、材料供应和价格、运输条件和运价、施工条件以及各种赔偿单价等。

(3)编制投资估算时，有部分费用项目的计费标准及计算方法采用《概算预算编制办法》规定的计费标准和方法，因此，应注意结合使用。

(4)现行《估算指标》中的指标基价是以1996年的预算价格为基础计算的，不可随意改动。因为基价是计算其他各项费用的基础，基价是常数，与工程所在地的材料价格无关，不随材料价格的变化而变化。也就是说，基价不反映工程所在地材料的实际价格，因此，指标基价只能作为各项工程项目之间方案比较使用，切不可作为投资估算的总金额用。

(5)《估算指标》中的指标分为综合指标和分项指标两大部分。综合指标是编制项目建议书投资估算的依据，分项指标是编制可行性研究报告投资估算的依据。当可行性研究报告的工作深度已达到初步设计的深度时，可采用《概算定额》编制可行性研究报告投资估算。

(6)桥梁工程指标分小桥标准及标准跨径大于 20m 的中桥及大桥两项，均包括基础、下部、上部、桥台锥坡等工程，大桥指标适用于一般大桥的估算。

(7)对技术复杂的大桥不可硬套指标。技术复杂大桥为单孔跨径≥120m 和基础水深≥10m，因为估算指标是根据已建具有代表性大桥的工程造价分析综合得到的，具有一定的代表性，但是若具体到某一项目，就不一定完全反映实际情况，特别是在水深较深的情况下，采用不同的基础形式和施工方法，其投资额相差甚大，直接影响到整个工程项目投资额的大小，此时应该针对结构及水文的具体情况进行分析补充必要的指标，这样计算得到的投资额才能比较真实地反映实际情况，以便控制工程投资。

(8)编制投资估算的项目及计算工作量要比相应的概算、预算少得多。所以，有的人就认为编制估算方便、容易，还有的人认为反正是估算，大概估估就行了，其实不然。从某种程度上讲，估算编制更为困难，因为在可行性研究的方案阶段，大多数工程项目是紧急上马，设计时间较紧，设计人员很难把方案做得很深很细，甚至连具体的施工方案也没有，这时就有很多的问题要由编制人员来具体考虑、分析，工作量就比较大。同时尽管是估算，也不可草率从事，因为最后的投资估算要作为上级部门决策工程项目是否上马的依据。若悬殊较大，会导致决策者决策的错误；另一方面，在初步设计阶段的设计概算总额应控制在投资估算的范围之内，若估算得过高或过低，均会给编制设计概算带来困难。所以编制估算一定要认真、深入。

(9)编制投资估算一定要实事求是，既不可高估冒算，以免积压资金，更不可故意压低少估，采用“钓鱼”手段骗取项目上马，致使投资一再追加。有这种教训的工程项目以往也不少，应引起编制人员的重视。

(10)编制人员要对投资估算总额综合平衡。一方面看各单项工程投资从局部上是否合理，另一方面要从总体上衡量工程的性质、标准及所含的项目内容，与当前同类工程的造价是否相称，若出入较大时，应作出必要的调整，使整个工程的投资正确合理。

五、可行性研究报告投资估算计算实例

重庆某二级公路改建工程，全长 79.745km，属山岭重丘区，路基宽度 8.5m，土方共计 1 023 644m^3，石方 909 994m^3；路面宽 7.0m，沥青混凝土，总面积 589 810m^2；防护及排水工程中圬工体积 457 263m^3；全线共计中桥 7 座 470m，小桥 6 座 166m，涵洞 240 道；石质隧道 2 座 490m；平面交叉 10 处。现以此项目为例，其可行性研究投资估算编制如下。

(一)编制依据

《估算指标》和《估算编制办法》，《概算预算编制办法》，当地有关补充说明和规定等，项目设计文件。

(二)人工、主要材料价格

根据当地补充规定，人工预算单价为 15.87 元/工日；主要材料单价采用工程所在地预算单价，本估算采用工程现场所在地现行市场价。人工及主要材料价格见表 4-2-4。

人工、材料、机械单价汇总表 表 4-2-4

序号	名称	单位	预算单价(元)	序号	名称	单位	预算单价(元)
1	人工	工日	15.87	11	钢板标志	t	7 149.29
2	原木	m^3	436.14	12	铝合金标志	t	8 916.79
3	锯材	m3	743.64	13	钢板网及铁丝编制网	m^2	19
4	Ⅰ级钢筋	t	2 691.14	14	水泥	t	316.53
5	Ⅱ级钢筋	t	2 896.14	15	石油沥青	t	2 142.99
6	预应力粗钢筋	t	3 300	16	生石灰	t	1 00.82
7	钢绞线	t	7 050.46	17	砂、砂砾	m^3	40.83
8	钢材	t	3 562.39	18	片石	m^3	28.09
9	波形钢板及型钢立柱	t	5 331.29	19	碎(砾)石	m^3	40.60
10	加工钢材	t	4 570.76	20	块石	t	47.82

(三)费率

费率均按《估算编制办法》的规定确定。

(四)投资估算表的编制

可行性研究投资估算表按照《估算编制办法》附录Ⅱ所示的目录表编制，具体计算按其中可行性研究编制办法的要求和规定进行。

1.材料预算单价计算表(08 表)

人工、主要材料单价应采用预算单价，按《概算预算编制办法》和《估算指标》附录二“材料预算价格的规格取定表”计算指标材料综合价格。本工程人工、主要材料单价依据当地补充规定和市场调查得来，计算略。

2.人工、材料、机械单价汇总表(07 表)

此表的数据来源于 08 表，具体将 08 表的计算结果汇总于此，表格的内容及形式同上表，后不再列出 07 表。

3.分项工程估算表(06 表)

06 表用于计算第一部分费用“建筑安装工程费”。本工程分路基工程、路面工程、防护工程、桥涵工程、隧道工程、沿线设施工程等分项工程分别查分项定额进行计算。需要注意的是，估算指标中以人民币绝对值“元”表示的消耗量，如其他材料费、机械使用费，在投资中占有一定的比例，编制投资估算时应按年价格上涨率予以调整。调整办法按《估算编制办法》“一般规定”中的公式。本项目编制年为 2003 年，则调整系数$(1+C)^{n-1}=(1+5\%)^7=1.407$。

4.设备、工具、器具购置费与工程建设其他费用计算表(04 表与 05 表)

04 表用于计算第二部分“设备、工具、器具购置费计算表”；05 表第三部分“工程建设其他费用计算表”。具体的计算过程与方法同概预算。

5.人工、主要材料数量汇总表(03 表)

通过项目建议书工程估算表(06 表)将人工、主要材料数量汇总。

6.总估算表(02 表)

第一、二、三部分费用按工程项目表的格式汇总到 02 表中，并计算表格的其他内容：

(1)预留费用：根据国家有关规定，本项目不考虑工程造价增涨预留费用，只考虑预备费。

(2)技术经济指标：估算金额除以数量即得技术经济指标。

(3)各项费用比重：即各部分费用和各项费用占估算总金额的比重，一般不必计算各目费用、各节费用占估算总金额的比重。

7.写编制说明

复核并按编制办法第二章第一节“二、估算编制说明”写“编制说明”，经审核后即可出版。

可行性研究投资估算编制详细内容见表 4-2-5～表 4-2-10。

表 4-2-5

总 估 算 表

建设项目名称：××二级公路改建工程

编 制 范 围：K0 + 000 ~ K79 + 745　　　　第 1 页　共 1 页　　02 表

项	目	节	工程或费用名称	单位	数量	估算金额(万元)	技术经济指标	各项费用比重(%)	备注
			第一部分　建筑安装工程费	公路公里	79.114	280 472 111	3 545 164.08	78.86	
一			路基工程	公路公里	79.114	139 907 230	1 768 425.69	39.34	
	1		土方	m^3	1 023 644	20 177 271	19.71		
	2	石方	m^3	909 994	34 097 720	37.47			
	3		排水与防护工程	m^3	457 263	85 632 239	187.27		
二			路面工程	公路公里	79.114	81 216 983	1 026 581.68	22.84	
	1		路面	m^2	589 810	81 216 983	137.7		
		1	沥青混凝土路面面层	m^2	589 810	31 979 177	54.22		
		2	水泥稳定碎石基层	m^2	589 810	24 721 657	41.91		
		3	级配碎石底基层	m^2	753 930	15 423 013	20.46		
		4	土路肩加固	km	78.457	9 093 136	115 899.61		
三			桥梁涵洞	公路公里	79.114	16 970 830	214 511.09	4.77	
	1		涵洞	道	240	8 072 046	33 633.53		
	2		小桥及跨径 <20m 的中桥	m/座	166/6	1 856 131	11 181.51/309 355		
	3		跨径 >20m 的中桥及大桥	m/座	470/7	7 042 653	14 984.37/1 006 093		
		1	预应力空心板桥	m/座	470/7	7 042 653	14 984.37/1 006 093		
四			隧道工程	公路公里	79.114	12 286 597	155 302.44	3.45	
	1		石质隧道	m/座	490/2	12 286 597	25 074.69/6 143 299		
五			交叉工程及沿线设施	公路公里	79.114	9 290 846	117 436.18	2.61	
	1		交叉工程	处	6	638 032	106 338.67		
		1	平面交叉	处	6	638 032	106 338.67		
	2		安全设施	公路公里	79.114	5 475 331	69 028.12		
	3		服务设施	公路公里	79.114	3 177 483	40 163.35		
六			施工技术装备费	公路公里	79.114	4 682 119	59 181.93	1.32	

续上表

项	目	节	工程或费用名称	单位	数量	估算金额(万元)	技术经济指标	各项费用比重(%)	备　注
七			计划利润	公路公里	79.114	7 023 185	887 72.97	1.97	
八			税金	公路公里	79.114	9 094 421	114 952.11	2.56	
			第二部分　设备、工具、器具	公路公里	79.114	3 248 422	41 060.01	0.91	
一			设备购置	公路公里	79.114	2 484 180	31 400.01	0.70	
二			工具、器具购置	公路公里	79.114	625 001	7 900.01	0.18	
三			办公及生活用家具购置	公路公里	79.114	139 241	1 760.00	0.04	
			第三部分　工程建设其他费用	公路公里	79.114	43 620 986	551 368.73	12.27	
一			土地、青苗等补偿和安置补助费	公路公里	79.114	10 946 478	138 363.35	3.08	
	1		土地、青苗等补偿	公路公里	79.114	1 355 020	17 127.44		
	2		安置补助费	公路公里	79.114	9 591 458	121 235.91	1.96	
二			建设单位管理费	公路公里	79.114	6 958 926	87 960.74		
	1		建设单位管理费	公路公里	79.114	1 937 283	24 487.23		
	2		工程质量监督费	公路公里	79.114	382 359	4 833.01		
	3		工程监理费	公路公里	79.114	4 078 491	51 552.08		
	4		定额编制管理费	公路公里	79.114	433 340	5 477.41		
	5		设计文件审查费	公路公里	79.114	127 453	1 611		
三			勘察设计费	公路公里	79.114	12 879 759	162 800	3.62	
九			建设期贷款利息	公路公里	79.114	12 835 823	162 244.65	3.61	
			第一、二、三部分　费用合计	公路公里	79.114	327 341 519	4 137 592.83	92.04	
			预留费用	公路公里	79.114	28 305 513	357 781.34	7.96	
			2. 预备费	公路公里	79.114	28 305 513	357 781.34	7.96	
			估算总金额	公路公里	79.114	355 647 032	4 495 374.17	100.00	
			桥梁基本造价	公路公里	79.114	4 495 374	56 821.47		

编制：×××　　　　复核：×××

表 4-2-6

人工、主要材料数量汇总表

建设项目名称：××二级公路改建工程　　　　第 1 页　　共 1 页　　03 表

序号	材料规格名称	单位	总数量	分项统计					场外运输损耗	
				路基工程	路面工程	桥梁涵洞	隧道工程	交叉工程及沿线设施	%	数量
1	人工	工日	2 765 338	2 052 421	205 384	224 370	142 977	51 276		
2	原木	m^3	848	530	5	253	54	5		
3	锯材	m^3	928	285	32	239	99	274		
4	Ⅰ级钢筋	t	398	40		152	103	103		
5	Ⅱ级钢筋	t	354			306	48			
6	钢绞线	t	79			79				
7	钢材	t	725	18	6	32	44	625		
8	波形钢板及型钢立柱	t	111					111		
9	加工钢材	t	42	6		31		5		
10	钢板标志	t	47					47		
11	铝合金标志	t	50					50		
12	水泥	t	86 130	37 686	34 402	6 774	4 901	1 514	1.0	853
13	石油沥青	t	8 033	1	7 713	38		46	3.0	234
14	生石灰	t	291			166		117	3.0	8
15	砂、砂砾	m^3	391 759	314 365	36 250	19 217	8 457	3 915	2.50	9 555
16	片石	m^3	498 572	476 547	684	19 535	1 338	468		
17	碎(砾)石	m^3	561 635	3 021	523 849	10 793	11 604	6 806	1.0	5 561
18	块石	t	70 412	51 671	3 409	13 167	624	1 541		
19	其他材料费	元	9 027 458	3 987 548	1 527 482	1 348 614	1 089 846	1 073 968		
20	设备摊销费	元	85 833		33 866	51 823		144		
21	机械使用费	元	56 555 737	36 238 929	14 576 955	1 580 042	3 782 938	376 873		
22	定额基价	元	189 725 182	1 040 99 491	56 042 906	13 132 997	9 526 830	6 922 958		

编制：×××　　　　复核：×××

设备、工具、器具购置费计算表

表 4-2-7

建设项目名称：××二级公路改建工程

编 制 范 围：K0 +000 ~ K79 +745

第 1 页 共 1 页 04 表

序号	设备、工具、器具规格名称	单位	数量	单价(元)	金额(元)	说明备注
一	设备购置	公路公里	79.11		2 484 180	
(1)	设备购置		0.00		2 484 180	31 400 × 79.114
二	工具、器具购置	公路公里	79.11		625 001	
(1)	工具、器具购置		0.00		625 001	7 900 × 79.114
三	办公及生活用家具购置	公路公里	79.11		139 241	
(1)	办公及生活用家具购置		0.00		139 241	1 760 × 79.114

编制：××× 复核：×××

工程建设其他费用计算表

表 4-2-8

建设项目名称：××二级公路改建工程

编 制 范 围：K0 +000 ~ K79 +745　　　　第 1 页　共 1 页　　05 表

序号	费用名称	说明及计算式	金额(元)	备注
第三部分	工程建设其他费用		43 620 986	
一	土地、青苗等补偿和安置补助费		10 946 478	
1	土地、青苗等补偿		1 355 020	
(1)	水田	60.7 ×6 000	364 200	
(2)	旱地	77.2 ×3 000	231 600	
(3)	林地	430.4 ×1 200	516 480	
(4)	青苗补偿费	137.9 ×600	82 740	
(5)	临时用地	320 ×500	160 000	
2	安置补助费		9 591 458	
(1)	楼房	19 200 ×160	3 072 000	
(2)	平房	195 84 ×140	2 741 760	
(3)	木房	17 360 ×120	2 083 200	
(4)	简易房	612 ×40	24 480	
(5)	采石场	3 ×3 000	9 000	
(6)	水管	1 600 ×2	3 200	
(7)	乔木	5 972 ×7	41 804	
(8)	茶树	30 ×18	540	

续上表

序号	费用名称	说明及计算式	金额(元)	备注
(9)	毛竹	18×8	144	
(10)	林地幼苗	12 750×1	127 590	
(11)	坟地	39×160	6 240	
(12)	变压器	1×5 000	5 000	
(13)	低压线杆	287×2 000	574 000	
(14)	通信光缆	361×2 500	902 500	
二	建设单位管理费		6 958 926	
1.	建设单位管理费	254 905 713×0.76%	19 372 83	
2.	工程质量监督费	定额建安费×0.15%	382 359	
3.	工程监理费	定额建安费×0.16%	4 078 491	
4.	定额编制管理费	定额建安费×0.17%	433 340	
5.	设计文件审查费	定额建安费×0.05%	127 453	
三	勘察设计费	162 800×79.114	12 879 759	
九	建设期贷款利息		12 835 823	
(1)	2004 年贷款利息(贷款期 2 年)	34 283 700×5.76%×2	3 949 482	
(2)	2005 年贷款利息(贷款期 1.5 年)	85 709 300×5.76%×1.5	7 405 284	
(3)	2006 年贷款利息(贷款期 0.5 年)	51 425 600×5.76%×0.5	1 481 057	
1	预留费用		283 055 13	
2	预备费	一二三部分合计×9%	28 305 513	314 505 696×9/100

编制:×××　　复核:×××

表 4-2-9

分项工程估算表

编制范围:K0 +000—K79 +745

工程名称:小桥及跨径 <20m 的中桥

第 10 页　共 16 页　　06 表

序号	工程项目			小桥及跨径小于 20m 的中桥												合计	
	工程细目名称			山重四川等省													
	指标或定额单位			$100m^2$ 桥面													
	工程数量			14.110													
	指标或定额表号			5-1-11 定额 ×1.15													
	工、料、机名称	单位	单价(元)	指标	数量	金额(元)	指标	数量	金额(元)	指标	数量	金额(元)	指标	数量	金额(元)	数量	金额(元)
	人工	工日	15.87	2 471	34 865.81	553 320										34 865.81	553320
1	原木	m^3	1 000	1.83	25.821	11 262										25.821	11 262
2	锯材	m^3	1 600	2.05	28.925	21 510										28.925	21 510
3	Ⅰ级钢筋	t	2 850	1.17	16.509	44 428										16.509	44 428
4	Ⅱ级钢筋	t	2 900	2.40	33.864	98 075										33.864	98 075
6	钢材	t	3 500	0.09	1.27	4 524										1.270	4 524
8	加工钢材	t	5 000	0.16	2.258	10 321										2.258	10 321
11	水泥	t	380	48.21	680.243	215 317										680.243	215 317
12	石油沥青	t	2 500	0.45	6.349	13 606										6.349	13 606
13	生石灰	t	70	0.17	2.399	242										2.399	242
14	砂、砂砾	m^3	65	164.3	2 318.273	94 655										2 318.273	94 655
15	片石	m^3	25	235.0	3 315.85	93 142										3 315.85	93 142
16	碎(砾)石	m^3	36	88.0	1 241.68	50 412										1 241.68	50 412
17	块石	t	70	94.6	1 334.806	63 830										1 334.806	63 830
18	其他材料费	元	1	5 541.551	78 191.282	78 191										78 191.282	7 819
19	设备摊销费	元	1	188.693	2 662.456	2 662										2 662.456	2 662
20	机械使用费	元	1	9 043.366	127 601.897	127 602										127 601.897	127 602
21	定额基价	元	1	102 211.000	1 442 197.210	1 442 197										1 442 197.21	1 442 197.21

编制:×××　　　　复核:×××

材料预算单价计算表

表 4-2-10

建设项目名称：××二级公路改建工程

编 制 范 围：K0 +000 – K79 +745　　　　第 1 页　共 1 页　　08 表

序号	代号	规格名称	单位	原价（元）	计算依据					原价运费合计（元）	场外运输损耗		采购及保管费		预算单价（元）
					起讫地点	运输方式、比重及运距（km）	毛重系数或单位毛重	运杂费构成说明或计算式	单位运费（元/km）		费率（%）	金额（元）	费率（%）	金额（元）	
1	10	原木	m^3	400		汽车 41km	1.0	0.5×41+5	25.5	425.5			2.5	10.637	436.14
2	11	锯材	m^3	700		汽车 41km	1.0	0.5×41+5	25.5	725.5			2.5	18.138	743.64
3	16	Ⅰ级钢筋	t	2 600		汽车 41km	1.0	0.5×41+5	25.5	2 625.5			2.5	65.637	2 691.14
4	17	Ⅱ级钢筋	t	2 800		汽车 41km	1.0	0.5×41+5	25.5	2 825.5			2.5	70.637	2 896.14
5	20	钢绞线	t	6 800		汽车 147km	1.0	0.5×147+5	78.5	6 878.5			2.5	171.962	7 050.46
6	30	钢材	t	3 450		汽车 41km	1.0	0.5×41+5	25.5	3 475.5			2.5	86.887	3 562.39
7	47	波形钢板及型钢立柱	t	5 200		汽车 147km	1.0	0.5×147+5	78.5	5 278.5			1.0	52.785	5 331.29
8	50	加工钢材	t	4 500		汽车 41km	1.0	0.5×41+5	25.5	4 525.5			1.0	45.255	4 570.76
9	158	钢板标志	t	7 000		汽车 147km	1.0	0.5×147+5	78.5	7 078.5			1.0	70.785	7 149.29
10	159	铝合金标志	t	8 750		汽车 147km	1.0	0.5×147+5	78.5	8 828.5			1.0	88.285	8 916.79
11	240	水泥	t	280		汽车 41km	1.01	(0.5×41+5)×1.01	25.75	305.75	1.0	3.057	2.5	7.72	316.53
12	260	石油沥青	t	2 000		汽车 41km	1.17	(0.5×41+5)×1.17	29.83	2 029.83	3.0	60.895	2.5	52.268	2 142.99
13	278	生石灰	m^3	70		汽车 41km	1.0	0.5×41+5	25.5	95.5	3.0	2.865	2.5	2.459	100.82
14	289	砂、砂砾	m^3	25		汽车 8km	1.54	(0.5×8+5)×1.54	13.86	38.86	2.5	0.972	2.5	0.996	40.83
15	305	片石	m^3	13		汽车 8km	1.60	(0.5×8+5)×1.60	14.4	27.40			2.5	0.685	28.09
16	325	碎(砾)石	m^3	25		汽车 8km	1.58	(0.5×8+5)×1.58	14.22	39.22	1.0	0.392	2.5	0.99	40.6
17	343	块石	m^3	30		汽车 8km	1.85	(0.5×8+5)×1.85	16.65	46.65			2.5	1.166	47.82

编制：×××　　　　复核：×××

第五篇　勘察、设计阶段的造价编制

第一章　初步设计与初步设计概算

第一节　初 步 设 计

初步设计阶段的目的是基本确定设计方案。必须根据批复的可行性研究报告、测设合同的要求，拟定修建原则，选定设计方案，拟定施工方案，计算工程数量及主要材料数量，编制设计概算，提供文字说明及图表资料。经审查批复后的初步设计文件，则为订购主要材料、机具、设备，安排重大科研试验项目，联系征用土地、拆迁，进行施工准备，编制施工图设计文件和控制建设项目投资等的依据。采用三阶段设计时，经审查批复的初步设计为编制技术设计文件的依据。

一、初步设计的要求

初步设计在选定方案时，应对路线的走向、控制点和方案进行现场核查，征求沿线地方政府、建设单位及规划、土地、环保等相关部门的意见，基本落实路线布设方案。对建设条件复杂地段的路线、路基、路面、特大桥、大桥、特长及长隧道、互通式立体交叉、服务设施，一般应选择两个或两个以上的方案进行同深度、同精度的测设工作和方案比选，提出推荐方案。初步设计应完成以下工作。

(1)选定路线设计方案，基本确定路线位置。

(2)基本查明沿线地质、水文、气候、地震、矿产、文物等情况。

(3)基本查明沿线筑路材料的质量、储量、供应量及运输条件，并进行原材料、混合料的试验。

(4)基本确定路基标准横断面和高填深挖路基、特殊路基的设计方案及沿线路基取土、弃土方案。

(5)基本确定排水系统与支挡、防护工程的方案、位置、长度、结构形式和尺寸。

(6)基本确定路面设计方案、路面结构类型及主要尺寸。

(7)基本确定特大、大、中桥桥位，设计方案、结构类型及主要尺寸。

(8)基本确定小桥、涵洞等的位置、结构类型及主要尺寸。

(9)基本确定隧道位置、设计方案、结构类型及主要尺寸。

(10)基本确定路线交叉的位置、形式、结构类型及主要尺寸。

(11)基本确定交通工程及沿线设施各项工程的位置、形式、类型及主要尺寸。

(12)基本确定改(扩)建工程施工期间的交通组织方案。

(13)基本确定环境保护措施与景观设计方案。

(14)基本确定改路改渠等其他工程的位置、结构形式及主要尺寸。

(15)基本确定占用土地、拆迁建筑物及管线等设施的数量。

(16)提出需要试验、研究的项目。

(17)初步拟定施工方案及工期安排。

(18)论证确定分期修建的工程实施方案。

(19)计算各项工程数量。

(20)计算人工及主要材料、机具、设备的数量。

(21)编制设计概算。

二、初步设计文件的组成

初步设计文件由下列十二篇和附件组成。

第一篇　总体设计。内容包括:(1)项目地理位置图;(2)说明书(内容包括:①概述;②建设条件;③总体设计;④路线;⑤路基、路面;⑥桥梁、涵洞;⑦隧道;⑧路线交叉;⑨交通工程及沿线设施;⑩环境保护与景观设计;⑪其他工程;⑫筑路材料;⑬施工方案;⑭设计概算);(3)图表及附件(内容包括:①路线平、纵面缩图;②主要技术经济指标表(推荐方案);③附件;④总体设计图表)。

第二篇　路线。内容包括:(1)路线平面图;(2)路线纵断面图;(3)山区公路复杂路段以踏勘或地质调绘为基础的路线比较方案平面图、纵断面图;(4)直线、曲线及转角表;(5)纵坡、竖曲线表;(6)公路用地表;(7)公路用地图;(8)赔偿树木、青苗数量表;(9)拆迁建筑物表;(10)拆迁电力、电信及其他管线设施表;(11)工程地质平面图;(12)工程地质纵断面图;(13)不良地质地段表;(14)安全设施。

第三篇　路基、路面。内容包括:(1)路基标准横断面图;(2)一般路基设计图;(3)高填深挖路基工程数量表;(4)高填深挖路基设计图;(5)低填浅挖路基处理工程数量表;(6)低填浅挖路基处理设计图;(7)桥头路基处理工程数量表;(8)桥头路基处理设计图;(9)陡坡路堤或填挖交界处理工程数量表;(10)陡坡路堤或填挖交界处理设计图;(11)特殊路基设计工程数量表;(12)特殊路基设计图;(13)路基每公里土石方数量表;(14)取土坑(场)、弃土堆(场)一览表;(15)取土坑(场)、弃土堆(场)设计图;(16)路基防护工程数量表;(17)路基防护工程设计方案比较图(表);(18)路基防护工程设计图;(19)路面工程数量表;(20)路面结构设计图;(21)路基、路面排水工程数量表;(22)路基、路面排水工程设计图。

第四篇　桥梁、涵洞。内容包括:(1)沿线水系分布示意图;(2)特大、大、中桥桥梁表;(3)特大、大、中桥主要工程数量表;(4)特大、大、中桥设计图;(5)小桥表;(6)典型小桥布置图;(7)涵洞表;(8)典型涵洞设计图;(9)附属工程设计图表。

第五篇　隧道。内容包括:(1)隧道表;(2)隧道工程数量表;(3)隧道主体工程设计图;(4)隧道机电设施图。

第六篇　路线交叉。内容包括:(1)互通式立体交叉设计图表;(2)服务设施匝道及连接道路设计图表;(3)分离式立体交叉设计图表;(4)通道、天桥设计图表;(5)平面交叉设计图表;(6)管线交叉设计图表。

第七篇　交通工程及沿线设施。内容包括:(1)总体设计;(2)管理养护机构;(3)监控设施;(4)收费设施;(5)通信设施;(6)供配电设施;(7)照明设施;(8)服务设施;(9)房屋建筑。

第八篇　环境保护及景观设计。内容包括:(1)环境敏感区一览表;(2)环境保护工程数量表;(3)降噪设计图;(4)污水处理设计图;(5)取土场、弃土场处理设计图;(6)其他环保工程设计图;(7)植物配置表;(8)景观工程数量表;(9)景观设计图。

第九篇　其他工程。内容包括:(1)渡口码头表;(2)渡口码头平面布置图;(3)渡口码头纵断面图;(4)其他工程表;(5)其他工程一般布置图。

第十篇　筑路材料。内容包括:(1)沿线筑路材料料场表;(2)材料试验资料表;(3)沿线筑路材料供应示意图。

第十一篇　施工方案。内容包括:(1)工程概略进度图;(2)施工便道主要工程数量表;(3)其他临时工程一览表;(4)公路临时用地表。

第十二篇　设计概算。设计概算应按《概算预算编制办法》和《概算定额》及其他相关的规定编制。

第二节　初步设计概算文件的组成

概算文件是设计文件的组成部分,它由封面、目录、编制说明及全部概算表格组成。

(一)封面及目录

概算文件扉页的次页应有建设项目名称、编制单位、编制、复核人员姓名并加盖执业(从业)资格印章、编制日期及第几册共几册等内容。其扉页的次页格式如下:

×××公路初步设计概算

(CK××+×××~CK××+×××)

第　　册　　共　　册

编制:[签字并加盖执业(从业)资格印章]

复核:[签字并加盖执业(从业)资格印章]

(编制单位)

年　　月

目录应按概算表的表号顺序编排。

目　录

(甲组文件)

1. 编制说明
2. 总概(预)算汇总表(01-1表)
3. 总概(预)算人工、主要材料、机械台班数量汇总表(02-1表)
4. 总概(预)算表(01表)
5. 人工、主要材料、机械台班数量汇总表(02表)
6. 建筑安装工程费计算表(03表)
7. 其他工程费及间接费综合费率计算表(04表)
8. 设备、工具、器具购置费计算表(05表)
9. 工程建设其他费用及回收金额计算表(06表)
10. 人工、材料、机械台班单价汇总表(07表)

(二)概算编制说明

概算表格编制完成后，应写出编制说明，文字力求简明扼要。应叙述的内容一般有：

(1)工程概况及其建设规模和范围。

(2)建设项目设计资料的依据及有关文号。

(3)采用的定额、费用标准，人工、材料、机械台班单价的依据或来源，补充定额及编制依据的详细说明。

(4)与概算有关的委托书、协议书、会谈纪要的主要内容(或将抄件附后)。

(5)总概算金额，人工、钢材、水泥、木材、沥青的总需要量情况，各设计方案的经济比较，以及编制中存在的问题。

(6)其他与概算有关但不能在表格中反映的事项。

(三)概算表格

公路工程概算应按统一的概算表格计算，表格见本章设计概算编制方法中的有关内容。概算的人工、材料、机械台班单价，及其他各项费用计算都应通过规定的表格反映，在完成这些表格时，应以《概算定额》、《预算定额》为依据，按《概算预算编制办法》的各项规定计算各项费用。各种表格的计算顺序和相互关系如图 5-1-1 所示。

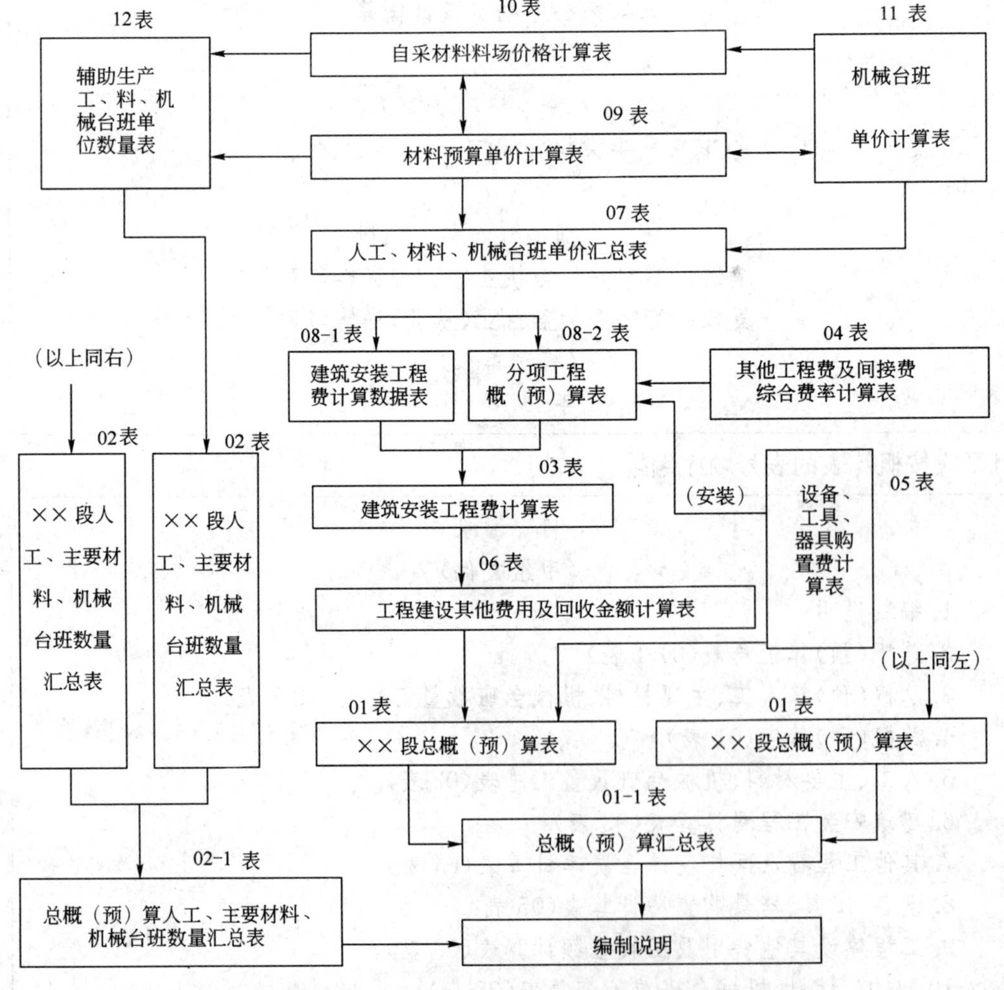

图 5-1-1　各种概算表格的计算顺序和相互关系图

(四)甲组文件与乙组文件

概算文件按不同的需要分为两组,甲组文件为各项费用计算表,乙组文件为建筑安装工程费各项基础数据计算表,只供审批使用。其内容组成如图 5-1-2 所示。

甲组文件
- 编制说明
- 总概算汇总表(01-1 表)
- 总概算人工、主要材料、机械台班数量汇总表(02-1 表)
- 总概算表(01 表)
- 人工、主要材料、机械台班数量汇总表(02 表)
- 建筑安装工程费计算表(03 表)
- 其他工程费及间接费综合费率计算表(04 表)
- 设备、工具、器具购置费计算表(05 表)
- 工程建设其他费用及回收金额计算表(06 表)
- 人工、材料、机械台班单价汇总表(07 表)

乙组文件
- 建筑安装工程费计算数据表(08-1 表)
- 分项工程概算表(08-2 表)
- 材料预算单价计算表(09 表)
- 自采材料料场价格计算表(10 表)
- 机械台班单价计算表(11 表)
- 辅助生产工、料、机械台班单位数量表(12 表)

图 5-1-2 甲组文件与乙组文件的组成

上述各种表格见表 5-1-1～表 5-1-15。

总概(预)算汇总表 表 5-1-1

建设项目名称:

编 制 范 围: 第 页 共 页 01-1 表

项次	工程或费用名称	单位	总数量	概(预)算金额(元)				技术经济指标	各项费用比例(%)	备 注
							合计			
		填表说明:1. 一个建设项目分若干单项工程编制概(预)算时,应通过本表汇总全部建设项目概(预)算金额。 2. 本表反映一个建设项目的各项费用组成、概(预)算总值和技术经济指标。 3. 本表“项次”、“工程或费用名称”、“单位”、“总数量”、“概(预)算金额”应由各单项或单位工程总概(预)算表(01 表)转来,“目”、“节”可视需要增减,“项”应保留。 4. “技术经济指标”以各项概(预)算金额汇总合计除以相应总数量计算;“各项费用比例”以汇总的各项目概(预)算金额合计除以总概(预)算金额合计。								

编制: 复核:

总概(预)算人工、主要材料、机械台班数量汇总表 表 5-1-2

建设项目名称：

编 制 范 围： 第 页 共 2 页 02-1 表

序号	规格名称	单位	总数量	编制范围									

填表说明：1. 一个建设项目分若干个单项工程编制概(预)算时，应通过本表汇总全部建设项目的人工、主要材料、机械台班数量。

2. 本表各栏数据均由各项或单位工程概(预)算中的人工、主要材料、机械台班数量汇总表(02 表)转来，“编制范围”指单项或单位工程。

编制： 复核：

总概(预)算表 表 5-1-3

建设工程名称：

编 制 范 围： 第 页 共 页 01 表

项	目	节	细目	工程或费用名称	单位	数量	概(预)算金额(元)	技术经济指标	各项费用比例(%)	备注

填表说明：1. 本表反映一个单项或单位工程的各项费用组成、概(预)算金额、技术经济指标等。

2. 本表“项”、“目”、“节”、“细目”、“工程或费用名称”、“单位”等应按概(预)算项目表的序列及内容填写。“目”、“节”、“细目”可视需要增减，但“项”应保留。

3. “数量”、“概(预)算金额”由建筑工程费计算表(03 表)，设备、工具、器具购置费计算表(05 表)、工程建设其他费用及回收金额计算表(06 表)转来。

4. “技术经济指标”以各项目概(预)算金额除以相应数量计算；“各项费用比例”以各项目概(预)算金额除以总概(预)算金额计算。

编制： 复核：

人工、主要材料、机械台班数量汇总表 表 5-1-4

建设项目名称：

编 制 范 围： 第 页 共 页 02 表

序号	规格名称	单位	总数量	分项统计								场外运输损耗	
												%	数量

填表说明：1. 本表各栏数据由分项工程概(预)算基础数据表(08 表)及辅助生产工、料、机械台班单位数量表(12 表)经分析计算后统计而来。

2. 发生的冬、雨季及夜间施工增工及临时设施用工，根据有关附录规定计算后列入本表有关项目内。

编制： 复核：

建筑安装工程费计算表　　　　表 5-1-5

建设项目名称：

编 制 范 围：　　　　　　　　　　第　页 共　页　　03 表

序号	工程名称	单位	工程量	直接费(元)						间接费(元)	计划利润(元)	税金(元)	建筑安装工程费	
				直接工程费				其他工程费	合计				合计(元)	单价(元)
				人工费	材料费	机械使用费	合计							
1	2	3	4	5	6	7	8	9	10	11	12	13	14	15

填表说明：1. 本表各栏数据之间关系，5～7 均由 08 表经计算转来，8＝5＋6＋7；9＝8×9 的费率或(5＋7)×9 的费率；10＝8＋9；11＝5×规费综合费率＋10×企业管理费综合费率；12＝(10＋11－规费)×12 的费率；13＝(10＋11＋12)×综合税率；14＝10＋11＋12＋13；15＝14÷4。

编制：　　　　　　　　　　　　　　　　　复核：

其他工程费及间接费综合费率计算表　　　　表 5-1-6

建设项目名称：

编 制 范 围：　　　　　　　　　　第　页 共　页　　04 表

序号	工程类别	其他直接费率(%)													间接费率(%)											
		冬季施工增加费	雨季施工增加费	夜间施工增加费	高原施工增加费	风沙地区施工增加费	沿海施工增加费	行车干扰施工增加费	安全及文明施工增加费	临时设施费	施工辅助费	工地转移费	综合费率		规费						企业管理费					
													I	II	养老保险费	失业保险费	医疗保险费	住房公积金	工伤保险费	综合费率	基本费用	主副食运费补贴	职工探亲路费	职工取暖补贴	财务费用	综合费率
1	2	3	4	5	6	7	8	9	10	11	12	13	14	15	16	17	18	19	20	21	22	23	24	25	26	27

填表说明：本表应根据建设工程项目具体情况，按概(预)算编制办法有关规定填入数据计算。其中：14＝3＋4＋5＋8＋10＋11＋12＋13；15＝6＋7＋9；21＝16＋17＋18＋19＋20；27＝22＋23＋24＋25＋26。

编制：　　　　　　　　　　　　　　　　　复核：

设备、工具、器具购置费计算表 表 5-1-7

建设项目名称：

编 制 范 围： 第 页 共 页 05 表

序号	设备、工具、器具规格名称	单位	数量	单价(元)	金额(元)	说 明

填表说明：本表应根据具体的设备、工具、器具购置清单进行计算，包括设备规格、单位、数量、单价以及需要说明的有关问题。

编制： 复核：

工程建设其他费用及回收金额计算表 表 5-1-8

建设工程名称：

编 制 范 围： 第 页 共 页 06 表

序号	费用名及回收金额项目	说明及计算式	金额(元)	备注

填表说明：本表应按具体发生的工程建设其他费用项目填写，需要说明和具体计算的费用项目依次相应在说明及计算式栏内填写或具体计算，各项费用具体填写如下。

1.土地征用及拆迁补偿费应填写土地补偿单价、数量和安置补助标准、数量等，列式计算所需费用，填写金额栏。

2.建设项目管理费包括建设单位(业主)管理费、工程质量监督费、工程监理费、工程定额测定费、设计文件审查费、竣(交)工验收试验监测费，按“建筑安装工程费×费率”或有关定额列式计算。

3.研究试验费应根据设计需要进行研究试验的项目分别填写项目名称及金额，或列式计算或进行说明。

4.建设项目前期工作费按国家有关规定填写本表，列式计算。

5.其余有关工程建设费用的填入和计算方法，根据规定以此类推。

编制： 复核：

人工、材料、机械台班单价汇总表 表 5-1-9

建设项目名称：

编 制 范 围： 第 页 共 页 07 表

序号	名称	单位	代号	预算金额(元)	备注	序号	名称	单位	代号	预算金额(元)	备注

填表说明：本表预算单价主要由“材料预算单价计算表”(09 表)和“机械台班单价计算表”(11 表)转来。

编制： 复核：

建筑安装工程费计算数据表

表 5-1-10

建设项目名称：　　　　　　　　编制范围：　　　　　　数据文件编号：

公 路 等 级：　　路线或桥梁长度：　　路基或桥梁宽度(m)：　　第　页　共　页　08-1 表

项目代号	本项目数	目的代号	节的代号	本节细目数	细目的代号	费率编号	定额个数	定额代号	项或目或细目或定额的名称	单位	数量	定额调整情况

填表说明：1. 本表应逐行从左到右横向跨栏填写。

2. “项”、“目”、“节”、“细目”、“定额”等的代号应根据实际需要按本办法附录四“概、预算项目表”及现行《公路工程概预算定额》(JTG/T B06—02)的序列及内容填写。

3. 本表主要是为利用计算机软件编制概、预算提供基础数据，具体填表规则由软件用户手册详细制定。

编制：　　　　　　　　　　　　　　　　　　　　　　　复核：

分项工程概(预)算表

表 5-1-11

编制范围：

工程名称：　　　　　　　　　　　　　　第　页　共　　页　　08-2 表

编号	工程项目													合计		
	工程细目															
	定额单位															
	工程数量															
	定额表号															
	工、料、机名称	单位	单价(元)	定额	数量	金额(元)	定额	数量	金额(元)	定额	数量	金额(元)	定额	数量	金额(元)	
1	人工	工日														
2	……															
	定额基价	元														
	直接工程费	元														
	其他工程费 I	元														
	其他工程费 II	元														
	间接费 规费	元														
	间接费 企业管理费	元														
	利润及税金	元														
	建筑安装工程费	元														

填表说明：1. 本表按具体分项工程项目数量、对应概(预)算定额子目填写，单价由 07 表转来，金额＝工、料、机各项的单价×定额×数量。

2. 其他工程费按相应项目的直接工程费或人工费与施工机械使用费之和×规定费率计算。

3. 规费按相应项目的人工费×规定费率计算。

4. 企业管理费按相应项目的直接费×规定费率计算。

5. 利润按相应项目的(直接费×间接费－规费)×利润率计算。

6. 税金按相应项目的(直接费＋间接费＋利润)×税率计算。

编制：　　　　　　　　　　　　　　　　　　　　　　　复核：

材料预算单价计算表 表 5-1-12

建设项目名称：

编 制 范 围： 第 页 共 页 09表

序号	规格名称	单位	原价（元）	运杂费					原价运费合计（元）	场外运输损耗		采购及保管费		预算单价（元）
				供应地点	运输方式、比重及运距	毛重系数或单位毛重	运杂费构成说明或计算式	单位运费（元）		费率（%）	金额（元）	费率（%）	金额（元）	

填表说明：1. 本表计算各种材料自供应地点或料场至工地的全部运杂费与材料原价及其他费用组成预算单价。

2. 运输方式按火车、汽车、船舶等及所占运输比重填写。

3. 毛重系数、场外运输损耗、采购及保管费按费率规定填写。

4. 根据材料供应地点、运输方式、运输单价、毛重系数等，通过运杂费构成说明或计算式，计算得出材料单位运费。

5. 材料原价与单位运费、场外运输损耗、采购及保管费组成材料预算单价。

编制： 复核：

自采材料料场价格计算表 表 5-1-13

建设项目名称：

编 制 范 围： 第 页 共 页 10表

序号	定额号	材料规格名称	单位	料场价格（元）	人工（工日）单价（元）		间接费（元）（占人工费%）	（ ）单价（元）		（ ）单价（元）		（ ）单价（元）		（ ）单价（元）	
					定额	金额		定额	金额	定额	金额	定额	金额	定额	金额

填表说明：1. 本表主要用于分析计算自采材料料场价格，应将选用的定额人工、材料、机械台班数量全部列出，包括相应的工、料、机单价。

2. 材料规格用途相同而生产方式（如人工捶碎石、机械轧碎石）不同时，应分别计算单价，再以各种生产方式所占比重根据合计价格加权平均计算料场价格。

3. 定额中机械台班有调整系数时，应在本表内计算。

编制： 复核：

机械台班单价计算表

表 5-1-14

建设项目范围：

编 制 范 围：　　　　　　　　　　　　　　　　　　第　页共　页　　11表

序号	定额号	机械规格名称	台班单价(元)	不变费用(元)		可变费用(元)								合计
				调整系数		人工(元/工日)		汽油(元/kg)		柴油(元/kg)		……		
				定额	调整值	定额	金额	定额	金额	定额	金额	定额	金额	

填表说明：1. 本表应根据公路机械台班费用定额进行计算。不变费用如有调整系数，应填入调整值；可变费用各栏填入定额数量。
2. 人工、动力燃料的单价由“材料预算单价计算表”(09表)中转来。

编制：　　　　　　　　　　　　　　　　　　　　　　　复核：

辅助生产工、料、机械台班单位数量表

表 5-1-15

建设项目范围：

编 制 范 围：　　　　　　　　　　　　　　　　　　第　页共　页　　12表

序号	规格名称	单位	人工(工日)						

填表说明：本表各栏数据由“自采材料料场价格计算表”(10表)统计而来。

编制：　　　　　　　　　　　　　　　　　　　　　　　复核：

第三节　初步设计概算文件的编制

设计概算是初步设计文件的重要组成部分，是工程造价管理工作的重要环节。熟悉掌握设计概算编制的原则、方法以及国家有关规定，对提高设计概算编制质量，节约建设资金，适应市场经济的要求，加强宏观调控，充分发挥投资效益，具有十分重要的现实意义。

一、初步设计概算的作用

根据国家规定，初步设计必须要有概算，由设计部门负责编制，并对其编制质量负责。设计概算的作用主要体现在以下几方面：

(1)设计概算是确定建设项目总投资的依据。

(2)设计概算是编制基本建设计划的依据。

(3)设计概算是签订建设项目总包合同、实行建设项目包干、订购主要材料和设备、安排重大科研项目、联系征用土地、拆迁等建设前期准备工作的依据。

(4)设计概算是分析比较设计方案和考核设计方案经济合理性的依据。

(5)设计概算是考核建设工程成本的依据。

(6)设计概算是编制修正设计概算或施工图预算的依据。

(7)若在初步设计阶段进行施工招标的，设计概算是编制标底的依据。

二、编制设计概算的依据

编制初步设计概算的依据，概括起来，主要有以下几项内容：

(1)初步设计图表资料和文字说明。根据设计图纸上所表示的结构形式和尺寸计算的工程数量，以及它反映的设计、施工的基本内容是编制设计概算的基础资料，是决定建设工程造价大小的主要因素。

(2)施工方案。根据《公路工程基本建设项目设计文件编制办法》规定，编制施工方案，应提出新建工程项目年和季度的概略工程进度安排，以及临时工程和临时用地的需要数量，而这些都是与计价有关的主要因素，对设计概算有极其重要的影响。

(3)公路工程概算定额。概算定额是编制设计概算的基础资料，是国家统一制定颁发的具有指令性的指标。在编制设计概算时，无论是划分项目、确定计量单位，还是计算工程量，都必须以概算定额作为标准和依据，才能做到不重不漏，符合规定。

(4)补充定额。随着一些新技术、新工艺、新材料在工程建设中的使用，可能使现行的概算定额缺项。当定额缺项时，应根据概算定额的编制原则和方法编制补充概算定额，作为编制设计概算的依据。

(5)人工、材料、施工机械台班预算价格。人工、材料、施工机械台班预算价格是按建设工程所在地的实际价格确定的，是计算直接工程费的基础资料。其工资标准和材料的供应价格，应以当地公路(交通)工程定额(造价管理)站发布的价格信息为依据。

(6)其他工程费、间接费等各项取费标准。这些取费标准是交通运输部及各省、自治区、直辖市的交通主管部门，根据国家有关基本建设的方针政策以及公路建设的工程施工和生产管理的具体情况，制订的以费率形式表现的费用标准，是计算除直接工程费以外的各种费用的依据，也是国家加强设计概算管理的工具之一，在工程造价管理中有着重要的作用。

(7)设计概算编制办法及其计算表格。它是交通运输部统一颁发的编制设计概算文件的重要依据，是规范人们编制设计概算行为的准则。按统一的计算表格编制设计概算，可使设计概算的编制工作更加科学化和规范化。

(8)工程量计算规则。公路工程概算定额中的章、节文字说明，对编制设计概算时，如何选用定额及计算计价工程量做了明确而具体的规定，是必须严格遵守的重要规则。

(9)国家颁发的建设征用土地补偿标准、工程勘察设计收费标准以及其他应计入建设项目投资中的费用项目的标准等，也是编制设计概算的依据。

(10)可行性研究报告投资估算文件，是控制设计概算的依据，国家要求在批准的投资估算允许幅度范围之内做好限额设计，不断提高设计概算的编制质量。

(11)国家有关公路建设工程的方针、政策以及工程造价管理的有关规定，也是编制设计概算的重要依据。

三、设计概算编制中工程量的计取

由于我国公路建设工程设计图纸的编制方法不同于一般房屋建筑工程，作为编制工程造价基础资料的工程量，通常是设计人员在完成设计图纸的同时已进行计算，在编制工程造价之前，造价工程师又经过了熟悉设计图纸资料和工程量的核对工作，所以关键的就是如何正确地从设计图表中去摘取计价工程量。

公路建设是分阶段进行的，而每个阶段的深度和要求各不相同。为了在各阶段准确方便地编制造价文件，根据各阶段的深度和要求编制了估算指标、概算定额、预算定额等计价定额、指标，即项目建议书要按公路工程综合估算指标编制投资估算；可行性研究报告要按分项估算指标编制投资估算；初步设计要按概算定额编制设计概算；技术设计要按概算定额编制修正设计概算；施工图设计要按预算定额编制施工图预算。而估算指标，概、预算定额是由粗到细的，其定额单位所包含的工程内容是各不相同的，为了正确地使用定额、指标，在各种定额、指标中，对于工程内容和工程量计算规则都作了十分明确和具体的规定，以及在什么条件下允许抽换调整定额、指标和编制补充定额、指标等。所以，造价人员首要的是熟悉了解各种定额、指标的适用范围和定额、指标中章节说明的各项规定，这样方能正确摘取工程量，做到不重不漏，确保编制质量。

至于定额、指标中的工程量计算规则，是指按分部分项工程界定的定额、指标标准单位所包含的施工工艺内容，更确切地说，是从设计图表资料上去摘取工程量的规则。

综上所述，从某种意义上来讲，摘取计价工程量的方法是由定额、指标项目决定的。所以，熟悉概算定额并掌握施工生产知识，是设计概算编制中正确摘取工程量的基础。

(一)熟悉概算定额的项目划分

概算定额的项目主要是根据初步设计或技术设计所能提供的工程量的深度加以划分。由于初步设计或技术设计的深度与施工图设计的深度不同，所以概算定额的项目划分与预算定额的项目划分有很大不同。概算定额只编列了初步设计或技术设计所能提供的主要工程项目，在主要工程项目中综合了在初步设计或技术设计中难以提供的次要工程项目和施工现场设施，以避免漏项。考虑到概算要控制投资的要求，对某些定额项目应适当加深，以提高概算的准确性。对这些在初步设计阶段或技术设计阶段一般难以提供工程量的项目，在定额中尽可能在章、节说明或附注中按常用量列出，供编制概算时参考。概算定额各章、节的项目划分和综合情况见本手册的第三篇有关章节。

(二)熟悉概算项目表

公路建设工程从筹建至竣工验收、交付使用的全过程中，需要的建设费用是由建筑安装工程费，设备、工具及器具购置费和工程建设其他费用三部分组成。其中设备、工具和器具一般为工业部门生产的产品，购置活动属于价值转移性质；而工程建设其他费用多为费用性质的支付。这两部分费用可分别按国家或地方规定的有关费用标准和相应的产品价格直接计算，较易确定。但是，建筑安装工程费则不同，要从基本的分项工程的各项消耗开始逐步扩大计算，其中包括直接、间接的消耗和建安工人为社会所创造的价值，因此，公路工程概算价值的主要组成部分是建筑安装工程的概算价值。从一定意义上讲，编制公路工程概算，主要是编制建筑安装工程概算，它是编制公路工程概算的关键。

建筑安装工程是由相当数量的分项工程组成的庞大复杂的综合体，直接计算出它的全部人工、材料和机械台班的消耗量及价值，是一项极为困难的工作。为了准确计算和合理确定建筑安装工程的造价，必须对公路基本建设工程项目进行科学的分析与分解，使之有利于公路工程概算的编审，以及公路基本建设的计划、统计、会计和基建拨款贷款等各方面的工作，同时，也有利于同类工程之间进行比较和对不同分项工程进行技术经济分析，使编制概算项目时不重不漏，保证质量。因此，必须对概算项目的划分、排列顺序及内容作出统一规定，这就形成了公路工程概算项目表。公路工程概算项目表和公路工程预算项目表的格式和内容相同，其区别在于公路工程概算项目表表头为“概算项目表”，而公路工程预算项目表表头为“预算项目表”，具体形式和详细内容见表 5-1-16。

熟悉项目表，对于概算编制来讲是十分重要的。编制概算时，原则上应按项目表规定的项目序列和内容编制，但当实际出现的工程和费用项目，与项目表的内容不完全相符时，应按下列规定办理。

(1)“部分”和“项”的序号保留不变。例如，第二部分的“设备及工具、器具购置费”在该项工程中不发生时，第三部分的“工程建设其他费用”仍为第三部分。又如，路线工程第一部分第五项为“隧道工程”，第六项为“其他工程及沿线设施”，若路线工程中无隧道工程项目，则其序号“五”仍保留，而“其他工程及沿线设施”则仍为第六项。

(2)“目”、“节”、“细目”可随需要增减，并按项目表的顺序以实际出现的“目”、“节”、“细目”依次排列，不保留缺少的“目”、“节”、“细目”的序号。亦即依次递补，改变序号。例如，3 目为填方、4 目为特殊路基处理、5 目为排水工程，若工程项目中没有特殊路基处理，则排水工程应为 4 目。

(3)路线建设项目中的互通式立体交叉、辅道、支线，如工程规模较大时，也可按概算项目表单独编制建筑安装工程，然后将其概算建安工程总金额列入路线的总概算表中相应的项目内。

(4)工程概算应按一个建设项目进行编制。当一个建设项目需要分段或分部编制时，应根据需要分别编制，但必须汇总编制“总概算汇总表”。

概算预算项目表 表 5-1-16

项	目	节	细目	工程或费用名称	单位	备　注
				第一部分　建筑安装工程费	公路公里	建设项目路线总长度(主线长度)
一				临时工程	公路公里	
	1			临时道路	km	新建便道与利用原有道路的总长

续上表

项	目	节	细目	工程或费用名称	单位	备　注
			1	临时便道的修建与维护	km	新建便道长度
			2	原有道路的维护与恢复	km	利用原有的道路长度
				……		
	2			临时便桥	m/座	指汽车便桥
	3			临时轨道铺设	km	
	4			临时电力线路	km	
	5			临时电信线路	km	不包括广播线
	6			临时码头	座	按不同的形式划分节或细目
二				路基工程	km	扣除桥梁、隧道和互通立交的主线长度，独立桥梁或隧道为引道或接线长度
	1			场地清理	km	
		1		清理与掘除	m^2	按清除内容的不同划分细目
			1	清除表土	m^3	
			2	伐树、挖根、除草	m^2	
				……		
		2		挖除旧路面	m^2	按不同的路面类型和厚度划分细目
			1	挖除水泥混凝土路面	m^2	
			2	挖除沥青混凝土路面	m^2	
			3	挖除碎(砾)石路面	m^2	
				……		
		3		拆除旧的建筑物、构筑物	m^3	按不同的构筑材料划分细目
			1	拆除钢筋混凝土结构	m^3	
			2	拆除混凝土结构	m^3	
			3	拆除砖石及其他砌体	m^3	
				……		
	2			挖方	m^3	
		1		挖土方	m^3	按不同的地点划分细目
			1	挖路基土方	m^3	
			2	挖改路、改河、改渠土方	m^3	
				……		
		2		挖石方	m^3	按不同的地点划分细目
			1	挖路基石方	m^3	
			2	挖改路、改河、改渠石方	m^3	
				……		
		3		挖非适用材料	m^3	
		4		弃方运输	m^3	

续上表

项	目	节	细目	工程或费用名称	单位	备　注
	3			填方	m^3	
		1		路基填方	m^3	按不同的填筑材料划分细目
			1	换填土	m^3	
			2	利用土方填筑	m^3	
			3	借土方填筑	m^3	
			4	利用石方填筑	m^3	
			5	填砂路基	m^3	
			6	粉煤灰及填石路基	m^3	
				……		
		2		改路、改河、改渠填方	m^3	按不同的填筑材料划分细目
			1	利用土方填筑	m^3	
			2	借土方填筑	m^3	
			3	利用石方填筑	m^3	
				……		
		3		结构物台背回填	m^3	按不同的填筑材料划分细目
			1	填碎石	m^3	
				……		
	4			特殊路基处理	km	指需要处理的软弱路基长度
		1		软土处理	km	按不同的处治方法划分细目
			1	抛石挤淤	m^3	
			2	砂、砂砾垫层	m^3	
			3	灰土垫层	m^3	
			4	预压与超载预压	m^2	
			5	袋装砂井	m	
			6	塑料排水板	m	
			7	粉喷桩与旋喷桩	m	
			8	碎石桩	m	
			9	砂桩	m	
			10	土工布	m^2	
			11	土工格栅	m^2	
			12	土工格室	m^2	
				……		
		2		滑坡处理	处	按不同的处理方式划分细目
			1	卸载土石方	m^3	
			2	抗滑桩	m^3	
			3	预应力锚索	m	
				……		

续上表

项	目	节	细目	工程或费用名称	单位	备　注
		3		岩溶洞回填	m^3	按不同回填材料划分细目
			1	混凝土	m^3	
				……		
		4		膨胀土处理	km	按不同的处理方式划分细目
			1	改良土	m^3	
				……		
		5		黄土处理	m^3	按黄土的不同特性划分细目
			1	陷穴	m^3	
			2	湿陷性黄土	m^2	
				……		
		6		盐渍土处理	m^2	按不同的厚度划分细目
				……		
	5			排水工程	km	按不同结构类型分节
		1		边沟	m^3/m	按不同的材料、尺寸划分细目
			1	现浇混凝土边沟	m^3/m	
			2	浆砌混凝土预制块边沟	m^3/m	
			3	浆砌片石边沟	m^3/m	
			4	浆砌块石边沟	m^3/m	
				……		
		2		排水沟	处	按不同的材料、尺寸划分细目
			1	现浇混凝土排水沟	m^3/m	
			2	浆砌混凝土预制块排水沟	m^3/m	
			3	浆砌片石排水沟	m^3/m	
			4	浆砌块石排水沟	m^3/m	
				……		
		3		截水沟	m^3/m	按不同材料、尺寸划分细目
			1	浆砌混凝土预制块截水沟	m^3/m	
			2	浆砌片石截水沟	m^3/m	
				……		
		4		急流槽	m^3/m	按不同的材料、尺寸划分细目
			1	现浇混凝土急流槽	m^3/m	
			2	浆砌片石急流槽	m^3/m	
				……		
		5		暗沟	m^3	按不同的材料、尺寸划分细目
				……		
		6		渗(盲)沟	m^3/m	按不同的材料、尺寸划分细目
				……		

续上表

项	目	节	细目	工程或费用名称	单位	备　注
		7		排水管	m	按不同的材料、尺寸划分细目
				……		
		8		集水井	m^3/个	按不同的材料、尺寸划分细目
				……		
		9		泄水槽	m^3/个	按不同的材料、尺寸划分细目
				……		
	6			防护与加固工程	km	按不同的结构类型分节
		1		坡面植物防护	m^2	按不同的材料划分细目
			1	播种草籽	m^2	
			2	铺(植)草皮	m^2	
			3	土工织物植草	m^2	
			4	植生袋植草	m^2	
			5	液压喷播植草	m^2	
			6	客土喷播植草	m^2	
			7	喷混植草	m^2	
				……		
		2		坡面圬工防护		按不同的材料和形式划分细目
			1	现浇混凝土防护坡	m^3/m^2	
			2	预制块混凝土防护坡	m^3/m^2	
			3	浆砌片石护坡	m^3/m^2	
			4	浆砌块石护坡	m^3/m^2	
			5	浆砌片石骨架护坡	m^3/m^2	
			6	浆砌片石护面墙	m^3/m^2	
			7	浆砌块石护面墙	m^3/m^2	
				……		
		3		坡面喷浆防护	m^2	按不同的材料划分细目
			1	抹面、捶面护坡	m^2	
			2	喷浆护坡	m^2	
			3	喷射混凝土护坡	m^3/m^2	
				……		
		4		坡面加固	m^2	按不同的材料划分细目
			1	预应力锚索	t/m	
			2	锚杆、锚钉	t/m	
			3	锚固板	m^3	
				……		
		5		挡土墙	m^3/m	按不同材料和形式划分细目
			1	现浇混凝土挡土墙	m^3/m	

续上表

项	目	节	细目	工程或费用名称	单位	备　注
			2	锚杆挡土墙	m^3/m	
			3	锚碇板挡土墙	m^3/m	
			4	加筋土挡土墙	m^3/m	
			5	扶壁式、悬臂式挡土墙	m^3/m	
			6	桩板墙	m^3/m	
			7	浆砌片石挡土墙	m^3/m	
			8	浆砌块石挡土墙	m^3/m	
			9	浆砌护肩墙	m^3/m	
			10	浆砌(干砌)护脚	m^3/m	
				……		
		6		抗滑桩	m^3	按不同的规格划分细目
				……		
		7		冲刷防护	m^3	按不同的材料和形式划分细目
			1	浆砌片石河床铺砌	m^3	
			2	导流坝	m^3/处	
			3	驳岸	m^3/m	
			4	石笼	m^3/处	
				……		
		8		其他工程	km	根据具体情况划分细目
				……		
三				路面工程	km	
	1			路面垫层	m^2	按不同的材料分节
		1		碎石垫层	m^2	按不同的厚度划分细目
		2		砂砾垫层	m^2	按不同的厚度划分细目
				……		
	2			路面底基层	m^2	按不同的材料分节
		1		石灰稳定类底基层	m^2	按不同的厚度划分细目
		2		水泥稳定类底基层	m^2	按不同的厚度划分细目
		3		石灰粉煤灰稳定类底基层	m^2	按不同的厚度划分细目
		4		级配碎(砾)石底基层	m^2	按不同的厚度划分细目
				……		
	3			路面基层	m^2	按不同的材料分节
		1		石灰稳定类基层	m^2	按不同的厚度划分细目
		2		水泥稳定类基层	m^2	按不同的厚度划分细目
		3		石灰粉煤灰稳定类基层	m^2	按不同的厚度划分细目
		4		级配碎(砾)石基层	m^2	按不同的厚度划分细目
		5		水泥混凝土基层	m^2	按不同的厚度划分细目

续上表

项	目	节	细目	工程或费用名称	单位	备　注
		6		沥青碎石混合料基层	m^2	按不同的厚度划分细目
				……		
	4			透层、黏层、封层	m^2	按不同的形式划分
		1		透层	m^2	
		2		黏层	m^2	
		3		封层	m^2	按不同的材料划分细目
			1	沥青表处封层	m^2	
			2	稀浆封层	m^2	
				……		
		4		单面烧毛纤维土工布	m^2	
		5		玻璃纤维格栅	m^2	
				……		
	5			沥青混凝土面层	m^2	指上面层面积
			1	粗粒式沥青混凝土面层	m^2	按不同的厚度划分细目
			2	中粒式沥青混凝土面层	m^2	按不同的厚度划分细目
			3	细粒式沥青混凝土面层	m^2	按不同的厚度划分细目
			4	改性沥青混凝土面层	m^2	按不同的厚度划分细目
			5	沥青玛蹄脂碎石混合料面层	m^2	按不同的厚度划分细目
				……		
	6			水泥混凝土面层	m^2	按不同的材料分节
			1	水泥混凝土面层	m^2	按不同的厚度划分细目
			2	连续配筋混凝土面层	m^2	按不同的厚度划分细目
			3	钢筋	t	
	7			其他面层	m^2	按不同的类型分节
		1		沥青表面处治面层	m^2	按不同的厚度划分细目
		2		沥青贯入式面层	m^2	按不同的厚度划分细目
		3		沥青上拌下贯式面层	m^2	按不同的厚度划分细目
		4		泥结碎石面层	m^2	按不同的厚度划分细目
		5		级配碎(砾)石面层	m^2	按不同的厚度划分细目
		6		天然砂砾面层	m^2	按不同的厚度划分细目
				……		
	8			路槽、路肩及中央分隔带	km	
		1		挖路槽	m^2	按不同的土质划分细目
			1	土质路槽	m^2	
			2	石质路槽	m^2	
		2		培路肩	m^2	按不同的厚度划分细目
		3		土路肩加固	m^2	按不同的加固方式划分细目

续上表

项	目	节	细目	工程或费用名称	单位	备　注
			1	现浇混凝土	m^2	
			2	铺砌混凝土预制块	m^2	
			3	浆砌片石	m^2	
				……		
		4		中央分隔带回填土	m^3	
		5		路缘石	m^3	按现浇和预制安装划分细目
				……		
	9			路面排水	km	按不同的类型分节
		1		拦水带	m	按不同的材料划分细目
			1	沥青混凝土	m	
			2	水泥混凝土	m	
		2		排水沟	m	按不同的类型划分细目
			1	路肩排水沟	m	
			2	中央分隔带排水沟	m	
				……		
		3		排水管	m	按不同类型划分细目
			1	纵向排水管	m	
			2	横向排水管	m/道	
				……		
		4		集水井	m^3/个	按不同规格划分细目
				……		
四				桥梁涵洞工程	km	指桥梁长度
	1			漫水工程	m/处	
		1		过水路面	m/处	
		2		混合式过水路面	m/处	
	2			涵洞工程	m/道	按不同的结构类型分节
		1		钢筋混凝土管涵	m/道	按管径和单、双孔划分细目
			1	1-ϕ1.0m 圆管涵	m/道	
			2	1-ϕ1.5m 圆管涵	m/道	
			3	倒虹吸管	m/道	
				……		
		2		盖板涵	m/道	按不同材料和涵径划分细目
			1	2.0m ×2.0m 石盖板涵	m/道	
			2	2.0m ×2.0m 钢筋混凝土盖板涵	m/道	
				……		
		3		箱涵	m/道	按不同涵径划分细目
			1	4.0m ×4.0m 钢筋混凝土箱涵	m/道	
				……		
		4		拱涵	m/道	按不同的材料和涵径划分细目

续上表

项	目	节	细目	工程或费用名称	单位	备　注
			1	4.0m ×4.0m 石拱涵	m/道	
			2	4.0m ×4.0m 钢筋混凝土拱涵	m/道	
				……		
	3			小桥工程	m/座	按不同结构类型分节
			1	石拱桥	m/座	按不同的跨径划分细目
			2	钢筋混凝土矩形板桥	m/座	按不同的跨径划分细目
			3	钢筋混凝土空心板桥	m/座	按不同的跨径划分细目
			4	钢筋混凝土 T 形梁桥	m/座	按不同的跨径划分细目
			5	预应力混凝土空心板桥	m/座	按不同的跨径划分细目
				……		
	4			中桥工程	m/座	按不同的结构类型或桥名分节
			1	钢筋混凝土空心板桥	m/座	按不同的跨径或工程部位划分细目
			2	钢筋混凝土 T 形梁桥	m/座	按不同的跨径或工程部位划分细目
			3	钢筋混凝土拱桥	m/座	按不同的跨径或工程部位划分细目
			4	预应力混凝土空心板桥	m/座	按不同的跨径或工程部位划分细目
				……		
	5			大桥工程	m/座	按桥名或不同的工程部位分节
		1		××大桥	m^2/m	按不同的工程部位划分细目
			1	天然基础	m^3	
			2	桩基础	m^3	
			3	沉井基础	m^3	
			4	桥台	m^3	
			5	桥墩	m^3	
			6	上部构造	m^3	注明上部构造跨径组成及结构形式
				……		
		2		……		
	6			××特大桥工程	m^2/m	按桥名分目，按不同的工程部位分节
		1		基础	m^3/座	按不同的形式划分细目
			1	天然基础	m^3	
			2	桩基础	m^3	
			3	沉井基础	m^3	
			4	承台	m^3	
				……		
		2		下部构造	m^3/座	按不同的形式划分细目
			1	桥台	m^3	
			2	桥墩	m^3	
			3	索塔	m^3	

续上表

项	目	节	细目	工程或费用名称	单位	备　注
				……		
		3		上部构造	m^3	按不同形式划分细目，并注明其跨径组成
			1	预应力混凝土空心板	m^3	
			2	预应力混凝土 T 形板	m^3	
			3	预应力混凝土连续板	m^3	
			4	预应力混凝土连续刚构	m^3	
			5	钢管拱桥	m^3	
			6	钢箱梁	t	
			7	斜拉索	t	
			8	主缆	t	
			9	预应力钢材	t	
				……		
		4		桥梁支座	个	按不同规格划分细目
			1	矩形板式橡胶支座	dm^3	
			2	圆形板式橡胶支座	dm^3	
			3	矩形四氟板式橡胶支座	dm^3	
			4	圆形四氟板式橡胶支座	dm^3	
			5	盆式橡胶支座	个	
				……		
		5		桥梁伸缩缝	m	指伸缩缝长度，按不同的规格划分细目
			1	橡胶伸缩装置	m	
			2	模数式伸缩装置	m	
			3	填充式伸缩装置	m	
				……		
		6		桥面铺装	m^3	按不同材料划分细目
			1	沥青混凝土桥面铺装	m^3	
			2	水泥混凝土桥面铺装	m^3	
			3	水泥混凝土垫平层	m^3	
			3	防水层	m^2	
				……		
		7		人行道系	m	指桥梁长度，按不同的类型划分细目
			1	人行道及栏杆	m^3/m	
			2	桥梁钢防撞护栏	m	
			3	桥梁波形梁护栏	m	
			4	桥梁水泥混凝土防撞墙	m	
			5	桥梁防护网	m	
				……		

续上表

项	目	节	细目	工程或费用名称	单位	备　注
		8		其他工程	m	指桥梁长度，按不同类型划分细目
			1	看桥房及岗亭	座	
			2	砌筑工程	m^3	
			3	混凝土构件装饰	m^2	
				……		
五				交叉工程	处	按不同的交叉形式划分
	1			平面交叉道	处	按不同的类型分节
		1		公路与铁路平面交叉	处	
		2		公路与公路平面交叉	处	
		3		公路与大车道平面交叉	处	
				……		
	2			通道	m/处	按结构类型分节
		1		钢筋混凝土箱式通道	m/处	
		2		钢筋混凝土板式通道	m/处	
				……		
	3			人行天桥	m/处	
		1		钢结构人行天桥	m/处	
		2		钢筋混凝土结构人行天桥	m/处	
	4			渡槽	m/处	按结构类型分节
		1		钢筋混凝土渡槽	m/处	
		2		……		
	5			分离式立体交叉	处	按交叉名称分节
		1		××分离式立体交叉	处	按不同的工程内容划分细目
			1	路基土石方	m^3	
			2	路基排水防护	m^3	
			3	特殊路基处理	km	
			4	路面	m^2	
			5	涵洞及通道	m^3/m	
			6	桥梁	m^2/m	
				……		
		2		……		
	6			××互通式立体交叉	处	按互通名称分目(注明其类型)，按不同的分部工程分布
		1		路基土石方	m^3/km	
			1	清理与掘除	m^2	
			2	挖土方	m^3	
			3	挖石方	m^3	

续上表

项	目	节	细目	工程或费用名称	单位	备 注
			4	挖非适用材料	m^3	
			5	弃方运输	m^3	
			6	换填土	m^3	
			7	利用土方填筑	m^3	
			8	借土方填筑	m^3	
			9	利用石方填筑	m^3	
			10	结构物台背回填	m^3	
		2		特殊路基处理	km	
			1	特殊路基垫层	m^3	
			2	预压与超载预压	m^2	
			3	袋装砂井	m	
			4	塑料排水板	m	
			5	粉喷桩与旋喷桩	m	
			6	碎石桩	m	
			7	砂桩	m	
			8	土工布	m^2	
			9	土工格栅	m^2	
			10	土工格室	m^2	
				……		
		3		排水工程	m^3	
			1	混凝土边沟、排水工程	m^3/m	
			2	砌石边沟、排水沟	m^3/m	
			3	现浇混凝土急流槽	m^3/m	
			4	浆砌片石急流槽	m^3/m	
			5	暗沟	m^3	
			6	渗(盲)沟	m^3/m	
			7	拦水带	m	
			8	排水管	m	
			9	集水井	m^3/个	
				……		
		4		防护工程	m^3	
			1	播种草籽	m^2	
			2	铺(植)草皮	m^2	
			3	土工织物植草	m^2	
			4	植生袋植草	m^2	
			5	液压喷播植草	m^2	
			6	客土喷播植草	m^2	

续上表

项	目	节	细目	工程或费用名称	单位	备　注
			7	喷混植草	m^2	
			8	现浇混凝土护坡	m^3/m^2	
			9	预制块混凝土护坡	m^3/m^2	
			10	浆砌片石护坡	m^3/m^2	
			11	浆砌块石护坡	m^3/m^2	
			12	浆砌片石骨架护坡	m^3/m^2	
			13	浆砌片石护面墙	m^3/m^2	
			14	浆砌块石护面墙	m^3/m^2	
			15	喷射混凝土护坡	m^3/m^2	
			16	现浇混凝土挡土墙	m^3/m	
			17	加筋土挡土墙	m^3/m	
			18	浆砌片石挡土墙	m^3/m	
			19	浆砌块石挡土墙	m^3/m	
				……		
		5		路面工程	m^2	
			1	碎石垫层	m^2	
			2	砂砾垫层	m^2	
			3	石灰稳定类底基层	m^2	
			4	水泥稳定类底基层	m^2	
			5	石灰粉煤灰稳定类底基层	m^2	
			6	级配碎(砾)石底基层	m^2	
			7	石灰稳定类基层	m^2	
			8	水泥稳定类基层	m^2	
			9	石灰粉煤灰稳定类基层	m^2	
			10	级配碎(砾)石基层	m^2	
			11	水泥混凝土基层	m^2	
			12	透层、黏层、封层	m^2	
			13	沥青混凝土面层	m^2	
			14	改性沥青混凝土面层	m^2	
			15	沥青玛蹄脂碎石混合料面层	m^2	
			16	水泥混凝土面层	m^2	
			17	中央分隔带回填土	m^3	
			18	路缘石	m^3	
				……		
		6		涵洞工程	m/道	
			1	钢筋混凝土管涵	m/道	
			2	倒虹吸管	m/道	

续上表

项	目	节	细目	工程或费用名称	单位	备　注
			3	盖板涵	m/道	
			4	箱涵	m/道	
			5	拱涵	m/道	
		7		桥梁工程	m^2/m	
			1	天然基础	m^3	
			2	桩基础	m^3	
			3	沉井基础	m^3	
			4	桥台	m^3	
			5	桥墩	m^3	
			6	上部构造	m^3	
				……		
		8		通道	m/处	
六				隧道工程	km/座	按隧道名称分目,并注明其形式
	1			××隧道	m	按明洞、洞门、洞身开挖、衬砌等分节
		1		洞门及明洞开挖	m^3	
			1	挖土方	m^3	
			2	挖石方	m^3	
				……		
		2		洞门及明洞修筑	m^3	
			1	洞门建筑	m^3/座	
			2	明洞衬砌	m^3/m	
			3	遮光棚(板)	m^3/m	
			4	洞口坡面防护	m^3	
			5	明洞回填	m^3	
				……		
		3		洞身开挖	m^3/m	
			1	挖土石方	m^3	
			2	注浆小导管	m	
			3	管棚	m	
			4	锚杆	m	
			5	钢拱架(支撑)	t/榀	
			6	喷射混凝土	m^3	
			7	钢筋网	t	
				……		
		4		洞身衬砌	m^3	
			1	现浇混凝土	m^3	
			2	仰拱混凝土	m^3	

续上表

项	目	节	细目	工程或费用名称	单位	备　注
			3	管、沟混凝土	m^3	
				……		
		5		防水与排水	m^3	
			1	防水板	m^2	
			2	止水带、条	m	
			3	压浆	m^3	
			4	排水管	m	
				……		
		6		洞内路面	m^2	按不同的路面结构和厚度划分细目
			1	水泥混凝土路面	m^2	
			2	沥青混凝土路面	m^2	
				……		
		7		通风设施	m	按不同的设施划分细目
			1	通风机安装	台	
			2	风机启动柜洞门	个	
				……		
		8		消防设施	m	按不同的设施划分细目
			1	消防室洞门	个	
			2	通道防火闸门	个	
			3	蓄(集)水池	座	
			4	喷防火涂料	m^2	
				……		
		9		照明设施	m	按不同的设施划分细目
			1	照明灯具	m	
				……		
		10		供电设施	m	按不同的设施划分细目
		11		其他工程	m	按不同的内容划分细目
			1	卷帘门	个	
			2	检修门	个	
			3	洞身及洞门装饰	m^2	
				……		
	2			××隧道	m	
七				公路设施及预埋管线工程	公路公里	
	1			安全设施	公路公里	按不同设施分节
		1		石砌护栏	m^3/m	
		2		钢筋混凝土防撞护栏	m^3/m	
		3		波形钢板护栏	m	按不同的形式划分细目

续上表

项	目	节	细目	工程或费用名称	单位	备　注
		4		隔离栅	km	按不同的材料划分细目
		5		防护网	km	
		6		公路标线	km	
		7		轮廓标	根	
		8		防眩板	m	
		9		钢筋混凝土护柱	根/m	
		10		里程碑、百米桩、公路界碑	块	
		11		各类标志牌	块	按不同的规格和材料划分细目
		12		……		
	2			服务设施	公路公里	按不同的设施分节
		1		服务区	处	按不同的内容划分细目
		2		停车区	处	按不同的内容划分细目
		3		公共汽车停靠站	处	按不同的内容划分细目
	3			管理、养护设施	公路公里	按不同的设施分节
		1		收费系统设施	处	按不同的内容划分细目
			1	设备安装	公路公里	
			2	收费亭	个	
			3	收费天棚	m^2	
			4	收费岛	个	
			5	通道	m/道	
			6	预埋管线	m	
			7	架设管线	m	
				……		
		2		通信系统设施	公路公里	按不同的内容划分细目
			1	设备安装	公路公里	
			2	管道工程	m	
			3	人(手)孔	个	
			4	紧急电话平台	个	
				……		
		3		监控系统设施	公路公里	按不同内容划分细目
			1	设备安装	公路公里	
			2	光(电)缆敷设	km	
				……		
		4		供电、照明系统设施	公路公里	按不同内容划分细目
			1	设备安装	公路公里	
				……		
		5		养护工区	处	按不同内容划分细目

续上表

项	目	节	细目	工程或费用名称	单位	备　注
			1	区内道路	km	
				……		
	4			其他工程	公路公里	
			1	悬出路台	m/处	
			2	渡口码头	处	
			3	辅道工程	km	
			4	支线工程	km	
			5	公路交工前养护费	km	按《概算预算编制办法》附录一计算
八				绿化及环境保护工程	公路公里	
	1			撒播草种和铺植草皮	m^2	按不同内容分节
		1		撒播草种	m^2	按不同内容划分细目
		2		铺植草皮	m^2	按不同的内容划分细目
		3		绿地喷灌管道	m	按不同的内容划分细目
	2			种植乔、灌木	株	按不同的内容分节
		1		种植乔木	株	按不同的树种划分细目
			1	高山榕	株	
			2	美人蕉	株	
				……		
		2		种植灌木	株	按不同的树种划分细目
			1	夹竹桃	株	
			2	月季	株	
				……		
		3		种植攀缘植物	株	
			1	爬山虎	株	
			2	葛藤	株	
				……		
		4		种植竹类植物	株	按不同的内容划分细目
		5		种植棕榈类植物	株	按不同的内容划分细目
		6		栽植绿篱	m	
		7		栽植绿色带	m^2	
	3			声屏障	m	按不同的类型分节
		1		消声板声屏障	m	
		2		吸音砖声屏障	m^3	
		3		砖墙声屏障	m^3	
				……		
	4			污水处理	处	按不同的内容分节
	5			取、弃土场防护	m^3	按不同的内容分节

续上表

项	目	节	细目	工程或费用名称	单位	备　注
				……		
九				管理、养护及服务房屋	m^2	
	1			管理房屋	m^2	
		1		收费站	m^2	
		2		管理站	m^2	
		3		……		
	2			养护房屋	m^2	按房屋名称分节
		1		……		
	3			服务房屋	m^2	按房屋名称分节
		1		……		
				第二部分　设备及工具、器具购置费	**公路公里**	
一				设备购置	公路公里	
	1			需安装的设备	公路公里	
		1		监控系统设备	公路公里	按不同的设备分别计算
		2		通信系统设备	公路公里	按不同的设备分别计算
		3		收费系统设备	公路公里	按不同的设备分别计算
		4		供电照明系统设备	公路公里	按不同的设备分别计算
	2			不需安装的设备	公路公里	
		1		监控系统设备	公路公里	按不同的设备分别计算
		2		通信系统设备	公路公里	按不同的设备分别计算
		3		收费系统设备	公路公里	按不同的设备分别计算
		4		供电照明系统设备	公路公里	按不同的设备分别计算
		5		养护设备	公路公里	按不同的设备分别计算
二				工具、器具购置	公路公里	
三				办公及生活用家具购置	公路公里	
				第三部分　工程建设其他费用	**公路公里**	
一				土地征用及拆迁补偿费	公路公里	
二				建设项目管理费	公路公里	
	1			建设单位(业主)管理费	公路公里	
	2			工程质量监督费	公路公里	
	3			工程监理费	公路公里	
	4			工程定额测定费	公路公里	
	5			设计文件审查费	公路公里	
	6			竣(交)工验收试验监测费	公路公里	
三				研究试验费	公路公里	
四				建设项目前期工作费	公路公里	
五				专项评价(估)费	公路公里	

续上表

项	目	节	细目	工程或费用名称	单位	备　注
六				施工机构迁移费	公路公里	
七				供电贴费	公路公里	
八				联合试运转费	公路公里	
九				生产人员培训费	公路公里	
十				固定资产投资方向调节税	公路公里	
十一				建设期贷款利息	公路公里	
				第一、二、三部分　费用合计	**公路公里**	
				预备费用	元	
				1. 价差预备费	元	
				2. 基本预备费	元	预算实行包干时列系数包干费
				概(预)算总金额	**元**	
				其中:回收金额	元	
				公路基本造价	公路公里	

(三)工程量的摘取

工程量是影响造价准确性的重要因素,应有序地、科学地进行工程量摘取,做到不重不漏,具体计量摘取方法详见本书的第八篇。

四、设计概算的编制程序与方法

编制设计概算应以初步设计图纸和说明书,施工方案和测设合同、协议,以及建设单位的要求等为依据来进行,并应严格贯彻执行国家有关公路建设的方针、政策和工程造价管理的各项规定。

(一)设计概算的编制程序

编制设计概算,通常要求按如下先后次序进行有关的准备和编制工作。

(1)熟悉设计图纸资料,了解设计意图。对设计说明书及各类工程的设计图纸资料,要深入熟悉和研究,掌握和了解设计意图。当一些工程的施工有特殊要求时,要事先研究妥善的解决办法。当有新结构、新材料、新设备、新工艺而又无定额可适用时,则可按编制定额的原则和方法,编制补充定额。

(2)整理外业调查资料,根据现场条件,提出合理的施工组织方案。

(3)核对主要工程量,按照概算定额的要求,正确计取计价工程量。

(4)按编制工程造价的有关规定及工程的实际情况,计算和填写人工、材料、施工机械台班预算价格的各种计算表和汇总表,以及其他工程费、间接费综合费率计算表。

(5)根据计取的工程量套用概算定额,编制分项工程概算表及建筑安装工程费计算表。

(6)编制设备、工具、器具购置费计算表和工程建设其他费用计算表。

(7)编制汇总工程概算表和分段汇总表,以及人工、主要材料、机械台班数量汇总表。

(8)写出编制说明,经复核、审核后出版。

综上所述,我们将概算编制程序以框图的形式表示如图 5-1-3 所示。从图中可见,公路工程概算与预算编制其程序相同。

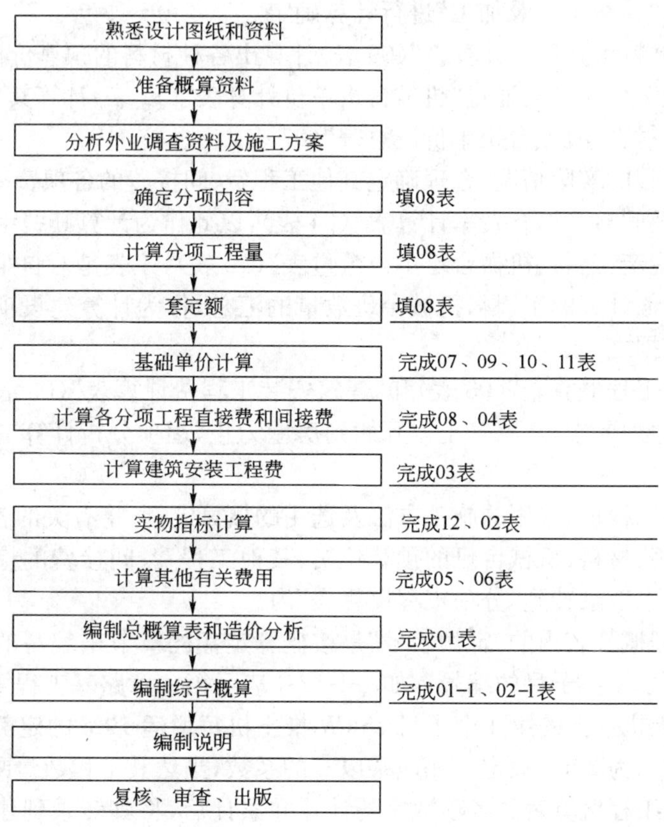

图 5-1-3 概算编制程序图

(二)设计概算的编制方法

设计概算是由第一、二、三部分费用和预留费用组成,其中第一部分建筑安装工程费,是以概算定额为依据,采用工、料、机分析的方法来进行编制的,常称为实物法。现就设计概算的编制方法扼要叙述如下。

1. 建筑安装工程费的编制

首先是在"分项工程概算表"中按建设工程所在地实际价格计算和累计汇总得到工、料、机费用,即直接工程费,然后再分别计入其他工程费、间接费、利润和税金等以费率计算的各项费用,汇总后得到建筑安装工程费。

(1)确定工、料、机价格和其他工程费、间接费综合费率。在编制分项工程概算表之前,先要计算出人工、材料、施工机械台班的预算价格和其他工程费、间接费综合费率等基础数据资料。

①人工费单价。按部、省、自治区、直辖市公路(交通)工程定额(造价管理)站发布的价格信息资料,结合建设工程的实际情况取定,并注意是否需要增计地区生活补贴等人工费用内容。

②材料预算价格。材料的规格品种多,而影响价格的因素又是多方面的,在计算时要注意以下有关事项,做到合理可靠。

a. 按经济合理、方便运输的原则,确定材料的供应地点和运输方式,并计算出平均运距及比重。

b. 凡施工单位自采加工的砂石材料，应按"自采材料料场价格计算表"(10 表)的要求根据《预算定额》第八章"材料采集及加工"进行计算确定。

c. 最后通过"材料预算单价计算表"(09 表)计算出各种材料的预算价格。

③按选用的施工机械种类通过"机械台班单价计算表"(11 表)计算其价格。

④编制"人工、材料、机械台班单价汇总表"(07 表)。

⑤根据建设工程的实际情况，合理确定其他工程费、间接费的各项费率标准，并进行综合，编制"其他工程费及间接费综合费率计算表"(04 表)，以此作为计算其费用的依据。

⑥编制"辅助生产工、料、机械台班单位数量表"(12 表)，该表是对自采加工材料和自办运输工作根据预算定额计算的工、料、机械台班数量的汇总，作为计算建设项目人工、材料、机械台班总需要量的依据之一。

(2)编制"分项工程概算表"(08 表)和"建筑安装工程费计算表"(03 表)。应按照"概算项目表"规定的项目序列要求，从路基土方开始到房屋为止，逐项分析计算，并按"目"、"节"的内容进行汇总。

①根据计取的工程量、采用的施工方法及选用的概算定额，将有关的各种资料分别摘录于计算表内，其中人工、材料、机械台班的预算价格、其他工程费、间接费的综合费率则是分别从上述相关的计算表上节录转到"分项工程概算表"内。

其中，分项工程概算表内的"定额表号"是按概算定额的章节来编写的，其格式为"章的编号-节的编号-项目的编号-子目的编号"，如 1-1-12-4 表示第一章路基工程第一节路基土石方工程第 12 个项目推土机推土的第 4 个子目 75kW 推土机每增运 10m 的定额号，1-1-12-4×2，表示推土机增运的距离为 20m，故定额相应乘以 2 的系数，当然其工程数量乘以 2 亦是可行的。

②在完成分项工程概算表的各项数字的计算并累计后，将其转录到建筑安装工程费计算表内，再分别计算利润和税金，然后逐项汇总并计算出单价。这样，建筑安装费就全部计算完成。

2. 设备、工具、器具购置费的编制即完成 05 表

这是设计概算的第二部分费用，除办公和生活用家具购置费可按规定的费额计算外，需要购置的机械设备，由于公路工程的实际情况不同，差异大，尚无统一的规定标准，应根据建设主管部门或建设单位认定的数量，按市场价格计算，并应计列运杂费和采购保管费，当设备来源不明时，可按设备供应价的 7%计算运杂费。

3. 工程建设其他费用的编制即完成 06 表

这是设计概算的第三部分费用，包括土地征用及拆迁补偿费、建设项目管理费、研究试验费、建设项目前期工作费、专项评价(估)费、施工机构迁移费、联合试运转费、生产人员培训费、建设期贷款利息等多项费用。应根据整理的外业调查资料和国家规定的有关标准为依据，在"工程建设其他费用及回收金额计算表"(06 表)中逐项罗列公式进行计算。除工程建设其他费外的一些费用，如建筑安装工程费中的绿化工程补助费，以及预留费等，也要利用该表来完成其计算。

4. 总概算的编制

总概算是根据所编制的建设工程项目的建筑安装工程费，设备、工具、器具购置费，工程建设其他费用等概算文件资料，按照概算项目表组成的内容和如下方法来进行编制的，实际上只是一个节录和汇总的工作环节。

(1)按工程或费用名称，依次将单位、工程数量、概算金额分别摘取填入"总概算表"(01

表)的相应的各栏内。

(2)按"目"、"项",第一、二、三部分及其合计,概算总金额,公路(桥梁)基本造价,依次求出各项工程或费用的小计、合计及总计。

(3)计算技术经济指标和各项费用的比例(%)。以各项工程的概算金额分别除以相应的工程数量,所得的商即为技术经济指标,也就是各项工程的分部工程单价;而以概算总金额分别去除各项概算金额,即为相应的各项费用所占的比例。

(4)将建设项目需要的人工、主要材料、机械台班数量,按工程项目分别进行汇总,即完成"人工、材料、机械台班数量汇总表"(02 表)。凡规定可计列场外运输操作损耗的材料要计入其相应损耗数量。

(5)当一个建设项目按分段编制概算时,应将各分段的工程数量、概算总金额,以及人工、主要材料、机械台班数量,分别编制成汇总表,即完成"总概算汇总表"(01-1 表)和"总概算人工、主要材料、机械台班数量汇总表"(02-1 表)。

上述各种计算表见表 5-1-1～表 5-1-15。

5. 写出编制说明

当工程概算汇总完成之后,应如实、全面地说明编制过程中的有关情况,以利决策部门了解掌握,从而作出正确的决策。同时,工程建成后,这些资料就成为宝贵的工程概算的历史资料。如果没有必要的说明,就无法进行造价资料的积累。所以,应十分认真地做好概算编制说明的编写工作。设计概算的编制说明,应着重说明以下有关内容。

(1)采用的各种计价依据,要说明颁发的机关、文号、日期或来源等。因为有些规定是经常变动的,如果编制人员没有及时掌握这方面的信息,就可能使用作废的规定,详细说明就是为了便于在审查时发现此类错误。材料的供应价格,各地公路(交通)工程定额(造价管理)站按年或季发布价格信息,如不说明其来源,也无法使审核或使用者了解所采用的计价依据的可靠性。

(2)按路基、路面、桥梁涵洞、交叉工程、隧道、其他工程及沿线设施、临时工程、管理、养护及服务房屋的顺序,分别说明其工程量计算时采用资料的依据,以及采用的施工方法,如土石方施工的机械化程度、路面混合料的拌和方式、桥梁的预制安装方法等。

(3)施工总体部署和必须采用的施工技术安全措施,以及计划工期等。

(4)对前期的工程估算文件批复意见执行情况的说明。

(5)概算与估算对比资料的说明,以利了解设计阶段对造价的控制情况。

【例 5-1-1】 安全设施概算建安费计算示例

××二级公路初步设计资料中有关安全设施的工程数量如表 5-1-17 所示。

某二级公路有关安全设施工程数量 表 5-1-17

工程内容名称	工 程 数 量	工程内容名称	工 程 数 量
钢筋混凝土防撞护栏	6 220m	百米桩	894 块
柱式护栏	38 107 根	界碑	662 块
公路标线	246.114km	单柱式铝合金标志	87 处
沥青路面热熔标线	36 917m	双柱式铝合金标志	80 处
里程碑	99 块	单悬臂式铝合金标志	20 处

试根据以上工程量确定其建安工程费。工、料、机单价和相关费率为已知。

解:(1)主要编制依据

①现行《概算预算编制办法》及工程所在地补充规定。

②现行《概算定额》。

③当地工、料、机价格。

④初步设计资料等。

(2)概算表格

①直接费和间接费的编制即编制 08 表,数据见表 5-1-18。

08 表的编制方法:“编制范围”填写本表编制内容所从属的工程段落或工程部分的名称或桩号;“工程名称”按总概(预)算项目表中“节”的名称填列,有“目”无“节”者按“目”填列;“工程项目”一般填概(预)算定额项目名称,如第六章第一节的第三个项目为波行钢板护栏,则填“波行钢板护栏”;“工程细目”填写所采用定额的具体子目名称,如波行钢板护栏下有钢管立柱、型钢立柱等子目,若采用钢管柱,则填写“钢管柱”;“定额单位”栏填写所采用定额子目的单位,如定额单位为 100m,则填写“100m”;“工程数量”根据设计资料按具体分项工程项目填入工程数量,“工程数量”单位应与定额单位一致,如本例钢筋混凝土墙式护栏总长为 6 220m,填工程数量时应填有多少个定额单位,即有多少个 100m,因此工程数量应填“62.2”;“工料机名称”按工、料、机代号由小到大的顺序把所采用定额中的工、料、机逐一列出;“单位”填概预算定额中各工、料、机所采用的单位,如人工的单位在概预算定额中用工日,则填“工日”,钢材的单位在概预算定额中用 t,则填“t”,推土机的单位在概预算定额中用台班,则填“台班”;“单价”栏的单价由 07 表转来;“定额”栏填写该工程细目的定额值,如本例钢筋混凝土墙式护栏中采用的子目每 100m 定额单位的概算定额消耗量为:人工 114.4 工日,原木 0.124m^3,……;“数量”栏表示本工程中完成该子目所需工、料、机的总数量,其值等于“定额”栏乘以“工程数量” 栏,如当工程数量为 62.2,人工定额消耗量为 114.4 工日,则完成该工程需要人工总共为 7 115.68 工日;“金额”栏表示本工程中完成该子目所需工、料、机的费用,其值等于“数量”栏乘以“单价”栏,如当工程的人工消耗量为 7 115.68 工日,人工单价为 49.2 元/工日,则完成该子目工程需要人工费总共为 350 091 元;“直接工程费”为各子目人工费、材料费、机械费用合计值;“其他工程费”、“间接费”按相应基数乘以规定费率。规定费率从 04 表转录过来,填入所对应的栏中。

②概算建安费的编制即 03 表的编制,数据见表 5-1-19。

03 表的编制方法:表中“工程名称” 栏按概(预)算项目表第一部分费用建安费中各节(无节者按目)顺序填列,填列时“目”和“节”可随需要增减,按项目表的顺序,以实际出现的“目”、“节”依次排列,不保留缺少的“目”、“节”序号。例如,在概(预)算项目表中安全设施下的第一节和第二节分别为石砌护栏和钢筋混凝土防撞护栏,本例安全设施工程中没有石砌护栏,因此,石砌护栏不用填列,直接填列本例中的钢筋混凝土防撞护栏,接着可根据工程实际填隔离栅等,填列时也可随需要增加;“单位”栏一般填写“概(预)算项目表”中所列的单位;“工程量”栏、“人工费”栏、“材料费”栏、“机械使用费”栏、“其他工程费”栏、“间接费”栏等均从 08 表中相应栏转录过来;“利润”栏等于定额直接费、间接费之和扣除规费后乘以利润率;“税金” 栏等于直接费、间接费、利润之和乘以综合税率;“建筑安装工程费” 栏中“合计”栏等于直接费、间接费、计划利润、税金之和,“单价”栏等于“合计”栏除以“工程量”栏。

表 5-1-18

分项工程概算表

编制范围：K0＋000～K97＋470

工程名称：钢筋混凝土防撞护栏　　费率文件名：　　单价文件名：　　打印日期：　　第 1 页　共 4 页　08-2 表

编号	工程项目			柱式及墙式护栏											
	工程细目			钢筋混凝土墙式护栏											
	定额单位			100m									合计		
	工程数量			62.2											
	定额表号			6 101 003											
	工、料、机名称	单位	单价(元)	定额	数量	金额(元)	定额	数量	金额(元)	定额	数量	金额(元)	定额	数量	金额(元)
1	人工	工日	49.2	114.4	7 115.68	350 091								7 115.68	350 091
101	原木	m^3	998.35	0.124	7.71	7 700								7.71	7 700
102	锯材	m^3	1 203.35	0.175	10.89	13 098								10.89	13 098
111	光圆钢筋	t	4 075.4	1.275	79.3	323 200								79.3	323 200
191	钢管	t	5 920.4	0.422	26.25	155 401								26.25	155 401
271	钢模板	t	5 761.04	0.29	18.04	103 918								18.04	103 918
561	铸铁	kg	2.925	760.2	47 284.4	138 324								47 284.4	138 324
651	铁件	kg	5.186	143.2	8 907.04	46 191								8 907.04	46 191
656	20～22 号铁丝	kg	6.513	6.3	391.86	2 552								391.86	2 552
732	油漆	kg	12.868	9.4	584.68	7 524								584.68	7 524
832	32.5 级水泥	t	387.743	9.824	611.05	236 931								611.05	236 931
866	水	m^3	0.82	35	2 177	1 785								2 177	1 785
899	中(粗)砂	m^3	75.645	14.09	876.4	66 295								876.4	66 295

续上表

编号	工程项目			柱式及墙式护栏									合计		
	工程细目			钢筋混凝土墙式护栏											
	定额单位			100m											
	工程数量			62.2											
	定额表号			6 101 003											
	工、料、机名称	单位	单价(元)	定额	数量	金额(元)	定额	数量	金额(元)	定额	数量	金额(元)	定额	数量	金额(元)
952	碎石(4cm)	m^3	91.332	24.35	1 514.57	138 329								1 514.57	138 329
996	其他材料费	元	1	52.4	3 259.28	3 259								3 259.28	3 259
1272	250L以内混凝土搅拌机	台班	109.972	1.17	72.77	8 003								72.77	8 003
1408	1t以内机动翻斗车	台班	137.298	1.06	65.93	9 052								65.93	9 052
1998	小型机具使用费	元	1	31.2	1 940.64	1 941								1 940.64	1 941
1999	基价	元	1	22 444	1 396 017	1 396 017								1 396 017	1 396 017
直接工程费				1 613 579									1 613 579		
其他工程费			I	5.82%	93 910									93 910	
			II	8.28%	30 560									30 560	
间接费		规费		40.50%	141 787									141 787	
		企业管理费		5.31%	92 290									92 290	
利润及税金				199 742									199 742		
建筑安装工程费				2 171 869									2 171 869		

编制:×××　　复核:×××

分 项 工 程 概 算 表

表 5-1-18

编制范围:K0+000～K97+470

工程名称:柱式护栏　　费率文件名:　　单价文件名:　　打印日期:　　第 2 页　共 4 页　08-2 表

编号	工 程 项 目			柱式及墙式护栏									合计		
	工 程 细 目			柱式护栏											
	定 额 单 位			100 根											
	工 程 数 量			381.07											
	定 额 表 号			6 101 001											
	工、料、机名称	单位	单价(元)	定额	数量	金额(元)	定额	数量	金额(元)	定额	数量	金额(元)	定额	数量	金额(元)
1	人工	工日	49.2	49.4	18 824.9	926 183								18 824.9	926 183
102	锯材	m³	1 203.35	0.45	171.48	206 352								171.48	206 352
111	光圆钢筋	t	4 075.4	0.288	109.75	447 268								109.75	447 268
653	铁钉	kg	6.723	13.6	5 182.55	34 844								5 182.55	34 844
656	20～22 号铁丝	kg	6.513	1.6	609.71	3 971								609.71	3 971
732	油漆	kg	12.868	24.6	9 374.32	120 627								9 374.32	120 627
832	32.5 级水泥	t	387.743	1.418	540.36	209 519								540.36	209 519
866	水	m³	0.82	10	3 810.7	3 125								3 810.7	3 125
899	中(粗)砂	m³	75.645	2.2	838.35	63 417								838.35	63 417
951	碎石(2cm)	m³	102.419	3.66	1 394.72	142 846								1 394.72	142 846
954	碎石(8cm)	m³	83.013	7.8	2 972.35	246 744								2 972.35	246 744
996	其他材料费	元	1	46	17 529.2	17 529								17 529.2	17 529
1371	3t 以内载货汽车	台班	287.142	1.22	464.91	133 494								464.91	133 494
1998	小型机具使用费	元	1	14.1	5 373.09	5 373								5 373.09	5 373
1999	基价	元	1	5 943	2 264 699	2 264 699								2 264 699	2 264 699
直接工程费				2 561 292									2 561 292		
其他工程费			I	5.82%	149 067									149 067	
			II	8.28%	88 186									88 186	
间接费		规费		40.50%	375 104									375 104	
		企业管理费		5.31%	148 603									148 603	
利润及税金				326 624									326 624		
建筑安装工程费				3 648 876									3 648 876		

编制:×××　　复核:×××

分项工程概算表

表 5-1-18

编制范围:K0+000～K97+470

工程名称:公路标线　　费率文件名:　　单价文件名:　　打印日期:　　第　页　共　页　08-2 表

编号				工程项目	路面标线										
				工程细目	沥青路面热熔标线										
				定额单位	100								合计		
				工程数量	369.17										
				定额表号	6 107 004										
	工、料、机名称	单位	单价(元)	定额	数量	金额(元)	定额	数量	金额(元)	定额	数量	金额(元)	定额	数量	金额(元)
1	人工	工日	49.2	5.2	1 919.68	94 448								1 919.68	94 448
738	热熔涂料	kg	6	469	173 141	1 038 905								173 141	1 038 905
739	反光玻璃珠	kg	3.233	37	13 659.3	44 158								13 659.3	44 158
996	其他材料费	元	1	200	73 834	73 834								73 834	73 834
1227	热熔标线设备	台班	561.621	0.56	206.74	116 107								206.74	116 107
1372	4t 以内载货汽车	台班	354.305	0.5	184.59	65 399								184.59	65 399
1999	基价	元	1	3 806	1 405 061	1 405 061								1 405 061	1 405 061
直接工程费					1 432 794									1 432 794	
其他工程费			I	5.01%	71 783										71 783
			II	8.45%	23 318										23 318
间接费		规费		40.50%	38 252										38 252
		企业管理费		2.46%	37 586										37 586
利润及税金					168 008									168 008	
建筑安装工程费					1 771 740									1 771 740	

编制:×××　　复核:×××

表 5-1-18

分项工程概算表

编制范围:K0+000～K97+470

工程名称:里程碑、百米桩、公路界碑　　费率文件名:　　单价文件名:　　打印日期:　　第 3 页　共 4 页　08-2 表

编号	工程项目			里程碑、百米桩、界碑			里程碑、百米桩、界碑			里程碑、百米桩、界碑			合计		
	工程细目			里程碑			百米桩			界碑					
	定额单位			100 块			100 块			100 块					
	工程数量			0.99			8.94			6.62					
	定额表号			6 109 001			6 109 002			6 109 003					
	工、料、机名称	单位	单价(元)	定额	数量	金额(元)	定额	数量	金额(元)	定额	数量	金额(元)	定额	数量	金额(元)
1	人工	工日	49.2	56	55.44	2 728	6.1	54.53	2 683	34.5	228.39	11 237		338.36	16 648
101	原木	m^3	998.35	0.021	0.02	21	0.004	0.04	36	0.014	0.09	93		0.15	149
111	光圆钢筋	t	4 075.4	0.267	0.26	1 077	0.07	0.63	2 550	0.182	1.2	4 910		2.09	8 538
182	型钢	t	4 382.9	0.005	0	22	0.001	0.01	39	0.003	0.02	87		0.03	148
272	组合钢模板	t	5 357.04	0.032	0.03	170	0.007	0.06	335	0.022	0.15	780		0.24	1 285
651	铁件	kg	5.186	18	17.82	92	3.7	33.08	172	12.5	82.75	429		133.65	693
732	油漆	kg	12.868	31.1	30.79	396	4.6	41.12	529	16.4	108.57	1 397		180.48	2 322
832	32.5 级水泥	t	387.743	3.325	3.29	1 276	0.188	1.68	652	2.527	16.73	6 486		21.7	8 414
866	水	m^3	0.82	16	15.84	13	1	8.94	7	13	86.06	71		110.84	91
899	中(粗)砂	m^3	75.645	6.19	6.13	464	0.24	2.15	162	5.46	36.15	2 734		44.42	3 360
951	碎石(2cm)	m^3	102.419	4.41	4.37	447	0.41	3.67	375	2.2	14.56	1 492		22.6	2 314
954	碎石(8cm)	m^3	83.013	5.08	5.03	417				5.93	39.26	3 259		44.29	3 676

续上表

编号	工程项目			里程碑、百米桩、界碑			里程碑、百米桩、界碑			里程碑、百米桩、界碑			合计		
	工程细目			里程碑			百米桩			界碑					
	定额单位			100 块			100 块			100 块					
	工程数量			0.99			8.94			6.62					
	定额表号			6 109 001			6 109 002			6 109 003					
	工、料、机名称	单位	单价(元)	定额	数量	金额(元)	定额	数量	金额(元)	定额	数量	金额(元)	定额	数量	金额(元)
996	其他材料费	元	1	70.7	69.99	70	4.9	43.81	44	17.7	117.17	117		230.97	231
1272	250L 以内混凝土搅拌机	台班	109.972	0.23	0.23	25	0.02	0.18	20	0.12	0.79	87		1.2	132
1372	4t 以内载货汽车	台班	354.305	1.14	1.13	400	0.06	0.54	190	0.63	4.17	1 478		5.84	2 068
1998	小型机具使用费	元	1	2.1	2.08	2	0.4	3.58	4	1.5	9.93	10		15.59	16
1999	基价	元	1	6 711	6 644	6 644	778	6 955	6 955	4 490	29 724	29 724		43 323	43 323
直接工程费				7 620			7 798			34 667			50 085		
其他工程费			I	5.82%	443		5.82%	454		5.82%	2 018			2 915	
			II	8.28%	261		8.28%	240		8.28%	1 061			1 562	
间接费		规费		40.50%	1 105		40.50%	1 087		40.50%	4 551			6 742	
		企业管理费		5.31%	442		5.31%	451		5.31%	2 004			2 897	
利润及税金				971			989			4 388			6 349		
建筑安装工程费				10 843			11 019			48 688			70 550		

编制：×××　　复核：×××

分项工程概算表

表 5-1-18

编制范围:K0+000~K97+470

工程名称:各类标志牌　　费率文件名:　　单价文件名:　　打印日期:　　第 4 页　共 4 页　08-2 表

编号	工程项目			标志牌			标志牌			标志牌			合计		
	工程细目			铝合金标志牌单柱式			铝合金标志牌双柱式			铝合金标志牌单悬臂式					
	定额单位			10 处			10 处			10 处					
	工程数量			8.7			0.8			0.2					
	定额表号			6 105 004			6 105 005			6 105 006					
	工、料、机名称	单位	单价(元)	定额	数量	金额(元)	定额	数量	金额(元)	定额	数量	金额(元)	定额	数量	金额(元)
1	人工	工日	49.2	68.4	595.08	29 278	199.5	159.6	7 852	149	29.8	1 466		784.48	38 596
102	锯材	m^3	1 203.35	0.003	0.03	31	0.008	0.01	8	0.006	0	1		0.03	41
111	光圆钢筋	t	4 075.4	0.451	3.92	15 991	0.502	0.4	1 637	0.584	0.12	476		4.44	18 103
182	型钢	t	4 382.9	0.01	0.09	381	0.033	0.03	116	0.024	0	21		0.12	518
231	电焊条	kg	5.391	0.2	1.74	9	0.8	0.64	3	1.1	0.22	1		2.6	14
247	钢管立柱	t	6 064.04	1.73	15.05	91 270	10.12	8.1	49 094	12.632	2.53	15 320		25.67	155 685
272	组合钢模板	t	5 357.04	0.018	0.16	839	0.058	0.05	249	0.042	0.01	45		0.21	1 132
651	铁件	kg	5.186	8.3	72.21	374	27.5	22	114	19.7	3.94	20		98.15	509
652	镀锌铁件	kg	6.723	1 199.2	10 433	70 145	4 632.2	3 705.76	24 915	6 041.8	1 208.36	8 124		15 347.2	103 185
656	20~22 号铁丝	kg	6.513	2.2	19.14	125	2.5	2	13	2.9	0.58	4		21.72	141
668	铝合金标志	t	29 922.26	0.391	3.4	101 787	1.937	1.55	46 368	1.713	0.34	10 251		5.29	158 405
740	反光膜	m^2	256.302	53.6	466.32	119 519	260.9	208.72	53 495	247	49.4	12 661		724.44	185 675
832	32.5 级水泥	t	387.743	8.543	74.32	28 819	28.429	22.74	8 819	20.434	4.09	1 585		101.15	39 222
866	水	m^3	0.82	30	261	214	100	80	66	72	14.4	12		355.4	291

续上表

编号	工程项目			标志牌			标志牌			标志牌			合计		
	工程细目			铝合金标志牌单柱式			铝合金标志牌双柱式			铝合金标志牌单悬臂式					
	定额单位			10处			10处			10处					
	工程数量			8.7			0.8			0.2					
	定额表号			6 105 004			6 105 005			6 105 006					
	工、料、机名称	单位	单价(元)	定额	数量	金额(元)	定额	数量	金额(元)	定额	数量	金额(元)	定额	数量	金额(元)
899	中(粗)砂	m^3	75.645	12.25	106.57	8 062	40.77	32.62	2 467	29.3	5.86	443		145.05	10 972
952	碎石(4cm)	m^3	91.332	21.18	184.27	16 829	70.47	56.38	5 149	50.65	10.13	925		250.77	22 903
996	其他材料费	元	1	86.5	752.55	753	287.9	230.32	230	206.9	41.38	41		1 024.25	1 024
1372	4t以内载货汽车	台班	354.305	1.61	14.01	4 963	2	1.6	567	2.02	0.4	143		16.01	5 673
1449	5t以内汽车式起重机	台班	444.326	1.61	14.01	6 224	2	1.6	711	2.02	0.4	180		16.01	7 114
1726	32kV·A内交流电弧焊机	台班	126.544	0.05	0.44	55	0.16	0.13	16	0.2	0.04	5		0.6	76
1998	小型机具使用费	元	1	10.2	88.74	89	33.9	27.12	27	24.4	4.88	5		120.74	121
1999	基价	元	1	51 632	449 198	449 198	230 099	184 079	184 079	238 619	47 724	47 724		681 001	681 001
直接工程费				495 752			201 914			51 731			749 397		
其他工程费			Ⅰ	4.84%	23 994		4.84%	9 773		4.84%	2 504			36 271	
			Ⅱ	6.78%	2 753		6.78%	622		6.78%	122			3 497	
间接费		规费		40.50%	11 858		40.50%	3 180		40.50%	594			15 632	
		企业管理费		3.24%	16 929		3.24%	6 879		3.24%	1 761			25 569	
利润及税金				57 846			23 449			5 996			87 292		
建筑安装工程费				609 133			245 817			62 707			917 657		

编制:×××　　复核:×××

表 5-1-19

建筑安装工程费计算表

建设项目名称：省道×××线×××至××二级公路

编 制 范 围：K0＋000～K97＋470　　单价文件名：　　费率文件名：　　打印日期：　　第 页 共 页 03表

序号	工程名称	单位	工程量	直接费（元）						间接费（元）	利润（元）（费率7%）	税金（元）（综合税率3.41%）	建筑安装工程费	
				直接工程费				其他工程费	合计				合计（元）	单价（元）
				人工费	材料费	机械使用费	合计							
1	2	3	4	5	6	7	8	9	10	11	12	13	14	15
1	钢筋混凝土防撞护栏	m^3/m	622	350 091	1 244 491	18 996	1 613 579	124 471	1 738 050	234 077	128 124	71 619	2 171 869	3 491.8
2	柱式护栏	根	38 107	926 183	1 496 242	138 867	2 561 292	237 253	2 798 545	523 707	206 300	120 324	3 648 876	95.8
3	公路标线	km	246.114	94 448	1 156 839	181 506	1 432 794	95 101	1 527 895	75 838	109 584	58 424	1 771 740	7 198.9
4	里程碑、百米桩、公路界碑	块	1 655	16 648	31 222	2 215	50 085	4 477	54 562	9 639	4 022	2 326	70 550	42.6
5	各类标志牌	块	97	38 596	697 817	12 984	749 397	39 768	789 165	41 200	57 031	30 260	917 657	9 460.4

编制：×××　　复核：×××

【例 5-1-2】 改河工程概算直接工程费和间接费计算示例

某二级公路的改河工程项目其初步设计主要工程数量如表 5-1-20 所示。

某二级公路改河工程数量 表 5-1-20

序　号	项　目	单　位	工 程 量
1	浆砌片石拦水墙	m^3	1 165
2	浆砌片石护岸墙	m^3	790.4
3	河床铺砌	m^3	1 558
4	挖普通土	m^3	2 508
5	挖硬土	m^3	5 852

试计算该改河工程的概算直接费和间接费。工、料、机单价和相关费率为已知。

解:工程直接费和间接费计算在造价编制 08 表中完成,见表 5-1-22。编制方法可参见例5-1-1。

【例 5-1-3】 临时工程概算建安费计算示例

某二级公路全长 97.47km,地处山重区,其临时工程项目内容如下。

(1)便道:总长 47.34km,路基宽 4.5m,路面宽 3.5m,采用 15cm 厚天然砂砾路面。

(2)便桥:钢便桥,桥长总计 140m;便桥墩桩长 10m,共 1 座。

(3)临时轨道铺设:在路基上铺设长度共计 900m,在桥面上铺设长度共计 600m,均采用32kg/m 的钢轨。

(4)临时电力线路:干线长 40 550m,采用三线裸铝线。

(5)临时电信线路:双线通信线路总长 113 120m。

试计算临时工程概算建安费。工料机单价和相关费率为已知。

解:(1)临时工程直接费和间接费的编制,即完成 08 表,见表 5-1-23 。编制方法可参见例5-1-1。

(2)临时工程概算建安费的编制,即完成 03 表,见表 5-1-24。编制方法可参见例 5-1-1。

【例 5-1-4】 自采材料预算价格的编制(即 09 表、10 表、11 表的编制)

某工程中需要的土、黏土、片石、碎石(2cm、4cm)拟自采,土的原价及其他费为 3 元/m^3,黏土的原价及其他费为 5 元/m^3,土、黏土、片石料场至工地的运距为 1km,碎石料场至工地的运距为 2.64km,自办运输。已知该工程的工、料预算价格如表 5-1-21 所示。

某工程工、料预算价格(元) 表 5-1-21

工、料名称	单　位	预 算 价 格	工、料名称	单　位	预 算 价 格
人工	工日	50.00	硝铵炸药	kg	6.05
电	度	0.50	导火线	m	0.83
钢钎	kg	5.7	普通雷管	个	0.71
柴油	kg	5.0			

试计算上述几种自采材料的预算价格。

解:(1)确定几种机械的台班预算价格

在开采碎石时,拟用150mm×250mm破碎机和250mm×400mm破碎机,采集土时拟用

分 项 工 程 概 算 表

表 5-1-22

编制范围:K0+000～K97+470

工程名称:改河土石方　　　费率文件名:　　　单价文件名:　　　打印日期:　　　第1页　共2页　08-2表

编号	工 程 项 目			人工挖运土方			人工挖运土方			机动翻斗车、手扶拖拉机运土方			合计		
	工 程 细 目			人工挖运普通土第1个40m			人工挖运硬土第1个40m			机动翻斗车运土方第1个100m					
	定 额 单 位			1 000			1 000			1 000					
	工 程 数 量			2.508			5.852			8.36					
	定 额 表 号			1 102 002			1 102 003			1 105 001(辅助定额调整)					
	工、料、机名称	单位	单价(元)	定额	数量	金额(元)	定额	数量	金额(元)	定额	数量	金额(元)	定额	数量	金额(元)
1	人工	工日	49.2	206.6	518.15	25 493	284	1 661.97	81 769					2 180.12	107 262
1408	1t以内机动翻斗车	台班	137.298							42.39	354.38	48 656		354.38	48 656
1999	基价	元	1	10 165	25 494	25 494	13 973	81 770	81 770	5 820	48 655	48 655		155 919	155 919
直接工程费				25 493			81 769			48 656			155 918		
其他工程费			I	3.53%	900		3.53%	2 886		2.03%	988			4 774	
			II	9.46%	2 412		9.46%	7 735		8.59%	4 180			14 327	
间接费		规费		40.50%	10 325		40.50%	33 116		40.50%				43 441	
		企业管理费		3.97%	1 144		3.97%	3 668		2.02%	1 087			5 899	
利润及税金				3 541			11 358			5 847			20 747		
建筑安装工程费				43 814			140 533			60 757			245 104		

编制:×××　　　　复核:×××

分项工程概算表

表 5-1-22

编制范围:K0+000～K97+470

工程名称:改河防护工程　　费率文件名:　　单价文件名:　　打印日期:　　第 2 页　共 2 页　08-2 表

编号	工程项目			砌石防护工程			砌石防护工程			浆砌片石					
	工程细目			浆砌片、块石护岸墙			拦水墙			河床铺砌					
	定额单位			10			10			10			合计		
	工程数量			79.04			116.5			155.8					
	定额表号			1 304 007			1 304 007(改工程细目名称)			40 502 001(改工程细目名称)					
	工、料、机名称	单位	单价(元)	定额	数量	金额(元)	定额	数量	金额(元)	定额	数量	金额(元)	定额	数量	金额(元)
1	人工	工日	49.2	22	1 738.88	85 553	22	2 563	126 100	9.5	1 480.1	72 821		5 781.98	284 473
101	原木	m^3	998.35	0.023	1.82	1 815	0.023	2.68	2 675					4.5	4 490
102	锯材	m^3	1 203.35	0.013	1.03	1 236	0.013	1.51	1 822					2.54	3 059
655	8～12 号铁丝	kg	6.205	2	158.08	981	2	233	1 446					391.08	2 427
819	草袋	个	1.538	73	5 769.92	8 871	73	8 504.5	13 076					14 274.42	21 947
832	32.5 级水泥	t	387.743	0.739	58.41	22 648	0.739	86.09	33 382	0.931	145.05	56 242		289.55	112 272
841	硝铵炸药	kg	8.787	0.5	39.52	347	0.5	58.25	512					97.77	859
842	导火线	m	0.923	1	79.04	73	1	116.5	108					195.54	181
866	水	m^3	0.82	7	553.28	454	7	815.5	669	4	623.2	511		1 991.98	1 633
899	中(粗)砂	m^3	75.645	3.77	297.98	22 541	3.77	439.21	33 224	3.82	595.16	45 021		1 332.34	100 785
911	黏土	m^3	10.03	0.14	11.07	111	0.14	16.31	164					27.38	275
931	片石	m^3	41.545	8.91	704.25	29 258	8.91	1 038.02	43 124	11.5	1 791.7	74 436		3 533.96	146 817
954	碎石(8cm)	m^3	83.013	0.08	6.32	525	0.08	9.32	774					15.64	1 299

续上表

编号	工程项目			砌石防护工程			砌石防护工程			浆砌片石			合计		
	工程细目			浆砌片、块石护岸墙			拦水墙			河床铺砌					
	定额单位			10			10			10					
	工程数量			79.04			116.5			155.8					
	定额表号			1 304 007			1 304 007(改工程细目名称)			40 502 001(改工程细目名称)					
	工、料、机名称	单位	单价(元)	定额	数量	金额(元)	定额	数量	金额(元)	定额	数量	金额(元)	定额	数量	金额(元)
981	块石	m^3	109.88	2.36	186.53	20 496	2.36	274.94	30 210					461.47	50 707
996	其他材料费	元	1	5.2	411.01	411	5.2	605.8	606	1.2	186.96	187		1 203.77	1 204
1653	ϕ150mm电动单级离心水泵	台班	194.436	1.08	85.36	16 598	1.08	125.82	24 464					211.18	41 062
1998	小型机具使用费	元	1							7	1 090.6	1 091		1 090.6	1 091
1999	基价	元	1	2 371	187 404	187 404	2 681	312 337	312 337	1 607	250 371	250 371		750 111	750 111
直接工程费				211 921			312 358			250 308			774 588		
其他工程费			I	5.82%	12 334		5.82%	18 179		5.82%	14 568			45 081	
			II	8.28%	8 458		8.28%	12 467		8.28%	6 120			27 045	
间接费		规费		40.50%	34 649		40.50%	51 070		40.50%	29 492			115 212	
		企业管理费		5.31%	12 357		5.31%	18 214		5.31%	14 390			44 960	
利润及税金				27 278			40 207			31 396			98 880		
建筑安装工程费				306 997			452 495			346 274			1 105 766		

编制：×××　　　　复核：×××

分项工程概算表

表 5-1-23

编制范围:K0+000~K97+470

工程名称:临时便道的修建与维护　　费率文件名:　　单价文件名:　　打印日期:　　第 1 页　共 4 页　08-2 表

编号	工程项目			汽车便道			汽车便道						合计		
	工程细目			汽车便道山重区路基宽 4.5m			汽车便道砂砾路面宽 3.5m								
	定额单位			1km			1km								
	工程数量			47.34			47.34								
	定额表号			7 101 004			7 101 006								
	工、料、机名称	单位	单价(元)	定额	数量	金额(元)	定额	数量	金额(元)	定额	数量	金额(元)	定额	数量	金额(元)
1	人工	工日	49.2	98	4 639.32	228 255	174	8 237.16	405 268					12 876.5	633 523
866	水	m^3	0.82				67	3 171.78	2 601					3 171.78	2 601
908	天然级配	m^3	25.881				716.04	33 897.33	877 305					33 897.3	877 305
1003	75kW 以内履带式推土机	台班	653.433	14.91	705.84	461 219								705.84	461 219
1075	6~8t 光轮压路机	台班	265.743	1.19	56.33	14 971								56.33	14 971
1076	8~10t 光轮压路机	台班	297.49	0.91	43.08	12 816	1	47.34	14 083					90.42	26 899
1078	12~15t 光轮压路机	台班	441.613	3.54	167.58	74 007	2	94.68	41 812					262.26	115 819
1083	0.6t 以内手扶式振动碾	台班	103.987				5.82	275.52	28 650					275.52	28 650
1999	基价	元	1	15 972	756 114	756 114	38 932	1 843 041	1 843 041					2 599 155	2 599 155
直接工程费				791 267			1 369 711						2 160 978		
其他工程费			I	4.81%	38 060		4.81%	65 883						103 943	
			II	8.50%	67 258		8.50%	41 634						108 892	
间接费		规费		40.50%	92 443		40.50%	164 134						256 577	
		企业管理费		3.88%	34 787		3.88%	57 316						92 104	
利润及税金				102 331			169 006						271 337		
建筑安装工程费				1 126 146			1 867 685						2 993 831		

编制:×××　　复核:×××

分项工程概算表

表 5-1-23

编制范围:K0＋000～K97＋470

工程名称:临时便桥　　费率文件名:　　单价文件名:　　打印日期:　　第 2 页　共 4 页　08-2 表

编号	工程项目			临时便桥			临时便桥						合计		
	工程细目			汽车钢便桥			汽车便桥墩桩长 10m 以内								
	定额单位			10m			1 座								
	工程数量			14			1								
	定额表号			7 102 001(改工料机用量)			7 102 002								
	工、料、机名称	单位	单价(元)	定额	数量	金额(元)	定额	数量	金额(元)	定额	数量	金额(元)	定额	数量	金额(元)
1	人工	工日	49.2	47.6	666.4	32 787	2.4	2.4	118					668.8	32 905
101	原木	m^3	998.35	0.171	2.39	2 390	0.211	0.21	211					2.61	2 601
102	锯材	m^3	1 203.35	5.165	72.31	87 014	0.111	0.11	134					72.42	87 148
182	型钢	t	4 382.9				0.09	0.09	394					0.09	394
231	电焊条	kg	5.391				1.4	1.4	8					1.4	8
262	钢管桩	t	5 682.26				0.152	0.15	864					0.15	864
651	铁件	kg	5.186	16.1	225.4	1 169	13.3	13.3	69					238.7	1 238
996	其他材料费	元	1	384	5 376	5 376	6.3	6.3	6					5 382.3	5 382
997	设备摊销费	元	1	10 000	140 000	140 000								140 000	140 000
1440	8t 以内轮胎式起重机	台班	475.509				0.12	0.12	57					0.12	57
1500	50kN 内单筒慢动卷扬机	台班	113.368	3.08	43.12	4 888								43.12	4 888
1581	300kN 内振动打拔桩锤	台班	393.462				0.28	0.28	110					0.28	110

续上表

编号	工程项目			临时便桥			临时便桥						合计		
	工程细目			汽车钢便桥			汽车便桥墩桩长 10m 以内								
	定额单位			10m			1 座								
	工程数量			14			1								
	定额表号			7 102 001(改工料机用量)			7 102 002								
	工、料、机名称	单位	单价(元)	定额	数量	金额(元)	定额	数量	金额(元)	定额	数量	金额(元)	定额	数量	金额(元)
1726	32kV·A 内交流电弧焊机	台班	126.544				0.19	0.19	24					0.19	24
1851	44kW 以内内燃拖轮	艘班	553.61				0.08	0.08	44					0.08	44
1873	80t 以内工程驳船	艘班	204.22				0.28	0.28	57					0.28	57
1998	小型机具使用费	元	1	6.3	88.2	88	8	8	8					96.2	96
1999	基价	元	1	19 551	273 714	273 714	1 952	1 952	1 952					275 666	275 666
直接工程费				273 713			2 104						275 817		
其他工程费			I	5.82%	15 930		5.82%	122						16 053	
			II	8.28%	3 127		8.28%	35						3 161	
间接费		规费		40.50%	13 279		40.50%	48						13 327	
		企业管理费		5.31%	15 546		5.31%	120						15 666	
利润及税金				33 284			255						33 540		
建筑安装工程费				354 879			2 684						357 563		

编制：××× 复核：×××

分项工程概算表

表 5-1-23

编制范围:K0+000～K97+470

工程名称:临时轨道铺设　　费率文件名:　　单价文件名:　　打印日期:　　第 3 页　共 4 页　08-2 表

编号	工程项目			轨道铺设			轨道铺设								
	工程细目			钢轨重 32kg/m 在路基上			钢轨重 32kg/m 在桥面上								
	定额单位			100m			100m						合计		
	工程数量			9			6								
	定额表号			7 104 003			7 104 004								
	工、料、机名称	单位	单价(元)	定额	数量	金额(元)	定额	数量	金额(元)	定额	数量	金额(元)	定额	数量	金额(元)
1	人工	工日	49.2	25.6	230.4	11 336	18.8	112.8	5 550					343.2	16 885
102	锯材	m^3	1 203.35	0.455	4.1	4 928								4.1	4 928
103	枕木	m^3	1 234.1	3.375	30.38	37 486	3.375	20.25	24 991					50.63	62 476
653	铁钉	kg	6.723				2.2	13.2	89					13.2	89
953	碎石(6cm)	m^3	84.998	21.27	191.43	16 271								191.43	16 271
997	设备摊销费	元	1	1 520.7	13 686.3	13 686	1 520.7	9 124.2	9 124					22 810.5	22 811
1999	基价	元	1	7 744	69 696	69 696	5 704	34 224	34 224					103 920	103 920
直接工程费					83 707			39 753						123 460	
其他工程费			I	5.82%	4 872		5.82%	2 314						7 185	
			II	8.28%	939		8.28%	460						1 398	
间接费		规费		40.50%	4 591		40.50%	2 248						6 839	
		企业管理费		5.31%	4 753		5.31%	2 258						7 012	
利润及税金					10 195			4 846						15 041	
建筑安装工程费					109 056			51 878						160 934	

编制:×××　　　　复核:×××

分项工程概算表

表 5-1-23

编制范围:K0＋000～K97＋470

工程名称:临时电力线路　　费率文件名:　　单价文件名:　　打印日期:　　第 3 页　共 4 页　08-2 表

编号	工程项目			架设输电、电信线路											
	工程细目			干线三线橡皮线输电线路											
	定额单位			100m									合计		
	工程数量			405.5											
	定额表号			7 105 002											
	工、料、机名称	单位	单价(元)	定额	数量	金额(元)	定额	数量	金额(元)	定额	数量	金额(元)	定额	数量	金额(元)
1	人工	工日	49.2	7.3	2 960.15	145 639								2 960.15	145 639
101	原木	m^3	998.35	1.112	450.92	450 172								450.92	450 172
182	型钢	t	4 382.9	0.018	7.3	31 991								7.3	31 991
183	钢板	t	5 202.9	0.006	2.43	12 659								2.43	12 659
651	铁件	kg	5.186	11	4 460.5	23 132								4 460.5	23 132
655	8～12 号铁丝	kg	6.205	4	1 622	10 065								1 622	10 065
713	橡皮线	m	7.194	315	127 732.5	918 955								127 733	918 955
996	其他材料费	元	1	25.2	10 218.6	10 219								10 218.6	10 219
997	设备摊销费	元	1	1 452.8	589 110.4	589 110								589 110	589 110
1999	基价	元	1	5 391	2 186 051	2 186 051								2 186 051	2 186 051
直接工程费				2 191 894									2 191 894		
其他工程费			I	5.82%	127 568									127 568	
			II	8.28%	12 059									12 059	
间接费		规费		40.50%	58 984									58 984	
		企业管理费		5.31%	123 804									123 804	
利润及税金				263 472									263 472		
建筑安装工程费				2 777 781									2 777 781		

编制:×××　　复核:×××

分 项 工 程 概 算 表

表 5-1-23

编制范围：K0＋000～K97＋470

工程名称：临时电信线路　　费率文件名：　　单价文件名：　　打印日期：　　第 4 页　共 4 页　08-2 表

编号	工程项目			架设输电、电信线路											
	工程细目			双线通信线路											
	定额单位			1 000m									合计		
	工程数量			113.12											
	定额表号			7 105 004											
	工、料、机名称	单位	单价(元)	定额	数量	金额(元)	定额	数量	金额(元)	定额	数量	金额(元)	定额	数量	金额(元)
1	人工	工日	49.2	15.4	1 742.05	85 709								1 742.05	85 709
101	原木	m^3	998.35	2.261	255.76	255 342								255.76	255 342
655	8～12 号铁丝	kg	6.205	72.7	8 223.82	51 032								8 223.82	51 032
996	其他材料费	元	1	562.9	63 675.25	63 675								63 675.3	63 675
1999	基价	元	1	4 296	485 964	485 964								485 964	485 964
直接工程费				455 755									455 755		
其他工程费			I	5.82%	26 525									26 525	
			II	8.28%	7 097									7 097	
间接费		规费		40.50%	34 712									34 712	
		企业管理费		5.31%	25 986									25 986	
利润及税金				56 063									56 063		
建筑安装工程费				606 138									606 138		

编制：×××　　复核：×××

建筑安装工程费计算表

表 5-1-24

建设项目名称:省道×××线×××至××二级公路

编 制 范 围:K0+000~K97+470　　单价文件名:　　费率文件名:　　打印日期:　　第 页 共 页 03表

序号	工 程 名 称	单位	工程量	直 接 费(元)						间接费(元)	利润(元)费率7%	税金(元)综合税率3.41%	建筑安装工程费	
				直接工程费				其他工程费	合计				合计(元)	单价(元)
				人工费	材料费	机械使用费	合计							
1	2	3	4	5	6	7	8	9	10	11	12	13	14	15
1	临时便道的修建与维护	km	47.34	633 523	879 898	647 558	2 160 978	212 835	2 373 813	348 681	172 614	98 723	2 993 831	63 241
2	临时便桥	m/座	140	32 905	237 634	5 277	275 817	19 214	295 031	28 993	21 749	11 791	357 563	2 554
3	临时轨道铺设	km	1.5	16 885	106 574		123 460	8 583	132 043	13 850	9 734	5 307	160 934	107 289.3
4	临时电力线路	km	40.55	145 639	2 046 255		2 191 894	139 627	2 331 521	182 788	171 873	91 599	2 777 781	68 502.6
5	临时电信线路	km	113.12	85 709	370 046		455 755	33 622	489 377	60 698	36 075	19 988	606 138	5 358.4

编制:×××　　　　复核:×××

90kW 以内的履带推土机，在材料的装卸和运输时拟用 2m^3 的装载机和 10t 自卸汽车，根据《机械台班费用定额》确定以上几种机械的台班预算价格，即编制 11 表，如表 5-1-25 所示。

11 表的编制方法：本表应根据《机械台班费用定额》进行计算。“定额号”栏填写本工程中使用的各机械在《机械台班费用定额》中的定额号，如 90kW 以内的履带推土机的定额号为 1 004，则在 90kW 以内的履带推土机所对应的定额号栏内填写“1 004”；“机械规格名称”栏填写本工程中出现的机械规格名称；“定额”栏根据《机械台班费用定额》填写各种机械的定额消耗值，其中不变费用如有调整系数应填入调整值，调整值等于定额值乘以调整系数。“金额”栏等于“定额”栏乘以表头单价，表头单价由 07 表或“材料预算单价计算表”（09 表）中转来；运输机械的养路费、车船使用税应按当地政府规定的征收范围和标准计算，按如下公式计算：

台班养路费、车船使用税

=[养路费（元/月吨）×吨位×12＋车船使用税（元/年）×吨位]÷年工作台班

“台班单价”栏最后填入，其值等于不变费用加上可变费用，如 90kW 以内的履带推土机不变费用为 311.14 元，可变费用为 426.85 元，则 90kW 以内的履带推土机“台班单价”栏填写 737.99 元。

(2)确定自采材料的供应价格即料场价格

编制 10 表，见表 5-1-26。

10 表的编制方法：10 表主要用于分析计算自采材料料场价格，“定额号”栏填写本工程中自采材料所使用预算定额的定额号，如人工采集黏土应用预算定额第八章第一节第三个项目的第三个细目，即定额号为“8-1-3-3”；“材料规格名称”栏填写本工程中自采材料的规格名称；“单位”填自采材料在概预算定额中所采用的单位，“定额”栏根据《预算定额》填写开采各种自采材料的定额消耗值，如人工采集黏土每 100m^3 需要 24.5 工日；“金额”栏等于“定额”栏乘以表头单价，表头单价由 07 表或 09 表中转来，如人工采集黏土每 100m^3 需要人工费＝24.5 工日×50.00 元/工日＝1 225 元；“辅助生产间接费”栏按人工“金额”栏乘以辅助生产间接费费率（5%），如人工采集黏土每 m^3 的人工费为 12.25 元，则人工采集黏土的辅助生产现场经费为 12.25×5%，即为 0.613 元；“料场价格” 最后填入，其值等于所有的“金额”栏加上“辅助生产间接费”栏。

(3)确定自采材料的预算价格

根据自采材料料场价格，编制 09 表确定其预算价格，见表 5-1-27。

09 表的编制方法：“规格名称”栏填写本工程中需要计算的材料的规格名称；“单位”填材料在概预算定额中所采用的单位，“原价”栏按供应地点、供销部门规定的价格或市场价格填写，自采材料原价为料场价格，料场价格从 10 表中转来；“供应地点”按调查的材料供应地点填写；“运输方式、比重及运距”按火车、汽车、船舶、马车等及所占运输比重填写，同时填写运输距离；“毛重系数或单位毛重”按《概算预算编制办法》的规定填写；“运杂费构成说明或计算式”栏根据材料供应地点、运输方式、运输单价、毛重系数等填写，如运价为 0.5 元/t·km，运距 2km，装卸费为 2 元/t，则该栏填写为：0.5×2＋2，如果自办运输，则填写按定额运输所需的费用的计算式，如运土采用 1m^3 装载机装，4t 自卸汽车运输，则可填写为：0.009 4 台班×369.172 元/台班＋0.002 6 台班×402.37 元/台班；“单位运费”栏通过运杂费构成说明或计算式，计得材料单位运费填入；“场外运输损耗”栏按原价加运杂费乘以场外运输损耗率计算填入；“采购及保管费”按原价、运杂费、场外运输损耗之和乘以采管费费率计算填入；“预算单价”为原价、运杂费、场外运输损耗、采管费之和。

机械台班单价计算表

表 5-1-25

建设项目名称：××段

编 制 范 围：××段　　　　第 1 页　共 1 页　　　　11 表

序号	定额号	机械规格名称	台班单价(元)	不变费用(元) 调整系数：1.00		可变费用															
						人工：50.00 元/工日		重油：2.80 元/kg		汽油：5.20 元/kg		柴油：5.00 元/kg		煤：265.00 元/t		电：0.05 元/kW·h		养路费及车船税(元)	可变费用合计(元)
				定额	调整值	定额	金额	定额	金额	定额	金额	定额	金额	定额	金额	定额	金额		
1	1004	90kW 以内履带式推土机	737.99	311.14	311.14	2	100.00					65.37	326.85						426.85
2	1050	2.0m³ 轮胎式装载机	719.86	200.44	200.44	1	50.00					92.86	464.30					5.12	514.30
3	1386	10t 以自卸汽车	695.10	238.21	238.21	1	50.00					55.32	276.60					130.29	326.60
4	1756	ϕ150×250mm 电动鄂式破碎机	113.89	46.04	46.04	1	50.00									35.7	17.85		67.85
5	1757	ϕ250×400mm 电动鄂式破碎机	145.99	53.39	53.39	1	50.00									85.19	42.60		92.60

编制：×××　　　　复核：×××

自采材料料场价格计算表

表 5-1-26

建设项目名称：××公路

编 制 范 围：××路段　　　　第 1 页　共 2 页　　　　10 表

序号	定　额　号	规格名称	单位	料场单价(元)	人工 50.00 元/工日		间接费(元) 占人工 5.00%		钢钎 5.70 元/kg		硝铵炸药 6.05 元/kg		导火线 0.83 元/m		高原施工增加费(元)
					定额	金额	定额	金额	定额	金额	定额	金额	定额	金额	
1	8-1-3-2	土	m^3	4.74	0.005	0.250		0.013							
2	8-1-3-3	黏土	m^3	17.86	0.245	12.250		0.613							
3	8-1-12-4+ 8-1-6-1	片石	m^3	42.35	0.763	38.15		1.907 5	0.038	0.216 6	0.204	1.234 2	0.52	0.431 6	
4	8-1-12-2+ 8-1-6-1×1.176+8-1-9-2	碎石(2cm)	m^3	81.08	1.335	66.75		3.337 5	0.044 688	0.254 722	0.239 904	1.451 419	0.611 52	0.507 562	
5	8-1-12-2+ 8-1-6-1×1.149+8-1-9-5	碎石(4cm)	m^3	74.25	1.269	63.45		3.172 5	0.043 662	0.248 873	0.234 396	1.418 096	0.597 48	0.495 908	

编制：×××　　　　复核：×××

自采材料料场价格计算表

表 5-1-26

建设项目名称：××公路

编 制 范 围：××路段　　　第 2 页　共 2 页　　　10 表

序号	定额号	材料规格名称	单位	普通雷管 0.71 元/个		煤 265.00 元/t		90kW 以内履带式推土机 737.99 元/台班		ϕ150×250mm 电动鄂式破碎机 113.89 元/台班		ϕ250×400mm 电动鄂式破碎机 145.99 元/台班		原价及其他费用(元)
				定额	金额	定额	金额	定额	金额	定额	金额	定额	金额	
1	8-1-3-2	土	m^3					0.002	1.475 98					3
2	8-1-3-3	黏土	m^3											5
3	8-1-12-4+8-1-6-1	片石	m^3	0.49	0.347 9	0.000 2	0.063 6							0
4	8-1-12-2+ 8-1-6-1×1.176+8-1-9-2	碎石(2cm)	m^3	0.576 2	0.409 1	0.028 2	0.384 69			0.070 1	7.983 689			0
5	8-1-12-2+ 8-1-6-1×1.149+8-1-9-5	碎石(4cm)	m^3	0.563	0.399 7	0.000 3	0.073 08					0.034 2	4.992 86	0

编制：×××　　　复核：×××

表 5-1-27

材料预算单价计算表

建设项目名称：××公路

编 制 范 围：××路段　　　　第 1 页　共 1 页　　　　09 表

序号	规格名称	单位	原价（元）	运杂费					原价运费合计（元）	场外运输损耗		采购及保管费		预算单价（元）
				供应地点	运输方式、比重及运距	毛重系数或单位毛重	运杂费构成说明或计算式	单位运费（元）		费率（%）	金额（元）	费率（%）	金额（元）	
1	土	m^3	4.74	料场—工地	自办运输 1km		0.009 4×369.17+0.002 6×402.37	4.52	9.26	3.00	0.277 8	2.500	0.238	9.776
2	黏土	m^3	17.86	料场—工地	自办运输 1km		0.008 9×369.17+0.002 6×402.37	4.33	22.192	3.00	0.665 8	2.500	0.571	23.429
3	片石	m^3	42.351	料场—工地	自办运输 1km		0.010 9×369.17+0.003 1×402.37	5.27	47.621			2.500	1.190 53	48.812
4	碎石（2cm）	m^3	81.08	料场—工地	自办运输 2.64km		(0.010 3+0.002 7×1.64)×369.17+0.002 6×402.37	6.48	87.56	1.00	0.875 6	2.500	2.210 89	90.646
5	碎石（4cm）	m^3	74.25	料场—工地	自办运输 2.64km		(0.010 3+0.002 7×1.64)×369.17+0.002 6×402.37	6.48	80.73	1.00	0.807 3	2.500	2.038 43	83.576

编制：×××　　　　复核：×××

【例 5-1-5】 辅助生产工、料、机消耗量统计计算示例

某工程中需要的土和黏土拟自采，片石和碎石拟自办运输，片石运距为 1km，碎石的运距为 2.64km，已知片石 23 120m^3，碎石(2cm)为 1 970m^3，碎石(4cm)为 2 050m^3，土为 32 000m^3，黏土为 12 000m^3。计算该辅助生产的工、料、机消耗量。

解：(1)为了便于统计，先编制 12 表，见表 5-1-28。

12 表的编制方法：12 表各栏数据由"自采材料料场价格计算表"(10 表)中"定额"栏数据转录而来。为了说明定额数据的来源，在表 5-1-28 中数据后的括号内填入各数据来源的定额号。

辅助生产工、料、机械台班单位数量表 表 5-1-28

建设项目名称：

编 制 范 围： 12 表

序号	规格名称	单位	人工(工日)	90kW 以内履带式推土机(台班)	1m^3 的装载机(台班)	6t 以内自卸汽车(台班)
1	土	m^3	0.005 0 (8-1-3-2)	0.002 1 (8-1-3-2)	0.002 6(9-1-10-1)	0.009 4 (9-1-6-19)
2	黏土	m^3	0.245 0 (8-1-3-3)		0.002 6 (9-1-10-1)	0.008 9 (9-1-6-21)
3	片石	m^3			0.003 1 (9-1-10-2)	0.010 9 (9-1-6-25)
4	碎石(2cm)	m^3			0.002 6 (9-1-10-1)	0.014 7 (9-1-6-23+9-1-6-24×1.64)
5	碎石(4cm)	m^3			0.002 6 (9-1-10-1)	0.014 7 (9-1-6-23+9-1-6-24×1.64)

编制： 复核：

(2)统计辅助生产消耗的工、料、机品种和数量，以工程量乘以 12 表中的定额单位消耗量即得，见表 5-1-29。

辅助生产工、料、机数量表 表 5-1-29

序号	规格名称	单位	工程量	人工(工日)		90kW 以内履带式推土机(台班)		1m^3 的装载机(台班)		6t 以内自卸汽车(台班)	
				定额	消耗量	定额	消耗量	定额	消耗量	定额	消耗量
1	土	m^3	32 000	0.005 0	160	0.002 1	67.2	0.002 6	83.2	0.009 4	300.8
2	黏土	m^3	12 000	0.245 0	2 940			0.002 6	31.2	0.008 9	106.8
3	片石	m^3	23 120					0.003 1	71.672	0.010 9	252.008
4	碎石(2cm)	m^3	1 970					0.002 6	5.122	0.014 7	28.959
5	碎石(4cm)	m^3	2 050					0.002 6	5.33	0.014 7	30.135
辅助生产消耗的工、料、机数量合计					3 100		67.2		196.524		718.702

即该工程辅助生产消耗人工 3 100 工日，90kW 以内履带式推土机 67.2 台班，1m^3 的装载机 196.524 台班，6t 以内自卸汽车 718.702 台班。

【例 5-1-6】 某桥梁初步设计概算编制示例

某预应力混凝土梁桥，设计荷载为公路—Ⅰ级，桥长 79.50m，桥面净宽 9.0m。上部采用 2 孔 30m 预应力混凝土 I 型组合梁。下部为柱式墩，桩基础，U 形桥台。根据该桥的初步设计文件，确定全桥主要工程数量如表 5-1-30 所示。试确定该桥的概算造价。

主要工程数量表 表 5-1-30

序号	定额代号	工程内容	单位	数量
1		预应力混凝土工形组合梁桥	m/座	79.5/1
2	5103001	人工挖基坑干处土方	1 000m³	0.92
3	5103004	人工挖地下水湿处土方	1 000m³	0.20
4	5103005	人工挖基坑石方	1 000m³	0.76
5	5117006	埋设钢护筒干处	1t	2.60
6	5112002	ϕ150cm 内孔深 20m 内黏土	10m	1.95
7	5112006	ϕ150cm 内孔深 20m 内软石	10m	6.61
8	5112007	ϕ150cm 内孔深 20m 内次坚石	10m	3.85
9	5116007	冲击成孔卷扬机配吊斗混凝土	10m³	16.42
10	5401003	现浇灌注桩钢筋	1t	12.56
11	5104002	实体式墩台片石混凝土基础	10m³	26.46
12	5201002	梁板桥 U 形砌石桥台	10m³	28.92
13	5401006	现浇墩台钢筋	1t	1.46
14	5313010	现浇桥头搭板混凝土	10m³	2.32
15	5401011	搭板钢筋	1t	3.46
16	5205018	圆柱墩(高 10m 内非泵送)	10m³	8.38
17	5401006	现浇墩台钢筋	1t	14.31
18	5304005	制安预应力混凝土 I 梁(非泵送)	10m³	17.69
19	5401017	预制梁钢筋	1t	41.6
20	5402029	钢绞线束长 40m 内 7 孔 3.82 束/t	1t	13.73
21	5313002	水泥混凝土面层非泵送	10m³	15.15
22	41104005(预算定额)	涂沥青防水层	10m²	70.84
23	2212005	石油沥青沥青层黏层	1 000m²	0.72
24	5313007	沥青混凝土	10m³	6.46
25	6101003	钢筋混凝土墙式护栏	100m	1.62
26	5332001	混凝土搅拌机拌和(250L 内)	10m³	86.42
27	41101003	推土机平整场地	1 000m²	3.0
28	2102005	人工铺碎石垫层厚 15cm	1 000m²	2.5

解:(一)编制步骤和方法

1. 第一部分费用,建筑安装工程费

其计算过程主要包括:

(1)确定工、料、机的价格。根据实际情况,完成 09 表"材料预算单价计算表"、10 表"自采材料料场价格计算表"、11 表"机械台班单价计算表"、07 表"人工、材料、机械台班单价汇总表"和 12 表"辅助生产工、料、机械台班单位数量表"。本例没有辅助生产,因此没有 10 表、12 表,编制 09 表、10 表、11 表、12 表时,可参见例 5-1-4 和例 5-1-5。人工、材料、机械单价见表 5-1-35,即 07 表"人工、材料、机械台班单价汇总表"。07 表的编制方法:"名称"栏把该工程所需要的人工、材料、机械按《预算定额》附录四规定的代号从小到大按顺序填列;"单位"填人工、材料、机械在概预算定额中所采用的单位,"代号"栏按《预算定额》附录四规定的代号填列;"预算金额”栏，材料预算单价由“材料预算单价计算表”(09 表)转来，机械台班单价由“机械台班单价计算表”(1l 表)转来。

(2)确定费率，编制完成 04 表“其他工程费及间接费综合费率计算表”。

04 表的编制方法可参见例 2-2-6。

(3)编制直接费和间接费，即完成 08-2 表“分项工程概算表”的编制。

08-2 表的编制方法可参见例 5-1-1。

(4)计算建筑安装工程费，即完成 03 表“建筑安装工程费计算表”的编制。

03 表的编制方法可参见例 5-1-1。

2. 第二部分费用，设备、工具、器具购置费，按工程实际情况编制 05 表“设备、工具、器具购置费计算表”

本例没有第二部分费用。如果该费用发生，应根据具体的设备、工具、器具购置清单进行计算，包括设备规格、单位、数量、单价以及需要说明的有关问题。

3. 第三部分费用，工程建设其他费用，计算完成 06 表“工程建设其他费用及回收金额计算表”

06 表应按具体发生的其他费用项目填写，需要说明和具体计算的费用项目依次相应在说明及计算式栏内填写或具体计算。

4. 汇总编制总概算表(01 表)及人工、主要材料、机械台班消耗量汇总表(02 表)

01 表的编制方法：01 表应反映一个工程的各项费用组成、概(预)算金额、技术经济指标等。01 表的编制应按概(预)算项目表的序列及内容填写。“目”、“节”可椐需要增减，但“项”应保留。“数量”栏和“概(预)算金额”栏由建筑安装工程费计算表(03 表)，设备、工具、器具购置费计算表(05 表)和工程建设其他费用及回收金额计算表(06 表)转来；“技术经济指标”栏为“概(预)算金额”除以“数量”栏，“各项费用比例”栏为“概(预)算金额”栏除以本工程的概(预)算总金额。

02 表的编制方法：02 表应按把工程所需要的人工、材料、机械按《预算定额》附录四规定的代号按顺序填列；各栏数据由分项工程概(预)算表(08 表)及辅助生产工、料、机械台班单位数量表(12 表)统计而来，需要计算场外运输损耗的材料按《编制办法》附录四规定计列。

(二)概算文件

(1)编制说明。编制依据主要有：《概算预算编制办法》、《概算定额》、《预算定额》、《机械台班费用定额》、本桥的初步设计文件。

人工工资标准按工程所在地基本工资、地区生活补贴、工资性津贴等计算，为 49.2 元/工日。材料单价根据市场调查，按《概算预算编制办法》规定经计算取定。

桥梁概算总造价：1 862 367 元；人工总消耗 7 997 工日；主要材料消耗：钢筋 80t，钢绞线 14t，水泥 443t，碎石 136m^3，片石 333m^3。

(2)总概算表(01 表)，见表 5-1-31。

(3)人工、主要材料、机械台班数量汇总表(02 表)，见表 5-1-32。

(4)建筑安装工程费计算表(03 表)，见表 5-1-33。

(5)其他工程费及间接费综合费率计算表(04 表)，见表 5-1-34。

(6)人工、材料、机械台班单价汇总表(07 表)，见表 5-1-35。

(7)分项工程概算表(08-2 表)，见表 5-1-36。

(8)材料预算单价计算表(09 表)，见表 5-1-37。

(9)机械台班单价计算表(11 表)，见表 5-1-38。

表 5-1-31

总 概 算 表

建设项目名称:梁桥工程>I 型梁桥　　　　　　　　　　　　　　　　打印时间:2007 年 08 月 03 日

编 制 范 围:K0+000～K0+79.5　　　　　　　　　　　　　　　　第 1 页　　共 1 页　　01 表

项	目	节	细目	工程或费用名称	单位	数量	概算金额(元)	技术经济指标	各项费用比例(%)	备注
				第一部分　建筑安装工程费	公路公里		1 588 430		85.39	
四				桥梁涵洞工程	km		1 588 430		85.39	
	1			中桥工程	m/座	79.5/1	1 588 430			
		1		I 型梁桥	m/座	79.5/1	1 588 430	19 980.25		
				第二部分　设备及工具、器具购置费	公路公里					
				第三部分　工程建设其他费用	公路公里	0.080	162 515	2 031 437.50	8.63	
一				土地征用及拆迁补偿费	公路公里	0.080	3 200	40 251.57	0.17	
二				建设项目管理费	公路公里	0.080	92 923	1 168 842.77	4.90	
	1			建设单位管理费	公路公里	0.080	55 277	695 308.18		
	2			工程质量监督费	公路公里	0.080	2 383	29 974.84		
	3			工程监理费	公路公里	0.080	31 769	399 610.06		
	4			工程定额测定费	公路公里	0.080	1 906	23 974.84		
	5			设计文件审查费	公路公里	0.080	1 588	19 974.84		
	6			竣(交)工验收试验检测费	公路公里	0.080				
三				研究试验费	公路公里	0.080	1 896	23 849.06	0.10	
四				建设项目前期工作费	公路公里	0.080	6 696	84 226.42	0.36	
十一				建设期贷款利息	公路公里	0.080	57 800	727 044.03	3.10	
				第一、二、三部分费用合计	公路公里		1750 945		94.02	
				预备费	元		111 422		5.98	
一				1. 价差预备费	元		32 000		1.72	
二				2. 基本预备费	元		79 422		4.26	
				新增加费用项目(不作预备费基数)	公路公里					
				概算总金额	元		1 862 367		100.00	
				其中:回收金额	元					
				公路基本造价	公路公里		1 862 367		100.00	

编制:×××　　　　　　　　　　　　　　　　　　　　　　　　　　复核:×××

人工、主要材料、机械台班数量汇总表

表 5-1-32

建设项目名称:梁桥工程>I 型梁桥　　　　打印时间:2007 年 08 月 03 日

编 制 范 围:K0+000～K0+79.5　　　　第 1 页　共 2 页　02 表

序号	规 格 名 称	单位	代号	总数量	序号	规 格 名 称	单位	代号	总数量
1	人工	工日	1	7 255	22	铁钉	kg	653	1
2	机械工	工日	2	742	23	8～12 号铁丝	kg	655	23
3	原木	m^3	101	1	24	20～22 号铁丝	kg	656	285
4	锯材	m^3	102	4	25	铸铁管	kg	682	88
5	光圆钢筋	t	111	16	26	油漆	kg	732	15
6	带肋钢筋	t	112	64	27	32.5 级水泥	t	832	348
7	钢绞线普通,无松弛	t	125	14	28	42.5 级水泥	t	833	95
8	波纹管钢带	t	151	1	29	硝铵炸药	kg	841	114
9	型钢	t	182	1	30	导火线	m	842	277
10	钢板	t	183	1	31	普通雷管	个	845	219
11	钢管	t	191	2	32	石油沥青	t	851	11
12	钢钎	kg	211	19	33	重油	kg	861	928
13	钢丝绳	t	221	0	34	汽油	kg	862	209
14	电焊条	kg	231	410	35	柴油	kg	863	2 068
15	钢护筒	t	263	0	36	煤	t	864	0
16	钢模板	t	271	1	37	电	kW·h	865	58 828
17	组合钢模板	t	272	1	38	水	m^3	866	2 199
18	门式钢支架	t	273	0	39	砂	m^3	897	31
19	铸铁	kg	561	1 232	40	中(粗)砂	m^3	899	576
20	钢绞线群锚(7 孔)	套	576	106	41	砂砾	m^3	902	659
21	铁件	kg	651	920	42	黏土	m^3	911	366

表 5-1-32

人工、主要材料、机械台班数量汇总表

建设项目名称:梁桥工程>I 型梁桥　　　　打印时间:2007 年 08 月 03 日

编 制 范 围:K0+000～K0+79.5　　　　第 2 页　共 2 页　02 表

序号	规格名称	单位	代号	总数量	序号	规格名称	单位	代号	总数量
43	片石	m^3	931	333	63	30t/h 以内沥青混合料拌和设备	台班	1201	1
44	矿粉	t	949	9	64	电动混凝土切缝机	台班	1245	13
45	碎石(2cm)	m^3	951	136	65	250L 以内强制式混凝土搅拌机	台班	1272	42
46	碎石(4cm)	m^3	952	427	66	油泵、千斤顶各 1 钢绞线拉伸设备	台班	1349	18
47	碎石(8cm)	m^3	954	234	67	含钢带点焊机波纹管卷制机	台班	1352	4
48	石屑	m^3	961	17	68	10t 以内载货汽车	台班	1376	3
49	路面用碎石(1.5cm)	m^3	965	47	69	3t 以内自卸汽车	台班	1382	6
50	块石	m^3	981	61	70	6 000L 以内洒水汽车	台班	1405	2
51	草皮	m^2	995	62	71	1.0t 以内机动翻斗车	台班	1408	17
52	其他材料费	元	996	1 934	72	5t 以内汽车式起重机	台班	1449	0
53	设备摊销费	元	997	11 317	73	12t 以内汽车式起重机	台班	1451	12
54	105kW 以内履带式推土机	台班	1005	2	74	20t 汽车式起重机	台班	1453	11
55	1.0m^3 轮胎式装载机	台班	1048	1	75	30kN 以内单筒慢动电动卷扬机	台班	1499	28
56	120kW 以内平地机	台班	1057	1	76	50kN 以内单筒慢动电动卷扬机	台班	1500	60
57	75kW 以内履带式拖拉机	台班	1063	1	77	50kN 以内双筒快动电动卷扬机	台班	1523	405
58	6～8t 光轮压路机	台班	1075	2	78	150mm 以内电动单级离心清水泵	台班	1653	7
59	8～10t 光轮压路机	台班	1076	1	79	32kV·A 交流电弧焊机	台班	1726	81
60	10～12t 光轮压路机	台班	1077	1	80	100kV·A 交流对焊机	台班	1746	4
61	12～15t 光轮压路机	台班	1078	4	81	小型机具使用费	元	1998	6 365
62	4 000L 以内沥青洒布车	台班	1193	0					

编制:×××　　　　复核:×××

建筑安装工程费计算表

表 5-1-33

建设项目名称:梁桥工程>I 型梁桥　　　　打印时间:2007 年 08 月 03 日

编 制 范 围:K0+000~K0+79.5　　　　第 1 页　共 1 页　03 表

序号	工程名称	单位	工程量	直接费(元)						间接费(元)	计划利润(元) 7.0%	税金(元) 3.41%	建筑安装工程费	
				直接工程费				其他工程费	合计				合计(元)	单价(元)
				人工费	材料费	机械使用费	合计							
1	2	3	4	5	6	7	8	9	10	11	12	13	14	15
1	I 型梁桥	m/座	79.50/1	339 913	769 331	140 661	1 249 904	55 342	1 305 247	138 853	91 950	52 379	1 588 429	19 980.24
	各项费用合计	公路公里	0.080	339 913	769 331	140 661	1 249 904	55 342	1 305 247	138 853	91 950	52 379	1 588 429	19 855 365.75

编制:×××　　　　复核:×××

其他工程费及间接费综合费率计算表

表 5-1-34

建设项目名称:梁桥工程＞I型梁桥　　　　打印时间:2007 年 08 月 03 日

编 制 范 围:K0+000～K0+79.5　　　　第 1 页　　共 1 页　　04 表

序号	工程类别	其他直接费率(%)													间接费率(%)											
		冬季施工增加费	雨季施工增加费	夜间施工增加费	高原施工增加费	风沙地区施工增加费	沿海地区增加费	行车干扰施工增加费	安全及文明施工措施费	临时设施费	施工辅助费	工地转移费	综合费率		规费						企业管理费					
													I	II	养老保险费	失业保险费	医疗保险费	住房公积金	工伤保险费	综合费率	基本费用	主副食运费补贴	职工探亲路费	职工取暖补贴	财务费用	综合费率
1	人工土方		0.200						0.590	1.570	0.890		3.250		20.000	2.000	7.900	7.000	1.500	38.400			0.100		0.230	0.330
2	机械土方		0.200						0.590	1.420	0.490		2.700		20.000	2.000	7.900	7.000	1.500	38.400			0.220		0.210	0.430
3	汽车运输		0.220						0.210	0.920	0.160		1.510		20.000	2.000	7.900	7.000	1.500	38.400			0.140		0.210	0.350
4	人工石方		0.150						0.590	1.600	0.850		3.190		20.000	2.000	7.900	7.000	1.500	38.400			0.100		0.220	0.320
5	机械石方		0.190						0.590	1.970	0.460		3.210		20.000	2.000	7.900	7.000	1.500	38.400			0.220		0.200	0.420
6	高级路面		0.190						1.000	1.920	0.800		3.910		20.000	2.000	7.900	7.000	1.500	38.400			0.140		0.270	0.410
7	其他路面		0.180						1.020	1.870	0.740		3.810		20.000	2.000	7.900	7.000	1.500	38.400			0.160		0.300	0.460
8	构造物 I		0.150						0.720	2.650	1.300		4.820		20.000	2.000	7.900	7.000	1.500	38.400			0.290		0.370	0.660
9	构造物 II		0.160	0.350					0.780	3.140	1.560		5.990		20.000	2.000	7.900	7.000	1.500	38.400			0.340		0.400	0.740
10	构造物 III (一般)		0.350	0.700					1.570	5.810	3.030		11.460		20.000	2.000	7.900	7.000	1.500	38.400			0.550		0.820	1.370
11	技术复杂大桥		0.190	0.350					0.860	2.920	1.680		6.000		20.000	2.000	7.900	7.000	1.500	38.400			0.200		0.460	0.660
12	隧道								0.730	2.570	1.230		4.530		20.000	2.000	7.900	7.000	1.500	38.400			0.270		0.390	0.660
13	钢材及钢结构(一般)			0.350					0.530	2.480	0.560		3.920		20.000	2.000	7.900	7.000	1.500	38.400			0.160		0.480	0.640

编制:×××　　　　复核:×××

表 5-1-35

人工、材料、机械台班单价汇总表

建设项目名称:梁桥工程>I 型梁桥　　　　打印时间:2007 年 08 月 03 日

编 制 范 围:K0+000~K0+79.5　　　　第 1 页　共 2 页　07 表

序号	名　称	单位	代号	预算金额(元)	序号	名　称	单位	代号	预算金额(元)
1	人工	工日	1	49.20	22	铁钉	kg	653	6.97
2	机械工	工日	2	49.20	23	8~12 号铁丝	kg	655	6.10
3	原木	m^3	101	1 120.00	24	20~22 号铁丝	kg	656	6.40
4	锯材	m^3	102	1 350.00	25	铸铁管	kg	682	2.00
5	光圆钢筋	t	111	3 300.00	26	油漆	kg	732	13.04
6	带肋钢筋	t	112	3 400.00	27	32.5 级水泥	t	832	320.00
7	钢绞线	t	125	6 500.00	28	42.5 级水泥	t	833	350.00
8	波纹管钢带	t	151	6 350.00	29	硝铵炸药	kg	841	6.00
9	型钢	t	182	3 700.00	30	导火线	m	842	0.80
10	钢板	t	183	4 450.00	31	普通雷管	个	845	0.70
11	钢管	t	191	5 610.00	32	石油沥青	t	851	3 800.00
12	钢钎	kg	211	5.62	33	重油	kg	861	2.80
13	钢丝绳	t	221	5 853.00	34	汽油	kg	862	5.20
14	电焊条	kg	231	4.90	35	柴油	kg	863	4.90
15	钢护筒	t	263	4 800.00	36	煤	t	864	265.00
16	钢模板	t	271	5 970.00	37	电	kW·h	865	0.55
17	组合钢模板	t	272	5 710.00	38	水	m^3	866	0.50
18	门式钢支架	t	273	5 000.00	39	砂	m^3	897	50.00
19	铸铁	kg	561	2.19	40	中(粗)砂	m^3	899	60.00
20	钢绞线群锚(7 孔)	套	576	245.00	41	砂砾	m^3	902	31.00
21	铁件	kg	651	4.40	42	黏土	m^3	911	8.21

表 5-1-35

人工、材料、机械台班单价汇总表

建设项目名称:梁桥工程>I 型梁桥　　　　打印时间:2007 年 08 月 03 日

编 制 范 围:K0+000～K0+79.5　　　　第 2 页　共 2 页　07 表

序号	名　称	单位	代号	预算金额(元)	序号	名　称	单位	代号	预算金额(元)
43	片石	m^3	931	34.00	61	12～15t 光轮压路机	台班	1078	411.77
44	矿粉	t	949	125.00	62	4000L 以内沥青洒布车	台班	1193	433.80
45	碎石(2cm)	m^3	951	55.00	63	30t/h 以内沥青混合料拌和设备	台班	1201	4 033.30
46	碎石(4cm)	m^3	952	55.00	64	电动混凝土切缝机	台班	1245	141.52
47	碎石(8cm)	m^3	954	49.00	65	250L 以内强制式混凝土搅拌机	台班	1272	96.79
48	石屑	m^3	961	65.00	66	油泵、千斤顶各 1 钢绞线拉伸设备	台班	1349	135.49
49	路面用碎石(1.5cm)	m^3	965	65.00	67	含钢带点焊机波纹管卷制机	台班	1352	230.57
50	块石	m^3	981	85.00	68	10t 以内载货汽车	台班	1376	555.01
51	草皮	m^2	995	1.80	69	3t 以内自卸汽车	台班	1382	323.37
52	其他材料费	元	996	1.00	70	6 000L 以内洒水汽车	台班	1405	545.58
53	设备摊销费	元	997	1.00	71	1.0t 以内机动翻斗车	台班	1408	130.39
54	105kW 以内履带式推土机	台班	1005	803.76	72	5t 以内汽车式起重机	台班	1449	422.80
55	1.0m^3 轮胎式装载机	台班	1048	404.01	73	12t 以内汽车式起重机	台班	1451	787.37
56	120kW 以内平地机	台班	1057	912.98	74	20t 汽车式起重机	台班	1453	1 168.18
57	75kW 以内履带式拖拉机	台班	1063	525.55	75	30kN 以内单筒慢动电动卷扬机	台班	1499	87.09
58	6～8t 光轮压路机	台班	1075	251.49	76	50kN 以内单筒慢动电动卷扬机	台班	1500	99.59
59	8～10t 光轮压路机	台班	1076	280.38	77	50kN 以内双筒快动电动卷扬机	台班	1523	166.52
60	10～12t 光轮压路机	台班	1077	361.25					

编制:×××　　　　复核:×××

分项工程概算表

表 5-1-36

编制范围:K0+000~K0+79.5　　打印时间:2007 年 08 月 03 日

工程名称:I 型梁桥　　第 1 页　共 17 页　08-2 表

编号	工程项目			人工开挖基坑			人工开挖基坑			人工开挖基坑			钢护筒		
	工程细目			人工开挖基坑土方干处			人工开挖基坑土方湿处地下水			人工开挖基坑石方			钢护筒埋设干处		
	定额单位			1 000m³			1 000m³			1 000m³			1t		
	工程数量			0.920			0.200			0.760			2.600		
	定额表号			5-1-3-1			5-1-3-4			5-1-3-5			5-1-17-6		
	工、料、机名称	单位	单价(元)	定额	数量	金额(元)	定额	数量	金额(元)	定额	数量	金额(元)	定额	数量	金额(元)
1	人工	工日	49.20	535.500	492.660	24 239	736.300	147.260	7 245	1 113.300	846.108	41 629	9.100	23.660	1 164
2	钢钎	kg	5.62							25.100	19.076	107			
3	钢护筒	t	4 800.00										0.100	0.260	1 248
4	硝铵炸药	kg	6.00							150.400	114.304	686			
5	导火线	m	0.80							365.000	277.400	222			
6	普通雷管	个	0.70							288.000	218.880	153			
7	煤	t	265.00							0.190	0.144	38			
8	黏土	m³	8.21										6.410	16.666	137
9	其他材料费	元	1.00							18.300	13.908	14			
10	5t 以内汽车式起重机	台班	422.80										0.160	0.416	176
11	150mm 以内电动单级离心清水泵	台班	157.24				35.300	7.060	1 110						
12	定额基价	元	1.00	26 347.000	24 239.000	24 239	41 777.000	8 355.000	8 355	56 380.000	42 849.000	42 849	1 042.000	2 709.000	2 709
	直接工程费	元				24 239			8 355			42 849			2 725
	其他工程费 I	元		4.820		1 168	4.820		403	4.820		2 065	4.820		131
	其他工程费 II	元													
	间接费 规费	元		38.400		9 308	38.400		2 782	38.400		15 985	38.400		447
	间接费 企业管理费	元		0.660		168	0.660		58	0.660		296	0.660		19
	利润及税金	元		10.410		3 041	10.410		1 034	10.410		5 359	10.410		321
	建筑安装工程费	元				37 923			12 632			66 555			3 643

编制:×××　　复核:×××

分项工程概算表

表 5-1-36

编制范围:K0+000～K0+79.5　　打印时间:2007年08月03日

工程名称:I型梁桥　　第2页　共17页　08-2表

编号	工程项目			卷扬机带冲击锥冲孔			卷扬机带冲击锥冲孔			卷扬机带冲击锥冲孔			灌注桩混凝土		
	工程细目			桩径150cm以内孔深20m以内软石			桩径150cm以内孔深20m以内软石			桩径150cm以内孔深20m以内次坚石			混凝土冲击成孔卷扬机配吊斗		
	定额单位			10m			10m			10m			10m³ 实体		
	工程数量			1.950			6.610			3.850			16.420		
	定额表号			5-1-12-6			5-1-12-6			5-1-12-7			5-1-16-7		
	工、料、机名称	单位	单价(元)	定额	数量	金额(元)	定额	数量	金额(元)	定额	数量	金额(元)	定额	数量	金额(元)
1	人工	工日	49.20	114.100	222.495	10 947	114.100	754.201	37 107	155.200	597.520	29 398	19.700	323.474	15 915
2	锯材	m³	1 350.00	0.009	0.018	24	0.009	0.059	80	0.009	0.035	47			
3	钢管	t	5 610.00										0.084	1.379	7 738
4	电焊条	kg	4.90	2.700	5.265	26	2.700	17.847	87	3.200	12.320	60	0.300	4.926	24
5	8～12号铁丝	kg	6.10										0.100	1.642	10
6	32.5级水泥	t	320.00										5.440	89.325	28 584
7	水	m³	0.50	71.000	138.450	69	71.000	469.310	235	71.000	273.350	137	3.000	49.260	25
8	中(粗)砂	m³	60.00										6.370	104.595	6 276
9	黏土	m³	8.21	24.540	47.853	393	24.540	162.209	1 332	24.540	94.479	776			
10	碎石(4cm)	m³	55.00										9.550	156.811	8 625
11	其他材料费	元	1.00	1.900	3.705	4	1.900	12.559	13	1.900	7.315	7	5.700	93.594	94
12	设备摊销费	元	1.00	124.400	242.580	243	124.400	822.284	822	135.000	519.750	520	47.800	784.876	785
13	10t以内载货汽车	台班	555.01	0.210	0.409	227	0.210	1.388	770	0.210	0.808	449			
14	12t以内汽车式起重机	台班	787.37	0.210	0.409	322	0.210	1.388	1 093	0.210	0.808	637			
15	50kN以内单筒慢动电动卷扬机	台班	99.59										1.000	16.420	1 635
16	50kN以内双筒快动电动卷扬机	台班	166.52	29.080	56.706	9 443	29.080	192.219	32 008	40.590	156.272	26 022			
17	32kV·A交流电弧焊机	台班	104.64	0.310	0.605	63	0.310	2.049	214	0.360	1.386	145	0.090	1.478	155
18	小型机具使用费	元	1.00	155.100	302.445	302	155.100	1 025.211	1 025	216.200	832.370	832	4.600	75.532	76
19	定额基价	元	1.00	11 280.000	21 996.000	21 996	11 280.000	74 561.000	74 561	15 298.000	58 897.000	58 897	4 259.000	69 933.000	69 933

分项工程概算表

表 5-1-36

编制范围:K0+000～K0+79.5　　打印时间:2007 年 08 月 03 日

工程名称:I 型梁桥　　第 3 页　共 17 页　08-2 表

编号	工程项目			卷扬机带冲击锥冲孔			卷扬机带冲击锥冲孔			卷扬机带冲击锥冲孔			灌注桩混凝土		
	工程细目			桩径 150cm 以内孔深 20m 以内软石			桩径 150cm 以内孔深 20m 以内软石			桩径 150cm 以内孔深 20m 以内次坚石			混凝土冲击成孔卷扬机配吊斗		
	定额单位			10m			10m			10m			$10m^3$ 实体		
	工程数量			1.950			6.610			3.850			16.420		
	定额表号			5-1-12-6			5-1-12-6			5-1-12-7			5-1-16-7		
	工、料、机名称	单位	单价(元)	定额	数量	金额(元)	定额	数量	金额(元)	定额	数量	金额(元)	定额	数量	金额(元)
	直接工程费	元				22 063			74 787			59 030			69 940
	其他工程费 I	元		4.820		1 063	4.820		3 605	4.820		2 845	4.820		3 371
	其他工程费 II	元													
	间接费 规费	元		38.400		4 204	38.400		14 249	38.400		11 289	38.400		6 111
	间接费 企业管理费	元		0.660		153	0.660		517	0.660		408	0.660		484
	利润及税金	元		10.410		2 622	10.410		8 889	10.410		7 017	10.410		8 067
	建筑安装工程费	元				30 105			102 047			80 589			87 972

编制:×××　　复核:×××

表 5-1-36

分项工程概算表

编制范围:K0+000～K0+79.5　　　　打印时间:2007 年 08 月 03 日

工程名称:I 型梁桥　　　　第 4 页　　共 17 页　　08-2 表

编号	工程项目			现浇混凝土钢筋			天然地基上的混凝土、砌石基础			砌石桥台			现浇混凝土钢筋		
	工程细目			基础工程灌注桩			混凝土基础实体式墩台片石混凝土			梁板桥 U 形			下部构造墩台		
	定额单位			1t 钢筋			$10m^3$ 实体			$10m^3$ 实体			1t 钢筋		
	工程数量			12.560			26.460			28.920			1.460		
	定额表号			5-4-1-3			5-1-4-2			5-2-1-2			5-4-1-6		
	工、料、机名称	单位	单价(元)	定额	数量	金额(元)	定额	数量	金额(元)	定额	数量	金额(元)	定额	数量	金额(元)
1	人工	工日	49.20	5.100	64.056	3 152	5.400	142.884	7 030	22.700	656.484	32 299	11.800	17.228	848
2	原木	m^3	1 120.00							0.004	0.116	130			
3	锯材	m^3	1 350.00				0.001	0.026	36	0.017	0.492	664			
4	光圆钢筋	t	3 300.00	0.112	1.407	4 642									
5	带肋钢筋	t	3 400.00	0.913	11.467	38 989							1.025	1.496	5 088
6	型钢	t	3 700.00				0.004	0.106	392						
7	钢管	t	5 610.00							0.004	0.116	649			
8	电焊条	kg	4.90	5.100	64.056	314							4.700	6.862	34
9	组合钢模板	t	5 710.00				0.008	0.212	1 209						
10	铁件	kg	4.40				2.900	76.734	338	1.300	37.596	165			
11	8～12 号铁丝	kg	6.10							0.600	17.352	106			
12	20～22 号铁丝	kg	6.40	2.200	27.632	177							3.300	4.818	31
13	32.5 级水泥	t	320.00				2.193	58.027	18 569	1.290	37.307	11 938			
14	水	m^3	0.50				12.000	317.520	159	8.000	231.360	116			
15	中(粗)砂	m^3	60.00				4.790	126.743	7 605	3.540	102.377	6 143			
16	黏土	m^3	8.21							1.180	34.126	280			
17	片石	m^3	34.00				2.190	57.947	1 970	9.210	266.353	9 056			
18	碎石(4cm)	m^3	55.00							0.250	7.230	398			
19	碎石(8cm)	m^3	49.00				7.240	191.570	9 387	1.280	37.018	1 814			
20	块石	m^3	85.00							2.100	60.732	5 162			

分项工程概算表

表 5-1-36

编制范围：K0＋000～K0＋79.5　　　　打印时间：2007 年 08 月 03 日

工程名称：I 型梁桥　　　　第 5 页　　共 17 页　　08-2 表

编号	工程项目			现浇混凝土钢筋			天然地基上的混凝土、砌石基础			砌石桥台			现浇混凝土钢筋		
	工程细目			基础工程灌注桩			混凝土基础实体式墩台片石混凝土			梁板桥 U 形			下部构造墩台		
	定额单位			1t 钢筋			$10m^3$ 实体			$10m^3$ 实体			1t 钢筋		
	工程数量			12.560			26.460			28.920			1.460		
	定额表号			5-4-1-3			5-1-4-2			5-2-1-2			5-4-1-6		
	工、料、机名称	单位	单价(元)	定额	数量	金额(元)	定额	数量	金额(元)	定额	数量	金额(元)	定额	数量	金额(元)
21	草皮	m^2	1.80							2.010	58.129	105			
22	其他材料费	元	1.00				9.300	246.078	246	12.100	349.932	350			
23	12t 以内汽车式起重机	台班	787.37	0.120	1.507	1 187	0.180	4.763	3 750						
24	20t 汽车式起重机	台班	1 168.18							0.030	0.868	1 014			
25	50kN 以内单筒慢动电动卷扬机	台班	99.59										0.430	0.628	63
26	32kV·A 交流电弧焊机	台班	104.64	0.870	10.927	1 143							1.030	1.504	157
27	小型机具使用费	元	1.00	15.500	194.680	195	6.800	179.928	180	8.400	242.928	243	30.300	44.238	44
28	定额基价	元	1.00	3 955.000	49 675.000	49 675	1 908.000	50 486.000	50 486	2 439.000	70 536.000	70 536	4 291.000	6 265.000	6 265
	直接工程费	元				49 798			50 869			70 630			6 264
	其他工程费 I	元		3.920		1 952	4.820		2 452	4.820		3 404	3.920		246
	其他工程费 II	元													
	间接费 规费	元		38.400		1 210	38.400		2 699	38.400		12 403	38.400		325
	间接费 企业管理费	元		0.640		331	0.660		352	0.660		489	0.640		42
	利润及税金	元		10.410		5 587	10.410		5 807	10.410		8 359	10.410		709
	建筑安装工程费	元				58 879			62 179			95 284			7 586

编制：×××　　　　复核：×××

表 5-1-36

分 项 工 程 概 算 表

编制范围:K0＋000～K0＋79.5　　　　打印时间:2007 年 08 月 03 日

工程名称:I 型梁桥　　　　第 6 页　　共 17 页　　08-2 表

编号	工程项目			桥面铺装			现浇混凝土钢筋			梁板桥桥墩			现浇混凝土钢筋		
	工程细目			水泥混凝土垫层			桥面铺装水泥混凝土			圆柱墩非泵送高度 10m 以内			下部构造墩台		
	定额单位			$10m^3$ 实体			1t 钢筋			$10m^3$ 实体			1t 钢筋		
	工程数量			2.320			3.460			8.380			14.310		
	定额表号			5-3-13-1			5-4-1-11			5-2-5-18			5-4-1-6		
	工、料、机名称	单位	单价(元)	定额	数量	金额(元)	定额	数量	金额(元)	定额	数量	金额(元)	定额	数量	金额(元)
1	人工	工日	49.20	12.500	29.000	1 427	9.900	34.254	1 685	22.100	185.198	9 112	11.800	168.858	8 308
2	原木	m^3	1 120.00	0.001	0.002	3				0.020	0.168	188			
3	锯材	m^3	1 350.00							0.258	2.162	2 919			
4	光圆钢筋	t	3 300.00				1.025	3.546	11 703						
5	带肋钢筋	t	3 400.00										1.025	14.668	49 870
6	型钢	t	3 700.00	0.001	0.002	9				0.062	0.520	1 922			
7	钢管	t	5 610.00							0.002	0.017	94			
8	钢丝绳	t	5 853.00							0.001	0.008	49			
9	电焊条	kg	4.90				8.300	28.718	141				4.700	67.257	330
10	钢模板	t	5 970.00							0.016	0.134	800			
11	组合钢模板	t	5 710.00							0.013	0.109	622			
12	门式钢支架	t	5 000.00							0.004	0.034	168			
13	铁件	kg	4.40							25.600	214.528	944			
14	铁钉	kg	6.97							0.100	0.838	6			
15	20～22 号铁丝	kg	6.40				3.900	13.494	86				3.300	47.223	302
16	32.5 级水泥	t	320.00	3.845	8.920	2 855				3.845	32.221	10 311			
17	水	m^3	0.50	15.000	34.800	17				12.000	100.560	50			
18	中(粗)砂	m^3	60.00	4.690	10.881	653				4.690	39.302	2 358			
19	碎石(4cm)	m^3	55.00	8.470	19.650	1081				8.470	70.979	3 904			
20	其他材料费	元	1.00	2.900	6.728	7				48.100	403.078	403			

编制:×××　　　　复核:×××

分项工程概算表

表 5-1-36

编制范围:K0+000～K0+79.5　　打印时间:2007 年 08 月 03 日

工程名称:I 型梁桥　　第 7 页　共 17 页　08-2 表

编号	工程项目			桥面铺装			现浇混凝土钢筋			梁板桥桥墩			现浇混凝土钢筋		
	工程细目			水泥混凝土垫层			桥面铺装水泥混凝土			圆柱墩非泵送高度 10m 以内			下部构造墩台		
	定额单位			$10m^3$ 实体			1t 钢筋			$10m^3$ 实体			1t 钢筋		
	工程数量			2.320			3.460			8.380			14.310		
	定额表号			5-3-13-1			5-4-1-11			5-2-5-18			5-4-1-6		
	工、料、机名称	单位	单价(元)	定额	数量	金额(元)	定额	数量	金额(元)	定额	数量	金额(元)	定额	数量	金额(元)
21	1.0t 以内机动翻斗车	台班	130.39	0.880	2.042	266									
22	12t 以内汽车式起重机	台班	787.37							0.390	3.268	2 573			
23	20t 汽车式起重机	台班	1 168.18							0.460	3.855	4 503			
24	50kN 以内单筒慢动电动卷扬机	台班	99.59										0.430	6.153	613
25	32kV·A 交流电弧焊机	台班	104.64				1.630	5.640	590				1.030	14.739	1 542
26	小型机具使用费	元	1.00	13.600	31.552	32	25.700	88.922	89	7.800	65.364	65	30.300	433.593	434
27	定额基价	元	1.00	2 732.000	6 338.000	6 338	4 131.000	14 293.000	14 293	4 803.000	40 249.000	40 249	4 291.000	61 404.000	61 404
	直接工程费	元				6348			14 295			40 991			61 399
	其他工程费 I	元		4.820		306	3.920		560	4.820		1 976	3.920		2 407
	其他工程费 II	元													
	间接费 规费	元		38.400		548	38.400		647	38.400		3 499	38.400		3 190
	间接费 企业管理费	元		0.660		44	0.640		95	0.660		284	0.640		408
	利润及税金	元		10.410		732	10.410		1 614	10.410		4 725	10.410		6 947
	建筑安装工程费	元				7 978			17 212			51 475			74 351

编制:×××　　复核:×××

表 5-1-36

分项工程概算表

编制范围:K0＋000～K0＋79.5　　打印时间:2007 年 08 月 03 日

工程名称:I 型梁桥　　第 8 页　　共 17 页　　08-2 表

编号	工程项目			预制、安装钢筋混凝土 T 形梁、I 形梁上部构造			预制混凝土钢筋			后张法:预应力钢绞线			桥面铺装		
	工程细目			I 形梁预应力钢筋非泵送			上部结构梁			束长 40m 以内锚具型号 7 孔每 t3.82 束			水泥混凝土面层非泵送		
	定额单位			$10m^3$ 实体			1t 钢筋			1t 钢绞线			$10m^3$ 实体		
	工程数量			17.690			41.600			13.730			15.150		
	定额表号			5-3-4-5			5-4-1-17			5-4-2-29			5-3-13-2		
	工、料、机名称	单位	单价(元)	定额	数量	金额(元)	定额	数量	金额(元)	定额	数量	金额(元)	定额	数量	金额(元)
1	人工	工日	49.20	45.500	804.895	39 601	10.000	416.000	20 467	12.200	167.506	8 241	16.100	243.915	12 001
2	原木	m^3	1 120.00	0.011	0.195	218							0.001	0.015	17
3	锯材	m^3	1 350.00	0.053	0.938	1 266									
4	光圆钢筋	t	3 300.00	0.006	0.106	350	0.196	8.154	26 907	0.023	0.316	1 042			
5	带肋钢筋	t	3 400.00	0.128	2.264	7 699	0.829	34.486	117 254						
6	钢绞线	t	6 500.00							1.040	14.279	92 815			
7	波纹管钢带	t	6 350.00							0.072	0.989	6 277			
8	型钢	t	3 700.00	0.020	0.354	1 309							0.001	0.015	56
9	钢板	t	4 450.00	0.055	0.973	4 330									
10	钢管	t	5 610.00	0.001	0.018	99									
11	钢丝绳	t	5 853.00	0.002	0.035	207									
12	电焊条	kg	4.90	6.300	111.447	546	2.100	87.360	428	0.300	4.119	20			
13	钢模板	t	5 970.00	0.033	0.584	3 485									
14	组合钢模板	t	5 710.00	0.026	0.460	2 626									
15	门式钢支架	t	5 000.00	0.003	0.053	265									
16	钢绞线群锚	套	245.00							7.720	105.996	25 969			
17	铁件	kg	4.40	20.300	359.107	1 580									
18	8～12 号铁丝	kg	6.10	0.200	3.538	22									
19	20～22 号铁丝	kg	6.40				4.100	170.560	1 092	0.800	10.984	70			
20	铸铁管	kg	2.00	5.000	88.450	177									

分项工程概算表

表 5-1-36

编制范围:K0+000～K0+79.5　　打印时间:2007 年 08 月 03 日

工程名称:I 型梁桥　　第 9 页　共 17 页　08-2 表

编号	工程项目			预制、安装钢筋混凝土 T 形梁、I 形梁上部构造			预制混凝土钢筋			后张法:预应力钢绞线			桥面铺装		
	工程细目			I 形梁预应力钢筋非泵送			上部结构梁			束长 40m 以内锚具型号 7 孔每 t3.82 束			水泥混凝土面层非泵送		
	定额单位			$10m^3$ 实体			1t 钢筋			1t 钢绞线			$10m^3$ 实体		
	工程数量			17.690			41.600			13.730			15.150		
	定额表号			5-3-4-5			5-4-1-17			5-4-2-29			5-3-13-2		
	工、料、机名称	单位	单价(元)	定额	数量	金额(元)	定额	数量	金额(元)	定额	数量	金额(元)	定额	数量	金额(元)
21	32.5 级水泥	t	320.00	0.089	1.574	504				0.243	3.336	1 068	3.845	58.252	18 641
22	42.5 级水泥	t	350.00	5.321	94.128	32 945									
23	水	m^3	0.50	17.000	300.730	150							15.000	227.250	114
24	中(粗)砂	m^3	60.00	4.760	84.204	5 052							4.690	71.054	4 263
25	砂砾	m^3	31.00	8.990	159.033	4 930									
26	片石	m^3	34.00	0.480	8.491	289									
27	碎石(2cm)	m^3	55.00	7.620	134.798	7 414									
28	碎石(4cm)	m^3	55.00										8.470	128.321	7 058
29	碎石(8cm)	m^3	49.00	0.190	3.361	165									
30	其他材料费	元	1.00	16.900	298.961	299				12.700	174.371	174	2.900	43.935	44
31	设备摊销费	元	1.00	478.800	8 469.972	8 470									
32	6～8t 光轮压路机	台班	251.49	0.010	0.177	44									
33	8～10t 光轮压路机	台班	280.38	0.040	0.708	198									
34	12～15t 光轮压路机	台班	411.77	0.020	0.354	146									
35	电动混凝土切缝机	台班	141.52										0.870	13.181	1 865
36	油泵、千斤顶各 1 钢绞线拉伸设备	台班	135.49							1.340	18.398	2 493			
37	含钢带点焊机波纹管卷制机	台班	230.57							0.290	3.982	918			
38	1.0t 以内机动翻斗车	台班	130.39										0.880	13.332	1 738
39	20t 汽车式起重机	台班	1 168.18	0.340	6.015	7 026									

表 5-1-36

分项工程概算表

编制范围:K0+000～K0+79.5　　打印时间:2007 年 08 月 03 日

工程名称:I 型梁桥　　第 10 页　共 17 页　08-2 表

编号	工程项目			预制、安装钢筋混凝土 T 形梁、I 形梁上部构造			预制混凝土钢筋			后张法:预应力钢绞线			桥面铺装		
	工程细目			I 形梁预应力钢筋非泵送			上部结构梁			束长 40m 以内锚具型号 7 孔每 t3.82 束			水泥混凝土面层非泵送		
	定额单位			$10m^3$ 实体			1t 钢筋			1t 钢绞线			$10m^3$ 实体		
	工程数量			17.690			41.600			13.730			15.150		
	定额表号			5-3-4-5			5-4-1-17			5-4-2-29			5-3-13-2		
	工、料、机名称	单位	单价(元)	定额	数量	金额(元)	定额	数量	金额(元)	定额	数量	金额(元)	定额	数量	金额(元)
40	30kN 以内单筒慢动电动卷扬机	台班	87.09	1.230	21.759	1 895	0.140	5.824	507						
41	50kN 以内单筒慢动电动卷扬机	台班	99.59	2.080	36.795	3 664									
42	32kV·A 交流电弧焊机	台班	104.64	1.180	20.874	2 184	0.450	18.720	1 959	0.240	3.295	345			
43	100kV·A 交流对焊机	台班	170.40				0.090	3.744	638						
44	小型机具使用费	元	1.00	35.600	629.764	630	24.500	1 019.200	1 019	63.300	869.109	869	16.900	256.035	256
45	定额基价	元	1.00	7 860.000	139 043.000	139 043	4 093.000	170 269.000	170 269	10 219.000	140 307.000	140 307	3 036.000	45 995.000	45 995
	直接工程费	元				139 786			170 271			140 302			46 052
	其他工程费 I	元		4.820		6 738	3.920		6 675	3.920		5 500	4.820		2 220
	其他工程费 II	元													
	间接费 规费	元		38.400		15 207	38.400		7 859	38.400		3 165	38.400		4 608
	间接费 企业管理费	元		0.660		967	0.640		1 132	0.640		933	0.660		319
	利润及税金	元		10.410		16 224	10.410		19 231	10.410		15 733	10.410		5 331
	建筑安装工程费	元				178 921			205 168			165 633			58 530

编制:×××　　复核:×××

分项工程概算表

表 5-1-36

编制范围:K0+000～K0+79.5　　打印时间:2007 年 08 月 03 日

工程名称:I 型梁桥　　第 11 页　　共 17 页　　08-2 表

编号	工程项目			防水层			透层、黏层、封层			桥面铺装			柱式及墙式护栏		
	工程细目			涂沥青			黏层沥青层石油沥青			沥青混凝土			墙式护栏钢筋混凝土防撞护栏		
	定额单位			$10m^2$			$1\,000m^2$			$10m^3$ 实体			100m		
	工程数量			70.840			0.720			6.460			1.620		
	定额表号			08 预 4-11-4-5			2-2-12-5			5-3-13-7			6-1-1-3		
	工、料、机名称	单位	单价(元)	定额	数量	金额(元)	定额	数量	金额(元)	定额	数量	金额(元)	定额	数量	金额(元)
1	人工	工日	49.20	0.900	63.756	3 137	0.700	0.504	25	5.700	36.822	1 812	114.400	185.328	9 118
2	原木	m^3	1 120.00										0.124	0.201	225
3	锯材	m^3	1 350.00										0.175	0.284	383
4	光圆钢筋	t	3 300.00										1.275	2.066	6 816
5	钢管	t	5 610.00										0.422	0.684	3 835
6	钢模板	t	5 970.00										0.290	0.470	2 805
7	铸铁	kg	2.19										760.200	1 231.524	2 697
8	铁件	kg	4.40										143.200	231.984	1 021
9	20～22 号铁丝	kg	6.40										6.300	10.206	65
10	油漆	kg	13.04										9.400	15.228	199
11	32.5 级水泥	t	320.00							0.014	0.090	29	9.824	15.915	5 093
12	石油沥青	t	3 800.00	0.039	2.763	10 498	0.412	0.297	1 127	1.225	7.914	30 071			
13	煤	t	265.00				0.080	0.058	15						
14	水	m^3	0.50										35.000	56.700	28
15	砂	m^3	50.00							4.710	30.427	1 521			
16	中(粗)砂	m^3	60.00										14.090	22.826	1 370
17	矿粉	t	125.00							1.284	8.295	1 037			
18	碎石(4cm)	m^3	55.00										24.350	39.447	2 170
19	石屑	m^3	65.00							2.610	16.861	1 096			
20	路面用碎石(1.5cm)	m^3	65.00							7.230	46.706	3 036			

编制:××× 　　复核:×××

分 项 工 程 概 算 表

表 5-1-36

编制范围:K0+000～K0+79.5　　　　打印时间:2007 年 08 月 03 日

工程名称:I 型梁桥　　　　第 12 页　　共 17 页　　08-2 表

编号	工程项目			防水层			透层、黏层、封层			桥面铺装			柱式及墙式护栏		
	工程细目			涂沥青			黏层沥青层石油沥青			沥青混凝土			墙式护栏钢筋混凝土防撞护栏		
	定额单位			$10m^2$			$1\,000m^2$			$10m^3$ 实体			100m		
	工程数量			70.840			0.720			6.460			1.620		
	定额表号			08 预 4-11-4-5			2-2-12-5			5-3-13-7			6-1-1-3		
	工、料、机名称	单位	单价(元)	定额	数量	金额(元)	定额	数量	金额(元)	定额	数量	金额(元)	定额	数量	金额(元)
21	其他材料费	元	1.00	1.500	106.260	106	17.100	12.312	12	11.800	76.228	76	52.400	84.888	85
22	设备摊销费	元	1.00				5.100	3.672	4	72.700	469.642	470			
23	$1.0m^3$ 轮胎式装载机	台班	404.01							0.150	0.969	391			
24	6～8t 光轮压路机	台班	251.49							0.180	1.163	292			
25	10～12t 光轮压路机	台班	361.25							0.160	1.034	373			
26	4 000L 以内沥青洒布车	台班	433.80				0.030	0.022	9						
27	30t/h 以内沥青混合料拌和设备	台班	4 033.30							0.160	1.034	4 169			
28	250L 以内强制式混凝土搅拌机	台班	96.79										1.170	1.895	183
29	3t 以内自卸汽车	台班	323.37							0.890	5.749	1 859			
30	1.0t 以内机动翻斗车	台班	130.39										1.060	1.717	224
31	小型机具使用费	元	1.00				1.200	0.864	1	3.500	22.610	23	31.200	50.544	51
32	定额基价	元	1.00	194.00	13 743.000	13 743	1 657.000	1 193.000	1 193	7 135.000	46 092.000	46 092	22 444.000	36 359.000	36 359
	直接工程费	元				13 742			1 194			46 256			36 367
	其他工程费 I	元		4.820		662	3.810		45	4.820		2 230	3.250		1 182
	其他工程费 II	元													
	间接费 规费	元		38.400		1 205	38.400		10	38.400		696	38.400		3 501
	间接费 企业管理费	元		0.660		95	0.460		6	0.660		320	0.330		124
	利润及税金	元		10.410		1 585	10.410		133	10.410		5 221	10.410		4 131
	建筑安装工程费	元				17 289			1 387			54 722			45 305

编制:×××　　　　复核:×××

分 项 工 程 概 算 表

表 5-1-36

编制范围:K0+000～K0+79.5　　　打印时间:2007 年 08 月 03 日

工程名称:I 型梁桥　　　第 13 页　　共 17 页　　08-2 表

编号	工 程 项 目			混凝土搅拌机拌和			平整场地			拖拉机带铧犁拌和			合　计		
	工 程 细 目			拌和机容量 250L 以内			推土机平整场地			压实厚度 15cm 拖拉机带铧犁拌和水泥砂砾水泥剂量 5%					
	定 额 单 位			$10m^3$			$1\,000m^2$			$1\,000m^2$					
	工 程 数 量			86.420			3.000			2.500					
	定 额 表 号			5-3-32-1			08 预 4-11-1-3			2-1-2-5					
	工、料、机名称	单位	单价(元)	定额	数量	金额(元)	定额	数量	金额(元)	定额	数量	金额(元)	定额	数量	金额(元)
1	人工	工日	49.20	2.800	241.976	11 905	2.000	6.000	295	14.700	36.750	1 808		6 908.79	339 913
2	原木	m^3	1 120.00											0.696	780
3	锯材	m^3	1 350.00											4.013	5 417
4	光圆钢筋	t	3 300.00											15.594	51 461
5	带肋钢筋	t	3 400.00											64.382	218 900
6	钢绞线	t	6 500.00											14.279	92 815
7	波纹管钢带	t	6 350.00											0.989	6 277
8	型钢	t	3 700.00											0.997	3 688
9	钢板	t	4 450.00											0.973	4 330
10	钢管	t	5 610.00											2.213	12 415
11	钢钎	kg	5.62											19.076	107
12	钢丝绳	t	5 853.00											0.044	256
13	电焊条	kg	4.90											410.177	2 010
14	钢护筒	t	4 800.00											0.260	1 248
15	钢模板	t	5 970.00											1.188	7 090
16	组合钢模板	t	5 710.00											0.781	4 457
17	门式钢支架	t	5 000.00											0.087	433
18	铸铁	kg	2.19											1 231.52	2 697
19	钢绞线群锚(7 孔)	套	245.00											105.996	25 969
20	铁件	kg	4.40											919.949	4 048

分项工程概算表

表 5-1-36

编制范围:K0+000～K0+79.5　　打印时间:2007 年 08 月 03 日

工程名称:I 型梁桥　　第 14 页　　共 17 页　　08-2 表

编号	工程项目			混凝土搅拌机拌和			平整场地			拖拉机带铧犁拌和			合计		
	工程细目			拌和机容量 250L 以内			推土机平整场地			压实厚度 15cm 拖拉机带铧犁拌和水泥砂砾水泥剂量 5%					
	定额单位			$10m^3$			$1\,000m^2$			$1\,000m^2$					
	工程数量			86.420			3.000			2.500					
	定额表号			5-3-32-1			08 预 4-11-1-3			2-1-2-5					
	工、料、机名称	单位	单价(元)	定额	数量	金额(元)	定额	数量	金额(元)	定额	数量	金额(元)	定额	数量	金额(元)
21	铁钉	kg	6.97											0.838	6
22	8～12 号铁丝	kg	6.10											22.532	137
23	20～22 号铁丝	kg	6.40											284.917	1 823
24	铸铁管	kg	2.00											88.450	177
25	油漆	kg	13.04											15.228	199
26	32.5 级水泥	t	320.00							15.950	39.875	12 760		344.843	110 350
27	42.5 级水泥	t	350.00											94.128	32 945
28	硝铵炸药	kg	6.00											114.304	686
29	导火线	m	0.80											277.400	222
30	普通雷管	个	0.70											218.880	153
31	石油沥青	t	3 800.00											10.973	41 697
32	煤	t	265.00											0.202	54
33	水	m^3	0.50											2 199.290	1 100
34	砂	m^3	50.00											30.427	1 521
35	中(粗)砂	m^3	60.00											561.982	33 719
36	砂砾	m^3	31.00							197.200	493.000	15 283		652.033	20 213
37	黏土	m^3	8.21											355.333	2 917
38	片石	m^3	34.00											332.792	11 315
39	矿粉	t	125.00											8.295	1 037
40	碎石(2cm)	m^3	55.00											134.798	7 414

分 项 工 程 概 算 表

表 5-1-36

编制范围:K0＋000～K0＋79.5　　　　打印时间:2007 年 08 月 03 日

工程名称:I 型梁桥　　　　第 15 页　　共 17 页　　08-2 表

编号	工程项目			混凝土搅拌机拌和			平整场地			拖拉机带铧犁拌和			合计		
	工程细目			拌和机容量 250L 以内			推土机平整场地			压实厚度 15cm 拖拉机带铧犁拌和水泥砂砾水泥剂量 5%					
	定额单位			$10m^3$			$1\,000m^2$			$1\,000m^2$					
	工程数量			86.420			3.000			2.500					
	定额表号			5-3-32-1			预 4-11-1-3			2-1-2-5					
	工、料、机名称	单位	单价(元)	定额	数量	金额(元)	定额	数量	金额(元)	定额	数量	金额(元)	定额	数量	金额(元)
41	碎石(4cm)	m^3	55.00											422.438	23 234
42	碎石(8cm)	m^3	49.00											231.949	11 366
43	石屑	m^3	65.00											16.861	1 096
44	路面用碎石 1.5cm	m^3	65.00											46.706	3 036
45	块石	m^3	85.00											60.732	5 162
46	草皮	m^2	1.80											58.129	105
47	其他材料费	元	1.00											1 933.852	1 934
48	设备摊销费	元	1.00							1.600	4.000	4		11 316.776	11 317
49	105kW 以内履带式推土机	台班	803.76				0.640	1.920	1 543					1.920	1 543
50	$1.0m^3$ 轮胎式装载机	台班	404.01											0.969	391
51	120kW 以内平地机	台班	912.98							0.380	0.950	867		0.950	867
52	75kW 以内履带式拖拉机	台班	525.55							0.210	0.525	276		0.525	276
53	6～8t 光轮压路机	台班	251.49							0.280	0.700	176		2.040	513
54	8～10t 光轮压路机	台班	280.38				0.240	0.720	202					1.428	400
55	10～12t 光轮压路机	台班	361.25											1.034	373
56	12～15t 光轮压路机	台班	411.77							1.300	3.250	1 338		3.604	1 484
57	4 000L 以内沥青洒布车	台班	433.80											0.022	9
58	30t/h 以内沥青混合料拌和设备	台班	4 033.30											1.034	4 169
59	电动混凝土切缝机	台班	141.52											13.181	1 865

表 5-1-36

分项工程概算表

编制范围:K0＋000～K0＋79.5　　打印时间:2007 年 08 月 03 日

工程名称:I 型梁桥　　第 16 页　　共 17 页　　08-2 表

编号	工程项目			混凝土搅拌机拌和			平整场地			拖拉机带铧犁拌和			合计		
	工程细目			拌和机容量 250L 以内			推土机平整场地			压实厚度 15cm 拖拉机带铧犁拌和水泥砂砾水泥剂量 5%					
	定额单位			10m³			1 000m²			1 000m²					
	工程数量			86.420			3.000			2.500					
	定额表号			5-3-32-1			预 4-11-1-3			2-1-2-5					
	工、料、机名称	单位	单价(元)	定额	数量	金额(元)	定额	数量	金额(元)	定额	数量	金额(元)	定额	数量	金额(元)
60	250L 以内强制式混凝土搅拌机	台班	96.79	0.460	39.753	3 848								41.649	4 031
61	油泵、千斤顶各 1 钢绞线拉伸设备	台班	135.49											18.398	2 493
62	含钢带点焊机波纹管卷制机	台班	230.57											3.982	918
63	10t 以内载货汽车	台班	555.01											2.606	1 446
64	3t 以内自卸汽车	台班	323.37											5.749	1 859
65	6 000L 以内洒水汽车	台班	545.58							0.770	1.925	1 050		1.925	1 050
66	1.0t 以内机动翻斗车	台班	130.39											17.091	2 228
67	5t 以内汽车式起重机	台班	422.80											0.416	176
68	12t 以内汽车式起重机	台班	787.37											12.144	9 562
69	20t 汽车式起重机	台班	1 168.18											10.737	12 543
70	30kN 以内单筒慢动电动卷扬机	台班	87.09											27.583	2 402
71	50kN 以内单筒慢动电动卷扬机	台班	99.59											59.996	5 975
72	50kN 以内双筒快动电动卷扬机	台班	166.52											405.196	67 473
73	150mm 以内电动单级离心清水泵	台班	157.24											7.060	1 110
74	32kV·A 交流电弧焊机	台班	104.64											81.217	8 499
75	100kV·A 交流对焊机	台班	170.40											3.744	638
76	小型机具使用费	元	1.00											6 364.889	6 365

分项工程概算表

表 5-1-36

编制范围:K0+000～K0+79.5　　打印时间:2007 年 08 月 03 日

工程名称:I 型梁桥　　第 17 页　　共 17 页　　08-2 表

编号	工程项目			混凝土搅拌机拌和			平整场地			拖拉机带铧犁拌和			合计		
	工程细目			拌和机容量 250L 以内			推土机平整场地			压实厚度 15cm 拖拉机带铧犁拌和水泥砂砾水泥剂量 5%					
	定额单位			$10m^3$			$1\,000m^2$			$1\,000m^2$					
	工程数量			86.420			3.000			2.500					
	定额表号			5-3-32-1			预 4-11-1-3			2-1-2-5					
	工、料、机名称	单位	单价(元)	定额	数量	金额(元)	定额	数量	金额(元)	定额	数量	金额(元)	定额	数量	金额(元)
77	定额基价	元	1.00	182.000	15 728.000	15 728	680.000	2 040.000	2 040	13 400.000	33 500.000	33 500		1 247 054.00	1 247 056
	直接工程费	元				15 753			2 040			33 563			1 249 904
	其他工程费 I	元		4.820		759	4.820		98	3.810		1 279			55 342
	其他工程费 II	元													
	间接费 规费	元		38.400		4 572	38.400		113	38.400		694			130 526
	间接费 企业管理费	元		0.660		109	0.660		14	0.460		160			8 327
	利润及税金	元		10.410		1 926	10.410		233	10.410		3 751			144 329
	建筑安装工程费	元				23 119			2 499			39 447			1 588 429

编制:×××　　复核:×××

材料预算单价计算表

表 5-1-37

建设项目名称:梁桥工程>I型梁桥　　　　打印日期:2007年08月03日

编 制 范 围:K0+000～K0+79.5　　　　第1页　　共1页　　09表

序号	规格名称	单位	原价（元）	运杂费					原价运费合计（元）	场外运输损耗		采购及保管费		预算单价（元）
				供应地点	运输方式、比重及运距	毛重系数或单位毛重	运杂费构成说明或计算式	单位运费（元）		费率（%）	金额（元）	费率（%）	金额（元）	
1	原木	m³	920	××	汽,48km,100	1	[0.8×48+6×1+9.6]×1×1	54	974			2.5	24.35	998.35
2	锯材	m³	1 120		汽,48km,100	1	[0.8×48+6×1+9.6]×1×1	54	1 174			2.5	29.35	1 203.4
3	枕木	m³	1 150		汽,48km,100	1	[0.8×48+6×1+9.6]×1×1	54	1 204			2.5	30.1	1 234.1
4	光圆钢筋	t	3 850		汽,120km,100	1	[0.8×120+6×1+24]×1×1	126	3 976			2.5	99.4	4 075.4
5	带肋钢筋	t	3 950		汽,120km,100	1	[0.8×120+6×1+24]×1×1	126	4 076			2.5	101.9	4 177.9
6	钢绞线	t	6 800		汽,120km,100	1	[0.8×120+6×1+24]×1×1	126	6 926			2.5	173.15	7 099.2
7	波纹管钢带	t	6 200		汽,120km,100	1	[0.8×120+6×1+24]×1×1	126	6 326			2.5	158.15	6 484.2
8	型钢	t	4 150		汽,120km,100	1	[0.8×120+6×1+24]×1×1	126	4 276			2.5	106.9	4 382.9
9	钢板	t	4 950		汽,120km,100	1	[0.8×120+6×1+24]×1×1	126	5 076			2.5	126.9	5 202.9
10	圆钢	t	3 800		汽,120km,100	1	[0.8×120+6×1+24]×1×1	126	3 926			2.5	98.15	4 024.2
11	钢管	t	5 650		汽,120km,100	1	[0.8×120+6×1+24]×1×1	126	5 776			2.5	144.4	5 920.4
12	钢钎	kg	5.7		汽,48km,100	0.001	[0.8×48+6×1+9.6]×0.001×1	0.05	5.75			2.5	0.14	5.9
18	钢丝绳	t	5 850		汽,48km,100	1	[0.8×48+6×1+9.6]×1×1	54	5 904			2.5	147.6	6 051.6
19	电焊条	kg	5.2		汽,48km,100	0.001 1	[0.8×48+6×1+9.6]×0.0011×1	0.06	5.26			2.5	0.13	5.39
22	钢护筒	t	5 150		汽,120km,100	1	[0.8×120+6×1+24]×1×1	126	5 276			1	52.76	5 328.8
23	钢模板	t	5 650		汽,48km,100	1	[0.8×48+6×1+9.6]×1×1	54	5 704			1	57.04	5 761
24	组合钢模板	t	5 250		汽,48km,100	1	[0.8×48+6×1+9.6]×1×1	54	5 304			1	53.04	5 357

编制:×××　　　　复核:×××

机械台班单价计算表

表 5-1-38

建设项目名称:梁桥工程>I 型梁桥　　　　打印时间:2007 年 08 月 03 日

编 制 范 围:K0+000~K0+79.5　　　　第 1 页　　共 2 页　　11 表

序号	定额号	机械规格名称	台班单价(元)	不变费用(元)		可变费用(元)										养路费及车船税(元)	可变费用合计(元)
				调整系数		机械工		重油		汽油		柴油		电			
				1.0		49.2 元/工日		2.8 元/kg		5.2 元/kg		4.9 元/kg		0.55 元/kW·h			
				定额	调整值	定额	费用	定额	费用	定额	费用	定额	费用	定额	费用		
1	1005	105kW 以内履带式推土机	803.76	330.410	330.41	2.000	98.40					76.520	374.95				473.35
2	1048	1.0m³ 轮胎式装载机	404.01	112.920	112.92	1.000	49.20					49.030	240.25			1.64	291.09
3	1057	120kW 以内平地机	912.98	408.050	408.05	2.000	98.40					82.130	402.44			4.09	504.93
4	1063	75kW 以内履带式拖拉机	525.55	161.230	161.23	2.000	98.40					54.270	265.92				364.32
5	1075	6~8t 光轮压路机	251.49	107.570	107.57	1.000	49.20					19.330	94.72				143.92
6	1076	8~10t 光轮压路机	280.38	117.500	117.50	1.000	49.20					23.200	113.68				162.88
7	1077	10~12t 光轮压路机	361.25	146.870	146.87	1.000	49.20					33.710	165.18				214.38
8	1078	12~15t 光轮压路机	411.77	164.320	164.32	1.000	49.20					40.460	198.25				247.45
9	1193	4 000L 以内沥青洒布车	433.80	179.140	179.14	1.000	49.20			34.280	178.26					27.20	254.66
10	1201	30t/h 以内沥青混合料拌和设备	4 033.30	940.690	940.69	5.000	246.00	897.600	2 513.28					606.060	333.33		3 092.61
11	1245	电动混凝土切缝机	141.52	81.230	81.23	1.000	49.20							20.160	11.09		60.29
12	1272	250L 以内强制式混凝土搅拌机	96.79	18.580	18.58	1.000	49.20							52.740	29.01		78.21
13	1349	油泵、千斤顶各 1 钢绞线拉伸设备	135.49	126.560	126.56									16.230	8.93		8.93
14	1352	含钢带点焊机波纹管卷制机	230.57	119.900	119.90	2.000	98.40							22.310	12.27		110.67

续上表

序号	定额号	机械规格名称	台班单价(元)	不变费用(元)		可变费用(元)												
				调整系数		机械工		重油		汽油		柴油		电		养路费及车船税(元)	可变费用合计(元)
				1.0		49.2元/工日		2.8元/kg		5.2元/kg		4.9元/kg		0.55元/kW·h			
				定额	调整值	定额	费用	定额	费用	定额	费用	定额	费用	定额	费用		
15	1376	10t以内载货汽车	555.01	177.430	177.43	1.000	49.20					50.290	246.42			81.96	377.58
16	1382	3t以内自卸汽车	323.37	67.620	67.62	1.000	49.20			34.280	178.26					28.29	255.75
17	1405	6 000L以内洒水汽车	545.58	257.900	257.90	1.000	49.20					42.430	207.91			30.57	287.68
18	1408	1.0t以内机动翻斗车	130.39	32.450	32.45	1.000	49.20					9.000	44.10			4.64	97.94
19	1449	5t以内汽车式起重机	422.80	199.620	199.62	1.000	49.20			25.710	133.69					40.29	223.18
20	1451	12t以内汽车式起重机	787.37	387.110	387.11	2.000	98.40					44.950	220.26			81.60	400.26
21	1453	20t汽车式起重机	1168.18	672.980	672.98	2.000	98.40					56.000	274.40			122.40	495.20
22	1499	30kN以内单筒慢动电动卷扬机	87.09	17.220	17.22	1.000	49.20							37.580	20.67		69.87
23	1500	50kN以内单筒慢动电动卷扬机	99.59	20.080	20.08	1.000	49.20							55.110	30.31		79.51
24	1523	50kN以内双筒快动电动卷扬机	166.52	60.090	60.09	1.000	49.20							104.060	57.23		106.43
25	1653	150mm以内电动单级离心清水泵	157.24	26.220	26.22	1.000	49.20							148.770	81.82		131.02
26	1726	32kV·A交流电弧焊机	104.64	7.240	7.24	1.000	49.20							87.630	48.20		97.40
27	1746	100kV·A交流对焊机	170.40	21.840	21.84	1.000	49.20							180.650	99.36		148.56

编制:××× 复核:×××

第四节　技术设计与修正概算

一、技术设计

《公路工程基本建设项目设计文件编制办法》规定，公路工程基本建设项目一般采用两阶段设计，即初步设计和施工图设计。当技术上复杂、基础资料缺乏和不足的建设项目或建设项目中的特大桥、互通式立体交叉、隧道、高速公路和一级公路的交通工程及沿线设施的机电设备等，必要时可采用三阶段设计，即初步设计、技术设计和施工图设计。技术设计必须要有修正概算文件，它是技术设计文件的重要组成部分。

由此可知，技术设计并不是公路建设项目必经的设计阶段，而是在某种特殊条件下，根据初步设计批复的意见，对建设工程项目中重大、复杂的技术问题，通过科学试验、专题研究，加深勘探调查及分析比较，解决初步设计中未解决的问题，进一步落实技术方案和施工方案，并据以编制相应的修正概算文件。

二、修正概算与修正概算的编制

编制技术设计修正概算，是在批准的初步设计概算文件的基础上进行的，对初步设计所定的技术方案和施工方案进一步研究修改，并补充必要的水文、地质资料，修正后的工程量是编制修正概算的依据。实际上是对原设计概算的修正与补充，使之更符合建设工程的实际情况，以提高其准确性。所以，修正概算的作用以及编制依据、程序和方法与设计概算基本上是一样的，在此不再论述。但初步设计和技术设计毕竟是两个不同的设计阶段，由于客观条件的不同和时间上的差异，必然有其不同的具体情况，故编制修正概算时，除应参考前述的初步设计概算的编制内容与要求外，应结合建设工程的实际情况，按下列要求做好修正概算的编制工作。

(1)熟悉了解原初步设计方案修改的范围和深度、施工工期是否有调整、需要修正的各项基础资料及有关的内容，做到心中有数。

(2)做好收集、整理和补充外业调查资料的工作。它包括两个方面的内容，一是对与修改的工程结构部分有关的外业资料的调查；二是对初步设计概算的外业调查资料进行分析整理，找出影响修正概算的因素。如建设工程项目用地范围内，是否增加了新的建筑物、构筑物，耕地种植情况有无改变，技术物资供应情况有无变化等，这是在以往的建设工程中经常发生的情况，故不应忽视。

(3)根据技术设计图表资料，按照概算定额内容的要求，正确计算各项工程数量，并提出与原设计概算工程量的比较表，用来进行修正概算的编制和经济分析。

(4)各个设计阶段工程造价文件的编制，按规定都应以工程所在地当时的实际价格作为计算依据。编制修正概算一般不可能在编制初步设计概算的同一年度内进行，在市场经济的条件下，各种价格变化的因素较多，因此，应了解在这期间，人工工资标准、材料供应价格有无变动，国家对工程造价的计价依据和办法有无修改，建设单位有无新的要求，以此作为编制修正概算的依据。

(5)当技术设计修改的内容仅影响局部工程量的增减，人工、材料、机械台班的预算价格拟不作调整，仍按原设计概算资料作为计算依据时，则可采用修正总概算表的办法编制修正概算。修正总概算表中有关变动部分的工程数量，然后以原概算的技术经济指标，即分部工程的核算单价分别乘以相应变动部分的工程数量，并按规定对总概算内有关费用进行修正。同时，修正变动部分工程的人工、材料、机械台班的需要数量，最后修正相关的汇总表。

(6)当有新增工程内容，或人工、材料、机械台班的预算价格都发生了很大的变化时，则应按照编制设计概算的程序和方法，对新增加的工程内容进行工、料、机分析，编制分项工程概算表，同时修正人工、材料、机械台班的预算价格，重新计算建筑安装工程费，并据以修正总概算表的各项有关费用，编制修正总概算文件。

(7)修正概算编制完成后，要对照检查对初步设计的批复意见的执行情况，有无不符合要求之处，若修正的总概算超出批准的设计概算时，要分析超出原因，提出解决的办法或意见，供建设主管部门或建设单位决策时参考，并应补办报批手续，待原设计概算审批单位批准后，即成为建设项目投资的最高限额。

(8)无论采用哪种方法来编制修正概算，均应对编制说明加以修正，并按规定出版修正概算文件。

第二章　施工图设计与施工图预算

第一节　施工图设计

两阶段（或三阶段）施工图设计阶段应根据初步设计（或技术设计）批复意见、测设合同，进一步对所审定的修建原则、设计方案、技术决定加以具体和深化，最终确定各项工程数量，提出文字说明和适应施工需要的图表资料以及施工组织计划，并编制施工图预算。一阶段施工图设计应根据可行性研究报告批复意见、测设合同的要求，拟定修建原则，确定设计方案和工程数量，提出文字说明和图表资料以及施工组织计划，编制施工图预算，满足审批的要求，适应施工的需要。

一、施工图设计应满足的要求

（1）确定路线具体位置。

（2）确定路基标准横断面和高填深挖路基、特殊路基横断面，绘制路基超高、加宽设计图；计算土石方数量并进行调配；确定路基取土、弃土的位置，绘制取土坑、弃土场设计图。

（3）确定路基路面排水系统和支挡、防护工程的结构类型及尺寸，绘制相应布置图和结构设计图。

（4）确定高填深挖、陡坡路堤及特殊路基设计的结构形式及尺寸，并绘制设计图。

（5）确定各路段的路面结构类型、路面混合料类型，并绘制路面结构图。

（6）确定特大、大、中桥的位置、孔数及孔径、结构类型及各部尺寸，绘制结构设计图。

（7）确定小桥、涵洞、漫水桥及过水路面等的位置、孔数及孔径、结构类型及各部尺寸，绘制布置图。特殊设计的，应绘制特殊设计详图。

（8）确定隧道及其附属设施的形式及尺寸，绘制布置图和设计详图。

（9）确定路线交叉形式、结构类型及各部尺寸，绘制布置图和设计详图。

（10）确定交通工程及沿线设施的各项工程的位置、类型及各部尺寸，绘制布置图和设计详图。

（11）确定改（扩）建工程施工期间的交通组织设计详图。

（12）确定环境保护与景观工程的位置、类型及数量，绘制布置图和设计详图。

（13）确定改路、改渠（河）等其他工程的位置、结构形式及尺寸，绘制相应的布置图和设计详图。

（14）落实沿线筑路材料的质量、储藏量、供应量及运距，绘制筑路材料运输示意图。

（15）确定征用土地、拆迁建筑物及电力、电信设施等的数量。

（16）计算各项工程数量。

（17）提出施工组织计划。

（18）提出人工数量及主要材料、机具、设备的规格及数量。

(19)编制施工图预算。

二、施工图设计文件的组成

施工图设计文件由下列十二篇和附件组成。

第一篇　总体设计。内容包括:(1)项目地理位置图;(2)说明书;(3)路线平、纵面缩图;(4)主要技术经济指标表;(5)附件(初步设计,或技术设计批复意见、测设合同的必要内容、有关指示、协议和纪要等复印件);(6)公路平面总体设计图。

第二篇　路线。内容包括:(1)说明;(2)路线平面图;(3)路线纵断面图;(4)直线、曲线及转角表;(5)纵坡、竖曲线表;(6)总里程及断链桩号表;(7)公路用地表;(8)公路用地图;(9)赔偿树木、青苗表;(10)砍树挖根数量表;(11)拆迁建筑物表;(12)拆迁电力、电信设施表;(13)纸上移线图;(14)路线逐桩坐标表;(15)控制测量成果表;(16)安全设施。

第三篇　路基、路面。内容包括:(1)说明;(2)设计图表:①路基设计表;②边沟(排水沟)设计表;③路基标准横断面图;④一般路基设计图;⑤路基横断面设计图;⑥超高方式图;⑦隧道进出口过渡设计图;⑧耕地填前夯(压)实数量表;⑨挖淤泥排水数量表;⑩高填深挖路基工程数量表;⑪高填深挖路基设计图;⑫低填浅挖路基处理工程数量表;⑬低填浅挖路基处理设计图;⑭桥头路基处理工程数量表;⑮桥头路基处理设计图;⑯陡坡路堤或填挖交界处理工程数量表;⑰陡坡路堤或填挖交界处理设计图;⑱特殊路基设计表;⑲特殊路基设计工程数量表;⑳特殊路基设计图;㉑特殊路基处理段地质纵断面图;㉒中间带设计图;㉓中央分隔带开口设计图;㉔路基土石方数量表;㉕路基每公里土石方数量表;㉖路基土石方运量统计表;㉗取土坑(场)、弃土堆(场)一览表;㉘取土坑(场)、弃土堆(场)设计图;㉙路基防护工程数量表;㉚路基支挡、防护工程设计图;㉛路面工程数量表;㉜路面结构图;㉝水泥混凝土路面设计图;㉞平曲线上路面加宽表;㉟路基、路面排水系统布置图;㊱路基、路面排水工程数量表;㊲路基、路面排水工程设计图。

第四篇　桥梁、涵洞。内容包括:(1)说明;(2)特大、大、中桥工程数量表;(3)特大、大、中桥设计图;(4)小桥工程数量表;(5)小桥设计图;(6)涵洞工程数量表;(7)涵洞设计图。

第五篇　隧道。内容包括:(1)说明;(2)隧道表;(3)隧道工程数量表;(4)隧道设计图;(5)隧道机电设施。

第六篇　路线交叉。内容包括:(1)说明;(2)互通式立体交叉设计图表;(3)服务区、停车区等服务设施主体工程设计图;(4)分离式立体交叉设计图表;(5)通道、天桥设计图表;(6)平面交叉设计图表;(7)管线交叉设计图表。

第七篇　交通工程及沿线设施。内容包括:(1)说明;(2)设计图表:①总体设计;②监控设施;③通信设施;④收费设施;⑤供配电设施;⑥照明设施。

第八篇　环境保护与景观设计。内容包括:(1)说明;(2)环境保护工程数量表;(3)降噪设计图;(4)污水处理设计图;(5)其他环保工程设计图;(6)植物配置表;(7)景观工程数量表;(8)景观工程设计图。

第九篇　其他工程。内容包括:(1)说明;(2)渡口码头数量表;(3)渡口码头设计图;(4)其他工程数量表;(5)其他工程设计图。

第十篇　筑路材料。内容包括:(1)说明;(2)沿线筑路材料料场表;(3)沿线筑路材料试验资料表;(4)沿线筑路材料供应示意图。

第十一篇　施工组织计划。内容包括:(1)说明;(2)施工便道主要工程数量表;(3)其他临时工程数量表;(4)公路临时用地表。

第十二篇　施工图预算。施工图预算应按《概算预算编制办法》和《预算定额》及其他相关规定编制。

第二节　施工图预算文件的组成

预算文件是设计文件的组成部分,它由封面、目录、编制说明及全部预算表格组成。

1. 封面及目录

预算文件扉页的次页格式如下:

×××公路施工图预算

(CK××+×××~CK××+×××)

第　册　　共　册

编制:[签字并加盖执业(从业)资格印章]

复核:[签字并加盖执业(从业)资格印章]

(编制单位)

年　月

预算文件的目录应按预算表的表号顺序编排。

目　录

(甲组文件)

2. 预算编制说明

预算表格编制完成后,应写出编制说明,文字力求简明扼要。应叙述的内容一般有:

(1)工程概况及其建设规模和范围。

(2)建设项目设计资料的依据及有关文号。

(3)采用的定额、费用标准,人工、材料、机械台班单价的依据或来源,补充定额及编制依据的详细说明。

(4)与预算有关的委托书、协议书、会谈纪要的主要内容(或将抄件附后)。

(5)总预算金额,人工、钢材、水泥、木材、沥青的总需要量情况,各设计方案的经济比较,以及编制中存在的问题。

(6)其他与预算有关但不能在表格中反映的事项。

3. 预算表格

公路工程预算应按统一的预算表格计算,表格与初步设计概算表格完全相同,只是将表头名称中的"概算"换成"预算"。预算的人工、材料、机械台班单价,及其他各项费用计算都应通过规定的表格反映,在完成这些表格时,应以《预算定额》为依据,按《概算预算编制办法》的各项规定计算各项费用。各种表格的计算顺序和相互关系见本篇第一章图 5-1-1。

4. 甲组文件与乙组文件

预算文件按不同的需要分为两组,甲组文件为各项费用计算表,乙组文件为建筑安装工程费各项基础数据计算表,只供审批使用,其内容组成如图 5-2-1 所示。

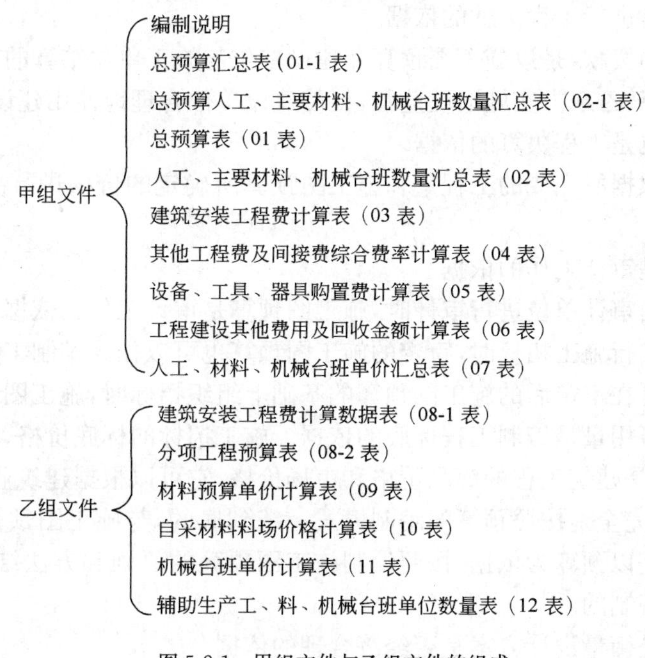

图 5-2-1　甲组文件与乙组文件的组成

第三节　施工图预算文件的编制

一、施工图预算的作用

1. 当施工图预算作为承包施工任务的依据时的作用

1)施工图预算是施工单位组织施工的依据

编制施工图预算的主要目的,是指导建设项目的施工。施工单位在组织施工时,应根据施工图预算计算出来的各项工程的工程量编制计划组织施工,预算中提供的材料、半成品、各种构件的用量、品种、规格以及质量标准,是施工单位组织采购、加工、供应的依据。预算中提供的人工、机械台班用量也是安排施工计划的依据。

2)施工图预算是施工单位统计完成工程量的依据

施工单位在掌握工程进度时，除了要有工程量和形象进度外，还要有以货币表现的工作量，它是根据施工期内实际完成的各种工程量乘以相应的预算单价来计算的，是考核工程进度和完成计划的一个综合指标。

3)施工图预算是施工企业进行经济核算的依据

施工图预算计算出来的单项、单位工程技术经济指标，是建筑安装工程产品的计划价格，施工企业为了取得较好的经济效益，必须在预算提供产品价格的范围内，通过加强经济核算，努力提高劳动生产率，降低人力、物力、财力的消耗，以达到降低成本的目的，为企业提供更多的积累和盈利。

4)施工图预算是施工单位和建设单位进行工程结算的依据

经审定的施工图预算是建设单位与施工单位进行工程结算的依据。单位工程竣工后或根据施工进度安排完成部分工程量后，应以施工图预算中所确定的价格进行结算。

5)施工图预算是进行工程拨款的依据

建筑安装工程的拨款，是以施工图预算和建设单位与施工单位结算的工作量为依据，并以施工图预算对合同甲、乙双方实施财政监督，促使建设单位合理地使用建设资金。

6)施工图预算也是工程决算的依据

工程竣工后应根据所完成的工程量和施工图预算所确定的价格进行决算，最后形成总的新增固定资产价值。

7)施工图预算是审计工作的依据

建设项目需要由审计单位进行审计时，施工图预算是审计工作的依据。

2.当建设项目实行施工招标时，审定的施工图预算也可以作为编制工程标底的依据

建设项目如果是在审定后的施工图预算的基础上组织招标时，施工图预算提供的工程量，人工、材料、机械台班用量是编制工程标底的依据。施工招标的标底价格，不但要反映价值，还要反映供求关系，它是建筑工程的商品价格和市场价格，它可以根据建筑业市场上的供求关系进行浮动，所以它不完全是按照预算的编制模式一统到底的，与施工图预算是有区别的，但工程标底的制定仍然是以预算为依据，按照编制施工图预算的原则和方法结合市场行情和招标工程的实际情况来编制的。

3.施工图预算是衡量设计方案是否经济合理的依据

施工图预算提供的总预算造价指标和各分项工程的造价指标与以往的技术经济指标进行比较，进一步论证初步设计或技术设计所确定的设计方案是否经济合理。同时还应和初步设计概算或技术设计修正概算中的各项技术指标进行对比，以检查概算编制的质量和水平。

二、编制施工图预算的依据

编制施工图预算的依据多是由国家有关主管部门批准颁发的，具有法律约束力。人们从事工程造价经济活动时，必须严格遵守，认真贯彻执行。施工图预算的编制必须遵循以下各项依据。

(1)就公路工程的不同设计阶段而言，一阶段设计中的可行性研究报告投资估算，两阶段设计中的初步设计概算，三阶段设计中的技术设计修正概算，是编制施工图预算的主要依据之一。经批准的投资额，是进行施工图限额设计的主要依据，施工图预算不得随意突破批准的投

资额。

(2)施工设计图纸和说明。这些资料具体地规定了兴建工程的形式、内容、地质情况、结构尺寸、施工技术要求等,不仅是指导施工的指令性技术文件,而且是编制施工图预算,计算工程数量的主要依据。

(3)施工组织设计资料。施工组织设计对施工期限、施工方法、机械化程度以及大型构件预制场、路面混合料拌和场、材料堆放地点、临时工程的位置和临时占用土地数量等,都作出明确而具体的规定,而这些资料是计算辅助工程数量、临时工程数量、套用预算定额和计算有关费用的重要依据。

(4)《预算定额》。预算定额不仅是计算建设项目的人工、材料、机械台班消耗量的主要依据和标准,还是计算和确定工程量的主要依据。

(5)人工、材料、机械台班预算价格,以及据以计算这些价格的工资标准、材料供应价、运价、机械台班费用定额、养路费等,都是编制施工图预算的基础资料。

(6)其他工程费、间接费等各项取费标准。结合我国的国情和建设实践,构成建设工程造价的其他工程费、间接费、利润、税金,以及建设项目管理费等,均是以费率作为计算施工图预算费用的依据。

(7)工程量计算规则和预算编制办法。工程量计算规则包括两个方面的含意,一是根据施工设计图纸资料如何计算工程量;二是按预算定额的内容要求如何正确计取工程量,两者都是编制施工图预算时必须严格遵守的规则。预算编制办法除了规定了各种费率标准外,还对组成预算文件的各种计算表格的内容、填表程序和方法,都作出了十分明确的规定,并不得随意修改,所以这些也是编制施工图预算的依据。

(8)勘察设计合同、协议以及建设项目主管部门或建设单位的有关规定。

(9)当采用新结构、新材料、新工艺、新设备而定额缺项时,按规定编制的补充预算定额,也是编制施工图预算的依据。

(10)有关的文件和规定。凡与编制预算有关的中央和地方的有关文件和规定,以及在外业调查中所签订的各种协议和合同都是编制预算的重要依据。

(11)其他资料:如工具书,标准图集等。

三、施工组织设计与施工图预算的编制

施工组织设计和施工图预算是相互依存、相互影响的。确切地说,施工图预算的编制过程也是施工组织设计的过程,施工组织设计决定着施工图预算,反过来,施工图预算又制约着施工组织设计,两者是辩证统一的关系,是相辅相成的。

预算费用中与施工组织设计关系最大的是建筑安装工程费,而建筑安装工程费又是由直接费、间接费、利润和税金组成。就费用的计算过程来看,直接费的高低基本决定了建筑安装工程费的高低,只要降低了建筑安装工程的直接费,就能降低整个工程费用。

施工组织设计对预算的影响是多方面的,但主要是对直接工程费的影响。现就影响较大的主要因素介绍如下。

(一)施工现场平面布置对预算的影响

施工现场平面布置是施工组织设计在空间上的综合描述,是施工组织设计的重要组成部分之一。它是在基础资料调查的基础上,结合建设工程的实际情况,按照一定的布置原则和方法,对建设工程在施工过程中的材料供应和运输路线、供电、供水、临时工程、工地仓库、生活设

施、管理机械设施、服务区、加油站、道班房、预制场、拌和场以及大型机械设备工作面的布置和安排。平面布置的确定,也就决定了预算中相应的直接工程费,如场内运输的价格、临时工程的费用以及租用土地费、平整场地费用等。在施工组织设计中,应考虑技术上的可行性和经济上的合理性,规划平面布置一般应遵循以下原则。

(1)凡是永久性占用土地或临时性租用土地的工程,应结合地形、地貌,在满足施工的前提下,尽可能选择利用荒山、荒地及场地平整工程量小的地点,并尽量少占农田。

(2)合理确定工地仓库和自采材料堆放点。预制场、拌和站的选择,应避免材料的二次倒运和减短材料的场内运距。

(3)施工平面布置应与施工进度、施工方法等相适应,同时应重视保护生态环境和安全生产。

(4)材料在公路工程建设中占的比重很大,因此,合理选择材料、确定经济运距和运输方案是控制预算造价的重要手段。

(二)施工工期对预算的影响

在质量一定的条件下,费用与工期的关系可用图 5-2-2 表示,任何一个建筑产品,都有一定的合理生产周期。合理地确定施工工期,对工程质量和预算造价都会产生极大的影响,公路工程也不例外。在施工组织设计中应按合理的工期进行劳动力安排、材料的供应和机械设备的配置,使其费用降低。

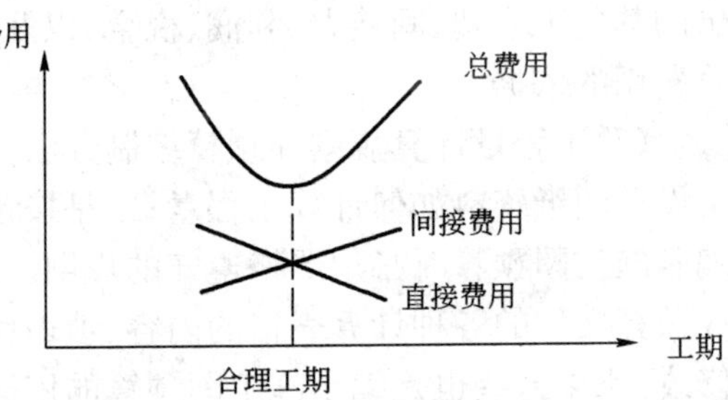

图 5-2-2 费用与工期的关系

(三)施工方法的选择对预算的影响

在公路工程设计和施工中,施工方法的选择是至关重要的,必须依据工程条件和经济合理的原则进行多方面的比较。随着施工工艺、施工技术的不断发展和更新,完成一个项目其施工方法是多种多样的,而每种施工方法又有其自身的特点和不足,这就要求设计人员根据工程的条件,选择既经济又适用的施工方法。

1. 路基施工方法的选择

路基工程中,土石方施工的工程量是施工组织设计中控制预算造价的主要因素,施工方法的选择,对土石方施工中的工日消耗、机械台班消耗有很大的影响。目前公路路基工程施工中,为了满足施工质量,高等级公路一般都采用机械化施工,低等级公路一般采用人工、机械组合进行施工。如采用机械化施工,其施工方法的选择其实就是施工机械的选择,应根据施工的作业种类及运输距离合理选择机械。如土石方的运距小于 100m 时,选择推土机完成其运输作业就比较经济;土石方的运距大于 500m 时,再选择推土机完成其运输作业就很不经济,这时应选择自卸汽车才经济;这是在编制施工组织设计和预算时应注意的。

2. 路面施工方法的选择

路面基层施工方法主要分路拌和厂拌,面层施工主要有热拌、冷拌、贯入、厂拌等方法。各种施工方法的工程成本消耗各不相同,应结合公路等级要求、路面工程规模和工期要求进行综合分析确定施工方法。

3. 构造物施工方法的选择

在公路建设工程中,通常将除路基土石方和路面工程以外的桥梁、涵洞、防护等各项工程,统称为构造物。由于其种类多,结构各异,又各有不同的技术经济特征和施工工艺要求,所以其施工方法也各不相同。从某种意义上来讲，构造物施工方法的选择，是既简单又复杂。说它简单，主要是施工方法的选择余地小，如石砌圬工是以人工施工为主，混凝土工程不是采用木模就是钢模，没有更多的施工方法可供优选；而所谓复杂，因为有些构造物各有特殊专业的施工方法，这在工程设计时就已确定了，如T形梁的安装，一般都采用导梁作为安装工具，箱形拱桥则要采用缆索来进行吊装，悬臂拼装就要配用悬臂吊机等，这是从长期建设实践经验中积累完善起来的施工方法，有定型配套的安装工具。但是，在建设项目中的桥涵工程，数量比较多，在进行桥型结构设计时，要尽可能采用标准设计，避免结构形式上的多样化，这不仅有利于施工，而且还可减少辅助工程费用。

进行施工组织设计时，则应尽可能按流水作业的原则安排施工进度计划。如某建设项目中有三座同跨径的石拱桥砌筑拱圈的工作，应在总的控制工期内实行流水作业，确定各桥拱圈施工的时间顺序。这样，就可提高拱盔支架的周转次数，达到降低工程造价的目的。另外在混凝土构件的预制与安装工作中，也存在类似这种情况。所以，在编制施工组织设计时，要充分重视这些因素，是有效控制工程造价的一个关键环节。

(四)运输组织计划对预算的影响

运输组织计划是施工组织设计中的一个重要内容，它不仅直接影响施工进度，而且在很大程度上也影响了工程造价，为了确保施工进度计划的执行，并力求最大限度降低工程造价，一般要求运输组织计划应达到下列要求。

(1)运距最短，运输量最小。

(2)减少运转次数，力求直达工地。

(3)装卸迅速和运转方便。

(4)尽量利用原有交通条件，减少临时运输设施的投资。

(5)充分发挥运输工具的载运条件。

四、编制施工图预算的程序与方法

施工图预算的编制程序与方法，主要是由《预算编制办法》和《预算定额》决定的。

(一)施工图预算的编制程序

在编制施工图预算的工作中，应当根据施工设计图纸，在熟悉和掌握必备的基础资料的前提下，按照如下程序进行。

(1)熟悉施工设计图纸，收集并整理外业调查资料。编制施工图预算文件前，首先应对施工图设计图纸清点、整理、阅读和核对，然后拟定调查提纲进行调查，收集资料并对外业调查资料进行分析，若还有不明确或不全的部分，应另行调查，以保证预算的准确和合理。

(2)研究分析施工组织设计。施工组织设计是建设项目实施的指导性文件，分析研究其对工程造价的影响是施工图预算编制程序中的一个关键环节。

(3)正确计取工程量。

(4)编制人工、材料、机械台班预算价格。应按《预算编制办法》所规定的计算表格的内容和要求，完成下列各项计算工作。

①人工费单价的分析取定。

②自采材料料场单价计算。

③材料预算单价计算。

④机械台班单价计算。

⑤人工、材料、机械台班单价汇总。

⑥辅助生产人工、材料、机械台班单位数量计算。

(5)确定各种费率的取费标准,进行其他工程费、间接费、综合费率计算。

(6)进行工、料、机分析。根据计取的工程量与预算定额等资料进行如下两项计算工作。

①分项工程直接工程费和间接费的计算。

②建筑安装工程费计算。

(7)计算设备、工具、器具购置费。

(8)计算工程建设其他费用及回收金额。

(9)编制总预算,包括以下各项计算工作内容。

①总预算计算(分段)。

②总预算汇总计算。

③辅助生产所需人工、材料、机械台班数量计算。

④临时设施所需人工、材料及冬季、雨季和夜间施工增加工计算。

⑤分段人工、主要材料、机械台班数量统计汇总。

⑥总预算人工、主要材料、机械台班数量统计汇总。

(10)编写预算编制说明书。

(11)进行复核、审核和出版。

综上所述,预算编制程序与概算相同,见图 5-1-3。

(二)施工图预算的编制方法

施工图预算的编制方法与概算不同之处,主要表现在构成施工图预算第一部分建筑安装工程费的编制依据之一的工程定额,前者是预算定额,而后者是概算定额。至于第二、三部分费用的编制方法,则基本上是一样的。所以,充分了解概算预算编制之间的这种内在关系,对于做好施工图预算的编制工作,是十分重要的。

1. 建筑安装工程费的编制方法

施工图预算的第一部分建筑安装工程费的编制,是以预算定额为依据进行工料机实物量分析的。编制施工图预算时,在不降低精确度的前提下,尽可能利用、参考批准的概算文件的有关数据和工程造价历史资料,这样既能节省时间,减少计算工作,还能起到有效控制施工图预算的作用。编制建筑安装工程费,应遵循下列工作方法和要求进行。

(1)工、料、机价格的计算。根据整理好的外业调查资料,按编制概算中的计算原则和方法,计算出人工、材料、机械台班的预算价格。同时,为了有效控制工程造价,在计算这些预算价格时,应以批准的概算文件为基础,结合整理的外业调查资料,以及国家对人工、材料、机械台班价格信息的修改变更等情况,综合分析取定,使所确定的价格信息真实可靠。并应对原概算文件资料进行必要的分析比较,以便了解掌握概算预算之间可能发生的变化和对预算产生的影响程度。

在计算人工、材料、机械台班的预算价格时,应按要求编制以下几种计算表格。

①材料预算单价计算表(09 表)。

②机械台班单价计算表(11 表)。

③自采材料料场价格计算表(10 表)。

④人工、材料、机械台班单价汇总表(07 表)。

⑤辅助生产工、料、机械台班单位数量表(12 表),它是为提供计算辅助生产所需的人工、

材料、机械台班数量之用,包括材料的开采、加工、装卸运输等工作内容,是一项综合定额资料。

(2)合理取定其他工程费、间接费的各项费率标准。根据建设项目的实际情况和批准的概算文件,以及国家有关规定,合理取定其他工程费、间接费的各项费率标准,并编制“其他工程费及间接费综合费率计算表”(04 表),同时,应与原批准的概算文件资料进行必要的分析比较,便于发现差错及时纠正。

以上两项计算建筑安装工程费的基础资料,是计算各项费用之前,必不可少的,也是确保编制质量的重要条件。其计算原则和方法、定额标准,无论是编制投资估算,还是设计概算、修正概算和施工图预算,都是一样的。

(3)根据摘取的各种主体工程量和辅助工程量,结合施工组织设计的要求,正确套用预算定额,按照预算项目表所规定的序列内容,编制“分项工程预算表”(08 表)和“建筑安装工程费计算表”(03 表)。现就路基、路面的预算编制方法,摘要说明如下。

①路基工程。按照预算项目表所规定的序列顺序编制,并计算出数量和金额的合计,以便转入建筑安装工程费计算表和总预算表进行汇总。属于路基土石方工程的其他零星工程,如人工挖土质台阶,耕地填前夯(压)实及填前挖松,整修路拱和边坡,零填及挖方路基碾压以及路基盲沟,挖除淤泥等多项工程,概算定额是将其综合扩大为路基零星工程一项,而预算则是要逐项进行计算。一般情况下,可将人工挖土质台阶,耕地填前夯(压)实及填前挖松,零填及挖方路基碾压的费用综合在路基填方压实内,整修路拱边坡的费用分别计入路基土石方;或者将这些工程项目综合为路基其他一项,而以公里为计算单位,亦是可行的。至于路基盲沟,实际上是一种构造物工程,应单独列项反映,可以“m”或换算成“m^3”,列入施工图预算。还有挖除淤泥工作,一般是除挖出后应将淤泥远运处理外,还要取土回填压实,或者采用砂石料进行回填至原地面高程,所以,也应单独列项,不宜将其综合在路基土石方内。

编制路基土石方预算时,要根据摘取的工程量,结合施工组织设计所安排的进度计划、施工方法、机械的选型配套资料进行分析,确定有关计算数据,如人工、机械施工的数量及各种不同的增运距等,分别套用定额进行计算。

②路面工程。一般要求按挖路槽、培路肩、不同结构形式的垫层、基层、面层等作为划分项目的依据,按顺序进行计算。其中挖路槽要考虑废方远运处理费用,既可单列项目,也可将其综合在垫层内。但应注意某些公路建设项目招标文件技术规范中的计量支付规定,路基挖方项目的工程量包括挖路槽。为了便于施工图预算同标底对比,施工图预算也可将挖路槽(主要山重区工程)的工程量,列入路基挖方数量内。由于路基挖方和挖路槽采用的定额不同,可将挖路槽的预算价计算后综合在路基挖方单价内,同时在预算编制说明内加以叙述。至于路面混合料的运输费用和拌和设备的安拆费用,则应综合在相应的路面结构内,都不单独反映这些费用项目。

(4)在完成了工料机分析之后,即可根据计算确定的人工、材料、机械台班预算价格和其他工程费、间接费综合费率,分别计算出各项费用,然后按预算项目表序列内容要求,节录转入建筑安装工程费计算表内。并接着进行利润和税金的计算,逐项汇总并求出金额,这样建筑安装工程费的编制就告完成。

2.设备、工具、器具购置费的编制方法

编制施工图预算中第二部分设备、工具、器具购置费时,原则上应以批准的概算文件为准,但因编制期的不同,其设备的供应价格难免不发生变化,故除设备等价格可按当时的实际情况进行调整外,其规格品种和数量是不能随意修改的。

3. 工程建设其他费用的编制方法

工程建设其他费用中各项费用的性质各不相同，应按下列原则和方法分别进行编制。

(1)土地补偿费和安置补助费。按国家规定，对被征用的土地及附着物将给物主以经济补偿。而在施工图设计阶段所提出的这些资料，已是据以实际支付赔偿的原始凭证，所以，要求根据施工图设计中的用地图计算的用地数量，并结合整理的外业调查资料，如实进行计算。若有差错或与实际不符，就会造成建设单位具体执行上的困难，从而影响工程建设。同时，应做好与原批准的概算文件资料的分析比较工作，以掌握其变化情况，也有利于经验总结，提高今后工程造价编制水平。

(2)研究试验费。应以批准的概算文件资料为准，原则上不得进行调整。

(3)建设期贷款利息。除国家对利率进行调整外，也是不应修改的，应以批准的概算数列入预算。

(4)建设项目管理费、施工机构迁移费等应结合建设工程的实际情况，按有关规定进行计算。

4. 预备费、回收金额的编制方法

这是构成施工图预算的第一、二、三部分费用之外的费用，应按下列要求进行计算。

(1)预备费。应结合建设工程的实际情况，按有关规定计算。

(2)回收金额。为满足施工需要凡达不到规定的周转次数而增加定额外的材料消耗量的定额项目，如拱盔、支架等，以及按一次材料使用量计入的临时电力、电信线路等，均应按规定对旧料计算回收金额，并单独列项反映。

5. 编制总预算表

当上述各项费用编制完成后，便可编制总预算表，即按预算项目表的序列，依次将各项工程或费用单位、数量、金额节录转入，除按项和第一、二、三部分求出合计、总计外，还应计算技术经济指标和各项费用比例(%)。若分标段编制施工图预算的，应再次将各标段进行汇总，计算出整个建设项目的技术经济指标和各项费用比例(%)。同时，将建设项目和分标段所需的人工、主要材料、机械台次数量进行统计，据以编制汇总表。

6. 写出编制说明

在施工图预算编制完成之后，除应按规定要求的内容编写编制说明外，应进行工作总结，对预算与概算文件，作必要的“两算”对比分析，若预算超出批准的概算限额，要找出原因，提出解决的办法和意见，为建设工程的主管部门或建设单位进行决策提供依据。当有多个设计单位共同承担施工图设计任务时，主管部门应指定某一单位负责，汇编总预算。

【例 5-2-1】 土石方直接费、间接费计算示例

某二级公路，一路段的挖方为 25 500m^3，其中松土为 6 500m^3，普通土为 15 000m^3，硬土为 4 000m^3，填方为 29 800m^3，本断面挖方利用方为 18 000m^3，远运利用方为 4 000m^3(天然方)，运距 2km。弃土场距该路段中心桩号为 5km，借方平均运距为 6km，人工单价为 50 元/工日。试确定该路段土方的直接费(其他工程费费率、间接费费率已知)。

解：(1)计算土方量

$$本桩利用方(压实方)=\frac{4\ 000}{1.23}+\frac{12\ 000}{1.16}+\frac{2\ 000}{1.09}=15\ 430m^3$$

$$远运利用方=\frac{4\ 000}{1.16}=3\ 450m^3$$

借方(压实方)$=29\ 800-15\ 430-3\ 450=10\ 920m^3$

换算成天然方(普通土):$10\ 920\times1.16=12\ 667m^3$

弃方(天然方)$=25\ 500-18\ 000=7\ 500m^3$

(2)编制 08 表确定直接费

该路段土方直接费计算包括内容见表 5-2-1。

某二级公路路段直接费计算内容 表 5-2-1

预算定额细目名称		工程数量	定额号	计费内容	调整系数
$2m^3$ 挖掘机挖装土方	松土	$6\ 500m^3$	1-1-9-1	挖、装	1
	普通土	$15\ 000m^3$	1-1-9-2	挖	0.87
	硬土	$3\ 000m^3$	1-1-9-3	挖	0.87
		$1\ 000m^3$	1-1-9-3	挖、装	1
机械碾压路基		$29\ 800m^3$	1-1-18-8	压实	1
借方	$0.6m^3$ 以内挖掘机挖装普通土	$12\ 667m^3$	1-1-9-2	挖、装	1
	6t 以内自卸汽车配合挖掘机运土 6km	$12\ 667m^3$	1-1-11-5+1-1-11-7×10	运	1.19
远运利用方	6t 以内自卸汽车配合挖掘机运土 2km	$4\ 000m^3$	1-1-11-5+1-1-11-6×2	运	1.19
弃方	6t 以内自卸汽车配合挖掘机运土 5km	$3\ 500m^3$	1-1-11-5+1-1-11-6×8	运	1.16

注:①表中挖掘机的调整系数“0.87”表示:根据《预算定额》“1-1-9 挖掘机挖装土、石方”的附注,“土方不需装车时,应乘以 0.87 的系数”,本工程本断面挖方利用方为 $18\ 000m^3$,故考虑 $15\ 000m^3$ 的普通土和 $3\ 000m^3$ 的硬土不需装车。

②表中“1.19”和“1.16”表示:根据《预算定额》第一章路基工程第一节路基土、石方工程的工程量计算规则规定,土石方体积的计算,除定额中另有说明者外,土方挖方按天然密实体积计算,填方按压(夯)实后的体积计算,石方爆破按天然密实体积计算。当以填方压实体积为工程量,采用以天然密实方为计量单位的定额时,所采用的定额应乘以表 5-2-2 中所列系数。

工程量计算系数 表 5-2-2

公路等级 \ 土类	土方			石方
	松土	普通土	硬土	
二级及二级以上等级公路	1.23	1.16	1.09	0.92
三、四级公路	1.11	1.05	1.00	0.84

其中:推土机、铲运机施工土方的增运定额按普通土栏目的系数计算;人工挖运土方的增运定额和机械翻斗车、手扶拖拉机运输土方、自卸汽车运输土方的运输定额在上表系数的基础上增加 0.03 的土方运输损耗,但弃方运输不应计算运输损耗。因此,对借方和远运利用方的运输乘以 1.19 的系数,对弃方的运输乘以 1.16 的系数。

编制结果见表 5-2-3,编制方法可参见例 5-1-1。

分项工程预算表

表 5-2-3

编制范围：××路

工程名称：借土方填筑

第 4 页　共 4 页　　08-2 表

编号	工程项目			挖掘机挖装土、石方			自卸汽车运土、石方			填方路基			合计	
	工程细目			0.6m^3 内挖掘机挖装土方普通土			6t 内自卸车运土 6km			二级路 10t 内振动压路机压土				
	定额单位			1 000m^3			1 000m^3			1 000m^3				
	工程数量			12.667			12.667			10.920				
	定额表号			1-1-9-2			1-1-11-5+7×10 改			1-1-18-8				
	工、料、机名称	单位	单价(元)	定额	数量	金额(元)	定额	数量	金额(元)	定额	数量	金额(元)	数量	金额(元)
1	人工	工日	50.00	4.500	57.00	2 850				3.000	32.76	1 638	89.76	4 488
2	75kW 以内履带式推土机	台班	612.89	0.720	9.12	5 590							9.12	5 590
3	0.6m^3 履带式单斗挖掘机	台班	499.98	3.370	42.69	21 343							42.69	21 343
4	120kW 以内平地机	台班	908.89							1.630	17.80	16 178	17.80	16 178
5	6～8t 光轮压路机	台班	251.49							1.240	13.54	3 405	13.54	3 405
6	10t 以内振动压路机	台班	625.40							2.270	24.79	15 503	24.79	15 503
7	6t 以内自卸汽车	台班	403.22				38.021	481.61	194 196				481.61	194 196
8	基价	元	1.00	2 348.000	29 742.12	29 742	15 331	194 197.78	194 198	3 361.000	36 702.12	36 702	260 642.01	260 642
	直接工程费	元				29 783			194 196			36 724		260 703
	其他工程费 I	元												
	其他工程费 II	元												
	间接费 规费	元												
	间接费 企业管理费	元												
	利润及税金	元				3 172			20 680			3 911		27 763
	建筑安装工程费	元				32 955			214 876			40 635		288 466

编制：×××　　　　复核：×××

【例 5-2-2】 土方建安费计算示例

某地区高速公路，路基土方挖方，土质为普通土，平均运距 30m 的有 1 000 000m^3，平均运距 50m 的有 1 000 000m^3，平均运距 200m 的有 1 000 000m^3，平均运距 3 000m 的有 1 000 000m^3。问题：

(1)计算挖土方的平均运距。

(2)提出全部合理的机械化施工方式。

(3)若其他工程费费率、间接费费率、利润率、税率为已知，试计算其建筑安装工程费。

解：本例主要涉及土、石方工程机械的经济运距以及机械规格型号的选择。一般来讲，工程量较大的土、石方施工应选择大功率或大吨位的施工机械，工程量小的土、石方施工应选择小功率或小吨位的施工机械。因此，本例推土机选 135～240kW，铲运机选 10～12m^3，自卸汽车选 12～15t，装载机选 2～3m^3 均可。

(1)挖土方平均运距。按不同运距的土方量占总土方量的比例为权重，计算加权平均运距：

(30×1 000 000＋50×1 000 000＋200×1 000 000＋3 000×1 000 000)÷4 000 000＝820m

(2)合理的机械化施工方式。短距离范围内采用推土机完成运输作业是较经济的，因此平均运距 30m 和 50m 的采用推土机施工。

中等运距范围内采用铲运机完成运输作业是较经济的，因此，平均运距 200m 的采用铲运机施工。

当运距超过 500m 时，运输机械采用自卸汽车较经济。平均运距 3 000m，土质为普通土，考虑采用推土机集土、装载机装土、自卸汽车运输施工。

(3)不同施工方式的预算定额工程细目名称、定额表号见下表 5-2-4。

预算定额工程细目名称、定额表号　　　　表 5-2-4

<table>
<tr><th>施工方式</th><th colspan="2">预算定额细目名称</th><th>定额表号</th><th>数量(1 000m^3)</th><th>调整系数</th></tr>
<tr><td rowspan="2">推土机施工</td><td>165kW 以内</td><td>第一个 20m</td><td>1-1-12-18</td><td>2 000</td><td>—</td></tr>
<tr><td>推土机推土</td><td>每增运 10m</td><td>1-1-12-20</td><td>1 000</td><td>4</td></tr>
<tr><td rowspan="2">铲运机施工</td><td rowspan="2">10m^3 以内铲运机
铲运土方</td><td>第一个 100m</td><td>1-1-13-6</td><td>1 000</td><td>—</td></tr>
<tr><td>每增运 50m</td><td>1-1-13-8</td><td>1 000</td><td>2</td></tr>
<tr><td rowspan="4">装载机配合自卸汽车工</td><td colspan="2">165kW 以内推土机推松集土</td><td>1-1-12-18</td><td>1 000</td><td>0.8</td></tr>
<tr><td colspan="2">3m^3 以内装载机装土</td><td>1-1-10-3</td><td>1 000</td><td>—</td></tr>
<tr><td rowspan="2">15t 以内
自卸汽车运土</td><td>第一个 1km</td><td>1-1-11-21</td><td>1 000</td><td>—</td></tr>
<tr><td>每增运 0.5km</td><td>1-1-11-22</td><td>1 000</td><td>4</td></tr>
</table>

注：①表中推土机的调整系数“4”表示：“1-1-12-18”为推土机运输第一个 20m 的定额，则平均运距 30m 的 1 000 000m^3 土方增加运距 10m，平均运距 50m 的 1 000 000m^3 土方增加运距 30m，而“1-1-12-20”为增加运距 10m 的定额，因而 40m/10m＝4 个增运定额单位。

②铲运机的调整系数“2”表示：1 000 000m^3 土方平均运距为 200m，除第一个运距 100m 外，还有运距 100m，定额中列有每增运 50m 的定额消耗，则 100m/50m＝2 个增运定额单位。

同样可以计算得到自卸汽车运土的调整系数为“4”。

③表中“0.8”表示：根据《预算定额》1-1-10 的附注(1)，“装载机装土方如需推土机配合推松、集土时，其人工、推土机台班的数量按‘推土机推运土方’第 1 个 20m 定额乘以 0.8 系数计算”。因此，此处的 0.8 为定额调整时的人工和机械台班数量乘系数。

分项工程预算表

表 5-2-5

编制范围:K×××～K×××

工程名称:挖路基土方

第1页　共1页　　08-2表

编号	工程项目			推土机推土			推土机推土			铲运机铲运土方			推土机推土		
	工程细目			165kW 内推土机 30m 普通土			165kW 内推土机 50m 普通土			$10m^3$ 内铲运机 200m 普通土			165kW 内推土机 20m 普通土		
	定额单位			$1\,000m^3$			$1\,000m^3$			$1\,000m^3$			$1\,000m^3$		
	工程数量			1 000.000			1 000.000			1 000.000			1 000.000		
	定额表号			1-1-12-18+20×1			1-1-12-18+20×3			1-1-13-6+8×2			1-1-12-18 改		
	工、料、机名称	单位	单价(元)	定额	数量	金额(元)	定额	数量	金额(元)	定额	数量	金额(元)	定额	数量	金额(元)
1	人工	工日	50.00	4.500	4 500.00	225 000	4.500	4 500.00	225 000	4.500	4 500.00	225 000	3.600	3 600.00	180 000
2	75kW 以内履带式推土机	台班	612.89							0.270	270.00	165 480			
3	165kW 以内履带式推土机	台班	1 383.24	1.430	1 430.00	1 978 033	2.130	2 130.00	2 946 301				0.864	864.00	1 195 119
4	$10m^3$ 以内拖式(含头)铲运机	台班	1 085.10							3.040	3 040.00	3 298 704			
5	$3.0m^3$ 轮胎式装载机	台班	904.00												
6	15t 以内自卸汽车	台班	685.04												
7	基价	元	1.00	2 199	2 199 000	2 199 000	3 168	3 168 000	3 168 000	3 686	3 686 000	3 686 000	1 372	1 372 000	1 372 000
	直接工程费	元				2 203 033			3 171 301			3 689 184			1 375 119
	其他工程费 I	元		2.23%		49 128	2.23%		70 720	2.23%		82 269	2.23%		30 665
	其他工程费 II	元													
	间接费 规费	元		11.20%		25 200	11.20%		25 200	11.20%		25 200	11.20%		20 160
	间接费 企业管理费	元		3.69%		83 105	3.69%		119 631	3.69%		139 167	3.69%		51 873
	利润及税金	元				249 535			358 832			417 289			155 909
	建筑安装工程费	元				2 610 001			3 745 684			4 353 109			1 633 726

编制:×××　　　　复核:×××

表 5-2-6

建筑安装工程费计算表

建设项目名称:机械土方

编 制 范 围:K×××～K×××

第 1 页 共 1 页 03 表

序号	工程名称	单位	工程量	直接费(元)						间接费(元)	利润(元)费率	税金(元)综合税率	建筑安装工程费	
				直接工程费				其他工程费	合计				合计(元)	单价(元)
				人工费	材料费	机械使用费	合计				7.00%	3.41%		
1	2	3	4	5	6	7	8	9	10	11	12	13	14	15
1	挖路基土方	m^3	4 000 000.000	855 000		17 391 995	18 246 995	350 278	18 597 273	650 549	1 340 644	702 067	21 290 533	5.32
	各项费用合计			855 000	0	17 391 995	18 246 995	350 278	18 597 273	650 549	1 340 644	702 067	21 290 533	5.32

编制:××× 复核:×××

(4)直接费和间接费的计算即编制 08 表，见表 5-2-5。08 表的编制方法可参见例 5-1-1。

(5)建筑安装工程费计算(03 表)见表 5-2-6。03 表的编制方法可参见例 5-1-1。

【例 5-2-3】 涵洞工程建安费编制示例

某设计车速为 100km/h 的高速公路，路基宽度 35m，其上有一道钢筋混凝土盖板涵，标准跨径 4m，涵台高度 3.5m，进出口为八字墙，主要工程量如表 5-2-7 所示，试编制建筑安装工程费(相应的费率和工料机单价为已知)。

某高速公路主要工程量 表 5-2-7

工程项目	单位	工程量
挖基坑土方(干处)	m^3	560
浆砌片石基础、护底	m^3	480
浆砌片石涵台	m^3	396
混凝土帽石	m^3	0.6
盖板混凝土	m^3	78.4
盖板钢筋	m^3	6.96

解:根据初步设计资料知本路段共有 25 座钢筋混凝土盖板涵，设一处预制场，面积 10 000m^2，场地需要进行平整和碾压，30%的面积需要铺设 15cm 的砂砾垫层，20%的面积需要做 2cm 的水泥砂浆抹平，以作为预制板的底模。构件运输 6km。

(1)计算直接费和间接费，即编制 08 表，如表 5-2-9 所示。其编制方法可参见例 5-1-1。

(2)计算建筑安装工程费，即编制 03 表，如表 5-2-10 所示。其编制方法可参见例 5-1-1。

【例 5-2-4】 某公路施工图预算编制示例

某二级公路其中的一段，设计车速 40km/h，路基宽度 12m，路线长 347m，主要工程量如表 5-2-8 所示。

某二级公路其中一段主要工程量 表 5-2-8

工程项目	单位	工程量
路基土方(松土/普通土/硬土)	m^3	8 269(1 654/4 961/1 654)
借方(普通土，天然方)	m^3	123 706
填方	m^3	113 780.6
砌石护肩	m^3	33
石砌挡土墙	m^3/m	14 991.68/132
水泥混凝土路面(24cm)	m^2	3 956
石灰、粉煤灰稳定碎石基层(22cm)	m^2	4 164
路缘石	m^3	49.97
钢筋混凝土拱涵	m/道	59.67/1

试编制该路段的施工图预算。

解:该工程项目位于某市,预算编制过程中除了考虑交通部的有关部门规定外,还应考虑项目所在地的一些补充规定。

(1)编制步骤和方法

①第一部分费用,建筑安装工程费,其计算过程主要包括:

a. 确定工、料、机的价格。根据实际需要,完成 09 表“材料预算单价计算表”、10 表“自采材料料场价格计算表”、11 表“机械台班单价计算表”、07 表“人工、材料、机械台班单价汇总表”和 12 表“辅助生产工、料、机械台班单位数量表”。编制方法可参见例 5-1-6。

b. 确定费率。编制完成 04 表“其他工程费及间接费综合费率计算表”。编制方法可参见例 5-1-6。

c. 编制直接费和间接费。完成计算 08 表“分项工程预算表”。编制方法可参见例 5-1-6。

d. 计算建筑安装工程费。完成 03 表“建筑安装工程费计算表”。编制方法可参见例 5-1-6。

②第二部分费用,按工程实际情况编制 05 表“设备、工具、器具购置费计算表”。参见例 5-1-6。

③第三部分费用,计算完成 06 表“工程建设其他费用及回收金额计算表”。编制方法可参见例 5-1-6。

④汇总编制总预算表(01 表)及人工、主要材料、机械台班数量汇总表(02 表)。编制方法可参见例 5-1-6。

(2)预算文件

①编制说明。××公路××段,公路等级为二级,设计车速 40km/h,路线全长 0.347km,主要工程包括路基土石方、路基防护、路面、涵洞等,施工图预算文件编制的主要依据有:该二级公路施工图设计文件;《概算预算编制办法》、《概算定额》、《预算定额》、《机械台班费用定额》等。

人工工资标准按工程所在地基本工资、地区生活补贴、工资性津贴等计算,为 49.2 元/工日。材料单价根据市场调查,按《概算预算编制办法》规定经计算取定;不计建设期内工程造价增长。

预算总造价:公路总造价 11 372 950 元,平均每公里造价 32 775 072 元;人工总消耗57 815 工日;主要材料消耗:木材 70.45m^3,钢筋 15.05t,水泥 1 050t,碎石 4 139m^3,块石 15 741m^3。

②总预算表(01 表)见表 5-2-11。

③人工、主要材料、机械台班数量汇总表(02 表)见表 5-2-12。

④建筑安装工程费计算表(03 表)见表 5-2-13。

⑤其他工程费及间接费综合费率计算表(04 表)见表 5-2-14。

⑥工程建设其他费用及回收金额计算表(06 表)见表 5-2-15。

⑦人工、材料、机械台班单价汇总表(07 表)见表 5-2-16。

⑧分项工程预算表(08-2 表)见表 5-2-17。

⑨材料预算单价计算表(09 表)见表 5-2-18。

⑩机械台班单价计算表(11 表)见表 5-2-19。

表 5-2-9

分项工程预算表

编制范围:××公路××段

工程名称:钢筋混凝土盖板涵　　第 1 页　共 1 页　08-2 表

编号	工程项目			平整场地			基础垫层			水泥砂浆勾缝及抹面			其他伸缩缝及污水管			合计	
	工程细目			场地需碾压			填砂砾(砂)垫层			水泥砂浆抹面(厚 2cm)			沥青麻絮伸缩缝				
	定额单位			1 000m²			10m³			100m²			1m²				
	工程数量			0.040			0.180			0.080			50.000				
	定额表号			4-11-1-2			4-11-5-1			4-11-6-17			4-11-7-13				
	工、料、机名称	单位	单价(元)	定额	数量	金额(元)	定额	数量	金额(元)	定额	数量	金额(元)	定额	数量	金额(元)	数量	金额(元)
1	人工	工日	50.00	45.2	1.81	90	5.9	1.06	53	5.5	0.44	22	0.5	25.00	1 250	1 548.95	77 447
2	原木	m³	1 120.00													0.18	205
3	锯材	m³	1 350.00													1.05	1 416
4	光圆钢筋	t	3 300.00													1.87	6 178
5	带肋钢筋	t	3 400.00													5.26	17 890
6	型钢	t	3 700.00													0.10	352
7	钢管	t	5 610.00													0.16	889
8	电焊条	kg	4.90													6.26	31
9	组合钢模板	t	5 710.00													0.12	681
10	铁件	kg	4.40													45.02	198
11	铁钉	kg	6.97													3.96	28
12	8～12 号铁丝	kg	6.10													23.76	145
13	20～22 号铁丝	kg	6.40													30.62	196
14	油毛毡	m²	2.29													155.23	355
15	32.5 级水泥	t	320.00							0.84	0.07	21				113.75	36 401
16	石油沥青	t	3 800.00										0.032	1.60	6 080	1.60	6 080
17	水	m³	0.50							15	1.20	1				644.00	322
18	中(粗)砂	m³	60.00							2.78	0.22	13				378.11	22 687
19	砂砾	m³	31.00				13	2.34	73							2.34	73
20	片石	m³	34.00													1 007.40	34 252
21	碎石(4cm)	m³	55.00													66.21	3 641
22	其他材料费	元	1.00										17.2	860	860	1 508.70	1 509
23	8～10t 光轮压路机	台班	280.38	0.24	0.01	3										0.01	3

编制:×××　　复核:×××

建筑安装工程费计算表

表 5-2-10

建设项目名称:钢筋混凝土盖板涵

编 制 范 围:××公路××段　　　　第 1 页　共 1 页　03 表

序号	工程名称	单位	工程量	直接费(元)						间接费(元)	利润(元)	税金(元)	建筑安装工程费	
				直接工程费				其他工程费	合计		费率	综合税率	合计(元)	单价(元)
				人工费	材料费	机械使用费	合计				7.00%	3.41%		
1	2	3	4	5	6	7	8	9	10	11	12	13	14	15
1	钢筋混凝土盖板涵	m/道	42.000	77 447	133 528	8 467	219 442	8 769	228 211	19 632	16 743	9 021	273 607	6 514.45
	各项费用合计			7 7447	133 528	8 467	219 442	8 769	228 211	19 632	16 743	9 021	273 607	6 514.45

编制:×××　　　　复核:×××

总 预 算 表

表 5-2-11

建设项目名称:×××路线工程

编 制 范 围:K×××～K×××

第 1 页　共 2 页　01 表

项	目	节	细目	工程或费用名称	单位	数量	预算金额(元)	技术经济指标	各项费用比例(%)	备注
				第一部分　建筑安装工程费	公路公里	0.350	7 390 043	21 114 409	64.98	
二				路基工程	km	0.350	5 840 738	16 687 822.86	51.35	
	10			挖方	m³	1.000	28 588	28 588.00	0.25	
	0			挖土方	m³	1.000	28 588	28 588.00	0.25	
			0	挖路基土方	m³	8 269.000	28 588	3.46	0.25	
			#	借土方	m³	123 706	1 013 197	8.19	8.91	
	20			填方	m³	113 780.6	431 775	3.79	3.8	
		0		路基填方	m³	113 780.6	431 775	3.79	3.8	
			#	土方填筑	m³	113 780.6	431 775	3.79	3.8	
	30			整修路基	km	0.350	10 649	30 425.71	0.09	
	40			防护与加固工程	km	0.350	3 908 081	11 165 945.71	34.36	
		#		挡土墙	m³/m	1.000	3 908 081	3 908 081.00	34.36	
			#	石砌挡土墙	m³/m	2 117/33	3 908 081	260.68/29 606.67	34.36	
三				路面工程	km	0.350	524 572	1 498 777.14	4.61	
	10			路面基层	m²	1.000	71 509	71 509.00	0.63	
		#		石灰粉煤灰稳定碎石基层	m²	4 164.000	71 509	17.17	0.63	
	20			水泥混凝土面层	m²	1.000	411 513	411 513.00	3.62	
		0		水泥混凝土面层	m²	3 956.000	411 513	104.02	3.62	
	30			路槽、路肩及中央分隔带	km	0.350	41 550	118 714.29	0.37	
		#		土路肩加固	m²	1	7 129	7 129.00	0.07	
			#	浆砌片石	m²	33.000	7 129	216.03	0.07	
		#		路缘石	m³	49.970	34 421	688.83	0.30	
四				桥梁涵洞工程	km	0.350	1 473 181	4 209 088.57	12.95	
	10			涵洞工程	m/道	1.000	1 473 181	1 473 181.00	12.95	
		#		拱涵	m/道	1.000	1 473 181	1 473 181.00	12.95	
			#	钢筋混凝土拱涵	m/道	59.7/1.0	1 473 181	24 688.81/1 473 181	12.95	

表 5-2-11

总 预 算 表

建设项目名称:×××路线工程

编 制 范 围:K×××～K×××　　　　第 2 页　　共 2 页　　01 表

项	目	节	细目	工程或费用名称	单位	数量	预算金额(元)	技术经济指标	各项费用比例(%)	备注
				第二部分　设备及工器具购置费	公路公里	0.350				
				第三部分　工程建设其他费用	公路公里	0.350	3 441 338	9 832 394.29	30.26	
一				土地征用及拆迁补偿费	公路公里	1.000	2 351 547	2 351 547.00	20.67	
二				建设项目管理费	公路公里	1.000	305 942	305 942.00	2.69	
	10			建设单位(业主)管理费	公路公里	1.000	77 508	77 508.00	0.68	
	20			工程质量监督费	公路公里	1.000	11 758	11 758.00	0.10	
	30			工程监理费	公路公里	1.000	195 962	195 962.00	1.72	
	40			工程定额测定费	公路公里	1.000	9 406	9 406.00	0.08	
	50			设计文件审查费	公路公里	1.000	7 838	7 838.00	0.07	
	60			竣(交)工验收试验检测费	公路公里	1.000	3 470	3 470.00	0.03	
四				建设项目前期工作费	公路公里	1.000	783 849	783 849.00	6.89	
				第一、二、三部分费用合计	公路公里	0.350	10 831 381	32 228 082.86	95.24	
				预备费	元		541 569		4.76	
				2.基本预备费	元	1.000	541 569	338 395.00	4.76	
				概(预)算总金额	元		11 372 950		100.00	
				其中:回收金额	元					
				公路基本造价	公路公里	0.347	11 372 950	32 775 072	100.00	

编制:×××　　　　复核:×××

人工、主要材料、机械台班数量汇总表

表 5-2-12

建设项目名称：×××路线工程

编 制 范 围：K×××～K×××

第 1 页　　共 2 页　　02 表

序号	规格名称	单位	代号	总数量	分项统计					辅助生产	其他	场外运输损耗	
					路基工程	路面工程	桥梁涵洞工程					%	数量
1	人工	工日	1	57 815.43	25 401.11	1 764.641	6 616.909			24 032.77			
2	机械工	工日	2	4 529.67	3 514.230	87.941	210.542						
3	原木	m^3	101	55.152	44.975		10.176						
4	锯材	m^3	102	58.879	25.486	0.309	33.085						
5	光圆钢筋	t	111	2.724		0.022	2.702						
6	带肋钢筋	t	112	12.328		0.312	12.016						
7	型钢	t	182	5.246		0.366	4.880						
8	钢板	t	183	0.005		0.005							
9	钢管	t	191	1.294			1.294						
10	钢钎	kg	211	195.88	44.588		32.284			119.01			
11	电焊条	kg	231	41.74		0.500	41.238						
12	组合钢模板	t	272	2.335			2.335						
13	铁件	kg	651	4 921.01		9.494	4 911.513						
14	铁钉	kg	653	334.191	149.917		184.273						
15	8～12 号铁丝	kg	655	4 062.78	4 047.754		15.029						
16	20～22 号铁丝	kg	656	69.84		1.581	68.256						
17	铁皮	m^2	666	281.4			281.400						
18	32.5 级水泥	t	832	1 049.79		385.913	663.879					1.00	10.50
19	硝铵炸药	kg	841	3 056	267.171		193.444			2 595.39			
20	导火线	m	842	8 625.55	648.386		469.463			7 507.70			
21	普通雷管	个	845	8 126.11	511.603		370.426			7 244.08			
22	石油沥青	t	851	0.455		0.455							
23	汽油	kg	862	205.08		205.079							
24	柴油	kg	863	186 258.17	145 062.138	680.849	2 674.291						
25	煤	t	864	1.43	0.338	0.095	0.244			0.75		1.00	0.01
26	电	kW·h	865	13 887.516		2 445.501	3 788.034						
27	水	m^3	866	14 151.106	10 494.176	269.900	3 387.030						
28	生石灰	t	891	96.663		96.663						3.00	2.90

人工、主要材料、机械台班数量汇总表

表 5-2-12

建设项目名称：×××路线工程

编 制 范 围：K×××～K×××　　　　第 2 页　　共 2 页　　02 表

序号	规格名称	单位	代号	总数量	分项统计					辅助生产	其他	场外运输损耗	
					路基工程	路面工程	桥梁涵洞工程					%	数量
29	中(粗)砂	m^3	899	1 918.762	4.498	487.387	1 426.878					2.50	47.97
30	黏土	m^3	911	269.850	269.850							3.00	8.10
31	片石	m^3	931	408.232		37.950	370.282						
32	粉煤灰	m^3	945	386.627		386.627						3.00	11.60
33	碎石(4cm)	m^3	952	1 352.139		845.734	506.405					1.00	13.52
34	碎石(8cm)	m^3	954	1 779.707	164.908		1 614.799					1.00	17.80
35	碎石	m^3	958	1 006.939		1006.938						1.00	10.07
36	块石	m^3	981	15 741.26	15 741.264								
37	其他材料费	元	996	13 007.200	5 429.51	1 252.060	6 325.627						
38	设备摊销费	元	997	9.577		9.577							
39	75kW 以内履带式推土机	台班	3	34.168	34.168								
40	$8m^3$ 以内拖式(含头)铲运机	台班	3	24.824	24.824								
41	$2.0m^3$ 履带式单斗挖掘机	台班	7	142.262	142.262								
42	120kW 以内平地机	台班	7	187.584	185.46	2.124							
43	75kW 以内履带式拖拉机	台班	3	0.874		0.874							
44	6～8t 光轮压路机	台班	5	142.787	141.08	1.707							
45	12～15t 光轮压路机	台班	8	5.288		5.288							
46	15t 以内振动压路机	台班	8	187.74	187.74								
47	电动混凝土真空吸水机组	台班	9	13.767		13.767							
48	电动混凝土切缝机	台班	5	13.292		13.292							
49	250L 以内强制式混凝土搅拌机	台班	2	37.097		37.097							
50	8t 以内自卸汽车	台班	5	1 259.327	1 259.327								
51	4 000L 以内洒水汽车	台班	4	5.697		5.697							
52	6 000L 以内洒水汽车	台班	5	4.997		4.997							
53	12t 以内汽车式起重机	台班	1	59.495			59.495						
54	30kN 以内单筒慢动电动卷扬机	台班	9	81.093			81.093						
55	φ500mm 以内木工圆锯机	台班	0	2.781			2.780						
56	32kV・A 交流电弧焊机	台班	6	7.779		0.100	7.679						
57	小型机具使用费	元	8	30 025.838		1 354.394	2 427.015			26 244.43			

编制：×××　　　　复核：×××

表 5-2-13

建筑安装工程费计算表

建设项目名称：×××路线工程

编 制 范 围：K×××～K×××

第 1 页　　共 1 页　　03 表

序号	工程名称	单位	工程量	直接费（元）						间接费（元）	利润（元）费率	税金（元）综合税率	建筑安装工程费	
				直接工程费				其他工程费	合计		7.00%	3.41%	合计（元）	单价（元）
				人工费	材料费	机械使用费	合计							
1	2	3	4	5	6	7	8	9	10	11	12	13	14	15
1	挖路基土方	m^3	8 269.000	1 861		22 328	24 189	540	24 729	1 121	1 795	943	28 588	3.46
2	土方填筑	m^3	113 780.600	17 067		349 373	366 440	8 172	374 612	15 735	27 190	14 238	431 775	3.79
3	借土方	m^3	123 706.000	27 834		849 845	877 679	14 336	892 015	23 877	63 894	33 411	1 013 197	8.19
4	整修路基	km	0.350	8 224			8 224	228	8 452	1 232	613	352	10 649	30 425.71
5	石砌挡土墙	m^3/m	14 991.680	1 215 070	1 894 519		3 109 589	129 981	3 239 570	301 305	238 335	128 871	3 908 081	260.68
6	石灰粉煤灰稳定碎石基层	m^2	4 164.000	6 392	45 958	7 570	59 920	1 732	61 652	3 022	4 477	2 358	71 509	17.17
7	水泥混凝土面层	m^2	3 956.000	67 167	268 643	10 365	346 175	10 421	356 596	15 805	25 542	13 570	411 513	104.02
8	浆砌片石	m^2	33.000	1 881	3 824		5 705	238	5 943	514	437	235	7 129	216.03
9	路缘石	m^3	49.970	12 792	14 199	197	27 188	1 136	28 324	2 878	2 084	1 135	34 421	688.83
10	钢筋混凝土拱涵	m/道	59.670	330 846	802 895	52 474	1 186 215	48 874	1 235 089	98 739	90 774	48 579	1 473 181	24 688.81
	各项费用合计	公里	0.347	1 689 134	3 030 038	1 292 152	6 011 324	215 658	6 226 982	464 228	361 846	258 479	7 838 491	22 589 311

编制：×××　　　　复核：×××

其他工程费及间接费综合费率计算表

表 5-2-14

建设项目名称：×××路线工程

编 制 范 围：K×××～K×××　　　　第 1 页　　共 1 页　　04 表

序号	工程类别	其他直接费率(%)													间接费率(%)											
															规费						企业管理费					
		冬季施工增加费	雨季施工增加费	夜间施工增加费	高原地区施工增加费	风沙地区施工增加费	沿海地区工程施工增加费	行车干扰工程施工增加费	安全文明施工措施费	临时设施费	施工辅助费	工地转移费	综合费率		养老保险费	失业保险费	医疗保险费	住房公积金	工伤保险费	综合费率	基本费用	主副食运费补贴	职工探亲路费	职工取暖补贴	财务费用	综合费率
													I	II												
1	2	3	4	5	6	7	8	9	10	11	12	13	14	15	16	17	18	19	20	21	22	23	24	25	26	27
1	人工土方		0.310							1.570	0.890		2.77		2.00	2.00	2.00	5.00	0.200	11.20	3.36		0.10		0.23	3.69
2	机械土方		0.320							1.420	0.490		2.23		2.00	2.00	2.00	5.00	0.200	11.20	3.26		0.22		0.21	3.69
3	汽车运输		0.320							0.920	0.160		1.40		2.00	2.00	2.00	5.00	0.200	11.20	1.44		0.14		0.21	1.79
4	人工石方		0.230							1.600	0.850		2.68		2.00	2.00	2.00	5.00	0.200	11.20	3.45		0.10		0.22	3.77
5	机械石方		0.290							1.970	0.460		2.72		2.00	2.00	2.00	5.00	0.200	11.20	3.28		0.22		0.20	3.70
6	高级路面		0.290							1.920	0.800		3.01		2.00	2.00	2.00	5.00	0.200	11.20	1.91		0.14		0.27	2.32
7	其他路面		0.280							1.870	0.740		2.89		2.00	2.00	2.00	5.00	0.200	11.20	3.28		0.16		0.30	3.74
8	构造物 I		0.230							2.650	1.300		4.18		2.00	2.00	2.00	5.00	0.200	11.20	4.44		0.29		0.37	5.10
9	构造物 II		0.250							3.140	1.560		4.95		2.00	2.00	2.00	5.00	0.200	11.20	5.53		0.34		0.40	6.27
10	构造物 III		0.520							5.810	3.030		9.36		2.00	2.00	2.00	5.00	0.200	11.20	9.79		0.55		0.82	11.16
11	技术复杂大桥		0.290							2.920	1.680		4.89		2.00	2.00	2.00	5.00	0.200	11.20	4.72		0.20		0.46	5.38
12	隧道									2.570	1.230		3.80		2.00	2.00	2.00	5.00	0.200	11.20	4.22		0.27		0.39	4.88
13	钢材及钢结构									2.480	0.560		3.04		2.00	2.00	2.00	5.00	0.200	11.20	2.42		0.16		0.48	3.06
14	设备安装工程																									
15	金属标志牌安装																									
16	费率为 0																									

编制：×××　　　　复核：×××

表 5-2-15

工程建设其他费用及回收金额计算表

建设项目名称：×××路线工程

编 制 范 围：K×××～K×××　　　　第 1 页　　共 1 页　　06 表

序号	费用名称及回收金额项目	说明及计算式	金 额 (元)	备 注
	第三部分 工程建设其他费用		3 441 338	
一	土地征用及拆迁补偿费	{建安费}×30%	2 351 547	7 838 491×30%
二	建设项目管理费		305 942	
10	建设单位(业主)管理费	17.4+({建安费}−5 000 000)×2.73%	77 508	17.4+(7 838 491−5 000 000)×2.73%
20	工程质量监督费	{建安费}×0.15%	11 758	7 838 491×0.15%
30	工程监理费	{建安费}×2.5%	195 962	7 838 491×2.5%
40	工程定额测定费	{建安费}×0.12%	9 406	7 838 491×0.12%
50	设计文件审查费	{建安费}×0.1%	7 838	7 838 491×0.1%
60	竣(交)工验收试验检测费	0.347×10 000	3 470	0.347×10 000
四	建设项目前期工作费	{建安费}×10%	783 849	7 838 491×10%
	预备费		338 395	
	2.基本预备费	{一二三部分合计}×3%	338 395	11 279 829×3%
	新增加费用项目(不作预备费基数)			
	概(预)算总金额	{一二三部分合计}+{预备费}+{新增加费用项目(不作预备费基数)}	11 618 224	11 279 829+338 395+0
	其中：回收金额			
	公路基本造价	{概(预)算总金额}−{其中：回收金额}	11 618 224	

编制：×××　　　　复核：×××

表 5-2-16

人工、材料、机械台班单价汇总表

建设项目名称：×××路线工程

编 制 范 围：K×××～K×××　　　　第 1 页　　共 1 页　　07 表

序号	名称	单位	代号	预算单价(元)	备注	序号	名称	单位	代号	预算单价(元)	备注
1	人工	工日	1	50.00		32	黏土	m^3	911	8.21	
2	机械工	工日	2	50.00		33	片石	m^3	931	49.37	
3	原木	m^3	101	1 258.19		34	粉煤灰	m^3	945	20.97	
4	锯材	m^3	102	1 463.19		35	碎石(4cm)	m^3	952	123.94	
5	光圆钢筋	t	111	3 657.20		36	碎石(8cm)	m^3	954	118.46	
6	带肋钢筋	t	112	3 759.70		37	碎石	m^3	958	27.50	
7	型钢	t	182	3 862.20		38	块石	m^3	981	110.50	
8	钢板	t	183	4 450.00		39	开采片石	m^3	8931	34.00	
9	钢管	t	191	5 610.00		40	其他材料费	元	996	1.00	
10	钢钎	kg	211	5.60		41	设备摊销费	元	997	1.00	
11	空心钢钎	kg	212	7.00		42	75kW 以内履带式推土机	台班	1003	612.89	
12	ϕ50mm 以内合金钻头	个	213	27.21		43	$8m^3$ 以内拖式(含头)铲运机	台班	1023	819.46	
13	电焊条	kg	231	4.90		44	$2.0m^3$ 履带式单斗挖掘机	台班	1037	1 405.51	
14	组合钢模板	t	272	5 710.00		45	120kW 以内平地机	台班	1057	908.89	
15	铁件	kg	651	4.40		46	75kW 以内履带式拖拉机	台班	1063	525.55	
16	铁钉	kg	653	6.97		47	6～8t 光轮压路机	台班	1075	251.49	
17	8～12 号铁丝	kg	655	6.10		48	12～15t 光轮压路机	台班	1078	411.77	
18	20～22 号铁丝	kg	656	6.40		49	15t 以内振动压路机	台班	1088	774.09	
19	铁皮	m^2	666	25.40		50	电动混凝土真空吸水机组	台班	1239	82.11	
20	32.5 级水泥	t	832	374.15		51	电动混凝土切缝机	台班	1245	141.52	
21	硝铵炸药	kg	841	6.10		52	250L 以内强制式混凝土搅拌机	台班	1272	96.79	
22	导火线	m	842	0.80		53	8t 以内自卸汽车	台班	1385	486.42	
23	普通雷管	个	845	0.70		54	4 000L 以内洒水汽车	台班	1404	455.56	
24	石油沥青	t	851	3 800.00		55	6 000L 以内洒水汽车	台班	1405	515.01	
25	汽油	kg	862	5.20		56	12t 以内汽车式起重机	台班	1451	705.77	
26	柴油	kg	863	5.10		57	30kN 以内单筒慢动电动卷扬机	台班	1499	87.09	
27	煤	t	864	268.00		58	ϕ500mm 以内木工圆锯机	台班	1710	68.44	
28	电	kW·h	865	0.55		59	32kV·A 交流电弧焊机	台班	1726	104.64	
29	水	m^3	866	0.50		60	250mm×400mm 电动鄂式破碎机	台班	1757	149.44	
30	生石灰	t	891	105.00		61	$9m^3$/min 以内机动空压机	台班	1842	547.93	
31	中(粗)砂	m^3	899	60.00		62	小型机具使用费	元	1998	1.00	

编制：×××　　　　复核：×××

分项工程预算表

表 5-2-17

编制范围:K×××—K×××

工程名称:石砌挡土墙　　第1页　共1页　08-2表

编号	工程项目			人工挖基坑土、石方			人工挖基坑土、石方			石砌挡土墙			合计	
	工程细目			人工挖基坑深3m内干处土			人工挖石方			浆砌块石墙身				
	定额单位			1 000m³			1 000m³			10m³				
	工程数量			2.665			1.776			1 499.168				
	定额表号			4-1-1-1			4-1-1-7			5-1-15-8改				
	工、料、机名称	单位	单价(元)	定额	数量	金额(元)	定额	数量	金额(元)	定额	数量	金额(元)	数量	金额(元)
1	人工	工日	50.00	448.300	1 194.54	59 727	1 023.8	1 818.68	90 934	14.200	21 288.19	1 064 409	24 301.40	1 215 070
2	原木	m³	1 258							0.030	44.98	56 587	44.98	56 587
3	锯材	m³	1 463							0.017	25.49	37 291	25.49	37 291
4	钢钎	kg	5.60				25.100	44.59	250				44.59	250
5	铁钉	kg	6.97							0.100	149.92	1 045	149.92	1 045
6	8～12号铁丝	kg	6.10							2.700	4 047.75	24 691	4 047.75	24 691
7	硝铵炸药	kg	6.10				150.400	267.17	1 630				267.17	1630
8	导火线	m	0.80				365.000	648.39	519				648.39	519
9	普通雷管	个	0.70				288.000	511.60	358				511.60	358
10	煤	t	268				0.190	0.34	90				0.34	90
11	水	m³	0.50							7.000	10 494.18	5 247	10 494.18	5 247
12	中(粗)砂	m³	60							0.003	4.50	270	4.50	270
13	黏土	m³	8.2							0.180	269.85	2 215	269.85	2 215
14	碎石(8cm)	m³	118.5							0.110	164.91	19 534	164.91	19 534
15	块石	m³	110.55							10.500	15 741.26	1 739 362	15741.26	1 739 362
16	其他材料费	元	1.00				18.300	32.51	33	3.600	5 397.00	5 397	5 429.51	5 430
17	基价	元	1.00	22 056	58 770	58 770	51 977	92 332	92 332	1 690	2 533 594	2 533 594	2 684 696	2 684 696
	直接工程费	元				59 727			93 813			2 956 049		3 109 589
	其他工程费 I	元		4.18%		2 497	4.18%		3 921	4.18%		123 563		129 981
	其他工程费 II	元												
	间接费 规费	元		11.20%		6 689	11.20%		10 185	11.20%		119 214		136 088
	间接费 企业管理费	元		5.10%		3 173	5.10%		4 984	5.10%		157 060		165 217
	利润及税金	元				7 192			11 285			348 729		367 206
	建筑安装工程费	元				79 278			124 188			3 704 615		3 908 081

编制:×××　　复核:×××

材料预算单价计算表

表 5-2-18

建设项目名称：×××路线工程

编 制 范 围:K×××～K×××　　　　第 1 页　　共 1 页　　09 表

序号	规格名称	单位	原价(元)	运杂费					原价运费合计(元)	场外运输损耗		采购及保管费		预算单价(元)
				供应地点	运输方式、比重及运距	毛重系数或单位毛重	运杂费构成说明或计算式	单位运费(元)		费率(%)	金额(元)	费率(%)	金额(元)	
1	原木	m^3	1 200.000	李市—工地	汽车,15km	1.000000	1.50×15+5.00	27.500	1 227.50			2.500	30.688	1 258.188
2	锯材	m^3	1 400.000	李市—工地	汽车,15km	1.000000	1.50×15+5.00	27.500	1 427.50			2.500	35.688	1 463.188
3	光圆钢筋	t	3 500.000	县城—工地	汽车,42km	1.000000	1.50×42+5.00	68.000	3 568.00			2.500	89.200	3 657.200
4	带肋钢筋	t	3 600.000	县城—工地	汽车,42km	1.000000	1.50×42+5.00	68.000	3 668.00			2.500	91.700	3 759.700
5	型钢	t	3 700.000	县城—工地	汽车,42km	1.000000	1.50×42+5.00	68.000	3 768.00			2.500	94.200	3 862.200
6	32.5级水泥	t	320.000	三湾—工地	汽车,24km	1.010000	(1.50×24+5.00)×1.01	41.410	361.41	1.00	3.614	2.500	9.126	374.150
7	片石	m^3	35.369	料场—工地	汽车,2km	1.600000	(1.50×2+5.00)×1.6	12.800	48.17			2.500	1.204	49.373
8	碎石(4cm)	m^3	107.725	料场—工地	汽车,2km	1.500000	(1.50×2+5.00)×1.5	12.000	119.73	1.00	1.197	2.500	3.023	123.945
9	碎石(8cm)	m^3	102.422	料场—工地	汽车,2km	1.500000	(1.50×2+5.00)×1.5	12.000	114.42	1.00	1.144	2.500	2.889	118.455
10	块石	m^3	93.002	料场—工地	汽车,2km	1.850000	(1.50×2+5.00)×1.85	14.800	107.80			2.500	2.695	110.497

编制：×××　　　　复核：×××

机械台班单价计算表

表 5-2-19

建设项目名称:×××路线工程

编 制 范 围:K×××～K×××　　　　第 1 页　　共 1 页　　11 表

序号	定额号	机械规格名称	台班单价(元)	不变费用(元) 调整系数:1.00		可变费用(元) 人工:50.00 元/工日		重油:2.80 元/kg		汽油:5.20 元/kg		柴油:5.10 元/kg		电:0.55 元/kW·h		养路费及车船税	合计
				定额	调整值	定额	费用	定额	费用	定额	费用	定额	费用	定额	费用		
1	1003	75kW 以内履带式推土机	612.89	245.14	245.14	2	100.00					55	280.35				380.35
2	1023	8m³ 以内拖式(含头)铲运机	819.46	430.98	430.98	2	100.00					59	301.92				401.92
3	1037	2.0m³ 履带式单斗挖掘机	1 405.51	855.38	855.38	2	100.00					92	470.17				570.17
4	1057	120kW 以内平地机	908.89	408.05	408.05	2	100.00					82	418.86				518.86
5	1063	75kW 以内履带式拖拉机	525.55	161.23	161.23	2	100.00					54	276.78				376.78
6	1075	6～8t 光轮压路机	251.49	107.57	107.57	1	50.00					19	98.58				148.58
7	1078	12～15t 光轮压路机	411.77	164.32	164.32	1	50.00					40	206.35				256.35
8	1088	15t 以内振动压路机	774.09	315.05	315.05	2	100.00					74	375.36				475.36
9	1239	电动混凝土真空吸水机组	82.11	24.43	24.43	1	50.00							15	8.48		58.48
10	1245	电动混凝土切缝机	141.52	81.23	81.23	1	50.00							20	11.09		61.09
11	1272	250L 以内强制式混凝土搅拌机	96.79	18.58	18.58	1	50.00							53	29.01		79.01
12	1385	8t 以内自卸汽车	486.42	194.91	194.91	1	50.00					49	252.19				302.19
13	1404	4 000L 以内洒水汽车	455.56	219.16	219.16	1	50.00			36	187.2						237.20
14	1405	6 000L 以内洒水汽车	515.01	257.90	257.90	1	50.00					42	216.39				266.39
15	1451	12t 以内汽车式起重机	705.77	387.11	387.11	2	100.00					45	229.24				329.24
16	1499	30kN 以内单筒慢动电动卷扬机	87.09	17.22	17.22	1	50.00							38	20.67		70.67
17	1710	ϕ500mm 以内木工圆锯机	68.44	5.85	5.85	1	50.00							24	13.39		63.39
18	1726	32kV·A 交流电弧焊机	104.64	7.24	7.24	1	50.00							88	48.20		98.20
19	1757	ϕ250×400mm 电动鄂式破碎机	149.44	53.39	53.39	1	50.00							85	46.85		96.85
20	1842	9m³/min 以内机动空压机	547.93	203.06	203.06	1	50.00					60	307.73				357.73

编制:×××　　　　复核:×××

第三章　交通工程及其他工程的造价编制

第一节　交通工程概(预)算编制

一、交通工程概(预)算包括的工程内容

对于监控系统、通信系统、收费系统、供电照明系统、服务设施及房屋建筑、养护及管理设备、安全设施等单项工程,通常把他们归并为交通工程,其概(预)算的编制当然也被归并到交通工程概(预)算的编制。对于交通工程的各单项工程来说,其内容如下。

1. 监控系统一般应包括的内容

(1)外场设备:设备安装。

(2)监控中心设备:设备安装。

2. 通信系统一般应包括的内容

(1)光缆传输工程:设备安装和敷设光缆。

(2)程控交换工程:设备安装,站区用户线路敷设,市话中继线初装费。

(3)紧急电话工程:设备安装和敷设光缆。

(4)通信电源工程:设备安装。

(5)通信管道工程:管道埋设。

3. 收费系统一般应包括的内容

(1)计算机及闭路电视系统。

(2)收费车道控制设备。

4. 供电照明系统一般应包括的内容

(1)变配电系统。

(2)照明工程。

5. 服务设施及房屋建筑一般应包括的内容

(1)房屋建筑主体工程,包括内、外装修工程。

(2)给排水系统,包括污水处理、锅炉房等工程。

(3)场区道路及绿化工程。

(4)场地平整工程。

(5)其他附属设施。

6. 安全设施一般应包括的内容

(1)标志。

(2)标线。

(3)护栏。

(4)隔离设施。

(5)防眩设施。

(6)其他安全设施。

二、交通工程概(预)算编制的原理与方法

随着《概算预算编制办法》、《概算定额》、《预算定额》、《机械台班费用定额》的颁发，从2008年1月1日开始，《公路基本建设工程概算预算编制办法》(交公路发[1996]612号)、《公路基本建设工程交通工程概(预)算编制的规定》(公设技字[2000]285号)、《公路工程概算定额》和《公路工程预算定额》(交工发[1992]65号)、《公路工程机械台班费用定额》(交公路发[1996]610号)作废。在新颁发的概(预)算定额和编制办法中，把监控系统、通信系统、收费系统、供电照明系统、服务设施及房屋建筑、养护及管理设备、安全设施等单项工程的工料机消耗和费用定额纳入其中，不再像以前编制交通工程概(预)算主要采用有关专业部门和工程所在地的地区统一直接费定额和相应的间接费定额，因此，关于监控系统、通信系统、收费系统、供电照明系统、服务设施及房屋建筑、养护及管理设备、安全设施等单项工程概(预)算的编制，就没有特别的地方，其编制原理和方法与公路工程中的其他内容的编制原理和方法相同。其编制原理和方法参见本篇第一章和第二章。

三、交通工程概(预)算的计价依据

在新颁发的概(预)算定额和编制办法中，把监控系统、通信系统、收费系统、供电照明系统、服务设施及房屋建筑、养护及管理设备、安全设施等单项工程的工料机消耗和费用定额纳入其中，因此其概(预)算的编制直接以《概算定额》、《预算定额》、《概算预算编制办法》等为计价依据。

当然，由于以上这些交通工程项目涉及专业较多，初次纳入公路工程专业定额，难免可能存在不足之处，需在今后使用过程中不断完善。如果在定额使用中遇到定额缺项等情况，仍然可以使用其他部委的定额。但应注意的是，其他部委的定额中可能不包括主材的消耗(其在取费上有所不同)，是单独计算的。

交通工程概(预)算编制遇到现行定额缺项时，可采用其他部委的计价依据如下：监控系统和收费系统可采用的计价依据为《电子工程建设预算定额》；通信系统采用的计价依据为《通信建设工程预算定额》；供电照明系统、服务设施及房屋建筑采用的计价依据为工程所在地的地区统一《建设工程概算定额》、《建设工程预算定额》等。

第二节　临时工程的费用计算

一、临时工程的含义

在公路工程中，临时工程只是起着参与永久性工程形成的作用，公路建成交付使用后，必须拆除且应恢复相关设施的原状。它与辅助工程具有相同的性质，但不同点在于临时工程没有专一的服务对象。现行概(预)算定额规定的临时工程有：汽车便道、临时便桥、临时码头、轨道铺设、输电电信线路、人工夯打小圆木桩等六项。例如，汽车便道既可运输生产物资，又可运输生活物资；又如输电线路，既可为生产机械供电，又可为生活照明供电。因此在实际工作中

难以将其综合到具体哪个费用项目内，为了便于工程造价计算，将其归纳为临时工程，单独列项反映。

二、临时工程的具体内容

临时工程的具体内容如下。

1. 汽车便道

是指各种砂石料场与工地用料点或堆料场之间连接的道路，如现有公路与拟建项目的联络线路，预制场、拌和场与建设项目之间的连接便道。新修或利用农村道路进行整修，供汽车行驶的方可列为汽车便道。

凡预制场、拌和场及生活区内部通行的汽车便道，均不能计入汽车便道的数量内，其项目属于现场经费中的临时设施内容，修建施工现场已包括场内道路，不能再重复计算。

汽车便道的道路标准，应根据运输量的大小合理确定，只要求晴天通行或运输量不大的路段，不必考虑铺筑路面。选定路线时，要注意利用地形，尽量不占或少占农田。

2. 临时便桥

修建汽车便道时，跨沟、跨河所必修的便桥。为大型桥梁水上施工需要搭设可供汽车行驶的便桥，应根据现场的实际情况确定。

3. 临时码头

当拟建项目可利用水运材料或大型桥梁施工配有水上混凝土工厂及泥浆循环系统时，为装卸运输材料而必须修建的码头。应结合现场实际情况取定。

4. 轨道铺设

一般大型混凝土构件预制时才列入此项，它包括龙门架行走轨道、预制点至堆放点轨道、堆放点到吊装处的运输轨道，多孔简支梁桥采用桥上导梁或架桥机安装时，桥上必须铺设的轨道等。

5. 临时输电、电信线路

临时输电线路是指在公路工程施工过程中，当工程用电使用工业电源时，需要安设由高压输电线路到工地变电站之间的电力线路。至于变电站或自发电的厂房至施工现场各个作业用电点的线路，是一种低压线路，属临时设施费的范围，不可计入临时输电线路内进行计算。此外，在修建大型桥梁时，由于工程用电的需要，必须敷设水下电缆，可结合建设工程的实际情况，参照电力部门的有关规定和要求确定，并计入临时输电线路项目内。

临时电信线路是指施工现场各施工点与驻施工现场的管理机构，以及与外界的通信联系而需架设的电话线路。但目前由于电信事业的不断发展，通信的方式很多。因此，在编制工程造价时，也可将采用其他通信方式的费用列入临时电信线路项目内。

6. 人工夯打小圆木桩

上述临时工程在项目竣工时，不需办理工程验收和工程移交手续，只需将费用纳入竣工决算，但其必须予以拆除，以恢复生态环境。

值得注意的是，为生产、生活而修建的现场临时设施，如办公室、宿舍、仓库、加工房、机械工棚等临时房屋，生活区内的汽车便道、便桥，变压器或发电房到施工现场和生活用电线路，施工和生活用的输水线路，架子车和机动翻斗车行驶的便道，施工机械停放场地，以及临时围墙等，按现行《概算预算编制办法》规定，综合为其他工程费中的临时设施费，按费率计算，所以不得将上述内容归入临时工程。

三、临时工程的费用计算

临时轨道、临时便道、临时便桥、临时电力和电信线路、临时码头等，可以根据建设工程的实际需要，逐项列入工程造价内，是构成全部建筑安装工程费用的一个内容，在现行的公路工程概预算定额中，专门列有临时工程定额，因此临时工程的费用计算与路基、路面等其他各分部分项工程的费用计算相同，即根据临时工程的工程量套用概预算定额中的临时工程定额计算。其中临时工程的工程量，如临时便桥、便道的长度，轨道的铺设长度，电力电信线路的长度均根据工程的实际情况，由施工组织设计确定。临时工程的费用计算可参见本篇第一章例 5-1-3。

第三节　房屋工程的造价编制

公路工程的服务区房屋、收费站房屋等房屋工程的造价编制应按工程所在地的地区统一概算定额、预算定额、费用定额等计价依据编制。

一、建筑安装工程费组成

建筑安装工程费由直接费、间接费、利润和税金组成，见表 5-3-1。

建筑安装工程费的组成　　表 5-3-1

<table>
<tr><td rowspan="6">建筑安装工程费</td><td colspan="3">费用项目</td></tr>
<tr><td rowspan="2">直接费</td><td>直接工程费</td><td>人工费
材料费
施工机械使用费</td></tr>
<tr><td>措施费</td><td>环境保护费
文明施工费
安全施工费
临时设施费
夜间施工费
二次搬运费
大型机械设备进出场及安拆费
混凝土、钢筋混凝土模板及支架费
脚手架费
已完工程及设备保护费
施工排水、降水费</td></tr>
<tr><td>间接费</td><td colspan="2">规费
企业管理费</td></tr>
<tr><td colspan="3">利润</td></tr>
<tr><td colspan="3">税金</td></tr>
</table>

(一)直接费

直接费由直接工程费和措施费组成。

1.直接工程费

是指施工过程中耗费的构成工程实体的各项费用,包括人工费、材料费、施工机械使用费。

(1)人工费。是指直接从事建筑安装工程施工的生产工人开支的各项费用,内容包括:

①基本工资。是指发放给生产工人的基本工资。

②工资性补贴。是指按规定标准发放的物价补贴,煤、燃气补贴,交通补贴,住房补贴,流动施工津贴等。

③生产工人辅助工资。是指生产工人年有效施工天数以外非作业天数的工资,包括职工学习、培训期间的工资,调动工作、探亲、休假期间的工资,因气候影响的停工工资,女工哺乳时间的工资,病假在6个月以内的工资及产、婚、丧假期的工资。

④职工福利费。是指按规定标准计提的职工福利费。

⑤生产工人劳动保护费。是指按规定标准发放的劳动保护用品的购置费及修理费,徒工服装补贴,防暑降温费,在有碍身体健康环境中施工的保健费用等。

(2)材料费。是指施工过程中耗费的构成工程实体的原材料、辅助材料、构配件、零件、半成品的费用,内容包括:

①材料原价(或供应价格)。

②材料运杂费。是指材料自来源地运至工地仓库或指定堆放地点所发生的全部费用。

③运输损耗费。是指材料在运输装卸过程中不可避免的损耗。

④采购及保管费。是指为组织采购、供应和保管材料过程中所需要的各项费用,包括:采购费、仓储费、工地保管费、仓储损耗。

⑤检验试验费。是指对建筑材料、构件和建筑安装物进行一般鉴定、检查所发生的费用,包括自设试验室进行试验所耗用的材料和化学药品等费用。不包括新结构、新材料的试验费和建设单位对具有出厂合格证明的材料进行检验,对构件做破坏性试验及其他特殊要求检验试验的费用。

(3)施工机械使用费。是指施工机械作业所发生的机械使用费以及机械安拆费和场外运费。

施工机械台班单价应由下列七项费用组成。

①折旧费。指施工机械在规定的使用年限内,陆续收回其原值及购置资金的时间价值。

②大修理费。指施工机械按规定的大修理间隔台班进行必要的大修理,以恢复其正常功能所需的费用。

③经常修理费。指施工机械除大修理以外的各级保养和临时故障排除所需的费用。包括为保障机械正常运转所需替换设备与随机配备工具附具的摊销和维护费用,机械运转中日常保养所需润滑与擦拭的材料费用及机械停滞期间的维护和保养费用等。

④安拆费及场外运费。安拆费指施工机械在现场进行安装与拆卸所需的人工、材料、机械和试运转费用,以及机械辅助设施的折旧、搭设、拆除等费用;场外运费指施工机械整体或分体

自停放地点运至施工现场或由一施工地点运至另一施工地点的运输、装卸、辅助材料及架线等费用。

⑤人工费。指机上驾驶员(司炉)和其他操作人员的工作日人工费及上述人员在施工机械规定的年工作台班以外的人工费。

⑥燃料动力费。指施工机械在运转作业中所消耗的固体燃料(煤、木柴)、液体燃料(汽油、柴油)及水、电等。

⑦养路费及车船使用税。指施工机械按照国家规定和有关部门规定应缴纳的养路费、车船使用税、保险费及年检费等。

2.措施费

是指为完成工程项目施工,发生于该工程施工前和施工过程中非工程实体项目的费用,内容包括:

(1)环境保护费。是指施工现场为达到环保部门要求所需要的各项费用。

(2)文明施工费。是指施工现场文明施工所需要的各项费用。

(3)安全施工费。是指施工现场安全施工所需要的各项费用。

(4)临时设施费。是指施工企业为进行建筑工程施工所必须搭设的生活和生产用的临时建筑物、构筑物和其他临时设施费用等。

临时设施包括:临时宿舍、文化福利及公用事业房屋与构筑物、仓库、办公室、加工厂以及规定范围内道路、水、电、管线等临时设施和小型临时设施。

临时设施费用包括:临时设施的搭设、维修、拆除费或摊销费。

(5)夜间施工费。是指因夜间施工所发生的夜班补助费、夜间施工降效、夜间施工照明设备摊销及照明用电等费用。

(6)二次搬运费。是指因施工场地狭小等特殊情况而发生的二次搬运费用。

(7)大型机械设备进出场及安拆费。是指机械整体或分体自停放场地运至施工现场或由一个施工地点运至另一个施工地点,所发生的机械进出场运输及转移费用和机械在施工现场进行安装、拆卸所需的人工费、材料费、机械费、试运转费和安装所需的辅助设施的费用。

(8)混凝土、钢筋混凝土模板及支架费。是指混凝土施工过程中需要的各种钢模板、木模板、支架等的支、拆、运输费用及模板、支架的摊销(或租赁)费用。

(9)脚手架费。是指施工需要的各种脚手架搭、拆、运输费用及脚手架的摊销(或租赁)费用。

(10)已完工程及设备保护费。是指竣工验收前,对已完工程及设备进行保护所需费用。

(11)施工排水、降水费。是指为确保工程在正常条件下施工,采取各种排水、降水措施所发生的各种费用。

(二)间接费

间接费由规费、企业管理费组成。

1.规费

是指政府和有关权力部门规定必须缴纳的费用(简称规费),包括:

(1)工程排污费。是指施工现场按规定缴纳的工程排污费。

(2)工程定额测定费。是指按规定支付工程造价(定额)管理部门的定额测定费。

(3)社会保障费。

①养老保险费。是指企业按规定标准为职工缴纳的基本养老保险费。

②失业保险费。是指企业按照国家规定标准为职工缴纳的失业保险费。

③医疗保险费。是指企业按照规定标准为职工缴纳的基本医疗保险费。

(4)住房公积金。是指企业按规定标准为职工缴纳的住房公积金。

(5)危险作业意外伤害保险。是指按照建筑法规定,企业为从事危险作业的建筑安装施工人员支付的意外伤害保险费。

2.企业管理费

是指建筑安装企业组织施工生产和经营管理所需费用。内容包括:

(1)管理人员工资。是指管理人员的基本工资、工资性补贴、职工福利费、劳动保护费等。

(2)办公费。是指企业管理办公用的文具、纸张、账表、印刷、邮电、书报、会议、水电、烧水和集体取暖(包括现场临时宿舍取暖)用煤等费用。

(3)差旅交通费。是指职工因公出差、调动工作的差旅费、住勤补助费,市内交通费和误餐补助费,职工探亲路费,劳动力招募费,职工离退休、退职一次性路费,工伤人员就医路费,工地转移费以及管理部门使用的交通工具的油料、燃料、养路费及牌照费。

(4)固定资产使用费。是指管理和试验部门及附属生产单位使用的属于固定资产的房屋、设备仪器等的折旧、大修、维修或租赁费。

(5)工具用具使用费。是指管理使用的不属于固定资产的生产工具、器具、家具、交通工具和检验、试验、测绘、消防用具等的购置、维修和摊销费。

(6)劳动保险费。是指由企业支付离退休职工的异地安家补助费、职工退职金、6个月以上的病假人员工资、职工死亡丧葬补助费、抚恤费、按规定支付给离休干部的各项经费。

(7)工会经费。是指企业按职工工资总额计提的工会经费。

(8)职工教育经费。是指企业为职工学习先进技术和提高文化水平,按职工工资总额计提的费用。

(9)财产保险费。是指施工管理用财产、车辆保险。

(10)财务费。是指企业为筹集资金而发生的各种费用。

(11)税金。是指企业按规定缴纳的房产税、车船使用税、土地使用税、印花税等。

(12)其他。包括技术转让费、技术开发费、业务招待费、绿化费、广告费、公证费、法律顾问费、审计费、咨询费等。

(三)利润

利润是指施工企业完成所承包工程获得的盈利。

(四)税金

税金是指国家税法规定的应计入建筑安装工程造价内的营业税、城市维护建设税及教育费附加等。

二、建筑安装工程费用参考计算方法

建筑安装工程费用参考计算方法见表5-3-2。

建筑安装工程费用参考计算方法 表 5-3-2

<table>
<tr><th colspan="2">费用名称</th><th colspan="3">参考计算方法</th></tr>
<tr><td rowspan="12">建筑安装工程费用</td><td rowspan="11">直接费</td><td>直接工程费</td><td colspan="2">直接工程费以人工、材料、机械的消耗量及其相应价格确定</td></tr>
<tr><td rowspan="10">措施费</td><td>环境保护</td><td>环境保护费＝直接工程费×环境保护费费率(%)</td></tr>
<tr><td>文明施工</td><td>文明施工费＝直接工程费×文明施工费费率(%)</td></tr>
<tr><td>安全施工</td><td>安全施工费＝直接工程费×安全施工费费率(%)</td></tr>
<tr><td>临时设施费</td><td>临时设施费由以下三部分组成：
(1)周转使用临建(如活动房屋)
(2)一次性使用临建(如简易建筑)
(3)其他临时设施(如临时管线)
其中：周转使用临建费、一次性使用临建费、其他临时设施在临时设施费中所占比例，可由各地区造价管理部门依据典型施工企业的成本资料经分析后综合测定</td></tr>
<tr><td>夜间施工增加费</td><td>夜间施工费可按如下规定计算：
(1)夜间施工增加费应从需照明施工开始计时，超过 2h，不足 4h，按半个工日计算，超过 4h 以上按 1 个工日计算
(2)招投标工程，夜间施工增加费的计算必须按招标文件规定执行
(3)夜间施工增加费的计算应以甲、乙双方签证或施工组织设计为依据</td></tr>
<tr><td>二次搬运费</td><td>应按各地具体规定执行</td></tr>
<tr><td>大型机械进出场及安拆费</td><td>安装、拆卸费根据施工组织设计的机械数量和安装拆卸次数计算。场外运输费根据施工组织设计的机械数量和进出场次数计算</td></tr>
<tr><td>混凝土、钢筋混凝土模板及支架</td><td>(1)模板及支架费＝模板摊销量×模板价格＋支、拆、运输费
摊销量＝一次使用量×(1＋施工损耗)×[1＋(周转次数－1)×补损率/周转次数－(1－补损率)50%/周转次数]
(2)租赁费＝模板使用量×使用日期×租赁价格＋支、拆、运输费</td></tr>
<tr><td>脚手架搭拆费</td><td>(1)脚手架搭拆费＝脚手架摊销量×脚手架价格＋搭、拆、运输费
(2)租赁费＝脚手架每日租金×搭设周期＋搭、拆、运输费</td></tr>
<tr><td>已完工程及设备保护费</td><td>已完工程及设备保护费＝成品保护所需机械费＋材料费＋人工费</td></tr>
<tr><td></td><td></td><td>施工排水、降水费</td><td>排水降水费＝∑排水降水机械台班费×排水降水周期＋排水降水使用材料费、人工费</td></tr>
<tr><td>间接费</td><td colspan="3">间接费的计算方法按取费基数的不同分为以下三种：
(一)以直接费为计算基础
(二)以人工费和机械费合计为计算基础
(三)以人工费为计算基础
1. 规费费率
根据本地区典型工程发承包价的分析资料综合取定规费计算中所需数据：
(1)每万元发承包价中人工费含量和机械费含量
(2)人工费占直接费的比例
(3)每万元发承包价中所含规费缴纳标准的各项基数
规费费率的计算公式：
(1)以直接费为计算基础
(2)以人工费和机械费合计为计算基础
(3)以人工费为计算基础</td></tr>
</table>

续上表

<table>
<tr><th colspan="2">费用名称</th><th>参考计算方法</th></tr>
<tr><td rowspan="3">建筑安装工程费用</td><td>间接费</td><td>2. 企业管理费费率
企业管理费费率计算公式:
(1)以直接费为计算基础
(2)以人工费和机械费合计为计算基础
(3)以人工费为计算基础</td></tr>
<tr><td>利润</td><td>利润计算公式:见建筑安装工程计价程序</td></tr>
<tr><td>税金</td><td>税金计算公式:(直接工程费+间接费+利润)×税率
税率:
(一)纳税地点在市区的企业
(二)纳税地点在县城、镇的企业
(三)纳税地点不在市区、县城、镇的企业</td></tr>
</table>

三、建筑安装工程计价程序

根据建设部第 107 号部令《建筑工程施工发包与承包计价管理办法》的规定,发包与承包价的计算方法分为工料单价法和综合单价法。

(一)工料单价法计价程序

工料单价法是以分部分项工程量乘以单价后的合计为直接工程费,直接工程费以人工、材料、机械的消耗量及其相应价格确定。直接工程费汇总后另加间接费、利润、税金生成工程发承包价,其计算程序分为三种,见表 5-3-3。

工料单价法建筑安装工程计价程序 表 5-3-3

计算程序	序号	费用项目	计算方法	备注
以直接费为计算基础	(1)	直接工程费	按预算表	
	(2)	措施费	按规定标准计算	
	(3)	小计	(1)+(2)	
	(4)	间接费	(3)×相应费率	
	(5)	利润	[(3)+(4)]×相应利润率	
	(6)	合计	(3)+(4)+(5)	
	(7)	含税造价	(6)×(1+相应税率)	
以人工费和机械费为计算基础	(1)	直接工程费	按预算表	
	(2)	其中人工费和机械费	按预算表	
	(3)	措施费	按规定标准计算	
	(4)	其中人工费和机械费	按规定标准计算	
	(5)	小计	(1)+(3)	
	(6)	人工费和机械费小计	(2)+(4)	
	(7)	间接费	(6)×相应费率	
	(8)	利润	(6)×相应利润率	
	(9)	合计	(5)+(7)+(8)	
	(10)	含税造价	(9)×(1+相应税率)	

续上表

计算程序	序号	费用项目	计算方法	备注
以人工费为计算基础	(1)	直接工程费	按预算表	
	(2)	直接工程费中人工费	按预算表	
	(3)	措施费	按规定标准计算	
	(4)	措施费中人工费	按规定标准计算	
	(5)	小计	(1)+(3)	
	(6)	人工费小计	(2)+(4)	
	(7)	间接费	(6)×相应费率	
	(8)	利润	(6)×相应利润率	
	(9)	合计	(5)+(7)+(8)	
	(10)	含税造价	(9)×(1+相应税率)	

(二)综合单价法计价程序

综合单价法是分部分项工程单价为全费用单价,全费用单价经综合计算后生成,其内容包括直接费、间接费、利润和税金(措施费也可按此方法生成全费用价格)。

各分项工程量乘以综合单价的合价汇总后,生成工程发承包价。

由于各分部分项工程中的人工、材料、机械含量的比例不同,各分项工程可根据其材料费占人工费、材料费、机械费合计的比例(以字母C代表该项比值)在以下三种计算程序中选择一种计算其综合单价,见表5-3-4。

综合单价法建筑安装工程计价程序 表5-3-4

计算程序	序号	费用项目	计算方法	备注
以直接费为计算基础: 当C>C0(C0为本地区原费用定额测算所选典型工程材料费占人工费、材料费和机械费合计的比例)时,可采用以人工费、材料费、机械费合计为基数计算该分项的间接费和利润	(1)	分项直接工程费	人工费+材料费+机械费	
	(2)	间接费	(1)×相应费率	
	(3)	利润	[(1)+(2)]×相应利润率	
	(4)	合计	(1)+(2)+(3)	
	(5)	含税造价	(4)×(1+相应税率)	
以人工费和机械费为计算基础: 当C以人工费和机械费为计算基础时采用	(1)	分项直接工程费	人工费+材料费+机械费	
	(2)	其中人工费和机械费	人工费+机械费	
	(3)	间接费	(2)×相应费率	
	(4)	利润	(2)×相应利润率	
	(5)	合计	(1)+(3)+(4)	
	(6)	含税造价	(5)×(1+相应税率)	
以人工费为计算基础: 如该分项的直接费仅为人工费,无材料费和机械费时,可采用以人工费为基数计算该分项的间接费和利润	(1)	分项直接工程费	人工费+材料费+机械费	
	(2)	直接工程费中人工费	人工费	
	(3)	间接费	(2)×相应费率	
	(4)	利润	(2)×相应利润率	
	(5)	合计	(1)+(3)+(4)	
	(6)	含税造价	(5)×(1+相应税率)	

第四节　收费设施的造价编制

一、收费设施及其内容

收费设施是指在公路和城市道路上，用于收取过往车辆通行费的一切交通设施，包括土建工程和机电工程设施两部分。机电工程设施包括收费监视与控制系统、通信系统、供电系统、计算机系统、辅助设施系统等。土建工程部分的内容主要包括：

(1)收费岛。收费岛的作用是分隔收费车道、安装收费亭及车道收费设备，为收费员提供一个安全的工作场所。收费岛一般采用混凝土现浇或混凝土预制块拼装而成，并设有高强度的防撞栅栏或防撞柱。

(2)收费亭。收费亭是安装车道控制器、收费员终端设备的地方，也是收费员最直接的工作场所。收费亭一般采用铝合金玻璃窗结构。

(3)收费站房屋。收费站房屋是收费站的管理和控制中心，包括管理楼和附属建筑物。

(4)雨棚。收费岛上方一般均应设置收费雨棚，收费站雨棚通常采用钢筋混凝土结构或万能杆件的网架结构。

二、收费设施的造价编制

1. 收费设施中机电设施的造价编制

收费设施中机电设施的造价编制，以《概算定额》、《预算定额》、《概算预算编制办法》等为计价依据进行编制。当遇到现行定额缺项时，监控收费系统可根据《电子工程建设预算定额》、《电子建设工程概(预)算编制办法及计价依据》等编制造价，通信系统可根据《通信建设工程预算定额》、《通信建设工程概算预算编制办法》、《通信建设工程费用定额》等编制造价，供电系统可根据工程所在地的地区统一《建设工程概算定额》、《建设工程预算定额》和《建设工程费用定额》编制造价。但应注意的是，在使用以上相关部委的定额时，其定额中可能不包括主材的消耗(其在取费上有所不同)，是单独计算的。

2. 收费设施中土建工程部分的造价编制

收费设施中土建工程部分的造价编制：收费岛的造价编制应根据设计文件中收费岛的设计内容和工程数量，套用公路工程概预算定额编制造价。收费站房屋、雨棚及收费亭的造价编制一般按房屋工程的造价编制方法编制。

第五节　绿化工程的造价编制

一、绿化工程

绿化工程主要是指路侧带、中间及两侧分隔带、立体交叉、广场、停车场以及道路用地范围内的边角空地等处的绿化。

二、绿化工程造价的编制

公路工程概预算项目表的建安费中第八项为“绿化及环境保护工程”，因而绿化工程在造价编制中应在建安费中的“绿化及环境保护工程”中列入概预算。绿化工程造价编制有以下两种方法。

(一)根据设计资料编制造价

即按设计资料中绿化工程的设计内容和要求,根据概预算定额(现行概预算定额的第六章交通工程及沿线设施的第七节即为绿化工程)确定其造价。

(二)根据《概算预算编制办法》附录二规定的标准计算。

对于无绿化设计的二级以下等级公路建设项目,《公路工程基本建设项目概算预算编制办法》附录二列有绿化工程费用指标(新建公路平原微丘区为5 000元/km,山岭重丘区为1 000元/km;改建公路按上列指标的80%计),因此绿化工程费直接以路线长度乘以绿化工程费用指标即可(已包括其他工程费和间接费),详见第二篇第二章第六节相应内容。

第六节　环保、水保的造价编制

一、环境保护的造价编制

环境保护工程是为减轻或消除项目兴建对环境的不利影响所采取的各种保护工程和措施,公路工程中的环境保护主要包括环境敏感区的工程措施、美化绿化、声屏障、污水处理等内容。其造价的编制可根据设计资料中环境保护的工程量乘以单价计算,也可根据工程所在地区造价指标或有关实际资料,采用扩大单位指标编制。

二、水土保持的造价编制

水土保持工程主要指为防止水土流失而采取的水土保持工程措施和植物种植措施,以及施工过程中的其他措施。水土保持的造价编制可按《水土保持工程概(估)算编制规定》执行。

第六篇　公路工程施工招标、投标阶段的造价编制

第一章　工程施工招标招标阶段的造价编制

第一节　公路工程施工招标

施工招标是建设单位在工程项目的初步设计或施工图设计完成后，用招标方式选择施工单位。其“标的”是向建设单位交付按设计规定的建筑产品。

一、工程施工招标的条件

施工项目招标应具备如下的条件：

(1)概算已经批准。

(2)建设项目已正式列入国家、部门或地方的年度固定资产投资计划。

(3)建设用地的征用工作已经完成。

(4)有能够满足施工需要的施工图纸及技术资料。

(5)建设资金和主要建筑材料、设备的来源已经落实。

(6)已经建设项目所在地规划部门批准，施工现场的“三通一平”已经完成或一并列入施工招标范围。

施工招标可采用项目的全部工程招标、单位工程招标、特殊专业工程招标等，但按照有关规定，不得对单位工程的分部工程、分项工程进行招标。

二、施工项目招标的方式

根据《中华人民共和国招标投标法》规定，招标方式分为公开招标和邀请招标两种。只有不属于法律规定必须招标的项目，比如涉及国家安全、国家秘密、抢险救灾、利用扶贫资金以工代赈，以及低于国家规定必须招标标准的小型工程或投标单位较少的改扩建工程，可采用议标或直接委托的方式。

1.公开招标

公开招标应当发布招标公告。招标公告应当通过国家指定的报刊、信息网络或其他媒体发布。凡具备相应资质符合招标条件的法人或其他组织不受地域和行业限制均可申请投标。公开招标是在市场经济条件下广泛采用的招标方式，能给投标人平等竞争的机会，最能体现出平等竞争的原则；同时，招标人可以在较广的范围内选择最有竞争实力的较好的承包单位。但是对于保密工程、专业性较强的特殊工程和公开招标时费用较大的工程不易采用公开招标。

2.邀请招标

邀请招标是招标人根据自己掌握的资料和信息，预选若干家具备承担招标项目能力、资信良好的法人或其他组织，并发出投标邀请函，将招标工程的概况、工作范围和实施条件等作出简要的说明，请他们参加投标竞争。邀请的对象不应少于3家。被邀请人同意参加投标后，从招标人处获取招标文件,按照招标程序和须知进行投标报价。邀请招标的优点是,简化了招标程序,不需要发布公告和设置资格预审程序,节约了招标费用和时间。邀请招标的缺点是,由于招标人掌握的资料和信息有限,往往邀请的范围较窄,可能失去了在技术上或报价上最有竞争能力的一些潜在投标人,因此这种竞争具有局限性。

三、公路工程施工招标的程序

施工招标是建设单位选择施工单位并与其签订合同的过程,而投标则是施工单位力争获取施工项目参加竞争的过程,建设单位和施工单位均须遵循招标投标法律和法规的规定进行招投标活动。图 6-1-1 是公开招标程序框图,邀请招标可以参照实行。

四、招标文件及其与造价的关系

(一)招标文件

招标文件是编制标底和投标报价的重要依据,又是业主与中标的投标人今后签订合同的基础,因此,它是对招投标乃至承发包均具有约束力的重要文件,其主要内容如下。

1. 投标邀请书

投标邀请书是业主向承包商正式发出参加本项目投标的邀请,因此,也是承包商具有参加投标资格的证明,没有得到投标邀请书的承包商,无权参加本项目的投标。投标邀请书一般要说明招标单位的名称、招标工程项目的名称和地点、招标文件的发售时间和费用、投标保证金金额和投标截止日期、开标时间等。

2. 投标(人)须知

投标(人)须知亦称投标条件,是一份为让投标单位了解招标项目及招标的基本情况和要求而准备的一份文件。投标须知中的内容通常不构成最终合同的内容,因此,有关承包人履约或按合同支付的指导性内容,以及涉及投标人或未来的承包人的风险与义务等内容,一般不在投标须知中表述,而在合同条款中阐明。投标须知中应说明以下内容。

(1)项目概况。包括本项目各标段的范围、大致的工程量情况及技术特点,项目建设的资金来源及筹措情况等。

(2)投标单位的资格要求。如果在招标之前要对投标单位进行资格预审,投标单位的资格要求在投标人须知这份文件中可简单一些;否则,应较详细地说明投标单位在法人资格、技术等级、施工业绩、财务状况等方面的基本要求。另外,对投标单位联营投标的规定也要进行说明。

(3)投标中的时间安排及相应的规定。如发售招标文件、现场考察、投标答疑、投标截止日期、开标等时间的安排。

(4)投标书的编制要求。包括投标书的组成、编制要求及密封和递送要求等。

(5)开标、评标与定标的基本原则。

此外,该文件还包括其他一些有关内容,详见《公路工程招标文件范本》。

3. 合同条款

合同条款主要规定了合同履行中当事人的基本权利和义务,以及合同履行中的工作程序等。合同条款通常分通用条款和专用条款两部分。通用条款在整个项目中是相同的,一般直接采用有关权威机构或国家制定的范本。合同专用条款应根据各标段的具体情况来编写,它使合同通用条款的某些条款具体化,也是对合同通用条款中某些条款作出特殊规定，此外还可以增加合同通用条款所未包括的某些特殊条款。合同专用条款需要专门拟定。在合同执行中，如果合同通用条款与合同专用条款不一致而产生矛盾时，应以合同专用条款为准。

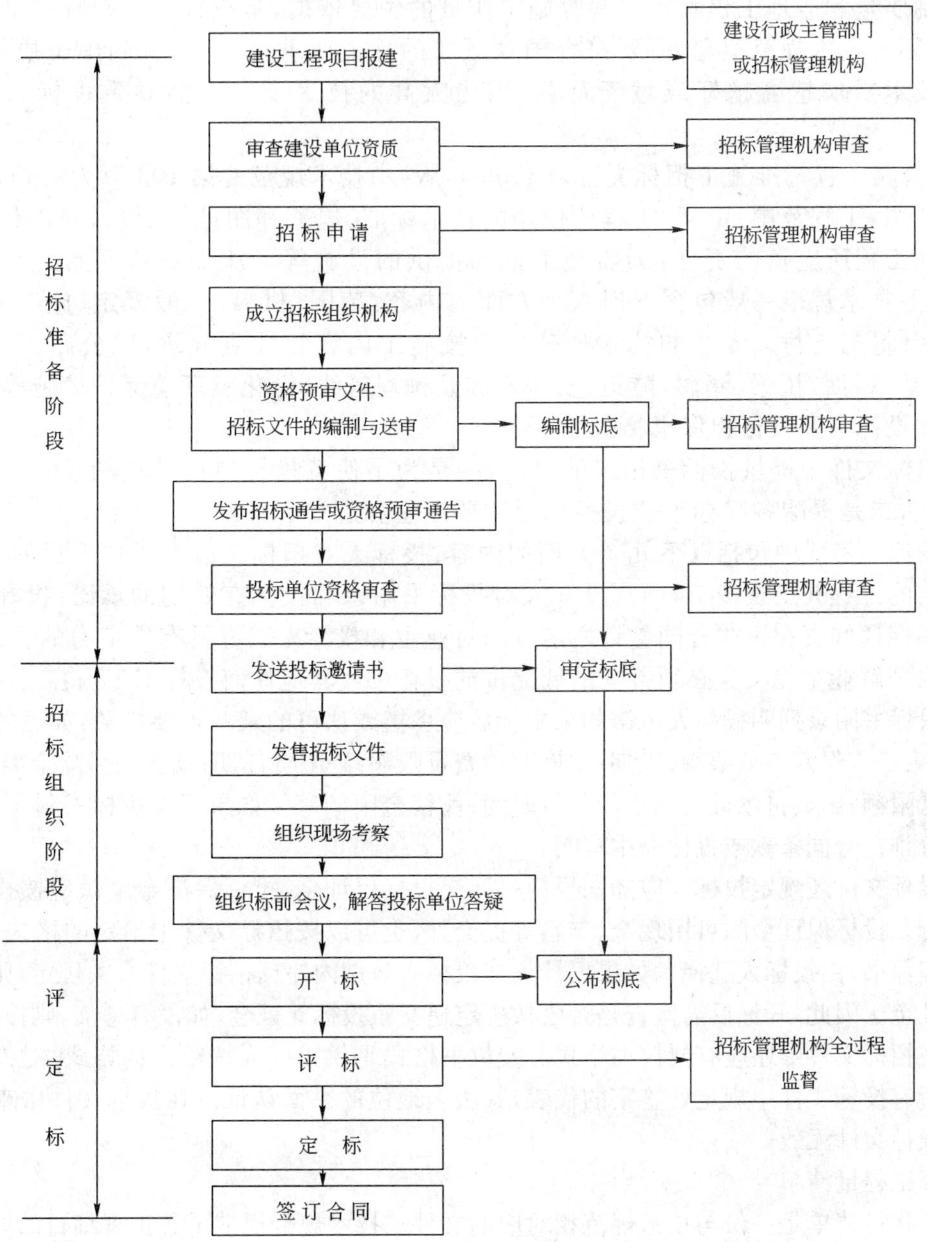

图 6-1-1 公开招标程序的框图

4. 合同格式

合同格式包括合同协议书和履约银行保函或履约担保书格式。

合同协议书是投标人中标而成为本合同的承包人后，和业主共同填写并签署合同的格式。履约银行保函（由银行提供）或履约担保书（由保险公司或担保公司提供）是为了保证承包人能如约履行合同，在签署合同时需提供的一份履约保证书，当承包商违约时，可由担保单位承担违约责任。

5.技术规范

技术规范是招标文件和合同文件中的一个非常重要的组成部分，是施工过程中承包人控制质量和监理工程师检查验收施工质量的主要依据，是投标人在投标时必不可少的资料，因此技术规范拟定，既要符合国家颁布的规范要求，保证工程的施工质量，又不能认为技术要求越高越好或过于苛刻，因为太高的技术要求必然导致投标人提高投标价格。

《公路工程标准施工招标文件》(2009年版)中技术规范的第100章为总则，通常包括工程介绍，工程范围、定义，工程所使用的技术标准、规范和图纸，承包人对工程施工包括临时性工程所应负的责任，为监理工程师提供的设施等。从200章开始为专业技术规范，专业技术规范一般包含下列六个方面的内容：范围、材料、一般规定、施工要求、质量控制、计量与支付。专业的技术规范一般按施工内容和性质分章，以公路工程为例，分为：路基，路面，桥梁、涵洞，隧道，安全设施及预埋管线，绿化及环境保护设施等。

6.投标书及投标担保书格式

招标文件中提供投标书格式的目的，一是为了使各投标单位递送的投标书具有统一的格式，二是提醒各投标单位投标以后需要注意和遵守有关规定。

投标书格式中包括以下几个方面的内容：投标人对招标文件中所列工程的报价；投标人承诺的工程开工及竣工时间；投标人对投标书附录和投标有效期的承诺；投标人对投标书及中标通知书在正式合同签订之前视同对业主和投标人双方具有约束力的合同的承诺；投标人理解业主无义务必须接受最低标价的投标书或其他任何投标书等内容。

投标书附录列明投标人承诺如果中标后应承担或认可的某些重要义务：如履约保证金的数额；第三方保险最低限额；工期；误期赔偿费及限额；缺陷责任期；动员预付款金额；中期支付的最低限额；出具付款证书以后的付款时间；保留金限额等。如果不设投标书附录，则这些内容应分别在合同条款或投标书中写明。

投标文件还规定投标人应随同投标书递交投标保证金，投标保证金金额应按投标须知规定执行。投标保证金除可用现金、支票等提交外，也可以按招标文件中给定的格式(如银行保函或担保书)由投标人选择。如果投标人在投标有效期内违反招标文件有关规定，则将没收投标保证金。因此，开标后需检查是否已按规定递交了投标保证金；如没有递交，则按废标论处。

在招标文件中还应有授权书格式。授权书格式是供投标人按给定的格式，对授权在投标书和所有投标文件中规定处签字的代表，其法人地位的书面认证。在投标文件中未提交授权书则投标文件无效。

7.工程量清单

工程量清单是一份与技术规范相对应的文件。技术规范规定了各工程细目的质量要求及计量支付办法，而工程量清单则详细说明了每一工程细目可能要发生的工程数量。工程量清单的用途之一是为投标人报价用，投标人根据合同条款、图纸、技术规范以及拟定的施工方案，根据本企业以往的经验或通过单价分析，对清单中各项进行报价，以逐项汇总为各章和整个工程的投标报价。用途之二是在合同执行过程中进行中期支付和结算时，可按已实施项目的工程数量、工程量清单中的单价来计算应付给承包人的款项。工程量清单按内容不同可分为以下三部分。

(1)开办项目的分项清单表

开办项目是工程开工前要发生或一开工就要发生或大部分发生的项目，如工程保险、承包商的临时设施费、施工队伍调遣费、临时工程费等。在工程量清单及技术规范中，这些项目单独列项，放在工程量清单第100章总则中，其特点是有关款项包干支付，按总额结算。

(2)永久工程项目的分项清单表

永久工程包括路基，路面，桥梁、涵洞，隧道，安全设施及预埋管线，绿化及环境保护设施等。其工程量是根据设计图纸中的工程数量并按技术规范中的计量细则的规定处理后确定的。该工程量是估计数量，实际的工程量要通过工程计量来确定。

(3)计日工

计日工也称“散工”或“按量计工”。在招标文件中一般列有计日工劳务、计日工材料和计日工机械设备三种计日工表。计日工清单是用来处理一些临时性的或新增加项目(小到可以用计日工的形式来计价的项目)计价用的，清单中计日工的数量是业主虚拟的，通常称为“名义工程量”，投标者在填入计日工单价后，再乘以“名义工程量”，然后将汇总的计日工总价加入投标总报价中，以避免承包商投标时计日工的单价报得太高。若招标文件中缺少计日工的工程量清单，将会使合同管理很不方便。有些项目计日工清单的单价中规定不含管理费及利润而另按一定费率计算。

除以上三种形式的工程量清单表以外，还有工程量清单汇总表，即将工程量清单中的各章进行汇总而成为投标报价汇总表；并在汇总表中计入计日工和暂列金额而构成承包人的报价。该报价与投标书中所填写的投标价应当一致。此外，在工程量清单中还列有材料、工程设备、专业工程暂估价表，并应在投标报价汇总表中标明总额。

8.辅助资料表

专用合同条款数据表(又称辅助资料表、投标书附表)，是招标文件的一个组成部分，它是一份格式文件，通过投标人填写的辅助资料表，发包人可得到所需要的较为全面的信息。通过这些信息既可以了解投标人的各种安排和要求，便于在评标时进行比较，又可以在工程实施过程中安排资金计划，进行价格调整和进度控制等。辅助资料表的内容随工程实际情况和招标形式不同而不同，常用的辅助资料表有：外汇需求表、合同支付量估算表、合同价格调整的基本价格表或合同价格调整公式的指数表、承包人主要施工机械设备表、主要人员简历表、分包人表、施工借用土地需求表等。

9.图纸及勘察资料

图纸是招标文件和合同的重要组成部分，是投标人在拟定施工组织方案，确定施工方法及提出替代方案，计算投标报价必不可少的资料。图纸的详细程度取决于设计深度和合同类型。

勘察资料是一份说明本项目(合同段)范围内的地形、地貌、地质、水文、气象、沿线的交通运输及筑路材料分布情况的文件。由于勘察资料中的数据及信息对承包商的施工成本有重大影响，因此，勘察资料要有较高的准确性。没有勘察资料或勘察资料不准确会给承包商的投标报价带来很大困难和影响，项目管理中也容易带来许多施工索赔。因此，在编制招标文件时，应在原有的勘察、设计资料的基础上，整理出一份满足招标工作要求的勘察资料。公路工程国际招标中，勘察资料仅是一份参考资料，而国内招标中，勘察资料与设计图纸一样都是合同的组成部分，业主必须对勘察资料的准确性负责。勘察资料的格式可参考《公路工程国内招标文件范本》。

(二)招标文件与造价的关系

招标文件与造价的关系见表6-1-1。

招标文件与造价的关系 表6-1-1

招标文件的内容		招标文件与造价的关系
投标须知	投标人能享受一定幅度的价格优惠条件	对世界银行贷款项目土建工程国际竞争性招标,世界银行采购指南规定,在比较已经通过资格审查的借款国的土建工程承包商和外国承包商的投标时,世界银行作为一个开发性的国际金融机构,一个重要的宗旨是帮助发展中国家发展本国的制造业,对于人均国民生产总值低于规定水平的借款国承包商可给予7.5%幅度的价格优惠,享受价格优惠的承包人合格条件标准将在投标须知中写明。我国目前人均国民生产总值低于规定水平,因此,我国的承包商可享受价格优惠。其具体做法是,在计算评标价格时,在国外承包商的投标报价上加上7.5%的幅度,再同国内承包商的价格比较。此种价格优惠虽然对实际签订的合同价格没有任何影响,对中、外企业的投标价也没有任何变动,但在计算评标价时有效,有利于我国投标人中标,因此中、外企业的投标人在确定投标价时必然会考虑到这一因素
	投标费用	投标费用包括招标文件购买费、投标人员差旅费、投标文件编制费等。招标文件购买费在投标邀请书中已写明。投标人员差旅费包括到工程现场对周围环境进行现场考察,参加标前会议,去有关厂家和设备材料供应部门调查研究,递交投标文件及参加开标和澄清会等的费用。投标文件编制费包括组织各方面的技术人员编制投标文件和聘请咨询、顾问人员的费用,投标文件的打印、装订成册费用等。参加国际招标还有翻译费用。投标费用一般规定由投标人自己承担,也有的招标文件规定给不中标的投标人以一定补偿费。不管怎样,投标费用是会考虑到报价中去的
	投标保证金和投标有效期	投标须知中规定了投标保证金金额和投标有效期。投标保证金可以用现款、保兑支票、银行汇票、政府发行的国库券、银行保函等。投标人一般都不愿意用现款做抵押,而宁愿委托银行开保函。银行开保函是有条件的,一是投标人在该银行有一定存款和信誉,二是要交一定的手续费。银行开保函的手续费和担保金额与担保时间有关,投标保证金、银行保函的有效期为投标有效期加上给予中标人提供履约保证金和签订合同的时间,一般为投标有效期后30d内有效。投标人也会将银行手续费等考虑在报价中
	预付款的比例和年贴现率	在投标须知中写明业主将向承包人提供一笔无息预付款,用于工程的动员费用,叫做动员预付款。动员预付款是用改善投标人的营运资金的方法降低投标报价。动员预付款的比例为合同价格的百分数,在投标须知中有两种处理方式,一是由投标人在规定范围内选择比例进行报价,世界银行对于土建工程规定为5%~20%,由投标人选定在此范围内的一个数值,在评标时按投标须知规定的年贴现率贴现为现值,加到各个投标人的标价上去,作为评标价的比较之用。二是投标须知中规定了一个固定的百分比,则评标时不作考虑。但无论投标须知中采用哪一种方法,作为投标人来讲,要考虑到自己营运资金的投入多少和利息,对报价都是有影响的。作为第一种方法,投标人要考虑到评标价怎样才是最低,是选择动员预付款比例大些和报价低些,还是动员预付款比例小些和报价高些,要反复推敲。作为第二种方法虽动员预付款比例一定,但投标人要根据这一固定的比例再计算自己需投入的营运资金和利息,所以对报价还是有影响的
	工期的限定范围与提前完工的效益	投标须知中规定了工期的限定范围和提前完工的效益。要提前完工,承包人一般要多投入施工资源,可能会增加费用,但早完工可给业主带来超前收益,因此在投标须知中规定了提前完工的效益,通常规定为每月或每天效益占投标价的百分比,评标时将每个投标人不同的提前完工的效益贴现为现值,计算到评标价中去,投标人就必须考虑是增加造价好还是缩短工期好,应权衡利弊,两者取一最佳的数字,使评标价最低
	技术性选择方案	在投标须知中应告知投标人,业主有无技术性选择方案的邀请和投标人主动提出的技术性选择方案是否考虑。如业主对技术性选择方案是考虑的,而且规定只有符合基本技术要求且评估价最低的投标人,其所提交的选择方案才会被考虑,则投标人需考虑有没有选择方案,其报价和招标文件中的技术方案比较是高还是低
	其他附加的评标准则	投标须知应将有关投标文件的编制与投交、开标、评标直至签订合同的信息全部给出,因此,除将常规的需要考虑的评标准则在投标须知中分条款列出外,如有附加的评标准则,如施工借地的数量和其他优惠条件等,也应在这里列出。投标人应考虑据此对报价的影响

续上表

招标文件的内容		招标文件与造价的关系
合同条款	履行保证金和有效期	承包人为履行合同须向业主提供履约保证金，履约保证金金额在《公路工程施工招标投标管理办法》中规定为合同总价的5%～10%，一般均用银行保函，开保函牵涉到保函的有效期和银行收取的手续费，这些必然要反映到报价中去
	保险	保险条款是施工合同条款中必不可少的内容，对工程一切险和第三者责任险是否要承包人以承包人和业主的共同名义进行保险，需要明确，要保险势必要支付保险费。保险费按不同项目的危险程度、地理位置、工地环境、工期长短和免赔额高低等因素确定。除以上两项外，承包人自己的设备、人员等是否要保险，也是承包人要考虑的内容
	税收	合同价中是否包括税金，各地的做法不尽相同。有的条款规定承包人为建设承包工程需要运往施工现场的设备和材料的关税、增值税，承包人的营业税等，均由业主负担或予免收。有的条款规定一切税收均由承包人照章缴纳。也有的条款规定哪些是业主负担或免收，哪些是承包人负担
	业主能为承包人提供的施工条件	施工现场的征地、拆迁和水、电、通信等设施业主提供到什么程度，施工现场征地拆迁工作什么时间完成，场地平整谁负责，电力线路业主负责到变压器装好还是什么都不管，自来水管和电信线路业主提供到什么地方，施工用道路怎么办，这些与报价均有直接关系
	业主可能提供的材料和设备	为完成合同工程所需的器具和材料，若采用“包工包料方式”，一般应该由承包人负责采购、运输、验收、保管，但由于目前的物资管理体制，工程建设所需材料、设备的采购供应可以有几种办法，因而必须在合同条款中予以明确。如果一部分的材料和设备由业主采购供应，则应明确所供应材料、设备的具体规格和品种，是供应到工地现场还是承包人去提货；若承包人去提货，则提货地点在哪里，交接和验收办法如何；价款的结算办法怎样，均应在合同条款中写明
	支付条款	合同条款中规定的支付条款应该合情合理，并且符合有关的商业惯例，一旦承包人履行了合同规定的义务，即应该支付其全部款项，这样的支付条款将会促使潜在的投标人提出较低的报价。支付条款对报价影响较大，支付条款主要包括动员预付款、材料和设备预付款、保留金、暂定金、中期支付等支付条款
	其他条款	除了以上这些内容外，诸如检验费用由谁负担、工期和缺陷责任期的长短等也都影响到报价
技术规范	工程量的计量	技术规范中计量与支付是非常重要的，可以说没有计量与支付的规定，承包商就无法进行投标报价，施工中也无法进行计量与支付工作。计量与支付的规定不同，承包商的报价也会不同。计量与支付的规定中包括计量项目、计量单位、计量项目中的工作内容、计量方法以及支付规定
	税金和保险	按招标文件技术规范的要求，凡需单独计量支付的项目，必须在技术规范中有计量支付项目，对有些税金和保险一时难以确定而需要单独计量时，就应在总则中有所体现。以税金来讲，大的方面有营业税和随营业税一起征收的城市建设维护税及教育费附加，有进口材料的关税和增值税，还有印花税等。营业税等三项税金和关税需和合同条款对应，如业主一下子定不下来是否能减免，则应在总则中列一个项目，让承包人报个价，并讲明凭单据按实结算，至于印花税等是固定的，应该分摊在管理费中，不必单独列项。对于保险也一样，如建筑工程一切险和第三者险，是否要单独列，应由业主决定并在技术规范中写明，如要列项，应凭单据按实结算为好。至于承包人的财产和人身安全等的保险，由承包人自己决定是否保险，发生时同样应摊入管理费中
	工程管理	恢复定线测量和测量标记的保护，在大型工程项目中需要专门组织人员和配备仪器，竣工文件包括图表应做到什么程度，需要交给业主一式几份，都应有所规定，并专门列项，便于投标人报价
	临时工程和设施	临时工程和设施是指为保证永久性工程的顺利施工所必需的各项工程和设施，诸如便道、便桥、码头、堆场、供电、供水、电信、环境保护工程等。投标人根据规范总则中的基本要求和施工组织方案安排，列出工程细目，进行分项计算，以总额报价

续上表

招标文件的内容		招标文件与造价的关系
技术规范	承包人驻地建设	承包人驻地建设如属于承包人为进行建筑安装工程施工所必须的生活和生产用的临时建筑物、构筑物和其他临时设施等临时设施费，应包括在报价工程单价内，如国际招标工程承包人(主要是外商)驻地建设费中需修建某些永久性房屋，则可在总则中单列项目计列，这些情况都应在招标文件技术规范总则中阐明，避免在标底和报价编制中产生重复计算
	为监理工程师提供的设施	监理工程师的办公、生活、交通等服务设施是承包人提供，还是业主负责办理或监理工程师自理，在合同条款中应该明确。如由承包人提供，则在技术规范的总则中应详细列明提供到什么程度，有多少监理人员，办公和生活用房面积和标准，配备的仪器、家具、车辆等的数量和规格，服务的时间长短等，承包人才能按此报价，并说明工程竣工后的处理措施
	专业工程的各项质量和验收要求	对于各专业工程来说，当然质量要求越高，其成品(指建成后的工程如路基、路面)质量也会越好，但往往质量高与造价低难以统一，这就有个适度的问题。作为业主，其技术规范订得恰如其分，就可既达到标准，又省钱，而承包人只有对规范有充分的了解，才能正确报价

第二节　公路工程施工招标标底的编制

一、标底的性质和作用

标底是建筑产品在建设市场交易中的一种预期价格。标底的编制过程是对招标项目所需工程费用的自我测算过程。通过标底编制可以促使业主事先加强工程项目的成本调查和成本预测，做到各项费用心中有数，为搞好评标工作进而搞好施工过程的投资控制工作打好基础。标底的作用主要有以下三个方面：标底是评标中衡量投标报价是否合理的尺度，是确定投标单位能否中标的重要依据；标底是招标中防止盲目报价、抑制低价抢标现象的重要手段；标底是控制投资额，核实建设规模的文件。

二、标底的编制原则

在编制标底的过程中，应注意以下原则和要求：

(1)标底的价格应反映建筑产品的价值，即在标底编制过程中，应遵循价值规律；

(2)标底的价格应反映建筑市场的供求状况对建筑产品价格的影响，即服从供求规律；

(3)标底的价格应反映出一种平均先进的社会生产力水平，以达到通过招标，促使社会劳动生产力水平提高的目的。

三、标底编制的依据

标底编制的依据主要有以下六个方面。

1.招标文件

标底作为衡量和评审投标价的尺度，则必须同投标人一样，要将招标文件作为编制标底必须遵守的主要依据。另外，对于招标期间业主发出的修改书和标前会的问题解答，凡与标底编制有关的方面，也必须同投标人一样，要在标底编制时考虑进去，修改书和问题解答是招标文件的一部分，同样是标底编制的依据。

2. 概算预算定额

概算预算定额是国家各专业部或各地区根据专业和地区的特点，对本专业或本地区的建筑安装工程按照合理的施工组织和一般正常的施工条件编制的专业或地区的统一定额，是一种具有法定性的指标。标底要起到控制投资额和作为招标工程的预期价格，就应该按颁布的现行概算预算定额来编制。标底和投标报价编制的不同点之一，就是投标人可根据自己的技术措施、管理水平、企业定额或以往的工作经验来编制报价书，而不受国家规定计价依据的约束，而标底则必须根据国家规定的计价依据编制。

3. 费用定额

费用定额也是编制标底的依据。费用定额与编制标底有关的取费标准是其他工程费、间接费、利润、税金、施工图预算包干费等。编制标底时，费用定额的项目和费率的取定可根据招标工程的工程规模、招标方式、招标文件的有关规定以及参加投标的各施工企业的情况而定，但其基本费率的取费依据是费用定额。

4. 工、料、机价格

工、料、机价格是计算直接工程费的主要依据。人工工资应按国家规定的计价依据和当地规定的有关工资标准计算；材料应按编制概算预算时材料预算价格调查的原则进行实地调查和计算，特别要核实路基土石方的取土坑、废土堆场和运输条件，砂、石料的料场的位置、储量、开采量、质量、运输条件和料场价格，当地电力、汽油、柴油、煤等的价格；机械价格应按交通部颁布的《机械台班费用定额》确定。

5. 初步设计文件或施工图设计文件

经上级主管部门或有关方面审查批准的初步设计和概算文件或施工图设计和预算文件，也是标底编制的主要依据。标底不能超过批准的投资额。

6. 施工组织方案

有了施工组织方案或施工组织设计，才能编好标底。标底的许多方面都与施工组织方案有关，如临时工程的数量，路基、路面采用的施工机械，钻孔桩的钻机型号，架梁方案等。

四、标底编制的程序

标底的编制方法与程序基本上和概算预算相同，但它比概算预算的要求更为具体和确切，因此更应结合招标工程的实际情况进行编制。

(一)标底和概算预算的主要区别

标底的编制原则决定了标底不同于工程的概算预算，同时，标底的编制又离不开工程的概算预算。一方面，国家规定，标底必须控制在批准的概算或投资包干的限额之内。如标底突破批准的概算，必须先经原概算批准机关批准。另一方面，由于技术、经验和所掌握的资料的限制，标底编制单位不得不以概算预算定额及概算预算编制办法为基础来进行预测，并以此作为标底编制的依据。

标底和概算预算的主要区别在于：

(1)标底要按工程量清单的项目和数量进行编制；概算预算则按定额项目和以图纸计算的工程数量套用相应定额进行编制。

(2)标底可根据现场具体情况，考虑必要的工程特殊措施费，如边通车边施工路段具体的维持通车的措施费；概算预算除计算行车干扰工程施工增加费外，一般不能再计其他费用。

(3)标底可根据具体工程和不同的承包方式考虑不同的包干系数；概算预算则按规定预备

费率计算。

(4)标底中的其他工程费、间接费、利润、税金的费率应根据招标工程的规模、地区条件、招标方式和投标单位的实际情况取定;概算预算则按费用定额规定编制。

(5)标底只计算工程量清单的费用(主要是建筑安装工程费用);概算预算则是计算建设项目全部投资的预计数额,除工程施工费外,还包括设备购置、征地拆迁、勘察设计、贷款利息和建设项目管理费等其他费用。

(6)标底应根据具体工期要求和施工组织计划编制;概算预算则难以考虑工期等具体情况。

(二)标底编制的程序和方法

1.准备工作

(1)熟悉招标图纸和说明

标底编制前,应仔细阅读招标图纸和说明,如发现图纸、说明和技术规范有矛盾或不符、不够明确的地方,应要求招标文件编制单位给予交底或澄清。

(2)熟悉招标文件内容

对投标须知、合同条款、工程量清单和辅助资料表中与报价有关的内容要搞清楚,对业主"三通一平"的提供程度、价格调整的有关规定、预付款额度、工程质量和工期要求等都要明确。

(3)考察工程现场

对工程施工现场条件和周围环境进行实地考察,以作为考虑施工方案、工程特殊技术措施费和临时工程设置等的依据。

(4)进行材料价格调查

掌握当地材料、设备的实际市场价格,砂、石等地方材料的料场价、运距、运费和料源等也要调查收集。

2.工程量计算

(1)复核工程量清单

招标文件工程量清单中的工程量是投标人投标报价的统一依据,也是标底编制的依据。因此首先要弄清楚工程量清单中工程数量的范围,应根据图纸和技术规范中计量支付的规定计算复核工程数量。如和清单工程量有出入,必须搞清楚出入的原因。

(2)按定额计算工程量

工程量清单复核无误后,接着应以工程量清单的每一个细目作为一个项目,根据图纸和施工组织方案,考虑其由几个定额子目组成,并计算这几个定额项目的工程量。如工程量清单的一个细目是"直径1.2m水中钻孔灌注桩",技术规范计量与支付中规定,除钢筋在钢筋一节中另行计量外,它包括了灌注桩成桩的所有工作,一般可由以下定额项目组成:不同土质的钻孔长度;护筒埋设;水中钻孔平台;灌注混凝土;船上拌和台和泥浆船摊销;船上拌和混凝土等。有定额可套的临时工程如便道、便桥等的工程数量也应按施工方案予以计算确定。

3.确定工、料、机单价

根据准备工作中收集到的资料,计算和确定人工、材料、机械台班单价。

4.计算综合费率

综合费率由其他工程费、间接费、利润、税金等组成,要根据招标文件中有关条款和概算预算编制办法的有关规定确定各项费率。

5.计算工程项目总金额

按概算预算编制办法计算各项工程项目的总金额，也就是编制一个概算预算。

6. 编制标底单价

即根据工程量清单各工程细目所包含的工作内容及相应的计量与支付办法，在概算预算工作的基础上，对概算预算08表中的分项工程进行适当合并、分解或用其他技术处理，然后按综合费率再增加税金、包干费等项目后确定出各工程细目的标底单价。也可直接利用标底03表，在增加包干费等项目后算出每项的合计金额除以该项工程量则得出单价。

7. 计算标底总金额

按工程量清单计算各章金额，其中第100章总则中的保险费、临时工程费、监理工程师设施等按实际计算列入，其余各章按工程量清单中的数量乘以计算得出的单价计算，然后计算工程量清单汇总表，得出标底总金额。

8. 编写标底说明

计算出标底总金额后，应写出标底编制说明。编制说明的内容与概算预算编制说明差不多，主要涉及编制依据、费率取定、问题说明等有关内容。最后将编制说明、标价的工程量清单、人工和主要材料数量汇总表等合在一起，就成了一份完整的标底文件。

第二章　公路工程施工投标报价与合同价

第一节　公路工程施工投标

一、施工投标的程序

施工投标程序如图 6-2-1 所示。

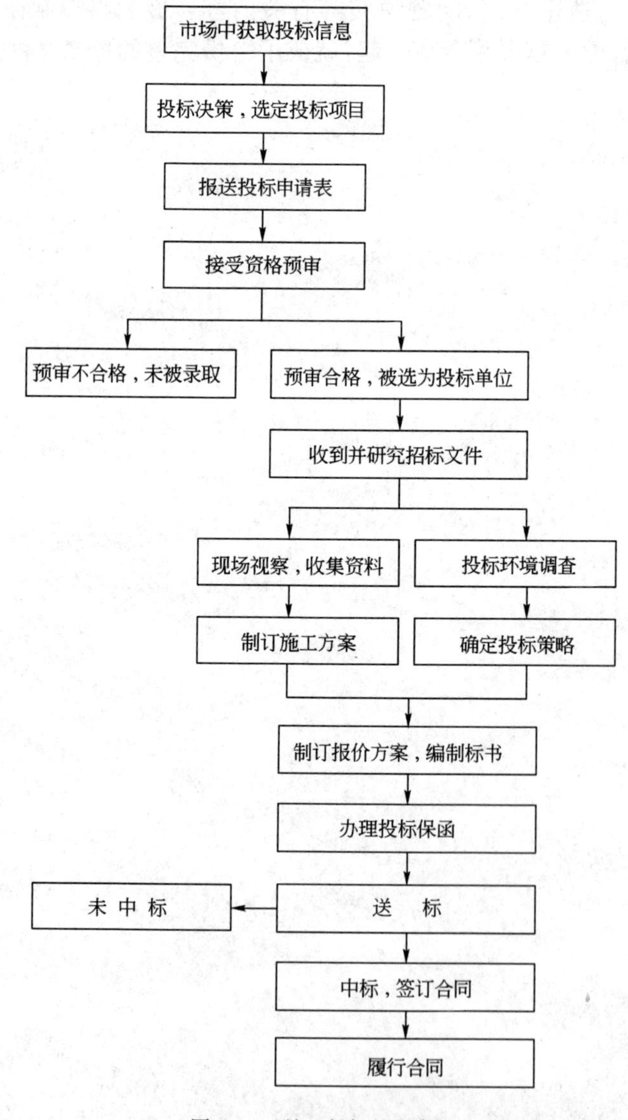

图 6-2-1　施工投标的程序

二、投标机构及其职责

施工企业为了在投标竞争中获胜，应设置专门投标机构，配备专职人员。投标机构的任务是：经常掌握公路工程项目的市场信息和动态，搜集招标的有关情报；对招标项目进行分析，研究有无参加价值；定期收集招标地区颁发的建筑材料价格；研究投标策略和报价编制策略；认真分析历次投标中失败的教训和经验，为今后投标打下基础。

投标机构通常由下列人员组成：

(1)经理或业务副经理作为投标负责人和决策人，其职责是决定最终是否参加投标及确定投标报价金额。

(2)总工程师或主任工程师，其职责是决定施工组织设计方案、技术措施及技术问题。

(3)公路工程造价工程师，负责编制计划及投标报价工作。

(4)机械管理部门工程师，负责根据本投标项目工程特点选型配套供应本项目施工设备。

(5)材料部门人员，了解、提供当地材料供应及运输能力情况；财务部门人员，提供企业工资、管理费、利润等有关成本资料；生产技术部门人员，负责安排施工作业计划等。

三、投标决策

施工投标是施工企业为争取获得承包工程的竞争活动，是企业在公路建设市场竞争中承接任务的一种经营手段。但不是每标必投，必须根据市场行情和企业自身的实际情况进行决策。投标决策主要应针对具体项目，分析、研究，做出是否投标的决定。而掌握信息和分析信息是决策的基础。

(一)信息的收集

信息在整个投标活动中占有举足轻重的地位，谁最先掌握全面准确的信息，谁就掌握了投标的主动权。投标信息内容包括来自企业内外的与投标有关的一切经济、技术和社会方面等信息，有条件的施工企业，应组织好信息网，通过各种渠道搜集有关项目信息及招标资料，为选择项目、决策投标提供可靠的依据。

1.对信息的要求

对于信息的要求，可以归纳为“快、全、准、用”四个字来表示。快，即迅速及时；全，即全面系统；准，即准确可靠；用，即便于利用。

2.需要收集和掌握的信息内容

(1)当地建筑市场信息及投标建设项目的工程情况，如项目规模、资金来源、招标单位、名称、招标时间、项目是否列入国家计划等市场信息。

(2)当地的法律、法规、风俗习惯。

(3)当地劳动力、建筑材料和机械设备的供应情况和价格信息。

(4)材料与施工技术发展动态。如招标项目有无新结构、新技术、新材料，需要采购的新设备和新工艺等情况。

(5)招标单位的倾向性和困难。如招标单位倾向让哪个或哪类层次施工单位来承包工程，招标单位有投资不足、材料供应困难等。

(6)各竞争对手的基本情况。有多少单位参加投标，每个标段各有几个单位投标，他们的名称、资质、技术水平高低、装备能力、管理水平、队伍作风、是否急于想中标、投标报价动向、与业主之间的人际关系等。

(7)设计及其他协作单位的情况。

(8)类似工程的施工方案、报价、工期等。本企业有否承担过类似的工程，其报价、施工方案、施工工期等情况。

(9)本企业内部今年和明年任务是否饱满，有否力量投入新的投标项目。

(10)本企业欲完成本项目投标工程和同类已完工程的技术经济指标。如形象进度，成本降低率、单位面积人工、材料耗用定额和造价、劳动定额执行情况等。

(11)企业为本投标项目购置新设备、采用新技术的可能性。

(二)投标决策—选择投标项目应考虑的因素

正确地选择投标项目，是企业的经营决策大事，直接影响到中标后企业的利益、生存和发展。选择投标项目时应考虑的因素大致有如下几个方面。

(1)项目的可行性与可能性。选择的投标项目是否可取，首先要从本企业的实际情况出发，实事求是，量力而行，而不是中标项目越多越好，应以保证均衡施工和连续施工为前提，防止铺摊太多，不能确保重点；同时，根据本企业的施工力量、机械设备、技术力量、施工经验等方面的条件，考虑招标项目是否有一定的利润，本企业能否保证工期和质量要求。其次要着重考虑能否发挥本企业的特点和特长、技术优势和装备优势，做到扬长避短，选择适合于发挥本企业优势的项目，避开本企业缺乏经验的项目。再次，要根据竞争对手的技术经济情报和市场投标报价动向，考虑这个项目是否有一定竞争取胜的把握和机会。反之，不宜进行勉强投标，更不宜陪标，以免有损于本企业的声誉，因而影响未来的投标机会。

(2)项目的可靠性。首先是充分了解建设项目是否已经正式批准，资金来源是否可靠，主要材料和设备供应是否落实，设计文件完成的情况等；其次是认真研究业主的资信条件及合同条件有无重大风险性等，以避免参加不可靠的项目竞争，造成不应有的损失。

(3)利润的测算。承包企业在确定投标前，除必须弄清招标文件内容和要求外，尚须研究项目中标后可能获得的利润程度，通过工程技术和经济效益的分析，测算出工程中标后可能获得的利润金额。

(4)本企业的近期利润目标和远期利润目标。施工企业要建立起本企业的目标管理标准，制定出本企业的近期利润目标和远期利润目标，才能明确投标竞争的战略战术。不同时期，不同的竞争环境，企业可以有不同的近期和远期利润目标。因而在面临许多招标项目时，就可以很容易作出选择哪一项目可以参加投标的决策。

(5)本企业工人和技术人员的操作水平能否达到招标项目的要求。

(6)本企业投入招标项目所需机械设备的可能性。

(7)有否项目要求的施工设计能力(有些工程要搞施工设计)。

(8)是否具有同类型工程的施工经验和管理经验。

(9)战胜竞争对手的可能性。

(10)是否有足够的资金为本工程新购器材、设备，新购器材、设备的交货时间是否满足项目的要求。

(11)中标承包后对本企业在该地区的影响。

(12)流动资金周转的可能性。

(三)应放弃的投标项目

一般情况下，下列招标项目应该放弃：

(1)本企业主营和兼营能力之外的项目。

(2)工程规模、技术要求远远超过本企业所能完成的规模等级和技术能力的项目。

(3)本企业的等级、信誉、能力、经验等明显不如竞争对手的项目。

(4)建设单位的工作态度不利于本企业承包的项目。

(5)本企业生产任务饱满,而招标项目的工程量不大,可能获得的盈利水平不高,并且风险较大的项目。

(6)建设单位在资金和主要材料方面不落实;而本企业又无资金和材料垫支的项目。

对于以上项目,了解清楚后应予放弃。

在确定投标项目后,即可按要求参加投标单位的资格预审,取得投标资格。

第二节 公路工程施工投标报价

一、施工预算

(一)施工预算的概念

施工预算是施工企业在单位工程开工之前,根据施工图纸、施工定额、单位工程施工组织设计、降低工程成本的技术组织措施,并结合施工现场的实际情况,在施工图预算的控制下,以单位工程为对象而编制的经济文件。

(二)施工预算的作用

(1)是搞好施工作业计划管理的重要依据。施工作业计划是施工队搞好施工管理的基础和中心环节。施工预算可为作业计划的编制提供分层、分段或分部、分项的工程量及工、料、机的用量等。

(2)是施工队向生产班组下达工程任务单和限额领料单的依据。

工程任务单是将施工计划项目具体分配到各个队组的文件,同时,也是记录班组完成任务情况、结算工资、考核工程质量、检查材料消耗指标等的依据。

(3)可作为"两算"对比、控制工程成本、开展经济活动分析的依据。

施工预算的编制是在施工图预算的费用水平内进行精打细算的,从而使工、料、机的需用量比施工图预算有所下降。

"两算"对比就是以施工预算的直接费与施工图预算的直接费相对比,从而可以看出施工预算的节余。同时,要注意检查施工图预算中是否有漏项、少算、单价不符的情况。

(4)是推行奖励制度的依据。施工预算中某些工程所需的工、料、机的用量,是按施工定额计算的,如有节余是生产班组计算奖励的依据。

(5)能起到降低成本措施实施的作用。预算人员在编制施工预算时,一般都把降低成本措施的因素考虑在内,因此,施工管理部门只要严格按施工预算规定控制使用工、料、机的用量,就能保证降低成本措施得以实施。

(三)施工预算的主要内容

施工预算的主要内容包括:编制说明,工程量,施工中消耗的人工、材料和机械台班数量及费用,预制构件和配件,施工预算与施工图预算对比等。

施工预算文件由编制说明和表格两部分组成。

1.编制说明

编制说明的内容，是用简明的文字说明工程的基本情况，包括：工程的性质，建造地点，施工期，编制依据及其提出的建议和意见，施工技术措施，机械施工方案，地基的处理及土方调配方案，新材料或新技术的采用，质量和安全的规定，降低工程成本的技术组织措施，施工中存在或可能发生的问题及处理方法等。

2.施工预算的主要内容

施工预算的主要内容，基本都是用表格形式表示的，一般采用的表格有以下几种：

(1)施工预算工程量计算表；

(2)施工预算工程量汇总表；

(3)施工预算工料机分析表；

(4)机械费用表；

(5)施工预算工料和机械费用汇总表；

(6)施工预算钢筋明细表；

(7)周转材料需用量表；

(8)预制钢筋混凝土构件加工表；

(9)其他构件加工表；

(10)运量与运输表；

(11)施工预算表；

(12)“两算”对比分析表。

以上各种表格现在还没有统一的标准形式，本书所提供的施工预算表格仅供参考。

(四)施工预算的编制

1.施工预算的编制依据

施工预算编制依据的完整、准确是编好施工预算的前提条件。编制施工预算的主要编制依据有如下内容。

(1)施工图纸、设计说明及有关资料

工程的施工图纸、设计说明书、设计资料及图纸会审纪要，表明了工程的结构形式及其详细尺寸，为编制施工预算，计算工程量和填写构、配件加工表等提供必需的数据。它们是编制施工预算的必备资料和主要依据。

(2)施工组织设计

在单位工程的施工组织设计及其分部(分项)工程的施工过程设计中，确定了施工方法、选用机械的种类和型号，确定施工进度计划和现场平面布置等。这些资料为编制施工预算、计算工程量、选套施工定额、分析工料数量和计算费用，提供不可缺少的数据和选套依据。

(3)施工定额和补充定额

各施工企业应根据其技术和管理水平及施工经验，编制企业内部自用的施工定额，用来编制施工预算。若某些施工企业还没有自己的施工定额，可参考原交通部、省、市、自治区编制的全国和地区的公路工程施工定额或补充定额，作为计算工程量、费用和工料分析的依据。

(4)施工图预算

施工图预算中的人工、材料和机械台班消耗的数量及其费用是施工预算中相应项目的最高限额。施工图预算确定的预算成本与施工预算确定的计划成本的差额，直接反映出施工企业在该工程上的计划成本降低额。另外，施工图预算中的某些数据，可供编制施工预算选用，不必另行计算。因此，施工图预算是编制施工预算的控制依据。

(5)施工现场勘察和测量资料

施工现场勘察和测量资料是确定土方工程及其运输的工程量、地基处理方案及工程量的重要依据。当根据现场实测得到的数量与预算工程量有差别时，施工预算应以前者为准。

(6)其他有关规定

各地区的主管部门，结合当地情况和施工企业遇到的问题，不断做出新的规定，这些规定是编制施工预算必须贯彻和执行的依据。

(7)建筑材料手册和预算工作手册

在编制施工预算中，各种建筑材料手册和预算工作手册，可以提供各种材料规格、配合比、损耗率、价格以及计算工程量的简便方法和常用数据等。它们是迅速和准确地编制施工预算的有利条件。

2.施工预算的编制程序

施工预算的编制程序如图 6-2-2 所示。

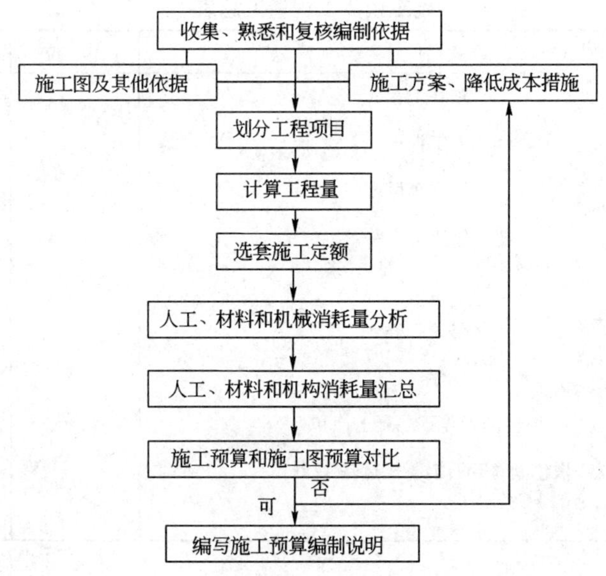

图 6-2-2　施工预算的编制程序

3.施工预算的编制步骤和方法

根据施工预算的内容及其相互关系，编制施工预算，通常可按以下步骤进行。

(1)收集、熟悉和复核编制依据

这是准确快速编制施工预算的前提。首先，编制者要收集完整的编制依据；其次，在熟悉这些编制依据的同时，检查其是否齐全，内容有无错误，从而对全部编制工作做到心中有数。

(2)划分工程项目，计算工程数量

根据拟建工程的设计内容和施工组织设计中规定的各项工程的施工方案，将其整个施工过程划分为若干个符合施工定额要求的项目，并且按照施工顺序或定额手册的顺序依次填在工程量计算表中并计算工程量。工程量计算表见表 6-2-1。

工 程 量 计 算 表　　表 6-2-1

工程名称：××公路

序　号	分项工程名称	说　明	计 算 式	单　位	数　量

注意：①施工预算划分的工程项目与施工图预算划分的工程项目大部分相同，但也有不同之处，有些项目施工预算划分得更细一些。凡是两者划分相同的工程项目，在编制施工预算时，则可以直接引用。

②有的同一工种工程，在施工预算和施工图预算中，其项目的划分方法和计算基础都不同，导致工程项目的名称和数目也不同。

③划分工程项目要完全符合工程设计和施工情况，不能出现重划、漏划和错划的工程项目。

(3)工程量汇总

按划分的工程项目，根据施工图纸、施工方案和施工定额中计算工程量的规则，进行工程量计算和工程量汇总工作，见表 6-2-2。工程量是编制施工预算的重要基本数据，计算完毕，必须经过核对无误，才能进行下步工作。

施工预算工程量汇总表　　表 6-2-2

序　号	项　目	单　位	数　量	定额号
一	路基工程			
1	人工挖土			
2	自卸汽车运土			
3	机械碾压填方路基			
…	…			
二	路面工程			
1	培路肩			
2	黑色沥青碎石混凝土拌和			
3	黑色沥青碎石混凝土运输 12km			
…	…			

(4)选套施工定额

选套施工定额是编制施工预算的一项重要工作。它是按划分的工程项目的名称、结构形式、使用材料和机械等内容，选套施工定额中相应的分部(分项)工程的子项目定额，并将工程项目的名称、工程量单位、数量、选套的定额号、各工程项目定额单位的劳动及机械数量填进相应的栏目。

注意事项如下：

①公路工程施工定额主要列出施工过程劳动和机械台班的消耗量，其材料消耗定额可根据《预算定额》计算。

②确定选套定额的编号时，定额子项目的情况，除了按定额规定可以换算的内容以外，其余的应该与工程项目的完全相同，避免套用定额的错误。对于按规定允许换算的内容，应在有关栏目内填写换算后的定额消耗量。按定额规定应在定额基数上乘以系数的项目，也要在相应栏目内填写乘以系数后的数量。

(5)人工、材料和机械消耗量分析

选套定额后，根据填在施工预算工料机分析表中各工程项目的定额单位人工和各种材料、机械的消耗量和工程量，分别计算其消耗的数量。一般按以下公式计算：

$$\text{工程项目人工(或材料、机械)消耗量} = \text{相应人工(或材料、机械)定额单位消耗量} \times \text{工程量} \quad (6\text{-}2\text{-}1)$$

将式(6-2-1)计算的结果，填入施工预算工料分析表 6-2-3 的有关栏目内。

施工预算工料机分析　　　表 6-2-3

<table>
<tr><th rowspan="3">定额号</th><th rowspan="3">分项工程名称</th><th rowspan="3">单位</th><th rowspan="3">工 程 量</th><th colspan="12">工 料 名 称</th></tr>
<tr><th colspan="2">人工
(工日)</th><th colspan="2">机械工
(工日)</th><th colspan="2">材料</th><th colspan="2">…</th><th colspan="2">机械</th><th colspan="2">…</th></tr>
<tr><th>单位用量</th><th>合计用量</th><th>单位用量</th><th>合计用量</th><th>单位用量</th><th>合计用量</th><th>单位用量</th><th>合计用量</th><th>单位用量</th><th>合计用量</th><th>单位用量</th><th>合计用量</th></tr>
<tr><td></td><td></td><td></td><td></td><td></td><td></td><td></td><td></td><td></td><td></td><td></td><td></td><td></td><td></td><td></td><td></td></tr>
<tr><td></td><td></td><td></td><td></td><td></td><td></td><td></td><td></td><td></td><td></td><td></td><td></td><td></td><td></td><td></td><td></td></tr>
<tr><td></td><td></td><td></td><td></td><td></td><td></td><td></td><td></td><td></td><td></td><td></td><td></td><td></td><td></td><td></td><td></td></tr>
<tr><td></td><td></td><td></td><td></td><td></td><td></td><td></td><td></td><td></td><td></td><td></td><td></td><td></td><td></td><td></td><td></td></tr>
<tr><td></td><td></td><td></td><td></td><td></td><td></td><td></td><td></td><td></td><td></td><td></td><td></td><td></td><td></td><td></td><td></td></tr>
</table>

注意：①如果施工定额中只给出混凝土、砌筑和抹面砂浆用量时，还必须按定额附录中的《混凝土配合比表》、《砂浆配合比表》换算出水泥、砂、石子等材料的用量。一般可按以下公式计算：

$$\text{混凝土中水泥(或砂、石子、水)用量} = \text{混凝土用量} \times \text{水泥(或砂、石子、水)配合比用量} \quad (6\text{-}2\text{-}2)$$

式中，混凝土用量(m^3)按式(6-2-1)计算；水泥、砂、石子、水配合比用量($kg/1m^3$ 混凝土或 $m^3/1m^3$ 混凝土)根据石子粒径和混凝土强度等级，查混凝土配合比表。

$$\text{砂浆中水泥(砂、水)用量} = \text{砂浆用量} \times \text{水泥(或砂、水)配合比用量} \quad (6\text{-}2\text{-}3)$$

式中，砂浆用量(m^3)按式(6-2-1)计算；水泥、砂和水配合比用量($kg/1m^3$ 砂浆或 $m^3/1m^3$ 砂浆)，根据砂浆的用途和种类，查砂浆配合比表。

②在本企业附属加工厂、预制厂加工的成品、半成品的工程项目，需另行工料分析，与现场施工的工程项目的工料区分开，以便于基层施工单位施工管理和经济核算。

③凡是需要在外单位加工厂加工制作成品、半成品的类似上述工程项目，不进行工料分析，只将需要加工的构件填在加工表中，按表中构件的种类、规格和数量委托有关加工厂加工，并计算需要的费用。

(6)人工、材料和机械消耗费用汇总

将各工程项目的人工、材料和机械台班消耗数量，按其相同项目汇总，得出各工程项目的人工、材料和机械台班的消耗总量。然后将各分部工程人工、材料和机械台班，按其相同项目汇总，即是单位工程人工、材料和机械台班消耗量，填入施工预算人工、材料和机械台班费用汇总表，如表 6-2-4 所示。

施工预算人工、材料和机械台班费用汇总表　　　表 6-2-4

序　号	工料机名称	单　位	数　量	单　价(元)	金　额(元)	备　注
一	人工					
1	人工					
2	机械工					
3	人工小计					
二						

续上表

序　号	工料机名称	单　位	数　量	单　价(元)	金　额(元)	备　注
1	材料					
2						
…						
三	机械					
1						
2						
3	合计					
…						

在全国统一的《施工定额》中，没有整理出材料消耗定额。各省、市和企业一般也是这样。在这种情况时，则可以采用《预算定额》中相应项目的材料消耗定额来计算材料消耗量。

施工预算中工程项目的施工机械台班消耗数量和费用计算，可按以下两种情况计算。

第一种情况：

当施工方案规定的施工机械与施工定额中的机械类型和规格相同时，其计算方法如前所述。

$$施工机械台班消耗数量＝定额台班消耗量×工程量 \tag{6-2-4}$$

$$施工机械消耗费用＝施工机械台班消耗数量×台班单价 \tag{6-2-5}$$

式中，定额台班消耗数量取自施工定额，台班单价取《机械台班费用定额》中机械台班费用定额的相应种类、型号和规格的机械台班定额费用。

第二种情况：

当施工方案规定的施工机械与施工定额中的机械种类或规格不同时，可按以下两种方法计算。

①按预算定额计算。施工机械台班消耗数量仍按计算式(6-2-4)计算。但其中的定额台班消耗量已不能再从施工定额中选取，应取《预算定额》中相应工程项目的机械台班消耗量。而施工机械消耗费用仍应按(6-2-5)式计算。

②按施工图预算机械台班消耗费折算。为了计算方便，也可以将施工图预算的机械台班消耗费乘以系数计算施工机械台班消耗费，一般取系数为0.9～0.95。

将以上计算的各分项工程的人工、材料和机械消耗的定额和数量、定额基价和费用汇总填入施工预算表。施工预算表如表6-2-5所示。

施　工　预　算　表

表6-2-5

工程名称：

序号	定额号	分项工程名称	单位	工程量	人工(工日)		机械(元)		材料(元)		预算价值(元)	
					定额	数量	定额	数量	定额	数量	定额	合计
1												
2												
3												
4												
5												
6												

(7)施工预算与施工图预算对比

施工预算与施工图预算对比，主要是将“两算”的主要依据，填入施工预算与施工图预算对比表，见表6-2-6。

施工预算与施工图预算对比表 表6-2-6

序号	项　目	单　位	施工图预算			施工预算			数 量 差			金 额 差		
			数量	单价	合计	数量	单价	合计	节约	超支	%	节约	超支	%
一	直接费	元												
	其中													
	人工	工日												
	材料	元												
	机械	元												
二	分部工程													
1	路基工程	元												
2	路面工程	元												
3	涵洞工程	元												
	…													
三	单项													
1	钢材	t												
2	水泥	t												
3	柴油	kg												
	…													

(8)编写施工预算编制说明

在完成上述表格后，按编制说明的内容，简单、明确地编写施工预算的编制说明。最后将编制说明和各表格装订成册，组成施工预算文件。

二、报价

(一)报价编制的依据

投标报价编制的依据主要有下列几个方面：

(1)招标单位提供的招标文件。为保证投标的有效性，必须对招标文件给予全面的响应，因此，招标文件是必不可少的编制依据。另外，业主在开标前规定的日期内颁发的有关合同、规范、图纸的书面修改书和书面变更通知具有与招标文件同等的效力，也是报价的依据。

(2)招标文件所规定的各种国家标准、部颁标准、技术规范等。

(3)国家、地方颁发的有关收费标准和定额及施工企业的工料机消耗定额。

(4)工程所在地的政治形势和技术经济条件，如交通运输条件等。

(5)本工程的现场情况，包括地形、地质、气象、雨量、劳动力、生活品供应等。

(6)当地工程机械出租的可能性、品种、数量、单价，发电厂供电正常率及提供本项目用电的功率和单价。

(7)当地劳动力的技术水平和供应数量。

(8)业主供应材料情况及交货地点、单价；当地材料供应盈缺情况，建材部门公布的材料单价，并预测当地材料市场涨落情况。

(9)本企业为本项目提供新添施工设备经费的可能性，设备投资在标价中分摊费与成本的比率。

(10)施工组织设计和施工方案。

(11)该项目中标后，当地的工程市场信息，有否后续工程的可能性。

(12)有哪些竞争对手参加投标，各有多大实力，竞争对手信誉如何。

(13)有关报价的参考资料，如当地近几年来同类性质已完工程的造价分析，以及本企业历年来(至少5年)已完工程的成本分析。

(二)报价编制的程序

报价编制程序如图6-2-3所示。

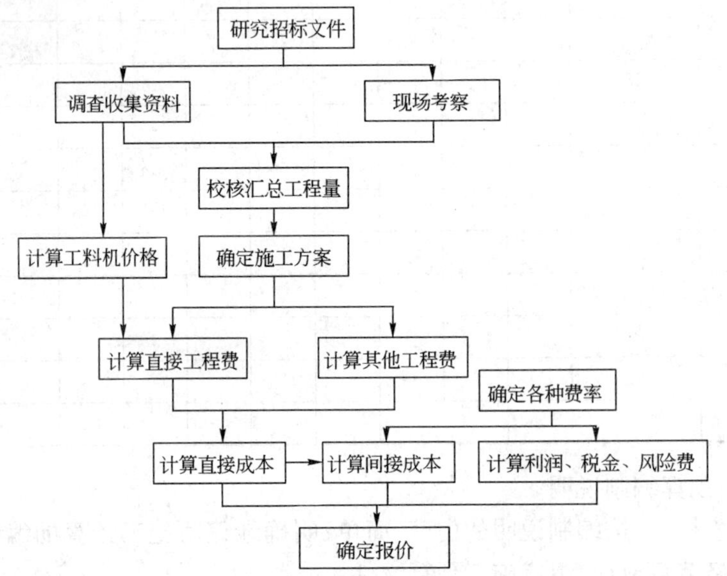

图6-2-3　报价编制的程序

在完成以上的这些工作时，应注意以下问题。

1.应仔细核实工程量

工程量是整个算标工作的基础，人工、材料、机械消耗量，脚手架、模板和临时设施等，都是根据工程量的多少来确定的。招标项目的工程量在招标文件的工程量清单中有详细说明，但由于种种原因，工程量清单中的工程数量有时会和图纸中的数量存在不一致的现象。因此，有必要进行复核，核实工程量的主要作用如下：

(1)全面掌握本项目需发生的各分项工程的数量，便于投标中进行准确的报价；

(2)及时发现工程量清单中关于工程量的错误和漏洞，为制定投标策略提供依据；

(3)有利于促使投标单位对技术规范中的计量支付规定做进一步的研究，便于精确地编写各工程细目的单价。

核实工程量可从两方面入手：一是认真研究招标文件，吃透技术规范；二是通过切实的考察取得第一手资料。具体做好如下几项工作：

(1)全面核实设计图纸中各分项工程的工程量；

(2)计算受施工方案影响而需额外发生和消耗的工程量；

(3)根据技术规范中计量与支付的规定，对以上数量进行折算，在折算过程中有时需要对设计图纸中的工程量进行分解或合并。

2.重视施工组织设计的编制

高效率和低消耗是编制施工组织设计的总原则，编制施工组织设计时应遵循连续性原则、均衡性原则、协调性原则和经济性原则。其中，经济性原则是施工组织设计的核心和落脚点，因此，在编制施工组织设计时，应注意如下事项：

(1)充分满足技术上的先进性和可靠性，最大限度地提高劳动生产率，降低施工成本；

(2)充分利用现有的施工机械设备，提高施工机械的使用率以降低机械施工成本；

(3)采用先进的管理手段，优化施工进度计划，选择最优施工排序，均衡安排施工，尽量避免施工高峰的赶工现象和施工低谷中的窝工现象，机动安排非关键线路上的剩余资源，从非关键线路上要效益；

(4)适当聘用当地员工或临时工，降低施工队伍调遣费，减少窝工现象。

投标竞争是比技术、比管理的竞争，技术和管理的先进性应充分体现在编制的施工组织设计中，以达到降低成本、缩短工期的目的。

3.明确报价的组成部分及内容

一个项目的投标报价由以下三部分组成：施工成本、利润和税金、风险费用。在投标报价中，应科学地编制以上三项费用，使总报价既有竞争力，又有利可图。

4.掌握市场情报和信息，确定投标策略

报价策略是投标单位在激烈竞争的环境下，为了企业的生存与发展而可能使用的对策，报价策略运用是否得当，对投标单位能否中标并获得利润影响很大。

(三)投标报价的计算方式

1.投标报价的组成

国内工程投标报价的组成和国际工程的投标报价组成基本相同，但每项费用的内容则比国际工程报价少而简单。一个项目的投标报价由以下三部分组成：

(1)施工成本。包括直接成本、间接成本。确定施工成本，应进行施工成本分析和成本预测。成本分析应建立在以往施工项目成本分析和成本核算工作的基础之上，所以施工企业加强成本核算和统计管理工作是搞好投标报价工作的基础。成本预测应使用企业定额，因此，施工企业建立自己的企业定额也是编制施工预算进而搞好投标报价工作的前提。

(2)利润和税金。税金是由国家统一征收的费用，利润是根据本项目的具体情况、公司的利润目标、市场行情等制定的。

(3)风险费用。即在各种风险发生后需由承包商承担的风险损失。风险是一种可能发生可能不发生的概率事件，但一旦发生会给承包商带来很大的损失，甚至使承包商有倒闭破产的危险。因此对风险应有足够的认识，投标报价中要考虑的风险种类和风险费用的多少，应依据合同条款的规定和当时当地的情况来确定。例如，报价中是否要考虑物价上涨费的问题，如果合同条款中规定物价上涨后即调整价差和有关费用，则报价中无须考虑物价上涨费；如果合同条款中规定此项风险由承包商承担，则应在报价中考虑物价上涨费用。物价上涨费用应根据当时的物价上涨情况，在预测物价上涨率的基础上确定。当然这种预测结果与实际情况会有偏差，但这是难免的。又如报价中是否要考虑法律法规变更后增加的费用，是否应考虑不可抗力风险发生后给承包商带来的风险损失以及地质情况复杂而需增加的风险费用等，这些都要依据合同条款的规定来决定。如果合同条款规定由承包商承担，则应在报价中作出充分考虑，而这些费用的多少更无规律可循，主要应依据投标单位的经验及对风险的辨别能力和洞察能力来确定。

总之，在投标报价中，应科学地编制以上几项费用，使总报价既有竞争力，又有利可图。

2.标价的计算

投标报价计算有工料单价计算和综合单价计算方法。

(1)工料单价计算方法

根据已审定的工程量，按照定额或市场的单价，逐项计算每个项目的价格，分别填入招标人提供的工程量清单内，计算出全部工程量直接费，然后按企业自定的各项费率及法定税率等，依次计算出间接费、风险费、利润、税金；另外，要考虑一项不可预见费，其总和即为基础报价。

(2)综合单价计算方法

按综合单价计算报价，是所填入工程量清单的单价，应包括人工费、材料费、机械使用费、其他工程费、间接费、利润和税金，以及风险金等全部费用，构成基础单价，即综合单价。此种方法用于单价合同的报价，报价金额等于工程量清单的汇总金额加上暂定金额。

3.投标报价的计算与编制标底的区别

编制标底是按照国家规定的定额、取费标准、技术标准和规范等，采用概(预)算的方法编制并报请有关部门审核批准后的工程计划价格，在评标时可能作为报价评分得分衡量的标准或作为一个参考价值。

投标报价是根据企业实际水平进行计算(因此采用的是企业定额而非国家定额)，也可以根据本企业的需要上下浮动，无需报送建设主管部门审核批准。

(四)报价策略与技巧

承包商在正常经营条件下要想在一项竞争性投标中获胜，最关键的问题就是要有一个恰当的报价。工程投标报价是一种竞争性的价格。实践证明，报价太高，无疑会失去竞争力而落标；报价太低，也未必能中标或者会变成废标。因此恰当的报价应是一种低而适度的报价；同时还应当有一定的策略，才能在竞争中获胜。中标后要想取得更多的经济效益，这就是报价的策略和技巧问题。

1.报价策略

报价策略就是如何确定自己的报价，既能在投标竞争中取胜即中标，又能保证中标后的实践过程中取得一定的经济效益，报价策略一般有以下几种：

(1)盈利策略。即在报价中考虑了较大的利润值。这种投标策略通常在以下情况采用：建筑市场任务多；本企业任务饱满，利润丰厚；本企业对该项目拥有技术上的垄断优势，非我莫属。

(2)微利保本策略。即在施工成本、利税及风险费三项费用中，降低利润目标，甚至不考虑利润。这种投标策略通常在企业工程任务不饱满，无后继工程，或已出现部分窝工的情况；建筑市场供不应求(任务少，施工企业多)，竞争对手多，本企业对该项目又无优势可言；业主按最低标定标时可采用。

(3)低价亏损策略。即在报价中不仅不考虑企业利润，相反考虑一定的亏损后提出报价的策略。这种报价策略通常只在下列情况采用：为打入新市场，取得拓宽市场的立足点；在本企业一统天下的地盘里，为挤垮企图插足的竞争对手；在竞争十分激烈的情况下，为中标而不惜血本压低标价；本企业已大量窝工，严重亏损，如果能承担该工程至少可以使部分人工、机械运转，减少亏损。使用该种投标策略时应注意以下事项：第一，业主肯定是按最低价确定中标单位；第二，这种报价方法属于正当的商业竞争行为（不正当竞争行为是一种违法行为）。

(4)冒险投标策略。即在报价中不考虑风险费用，这是一种冒险行为，如果风险不发生，即意味着承包商的报价成功；如果风险发生，则意味着承包商要承担极大的风险损失。这种报价策略同样只在市场竞争激烈，承包商急于寻找施工任务或着眼于打入该建筑市场甚至独占该建筑市场（以后靠长期经营挽回损失）时才予以采用。

以上是投标报价的四种常见策略，投标报价过程中，可以在以上四种策略的基础上采用以下几种附带策略：

(1)优化设计策略。即发现并修改原有施工图设计中存在的不合理情况或采用新技术优化设计方案。如果这种设计能大幅度降低工程造价或缩短工期且设计方案可靠，则这种设计方案一经采纳，承包商即可获得中标资格。

(2)补充投标的优惠条件：

①缩短规定的工期，通过先进的施工方案、施工方法、科学的施工组织或者优化设计来缩短合同工期。当投标工期是关键时，则业主在评标过程中会将缩短工期后所带来的预期受益考虑进去，此时对承包商获取中标资格是有利的。

②施工完后免费赠送进场的施工机械或设备。

③不要求招标人提供预付款等，以增加投标竞争力，争取中标。

(3)低价中标，着眼索赔。即在发现招标文件中存在许多漏洞甚至许多错误或业主的施工条件根本不具备，开工后必然违约的情形下，有意报低价，先争取中标，中标后通过索赔来挽回低报价的损失。这种策略只有在合同条款中关于索赔的规定明显对已方有利的情形下方可采用，对于以 FIDIC 条款作为合同的项目招标不宜采用这种方法。

在制订报价策略时所应考虑的各种因素见表 6-2-7。

在制订报价策略时所应考虑的各种因素 表 6-2-7

高报价策略	低报价策略
1.施工条件较差。如施工场地狭窄，不易开展工作，或施工干扰如交通干扰很多的工程	1.施工条件好。如施工技术简单，适应于大机械化作业，技术标准高或规模大的高速公路路基土石方工程（作业面大，便于发挥机械施工效率）
2.专业要求高的技术密集型工程。竞争对手无施工经验，本企业有技术专长，声望较高	2.本企业因发展急于打入该建筑市场，或虽在该地区施工多年，但眼前无施工任务，如果转移到外地施工迁移费用很高，不利于企业发展
3.总价低的小工程，以及自己不愿意做而被邀请投标，但又不便于不投标的工程	3.附近有工程，而本项目可以综合利用已到场的闲置机械设备和劳动力，或有条件可以在短期内完成的工程，或可以综合利用即将作弃方的土石方工程或可利用原有的周转性材料的工程
4.业主对工期要求急的工程	4.非急需工程
5.投标对手少的工程	5.投标对手多，且竞争激烈的工程
6.支付条件不理想，风险较大的工程	6.支付条件好，风险较小的工程

2. 报价技巧

投标报价时采用一定技巧，中标后可能取得更多的收益，这种收益是正常的。常采用的报价技巧如下。

(1)不平衡报价法。不平衡报价法是在总价基本确定不变的前提下，调整工程各子项的单价进行报价。不平衡报价法可以从以下两种情况考虑，见表 6-2-8。

不平衡报价法考虑的两种情况 表 6-2-8

第一种情况	从时间上处理	①早期摊入法。即将投标期间和开工初期需发生的费用全部摊入早期完工的分项工程中。这些费用有投标期间的各种开支、投标保函手续费、工程保险费、部分临时设施费、由承包商承担的监理设施费、施工队伍调遣费、临时工程及其他开支费用。采用不平衡报价法时，可以将工程量清单中的这些费用支付项目适当提高报价，由于这些费用支付时间较早(通常在开工初期支付)，这样报价便于承包商尽早收回成本或减少周转资金
		②递减摊入法。即将施工前期发生较多而后逐步减少的一些费用，按随时间发生逐步减少分摊比例的方法摊到各分项工程中。这些费用有履约保函手续费、贷款利息、部分临时设施费、业务费、管理费
		③递增摊入法。其方法与递减摊入法相反。这些费用有物价上涨费等费用。当承包商预测物价上涨率在施工后期较高甚至超过银行利率时，可以采用递增摊入法来报价
		④平均摊入法。即将费用平均分摊到各分项工程的单价中。这些费用有意外费用、利润、税金等费用
第二种情况	从单价上处理	①先期开工的项目(如开工费、土方、基础等)的单价报价高，后期开工的项目如高速公路的路面、交通设施、绿化等附属设施的单价报价低
		②估计到以后会增加工程量的项目的单价报价高，工程量会减少的项目的单价报价低
		③图纸不明确或有错误的，估计今后会修改的项目的单价报价高，估计今后会取消的项目的单价报价低
		④没有工程量，只填单价的项目(如土方超运)其单价报价高(这样既不影响投标总价，又有利于多获利润)
		⑤对暂定金额项目，分析其让承包商做的可能性大时，其单价报价高；反之，报价低
		⑥对于允许价格调整的工程，当利率低于物价上涨时，则后期施工的工程细目的单价报价高；反之，报价低

(2)扩大标价法。即除了按正常的已知条件编制价格外，对工程中变化较大或没有把握的工作，采用扩大单价、增加“不可预见费”的方法来减少风险。

(3)多方案报价法。多方案报价可能有两种情况：

第一种情况，有些工程项目，业主要求按某一招标方案报价后，投标者可以再提出几种可供业主参考与选择的报价方法。其方法是，按原工程说明书和合同条款报一个价格，并加以注释：“如工程说明书和合同条款可作某些改变时，可降低多少费用”；使报价成为最低的，以吸引业主修改说明书和合同条款，使用该方法时注意不要违反招标文件中规定的投标一致性，否则会作为废标处理。

第二种情况，是在招标文件中写明，允许投标人另行提出自己的建议。有经验的投标人除了按原招标文件如实填报标价外，常在投标致函中提出某种颇有吸引力的建议，并对报价作相应的降低。当然，这种建议不是要求业主降低某技术要求和标准，而是应当通过改进工艺流程或工艺方法来降低成本，降低报价。如果属于改变材料和设备的建议，则应说明绝不降低原设计标准和要求，而可以起到降低造价的作用。另外应注意，提出这种建议时可以列出降价数字，但不宜将建议内容写得十分详细、具体。否则，业主可能将你的建议提交给最低报价者研究，并要求可能得标者再进一步降价，这样就会形成己方建议免费提供给了竞争对手，对自己的中标很不利。

(4)开口升级报价法。这种方法将报价看成是协商的开始，报价时利用招标文件中规定的不明确的有利条件，将造价很高的一些单项工程的报价抛开作为活口，将标价降低至无法与之竞争的数额。利用这种“最低标价”来吸引业主，从而取得与业主商谈的机会，利用活口进行升级加价，以达到最后盈利的目的。

(5)突然降价法。这是一种迷惑对手(或保密)的竞争手段。在整个报价过程中，仍按一般情况报价，甚至有意无意地将报价泄露，或者表示对工程兴趣不大，等到投标截止期来临之时，来一个突然降价，使竞争对手措手不及，从而解决标价保密问题，避免自己真实的报价向外泄露，提高竞争能力和中标机会。

降低投标价格可以从两方面入手：

①降低计划利润。投标时确定计划利润既要考虑自己企业任务饱满的情况，又要考虑竞争对手的情况。适当地降低利润和收益目标，从而降低报价会提高投标中标的概率。

②降低经营管理费。为了竞争的需要，可降低这部分费用，可以在施工中加强组织管理予以弥补。

3.报价决策中应注意的事项

(1)施工企业在投标中应从自身条件、兴趣、能力和近远期经营战略目标出发来进行报价决策。一个企业，首先要从战略眼光出发，投标时既要看到近期利益，更要看到长远目标，承揽当前工程要为今后的工程创造机会和条件。在投标中，企业要注意扬长避短，注重信誉，报价中要量力而行；不顾实际情况，盲目压低标价的行为应予抵制。

(2)报价决策中应重视对业主的条件和心理方面的分析。施工条件是否具备是投标中应予重视的问题，它与承包商的利益密切相关，条件不成熟的项目对业主是一种风险，应在报价决策中作相应的考虑。其次是对业主的心理分析，业主资金短缺者一般考虑最低标价中标；工程急需开工者和完工者，通常要求工期尽量提前。因此加强对业主的心理分析和情报收集对搞好报价决策是很重要的。

(3)做好报价的宏观审核。标价编好后，是否合理，有无可能中标，可以采用工程报价宏观审核指标的方法进行分析判断。例如，可采用单位工程造价、全员劳动生产率、各分项工程价值比例、各类费用的正常比例、单位工程用工用料等正常指标进行审核。

(4)提高企业的管理水平。为了中标，企业应认真做好施工组织设计，发挥本企业管理水平和设备先进的优势，用网络图指导施工计划，班组优化组合，工艺先进，交叉作业，平衡施工，科学管理等优势，达到缩短工期，降低报价的目的。

(5)充分发挥本企业的优势。

每个施工企业都有自身的长处和优势，如果发挥这些优势来降低成本，从而降低报价，这种优势才会在投标竞争中起到实质作用，即把企业优势转化为价值形态。一个施工企业的优势一般可以从下列几个方面来展示。

①职工素质高：技术人员云集、施工经验丰富、工人技术水平高、劳动态度好，工作效率高。

②技术装备强：本企业设备新、性能先进、成套齐全、使用效率高、运转劳务费低、耗油低。

③材料供应:有一定的周转材料,有稳定的来源渠道,价格合理、运输方便、运距短、费用低。

④施工技术:施工人员经验丰富,提出了先进的施工组织设计,方案切实可行,组织合理,经济效益好。

⑤管理体制:劳动组合精干,管理机构精炼,管理费开支低。

(6)切记使用各种策略和技巧时注意不要违反招标文件中规定的投标一致性,否则会作为废标处理。

(五)报价值的确定

根据工程的成本,再根据拟采用的投标策略和技巧,便可确定投标报价。

【例6-2-1】 报价编制示例

××省拟修建连接某高速公路和某世界文化遗产旅游区间的一条一级公路,路线全长30.859km,设计车速100km/h,路基宽度16m,路面宽度15m。底基层采用多渣基层,厚度为22cm,基层采用石灰粉煤灰碎石(5∶15∶80),厚度20cm,面层采用沥青混凝土,厚度为10cm,其中上面层采用中粒式沥青混凝土,厚度4cm,下面层采用粗粒式沥青混凝土,厚度6cm。其路面工程量清单如表6-2-9所示,试确定路面各细目的投标报价。

第300章 路面工程 表6-2-9

合同段:__________

层(部)位	编 号	工程项目名称	单 位	数 量	单 价(元)
底基层	301	多渣底基层	1 000m^2	483.72	
基层	302	石灰粉煤灰碎石基层	1 000m^2	467.72	
面层	303	沥青混凝土	1 000m^2	460.02	

解:(1)各细目的工程数量及采用的定额

按招标文件技术规范中计量与支付的规定,确定完成工程量清单中各项目选择的定额号,如表6-2-10所示。

选 择 的 定 额 表6-2-10

序号	工 程 细 目	单 位	数 量	定 额 代 号
1	多渣底基层	1 000m^2	483.72	
(1)	基层稳定土厂拌设备安装、拆除(300t/h以内)	座	1	【2-1-10-4】
(2)	推土机平整场地	1 000m^2	2.0	【4-11-1-3】
(3)	人工铺碎石垫层厚15cm	1 000m^2	1.5	【2-1-1-5】
(4)	汽车便道平微区路基宽7m	km	1.5	【7-1-1-1】
(5)	汽车便道砂砾路面宽6m	km	1.5	【7-1-1-5】
(6)	厚22cm石灰煤渣碎石(8∶30∶62)混合料拌和	1 000m^2	483.72	【2-1-7-41】+【2-1-7-42】×7
(7)	底基层混合料运输(15t以内,平均运距11km)	1 000m^3	106.42	【2-1-8-21】+【2-1-8-24】×20
(8)	120kW以内平地机铺筑底基层稳定土混合料	1 000m^2	483.72	【2-1-9-4】
2	石灰粉煤灰碎石基层	1 000m^2	467.72	
(1)	基层稳定土厂拌设备安装、拆除(300t/h以内)	座	1	【2-1-10-4】
(2)	推土机平整场地	1 000m^2	2.0	【4-11-1-3】

续上表

序号	工程细目	单位	数量	定额代号
(3)	人工铺碎石垫层厚 15cm	1 000m²	1.5	【2-1-1-5】
(4)	汽车便道平微区路基宽 7m	km	1.5	【7-1-1-1】
(5)	汽车便道砂砾路面宽 6m	km	1.5	【7-1-1-5】
(6)	厚 20cm 石灰粉煤灰碎石(5：15：80)混合料拌和	1 000m²	467.72	【2-1-7-31】+【2-1-7-32】×5
(7)	基层混合料运输(15t 以内,平均运距 11km)	1 000m³	93.55	【2-1-8-21】+【2-1-8-24】×20
(8)	120kW 以内平地机铺筑基层稳定土混合料	1 000m²	467.72	【2-1-9-3】
3	沥青混凝土面层	1 000m²	460.02	
(1)	沥青混合料拌和设备安装、拆除(160t/h 以内)	座	1	【2-2-15-4】
(2)	推土机平整场地	1 000m²	3.0	【4-11-1-3】
(3)	人工铺碎石垫层厚 15cm	1 000m²	2.5	【2-1-1-5】
(4)	汽车便道平微区路基宽 7m	km	1.5	【7-1-1-1】
(5)	汽车便道砂砾路面宽 6m	km	1.5	【7-1-1-5】
(6)	拌和沥青混凝土粗粒式(160t/h 以内)	1 000m³	27.60	【2-2-11-4】
(7)	拌和沥青混凝土中粒式(160t/h 以内)	1 000m³	18.40	【2-2-11-10】
(8)	沥青混合料运输 14.5km(15t 以内)	1 000m³	46.00	【2-2-13-21】+【2-2-13-24】×27
(9)	机械摊铺粗粒式(160t/h 以内)	1 000m³	27.60	【2-2-14-42】
(10)	机械摊铺中粒式(160t/h 以内)	1 000m³	18.40	【2-2-14-43】
(11)	透层沥青	1 000m²	460.02	【2-2-16-3】
(12)	黏层沥青	1 000m²	460.02	【2-2-16-5】

(2)其他工程费、间接费费率

其他工程费、间接费综合费率按照部颁《概算预算编制办法》进行计算,汇总见表 6-2-11。由于目前市场竞争激烈,本企业近期业务不饱满,经研究决定采用保本价投标策略,即不计利润。

其他工程费及间接费综合费率(单位:%)　　表 6-2-11

工程类别	其他工程费费率	间接费费率
高级路面(面层)	3.910	0.410
其他路面(基层和底基层)	3.810	0.460

(3)进行工、料、机分析,本合同段施工所需要的工日数、各种材料、机械的品种及数量见表 6-2-12。

工、料、机数量汇总表　　表 6-2-12

序号	规格名称	单位	代号	总数量
1	人工	工日	1	8 194
2	机械工	工日	2	102
3	原木	m³	101	10
4	黏土	m³	911	37

续上表

序　号	规格名称	单　位	代　号	总数量
5	型钢	t	182	0.3
6	钢管	t	191	1
7	钢钎	kg	211	23
8	组合钢模板	t	272	0.2
9	铁件	kg	651	431
10	铁钉	kg	653	17
11	8～12号铁丝	kg	655	175
12	铸铁管	kg	682	601
13	草袋	个	819	13 079
14	32.5级水泥	t	832	293
15	硝铵炸药	kg	841	137
16	导火线	m	842	334
17	普通雷管	个	845	263
18	石油沥青	t	851	1
19	柴油	kg	863	54
20	煤	t	864	0.7
21	电	kW·h	865	10 663
22	水	m^3	866	2 342
23	中(粗)砂	m^3	899	988
24	锯材	m^3	102	8
25	片石	m^3	931	1 455
26	碎石(2cm)	m^3	951	27
27	碎石(4cm)	m^3	952	67
28	碎石(8cm)	m^3	954	39
29	块石	m^3	981	1 448
30	粗料石	m^3	984	66
31	细料石	m^3	985	23
32	草皮	m^2	995	65
33	其他材料费	元	996	1 899
34	电动混凝土切缝机	台班	1 245	5
35	1.0t以内机动翻斗车	台班	1 408	6
36	30kN以内单筒慢动电动卷扬机	台班	1 499	19
37	150mm以内电动单级离心清水泵	台班	1 653	65
38	500mm木工圆锯机	台班	1 710	7
39	小型机具使用费	元	1 998	3 026

(4)确定工、料、机的单价

经过市场调查和分析计算，确定该合同段的工、料、机单价如表6-2-13所示。

工、料、机单价表 表 6-2-13

序号	名称	单位	代号	预算单价(元)
1	人工	工日	1	49.20
2	机械工	工日	2	49.20
3	锯材	m^3	102	1 350.00
4	型钢	t	182	3 700.00
5	组合钢模板	t	272	5 710.00
6	铁件	kg	651	4.40
7	32.5 级水泥	t	832	320.00
8	石油沥青	t	851	3 800.00
9	重油	kg	861	2.80
10	汽油	kg	862	5.20
11	柴油	kg	863	4.90
12	煤	t	864	265.00
13	电	kW·h	865	0.55
14	水	m^3	866	0.50
15	生石灰	t	891	105.00
16	砂	m^3	897	50.00
17	中(粗)砂	m^3	899	60.00
18	天然级配	m^3	908	40.00
19	片石	m^3	931	34.00
20	煤渣	m^3	937	16.00
21	粉煤灰	m^3	945	20.97
22	矿粉	t	949	125.00
23	碎石(4cm)	m^3	952	55.00
24	碎石	m^3	958	27.50
25	石屑	m^3	961	65.00
26	路面用碎石(1.5cm)	m^3	965	65.00
27	路面用碎石(2.5cm)	m^3	966	65.00
28	路面用碎石(3.5cm)	m^3	967	63.00
29	块石	m^3	981	85.00
30	其他材料费	元	996	1.00

续上表

序　号	名　称	单　位	代　号	预算单价(元)
31	设备摊销费	元	997	1.00
32	75kW 以内履带式推土机	台班	1 003	612.89
33	105kW 以内履带式推土机	台班	1 005	803.76
34	0.6m^3 履带式单斗挖掘机	台班	1 027	499.98
35	2.0m^3 轮胎式装载机	台班	1 050	707.85
36	3.0m^3 轮胎式装载机	台班	1 051	908.13
37	120kW 以内平地机	台班	1 057	912.98
38	6～8t 光轮压路机	台班	1 075	251.49
39	8～10t 光轮压路机	台班	1 076	280.38
40	12～15t 光轮压路机	台班	1 078	411.77
41	0.6t 手扶式振动碾	台班	1 083	101.80
42	300t/h 以内稳定土厂拌设备	台班	1 160	949.20
43	4 000L 以内沥青洒布车	台班	1 193	433.80
44	160t/h 以内沥青混合料拌和设备	台班	1 205	19 612.31
45	9.0m 以内带自动找平沥青混合料摊铺机	台班	1 213	2 213.58
46	16～20t 轮胎式压路机	台班	1 224	618.66
47	20～25t 轮胎式压路机	台班	1 225	760.27
48	250L 以内强制式混凝土搅拌机	台班	1 272	96.79
49	5t 以内自卸汽车	台班	1 383	416.26
50	15t 以内自卸汽车	台班	1 388	825.75
51	20t 以内平板拖车组	台班	1 393	960.37
52	6 000L 以内洒水汽车	台班	1 405	545.58
53	12t 以内汽车式起重机	台班	1 451	787.37
54	20t 汽车式起重机	台班	1 453	1 168.18
55	40t 汽车式起重机	台班	1 456	2 212.32
56	75t 汽车式起重机	台班	1 458	3 369.91
57	小型机具使用费	元	1 998	1.00
58	定额基价	元	1 999	1.00

(5)分项计算，汇总到建筑安装工程费计算表中，见表 6-2-14。

建筑安装工程费计算表

表 6-2-14

序号	工程名称	单位	工程量	直接费(元)						间接费（元）	利润（元）7.0%	税金（元）3.41%	建安工程费	
				直接工程费				其他工程费	合计				合计（元）	单价（元）
				人工费	材料费	机械使用费	合计							
1	2	3	4	5	6	7	8	9	10	11	12	13	14	15
1	多渣底基层	m^2	483 720	390 967	5 234 924	2 878 949	8 504 840	289 392	8 794 232	195 925	618 309	327 649	9 936 115	20.54
2	石灰粉煤灰稳定类基层	m^2	467 720	394 069	4 901 070	2 705 302	8 000 440	274 354	8 274 794	194 985	581 795	308 659	9 360 233	20.01
3	沥青混凝土面层	m^2	460 020	329 805	26 546 622	4 120 893	30 997 320	1 190 842	32 188 162	265 364	2 262 466	1 183 815	35 899 808	78.04
	各项费用合计	公路公里	30.859	1 114 841	36 682 615	9 705 144	47 502 600	1 754 588	49 257 189	656 274	3 462 571	1 820 123	55 196 156	1 788 656.66

(6)确定工程量清单中的单价,如表 6-2-15 所示。

第 300 章 路面工程 表 6-2-15

合同段:__________ 货币单位:人民币元

层(部)位	编号	工程项目名称	单 位	数 量	单 价
底基层	301	多渣底基层	1 000m^2	483.72	20.54
基层	302	石灰粉煤灰碎石基层	1 000m^2	467.72	20.01
面层	303	沥青混凝土	1 000m^2	460.02	78.04

注:作为示例,本例以《预算定额》来编制报价。但在实际工作中,应以反映施工企业实际技术水平、管理水平的企业定额来编制。

第三节 公路工程承包合同价

工程承包合同是发包方(建设单位)和承包方(施工单位)为完成商定的工程任务,明确相互权利义务关系的协议。工程承包合同应当采取书面形式。双方协商同意的有关修改承包合同的设计变更文件、洽商记录、会议纪要以及资料、图表等,也是承包合同的组成部分。

招标单位在招标之前,要根据招标项目准备工作的实际情况(主要是设计工作的深度)来考虑合同的形式。工程评标定标之后,须按合同要求确定承包合同价。

工程承包合同根据分类原则和方法的不同,可以划分为多种形式,但根据合同计价方式的不同,一般情况下划分为三大类型,即总价合同、单价合同和成本加酬金合同。

一、公路工程承包合同价的确定

(一)总价合同

总价合同通常包括以下三种形式,见表 6-2-16。

总价合同的形式 表 6-2-16

固定总价合同	合同双方以招标时的图纸和工程量等说明为依据,承包商按投标时业主接受的合同价格承包实施,并一笔包死。合同履行过程中,如果业主没有要求变更原定的承包内容,完满实施承包工作内容后,不论承包商的实际施工成本是多少,均应按合同价获得支付工程款。 这种合同,承包商要考虑承担合同履行过程中的主要风险,因此投标报价较高。固定总价合同的适用条件一般为: (1)招标时的设计深度已达到施工图阶段,合同履行过程中不会出现较大的设计变更,以及承包商依据的报价工程量与实际完成的工程量不会有较大差异。 (2)工程规模较小,技术不太复杂的中小型工程或承包工作内容较为简单的工程部位。这样,可以让承包商在报价时合理地预见到实施过程中可能遇到的各种风险。 (3)合同期较短。一般为 1 年期之内的承包合同,双方可以不必考虑市场价格浮动可能对承包价格的影响
调值总价合同	这种合同与固定总价合同基本相同,但合同期较长(1 年以上)。是在固定总价合同的基础上,增加合同履行过程中因市场价格浮动对承包价格调整的条款。由于合同期较长,不可能让承包商在投标报价时合理地预见 1 年后市场价格的浮动影响,因此,应在合同内明确约定合同价款的调整原则、方法和依据
固定工程量总价合同	在工程量报价单内,业主按单位工程及分项工作内容列出实施工作量,承包商分别填报各项内容的直接费单价,然后再单列间接费、管理费、利润等项内容后算出总价,并据以签订合同。合同内原定工作内容全部完成后,业主按总价支付给承包商全部费用。如果中途发生设计变更或增加新的工作内容,则用合同内已确定的单价来计算新增工程量而对总价进行调整

(二)单价合同

单价合同是指承包商按工程量报价单内分项工作内容填报单价,以实际完成工程量乘以所报单价计算结算价款的合同。承包商所填报的单价应为计及各种摊销费用后的综合单价,而非直接费单价,合同履行过程中无特殊情况,一般不得变更单价。单价合同的执行原则是,工程量清单中分项开列的工程量,在合同实施过程中允许有上下浮动变化,但该项工作内容的单价不变,结算支付时以实际完成工程量为依据。因此,按投标书报价单中的预计工程量乘以所报单价计算的合同价格,并不一定就是承包商完满实施合同中规定的任务后所获得的全部款项,可能比它多,也可能比它少。

单价合同大多用于工期长、技术复杂、实施过程中发生各种不可预见因素较多的大型复杂工程的土建施工,以及业主为了缩短项目建设周期,初步设计完成后就进行施工招标的工程。单价合同的工程量清单内所开列的工程量为估计工程量,而非准确工程量。

常用的单价合同有如下三种形式,见表 6-2-17

单价合同的形式　　表 6-2-17

估计工程量单价合同	承包商在投标时以工程量报价单中开列的工作内容和估计工程量填报相应单价后,累计计算合同价。此时的单价应为计及各种摊销费用后的综合单价,即成品价,不再包括其他费用项目。合同履行过程中以实际完成工程量乘以单价作为支付和结算依据。 这种合同方式较为合理地分担了合同履行过程中的风险。因为承包商据以报价的清单工程量为估算的工程量,这样可以避免实际完成工程量与估计工程量有较大差异时,若以总价方式承包可能导致业主过大的额外支出或承包商的亏损。另外,承包商在投标阶段不可能合理准确预见的风险可不必计入合同价内,有利于业主取得较为合理的报价。估计工程量单价合同按照合同工期的长短,也可以分为固定单价合同和可调价单价合同两类,调价方法与总价合同方法相同
纯单价合同	招标文件中仅给出各项工程内的工作项目一览表、工程范围和必要说明,而不提供工程量。投标人只要报出各项目的单价即可,实施过程中按实际完成工程量结算。 由于同一工种在不同的施工部位和外部环境条件下,承包商的实际成本投入并不尽相同,因此仅以工作内容填报单价不易准确。而且对于间接费分摊在许多工种中的复杂情况,或有些不易计算工程量的项目内容,采用纯单价合同,往往会引起结算过程中的麻烦,甚至导致合同争议
单价与包干混合合同	这种合同是总价合同与单价合同的一种结合形式。对内容简单、工程量准确部分,采用总价方式承包;技术复杂、工程量为估算值部分采用单价合同方式承包。但应注意,在合同内必须详细注明两种计价方式所限定的工作范围

(三)成本加酬金合同

成本加酬金合同是将工程项目的实际投资划分成直接成本费和承包商完成工作后应得酬金两部分。实施过程中发生的直接成本费由业主实报实销,另按合同约定的方式付给承包商相应报酬。

成本加酬金合同大多适用于边设计边施工的紧急工程或灾后修复工程,以议标方式与承包商签订合同。由于在签订合同时,业主还提供不出可供承包商准确报价的详细资料,因此,在合同内只能商定酬金的计算方法。按照酬金的计算方式不同,较多采用的几种类型见表 6-2-18。

成本加酬金的类型 表 6-2-18

<table>
<tr><td>成本加固定百分比酬金</td><td>签订合同时双方约定，酬金按实际发生的直接成本费乘某一具体百分比计算。这种合同的工程总造价表达式为：
$$C = C_d(1+P)$$
式中：C——总造价；
C_d——实际发生的直接费；
P——双方事先商定的酬金固定百分比。
从式中可以看出，承包商可获得的酬金将随着直接成本费的增大而水涨船高。虽然合同签约时简单易行，但不利于在实施过程中鼓励承包商关心缩短工期和降低成本</td></tr>
<tr><td>成本加固定酬金</td><td>酬金在合同内约定为某一固定值，表达式为：
$$C = C_d + F$$
式中：F——双方约定的酬金具体数额。
这种形式的合同虽然也不能鼓励承包商关心降低直接成本，但从尽快获得全部酬金减少管理投入出发，他会关心缩短工期</td></tr>
<tr><td>成本加浮动酬金</td><td>签订合同时，双方预先约定该工程的预期成本和固定酬金，以及实际发生的直接成本与预期成本比较后的奖罚计算办法。计算表达式为：
$$C = C_d + F \qquad (C_d = C_0)$$
$$C = C_d + F + \Delta F \qquad (C_d < C_0)$$
$$C = C_d + F - \Delta F \qquad (C_d > C_0)$$
式中：C_0——签订合同时双方约定的预期成本；
ΔF——酬金奖罚部分，可以是百分数，也可以是绝对数，而且奖与罚可以不是相同的计算标准。
这种合同通常规定，当实际成本超支而减少酬金时，以原定的基本酬金额为减少的最高限额。从理论上讲，这种合同形式对双方都没有太大风险，又能促使承包商关心降低成本和缩短工期。但实践中如何较为准确地估算作为奖罚标准的预期成本较为困难，往往也是双方谈判的焦点</td></tr>
<tr><td>目标成本加奖罚</td><td>在仅有粗略的初步设计或工程说明书就迫切需要开工的情况下，可以根据大致估算的工程量和适当的单价表编制粗略概算作为目标成本。随着设计的逐步深化，工程量和目标成本可以加以调整。签订合同时，以当时估算的目标成本作为依据，并以百分比形式约定基本酬金和奖罚酬金的计算办法。最后结算时，如果实际直接成本超过目标成本事先商定的界限(如5%)，则在基本酬金内扣减超出部分按约定百分比计算的承包商应负责任；反之，如有节约时(也应有一个幅度界限)，则应增加酬金，用公式表示为：
$$C = C_d + P_1C_0 + P_2(C_0 - C_d)$$
式中：C_0——目标成本；
P_1——基本酬金计算百分数；
P_2——奖罚酬金计算百分数。
此外，还可以另行约定工期奖罚计算办法。这种合同有助于鼓励承包商节约成本和缩短工期，业主和承包商都不会承担太大风险</td></tr>
</table>

二、不同计价方式的适用性

不同计价方式合同形式的比较，如表 6-2-19 所示。

不同计价方式合同的比较 表 6-2-19

合同类型	总价合同	单价合同	成本加酬金合同			
			百分比酬金	固定酬金	浮动酬金	目标成本加奖罚
应用程度	广泛	广泛	有局限性			酌情
业主投资控制	易	较易	最难	难	不易	有可能
承包商风险	风险大	风险小	基本无风险	基本无风险	风险不大	有风险

每一个合同(包括采用哪一种形式的合同),是由业主根据项目特点、技术经济指标研究的深度,以及确保工程成本、工期和质量要求等因素综合考虑后决定的,选择合同形式时所要考虑的因素包括：

(1)项目的复杂程度。规模大且技术复杂的工程项目,承包风险较大,各项费用不易估算准确,不宜采用固定总价合同。或者有把握的部分采用固定价合同,估算不准的部分采用单价合同或成本加酬金合同。有时,在同一工程中采用不同的合同形式,是业主和承包商合理分担施工中不确定风险因素的有效办法。

(2)项目设计的具体深度。施工招标时所依据的项目设计深度,经常是选择合同形式的重要因素,即工作范围的明确程度和预计完成工程量的准确程度。招标图纸和工程量清单的详细程度是否能让投标人合理报价,决定于已完成的设计深度。

(3)项目施工技术的难度。如果施工中有较大部分采用新技术和新工艺,当业主和承包商在这方面过去都没有经验,且在国家颁布的标准、规模、定额中又没有可作为依据的标准时,为了避免投标人盲目地提高承包价款,或由于对施工难度估计不足而导致承包亏损,不宜采用固定价合同,较为保险的做法是选用成本加酬金合同。

(4)项目进度要求的紧迫程度。公开招标和邀请招标对工程设计虽有一定的要求,在招标过程中,一些紧急工程,如灾后恢复工程等,要求尽快开工且工期较紧,此时可能仅有实施方案,还没有施工图纸,因此承包商不可能报出合理价格,因此采用成本加酬金合同比较合理。

一个工程项目究竟采用哪种合同形式不是固定不变的。有时候,一个项目中各个不同的工程部分或不同实施阶段,可以采用不同形式的合同。制定合同的分标段或发包规划时,必须依据实际情况权衡各种利弊,进而作出决策。

第七篇　公路工程施工阶段的造价编制

第一章　公路工程施工中的结算

公路工程项目结算从广义来说，是合同双方按完成的合格工程量或工作量，依据协定的计价条款及有关规定，合理确定造价并办理支付的过程。公路工程项目结算按要求、作用、时间的不同可分为期中结算（按月结算）和竣工结算两种。

期中结算是工程还未完工，业主（建设单位）根据监理工程师签认的某一时期内"中间证书"中合格工程量及相应单价确定承包人（施工单位）应获取的工程款项，以及工程变更、工程索赔、价格调整等承包人应获得的其他款项，作为期中支付（进度款）的依据。期中结算要求不十分精确，仅要求达到承包人的累计进度款收入大致符合工程形象进度。如前一期支付证书中有错，可在下一期中予以纠正。

竣工结算是工程竣工后，业主与承包人之间对于承包工程内容进行的建筑安装工程费的结算，是根据合同条款、有关造价法规以及施工阶段发生的工程变更、工程索赔、价格调整等变动情况，对原合同协议价格进行调整修正总结性的技术经济文件，也是期中结算的最后汇总。

竣工结算是在公路工程项目建筑安装工程费用部分的多次计价中，经过投资决策阶段估算价，设计阶段的设计概算价、预算价，招投标阶段的标底价、合同价之后最后一次准确确定的造价，是前几阶段"预计"造价的实际造价。

公路工程项目根据路基、中小桥、大桥、特大桥、互通立交、路面、隧道、交通工程及安全设施、沿线房建等不同的施工技术特点和路线长度划分不同的标段（合同），分别由不同的承包人负责施工，每个合同的结算造价按各自的工程内容进行计算，整个项目的竣工结算是所有标段的竣工决算费用之和。

第一节　公路工程施工结算的编制依据

公路工程施工结算编制的主要依据有国家和地方交通主管部门颁发的有关工程造价编制方面的文件、工程承包合同、合同专用条件、合同通用条件、技术规范、工程量清单、设计图纸、计量的工程量、日常施工记录等。

一、国家和地方交通主管部门颁发的有关工程造价编制方面的文件规定

国家和地方交通主管部门颁发的有关工程造价编制方面的文件规定主要有交通运输部颁发的现行《公路工程预算定额》（JTG/T B06-02—2007）、《公路工程机械台班费用定额》（JTG/T B06-03—2007）、《公路工程基本建设项目概算预算编制办法》（JTG B06—2007）等文件，以及地方交通主管部门颁发的一些补充规定，它们既是设计阶段、招投标阶段工程造价编制的依据，也是在一定条件下的工程施工费用结算编制的依据。

二、工程承包合同

工程承包合同（协议书）中明确规定了合同双方应承担的责任、可以行使的权利、应获得的

利益,也明确载明了该工程的合同总价、合同清单单价等。在施工结算编制中,应受合同(协议书)文件有关条款的约束。

三、专用合同条款、通用合同条款

通用合同条款,国内招标项目应采用中华人民共和国交通运输部《公路工程标准施工招标文件(2009 年版)》中的通用合同条款,该通用合同条款完全采用《中华人民共和国标准施工招标文件》(2007 年版)中的通用合同条款。

国际性招标项目,除可采用前述《公路工程标准施工招标文件(2009 年版)》中的通用合同条款外,考虑到应遵循国际惯例,宜采用国际咨询工程师联合会(FIDIC)的《施工合同条件(1999 年版)》(以下简称 FIDIC 合同条款)中的通用合同条款。

通用合同条款以及业主根据本地区和项目实际情况编制的专用合同条款,涉及施工结算中的一些特定支付项目,如开工预付款、材料预付款、质量保证金、变更费用、价格调整费用、索赔费用、逾期竣工违约金、工期提前奖金、逾期付款违约金等的具体处理方式。因此,通用合同条款、专用合同条款是施工结算的编制依据。在通用合同条款中,直接涉及施工期中费用结算的条款有 16 条,与施工期中费用结算有关的条款涉及诸如第 4.11.2、第 5.1.3、第 5.2.5、第 5.2.6、第 5.4.1、第 5.4.3、第 6.1.2、第 6.3、第 7.1、第 7.2.1、第 7.2.2、第 7.3.1、第 7.4、第 7.5、第 8.1.2、第 8.2.2、第 8.3、第 8.4、第 9.1.2、第 9.1.3、第 9.2.5、第 9.2.6、第 9.2.7、第 11.3、第 11.5、第 11.6、第 12.2、第 12.4.2、第 13.1.2、第 13.1.3、第 13.5.3、第 13.5.4、第 13.6、第 14.1.3、第 15、第 17.2、第 17.3、第 17.4、第 17.5、第 17.6、第 18.4.2、第 18.6.1、第 18.6.2、第 18.7.1、第 18.7.2、第 19.2.3、第 19.2.4、第 19.4、第 19.6、第 20.1、第 20.3.2、第 20.4.2、第 20.5、第 20.6.5、第 21.3、第 22.1、第 22.2、第 22.3、第 23 款等条目。

四、技术规范

《公路工程标准施工招标文件》(2009 年版)中第七章“技术规范”,或业主根据本地区和项目实际情况编制的补充技术规定,其中除详细列有对工程的技术要求外,还列有直接用于施工结算的计量细则和支付细则。因此,技术规范是施工结算的编制依据。

五、工程量清单

作为合同文件重要组成部分的工程量清单,其中列有支付细目编号、项目名称、计量单位、数量、单价、合价或金额。在施工结算中,细目编号、项目名称、计量单位、单价是施工结算编制的重要依据,且不得随意更改。

六、计量的工程量

根据《公路工程标准施工招标文件》通用条款第 17.1.4 款的规定,已标价工程量清单中的单价子目工程量为估算工程量,是根据本工程的设计提供的预计工程量,不能作为承包人在履行合同义务中应予完成工程的实际和准确数量。结算工程量是承包人实际完成的,并按合同约定的计量方法开列的工程量是根据本工程的设计提供的预计工程量。不能作为承包人在履行合同义务中应予完成工程的实际和准确数量;除合同另有规定外,监理人应根据《公路工程施工监理规范》(JTG G10—2006)对承包人提出的已完工程量通过计量来核实工程量和确定其价值。计量的工程量是确定承包人已完成工程价值的基础,是施工结算编制的基本依据。

七、日常施工记录

对于一些特定的费用支付项目，如索赔费用、工程变更费用等的核定，常常要根据承包人的现场施工记录、监理工程师的监理日志等来确认对承包人造成的实际影响程度和责任的分担，据此核定应向承包人支付的费用。因此，日常施工记录是施工结算的编制依据。

八、国家有关主管部门颁发的文件

如2004年10月20日财政部、原建设部颁布的《建设工程价款结算暂行办法》(财建[2004]369号)；审计署、原国家计委、中国人民建设银行颁布的《基本建设项目竣工决算审计试行办法》[审基发(1991)430号]；《国家审计实施办法》等。

第二节　公路工程施工期中结算的费用项目

施工结算的费用项目在施工结算的不同时期有所差异。按照《公路工程标准施工招标文件(2009年版)》、FIDIC合同条款中的有关规定和已经完成或正在实施的高等级公路项目的实际施工结算情况，施工结算的费用项目可以划分为两类：一类是工程量清单内的费用项目，它包括清单内各章、各节、各细目应支付的费用项目及工程量清单汇总表中包含的计日工、暂列金额费用项目；另一类是清单以外、合同以内的费用项目，它包括开工预付款、材料预付款、质量保证金、变更费用、价格调整费用、索赔费用、逾期竣工违约金、工期提前奖金、逾期付款违约金等费用项目，施工结算费用项目构成如图7-1-1所示。

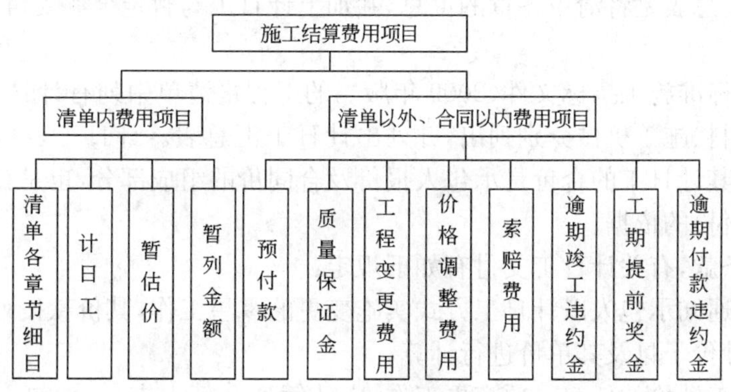

图7-1-1　施工结算费用项目构成图

一、合同中工程量清单内的费用项目

工程量清单内的费用项目，是将整个工程项目按照一定的划分原则和工程量计算规则，将整个工程项目进行分解并计算出工程量而构成的工程细目表。按《公路工程标准施工招标文件(2009年版)》，工程量清单的组成由工程量清单说明、投标报价说明、计日工说明、其他说明、工程量清单表、计日工表、暂估价表、投标报价汇总表等组成。工程量清单说明又称清单序言，它对工程项目的工作范围和内容，计量方式或方法，费用的组成、计算依据和范围，需要特别说明的问题等予以规定，它是承包人投标报价的依据，也是工程施工中费用结算的依据。按照《公路工程标准施工招标文件(2009年版)》中的工程量清单样表，内容包括：

(1)工程量清单说明；

(2)投标报价说明；

(3)计日工说明；

(4)其他说明；

(5)工程量清单。

工程量清单包括：①工程量清单表；②计日工表；③暂估价表；④投标报价汇总表；⑤工程量清单单价分析表。

1.第100章总则

按《按公路工程标准施工招标文件(2009年版)》，清单第100章 总则包括：保险费，竣工文件，施工环保费，安全生产费，工程管理软件(暂估价)，临时道路修建、养护与拆除(包括原道路的养护费)，临时占地、临时供电设施，电信设施的提供、维修与拆除，供水与排污设施，承包人驻地建设等子目。这些费用项目，承包人在投标时应按招标文件要求逐一报价，施工期中按合同文件规定进行支付(结算)。

2.第200章～700章

第200章～700章分别是路基，路面，桥梁、涵洞，隧道，安全设施及预埋管线，绿化及环境保护设施，它是将整个工程按一定的划分原则进行分解，列出子目；按技术规范中确定的工程量计算规则(计量细则)列出各工程细目的工程量。这些费用项目，承包人在投标时应按招标文件要求报价(单价、合价)；施工期中，按承包人实际完成的合格工程，并经按计量细则计量的工程数量和该工程细目的合同清单单价计算应支付的款额。

3.工程量清单汇总表

工程量清单汇总表是将清单各章的汇总，并加上计日工与暂定金额支付项目。

1)计日工

在《公路工程标准施工招标文件(2009年版)》的工程量清单中列有计日工表，在计日工表中分别按劳务、材料、施工机械分别列出，并列出计日工汇总表。计日工表是承包人对计日工进行报价的依据，其计日工的合价是承包人报价及合同价的组成部分，也是在工程施工过程中进行费用结算(支付)的依据。

按通用合同条款，有关计日工支付有如下规定：

(1)由监理人通知承包人以计日工方式实施变更的零星工作，其价款按列入已标价工程量清单中的计日工计价子目及其单价进行计算。

(2)采用计日工计价的任何一项变更工作，应从暂列金额中支付，承包人应在该项变更的实施过程中，每天提交以下报表和有关凭证报送监理人审批：

①工作名称、内容和数量；

②投入该工作所有人员的姓名、工种、级别和耗用工时；

③投入该工作的施工设备型号、台数和耗用台时；

④监理人要求提交的其他资料和凭证。

(3)计日工由承包人汇总后，按合同约定列入进度付款申请单，由监理人复核并经发包人同意后列入进度付款。

承包人投标报价时，应仔细阅读计日工说明，以免漏计费用，或重复计费用，或清单费用项目组成混乱。

在FIDIC合同条款(第13.6款)中，该费用项目是用于一些小的或附带性的工作，工程师可指示按计日工作实施变更并按计日工支付。

2)暂估价表

暂估价表包括材料暂估价表、工程设备暂估价表、专业工程暂估价表。

3)暂列金额

投标报价汇总表中的暂列金额是在已标价工程量清单中所列的暂列金额,用于本工程在签订合同协议书时尚未确定或不可预见变更的施工及其所需材料、工程设备、服务等的金额,包括以计日工方式支付的金额。按《公路工程标准施工招标文件(2009 年版)》通用合同条款第 15.6 款规定:暂列金额只能按照监理人的指示使用,并对合同价格进行相应调整。按公路工程专用合同条款第 15.6 款规定:①暂列金额应由监理人报发包人批准后指令全部或部分地使用,或者根本不予动用。②对于经发包人批准的每一笔暂列金额,监理人有权向承包人发出实施工程或者提供材料、工程设备或服务的指令。这些指令应由承包人完成,监理人应根据第 15.4 款(变更的估价原则)约定的变更估价原则和第 15.7 款(计日工)的规定,对合同价格进行相应调整。③当监理人提出要求时,承包人应提供有关暂列金额支出的所有报价单、发票、凭证和账单或收据,除非该工作是根据已标价工程量清单列明的单价或总额价进行的估价。

【例 7-1-1】 某高速公路工程量清单中,有一项称为"钻孔桩的 P. D. A 试验"的暂定金项目(P. D. A 即美国打桩分析仪)。"钻孔桩的 P. D. A 试验"即对部分钻孔灌注桩进行高应变动载试验,运用美国的打桩分析仪实测现场桩的各种参数。然后,用计算机采用 CAPWWAP 软件分析,得出单桩承载力和桩身完整性,承包人施工中根据合同要求,向监理工程师提出使用该暂定金项目申请。监理工程师为做好该笔费用结算进行以下几项工作:①确定 P. D. A 试验桩的根数与位置,以确定试验工作数量;②审查 P. D. A 试验的实施方案,以控制试验工作的质量;③审核承包人有关 P. D. A 试验费用的申请,以确定试验工作的费用。

以上几项工作的结果,监理工程师均以书面形式通知承包人。最终确认下述三种费用构成该暂定金项目发生的费用:

①直接费用。该试验承包人委托给一家专门试验机构,考虑到该试验为非常规试验,监理工程师予以批准,并同意以委托合同作为支付有关试验的凭证。

②辅助费用。在试验现场,承包人为委托人的试验提供了相应的辅助工作,这部分费用可以考虑,但以驻地监理认可的为准。

③管理费用。承包人为该试验项目的实施申请一笔管理费用,监理工程师同意按承包人投标报价时填写的费率给付。

由以上几个部分的费用之和构成的合同价格,是以施工招标工程量清单预计数量为依据的,只是工程项目结算的基础性资料,工程项目结算要按照完成的准确数量及其他调整情况进行。

二、清单以外、合同条款内的费用项目

清单以外、合同以内费用项目是指那些没有包括在工程量清单以内,但根据合同条款规定可以成立的费用项目。按《公路工程标准施工招标文件(2009 年版)》通用合同条款第 17.2 款有:

1)预付款(第 17.2 款)

预付款用于承包人为合同工程施工购买材料、工程设备、施工设备、修建临时设施以及组织施工队伍进场等。预付款的额度和预付办法在专用合同条款中约定。预付款必须专用于合同工程。

在《公路工程专用合同条款》中，对预付款作了如下规定：

(1)第 17.2.1 预付款。包括开工预付款和材料、设备预付款，具体额度和预付办法如下：

①开工预付款的金额在项目专用合同条款数据表中约定，在承包人签订了合同协议书并提交了开工预付款保函后，监理人应在当期进度付款证书中向承包人支付开工预付款的 70%的价款，在承包人承诺的主要设备进场后，再支付预付款的 30%。

承包人不得将该预付款用于与本工程无关的支出，监理人有权监督承包人对该项费用的使用，承包人滥用开工预付款如经查实，发包人有权立即通过向银行发出通知收回开工预付款保函的方式，将该款收回。

②材料、设备预付款按项目专用合同条款数据表中所列主要材料、设备单据费用(进口的材料、设备为到岸价，国内采购的为出厂价或销售价，地方材料为堆场价)的百分比支付，其预付条件为：

a. 材料、设备符合规范要求并经监理人认可；

b. 承包人已出具材料、设备费用凭证或支付单据；

c. 材料、设备已在现场交货，且存储良好，监理人认为材料、设备的存储方法符合要求。

则监理人应将此项进金额作为材料、设备预付款计入下一次的进度付款证书中，在预计交工前 3 个月，将不再支付材料、设备预付款。

(2)第 17.2.2 款。预付款保函：除项目专用合同条款另有约定外，承包人应在收到开工预付款前向发包人提交开工预付款保函，开工预付款保函的担保金额应与开工预付款金额相同。出具保函的银行须与第 4.2 款(履约担保)的要求相同，所需费用由承包人承担。银行保函的正本由发包人保存，该保函在发包人将开工预付款全部扣回之前一直有效，担保金额可根据开工预付款扣回的金额相应递减。

(3)第 17.2.3 款。预付款的扣回与还清：

①开工预付款在进度付款证书的累计金额未达到签约合同价的 30%之前不予扣回，在达到签约合同价 30%之后，开始按工程进度以固定(即完成签约合同价的 1%，扣回开工预付款的 2%)分期从各月的进度付款证书中扣回，全部金额在进度付款证书的累计金额达到签约合同价的 80%时扣完。

可用公式表示为：

$$G = M\frac{B}{50\%} \tag{7-1-1}$$

式中：G——本次中期支付中应扣回的开工预付款金额；

M——累计支付已达 30%合同价后该中期支付中当期(本月)完成的清单支付金额；

B——所付开工预付款占合同价的比例(%)。

②当材料、设备已用于或安装在永久工程之中时，材料、设备预付款应从进度付款证书中扣回，扣回期不超过 3 个月。已经支付材料、设备预付款的材料、设备的所有权应属于发包人。

按 FIDIC 合同条款(第 14.2 款)，预付款总额、分期预付的次数和时间安排(如次数多于一次)及适用的货币和比例，应按投标书附录中的规定。

除非投标书附录中另有规定其他百分比外，其扣回应从确认的期中付款累计额(不包括预付款、扣减额和保留金)超过中标合同金额减去暂列金额后余额的 10%时的付款证书开始，扣减应按付款证书中金额(不包括预付款、扣减额和保留金的偿还)的 25%的偿还比率，并按预付款的货币和比率计算，直到预付款还清为止。

按 FIDIC 合同条款(第 14.5 款),拟用于工程的生产设备和材料,若投标书附录中规定应予预付,按投标书附录规定的比例预付,用于永久工程后予以扣回。

2)质量保证金(第 17.4 款)

质量保证金是在进度付款证书中将承包人已完工程应得的款额扣留一部分,用以促使承包人履行合同中规定的质量责任。质量保证金的扣留和退还应严格按该工程合同文件的规定办理。《公路工程标准施工招标文件(2009 年版)》合同通用条款及公路工程专用合同条款第 17.4 款的规定如下:

(1)质量保证金的扣留(第 17.4.1 款)

①公路工程专用合同条款第 17.4.1 款规定:监理人应从第一个付款周期开始,在发包人的进度付款中,按项目专用合同条款数据表规定的百分比扣留质量保证金,直至扣留的质量保证金总额达到项目专用合同条款数据表规定的限额为止。质量保证金的计算额度不包括预付款的支付以及扣回的金额。

②通用条款第 17.4.1 款规定:监理人应从第一个付款周期开始,在发包人的进度付款中,按专用合同条款的约定扣留质量保证金,直至扣留的质量保证金总额达到专用合同条款约定的金额或比例为止。质量保证金的计算额度不包括预付款的支付、扣回以及价格调整的金额。

(2)质量保证金的退还(第 17.4.2)

通用合同条款第 17.4.2 款规定:在第 1.1.4.5 目(缺陷责任期)约定的缺陷责任期满时,承包人向发包人申请到期应返还承包人剩余的质量保证金金额,发包人应在 14 天内会同承包人按照合同的约定的内容核实承包人是否已完成缺陷责任如无异议,发包人应当在核实后将剩余保证金返还承包人。

质量保证金的返还次数、比例由项目专用合同条款规定。

按 FIDIC 合同条款(第 14.9 款),保留金要分两次归还:当已颁发工程接收证书时,归还承包人全部保留金的一半(50%);部分工程颁发了接收证书,保留金按该接收工程价值保留金额的一定比例(40%)予以确认和归还;在监理工程师签发缺陷责任终止证书后,归还全部保留金的另一半(50%)。

3)工程变更费用(第 15 条)

(1)变更的范围和内容(第 15.1 款)

除专用合同条款另有约定外,在履行合同中发生以下情形之一,应按本条规定进行变更。

①公路工程专用合同条款细化为:取消合同中任何一项工作但被取消的工作不能转由发包人或其他人实施;由于承包人造成的违约除外;

②改变合同中任何一项工作的质量或其他特性;

③改变合同工程的基线、高程、位置或尺寸;

④改变合同中任何一项工作的施工时间或改变已批准的施工工艺或顺序;

⑤为完成工程需要增加的额外工作。

(2)变更权(第 15.2 款)

在履行合同过程中,经发包人同意,监理人可按第 15.3 款(变更程序)约定的变更程序向承包人作出变更指示,承包人应遵照执行。没有监理人的变更指示,承包人不得擅自变更。

(3)变更程序(第 15.3 款)

第 15.3.1 变更的提出:

①在合同履行过程中,可能发生第 15.1 款(变更的范围和内容)约定情形的,监理人可向

承包人发出变更意向书，变更意向书应说明变更的具体内容和发包人对变更的时间要求，并附必要的图纸和相关资料。变更意向书应要求承包人提交包括拟实施变更工作的计划、措施和竣工时间等内容的实施方案。发包人同意承包人根据变更意向书要求提交的变更实施方案的，由监理人按第 15.3.3 项约定发出变更指示。

②在合同履行过程中，发生第 15.1 款(变更的范围和内容)约定情形的，监理人应按照第 15.3.3 款的约定向承包人发出变更指示。

③承包人收到监理人按合同约定发出的图纸和文件，经检查认为其中存在第 15.1 款约定情形的，可向监理人提出书面变更建议。变更建议应阐明要求变更的依据，并附必要的图纸和说明。监理人收到承包人书面建议后，应与发包人共同研究，确认存在变更的，应在收到承包人书面建议后的 14 天内作出变更指示。经研究后不同意作为变更的，应由监理人书面答复承包人。

④若承包人收到监理人的变更意向书后认为难以实施此项变更，应立即通知监理人，说明原因并附详细依据。监理人与承包人和发包人协商后确定撤销、改变或不改变意向书。

(4)变更估价(第 15.3.2 款)

①除专用合同条款对期限另有约定外，承包人应在收到变更指示或变更意向书后的 14 天内，向监理人提交变更报价书，报价内容应根据第 15.4 款(变更的估价原则)约定的估价原则，详细开列变更工作的价格组成及其依据，并附必要的施工方法说明和有关图纸。

②变更工作影响工期的，承包人应提出调整工期的具体细节。监理人认为有必要时，可要求承包人提交要求提前或延长工期的施工进度计划及相应施工措施等详细资料。

③除专用合同条款对期限另有约定外，监理人收到承包人变更报价书后的 14 天内，根据第 15.4 款(变更的估价原则)约定的估价原则，按照第 3.5 款(商定或确定)商定或确定变更价格。

(5)变更指示(第 15.3.3 款)

①变更指示只能由监理人发出。

②变更指示应说明变更的目的、范围、变更内容以及变更的工程量及其进度和技术要求，并附有关图纸和文件。承包人收到变更指示后，应按变更指示进行变更工作。

【例 7-1-2】 某公路桥梁项目，由于原设计对桥梁地基的土质调查不清，原设计为石拱桥，开工后虽然承包人作了地基处理，但仍存在不均匀的地基基础沉降，可能导致拱圈开裂，危及工程安全可靠性能。经监理工程师与承包人一起现场调查分析后，监理工程师下工程变更令，改拱桥为板梁桥，并对桥台基础做了加固处理，对费用重新估价计算。支付的变更工程通知单样表见表 7-1-1。

变更工程通知单(样表)　　表 7-1-1

××项目_ 09 _标段　　货币单位:人民币元

变更令编号		2008 年 8 月		变更工程名称		钻孔桩:直径 1.0m 变更为 1.20m			
清单编号	项目名称	单位	原合同单价	原合同数量	重新核定的单价	单价(+/-)	变更后的数量	数量(+/-)	估计变更金额(+/-)
405—1	钻孔桩直径(ϕ1.0m)	m	850	278	1 220	+370	268	-10	+90 660

监理工程师(签发人):　　年　月　日

(6)公路工程专用合同条款补充(第 15.3.4 款)

设计变更程序应执行《公路工程设计变更管理办法》的相关规定。

(7)变更的估价原则

公路工程专用合同条款细化为：

除项目专用合同条款另有约定外，因变更引起的价格调整按照本款约定处理。

①如果取消某项工作，则该项工作的总额价不予支付。

②已标价工程量清单中有适用于变更工作的子目的，采用该子目的单价。

③已标价工程量清单中无适用于变更工作子目，但有类似子目的，可在合理范围内参照类似子目的单价，由监理人按第3.5款商定或确定变更工作的单价。

④已标价工程量清单中无适用或类似子目的单价，可在综合考虑承包人在投标时所提供的单价分析表的基础上，由监理人按第3.5款商定或确定变更工作的单价。

⑤如果本工程的变更指示是因承包人过错、承包人违反合同或承包人责任造成的，则这种违约引起的任何额外费用应由承包人承担。

FIDIC合同条款第12.3款(估价)、12.4款(删减)、13条(变更和调整)，都涉及变更费用的支付。

变更工程单价的确定方法有下面三种：

a.以合同单价为基础定价

【例7-1-3】 设某合同中沥青路面原设计为厚4cm，其单价为40元/m^2；现进行设计变更为厚度5cm。则按上述原则可求出变更后路面的单价为：40×5/4=50元/m^2。

该方法的特点是简单且有合同依据。但如果原单价偏低，则得出的新单价也会偏低，反之，原单价偏高，则得出的新单价也会偏高。所以其确定的单价只有在原单价是合理情况下才会相对合理，当原单价不合理(有不平衡报价)时，用该方法对增加的工程量部分来定价是不合理的。

b.以概预算方法为基础定价

仍用【例7-1-3】说明之，先确定沥青路面的施工方案和施工方法，进行资源价格的预算，之后按《公路工程预算定额》及相应的编制办法，确定其预算单价。该方法的优点是有法律依据，产生的价格相对合理，能真实地反映完成变更工程的成本和利润。其缺点是不同的施工方案，施工方法会有不同的单价。另外，该方法无法反映竞争的作用以及原有招标成果的作用，特别是当承包人有不平衡报价时，该方法会加剧总造价的不合理性。例如，假定本项变更发生后沥青路面(5cm)的预算单价为58元/m^2，即比前述方法确定的单价(50元/m^2)高出8元/m^2，它表明原合同中沥青路面(4cm)的单价40元/m^2偏低。其偏低的原因可能是承包人的报价普遍较低(即合同总价偏低)，也有可能是承包人在该单价上采用了不平衡报价法(即合同总价不低，但单价偏低)。对于前一种情况，采用预算单价后会使投标竞争所产生的积极成果不能有效地发挥作用，使合同的结算价回复到预算价。对于后一种情况则不仅不能使投标竞争所产生的积极成果发挥作用，反而提高了合同的结算价格，使合同的总结算价超过预算总价。下面以示例说明。

【例7-1-4】 设某项目有挖方、填方以及路面三项工程，其工程量和标底价格见表7-1-2。当承包人采用平衡报价或不平衡报价时，其报价结果有所不同(承包人采用不平衡报价是基于路基工程开工早，适当报高价有利于资金周转及提前受益)。现假定路面在施工中由4cm变更为5cm，则采用不同的定价方法时会有不同的结算结果。从表7-1-2中可以看出，如果未采用不平衡报价，则采用第一种方法定价时其结算总价为2 470万元。该价格的不合理之处在于，对增加的路面(1cm)工程量同样要求承包人向业主让利(10%)，而承包人在投标及签约时并未做此承诺。而采用第二种方法结算时，其结算总价为2 600万元。该价格的不合理之处在于，由于采用路面的预算单价作结算价，使得承包人在投标及签约时做出的让利10%的承诺没有执行(承包人的路面报价是36元/m²，标底是40元/m²，故让利10%)。

变更工程造价分析表 表7-1-2

工程细目	单位	数量(万)	标底		平衡报价		不平衡报价		备注
			单价(元)	金额(万元)	单价(元)	金额(万元)	单价(元)	金额(万元)	
挖方	m^3	100	8.5	850	8.0	800	9.5	950	投标时价格
填方	m^3	100	5.5	550	5.0	500	6.0	600	
路面(4cm)	m^2	26	40.0	1 040	36.0	936	32.0	832	
合计				2 440		2 236		2 382	
变更路面(5cm)	m^2	26	50.0	1 300	45.0	1 170	40.0	1 040	以第一种方法定价时
合计				2 700		2 470		2 590	
变更路面(5cm)	m^2	26	50.0	1 300	50.0	1 300	50.0	1 300	以第二种方法定价时
合计				2 700		2 600		2 850	
变更路面(5cm)	m^2	26	50.0	1 300	46.0	1 196	42.0	1 092	以加权定价法定价时
合计				2 700		2 496		2 642	

如果合同单价是一种不平衡报价，则采用第一种方法结算时其结算总价为2 590万元。其不合理之处在于，对增加的路面(1cm)工程量同样要求承包人以低于标底20%的水平结算，而承包人在投标时并未做此承诺，当采用第二种方法结算时，其结算总价为2 850万元，结算总价已大大高于预算(标底总价2 700万元)。其不合理之处在于原合同路面(4cm)的降价和不平衡报价因素使得路面单价偏低的现象被新确定的路面单价完全消除，而挖方和填方报价偏高的现象仍在继续。

c.加权定价法

以上两种方法均存在不足。合理的定价方法是在考虑路面(5cm)的单价时，在保持原有报价不受实质影响的前提下，对新增工程部分按概预算方法定价以此加权确定路面的单价。就上而言其合理单价应为：

$$32+\frac{50}{5}=42(元/m^2)$$

上述三种方法中，第二种方法适用于新增工程量的定价，而第三种方法适用于原有合同工程设计修改(尺寸修改)时的定价。在造价管理实践中遇到的问题会比上述示例要复杂得多，但不管如何复杂，价格公平是单价变更的基本原则。列入中期支付证书中，待价格议定后再在其后的中期支付证书中进行调整。

确定单价时应注意：

有些项目取消，但由于被取消项目是承包人在不平衡报价中单价很高的项目，导致其他单价不合理，承包人提出单价或金额的调整要求，应合理地分析确定。

有的项目规定，第100章总则各细目属于包干项目，如变更工程引起工程量增加较大，承包人提出按其他部分工程造价增大的比例进行调整，也应酌情考虑。

有关工程变更的提出方面和内容都是很多的，这要根据具体工程情况来决定，只要提出的工程变更在原合同规定的范围内，一般是切实可行的。若超出原合同，新增了很多工程内容和项目，则属于不合理的工程变更请求，监理工程师应和业主协商后酌情处理。

4)价格调整费用(第 16 条)

价格调整费用包括由于物价波动引起的价格调整和由于法律变化引起的价格调整两部分。

(1)物价波动引起的价格调整

物价波动引起的价格调整，有采用价格指数调整价格差额(第 16.1.1 款)和采用造价信息调整价格差额(第 16.1.2 款)两种方式。

在处理物价波动引起的价格调整时，公路工程施工专用合同条款中规定为，除项目专用合同条款另有约定外，因物价波动引起的价格调整应按项目专用合同条款数据表的规定，按照第 16.1.1 项或第 16.1.2 项约定的原则处理；或者在合同执行期间(包括工期拖延期间)，由于人工、材料和设备价格的上涨而引起工程施工成本增加的风险由承包人自行承担，合同价格不会因此而调整。

①价格调整公式

因人工、材料和设备价格波动影响合同价格时，根据投标函附录中的价格指数和权重表约定的数据，按式(7-1-2)计算差额并调整合同价格。

$$\Delta p = p_0\left[A + \left(B_1 \times \frac{F_{t1}}{F_{01}} + B_2 \times \frac{F_{t2}}{F_{02}} + B_3 \times \frac{F_{t3}}{F_{03}} + \cdots + B_n \times \frac{F_{tn}}{F_{0n}}\right) - 1\right] \quad (7\text{-}1\text{-}2)$$

式中：Δp——需调整的价格差额；

p_0——第 17.3.3 项(进度付款证书和支付时间)、第 17.3.4 项(工程进度付款的修正)和第 17.6.2 项(最终结清证书和支付时间)约定的付款证书中承包人应得到的已完成工程量的金额，此项金额应不包括价格调整、不计质量保证金的扣留和支付、预付款的支付和扣回。第 15 条(变更)约定的变更及其他金额已按现行价格计价的，也不计在内；

A——定值权重(即不调部分的权重)；

$B_1, B_2, B_3 \cdots B_n$——各可调因子的变值权重(即可调部分的权重)为各可调因子在投标函投标总报价中所占的比重；

$F_{t1}, F_{t2}, F_{t3} \cdots F_{tn}$——各可调因子的现行价格指数，指第 17.3.3 项(进度付款证书和支付时间)、第 17.5.2 项(竣工付款证书及支付时间)和第 17.6.2 项(最终结清证书和支付时间)约定的付款证书相关周期最后一天的前 42 天的各可调因子的价格指数；

$F_{01}, F_{02}, F_{03} \cdots F_{0n}$——各可调因子的基本价格指数，指基准日期的各可调因子的价格指数。

以上价格调整公式中的各可调因子、定值和变值权重，以及基本价格指数及其来源在投标书附录价格指数和权重表中约定。价格指数应首先采用有关部门提供的价格指数，缺乏上述价格指数时，可采用有关部门提供的价格代替。

公路工程施工专用合同条款对调价公式(7-1-2)增加了如下备注，并对最后一段文字进行了细化，式中：

$$A = 1 - (B_1 + B_2 + B_3 + \cdots + B_n) \quad (7\text{-}1\text{-}3)$$

在采用价格调整公式进行调价时，应遵守以下规定：

以上价格调整公式中的各可调因子、定值权重以及基本价格指数及其来源，由发包人在投标函附录价格指数和权重表中约定。价格指数应首先采用国家或省、自治区、直辖市价格部门或统计部门提供的价格指数，缺乏上述价格指数时，可采用上述部门提供的价格代替。

价格调整公式中的变值权重，由发包人根据项目实际情况测算确定范围，并在投标函附录价格指数和权重表中约定范围；承包人在投标时在此范围内填写各可调因子的权重，合同实施期间将按此权重进行调价。

②通用合同条款规定

a. 第 16.1.1.2 暂时确定调整差额。在计算调整差额时得不到现行价格指数的，可暂用上一次价格指数计算，并在以后的付款中再按实际价格指数进行调整。

b. 第 16.1.1.3 权重的调整。按第 15.1 款(变更的范围和内容)约定的变更导致原定合同中的权重不合理时，由监理人与承包人和发包人协商后进行调整。

c. 第 16.1.1.4 承包人工期延误后的价格调整。由于承包人原因未在约定的工期内竣工的，则对原约定竣工日期后继续施工的工程，在使用第 16.1.1.1 目(价格调整公式)价格调整公式时，应采用原约定竣工日期与实际竣工日期的两个价格指数中较低的一个作为现行价格指数。

③采用造价信息调整价格差额

施工期内，因人工、材料、设备和机械台班价格波动影响合同价格时，人工、机械使用费按照国家或省、自治区、直辖市建设行政主管部门、行业建设管理部门或其授权的工程造价管理机构发布的人工成本信息、机械台班单价或机械使用费系数进行调整；需要进行价格调整的材料，其单价和采购数应由监理人复核，监理人确认需要调整的材料单价及数量，作为调整工程合同价格差额的依据。

(2)法律变化引起的价格调整(第 16.2 款)

在基准日后，因法律变化导致承包人在合同履行中所需要的工程费用发生除第 16.1 款(物价波动引起的价格调整)约定以外的增减时，监理人应根据法律、国家或省、自治区、直辖市有关部门的规定，按第 3.5 款商定或确定需调整的合同价款。

FIDIC 合同条款第 13.8 款规定了因成本改变而进行的调整，第 13.7 款规定了因法律改变的调整。

5)索赔费用

索赔，即权利的索取，是指在施工中由于业主或其他非承包人的原因，使承包人在施工中付出了额外的费用，承包人根据合同文件的规定和正常、合法的途径，要求业主赔偿施工中损失的权利的一种行为。按索赔目的来分，有索赔费用和索赔工期两类，通常以索赔费用为主，这里所指的费用是为履行合同所发生的或将要发生的所有合理开支，包括管理费和应分摊的其他费用，但不包括利润。

按照索赔的依据来分，索赔费用可分为合同内索赔，其索赔的依据为按合同文件规定能成立的索赔；合同外索赔，其索赔依据在合同文件中无法找到，但在国家的法律、法规中能找到依据的索赔；道义索赔，又称优惠补偿，是指在合同文件内及国家的法律、法规中无法找到依据，业主也没有违约或违反法律、法规的规定，但承包人的确已尽了最大努力后仍亏了许多钱，这时承包人通常会寻求道义索赔。例如承包人在施工中发现原投标时对施工的难度估计不足，报价实在太低，虽然尽了最大努力、已亏了许多钱仍然不能完成工程施工，这时通常可寻求道义索赔，谋求通情达理的业主为使工程项目顺利建成而能给予一定的补偿。我们这里所涉及的索赔只涉及合同内索赔。

在施工结算(中期支付)中处理索赔费用项目时,要严格遵守索赔程序、分清索赔事件的责任、注重索赔依据、注意索赔时效,对索赔项目进行全面审查,客观、公正地确定索赔费用。

(1)索赔产生的原因

在土木工程索赔实践中,产生索赔的原因很多,较常见的原因有地质条件的变化,施工中非承包人的人为障碍,工程变更,合同文件的遗漏、错误或矛盾,不利的施工条件,意外的风险和人力不可抗因素,暂时停工,额外的试验和检验,图纸错误,监理工程师指令错误,社会环境因素的干扰,业主违约导致的合同终止等。按《公路工程标准施工招标文件(2009 年版)》通用合同条款,承包人可引用的索赔条款如表 7-1-3 所示,发包人可引用的索赔条款如表 7-1-4 所示;按 FIDIC 合同条款,承包人可引用的索赔条款如表 7-1-5 所示、业主可以引用的索赔条款如表 7-1-6 所示。承包人可索赔费用的组成通常包括直接费(人工费、材料费、施工机械使用费)、其他直接费、现场经费(现场管理费、临时设施费)、间接费(上级机构管理费、保函手续费、保险费、交通设施费、代理费、利息、税金、其他费用等)、分包费等。具体索赔项目的费用组成不能一概而论,应根据索赔事件的具体情况确定。

《公路工程标准施工招标文件(2009 年版)》通用合同条款中承包人索赔可引用的合同条款

表 7-1-3

序　号	条目号	条款主题内容	可调整的项目
1	1.10 款	化石、文物	工期+费用
2	3.4 条	监理人的指示中 3.4.5 项	工期+费用+利润
3	4.1.8 项	为他人提供方便	费用+利润
4	4.11 款	不利物质条件	费用+工期
5	5.2 款	发包人提供的材料和工程设备中第 5.2.4 项	费用
6	5.2 款	发包人提供的材料和工程设备中第 5.2.6 项	工期+费用+利润
7	5.4 款	禁止使用不合格的材料和工程设备中第 5.4.3 项	工期+费用
8	6.1 款	承包人提供的施工设备和临时设施中第 6.1.2 项	费用
9	7.1 款	道路通行权和场外设施	费用
10	8.3 款	基准资料错误的责任	工期+费用+利润
11	9.1 款	发包人的施工安全责任中第 9.1.3 项	人身伤亡和财产损失
12	9.2 款	承包人的施工安全责任中第 9.2.5 项	费用
13	9.2 款	承包人的施工安全责任中第 9.2.6 项	工伤事故损失
14	11.3 款	发包人的工期延误	工期+费用+利润
15	11.4 款	异常恶劣的气候条件	工期
16	11.6 款	工期提前	费用
17	12.2 款	发包人暂停施工的责任	工期+费用+利润
18	12.4 款	暂停施工后的复工中第 12.4.2 项	工期+费用+利润
19	12.5 款	暂停施工持续 56 天以上中第 12.5.1 项	工期+费用+利润
20	13.1 款	工程质量要求中第 13.1.3 项	工期+费用+利润
21	13.5.3 项	监理人重新检查	工期+费用+利润
22	13.6.2 项	清除不合格工程中第 13.6.2 项	工期+费用+利润
23	14.1 款	材料、工程设备和工程的试验和检验中第 14.1.3 项	工期+费用+利润

续上表

序　号	条目号	条 款 主 题 内 容	可调整的项目
24	18.4 款	单位工程验收中第 18.4.2 项	工期＋费用＋利润
25	18.6 款	试运行中第 18.6.2 项	费用＋利润
26	19.2 款	缺陷责任中第 19.2.3 项	费用＋利润
27	21.3.1 项	不可抗力造成损害的责任	工期＋费用
28	21.3.4 项	因不可抗力解除合同	费用
29	22.2 款	发包人违约	工期＋费用＋利润

《公路工程标准施工招标文件(2009 年版)》通用合同条款中发包人索赔可引用的合同条款

表 7-1-4

序　号	条目号	条 款 主 题 内 容	可调整的项目
1	4.1.1 项	遵守法律	任何责任
2	4.1.7 项	避免施工对公众与他人的利益造成损害	相应责任
3	5.2 款	发包人提供的材料和工程设备中第 5.2.5 项	工期延误＋费用
4	5.4 款	禁止使用不合格的材料和工程设备中第 5.4.1 项	工期延误＋费用
5	6.3 款	要求承包人增加或更换施工设备	工期延误＋费用
6	7.2 款	场内施工道路中第 7.2.1 项	费用
7	11.5 款	承包人的工期延误	逾期竣工违约金
8	12.1 款	承包人暂停施工的责任	工期延误＋费用
9	12.5 款	暂停施工持续 56 天以上中 12.5.2 项	工期延误＋费用
10	13.1 款	工程质量要求中第 13.1.2 项	工期延误＋费用
11	13.5.3 项	监理人重新检查	工期延误＋费用
12	13.6 款	清除不合格工程中第 13.6.1 项	工期延误＋费用
13	14.1 款	材料、工程设备和工程的试验和检验中第 14.1.3 项	工期延误＋费用
14	18.7	竣工清场中第 18.7.2 项	费用
15	19.2 款	缺陷责任第 19.2.2 项	负责修复
16	19.2	缺陷责任第 19.2.4 项	费用＋利润
17	19.3	缺陷责任期的延长	延长缺陷责任期
18	22.1.2 项	对承包人违约的处理	工期延误＋费用
19	22.1.3 项	承包人违约解除合同	工期延误＋费用
20	22.1.6 项	紧急情况下无能力或不愿进行抢救	工期延误＋费用

FIDIC 合同条款中承包人索赔可引用的合同条款　表 7-1-5

序　号	条目号	条 款 主 题 内 容	可调整的项目
1	1.9	延误的图纸或指示	工期＋费用＋利润
2	2.1	现场进入权	工期＋费用＋利润
3	4.7	放线	工期＋费用＋利润
4	4.12	不可预见的物质条件	工期＋费用
5	4.24	化石	工期＋费用

续上表

序　号	条目号	条款主题内容	可调整的项目
6	7.4	试验	工期＋费用＋利润
7	8.4	竣工时间的延长	工期
8	8.5	当局造成的延误	工期
9	8.8、8.9	暂时停工、暂停的后果	工期＋费用
10	10.2	部分工程的接收	成本＋利润
11	10.3	对竣工试验的干扰	工期＋费用＋利润
12	11.8	承包人调查	费用＋利润
13	13.7	因法律改变的调整	费用＋成本
14	16.1	承包人暂停工作的权利	工期＋费用＋ 利润
15	17.3、17.4	雇主的风险、雇主风险的后果	工期＋费用(或)＋利润
16	18.1	有关保险的一般要求	费用
17	19.4	不可抗力的后果	工期(或)＋费用
18	20.1	承包人的索赔	

FIDIC 合同条款中业主可引用的索赔条款　　表 7-1-6

序　号	条目号	条款主题内容	可调整的事项
1	2.5	雇主的索赔	
2	4.2	履约担保	有关费用
3	4.19	电、水和燃气	有关费用
4	4.20	雇主设备和免费供应的材料	有关费用
5	7.5	拒收	有关费用
6	7.6	修补工作	有关费用
7	8.6	工程进度	有关费用
8	8.7	误期损害赔偿费用	有关费用
9	9.4	未能通过竣工试验	有关费用
10	11.3	缺陷通知期限的延长	缺陷期延长
11	11.4	未能修补缺陷	有关费用
12	15.2、15.4	由雇主终止，终止后的付款	有关费用
13	18.1	有关保险的一般要求	有关费用
14	18.2	工程和承包人设备的保险	有关费用

(2)承包人的索赔

《公路工程标准施工招标文件(2009 年版)》合同通用条款第 23 条对承包人的索赔作了如下规定。

①索赔的提出(第 23.1 款)

根据合同约定，承包人认为有权得到追加付款和(或)延长工期的，应按以下程序向发包人提出索赔：

a. 承包人应在知道或应当知道索赔事件发生后 28 天内向监理人递交索赔意向通知书，并说明发生索赔事件的事由。承包人未在前述 28 天内发出索赔意向通知书的，丧失要求追加付款(或)延长工期的权利。

b. 承包人应在发出索赔意向通知书后28天内,向监理人正式递交索赔通知书。索赔通知书应详细说明索赔理由以及要求追加的付款金额和(或)延长的工期,并附必要的记录和证明材料。

c. 索赔事件具有连续影响的,承包人应按合理时间间隔继续递交延续索赔通知,说明连续影响的实际情况和记录,列出累计的追加付款金额和(或)工期延长天数。

d. 在索赔事件影响结束后的28天内,承包人应向监理人递交最终索赔通知书,说明最终要求索赔的追加付款金额和延长的工期,并附必要的记录和证明材料。

在《公路工程专用合同条款》中,将程序d.细化为:在索赔事件影响结束后的28天内,承包人应向监理人递交最终索赔通知书,说明最终要求索赔的追加付款金额和(或)延长的工期,并附必要的证明材料。

②承包人索赔处理程序(第23.2款)

a. 监理人收到承包人提交的索赔通知书后,应及时审查索赔通知书的内容,查验承包人的记录和证明材料,必要时监理人可要求承包人提交全部原始记录副本。

b. 监理人应按第3.5款商定或确定追加的付款和(或)延长的工期,并在收到上述索赔通知书或有关索赔的进一步证明材料的42天内,将索赔处理结果答复承包人。

在《公路工程专用合同条款》中,将程序b.细化为:监理人应按第3.5款商定或确定追加的付款和(或)延长的工期,并在收到上述索赔通知书或有关索赔的进一步证明材料的42天内,将索赔处理结果报发包人批准后答复承包人。如果承包人提出的索赔要求未能遵守第23.1款(2)～(4)项的规定,则承包人只限于索赔由监理人按当时记录予以核实的那部分款额和(或)工期延长天数。

c. 承包人接受索赔处理结果的,发包人应在作出索赔处理结果答复后的28天内完成赔付。承包人不接受索赔处理结果的,按第24条(争议的解决)的约定办理。

③承包人提出索赔的期限(第23.3款)

a. 承包人按第17.5款(竣工结算)的约定接受了竣工付款证书后,应被认为已无权再提出在合同工程接受证书颁发前所发生的任何索赔(第23.3.1项)。

b. 承包人按第17.6款(最终结清)的约定提交的最终结清申请单中,只限于提出工程接受证书颁发后发生的索赔。提出索赔的期限自接受最终结清证书时终止。

(3)发包人的索赔(第23.4款)

①发生索赔事件后,监理人应及时书面通知承包人,详细说明发包人有权得到的索赔金额和(或)延长缺陷责任期的细节和依据。发包人提出索赔的期限和要求与第23.3款(承包人提出索赔的期限)的约定相同,延长缺陷责任期的通知应在缺陷责任期届满前发出(第23.4.2项)。

②监理人按第3.5款商定或确定发包人从承包人处得到赔付的金额和(或)缺陷责任期的延长期。承包人应付给发包人的金额可从拟支付给承包人的合同价款中扣除,或由承包人以其他方式支付给发包人。

按FIDIC合同条款第20.1款,监理工程师在收到索赔报告或对过去的索赔的任何进一步证明资料后42天内,或在工程师可能建议并经承包人认可的此类其他期限内做出回应,表示批准或不批准并附具体意见。

(4)处理索赔的阶段

处理索赔通常会经过五个阶段：

①承包人提出索赔。承包人提出索赔，首先要在规定的时间内提出索赔意向；其次要保持现场同期记录并应向监理工程师提出中间索赔报告；然后在索赔事件结束后的规定时间内向监理工程师提出最终索赔报告，报告中应包括事件发生原因、索赔事件对其权益的影响及其证据资料、索赔的依据及索赔费用的具体计算等。

②监理工程师对索赔报告的审查。首先，监理工程师在接到承包人的索赔意向书后，无需认可是否是业主责任，先应审查这些当时记录，并可指示承包人进一步做好当时记录、报送中间报告；其次应建立承包人的索赔档案并保持监理对索赔事件的同期记录；第三是审查承包人的最终索赔报告，审查时要研究证据、分清责任并审查承包人是否按规定时间、程序提出索赔意向和索赔报告；最后是对索赔费用项目和数额进行逐一审查。

③监理工程师与承包人协商补偿额。通常，索赔项目、款额在监理工程师审查后要与承包人进行协商，然后确定。

④业主审批。业主审查后确定是否批准监理工程师的意见；索赔报告经业主审批后由监理工程师签发。

⑤承包人是否接受最终索赔处理。根据《公路工程标准施工招标文件(2009 年版)》通用合同条款 23.2 款(承包人索赔处理程序)的规定，如果承包人不接受索赔处理结果的，应按 24 条(争议的解决)进行处理。

FIDIC 合同条款第 20.2 款中规定用组成“争端裁决委员会(dispute adjudication bord，简称 DAB)”的形式来进行公正裁决。

(5)发包人的索赔

当发包人(业主)由于承包人的责任(原因)而遭受损失时，也有权利要求承包人予以赔偿(发包人向承包人索赔)。《公路工程标准施工招标文件》合同通用条款第 23.4 款对发包人的索赔作出了如下规定：

①第 23.4.1 项。发生索赔事件后，监理人应及时书面通知承包人，详细说明发包人有权得到的索赔金额和(或)延长缺陷责任期的细节和依据。发包人提出索赔的期限和要求与第 23.3 款的约定相同，延长缺陷责任期的通知应在缺陷责任期届满前发出。

②第 23.4.2 项。监理人按第 3.5 款(商定或确定) 商定或确定发包人从承包人处得到赔付的金额和(或)缺陷责任期的延长期。承包人应付给发包人的金额可从拟支付给承包人的合同价款中扣除，或由承包人以其他方式支付给发包人。

(6)索赔费用项目及计算方法

①索赔费用项目。索赔费用项目是用来计算索赔额的费用内容，与合同报价包含的内容相似，包括：

a. 成本项。人工费，材料费，机械使用费，现场管理费，其他费用如总部管理费、保险费、利息等附加费等。

b. 利润项。按合同条款在有些情况下可索赔利润。

②索赔费用项目的计算方法如下：

a. 总费用法和修正的总费用法。总费用法又称总成本法，就是计算出该项工程的总费用，再从这个已实际开支的总费用中减去投标报价时的成本费用，即为要求补偿的索赔费用额。总费用法并不十分科学，但仍被经常采用，原因是对于某些索赔事件，难于精确地确定它们导致的各项费用增加额。一般认为在具备以下条件时采用总费法是合理的：第一，已开支的实际总费用经过审核，认为是比较合理的；第二，承包人的原始报价是比较合理的；第三，费用的增加是由于对方原因造成的，其中没有承包人管理不善的责任；第四，由于该项索赔事件的性质以及现场记录的不足，难于采用更精确的计算方法。

修正总费用法是指对难于用实际总费用进行审核的，可以考虑是否能计算出与索赔事件有关的单项工程的实际总费用和该单项工程的投标报价。若可行，可按其单项工程的实际费用与报价的差值来计算其索赔的余额。

b. 分项法。分项法是将索赔的损失的费用分项进行计算，其基本内容如下：

人工费索赔。人工费索赔包括额外雇佣劳务人员、加班工作、工资上涨、人员闲置和劳动生产率降低的费用。对于额外雇佣劳务人员和加班工作，用投标时的人工单价乘以工时数即可；对于人员闲置费用，一般折算为人工单价的 0.75；工资上涨是指由于工程变更，使承包人的大量人力资源的使用从前期推到后期，而后期工资水平上调，因此应得到相应的补偿。有时监理工程师指令进行计日工，则人工费按计日工表中的人工单价计算。

对于劳动生产率降低导致的人工费索赔，一般可用如下方法计算：

实际成本和预算成本比较法。这种方法是对受干扰影响工作的实际成本与合同中的预算成本进行比较，索赔其差额。这种方法需要有正确合理的估价体系和详细的施工记录。如某工程的现场混凝土模板制作，原计划 20 000m^2，估计人工工日数为 6 000 工日，直接人工成本 294 000 元。因业主未及时提供现场施工的场地占有权，使承包人被迫在雨季进行该项工作，实际人工工日数 6 800 工日，人工成本为 333 200 元，使承包人造成生产率降低的损失为 39 200元。这种索赔，只要预算成本和实际成本计算合理，成本的增加确属业主的原因，其索赔成功的把握是很大的。

正常施工期与受影响期比较法。这种方法是在承包人的正常施工受到干扰、生产率下降、通过比较正常条件下的生产率和干扰状态下的生产率，得出生产率降低值，以此为基础进行索赔。

例如，某工程吊装浇注混凝土，前 6 天工作正常，第 7 天起业主架设临时电线，共有 8 天时间使吊车不能在正常角度下工作，导致吊运混凝土的方量减少。承包人有未受干扰时正常施工记录和受干扰时施工记录，如正常情况下吊运混凝土 6.7m^3/h，受干扰时运混凝土 4.7m^3/h 通过以上记录施工比较，劳动生产率降低值为：2m^3/h。

劳动生产率降低索赔费用的计算公式可表示为：

索赔费用＝计划台班×(劳动生产率降低值/预期劳动生产率)×台班单价

施工机械费索赔。机械费索赔包括增加台班数量、机械闲置或工作效率降低、台班单价上涨等费用。

台班单价按照有关定额和标准手册取值。对于工作效率降低，应参考劳动生产率降低的人工索赔的计算方法。台班量的计算数据来自机械使用记录。对于租赁的机械，取费标准按租赁合同计算。

对于机械闲置费，有两种计算方法。一是按公布的行业标准租赁费率进行折减计算，二是按定额标准的计算方法，一般建议将其中的不变费用和可变费用分别扣除一定的百分比进行计算。即机械闲置合计单价＝(折旧费＋大修理费)×50％＋经常修理费＋机上人员工资＋台班养路费及车船使用费(对水平运输机械按规定征收的养路费及车船使用费)。其中，折旧费、大修理费是指机械台班费用定额中每台班的折旧费和大修理费，百分数可查有关规定；机上人员工资按停工、窝工费的计算方法确定。

对于工程师指令进行计日工作的，按计日工作表中的单价计算。

材料积压费用(停工使工地材料积压)或材料加大库存费用。合同中已支付材料预付款的，原则上不考虑材料积压损失费；合同中未支付材料预付款的，可根据材料费价格及积压材料的费用总额计算利息；对于有龄期材料，当材料积压时间太长时，应根据实际情况考虑材料超过龄期后报废的损失。材料加大库存费用：指业主或监理工程师不合理的加快进度(赶工令)指令，导致材料加大库存而增加的费用。

企业管理费索赔计算。企业管理费是施工企业组织生产和经营管理所需的费用。一般仅在工程延期和工程范围变更时才允许索赔企业管理费。企业管理费索赔的计算方法是 Eichealy 公式。该公式是在获得工程延期索赔后进一步获得企业管理费索赔的计算方法。对于获得工程成本索赔后，也可参照本公式的计算方法进一步获得企业管理费索赔。

对于已获延期索赔的 Eichealy 公式是根据日费率分摊的办法，其计算步骤如下：

延期的合同应分摊的企业管理费 A=(被延期合同原价/同期公司所有合同价之和)×同期公司计划企业管理费

单位时间(日或周)企业管理费费率 $B=A$/计划合同工期(日或周)

企业管理费索赔值 $C=B\times$工程延期索赔(日或周)

Eichealy 公式在工程拖期后的企业管理费索赔的前提条件是：若工程延期，就相当于该工程占用了应调往其他工程合同的施工力量，这样就损失了在该工程合同中应得的企业管理费。也就是说，由于该工程拖期，影响了企业在这一时期内的其他合同收入，企业管理费应该从延期工程项目中索补。

对于已获得工程直接成本索赔的企业管理费的计算也可用 Eichealy 公式计算：

被索赔合同应分摊企业管理费 A_1=被索赔合同原计划直接成本/同期所有合同直接成本总和×同期公司计划企业管理费

每元直接成本包含的企业管理费 $B_1=A_1$/被索赔合同计划直接成本

应索赔企业管理费 $C_1=B_1\times$工程直接成本索赔值

融资成本、利润与机会利润损失的索赔。融资成本又称资金成本，即取得和使用资金所付出的代价，其中最主要的是支出资金供应者的利息。由于承包人只有在索赔事件处理完结后一段时间内才能得到其索赔的金额，所以承包人往往需从银行贷款或以自有资金垫付，这就产生了融资成本问题，主要表现在额外贷款利息的支付和自有资金的机会利润损失，在以下情况中，可以索赔利息：

业主推迟支付工程款的保留金，这种金额的利息通常以合同约定的利率计算。

承包人借款或动用自有资金弥补合法索赔事项所引起的现金流量缺口，在这种情况下，可以参照有关金融机构的利率标准，或者拟定把这些资金用于其他工程承包可得到的收益计算索赔金额，后者实际上是机会利润损失的计算。

利润是完成一定工程量的报酬，因此在工程量的增加时可索赔利润。不同的国家和地区对利润的理解和规定有所不同，有的将利润归入总部管理费中，则不能单独索赔利润。

机会利润损失是由于工程延期或合同终止而使承包人失去承揽其他工程的机会而造成的损失，在某些国家和地区，是可以索赔利润机会损失的。

工期延期后的费用。承包人临时设施维修费，如已包含在现场管理费用之中，则不另行计算，否则可根据延长时间由业主、承包人、监理工程师协商确定维护费用；工程保险费追加可根据保险单或调查所得的保险费率来确定保险费用(当合同规定由承包人办理工程保险时)；延长期间的临时租地费可根据租地合同或其他票据参考确定(当合同规定临时租地费用业主承担时);临时工程的维护费可根据临时工程的性质及实际情况由业主、承包人、监理工程师协商确定。

【例 7-1-5】 某土方工程合同工程量 45 000m^3,土方直接工程费用为 10 元/m^3,综合费率 20%,人工单价 49 元/工日,租用 2 台机械,租金 650 元/台班。计划 11 月 11 日开工,12 月 10 日完工。其间发生如下事件:

①机械大修,晚开工 2 天,窝工 20 工日;②开挖中遇软土,11 月 15 令停工,复查地质,配合用工 15 工日;③11 月 19 日接令于 20 日复工,决定增挖 2m,增加工程量 9 000 m^3;④11 月 20 日至 11 月 22 日遇罕见大雨,暂停窝工 35 工日;⑤11 月 23 日用 30 工日修复被大雨冲坏的道路,11 月 24 日恢复挖掘,12 月 24 日挖掘完毕。问就该分项工程而言,工期与费用怎样补偿?

解:事件①为承包人原因,为不可原谅延误,不能索赔;事件②为可补偿延误,可考虑工期与费用补偿,延期 15~19 日,共 5 天,费用为机械闲置 2×5=10 台班及配合用工 15 工日;事件③是增加工程量 9 000 m^3,可考虑工期与费用补偿,工期延长 9 000÷45 000×30 天 =6 天,费用增加 9 000×10×(1+20%)元;事件④是自然原因,只延期 3 天 ;事件⑤为可补偿延误,延期 1 天,费用为机械闲置 2×1=2 台班及配合用工 30 工日 。

故工期应延长:事件②5 天+事件③6 天+事件④3 天+事件⑤1 天=15 天;若为某一项目的分部工程,应视对总工期的影响程度(长短)而定。

费用补偿为 10 台班×650 元/台班+15 工日×49 元/工日 ×(1+20%)+9 000×10×(1+20%)+2 台班×650 元/台班+30 工日×49 元/工日×(1+20%)=118 446 元(本案例假设机械无其他作业面可做)。

【例 7-1-6】 某桥梁工程,合同金额是为 2 000 万元,工期为 29 个月,合同条件以 FIDIC 合同条款第 4 版为蓝本。合同要求在河岸边修建一高架桥,承包人在进行桥梁的基础开挖时,遇到了业主的勘测资料并未指明的流沙和风化岩层,为处理这些流沙和风化岩层,相应造成了承包人工程拖期和费用增加,为此,承包人要求索赔:①工期:17 天;②费用:125 040 元。

1. 索赔论证

承包人在河岸进行清理的基础开挖时遇到了流沙,为处理流沙花了 10 天的时间,处理完流沙后,又遇到风化岩层,为了爆破石方又花了 7 天的时间。

按照业主提供的地质勘探资料,河岸的土基应为淤泥和泥炭土,并未提及有流沙和风化岩层。合同条件第 12.2 款规定,在工程施工中,承包人如果遇到了气候条件以外的外界障碍或条件,如果这些障碍和条件是一个有经验的承包人也无法预见到的,监理工程师应给予承包人相应的工期和费用补偿。

上述流沙和风化岩层,如果业主不在地质勘探资料中予以标明,在短短的投标期间,一个有经验的承包人也是无法预见到的。故承包人要求索赔相应的工期,多支出的人工费、材料费、机械费、管理费及利润。

2. 索赔计算

(1)工期索赔计算

处理流沙:10 天 ;处理风化岩层:7 天;小计: 17 天。由于上述事件,承包人在这 17 天除了处理流沙和风化岩层处,无法进行其正常施工,故要求补偿工期:17 天。

(2)费用索赔计算

①处理流沙的费用。人工费:12 400 元;施工机械费:11 230 ;小计:23 630 元。加 15%的其他工程费 3 545 元;5%的企业管理费 1 359 元,规费 4 985 元;加 7%的利润 1 997 元 。共计 35 516 元。

②处理风化岩层的费用。人工费:8 850 元;材料费:23 890 元;施工机械费:14 870 元;小计:47 610 元;加 15%的其他工程费 7 142 元;加 5%的企业管理费 2 738 元;规费 3 558 元;加 7%的利润 4 024 元;共计 65 072 元。

③延期的企业管理费。延期的企业管理费的计算采用 Eichealy 公式分摊到被延误合同中的企业管理费 A = 被延误合同金额/合同期内公司所有合同总金额×合同期内企业管理费总额 ;被延误合同每天的企业管理费 $B=A$/合同期;索赔的延期企业管理费 $C=B\times$ 延期天数;在本合同期的 29 个月内,承包人共承包了 3 个合同,3 个合同的总金额为 4 250 万元,3 个合同的企业管理费总额为 4 250×5%=212.5 万元。

故 A=20 000 000/42 500 000×2 125 000=1 000 000 元;延误合同每天的企业管理费 B =1 000 000/88l=1 135.07 元 ;C=1 135.07×17=19 296.19 元;减去(1)、(2)项中包含的总部管理费;19 296.19−1 359−2 738=15 199.19 元。

合计索赔费用=35 516+65 012+15 199.19=115 787.19 元。

6)逾期竣工违约金

逾期竣工违约金是指承包人未能按合同工期完成工程施工或在监理工程师批准的延期内完成工程的施工而给予业主的补偿。《公路工程标准施工招标文件(2009 年版)》通用合同条款第 11.5 款“承包人的工期延误”对此作了如下规定:

由于承包人原因造成工期延误,承包人应支付逾期竣工违约金。逾期竣工违约金的计算方法在专用合同条款中约定。承包人支付逾期竣工违约金,不免除承包人完成工程及修补缺陷的义务。

《公路工程专用合同条款》对通用合同条款中的逾期竣工违约金细化如下:

(1)由于承包人原因造成工期延误,承包人应支付逾期交工违约金。逾期交工违约金的计算方法在项目专用合同条款数据表中约定,时间自预定的交工日期起到交工验收证书中写明的实际交工日期止(扣除已批准的延长工期),按天计算。逾期交工违约金累计金额最高不超过项目专用合同条款数据表中写明的限额。发包人可以从应付或到期应付给承包人的任何款项中或采用其他方法扣除此违约金。

(2)如果在合同工程完工之前,已对合同工程内按时完工的单位工程签发了交工验收证书,则合同工程的逾期交工违约金,应按已签发交工验收证书的单位工程的价值占合同工程价值的比例减少,但本规定不影响逾期交工违约金的规定限额。

逾期交工违约金可按式(7-1-4)计算。

逾期交工违约金=[实际交工日期−(合同规定的交工日期+监理工程师批准的延期)](日)×拖期工程价值×合同规定的百分数 (7-1-4)

FIDIC 合同条款第 8.7 款规定了误期损害赔偿费:以接收证书的日期超过合同规定的竣工时间,按天计,按投标书附录中所列每天应付的金额计算;但不得超过投标书附录中规定的误期损害赔偿费的最高限额(如果有)。

7)工期提前奖金

根据通用合同条款第 11.6 款,发包人要求承包人提前竣工,或承包人提出提前竣工的建议能够给发包人带来效益的,应由监理人与承包人共同协商采取加快工程进度的措施和修订合同进度计划。发包人应承担承包人由此增加的费用，并向承包人支付专用合同条款约定的相应奖金。

《公路工程专用合同条款》对此进行了补充：

(1)发包人不得随意要求承包人提前交工，承包人也不得随意提出提前交工的建议。如遇特殊情况，确需将工期提前的，发包人和承包人必须采取有效措施，确保工程质量。

(2)如果承包人提前交工，发包人支付奖金的计算方法在项目专用合同条款数据表中约定，时间自交工验收证书中写明的实际交工日期起至约定的交工日期止，按天计算。但奖金最高限额不超过项目专用合同条款数据表中写明的限额。

8)逾期付款违约金

业主有按合同文件的规定时间准时付款给承包人的责任和义务，监理工程师应督促业主按合同规定办理。如果业主不按合同规定时间付款，则应支付承包人逾期付款违约金。《公路工程标准施工招标文件》通用合同条款第 17.3.3 项(进度付款证书和支付时间)、第 17.5.2 项(竣工付款证书及支付时间)、17.6.2 项(最终结清证书和支付时间)，均规定：发包人不按期支付的(发包人应在收到监理人进度付款申请单后的 28 天内，将进度付款支付给承包人)，按专用合同条款的约定支付逾期付款违约金。

《公路工程专用合同条款》将第 17.3.3(2)目细化为：发包人不按期支付的，按项目专用合同条款数据表中约定的利率向承包人支付逾期付款违约金。违约金的计算基数为发包人的全部未付款额，时间从应付而未付该款额之日算起(不计复利)。

利息可按式(7-1-5)计算。

$$I = P \cdot i \cdot n \tag{7-1-5}$$

式中：I ——逾期付款违约金；

P——迟付款的金额；

i ——迟付款的日利率；

n ——超过合同规定付款时间(迟付款)的天数。

按 FIDIC 合同条款第 14.8 款规定，该项费用则要按月计算复利，收取延误期的融资费用。计算公式见式(7-1-6)。

$$I = P[(1+i)^n - 1] \tag{7-1-6}$$

式中：I ——迟付款利息；

P——迟付款金额；

i ——迟付款的月利率(世行推荐值为 0.033%～0.04%，国内项目取值一般低于世行推荐值)；

n ——超过合同规定付款时间(迟付款)的月数。

第三节　工程竣工结算

一、工程竣工结算的含义及要求

按《公路工程标准施工招标文件(2009 年版)》中的通用条款第 17.5 款规定，承包人应提交竣工付款申请单，监理人进行核查，发包人审核后付款。

(1)竣工付款申请单

①工程接收证书颁发后，承包人应按专用合同条款约定的份数和期限向监理人提交竣工付款申请单，并提供相关证明材料。除专用合同条款另有约定外，竣工付款申请单应包括下列内容：竣工结算合同总价、发包人已支付承包人的工程价款、应扣留的质量保证金、应支付的竣工付款金额。

②监理人对竣工付款申请单有异议的，有权要求承包人进行修正和提供补充资料。经监理人和承包人协商后，由承包人向监理人提交修正后的竣工付款申请单。

(2)竣工付款证书及支付时间

①监理人在收到承包人提交的竣工付款申请单后的14天完成核查，提出发包人到期应支付给承包人的价款送发包人审核并抄送承包人。发包人应在收到后14天内审核完毕，由监理人向承包人出具经发包人签认的竣工付款证书。监理人未在约定时间内核查，又不提出具体意见的，视为承包人提交的竣工付款申请单已经监理人核查同意；发包人未在约定时间内审核又未提出具体意见的，监理人提出发包人到期应支付给承包人的价款视为已经发包人同意。

②发包人应在监理人出具竣工付款证书后的14天内，将应支付款支付给承包人。发包人不按期支付的，按第17.3.3(2)目的约定，将逾期违约金支付给承包人。

③承包人对发包人签认的竣工付款证书有异议的，发包人可出具竣工付款申请单中承包人已同意部分的临时付款证书。存在异议的部分，按第24条(争议的解决)的约定办理。

④竣工付款涉及政府投资资金的，按照国库集中支付等国家相关规定和专用合同条款的约定办理。

二、交工结算的编制

1.交工结算

1)工程交工

合同范围内的全部工程已基本完成，监理工程师收到承包人的交工申请报告，并经过对工程的全面检查、验收，认为符合合同文件要求时，将工程移交发包人。由监理人向承包人签发工程交工验收证书；若不符合合同文件要求，监理工程师应书面指出承包人尚应完善哪些工作，在具备条件后再进行交工验收。

2)交工付款申请单

按《公路工程专用合同条款》第17.5.1项的约定，在交工验收证书签发后42天内，承包人应以监理人批准的格式、项目专用合同条款数据表中约定的份数向监理人提交交工付款申请单，并附上用详细资料说明的证实文件，表明：(1)合同规定，直到交工验收证书中写明的交工日期为止按合同完成的全部工程的最终价值；(2)承包人认为应付给他的其他款项；(3)承包人认为本合同项下(整个合同期)到期应付给他的各项款额的估算值；第(3)项款额应在交工验收申请单内单独填报。监理人应按照进度付款申请单核查的有关要求，核证并报业主审批，签发交工结算支付证书。如果发生工程逾期，应按合同文件规定计算逾期交工违约金并在承包人的支付中予以扣除。

3)交工结算

交工结算仍然可用期中支付表格(结账单)进行。只是有些费用支付项目，如开工预付款的预付与扣回、材料预付款的预付与扣回等支付项目均已结清。具体进行交工结算时，应按该工程项目规定的支付表格(结账单)和合同文件规定的费用项目的具体计算方法进行计算。对于有的费用项目，如索赔费用、变更费用等费用项目，若金额、单价或合价未能协商一致时，该类项目的支付可留待最后(终)支付时,经协商一致后再行支付。交工结算明细表样表如表7-1-7所示,交工结算汇总表样表如表7-1-8所示。

交工结算明细表(清单部分)(样表) 表 7-1-7

合同段编号:09 货币单位:人民币元

细目编号	项目名称	计量单位	签约合同价			计量支付(不含变更)			变更(+/-)			实际支付		备注
			工程量	单价	金额	工程量	单价	金额	工程量	单价	金额	工程量	金额	
101—1	保险费	…	…	…	…	…	…	…	…	…	…	…	…	…
…	…													
…	…													
	计日工													
	暂列金额													
	合计	…	…	…	…	…	…	…	…	…	…	…	…	…

承包人: 监理人: 发包人:

交工结算汇总表(样表) 表 7-1-8

合同段编号:06 货币单位:人民币元

序号	章	费用项目名称	合同价	计量支付(不含变更)	工程变更(+/-)	计日工	暂定金额	实际支付	备注
1	100	总则	3 255 000	…	…	…	…	…	…
2	200	路基	14 597 580						
3	300	路面	9 753 760						
4	400	桥梁、涵洞	21 576 590						
5	500	隧道	19 874 250						
6	600	安全设施及预埋管线	2 536 250						
7	700	绿化及环境保护设施	879 540						
8		清单支付小计	81 615 260	…	…	…	…	…	…
9		变更							
10		价格调整							
11		索赔							
12		逾期付款违约金							
13		工期提前奖金							
14		扣(一)质量保证金							
15		扣(一)逾期交工违约金							
16		清单以外、合同以内支付小计	…	…	…	…	…	…	…
17		交工结算支付合计(8+16)	…	…	…	…	…	…	…

承包人: 监理人: 发包人:

2. 建设项目竣工结算

建设项目竣工结算要将实现建设项目所花费的全部费用,包括各合同段支付的费用以及在工程建设不同时期花费的费用,如征地拆迁、勘测设计、建设管理、可行性研究等所支出的全部费用进行计算、汇总并分析其经济效果,以考核项目建设管理成效,并作为编制项目竣工财务决算的基础。竣工结算内容通常要包括：

(1)工程及建设概况。工程概况包括工程名称、公路的起讫地点、里程、道路等级、技术标准等；独立大桥的桥型、荷载、跨径、桥宽、桥长、基础等；独立隧道的长度、宽度、衬砌、隧道内设施等；水文、气象、地形、地质情况等内容。建设概况包括建设过程，建设的组织管理；合同段的划分，施工条件，设计、施工、监理单位情况等；工程的质量、进度等。

(2)完成的主要工程量。完成的主要工程量包括路基土方、石方、特殊路基处理及防护工程等；桥梁涵洞混凝土、钢筋、圬工、基础处理等；路面混凝土、沥青混凝土等；隧道开挖、衬砌等；安全设施及预埋管线、绿化及环境保护等的主要工程量。

(3)主要技术经济指标。可根据工程建设实际花费的资金与工程产品进行比较而求其技术经济指标，例如工程实际造价 x 万元/km，桥梁 y 万元/m，路面 z 元/m^2。

竣工结算的编制基础是承包人的交工结算和最终支付证书等，应先按合同段编制，再行汇总；竣工结算表格可根据本工程支付和管理的具体情况来设计。

第四节　工程结算费用的支付

一个工程项目通常都要进行中期支付和最终支付，在特殊情况下，还会遇到合同中止支付。中期支付在工程项目执行过程当中频繁发生(一般一个月一次)，最终支付只有一次；合同中止支付在个别项目中可能会出现。

一、中期支付

1. 支付程序

通常都要经过三个步骤完成：承包人提出支付申请；监理工程师审定并签发中期支付证书；业主根据监理工程师中期支付证书付款。

(1)承包人提出支付申请

如果承包人没有提出中期支付申请，监理工程师则没有义务办理有关的证明，因此承包人的申请是进行中期支付的前提条件。承包人在提交支付申请时要出具一系列的有效报表，以说明申请金额的准确性。其主要工作就是填好月报或月结账单。

承包人的月报表应说明他在这个月应收取的金额。一般包括：已完成的永久性工程的价值；承包人的设备、临时工程、计日工等款额；材料和待安装工程装置的发票价值的分期付款，价格调整的款项(含物价与法规变更)，按合同规定他有权获得的其他任何金额(如索赔和延期付款利息)。并且月报表应按照监理工程师指定的格式填写。

以上各种款项，还应有一系列的附表以说明其价值。

(2)监理工程师审定并签发中期支付证书

监理工程师收到承包人的中期支付申请后，应先检查该申请是否满足以下基本要求：

①申请中已详细列明其认为有权得到的款项。即承包人应在其支付申请中，详细而不是笼统地，依据合同规定的内容而不是随意地要求业主付款，否则监理工程师可拒绝办理有关支付手续。

②申请所涉及的格式满足合同及监理工程师的要求。

审定承包人支付申请的内容，是一项艰巨的工作，也是最易发生矛盾的时候，并且合同对监理工程师的审定时间也有限定(通常一个月左右)。因此监理工程师要在合同规定的时间内，完成以下几个方面的审定：

a. 支付的项目、内容和单价应与工程量清单(包括变更修订的工程量清单)相应的项目、内容、单价一致，并与合同的有关规定相符。

b. 支付数量或金额均在质量合格的基础上，经过认真的计量，并且没有超出合同规定的限制。

c. 有关支付的证明资料，真实齐全，有承包人和驻地监理的签字。

d. 所有款项的计算与汇总无误。

上述审定内容在实际操作中工作量非常大，尤其是遇到经验不足、管理水平较差的承包人，许多环节都可能出问题。监理工程师需要花费许多的时间和精力，对其申请的支付额进行纠正。因此一般合同还规定：

a. 中期支付证书中支付数量的计算应基本正确，不必过于精确。

b. 当工程支付款小于某个限额时，监理工程师可以不按月签发中期支付证明。

c. 监理工程师可通过任何一期中期支付证书，对以往已支付工程或已颁发的支付证书的错误进行纠正。

显然，这些规定有利于加快和简化监理工程师办理支付的过程。因为有合同数量和最终支付控制着，并且一旦发现有问题，还可以通过下一次的中期支付进行纠正监理工程师审核并修订承包人的支付申请后，即向业主签发中期支付证书，副本抄送承包人。常见的中期支付证书及其相关表格，见以后部分内容。

(3)业主根据监理工程师的中期支付证书付款

业主收到监理工程师签发的中期支付证书后，即可按证书付款。

合同通常对业主付款的时间进行限制，一般中期支付证书要求在监理工程师签发后的45天之内支付，否则，业主需支付承包人迟付款利息。

2. 支付工作常用表格的类别

计量支付工作中的表格有许多种，并且内容广泛，各项目、各合同均应结合自身的特点设计各种表格。

1)承包人用表

承包人的计量与支付报表应由监理工程师指定，并且，这些报表是计量与支付最基本的表格，在整个支付流程中称之为丙表，应按要求和规定填写，并及时申报监理工程师审核。同时，这些报表也是监理工程师编报支付证书的直接基础。

承包人用表[表格具体样式请参见《公路工程施工监理规范(1995)》]一般包括：

(1)计量支付申请表(丙—01表)，样表如表7-1-9所示。

(2)进度完成情况汇总表(丙—02表)。

(3)进度完成情况明细表(丙—03表)。

(4)中间计量单(丙—04表)。

(5)计日工支付申报表(丙—05表)。

(6)材料到达现场报表(丙—06表)。

(7)材料供应情况报表(丙—07表)。

(8)材料预付款申报表(丙—08表)。

(9)承包人的人员设备报表(丙—09表)。

(10)外汇价格调整表(丙—10表)。

(11)人民币价格调整表(丙—11表)。

(12)价格调汇总表(丙—12 表)。

(13)索赔申请书(丙—13 表)。

(14)工程变更一览表(丙—14 表)。

各表之间的关系如图 7-1-2 所示。

NO.____(丙—**01** 表)(样表)　　表 7-1-9

合同编号:06　道路起讫点:__　合同段路线长__ km　货币单位:人民币(元)　____年____月____日

序号	章次	章名称	合同价			到本期末完成			到上期末完成			本期完成		
			金额	其中 人民币	其中 外币	金额	其中 人民币	其中 外币	金额	其中 人民币	其中 外币	金额	其中 人民币	其中 外币
1	100	总则												
2	200	路基												
3	300	路面												
4	400	桥梁、涵洞												
5	500	隧道												
6	600	安全设施及预埋管线												
7	700	绿化及环境保护设施												
8	计日工													
9	暂列金额													
10	合计													
11	开工预付款													
12	材料预付款													
13	逾期付款违约金													
14	扣留质量保证金													
15	扣回开工预付款													
16	扣回材料预付款													
17	变更费用													
18	索赔费用													
19	价格调整费用													
20	实际支付													
	其中	人民币												
		外币(按人民币计)												
21	(外币)美元支付比例:________;1 美元=________元(人民币)													

承包人:　　监理人:　　发包人:

2)监理工程师用表

监理工程师用表在整个流程中称为乙表,由监理工程师填制,是计量支付工作中的主要表格,它来源于承包人用表,即乙表来源于丙表,一般包括:

(1)计量支付证书(乙—01 表)。

(2)工程计划进度与实际完成情况表(乙—02 表)。

(3)工程投资支付月报(乙—03 表)。

(4)工程质量监理月报(乙—04、乙—05 表)。

这些报表既是业主编制年(月)支度支付月报的直接基础,又是业主进行支付的主要依据和凭证,也是监理工程师支付管理结果的集中表现。

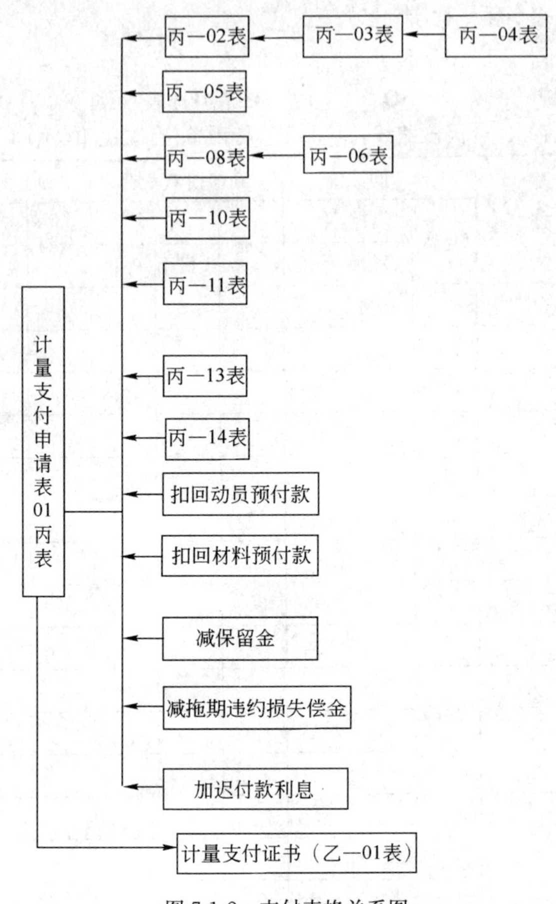

图 7-1-2　支付表格关系图

3)业主用表

业主同样必须自己编制有关计量支付的表格,以全面了解和掌握计量支付情况,并通过对计量支付的了解和控制,达到了解和控制整个工程进展情况的目的。业主所编制的计量支付表格在整个计量支付流程中称为甲表。甲表直接来源于乙表。如果是世界银行贷款项目,则业主还应向世界银行提交支付报表。

因此,整个计量支付过程,即有关三方面(业主、监理、承包人)编制计量支付报表的过程,它们组成一个完整的计量支付流程,并通过这一系列表格反映支付情况和对支付进行全面控制。这三类表格紧密相连,甲表来源于乙表,而乙表来源于丙表,它们实质上是对同一工作内容从不同的角度反映其价值。

二、最终结清

最终结清,即最后一次支付。它要在承包人的缺陷责任期满,缺陷责任终止证书签发后才进行的支付,是发包人与承包人经济关系的结清;最终结清申请单中的总金额应认为是代表了根据合同规定应付给承包人的全部款项的最后结算。

按《公路工程专用合同条款》第 17.6.1(1)目的约定,承包人向监理人提交最终结清申请单(包括证明材料)的期限为缺陷责任终止证书签发后28天内。

1. 最终结清程序

(1)承包人提出最终结清申请单(结账单)草案,并附详细证实文件。

(2)监理人核查、协商,达成一致意见,报送发包人审核。

(3)承包人编制最终结清申请单(结账单)。

(4)监理人签发最终结清证书。

(5)发包人在规定的时间内付款。

2. 最终结清申请单

《公路工程标准施工招标文件(2009年版)》通用合同条款第17.6款、《公路工程专用合同条款》第17.6.1(1)目对最终结清申请单有如下规定:在监理人签发缺陷责任终止证书后28天(FIDIC合同条款第14.11款规定为56天)内,承包人应按约定的格式和份数向监理人提交最终结清申请单(最终报表)草案,并要附上详细的证实文件,供监理人审查、协商。

(1)承包人提交的最后结账单草案应表明:①根据合同规定已经完成的全部工程的价值。②根据合同规定承包人认为应该付给他的任何其他的款项。

(2)监理人核查、协商,达成一致意见。监理人在核查中,如果不同意或者不核证最终结清申请单(结账单草案)的任一部分,承包人应按监理人的合理要求,提交进一步的资料,并对最终结清申请单(草案)作出他们之间协商同意的修改;然后由承包人按协商一致的意见编制最终结清申请单。

(3)若最终结清申请单(结账单草案)中有的支付项目承包人、监理人或发包人之间存在分歧而不能达成一致意见,监理工程师应对最终结清申请单(结账单草案)中不存在分歧的部分(如果有)核证,并用签发进度付款证书的方式对其进行支付;有分歧部分则按合同争议予以解决,即按采用的合同条款,如《公路工程标准施工招标文件(2009年版)》通用合同条款第24条或FIDIC合同条款第20条规定的程序和方式进行处理。

3. 清账书

承包人在提交最终结清申请单的同时,宜提交发包人一份书面清账书,并抄送监理工程师,确认最终结清申请单中的总金额代表了根据合同规定应付给承包人的全部款项的最后结清。该清账书只有在监理工程师签发的最终结清支付证书中的支付款额已经被发包人支付,且原发包人扣留的质量保证金已归还承包人后才生效。

4. 最终结清证书

在最终结清申请单和清账书收到14天内,监理人应提出发包人应支付给承包人的价款送发包人审核,并抄送承包人。发包人应在收到后14天内审核完毕,由监理人向承包人出具经发包人签认的最终结清证书。

最终结清证书中应表明:

(1)监理人认为根据合同规定最后应付给承包人的款额。

(2)在对发包人以前所付的全部款额和发包人根据合同规定应得的全部款项予以确认后,证实发包人欠承包人或承包人欠发包人的差额(如果有)。最终结清证书仍由一整套支付表格构成,其表格与进度付款证书、交工结算证书的表格基本相同。

5. 支付时间

按《公路工程标准施工招标文件(2009年版)》通用合同条款、《公路工程专用合同条款》中的规定,发包人应在监理人签发进度付款证书后14天(FIDIC合同条款第14.6款、第14.7款规定为28天)、签发交工结算证书后14天(FIDIC合同条款规定为56天)、签发最终结清证书后14天内付款给承包人;具体支付时间应按该项目专用合同条件的约定执行。

三、解除合同后的支付

解除合同后的支付是指由于某种情况的发生导致合同无法履行而解除合同后的支付。通常,合同解除可能产生于承包人违约、业主违约和特殊风险的发生。

1)承包人违约解除合同后的支付

按照《公路工程标准施工招标文件(2009年版)》通用合同条款第22.1.3项、22.1.4项的规定,承包人违约导致解除合同后,监理工程师应通过协商和调查询问之后,尽快确定:

(1)合同解除后,监理人按第3.5款商定或确定承包人实际完成工作的价值,以及承包人已提供的材料、施工设备、工程设备和临时工程等的价值。

(2)合同解除后,发包人应暂停对承包人的一切付款,查清各项付款和已扣款金额,包括承包人应支付的违约金。

(3)合同解除后,发包人应按第23.4款(发包人的索赔)的约定向承包人索赔由于解除合同给发包人造成的损失。

(4)合同双方确认上述往来款项后,出具最终结清付款证书,结清全部合同款项。

(5)发包人和承包人未能就解除合同后的结清达成一致而形成争议的,按第24条"争议的解决"的约定办理。

FIDIC合同条款第15.3款、第15.4款对承包人违约导致合同终止后,终止日期时的估价、终止后的付款进行了规定。

2)因不可抗力解除合同后的支付

按《公路工程标准施工招标文件(2009年版)》通用合同条款第21.3.4项"因不可抗力解除合同"的规定,合同一方当事人因不可抗力不能履行合同的,应当及时通知对方解除合同。合同解除后,承包人应按照第22.2.5项"解除合同后的承包人撤离"的约定撤离施工场地。已经订货的材料、设备由订货方负责退货或解除订货合同,不能退还的货款和因退货、解除订货合同发生的费用,由发包人承担,因未及时退货造成的损失由责任方承担。合同解除后的付款,参照第22.2.4项"解除合同后的付款"的约定,由监理人按第3.5款"商定或确定",商定或确定。

由于不可抗力的发生而致终止合同后,业主应向承包人支付终止之日前已完成的全部工程费用,其范围限于在已给承包人的暂付款中尚未包括的款额与款项,其单价和总额价应按合同的规定。另外还应支付下述费用:

(1)合同终止之日前,承包人已按合同规定完成的第100章工作或服务的相应比例费用。

(2)承包人为本工程合理订购的材料、设备或货物的费用,此费用由业主支付后,其财产应归业主所有。

(3)承包人已合理开支的、确实是为了完成本合同工程而预期开支的任何款额,而该开支没有包括在其他支付项目内。

(4)由于特殊风险而产生的附加费用。

(5)承包人装备的撤离费。

(6)承包人雇员的合理遣返费。

除业主应向承包人支付上述费用外,对承包人应归还业主的各项预付款余额及业主应收回的任何其他款项,应根据合同文件的规定,在应支付的款额中扣除。

在 FIDIC 合同条款中，归结为不可抗力(第 19 条)。由于不可抗力的发生，按第 19.6 款(自主选择终止、付款和解除)，在此类终止的情况下，监理工程师应确定已完成工作的价值，并发出包括以下各项的付款证书：

(1)已完成的、合同中有价格规定的任何工作的应付金额。

(2)为工程订购的，已交付给承包人或承包人有责任接受交付的生产设备和材料的费用，当雇主支付上述费用后，则此项生产设备和材料应成为雇主的财产(风险也由其承担)，承包人应将其交由雇主处置。

(3)在承包人原预期要完成工程的情况下，合理导致的任何其他费用或债务。

(4)将临时工程和承包人设备撤离现场，并运回承包人本国工作地点的费用(或运往其他任何目的地，但其反映不得超过前者)。

(5)将终止日期时的完全为工程雇用的承包人的员工遣返回国的费用。

3)发包人违约解除合同后的支付

按《公路工程标准施工招标文件(2009 年版)》通用合同条款第 22.2.3 项的规定，发包人违约解除合同后，发包人应在解除合同后 28 天内向承包人支付下列金额，承包人应自此期限内及时向发包人提交要求支付下列金额的有关资料和凭证：

(1)合同解除日以前所完成工作的价款。

(2)承包人为该工程施工订购并已付款的材料、工程设备和其他物品的金额。发包人付款后，该材料、工程设备和其他物品归发包人所有。

(3)承包人为完成工程所发生的，而发包人未支付的金额。

(4)承包人撤离施工场地以及遣散承包人人员的金额。

(5)由于解除合同应赔偿的承包人损失。

(6)按合同约定在合同解除日前应支付给承包人的其他金额。

发包人应按本项约定支付上述金额并退还质量保证金和履约担保，但有权要求承包人支付应偿还给发包人的各项金额。

四、支付表格中各项费用的计算

1.工程量清单内各费用项目的计算

(1)第 100 章各费用项目支付额的计算

第 100 章支付额应严格按照合同文件“技术规范”中的计量、支付细则进行计算。通常，保险费是按缴纳费用的收据(发票)进行计算并在合同清单该支付项金额内予以支付；其余费用项目是在满足合同文件要求后，按合同文件规定的百分比或总额进行计算并支付。

(2)清单中其余各章各费用项目支付额的计算

其余各章各费用支付额按合同内该费用项目清单单价乘计量的工程量计算；暂定金额、计日工支付项目应支付费用的计算按工程量清单、合同条款的规定进行计算。

2.清单以外、合同以内支付项目应支付费用的计算

清单以外、合同以内支付项目应支付费用应严格按照合同条款(项目专用合同条款、公路工程专用合同条款、通用条款、项目专用合同条款数据表)的规定进行计算，特别要注意变更、价格调整、索赔等支付项目应支付费用的计算和确定；监理人应正确行使权利，站在公正立场上，以维护发包人、承包人双方的合法权益。各项费用的计算、款额的预付或扣回应严格按合同文件的规定进行，并在规定的计量支付表格中示明。

第二章 公路工程竣工决算

第一节 公路工程竣工决算的作用

一、建设工程竣工决算及其分类

建设工程竣工决算是指在竣工验收交付使用阶段，由建设单位编制的建设项目从筹建到竣工投产或使用全过程的全部实际支出费用的经济文件。它也是建设单位反映建设项目实际造价和投资效果的文件，是竣工验收报告的重要组成部分。

为了严格执行基本建设项目竣工验收制度，正确核定新增固定资产价值，考核投资效果，建立健全项目法人责任制，按照国家关于基本建设项目竣工验收的规定，所有的新建、扩建、改建和恢复项目竣工后都要编制竣工决算。根据建设项目规模的大小，可分为大、中型建设项目竣工决算和小型建设项目竣工决算两大类。

必须指出，施工企业为了总结经验，提高自身经营管理水平，在单位工程（或单项工程）竣工后，往往也编制单位工程（或单项工程）竣工成本决算，用以核算工程实际成本、预算成本和成本降低额，作为实际成本分析，反映经营成果，总结经验和提高管理水平的手段。它与建设工程竣工决算在概念和内容方面都不一样。

二、公路工程竣工决算的作用

1.竣工决算是国家对基本建设投资实行计划管理的重要手段

按照国家基本建设投资的规定，在批准基本建设项目计划任务书时，根据投资估算估计基本建设计划投资额。在确定基本建设项目设计方案时，按设计概算决定基本建设项目计划总投资最高数额。为了保证投资计划的实施，在施工图设计时编制施工图预算，确定单项工程或单位工程的计划价格，并且规定它不能超过相应的设计概算。施工企业要在施工图预算指标控制之下编制施工预算，确定施工计划成本。然而，在基本建设项目从筹建到竣工投产或交付使用的全过程中，各项费用的实际发生额，基本建设投资计划的实际执行情况，只能从建设单位编制的建设工程竣工决算中全面地反映出来。通过把竣工决算的各项费用数额与设计概算中的相应费用指标相比，可得出节约或超支的情况，通过分析节约或超支的原因总结经验教训，加强投资计划管理以提高基本建设投资效果。

2.竣工决算是竣工验收的主要依据

按照公路工程基本建设程序规定，当批准的设计文件规定的公路项目经负荷运转能够正常使用时，应该及时组织竣工验收工作，对建设项目进行全面考核。按工程的不同情况，由负责验收委员会或小组进行验收。

在竣工验收之前，建设单位向主管部门提出验收报告，其中主要组成部分是建设单位编制的竣工决算文件，作为验收委员会（或小组）的验收依据。验收人员要检查建设项目的实际建筑物、构筑物与设施的使用情况，同时审查竣工决算文件中的有关内容和指标，确定建设项目的验收结果。

3.竣工决算是确定建设单位新增固定资产价值的依据

在竣工决算中详细地计算了建设项目所有的建筑工程费、安装工程费、设备费和其他费用等新增资产包括新增固定资产、流动资产、无形资产、递延资产、其他资产等。要根据竣工决算编制要求编制交付使用财产总表和交付使用财产明细表，详细计算全部交付使用财产，要向管理或使用单位提交交付使用财产的具体名称、规格型号、数量、价值等的明细表办理交付使用资产交接手续的依据。

4.竣工决算是基本建设成果和财务的综合反映

公路工程竣工决算包括了基本项目从筹建到建成投产(或使用)的全部费用。它除了用货币形式表示基本建设的实际成本和有关指标外，还包括建设工期、工程量和资产的实物量、技术经济指标以及是否遵守国家的财经纪律和投资计划的执行情况。它综合了工程的年度财务决算，全面地反映了基本建设的主要情况。

5.竣工决算为建立交通基本建设工程技术经济档案、为工程定额修订提供资料

竣工决算反映了主要工程的全部数量和实际成本、工程造价以及从开始筹建至竣工为止全部资金的运用情况和工程建成后新增资产价值。大中型项目的竣工决算报告要报交通运输部，它是国家基本建设的技术经济档案，并为以后基本建设规划和项目投资安排提供参考。

通过对竣工决算中的人工、材料、机械台班消耗及其他费用的分析，可以反映出在一定时期内各种资源消耗水平、各项费率的取值水平，这些参数可以作为工程定额修订和各项取费标准修订的参考。有些工程项目改进了施工方法，采用了新技术、新工艺、新材料、新结构，降低了材料消耗，提高了劳动生产率，降低了成本，通过竣工决算资料的积累和分析，可以为以后编制新定额或补充定额提供必要的数据、资料。

第二节　竣工决算的编制依据

一、公路工程竣工决算编制的有关规定

竣工决算报告作为考核交通基本建设项目投资效益、反映建设成果的文件；是建设单位向生产、使用或管理单位移交财产的依据。建设单位要有专人负责有关资料的收集、整理、分析、保管工作。项目完建后，要组织工程技术、计划、财务、物资、统计等有关部门的人员共同编制项目竣工决算报告。设计、施工、监理等单位应积极配合建设单位做好竣工决算报告的编制工作。

按照原交通部《交通基本建设项目竣工决算报告编制办法》(交财发]2000]207 号文)(以下简称《竣工决算报告编制法》)中的规定，涉及公路建设项目类型的竣工决算报告可分为公路建设项目、独立的公路桥梁建设项目和不能归入上述项目的其他小型项目的竣工决算报告。编制竣工决算报告需填制全套报表。

竣工决算报告须提交竣工验收委员会审查，未经竣工验收委员会审查的竣工决算不能作为正式的竣工决算报告，不得上报。经竣工验收委员会审查并根据审查意见修改后竣工决算报告作为财产移交、财务处理并结束有关待处理事宜(如基建结余资金)的依据。

竣工决算报告在竣工验收委员会审查同意及项目通过正式动用验收后三个月内报出。中

央级大中型基本建设项目，其项目竣工决算报告经省级交通主管部门或部属一级单位签署意见后报部备案(一式四份)。

二、竣工决算报告的编制依据

编制竣工决算报告所依据的文件、资料有：

(1)经批准的可行性研究报告、初步设计、概算或调整概算、变更设计以及开工报告等文件。

(2)历年的年度基本建设投资计划。

(3)经审核批复的历年年度基本建设财务决算。

(4)编制的施工图预算，承包合同、工程结算等有关资料。

(5)历年有关财产物资、统计、财务会计核算、劳动工资、审计及环境保护等有关资料。

(6)工程质量鉴定、检验等有关文件，工程监理有关资料。

(7)施工企业交工报告等有关技术经济资料。

(8)有关建设项目附产品、简易投产、试运营(生产)、重载负荷试车等产生基本建设收入的财务资料。

(9)有关征地拆迁资料(协议)和土地使用权确权证明。

(10)其他有关的重要文件。

第三节 公路工程竣工决算报告的内容

竣工决算报告的内容由以下部分组成：

(1)竣工决算报告的封面、目录。

(2)竣工工程平面示意图。

(3)竣工决算报告说明书。

(4)竣工决算表格。

一、竣工决算报告的封面

竣工决算报告的封面如图 7-2-1 所示。

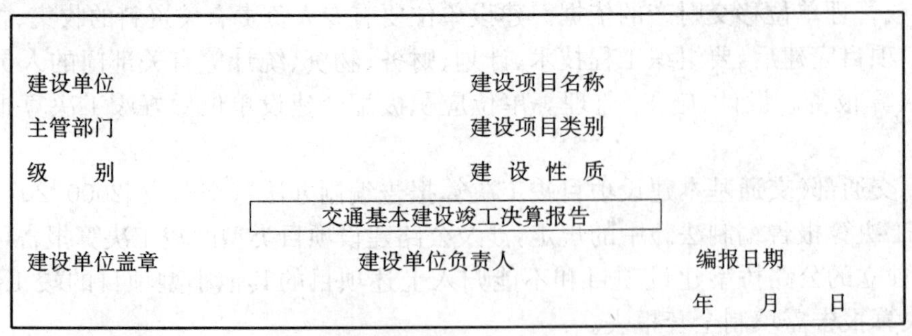

建设单位　　　　建设项目名称

主管部门　　　　建设项目类别

级　　别　　　　建 设 性 质

交通基本建设竣工决算报告

建设单位盖章　　　　建设单位负责人　　　　编报日期

年　　月　　日

图 7-2-1　竣工决算报告封面示意图

“主管部门”指建设单位的主管部门；“建设项目名称”填写批准的项目初步设计文件中注明的项目名称；“建设项目类别”是指“大中型”或“小型”；“建设性质”是指建设项目属于续建、新建、改建、迁建和恢复建设等内容；“级别”是指中央级或地方级的建设项目。

二、竣工工程平面示意图

竣工工程平面示意图按经过施工实际，将设计平面图修改后的工程设计平面图绘制。

三、竣工报告说明书

竣工报告说明书是竣工决算报告的重要组成部分，竣工决算报告说明书概括了竣工工程建设成果和经验，是全面考核分析工程投资与造价的书面总结，是竣工决算报告的重要组成部分，其主要内容包括：

(1)建设项目概况及评价。

(2)会计财务的处理、财产物资情况及债权债务的清偿情况。

(3)投资支出、资金节余、基建结余资金等的上交分配情况。

(4)主要技术经济指标的分析、计算情况，如公路等级、单方造价、设计车速与荷载等。

(5)公路项目建设过程和工程管理工作中的重大事件、经验教训，管理及决算中存在的问题及建议，如投资与方案决策效果、项目管理模式、投资估算与资金使用情况。

(6)需说明的其他事项，如工程遗留问题和需要解决的问题等。

四、竣工决算表格

按照《竣工决算报告编制办法》的规定，竣工决算报告表式分为决算审批表、工程概况专用表和财务通用表

1. 竣工决算审批表(交建竣1表)

中央级大中型基本建设项目，其项目竣工决算报告经省级交通主管部门或部属一级单位签署意见后报部备案(一式四份)，见表7-2-1。

(交建竣1表)　　**交通基本建设项目竣工决算审批表**　　表7-2-1

建设项目法人(建设单位)		建设性质	
建设项目名称		主管部门	
主管部门(单位)意见： 盖章 年　月　日			
省级交通主管部门 或部属一级单位意见： 盖章 年　月　日			
交通部审批意见： 盖章 年　月　日			

(交建竣 2-1)

公路建设项目工程概况表(样表)

表 7-2-2

建设项目(或单项工程)名称	A 市至 D 市高速公路		工程主要特征、完成的主要工程量及主要技术经济指标	设　计	实　际
建设地址或地理位置	A 市、B 市、C 市、D 市		1. 公路等级	高等级	高等级
建设时间	从 2003 年 3 月 25 日开工至 2007 年 9 月 30 日竣工		2. 计算行车速度(km/h)	120	120
初步设计批准机关、日期、文号	交通部(2002)交工×号关于国道 310 线 A 市至 D 市高速公路(新建半幅)初步设计的批复		3. 路线总长(km)	201.499	201.499
			4. 路基宽度(m)	26	26
调整概算批准机关、日期、文号	交通部(2005)交工×号关于国道 310 线 A 市至 D 市高速公路(二期工程)初步设计的批复		5. 路基土石方(万 m^2)	2 506.868	3 266.169
开工报告批准时间	2003 年 3 月		6. 路面结构	沥青混凝土	沥青混凝土
主要设计单位	×省交通规划勘察设计院		7. 路面铺筑(万 m^2/km)	486.456/201.499	495.976/201.499
主要监理单位	×省公路工程监理公司		8. 桥梁总长(m/座)	4 485.6/50	4 457.6/49
主要施工企业	交通部第二工程局、交通部二航局、铁道部第十五局、×省桥梁公司、×省路桥集团		9. 隧道总长(m/座)	4 682/8	4 356/8
工程质量监督部门	×省交通基本建设质量监督站		10. 涵洞通道(m/道)	28 563.56/899	27 813/845
总投资(万元)	批准概算	竣工决算	11. 互通式立交(处)	11	11
	210 905	324 500	12. 分离式立交及平交(处)	1 568.45/43	1 598.45/43
主要材料消耗量	设计	实际	13. 防护工程(万 m^3)	312 854	335 669
钢材(t)	52 799	52 831	14. 连接线长度(km)	2.0	2.2
木材(m^3)	10 942	10 977	15. 管理及养护用房(m^2)	9	9
水泥(t)	261 368	265 326	16. 服务区(处)	5	5
沥青(t)	71 321	55 000	17. 停车区(处)	5	5
主 要 工 程			18. 养护工区(处)	5	5
工程内容或名称	投资额(万元)	预计完成时间	26. 平均每公里造价(万元)	1 592	1 611
土方工程	41 609.806 9		27. 拆迁房屋(m^2)	148 657	148 657
结构物工程	30 033.542 5		28. 迁移人口(人)		
路面工程	47 822.113 5		29. 占地面积(亩)	2 132.86	2 132.86
排水工程	12 261.040 1				
其他	53 769.288 1				
总计	185 495.791 1				
			工程质量评定:优良 5 项;合格　项;不合格　项;总评:优良		

2. 工程概况专用表(具体表格形式参见《竣工决算报告编制办法》)

(1)公路建设项目工程概况表(交建竣 2-1 表),见表 7-2-2。

(2)桥梁隧道建设项目工程概况表(交建竣 2-2 表)。

(3)内河航运建设项目工程概况表(交建竣 2-3 表)。

(4)港口(码头)建设项目工程概况表(交建竣 2-4 表)。

(5)其他建设项目工程概况表(交建竣 2-5 表)。

3. 财务通用表

(1)建设项目竣工财务决算总表(交建竣 3-1 表),见表 7-2-3。

(交建竣 3-1 表) **建设项目竣工财务决算总表** 单位:元 表 7-2-3

资金来源	金额	资金占用	金额
一、基建拨款		一、基本建设支出合计	
1. 预算拨款		1. 已交付使用资产	
2. 基建基金拨款		2. 在建工程	
3. 进口设备转账拨款		3. 待核销投资	
4. 器材转账拨款		4. 非经营项目转出投资	
5. 煤代油专用基金拨款		二、应收生产单位投资借款	
6. 自筹资金拨款		三、拨付所属投资借款	
7. 其他拨款		四、器材	
二、项目资本		其中:待处理器材损失	
1. 国家资本		五、货币资金	
2. 法人资本		六、预付及应收款	
3. 个人资本		七、有价证券	
三、项目资本公积		八、固定资产	
四、基建借款		固定资产原价	
五、上级拨入投资借款		减:累计折旧	
六、企业债券资金		固定资产净值	
七、待冲基建支出		固定资产清理	
八、应付款		待处理固定资产损失	
九、未交款		九、无	
1. 未交税金			
2. 未交基建收入			
3. 未交基建包干节余			
4. 其他未交款			
十、上级拨入资金			
十一、留成收入		三、专项资产	
总计		总计	

补充资料:基建投资借款期末余额: 元 应收生产单位投资借款期末数: 基建结余资金:

(2)资金来源情况表(交建竣 3-2 表),见表 7-2-4。

(3)待核销基建支出及转出投资明细表(交建竣 3-3 表),见表 7-2-5。

(4)工程造价和概算执行情况表(交建竣 4 表),见表 7-2-6。

(5)外资使用情况表(交建竣 5 表),见表 7-2-7。

(6)基本建设项目交付使用资产总表(交建竣 6-1 表),见表 7-2-8。

(7)基本建设项目交付使用资产明细表(交建竣 6-2 表),见表 7-2-9。

列表的详细情况如下:

(1)建设项目竣工财务决算总表(表 7-2-3)

此表是用来反映公路建设项目的全部资金来源和资金占用(支出)情况,是考核和分析投资效果的依据。该表是采用平衡表形式,即资金来源合计等于资金占用(支出)合计。

①表中有关“交付使用资产”、“基建拨款”、“项目资本”、“基建借款”等项目,填列自开工建设至竣工止的累计数,上述指标根据历年批复的年度基本建设财务决算和竣工年度的基本建设财务决算中资金平衡表相应项目的数字进行汇总填列(包括收尾工程的估列数)。

②表中其余各项目反映办理竣工验收时的结余数,根据竣工年度财务决算中资金平衡表的有关项目期末数填表。

③资金占用总额应等于资金来源总额。

④补充资料的“基建投资借款期末余额”反映竣工时尚未偿还的基建投资借款数,应根据竣工年度资金平衡表内的“基建投资借款”项目期末数填列;“应收生产单位投资借款期末数”,应根据竣工年度资金平衡表内的“应收生产单位投资借款”项目的期末数填列;“基建结余资金”反映竣工时的结余资金,应根据竣工财务决算总表中有关项目计算填列。

⑤基建结余资金的计算。

基建结余资金=基建拨款+项目资本+项目资本公积+基建投资借款+企业债券资金+待冲基建支出-基本建设支出-应收生产单位投资借款。

(2)资金来源情况表(交建竣 3-2 表),见表 7-2-4。

本表反映建设项目分年度的投资计划与资金拨付到位情况,表中有关基建拨款、项目资本、基建投资借款等资金来源内容,根据历年批复的年度基本建设财务决算和竣工年度的基本建设财务决算中资金平衡表相应项目的数字填列(包括收尾工程的估列数)。

(交建竣 3-2 表) **资金来源情况表** 单位:元 表 7-2-4

资金来源	20 年度		20 年度		20 年度		20 年度		20 年度		合计	
	计划数	实际数	计划数	实际数	计划数	实际数	计划数	实际数	计划数	实际数	计划数	实际数
一、基建拨款												
1. 交通部车购费拨款												
2. 省养路费拨款												
3. 省客货运附加及通行费拨款												
4. 车购费省分成												
二、项目资本												
三、项目资本公积												
四、基建投资借款												
五、上级拨入投资借款												
1. 省能交基金贷款												

续上表

资金来源	20 年度		20 年度		20 年度		20 年度		20 年度		合计	
	计划数	实际数	计划数	实际数	计划数	实际数	计划数	实际数	计划数	实际数	计划数	实际数
2.公路建设债券												
3.交通厅转贷款												
六、企业债券资金												
合 计												

(交建竣 3-3 表) **待核销基建支出及转出投资明细表**(样表) 单位:万元 表 7-2-5

项 目	金 额	内 容	批准单位	文 号	备 注
一、待核销基建支出合计	598				
1.耕地占用税	598	占用土地征收占用税	省交通厅	×省交财[2005]×号文	核销 289 万元 核销 309 万元
2.					交建竣 2 表附 1 表(表 7-2-4)
……					
二、非经营项目转出投资合计					转入单位
1.					
2.					

(3)待核销基建支出及转出投资明细表(交建竣 3-3 表),见表 7-2-5。

①"待核销基建支出"反映非经营性项目发生的江河清障、航道清淤、补助群众造林、水土保持、取消项目的可行性研究费以及项目报废等不能形成资产部分的投资支出。

②"转出投资"反映非经营性项目为项目配套而建成的、产权不归属本单位的专用设施的实际成本,按照规定的内容分项逐笔填列。

(4)工程造价和概算执行情况表(交建竣 4 表),见表 7-2-6。

①本表反映工程实际建设成本和总造价以及概算投资节余和概算投资包干部分节余的情况,应按照概算项目或单项工程(费用项目)填列。

②待摊投资按照某一单项工程投资额占全部投资的比例分摊到单项工程上。不计入固定资产价值的支出不分摊待摊投资。

(5)外资使用情况表(交建竣 5 表),见表 7-2-7。

本表反映建设项目外资使用情况,按照使用外资支出费用项目填列。应说明批准初步设计时的汇率、记账汇率、竣工时的汇率以及外资贷款的转贷金额和转贷单位等情况。各有关表格中,外币折合人民币时,应以项目竣工时的汇率为准。

(6)交付使用资产总表和交付使用资产明细表(交建竣 6-1 表,交建竣 6-2 表),见表 7-2-8,表 7-2-9。

①交付使用资产总表中各栏数字应根据交付使用资产明细表中相应项目的数字汇总填列。交付使用资产明细表作为建设单位管理项目资产使用,可不纳入上报的竣工决算报告,其具体格式各单位可根据情况进行修改。

②交付使用资产总表中固定资产、流动资产、无形资产和递延资产各栏的合计数,应分别与竣工财务决算表交付使用资产的相应数字相符。

工程造价和概算执行情况表(交建竣 4 表)(样表)

单位:万元　　　　表 7-2-6

项目	工程总概算			概算包干数	工程造价			其中					概算投资节余			概算投资	备注
	合计(人民币)	人民币	外币		合计(人民币)	人民币	外币	建安投资	设备投资	其他投资	待摊投资	不计入固定资产价值的支出	合计(人民币)	人民币	外币	包干节余	
1	2=3+4	3	4	5	6=7+8 或=9+10+11+12+13	7	8	9	10	11	12	13	14=2−6	15=3−7	16=4−8	17=5−7(或 6)	18
一、建筑安装工程投资	231 226			231 226	232 561			232 561					−1 335			−1 335	
二、设备及工器具购置费	7 213			7 213	6 238				5 914	324			975			975	
1. 设备购置费	6 877			6 877	5 914				5 914				963			963	
2. 工器具购置费	160			160	149					149			11			11	
3. 办公及生活家具购置费	176			176	175					175			1			1	
三、其他基本建设费用	52 550			52 550	51 237						33 363	598	1 313			1 313	
1. 土地、青苗及安置补助费	19 720			19 720	19 405						18 807	598	315			315	
2. 建设单位管理费	6 479			6 479	6 317						6 317		162			162	
①业主管理费	1 315			1 315	1 981						1 981		666			666	
②工程质量监督费					201						201		−201			−201	
③工程监理费	4 971			4 971	4 135						4 135		836			836	
④工程定额测定费	193			193									193			193	
3. 研究试验费	815			815	492						492		323			323	
4. 建设项目前期工作费	4 020			4 020	4 020						4 020		0			0	
5. 其他					1 506						1 506		−1 506			−1 506	
一、二、三项合计	269 473			269 473	270 539				5 914	324	31 142	598	−1 066			−1 066	
四、预备费用	29 662			29 662	28 247			28 247					1 415			1 415	
五、大型专用机械设备购置费	808			808	1 010				1 010				−202			−202	
六、建设期贷款利息	20 708			20 708	18 487					18 487	2 221		2 221			2 221	
七、汇兑损益					5 979					5 979			−5 979			−5 979	
合计	320 651			320 651	324 262			260 808	6 924	24 790	33 363	598	−3 611			−3 611	

外资使用情况表(样表)

(交建竣5表)　　　　　　　　　　　　　　单位:美元　　　　　　表7-2-7

项　目	计量单位	工程量或数量	外币概算金额(美元)	外币实际支出金额	外币实际支出较概算增减	备注
一、土建工程			51 920 000	59 605 136	−7 685 136	增一;减+
二、交通工程			13 000 000	6 991 310	6 008 690	
三、监理			1 530 000	1 388 567	141 433	
四、设备			5 330 000	4 962 863	367 137	
五、其他:培训、科研、不可预见费			2 940 000	2 176 754	763 246	
合计			74 720 000	75 124 630	−404 630	

基本建设项目交付使用资产总表(样表)

(交建竣6-1表)　　　　　　　　　　　　　　单位:万元　　　　　　表7-2-8

工程项目名称	总计	其中:外资部分		固定资产				流动资产	无形资产	递延资产
		人民币	折合外币	合计	建筑安装工程	设备	其他费用			
一、移交给生产、使用或管理单位的	361 768			319 814	235 850	28 119	55 845	22 274	18 807	873
1. A市至D市高等级公路	297 133			255 179	210 020		45 159	22 274	18 807	873
2. 收费站及服务区	27 241			27 241	24 478		2 763			
3. 建筑物:收费亭	1 522			1 522	1 352		170			
4. 机械设备	1 902			1 902		1 902				
5. 配电照明设备安装工程	6 949			6 949		6 182	767			
6. 车辆	935			935		935				
7. 其他设备	324			324		324				
8. 交通工程(通讯、监控)	25 762			27 562		18 776	6 986			
二、移交给其他单位的	4 088			4 088		4 088				
1. 机械设备	3 948			3 948		3 948				
2. 车辆	82			82		82				
3. 其他设备	58			58		58				
合计	365 856			323 902	235 850	32 207	55 845	22 274	18 807	873

补充资料:由其他单位无偿拨入的资产价值　　千元;设备价值　　千元;外汇平均汇率　　元/美元

交付单位盖章:× 省高等级公路指挥部　年　月　日　　接收单位盖章:× 省交通厅　年　月　日

公路项目建成后,交付使用财产明细表尚可细分为交付使用固定资产明细表(类同表7-2-9);交付使用流动资产明细表,如表7-2-10所示;交付使用无形资产明细表,如表7-2-11所示;交付使用递延资产明细表,如表7-2-12所示;待摊投资明细表,如表7-2-13所示。根据交付使用各类资产明细表,即可编制交付使用财产总表。

基本建设项目交付使用资产明细表(样表)

(交建竣 6-2 表)　　单位:万元　　表 7-2-9

工程项目名称	单位	建筑工程		设备、工具、器具					
		结构	价值	名称	规格型号	单位	数量	价值	设备安装费
一、交付给生产、使用或管理单位的									
……									
二、交付给其他单位的									
……									
合计									

交付使用流动资产明细表(样表)

单位:万元　　表 7-2-10

流动资产名称	单　　位	数　　量	金　　额	备　　注
1. 银行存款			718	
2. 预付账款			358	
3. 其他应收款			21 190	
4. 库存材料			8	
合计			22 274	

交付使用无形资产明细表(样表)

单位:万元　　表 7-2-11

无形资产名称	金　　额	备　　注
1. 土地使用权	18 807	
2. 专利权		
……		
合计	18 807	

交付使用递延资产明细表(样表)

单位:万元　　表 7-2-12

名　　称	金　　额	备　　注
1. 生产职工培训费	466	
2. 投资方向调节税	307	
3. 非常损失		
4. 取消项目可行性研究费		
……		
合计	873	

五、财务竣工决算表格的编制依据

财务竣工决算表格的编制依据有:①项目原始概(预)算资料;②设计交底或图纸会审的会议记录;③设计变更文件;④施工记录或施工签证单;⑤各种验收资料;⑥停工(复工)报告(令);⑦竣工图纸;⑧施工中发生的费用记录;⑨中期支付(结算)、最终支付(结算)及其附件、施工承包合同文件、竣工工程决算资料等。

待摊投资明细表(样表)

(包含其他待摊投资)　　　　单位:万元　　　　表 7-2-13

项　　目	调整后概算数	实际发生额	备　注
一、待摊投资			
1.建设单位管理费	1 315	1 981	
2.土地征用及拆迁补偿费	17 000	17 699	
3.建设项目前期工作费	4 020	4 020	
4.研究试验费	815	492	
5.临时设施费	6 500	7 230	
6.专项评估费	116	116	
7.设备检验费			
8.延期付款利息			
9.联合试运转费		6	
10.借款利息	17 000	17 708	
11.减:贷转存利息			
12.合同公证费	12	12	
13.工程质量监督费	201	201	
14.企业债券利息			
15.汇兑损失		5 979	
16.土地使用税	598	598	
17.国外借款手续费及承诺费	779	779	
18.耕地占用费	1 108	1 108	
19.企业债券发行费	63	63	
20.其他待摊投资		920	
……			
合计	34 227	58 912	

第四节　公路工程竣工决算的编制

一、竣工决算的编制步骤

1.收集、整理和分析有关依据资料

在编制公路工程竣工决算文件前,必须准备一套完整齐全的资料。这是准确、迅速编制竣工决算的必要条件。在工程的竣工验收阶段,应注意收集资料,系统地整理所有的技术资料、工程结算的经济文件、施工图纸,审查施工过程中各项工程变更、索赔、价格调整、暂定金额等支付项目是否符合合同件规定,签证手续是否完备;审查各中期支付和最终支付是否与竣工图表资料、合同文件相符。

2.清理各项账务、债务和结余物资

在收集、整理和分析有关资料中，要特别注意建设工程从筹建到竣工投产（或使用）的全部费用的各项账务、债权和债务的清理，做到“工完账清”。既要核对账目，又要查点库存实物的数量，做到账与物相等，账与账相符，对结余的各种材料、工器具和设备要逐项清点核实，妥善管理，并按规定及时处理，收回资金。对各种往来款项要及时进行全面清理，为编制竣工决算提供准确的数据和结果。

3.填写竣工决算报表

按照公路工程决算表格中的内容，根据编制依据中的有关资料进行统计或计算各个项目的数量，并将其结果填到相应表格的栏目，完成所有报表的填写。它是编制建设工程竣工决算的主要工作。

4.编写建设工程竣工决算说明书

按照公路工程竣工决算说明的要求，根据编制依据材料和填写在报表中的结果编写说明。

5.上报主管部门审查

上述编写的文字说明和填写的表格经核对无误，装订成册，即为建设工程竣工决算文件将其上报主管部门审查，并把其中财务成本部分送交开户银行签证。竣工决算在上报主管部门的同时，抄送有关设计单位。大中型建设项目的竣工决算还应抄送财政部、建设银行总行和省、市、自治区财政局和建设银行分行各一份。

二、竣工决算的编制方法及有关表格的填列

根据经审定的期中支付证书、最终支付证书及其支付表格（结账单），对原概预算进行了调整，重新核定各单项工程、单位工程造价。原概预算中的费用项目，建筑安装工程费归属于“建筑安装工程投资”；设备、工具、器具购置费归属于“设备投资”，办公和生活用家具购置归属于“其他投资”；工程建设其他费用一般归属于“待摊投资”；预备费用部分在施工期中已转化为建筑安装工程费，因此归属于“建筑安装工程投资”。通过实际对属于增加固定资产价值的其他投资或待摊投资，如建设项目管理费、研究试验费、土地征用及拆迁补偿费等，应分摊于受益工程，随同受益工程交付使用的同时，一并计入新增固定资产价值。

竣工决算图表的编制方法，不像编制概预算那样，要进行各种资料的分析计算，主要对建设工程的各种原始资料进行全面的审查与统计汇总，然后按照竣工决算表格的要求，将各种数据资料摘录填入；同时做好决算与概预算的对比分析，编制技术经济指标比较表。

1.公路建设项目工程概况表（表7-2-2）

本表集中反映已完工的建设项目的建设周期、完成的主要工程数量、主要材料消耗、征地拆迁面积、计划投资和竣工决算。编制本表时应根据可行性报告的批复、初步设计概算等文件确定的主要指标和实际完成情况进行填列。表中各项内容按如下方法填列：

（1）建设时间开工和竣工日期按照实际开工和办理竣工验收的日期填列。如实际开工日期与批准的开工日期不符应作出说明。

（2）表中初步设计、调整概算的批准机关、日期、文号应按历次审批文件填列。

（3）表中有关项目的设计、概算、决算等指标，根据批准的设计文件和概算、决算等确定的数字填写。

（4）表中“总投资”按批准的概算和调整概算数及累计实际投资数填列。

（5）表中“基建支出合计”是指建设项目从开工起至竣工止发生的全部基本建设支出，根据财政部门或主管部门历年批准的“基建投资表”中有关数字填列。

(6)表中所列工程主要特征、完成主要工程量、主要材料消耗量、主要技术经济指标等，根据主管部门批准的概算、建设单位统计资料和施工企业提供的有关成本核算资料等分别填列。

(7)"主要收尾工程"填写工程内容和名称、预计投资额及完成时间等。如果收尾工程内容较多，可增设"收尾工程项目明细表"。这部分工程的实际成本，可根据具体情况进行估算，并作说明，完工以后不再调整竣工决算，但应将收尾工程执行结果按规定程序补报有关资料。

(8)"工程质量评定"填列经工程质量监督部门检测评定的单项工程质量评定及工程综合评价结果。

2.财务通用表及附表

财务通用表及附表反映竣工工程从开始建设起至竣工时为止资金来源、支出、节余等全部资金的运用情况，作为考核和分析基本建设拨款和投资效果的依据。表中各项内容的填列如下：

(1)建设项目竣工财务决算总表(交建竣 3-1 表，见样表 7-2-3 及表 7-2-14)。本表按照竣工项目上一年度核复的财务决算数字加项目竣工时为止的实际发生数字填列(包括收尾工程的估列数)。表中的数字反映建设项目自开始建设起的累计发生数。

建设项目竣工财务决算总表(样表)

(交建竣 3-1 表)　　单位：万元　　表 7-2-14

资金来源	金额	资金占用	金额	
			人民币	折合外币
一、基建拨款合计	178 400	一、基本建设支出合计	305 693	
1.交通运输部车购费拨款	63 700	1.已交付使用资产	305 095	
2.省养路费拨款	82 200	2.在建工程		
3.省客运附加费拨款	6 500	3.应核销投资	598	
4.省货运附加费拨款	2 000	4.应核销其他支出		
5.通行费拨款	10 000	5.转出投资		
6.车购费省分成	14 000			
二、基建借款合计	141 894			
1.招商银行贷款	30 000			
2.省能交基金贷款	4 700	二、基建结余资金	−4 206	
3.厅转其他商业银行贷款	35 000	1.库存策略		
4.发行公路债券	10 000	2.库存设备		
5.		3.待处理器材损失	8	
6.		4.货币资金	718	
…		5.预付及应收款(减应付款)	−4 932	
9.利用外资借款	62 194			
折合外币	7 512			
平均汇率	8.278	三、专项资产	18 807	
三、专用基金				
总计	320 294	总计	320 294	

补充资料：基建投资借款期末余额：56 043 万元，基建结余资金：−4 206 万元

(2)资金来源情况表(交建竣3-2表,见表7-2-4)。本表反映建设项目投资计划安排和投资资金拨付到位情况,分年度的实际拨、借款数,不包括基建借款挂账和不挂账的借款利息数。

(3)待核销基建支出及转出投资明细表(交建竣3-3表,见表7-2-5)。

1993年企业财务制度改革时,为了体现资本保全原则,取消了应核销投资和转出投资的财务处理,将原来作为应核销和转出处理的有关投资支出计入建设成本或无形资产及递延资产。这样处理客观地反映了交付使用资产的价值,也保护了投资者合法权益的完整性。由于公路工程的特殊性,按《竣工决算编制办法》规定,对该类费用,仍按转出投资和核销投资处理,而未按形成无形资产、递延资产或计入建设成本进行核算。当然,对于自主经营的收费路、收费桥的竣工决算,应以将应核销和转出处理的有关投资支出计入建设成本或无形资产、递延资产为宜。

转出投资是指非经营性项目为项目配套的专用设施投资,包括专用道路、专用通信设备、送变电站、地下管道等。产权归属本单位的,计入交付使用资产价值;产权不属本单位的,作转投资处理,冲销相应的资金来源。应核销投资是指非经营性项目在工程建设中发生的一些特殊支出,如江河清障、航道清淤、水土保持、城市绿化、被取消项目的可行性研究费、项目报废损失等不能形成资产部分的投资支出,经过批准后,作为应核销投资处理,冲销相应的资金来源。

(4)工程造价和概算执行情况表(交建竣4表,见表7-2-6)。

本表反映工程实际建设成本和总造价,以及概算投资节余和概算投资包干节余情况,本表按照概算项目或单位工程(费用项目)填列。

①"建筑安装工程投资"栏,是指建设单位按项目概算内容发生的建筑工程和安装工程的实际成本。不包括被安装设备本身的价值以及按照合同规定支付给施工企业的预付备料款和预付工程款。

②"设备投资"栏,是指建设单位按照项目概算内容发生的各种设备的实际成本,包括需要安装设备、不需要安装设备和为生产准备的不够固定资产标准的工具、器具的实际成本。需要安装设备是指必须将其整体或几个部位装配起来,安装在基础上或建筑物支架上才能使用的设备;不需要安装设备是指不必固定在一定位置或支架上就可以使用的设备。

③"其他投资"栏。其他投资是指建设单位按项目概算内容发生的构成基本建设实际支出的房屋购置和林木等购置、培养费的支出以及取得各种无形资产和递延资产发生的支出。

④"待摊投资"栏。待摊投资应按照某一单项工程投资额占全部投资的比例分摊到单项工程上,不计入固定资产价值的支出不进行分摊。待摊投资的费用包括:建设单位管理费、土地征用及迁移补偿费、建设项目前期工作费、研究试验费、临时设施费、设备检验费、负荷联合试车费、包干结余、坏账损失、借款利息、合同公证及工程质量监理费、土地使用税、汇兑损益、国外借款手续费及承诺费、施工机构转移费、报废工程损失、耕地占用税、土地复垦及补偿费、投资方向调节税、固定资产损失、器材处理亏损、设备盘亏及毁损、调整器材调拨价格折价、企业债券发行费用、概(预)算审查费用、(贷款)项目评估费、社会中介机构审计费、车船使用税、其他待摊投资等。建设单位要严格按照规定的内容和标准控制待摊投资支出,不得将非法的收费、摊派等计入待摊投资支出。

(5)外资使用情况表(交建竣5表,见表7-2-7)。

该表反映建设项目外资使用情况,按照使用外资支出费用项目填列,应说明批准初步设计时的汇率,记账汇率、竣工时的汇率以及外资贷款的转贷金额和转贷单位等情况。各有关表格中,外币折合人民币时,应以项目竣工时的汇率为准。

(6)基本建设项目交付使用资产总表(交建竣 6-1 表)。

交付使用财产总表反映建设项目建成后新增固定资产和流动资产价值,按照固定资产和流动资产分别填列,并按规定的财产分类目录详细填报。“移交给其他单位的”栏是指列入工程项目总概算,但建成后不由项目管理单位管理,经批准移交其他单位的(单项工程)资产。

(7)基本建设项目交付使用资产明细表(交建竣 6-2 表)。

交付使用资产明细表是作为今后建设单位(业主)管理项目资产用的表格,要按新增资产逐一填列。

三、新增资产的确定

竣工决算是办理交付使用财产价值的依据。正确核定新增资产价值,不但有利于公路项目交付使用后的财务管理,而且可为项目经济后评估提供依据。

根据新的财务制度和企业会计准则,新增资产按资产性质可分为固定资产、流动资产、无形资产、递延资产和其他资产五大类。其中,无形资产包括专利权、著作权、非专利技术、商誉等;递延资产是指不能全部计入当年损益,应当在以后年度分期摊销的各项费用,包括开办费、租人固定资产的改良工程支出等;其他资产是指具有专门用途,但不参加生产经营的经国家批准的特种物质、银行冻结存款和冻结物质、涉及诉讼的财产等。

1.新增固定资产价值的确定

(1)新增固定资产价值的含义

新增固定资产又称交付使用的固定资产,固定资产是指使用期限超过一年,单位价值在规定标准以上,并且在使用过程中保持原有物质形态的资产,包括公路建筑物及房屋、机电设备、运输设备、工具器具等。不同时具备以上两个条件的资产为低值易耗品,应列入流动资产范围内,如企业自身使用的工具、器具、家具等。其价值是投资项目竣工投产后所增加的固定资产价值,是以价值形态表示的固定资产投资最终成果的综合性指标。其内容包括:

①已经投入生产或交付使用的建筑安装工程造价。

②达到固定资产标准的设备工器具的购置费用。

③增加固定资产价值的其他费用,包括土地征用及迁移补偿费、联合试运转费、建设项目前期工作费、施工机构迁移费、报废工程损失、建设单位管理费等。

(2)新增固定资产的核算

新增固定资产是工程建设项目最终成果的体现,核定其价值和完成情况,是加强工程造价全过程管理工作的重要方面。单项工程建成经有关部门验收鉴定合格,正式移交生产或使用,即应计算其新增固定资产价值。一次性交付生产或使用的工程一次计算新增固定资产价值,分期分批交付生产或使用的工程,应分期分批计算新增固定资产价值。计算时应注意以下几种情况:

①新增固定资产价值的计算应以单项工程为对象。

②对于为了提高产品质量、改善劳动条件、节约材料消耗、保护环境而建设的附属辅助工程,只要全部建成,正式验收或交付使用后就要计入新增固定资产价值。

③对于单项工程中不构成生产系统,但能独立发挥效益的非生产性工程,如住宅、食堂、医务所、托儿所、生活服务网点等,在建成并交付使用后,也要计算新增固定资产价值。

④凡购置达到固定资产标准不需安装的设备、工器具,应在交付使用后计入新增固定资产价值。

⑤属于新增固定资产的其他投资，应随同受益工程交付使用时一并计入。

(3)交付使用财产成本计算

交付使用财产的成本费用应按下列内容计算：

①线路、桥梁、房屋、管线、建筑物、构筑物、沿线设施等固定资产的成本费用包括建筑安装工程成本和应分摊的待摊投资。

②动力设备、通风设备、监控设备、收费系统等固定资产的成本，包括需要安装设备的采购成本、设备的安装成本、设备基础、支柱等的建筑工程成本和应分摊的待摊投资。

③运输设备及其他不需要安装的设备、工具、器具、家具等固定资产和流动资产的成本，一般仅计算采购成本，不分摊待摊投资。

(4)待摊投资的分摊方法

增加固定资产的其他费用，如果是属于整个建设项目或两个以上单项工程的，在计算新增固定资产价值时应在各单项工程中按比例分摊。分摊时，什么费用应由什么工程负担，又有具体的规定。一般情况下，建设单位管理费按建筑工程、安装工程、需安装设备价值总额按比例分摊；土地征地费、勘察设计费则只按建筑工程造价分摊。

【例 7-2-1】 某公路建设项目建筑安装工程投资中，桥梁工程投资 4 258 万元，路线及其防护、排水工程等投资为 19 288 万元，需要安装设备价值为 1 565 万元，待摊投资为征地、迁移补偿等费用为 3 250 万元，建设单位管理费 895 万元，试计算路线工程、桥梁工程、需要安装设备各自应分摊的待摊投资。

解：(1)计算分摊率

对建设单位管理费分摊的分摊率：[895÷(4 258+19 288+1 565)]×100%＝ 3.5 642%

对征地、迁移补偿等费用分摊的分摊率：[3 250÷(4 258+19 288)]×100%＝13.802 8%

(2)分摊额的计算

①桥梁工程分摊额：4 258×(3.564 2%+13.802 8%)＝739.48 万元

②路线工程分摊额：19 288×(3.564 2%+13.802 8%)＝3 349.74 万元

③需要安装设备分摊额：156 5×3.564 2%＝55.78 万元

2.新增流动资产价值的确定

新增流动资产是指新增加的在一年内或者超过一年的一个营业周期内变现或者运用的资产，包括现金及各种存款、存货、应收及预付款等。在确定流动资产价值时，按以下原则处理：

(1)货币性资金。即现金、银行存款及其他货币资金，根据实际入账价值核定。

(2)应收及预付款项。包括应收票据、应收账款、其他应收款、预付款和待摊费用。一般情况下，应收及预付款项按企业销售商品、产品或提供服务、提供劳务时的实际成交金额入账核算。

(3)各种存货应当按照取得时的实际成本计价。存货的形成主要有外购和自制两种途径。外购的，按照购买价加运输费、装卸费、保险费、途中合理损耗、入库前加工、整理及挑选费用以及缴纳的税金等计价。自制的，按照制造过程中的各项实际支出计价。

3.新增无形资产价值的确定

新增无形资产是指企业长期使用但没有实物形态的资产，包括专利权、商标权、著作权、土地使用权、非专利技术、商誉等。无形资产的计价，原则上应按取得时的实际成本费用计价；企业取得无形资产的途径不同，所发生的支出也不一样，无形资产的计价也不相同。按现行财务制度，无形资产价值的计价原则和计价方式如下：

(1)无形资产的计价原则

①投资者将无形资产作为资本金或者合作条件投入的，按照评估确认或合同协议约定的金额计价。

②购入的无形资产按照实际支付的价款计价。

③企业自创并依法申请取得的，按开发过程中的实际支出计价。

④企业接受捐赠的无形资产，按照发票账单所持金额或者同类无形资产市价作价。

(2)无形资产的计价

①专利权的计价

专利权可分为自创和外购两类。

a. 自创专利权的计价，其价值为开发过程中的实际支出，主要包括专利的研究开发费、专利申请费、专利登记费、专利年付费、法律诉讼费等。

b. 专利转让(包括购入或卖出)的计价，其价值主要包括转让价格和手续费。由于专利是具有专有性并能带来超额利润的生产要素，因而其转让价格不能按其成本估价，而是要依据其所能带来的超额收益来估价。

②非专利技术的计价

a. 自创的非专利技术，一般不得作为无形资产入账，自创过程中发生的费用，现行财务制度允许作当期费用处理，这是因为非专利技术自创时难以确定是否成功，这样处理符合财务会计的稳健性原则；

b. 购入非专利技术时，应由具有资格的评估机构确认后再进一步估价，往往是通过其产生的收益来进行估价的，其基本思路同专利权的计价方法。

③商标权的计价

a. 自创的商标，自创时发生的各项费用，如商标设计、制作、注册和保护、宣传广告等费用，一般不作为无形资产入账，而是直接作为销售费用计入当期损益。

b. 当企业购入或转让商标时，才需要对商标权计价。商标权的计价一般根据被许可方新增收益来确定。

④土地使用权的计价

a. 建设单位(业主)向土地管理部门申请土地使用权，并为其支付了一笔出让金的，这时应在这种情况下，应作为无形资产进行核算。

b. 如果建设单位获得土地使用权是原先通过行政划拨的，这时就不能作为无形资产核算，只有在将土地使用权有偿转让、出租、抵押、作价入股和投资，按规定补交土地出让价款时，才作为无形资产核算。

无形资产计价入账以后，应在其有限使用期内分期摊销。

4. 递延资产的确定

递延资产是指不能全部计入当年损益，应在以后年度内分期摊销的各项费用，包括开办费、租入固定资产的改良支出等。

(1)开办费的计价

指在筹建期间发生的费用，包括筹建期间人员工资、办公费、培训费、差旅费、印刷费、注册登记费以及不计入固定资产和无形资产购建成本的汇兑损益、利息等支出。根据新财务制度的规定，除了筹建期间不计入资产价值的汇兑净损失外，开办费从企业开始生产经营月份的次月起，按照不短于五年的期限平均摊入管理费用。

(2)以经营租赁方式租入的固定资产改良工程支出的计价

应在租赁有效期限内分期摊入制造费用或管理费用中。

5. 其他资产计价

其他资产是指具有专门用途，但不参加生产经营的经国家批准的特种物质、银行冻结存款和冻结物质、涉及诉讼的财产等，主要以实际入账价值核算。

四、竣工决算的编制示例

【例 7-2-2】

1. 建设项目概况

A—D 高速公路全长 201.499km，该建设项目总投资为 324 262 万元，其中调整概算为 320 651 万元，该工程平均每公里平均造价核定为 1 611 万元。建设周期从 2003 年 3 月开工至 2007 年 9 月交工，历时 5 年 6 个月。

2. 公路的投资来源

共安排投资累计 32 亿元，具体包括：

(1)交通部车购费拨款 63 700 万元；

(2)省管养路费拨(贷)款 82 200 万元；

(3)省能交基金贷款 4 700 万元；

(4)客运附加费拨(贷)款 6 500 万元；

(5)货运附加费拨(贷)款 2 000 万元；

(6)通行费拨(贷)款 10 000 万元；

(7)世界银行贷款(美元折合)62 194 万元；

(8)招商银行贷款 30 000 万元；

(9)发行公路债券 10 000 万元；

(10)厅转其他商业银行贷款 35 000 万元

(11)车购费省分成 14 000 万元。

以上共计安排投资拨(贷)款为 320 294 万元，而 A—D 路估计最终支付为 324 262 万元，加上建成通车后多负担的借款利息 19 565 万元，仍需资金 23 533 万元。这些资金主要支付交通工程、房建收尾工程、未偿还的贷款、多负担的 A—D 路通车后利息等。

分年度工程投资计划及资金情况见交建竣 3-2 表，即表 7-2-4。

3. 建设造价的分析及编制说明

截至 2008 年 4 月底，实际完成投资为 312 305 万元，加上未完工程投资约 12 195 万元，最终列入交付使用财产支出将是 324 262 万元，比调整概算 320 651 万元超 3 611 万元，比交通厅拨款超 3 968 万元，现将各项开支分析如下：

(1)建筑安装工程投资

工程造价和概算执行情况表所列建筑安装工程投资 232 561 万元，超概算 1 335 万元(概算列建筑安装工程 231 226 万元)。

(2)设备工器具及大型专用设备购置费

工程造价和概算执行情况表所列该项费用 6 238 万元，比概算节余 975 万元(概算列该项费用 7 213 万元)。

(3)其他基本建设费用

此项费用总的来说比调整概算节约 1 313 万元。其中：

①土地及青苗补偿费和安置补助费支出 19 405 万元(征地拆迁费 17 699 万元；耕地占用税 1 706 万元)，较概算节余 315 万元(概算列该项费用 19 720 万元)。

②质量监督费支出 201 万元，概算中未安排此项目。

③国际招标及工程监理费支出 4 135 万元，较概算节余 836 万元(概算列该项费用 4 971 万元)。

④研究试验费支出 492 万元，较概算 815 万元节余 323 万元。

⑤建设项目前期工作费支出 4 020 万元，与概算持平。

⑥其他支出共计 1 506 万元，其中包括：债券发行费 63 万元；出国联络费 57 万元；外国技术人员费 39 万元；印花税 147 万元；人员培训费 466 万元和其他支出 734 万元。

(4)预留费用

此项费用共计支付 28 247 万元，其中包含：

①工程价格调整 21 585 万元；

②设备材料差价 6 662 万元。此项费用支出这么大原因主要是如前所述，2003～2007 年全国零售物价平均年增长 9%，导致建筑材料价格上涨，因此向承包商支付材料差价达 28 247 万元。

(5)建设期贷款利息

此项费用共支付 18 487 万元，其中包含：

①国内银行贷款利息 14 309 万元；

②世界银行贷款利息 3 399 万元；

③世界银行贷款手续费及承诺费 779 万元。

(6)汇兑损益

国家实行汇率并轨后，汇率骤涨，由此造成汇兑损失 5 979 万元。

通过上述分析可以清楚看到，建设造价如果再考虑支付未完工程(交通工程和其他收尾工程)12 195 万元后，超调整概算 3 611 万元。但如果扣除建设期汇兑损益 5 978 万元，整个工程尚能节余 2 367 万。且该段全线于 1998 年底全线双向通车，至 2008 年底，A—D 高速公路累计收入通行费为 79 731 万元，取得了很大的经济效益。

4. 利用外资项目情况

A—D 高速公路的北半幅工程，属于世界银行贷款项目。该项目世界银行贷款总额为 12 000万美元，其中分配给 A—D 高速公路为 7 472 万美元，由省高等级公路建设指挥部实施。A—D 高速公路截至 2008 年末已向世界银行提款 7 512 万美元，折合人民币 62 194 万元。

5. 应收及预付款项

建设项目竣工财务决算总表中预付及应收款反映为 21 548 万元，其主要组成如下：

(1)应收款

①预付某开关厂、香港维昌洋行两家承包人工程款 358 万元，此款不久可在结算未完工程款中扣回。

②其他应收款 21 189 万元，其中：

a. 甲水泥厂欠款 500 万元及厅物资站欠款 144 万元，系项目开工初期为提供钢材、水泥而预付的料款，走向市场经济后，承包人所需材料，不再由我们提供，而上述两个单位，因经济效益不佳，无力偿还此项预付款，拖延至今，可能将成为坏账。

b.应收利息 19 565 万元，是建成通车后所发生的各项贷款利息费用（根据会计准则第三十条固定资产的成本核算的规定，在固定资产交付使用或已投入使用但尚未办理竣工决算后所发生的借款利息和有关费用，不应计入固定资产成本）故调入“其他应收款”科目中，请上级部门予以拨付此项我部代垫的贷款利息数。

c.预支香港维昌洋行 399 万元。

(2)应付款

建设项目竣工财务决算总表中应付款共计 26 478 万元，其中：

①应付未付 11 家承包人工程款 1 502 万元；

②应付未付 21 家承包人质量保证金 406 万元；

③应付职工购房集资款 560 万元；

④应付省工行国际部贷款利息 542 万元；

⑤厅财务处预拨款 5 200 万元（年底已与厅财务的应拨通车后利息款对冲）。

⑥暂估收尾工程支付 12 195 万元。

6.竣工决算报表编制

A—D 高速公路竣工决算报表结果：

(1)公路建设项目工程概况表，见表 7-2-2。

(2)建设项目竣工财务决算总表，见表 7-2-14。

(3)资金来源情况表（交建竣 3-2 表），见表 7-2-4。

(4)待核销基建支出及转出投资明细表（交建竣 3-3 表），见表 7-2-5。

(5)工程造价和概算执行情况表（交建竣 4 表），见表 7-2-6。

(6)外资使用情况表（交建竣 5 表），见表 7-2-7。

(7)基本建设项目交付使用资产总表（交建竣 6-1 表），见表 7-2-8。

(8)基本建设项目交付使用资产明细表（交建竣 6-2 表），见表 7-2-9。

(9)交付使用流动资产明细表，见表 7-2-10。

(10)交付使用无形资产明细表，见表 7-2-11。

(11)递延资产明细表，见表 7-2-12。

(12)待摊投资明细表，见表 7-2-13。

【例 7-2-3】 某投资公司承担的某高速公路工程项目，竣工时反映的财务核算资料如下：

(1)经验收合格，交付使用的资产有：

①线路、桥梁、隧道等建筑安装工程资产价值 218 560 万元；设备、收费、通信系统价值54 775 万元；

②为运营准备使用期在一年以内的工器具、物品等 125 万元；使用期在一年以上，单件价值在 2 000 元以上的工、器具 40 万元；

③建设期间购买非专利技术 75 万元，摊销期 5 年；

④筹建期间的开办费 136 万元。

(2)收尾零星工程支出的项目有：

①建筑安装工程支出 185 万元；

②设备、工器具投资 45 万元；

③建设项目管理费、建设项目前期工作费等待摊投资 25 万元；

④其他支出 35 万元。

(3)非经营性项目发生待核销基建支出 60 万元。

(4)购置需安装设备 65 万元,其中待处理设备损失 8 万元。

(5)货币资金 1 560 万元。

(6)应收有偿调出材料款 45 万元。

(7)建设单位自有固定资产原值 8 750 万元,累计折旧 2 140 万元。

反映在"资金平衡表"上的资金来源的资金余额是:

(1)预算拨款 72 350 万元。

(2)自筹资金拨款 62 639 万元。

(3)商业银行借款 145 962 万元。

(4)交付使用资产价值中,有 120 万元属利用投资借款形成的待冲基建支出。

(5)应付设备商设备款 965 万元,应付承包人工程款(扣留的保留金未归还部分)8 123 万元尚未支付。

(6)未交税金 158 万元;未交基建收入 24 万元。

试编制建设项目竣工财务决算表。

解:建设项目竣工财务决算表见表 7-2-15。

建设项目竣工财务决算表

(交建竣 3-1 表)　　货币单位:人民币万元　　表 7-2-15

资金占用	金额	资金来源	金额
一、基本建设支出	274 061	一、基建拨款	134 989
1. 交付使用资产	273 711	1. 预算拨款	72 350
2. 在建工程	290	2. 基建基金拨款	
3. 待核销基建支出	60	3. 进口设备转账拨款	
4. 非经营性项目转出投资		4. 器材转账拨款	
二、应收借款		5. 煤代油转用基金拨款	
三、应收生产单位投资借款		6. 自筹资金拨款	62 639
四、器材	65	7. 其他拨款	
其中待处理器材损失	8	二、项目资本	
五、货币资金	9 560	1. 国家资本	
六、预付及应收款	45	2. 法人资本	
七、有价证券		3. 个人资本	
八、固定资产	6 610	三、项目资本公积	
固定资产原值	8 750	四、基建借款	145 962
减:累计折旧	2 140	五、上级拨入投资借款	
固定资产净值	6 610	六、企业债券资金	
固定资产清理		七、待冲基建支出	120
待处理固定资产损失		八、应付款	9 088
		九、未交款	182
		1. 未交税金	158

续上表

资金占用	金额	资金来源	金额
		2.未交基建收入	24
		3.未交基建包干结余	
		4.其他未交款	
		十、上级拨入资金	
		十一、留成收入	
合计	290 341	合计	290 341

第八篇　工程量计算与计量

第一章　概　　述

第一节　工程量计算与计量的依据

工程量是编制投资估算、初步设计概算、技术设计修正概算、施工图预算、施工预算、进行施工期中的结算和竣工决算的基本依据。能否正确计算或计量工程量，直接关系到编制的概、预算等造价文件的正确性和编制结果的准确性。因此在概、预算等造价文件的编制中，要能正确计算或计量工程量。

工程量的计算或计量要按照规定的计算方法或规则进行。不同的行业、不同的造价编制阶段对工程量的计算或计量，在计算方法或规则上是不相同的。例如公路工程的工程量计算方法或规则就与原建设部颁发的《全国统一建筑工程预算工程量计算规则》(GJDGZ 101—95)或《建设工程工程量清单计算规则》(GB 50500—2003)中规定的计算方法或规则就有差异；公路工程在投资估算、设计概算、施工图预算、施工结算等不同阶段的造价文件编制中，工程量的计算方法或规则也不尽相同。

在国际上，比较普遍采用的工程量计算方法或规则有英国皇家特许测量师学会制定的《建筑工程量计算原则》(国际通用)、《工程量标准计算方法》等。

工程量计算与计量要有依据，概括起来讲，主要有四方面的依据：

1. 编制的造价文件种类及适用的定额

编制不同阶段的公路工程造价文件，要采用现行的、不同的定额标准。例如，编制“投资估算”，要采用现行的《公路工程投资估算指标》；编制“设计概算”，要采用现行的《公路工程概算定额》；编制“施工图预算”，要采用现行的《公路工程预算定额》。不同阶段的公路工程造价文件编制中，对工程量的计算或计量的要求不同，单位工程量包含的工作(工程)内容不同，工程量的计算规则、方法也有差异。因此，工程量的计算或计量要以编制的造价文件种类及适用的定额为依据。

2. 经审定的设计文件

工程建设的不同阶段要对应编制相应的造价文件。其工程量计算规则或计算方法中的基本尺寸、数据主要来自于经审定的设计图、表(投资估算为方案设计图、设计概算为初步设计图、施工图预算为施工图设计图纸)及其设计说明。因此，经审定的设计图纸是工程量计算或计量的主要依据之一。

3. 经审定的施工组织设计或施工技术措施方案

作为设计文件组成部分的施工组织计划或施工方案、施工技术(措施)方案，是编制工程概、预算等造价文件的主要依据之一，也是工程量计算或计量的依据之一。例如便道、便桥、预制场、电力电讯线路等临时工程、临时设施的数量，临时用地的数量，材料的运输距离等，就需要按施工组织计划或施工技术(措施)方案来计算。

4. 其他有关技术经济文件及经济调查资料

其他有关技术经济文件是指国家或行业主管部门发布的、现行的、与概预算等造价文件编制有关的法规、规范、规程等技术经济文件；经济调查资料是指在勘察设计和造价文件编制期中所进行的技术经济调查而搜集的技术经济方面的资料。技术经济文件及经济调查资料也是工程量计算或计量的依据之一。

第二节　公路工程设计文件

公路工程设计文件中的设计图表及其设计说明，是公路工程的工程量计算和计量的基本依据之一。认真阅读、熟悉公路工程设计文件中的设计图表及其设计说明，是正确进行公路工程的工程量计算或计量的基础。

公路工程设计图表及其设计说明，按照工程建设的阶段划分，有项目立项阶段（可行性研究阶段）的设计图表及其说明、初步设计阶段的设计图表及其说明、技术设计阶段的设计图表及其说明、施工图设计阶段的设计图表及其说明等。各阶段的设计图表及其说明的组成和内容大致相同，由于各设计阶段的设计深度不同，其详尽程度有差异。

一、项目立项（可行性研究）阶段的设计图表

项目立项（可行性研究）阶段的设计图表主要有：

(1)路线平、纵面缩图；

(2)路线方案比较图(表)；

(3)主要技术经济指标表；

(4)路基标准横断面图；

(5)土石方数量估算表；

(6)不良地质地段表；

(7)路面结构方案图；

(8)路面工程量估算表；

(9)小桥涵工程量估算表；

(10)大中桥工程量估算表；

(11)典型大桥方案图；

(12)典型大桥桥型布置图；

(13)隧道方案比较图；

(14)隧道工程量估算表；

(15)路线交叉表；

(16)典型互通式立体交叉布置图；

(17)防护工程估算表；

(18)占用土地估算表；

(19)筑路材料料场调查表；

(20)筑路材料运距示意图；

(21)投资估算表；

(22)比较方案主要工程数量和投资估算表。

二、公路工程设计阶段的划分

按照中华人民共和国原交通部颁发的《公路工程基本建设项目设计文件编制办法》中对设计阶段的划分，公路工程基本建设项目一般采用两阶段设计，即初步设计和施工图设计。对于技术简单、方案明确的小型建设项目，可采用一阶段设计，即一阶段施工图设计；技术上复杂、基础资料缺乏和不足的建设项目或建设项目中的特大桥、互通式立体交叉、隧道、高速公路和一级公路的交通工程及沿线设施中的机电设备等，必要时采用三阶段设计，即初步设计、技术设计和施工图设计。

1. 初步设计

初步设计阶段的目的是确定设计方案。在初步设计阶段，必须根据经批复的可行性研究报告、勘测设计合同的要求，拟定修建原则、选定设计方案、计算工程数量及主要材料数量、提出施工方案的意见、编制设计概算、提供文字说明及图表资料。

初步设计在选定方案时，要对路线走向、控制点进行现场核查、征求沿线地方政府和建设单位意见，基本落实路线布置方案。先在纸上定线，再进行实地核对，并放出必要的控制线位桩。对复杂困难地段的路线、互通式立体交叉、隧道、特大桥、大桥的位置等，一般应选择两个或两个以上的方案进行同深度、同精度的测设工作和方案比选，提出推荐方案。

对选定的方案或作为方案比选的主要方案，要计算工程数量及主要材料需要量，提出采用的施工方案，编制设计概算，提供文字说明及图表资料。

初步设计应达到如下设计深度：

(1)选定路线设计方案，基本确定路线位置；

(2)基本查明沿线地质、水文、气候、地震等情况；

(3)基本查明沿线筑路材料的质量、储量、供应量及运输，并进行原材料，混合料的试验；

(4)基本确定排水系统与防护工程的位置、路段长度、结构形式和尺寸；

(5)基本确定路基标准横断面和特殊路基横断面的设计方案及沿线路基取土、弃土方案，计算路基土石方数量并进行调配；

(6)基本确定路面设计方案、路面结构类型及主要尺寸；

(7)基本确定特大桥及大、中桥桥位；基本确定设计方案、结构类型及主要尺寸；

(8)基本确定小桥、涵洞、漫水桥及过水路面等的位置、结构类型及主要尺寸；

(9)基本确定隧道位置、设计方案、结构类型及主要尺寸；

(10)基本确定路线交叉的位置、形式、结构类型及主要尺寸；

(11)基本确定通道和人行天桥的位置、形式、结构类型及主要尺寸；

(12)基本确定交通工程及沿线设施各项工程的位置、类型及主要尺寸；

(13)基本确定环境保护的内容、措施及方案；

(14)基本确定占用土地、拆迁建筑物及电力、电信等设施的数量；

(15)提出需要试验、研究的项目；

(16)初步拟定施工方案；

(17)计算各项工程数量；

(18)计算人工及主要材料、机具、设备的数量；

(19)编制设计概算；

(20)经论证确定分期修建的工程实施方案(含交通工程及沿线设施)。

初步设计文件经审查批准后，则成为定购主要材料、设备、机具，安排重大科研项目，联系土地征用、拆迁，进行施工准备，编制施工图设计文件和控制建设项目投资等的依据。

2.技术设计

对技术上复杂，基础资料缺乏或不足的建设项目或建设项目中的特大桥、互通式立体交叉、隧道、高速公路和一级公路的交通工程及沿线设施中的机电设备等，必须采用三阶段设计，即在初步设计阶段后增加技术设计阶段。

技术设计要对重大、复杂技术问题通过科学试验、专题研究、加深勘探调查及分析比较，解决初步设计中未解决的问题；要落实技术方案，计算工程数量，提出修正的施工方案，修正设计概算。通常，技术设计应满足以下要求：

(1)对初步设计所定方案详细加以研究，进一步补充和修改；

(2)补充必要的地质、水文、气候、地震和地质钻探资料，以及土工、材料、结构或模型试验成果；

(3)提出科学试验成果，专题报告；

(4)提出修正的施工方案；

(5)编制修正概算。

3.施工图设计

施工图设计既要满足施工图设计文件审批的要求，更要满足施工的需要。

一阶段施工图设计应根据可行性研究报告批复意见，测设合同的要求，拟定修建原则，确定设计方案和工程数量，提出文字说明和图表资料以及施工组织计划，编制施工图预算，以满足审批的要求，适应施工需要。

两阶段(或)三阶段施工图设计应根据初步设计(或技术设计)批复意见、测设合同，进一步对所审定的修建原则、设计方案、技术决定加以具体和深化，最终确定各项工程数量，提出文字说明和适应施工需要的图表资料以及施工组织计划，并编制施工图预算。

施工图设计应满足以下要求：

(1)确定路线具体位置。

(2)确定路基标准横断面和特殊路基横断面，绘制路基超高、加宽设计图；计算土石方数量并进行调配；确定路基取土、弃土的位置，绘制取土坑纵、横断面图。

(3)确定路基路面排水系统和防护工程的结构类型及尺寸，绘制相应布置图和结构设计图。

(4)确定特殊路基设计的结构类型及尺寸，绘制特殊路基设计图。

(5)确定各路段的路面结构类型及尺寸，绘制路面结构图。

(6)确定特大、大、中桥的位置、孔数及孔径、结构类型及各部尺寸，绘制结构设计图。

(7)确定小桥、涵洞、漫水桥、过水路面等位置、孔数及孔径、结构类型及各部尺寸，绘制布置图。特殊设计的，应绘制特殊设计详图。

(8)确定隧道及其附属设施的形式及尺寸，绘制布置图和设计详图。

(9)确定路线交叉形式、结构类型及各部尺寸，绘制布置图和设计详图。

(10)确定交通工程及沿线设施的各项工程的位置、类型及各部尺寸，绘制布置图和设计详图。

(11)确定环境保护设施的位置、类型及数量，绘制布置图和设计详图。

(12)确定渡口码头及其他工程的位置、结构形式及尺寸，绘制相应的布置图和设计详图。

(13)落实沿线筑路材料的质量、储藏量、供应量及运距，绘制筑路材料运输示意图。

(14)确定征用土地、拆迁建筑物以及电力、电信等的数量。

(15)计算各项工程数量。

(16)提出施工组织计划。

(17)提出人工数量及主要材料、机具、设备的规格及数量。

(18)编制施工图预算。

三、设计文件阅读与工程量计算

认真熟悉并读懂设计文件中的设计图表和设计说明，是正确计算和计量工程量的首要前提。在公路工程不同设计阶段的设计图表中，实际上已经由设计人员计算出了工程数量并用表格的形式在设计文件中给出；在设计结构图中，也给出了相应的工程数量。但需要注意的是，在设计图中给出的工程数量往往不能直接作为造价(估算、概预算、结算等)文件编制的工程数量，其原因在于设计人员在工程数量计算中采用的工程量计算规则或计算方法可能会与造价文件编制中要求的工程量计算方法、计算规则有出入，且设计图中的单位工程量往往与造价文件编制中要求的计价单位工程量不一致，例如人工挖运土方，设计一般按 m^3 计，而定额计价工程量单位则是 1 000m^3。因此，在造价文件编制的工程量计算中，首先应认真熟悉并读懂设计文件，正确计算或在设计图中正确摘取工程数量。

公路工程设计图包含的内容很多，按大类分有道路工程图、桥涵工程图、隧道工程图、防护工程图、交通工程图等；每一类工程图中又包含着许多图纸。如何在众多的设计图纸中快速而正确地计算或摘取造价文件编制中需要的工程数量，是设计文件阅读中需要解决的问题。

在设计图表的阅读和熟悉过程中，应先读说明、再读总体布置图并结合结构细部图、认真核实工程数量表中的有关数据。

1.道路工程图阅读与熟悉

道路工程图一般由路线平面图、路线纵断面图、路基横断面图、特殊路基处理设计图、路面结构图、工程地质平面图、工程地质纵断面图等组成。

1)公路路线平面图

(1)公路路线平面图

公路路线平面图是路线在三维空间上的平面投影，它反映出路线平面的位置和走向、沿线人工构造物和工程设施布置以及它们与地形地物的关系。

公路路线在平面上是由一系列直线段和曲线段组成的，其平面位置是通过公路勘测在现场实地选定的。内业设计时，平面设计的主要任务是要从保证行车安全、速度和驾乘人员的舒适性出发，根据技术标准要求，进一步处理好平、纵、横的关系；要根据实际情况，具体落实平面线形安排；必要时，在内业设计中也应对局部路段作某些调整，提出路线改善的新方案。

公路路线平面图，一般按 1/2 000 比例绘制；图面除应按规定图例表明路线两侧一定宽度范围内的带状地形、地物情况外，通常还标明了下述内容：

①路线在平面上的位置与走向，路线起、终点里程桩号与公里桩的位置。

②路线弯道，在交点旁标明有交点编号；另在图上的空白处列有表格来说明交点序号，转角方向、角度，平曲线半径、切线长、曲线长、外距以及曲线起点、终点里程桩号等；有的同时还在图上注明了超高、加宽和缓和曲线长等。

③沿线水准点的位置、编号和高程。

④料场位置及编号。

⑤公路排水、桥涵及其他人工构造物的位置、桩号、结构类型、主要尺寸。

⑥与公路、铁路交叉的位置、名称、桩号与处理方式。

⑦路线所经的省、市、自治区、县的分界线。

⑧地形图指北方向(用箭线表示)、比例尺和尺寸单位。

⑨在路线平面图的第一张图中有图例及其说明;最后一张图的右下角有图标,表明图的名称、设计人员、图号、日期等。

⑩每张图的右上角有角标,表明图纸序号第×张,共××张。

在平面图中,通常示出了设计线(设计道路的路基边缘各点的连线,又称红线)。

在初步设计公路路线平面图中,有的存在比较方案。

(2)平面图中的数据判读

路线平面图中包含有大量信息,在读图中,应着重注意判读图中的以下数据:

①里程桩号。里程桩号的表示如下:"K"表示公里,K后面的数字表示距路线起点的整公里数,如K88,则表示该点距路线起点距离为88公里;整公里桩后面的"+"号表示整公里加上某一距离,该距离单位为m,如K88+688,则表示该点距路线起点距离为88公里688米;两个整公里桩之间标有百米桩,以数字1、2、3……9表示,表明至前一个整公里桩的距离,如标示为6的百米桩,表明至前一个整公里桩的距离为600米。

②在公路路线平面图中常常存在断链情况的标注。例如,假定在图中交点JD_{185}与JD_{186}之间标有"K66+500=K64+350断链2 150米长"的桩点,该桩点称为断链桩;该桩点具有两个里程数,前一个里程数用于该桩点以前路线里程的计量,后一个里程数用于该桩点以后路线里程的计量。计量的有效范围为至前或至后一个断链桩点为止,如无前、后断链桩点存在,则顺延至路线起点或终点。

路线局部改线后,路线长度发生增减,计量路线长度的里程会发生变化,为了将里程数的变化限制在改线范围之内而设置断链桩;断链桩前的里程按改线后的实测里程,而断链桩以后的里程仍按改线前的里程不变。

断链桩点位标注的两个里程数,当"="号前面的里程数大于后面的里程数时称为"长链";当"="前面的里程数小于后面的里程数时称为"短链"。

③路线平面图中绘有等高线,沿等高线梯度方向标注的数字,例如280、290、300等,为该等高线的高程,标于每10m高差的等高线上。

④平面图的空余位置列有曲线表,表中的符号为汉语拼音字母,其含义可查设计文件常用符号表。在路线平面图中,主要符号有JD(交点)、ΔZ(左偏角,表示路线沿前进方向左偏的角度,Δ即为新的路线前进方向与原来的路线前进方向的夹角)、ΔY(右偏角,表示路线沿前进方向右偏的角度;Δ即为新的路线前进方向与原来的路线前进方向的夹角);R(平曲线半径)、T(切线长)、L(曲线长)、E(外矢距)、ZY(直圆点—直线段与圆曲线的交点)、YZ(圆直点—圆曲线与直线段的交点)、ZH(直缓点—直线段与缓和曲线的交点)、HZ(缓直点—缓和曲线与直线段的交点)、HY(缓圆点—缓和曲线与圆曲线的交点)、YH(圆缓点—圆曲线与缓和曲线的交点)、QZ(曲线中点)、BM(水准点)等。

⑤图中还用相应的图示示出了桥梁、隧道、涵洞等构造物,请参阅有关图例。

⑥图中路线两侧地形、地物的判读,在具备基本的地形图的读图知识后就很容易读懂。

(3)与工程量有关的计算

路线平面图中与工程量计算或计量有关的量值主要是路线的长度,在造价编制中会直接用到。路线长度是指路线在水平面上的投影长度。在路线测量时,所有长度的丈量,都是指水平长度，由于纵坡（包括上坡或下坡）使得路线沿斜坡的长度的增加值不计算在路线长度内；平坡时，沿路面丈量得出的长度值即为路线长度。

①路线总长度的计算。路线总长度的计算式为：

路线总长＝路线终点里程－路线起点里程＋全部短链之和－全部长链之和

②路线分段长度的计算。路线分段长度的计算式为：

路线分段长度＝分段终点里程－分段起点里程＋段内短链之和－段内长链之和

③曲线要素及基本桩点的里程计算。曲线要素可分为不设缓和曲线时的圆曲线要素、复曲线要素、设有缓和曲线时的曲线要素，主要有切线长 T、曲线长 L、外矢距 E、直圆点 ZY、曲线中点 QZ、圆直点 YZ、直缓点 ZH、缓圆点 HY、圆缓点 YH、缓直点 HZ 等，其基本桩点的里程常常要利用曲线要素值来进行计算。各曲线要素值的计算请参阅有关路线设计资料。

2)公路路线纵断面图

(1)公路路线纵断面图

道路中线的竖向剖面图叫道路的纵断面图。纵断面图反映了道路中线地面高低起伏状况以及设计的路线坡度、竖曲线情况等，进而可以看出纵向土石方工程挖填情况。将路线的纵断面图与平面图结合起来，就能够完整地表达出道路的空间位置。

纵断面图中，通过路基中线的连线称为地面线（又叫黑线），在路中线上表示的地面各点的高程称为地面高程，在设计线上表示的各点的高程称为设计高程。在任意纵断面上，设计高程与地面高程之差，称为该处的施工高度。施工高度的大小即决定了路堤的填筑高度或路堑的开挖深度。

公路纵断面的线形由坡度线和竖曲线两种组成。水平线无坡度（坡度为零），竖曲线是用来缓和两个坡段的转折而设置的，一般采用圆曲线或抛物线来作竖曲线。

纵断面图上通常标示了以下内容：

①里程桩号、地面线、地面高程、设计线、设计高程、填高挖深值；

②设计线纵坡坡度及坡长；

③竖曲线及竖曲线要素；平曲线主要资料；

④沿线桥梁、涵洞的结构类型、孔径；隧道及其他人工构造物的位置、结构形式；

⑤与公路、铁路交叉的桩号及名称；

⑥水准点位置、编号、高程；

⑦沿线土壤地质情况；

⑧断链桩位置、桩号及长、短链情况。

在纵断面图上，图幅中的纵坐标为高程标尺，图中通常还示出了桥梁、涵洞等构造物的位置与结构形式，竖曲线形状（凸曲线或凹曲线）、半径、切线长、外矢距；在图下方的表中，示出了土壤地质状况说明，坡度、坡长，填高、挖深，设计高程，地面高程，里程桩号，平曲线要素（交点编号、图示表示出左偏或右偏、平曲线半径）等。

(2)纵断面图中的数据判读

在纵断面图中包含有大量信息，在读图中，应注意判读以下数据：

①里程桩号。里程桩号栏系按图示比例标有里程桩位、百米桩位、变坡点桩位、平曲线和竖曲线各要素桩位以及各桩之间插入的整数桩位；一般施工图设计纵断面图中插入整数桩位后相邻桩的间距不大于 20m；数据 K××，表示整公里数，如 K56 表示该处里程为 56 公里；100、200、…为百米桩，变坡点桩、曲线要素桩大多为非整数桩。

②地面高程、设计高程、填高挖深。纵坐标为高程,标出的范围以能表达出地面高程的起伏为度;将外业测量得到的各中线桩点原地面高程与里程桩号对应,点绘在坐标系中,连接各点即得出地面线;将按设计纵坡计算出的各桩号设计高程与里程桩号对应,点绘于坐标系中,连接各点得出道路的设计线;并将地面高程和设计高程值列于与桩号对应的、图幅下方表中地面高程栏和设计高程栏;设计线在地面线以上的路段为填方路段,每一桩号的设计高程减地面高程之值即为填筑高度,即图幅下方表中的填(高)栏中之值;地面线在设计线以上的路段为挖方路段,每一桩号的地面高程减设计高程之值即为挖深值,在挖(深)栏中表示。在纵断面图中示出的填挖高度仅表示该处中线位置的填挖高度,填挖工程量还要结合横断面图才能进行计算。

③坡度、坡长。坡度、坡长栏中之值系纵坡设计(拉坡)的最终结果值,在纵坡设计中,通常将变坡点设置在直线段的整桩号上,故坡长一般为整数;在图幅下方表中的坡长、坡度栏中,沿路线前进方向其向上倾斜的斜线段表示上坡、向下倾斜的斜线段表示下坡;在斜线段的上方示出的值是坡度值(百分数表示,下坡为负),斜线段下方示出的值为坡长值(单位为 m)。

④平曲线。平曲线栏中示出的是平曲线设置情况,沿路线前进方向向左(表示左偏)或向右(表示右偏)的台阶垂直短线仅次于曲线起点和终点,并用文字标出了该曲线的交点编号(如 JD119)、平曲线半径(如 $R=1\ 200$)、曲线长(如 $L=190$)。

⑤土壤地质概况。图幅下方土壤地质概况栏中分段示出了道路沿线的土壤地质概况。

⑥竖曲线。在纵断面图上用两端带竖直短线的水平线表示竖曲线,竖直短线在水平线上方的表示凹竖曲线,竖直短线在水平线下方的表示凸竖曲线;竖直短线分别要与竖曲线起点和终点对齐,并标出 R(竖曲线半径)、T(竖曲线切线长)、E(竖曲线外距);在工程量计算中,会涉及竖曲线的里程桩号、设计高程、地面高程。

⑦结构物。在纵断面图上用竖直线段标示出了桥梁、涵洞的位置;在竖直线段左边标出了结构物的结构形式、跨(孔)径、跨(孔)数,如"6—30m 预应力混凝土 T 形梁桥",表示设置有 6 跨,每跨 30m 的预应力 T 形梁桥;在竖直线段右边示出的,如 K66+180,表示该结构物的中心桩号为 K66+180;有隧道时,标出了隧道的进、出口位置、里程桩号、隧道名称。

⑧长、短链。若路线存在长链或短链的情况,在纵断面图中的相应桩点亦标出了长链、短链的数据。

(3)与工程量计算有关的参数计算

在纵断面图中与工程量计算有关的参数主要有里程桩号、设计高程等。

①竖曲线要素计算

$$L=R\omega$$
$$T=L/2=R\times\omega/2$$
$$E=T\omega/4=T^2/2R$$
$$y=x^2/2R$$

式中:R——竖曲线半径;

L——竖曲线的曲线长;

ω——两相邻纵坡的坡度差;

T——竖曲线的切线长;

E——竖曲线的外距;

x——竖曲线上任意点距竖曲线起点或终点的水平距离;

y——竖曲线上任意点距切线的纵距。

【例 8-1-1】 某变坡点桩号为 K66+200，切线高程为 120.28m，两相邻路段的设计纵坡分别为 $i_1=+5\%$ 、$i_2=-3\%$，竖曲线半径 $R=5\,000$m。计算其曲线要素。

解：由曲线要素的计算公式，则有竖曲线要素计算如下

$$\omega=i_1-i_2=0.05-(-0.03)=0.08;L=5\,000\times0.08=400(\text{m})$$

$$T=400/2=200(\text{m});E=200^2/2\times5\,000=4(\text{m})$$

距竖曲线起点的水平距离 $x=100$m 时的 y 为：$y=100^2/2\times5\,000=1.00(\text{m})$

②竖曲线起点和终点桩号计算

竖曲线起点桩号：竖曲线起点桩号＝变坡点桩号－切线长

竖曲线终点桩号：竖曲线终点桩号＝变坡点桩号＋切线长

【例 8-1-2】 基本数据同**【例 8-1-1】**，计算竖曲线起点、终点桩号。

解：变坡点桩号为 K66+200，经计算有切线长 $T=200$(m)，于是经计算有竖曲线起点桩号为 K66+000；竖曲线终点桩号为 K66+400。

③设计高程计算

a. 凸形竖曲线：在凸形竖曲线上任一点的设计高程按如下步骤计算：

(a)计算该点至竖曲线起点（或终点）的距离 x；

(b)计算该点位置处的切线高程；

(c)计算该点位置处的纵距 y；

(d)计算该点的设计高程。

该点的设计高程＝该点位置处的切线高程－纵距(y)

【例 8-1-3】 基本数据同**【例 8-1-1】**，求有关各桩号的设计高程。

解：由相邻路段设计纵坡（由正到负）可见，该竖曲线为凸竖曲线

竖曲线起点(K66+000)处的设计高程：

该点的切线高程＝120.28－200×0.05＝120.28－10.00＝110.28(m)

该点至竖曲线起点距离 $x=0$，故 $y=0$；有设计高程＝110.28(m)

K66+100 处的设计高程：

至起点的距离 $x=66\,100-66\,000=100$(m)；

切线高程＝110.28＋100×0.05＝110.28＋5.00＝115.28(m)

纵距 $y=x^2/2R=100^2/2\times5\,000=1.00$(m)；设计高程＝115.28－1.00＝114.28(m)

竖曲线中点(K66+200)处的设计高程：

切线高程＝120.28(m)，纵距 y＝外距＝4(m)；设计高程＝120.28－4.00＝116.28(m)

竖曲线终点(K66+400)处的设计高程：

该点位置处的切线高程＝120.28－200×0.03＝120.28－6.00＝114.28(m)

$x=0$，$y=0$，有设计高程＝114.28(m)

b. 凹形竖曲线

在凹形竖曲线上任一点的设计高程计算，其计算步骤同凸形竖曲线，只是在计算该点的设计高程时，其设计高程＝该点位置处的切线高程＋纵距(y)。

【例 8-1-4】 若**【例 8-1-1】**中基本数据除两相邻路段设计纵坡分别为－5%和＋3%外，其余数据同，计算有关桩号的设计高程。

解:由相邻路段设计纵坡(由负到正)可见,该竖曲线为凹竖曲线

竖曲线起点(K66+000)处的设计高程:

该点的切线高程=120.28−200×0.05=120.28−10.00=110.28(m)

该点至竖曲线起点距离 $x=0$,故纵距 $y=0$;设计高程=110.28(m)

K66+100 处的设计高程:

至起点的距离 x=66 100−66 000=100(m)

切线高程=110.28+100×0.05=110.28+5.00=115.28(m)

纵距 $y=x^2/2R=100^2/2\times5\,000$ =1.00(m);设计高程=115.28+1.00=116.28(m)

竖曲线中点(K66+200)处的设计高程:

切线高程=120.28(m),纵距 y=外距=4(m);设计高程=120.28+4.00=124.28(m)

竖曲线终点(K66+400)处的设计高程:

该点位置处的切线高程=120.28+200×0.03=120.28+6.00=126.28(m)

$x=0$,$y=0$,有设计高程=126.28(m)

3)路基横断面图

在垂直于路中线的方向上作一垂直剖面,这个剖面叫路基的横截面,其剖面图则称为路基的横断面图。路基的横断面图反映出路基的横断面形状和尺寸。路基的横断面由行车道、路肩、分隔带、边沟、截水沟、护坡道、支挡结构物、变速车道、爬坡车道、紧急停车带、慢行车道、错车道等多部分组成,其组成部分的多少视道路等级而定。

(1)路基横断面形式

从大的类别分,路基通常可分为填方路基、挖方路基、半填半挖路基三种;在《公路路基设计规范》(JTG D30—2004)中,规定了一般路堤、沿河路堤、半填半挖路基、矮墙路基、护肩路基、砌石路基、挡土墙路基、护脚路基、挖方路基、吹(填)砂(粉煤灰)路基等多种路基横断面形式供选择。在道路工程设计图中,通常会给出该条道路的路基标准横断面图、特殊路基(处理)横断面图和路基横断面图;在读图过程中,首先应读懂设计图中路基标准横断面图、特殊路基(处理)横断面图和路基横断面图,弄清楚路基的各细部组成。

(2)路基横断面图的数据判读

①路基标准横断面图

通常,设计图中的路基标准横断面图上标注有各细部尺寸,如行车道宽度、路肩宽度、分隔带宽度、填方路堤边坡坡度、挖方路堑边坡坡度、台阶宽度、路基横坡坡度、设计高程位置、路中线位置、超高旋转轴位置、截水沟位置、公路界、公路用地范围等。标准横断面图中的数据仅表示该道路路基在通常情况下的横断面设计情况,在特定情况下,比如存在超高、加宽等时的路基横断面的有关数据应在路基横断面图中查找。

②路基横断面图

路基横断面图是按照路基设计表中的每一桩号和参数绘制出的路基横断面图。图中除表示出了该横断面的形状外,还标明了该横断面的里程桩号,中桩处的填(高)挖(深)值,填、挖面积,以中线为界的左、右路基宽度等数据。

(3)路基横断面面积的计算

在手工绘制路基横断面时,路基横断面一般是绘在方格厘米纸上的,其路基横断面面积可以利用图形在纸上占有的格子数来计算。由于横断面的地面线通常是不规则的,在计算时,要将横断面按一定的几何图形进行分块,计算出每一块的面积后求和即得该横断面面积。常用

的方法有几何图形法和积距法。

①几何图形法

当横断面的地面线较规则时，可将横断面划分为若干个规则的几何图形，分别从图上量得有关数据后，按每一个规则的图形计算其面积后加总，即可求出其该横断面的面积。如图 8-1-1 所示，其横断面可划分为两个三角形(①、③)和一个矩形(②)，其横断面积为两个三角形面积和一个矩形的面积之和。

②积距法

若横断面的地面线不是很规则，可采用积距法。该法的原理是将横断面图划分为宽度相等(一般按 1m 划分)的若干小条形，如图 8-1-2 所示，这些小条形一般可看作三角形、矩形或梯形；在每一小条形宽度(1m)的 1/2 处量其高度(平均高度)，该小条形的面积就近似等于该高度乘宽度，由于宽度为 1m，故该小条形面积的值为其高度值，该横断面面积值为各小条形高度值的累积(积距)。量积距(高度累积值)的方法有两种，一种方法是用卡规量，另一种方法是用厘米纸折成条来量。

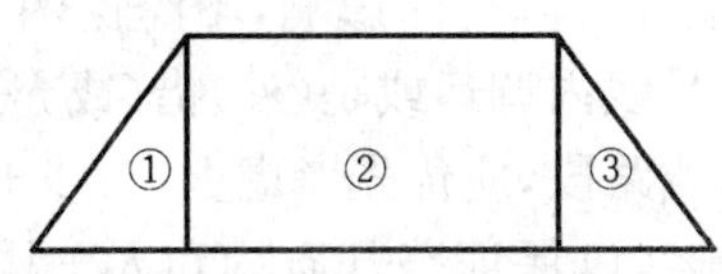

图 8-1-1 几何图形法

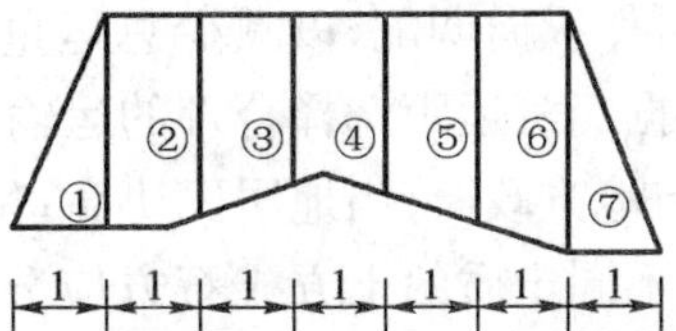

图 8-1-2 积距法求面积(尺寸单位:m)

应用 Auto CAD 或路基设计计算机程序绘制横断面图时，其横断面积可由计算机直接计算。

造价编制中，路基横断面面积值可由设计文件(图、表)的路基横断面图或路基土石方数量计算表中查得。

③横断面积计算应注意的问题

a. 路基横断面积计算时，挖方面积和填方面积应分别进行计算。

b. 路基挖方面积计算时，还要按土质(淤泥、松土、普土、硬土、软石、次坚石、坚石)进行计算；路基填方面积计算时，要按填土、填石、加固边坡等分别计算。

c. 由于路基挖淤泥后存在填筑，因此该断面既要计算挖淤泥的面积，又要计算路基填方的面积；同一面积要计算两次，这是由于换填的关系；同理，挖台阶的面积也是如此。

d. 大、中桥起始点至终点桩号之间的土石方数量计入桥梁工程的工程量中，不计入路基土石方工程量中；小桥涵的土石方数量应计入路基土石方工程量中。

(4)路基设计土石方数量的计算

当路基各中桩的横断面积按挖方和填方分别计算出来后，即可进行路基土石方的数量计算。路基土石方数量的计算一般采用平均断面法进行，即假定相邻两断面间为一棱柱体，其相邻两断面的间距为 L(由两断面之间的里程计算)，则棱柱体的体积按式(8-1-1)计算。

$$V = \left(\frac{A_1 + A_2}{2}\right) \cdot L \qquad (8\text{-}1\text{-}1)$$

式中：A_1、A_2——相邻两里程桩号的(挖或填)横断面面积。

用平均断面法计算路基土石方，通常利用《路基土石方数量计算表》进行计算。

通常，路基中桩按 20m 一个桩，当地形变化较大、两个相邻断面形状差异很大时，在两断面之间地形变化点应加测横断面，以提高路基土石方工程数量的计算精度。

用于概、预算的路基土石方数量计算应符合计价定额（估算指标、概算定额、预算定额等）中的有关规定。通常，土方挖方按天然密实体积计算，填方按压（夯）实后的体积计算，石方爆破按天然密实体积计算，当以填方压实体积为工程量，采用以天然密实方为计量单位的定额时，应对所采用的定额用系数进行调整，其系数值详见定额中的有关说明。

设计文件中的土石方数量用于造价文件编制时，应将其调整为与计价工程量单位相同的工程数量。

（5）土石方调配

为合理解决各路段土石方数量的平衡与利用、确定路基填方用土的来源、挖方弃土的去向、计算计价土石方的数量和运量等，应进行土石方调配。路基工程的土石方调配情况详见设计文件中的《路基土石方数量计算表》。

①调配原则

在土石方调配时，对具有半填半挖断面的路段应首先考虑在本路段内移挖作填，进行横向平衡后再作纵向调配，以减少总运量；应考虑桥（涵）隧位置对调运的影响，不跨深沟、高坡调运；应根据经济运距选择合理的运输方式、分析工程用土是线内调运或是（外）借（或弃）土经济合理并与地方政府、当地居民协商；位于山坡上的回头曲线路段，应优先考虑上、下线土方的竖向调运；不同土质的土方或石方应分别工程需要进行调运，以保证路基质量和人工构造物的用材。

②调配方法

土石方调配方法有多种，如累计曲线法、调配图法、土石方计算表调配法等。目前设计中多采用土石方计算表调配法，该法调配清晰、方法简便、能满足计算精度要求。用土石方计算表调配法进行调配的步骤如下：

a. 路基土石方数量计算完毕后，将可能影响调配运输的桥涵、隧道、陡坡、深沟等位置标注在表中相应桩号处，供调配时参考。

b. 弄清各桩号间路基填方、挖方情况并先作横向平衡，明确本桩利用方、欠方及可作远运方的数量等。

c. 在作纵向调配前，根据施工方案及可能采用的运输方式确定出合理的经济运距。

d. 根据欠方、可作远运方的路段分布情况，结合路线纵坡、自然条件、运输条件等具体拟定调配方案，其方法是逐桩、逐段地将毗邻路段的可作远运方就近纵向调运到欠方路段内加以利用，并在路基土石方计算表纵向调配栏中把具体的调运方向用箭线标明、数量标注在箭线旁。

e. 经过纵向调配后，如果仍然有欠方或可作远运方，则应同当地政府和居民协商确定借土场或弃土场位置，然后将借土或弃土的数量和远运距离分别填入路基土石方数量计算表中借方或废方栏内。

f. 土石方调配后，应按以下公式对调配情况进行复核检查。

$$横向调运方+纵向调运方+借方=填方 \tag{8-1-2}$$

$$挖方+借方=填方+弃方 \tag{8-1-3}$$

以上检查一般是逐页进行的，如有跨页调配，需将其数量考虑在内。经核实无误后，即可分别计算应计价的土石方数量、运距、运量等。

③关于调配计算中需要注意的几个问题

a.经济运距问题

填方用土来源，是采用线内纵向调运或是线外借土，应综合考虑借土成本、运输成本的高低，通常可用“经济运距”来确定，经济运距($L_{经}$)的计算公式如下：

$$L_{经} = \left(\frac{B}{T}\right) + L_{免} \tag{8-1-4}$$

式中：B——借土单价(元/m^3)；

T——远运运价率(元/m^3·km)；

$L_{免}$——免费运距(km)。

经济运距是确定借土或纵向调运的指标，当调运距离小于经济运距时，采用纵向调运较经济；反之，则应考虑就近借土。

b.平均运距问题

土石方调运的运距，通常指的是平均运距，即从挖方体积的重心到填方体积的重心之间的距离；在计算中为简化起见，平均运距可用挖方断面间距中心至填方断面间距中心的距离计算。

c.运量问题

土石方运量的计算公式为

$$运量 = (L_{平均} - L_{免}) \times Q \tag{8-1-5}$$

式中：$L_{平均}$——平均运距；

$L_{免}$——免费运距；

Q——土石方调配数量。

在公式的应用中应注意运距的单位和调配数量的单位应与定额中要求的计价单位相一致。

d.计价土石方问题

在路基土石方调配中，所有挖方，无论是弃方或是调运至其他路段的方量，都属于计价方；但对于填方则不然，它要根据用土来决定。如果是线外借土就需要计价；如果是移挖作填、调配利用则不应计价。因此，计价土石方的数量必须通过土石方调配后来确定。其土石方数量关系如下：

设计断面方数量＝挖方(天然密实方)数量＋填方(压实方)数量 (8-1-6)

计价方数量＝挖方(天然密实方)数量＋填方(压实方)数量－利用方(压实方)数量

＝挖方(天然密实方)数量＋填方(压实方)数量 (8-1-7)

借方＝填方(压实方)数量－利用方(压实方)数量 (8-1-8)

弃方＝挖方(天然密实方)数量－利用方(天然密实方)数量 (8-1-9)

4)道路工程地质、土质图表

道路工程(或桥梁工程、隧道工程等)地质勘探资料一般有钻孔平面位置图、钻孔地质柱状图、地层剖面图，并附有土工试验检测报告、岩石力学试验报告、水质量分析报告等。

(1)钻孔平面位置图

在平面图上示出钻孔的位置，对孔位进行了编号；应根据地质条件变化和设计需要来确定钻孔数量和平面布置的位置。

(2)钻孔地质柱状图

钻孔地质柱状图是表示该钻孔所穿越的地层状况的一种表述方式。钻孔地质柱状图实际上是图和表的一种结合:在图中表示有地质年代、土层的埋藏深度、土层厚度、土层底面的绝对标高、对岩土的描述、柱状图、地面绝对标高、地下水位和测量日期、岩土取样位置等;柱状图的比例一般为1∶100～1∶500。在阅读钻孔地质柱状图时应注意:

①要能正确判读钻孔地质柱状图中的有关数据信息。

②在钻孔地质柱状图中对岩土的物理力学性质的描述与道路工程中关于岩土的分类和描述可能存在差异,在编制工程造价时,应以道路工程中的岩土分类为依据。

(3)地质剖面示意图

为了弄清桥梁、隧道处的工程地质状况,沿中线布置了若干个(一般间距30～60m)钻孔,把同一土质的界面在各个钻孔之间连接起来,就可以得到该中线的地层剖面示意图。该图示可作为桥梁基础设计、隧道设计的依据;但在工程施工时,难免会出现实际地质状况与设计不符的情况,在这种情况下,必要时应进行工程变更(或设计变更),工程量应按变更后的图纸计算。在地质剖面示意图的读图过程中,应先读懂图例,再理解全图。

(4)公路路基的岩土分类

在施工中,路基土石方按其开挖难易程度分为六类,其中土分为三类,见表8-1-1。岩石分为三类,见表8-1-2。在造价编制中,应正确确定岩土类别,以便选用适宜的定额。

土分类表 表8-1-1

类别	土质名称	强度系数	开挖方法
松土	各色粗细砂土、腐殖土、种植土、轻型及各色土质的砂黏土、砂夹石、松散水分不大的各色黏土、含有直径3cm以下的树根或灌木根泥炭土	0.5～0.8	用铁锹挖,脚蹬一下到底的松散土
普通土	水分较大的各色黏土、密实的各色砂黏土、干燥的黄土、含有直径3cm以上的树根或灌木根泥炭土、碎石夹土	0.81～1.00	部分用镐刨松,再用锹挖,以脚蹬锹,需连蹬数次才能挖动的
硬土	各色硬黏土、大石块夹土、大卵石、密实的硬黄土、各种风化的砂石	1.01～1.05	必须用镐先整个刨过才能用锹挖的

岩石分类表 表8-1-2

类别	岩石名称	钻眼1m所需时间			爆破每m^3所需炮眼长度(m)		强度系数f	开挖方法
		湿式凿岩一字合金钻头(净钻mim)	湿式凿岩一字合金钻头(净钻mim)	双人打眼(工日)	路堑	隧道导坑		
软石	各种松石、胶结不紧的砾岩、风化粗砂岩、煤、硬质风化页岩、较坚实的泥灰岩、漂石、软的有空隙的节理多的石灰岩	—	7以内	0.2以内	0.2以内	2.0以内	1.51～4.0	部分用撬棍或十字镐及大锤开挖,部分用爆破法开挖
次坚石	页岩、砂岩、石灰岩、石英岩、坚实的泥灰岩、风化的玄武岩、风化白云岩、软质玄武岩、片麻岩及正长岩、角砾状花岗岩	15以内	7～20	0.2～1.0	0.2～0.4	2.0～3.5	4.01～10.00	用爆破法开挖
坚石	白云岩、硬玄武岩、青白而密实的石灰岩、大理石、闪长斑岩、坚实的石灰岩、粗粒花岗岩、粗粒正长岩、特坚实的石灰岩	15以上	20以上	1.0以上	0.4以上	3.5以上	10.00以上	用爆破法开挖

5)路基排水与防护工程设计图

路基排水与防护工程是为保证路基安全及路基、路面的稳定性，用来排出路基、路面范围内的地表水和地下水，对路基进行防护加固的工程或设施，包括边沟、截水沟、跌水与急流槽、渗沟、拦水带、暗沟(管)、盲沟、挡土墙、护面墙、抗滑桩、人工铺草皮、填石护坡、混凝土护坡、灰浆抹面护坡、填(抛)石护岸及石砌边坡等。由于防护工程的种类繁多，无法一一对其进行详述，但在对这些设计图纸进行阅读和熟悉过程中，应重点读懂并弄清：

(1)平面、立面及横断面(或剖面)布置情况；

(2)结构细部组成情况；

(3)各细部尺寸；

(4)对所用(原)材料的要求；

(5)对施工工艺与质量的要求；

(6)工程量的计算方法及规则；

(7)图纸中工程量的计算及结果与定额要求是否一致；

(8)施工工艺与所用(原)材料与定额要求是否一致。

在读图过程中，应图、表结合起来阅读和理解。

6)特殊路基处理设计图

特殊路基是指滑坡地段路基、崩塌与岩堆地段路基、泥石流地区路基、岩溶地区路基、多年冻土地区路基、黄土地区路基、膨胀土地区路基、盐渍土地区路基、风沙地区路基、雪害地段路基、涎流冰地段路基、软土地段路基等特定自然、地理、地质等条件下的路基。对特殊路基，要进行特定的处理，设计图中会有相应的特定处理图示。例如，滑坡地段路基的处理就可能有截水沟、渗沟、暗沟、挡土墙、片石垛、抗滑桩、锚杆等处理方式的设计图；崩塌路段的路基处理就可能有清除、封面或护面墙、拦石墙与落石槽、支顶、嵌补、锚杆喷射混凝土护坡、明洞及棚洞等处理方式的设计图；泥石流地区路基的处理就可能有桥梁、涵洞、过水路面、隧道、渡槽、拦挡坝、格栅坝等处理措施的设计图；软土地段路基的处理就可能有掺料浅层拌和、换填、抛石挤淤、预压及超载预压、加筋、袋装砂井、塑料排水板、砂桩、碎石桩、加固土桩等处理方式的设计图。这些特殊路基处理的设计图，有的可见于路基横断面设计图中，有的则单独另册成图(如桥梁、隧道、涵洞等)。对这些特殊路基处理的设计图，在阅读和熟悉的过程中，应重点读懂并弄清的问题与前述同。

在读图过程中，应将图、表结合起来阅读和理解。

7)路面结构设计图

(1)路面类型

按路面面层的使用性质、材料组成类型以及结构强度和稳定性的不同，路面可分为四个等级，见表 8-1-3。

路面等级分类表 表 8-1-3

路面等级	面层类型	适用于单车道昼夜交通量(辆)	适用等级
高级	水泥混凝土、沥青混凝土、厂拌沥青碎石、整齐石块或条石头	>5 000	高速公路、一级、二级公路
次高级	沥青贯入碎(砾)石、路拌沥青碎(砾)石、沥青表面处治、半整齐石块	300～5 000	二级或三级公路

续上表

路面等级	面层类型	适用于单车道昼夜交通量(辆)	适用等级
中级	泥结或级配碎(砾)石、不整齐石块、其他粒料	50～300	三级或四级公路
低级	粒料加固土、其他当地材料加固或改善土	<50	四级公路

(2)路面结构的层次划分

路面结构的层次划分见表 8-1-4。

路面结构层次划分 表 8-1-4

层次	组成及名称	特性
面层	磨耗层	路面结构的最上层，应具有较高的结构强度、刚度、稳定性、耐久性、耐磨性，表层还应具有不透水、耐磨性等性能要求；面层可由一层或数层组成，水泥混凝土面层通常由一层或两层(上层、下层)组成，沥青混凝土面层常由数层(表面层、中面层、下面层等)组成，有的在基层顶面设置了联结层或封水层
	面层上层	
	面层下层	
	联结层	
基层	上基层	位于面层之下和垫层或土基之上，基层起承载和传力的作用，应具有较高的强度、刚度和足够的水稳定性；路面基层通常分两层(上基层、底基层)铺筑
	底基层	
垫层	垫层	介于基层与土基之间，可起隔水、排水、隔温、传递和扩散荷载作用；要求材料强度不一定很高，但水稳定性要好；材料的隔温、隔水和隔土性能应较好

(3)路面结构设计图的判读

在路面结构设计图的判读中，应重点读懂并弄清：

①路面结构层的设置与层次划分。

②每一结构层的组成。

③各结构层的尺寸、用材(料)与施工技术、施工工艺要求。

④工程量的计算规则、方法与计算结果及其与造价编制中对工程量计算的要求的一致性。

在读图过程中，应将图、表结合起来阅读和理解。

2.桥、涵工程图的阅读与熟悉

桥、涵工程图相对来讲较为复杂，这是由于桥、涵结构种类较多，各种类型的桥、涵结构组成较为复杂，使用材料种类多，施工工序多、工艺复杂，水文、地质条件复杂等诸多因素导致的。但在对设计图的阅读和熟悉过程中，只要采用正确的读图程序和方法，在短时间内也可以很快读懂并弄清与工程造价编制有关的各种技术经济指标、数据和要求。

1)读图程序和方法

(1)读图程序

所谓读图程序，就是读图过程的先后次序。通常可按下列步骤进行：

①图纸清理

按照设计图目录，对桥、涵设计图进行清理，检查图册是否齐全；并按图册目录次序进行存放。

②阅读设计说明

认真阅读设计图的总说明，以便弄清桥(涵)的设计依据、设计标准、技术指标、桥(涵)位置处的自然、地理、气候、水文、地质等情况；桥(涵)的总体布置，采用的结构形式，所用的材料，施工方法、施工工艺的特定要求等。

③阅读工程数量表

在特大、大桥及中桥的设计图纸中，列有工程数量表，在表中列有该桥的中心桩号、河流或桥名、交角、孔数和孔径、长度、结构类型、采用标准图时有采用的标准图编号等；并分别按桥面系、上部、下部、基础列出有材料用量或工程数量(包括交通工程及沿线设施通过桥梁的预埋件等)。

该表中的材料用量或工程量，结合有关设计图复核后，是编制造价的依据。在该表的阅读中，应重点复核各结构部位工程数量的正确性、该工程量名称与有关设计图中名称的一致性(如混凝土，在表中可能列的是C20，而在图中列的可能是C25，两者就不一致)。

④阅读桥位平面图

特大、大桥及复杂中桥有桥位平面图，在该图中示出了地形，桥梁位置、里程桩号、直线或平曲线要素，桥长、桥宽，墩台形式、位置和尺寸，锥坡、调治构造物布置等。通过该图的阅读，应对该桥有一个较深的总体概念。

⑤阅读桥型布置图

由于桥梁的结构形式很多，因此，通常要按照设计所取的结构形式，绘出桥型布置图。该图在一张图纸上绘有桥的立面(或纵断面)、平面、横断面；并在图中示出了河床断面、地质分界线、钻孔位置及编号、特征水位、冲刷深度、墩台高度及基础埋置深度、桥面纵坡以及各部尺寸和高程；弯桥或斜桥还示出有桥轴线半径、水流方向和斜交角；特大、大桥，该图中的下部各栏中还列出有里程桩号、设计高程、坡度、坡长、竖曲线要素、平曲线要素等。在桥型布置图的读图和熟悉过程中，要重点读懂和弄清桥梁的结构形式、组成、结构细部组成情况、工程量的计算情况等。

⑥阅读桥梁上部结构、下部结构、基础及桥面系等细部结构设计图

在桥梁上部结构、下部结构、基础及桥面系等细部结构设计图中，详细绘制出了各细部结构的组成、构造并标示了尺寸等；如果是采用的标准图来作为细部结构的设计图，则在图册中对其细部结构可能没有一一绘制，但在桥型布置图中一定会注明标准图的名称及编号。在阅读和熟悉这部分图纸时，重点应读懂并弄清其结构的细部组成、构造、结构尺寸和工程量；并复核各相关图纸之间细部组成、构造、结构尺寸和工程量的一致性。

⑦阅读调治构造物设计图

如果桥梁工程中布置有调治构造物，如导流堤、护岸等构造物，则在其设计图册中应绘制有平面布置图、立面图、横断面图等。在读图中应重点读懂并弄清调治构造物的布置情况、结构细部组成情况及工程量计算情况等。

⑧阅读小桥、涵洞设计图

小桥、涵洞的设计图册中，通常有布置图、结构设计图和小桥、涵洞工程数量表、过水路面设计图和工程数量表等。

在小桥布置图中，绘出了立面(或纵断面)、平面、横断面、河床断面、标明了水位、地质概况、各部尺寸、高程和里程等。

在涵洞布置图中，绘出了设计涵洞处原地面线及涵洞纵向布置，斜涵尚绘制有平面和进出口的立面情况、地基土质情况、各部尺寸和高程等。

对结构设计图，采用标准图的，则可能未绘制结构设计图，但在平面布置图中则注明有标准图的名称及编号；进行特殊设计的，则绘制有结构设计图；对交通工程及沿线设施所需要的预埋件、预留孔及其位置等，在结构设计图中也予以标明。

图册中应列有小桥或涵洞工程数量表，在表中列有小桥或涵洞的中心桩号、交角(若为斜交)、孔数和孔径、桥长或涵长、结构类型；涵洞的进出口形式，小桥的墩台、基础形式；工程及材

料数量等。

对设计有过水路面的，在设计图册中则有过水路面设计图和工程数量表。在过水路面设计图中，绘制有立面（或纵断面）、平面、横断面；在工程数量表中，列出有起讫桩号、长度、宽度、结构类型、说明、采用标准图编号、工程及材料数量等。

在对小桥、涵洞设计图进行阅读和理解的过程中，应重点读懂并熟悉小桥、涵洞的特定布置、结构细部、材料或工程数量、施工要求等。

（2）读图方法

在读图中，读图方法是：

①图、表结合，前、后对照。

②读懂说明，弄清工程数量表中的各项内容和数量，复核与各设计图中的一致性。

③由总体图到局部图再到细部图，即从平面布置图到桥型布置图再到结构设计图，复核各图之间前后的一致性。

④认真复核总体尺寸和各细部尺寸，检查细部尺寸与总体尺寸的一致性。

⑤正确理解设计中采用的施工方法、施工工艺和技术要求并与定额标准规定采用的施工方法、施工工艺和技术要求对照，以便正确套用定额。

⑥认真理解图中的注（释）。

⑦在读图中做好读图笔记，记录下其中的重点数据、资料，如图中出现的前后矛盾、遗漏不全、错误等，以便与设计人员沟通解决。

2）桥、涵结构类型与组成

（1）桥梁结构类型

常见的桥梁结构类型及组成见表 8-1-5。

桥梁结构类型及组成表　　表 8-1-5

<table>
<tr><th rowspan="2">类　型</th><th colspan="3">组　成</th></tr>
<tr><th>上 部 构 造</th><th>下 部 构 造</th><th>基　础</th></tr>
<tr><td>板桥</td><td>钢筋混凝土或预应力混凝土板（空心或实心板）</td><td rowspan="3">混凝土、钢筋混凝土的实体式、柱式墩，空心、Y 形及薄壁墩，框架、肋形埋置式台或砌石圬工实体式墩台等</td><td rowspan="6">混凝土或钢筋混凝土的重力式基础、桩基础或砌石圬工的重力式基础等</td></tr>
<tr><td>梁桥</td><td>简支或连续的钢筋混凝土、预应力混凝土 T 形、I 形、箱形梁、桁架梁或钢桁架梁等</td></tr>
<tr><td>拱桥</td><td>混凝土或钢筋混凝土板拱、肋拱、箱形拱、双曲拱、桁架拱、梁拱组合体系或圬工拱、钢（桁架）拱等</td></tr>
<tr><td>刚架桥</td><td>混凝土或预应力混凝土的 T 形刚构、连续刚构等</td><td rowspan="3">钢筋混凝土空心墩，实体式墩、台</td></tr>
<tr><td>斜拉桥</td><td>钢或预应力混凝土的主梁、混凝土索塔、拉索</td></tr>
<tr><td>悬索桥（吊桥）</td><td>钢、预应力混凝土或钢—混凝土组合的主梁，混凝土索塔、吊索</td></tr>
</table>

除以上常见的桥梁结构类型外，还有其他一些结构类型的桥梁，如吊—拉组合桥、拱—梁组合桥等，对桥梁结构类型及组成的熟悉是桥梁结构图读图的基础。

通常，可将一座大、中桥作为一个单位工程（或单项工程、工程项目），该单位工程又可划分为桥梁基础及下部工程、上部工程（含桥面铺装）、防护工程、引道工程等分部工程；每一分部工程又可划分为若干分项工程；分项工程在施工过程中又可划分为若干道工序进行施工。在进行图纸阅读和熟悉过程中，首先应读懂并弄清每一分项工程，然后是每一分部工程；分项、分部工程读懂弄清了，该桥梁工程也就搞清楚了。

涵洞通常可分为盖板涵（石料或钢筋混凝土盖板）、拱涵（石拱或混凝土、钢筋混凝土拱）、钢筋混凝土箱涵等;其组成部分与桥梁工程大致相同,但远比桥梁工程简单,主要包括基础及下部(涵台)结构、上部结构(拱圈或盖板)、进出口处理等几部分。其阅读和熟悉起来也远比桥梁工程容易。

分部工程中的引道工程图的阅读和熟悉同前路基、路面工程。

3)桥、涵施工

桥、涵施工是影响工程造价的主要因素之一,应结合工程现场实际、施工单位的技术水平、管理水平选择技术上先进、合理、适用,施工上安全、可靠、经济的施工方法进行施工,以实现优质、高效、安全的目标。桥梁上部工程常用的施工方法见表 8-1-6;桥梁下部工程常用施工方法见表 8-1-7。

桥梁上部工程常用施工方法 表 8-1-6

分项工程	施工方法									
	混凝土现浇	预制安装	悬臂施工	转体施工	顶推施工	逐孔施工	横移施工	提升浮运	圬工砌筑	现场拼装
栏杆、人行道、缘石	√	√							√	
伸缩缝、泄水管		安装								
简支梁、板桥	√	√					√	√		
钢梁桥										√
悬臂梁、T形刚构	√	√	√	√		√	√	√		
连续梁桥	√		√		√	√	√	√		
刚架桥	√	√	√	√		√				
混凝土拱桥	√	√	√	√	√	√				
石拱桥									√	
钢拱桥										√
组合体系桥	√	√					√	√		
斜拉桥	√	√	√	√	√		√			
悬索桥	√	√								

注:"√"处表示可采用该施工方法。

桥梁下部工程常用施工方法 表 8-1-7

分项工程		施工方法									
		开挖后浇筑或砌筑	锤击沉桩	振动沉桩	射水沉桩	钻孔埋置	挖孔后浇筑	钻孔后浇筑	砌筑	现浇	筑岛或浮式等
扩大基础		√									
混凝土桩基础	预制		√	√	√	√					
	现浇						√	√			
钢桩			√	√	√	√					
沉井基础											√
地下连续墙基础		√									
混凝土墩台										√	
圬工墩台									√		

注:"√"处表示可采用该施工方法。

3. 隧道工程图的阅读与熟悉

隧道工程设计图册中通常包括设计总说明、隧道工程数量表、隧道设计图[含地质平面图、地质纵断面图、(横洞)净空横断面图、隧道一般设计图、隧道结构设计图等]、隧道附属设施图(含入口设施、安全信号、紧急救援、通风设施、监视控制报警、通信设施、供电、照明、消防等设计图)等。在读图和熟悉的过程中,应对隧道工程有所了解。

1)隧道工程及其组成部分

隧道是为道路从地层内部或水底通过而修筑的建筑物。隧道修建在岩层中时,称为岩石隧道,岩石隧道修建在山体中的较多,故又称为山岭隧道,公路工程中的隧道多为山岭隧道。修建在土层中的隧道称为软土隧道,软土隧道常常修建在水底和城市立交,故称为水底隧道和城市道路隧道。

埋置较浅的隧道,一般采用明挖法施工;埋置较深的隧道则多采用暗挖法施工。

隧道由主体构造物和附属构造物两大类组成,隧道的主体构造物是为了保持岩体的稳定和行车安全而修建的人工永久建筑物,通常指洞身衬砌和洞门构造物;附属构造物是主体构造物以外的其他建筑物,是为了运营管理、维修养护、给水排水、供电、通风、照明、通信、安全等而修建的构造物。此外,公路隧道还有附属设施,即为保证交通安全和舒适而设置的通风设施、照明设施、安全设施、应急设施以及公用设施等。

2)隧道工程图及其阅读与熟悉

(1)阅读设计说明

隧道工程的设计说明中,主要涉及有关工程地质、水文地质、衬砌类型、防水排水、抗震措施、特殊结构设计和监控、通信、标志、消防、救援、通风、照明、供电等设施,特别是设计中推荐采用的施工方法和注意事项等的说明,要认真阅读,以便更好地熟悉、理解设计图纸和设计意图。

(2)隧道工程数量表及其阅读

隧道工程数量表列出有洞身工程的开挖、初期支护、二次衬砌,洞口工程的洞门、明洞、截水沟,防排水工程的洞身防水、洞身排水、路面排水,横洞、预留洞室、路面等的工程量及材料数量;当高速公路或一级公路的隧道为双洞时,则是按上、下行线分别列出其工程数量和材料用量的。

在阅读工程数量表时,应结合设计说明、隧道的平面、纵断面设计图,进出口、洞门、衬砌等结构设计图和附属结构、附属设施等设计图纸进行阅读和理解,并结合定额中的规定,正确摘取造价编制需要的工程数量。

(3)隧道(地质)平面图及其阅读

隧道(地质)平面图中,绘(标)出有地形、地物、导线点、坐标网格、隧道平面位置、路线线形、路线里程;设U形回车场、错车道、爬坡车道的,在图中示有其位置和长度;图中还示出了隧道洞口、洞身、斜井、竖井、避车洞及钻孔、物探测线位置及编号等;高速公路、一级公路的隧道(地质)平面图中还示出了人行横洞、车行横洞、紧急停车带的位置等。

在阅读隧道(地质)平面图时,重点要读懂和弄清隧道的平面布置、路线里程、结构物及设施的设置、平面布置和规模等项内容。

(4)隧道(地质)纵断面图及其阅读

隧道(地质)纵断面图中示出了地面线、钻孔柱状图、物探测线位置、岩脉、岩性及界面线,绘出有隧道进口位置及桩号、洞身、斜井、竖井、避车洞及消防等设施预留洞等;图的下部还示出了工程地质、水文地质、坡度及坡长、地面高程、设计高程、里程桩号、围岩类别、衬砌形式及长度等;高速公路、一级公路还示出了人行横洞、车行横洞、紧急电话洞室、电缆沟等在纵断面上的位置。

在阅读隧道的(地质)纵断面图时,重点应读懂并弄清隧道的地质和水文状况、围岩类别、衬砌形式、设计高程、洞身及竖、斜井的布置、各种管沟、洞室的布置等内容。

(5)隧道衬砌断面图及其阅读

隧道衬砌断面图表明了隧道衬砌的类型、形式、结构尺寸和所用的材料。通常,隧道衬砌所使用的材料主要有混凝土、钢筋混凝土、锚杆与锚喷支护、石料、装配式材料等;在断面形式上主要有直墙式衬砌、曲墙式衬砌、圆形断面衬砌、矩形断面衬砌以及喷混凝土衬砌、锚喷衬砌和复合式衬砌等。此外,在该图中还示出了防水层、开挖与回填、电缆沟、路面结构、排水管沟的设置等。

在该图的阅读中,要重点读懂并弄清衬砌的结构形式、细部尺寸、所应材料、工程数量、施工方法等项内容。

(6)隧道洞口、洞门设计图及其阅读

隧道洞口、洞门设计图主要表明洞口、洞门的形状、结构形式、尺寸、所用材料和洞顶截、排水设施等的设置,以及洞口与路堑的衔接情况。洞门的类型有端墙式、翼墙式、柱式、台阶式、环框式等形式。

在该图的阅读中,应重点读懂并弄清洞口形式及其布置、洞门结构形式、所用材料、工程数量及与道路路堑的衔接情况等内容。

(7)明洞设计图及其阅读

洞顶覆盖层薄、不宜大开挖修建路堑又难于用暗挖法修建隧道的地段,路基或隧道洞口受不良地质、边坡坍方、岩堆、落石、泥石流等危害又不宜避开、清理的地段,铁路、公路、沟渠和其他人工构造物必须在该公路上方通过而又不宜采用隧道或立交桥涵跨越时,通常设计为明洞;当明洞作为整治滑坡的措施时,则按支挡工程设计,并应采取综合治理措施,以确保滑坡体稳定和明洞安全。明洞的结构形式有拱形明洞、棚式明洞、箱形明洞。

在对该图的阅读中,应重点读懂并弄清明洞的结构形式、细部尺寸、所用材料、工程数量、施工方法等方面的内容。

(8)洞内行车道路面设计图及其阅读

洞内行车道路面通常采用水泥混凝土路面,也有采用沥青混凝土路面的。其水泥混凝土路面或沥青混凝土路面与道路工程的水泥混凝土路面、沥青混凝土路面结构层相同;但在洞内采用水泥混凝土路面时,墙部设置有变形缝,路面等处也相应设置有变形缝;有的隧道在洞内路面结构层以下还设置有反拱。

对该图的阅读,重点在弄清楚路面结构、工程数量、材料用量等方面内容。

(9)隧道附属设施设计图及其阅读

隧道附属设施包括通风、照明、供电设施及运营管理设施,其设计图有入口设施设计图、安全信号设计图、紧急救援设计图、通风设施设计图、监视监控报警设计图、通信设施设计图、供电设计图、照明设计图、消防设计图等。

在阅读隧道附属设施设计图时,应重点读懂和弄清各种附属设施的系统组成、结构布置、线路布设、设备配置等方面的内容。

4.路线交叉设计图的阅读与熟悉

路线交叉是指两条或两条以上公路的交会。路线交叉包括互通式立体交叉、分离式立体交叉、人行天桥、通道、平面交叉及管线交叉等。

1)路线交叉设计图册的组成

路线交叉设计图册由设计说明、互通式立体交叉一览表、互通式立体交叉工程数量表、互通式立体交叉设计图;分离式立体交叉一览表、分离式立体交叉工程数量表、分离式立体交叉设计图;人行天桥设计图、通道工程数量表、通道设计图;平面交叉工程数量表、平面交叉设计图;管线交叉工程数量表、管线交叉设计图等组成。

2)路线交叉设计图及其阅读

(1)设计说明及其阅读

路线交叉设计说明中要对路线交叉及其布置、设计情况给予全面说明,包括互通式立交、分离式立交、人行天桥、通道、平面交叉、管线交叉等的设计说明;同时,也对建议采用的施工方法及施工中的注意事项给予了说明。

在阅读设计说明时,应重点弄清全线的路线交叉布置情况,各种交叉形式的数量、规模、采用的结构形式等设计情况,建议采用的施工方法及其技术重点、难点。

(2)互通式立体交叉一览表及其阅读

在该表中示出了全线互通式立体交叉的数量及其设计的基本情况,表中包含的内容有全线各互通式立体交叉的名称、中心桩号、起讫桩号、地名、互通形式、交叉方式、被交叉公路名称及等级;表中分别按主线、匝道、被交叉公路列出了设计速度、最小平曲线半径、最大纵坡、全长,路面结构类型及厚度,跨线桥、匝道桥结构类型及数量(米/座),以及桥涵、通道等。

通过互通式立体交叉一览表的阅读,对全线互通式立体交叉的设置情况,各立交的基本设计参数、工程规模等有一个全面了解。

(3)互通式立体交叉工程数量表及其阅读

在该表中,列出了除交通工程及沿线设施以外的每一互通式立体交叉范围内的所有工程量或材料数量,包括立交桥(或跨线桥)、匝道、涵洞、通道等的工程量或材料数量。

阅读该表时,要结合各立体交叉设计的平面图、纵断面图、横断面图及结构尺寸,所用的材料,核对工程数量表中数据的正确性,完整性。

(4)互通式立体交叉设计图及其读图

互通式立体交叉设计图包括:

①互通式立体交叉平面图。该图类似于路线平面图,在图中绘出了被交叉公路、匝道、变速车道、跨线桥及其交角,互通式立体交叉区综合排水系统等。

②互通式立体交叉线位图。该图绘出了坐标网格并标注了坐标,示出了主线、被交叉公路及匝道(包括变速车道)中心线、桩号(公里桩、百米桩、平曲线主要桩位)、平曲线要素等,列出了交点、平曲线控制点坐标。

③互通式立体交叉纵断面图。该图类似于路线纵断面图,在图中示出了主线、被交叉公路、匝道的纵断面。

④匝道连接部设计图和匝道连接部标高数据图。匝道连接部设计图中示出了互通式立体交叉简图及连接部位置,绘有匝道与主线、匝道与被交道路、匝道与收费站、匝道与匝道等连接部分的设计图(包括中心线、行车道、路缘带、路肩、鼻端边线,未绘地形),并示出了桩号、各部尺寸、缘石平面图和断面图等。

匝道连接部高程数据图示出了互通式立体交叉简图及连接部位,绘出了连接细部平面(包括中心线、中央分隔带、路缘带、行车道、硬路肩、土路肩、鼻端边线，未绘地形)，示出有各断面桩号、路拱横坡和断面中心线以及各部分宽度。

⑤互通式立体交叉区内路基、路面及排水设计图表。该部分图表中有路基标准横断面图、路基横断面设计图、路面结构图、排水工程设计图、防护工程设计图等，并附有相应的表格。

⑥主线及匝道跨线桥桥型布置图表。该部分图表的内容和组成同前述中桥梁工程布置图表。

⑦主线及跨线桥结构设计图表。该部分图表的内容和组成同前述中桥梁工程结构设计图表。

⑧通道设计图表、涵洞设计图表。该部分图表的内容和组成同前述中小桥、涵洞设计图表。

⑨管线设计图。管线设计图中示出了管线的布置(包括平面位置、高程、形式、孔径等)，检查井的布置、结构形式等。

⑩附属设施设计图。在该部分设计图中示出了立体交叉范围内的其他各项工程，如挡土墙、交通工程、沿线设施预埋管道、阶梯、绿化等工程的位置、形式、结构、尺寸、采用的材料、工程数量等方面的内容。

互通式立体交叉设计图包含的图纸内容较多，既有道路方面的，也有桥涵结构方面的，还有防护、排水等方面的设计图。在读图时，要系统地阅读；要将各部分图纸的有机联系、相互之间的关系弄清楚，特别要注意核定其位置关系、构造关系、尺寸关系的正确性及其施工方面的协调性、施工方法的可行性等。桥涵、通道等结构图的读图重点在于弄清结构布置、结构组成、所用材料、各部尺寸、施工方法等方面内容，并应结合图纸对工程数量表中的数据进行复核；对匝道、连接线等，除按前述对道路工程的读图要求外，应特别注意各连接部的衔接问题，如高程的衔接、平面位置的衔接、各结构物之间的衔接、结构物细部的衔接等。

(5)分离式立体交叉一览表及其阅读

分离式立体交叉一览表中，给出了各分离式立体交叉的中心桩号及各被交公路名称及等级、交叉方式及与主线的交角、设计荷载、孔数与孔径、桥面净宽、桥梁总长度、上部构造、下部构造、被交公路改建长度、最大纵坡等。

通过该一览表的阅读，可以掌握本工程所含分离式立体交叉的数量、各分离式立体交叉的设计形式(上跨或下穿)、立交桥的桥梁结构形式及工程规模、被交公路的情况等方面内容。

(6)分离式立体交叉工程数量表及其阅读

该表内列出了除交通工程及沿线设施以外的主体工程及引道的所有工程数量和材料数量；应结合有关设计图纸进行阅读和理解。

(7)分离式立体交叉设计图及其阅读

分离式立体交叉设计图册包括：

①分离式立体交叉平面图。该图的范围包括桥梁两端的全部引道在内，图中示出了主线、被交叉公路或铁路、跨线桥及其交角、里程桩号和平曲线要素，护栏、防护网、管道及排水设施位置等。

②分离式立体交叉纵断面图。该图与路线纵断面图类似；有时，该图与平面图合并绘制在一幅图面上。

③被交叉公路横断面图和路基、路面设计图。该图中示出了被交叉公路的标准横断面图、路基各横断面图、路面结构设计图等。

④分离式立体交叉桥的桥型布置图。该图示出了分离式立体交叉桥的桥型布置，图中示出了设计的桥梁的结构形式，桥的平面、纵断面(立面)、横断面，墩台设计情况、地质情况、里程桩号、设计高程，路线的平曲线、竖曲线设计要素等。

⑤分离式立体交叉桥结构设计图。该图中示出了桥的上部结构、下部结构、基础等各部分结构的细部构造、尺寸、所用材料以及对施工方法、施工工艺方面的要求等。

⑥其他构造物设计图。若被交叉公路内有挡土墙、涵洞、管线等其他构造物时，则在该图中示出。

由于分离式立体交叉设计图包含的图册较多，涉及的工程内容包括道路、桥梁、涵洞、支挡结构等，因此，应系统地阅读，将各部分图纸之间的关系、相互之间的联系弄清楚，特别是与造价编制有关的，如工程数量、所用材料及材料数量、施工方法、技术措施等。

(8)人行天桥设计图表及其阅读

人行天桥是专供行人通行的、由道路上方跨越的桥梁。人行天桥设计图表包括：

①人行天桥工程数量表。在该表中列出了除交通工程及沿线设施外的人行天桥的数量、每座天桥的工程量或材料数量。

②人行天桥设计图。人行天桥设计图与桥梁设计图同，在该图中示出了人行天桥的结构形式，立面图、平面图、横断面图，各细部结构和尺寸、所用材料、高程等。

由于人行天桥通常结构比较简单，因此读懂该部分图表较容易，只需要对照设计图，核对人行天桥工程数量表中的数据即可。

(9)通道工程设计图表及其阅读

通道是专供行人通行的，由道路路面以下穿越的构造物。通道工程设计图表包括：

①通道工程数量表。该表中列出了除交通工程及沿线设施以外的、通道范围内的所有工程数量或材料数量。

②通道设计图。通道设计图包括通道布置图和通道结构设计图。通道布置图中示出了全部引道在内的平面、纵断面、横断面、地质断面、地下水位等；通道结构设计图中示出了通道的结构形式、细部构造、尺寸、设计高程、地质情况、所用材料等，该图与小桥、涵洞结构设计图类似。

(10)平面交叉工程设计图表及其阅读

平面交叉工程设计图表包括：

①平面交叉工程数量表。在该表中列出了除交通工程及沿线设施以外的、在平面交叉区内的(包括交叉区内主线)的所有工程量及材料数量等。

②平面交叉布置图。在该图中绘出了地形、地物、主线、被交叉公路或铁路、交通岛等；并注明了交叉点桩号及交角，水准点位置、编号及高程，管线及排水设施的位置等。

③平面交叉设计图。该图中示出了环形和渠化交叉的平面、纵断面和横断面及高程数据图等。

对该部分图表的阅读主要是结合平面交叉布置图和设计图核定其工程数量表中的数量。

(11)管线交叉工程设计图表及其阅读

管线交叉工程设计图表包括：

①管线工程数量表。该表中列出了管线交叉桩号、地名、交叉方式、交角、被交叉的管线长度及管线类型、管线上跨或下穿、净空或埋深，以及工程数量、材料数量等。

②管线交叉设计图。管线交叉处如果设计有人工构造物的，在该图中示出，包括其细部构造。

5. 交通工程及沿线设施设计图的阅读与熟悉

交通工程及沿线设施设计图册的内容很多，主要包括设计说明、平面布置总图、横断面布置图、管理机构及养护设施、安全设施、监控设施、通信设施、收费设施、服务设施、供电、照明设施、房屋建筑等。

1) 设计说明

设计说明中的内容包括设计任务依据和设计调查过程，公路交通特点，前一阶段设计的批复情况，管理养护机构设置说明，新材料、新技术、新设备、新工艺的采用情况，与有关部门协调情况，主要技术指标、施工方法及注意事项等。

通常，在提交给业主(建设单位)的设计图册中的设计说明，还应包括造价(概算、修正概算或预算及其比较)情况，但在造价编制过程中，造价编制人员也应当认真阅读和熟悉设计说明中与造价编制有关的内容，以便在造价编制时能全面理解设计意图和要求，正确摘取有关技术经济参数。

2) 平面布置图与横断面布置图

平面布置图是在路线平面图上重点示出了安全、监控、收费、通信、服务等各类设施的布置位置、数量、形式等；横断面布置图则是在路基标准横断面图上示出了护栏、防眩板(网或树)、通信管道(电缆沟或槽)、标志、植树、隔离栅等的布置位置。对该类图的阅读和熟悉，重点在于掌握各种设施布置的位置、数量和形式。

3) 管理机构及养护设施

管理机构及养护设施包括：

①管理养护机构构成图。在该图中示出了各级管理养护机构的体制、业务科室的构成及相互关系。

②养护机械设备一览表。在该表中，按公路养护的需要分别列出机械设备的需要数、规格、型号等。

通常管理机构的设置不会对造价产生影响；是否需要将养护设施的购置计入设备购置费中，要视情况而定。若业主对道路“自管自养”，其养护设施购置费可计入总投资中；若由“专业养护”单位进行养护，其养护设施不需要业主购置，则不必计入总投资中。

4) 安全设施

安全设施图、表包括：

①安全设施一览表。在该表中，列出了安全设施的名称、编号、规格型号、布置位置、桩号、数量(或长度)等，在表中有汇总，列出了各种安全设施的总数量。

②标志一览表。在标志一览表中，列出了标志名称、编号、布置位置、桩号、板面图式、尺寸及编号(图标编号)、反光要求、支撑结构形式、数量等。

③安全设施材料数量表。在该表中，按各种安全设施分别列出了序号、名称、规格型号、单位质量、材料量等。该表中的数据是安全设施造价编制的重要依据，其数据应对照各设计图予以核定。

④护栏设计图。在该图中分别绘出了路侧护栏、中央分隔带护栏的结构设计图和护栏端部、过渡段、防撞垫、活动护栏、混凝土基础等设计图；并列出了单位材料数量表。

⑤防眩设计图。在该图中，示出了防眩设施的结构设计图和各部件设计图；并列出了单位材料数量表。

⑥隔离栅设计图。该图中绘出了隔离栅的结构图，斜坡路段、端部及拐角结构处理图，跨

沟渠、通道、桥梁、互通式立体交叉等围封处理图和开口处大门设计图;并列出有单位材料数量表。

⑦桥上防护网设计图。在该图中绘出了桥上的防护网的结构图和各部件设计图;并列出了单位材料数量表。

⑧混凝土护柱设计图与导流块设计图。若设置有混凝土护柱或车流的混凝土导流设施,则在该图中示出了混凝土护柱或混凝土导流块的结构、尺寸、所用材料、工程数量等。

⑨里程碑、百米桩、公路界碑设计图。在该图中示出了里程碑、百米桩、公路界碑的规格、尺寸、所用材料、数量等。

⑩标志结构设计图。在该图中,按不同类型分别绘出了结构设计图、连接件及锚固大样图、基础结构及配筋图、板面布置图等;并列出了单位材料数量表。

⑪标线设计图。在该图中分别绘出了标准路段标线设计大样图及出入口标线、导流标线、收费广场标线、平交路口渠化标线、车行道宽度渐变段标线、导向箭头、路面文字标记、立面标记、突起路标等的设计图;并列出了单位材料数量表。

⑫视线诱导标结构设计图。在该图中,示出了视线诱导标结构组成、尺寸、所用材料等;并列出了单位材料数量表。

⑬安全设施布置图。在该图中绘出了各互通式立体交叉区域、服务区、收费广场以及公路交通条件比较复杂、安全设施相对集中路段的布置图。

在该部分图表的阅读和熟悉中,应读懂和弄清设施的布置情况、结构组成情况、所用材料、施工方法、工程量或材料数量等与造价编制有关的技术、经济方面的内容和指标;要对照工程数量表和结构图阅读和理解。

5)监控设施

监控设施图、表包括:

①监控设施工程数量表。该表中列出了序号、工程(设施)名称、布置位置、桩号、数量等。

②监控设施材料数量表。该表中列出了序号、材料名称、规格(型号)、单位质量、数量等。

③设备安装一览表。该表中列出了序号、设备名称、规格(型号)、安装位置、桩号、数量等。

④外场设备沿线布置图。

⑤外场设备平面设计图。

⑥外场设备横断面设计图。

⑦监控系统设备配线图。在该图中绘出了控制中心、分中心、外场设备等的配线图。

⑧外场设备接地装置图。在该图中绘出了控制中心、分中心、外场设备等的接地装置图。

⑨监控系统配电施工图。在该图中绘出了控制中心、分中心、外场设备等的配电施工图。

⑩监控系统软件流程及软件模块详细框图。

⑪外场设备支撑结构设计图。在该图中绘出了结构设计图、连接件及锚固大样图、工作平台和基础结构,及其配筋图等;并列出了材料数量表;若存在可变标志,也要按上述要求绘制。

在监控设施图、表的阅读和熟悉过程中,应结合监控设施工程数量表、设备安装一览表读懂和弄通监控设施(包括外场设备)的布置位置、数量,规格(型号)、配电线路布设、设备支撑结构及其配筋、设备安装等与工程造价编制有关的问题。

6)通信设施

通信设施图、表包括:

①通信工程数量表。在该表中列出了序号、工程名称、设置位置(桩号)、数量等。

②通信设施材料数量表。在该表中列出了序号、名称、规格(型号)、单位质量、数量、质量等。

③设备安装一览表。在该表中列出了序号、设备名称、规格(型号)、安装位置(桩号)、数量等。

④人孔布设一览表。在该表中列出了序号、人孔桩号、人孔类型、出孔方向等。

⑤光缆线路图。

⑥光缆线路传输系统配置图。

⑦通路组织图。

⑧光缆缆芯及保护层结构断面图。

⑨光缆接头盒及保护罩图。

⑩人孔光缆接头安装方式图。

⑪进站光缆安装方式图。

⑫光缆进站封堵和保护图。

⑬光缆配线架的运用、排列、配线图。

⑭PABX 的中继方式图。

⑮主配线架的电缆运用、排列、配线图。

⑯数字配线架的电缆运用、排列、配线图。

⑰室内走线架(槽)布置及电缆运用、排列、安装图。

⑱各类机房设备的布置、安装图。

⑲紧急电话控制台设备连接图。

⑳PABX 话务台、网管设备、计费终端设备的排列连接图。

㉑用户终端设备安装图。

㉒数字传输、图像传输、移动通信等各分系统控制、管理设备的排列连接图。

㉓移动通信天线系统的安装连接图。

㉔通信机房交、直流供电设备配置图。

㉕通信站接地系统图。

㉖通信站接地装置安装图。

㉗通信管道施工图。该图包括各类人(手)孔、过桥管箱、沿线管理站房、收费站、服务区等的横穿管线,标准件及非标准件设计图。

㉘路侧紧急电话平台设计图。

㉙路侧紧急电话机安装图。

㉚其他图表。

在通信设施图、表的阅读和熟悉中,要结合各类线路图、配线图、连接图、配置图、安装图等图式,读懂并弄清通信工程数量表、通信设施材料数量表、设备安装一览表和人孔布设一览表中的工程数量、材料数量、设备安装数量等数量指标;并应明了其施工工艺流程。

7)收费设施

收费设施图、表包括:

①收费设施工程数量表。在该表中列出了序号、工程名称、设置位置、桩号、收费入口及出口数量等。

②收费设施材料数量表。在该表中列出了序号、名称、规格(型号)、单位质量、数量等。

③设备安装一览表。在该表中列出了序号、设备名称、规格(型号)、安装位置、桩号、数量等。

④收费站、收费分中心、收费中心设备安装、配线图表,包括计算机、不中断电源、对讲机控

制台、闭路电视控制台、监视器等设备的安装方法和配线等。

⑤收费车道设备安装、装配图，包括在车道安装的车辆检测器探头等。

⑥其他设备安装、配线图。

⑦收费广场通信电缆芯分配图，包括数据传输、对讲系统等通信电缆。

⑧收费广场设备配电、接地系统配线施工图。

⑨收费设备基础、支撑件施工设计图。

⑩收费车道、收费站、收费分中心、收费中心各级计算机数据流程图。

⑪各种软件模块详细框图。

⑫其他图表。

在收费设施图、表的熟悉和阅读中，重点是读懂收费设施有关设计图、了解施工程序和工艺流程，结合图纸核对收费设施工程数量表、收费设施材料数量表和设备安装数量表中与造价编制有关的数据。

8)服务设施

服务设施图、表包括：

①服务设施一览表。该表中列出了序号、桩号、名称、规格(型号)、布置位置、数量等。

②服务设施平面布置图。在该图中绘出了服务设施区内各类设施的平面布置、联络道路及与公路主体的相互关系等。

③服务设施区域内公路设计图表。服务设施区域内公路设计图表的内容与本节中的道路工程图、表相同。

在服务设施图、表的熟悉和阅读过程中，要结合服务设施平面布置图，根据服务设施一览表，弄清与造价编制有关的服务设施数量及其服务设施的安装施工方法、施工工艺过程等；对于服务设施区域内公路设计图、表的阅读和熟悉，与本节中的有关内容相同。

9)供电、照明设施

供电、照明设施包括：

①供电设施。供电设施图、表包括列出了序号、名称、负荷容量、桩号、数量等的供电设施一览表；列出了序号、名称、规格(型号)、数量等的供电设施主要设备、材料数量表；示出了供电、变电所与电力网的相互关系，电力输送线路方案输送距离等的供电系统构成图；变电所电力系统图；变电所机房布置及设备安装图；备用电源(柴油发电机组)切换原理图；低压配电盘系统及设备图；电力电缆敷设图；电力电缆管道及电力井施工设备图；防雷接地系统图；配电设备接地设计图；其他图表等。

②照明设施。照明设施图、表包括列出了序号、工程名称、设置区段、桩号、负荷量等的照明设施一览表；列出了序号、名称、规格(型号)、单位质量、数量等的照明设施材料数量表；照明系统图；绘出了按各照明区段分别绘制的各照明区段的灯柱、电缆管道等设施的平面布置形式；照明配电箱线路图；绘出有按不同类型绘制的照明灯柱(高杆灯柱)、灯具等的结构设计图(包括基础及其配筋图等)的照明设施结构设计图，高杆灯柱还绘制有防雷接地设计图。

要阅读和熟悉供电、照明设施图、表，首先应具备有关供电、照明方面的专业知识。在阅读和熟悉过程中，要结合有关图纸，重点弄清供电设施一览表、照明设施一览表、照明设施材料数量表及供电设施主要设备、材料数量表等中与造价编制有关的数据；并应了解供电、照明设施的施工过程、施工工艺流程等方面内容。供电、照明设施的造价编制应按照电力行业的有关规定进行。

10)房屋建筑

房屋建筑图、表包括总体工艺设计和建筑设计的图表。总体工艺设计的图、表包括：

①建筑规模一览表。在该表中分别列出或一并列出了各类管理、养护用房(包括管理中心、分中心、服务区、停车区、养护工区、救援站、收费站等)的设置位置(桩号)、用地面积、建筑面积、房屋技术要求、建筑标准等。

②建筑场地总体布置图。在该图中绘出了管理中心、分中心、服务区、停车场、养护工区等的建筑场地与主线(或周围公路网)的相互关系,区域内各功能小区和公路网的平面设计图等。

③监控通信房屋建筑及设备布置图。该图中分别绘制出了管理中心、分中心等的管线进出方式图、工艺沟槽和孔洞位置及其结构图、设备布置位置图,并提出对供电、消防、通风、空调等的工艺技术要求和建筑材料的规格要求。

④收费站房平面布置图。在该图中绘出了收费站房各层平面,示出了监控室、机房、配电室、票房、配件室等的位置及相互关系,设备布置图及电缆沟槽和孔洞等的位置图及其结构图。

⑤收费广场房建工艺图。该图中分别绘出了收费广场、收费岛、收费亭及其通风换气装置、收费天棚、地下通道等的工艺设计图,标出有电缆管线、上下水的工艺处理。建筑设计的图、表是根据总体工艺设计和建设部有关施工图设计的要求编制的,主要包括总平面、建筑、结构、给排水、供暖、电气和消防等设计图表。

要阅读和熟悉房屋建筑图、表,首先应具有房屋建筑方面的专业基本知识,在熟悉和阅读过程中应结合有关设计图纸弄清与工程造价编制的有关工程数量和材料数量,并应了解施工过程和施工工艺。房屋建筑的造价编制,应按行业的有关规定进行。

6.环境保护等设计图纸的阅读与熟悉

在公路工程项目建设中,应加强对水资源、生态环境的保护和水土保持工作。在特定条件下,应对此进行专门设计。

1)环境保护工程设计图

环境保护工程的设计图、表包括：

①设计说明。

②环境保护工程一览表。在该表中列出了序号、工程名称、位置(桩号)、单位、数量等。

③环境保护工程设备材料数量表。在该表中,列出了序号、工程名称、设备材料名称、规格、单位、数量等。

④美化、绿化设计图。在该图中绘出了重点景区环境美化设计图,如互通式立体交叉和大型服务区等。

⑤声屏障结构设计图。在该图中,绘出了声屏障的结构设计图及其大样图,并列出了单位材料数量表。

⑥污水处理设计图。在该设计图中,绘出了服务区、管理区、养护工区等区域的污水处理平面布置总图、构造详图;并列出了单位设备、材料数量表。

2)其他工程设计图

如果该公路项目需要对水资源进行特定保护、对水土保持需要进行特定处理,则应有专门的设计图。

在阅读该类设计图、表时,应结合设计图、重点弄清环境保护工程一览表、环境保护工程设备材料数量表中与工程造价编制有关的数据。

7.筑路材料图、表的阅读与熟悉

在设计图册中有道路沿线筑路材料情况的图、表，主要包括：

1)说明

在说明中：

①对道路沿线筑路材料的质量、储量及采运条件进行了说明。

②对大型料场及带型料场进行了说明。

③与地方政府就料场的开采、运输的意向协议等进行了说明。

2)沿线筑路材料料场表

在该表中，列出了料场编号、材料名称、料场位置(距路线距离、上路桩号)、料场说明、储藏量、计划用量(路面、特大桥、大桥、中桥、其他构造物)、覆盖层(种类、厚度、面积)、开采时间、运输方式、通往料场的道路情况及所需便道、便桥长度等。

3)沿线筑路材料试验资料表

在该表中列出了砂、土、石、水、石灰、粉煤灰等不同原材料的物理力学性质(必要时包括化学性质)及其在路基、路面、桥梁、防护、隧道等工程设计中所需要的混合料的试验结果，并列出了各种材料的料场或产地、取样地点等。

4)沿线筑路材料供应示意图

在该图中示出了路线的桩号、特大桥、大桥、中桥、隧道、互通式立体交叉、分离式立体交叉、大型挡土墙及两侧主要料场的位置、料场上路桩号及距离。特大桥、大桥、隧道、互通式立体交叉分别计算的运距；按中桥和分离式立体交叉及大型挡土墙分别计算的距离；路面及其他构造物等，根据施工组织设计及招标段落划分情况、考虑集中拌和因素，计算各项工程原材料、成品及半成品按全线分段计算的平均运距。

对筑路材料图、表的阅读和熟悉，重点主要应放在材料种类、材料运输距离、运输道路条件(决定了运输方式)、需要量等方面，因为它影响到原材料运输的运费、装卸费等费用。

8.施工组织计划的阅读和熟悉

设计图册中的施工组织计划(初步设计中的施工方案、技术设计中的施工组织计划)主要包括：

1)说明

在说明中，扼要叙述了工程项目施工的组织情况，包括：

①施工组织、施工期限、主要工程的施工方法、工期、进度及措施。

②劳动力计划及主要施工机具的使用安排。

③主要材料供应、运输方案及临时工程的安排。

④缺水、风沙、高原、严寒等地区以及冬季、雨季施工所采取的措施。

⑤对高速公路和一级公路的交通工程及沿线设施施工协调和分期实施有关问题的说明。

⑥施工准备工作的意见(如拆迁、用地、修便道、便桥、临时房屋、架设临时电力、电讯设施等)。

2)工程进度图

该图列出了工程项目名称、单位、数量、劳力等，按年、月分别绘出各工程项目施工延续工期并标出其月计划工日，绘出了劳动力安排示意图等。

3)主要材料计划表

该表列出了材料名称及规格、单位、数量、来源、运输方式及年、季计划用量等。

4)主要施工机具、设备计划表

该表列出了机具名称及规格、数量(台班、台数)、使用期限(开始、完成)、年、季计划用量等。

5)临时工程数量表

该表包括便道、便桥、预制场、施工场地、电力及电讯线等;列出了地点或桩号、工程名称、工程说明、工程数量等。

6)公路临时用地表

该表列出了位置或桩号、工程名称、隶属(县、乡、个人)、长度、宽度、土地类别及数量等。

施工组织计划是编制工程造价的主要依据之一,主要涉及资源消耗量、资源的组织、运输方式、运输距离、施工方法、机械设备的选择、临时工程(包括便道、便桥、预制场、电力及电讯线等)、临时用地、土地及青苗补偿、安置补助、施工工期、进度安排等,而这些都与计算直接工程费、工程建设其他费用等工程费用直接相关。因此在阅读和熟悉施工组织计划的过程中,应正确理解设计意图、掌握施工组织计划的特点、正确取用有关参数、计算有关费用。

第三节　工程量计算及常用计算公式

在工程量计算中,经常使用的计量单位有两大类:一类是用物理计量单位来作为工程量的计量单位,如路线长度(用 km)、路面面积(用 m^2)、土、石方体积(用 m^3)、钢筋质量(用 kg 或 t)等;另一类是自然计量单位,如处、座、块、根等。在用物理计量单位进行工程量计量时,常常会涉及一些基本几何图形的面积、体积等的计算和一些特定几何图形的面积、体积等的计算及常用的计算方法。

一、土石方工程数量计算

1.横断面法

土石方工程数量计算通常有横断面法和方格网法,前者用于长度方向的量值远大于横断面上的横向尺寸的量值,如路基土石方数量计算。此法虽然较为简便,但精确度稍差,其基本原理如下:

(1)按勘测(初步设计阶段、施工图设计阶段或施工复测)资料绘制路基横断面的原地面线,其横断面间距按不同阶段设计规程确定,当地形复杂或地形变化大的地段应对地形变化点加密。

(2)按路线设计纵、横向关系与路基标准断面绘出路基设计横断面图,俗称戴帽。

(3)按式(8-1-10)计算路基土石方数量,原地面线在设计线以上的断面面积为挖方;原地面线在设计线以下的断面面积为填方;填、挖方应分别计算,路基土、石方量应分别计算,设计时是根据钻探资料和地质调查,确定土、石比例,按比例分别计算挖、填的土方和石方数量;有的在施工中要依开挖后的土、石分界线绘制横断面后,按横断面法分别计算挖、填的土方和石方数量;全线路基土、石方量为各断面间挖、填体积之和。

$$V = \frac{F_1 + F_2}{2} \times L \tag{8-1-10}$$

式中:F_1、F_2——相邻断面面积;

L——相邻断面间距离。

2.方格网法

在较为平坦的大面积场地上计算土石方量或特定情况下计算工程量(如软基处理中的换填量),多采用方格网法计算法,其具体方法是:

(1)在地形图上划分方格网,方格大小视地形复杂程度及计算精度的不同而定,一般为20m×20m或10m×10m(甚至更小)。然后按设计平整要求在方格网角点上标出设计高程与原地面高程之差,即为施工高差。正(+)值为挖方,负(-)值为填方。

(2)当方格网相邻两角一方为填方,一方为挖方时,应计算出两角之间不填不挖之零点位置,并标于方格边上,然后再将各零点连接起来,就得到了许多不同面积的计算图形。零线两边的场地,分别被划为填方区和挖方区。这些方格则分别划分为三角形、梯形、五边形等不同的图形。

(3)根据不同图形,分别计算其挖、填体积并加以汇总。

零点线位置以图8-1-3所示方格为例说明其原理。该方格已计算出角点的施工高差分别标在图上,在两竖直边上施工高差发生变化,说明零点线通过这两个边。如图只需计算出零点线与该两边的交点的位置,连接起来即为零点线。计算公式为:

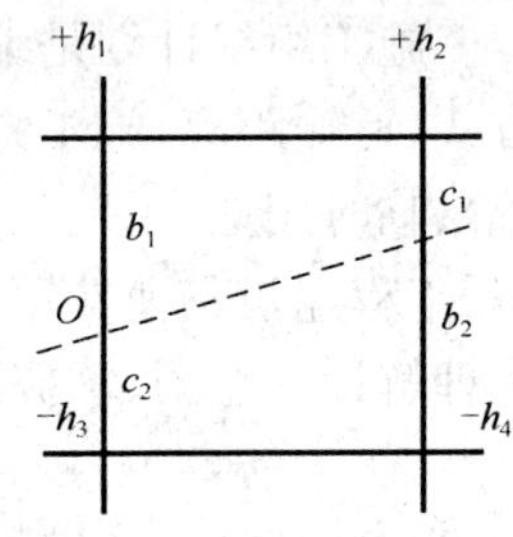

图8-1-3 零点线位置举例

$$b_1=\frac{ah_1}{h_1+h_3};\quad c_1=\frac{ah_2}{h_2+h_4};b_2=\frac{ah_4}{h_4+h_2}=a-c_1;\quad c_2=\frac{ah_3}{h_3+h_1}=a-b_1 \tag{8-1-11}$$

式中: a——方格的边长;

h_1、h_2、h_3、h_4——角点的施工高度,填方(负值)要用绝对值代入公式。

零点线不通过的方格土方的数量为平均施工高度(四角点施工高度的平均值)乘以方格面积。被零点线分割的方格按被分割后的几何图形面积(如上例的方格被分割为两块梯形)乘以该图形的平均施工高度得到土方工程数量。应注意的是,得到的土方工程数量上方梯形部分为挖方;下方梯形部分为填方,零点线位所有点的施工高度为零(不挖不填)。

二、基坑开挖土石方工程量计算

基坑开挖土石方工程数量按基坑容积计算。计算时,一般可分为基槽和基坑,应分别采用不同的公式计算基坑容积,前者是指基坑的长和宽的比值大于3:1的情况。在计算之前应先明确以下几点:

(1)施工方法

基坑开挖施工方法不同,其工程数量计算要求和选套定额不相同。根据施工组织设计,明确人工开挖或机械开挖;垂直开挖或放坡开挖;支挡土板或打钢板桩开挖;单面留工作面或双面留工作面;选用正铲挖掘机或反铲挖掘机以及抽水方法等。

(2)基顶高程和基底高程

(3)土壤类别

(4)地下水位高程

(5)土壤湿度

(6)放坡系数

在定额中均有相应规定,当施工组织设计文件中没有相应规定时,可参照表8-1-8确定。

挖土深度在 5m 以内的放坡系数 K　　　表 8-1-8

土　　类	人 工 挖 土	机 械 挖 土	
		机械在槽底	机械在槽边
普通土	1∶0.67	1∶0.50	1∶0.75
坚土	1∶0.33	1∶0.25	1∶0.67
砂砾土	1∶0.25	1∶0.10	1∶0.33

注：$K=D/H$，其中 D-边坡水平投影宽度；H-边坡高度；K-放坡系数。

如果在同一基坑内遇到几种土层，采用不同的放坡系数时，可以按不同放坡系数与相应的高度计算综合坡度系数：

$$K=\frac{H_1K_1+H_2K_2+\cdots+H_nK_n}{H}=\frac{\sum_{i=1}^{n}H_iK_i}{H} \tag{8-1-12}$$

式中：K——综合放坡系数；

H_i——某土层的厚度；

K_i——某土层的放坡系数；

H——基坑总深度。

1. 基槽的容积计算公式

(1)不放坡和不支挡土板、不设工作面基槽。

$$V=L\times a\times H \tag{8-1-13}$$

式中：V——基槽容积(m^3)；

L——基槽长度(m)；

a——基槽宽度(m)；

H——基槽深度(m)。

(2)不放坡和不支挡土板、设工作面时的基槽。

$$V=L\times(a+2c)\times H \tag{8-1-14}$$

式中：c——工作面宽度(m)；

其他符号意义同前。

设工作面的基槽如图 8-1-4 所示。

(3)放坡又设工作面的基槽。

$$V=L\times(a+2c+KH)\times H \tag{8-1-15}$$

式中：K——土壤放坡系数或综合放坡系数；

其他符号意义同前。

放坡又设工作面基槽如图 8-1-5 所示。

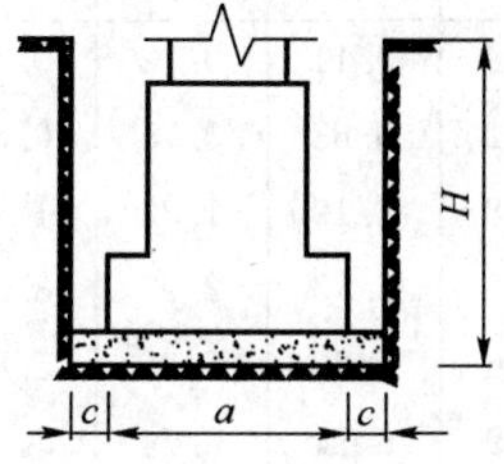

图 8-1-4　设工作面的基槽剖面图

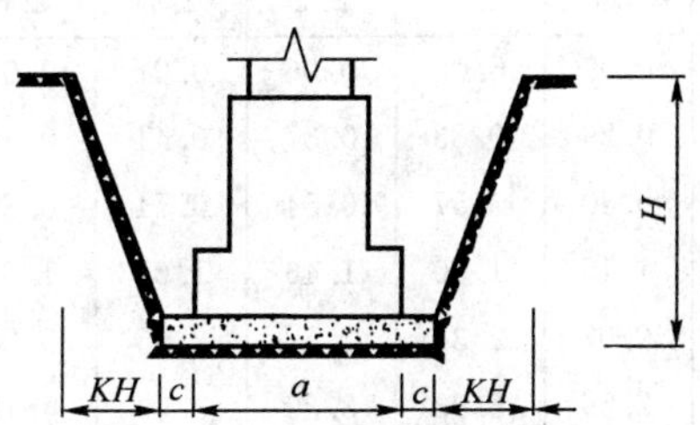

图 8-1-5　放坡又设工作面的基槽剖面图

(4)支挡土板又设工作面的基槽。

$$V = L \times (a + 2c + 2D) \times H \tag{8-1-16}$$

式中：D——单侧支挡土板所需宽度(m)；

其他符号意义同前。

2. 基坑容积计算公式

(1)放坡又加宽工作面的矩形基坑，如图 8-1-6 所示，基坑容积：

$$\begin{aligned} V &= (a+2c)(b+2c)H + (a+2c)KH^2 + (b+2c)KH^2 + \frac{4}{3}K^2H^3 \\ &= (a+2c+KH)(b+2c+KH)H + \frac{1}{3}K^2H^3 \end{aligned} \tag{8-1-17}$$

式中：$\frac{1}{3}K^2H^3$——基坑四个角锥中一个角锥体积，为简化计算，可以从表 8-1-9 中查得。

各符号意义同前。

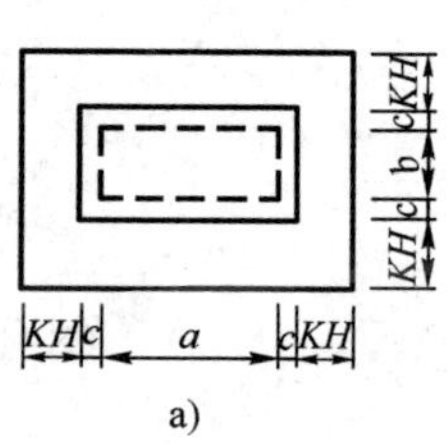

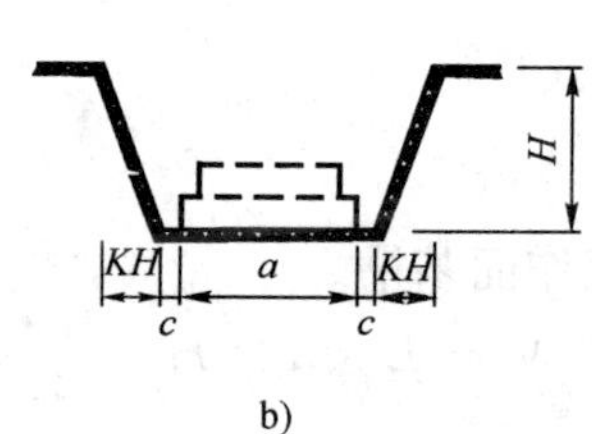

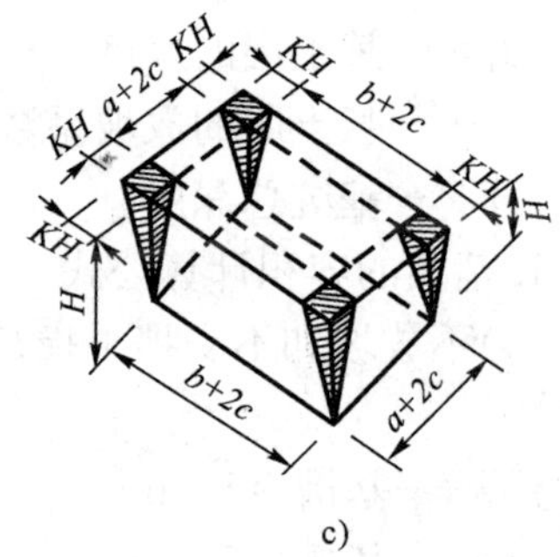

图 8-1-6　矩形基坑示意图

a)基坑平面；b)基坑剖面；c)基坑四角锥体

地坑放坡时四角的角锥体积表(单位：m³)　　表 8-1-9

系数 K	坑深 H(m)											
	1.2	1.3	1.4	1.5	1.6	1.7	1.8	1.9	2.0	2.1	2.2	2.3
0.10	0.01	0.01	0.01	0.01	0.01	0.02	0.02	0.02	0.03	0.03	0.04	0.04
0.25	0.04	0.05	0.06	0.07	0.09	0.10	0.12	0.14	0.17	0.19	0.22	0.25
0.33	0.06	0.08	0.10	0.12	0.15	0.18	0.21	0.25	0.29	0.34	0.39	0.44
0.50	0.14	0.18	0.23	0.28	0.34	0.41	0.49	0.57	0.67	0.77	0.89	1.01
0.67	0.26	0.33	0.41	0.51	0.61	0.74	0.87	1.03	1.20	1.39	1.59	1.82
0.75	0.32	0.41	0.51	0.63	0.77	0.92	1.09	1.29	1.50	1.74	2.00	2.28
1.00	0.58	0.73	0.91	1.13	1.37	1.64	1.94	2.29	2.67	3.09	3.55	4.06
系数 K	坑深 H(m)											
	2.4	2.5	2.6	2.7	2.8	2.9	3.0	3.1	3.2	3.3	3.4	3.5
0.10	0.05	0.05	0.06	0.07	0.07	0.08	0.09	0.10	0.11	0.12	0.13	0.14
0.25	0.29	0.33	0.37	0.41	0.46	0.51	0.56	0.62	0.68	0.75	0.82	0.80
0.33	0.50	0.57	0.64	0.71	0.80	0.89	0.98	1.08	1.19	1.30	1.43	1.56
0.50	1.15	1.30	1.46	1.64	1.83	2.03	2.25	2.48	2.73	2.99	3.28	3.57
0.67	2.07	2.34	2.63	2.95	3.28	3.65	4.04	4.46	4.90	5.38	5.88	6.42
0.75	2.59	2.93	3.30	3.69	4.12	4.57	5.06	5.59	6.14	6.74	7.37	8.04
1.00	4.61	5.21	5.86	6.56	7.31	8.13	9.00	9.93	10.92	11.98	13.13	14.29

(2)放坡圆形基坑地坑容积。

$$V=\frac{1}{3}\pi H(R_1^2+R_2^2+R_1R_2) \tag{8-1-18}$$

式中:R_1——坑底半径(m);

R_2——坑口半径,$R_2=R_1+KH$(m);

其他符号意义同前。

三、实体结构物工程数量计算

实体结构物一般具有较规则的形体,或者可以将其分解为简单的几何体组成的图形。在计算工程数量时,就可以通过简单几何图形来计算其面积或体积。下面摘录了有关几何图形的面积或体积的计算公式,供在计算或计量工程量时选用。

在计算钢筋混凝土数量时,按其几何形状计算体积,不需扣除钢筋所占体积。

1. 三角形面积

三角形平面图形面积计算见表 8-1-10。

三角形平面图形面积 表 8-1-10

图形		尺寸符号	面积(A)、表面积(S)	重心(G)
三角形	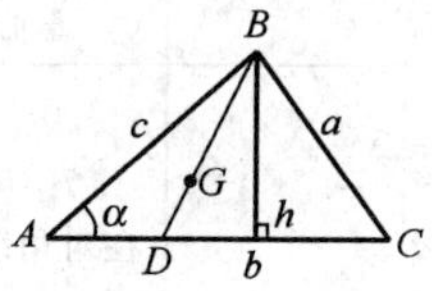 B, c, a, G, α, h, A, D, b, C	h-高; l-1/2 周长; a、b、c-对应角 A、B、C 的边长	$A=\frac{bh}{2}=\frac{1}{2}ab\sin\alpha$ $l=\frac{a+b+c}{2}$	$GD=\frac{1}{3}BD$ $CD=DA$
直角三角形	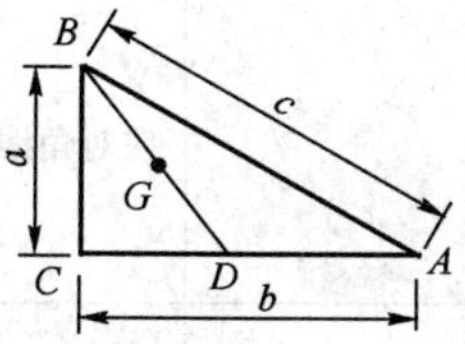 B, c, a, G, C, D, b, A	a、b-两直角边长; c-斜边	$A=\frac{ab}{2}$ $c=\sqrt{a^2+b^2}$ $a=\sqrt{c^2-b^2}$ $b=\sqrt{c^2-a^2}$	$GD=\frac{1}{3}BD$ $CD=DA$
锐角三角形	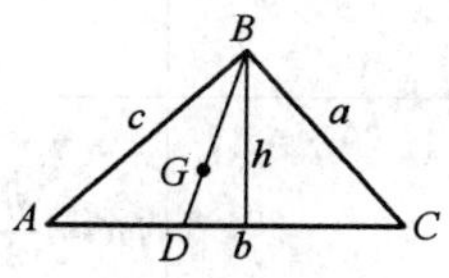 B, c, a, G, h, A, D, b, C	h-高	$A=\frac{bh}{2}=\frac{b}{2}\sqrt{a^2-\left(\frac{a^2+b^2-c^2}{2b}\right)^2}$ 设 $S=\frac{1}{2}(a+b+c)$ 则 $A=\sqrt{S(S-a)(S-b)(S-c)}$	$GD=\frac{1}{3}BD$ $AD=DC$
钝角三角形	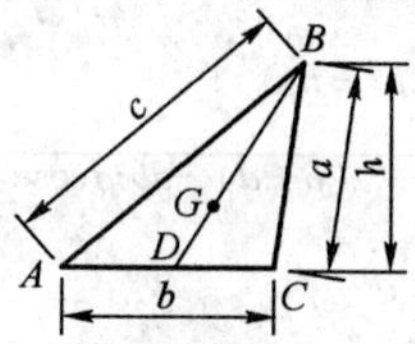 B, c, a, h, G, A, D, b, C	h-高; a、b、c-边长	$A=\frac{bh}{2}=\frac{b}{2}\sqrt{a^2-\left(\frac{c^2-a^2-b^2}{2b}\right)^2}$ 设 $S=\frac{1}{2}(a+b+c)$ 则 $A=\sqrt{S(S-a)(S-b)(S-c)}$	$GD=\frac{1}{3}BD$ $AD=DC$

续上表

图形		尺寸符号	面积(A)、表面积(S)	重心(G)
等边三角形	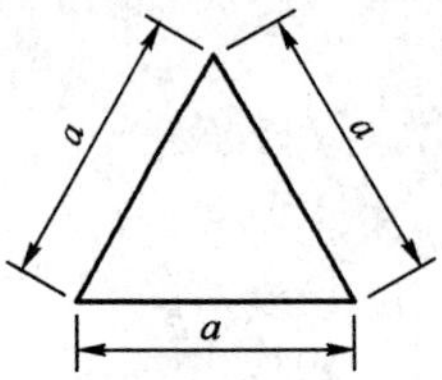	a-边长	$A=\frac{\sqrt{3}}{4}a^2=0.433a^2$	三角平分线的交点
等腰三角形	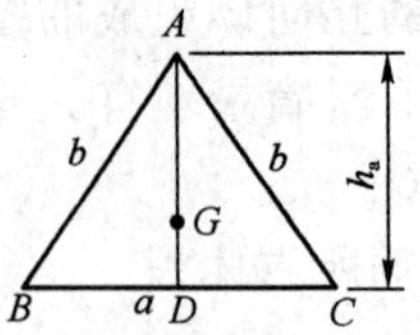	b-两腰； a-底边； h_a-a 边上高	$A=\frac{1}{2}ah_a$	$GD=\frac{1}{3}h_a$ $(BD=DC)$

2. 四边形面积

四边形平面图形面积见表 8-1-11。

四边形平面图形面积 表 8-1-11

图形		尺寸符号	面积(A)、表面积(S)	重心(G)
正方形	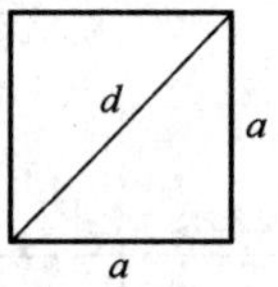	a-边长； d-对角线	$A=a^2$ $a=\sqrt{A}=0.707d$ $d=1.414a=1.414\sqrt{A}$	在对角线交点上
长方形	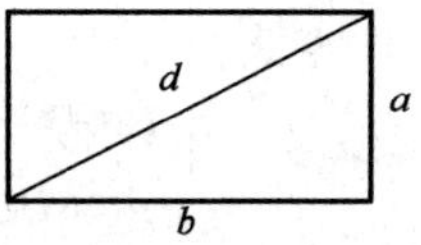	a-短边； b-长边； d-对角线	$A=ab$ $d=\sqrt{a^2+b^2}$	在对角线交点上
平行四边形	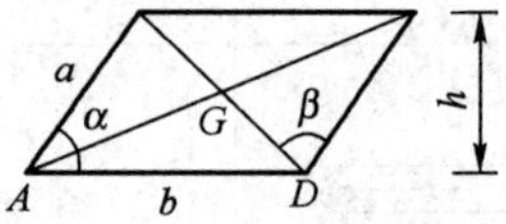	a、b-邻边； h-对边间的距离	$A=bh=ab\sin\alpha$ $=\frac{\overline{AC}\cdot\overline{BD}}{2}\sin\beta$	在对角线交点上
梯形	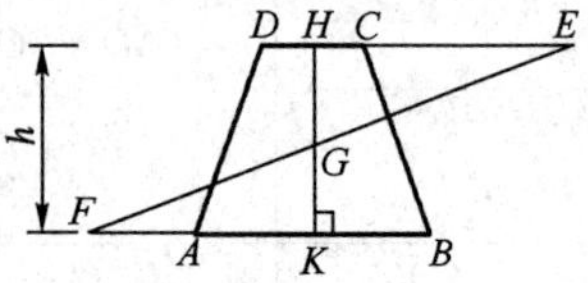	$CE=AB$； $AF=CD$； $a=CD$(上底边)； $b=AB$(下底边)； h-高	$A=\frac{a+b}{2}h$	$HG=\frac{h}{3}\cdot\frac{a+2b}{a+b}$ $KG=\frac{h}{3}\cdot\frac{2a+b}{a+b}$
任意四边形	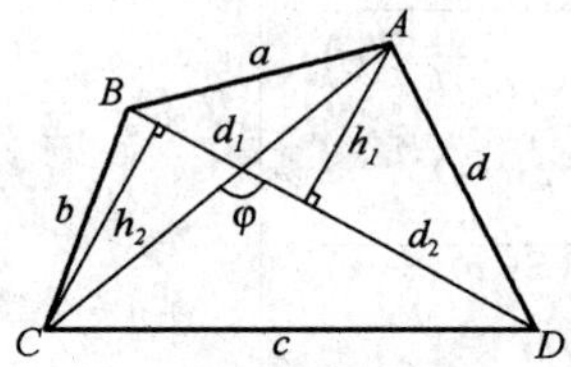	a、b、c、d-四边长； d_1、d_2-两对角线； φ两对角线夹角	$A=\frac{1}{2}d_1d_2\sin\varphi=\frac{1}{2}d_2(h_1+h_2)$ $=\sqrt{(p-a)(p-b)(p-c)(p-d)-abcd\cos\alpha}$ $p=\frac{1}{2}(a+b+c+d)$ $\alpha=\frac{1}{2}(\angle A+\angle C)$或$=\frac{1}{2}(\angle B+\angle C)$	

3. 内接多边形面积

内接多边形平面面积见表 8-1-12。

内接多边形平面面积 表 8-1-12

图形		公式	重心
正五边形		$A=2.3777R^2=3.6327r^2$ $a=1.1756R$	在内接圆的圆心处
正六边形		$A=\frac{3\sqrt{3}a^2}{2}=2.5981a^2=2.5981R^2$ $=2\sqrt{3}r^2=3.4641r^2$ $R=a=1.155r$ $r=0.866a=0.866R$	内接圆圆心
正七边形		$A=2.7365R^2=3.3714r^2$	内接圆圆心
正八边形		$A=4.828a^2=2.828R^2=3.314r^2$ $R=1.307a=1.082r$ $r=1.207a=0.924R$ $a=0.765R=8.828r$	内接圆圆心
正多边形	注:边数太多,正多边形未示出	$\alpha=360°/n,\beta=180°-\alpha$ $\alpha=2\sqrt{R^2-r^2}$ $A=\frac{nar}{2}=\frac{na}{2}\sqrt{R^2-\frac{a^2}{4}}$ $R=\sqrt{r^2+\frac{a^2}{4}},r=\sqrt{R^2-\frac{a^2}{4}}$	内接圆圆心

注:A-面积;α、β-角度;a、b-边长;R-半径,外接圆半径;n-边数;r-内切圆半径。

4. 圆形、椭圆形面积

圆形、椭圆形平面面积计算公式见表 8-1-13。

圆形、椭圆形平面面积 表 8-1-13

图形	尺寸符号	面积(A)、表面积(S)	重心(G)
圆形	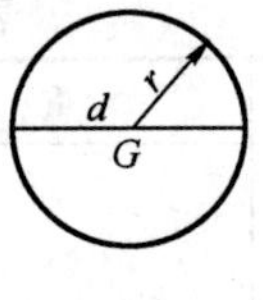 r-半径； d-直径； p-圆周长	$A=\pi r^2=\frac{1}{4}\pi d$ $=0.785d^2=0.079\ 58p^2$ $p=\pi d$	在圆心上
椭圆形	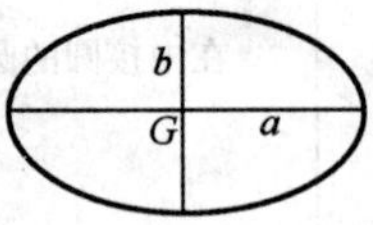 a、b-主轴	$A=\frac{\pi}{4}ab$	在主轴交点 G 上
扇形	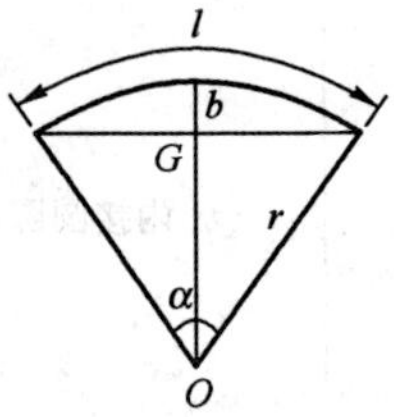 r-半径； l-弧长； α-弧的对应中心角	$A=\frac{1}{2}rl=\frac{\alpha}{360}\pi r^2$ $l=\frac{\alpha\pi}{180}r$	$GO=\frac{2}{3}\cdot\frac{rb}{l}$ 当 $\alpha=90°$时， $GO=\frac{4}{3}\frac{\sqrt{2}}{\pi}r\approx0.6r$
弓形	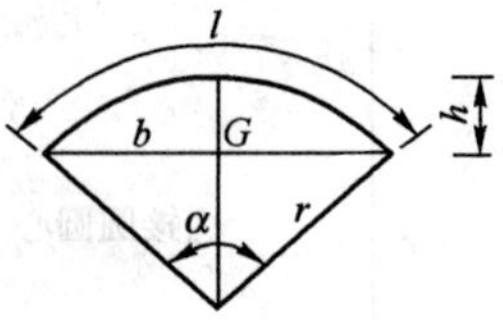 r-半径； l-弧长； α-中心角； b-弦长； h-高	$A=\frac{1}{2}r^2\left(\frac{\alpha\pi}{180}-\sin\alpha\right)$ $=\frac{1}{2}[r(l-b)+bh]$ $l=r\alpha\frac{\pi}{180}=0.017\ 5r\alpha$ $h=r-\sqrt{r^2-\frac{1}{4}\alpha^2}$	$GO=\frac{1}{12}\cdot\frac{b^2}{A}$ 当 $\alpha=90°$时， $GO=\frac{4r}{3\pi}=0.424\ 4r$
圆环	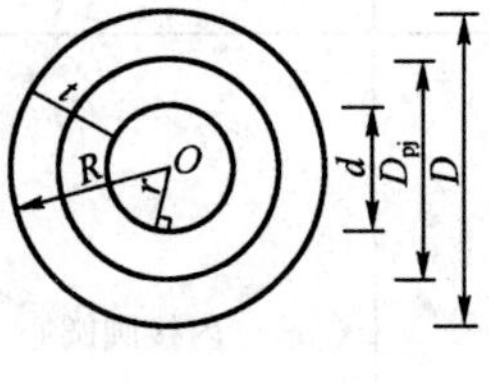 R-外半径； r-内半径； D-外直径； d-内直径； t-环宽； D_{pj}-平均直径	$A=\pi(R^2-r^2)$ $=\frac{\pi}{4}(D^2-d^2)$ $=\pi D_{pj}t$	在圆心 O
部分圆环	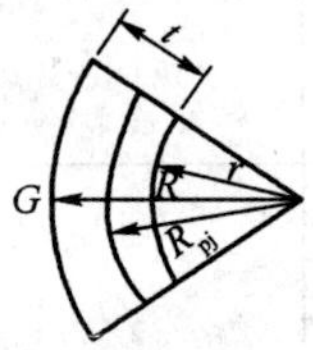 R-外半径； r-内半径； D-外直径； d-内直径； t-环宽； R_{pj}-圆环平均直径	$A=\frac{\alpha\pi}{360}(R^2-r^2)$ $=\frac{\alpha\pi}{360}R_{pj}t$	$GO=38.2\frac{R^3-r^3}{R^2-r^2}\times\frac{\sin\frac{\alpha}{2}}{\frac{\alpha}{2}}$
抛物线形	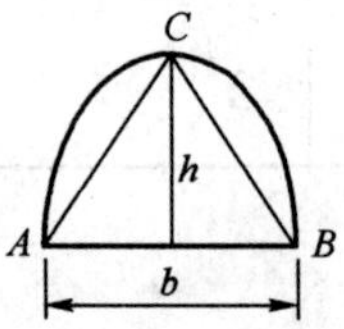 b-底边； h-高； l-曲线长； s-△ABC 的面积	$l=\sqrt{b+1.333\ 3h^2}$ $A=\frac{2}{3}bh=\frac{4}{3}s$	

5. 多面体的体积和表面积

多面体的体积和表面积计算公式见表 8-1-14。

多面体的体积和表面积　　表 8-1-14

图形		尺寸符号	体积(V)、底面积(F)、表面积(S)、侧表面积(S_1)	重心(G)
立方体	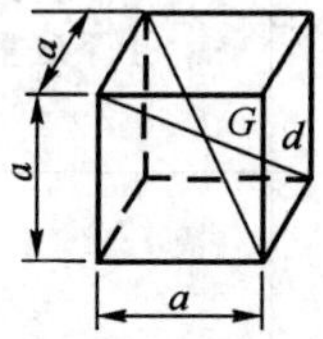	a-棱； d-对角线	$V=a^3$ $S=6a^2$ $S_1=4a^2$	在对角线交点上
长方体	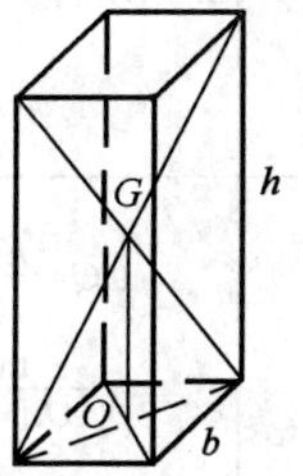	a、b、h-边长； O-底面对角线交点	$V=abh$ $S=2(ab+ah+bh)$ $S_1=2h(a+b)$ $d=\sqrt{a^2+b^2+h^2}$	$GO=\frac{h}{2}$
三棱体	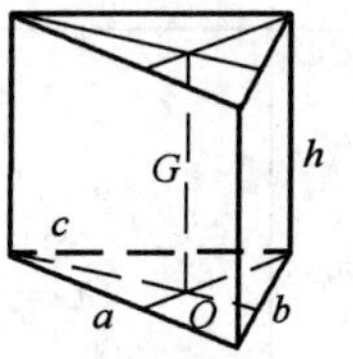	a、b、h-边长； h-高； O-底面对角线交点	$V=F\cdot h$ $S=(a+b+c)\cdot h+2F$ $S_1=2h(a+b+c)$	$GO=\frac{h}{2}$
棱锥	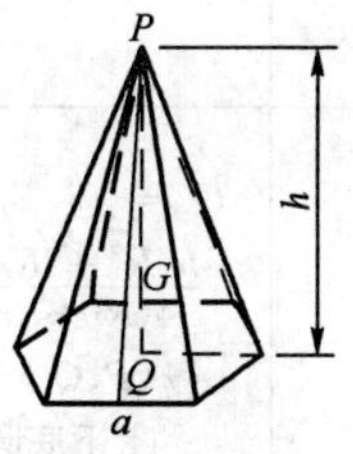	f- 一个组合三角形的面积； n-组合三角形个数； O-锥体各对角线交点	$V=\frac{1}{3}F\cdot h$ $S=nf+F$ $S_1=nf$	$GO=\frac{h}{4}$
正六角柱	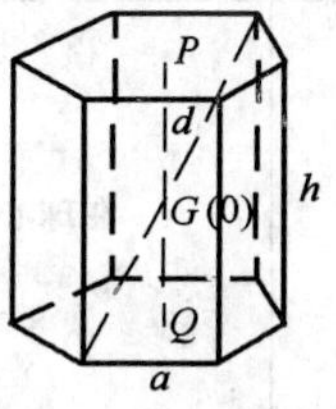	a-底边长； h-高； d-对角线	$V=\frac{3\sqrt{3}}{2}a^2h=2.598\,1a^2h$ $S=3\sqrt{3}a^2+6ah=5.196\,2a^2+6ah$ $S_1=6ah$ $d=\sqrt{h^2+4a^2}$	$GQ=\frac{h}{2}$ (P、Q 分别为上下底重心)
棱台	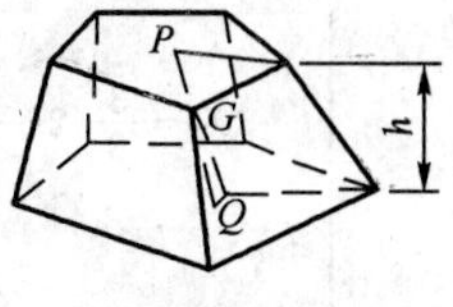	F_1、F_2-两平行底面的面积； h-底面间的距离； a-一个组合梯形面积； n-组合梯形个数	$V=\frac{1}{3}h(F_1+F_2+\sqrt{F_1F_2})$ $S=an+F_1+F_2$ $S_1=an$	$GQ=\frac{h}{4}\times\frac{F_1+2\sqrt{F_1F_2}+3F_2}{F_1+\sqrt{F_1F_2}+\sqrt{F_2}}$

续上表

图形		尺寸符号	体积(V)、底面积(F)、表面积(S)、侧表面积(S_1)	重心(G)
圆柱体	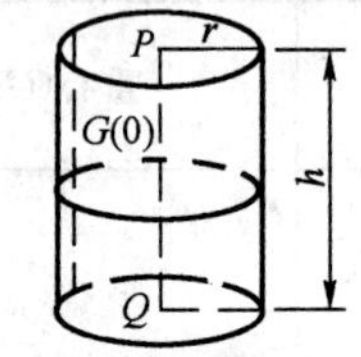	r-底面半径； h-高	$V=\pi r^2 h$ $S=2\pi r(r+h)$ $S_1=2\pi rh$	$GQ=\frac{h}{2}$ (P、Q分别为上下底重心)
空心圆柱体	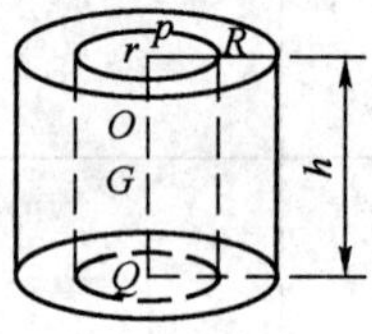	R-外半径； r-内半径； $\overline{R}$-平均半径； t-管壁厚度； h-高	$V=\pi h(R^2-r^2)=2\pi\overline{R}th$ $S=M+2\pi(R^2-r^2)$ $S_1=2\pi h(R+r)=4\pi h\overline{R}$	$GQ=\frac{h}{2}$
斜截直圆柱	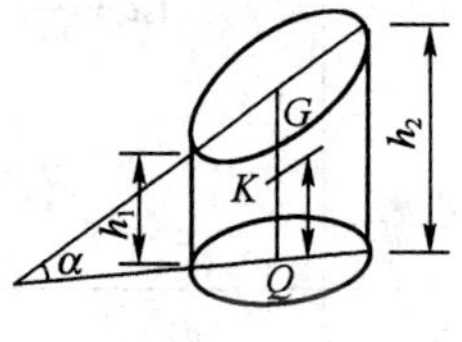	h_1-最小高度； h_2-最大高度； r-底面半径	$V=\pi r^2\frac{h_1+h_2}{2}$ $S=\pi r(h_1+h_2)+\pi r^2\times\left(1+\frac{1}{\cos\alpha}\right)$ $S_1=\pi r(h_1+h_2)$	$GQ=\frac{h_1+h}{4}+\frac{r^2\tan^2\alpha}{4(h_1+h_2)}$ $GK=\frac{r^2\tan\alpha}{2(h_1+h_2)}$
圆锥体	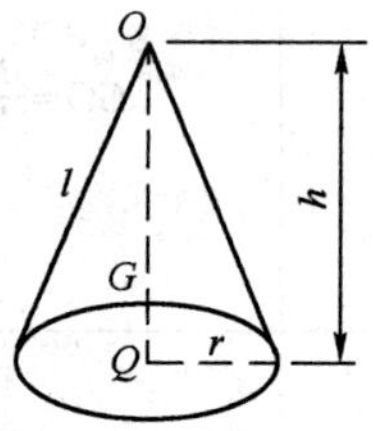	r-底面半径； h-高； l-母线长	$V=\frac{1}{3}\pi r^2 h$ $S_1=\pi r\sqrt{r^2+h^2}=\pi rl$ $l=\sqrt{r^2+h^2}$ $S=S_1+\pi r^2$	$GO=\frac{h}{4}$
圆台	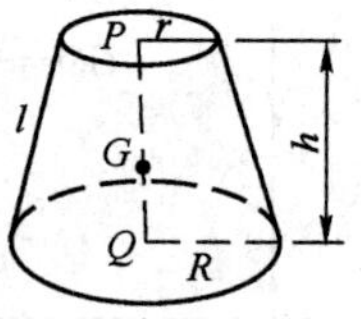	R、r-底面半径； h-高； l-母线	$V=\frac{\pi h}{3}(R^2+r^2+Rr)$ $S_1=\pi l(R+r)$ $l=\sqrt{(R-r)^2+h^2}$ $S=S_1+\pi(R^2+r^2)$	$GQ=\frac{h(R^2+2Rr+3r^2)}{4(R^2+Rr+r^2)}$ (P、Q分别为上下底圆心)
球	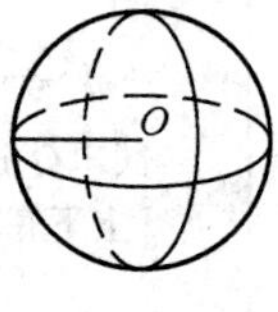	r-半径； d-直径	$V=\frac{4}{3}\pi r^3=\frac{\pi d^3}{6}=0.5236d^3$ $S=4\pi r^2=\pi d^2$	在球心上
球扇形	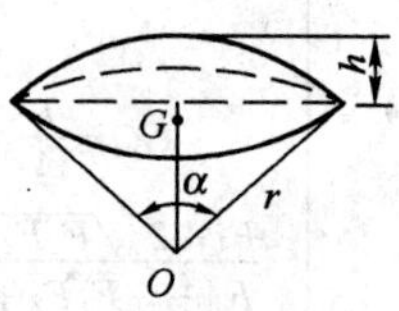	r-球半径； a-弓形底圆半径； h-拱高； α-锥角(弧度)	$V=\frac{2}{3}\pi r^2 h\approx 2.0944r^2 h$ $S=\pi r(2h+a)$ 侧表面(锥面部分)： $S_1=\pi ar$	$GO=\frac{3}{8}(2r-h)$

续上表

图　形		尺寸符号	体积(V)、底面积(F)、表面积(S)、侧表面积(S_1)	重心(G)
球冠	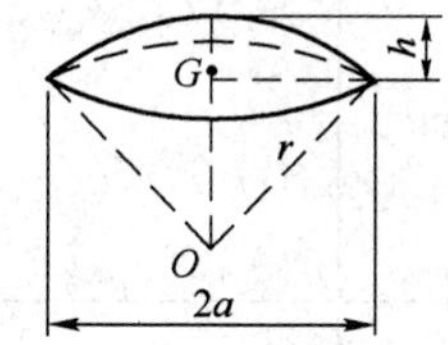	r-球半径； a-拱底圆半径； h-拱高	$V=\frac{\pi h}{6}(3a^2+h)=\frac{\pi h^2}{3}(3r-h)$ $S=\pi(2rh+a^2)=\pi(h^2+2a^2)$ 侧表面(球面部分)： $S_1=2\pi rh=\pi(a+h^2)$	$GO=\frac{3(2r-h)^2}{4(3r-h)}$
圆环体	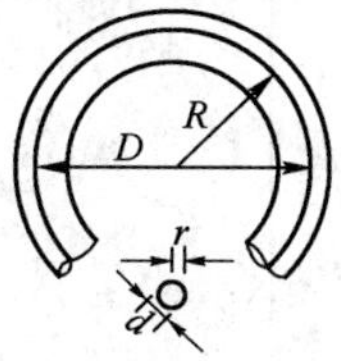	R-圆环体平均半径； D-圆环体平均直径； d-圆环体截面直径； r-圆环体截面半径	$V=2\pi^2Rr^2=\frac{1}{4}\pi^2Dd^2$ $S=4\pi^2Rr=\pi^2Dd=39.478Rr$	在环中心上
球带体	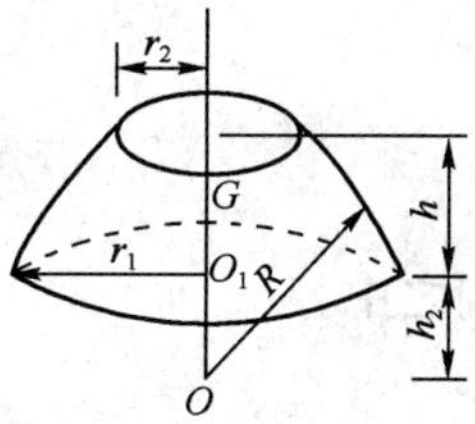	R-球半径； r_1、r_2-底面半径； h-腰高； h_1-球心O至带底圆心O_1的距离	$V=\frac{\pi h}{6}(3_1^2+3r_2^2+h^2)$ $S_1=2\pi Rh$ $S=2\pi Rh+\pi(r_1^2+r_2^2)$	$GO=h_1+\frac{h}{2}$
桶形	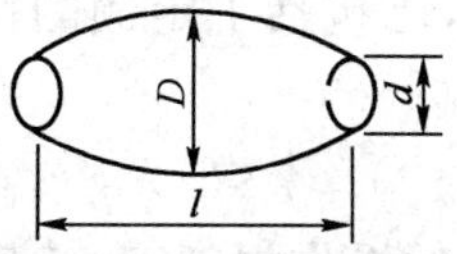	D-中间断面直径； d-底直径； l-桶高	对于抛物线形桶板： $V=\frac{\pi l}{15}\left(2D^2+Dd+\frac{3}{4}d^2\right)$ 对于圆形桶板： $V=\frac{\pi l}{12}(2D^2+d^2)$	在轴交点上
椭球体	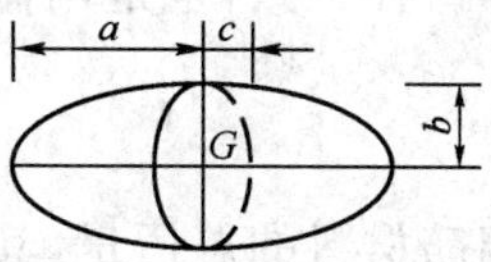	a、b、c-半轴	$V=\frac{4}{3}abc\pi$ $S=2\sqrt{2}\cdot b\cdot\sqrt{a^2+b^2}$	在轴交点上
交叉圆柱体	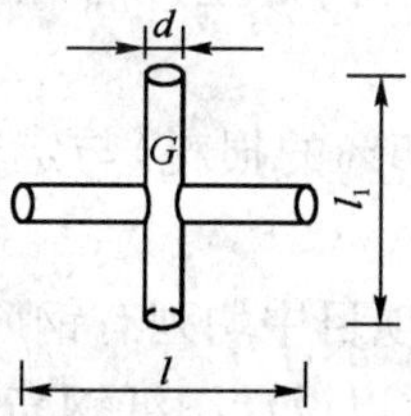	r-圆柱半径$=\frac{d}{2}$； l_1、l-圆柱长	$V=\pi r^2\left(l+l_1-\frac{2r}{3}\right)$	在两轴线交点上
截头方锥体	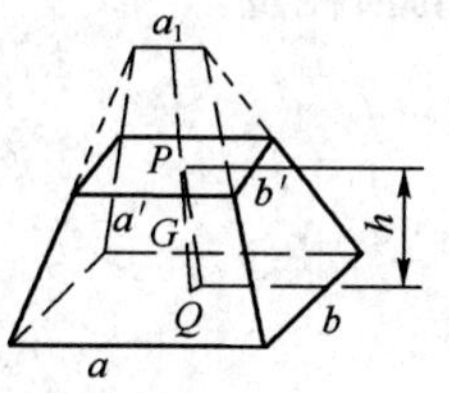	a'、b'、a、b-上下底边长； h-高； a_1-截头棱长	$V=\frac{h}{6}[ab+(a+a')(b+b')+a'b']$ $a_1=\frac{a'b-ab'}{b-b'}$	$GQ=\frac{PQ}{2}\times\frac{ab+ab'+a'b+3a'b}{2ab+ab'+a'b+2a'}$ (P、Q分别为上下底重心)

续上表

图　　形		尺寸符号	体积(V)、底面积(F)、表面积(S)、侧表面积(S_1)	重心(G)
弹簧		A-截面积； x-圈数	$V=Ax\sqrt{9.8695D^2+P^2}$	
楔形体		a、b-下底边长； c-棱长； h-棱与底边距离(高)	$V=\frac{(2a+c)bh}{6}$	

四、钢筋的工程量计算

1. 钢筋用量的含义

单位工程钢筋用量通常有以下三种含义，并用于不同的造价编制之中。

1)定额钢筋用量

在编制定额的每个钢筋混凝土工程子目时，都综合了类似的、且具有代表性的钢筋混凝土构件，通过工程分析计算汇总求得钢筋总用量以作为定额钢筋含量，已包括了定额的操作损耗，主要作用是作为调整定额钢筋含量的基础数据。

2)钢筋预算用量

根据设计图纸、施工技术规范和验收规范的要求，以及建筑定额的操作损耗率，按实抽料计算汇总求得的单位工程钢筋总用量。它和建筑工程定额用量内容口径一致，也是用作调整定额钢筋含量差额的依据。

3)钢筋配料用量

它是施工单位根据设计图纸的要求和施工技术措施而制定出钢筋材料的总用量，其中包括了钢筋弯曲延伸和短料利用，以及备用钢筋等因素，它是施工单位内部生产管理的计划数据。

编制造价时，钢筋混凝土构件按图示计算的钢筋总用量(包括2.5%的损耗)与定额用量相差在±3%以上时就需要调整，并有相应的调整方法。

公路工程定额中，所有钢筋混凝土结构和预应力钢筋混凝土结构项目中均列有钢筋、预应力钢筋或钢绞线子目，在编制公路工程造价时，只需套用相应的定额乘以设计图纸钢筋数量便得出预算基价和工、料、机消耗数量。其中钢筋消耗量只包含了规定的损耗量。

2. 钢筋混凝土构件设计图示钢筋用量的计算

1)计算步骤

钢筋混凝土构件设计图示钢筋用量计算按以下步骤进行：

(1)分别计算不同类别及不同直径的钢筋长度。

钢筋长度＝构件图示尺寸－保护层厚度＋转弯及弯钩增加长度＋图纸注明的搭接长度

(2)计算钢筋质量。

钢筋质量=钢筋长度×钢筋每米质量(应按不同类别不同直径分别计算)

(3)汇总得出钢筋总用量

钢筋图示尺寸是指构件沿钢筋方向的结构尺寸。

2)保护层厚度

保护层厚度指钢筋外表至构件外表面间的混凝土层的厚度。设置保护层的主要目的是防止钢筋锈蚀。设计规范对各类钢筋混凝土构件的保护层厚度有具体要求,设计图纸上一般也有说明。表 8-1-15 为混凝土保护层最小厚度的参考值。

混凝土保护层的最小厚度表 表 8-1-15

项　　目		保护层厚度(mm)
墙与板	厚度≤100mm	10
	厚度>100mm	15
梁和柱	受力钢筋	25
	箍筋和构造钢筋	15
基础	有垫层	35
	无垫层	70

3)钢筋的弯钩、转弯

(1)弯起钢筋长度

弯起钢筋长度值见表 8-1-16。

弯起钢筋长度表 表 8-1-16

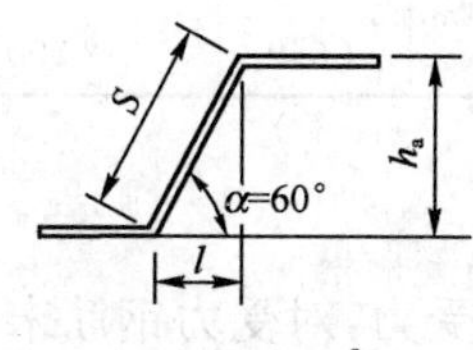

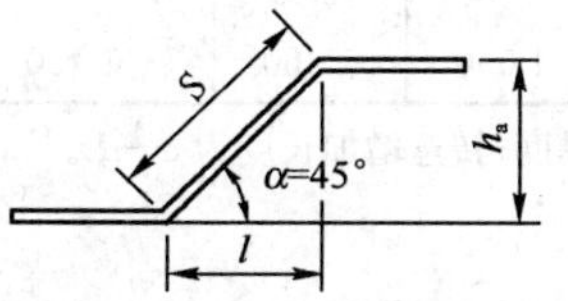

$S=\frac{h_a}{0.707}$ $l=\frac{h_a}{0.707}$

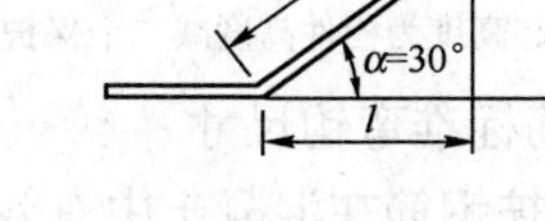

$S=\frac{h_a}{0.5}$

弯起高度	α=60°		α=45°	α=30°		弯起高度	α=60°		α=45°
h_a	L	S	S	L	S	h_a	L	S	S
40	25	50	60	70	80	650	380	750	920
50	30	60	70	90	100	680	390	780	960
60	35	70	90	100	120	700	410	810	990
70	40	80	100	120	140	730	420	840	1 030
80	50	90	110	140	160	750	440	860	1 060
90	55	100	130	160	180	780	450	900	1 100
100	60	120	140	170	200	800	460	920	1 130
110	65	130	160	190	220	830	480	950	1 170
120	70	140	170	210	240	850	490	980	1 200
130	80	150	180	230	260	880	510	1 010	1 240

续上表

弯起高度	α=60°		α=45°	α=30°		弯起高度	α=60°		α=45°
h_a	L	S	S	L	S	h_a	L	S	S
150	90	170	210	260	300	900	520	1 040	1 270
170	100	200	240	300	340	930	540	1 070	1 310
200	120	230	280	350	400	950	550	1 090	1 340
230	130	260	320	400	460	980	570	1 130	1 380
250	150	290	350	430	500	1 000	580	1 150	1 410
280	160	320	390	480	560	1 030	600	1 180	1 450
300	170	350	420	520	600	1 050	610	1 210	1 480
330	190	380	470	570	660	1 080	630	1 240	1 520
350	200	400	490	610	700	1 100	640	1 270	1 550
380	220	440	540	660	760	1 130	660	1 300	1 590
400	230	460	560	690	800	1 150	670	1 320	1 620
430	250	490	610	740	860	1 180	680	1 360	1 660
450	260	520	630	780	900	1 200	700	1 380	1 690
480	280	550	680	830	960	1 230	710	1 420	1 730
500	290	580	710	870	1 000	1 250	730	1 440	1 760
530	310	610	750	920	1 060	1 280	740	1 470	1 800
550	320	630	780	950	1 100	1 300	750	1 500	1 830
580	340	670	820	1 000	1 160	1 330	770	1 530	1 870
600	350	690	860	1 040	1 200	1 380	800	1 590	1 940
630	370	720	890	1 090	1 260	1 430	830	1 640	2 000

注:表中弯起高度为构件高度减二个保护层厚度;转弯增加长度为 $S-L$。

(2)钢筋标准弯钩尺寸

为了保护钢筋在混凝土中有效的锚固,使受力钢筋与混凝土共同受力,对受力钢筋末端应弯钩或弯折,标准弯钩的形式及尺寸见表 8-1-17。

钢筋标准弯钩形式及尺寸表 表 8-1-17

钢筋弯钩形式		
半圆钩	直弯钩	斜弯钩
d, $2.5d$, $3d$	$3d$	d, $3d$
增加长度		
$6.25d$	$3.9d$	$5.9d$

(3)搭接长度

受力钢筋需做绑扎接头的最小搭接长度见表 8-1-18。

钢筋最小搭接长度表 表 8-1-18

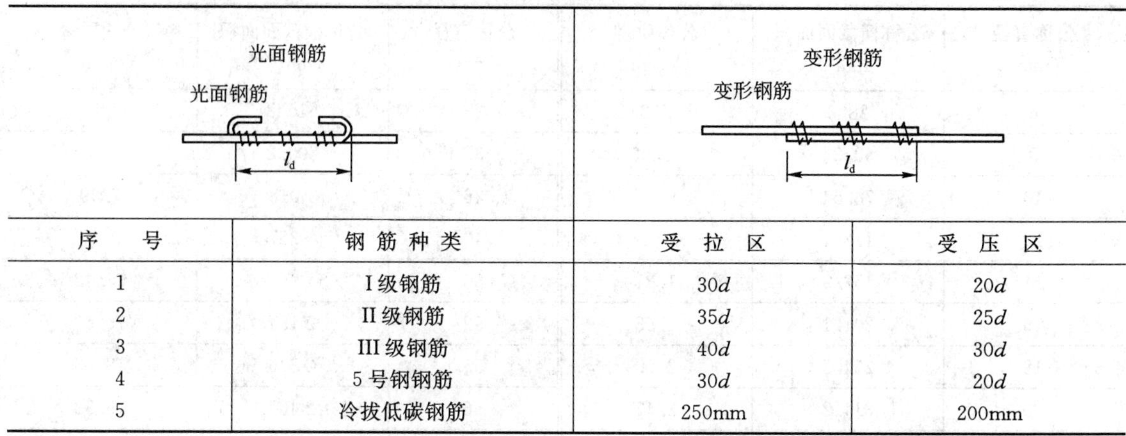

序　　号	钢 筋 种 类	受 拉 区	受 压 区
1	I级钢筋	30d	20d
2	II级钢筋	35d	25d
3	III级钢筋	40d	30d
4	5号钢钢筋	30d	20d
5	冷拔低碳钢筋	250mm	200mm

注：1. 当钢筋直径 $d>25$mm 时，不宜采用绑扎的搭接接头。在轴心受拉区和小偏心受拉构件主筋中均不绑扎接头。

2. 在构件上的搭接接头应予以错开，同一截面接头面积不应大于全部钢筋面积的 25%。

3. l_d 为绑扎接头搭接长度。

非受力钢筋最小搭接长度见表 8-1-19。

非受力钢筋最小搭接长度表 表 8-1-19

项　　次	钢 筋 种 类	钢筋直径(mm)	
		≤10	>10
1	分布钢筋	100	
2	架立钢筋	100	150
3	构造钢筋		

注：1. 按受力计算不需要培植或按最小配筋率培植的受力钢筋的搭接长度，按受力钢筋考虑。

2. 按构造配置，但承受一定外力的钢筋搭接长度按受力钢筋考虑。

3. 本表不适用于承受动力荷载的设备基础。

(4)公路工程定额中关于施工操作损耗和搭接长度数量计算的规定

“钢筋工程量为钢筋的设计质量，定额中已计入施工操作损耗”是指定额中已将各种规格的钢筋按出厂定尺长度的每根钢筋均按一个接头计算，主筋按闪光对焊，其他钢筋均按搭接计算，其对焊消耗、搭接长度的钢筋质量及其他操作损耗，按设计质量的 2.5% 的损耗量计入定额中，因此一般钢筋因接长所需增加的钢筋质量已包括在定额中，钢筋设计质量也不应包括这部分搭接钢筋的质量。

“施工中钢筋因接长所需的搭接长度的数量，定额中不应计入，应在钢筋的设计质量内计算”是指某些工程(如高桥墩)，其主筋不可能按钢筋出厂定尺长度全部采用闪光对焊接长到结构所需要的长度(高度)，必须在施工过程中根据施工分段搭接接长时，其搭接长度的钢筋质量未包括在定额中，应计入钢筋设计质量内。这是由于这部分钢筋质量受设计要求、工程部位、施工条件的影响较大，在定额中难以用占钢筋设计质量的百分比或其他方式予以定量，因此根据设计要求、工程部位和施工条件将设计图纸中的那些不可能采用对焊接长而必须在施工过程中采用现场搭接接长的那部分钢筋质量，逐项统计出来计入钢筋质量中，而不应笼统地按钢筋质量的百分比来加大钢筋设计质量。

4)钢筋每米长度质量

圆钢筋及螺纹钢筋计算质量时，均可采用表 8-1-20 所列数据。

钢筋的直径、横截面面积及质量表 表 8-1-20

公称直径(mm)	公称横截面面积(mm^2)	公称质量(kg/m)	公称直径(mm)	公称横截面面积(mm^2)	公称质量(kg/m)
6	28.3	0.222	28	615.8	4.83
8	50.27	0.395	32	804.2	6.31
10	78.54	0.617	36	1 018	7.99
12	113.1	0.888	40	1 257	9.87
14	153.9	1.21	50	1 964	15.42
16	201.1	1.58	52	2 124	16.67
18	254.5	2.00	55	2 376	18.65
20	314.2	2.47	56	2 463	19.33
22	380.1	2.98	58	2 642	20.74
25	490.9	3.85	60	2 827	22.20

2. 预算钢筋用量

按设计图纸钢筋用量乘以相应结构定额钢筋子目栏钢筋定额即可得出预算钢筋用量。

五、钢结构的工程量计算

金属结构制作的工程量，按设计图纸各构件的几何尺寸，以 t 为单位分别计算各类型钢和钢板的质量，均不扣除孔眼、切肢和切边质量，但应扣除直径大于 50cm 的孔洞质量。在计算钢板质量时，四边形钢板按矩形计算，多边形钢板按长边，以矩形计算。

钢结构焊接、铆接式栓接应分别采用相应的定额子目。

钢板理论质量见表 8-1-21。

钢板的理论质量 表 8-1-21

厚度(mm)	理论质量(kg/m^2)	厚度(mm)	理论质量(kg/m^2)	厚度(mm)	理论质量(kg/m^2)
0.20	1.570	1.10	8.635	4.00	31.40
0.25	1.963	1.20	9.420	4.50	35.33
0.27	2.210	1.25	9.813	5.00	39.25
0.30	2.355	1.40	10.99	5.50	43.18
0.35	2.748	1.50	11.78	6.00	47.10
0.40	3.140	1.60	12.56	7.00	54.95
0.45	3.533	1.80	14.13	8.00	62.80
0.50	3.925	2.00	15.70	9.00	70.65
0.55	4.318	2.20	17.27	10.00	78.50
0.60	4.710	2.50	19.63	11.00	86.35
0.70	5.495	2.80	21.98	12.00	94.20
0.75	5.888	3.00	23.55	13.00	102.10
0.80	6.280	3.20	25.12	14.00	109.90
0.90	7.065	3.50	27.48	15.00	117.80
1.00	7.850	3.80	29.83	16.00	125.60

续上表

厚度(mm)	理论质量(kg/m²)	厚度(mm)	理论质量(kg/m²)	厚度(mm)	理论质量(kg/m²)
17.00	133.5	27.0	212.00	44.0	345.40
18.00	141.30	28.0	219.80	46.0	361.10
19.00	149.20	29.0	227.70	48.0	376.80
20.00	157.00	30.0	235.50	50.0	392.50
21.00	164.90	32.0	251.2	52.0	408.2
22.00	172.70	34.0	266.90	54.0	423.90
23.00	180.60	36.0	282.60	56.0	439.60
24.00	188.40	38.0	298.30	58.0	455.30
25.00	196.30	40.0	314.00	60.0	471.00
26.00	204.10	42.0	329.70		

钢材规格表示及理论质量换算公式见表 8-1-22。

钢材的规格表示及理论质量换算公式 表 8-1-22

名称	横断面形状及标注方法	各部分名称及代号	规格表示方法(mm)	理论质量×换算公式
圆钢、钢丝	ϕ_d	d-直径	直径 例:ϕ25	$m=0.006\,17\times d^2$
方钢	a	a-边宽	边长 例:50²或 50×50	$m=0.007\,85\times a^2$
六角钢	a	a-对边距离	对边距离 例:25	$m=0.006\,8\times a^2$
六角中空钢	D d	d-芯孔直径; D-内径圆直径	内切圆直径 例:25	$m=0.006\,8D^2-0.006\,17d^2$
扁钢	δ b	δ-厚度; b-宽度	厚度×宽度 例:6×20	$m=0.007\,85\times b\times\delta$
钢板		δ-厚度; b-宽度	厚度或 厚度×宽度×长度 例:9 或 9×1 400×1 800	$m=7.85\times\delta$

续上表

名称	横断面形状及标注方法	各部分名称及代号	规格表示方法(mm)	理论质量×换算公式
工字钢	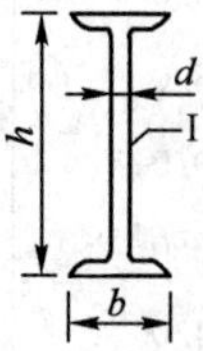 I形	h-高度； b-腿宽； d-腰厚	高度×腿宽×腰厚或以型号表示 例：100×68×4.5或#10	(1)$m=0.00785\times d[h+3.34(b-d)]$ (2)$m=0.00785\times d[h+2.65(b-d)]$ (3)$m=0.00785\times d[h+2.26(b-d)]$
槽钢	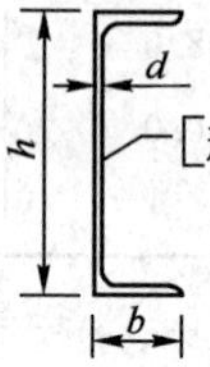 [形	h-高度； b-腿宽； d-腰厚	高度×腿宽×腰厚或以型号表示 例：100×48×5.3或#10	(1)$m=0.00785\times d[h+3.26(b-d)]$ (2)$m=0.00785\times d[h+2.44(b-d)]$ (3)$m=0.00785\times d[h+2.24(b-d)]$
等边角钢	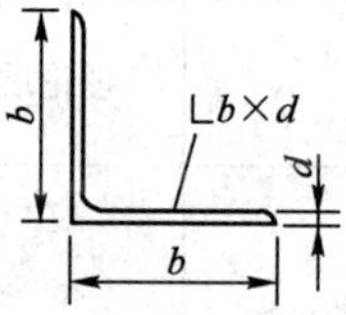 ∟$b\times d$	b-边宽； d-边厚	边宽^2×边厚 例：75^2×10或75×10	$m=0.00795\times d(2b-d)$
不等边角钢	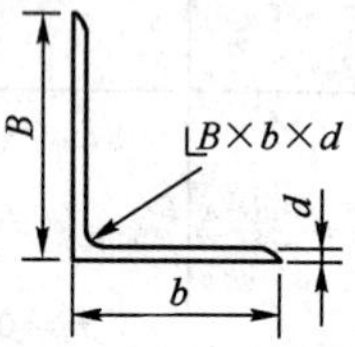 ∟$B\times b\times d$	B-长边宽度； b-短边宽度； d-边厚	长边宽度×短边宽度×边厚 例：100×75×10	$m=0.00795\times d\times(B+b-d)$
无缝钢管或电焊钢管	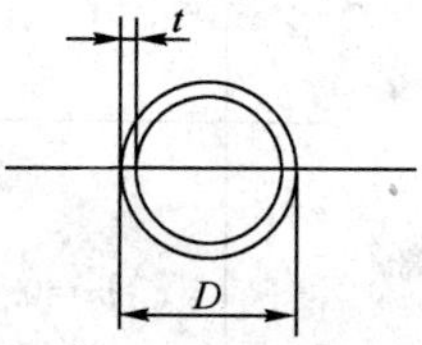 t，D	D-外径； t-壁厚	外径×壁厚×长度－钢号或外径×壁厚 例：102×4×700－#20或102×4	$m=0.02466\times t\times(D-t)$

注：1. 钢的相对密度为7.85。

2. W为每米长度(钢板公式中每平方米)的理论质量(kg)。

3. 螺纹钢筋的规格以计算直径表示，预应力混凝土用钢绞线以公称直径表示，水、煤气输送钢管及套管以公称口径或英寸表示。

4. 换算公式中的(1)、(2)、(3)分别表示a、b、c型工字钢或槽钢理论质量的计算公式。

六、圬工体积计算

1. 圆弧拱侧墙(图8-1-7)

1)体积

如图8-1-7所示，侧墙体积为半跨一边的数量，整跨全拱的侧墙体积应乘以4。

体积用式(8-1-19)或式(8-1-20)进行计算。

$$V = \frac{1}{2}(a+b)f_1L_1 - aA - \frac{c}{f_1}\left(rA - \frac{1}{3}L_1^3\right) \tag{8-1-19}$$

$$b = a + c = a + m_1 f_1$$

式中:L_1——拱圈外侧半跨长度;

f_1——拱圈外弧的高度;

r——拱圈外弧的半径;

A——半割圆 LMN 的面积;

a——侧墙顶宽(在拱弧顶处)。

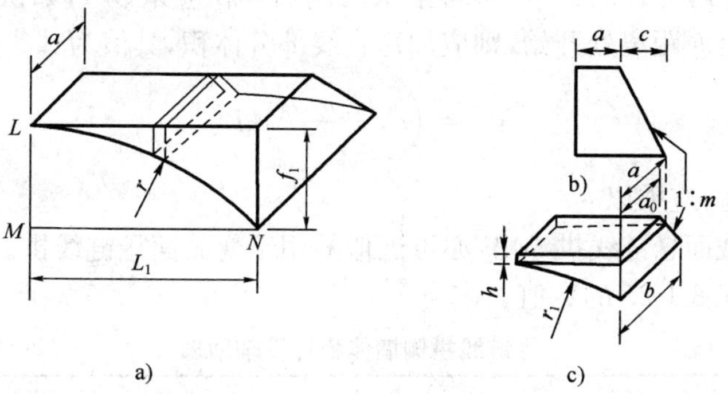

图 8-1-7　圆弧拱侧墙图示

$$V = K_1 a L_1^2 + K_2 m_1 L_1^3 \tag{8-1-20}$$

式中:K_1、K_2——系数,见表 8-1-23。

K_1、K_2 系 数 表　　表 8-1-23

$f_1/2L$	$\frac{1}{2}$	$\frac{1}{3}$	$\frac{1}{4}$	$\frac{1}{5}$	$\frac{1}{6}$	$\frac{1}{7}$	$\frac{1}{8}$	$\frac{1}{9}$	$\frac{1}{10}$
K_1	0.214 6	0.182 8	0.150 3	0.126 1	0.106 4	0.092 3	0.081 4	0.072 7	0.065 9
K_2	0.047 9	0.031 3	0.021 2	0.016 1	0.010 7	0.007 8	0.006 2	0.005 5	0.004 6

如拱顶有厚为 h 的垫层,则侧墙系自拱顶以上 h 距离处开始,则尚应加算直线部分体积[见图 8-1-7c)],其值为:

$$V' = \left(a_0 + \frac{m_1 h}{2}\right) h L_1 \tag{8-1-21}$$

当为整跨全拱时,应乘以 4。

2)侧墙勾缝面积

$$A = K L_1^2 \tag{8-1-22}$$

式中:K——系数,见表 8-1-24。

系 数 K 值 表　　表 8-1-24

$f_1/2L_1$	$\frac{1}{2}$	$\frac{1}{3}$	$\frac{1}{4}$	$\frac{1}{5}$	$\frac{1}{6}$	$\frac{1}{7}$	$\frac{1}{8}$	$\frac{1}{9}$	$\frac{1}{10}$
K	0.214 6	0.182 8	0.150 3	0.126 1	0.106 4	0.092 3	0.081 4	0.072 7	0.065 9

式(8-1-22)为半跨一边的面积,整跨全拱应乘以 4。

如拱顶有厚为 h 的垫层,则侧墙系自拱顶以上 h 距离处开始,则尚应加算直线部分面积 $A' = hL_1$;当为整跨全拱时,应乘以 4。

2. 悬链线拱侧墙(同样参看图 8-1-7)

1)体积

$$V=\frac{af_1L_1}{K(m-1)}(\mathrm{sh}K-K)+\frac{f_1^2L_1m_1}{2K(m-1)^2}\left(\frac{1}{2}\mathrm{sh}K\cdot\mathrm{ch}K-2\mathrm{sh}K+\frac{3}{2}K\right) \tag{8-1-23}$$

式中:m——拱轴系数;

$$K=\ln(m+\sqrt{m^2-1})$$

计算的体积为半跨一边的数量,整跨全拱的侧墙体积应乘以 4;如拱顶有厚为 h 的垫层,则侧墙系自拱顶以上 h 距离处开始,则应加算直线部分体积,其值为:

$$V'=\left(a_0+\frac{m_1h}{2}\right)hL_1 \tag{8-1-24}$$

当为整跨全拱时,应乘以 4。

以上公式按等截面悬链线拱导出,亦可近似的用于变截面悬链线拱。

计算时可利用表 8-1-25 的数值。

悬链线拱侧墙体积计算辅助表 表 8-1-25

$\frac{y_v}{f}$	m	K	sh$K$	sh$K$·ch$K$
0.24	1.347	0.810 7	0.902 5	1.215 7
0.23	1.756	1.163 0	1.443 5	2.534 8
0.22	2.240	1.445 6	2.004 4	4.489 9
0.21	2.814	1.694 6	2.632 1	7.406 7
0.20	3.500	1.924 6	3.357 8	11.752 3
0.19	4.324	2.143 7	4.213 4	18.218 7
0.18	5.321	2.355 9	5.233 4	27.846 9
0.17	6.536	2.564 6	6.469 1	42.282 0
0.16	8.031	2.772 6	7.979 8	64.085 8
0.15	9.889	2.982 0	9.845 4	97.361 2

注:表中 y_v—拱圈外弧在$\frac{L}{2}$处坐标。

2)侧墙勾缝面积

$$A=\frac{L_1f_1}{(m-1)K}(\mathrm{sh}K-K) \tag{8-1-25}$$

当为整跨全拱时,式(8-1-25)应乘以 4;如拱顶有厚为 h 的垫层,则侧墙系自拱顶以上 h 距离处开始,尚应加算直线部分面积 $A'=hL_1$;当为整跨全拱时,应乘以 4。

3. 护拱体积

设桥墩护拱的设置自拱脚向跨中各为$\frac{1}{2}L_1$及 D;桥台护拱的设置与桥墩护拱类似,如图 8-1-8所示。

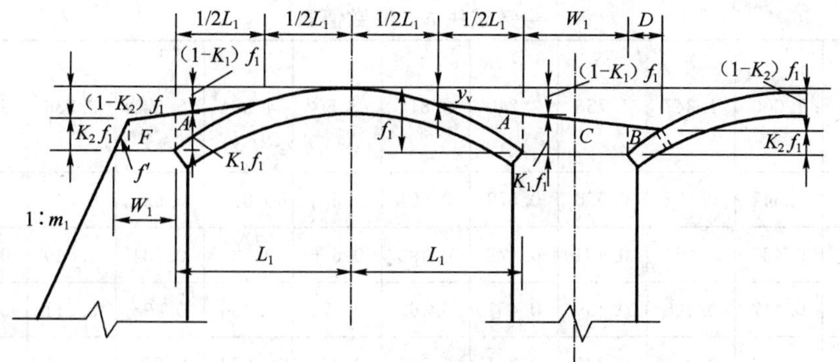

图 8-1-8 护拱示意图

1)拱上护拱体积

$$V_A=\frac{1}{4}\left[B-2C-\frac{2f_1m_1}{3}\left(2-K+\frac{y_v}{f_1}\right)\right]K_1f_1L_1 \tag{8-1-26}$$

当 $D=\frac{1}{4}L_1$ 时，

$$V_B=\frac{1}{8}\left[B-2C-\frac{2f_1m_1}{3}(3-K_1-K_2)\right]K_1f_1L_1 \tag{8-1-27}$$

当 $D=\frac{1}{6}L_1$ 时，

$$V_B\approx\frac{1}{12}\left[B-2C-\frac{2f_1m_1}{3}(3-K_1-K_2)\right]K_1f_1L_1 \tag{8-1-28}$$

式中：B——拱圈全宽；

C——拱顶处侧墙宽度；

f_1——拱圈外弧的高度；

m_1——拱侧墙内边坡(高∶宽=1∶m_1)；

y_v——拱圈外弧在$\frac{1}{2}L_1$处坐标；

L_1——拱圈外弧半跨长度；

K_1、K_2——计算用系数，圆弧拱用表 8-1-26，悬链线拱用表 8-1-27。

圆弧拱 K_1、K_2 数值表　　表 8-1-26

D \ 系数 \ $\frac{f_1}{2L_1}$		$\frac{1}{2}$	$\frac{1}{3}$	$\frac{1}{4}$	$\frac{1}{5}$	$\frac{1}{6}$	$\frac{1}{7}$	$\frac{1}{8}$	$\frac{1}{9}$	$\frac{1}{10}$
$\frac{L_1}{4}$	K_1	0.723	0.636	0.597	0.579	0.567	0.560	0.556	0.551	0.549
	K_2	0.651	0.546	0.500	0.480	0.465	0.458	0.453	0.449	0.447
$\frac{L_1}{6}$	K_1	0.631	0.512	0.470	0.453	0.440	0.434	0.430	0.425	0.425
	K_2	0.553	0.410	0.363	0.345	0.330	0.323	0.319	0.315	0.315
$\frac{y_v}{f_1}$		0.134	0.183	0.208	0.222	0.230	0.235	0.238	0.244	0.247

悬链线拱 K_1、K_2 数值表 表 8-1-27

D \ 系数 \ m		1.000	1.347	1.756	2.240	2.814	3.50	4.324	5.321	6.536	8.031	9.889
$\frac{L_1}{4}$	K_1	0.542	0.554	0.566	0.579	0.591	0.604	0.617	0.629	0.643	0.656	0.670
	K_2	0.438	0.451	0.464	0.478	0.492	0.506	0.520	0.534	0.549	0.564	0.580
$\frac{L_1}{6}$	K_1	0.417	0.428	0.439	0.451	0.462	0.474	0.486	0.498	0.511	0.524	0.537
	K_2	0.306	0.317	0.329	0.341	0.363	0.365	0.378	0.390	0.405	0.418	0.438
$\frac{y_v}{f_1}$		0.25	0.24	0.23	0.22	0.21	0.20	0.19	0.18	0.17	0.16	0.15

2)墩顶护拱体积

$$V_c \approx [B-2C-f_1m_1(2-K_1)]K_1f_1W_1 \tag{8-1-29}$$

式中:W_1——桥墩顶宽;

其余符号意义同前。

3)桥台台顶护拱体积

$$V_F \approx \frac{f_1}{2}[(B-2c-2f_1m_2)(K_1+K_2)+f_1m_2(K_1^2+K_3^2)]\times(W_2-K_3f_1m_3) \tag{8-1-30}$$

式中:$K_3=\dfrac{K_1L_1-K_0W_2}{L_1-K_0f_1m_3}$;

K_0——计算系数,圆弧拱查表 8-1-28,悬链线拱查表 8-1-29;

$$K_0=2\left(1-K_1-\frac{y_v}{f_1}\right)$$

m_2——桥台侧墙内边坡(高∶宽=1∶m_2);

m_3——桥台背坡(高∶宽=1∶m_3);

W_2——桥台顶宽;

其余符号意义同前。

$$V'_F=\frac{1}{2}\left[B-2C-\frac{2}{3}(3-K_3)f_1m_2\right]K_3^2f_1^2m_3 \tag{8-1-31}$$

符号意义同前。

K_0 系数表(圆弧拱) 表 8-1-28

D \ $f_1/2L_1$	$\frac{1}{2}$	$\frac{1}{3}$	$\frac{1}{4}$	$\frac{1}{5}$	$\frac{1}{6}$	$\frac{1}{7}$	$\frac{1}{8}$	$\frac{1}{9}$	$\frac{1}{10}$
$\frac{L_1}{4}$	0.286	0.362	0.390	0.398	0.406	0.410	0.412	0.410	0.408
$\frac{L_1}{6}$	0.470	0.610	0.644	0.650	0.660	0.662	0.664	0.662	0.656

K_0数值表(悬链线拱)　　表 8-1-29

m / D	1.000	1.347	1.756	2.240	2.814	3.500	4.324	5.321	6.536	8.031	9.889
$\frac{L_1}{4}$	0.416	0.412	0.408	0.402	0.398	0.392	0.386	0.382	0.374	0.368	0.360
$\frac{L_1}{6}$	0.666	0.664	0.662	0.658	0.656	0.652	0.648	0.644	0.638	0.632	0.626

4. 锥形护坡(图 8-1-9)

椭圆锥底边方程式:$b^2x^2+a^2y^2=a^2b^2$ (8-1-32)

$$u=\sqrt{\frac{1+m^2}{m}}t=a_0t \quad (8\text{-}1\text{-}33)$$

$$v=\sqrt{\frac{1+n^2}{n}}t=\beta_0t \quad (8\text{-}1\text{-}34)$$

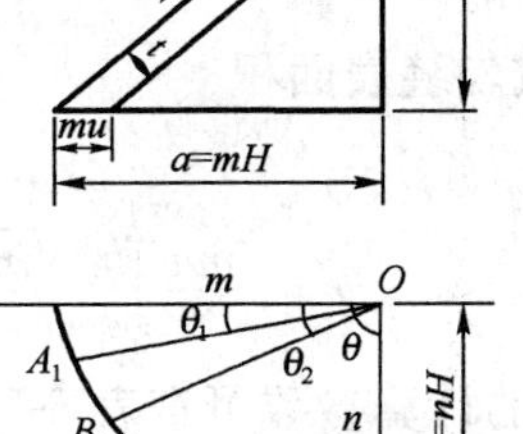
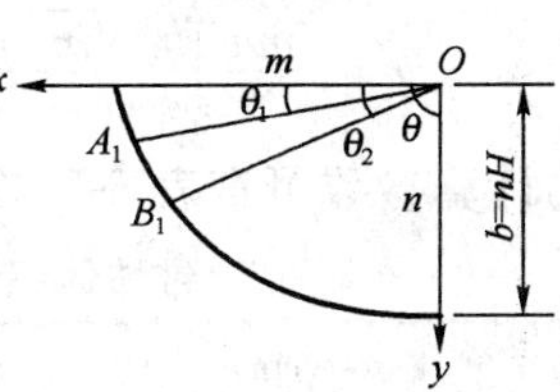

图 8-1-9　锥形护坡示意图

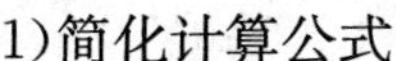

1)简化计算公式

(1)锥形护坡体积($\theta=90°$时)

外锥体积:$V_1=\frac{\pi}{12}mnH^3=K_VH^3$ (8-1-35)

内锥体积:$V_2=\frac{\pi}{12}mnH_0{}^3=K_VH_0{}^3$ (8-1-36)

锥形片石护坡体积:

$$V=V_1-V_2=K_V(H^3-H_0^3) \quad (8\text{-}1\text{-}37)$$

式中:$K_V=\frac{\pi}{12}mn$;

H_0——内锥平均高度($H_0=H-\sqrt{\alpha_0\beta_0}t$);

$$\alpha_0=\sqrt{\frac{1+m^2}{m}}$$

$$\beta_0=\sqrt{\frac{1+n^2}{n}}$$

(2)锥形护坡勾缝表面积($\theta=90°$时)

$$A=K_AH^2 \quad (8\text{-}1\text{-}38)$$

式中:$K_A=K_V(\alpha_0+\sqrt{\alpha_0\beta_0}+\beta_0)$

以上公式中计算参数可查表 8-1-30。若 m,n 值与表列数值不符,可用公式计算。

计 算 参 数 表　　表 8-1-30

m	n	α_0	β_0	$\sqrt{\alpha_0\beta_0}$	K_V	K_A
1	1	1.414	1.414	1.414	0.262	1.110
1.25	1	1.202	1.414	1.304	0.393	1.541
1.50	1.25	1.202	1.280	1.240	0.491	1.828
1.75	1.25	1.152	1.280	1.214	0.573	2.089

2)积分计算公式

(1)锥形片石护坡体积

$$V=\beta(H-\nu)[(\mu+\nu)(H+\nu)-2\mu\nu]+\frac{\alpha mn}{3}\nu^3 \quad (8\text{-}1\text{-}39)$$

式中：

$$\alpha=\frac{1}{2}\arctan\frac{ab(\tan\theta_2-\tan\theta_1)}{b^2+a^2\tan\theta_1\theta_2}$$

$$\beta=\frac{mn}{4}\arctan\frac{mn(\tan\theta_2-\tan\theta_1)}{n^2+m^2\tan\theta_1\tan\theta_2}$$

或按式(8-1-40)计算：

$$V=\beta H[(\mu+\nu)H-2\mu\nu]=K_1H^2-K_2H \quad (8\text{-}1\text{-}40)$$

式中：$K_1=\beta(\mu+\nu)$；

$K_2=2\beta\mu\nu$；

β——意义同前。

(2)锥形护坡勾缝表面积

$$A=rH^2 \quad (8\text{-}1\text{-}41)$$

式中：

$$r=\frac{mn}{2}\int_{\theta_1}^{\theta_2}\sqrt{\frac{m^2n^2+m^2-(m^2-n^2)\cos^2\theta}{m^2-(m^2-n^2)\cos^2\theta}}\mathrm{d}\theta$$

以上公式中的计算参数可查表 8-1-31，若 θ、m、n 及 t 值与表列数值不符，可用公式计算。

锥坡体积计算参数表($\theta=90°$时)　　表 8-1-31

m	n	t(cm)	α	β	γ	K_1	K_2
1	1	25	0.785 4	0.392 7	1.110 7	0.277 7	0.098 2
1.25	1	25	0.785 4	0.589 1	1.520	0.385 3	0.125 2
1.50	1.25	25	0.785 4	0.736 3	1.820	0.457 0	0.141 7
1.75	1.25	25	0.785 4	0.859 0	2.070	0.522 4	0.158 4

3)当片石护坡高度为 $H-h$ 时(即锥坡顶向下有 h 高度是草皮护坡者)

(1)片石护坡体积

$$V=V_H-V_h \quad (8\text{-}1\text{-}42)$$

(2)片石护坡表面积

$$A=A_H-A_h \quad (8\text{-}1\text{-}43)$$

式中：V_H、A_H——全部锥形护坡的体积及表面积；

V_h、A_h——草皮护坡的体积及表面积。

5.八字翼墙

八字翼墙为涵洞洞口建筑的形式之一，如图 8-1-10 所示。

1)涵洞一端洞口八字翼墙的组合形式

(1)涵洞与路线正交，洞口正做

一端洞口建筑为两个正翼墙。此时 $\varphi=0$，$\beta=\theta$。一般情况 $\beta_1=\beta_2$，即两翼墙依涵洞中线而对称，大小相等。

(2)涵洞与路线斜交，洞口斜做[图 8-1-10a)]

①当 $\theta\geqslant\varphi$ 时

一端洞口建筑为两个正翼墙，其中一侧翼墙张角 $\beta_1=\theta+\varphi$，另一翼墙张角 $\beta_2=\theta-\varphi\geqslant0°$。

②当 $\theta<\varphi$ 时

一端洞口建筑为一个正翼墙和一个反翼墙。正翼墙张角 $\beta_1=\theta+\varphi$，反翼墙张角 $\beta_2=\theta-\varphi<0°$。

由此可见：当 $\theta \geqslant \varphi$，$\beta \geqslant 0°$ 时为正翼墙；当 $\theta < \varphi$，$\beta < 0°$ 时为反翼墙。

(3)涵洞与路线斜交，洞口正做[图 8-1-10b)]

一端洞口建筑为出现两个正翼墙，叫斜交正翼墙。两个翼墙的高低大小不同，分为大翼墙与小翼墙。此时 $\varphi \neq 0$，$\beta = \theta$。

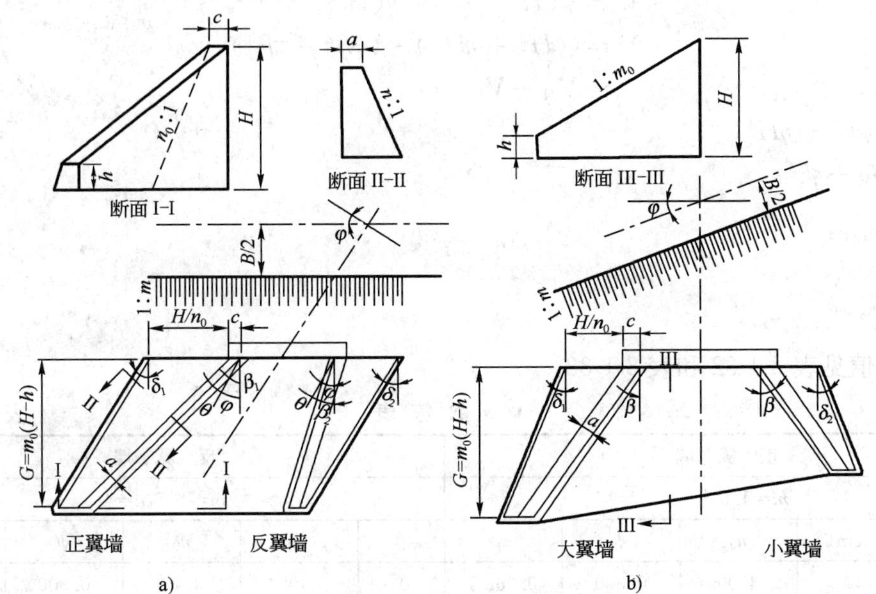

图 8-1-10　洞口八字翼墙

a)斜交斜做涵洞；b)斜交正做涵洞

β-翼墙张角；φ-涵洞中心线与路中心线垂线的夹角；θ-水流扩散角

2)单个翼墙墙身体积计算公式

参看图 8-1-10，图中，$1:m$——路基边坡，m 为路基边坡率；$1:m_0$——m_0 为翼墙长度系数；$n:1$——翼墙正背坡；$n_0:1$——翼墙背坡；a——翼墙垂直顶宽；c——翼墙顶宽$\left(c=\frac{\alpha}{\cos\beta}\right)$。

单个翼墙墙身体积：

$$V=\frac{m_0 c}{2}(H^2-h^2)+\frac{m_0}{6n_0}(H^3-h^3) \tag{8-1-44}$$

式中有关变量的计算如下：

(1)正翼墙、反翼墙[图 8-1-10a)]

$$m_0=m_0 \tag{8-1-45}$$

$$n_{0\binom{正}{反}}=\left(n \pm \frac{\sin\beta}{m}\right)\cos\beta \tag{8-1-46}$$

$$\delta_{\binom{正}{反}}=\arctan\left(\tan\beta \mp \frac{1}{mn_{0\binom{正}{反}}}\right) \tag{8-1-47}$$

(2)斜交正翼墙：分大翼墙、小翼墙[见图 8-1-10b)]

$$m_{0\binom{大}{小}}=\frac{m\cos\beta}{\cos(\beta \pm \varphi)} \tag{8-1-48}$$

$$n_{0\binom{大}{小}}=n\cos\beta+\frac{1}{m}\sin\beta\cos(\beta \pm \varphi) \tag{8-1-49}$$

$$\delta_{\binom{大}{小}} = \arctan\left[\tan\beta - \frac{\cos(\beta\pm\varphi)}{mn_{0\binom{大}{小}}\cos\beta}\right] \tag{8-1-50}$$

3)单个翼墙墙身体积计算系数

公式 8-1-44 可改写为：

$$V = \psi(H^2 - h^2) + \eta(H^3 - h^3) \tag{8-1-51}$$

$$V = (\psi H^2 + \eta H^3) - (\psi h^2 + \eta h^3)$$
$$= V_H - V_h \tag{8-1-52}$$

式中：$V_H = \psi H^2 + \eta H^3$；

$V_h = \psi h^2 + \eta h^3$；

$\psi = \frac{1}{2} m_0 c$；

$\eta = \frac{m_0}{6n_0}$。

ψ、n 数值见表 8-1-32 和表 8-1-33。

ψ、n 数值表 表 8-1-32

正翼墙					反翼墙				
$m=1.5, n=4$					$m=1.5, n=4$				
β	c(cm)	n_0	ψ	η	β	c(cm)	n_0	ψ	η
0°	40	4.00	0.300	0.062 5	0°	40	4.00	0.300	0.0625
5°	40	4.04	0.300	0.061 9	−5°	40	3.93	0.300	0.063 6
10°	41	4.05	0.308	0.061 9	−10°	41	3.83	0.308	0.065 3
15°	41	4.03	0.308	0.061 6	−15°	41	3.70	0.308	0.067 6
20°	43	3.97	0.323	0.062 9	−20°	43	3.54	0.323	0.070 6
25°	44	3.88	0.330	0.064 4	−25°	44	3.37	0.330	0.074 2
30°	46	3.75	0.345	0.066 7	−30°	46	3.18	0.345	0.078 6
35°	49	3.59	0.368	0.069 6	−35°	49	2.96	0.368	0.084 4
40°	52	3.39	0.390	0.073 7	−40°	52	2.74	0.390	0.091 2
45°	57	3.16	0.428	0.079 1	−45°	57	2.50	0.428	0.1000
50°	62	2.90	0.465	0.086 2	−50°	62	2.24	0.465	0.111 6
55°	70	2.61	0.525	0.095 8	−55°	70	1.98	0.525	0.126 3
60°	80	2.29	0.600	0.109 2	−60°	80	1.71	0.600	0.146 2

ψ、n 数值表 表 8-1-33

ψ	β	c(cm)	斜交正翼墙 $m=1.5, n=4$							
			大翼墙				小翼墙			
			m_0	n_0	ψ	η	m_0	n_0	ψ	η
0°	30°	46	1.50	3.75	0.345	0.0667	1.50	3.75	0.345	0.0667
10°	30°	46	1.70	3.72	0.391	0.0762	1.38	3.78	0.317	0.0609
15°	30°	46	1.84	3.70	0.423	0.0829	1.34	3.79	0.308	0.0589
20°	30°	46	2.02	3.68	0.465	0.0915	1.32	3.79	0.304	0.0581

续上表

ψ	β	c(cm)	斜交正翼墙 $m=1.5, n=4$							
			大翼墙				小翼墙			
			m_0	n_0	ψ	η	m_0	n_0	ψ	η
30°	30°	46	2.60	3.63	0.598	0.1194	1.30	3.80	0.299	0.0570
40°	20°	43	2.82	3.87	0.606	0.1214	1.50	3.97	0.323	0.0630
45°	15°	41	2.90	3.95	0.595	0.1225	1.67	4.01	0.342	0.0694
50°	10°	41	2.95	4.00	0.605	0.1229	1.93	4.03	0.396	0.0798
60°	0°	40	3.00	4.00	0.690	0.1250	3.00	4.00	0.600	0.1250
70°	0°	40	4.39	4.00	0.878	0.1829	4.39	4.00	0.878	0.1829

第四节　材料平均运距计算

在计算材料的预算价格时，要涉及运距问题，在《公路基本建设工程概预算编制办法》中规定："一种材料如有两个以上的供应点时，应根据不同的运距、运量、运价采用加权平均的方法计算运费"。因此在造价编制中，将会涉及材料的平均运输距离的计算问题。

一、材料的运输终点

公路工程是线形建筑物，需要合理确定材料的运输终点。通常，材料运输终点按如下原则确定：

(1)石方工程为各个集中石方地段的中心桩号。

(2)路面工程为各种类型路面地段的中心桩号。

(3)大中桥工程为桥址中心桩号，并增加场内搬运距离(应根据施工组织设计确定)；在计算运杂费时可多计一次装卸费。

(4)沿线房屋为房屋所在地相应路线桩号加横向距离。

(5)桥梁、涵洞及其他构造物的运料终点确定比较复杂，如分布较均匀，可取路线终点；若分布不均匀，可划分地段确定。

二、料场材料供应的经济范围

当公路工程沿线有若干个同种材料的料场，且其材料的价格相等时，则单纯从材料运输距离来看，两相临料场间存在一个经济供应范围的分界点。其经济供应范围的分界点的确定原则是：其分界点距前、后两料场的路程相等。如图 8-1-11 所示，两料场材料供应的经济分界点 K 可按(8-1-53)式计算。

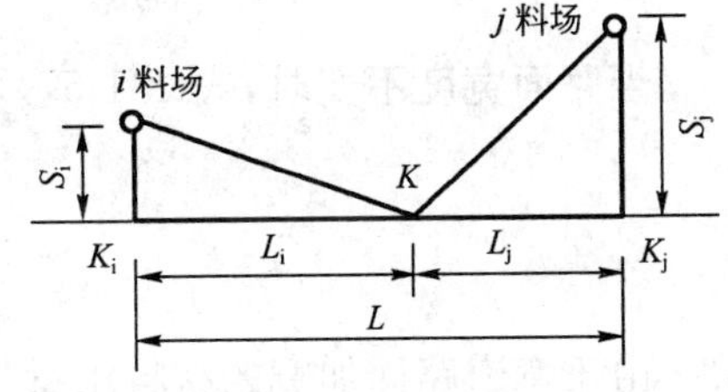

图 8-1-11　料场经济供应范围示意图

$$L_i = [(S_j - S_i) + L]/2 \tag{8-1-53}$$

$$L_j = [L - (S_j - S_i)]/2 \tag{8-1-54}$$

当 K_i 桩号＞K_j桩号时，则有：

$$K\text{ 点桩号} = K_i + L_i = K_j\text{ 桩号} - L_j \tag{8-1-55}$$

式中：S_i——i 料场至公路间的距离；

S_j——j 料场至公路间的距离；

K_i——i 料场的上路桩号；

K_j——j 料场的上路桩号；

K——经济分界点桩号；

L_i——K_i 至 K 的距离；

L_j——K_j 至 K 的距离；

L——两料场上路点间的距离。

计算桩号时要注意，在路线起、终点至最近料场上路的经济范围内，其起、终点即为其经济分界点，不必进行计算；若有断链桩，则应考虑。

【例 8-1-5】 若 4 号料场上路距离为 2km、上路点桩号为 K35＋250，5 号料场上路距离 1km、上路点桩号为 K43＋370，试确定两料场之间材料供应的经济分界点。

解：由式(8-1-53)、式(8-1-54)、式(8-1-55)计算有：

$$L=(\text{K}43+370)-(\text{K}35+250)=8.12(\text{km})$$

$$L_i=[(1-2)+8.12]\div 2=3.56(\text{km})$$

则分界点 K 的桩号＝(K35＋250)＋(K3＋560)＝K38＋810

三、材料平均运距计算

1. 路面工程材料的平均运距计算

路面设计将路面结构类型确定之后，即可根据路面材料的用量确定各个料场材料供应的经济界限，再用材料用量与铺筑路面的厚度、宽度、长度相乘的乘积成比例的关系计算每种材料的平均运距。

如用 h_i 表示路面厚度，b_i 表示宽度，l_i 为长度，则如图 8-1-12 所示的第 i 料场的加权平均运距 s_i 为：

$$S_i=a+\frac{a_1^2+a_2^2}{2(a_1+a_2)} \tag{8-1-56}$$

则全线路面材料的平均运距离 $S_{平均}$ 为：

$$S_{平均}=\frac{h_1b_1l_1s_1+h_2b_2l_2s_2+\cdots+h_nb_nl_ns_n}{h_1b_1l_1+h_2b_2l_2+\cdots+h_nb_nl_n} \tag{8-1-57}$$

当路面宽度不变时，式(8-1-57)可以简化为：

$$S_{平均}=\frac{\sum_{i=1}^{n}h_il_is_i}{\sum_{i=1}^{n}h_il_i} \tag{8-1-58}$$

由于弯道路面加宽的材料用量与总量相比占的比重很小，对计算平均运距的影响可不予考虑。

2. 小桥及其他构造物材料平均运距计算

(1)当分布均匀时

先确定各个料场所供应的地段范围，如果某料场至材料供应地段的加权运距 S_i 是按式(8-1-56)计算的，供应的构造物个数(大、中桥除外)是 n，则平均运距可用以下近似公式计算，其示意图同图 8-1-12。

$$S_{平均}=\frac{\sum_{i=1}^{n}n_i s_i}{\sum_{i=1}^{n}n_i} \tag{8-1-59}$$

(2)当分布不均匀时

先按每个料场的供应地段求出平均运距，然后再求出全线的平均运距离，其示意图如图8-1-13所示。计算方法如下：

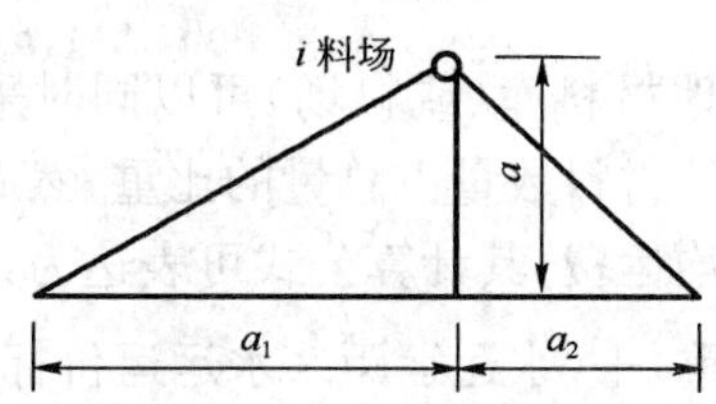

图 8-1-12　i 料场供应示意图

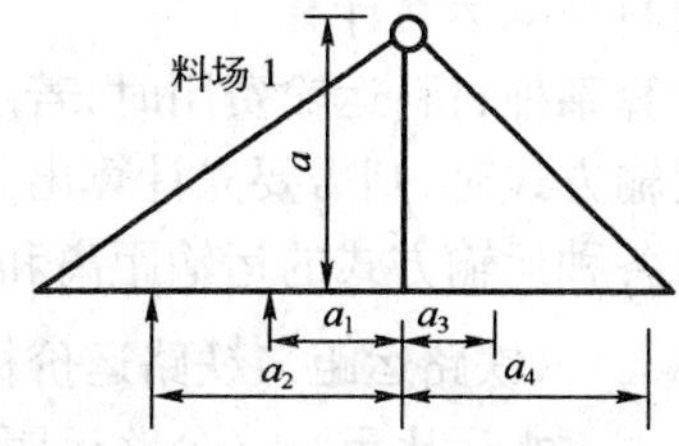

图 8-1-13　材料供应示意图

由图示有：$S_1=a+a_1$；$S_2=a+a_2$；$S_{n1}=a+a_n$；

$$S_{平均1}=\frac{s_1+s_2+\cdots+s_n}{n_1}=\frac{\sum_{1}^{n_1}S_i}{n_i} \tag{8-1-60}$$

式中：n_1——该料场供应的构造物个数。

则全线平均运距为：

$$S_{全线平均}=\frac{n_1 s_{平均1}+n_2 s_{平均2}+\cdots+n_n s_{平均n}}{n_1+n_2+\cdots+n_n}=\frac{\sum_{i=1}^{n}n_i s_{平均i}}{\sum_{i=1}^{n}n_i} \tag{8-1-61}$$

若因小桥、涵洞及其他构造物的多少、孔径大小和结构类型的不同，材料用量差别很大时，可用适当的系数通过式(8-1-61)调整计算。系数可事先概略确定。如某料场供应的构造物个数为 n_1，但由于材料数量因构造物的不同差异较大时，便可以一种构造物为准，概略计算其他构造物材料数量约占该种构造物的多少倍(如 2 倍、3.5 倍等)，其倍数即是系数。这样，原构造物个数 n_1 便可调整为个数 n_1，平均运距即可用 n_1 个构造物来计算。

3. 外购材料的平均运距计算

若某种外购材料由供货地要运往工地的几个仓库(或料场)时，则按每个仓库(或料场)的供货量(运量)为权数来计算其平均运距。设用 Q_1、Q_2、…、Q_n 来表示向 1 号、2 号、…n 号料场供货的运量，S_1、S_2、…、S_n 分别为供货地至 1 号、2 号、…、n 号料场(仓库)的运距，则平均运距的计算公式如下：

$$S_{平均}=\frac{\sum_{i=1}^{N}Q_i S_i}{\sum_{i=1}^{N}Q_i} \tag{8-1-62}$$

应注意的是，按前述计算公式计算平均运距，只是单纯从运费(运输距离)的角度来考虑的，也就是说，其某种材料的购置价格要几乎相等、运价率要几乎相等；若材料的购置价格不等或运价率不等，其供应范围的确定应以材料到达工地现场仓库(或料场)的全费用，即材料的预算价格[预算价格=(材料原价+运杂费)×(1+场外运输损耗率)×(1+采购及保管费率)－包装品回收价值]为最低来确定其供应范围。

【例 8-1-6】 根据现场调查，某公路工程建设需要的 6 900 吨 42.5 级水泥可由甲、乙、丙三个厂家供应，假定在各厂家购买水泥的价格相等，按经济供应范围划分，甲厂供应需要量的 26%，运距离 85km；乙厂供应需要量的 38%，运距 64km；丙厂供应需要量的 36%，运距 78km；试计算全线水泥的平均运距离。

解：按式(8-1-62)计算其平均运距有：

$$S_{平均} = (85 \times 26\% + 64 \times 38\% + 78 \times 36\%) \div 100\% = 74.5(\text{km})$$

4. 材料平均运费计算

在计算某种材料运输费用时，若从材料供应点到工地材料库(或料场)可以同时采用几种不同的运输方式时，则需要先计算出各种运输方式运输的材料数量占总量的比重，然后通过调查确定出各种运输方式的运输距离和运价，再计算其平均运费；其计算公式可表达为：

$$S_{全线平均} = (铁路运距 \times 铁路运价标准 \times 铁路运输比重) + (水运运距 \times 水运运价标准 \times 水运比重) + (公路运距 \times 公路运价标准 \times 公路运输比重) \quad (8\text{-}1\text{-}63)$$

【例 8-1-7】 假定修建某长江大桥，其需要的水泥用量 35%由铁路运输，铁路标准运价为 0.10 元/(t·km)，运距 300km；40%由水路运输，水运标准运价为 0.06 元/(t·km)，运距离为 200km；25%为公路运输，公路标准运价为 0.25 元/(t·km)，运距 80km；试求水泥运至工地现场的平均运费。

解：按式(8-1-63)有：

$$S_{全线平均} = 300 \times 0.10 \times 35\% + 200 \times 0.06 \times 40\% + 80 \times 0.25 \times 25\% = 20.3 元/\text{t}$$

若某种材料由同一供应地采购，通过不同的运输方式才能运至工地现场时，其全线平均运费可按下式计算。

$$S_{全线平均} = (铁路运距 \times 铁路运价标准) + (水运运距 \times 水运运价标准) + (公路平均运距 \times 公路运价标准) \quad (8\text{-}1\text{-}64)$$

【例 8-1-8】 假定某高速公路工程沿线特大桥高强度混凝土所用中粗砂需要通过汽车运输(江边—起点火车站)、铁路运输(起点火车站—终点火车站)、汽车运输(终点火车站—工地现场)才能运至工地现场，江边—火车站距离为 15km，起点火车站至终点火车站的运距为 250km，终点火车站至工地现场的加权平均运距为 120km，铁路运价为 0.10 元/(t·km)，公路运价为 0.25 元/(t·km)，试计算其全线平均运费。

解：由式(8-1-64)有：

$$S_{全线平均} = (15 \times 0.25) + (250 \times 0.10) + (120 \times 0.25) = 58.75 元/\text{t}$$

第二章　投资估算的工程量计算

投资估算是项目建议书和可行性研究报告的重要组成部分，是建设项目经济评价中支出费用的关键部分；投资估算应根据项目建议书和可行性研究报告的工作深度，核实工程项目及其数量，根据工程所在地的建设条件，按《公路工程估算指标》和《公路基本建设工程投资估算编制办法》的规定编制。

在投资估算中，涉及工程项目及其数量，即投资估算时的工程量。投资估算时的工程量有两方面的特点，一是单位计价工程量的综合性强，包含的工程内容多；二是工程量在计算上较为粗略（有的属估计值），因而在数量上与设计阶段的工程量相比具有一定差异。

2007 年，中华人民共和国原交通部以 2007 年第 33 号文发布了《公路工程基本建设项目概算、预算编制办法》（JTG B06—2007）、《公路工程概算定额》（JTG/T B06-01—2007）、《公路工程预算定额》（JTG/T B06-02—2007）、《公路工程机械台班费用定额》（JTG/T B06-03—2007），但对《公路工程估算指标》和《公路基本建设工程投资估算编制办法》没有重新修订，这就意味着投资估算仍然按原规定执行。

按现行规定，投资估算分为项目建议书投资估算和可行性研究报告投资估算。两种估算中的工程量计算在计量单位和计量方法上均存在着一定差异。

第一节　项目建议书投资估算时的工程量计算

项目建议书投资估算时，采用的是《公路工程估算指标》中的综合指标。其工程量计量应与综合指标（即计价定额）对工程量的要求相一致。

一、主要工程的工程量计算

主要工程的工程量计算规则见表 8-2-1 所示。

主要工程的工程量计算规则　　表 8-2-1

序号	项目名称	计价工程量单位	计量方法	包含的工程内容	备　注
1	路线工程	1km	按建设项目公路公里总长度计（即按路线起、讫点设计长度计）	路基，路面，桥涵，交叉，安全、服务设施等	按不同省、市、区，不同地形（平原微丘、重丘、山岭），不同道路等级（高速路、一级路、二级专用路、一般二级路、三级路、四级路）分别计算；但综合指标未包括 1 000m 及以上的特大桥工程、隧道工程、辅道工程、支线工程等主要工程，这类工程应另计
2	独立大（中）桥工程	同分项指标中的计量单位	同分项指标相应计量项目的计算方法	同分项指标相应计量项目包含的工程内容	按分项指标的大（中）桥项目计算（详见第二节有关内容）

续上表

序号	项目名称	计价工程量单位	计量方法	包含的工程内容	备注
3	独立大(中)桥的引道工程	1km	按设计的引道长度计	路基，路面，安全、服务设施等	按综合指标中相应等级公路的项目计算(见本表序号1)
4	独立大(中)桥的调治工程	同分项指标中的土方及防护工程的计量单位	同分项指标相应计量项目的计算方法	同分项指标相应计量项目包含的工程内容	分别按分项指标路基工程的土方及防护工程的项目计算(详见第二节有关内容)
5	全长1 000m及以上的特大桥	同分项指标中大中桥工程有关项目的计量单位	同分项指标相应计量项目的计算方法	同分项指标相应计量项目包含的工程内容	分别按分项指标大中桥工程的项目计算(详见第二节有关内容)
6	隧道工程	同分项指标中隧道工程有关项目的计量单位	同分项指标相应计量项目的计算方法	同分项指标相应计量项目包含的工程内容	分别按分项指标隧道工程的项目计算(详见第二节有关内容)
7	城市进出口大型互通式立体交叉工程	同分项指标中互通式立体交叉工程有关项目的计量单位	同分项指标相应计量项目的计算方法	同分项指标相应计量项目包含的工程内容	分别按分项指标分离式立体交叉工程的项目计算(详见第二节有关内容)
8	辅道、支线工程	1km	按辅道、支线的路线起、讫点设计长度计	辅道、支线的路基，路面，桥涵，交叉，安全、服务设施等	按综合指标中相应等级公路计，但未包括1 000m及以上的特大桥工程、隧道工程，应另计

二、工程量计算中需要注意的问题

在项目建议书投资估算的工程量计量中，有以下问题需要引起注意，特别是涉及按规定应进行调整的问题。

1. 对路基宽度差异的调整

由于《公路工程估算指标》中的路基宽度是按《公路工程技术标准》(JTG B01—2003)中规定的一般数值取定的，当设计的路基宽度与指标的取定值不一致时，应对宽度的差异进行调整。《公路工程估算指标》取定的路基宽度值见表8-2-2。

公路路基宽度取定值(m)　　表8-2-2

公路等级	汽车专用公路							一般公路					
	高速公路			一级公路		二级公路		二级公路		三级公路		四级公路	
地形	平原微丘	重丘	山岭	平原微丘	山岭重丘	平原微丘	山岭重丘	平原微丘	山岭重丘	平原微丘	山岭重丘	平原微丘	山岭重丘
取定值	26.0	24.5	21.5	24.5	21.5	11.0	9.0	12.0	8.5	8.5	7.5	6.5	6.5

对宽度差异的调整是在用《公路工程估算指标》进行投资估算时，用调整系数对其综合指标值进行调整，即应将《公路工程估算指标》中相应的综合指标值乘以其计算的调整系数而作为其取值；而不是对计量的工程量(路线长度)进行调整，投资估算时应按路线总长度计。

【例8-2-1】 若四川省某新建二级公路处于山岭重丘区，设计路基宽度为10m，试计算其调整系数并对《公路工程估算指标》中的综合指标进行调整。

解:查综合指标(72 页 4. 一般二级公路 II. 山岭重丘区第 47 项),其综合指标如表 8-2-3 中第 5 列所示。

由于路基标准宽度取定值为 8.5m,设计路基宽度为 10m,则其调整系数为:

$$10 \div 8.5 = 1.1765$$

其综合指标各值乘以调整系数即得调整后的综合值,计算结果见表 8-2-3 第 6 列。

2. 对改建工程的调整

综合指标是按新建工程编制的,若为改建工程,应按式(8-2-1)计算调整系数 K,用调整系数 K 对指标值进行调整。

$$K = \frac{L_1 + 0.8L_2}{L} \tag{8-2-1}$$

式中:K——调整系数;

L——建设项目路线总长度;

L_1——建设项目中新建路段的长度;

L_2——建设项目中利用旧路的路段长度。

投资估算时按调整后的指标值和路线总长度计算。

【例 8-2-2】 若将例 8-2-1 中的数据作如下修改:公路的路基宽度为 8.5m,建设项目全长 40km,其中新建路里程 15km,三级路改建为二级路的里程为 25km。试计算其调整系数并对综合指标值进行调整。

解:按式(8-2-1),其调整系数 K 为:

$$K = (L_1 + L_2 \times 0.8)/L = (15 + 25 \times 0.8)/40 = 0.875$$

按调整系数计算的指标值见表 8-2-3 第 7 列。

按调整系数计算的指标值　　单位:每 km　　表 8-2-3

序号	项　目	单位	代号	省、自治区、直辖市		
				四川		
				综合指标值	对宽度不符进行调整后的指标值	对改建工程进行调整后的指标
1	2	3	4	5	6	7
1	人工	工日	1	69 025	8 147	60 397
2	原木	m^3	10	14.08	16.57	12.32
3	锯材	m^3	11	16.91	19.89	14.80
4	I 级钢筋	t	16	7.39	8.69	6.47
5	II 级钢筋	t	17	12.02	14.14	10.52
6	钢绞线	t	20	0.94	1.11	0.82
7	钢材	t	30	9.64	11.34	8.44
8	波形钢板及型钢立柱	t	47	0.77	0.91	0.67
9	加工钢材	t	50	2.31	2.72	2.02
10	钢板标志	t	158	0.33	0.39	0.29
11	铝合金标志	t	159	0.35	0.41	0.31
12	钢板网及铁丝编织网	m^2	165	0.9	1.1	0.79

续上表

序号	项　目	单位	代号	省、自治区、直辖市		
				四川		
				综合指标值	对宽度不符进行调整后的指标值	对改建工程进行调整后的指标
13	水泥	t	240	639.92	752.87	559.93
14	石油沥青	t	260	82.66	97.25	72.33
15	生石灰	t	278	109.92	129.32	96.18
16	砂、砂砾	m^3	289	5 748.3	6 762.9	5 029.8
17	片石	m^3	305	4 791.0	5 636.6	4 192.1
18	碎(砾)石	m^3	325	2 424.7	2 852.7	2 121.6
19	块石	m^3	343	906.7	1 066.7	793.4
20	其他材料费	元	391	143 840	169 228	125 860
21	设备摊销费	元	392	3 927	4 620	3 436
22	机械使用费	元	400	695 947	818 782	608 954
23	指标基价	元	999	2 817 600	3 314 900	2 465 400

注：I——一般二级公路；II—山岭重丘区。

3.对设计工程量与指标工程量差异的调整

在《公路工程估算指标》的附录五中，分别列出了高速公路、一级公路、二级汽车专用公路、一般二级公路、三级公路、四级公路综合指标中所含主要工程项目的工程量，若实际设计的工程量与此有较大差异时，应按综合指标中的调整指标和工程量的差异值进行计算，然后调整(调增或调减)；综合指标中的调整指标也分别按公路等级(高速公路、一级公路、二级汽车专用公路、一般二级公路、三级公路、四级公路)和地形情况(平原微丘区、重丘区、山岭区)列出，其调整指标主要项目及工程量计算情况见表 8-2-4。

调整指标主要工程项目及工程量计算表　　表 8-2-4

计量项目	路基土方	路基石方	排水与防护	路面	大(中)桥	互通式立体交叉	分离式立体交叉
指标工程量单位	1 000m^3	1 000m^3	100m^3	1 000m^2	100m^2	处	处
计量方法	按两断面平均断面积乘中线长度计	按两断面平均断面积乘中线长度计	按设计尺寸计算体积	按设计路面宽度乘中线长度计	按设计桥面宽度乘桥长计	按设计的互通式立体交叉处数计	按设计的分离式立体交叉处数计

4.其他工程的计算

其他工程是指在综合指标中未包括的，如清理场地、拆除建筑物、环境保护、临时工程等其他工程，这类工程在项目建议书投资估算时不计算工程量，而是以主要工程费为基数乘《公路工程估算指标》附录一的综合指标及分项指标其他工程指标表中列出的百分率计算。

第二节　可行性研究报告投资估算时的工程量计算

在进行可行性研究报告投资估算时，要依据《公路工程估算指标》中的分项指标和《公路基本建设工程投资估算编制办法》的规定进行，其工程量的计量应与《公路工程估算指标》的分项指标(即计价定额)对工程量的要求相一致。

分项指标是按路基、路面、隧道、涵洞、小桥及标准跨径小于20m的中桥、标准跨径大于20m的中桥及大桥、交叉工程及沿线设施等七项主要工程分列的，对于清理场地、拆除建筑物、环境保护、临时工程等其他工程，在估算时不用反映实物工程量，而是以主要工程的工程费为计算基数，按规定的百分率计算。

一、路基工程的工程量计算

在可行性研究投资估算采用的分项指标中，将路基工程划分为路基土方、路基石方、粉煤灰及填石路堤、排水与防护、特殊路基处理等项，其工程量应分别计量。

1. 路基土、石方的工程量计算

路基土、石方的工程量计算按设计断面体积，以 m^3 计算，为按设计断面的挖方加借方的方量，即填方数量加挖方数量减利用方数量来作为计价方量，其计价指标工程量的单位为1 000m^3。

当土、石方的综合平均运距超过指标规定的运距范围时，其超运距部分的工程量应按超运距离及运量计算工程量；在路基土(石)方远运指标运距的计算中，不足第一个指标运距单位的，均按第一个指标运距单位计算，超过第一个指标运距单位时，其运距尾数不足一个指标单位的，均按一个指标单位计算。

若设计仅提供断面方数量时，平原微丘区项目断面方应乘以0.85的系数折算成计价方，山岭重丘区项目断面方应乘以0.75的系数折算成计价方；如断面方绝大部分是借土填方时，则不乘折减系数。

建设项目中若有互通式或分离式立体交叉工程，其被交道和匝道的土、石方数量已综合在交叉工程的指标中，不再计入路基土、石方数量中。

耕地填前压实，清除表土后的压实，软土地段填土下沉及路基边缘压实需要加宽等所需增加的方量和洒水用量等，均已综合在指标以内，不再计取工程量。

路基土方包含的工程内容为路基的挖、装、运，填方路基的碾压，挖方及零填路段路基碾压，洒水，路基零星工程等全部工序；路基石方工程量按开挖天然密实断面方计算，包含的工程内容有石方开炸、清运等全部工序。

2. 粉煤灰及填石路堤

粉煤灰及填石路堤的工程量按设计断面压实方体积，以 m^3 计量；粉煤灰路堤包含的工程内容有粉煤灰摊铺、洒水、碾压，土质边坡填筑碾压，封顶等全部工序。高速路、一级公路中的填石路堤指标适用于购买或采集宕渣填筑路堤，要求宕渣最大粒径不得大于20cm，路槽底面以下80cm范围内不得大于12cm；二级、三级、四级公路填石路堤指标适用于利用路基石方填筑路堤，其石方调运应在路基石方中计算；工程内容包括机械推平填料、碾压等全部工序；二、三、四级公路中的填筑路堤工程内容包括人工解小并摊平、碾压等全部工作。分项指标计价工程量单位为1 000m^3。

3. 路基排水与防护工程的工程量计量

路基排水与防护工程的圬工工程量按设计尺寸圬工实体体积，以 m^3 计算；砌石圬工包括浆砌和干砌，按挡土墙、护岸墙、护坡、边沟、急流槽等实体体积计算；砌石工程既不分干砌、浆砌，也不分块石、片石；混凝土圬工按护坡、现浇混凝土挡土墙、锚定板式挡土墙等混凝土实体体积计算；加筋土挡土墙按面板、基础垫板、檐板等实体体积计算。分项指标计价工程量单位为 $100m^3$；圬工排水防护的工程内容为挖基、排水、砌石、混凝土浇筑，预制与安装；加筋土挡土墙包括拉带铺设、防渗层、基底垫层、填内心以及墙角铺砌等工程的全部工序。其他排水防护工程要按高速公路及一、二、三、四级公路分别计算，按建设项目路线总长度，以公路公里计，分项指标计价工程量单位为1公路公里，包含的工程内容为边沟涵，中间带排水设施、非圬工防护工程（如铺草皮，铁丝笼护坡等）以及其他零星排水防护工程等工程的全部工序。

4. 特殊路基处理

特殊路基处理包括软土处理和治沙防护，其工程量计算按设计长度，以 km 计；分项指标计价工程量单位为 1km，要分别按公路等级进行工程量计算；软土处理包含的工程内容为：塑料排水板，袋装砂井，振冲（搅拌）桩，砂桩，抛石挤淤，垫层，坡脚防护等工程的全部工序；治沙防护的工程内容为：播草籽，设置沙障，黏土封闭，砌石加固等工程的全部工序。

二级以下等级公路的软土处理指标中已综合了因地基土含水率过大而进行表土换填或翻挖掺灰的处理方法，高速公路及一级公路软土处理指标中未综合该处理方法的费用，如高速公路或一级公路仅采用表土换填或翻挖掺灰方法处理地基时，可采用二级公路软土处理指标计算。

二、路面工程的工程量计算

路面工程，其分项指标将其划分为路面垫层、稳定土基层、其他路面基层、沥青路面、水泥混凝土路面、其他路面、拦水带、沥青路面镶边石及路缘石等七个项目。其工程量的计算按各个项目分别进行。

1. 路面垫层

垫层工程量按路面垫层设计平面尺寸面积，以 m^2 计算；分项指标的计价工程量单位为 $1\,000m^2$，指标按基本压实厚度（15cm）和增减压实厚度（1cm）分别列出；其包含的工程内容为挖路槽、培路肩、铺料、洒水、碾压成型等全部工序。

2. 稳定土基层

稳定土基层的工程量按稳定土基层设计平面尺寸面积，以 m^2 计算；分项指标的计价工程量单位为 $1\,000m^2$；分别按基本压实厚度（15cm）和增减压实厚度（1cm）列出了水泥砂砾、水泥碎石、石灰土、石灰土砂砾稳定土基层的指标值。其包含的工程内容为：

（1）水泥稳定土。挖路槽，培路肩，厂拌混合料拌和、运输、铺筑、碾压成型、拌和设备安拆等全部工序。

（2）石灰稳定土。挖路槽，培路肩，消解石灰，铺料，洒水，路拌，碾压成型等全部工序。

（3）石灰土砂砾、碎石、石灰粉煤灰稳定土。挖路槽，培路肩，消解石灰，厂拌混合料拌和、运输、铺筑、碾压成型等全部工序。

3. 其他路面基层

其他路面基层其工程量按设计路面尺寸面积，以 m^2 计算，分项指标中的计价工程量单位为 $1\,000m^2$。分别按基本压实厚度（10cm）和增减压实厚度（1cm）列出了泥灰结碎石、泥结碎石、级配碎（砾）石、填隙碎石的指标值。其包含的工程内容为：

(1)挖路槽，培路肩，厂拌混合料拌和、运输、铺筑、碾压成型、拌和设备安拆等全部工序。

(2)石灰稳定土。挖路槽，培路肩、消解石灰、铺筑、洒水、碾压成型等全部工序。

4. 沥青路面

沥青路面工程量按沥青路面设计尺寸体积，以 m^3 计算；分项指标中的计价工程量单位为 $100m^3$。分别按沥青碎石路面、沥青混凝土路面、沥青表面处治、沥青贯入式、沥青上拌下贯式路面列出的分项指标值。其包含的工程内容为：

(1)沥青混合料路面。沥青混合料拌和、运输、铺筑、洒黏层油和透层油、碾压成型，拌和设备安拆等全部工序。

(2)其他沥青路面。熬、运油，洒透层油，铺料，洒油，碾压成型，熬油设备安拆等全部工序。

5. 水泥混凝土路面

水泥混凝土路面工程量按混凝土路面设计尺寸体积，以 m^3 计算；分项指标中的计价工程量单位为 $100m^3$。分别按石质挖方路段、一般路段列出分项指标值，其指标值中已综合平整层。其包含的工程内容为水泥混凝土拌和、运输、浇筑，捣固成型，模板，钢筋，胀缩缝，拌和站安拆等全部工序。

6. 拦水带、沥青路面镶边及路缘石

拦水带、沥青路面镶边及路缘石工程量按设计设置的单边长度分别计算；分项指标中的计价工程量单位为 1 000m。包含的工程内容为放样、挖槽、混凝土拌和、运输、铺筑、预制块安砌等全部工序。

7. 需要调整的项目

路面面层、稳定土基层、级配碎(砾)石基层的压实度在 15cm 以内，填隙碎石基层的压实度在 12cm 以内，垫层和其他种类基层的压实度在 20cm 以内，机械使用费按指标数量计算。如实际压实厚度超过上述压实厚度需进行分层拌和、碾压时，机械使用费应按指标附录 4“分项指标路面压实厚度超过规定厚度机械费加倍取值表”中的规定增列。

三、隧道工程的工程量计算

在分项指标中，将隧道工程分为洞身，洞门，装饰、照明及通风等三个项目。其工程量的计算亦应分别进行。

1. 洞身

洞身工程量按设计的隧道正洞洞身尺寸计算断面面积，以 m^2 计；分项指标中的计价工程量单位为 $100m^2$；按公路等级、土壤岩石(土质、石质)、施工方法(新奥法、矿山法)分别列出了混凝土衬砌、石料衬砌、衬砌材料调整指标。包含的工程内容为洞身开挖，喷锚支护、现浇混凝土或石料衬砌，混凝土路面等工程的全部工序。

隧道正洞面积按隧道长度乘以隧道宽度计算；隧道长度为进出口洞门端墙墙面间的距离，即两端墙墙面与路面的交线同路线中线交点之间的距离；隧道宽度指行车道加侧向宽度加人行道或检修道的宽度。

2. 洞门

洞门工程量按端计，一座隧道应计两端洞门；分项指标中的计价工程量单位为每端洞门。在分项指标中，分别按双洞式、单洞式计算洞门；通常，双洞式洞门用于高速公路、一级公路，单洞式洞门用于二级、三级公路。其包含的工程内容为：挖基、刷坡、洞门及排水，砌筑，预制混凝土块等工程的全部工序。

3. 装饰、照明及通风

装饰、照明及通风的工程量按隧道设计正洞面积(m^2)计算，分项指标中的计价工程量单位为$100m^2$；包含的工程内容，装饰为贴马赛克，安设吊顶等工程的全部工序；照明、通风为照明及通风的支架，线路制作，安装等工程的全部工序；但在分项指标中未包括照明、通风等设施的费用，仅包括设备的安装费用及电线、电缆的费用，设备费应另行计算。

4. 需要调整的项目

(1)分项指标是以隧道长度1 000m以内，即施工工作面距洞口500m以内编制的，若工作面距洞口长度超过500m时，每增长500m(不足500m时，按500m计)，人工工日及机械使用费按相应指标增加5%。

(2)隧道洞身项目中列出了衬砌圬工的数量，如果工程可行性研究中的设计达到一定深度，能提出隧道衬砌圬工数量时，可按“衬砌材料调整指标”抽换洞身指标；衬砌圬工的工程量计算：混凝土衬砌为喷射混凝土、现浇拱顶、边墙、仰拱混凝土衬砌圬工；石料衬砌为拱顶、边墙砌石圬工。

(3)隧道分项指标中未综合隧道内消防及救援设施、消音设施等，设计中存在这些设施时，可按《公路工程概算定额》、《公路工程预算定额》中的有关项目另行计算。

(4)三级公路分项指标同样适用于四级公路；当四级公路采用的行车道宽为净－3.5m时，可按三级公路指标乘以系数1.3计算。

四、涵洞工程的工程量计算

分项指标的涵洞工程量计算，其计价工程量的单位为自然计量单位“道”；计量中，不分涵洞类型，高速公路按地形情况(平原微丘、重丘、山岭)分别计量其总道数；其余等级公路、按行政区划计量其涵洞的总道数；包含的工程内容为挖基、垫层、基础、洞身、洞口、涵底及洞口铺砌圬工和钢筋、支架、拱盔、排水设施等工程的全部工序。

在涵洞工程量的计算中，有如下问题需要注意：

(1)跨径小于0.5m的灌溉涵已综合在指标中，因此，该类灌溉涵不得计入工程量中。

(2)由于涵洞的长度与路基的宽度密切相关，而分项指标是按一定的路基宽度编制的，如设计路基宽度与指标所取定值不同时，应按如下系数调整其分项指标值。

①路基设计宽度大于取定值时：

$$K=1+(\gamma-1)\times n \tag{8-2-2}$$

②路基设计宽度小于取定值时：

$$K=\frac{1}{1+(\gamma-1)\times n} \tag{8-2-3}$$

式中：K——指标调整系数；

γ——路基宽度每增减1m的调整系数，如表8-2-5所示；

n——路基宽度增减幅度(m)。

路基宽度每增减1m的调整系数表 表8-2-5

公路等级	高速公路	一级公路	二级公路	三级公路	四级公路
调整系数γ	1.020	1.025	1.040	1.050	1.055

五、桥梁工程的工程量计算

在可行性研究投资估算的工程量计算中，由于桥梁工程材料、结构形式等的多样性和复杂性，因此其工程量的计算分项较细。在指标中分为小桥及标准跨径小于20m的中桥和标准跨径大于20m的中桥及大桥两项；标准跨径大于20m的中桥及大桥又分为一般结构桥梁（如预应力空心板、T形梁等）和技术复杂大桥（如斜拉桥、连续刚构、连续梁等）两部分。分项指标工程量均包括基础、下部、上部、桥台锥坡等项工程内容；当设置导流坝、丁坝等调治构造物时，其圬工及土方工程应分别按防护工程指标及路基土方指标另行估算；改河土方工程的投资则包括在"其他工程"指标中；四级公路采用的行车道宽度为净－3.5m时，其分项指标应乘以1.3系数。

桥梁工程的主要项目工程量计算如下：

1.小桥及标准跨径小于20m的中桥

小桥及标准跨径小于20m的中桥的工程量计算不分结构类型，但要按地形（平原微丘区、山岭重丘区）、行政区划分别按面积（m^2）计算，为各种结构桥梁的桥面面积之和；其计价工程量单位为$100m^2$桥面面积；包含的工程内容为挖基、围堰、基础、下部、上部、桥台锥坡、支撑梁、河床铺砌、桥面系圬工和钢筋、支架等工程的全部工序。

2.标准跨径大于20m的中桥及大桥

在工程量计算中，标准跨径大于20m的中桥及大桥又应按桥型及结构部位进行计算。

(1)预应力混凝土空心板桥

预应力混凝土空心板桥的工程量按桥面面积（m^2）计算，分项指标计价工程量单位为$100m^2$桥面，基础要分干处与水中；包含的工程内容为挖基、围堰、基础、下部、上部、桥面系，桥头搭板等工程的全部工序。

(2)预应力混凝土T形梁桥

预应力混凝土T形梁桥的工程量按桥面面积（m^2）计算，分项指标计价工程量单位为$100m^2$桥面，基础要分干处与水中，并应按标准跨径≤30m和＞30m分别计算；包含的工程内容为挖基、围堰、基础、下部、上部、桥面系，桥头搭板等工程的全部工序。

3.预应力混凝土I形梁桥

预应力混凝土I形梁桥的工程量按桥面面积m^2计算，分项指标计价工程量单位为$100m^2$桥面，基础要分干处与水中；包含的工程内容为挖基、围堰、基础、下部、上部、桥面系，桥头搭板等工程的全部工序。

4.预应力混凝土简支箱梁

预应力混凝土简支箱梁桥的工程量按桥面面积m^2计算，分项指标计价工程量单位为$100m^2$桥面，基础要分干处与水中；包含的工程内容为挖基、围堰、基础、下部、上部、桥面系，桥头搭板等工程的全部工序。

预应力混凝土简支箱梁的项目同样适用于先简支后连续的预应力混凝土连续箱梁。

5.钢筋混凝土双曲拱桥

预应力混凝土双曲拱桥的工程量按桥面面积m^2计算，分项指标计价工程量单位为$100m^2$桥面，基础要分干处与水中；包含的工程内容为挖基、围堰、基础、下部、上部、桥面系，桥头搭板等工程的全部工序。

6.钢筋混凝土箱形拱桥

钢筋混凝土箱形拱桥的工程量按桥面面积m^2计算，分项指标计价工程量单位为$100m^2$桥面，基础要分干处与水中；包含的工程内容为挖基、围堰、基础、下部、上部、桥面系，桥头搭板等工程的全部工序。

7.钢筋混凝土刚架拱桥

钢筋混凝土刚架拱桥的工程量按桥面面积 m^2 计算，分项指标计价工程量单位为 $100m^2$ 桥面，基础要分干处与水中；包含的工程内容为挖基、围堰、基础、下部、上部、桥面系，桥头搭板等工程的全部工序。

8. 钢筋混凝土斜腿刚构、桁架拱桥

钢筋混凝土斜腿刚构、桁架拱桥的工程量按桥面面积 m^2 计算，分项指标计价工程量单位为 $100m^2$ 桥面，基础要分干处与水中；包含的工程内容为挖基、围堰、基础、下部、上部、桥面系，桥头搭板等工程的全部工序。

9. 石拱桥

石拱桥的工程量按桥面面积 m^2 计算，分项指标计价工程量单位为 $100m^2$ 桥面，基础要分干处与水中；包含的工程内容为挖基、围堰、基础、下部、上部、桥面系，桥头搭板等工程的全部工序。

10. 钢索吊桥

钢索吊桥的工程量按桥面面积 m^2 计算，分项指标计价工程量单位为 $100m^2$ 桥面，索塔在干处，跨径在 150m 以内；包含的工程内容为挖基、围堰、基础、下部、上部、桥面系，桥头搭板等工程的全部工序。

11. 技术复杂大桥基础工程

技术复杂大桥基础工程的工程量要分别基础类型(扩大基础、沉井基础、灌注桩基础、承台及围堰)，干处、水中及水深，按体积 m^3 进行计算，分项指标计价工程量单位为 $10m^3$ 实体。

扩大基础工程量按设计的基础混凝土圬工实体体积计算；钢筋混凝土沉井基础按井体、封底、封顶、填心等设计混凝土圬工实体体积计算；钢壳沉井按井壁、封底、封顶、填心等设计混凝土圬工实体体积计算；灌注桩基础工程量按设计桩径的混凝土圬工实体体积计算。

沉井基础的分项指标仅适用于水深在 10m 以内的桥梁工程，水深在 10m 以上时，应编制补充定额。

基础工程包含的工程内容：

(1)扩大基础。围堰、筑岛、挖基、基础混凝土及钢筋等工程的全部工序。

(2)沉井基础。围堰、筑岛、沉井制作、组拼、浮运、接高、定位落床、下沉、填塞等工程的全部工序。

(3)灌注桩基础。护筒、筑岛、挖基、钢套箱及双壁钢围堰组拼，浮运、接高、定位落床、下沉、承台混凝土及钢筋等工程的全部工序。

(4)承台及围堰。围堰、筑岛，挖基、钢套箱及双壁钢围堰组拼，浮运、提高，定位落床、下沉，承台混凝土及钢筋等工程的全部工序。

12. 技术复杂大桥下部构造

技术复杂大桥下部构造的工程量要分别按桥台(混凝土、砌石)、桥墩(实体式墩、薄壁墩、Y 形墩)在干处或水中，斜拉桥索塔在干处或水中，按设计圬工实体体积(m^3)进行计算；分项指标计价工程量单位为 $10m^3$ 实体；包含的工程内容为：桥台、桥墩、索塔圬工和钢筋，桥台锥坡，台背排水设施及台背填土，索塔锚固箱等工程的全部工序。

13. 技术复杂大桥上部构造

技术复杂大桥上部构造的工程量要分别 T 形刚构、连续梁、连续刚构、斜拉桥(独塔、双塔)及其标准跨径，按桥面面积 m^2 进行计算；分项指标计价工程量单位为 $100m^2$ 桥面。

桥面面积为桥梁全长与桥面宽度的乘积，桥梁全长为：有桥台的桥梁为两岸桥台侧墙或八字墙尾端间的距离；无桥台的桥梁为桥面系行车道的长度；桥面宽度为行车道加人行道或安全带或桥梁护栏的宽度并计算至外缘。

包含的工程内容为：现浇混凝土或悬拼，行车道构件的预制、安装或顶推，钢筋和预应力系统，支座，伸缩缝，吊装，顶推设备，桥面系等工程的全部工序。

当可行性研究的方案设计已达到一定深度，能提出技术复杂大桥上部构造用高强钢丝（钢绞线）和基础工程用的钢壳沉井或双壁钢围堰以及上部构造、下部构造、基础等各部位用的Ⅰ、Ⅱ级钢筋的数量，使用分项指标时，可按实际设计数量调整上部构造、下部构造和基础工程指标中高强钢丝（钢绞线）及Ⅰ、Ⅱ级钢筋的数量和钢壳沉井指标或承台及围堰指标中加工钢材的数量。

六、交叉工程的工程量计算

交叉工程包括互通式立体交叉、分离式立体交叉、平面交叉、通道、人行天桥及渡槽。其工程量计算按如下规则进行：

1. 互通式立体交叉

互通式立体交叉工程的工程量计算为：

(1)跨线桥

跨线桥要分别按空心板、连续梁以面积 m^2 计算，分项指标计价工程量单位为 $100m^2$，包含的工程内容有挖基、基础、下部、桥台锥坡、上部、桥面系、防护网等工程的全部工序。

(2)匝道

匝道要分别平原微丘、山岭重丘，按设计线路长度以 km 计算，分项指标计价工程量单位为 1km；匝道包含的工程内容为除匝道桥以外的路基土、石方，排水与防护，路面，涵洞等工程的全部工序。匝道的分项指标是按路基宽度 7m 编制的，如设计匝道宽度与指标取定值不同时，可按如下系数 K 对指标进行调整：

$$K=\frac{(W_1-W_2)\times 0.8}{W_0}+1 \tag{8-2-4}$$

式中：W_1——设计匝道路基宽度(m)；

W_2——取定匝道路基宽度(m)。

(3)被交道

被交道要分别按主线上跨、主线下穿及被交道的道路等级，按设计整修线路长度以 km 计算，分项指标计价工程量单位为 1km；包含的工程内容为路基土、石方，排水与防护，路面，构造物以及其他附属设施等工程的全部工序；但仅指被交道的整修工程，如被交道属改线或为规划路，等级提高（改建）等情况，应根据设计数量套用相应的分项指标计算或按照相应的综合指标进行估算，另列工程项目。

2. 分离式立体交叉

分离式立体交叉工程的工程量计算为：

(1)跨线桥

跨线桥要分别按空心板、连续梁、T 形梁（钢筋混凝土、预应力混凝土）、顶进箱涵，以面积 m^2 计算，分项指标计价工程量单位为 $100m^2$，桥面面积的计算方法同大（中）桥，顶进箱涵的工程量为公路路基宽度与箱涵长度的乘积；包含的工程内容有挖基、基础、下部、桥台锥坡、上部、桥面系、箱涵顶进设施，箱涵预制、顶进，铁路线加固，防护网等工程的全部工序。

(2)被交道

被交道要分别按主线上跨、主线下穿及被交道的道路等级，按设计整修线路长度，以 km 计算，分项指标计价工程量单位为 1km；被交道包含的工程内容为路基土、石方，排水与防护，路面，涵洞等工程的全部工序；但仅指被交道的整修工程，如被交道属改线或为规划路，等级提高（改建）等情况，应根据设计数量套用相应的分项指标计算或按照相应的综合指标进行估算，另列工程项目。

3. 平面交叉

平面交叉分为公路与公路平面交叉和公路与铁路的平面交叉，平面交叉工程量的计量单位为自然计量单位“处”，按需要设置的交叉处数计；分项指标计价工程量单位为 1 处；公路与公路平叉分项指标按被交道的道路等级（一、二、三级）分列，包含的工程内容为路基土、石方，排水与防护，路面，涵洞、其他附属设施等工程的全部工序；公路与铁路平交包含的工程内容为道口铺砌，预制块预制，看守房及道口栏杆等工程的全部工序；公路与大车道平面交叉则包括在“其他工程”指标内，不单独计算。

4. 通道

通道工程分项指标按公路等级、地形，并分涵洞式通道和小桥式通道分列；工程量计量单位为自然计量单位“道”；不分涵洞或小桥的结构类型，按需要设置的总道数计算；分项指标计价工程量单位为 1 道；涵洞或小桥式通道应包括通道本身、通道内路面、被交道等全部工程。涵洞式通道工程内容为挖基，垫层，基础，洞身，洞口圬工和钢筋，支架，拱盔，排水设施，防渗层，被交道土方，路面及其他附属设施等工程的全部工序；小桥式通道包含的工程内容为挖基，围堰，基础，下部，上部，桥台锥坡，桥面系圬工和钢筋，支架，桥头搭板，被交道土方，路面及其他附属设施等工程的全部工序。

通道的跨径为 8m 以内，超过 8m 跨径的通道工程应按分离式立体交叉工程计。

通道分项指标的路基宽度取定值见表 8-2-2，如设计路基宽度与取定值不一致时，涵洞式通道按涵洞工程的调整方法进行调整[式(8-2-2)、式(8-2-3)]；小桥式通道可按路基宽度比例对分项指标进行调整。

5. 人行天桥及渡槽

渡槽分项指标按公路等级分列，人行天桥及渡槽工程量计量单位为自然计量单位“座”；工程量不分结构类型按需要设置的总座数计算；分项指标计价工程量单位为 1 座。

人行天桥包含的工程量为挖基，基础，下部，上部圬工和钢筋，金属结构，支座安装，抹面及嵌防滑条等工程的全部工序。

渡槽包含的工程内容有挖基，基础，下部，上部混凝土及砌石圬工，钢筋，接头及槽内防水处理，支座安装，人行道系等工程的全部工序。

需要注意的是，人行天桥的分项指标仅适用于封闭式高等级公路；渡槽分指标中仅包括路线通过渡槽范围内修建的渡槽工程。

混凝土集中拌和，混凝土运输及拌和站安拆，混凝土构件蒸汽养生及蒸汽养生室建筑，行车道搭板等，已综合在相应指标中，不再另行计算。

七、沿线设施的工程量计算

沿线设施包括安全设施和服务、管理设施，其工程量计算规则如下：

1. 安全设施

安全设施按公路等级、地形分列，其工程量按道路路线设计总长度，以公路公里计算；分项指标计价工程量单位为 1 公路公里。包含的工程内容有护栏，隔离栅，标志，标线，防眩设施，中间带，轮廓标，里程碑，百米桩，界碑等工程的全部工序。

2. 服务、管理设施

服务、管理设施按汽车专用公路、一般公路和独立大(中)桥分列；高速公路、一级公路、二级汽车专用公路的服务、管理设施包括通信、监控、供电、收费、服务房屋等。

汽车专用公路和一般公路服务、管理设施的工程量计量单位为设计路线总长度公路公里，分项指标计价工程量单位为 1 公路公里；独立大(中)桥的管理、服务设施工程量计量单位为自然计量单位"座"，分项指标计价工程量单位为 1 座；包含的工程内容有通信、监控、供电、收费等设施的设备安装，收费，服务，管理房屋，通信，供电线路及管道安装等工程的全部工序。

需要注意的是：

(1)分项指标未包括综合通信、监控、供电、收费等设施的设备费用，只包括设备的安装费和土建工程的费用，设备费应另行计算。

(2)如果是改建工程，安全设施和管理、服务设施的分项指标应乘以 0.8 系数。

八、其他工程的工程量计算

其他工程包括清除场地，拆除旧建筑物、构造物，绿化工程，公路交工前养护，临时轨道铺设，便桥，便道，临时电力线路，临时电信线路，临时码头，改河土方，其他零星工程等。其他工程未列分项指标，故不用计算工程量。在投资估算中，以主要工程(前述第一～七计量的工程量)的工程费为基数，乘以《公路工程估算指标》中附录一规定的百分率。

第三章　设计概算的工程量计算

在初步设计阶段，要编制设计概算。设计概算的编制依据除设计图纸、技术经济调查资料、《公路工程概算定额》(JTG/T B06-01—2007)(以下简称《公路工程概算定额》)、《公路工程基本建设项目概算预算编制办法》等及省、市有关主管部门的补充规定外，就是按照设计图纸中的设计尺寸和一定的工程量计算规则和计算方法计算的工程量。在《公路工程概算定额》中，将整个工程项目划分为路基工程、路面工程、隧道工程、涵洞工程、桥梁工程、交通工程及沿线设施、临时工程等章和节，在此基础上再进一步细分为目和子目，以便能够计算工程量并以此表达工程实体、中间产品，或完整的工序过程需要进行的工作内容。

第一节　《公路工程概算定额》的项目划分

工程量的计算与定额项目(包括项目、子目等)的划分密切相关。定额中列出了按其划分的项目的每一个目或子目完成定额计价单位工程量时需要消耗的人工工日数、各种材料消耗量、机械台班消耗量等的数量，及其用一定时期、一定区域的价格表示的上述各种消耗资源的基价；并规定了应当完成的相应的工程内容及工序。因此，其工程量的计价单位及其工程量的计算规则、计算方法必须与定额中划分的项目或子目相一致，在工程量的计量中不得随意改变。在工程量计算中，首先应当弄清其定额中章、节、目和子目的划分情况。

一、《公路工程概算定额》的项目划分情况

《公路工程概算定额》的项目划分情况见表 8-3-1。

《公路工程概算定额》项目划分情况表　　表 8-3-1

章、节	名　称	目　数	子目数	备　注
第一章	路基工程	54	473	项目与子目的具体划分详见《公路工程概算定额》
第一节	路基土、石方工程	17	217	
第二节	路基排水工程	7	42	
第三节	路基防护工程	20	172	
第四节	路基软基处理工程	10	42	
第二章	路面工程	32	596	
第一节	路面基层及垫层	10	307	
第二节	路面面层	16	251	
第三节	路面附属工程	6	38	
第三章	隧道工程	35	198	
第一节	洞身工程	15	102	
第二节	洞门工程	3	10	

续上表

章、节	名　称	目　数	子目数	备　注
第三节	辅助坑道	4	17	项目与子目的具体划分详见《公路工程概算定额》
第四节	通风及消防设施安装	13	69	
第四章	涵洞工程	6	63	
第五章	桥梁工程	65	1259	
第一节	基础工程	21	857	
第二节	下部构造	6	98	
第三节	上部构造	36	226	
第四节	钢筋及预应力钢筋、钢丝束、钢绞线	2	78	
第六章	交通工程及沿线设施	95	732	
第一节	安全设施	10	48	
第二节	监控、收费系统	12	160	
第三节	通信系统	18	152	
第四节	供电、照明系统	16	84	
第五节	光缆、电缆敷设	18	103	
第六节	配管、配线及接地工程	12	89	
第七节	绿化工程	9	96	
第七章	临时工程	6	24	
合计		293	3 345	

二、正确理解《公路工程概算定额》的项目划分

概算定额中的目和子目划分的主要依据是初步设计或技术设计所能提供的工程量的深度。由于初步设计或技术设计提供的工程量比可行性研究阶段提供的工程量要具体、详细、准确，但比施工图设计提供的工程量要粗略，所以概算定额的项目和子目的划分比《公路工程估算指标》中的划分要细，但比《公路工程预算定额》中的划分要粗略、综合性较强。概算定额是以部颁的现行标准设计图为依据编制的，没有标准图设计的定额项目，则选择有代表性的设计图或施工组织设计图。定额中所列的工程内容，除扼要说明了所综合的工程项目以外，均包括各项目的全部施工过程的内容和辅助工日；考虑到设计概算是工程建设投资控制的控制性指标，对某些定额项目予以适当加深，以提高概算的准确性。对一般难以提供工程量的项目和子目，尽可能在定额中的总说明，章、节说明或附注中按常用量（或调整系数）列出，供编制概算时参考。

1. 路基工程

在路基工程定额中，按路基开挖的难易程度，将土壤、岩石分为松土、普通土、硬土、软石、次坚石、坚石共六类。

(1)路基土、石方工程

由于各种等级公路的填、挖方比例、压实度、机械化施工程度以及零星工程的含量等相互之间差距比较大，故概算定额分别人工和机械、填方和挖方、不同施工机械、不同的施工方法以及零星工程等来划分，按土石类别、机械规格、公路等级编制定额；为简化计算工作，将整修路

拱、整修边坡、挖截水沟、挖土质台阶、修筑盲沟、挖淤泥、填前压实、零星回填土方等综合为一个目,即零星工程。概算定额中,将路基土、石方工程共划分为17个目217个子目。

(2)路基排水工程

路基排水工程分为路基盲沟,砌石及混凝土边沟、排水沟、截水沟、急流槽,混凝土排水管,雨水井、检查井,中央分隔带排水,轻型井点降水等7个目42个子目。

(3)路基防护工程

路基防护分为编篱及铁丝(木、竹)笼填石护坡,植草护坡,混凝土防护工程,砌石防护工程,灰浆抹面护坡,喷射混凝土护坡,预应力锚索护坡,木桩填石护坡,抛石防护,防风固沙,防雪、防沙设施,现浇混凝土挡土墙,加筋土挡土墙,现浇及预制安装钢筋混凝土锚定板式挡土墙,钢筋混凝土桩板式挡土墙,锚杆挡土墙,钢筋混凝土扶壁式、悬臂式挡土墙,抗滑桩等20个目172个子目。

(4)路基软基处理工程

路基软基处理工程一节分袋装砂井、塑料排水板、石灰砂桩、振冲碎石桩、挤密砂桩、粉体喷射搅拌桩、高压旋喷桩、CFG桩、土工合成材料处理软土地基,强夯、抛石挤淤处理软土地基,垫层、堆载及真空预压、路基填土掺灰处理软土地基等10个目42个子目。

2.路面工程

路面工程一章分为路面基层及垫层、路面面层、路面附属工程三节。

(1)路面基层及垫层

路面基层及垫层分路面垫层,路拌法水泥稳定土基层,路拌法石灰、粉煤灰稳定土基层,路拌法石灰、粉渣稳定土基层,路拌法水泥、石灰稳定土基层、厂拌基层稳定土混合料,基层稳定土厂拌设备安装、拆除,泥灰结碎石基层,填隙碎石基层,按施工机械、施工方法、组成材料等共列10个目307个子目。

(2)路面面层

路面面层一节分泥结碎石路面,级配碎石路面,级配砾石路面,天然砂砾路面,粒料改善土壤路面,磨损层及保护层,沥青表面处治路面,沥青贯入式路面,沥青上拌下贯式路面,沥青混合料路面,沥青混合料拌和设备安装、拆卸,透层、黏层、封层,水泥混凝土路面,碾压混凝土路面,自卸汽车运输水泥混凝土,过水路面,按施工机械、施工方法、组成材料等共列16个目251个子目。

(3)路面附属工程

路面附属工程一节分整修旧路面,全部挖出旧路面,挖路槽、培路肩、修筑泄水槽,人行道及路牙(缘石),沥青路面镶边,土路肩加固,按施工机械、施工方法、组成材料等共列6个目38个子目。

3.隧道工程

隧道工程项目划分为洞身体工程、洞门工程、辅助坑道、通风及消防设施安装,共四节35个目198个子目。

(1)洞身工程

本节分人工开挖,机械开挖轻轨斗车运输,正洞机械开挖自卸汽车运输,钢支撑,锚杆及金属网,管棚、小导管,喷射混凝土,现浇混凝土衬砌,石料、混凝土预制块衬砌,防水板与止水带(条),塑料排水管沟,拱顶压浆,明洞,洞内装饰装,洞内照明设施,按工程部位、施工方法、施工机械、所用材料等分为15个目102个子目。

(2)洞门工程

本节分洞门墙砌筑,现浇混凝土洞门墙,洞门墙装饰,按材料、施工方法、施工内容、所用材料等列3个目10个子目。

(3)辅助坑道

本节分斜井开挖,斜井衬砌,竖井开挖,竖井支护与衬砌,按围岩类别、施工方法、所用材料等列4个目17子目。

(4)通风及消防设施

本节分射流风机安装,离心风机安装,轴流风机安装,洞内预埋件,水泵安装,消火栓安装,消防系统组件安装,探测器安装,报警控制器安装,联动控制器安装,报警联动一体机安装,重复显示器、警报装置、远程控制器安装,消防系统调试,按安装的设备类别、设备质量(t)等列13个目69子目。

4.涵洞工程

本章只列一节。在本节中,分涵洞洞身,涵洞及倒虹吸管洞口,在涵洞扩大定额中列石盖板涵,浆砌石拱涵,钢筋混凝土圆管涵,钢筋混凝土盖板涵,按涵洞类型、涵长、跨径、施工方法等列6个目63个子目。

通常,在初步设计阶段只需要列出涵洞类型、道数和涵长。但由于地形、地质及公路等级的不同,涵洞的涵台高度、基础类型,特别是进出口的铺筑长度等的工程量差别很大。为了提高概算值的准确性,将定额计量单位改用涵洞的圬工数量,加深了对设计工程量的要求。可通过查阅涵洞标准图集来计算涵洞的主要工程数量;次要工程量要在外业勘测时注意调查和收集有关资料来予以补充。

为适应林业和工业建设项目配套的公路建设工程编制概算的需要,考虑到这些配套的公路工程在整个建设项目投资中占的比重很小,一般设计达不到公路行业部门要求的深度,为此专门编列了涵洞扩大定额来供这些部门使用。

5.桥梁工程

概算定额中,将桥梁工程分为基础工程,下部构造,上部构造,钢筋及预应力钢筋、钢丝束、钢绞线等四节65个目1259个子目。其项目划分的特点为:

(1)定额包括围堰筑岛、基础工程、下部构造、上部构造等。

(2)主体工程中的基础工程、下部工程、上部构造、人行道的定额按下述原则进行划分:

①基础工程

天然地基上的基础为基础顶面以下;打桩和灌注桩基础为横系梁底面以下或承台顶面以下;沉井基础为井盖顶面以下的全部工程。

②下部构造

a.桥台。指基础顶面或承台顶面以上的全部工程,但不包括桥台上的路面、人行道、栏杆,如U形桥台有两层帽缘石者,第二层以下属桥台,以上属人行道。

b.桥墩。指基础顶面或承台顶面(柱式墩台为系梁底面)以上、墩帽或盖梁(拱桥为拱座)顶面以下的全部工程。

c.索塔。塔墩固结的为基础顶面或承台顶面以上至塔顶的全部工程;塔墩分离的为桥面顶部以上至塔顶的全部工程,桥面顶部以下部分按桥墩定额计算。

③上部构造

梁、板桥指墩台帽或盖梁顶面以上(拱桥指拱座顶以上两桥背墙前缘之间)、人行道梁底面以下(无人行道梁时为第二层缘石顶面以下)的全部工程,但不包括桥面铺装。

④人行道及安全带

人行道梁或安全带底面以上(无人行道梁时为第一层缘石底面以上)的全部工程。

(3)混凝土工程中,除钢桁架桥、钢吊桥中的桥面系混凝土工程外,均不包括钢筋及预应力系统。

(4)定额中除轨道铺设、电信电力线路、场内临时便道、便桥未计入定额外,其余场内需要设置的各种安装设备以及构件运输、平整场地等均摊入定额中,悬拼箱梁还计入了栈桥码头,使用定额时均不得另行计算。

(5)定额中除注明者外,均未包括混凝土的拌和和运输,应根据施工组织设计,按相关定额另行计算。

(6)定额中混凝土均按露天养生考虑。如采用蒸汽养生时,应从各有关定额中每 $10m^3$ 实体减去人工 1.5 工日及其他材料费 4 元,另按蒸汽养生定额计算混凝土的养生费用。

(7)定额中混凝土工程均已包括操作范围内的混凝土运输。现浇混凝土工程的混凝土平均运距超过 50m 时,可根据施工组织设计的混凝土平均运距,按混凝土运输定额增列混凝土运输。

(8)大体积混凝土项目必须采用埋设冷却管来降低混凝土水化热时,可按冷却管定额另行计算。

(9)定额中的模板均为常规模板,当设计或施工对混凝土结构的外观有特殊要求需要对模板进行特殊处理时,可根据定额中所列的混凝土模板接触面积增列相应的特殊模板材料的费用。

(10)行车道部分的桥头搭板,应根据设计数量按桥头搭板定额计算。人行道部分的桥头搭板已综合在人行道定额中,使用定额时不得另行计算。

(11)本章定额仅为桥梁主体工程部分,至于导流工程、改河土石方工程、桥头引道工程均未包括在定额中,需要时应按有关定额另行计算。

(12)工程量计算按下述规则进行:

①现浇混凝土、预制混凝土的工程量为构筑物或预制构件的实际体积,不包括其中空心部分的体积,钢筋混凝土项目的工程量不扣除钢筋所占体积。

②钢筋工程量为钢筋的设计质量,定额中已计入施工操作损耗。钢筋设计按施工现场接长考虑时,其钢筋所需的搭接长度的数量本定额中未计入,应计入钢筋的设计质量内。

6.交通工程及沿线设施

交通工程及沿线设施一章包括交通安全设施、服务设施和管理设施等项目,涉及安全设施,监控、收费系统,通信系统,供电照明系统,光缆、电缆敷设,配管、配线及接地工程,绿化工程等七节共 95 个目 732 个子目。

该章定额中只列了工程所需的主要材料用量,次要、零星材料和小型施工机具均未逐项列出,分别计入“其他材料费”和“小型机具使用费”内,以元计,编制概算即按此计算。定额中均已包括混凝土的拌和费用;其他如有未包括的项目,可参照相关行业定额计算。

7.临时工程

临时工程一章只列一节,包括汽车便道,临时便桥,临时码头,轨道铺设,架设输电、电信线路,人工夯打小圆木桩等 6 个目 24 个子目。

第二节　设计概算的工程量计算

要准确编制设计概算，除要按照《公路工程基本建设项目概算预算编制办法》的规定和要求进行编制，在勘测、设计中要详细、全面地搜集有关技术经济调查资料外，就是要能够按照设计图纸，根据定额中规定的工程量计算规则、计算方法，正确计算工程量。根据《公路工程概算定额》对目和子目的划分，按设计图表资料进行工程量计算时，需要进行复核、统计分析、汇总，并换算成计价工程量单位的工程数量。

一、路基工程的工程量计算

根据公路工程概算定额对路基工程项目和子目的划分，路基工程各项目的工程量按如下规则和方法计算。

1. 路基土石方工程量的计算

1)土石方体积的计算

土石方体积的计算，除定额中另有说明者外，土方挖方按天然密实体积计算，填方按压(夯)实体积计算；石方爆破按天然密实体积计算。当以填方压实体积为工程量，采用以天然密实方为计量单位的定额时，所采用的定额应乘以表 8-3-2 所列系数。

换 算 系 数 表　　表 8-3-2

土类 / 公路等级	土方			石方
	松土	普通土	硬土	
二级及以上等级公路	1.23	1.16	1.09	0.92
三、四级公路	1.11	1.05	1.00	0.84

其中，推土机、铲运机施工土方的增运定额按普通土栏目的系数计算；人工挖运土方的增运定额和机械翻斗车、手扶拖拉机运输土方、自卸汽车运输土方的运输定额在上表的基础上增加 0.03 的土方运输损耗，但弃方运输不应计算运输损耗。

2)伐树、挖根、除草、清除表土

伐树、挖根、除草、清除表土，按勘测外业调查和设计图纸，伐树及挖根、除草、砍挖灌木林按面积计，定额基价工程量单位 1 000m²；清除表土按体积计，定额基价工程量单位为 100m³；挖竹根按体积计，定额基价工程量单位 10m³。在定额还规定：使用定额时，挖芦苇根按挖竹根乘系数 0.73，清除表土和除草不可同时套用，清除的表土如需远运，按土方运输定额另行计算。

3)路基土石方工程

路基土石方工程包括土石方开挖、运输、夯实或碾压等，要根据设计图纸中的土石方数量计算表，核对设计断面以外的填方计算是否完整、齐全。土石方工程量的计算通常采用断面法(见本篇第一章第二节)。在路基土石方工程量计算中，还应注意以下问题：

(1)路基土石方的开挖工作，是按开挖的难易程度，将土壤和岩石分为松土、普通土、硬土、软石、次坚石、坚石六类，而土石方的运输和压实则只分为土方和石方两项，并均以体积(m³)为计量单位，定额基价工程量单位为 1 000m³；土石方开挖、装卸、运输按天然密实体积计，填筑按压实体积计；当移挖作填或借土填筑路堤时，应考虑定额中所规定的换算系数，即采用以天然密实方为计量单位的定额乘以规定的换算系数进行计价。所以，应注意按土石类别或土方和石方、利用方或借方填筑分别计算工程量，以便套用定额进行计价。

(2)定额中，把整修路拱、整修边坡、挖截水沟、挖土质台阶、填前压实、零星回填土方等项的工程量，按不同公路等级及平原微丘、山岭重丘，将其综合扩大为“路基零星工程”一项，采用1km为计量单位，定额基价工程量单位为1km；以修建的公路长度核减路线内的桥梁、隧道的长度作为计算依据。

(3)由于施工机具存在经济运距的问题，如推土机推移土石方的经济距离，中型推土机一般为50～100m，超过经济运距则是不经济的；而汽车的运距若小于500m，也难以发挥汽车运输的优势。为了合理确定路基土石方的运输费用，同时考虑到公路的路基土石方施工又是以推土机为主时，计算土石方的增运数量，应考虑分别不同机械类型及其经济运距，从路基土、石方数量计算表上按不同运距计算其数量和运量，进行统计汇总并计算出平均运距，以此作为土石方运输计价的依据。

(4)下列各项数量，设计图表资料是不反映的，应由施工组织设计提出，并入路基填方数量内计算。

①清除表土或零星填方地段的基底压实、耕地填前夯(压)实后，回填至原地面高程需要的土、石方数量。

②因路基沉陷需增加填筑的土、石方数量。

③为保证路基边缘的压实度需加宽填筑时，所需的土、石方数量。

(5)路基土石方开挖定额中，已包括了开挖边沟消耗的工、料和机械台班数量，因此，开挖边沟的数量应合并在路基土、石方数量内计算。

(6)路基土石方机械施工定额中，已根据一般路基施工情况，综合了一定比例的因机械达不到而由人工施工的因素，使用定额时，机械施工路段的工程量应全部采用机械施工定额。

(7)各种开炸石方定额中，均已包括清理边坡工作。

(8)抛坍爆破定额中，已根据一般地面横坡的变化情况，进行了适当综合；其工程量按抛坍爆破设计计算，抛坍爆破的石方清运及增运定额，系按设计数量×(1－抛坍率)编制。

(9)自卸汽车运输路基土石方，定额仅适用于平均运距在15km以内的土、石方运输，当平均运距超过15km时，应按社会运输的有关规定计算其运输费用。当运距超过第一个定额运距单位时，其运距尾数不足一个增运定额单位的半数时不计，等于或超过半数时按一个增运定额运距单位计算。

(10)在定额表中，对各子目用附注对特定情况的计量调整予以说明，主要有：

①人工挖运土方。当采用人工挖、装，机动翻斗车运输时，其挖、装所需的人工按第一个40m挖运定额减去72工日计算；当采用人工挖、装、卸，手扶拖拉机运输，其挖、装、卸所需的人工按第一个40m挖运定额减去42工日计算；如遇升降坡时，除按水平距离计算运距外，并按表8-3-3另加计运距。

运距调整表 表8-3-3

<table>
<tr><th rowspan="2">升降坡度</th><th colspan="2">高度差</th></tr>
<tr><th>每升高1m</th><th>每降低1m</th></tr>
<tr><td>0%～5%</td><td rowspan="2">15m</td><td>不增加</td></tr>
<tr><td>6%～10%</td><td>5m</td></tr>
<tr><td>10%以上</td><td>25m</td><td>8m</td></tr>
</table>

②挖淤泥、湿土、流沙。如需排水时，排水费用另行计算；本定额不包括挖掘机的场内支垫费用，如发生，按实计算；挖掘机挖、装淤泥、流沙如需远运，按土方运输定额另行计算。

③夯实填土。如需洒水时，洒水费用另行计算。

④机动翻斗车、手扶拖拉机配合人工运土、石方，定额中没有包括人工挖土、开炸石方及装、卸车的工、料消耗，需要时按"人工挖运土方"和"人工开炸石方"定额附注中的有关规定计算。

⑤挖掘机挖、装土、石方。土方不需装车时，应乘以0.87系数。

⑥装载机装土、石方。如需推土机配合推松、集土时，其人工、推土机台班的数量按"推土机推运土方"第一个40m定额乘以0.8系数计算；装载机与自卸汽车可按表8-3-4配备。

装载机与自卸汽车配备表 表8-3-4

装载机斗容量(m^3)	1以内		2以内		3以内		
自卸汽车装载质量(t)	3以内	6以内	8以内	10以内	12以内	15以内	20以内

⑦推土机推土。上坡推运的坡度大于10%时，按坡面的斜距离乘以表8-3-5所列系数作为运距。

调 整 系 数 表 表8-3-5

坡度(%)	10～20	20～25	25～30
系数	1.5	2.0	2.5

⑧人工开炸石方，孤石按坚石计算。当采用人工开炸、装车，机动翻斗车运输时，其开炸、装车所需要的工、料消耗按第一个40m开炸定额减去120个工日计算；当采用人工开炸、装车、卸车，手扶拖拉机运输时，其开炸、装车所需要的工、料消耗按第一个40m开炸定额减去69个工日计算。

⑨机械打眼开炸石方。定额仅包括爆破石方第一个40m的清运，如需超运时，可按机械打眼开炸石方定额中的增运定额计算。

⑩机械碾压路基。定额按自行式平地机整平土方编列，如采用推土机整平土方时，可采用定额中括号内数字并扣除定额中平地机的全部台班数量；对铺设沥青混凝土或水泥混凝土路面的三级公路，零填及挖方地段的基底压实应采用二级公路定额；如需洒水，洒水费用另行计算。

⑪洒水车洒水。若水需要计费时，水费另行计算。其定额仅适用于运距在15km以内的情况，超出15km时按社会运输计价。

(11)路基零星工程项目已根据公路工程施工的一般含量综合了整修路拱、整修路基边坡、挖土质台阶、挖截水沟、填前压实以及其他零星回填土方等工程，使用定额时，不得因具体工程的含量不同而变更定额。

2.路基排水工程的工程量计算

路基排水工程的工程量计算应以设计图中的尺寸为依据。

(1)砌筑工程的工程量为砌体的实际体积，包括构成砌体的砂浆体积，以m^3计；如石砌边沟、排水沟、截水沟、急流槽定额目中各子目的工程量计算；其定额基价工程量单位为$10m^3$。

(2)混凝土边沟、排(截)水沟、急流槽定额目中的各子目工程量以体积m^3计，定额基价工程量单位为$10m^3$；其水沟盖板的钢筋含量按$0.6t/m^3$计；如设计钢筋含量与定额不同时，可按设计数量抽换定额中的钢筋消耗量。

(3)路基盲沟为设计设置盲沟的长度(m)，定额基价工程量单位为10m。

(4)预制混凝土构件的工程量为预制构件的实际体积(m^3),不包括预制构件空心部分的体积,定额基价工程量单位为$10m^3$。

(5)轻型井点降水定额按50根井管为一套,不足50根的按一套计算;井点使用天数按日历天数计算,使用时间按施工组织设计确定,定额基价工程量单位为套·天;井点管、总管安拆以根计,定额基价工程量单位为10根。

(6)混凝土排水管铺设,分管径以长度(m)计,定额基价工程量单位为10m。

(7)雨水井、检查井定额各子目中的混凝土按体积m^3计,定额基价工程量单位为$10m^3$;铸铁篦子按套计,定额基价工程量单位为10套;当雨水篦子的规格与定额不同时,可按设计用量抽换定额中的铸铁篦子的消耗量。

(8)中央分隔带排水的纵、横向水管安装以长度m计,定额基价工程量单位为10m。

3.路基防护工程的工程量计算

1)定额子目的工程量计算

(1)路基防护工程铺草皮工程量按所铺边坡的坡面面积计算,定额基价工程量单位为$1\,000m^2$;采用叠铺草皮时,定额中人工工日和草皮数量加倍计算,其他材料费不变;各种填石护坡按体积计算,定额基价工程量单位为$10m^3$;植草护坡按护坡面积计算,定额基价工程量单位为$1\,000m^2$,植草护坡定额中均已考虑黏结剂、保水剂、营养土、肥料、覆盖薄膜等的费用,使用定额时不得另行计算;挂铁丝网护坡消耗未包括锚固钢筋(或锚杆)的消耗,按定额另行计算,挂网定额中钢筋项目仅适用于挂铁丝网的钢筋框条;植草项目可根据设计用量调整定额中的草籽或种子的消耗。

(2)混凝土防护工程分预制混凝土护坡、现浇混凝土护坡,按护坡面积计算,定额基价工程量单位为$100m^2$,码砌菱形格护坡定额中未包括框格间隙的填塞费用,需要时应另行计算;砌石防护工程分浆砌、干砌,按体积计算,定额基价工程量单位为$10m^3$,当采用骨架护坡时,人工工日乘系数1.3;灰浆抹面护坡按护坡面积计算,定额基价工程量单位为$100m^2$。

(3)喷射混凝土护坡,其钢筋或铁丝网挂网、锚杆按质量t计,定额基价工程量单位为t;其锚杆埋设仅适用于锚喷联合施工时的锚杆。预应力锚索护坡按:

①脚手架及地锚、锚座,其脚手架按立面面积计算,定额基价工程量单位为$100m^2$,定额中的脚手架系按钢管脚手架编制的,脚手架宽度按2.5m考虑;钢筋按质量t计,定额基价工程量单位为1t;混凝土按体积计,定额基价工程量单位为$10m^3$。

②预应力锚索成孔,按岩石类别、分成孔深度,以长度为计量单位,定额基价工程量单位为10m。

③预应力锚索,按锚具型号、束长,其工程量为锚索(钢绞线)长度与工作长度的质量之和,以钢绞线质量(t)计,定额基价工程量单位为1t。

④锚索注浆,按注浆浆液体积计,定额基价工程量单位为$10m^3$,但未包括外掺剂的费用,需要时另行计算。

(4)木桩填石头护坡按木桩实体体积计,定额基价工程量单位为$10m^3$木桩实体;抛石防护按设计抛石量体积计,定额基价工程量单位为$100m^3$设计抛石量。

(5)防风固沙中定额基价工程量单位:

①植树为100株。

②栽草、播草籽、黏土压盖、砂砾压盖、草方格沙障为$1\,000m^2$;草方格沙障定额中的其他费用包括了麦草600kg的费用。

③黏土埂挡风墙、杂柴挡风墙、保护草方格刺铁丝网、柳条笆防沙网为1 000m，柳条笆防沙网定额中的其他费用包括柳条12 500kg的费用。

④人工清除流沙、黏土封闭为$100m^3$。

⑤边坡和平整带卵石铺砌为$1\ 000m^2$。需要水费时应另行计算。

防雪、防沙设施按延米计，定额基价工程量单位为100延米。

(6)现浇混凝土挡墙，加筋土挡土墙，现浇钢筋混凝土锚碇板式挡土墙，预制、安装钢筋混凝土锚碇板式挡土墙，钢筋混凝土桩板式挡土墙，钢筋混凝土扶壁式、悬臂式挡土墙，其混凝土按体积计，钢筋按质量(t)计，定额基价工程量单位分别为$10m^3$和1t；加筋土挡土墙墙体混凝土体积为混凝土面板、基础垫板及檐板体积之和；现浇钢筋混凝土锚碇板式挡土墙混凝土体积为墙体现浇混凝土体积，定额中已综合了锚碇板的数量，使用定额时不得将锚碇板的工程量计入；锚杆挡土墙定额中，定额基价工程量单位钻孔及压浆为100m，混凝土为$10m^3$，钢筋、锚杆制安为1t。抗滑桩挖孔工程量按护壁外缘所包围的面积乘以孔深计算，挖孔、护壁、桩身混凝土按体积计，定额基价工程量单位为$10m^3$；钢筋、钢轨按质量(t)计，定额基价工程量单位为1t。采用钢轨作骨架时，应尽量利用废旧钢轨。

(7)挡土墙防渗层按面积计，定额基价工程量为$1\ 000m^2$；泄水层及填内芯按体积计，定额基价工程量单位为$100m^3$，填内芯所需填料的挖运，按路基土方定额另计。

2.特定情况的处理

(1)定额中未列出的其他结构形式的砌石防护工程，需要时按"桥涵工程"中的有关定额计算；现浇拱形骨架护坡可参考本节定额中的现浇框格(架)式护坡定额进行计算。

(2)除本节定额注明者外，均已包括挖基、基础垫层的工程内容，按设计要求需要设置的伸缩缝、沉降缝的费用，水泥混凝土的拌和费用等。

(3)以面积为计量单位的子目，其工程量按设计需要的面积计算；砌筑工程量的体积为砌体的体积，包括砌体的砂浆体积；预制混凝土构件的工程量为预制构件的实际体积，不包括预制构件中空心部分的体积；

4.路基软基处理工程的工程量计算

(1)袋装砂井、塑料排水板处理软土地基，按设计深度以长度计，定额基价工程量单位为1 000m，定额材料消耗中已包括砂袋或塑料排水板的预留长度。砂井直径按7cm编制，若直径不同时，可按砂井截面积的比例关系调整中(粗)砂的用量，其他消耗量不作调整。

(2)石灰砂桩、挤密砂桩、CFG桩处理软土地基，工程量按体积计，定额基价工程量单位为$10m^3$；石灰砂桩、挤密砂桩的工程量为设计桩断面积乘以设计桩长；CFG桩的工程量为设计桩长乘以设计桩径的混凝土体积，定额中已综合考虑了扩孔、桩头清除等因素的增加量，使用定额时，不应将这部分数量计入工程量中。振冲碎石桩、粉体喷射搅拌桩，工程量按长度计，定额基价工程量单位为10m；粉体喷射搅拌桩、高压旋喷桩的工程量应按设计桩长计；振冲碎石桩定额中不包括污泥排放处理的费用，需要时另行计算。粉体喷射搅拌桩直径是按50cm编制的，当设计桩径不同时，桩径每增加5cm，定额人工和机械增加5%；定额中的固化材料的掺入比是按水泥15%、石灰25%计算的，当掺入比或桩径不同时，可按式(8-3-1)调整固化材料的消耗。

$$Q=\frac{D^2\times m}{D_0^2\times m_0}\times Q_0 \tag{8-3-1}$$

式中：Q——设计固化材料消耗；

Q_0——定额固化材料消耗；

D——设计桩径；

D_0——定额桩径；

m——设计固化材料掺入比；

m_0——定额固化材料掺入比。

(3)高压旋喷桩处理软土地基，工程量按长度计，定额基价工程量单位为10m；其定额中的浆液是按普通水泥浆编制的，当设计采用添加剂或水泥用量与定额不同时，可按设计确定的有关参数计算水泥浆，按式(8-3-2)计算水泥的消耗量。

$$M_c = \frac{\rho_w \times d_c}{1 + \partial + d_c} \times \frac{H}{\upsilon} \times q \times (1 + \beta) \tag{8-3-2}$$

式中：M_c——水泥用量(kg)；

ρ_w——水的密度(kg/m^3)；

d_c——水泥的相对密度，可取3.0；

H——喷射长度(m)；

υ——提升速度(m/min)；

q——单位时间喷浆量；

∂——水灰比；

β——损失系数，一般取0.1～0.2。

(4)土工合成材料处理软土地基、强夯处理软土地基，按面积计，定额基价工程量单位为1 000m^2；强夯处理软土地基定额中未包括垫层，需要时应按相应定额另行计算，强夯定额适用于处理松、软的碎石土、砂土、低饱和度的粉土与黏性土，湿陷性黄土和素填土等地基。定额中已综合考虑夯坑的排水费用，使用定额时不得另行增加费用。夯击遍数应根据地基土的性质由设计确定，低能量满夯不能作为夯击遍数计算。

(5)抛石挤淤，软土地基垫层，工程量按体积计，定额基价工程量单位为1 000m^3；抛石挤淤的工程量为设计抛石体积，软土地基垫层的工程量为设计体积，路基填土掺灰的工程量为需要进行处理的填土的压实体积。堆载及真空预压，按处理面积计，定额基价工程量单位为1 000m^2，但未包括堆载材料的运输，需要时应按相关定额计算；堆载预压定额中包括了堆载四面的放坡、沉降观测、修坡道增加的工、料、机消耗以及施工中测量放线、定位的工、料消耗，使用定额时均不得另行计算。

(6)土工布的铺设面积为锚固沟外边缘所包围的面积，包括锚固沟的底面积和侧面积，定额中不包括排水内容，需要时另行计算。

本节定额各子目均已包括机具清洗及操作范围内的料具搬运。

二、路面工程的工程量计算

1.路面基层及垫层的工程量计算

(1)路面垫层，路拌法水泥混凝土基层，路拌法石灰稳定土基层，路拌法石灰、粉煤灰稳定土基层，路拌法水泥、石灰稳定土基层，厂拌基层稳定土混合料拌和及铺筑，泥灰结碎石基层，填隙碎石基层等的工程量按面积计算，定额基价工程量单位为1 000m^2。

(2)稳定土混合料运输要根据运输距离按体积计，定额基价工程量单位为1 000m^3，该定额子目是按拌和能力为300t/h的拌和设备编制的，若采用其他型号的拌和设备施工时，应根据概算定额中所列“不同生产能力拌和设备定额消耗数量调整表”中的数据调整定额中的人工、装载机和拌和设备的消耗数量。

(3)基层稳定土厂拌设备安装、拆卸按座计,定额基价工程量单位为1座。

2. 路面面层的工程量计算

(1)泥结碎石路面、级配碎石路面、级配砾石路面、天然砂砾路面、粒料改善土壤路面磨耗层及保护层沥青表面处治路面、沥青贯入式路面、沥青上拌下贯式路面、透层、黏层、封层,水泥混凝土路面、碾压混凝土路面,其工程量按面积计,定额基价工程量单位为1 000m^2。但应注意:

①沥青上拌下贯式路面定额中的压实厚度系指上拌下贯式路面的贯入层的压实厚度;定额中仅包括沥青上拌下贯式路面的下贯部分消耗,其上拌部分实际用量可按压实厚度范围2～4cm计算,用有关定额另行计算工程量;当拌和层与贯入部分不能连续施工,又要在短期内通行施工车辆时,每1 000m^2 路面增加人工1.5工日、石屑2.5m^3、6～8光轮压路机0.14台班。

②透层、黏层、封层定额子目中,若粒料基层浇洒透层沥青后,不能及时铺筑面层并需要开放施工车辆通行时,每1 000m^2 增加粗砂0.83m^3、6～8t光轮压路机0.12台班;沥青用量乘以1.1的系数。

③水泥混凝土路面定额中,未包括拌和站的安拆费用,需要时按有关定额另行计算;人工铺筑定额仅适用于一般数量不大的水泥混凝土路面,二级及以上等级公路的水泥混凝土路面应套用摊铺机铺筑定额。

④摊铺机铺筑定额中仅包括第1km的水泥混凝土运输,如需要增运时,按有关定额另行计算。

⑤碾压混凝土路面定额中未包括混凝土拌和站的安拆费用,需要时按有关定额另行计算。

(2)沥青混合料路面拌和及铺筑,按路面实体体积计,定额基价工程量单位为1 000m^3;沥青混合料运输按运距,以体积计,定额基价工程量单位为1 000m^3;沥青混合料拌和设备安装、拆卸按座计,定额基价工程量单位为1座。

(3)水泥混凝土路面中的拉杆、传力杆及钢筋,按质量(t)计,定额基价工程量单位为1t;自卸汽车运输水泥混凝土,按运距以体积计,定额基价工程量单位为1 000m^3 实体;过水路面按延米计,定额基价工程量单位为10延米。

3. 路面附属工程的工程量计算

(1)整修旧路面、挖路槽、培路肩按面积计,定额基价工程量单位为1000m^2。但应注意:

①整修旧路面按设计提出的需要整修的旧路面面积计算,定额适用于每块修整面积在30m^2 以内者,每块修整面积大于30m^2 者相应人工、机械乘以0.8系数,其他不变;砂石路面均按整修厚度6.5cm计算,沥青表面处治面层按整修厚度2cm计算,沥青混凝土面层按整修厚度4cm计算,路面基层的整修厚度均按6.5cm计算。

②挖路槽定额按全挖路槽编制,当设计为半挖半填路槽时,人工工日乘以0.8系数;挖出的土、石方如需远运时,另按路基土、石方运输定额计算。

③定额中培路肩的填方数量已计入路基填方内,使用定额时,不得再计填料的开挖、远运费用;硬路肩工程项目,根据其不同设计层次结构,分别采用不同的路面定额项目进行计算。

(2)全部挖除旧路面,按设计提出的挖出的旧路面体积计,定额基价工程量单位为10m^3;挖除的废渣如需远运时,另按路基土方运输定额计算;废渣清除后,底层如需碾压,每1 000m^2 可增加15t以内振动压路机0.18台班。

(3)修筑泄水槽按长度计，定额基价工程量单位为10m；沥青路面镶边，混凝土预制块及干砌、浆砌片(卵)石按体积计，定额基价工程量单位为$10m^3$；青(红)砖按长度计，定额基价工程量单位为1 000m(单边)；土路肩加固按体积计，定额基价工程量单位为$10m^3$。

(4)铺砌人行道按面积计，定额基价工程量单位为1 000m^2；安砌路缘石按体积计，定额基价工程量单位为$10m^3$。

(5)工程量计算时应注意，铺砌水泥混凝土预制块人行道、路缘石、沥青路面镶边和土硬路肩加固定额中，均已包括水泥混凝土预制块的预制，使用定额时不得另行计算。

4.工程量计算中特定情况的处理

(1)路面定额子目中的厚度均为压实厚度，培路肩的厚度为净培路肩的夯实厚度。

(2)定额中混合料是按最佳含水率编制的，定额中已包含养生用水并适当扣除材料天然含水量；但山西、青海、甘肃、宁夏、内蒙、西藏等省、自治区，由于温度偏低，用水量可根据具体情况，在定额基础上酌情增加。

(3)定额中列有洒水汽车的子目，均按5km范围内洒水汽车在水源处自吸水编制，不计水费。如工地附近无天然水源可利用，必须采用供水部门供水(如自来水)时，可根据定额子目中洒水汽车的台班数量，按每台班$35m^3$计算定额用水量，乘以供水部门规定的水价增列水费。洒水汽车取水的平均运距等于或超过5km时，可按路基工程的洒水汽车洒水定额中的增运定额增加洒水汽车的台班消耗，但增加的洒水汽车台班消耗量不得再计水费。

(4)定额中的水泥混凝土均已包括其拌和费用，使用定额时不得再另行计算。

(5)压路机台班按行驶速度，两轮光轮压路机2.0km/h，三轮光轮压路机2.5km/h，轮胎式压路机为5.0km/h，振动压路机为3.0km/h进行编制。如设计为单车道路面宽度时，两轮光轮压路机乘以1.14的系数、三轮光轮压路机乘以1.33的系数、轮胎式压路机和振动压路机乘以1.29的系数。

(6)自卸汽车运输稳定土混合料、沥青混合料和水泥混凝土时的定额项目，仅适用于平均运距在15km以内的混合料运输，当平均运距超过15km时，应按社会运输的有关规定计算其运输费用。当运距超过第一个定额运距单位时，其运距尾数不足一个增运定额单位的半数时不计，等于或超过半数时按一个增运定额运距单位计算。

(7)各类稳定土基层、级配碎石、级配砾石基层的压实度在15cm以内，填隙碎石一层的压实度在12cm以内，垫层、其他种类的基层和底基层压实厚度在20cm以内，拖拉机、平地机和压路机的台班消耗按定额数量计算；如超过上述压实厚度进行分层拌和、碾压时，拖拉机、平地机和压路机的台班消耗按定额数量加倍计算，每1 000m^2增加3个工日。编制概算时要按实际情况根据上述要求分别进行统计汇总，以便应用定额时进行调整；但当在上述界定的厚度之上或之下的各类结构形式有多个不同的设计厚度时，则应分别统计汇总并计算其加权平均厚度，且最少应取一位小数。这样处理，可减少应用定额的子目个数，编制概算时可节省篇幅，尤其是当采用手工编制概算时，可省去大量的计算工作。

(8)在路面工程量的计算中，其中有些计价工程量要根据建设工程的实际情况和施工组织设计的要求来取定，它们在设计图表资料上是不反映的。所以在计取工程量时，有以下问题需要注意：

①要了解开挖路槽的废方，在计算路基土石方数量时，是否已作综合平衡调配；原则上不应在某一地段一方面要进行借土填筑路堤，另一方面又出现大量废方需要远运处理的不合理现象；若路槽废方确需远运处理时，则应确定弃土场的地点及其平均运距；应根据路基横断面

和沿线路基土石方成分确定挖路槽的土、石方数量，不应以路基土石方的比例作为划分挖路槽土、石的依据。

②作为招标工程的概算，要根据施工组织设计或标段的划分，结合该地区现有拌和设备的生产能力，综合考虑临时用地、材料和混合料的运输费用等，合理确定拌和场的地点和面积、需要安拆的拌和设备的型号，并据此计算出混合料的平均运距。

(9)概算定额中的水泥、石灰稳定类基层定额，其水泥或石灰与其他材料系按某一标准的配合比编制的，但考虑到各地水文、地质、气候等情况差异大，建设工程的技术要求不同，其配合比就可能不同。因此，规定了材料消耗量的换算公式，故在计算工程量时要注意设计配合比是否与定额规定一致，以便进行调整。调整按式(8-3-3)进行。

$$C_i = [C_d + B_d \times (H - H_0)] \times \frac{L_i}{L_d} \tag{8-3-3}$$

式中：C_i——按设计配合比换算后的材料数量；

C_d——定额中基本压实厚度的材料数量；

B_d——定额中压实厚度每增减 1cm 的材料数量；

H_0——定额的基本压实厚度；

H——设计的压实厚度；

L_d——定额标明的材料百分率；

L_i——设计配合比的材料百分率。

(10)定额中，人工沿路翻拌和筛拌稳定土混合料定额中均已包括土的过筛人工消耗，因此土的预算价格中不应再计算过筛费用；土的预算价格，按材料采集及加工和材料运输定额中的有关子目计算；各类稳定土基层定额中的碎石、砂砾土系指天然碎石和天然砂砾土；各类稳定土底基层采用基层定额时，每 1 000m^2 路面减少 12～15t 光轮压路机 0.18 台班。

(11)泥结碎石路面、级配碎石路面、级配砾石路面、天然砂砾路面、粒料改善土壤路面面层的压实厚度在 15cm 以内，拖拉机、平地机和压路机的台班消耗数量按定额数量计算；如等于或超过上述厚度进行分层拌和、碾压时，拖拉机、平地机和压路机的台班消耗按定额加倍计算，每 1 000m^2 增加人工 3 个工日。

(12)泥结碎石和级配碎石、级配砾石面层定额中，均未包括磨耗层和保护层，需要时应按磨耗层和保护层定额另行计算。

(13)沥青表面处治路面、沥青贯入式路面和沥青上拌下贯式路面的下贯层及透层、黏层、封层定额中已计入热化、熬制沥青用的锅、灶等设备的费用，使用定额时不得另行计算；沥青贯入式路面面层定额中已综合了上封层的消耗，使用定额时不得另行计算。

(14)沥青碎石混合料、沥青混凝土和沥青玛蹄脂混合料路面定额中已包括混合料拌和、运输、摊铺作业时的损耗因素，路面实体按路面设计面积乘以压实厚度计算。

(15)沥青路面定额中均未包括透层、黏层和封层，需要时可按有关定额另行计算；沥青路面定额中的乳化沥青和改性沥青均按外购成品料进行编制，如在现场自行配制时，其配制费用计入材料预算价格中；沥青路面定额中，均未考虑为保证石料与沥青的黏附性而采用的抗剥离措施的费用，需要时，应根据石料的性质，按设计提出的抗剥离措施计算其费用。

在冬五区、冬六区采用层铺法施工沥青路面时，其沥青用量可按定额用量乘以下列系数，沥青表面处治：1.05；沥青贯入式基层或联结层：1.021；面层：1.028；沥青上拌下贯式下贯部分：1.043。

沥青路面定额系按一定的油石比编制的，当设计采用的油石比与定额不同时，可按设计油石比调整定额中的沥青用量，换算按式(8-3-4)进行。

$$S_i = S_d \times \frac{L_i}{L_d} \tag{8-3-4}$$

式中：S_i——按设计油石比换算后的沥青数量；

S_d——定额中的沥青数量；

L_d——定额中标明的油石比；

L_i——设计采用的油石比。

(16)如沥青玛蹄脂碎石混合料设计采用的纤维稳定剂的掺加比例与定额不同时，可按设计用量调整定额中纤维稳定剂的消耗量。

(17)过水路面定额系按双车道路面宽 7.5m 进行编制的，当设计为单车道时，定额应乘以 0.8 的系数；如设计为混合式过水路面时，其中的涵洞可按涵洞工程相关定额计算，过水路面的工程量不扣除涵洞的宽度。

(18)对桥梁、涵洞、通道、隧道等工程，凡已计列了桥面铺装或路面的，应扣除其所占的长度或面积，以避免相应项目重复计量。

三、隧道工程的工程量计算

1. 洞身工程的工程量计算

1)工程量计算规则

(1)本定额所指隧道长度均指隧道进出口(含与隧道相连的明洞)洞门端墙墙面之间的距离，即两端端墙面与路面的交线同路线中线交点间的距离；双线隧道按上、下行隧道的平均值计算。

(2)洞身开挖工程量按设计断面数量(成洞断面加衬砌断面)计算，包括洞身及所有附属洞室的数量，定额中已考虑超挖因素，不得将超挖数量计入。

(3)现浇混凝土衬砌中浇筑、运输的工程数量均按设计断面衬砌数量计算，包含洞身及所有附属洞室的衬砌数量。定额中已综合因超挖及预留变形需回填的混凝土数量，不得将上述因素的工程量计入计价工程量中。

(4)防水板、明洞防水层的工程数量按设计敷设面积计算。

(5)止水带(条)、盲沟、透水管的工程数量，均按设计数量计算。

(6)拱顶压浆的工程数量按设计数量计算，设计时可按每延米 0.25m^3 综合考虑。

(7)喷射混凝土的工程量按设计厚度乘以喷射面积计算，喷射面积按设计外轮廓线计算。

(8)砂浆锚杆工程量为锚杆、垫板及螺母等材料质量之和，中空注浆锚杆、自进式锚杆的工程量按锚杆设计长度计算。

(9)格栅钢架、型钢钢架工程数量按钢架的设计数量计算。

(10)管棚、小导管的工程量按设计钢管长度计算，当管径与定额不同时，可调整定额中钢管的消耗量。

(11)横向塑料排水管每处为单洞两侧的工程数量，纵向弹簧管按隧道纵向每侧铺设长度之和计算；环向盲沟按隧道横断面敷设长度计算。

(12)本定额中不包括半隧道开挖、洞内施工排水、斜井洞内施工排水，需要时可采用《公路工程预算定额》(JTG/T B06-02—2007)中的有关项目。

2)定额子目的工程量计算

(1)人工开挖、机械开挖按分围岩类别、隧道长度按体积计算，定额基价工程量单位为 $100m^3$ 自然密实土、石体积。

(2)钢支撑分型钢钢架和格栅钢架，按榀计，定额基价工程量单位为 1 榀。每榀型钢钢架质量为 262kg，格栅钢架每榀质量为 389kg；临时钢支撑应根据规定的周转次数编制概算，如达不到规定的周转次数(表 8-3-6)，可按施工组织的工程量编制概算，并按照周转次数计算回收额；连拱隧道的中(侧)导洞临时钢支撑可由设计单位按实际回收率计算回收额。

规定的周转次数表 表 8-3-6

回收项目	周转次数					计算基数
	50	40	30	20	10	
型钢、钢板、钢筋	—	30%	50%	65%	80%	材料原价

(3)锚杆按长度计，定额基价工程量单位为 100m；金属网按质量计，定额基价工程量单位为 1t；管棚按长度计，定额基价工程量单位为 10m；超前小导管按长度计，定额基价工程量单位为 100m；喷射混凝土、现浇混凝土、套拱混凝土、注浆及石料衬砌、混凝土预制块衬砌，均按体积计，定额基价工程量单位为 $10m^3$。

(4)防水板与止水带(条)定额中，复合式防水板按面积计，定额基价工程量单位为 $100m^2$；橡胶止水带按长度计，定额基价工程量单位为 10m；橡胶止水条按长度计，定额基价工程量单位为 100m。

(5)塑料排水管沟定额中，纵向排水管、环向排水管、侧式排水沟按长度计，定额基价工程量单位为 100m；横向排水管按处计，定额基价工程量单位为 1 处。

(6)拱顶压浆、明洞修筑、回填，按体积计，定额基价工程量单位为 $10m^3$；钢筋按质量(t)计，定额基价工程量单位为 1t；防水层、洞内装饰按面积计，定额基价工程量单位为 $1\,000m^2$；洞内照明设施按长度计，定额基价工程量单位为 100m。

2. 洞门工程的工程量计算

(1)洞门墙砌筑、现浇混凝土洞门墙按体积计，为主墙和翼墙等圬工体积之和，定额基价工程量单位为 $10m^3$；钢筋按质量(t)计，定额基价工程量单位为 1t；仰坡、截水沟等应按有关定额另行计算。

(2)洞门墙装饰按面积计，定额基价工程量单位为 $100m^2$。

(3)工程量均按设计工程量计算。

3. 辅助坑道的工程量计算

1)工程量计算规则

(1)开挖工程量按设计断面数量(成洞断面加衬砌断面)计算，定额中已综合超挖因素，不得将超挖数量计入工程量中。

(2)现浇混凝土工程数量均按设计断面衬砌数量计算；喷射混凝土工程量按设计厚度乘以喷射面积计算，喷射面积按设计外轮廓线计算。

(3)锚杆工程量为锚杆、垫板及螺母等材料质量之和计算。

2)定额子目的工程量计算

(1)斜井开挖、竖井开挖，按体积计，定额基价工程量单位为 $100m^3$ 自然密实土、石。

(2)斜井衬砌、竖井支护与衬砌，按体积计，定额基价工程量单位为 $100m^3$；钢筋按质量计，定额基价工程量单位为1t。

4.通风及消防设施安装

(1)通风及消防设施等的购置费用按规定列入概算的第二部分“设备及工具、器具购置费”中。

(2)通风机预埋件按设计所示为完成通风机安装而需预埋的一切金属构件的质量计算工程数量,包括钢拱架、通风机拱部钢筋、通风机支座及各部分连接件等。

(3)洞内预埋件工程量按设计预埋件的敷设长度计算,定额中已综合了预留导线的数量。

(4)定额子目中,射流风机、离心风机、轴流风机、水泵、联动控制器、报警联动一体机、重复显示器、远程遥控器、气压水罐、泡沫比例混合器的安装按台计,定额基价工程量单位为1台。

(5)洞内预埋件钢管、金属导管按长度计,定额基价工程量单位为100m;消火栓安装按套计,定额基价工程量单位为10套;水位标尺、水位电器信号装置,定额基价工程量单位为1套;水流指示器定额基价工程量单位为1个;探测器安装中感烟(温)、红外光束、火焰、可燃气体定额基价工程量单位为1只;线形探测器定额基价工程量单位为10m;报警控制器、警报装置、按钮、控制模块(接口)、报警接口安装定额基价工程量单位为1只。

(6)消防系统调试中,自动报警系统装置、水灭火系统控制装置定额基价工程量单位为1系统;电动防火门控制系统装置,防火卷帘门控制系统装置,正压送风阀、排烟阀、防火阀控制系统装置定额基价工程量单位为10处。

5.工程量计算中特定情况下的处理

(1)本章定额是按照一般凿岩机钻爆法施工的开挖方法进行编制的,适用于新建隧道工程;改(扩)建及公路大中修工程可参照使用;在定额中将围岩分为六级,即Ⅰ~Ⅵ级。

(2)混凝土工程均未考虑拌和费用,应按桥涵工程相关定额另行计算。

(3)开挖定额中已综合考虑了超挖及预留变形因素。

(4)洞内出渣运输定额已综合洞门外500m运距,当洞门外运距超过此运距时,可按照路基自卸汽车运输土石方的增运定额加计增运部分的费用。

(5)定额未包括混凝土及预制块的运输,需要时应按有关定额另行计算。

(6)定额未考虑地震、坍塌、溶洞及大量地下水处理以及其他特殊情况所需的费用,需要时可根据设计另行计算。

(7)定额未考虑施工时所需进行的监控量测以及超前地质预报的费用,监控量测的费用已在《公路工程基本建设项目概算预算编制办法》的施工辅助费中综合考虑,使用定额时不得另行计算;超前地质预报的费用可根据需要另行计算。

(8)隧道工程定额目、子目中的洞门挖基、仰坡及天沟开挖、明洞明挖土石头方等,应使用其他章节有关定额计算;洞内工程项目如需采用其他章节有关项目时,所采用定额的人工工日、机械台班数量及小型机具使用费应乘以1.26的系数。

(9)隧道洞身工程的工程量计算中:

①人工开挖、机械开挖轻轨斗车运输项目系按上导洞、扩大、马口开挖编制的,也综合了下导洞扇形扩大开挖方法,并综合了木支撑出渣、通风及临时管线的工料机消耗。

②正洞机械开挖自卸汽车运输定额不分工程部位(即拱部、边墙、仰拱、底板、沟槽、洞室)均使用本定额,定额中综合了出渣、施工通风及高压风、水管和照明电线路的工料机消耗。

③连拱隧道中导洞、侧导洞开挖和中隔墙衬砌是按连拱采用的施工方法编制的,除此以外的其他部位的开挖、衬砌、支护可套用洞身工程的其他子目定额。

④格栅钢架和型钢钢架均按永久性支护编制，如作为临时性支护使用时，应按规定计取回收；定额中已综合连接钢筋的数量。

⑤喷射混凝土定额中已综合考虑混凝土的回弹量；钢纤维混凝土中钢纤维掺入量按喷射混凝土质量的3%掺入，当设计采用的钢纤维掺入量与定额不同或采用其他材料时，可进行抽换。

⑥洞身的衬砌项目按现浇混凝土衬砌，石料、混凝土预制块衬砌分别编制，不分工程部位（即拱部、边墙、仰拱、底板、沟槽、洞室）均使用本定额，定额中已综合考虑了超挖回填因素，定额中均包括拱顶、边墙衬砌、混凝土或浆砌片石回填，洞内管沟及盖板等工作内容。

⑦定额中凡是按不同隧道长度编制的项目，均只编制到隧道长度在4 000m以内，当隧道长度超过4 000m时，应以隧道长度4 000m以内的定额为基础，与隧道长度4 000m以上每增加1 000m定额叠加使用。

⑧混凝土运输定额仅适用于洞内混凝土运输，洞外运输应按桥涵工程有关定额计算。

⑨照明设施为隧道营运所需的洞内永久性设施，定额中的洞口段包括引入段、适应段、过渡段和出口段，其他段均为基本段。本定额中不包括洞外线路，需要时应另行计算。属于设备的变压器、发电设备等，其购置费用应列入概算的第二部分“设备及工具、器具购置费”中。

四、涵洞工程的工程量计算

(1)定额将涵洞工程按常用的结构分为石盖板涵、浆砌石拱涵、钢筋混凝土圆管涵、钢筋混凝土盖板涵、钢筋混凝土箱涵五类，并适用于同类型的通道工程。如为其他类型，可参照有关定额进行概算的编制。

为了满足不同情况的需要，定额中除按涵洞洞身、洞口编制分项定额外，还编制了扩大定额。一般公路应尽量使用分项定额编制概算；厂矿、林业道路不能提供具体工程数量时，可使用扩大定额编制概算。

(2)涵洞砌石洞身、混凝土洞身、涵洞及倒虹吸管洞口的工程量计算，按体积计，定额基价工程量单位为$10m^3$实体。

(3)涵洞扩大定额的工程量计算，对扩大定额中的石盖板涵、浆砌石拱涵、钢筋混凝土圆管涵、钢筋混凝土盖板涵，分孔径，按自然计量单位“道”计算工程量，定额基价工程量单位为1道单孔，取定涵长为石盖板涵13m、浆砌石拱涵13m、钢筋混凝土圆管涵13m，钢筋混凝土盖板涵8.5m。当实际设计的涵长与标准涵长不符时，可用每增减1m的定额进行调整；若设计涵洞为双孔，可按调整好的单孔定额乘以表8-3-7所列系数进行调整。

涵洞双孔调整系数表　　表8-3-7

结构类型	石盖板涵	钢筋混凝土圆管涵	石拱涵	钢筋混凝土盖板涵
双孔系数	1.6	1.8	1.5	1.6

(4)涵洞洞身、洞口及倒虹吸管洞口工程数量包括的项目见表8-3-8。

(5)定额中未包括混凝土的拌和、运输，应根据施工组织按桥涵工程的相关定额另行计算。

(6)各类涵洞定额中均不包括涵洞顶上及台背填土、涵上路面等工程内容，这部分工程的工程量应包括在路基、路面工程数量中。

(7)涵洞洞身定额中已按不同结构分别计入了拱盔、支架和安装设备以及其他附属设施等，为了计算方便，并已将涵洞基础开挖需要的全部水泵台班计入洞身定额中，洞口工程就不得另行计算。

涵洞洞身、洞口及倒虹吸管洞口工程数量包括的项目 表 8-3-8

定额名称		工程量包括的项目
洞身	石盖板涵	基础、墩台身、盖板、洞身涵底铺砌
	石拱涵	基础、墩台身、拱圈、护拱、洞身涵底铺砌、栏杆柱及扶手(台背排水及防水层已作为附属工程摊入定额中)
	钢筋混凝土盖板涵	基础、墩台身、墩台帽、盖板、洞身涵底铺砌、支撑梁、混凝土桥面铺装、栏杆柱及扶手
	钢筋混凝土圆管涵	圆管涵身、端节基底
	钢筋混凝土箱涵	涵身基础、箱涵身、混凝土桥面铺装、栏杆柱及扶手
涵洞洞口		基础、翼墙、侧墙、帽石、锥坡铺砌、洞口两侧路基边坡加固铺砌、洞口河底铺砌、隔水墙、特殊洞口的蓄水井、急流槽、防滑墙、消力池、跌水井、挑坎等圬工实体
倒虹吸管洞口		竖井、留泥井、水槽

(8)定额中的涵洞洞口系按一般标准洞口计算的,遇有特殊洞口时,可根据圬工实体数量,套用石砌洞口定额计算。

(9)定额中圆管涵的管径为外径。

五、桥梁工程的工程量计算

在设计概算编制中,桥梁工程的计价是比较繁琐的;加之近几年来桥梁工程设计、施工技术的不断发展,新技术、新工艺、新结构、新材料日新月异,更增加了工程量计算和概算计价的难度。

根据桥梁工程施工技术的特点,其概算计价的基础资料包括两方面:一是永久工程,主要指构成桥梁工程实体的基础、下部结构、上部结构和桥面系,通常在设计图表上都反映了其设计的实体数量,故按照定额的要求,就可确定其计价的各项工程数量;二是施工过程中需要的辅助工程或设施,它们只是有助于永久工程的形成,为完成永久工程所必须采取的施工措施,工程完工后,也就随之拆除或消失,如属于基础工程的有挖基、围堰、排水、工作平台、护筒、泥浆船及其循环系统等;属于上部结构、下部结构的有拱盔、支架、吊装设备、提升模架,施工电梯等;还有与基础和上下部工程都有关联的,如混凝土和构件运输、预制场及其他设施(如大型预制构件底座、张拉台座、门架等)、拌和站(船)、蒸汽养生设施等。这些辅助工程的计价数量,除挖基外,都要根据建设项目的实际情况和施工组织设计的要求,并参考以往的经验来取定,设计图纸上通常是不反映的,其可塑性比较大,而对设计概算又有极其重要的影响。

桥梁工程计价项目较多,工程量的计算难度较大,根据实践经验,通常按桥梁工程的施工顺序(基础—下部—上部—桥面系)来计取工程量,这样可以避免漏计或重复计算工程量的错误。

在工程量计算中,要特别注意那些在定额中已综合(或已包括、已考虑)、未综合(或未包括、未考虑)的;凡是已综合的,就不得另行计算;凡是未综合的,则可以另行计算。例如,在混凝土工程中,除钢桁架桥、钢吊桥中的桥面系混凝土工程外,均不包括钢筋及预应力系统,则在混凝土工程中的钢筋及预应力系统需要另行计算;再如,除轨道铺设、电信电力线路、场内临时便道、便桥未计入定额外,其余场内需要设置的各种安装设备以及构件运输、平整场地等均已摊入定额中,悬拼箱梁还计入了栈桥码头;则轨道铺设、电讯电力线路、场内临时便道、便桥需要另行计算,而各种安装设备以及构件运输、平整场地、悬拼箱梁的栈桥码头等不能另行计算。

在桥梁结构的基础、下部构造、上部构造中，大多要涉及混凝土和钢筋工程，其混凝土和钢筋的工程量计算的一般规则是：

(1)现浇混凝土、预制混凝土的工程量为构筑物或预制构件的实体体积，不包括其中空心部分的体积，钢筋混凝土的工程量不扣除钢筋所占的体积。

(2)钢筋工程量为设计配筋的质量，定额中已计入了施工操作损耗；施工中钢筋接长所需要的搭接长度的数量定额中未计入，需要另行计入钢筋数量内。

1. 基础工程

1)工程量计算规则

(1)围堰、筑岛高度为平均施工水深加 50cm 进行计算。围堰长度按围堰中心长度计算，定额基价工程量单位为 10m，若围堰实际修筑高度与定额不同时，可内插计算；筑岛工程量按筑岛体积计算，定额基价工程量单位为 $10m^3$。

(2)钢板桩围堰的工程量按设计需要的钢板桩质量计算，定额基价工程量单位为 10t。

(3)套箱围堰的工程量为套箱金属结构的质量，定额基价工程量单位为 10t；套箱整体下沉时悬吊平台的钢结构及套箱内支撑的钢结构均已综合在定额中，不得作为套箱工程量进行计算。

(4)开挖基坑的工程量应根据设计图纸、地质情况、施工规范确定基坑边坡后，按基坑容积计算，计算公式见式(8-4-4)、式(8-4-5)，定额基价工程量单位为 $1\,000m^3$。定额中已综合了集水井、排水沟、基坑回填、夯实等内容，使用定额时不得将上述项目计入工程量内。锚碇开挖土石方的坑外运输应按自卸汽车运路基土石方定额另行计算，除放坡方式开挖石方需另计装车费用外，其他均不得再计装车费用。

(5)天然地基上的混凝土、砌石基础的工程量按基础、支撑梁、河床铺砌及隔水墙工程量的总和计算，定额基价工程量单位为 $10m^3$。

(6)沉井基础的工程量按下述规定计算：

①沉井制作的工程量。重力式沉井为设计图纸井壁及隔墙混凝土数量，定额基价工程量单位为 $10m^3$；钢丝网水泥薄壁沉井为刃脚及骨架钢材的质量，但不包括铁丝网的质量，定额基价工程量单位为 1t；钢壳沉井的工程量为钢材的设计总质量，定额基价工程量单位为 10t。

②沉井浮运、定位落床的工程量为沉井刃脚边缘所包围的面积，定额基价工程量单位为 $10m^2$。

③锚碇系统定额的工程量指锚碇的数量，按施工组织设计的需要量计算，定额基价工程量单位为 1 个锚。

④沉井下沉定额的工程量按沉井刃脚外缘所包围的面积乘沉井刃脚下沉入土深度计算，定额基价工程量单位为 $10m^3$ 实体。沉井下沉按土、石所在的不同深度分别采用不同的下沉深度的定额；定额中的下沉深度指沉井顶面到作业面的高度。定额中已综合溢流(翻砂)的数量，不得另加工程量。

⑤沉井填塞的工程量。实心为封底、填芯、封顶的工程量总和；空心的为封底、封顶的工程量总和，定额基价工程量单位为 $10m^3$ 实体。

⑥在工程量计算中要注意以下几点：

a. 钢丝网水泥薄壁浮运沉井已计入平台、刃脚混凝土及砂浆抹面数量，不得再计。

b. 船坞开挖及排水工程应按挖基定额另行计算。

c. 钢筋混凝土锚碇自重与定额不同时，按相近锚体质量定额执行，可按锚体体积比例抽换定额中的水泥、中(粗)砂、碎石的数量,但其他数量不得调整。

d. 铁锚定额是按锚碇质量为5t,并按每基础次使用12个月编制的,若锚碇的实际质量及使用期与定额不同时,可按实际数量予以调整定额中的设备摊销费。

e. 沉井下沉应按土、石所在的不同深度分别采用不同的下沉深度定额,如沉井下沉在5m以内的土、石应采用下沉深度0~5m的定额,当沉井继续下沉到10m以内时,对于超过5m的土、石应执行下沉深度5~10m的定额。

f. 当下沉深度超过40m时,按每增加10m为一档,每增加一档按下沉深度30~40m定额的人工、机械分不同地质乘以表8-3-9所列系数计算。

调 整 系 数 表 表8-3-9

地质分类	砂土、黏土	砂砾	砾(卵)石	软质岩石	硬质岩石
系数	1.5	1.5	1.5	1.3	1.2

g. 沉井 $10m^3$ 填塞实体包括沉井封底、填芯、封顶体积在内。

(7)地下连续墙导墙的工程量按设计需要设置的导墙的混凝土体积计算,定额基价工程量单位为 $10m^3$;成槽和墙体混凝土的工程量按地下连续墙设计长度、厚度和深度的乘积计算,定额基价工程量单位为 $10m^3$;锁口管吊拔和清底置换的工程量按地下连续墙的设计槽段数(指槽壁单元槽段)计算,定额基价工程量单位为1段;内衬的工程量按设计需要的内衬的混凝土体积计算,定额基价工程量单位为 $10m^3$。

(8)打钢筋混凝土方桩按桩的实体体积计,定额基价工程量单位为 $10m^3$ 桩体积;本目定额为不射水桩打桩,如为射水桩,按相应定额人工及机械台班消耗乘以0.98系数,并按打桩机械台班数量增加 ϕ100电动多级水泵(<120m)台班,其余不变;定额为打直桩,如打斜桩时,人工乘1.08的系数,机械乘1.20的系数。

(9)打钢管桩按根计,定额基价工程量单位为10根;钢管桩接头按个计,定额基价工程量单位为10个接头;钢管桩填芯按钢管内填芯体积计,定额基价工程量单位为 $10m^3$。

(10)人工挖孔的工程量按护筒(护壁)外缘所包围的面积乘设计孔深计算,现浇混凝土护壁按护壁混凝土体积计,定额基价工程量单位均为 $10m^3$。

(11)灌注桩成孔,按成孔机械,分桩径、土质类别、孔深,其工程量均按设计入土深度计算,定额基价工程量单位为10m;定额中的孔深指护筒顶至桩底(设计高程)的深度。造孔定额中同一孔内的不同土质,不论其所在的深度如何,均采用总孔深定额。

(12)灌注桩混凝土的工程量按设计桩径断面积乘设计桩长计算,定额基价工程量单位为 $10m^3$。不得将扩孔因素和凿除桩头数量计入工程量内。

(13)钢筋混凝土护筒预制按混凝土体积计,定额基价工程量单位为 $10m^3$;护筒埋设按长度计,定额基价工程量单位为10m。

(14)钢护筒按护筒设计质量计,定额基价工程量单位为1t。设计质量为加工后的成品质量,包括加劲肋及连接用法兰盘等全部钢材的质量。当设计提供不出钢护筒的质量时,可参考表8-3-10的质量进行计算,桩径不同时可内插计算。

钢护筒质量参考值表 表8-3-10

桩径(cm)	100	120	150	200	250	300	350
护筒单位质量(kg/m)	170.2	238.2	289.3	499.1	612.6	907.5	1 259.2

(15)灌注桩工作平台,桩基工作平台、双壁钢围堰上工作平台的工程量按施工组织设计需要的面积计算,定额基价工程量单位为100m²,桩基工作平台中的设备摊销费系按4个月编制的,如实际施工期与定额不同时,可予以调整;浮箱工作平台按只计,定额基价工程量单位为10只,浮箱工作平台中的浮箱质量为5.321t/只,其设备摊销费系按使用1个月编制的,如浮箱质量和实际工期与定额不同时,可予以调整。

(16)现浇锚块按锚块混凝土体积计算,定额基价工程量单位为10m³ 混凝土实体。

(17)冷却管按质量计,定额基价工程量单位为1t。

(18)各种结构的模板接触面积按表8-3-11计算。

模板接触面积计算表 表8-3-11

项目		基础				支撑梁	承台	
		轻型墩台		实体式墩台				
		跨径(m)		上部构造形式				
		4以内	8以内	梁板式	拱式		有底模	无底模
模板接触面积($m^2/10m^3$)	内模	—	—	—	—	—	—	—
	外模	28.36	20.24	10.5	6.69	100.10	12.12	6.21
	合计	28.36	20.24	10.5	6.69	100.10	12.12	6.21

2)工程量计算中特定情况的处理

(1)本定额中草土、草袋、麻袋和竹笼围堰既适用于挖基围堰,也适用于筑岛围堰。

(2)钢板桩围堰按一般常用的打桩机械在工作平台上打桩编制。定额中已包括工作平台、其他打桩附属设施和钢板桩的运输,使用定额时不得另行计算。

(3)套箱围堰用于浇注水中承台,本定额按利用原来打桩(或灌注桩)工作平台进行套箱的拼装和下沉进行编制,定额中已计入埋在承台混凝土中的钢材和木材消耗。

(4)开挖基坑定额中,干处挖基系指无地面水及地下水位以上部分的土壤;湿处挖基系指施工水位以下部分的土壤。

(5)开挖基坑定额中,已按不同的覆盖层将基坑开挖的排水和基础、墩台施工的排水所需的水泵台班综合在内,使用时不得另行计算。

(6)基坑开挖定额均按原土回填考虑,如采用取土回填时,应按路基工程有关定额另计取土费用。

(7)沉井基础定额中船上拼装钢壳沉井已综合了拼装船的拼装项目;船坞拼装钢壳沉井未包括船坞开挖,应按开挖基坑定额另行计算;钢丝网水泥薄壁沉井浮运、落床定额已综合了下水轨道修筑、轨道基础开挖及沉井下水等项目,使用定额时不得另行计算。

(8)导向船、定位船船体本身加固所需的工、料、机消耗及沉井定位落床所需的锚绳均已综合在沉井定位落床定额中,使用定额时不得另行计算。

(9)无导向船定位落床定额已将所需的地笼、锚碇等的工、料、机消耗综合在定额中,使用定额时不得另行计算。有导向船定位落床定额未综合锚碇系统,使用定额时应按有关定额另行计算。

(10)锚碇系统定额均已将锚链的消耗计入定额中,并已将抛锚、起锚所需的工、料、机消耗综合在定额中，使用定额时不得随意抽换定额。

(11)沉井接高项目已综合在定位落床定额中，使用定额时不得另行计算。但接高所需的吊装设备及定位船或导向船之间连接所需的金属设备本定额中未综合，使用定额时，应根据实际需要按预算定额中的有关项目计算。

(12)钢壳沉井作钢围堰使用时，应按施工组织设计计算回收，但回收部分的拆除所需的工、料、机消耗量本定额未计列，需要时应根据实际情况另行计算。

(13)沉井下沉定额中的软质岩石是指饱和单轴极限抗压强度在40MPa以下的各类松软的岩石，硬质岩石是指饱和单轴极限抗压强度在40MPa以上的各类较坚硬和坚硬的岩石。

(14)地下连续墙定额中未包括施工便道、挡水帷幕、注浆加固等，需要时应根据施工组织设计另行计算。挖出的土石方或凿铣的泥渣如需外运时，应按路基工程中相关定额进行计算。

(15)打桩工程按一般常用的机械综合为陆地和水中工作平台及船上打桩，定额中已将桩的运输及打桩的附属设施，以及桩的接头综合在内，使用定额时不得另行计算。

(16)打钢管桩如设计钢管桩数量与本定额中的数量不相同时，可按设计数量抽换定额中的钢管桩消耗，但定额中的其他消耗量不变。

(17)灌注桩基础成孔定额按不同的钻孔方法和不同的土壤地质情况及不同孔深编制，回旋钻机、潜水钻机还编制了配有水上泥浆循环系统定额，使用定额时应根据实际情况选用。定额中已按摊销方式计入钻架的制作、拼装、移位、拆除及钻头维修所耗用的工、料、机械台班数量，钻头的费用已计入设备摊销费中，使用定额时不得另行计算。

(18)灌注桩混凝土定额，按在工作平台上导管灌注水下混凝土编制，定额中已包括设备(如导管等)摊销的工、料费用和灌注桩检测管的费用及扩孔增加的混凝土数量，使用定额时不得另行计算。

(19)护筒定额中，已包括陆地上埋设护筒用的黏土或水中护筒定位用的导向架及钢质或钢筋混凝土护筒接头用的铁杆、硫酸胶泥等埋设时用的材料、设备消耗，使用定额时不得另行计算。水中埋设的钢护筒系按护筒全部质量计入定额中，可根据设计规定的回收量按规定计算回收金额。

(20)浮箱工作平台定额中，每只浮箱的工作面积为：$3m\times6m=18m^2$。

(21)灌注桩造孔根据造孔的难易程度，将土质分为八种：

①砂土。粒径不大于2mm的砂类土，包括淤泥、轻亚黏土。

②黏土。亚黏土、黏土、黄土，包括土状风化。

③砂砾。粒径2～20mm的角砾、圆砾含量(指质量比，下同)小于或等于50%，包括礓石及粒状风化。

④砾石。粒径2～20mm的角砾、圆砾含量大于50%有时还包括粒径20～200mm碎石、卵石，其含量在10%以内，包括块状风化。

⑤卵石。粒径20～200mm碎石、卵石含量大于10%，有时还包括块石、漂石，其含量在10%以内，包括块状风化。

⑥软石。饱和单轴极限抗压强度在40MPa以下的各类松软的岩石，如盐岩，胶结不紧的砾岩、泥质页岩、砂岩，较坚实的泥灰岩、块石土及漂石等，软而节理较多的石灰岩等。

⑦次坚石。饱和单轴极限抗压强度在40～100MPa的各类较坚硬的岩石，如硅质页岩，硅质砂岩，白云岩，石灰岩，坚实的泥灰岩，软玄武岩、片麻岩、正长岩、花岗岩等。

⑧坚石。饱和单轴极限抗压强度在100MPa以上的各类坚硬的岩石，如硬玄武岩、坚实的

石灰岩、白云岩、大理岩、石英岩、闪长岩、粗粒花岗岩、正长岩等。

(22)使用成孔定额时,应根据施工组织设计的需要合理选用定额子目,当不采用泥浆船的方式进行水中灌注桩施工时,除按 90kW 以内内燃拖轮数量的一半保留拖轮和驳船的数量外,其余拖轮和驳船的消耗应扣除。

(23)在河滩、水中采用筑岛方法施工时,应采用陆地上成孔定额计算。

(24)灌注桩成孔定额系按一般黏土造浆进行编制的,如实际采用膨润土造浆时,其膨润土的用量可按定额中黏土用量乘系数进行计算。即

$$Q=0.095\times V\times 1\,000 \tag{8-3-5}$$

式中:Q——膨润土的用量(kg);

V——定额中黏土的用量(m^3)。

(25)当设计桩径与定额桩径不同时,可按表 8-3-12 中的系数调整。

调 整 系 数 表 表 8-3-12

桩径(cm)	130	140	160	170	180	190	210	220	230	240
调整系数	0.94	0.97	0.70	0.79	0.89	0.95	0.93	0.94	0.96	0.98
计算基数	桩径 150cm 以内		桩径 200cm 内				桩径 250cm 以内			

(26)承台定额适用于无水或浅水中施工的有底模及无底模承台的浇注,定额中计入底模和侧模,深水中浇筑承台应增列套箱项目。承台定额中,未包括冷却管项目,需要时按有关定额另行计算。

2.下部构造工程量计算

1)工程量计算规则

(1)墩台的工程量为墩台身、墩台帽、支座垫石、拱座、盖梁、系梁、侧墙、翼墙、耳墙、墙背、填平层、腹拱圈、桥台第二层以下的帽石(有人行道时第一层以下的帽石)的工程量之和,按体积计,定额基价工程量单位为 10m^3 实体;砌石桥墩定额中未包括粗料石镶面,需要时应根据预算定额另行计算。

(2)桥台锥形护坡的工程量为一座桥台,定额基价工程量单位为 1 座桥台;定额中已包括锥坡铺砌、锥坡基础、水平铺砌的工程量;柱式和埋置式桥台还包括台前护坡的工程量。

(3)索塔的工程量计算,塔墩固结的,为基础顶面或承台顶面以上至塔顶的全部工程量之和,塔墩分离的为桥面顶以上至塔顶的全部工程量之和,按实体体积计,定额基价工程量单位为 10m^3 实体;桥面顶以下部分的工程量按墩台定额计算。

(4)索塔附属构件安装,锚固套筒、钢锚箱、索鞍、铁梯按质量计,定额基价工程量单位为 1t。锚固套筒定额中已综合加劲钢板和钢筋的数量,其工程量以锚固套筒钢管的质量计算;索塔钢锚箱的工程量为钢锚箱板、剪力钉、定位件的质量之和;定额中的索鞍安装仅适用于山区钢索吊桥。避雷针按处计,定额基价工程量单位为 1 处。

2)工程量计算中特定情况的处理

(1)定额中墩、台系按一般常用的结构编制的;桥台的台背回填土计算至桥台翼墙缘为止;台背排水、防水层均已摊入桥台定额中,使用定额时不得另行计算。桥台上的路面定额中未计入,使用定额时应按有关定额另行计算。

(2)桥台锥形护坡定额中未包括围堰及开挖基坑项目,需要时应按有关定额另行计算。

(3)墩台高度为基础顶、承台顶或系梁底到盖梁、墩台帽顶或0号块件底的高度。

(4)方柱墩、空心墩、索塔等采用提升架施工的项目已将提升架的费用综合在定额中，使用定额时不得另行计算。

(5)索塔混凝土定额已将劲性骨架、提升模架综合在定额中，使用定额时不得另行计算。

(6)索塔混凝土定额未包括上、中、下横梁的施工支架，使用定额时应按有关定额另行计算。

(7)下部构造定额中圆柱墩、方柱墩、空心墩和索塔等项目均按混凝土泵送和非泵送划分定额子目，使用定额时应根据实际情况选用。

(8)定额未包括高墩、索塔的施工电梯、塔式起重机的安拆及使用费，使用定额时应根据施工组织设计确定的施工工期，并结合上部构造的施工合理计算其使用费。

(9)各种结构的模板接触面积按表8-3-13中的值计算。

结构模板接触面积表

表8-3-13

项目		桥台									
		梁板桥									拱桥
		轻型桥台	U形桥台 桥台高度(m)		柱式桥台 桥台高度(m)		框架式桥台	肋形埋置式桥台 桥台高度(m)		轻型桥台	其他形式桥台
			10以内	20以内	10以内	20以内		8以内	14以内		
模板接触面积(m²/10m³)	内模	—	—	—	—	—	—	—	—	—	—
	外模	37.9	24.9	16.32	45.68	45.13	41.04	46.23	45.05	37.72	18.43
	合计	37.9	24.9	16.32	45.68	45.13	41.04	46.23	45.05	37.72	18.43

项目		桥墩									
		梁板桥									
		轻型桥墩	实体式桥墩 桥墩高度(m)		挑臂式桥墩 桥墩高度(m)		薄壁墩 桥墩高度(m)			Y形墩 桥墩高度(m)	
			10以内	20以内	10以内	20以内	10以内	20以内	40以内	10以内	20以内
模板接触面积(m²/10m³)	内模	—	—	—	—	—	—	—	—	—	—
	外模	49.89	25.99	17.62	26.64	17.40	27.43	21.57	14.66	18.00	14.44
	合计	49.89	25.99	17.62	26.64	17.40	27.43	21.57	14.66	18.00	14.44

项目		桥墩									
		梁板桥									
		圆柱式桥墩		方柱式桥墩			配连续钢构空心墩		配其他上部构造空心墩		
		桥墩高度(m)									
		10以内	20以内	10以内	20以内	40以内	40以内	70以内	20以内	40以内	70以内
模板接触面积(m²/10m³)	内模	—	—	—	—	—	14.80	12.92	9.56	11.84	12.02
	外模	36.69	35.00	31.54	30.22	25.56	19.73	17.72	25.17	22.32	18.77
	合计	36.69	35.00	31.54	30.22	25.56	34.53	30.64	34.73	34.16	30.79

续上表

项目		桥墩				索塔				
		梁板桥		拱桥						
		配其他上部构造空心墩 桥墩高度（m）		实体式墩	柱式墩	索塔高度（m）				
		100以内	100以上			50以内	100以内	150以内	200以内	250以内
模板接触面积（$m^2/10m^3$）	内模	11.87	9.94	—	—	8.27	8.10	7.58	6.71	6.41
	外模	17.73	16.61	13.47	34.28	16.01	15.26	14.87	13.34	13.30
	合计	29.60	26.55	13.47	34.28	24.28	23.46	22.45	20.05	19.71

3.上部构造工程量计算

1)工程量计算规则

(1)梁、板桥上部构造现浇，预制、安装的工程量包括梁、板、横隔板、箱梁0号块、合龙段、桥面连续结构的工程量以及安装时的现浇混凝土的工程量，以混凝土实体体积计，定额基价工程量单位为$10m^3$实体。但应注意：

①现浇钢筋混凝土板桥定额中综合了支座和伸缩缝。

②现浇钢筋混凝土梁桥上部构造定额中支架上现浇预应力混凝土箱梁定额同样适用于普通箱梁混凝土。

③预制、安装矩形板和连续板已综合支座和伸缩缝，而空心板则未综合支座和伸缩缝，需根据设计情况另行计算。

④预制、安装钢筋混凝土T形梁、I形梁上部构造定额中，普通钢筋混凝土T形梁若翼板设计有现浇混凝土时，其现浇混凝土部分按现浇钢筋混凝土T形梁定额另行计算。

(2)斜拉桥混凝土箱梁锚固套筒定额中已综合了加劲钢板和钢筋的数量，其工程量以混凝土箱梁中锚固套筒钢管的质量计算，定额基价工程量单位为1t。

(3)拱桥上部构造的工程量包括拱圈、拱波、填平层、拱板、横墙(薄壳板的边梁、端梁)、横隔板(梁)、拱眉、行车道板、护拱、帽石(第二层以下或有人行道梁的第一层以下)的工程量，以及安装时拱肋接头混凝土、浇筑的横隔板、填塞砂浆的工程量，定额基价工程量单位为$10m^3$实体；拱顶填料、防水层等均已摊入定额中，使用定额时不得另行计算。

(4)人行道及安全带的工程量按桥梁总长度计算，定额基价工程量单位为10米桥长；其定额中已包括了混凝土的拌和费用。

(5)行车道桥面铺装按体积计，定额基价工程量单位为$10m^3$实体；桥面防水按面积计，定额基价工程量单位为$1\,000m^2$；现浇桥头搭板混凝土按体积计，定额基价工程量单位为$10m^3$实体。

(6)钢桁架桥的工程量为钢桁架的质量，定额基价工程量单位为10t；施工用的导梁、连接及加固杆件、上下滑道等不得计入工程量内。行车道板与桥面铺装的工程量为行车道梁、人行道板和行车道水泥混凝土桥面铺装的数量之和，定额基价工程量单位为$10m^3$桥面，行车道沥青混凝土桥面铺装及人行道沥青砂铺装的数量已综合在定额中，计算工程量时不得再计这部分数量。

(7)钢索吊桥工程量计算，加劲桁架式的工程量为钢桁架的质量，柔性的为钢纵、横梁的质量，定额基价工程量单位为10t；主索、套筒及拉杆、悬吊系统、抗风缆、金属栏杆等不得计入工程量内。木桥面及桥面铺装的工程量为木桥面板的数量，柔式桥还包括木栏杆的数量；行车道沥青混凝土桥面铺装及钢筋混凝土人行道板的数量已综合在定额中，计算工程量时不得再计这部分数量。

(8)定额中成品构件单价构成按下述方式处理：工厂化生产，无需施工企业自行加工的产品为成品构件，以材料的形式计入定额。其材料单价包括将成品构件运输至施工现场的费用。

平行钢丝斜拉索、钢绞线斜拉索、吊杆、系杆、索股等的工程量以平行钢丝、钢丝绳或钢绞线的设计质量计算，不包括锚头、PE或套管防护料的质量，但锚头、PE或套管防护料的费用应含在成品单价中。钢绞线斜拉索的单价中包括厂家现场编索和锚具的费用。

钢箱梁、索鞍、钢管拱肋、钢纵横梁等的工程量以设计质量计算，钢箱梁和钢管拱肋的单价中包括工地现场焊接的费用。

悬索桥锚固系统中预应力环氧钢绞线的单价中包括两端锚具的费用。

(9)悬索桥锚固系统的工程量以定位钢支架、环氧钢绞线、锚固拉杆等的设计质量计算，定位钢支架质量为定位钢支架型钢、钢板和钢管的质量之和，锚固拉杆的质量为拉杆、连接器、螺母（包括锁紧和球面）、垫圈（包括锁紧和球面）的质量之和，环氧钢绞线的质量不包括两端锚具的质量，定额基价工程量单位为1t。

(10)悬索桥索鞍的工程量，其钢格栅的工程量以钢格栅和反力架的质量之和计算，散索鞍的质量包括底板、底座、承板、鞍体、压紧梁、隔板、拉杆、锌质填块的质量，主索鞍的质量包括承板、鞍体、安装板、挡块、槽盖、拉杆、隔板、锚梁、锌质填块的质量；定额基价工程量单位为10t 。如果水中塔可利用施工便桥将主索鞍运至塔底时，应按岸上塔定额计算。

(11)牵引系统长度为牵引系统所需的单侧长度，以m为单位计算，定额基价工程量单位为10m。

(12)猫道系统长度为猫道系统的单侧长度，以m为单位计算，定额基价工程量单位为10m；定额中的猫道宽度为4.0m，定额中未包括猫道承重索制作加工场地及张拉槽座的费用，需要时另行计算。

(13)悬索桥主缆按质量计，定额基价工程量单位为10t；主缆紧缆按长度计，定额基价工程量单位为10m，紧缆的工程量以主缆长度扣除锚跨区、塔顶区无需紧缆的主缆长度后的单侧长度，以m为单位计算。索夹质量包括索夹主体、螺母、螺杆、防水螺母、球面垫圈质量，以t为单位计算，定额基价工程量单位为10t；缠丝的工程量以主缆长度扣除锚跨区、塔顶区、索夹处后无需缠丝的主缆长度后的单侧长度，以m为单位计算，定额基价工程量单位为10m。

(14)平行钢丝斜拉索安装、钢绞线斜拉索安装按质量计，定额基价工程量单位为10t；减振器安装按个计，定额基价工程量单位为1个。

(15)钢箱梁的质量为钢箱梁（包括箱梁内横隔板）、桥面板（包括横肋）、横梁、钢锚箱质量之和，定额基价工程量单位为10t；如为钢—混混合梁结构，其结合部的剪力钉质量也应计入钢箱梁质量内。

(16)钢管拱桥上部构造拱肋安装定额中，钢绞线扣索按质量计，定额基价工程量单位为1t；拱肋的工程量以设计质量计算，包括拱肋钢管、横撑、腹板、拱脚处外侧钢板、拱脚接头钢板及各种加劲块的质量，不包括支座和钢拱肋内的混凝土的质量，定额基价工程量单位为10t；拱肋混凝土按体积计，定额基价工程量单位为$10m^3$；系杆及吊索安装按质量计，定额基价工程量单位为1t；钢纵、横梁安装按质量计，定额基价工程量单位为1t；混凝土纵、横梁安装按体积计，定额基价工程量单位为$10m^3$。

(17)安装板式橡胶支座的工程量按支座的设计体积计算，定额基价工程量单位为 $1dm^3$，至于锚栓、梁上的钢筋网、铁件等均已综合在定额内；钢盆式橡胶支座安装按座计，定额基价工程量单位为 1 个；板式橡胶伸缩缝安装按长度计，定额基价工程量单位为 1m；模数式伸缩缝按质量计，定额基价工程量单位为 1t。要注意的是：

①模数式伸缩缝的质量按每排伸缩量为 80mm 的每排每 m 质量为 80kg 计。

②定额单位每 m 伸缩缝指桥面行车道的宽度，行车道以外的伸缩缝的工、料、机消耗量已包括在定额中。

③定额单位为每 m^2，指伸缩缝的接触面积。

(18)桥梁支架按立面积计算，定额基价工程量单位为 $100m^2$；桁构式木支架按孔计，定额基价工程量单位为 1 孔；桥梁支架定额单位的立面积为桥梁净跨径乘以高度，拱桥高度为起拱线以下至地面的高度，梁式桥高度为墩、台帽顶至地面的高度，这里的地面指支架地梁的底面。

(19)钢管支架下部的工程量按立柱质量计算，定额基价工程量单位为 10t；上部的工程量按支架水平投影面积计算，定额基价工程量单位为 $100m^2$。定额中，上部每 $100m^2$ 综合的金属设备质量为 18.4t，设备摊销费按每 t 每月 90 元，并按使用 4 个月编制，如施工工期不同时，可以调整。下部钢管桩消耗量为陆地上搭设管桩支架的消耗，若为水中搭设钢管桩支架或用于索塔横梁的现浇支架时，应将定额中的钢管桩消耗量调整为 3.47t，其余消耗量不变。

(20)拱盔按立面积计算，定额基价工程量单位为 $100m^2$；桥梁拱盔定额单位的立面积系指起拱线以上的弓形侧面积，其工程量按 $F=K\times(\text{净跨})^2$ 及表 8-3-14 计算。

计 算 系 数 表 表 8-3-14

拱 矢 度	1/2	1/2.5	1/3	1/3.5	1/4	1/4.5	1/5	1/5.5
K	0.393	0.298	0.241	0.203	0.172	0.154	0.138	0.125
拱 矢 度	1/6	1/6.5	1/7	1/7.5	1/8	1/9	1/10	
K	0.113	0.104	0.096	0.090	0.084	0.076	0.067	

(21)钢拱架按质量计，定额基价工程量单位为 10t；钢拱架的工程量为钢拱架及支座金属构件的质量之和，其设备摊销费按 4 个月计算，若实际使用期与定额不同时可予以调整。

(22)支架预压的工程量按支架上现浇混凝土的体积计算，定额基价工程量单位为 $10m^3$。

(23)混凝土拌和按体积计，定额基价工程量单位混凝土搅拌机拌和为 $10m^3$、混凝土搅拌站拌和为 $100m^3$、混凝土搅拌船拌和为 $100m^3$；混凝土搅拌站(楼)安拆定额基价工程量单位为 1 座，不包括混凝土搅拌站的场地清理、平整、碾压，需要时可根据施工组织设计另行计算；混凝土运输按体积计，定额基价工程量单位为 $100m^3$。

(24)蒸汽养生室面积按有效面积计算，定额基价工程量单位为 $10m^2$，其工程量按每一养生室安置两片梁，其梁间距离为 0.8m，并按长度每端增加 1.5m，宽度每边增加 1.0m 考虑。定额中已将其附属工程及设备，按摊销量计入定额中，使用定额时不得另行计算。混凝土构件蒸汽养生按体积计，定额基价工程量单位为 $10m^3$。

(25)施工电梯和施工起重机所需安拆按部计，定额基价工程量单位为 1 部；使用按时间计，定额基价工程量单位为 1 台天。安拆、使用按施工组织设计的进度安排进行计算；当施工组织设计采用的施工电梯、塔式起重机的规格、型号与定额不同时，可以按实际情况对定额进行抽换。

(26)拆除旧建筑物，圬工按体积计，定额基价工程量单位为 $10m^3$；拆除木桥按桥长计，定额基价工程量单位为 10m。

2)工程量计算中特定情况的处理

(1)现浇钢筋混凝土梁、板桥，现浇钢筋混凝土拱桥和石拱桥上部构造定额中，均未包括拱盔、支架及钢拱架，使用定额时应按有关规定另行计算。但移动模架浇筑箱梁定额中已包括移动模架，悬浇箱梁定额中已包括悬浇挂篮，使用定额时不得另行计算。

(2)预制安装钢筋混凝土梁、板桥等上部构造定额中综合了吊装所需设备、预制场内龙门架、预制构件底座、构件出坑及运输，使用定额时不得另行计算。

(3)钢桁架桥按拖拉架设法施工编制，定额中综合了施工用的导梁、上下滑道、连接及加固件等，定额中还包括了桥面铺装、人行道、连接及加固杆件、金属栏杆等，使用定额时不得另行计算。

(4)钢索吊桥定额中综合了主索、套筒及拉杆、悬吊系统、抗风缆、金属支座及栏杆、人行道、桥面铺装等，使用定额时不得另行计算。但定额中未包括主索锚洞的开挖、衬砌以及护索罩、检查井等，应根据设计图纸按有关项目另行计算。

(5)除钢桁架桥、钢索吊桥外，其他结构形式桥梁的人行道、安全带和桥面铺装均应单列项目计算。

(6)连续刚构、T形刚构、连续梁、混凝土斜拉桥上部构造定额中综合了0号块的托架，使用定额时不得另行计算；但未包括边跨合龙段支架，使用定额时应另行计算。

(7)梁、板、拱桥人行道及安全带定额中已综合了人行道梁(无人行道时按第一层帽石)、人行道板、缘石、栏杆柱、扶手、桥头搭板、安全带以及砂浆抹面和安装时的砂浆填塞等全部工程量，还包括混凝土的拌和费用，使用定额时不得另行计算。

(8)桥面铺装定额中橡胶沥青混凝土仅适用于钢桥桥面铺装。

(9)主索鞍定额已综合塔顶门架和鞍罩，但未包括鞍罩内防腐及抽湿系统，需要时应根据设计要求另行计算。牵引系统定额中已综合塔顶平台，主缆定额中已综合了缆套和检修道，使用定额时均不得另行计算。悬索桥的主缆、吊索、索夹定额中均未包括涂装防护费用，使用定额时应另行计算。

(10)钢箱梁定额中未包括0号块托架、边跨支架、临时墩等，使用定额时应根据设计需要另行计算。自锚式悬索桥顶推钢梁定额中综合了滑道、导梁等，使用定额时不得另行计算。

(11)钢管拱定额是按缆索吊装工艺编制的，定额中未包括缆索吊装的塔架、索道、扣塔、索道运输、地锚等，使用定额时以上项目应按预算定额中的有关定额另行计算。

(12)定额中均综合了桥面泄水管，使用定额时不得另行计算。

(13)现浇钢筋混凝土板桥、预制安装矩形板、连续板、混凝土拱桥、石拱桥定额中均综合了支座和伸缩缝，使用定额时均不得另行计算。而其余上部构造定额项目中则未包括支座和伸缩缝，使用定额时应根据设计需要另行计算。模数式伸缩缝定额中综合了预留槽钢纤维混凝土和钢筋，使用定额时不得另行计算。

(14)拱盔、支架定额除钢支架是按有效宽度12m编制外，其他均是按有效宽度8.5m编制的，若宽度不同时，可按比例进行换算。支架定额均未综合支架基础处理，使用定额时应根据需要另行计算。

(15)钢管支架指采用直径大于30cm的钢管作为立柱，在立柱上采用金属构件搭设水平支撑平台的支架，其中下部指立柱顶面以下部分，上部指立柱顶面以上部分。

(16)上部构造定额中均未包括施工电梯、施工塔式起重机的安拆及使用费用，使用定额时应根据施工组织设计确定的施工工期并结合下部构造中桥墩、索塔的施工统筹考虑计算。

(17)定额中均未考虑施工期间航道的维护费用，需要时应根据实际情况另列项目计算。

(18)各种结构的模板接触面积按表 8-3-15 取值。

模板接触面积表　　表 8-3-15

项目		现浇板上部构造			现浇T形梁	现浇箱梁	预制钢筋混凝土板		
		矩形板	实体连续板	空心连续板			矩形板	连续板	空心板
模板接触面积(m²/10m³)	内模	—	—	9.24	—	18.41	—	53.93	59.75
	外模	43.18	24.26	34.42	66.93	22.50	29.96	36.24	22.79
	合计	43.18	24.26	43.66	66.93	40.91	29.96	90.17	82.54

项目		预制预应力空心板		预制钢筋混凝土T形梁	预制预应力混凝土T形梁	预制钢筋混凝土I形梁	预制预应力混凝土I形梁	预制预应力箱梁	
		先张法	后张法					简支	连续
模板接触面积(m²/10m³)	内模	47.01	51.03	—	—	—	—	34.64	30.14
	外模	40.67	44.38	88.33	68.19	82.68	65.43	30.11	26.20
	合计	87.68	95.68	88.33	68.19	82.68	65.43	64.75	56.34

项目		预应力组合箱梁		T形刚构箱梁		悬浇连续钢构箱梁	连续箱梁		
		先张法	后张法	悬浇	预制悬拼		悬浇	预制悬拼	预制顶推
模板接触面积(m²/10m³)	内模	75.39	54.34	18.00	20.40	12.45	19.74	24.64	22.90
	外模	45.79	43.70	27.41	29.31	14.44	21.99	20.95	24.60
	合计	121.18	98.04	45.41	49.71	26.89	41.73	45.59	47.50

项目		预制悬拼桁架梁	斜拉桥箱梁	
			预制悬拼	悬浇
模板接触面积(m²/10m³)	内模	—	25.60	20.49
	外模	71.09	21.77	24.25
	合计	71.09	47.37	44.74

4.钢筋及预应力钢筋、钢丝束、钢绞线

1)工程量计算规则

(1)后张法制作、张拉预应力钢筋和钢丝束，拆除临时预应力钢丝束，按质量计，定额基价工程量单位为10t;预应力钢绞线按质量计，定额基价工程量单位为1t。预应力钢绞线、预应力精轧螺纹粗钢筋及配锥形(弗式)锚的预应力钢丝的工程量为锚固长度与工作长度的质量之和;配墩头锚的预应力钢丝的工程量为锚固长度的质量。

(2)先张法预应力钢筋、钢丝及钢绞线，按质量计，定额基价工程量单位为1t。钢绞线质量为设计图纸质量，定额中已包括钢绞线损耗及预制现场构件间的工作长度及张拉工作长度。

(3)在工程量计算中：

①锥形锚、预应力钢筋螺栓锚、墩头锚的消耗数量已包括在制作、张拉的定额内。

②墩头锚连接器用量已包括在锚具中。

③拆除预应力钢丝束定额的拆除材料的回收可根据设计要求计算。

④锚具的单价中已包括螺旋筋和锚垫板。

⑤预应力钢绞线定额中的钢束长度指钢束的一次张拉长度;使用本定额若有连接器时，可

将连接器作为锚具进行计算，这时锚具的单价应进行综合计算，例如有锚具 X 个，连接器 Y 个，其单价分别为 A、B，则锚具的综合单价为：$(A\times X+B\times Y)/(X+2Y)$。

(4)现浇混凝土钢筋、预制混凝土钢筋按质量计，定额基价工程量单位为 1t。钢筋工程定额工程量为设计图纸的钢筋数量，设计提供不出具体的钢筋数量时，可参考表 8-3-16 中各项目的钢筋含量取定钢筋数量。

各项目钢筋含量表 表 8-3-16

工程项目	重力式墩台混凝土基础	轻型桥墩台混凝土基础	重力式混凝土沉井	钢筋混凝土方桩	钢筋混凝土灌注桩(桩径)		
					150cm 以内	150～250cm	250cm 以上
单位	kg/$10m^3$ 圬工实体						
钢筋含量	61	65	262	3 850	490	667	736

工程项目	钢筋混凝土护筒	钢筋混凝土承台		沉井填塞		梁板桥砌石桥台	
		灌注桩	打入桩	实心	空心	轻型	U 形
单位	kg/$10m^3$ 圬工实体						
钢筋含量	1 000	392	528	30	60	3	10

工程项目	梁板桥埋置式砌石桥台		钢筋混凝土拱桥砌石桥台		梁板桥混凝土桥台		
	高 10m 以内	高 20m 以内	轻型	其他	轻型	U 形	柱式
单位	kg/$10m^3$ 圬工实体						
钢筋含量	33	25	6	10	5	7	638

工程项目	梁板桥混凝土桥台		拱桥混凝土桥台(不含轻型)	梁板桥砌石桥墩		拱桥实体式砌石桥墩	梁板桥轻型混凝土桥墩
	框架式	埋置式		轻型	实体式		
单位	kg/$10m^3$ 圬工实体						
钢筋含量	700	405	10	10	20	22	12

工程项目	梁板桥实体式混凝土桥墩		梁板桥实体式片石混凝土桥墩		梁板桥挑臂式片石混凝土桥墩		梁板桥钢筋混凝土薄壁墩
	高 10m 以内	高 20m 以内	高 10m 以内	高 20m 以内	高 10m 以内	高 20m 以内	
单位	kg/$10m^3$ 圬工实体						
钢筋含量	59	35	49	37	66	33	593

工程项目	梁板桥钢筋混凝土Y形墩	梁板桥圆柱式混凝土桥墩		梁板桥方柱式混凝土桥墩		梁板桥空心混凝土桥墩		
		高 10m 以内	高 20m 以内	高 20m 以内	高 40m 以内	高 20m 以内	高 40m 以内	高 70m 以内
单位	kg/$10m^3$ 圬工实体							
钢筋含量	1 586	582	504	1 000	831	606	624	812

工程项目	梁板桥空心混凝土桥墩		拱桥钢筋混凝土桥墩		钢筋混凝土索塔		现浇矩形板上部构造	现浇实体连续板上部构造
	高 100m 以内	高 100m 以上	实体式	柱式	斜拉式	吊桥		
单位	kg/$10m^3$ 圬工实体							
钢筋含量	1 053	1 090	25	487	1 173	476	693	1 645

续上表

工程项目	现浇空心连续板上部构造	现浇梁桥上部构造		预制安装空心板上部构造			预制安装矩形板上部构造
		连续箱梁	T形梁	普通钢筋	先张预应力筋	后张预应力筋	
单位	kg/10m³ 圬工实体						
钢筋含量	808	1 642	872	1250	425	664	929

工程项目	预制安装连续板上部构造	预制安装T形梁上部构造		预制安装I形梁上部构造		预制安装预应力箱梁上部结构	
		普通钢筋	预应力钢筋	普通钢筋	预应力钢筋	简支	连续
单位	kg/10m³ 圬工实体						
钢筋含量	808	2 073	1 099	1 572	1 151	1 173	1 721

工程项目	预制安装槽形梁上部构造		T形刚构上部构造		连续刚构上部构造	预应力连续梁上部构造	
	先张法	后张法	悬浇	悬拼		悬浇	悬拼
单位	kg/10m³ 圬工实体						
钢筋含量	472	651	598	959	1194	106	106

工程项目	顶推预应力连续梁上部构造	悬拼预应力桁架梁上部构造	钢筋混凝土斜拉桥上部构造	梁板桥人行道及安全带			
				0.25m	0.75m	1.00m	1.5m
单位	kg/10m³ 圬工实体			kg/10m 桥长			
钢筋含量	1 428	758	1 361	210	317	335	398

工程项目	现浇拱桥上部构造			预制安装拱桥上部构造			
	双曲拱	二铰(肋)板拱	薄壳拱	双曲拱	钢架拱	箱形拱	桁架拱
单位	kg/10m³ 圬工实体						
钢筋含量	174	564	438	198	1242	615	1 021

工程项目	钢筋混凝土拱桥人行道及安全带							桥面铺装	
	无人行道梁				有人行道梁			水泥混凝土	橡胶沥青混凝土
	0.25m	0.75m	1.00m	1.50m	0.25m	1.00m	2.00m		
单位	kg/10m 桥长							kg/10m³ 圬工实体	
钢筋含量	193	195	195	195	192	713	1674	300	143

2)工程量计算中特定情况的处理

(1)钢筋定额中光圆钢筋与带肋钢筋比例关系与设计图纸不同时,可据实调整。

(2)制作、张拉预应力钢筋、钢丝束定额,是按不同的锚头形式分别编制的,当每吨钢丝的束数或每吨钢筋的根数有变化时,可根据定额进行抽换。定额中的"××锚"是指金属加工部件的质量,锚头所用其他材料已分别列入定额中有关材料或其他材料费内。定额中的束长为一次张拉的长度。

(3)预应力钢筋、钢丝束及钢绞线定额均已包括制束、穿束、张拉、波纹管制作、安装或胶管预留孔道、孔道压浆等的工、料、机消耗量。锚垫板、螺旋筋已含在锚具单价中。使用定额时,上述项目不得另行计算。

(4)对于钢绞线,设计为不同型号的锚具时,使用定额时可按表 8-3-17 进行换算。

(5)本定额按现场卷制波纹管考虑,若采用外购波纹管时,可根据需要对波纹管消耗进行抽换,并将波纹管卷制机台班消耗量调整为0,其他不变。

设计采用锚具型号(孔)与套用定额的锚具型号(孔)对照表　　表8-3-17

<table>
<tr><td>设计采用锚具型号(孔)</td><td>1</td><td>4</td><td>5</td><td>6</td><td>8</td><td>9</td><td>10</td><td>14</td><td>15</td><td>16</td><td>17</td><td>24</td></tr>
<tr><td>套用定额的锚具型号(孔)</td><td colspan="2">3</td><td colspan="4">7</td><td colspan="3">12</td><td colspan="2">19</td><td>22</td></tr>
</table>

六、交通工程及沿线设施的工程量计算

本章定额包括交通安全设施、服务设施和管理设施等项目。定额中只列工程所需的主要材料用量,次要、零星材料和小型施工机具均未一一列出,分别列入“其他材料费”和“小型机具使用费”内,以元计,编制概算即按此计算;定额中均已包括混凝土的拌和费用;如有未包括的项目,可参照相关行业定额计算。

1.安全设施的工程量计算

1)工程量计算规则

(1)柱式护栏按根计,定额基价工程量单位为100根;墙式护栏项目中浆砌块石按体积计,定额基价工程量单位为100m³;钢筋混凝土防撞护栏的工程量按墙体长度计,定额基价工程量单位为100m。

(2)波形钢板护栏及隔离栅的工程量为两端立柱中心间的距离,定额基价工程量单位为100m。

(3)中间带及车道分离块项目中,路缘带的工程量为路缘带起讫点间的距离;隔离墩、钢管栏杆及防眩板的工程量为隔离墩的实际设置长度;车道分离块的工程量为实际设置长度;定额基价工程量单位为100m。应注意的是:

①中间带的绿化,可按设计另行计算。

②隔离墩上如不安装其他设施时,应扣除人工2.7工日,钢板0.056t,电焊条5.3kg,32kVA以内交流电弧焊机1.62台班。

(4)钢筋混凝土标志牌按块计,定额基价工程量单位为10块;铝合金标志牌、钢牌标志牌按处计,定额基价工程量单位为10处。钢板标志、铝合金标志为外购的成品,包括板面、立柱、横梁、法兰盘制作、焊接、喷漆等。

(5)柱式轮廓标按根计,定额基价工程量单位为100根;栏式轮廓标按块计,定额基价工程量单位为100块,如栏式轮廓标安装在波形护栏上时,应扣减定额中镀锌铁件的数量。

(6)路面标线按画线的净面积计算,定额基价工程量单位为100m²;反光按钮定额基价工程量单位为100个。

(7)机械铺筑拦水带的工程量为拦水带的铺筑长度,定额基价工程量单位为1 000m。

(8)里程桩、百米桩、界牌按块计,定额基价工程量单位为100块;公共汽车停靠站定额基价工程量单位为1座。

2)工程量计算中特定情况的处理

(1)定额中波形钢板、型钢立柱、钢管立柱、镀锌钢管、护栏、钢板网、钢板标志、铝合金板标志、柱式轮廓标、钢管防撞立柱、镀锌钢管栏杆、预埋钢管等均为成品,编制概算时按成品价格计算。其中标志牌单价中不含反光膜的费用。

(2)水泥混凝土构件的预制、安装定额中均包括了混凝土及构件运输的工程内容，使用定额时，不得另行计算。

(3)定额中公共汽车停车站防雨篷规格：钢结构防雨篷为15m×3m，钢筋混凝土防雨篷为24m×3.75m。站台地坪及浇筑防雨篷混凝土的支架及工作平台已综合在定额中，使用定额时不得另行计算。

2.监控、收费系统的工程量计算

1)工程量计算规则

(1)设备安装定额单位除LED显示屏以 m^2 计、系统试运行以系统·月计外，其余均以台或套计，并以此作为定额基价的工程量单位。

(2)计算机系统可靠性、稳定性运行按计算机系统24h连续计算确定的，超过要求时，其费用另行计算。

(3)收费岛现浇混凝土工程量按岛身、收费亭基础、收费岛敷设穿线钢管水泥混凝土垫层、防撞柱水泥混凝土基础、配电箱水泥混凝土基础和控制箱水泥混凝土基础体积之和计算，设备基础混凝土工程量按设备水泥混凝土基础体积计算，定额基价工程量单位为 $10m^3$。

(4)收费岛钢筋工程量按收费岛、收费亭基础的钢筋数量之和计算，定额基价工程量单位为10t。

(5)镀锌防撞栏杆中的工程量按镀锌防撞栏杆的质量计算、钢管防撞柱的工程量按钢管防撞立柱的质量计算，定额基价工程量单位均为1t。

(6)配电箱基础预埋PVC管的工程量按PVC管的长度计算，定额基价工程量单位为10m。

(7)控制箱基础预埋镀锌钢管、敷设电线钢套管的工程量按质量计算，定额基价工程量单位为1t。

(8)人(手)孔工程量按个计，定额基价工程量单位为10个。

2)工程量计算中特定情况的处理

(1)本节定额包括监控、收费系统中管理站、分中心、中心(计算机及网络设备，视频控制设备安装，附属配套设备)，收费车道设备，外场管理设备(车辆检测设备安装、调试，环境检测设备安装、调试，信号显示设备安装、调试，视频监控与传输设备安装、调试)，系统互联与调试，系统试运行、收费岛、人(手)孔等项目的工作内容；但不包括以下工作内容：

①设备本身的功能性故障排除。

②制作缺件、配件。

③在特殊环境条件下的设备加固、防护。

④与计算机系统以外的外系统联试、校验或统调。

⑤设备基础和隐蔽管线施工(收费岛除外)。

⑥外场主干通信电缆和信号控制电缆的敷设施工及试运行。

⑦接地装置、避雷装置的制作与安装，安装调试设备必需的技术改造和修复施工。

(2)收费岛上涂刷反光标志漆和粘贴反光膜的数量，已综合在收费岛混凝土定额中，使用定额时不得另行计算。

(3)防撞栏杆的预埋钢套管数量已综合在定额中，使用定额时不得另行计算。

(4)防撞立柱的预埋钢套管及立柱填充混凝土、立柱与预埋钢套管之间灌填水泥砂浆的数量，均已综合在定额中，使用定额时不得另行计算。

(5)设备基础混凝土定额中综合了预埋钢筋、地脚螺母、底座法兰盘的数量,使用定额时不得另行计算。

(6)敷设电线钢套管定额中综合了螺栓、螺母、镀锌管接头、钢管用塑料护口、醇酸防锈漆、裸铜线、钢锯条、溶剂汽油等的数量,使用定额时不得另行计算。

(7)如设计采用的人(手)孔混凝土强度等级和数量与定额不同时,可调整定额用量;人(手)孔中所列电缆支架等附件的消耗量如与设计数量不同时,可调整定额用量。

3.通信系统的工程量计算

(1)本节定额适用于通信系统工程,内容包括光电传输设备安装,程控交换设备安装、调试,有线广播设备安装,会议专用设备安装,微波通信系统的安装、调试,无线通信系统的安装、调试,电源安装、敷设通信管道和通信管道包封等项目。

(2)安装电缆走线架定额中,不包括通过沉降(伸缩)缝和要做特殊处理的内容,需要时按有关定额另行计算。

(3)布放电缆定额只适用于在电缆走道、槽道及机房内地槽中布放。

(4) 2.5Gb/s 系统的 ADM 分插复用器,分插支路是按 8 个 155Mb/s(或 140Mb/s)光口或电口考虑的,当支路数超过 8 个时,每增加 1 个 155Mb/s(或 140Mb/s)支路增加 2 个工日。

(5)通信铁塔的安装是按在正常的气象条件下施工确定的,定额中不包括铁塔基础施工、预埋件埋设及防雷接地工程等内容,需要时按有关定额另行计算。

(6)安装通信天线,不论有无操作平台均执行本定额;安装天线的高度均指天线底部距塔(杆)座的高度。

(7)通信管道定额中不包括管道过桥时的托架和管箱等工程内容,应按相关定额另行计算。挖管沟本定额也未包括,应按"路基工程"项目人工挖运土方定额计算。

(8)硅芯管敷设定额已综合标石的制作及埋放、人孔处的包封等,使用定额时不得另行计算。

(9)镀锌钢管敷设定额中已综合接口处套管的切割、焊接、防锈处理等内容,使用定额时不得另行计算。

(10)敷设通信管道和通信管道包封均按管道(不含桥梁)长度计算。

4.供电、照明系统的工程量计算

(1)本节定额包括干式变压器安装,电力变压器干燥,杆上、埋地变压器安装,组合型成套箱式变电站安装,控制、继电、模拟及配电屏安装,电力系统调整试验,柴油发电机组及其附属设备安装,排气系统安装,其他配电设备安装,灯架安装,立灯杆,杆座安装,高杆灯具安装,照明灯具安装,标志、诱导装饰灯具安装,其他灯具安装等项目。

(2)干式变压器如果带有保护外罩时,人工和机械乘以系数 1.2。

(3)变压器油是按设备自带考虑的,但施工中变压器的过滤损耗及操作损耗已包括在定额中。变压器安装过程中注油、油过滤所使用的油罐,已摊入油过滤定额中。

(4)高压成套配电柜中断路器安装定额系综合考虑的,不分容量大小,也不包括母线配制及设备干燥。

(5)组合型成套箱式变电站主要是指 10kV 以下的箱式变电站,一般布置形式为变压器在箱的中间,箱的一端为高压开关位置,另一端为低压开关位置。

(6)控制设备安装未包括支架的制作和安装,需要时可按相关定额另行计算。

(7)送配电设备系统调试包括系统内的电缆试验、瓷瓶耐压等全套调试工作。供电桥回路中的断路器、母线分段断路器皆作为独立的供电系统计算，定额皆按一个系统一侧配一台断路器考虑，若两侧皆有断路器时，则按两个系统计算。如果分配电箱内只有刀开关、熔断器等不含调试元件的供电回路，则不作为调试系统计算。

(8)3～10kV 母线系统调试含一组电压互感器，1kV 以下母线系统调试定额不含电压互感器，适用于低压配电装置的各种母线(包括软母线)的调试。

(9)灯具安装定额是按灯具类型分别编制的，对于灯具本身及异型光源，定额已综合了安装费，但未包括其本身的价值。

(10)各种灯架元器具件的配线，均已综合考虑在定额内，使用时不作调整。

(11)本节定额已包括利用仪表测量绝缘及一般灯具的试亮等工作内容，不得另行计算，但不包括全负荷试运行。

(12)本节定额未包括电缆接头的制作及导线的焊压接线端子。

(13)各种灯柱穿线均套相应的配管配线定额。

(14)室内照明灯具的安装高度，投光灯、碘钨灯和混光灯定额是按 10m 以下编制的，其他照明灯具安装高度均按 5m 以下编制的。

(15)普通吸顶灯、荧光灯、嵌入式灯、标志灯等成套灯具安装是按灯具出厂时达到安装条件编制的，其他成套灯具安装所需配线，定额中均已包括。

(16)立灯杆定额中未包括防雷及接地装置。

(17)25m 以上高杆灯安装，未包括杆内电缆敷设。

5. 光缆、电缆敷设的工程量计算

1)工程量计算规则

(1)电缆敷设按单根延长米计算(如一个架上敷设 3 根各长 100m 的电缆，工程量应按 300m 计算，依此类推)。电缆附加及预留的长度是电缆敷设长度的组成部分，应计入电缆工程量内。电缆进入建筑物预留长度按 2m 计算，电缆进入沟内或吊架预留长度按 1.5m 计算，电缆中间接头盒预留长度两端各按 2m 计算。

(2)电缆沟盖板揭、盖定额，按每揭盖一次以延长米计算。如又揭又盖，则按两次计算。

(3)用于扩(改)建工程时，所用定额的人工工日乘以 1.35 系数；用于拆除工程时，所用定额的人工工日乘以 0.25 系数。施工单位为配合认证单位验收测试而发生的费用，按本定额验证测试子目的工日、仪器仪表台班总用量乘以 0.30 系数计取。

2)工程量计算中特定情况的处理

(1)本节定额包括室内光缆穿放和连接、安装测试光缆终端盒、室外敷设管道光缆、光缆接续、光纤测试、塑料子管、穿放或布放电话线、敷设双绞线缆、跳线架和配线架安装、布放同轴电缆、敷设多芯电缆、安装线槽、开槽、电缆沟铺砂盖板、揭盖板、顶管、铜芯电缆敷设、热缩式电缆终端头或中间头制作安装、控制电缆头制作安装、桥架或支架安装等项目。定额工作内容均包括：准备工作、施工安全防护、搬运、开箱、检查、定位、安装、清理、接电源、接口正确性检查和调试、清理现场和办理交验手续等工作内容。

(2)定额中不包括的工作内容有：设备本身的功能性故障排除，制作缺件、配件，在特殊环境下的设备加固、防护等工作内容。

(3)双绞线缆的敷设及跳线架和配线架的安装、打接定额消耗量是按五类非屏蔽布线系统编制的，高于五类的布线工程定额人工工日消耗量增加 10%、屏蔽系统增加 20%计取。

6. 配管、配线及接地工程

(1)本节定额包括了镀锌钢管、给水管道、钢管地埋敷设、钢管砖、混凝土结构、钢管钢结构支架配管、PVC阻燃塑料管、母线、母线槽、落地式控制箱、成套配电箱、接线箱、接线盒的安装、接地装置安装、避雷针及引下线安装、防雷装置安装、防雷接地装置测试等项目。

(2)镀锌钢管法兰连接定额中,管件是按成品、弯头两端是按短管焊法兰考虑的,包括了直管、管件、法兰等全部安装工序内容。

(3)接地装置是按变配电系统接地、车间接地和设备接地等工业设施接地编制的。定额中未包括接地电阻率高的土质换土和化学处理的土壤及由此发生的接地电阻测试等费用,需要时应另行计算。接地装置换填土执行电缆沟挖填土相应子目。

(4)定额中避雷针安装、避雷引下线的安装均已考虑高空作业的因素。避雷针按成品件考虑。

(5)工程量计算规则如下:

①给水管道。室内外界线以建筑物外墙皮1.5m为界,入口处设阀门者以阀门为界;与市政管道界线以水表井为界,无水表者,以与市政管道碰头点为界。

②配管的工程量计算不扣除管路中的接线箱(盒)、灯盒、开关盒所占的长度。

7.绿化工程的工程量计算

(1)死苗补植已综合在栽植子目中,盆栽植物均按脱盆的规格套用相应的定额子目。

(2)苗木及地被植物的场内运输已在定额中综合考虑,使用定额时不得另行计算。

(3)本定额的工作内容中清理场地,是指工程完工后将树穴余泥杂物清除并归堆,若有余泥杂物需外运时,其费用另按土石方有关定额子目计算。

(4)栽植子目中均按土可用的情况进行编制,若需要换土,则按有关子目进行计算。

(5)当编制中央分隔带部分的绿化工程概算时,若中央分隔带内的填土没有计入该项工程概算,其填土可按路基土石方定额有关子目计算,但应扣减树穴所占的体积。

(6)为了确保路基边坡的稳定而修建各种形式的网格植草或播种草籽等护坡,应并入防护工程内计算。

(7)测量放样均指在场地平整好并达到设计要求后进行的,场地平整费用另按场地平整定额子目计算。

(8)运苗木子目仅适用于自运苗木的运输。

(9)本定额适用于公路沿线及管理服务区的绿化和公路交叉处(互通立交、平交)的美化、绿化工程。

(10)本定额中的胸径是指距地坪1.30m高处的树干直径;株高是指树顶端距地坪的高度;篱高是指绿篱苗木顶端距地坪的高度。

七、临时工程的工程量计算

(1)本章定额包括汽车便道,临时便桥,临时码头,轨道铺设,架设输电,电信线路,人工夯打小圆木桩共六个项目。

(2)汽车便道定额基价工程量单位为1km,按路基宽度为7.0m和4.5m分别编制,便道路面宽度按6.0m和3.5m分别编制,路基宽度4.5m的定额中已包括错车道的设置。汽车便道项目中未包括便道使用期内养护所需的工、料、机数量,如便道使用期内需要养护,使用定额时,可根据施工期按表8-3-18增加数量。

调 整 数 量 表　　表 8-3-18

序号	项　目	单　位	代　号	汽车便道路基宽度(m)	
				7.0	4.5
1	人工	工日	1	3.0	2.0
2	天然砂砾	m^3	908	18.00	10.80
3	6～8t 光轮压路机	台班	1075	2.20	1.32

(3)临时汽车便桥钢桥定额基价工程量单位为10m;桥墩为1座;按桥面净宽4m、单孔跨径21m编制;设备摊销费按使用4个月编制,若使用期不同时,可予以调整;钢管桩为使用1年的消耗量,若使用期不同时,可予以调整。

(4)重力式砌石码头按长度计,定额基价工程量单位为10m,定额中不包括拆除的工程内容,需要时可按“桥涵工程”项目的“拆除旧建筑物”定额另行计算。装配式浮箱码头的浮箱按面积计,定额基价工程量单位为$100m^2$;浮箱码头定额中每$100m^2$码头平面面积的浮箱质量为25.35t(包括浮箱连接件),其设备摊销费按每t每月90元,并按使用12个月编制,若浮箱实际质量和施工期不同时,可予以调整。钢筋混凝土锚定额基价工程量单位为1个,定额中已包括了锚栓钢丝绳及锚链的数量,使用定额时不得另行计算。

(5)轨道铺设按铺设长度计,定额基价工程量单位为100m;定额中轻轨(11kg/m,15kg/m)部分未考虑道砟,轨距为75cm,枕距为80cm,枕长为1.2m;重轨(32kg/m)部分轨距为1.435m,枕距80cm,枕长2.5m,岔枕长为3.35m,并考虑了道砟铺筑。如需设置道岔时,每处道岔工、料按相应轨道铺设增加,轨质量11kg/m、15kg/m的增加16m,轨质量32kg/m的增加31m;轨质量32kg/m的道砟已考虑了周转使用,定额中系按实际使用量的30%计。

(6)架设输电线路按长度计,定额基价工程量单位为100m,双线输电线路定额基价工程量单位为1 000m。设备摊销费为变压器的费用,按施工期2年计算,若施工期不同,可按比例调整。

(7)人工夯打小圆木桩按体积计,定额基价工程量单位为$10m^3$桩木,人工夯打小圆木桩的土质划分及桩入土深度的计算方法与打桩工程相同。圆木桩的体积,根据设计桩长和梢径(小头直径),按木材体积表计算。

(8)定额中便桥,输电、电信线路的木料、电线的材料消耗均按一次使用量计列,使用定额时应按规定计算回收;其他各项定额分别不同情况,按其周转次数摊入材料数量中。

第四章　施工图预算的工程量计算

在施工图设计阶段，要编制施工图预算。施工图预算的编制依据除设计图纸、技术经济调查资料、《公路工程预算定额》(JTG/T B06—02—2007)(以下简称《公路工程预算定额》)、《公路工程基本建设项目概算预算编制办法》等，及省、市有关主管部门的现行规定外，就是按照设计图纸中的设计尺寸和规定的工程量计算规则和计算方法计算的工程量。在《公路工程预算定额》中，将整个工程项目划分为路基工程、路面工程、隧道工程、桥涵工程、防护工程、交通工程及沿线设施、临时工程、材料采集及加工、材料运输共九章及说明(附录)，在章的基础上划分为节，节再划分目，目再细分子目。

第一节　《公路工程预算定额》的项目划分

一、《公路工程预算定额》的项目划分情况

《公路工程预算定额》的项目划分与《公路工程概算定额》的项目划分类似，但比《公路工程概算定额》的项目划分更细、更具体，子目数也更多。如表 8-4-1 所示，《公路工程预算定额》共有 9 章 32 节 419 目 4598 子目，比《公路工程概算定额》多 2 章 126 目 1253 子目。

《公路工程预算定额》项目划分情况表　　表 8-4-1

序号		名　称	节　数	目　数	子目数	备　注
章	节					
第一章		路基工程	3	44	457	项目与子目的具体划分详见《公路工程预算定额》
	第一节	路基土、石方工程		22	352	
	第二节	排水工程		8	56	
	第三节	软基处理工程		14	49	
第二章		路面工程	3	37	671	
	第一节	路面基层及垫层		12	315	
	第二节	路面面层		19	318	
	第三节	路面附属工程		6	38	
第三章		隧道工程	4	45	278	
	第一节	洞身工程		22	150	
	第二节	洞门工程		3	11	
	第三节	辅助坑道		7	32	
	第四节	通风及消防设施安装		13	85	
第四章		桥涵工程	11	135	1 808	
	第一节	开挖基坑		4	33	

续上表

序号		名称	节数	目数	子目数	备注
章	节					
	第二节	筑岛、围堰及沉井工程		11	128	项目与子目的具体划分详见《公路工程预算定额》
	第三节	打桩工程		7	65	
	第四节	灌注桩工程		9	706	
	第五节	砌筑工程		7	48	
	第六节	现浇混凝土及钢筋混凝土工程		14	181	
	第七节	预制、安装混凝土及钢筋混凝土构件		35	322	
	第八节	构件运输		6	104	
	第九节	拱盔、支架工程		6	29	
	第十节	钢结构工程		19	75	
	第十一节	杂项工程		17	117	
第五章		防护工程	1	26	214	
第六章		交通工程及沿线设施	7	104	778	
	第一节	安全设施		12	77	
	第二节	监控、收费系统		12	160	
	第三节	通信系统		23	169	
	第四节	供电、照明系统		16	84	
	第五节	光缆、电缆敷设		18	103	
	第六节	配管、配线及接地工程		14	89	
	第七节	绿化工程		9	96	
第七章		临时工程	1	6	24	
第八章		材料采集及加工	1	12	75	
第九章		材料运输	1	10	293	
合计			32	419	4 598	

二、正确理解《公路工程预算定额》的项目划分

《公路工程预算定额》中的节、目和子目划分，主要是依据施工图设计所能提供的工程量的深度。由于施工图设计有工程细部的详细尺寸和构造细节，提供的工程量也就比较详细、具体和准确，因此划分的目数和子目数也就比《公路工程概算定额》要多。

1. 路基工程

路基工程分为三节，包括路基土、石方工程，排水工程，软基处理工程。

路基土、石方工程，从伐树、挖根、除草、清除表土项目开始，分别人工和机械、填方和挖方、不同施工机械、不同施工方法，不同土石类别、公路等级、机械规格等来划分目与子目。共划分有 22 个目；排水工程，按排水方式、地质情况、采用的材料、施工方法等的不同来划分目与子目。共划分有 8 个目；软基处理工程，按照软基常用的处理方法及施工方式划分为 14 个目。全章共 44 个目 457 个子目。

2. 路面工程

路面工程划分为三节，包括路面基层及垫层、路面面层、路面附属工程，路面基层及垫层按

照基层、垫层的结构材料、施工方法等划分有 12 个目;路面面层按路面结构材料、施工方法等划分为 19 个目;路面附属工程包括整修旧路面、全部挖除旧路面、挖路槽、培路肩等,划分为 6 个目。全章共有 37 目 671 子目。

3. 隧道工程

隧道工程分为洞身工程、洞门工程、辅助坑道、通风及消防设施安装五节。洞身工程按开挖、衬砌、防排水、通风、装饰、照明等项目的不同施工方式划分为 22 个目;洞门工程洞门的砌筑、现浇、装修分为 3 个目;辅助坑道按斜井、竖井的施工分为 7 个目;通风及安全设施安装按通风,洞内预埋件,水泵安装,消火栓安装,探测器、报警器安装等分为 13 个目。全章共有 45 目 278 子目。

4. 桥涵工程

桥涵工程一章包括开挖基坑,筑岛、围堰及沉井工程,打桩工程,灌注桩工程,砌筑工程,现浇混凝土及钢筋混凝土工程,预制、安装混凝土及钢筋混凝土构件,构件运输,拱盔、支架工程,钢结构工程,杂项工程等 11 节。其中开挖基坑有 4 个目,筑岛、围堰及沉井工程有 11 个目,打桩工程有 7 个目,灌注桩工程有 9 个目,砌筑工程有 7 个目,现浇混凝土及钢筋混凝土有 14 个目,预制、安装混凝土及钢筋混凝土构件 35 个目,构件运输 6 个目,拱盔、支架工程 6 个目,钢结构工程 19 个目,杂项工程 17 个目。全章共有 135 个目 1808 个子目。

5. 防护工程

防护工程单列一章,章中未再分节。该章按防护的方法分为人工铺草皮,植草护坡、编篱填石护坡,木笼、竹笼、铁丝笼填石护坡,现浇混凝土护坡,预制混凝土护坡,灰浆抹面护坡,喷射混凝土护坡,预应力锚索护坡等 26 个目。全章共有 26 个目 214 个子目。

6. 交通工程及沿线设施

交通工程及沿线设施包括安全设施,监控、收费系统,通信系统,供电、照明系统,光缆、电缆敷设,配管、配线及接地工程,绿化工程等 7 节,共有 104 个目,778 个子目。

7. 临时工程

临时工程单列一章,章中未再分节。临时工程包括汽车便道,临时便桥,临时码头,轨道铺设,架设输电、电信线路,人工夯打小圆木桩等共 6 个目 24 个子目。

8. 材料采集及加工

材料采集及加工单列一章,章中未再分节;地方材料自采时可用此章定额计算材料预算价格。材料采集及加工共列出了 12 个目 75 个子目。通常,材料采集不涉及永久工程的工程量计算问题,只是在计算地方自采材料的预算价格时会用到。

9. 材料运输

材料运输单列一章,章中未再分节。本章按照运输方式和运输工具的不同,划分为 10 个目 293 个子目。通常,材料运输也不涉及永久工程的工程量计算,只是在计算材料预算价格的运输费用时会用到。

第二节　施工图预算时的工程量计算

一、路基工程的工程量计算

路基,是公路的基础,属于公路工程的重要部位,故工程量计算和工程计价也有其相应的特殊要求。《公路工程预算定额》中将路基工程划分为路基土、石方工程，排水工程，软基处理工程等 3 节 44 个目。根据设计图表资料摘取工程量时，要查对路基土石方数量计算表，逐个断面进行核对；应核对设计断面以外的填方计算是否齐全、正确。

施工图预算时的工程量计算方法和计算规则与设计概算时的工程量计算方法和计算规则基本相同，但也存在一定差异；例如，项目与子目的划分不同就会导致计算方法、计量单位两者之间产生差异。

1.路基土、石方工程量计算

1)工程量计算规则

路基土、石方工程的工程量计算，要分别路基土壤岩石的类别，在《公路工程预算定额》中将其分为松土、普土、硬土、软石、次坚石、坚石六类。

(1)土、石方体积的计算。在路基土、石方工程量计算中，除定额中另有说明者外，土方挖方按天然密实体积计算，填方按压(夯)实后的体积计算；石方爆破按天然密实体积计算，当以填方压实体积为工程量，采用以天然密实方为计量单位的定额时，所采用的定额应乘以表 8-4-2中所列系数。

换算系数表　　表 8-4-2

公路等级＼土类	土方			石方
	松土	普通土	硬土	
二级或二级以上公路	1.23	1.16	1.09	0.92
三、四级公路	1.11	1.05	1.00	0.84

其中，推土机、铲运机施工土方的增运定额按普通土栏目的系数计算；人工挖运土方的增运定额和机械翻斗车、手扶拖拉机运输土方、自卸汽车运输土方的运输定额在上表系数的基础上增加 0.03 的土方运输损耗，但弃方运输不应计算损耗。

(2)零填挖及挖方地段基地压实面积等于路槽底面宽度(m)和长度(m)的乘积。

(3)抛坍爆破的工程量，按抛坍爆破设计计算。

(4)整修边坡的工程量，按公路路基长度计算。

2)特定情况下的工程量计算

(1)“人工挖运土方”、“人工开炸石方”、“机械打眼开炸石方”、“抛坍爆破石方”等定额中，已包括开挖边沟消耗的人工、材料和机械台班数量，因此开挖边沟的数量应合并在路基土、石方数量内计算。

(2)各种开炸石方定额中，均已包括边坡清理工作。

(3)机械施工土、石方，挖方部分机械达不到需由人工完成的工程量由施工组织设计确定。其中，人工操作部分，按相应定额乘以 1.15 系数。

(4)抛坍爆破石方定额按地面横坡坡度划分，地面横坡变化复杂，为简化计算，凡变化长度在 20m 以内，以及零星变化长度累计不超过设计长度的 10%时，可并入附近路段计算。

(5)自卸汽车运输路基土、石方定额项目和洒水车洒水定额项目，仅适用于平均运距在 15km 以内的土、石方或水的运输。当平均运距超过 15km 时，应按社会运输的有关规定计算其运输费用。当运距超过第一个定额运距单位时，其运距尾数不足一个增运定额单位的半数时不计，等于或超过半数时按一个增运定额运距单位计算。

(6)路基加宽填筑部分如需清除时，按刷坡定额中普通土定额子目计算；清除的土方如需远运，按土方运输定额计算。

(7)有的工程量与施工组织设计有关。下列工程量即应由施工组织设计提出，然后并入路基填方数量内计算：

①清除表土或零填方地段的基底压实、耕地填前夯(压)实后，回填至原地面高程所需的土、石方数量。

②因路基沉降需增加的土、石方数量。

③为保证路基边缘的压实度须加宽填筑时，所需的土、石方数量。

要注意土石方开挖的第一个运距和增运距对各种开挖和运输方式是有差别的。这是在汇总增运的土石方数量时应特别注意的一个问题。

由于施工机具的选择存在“经济运距”问题，若选择的机械超过经济运距，则可能导致施工中费用的不必要增加，产生不经济的后果，各种机械的经济运距如表 8-4-3 所示。因此，在计算土石方的增运数量时，应分别不同机械类型及其经济运距，从路基土石方数量计算表上按不同运距摘取其数量和运量，进行统计、汇总并计算出平均运距，以此作为土石方运输费计算的依据。

各种机械的经济运距表 表 8-4-3

机 械 类 型	经济运距(m)	机 械 类 型	经济运距(m)
推土机	0～60	自行式铲运机	70～500
拖式铲运机	80～400	自行式平地机	500～3 000
装载机＋自卸汽车	＞500	手扶拖拉机、翻斗车	50～500
挖掘机＋自卸汽车	＞500		

3)定额子目的工程量计算

路基土石方工程定额子目工程量计算如表 8-4-4 所示。

路基土石方工程定额子目工程量计算 表 8-4-4

定额表及目名称	子 目 名 称	工程量计算
1-1-1 伐树、挖根、除草、清除表土	伐树、挖根	只计树直径 10cm 以上者，定额基价工程量单位为 10 棵；直径小于等于 10cm 的为灌木林，定额基价工程量单位为 1 000m^2
	挖根	挖竹根按挖坑体积计，定额基价工程量单位为 10m^3；预算时挖芦苇根按挖竹根乘 0.73 的系数计
	除草	按除草面积计，定额基价工程量单位为 1 000m^2
	清除表土	按清除表土的体积计，定额基价工程量单位为 100m^3；清除的表土若需远运，按土方运输定额另计
1-1-2 挖淤泥、湿土、流沙	人工挖运	按淤泥、砂性湿土、黏性湿土、淤泥流沙，按体积计，定额基价工程量单位为 1 000m^3。预算时：①不包括挖掘机的场内支垫费用，如发生，另按实际计算；②如需排水时，排水费用另行计算；③挖掘机挖装淤泥、流沙如需远运，按土方运输定额另行计算
	机械挖运	
1-1-3 人工挖及开炸多年冻土	人工挖	按天然体积计，定额基价工程量单位为 1 000m^3
	人工开炸	
1-1-4 人工挖土质台阶	人工挖土质台阶	分松土、普土、硬土，按台阶面积计，定额基价工程量单位为 1 000m^2
1-1-5 填前夯实及填前挖松	填前夯实	按夯实及挖松的面积计，定额基价工程量单位为 1 000m^2。夯(压)实需要用水时，备水费用另行计算
	填前挖松	

续上表

定额表及目名称	子 目 名 称	工程量计算
1-1-6 人工挖运土方	人工挖运土方	分松土、普土、硬土，按天然密实方以体积计，定额基价工程量单位为1 000m³。预算时：①定额已包括开挖边沟的工、料、机消耗量，开挖边沟工程量应合并在其中；②当采用人工挖、装，机动翻斗车运输时，其挖、装所需要的人工按第一个20m挖运定额减去30个工日计算；③当采用人工挖、装、卸，手扶拖拉机运输时，其挖、装所需要的人工按第一个20m挖运定额计算；④如遇升、降坡时，除按水平距离计算运距外，应按定额增加运距
1-1-7 夯实填土	夯实填土	按压实方体积计算，定额基价工程量单位为1 000m³
1-1-8 机动翻斗车、手扶拖拉机配合人工运土、石方	机动翻斗车、手扶拖拉机配合人工运土、石方	分土方、石方，按天然密实方以体积计，定额基价工程量单位为1 000m³；预算时：①不包括人工挖土、开炸石方及装、卸车的工料消耗，需要时按"人工挖运土方"和"人工开炸石方"定额附注的有关规定计算；②本定额不适用运距超过1 000m的情况
1-1-9 挖掘机挖装土、石方	挖掘机挖装土、石方	分松土、普土、硬土，按天然密实方以体积计，定额基价工程量单位为1 000m³。土方不需装车时，预算时应乘以0.87的系数
1-1-10 装载机装土、石方	装载机装土、石方	分土方、软石、次坚石，按天然密实方以体积计，定额基价工程量单位为1 000m³。预算时，装载机装土方如需推土机配合推松、集土时，其人工、推土机台班的数量按"推土机推运土方"的第一个20m定额乘以0.8的系数计算
1-1-11 自卸汽车运土石方	自卸汽车运土石方	按天然密实方以体积计，定额基价工程量单位为1 000m³
1-1-12 推土机推土	推土机推土	按天然密实方以体积计，定额基价工程量单位为1 000m³
1-1-13 铲运机铲运土方	铲运机铲运土方	按天然密实方以体积计，定额基价工程量单位为1 000m³。预算时：①采用自行式铲运机铲运土方时，铲运机台班数量应乘以0.7系数；②上坡推运的坡度大于10%时，应按坡面的斜距乘以定额规定的系数来作为运距
1-1-14 人工开炸石方	人工开炸石方	分软石头、次坚石、坚石，按天然密实方以体积计，定额基价工程量单位为1 000m³。预算时：①定额已包括开挖边沟的工、料、机消耗量，开挖边沟工程量应合并在其中；②孤石按坚石计；③当采用人工开炸、装车、机动翻斗车运输时，其开炸、装车所需的工料消耗按第一个20m开炸运定额减去50个工日计算；④当采用人工开炸、装车、卸车、手扶拖拉机运输时，其开炸、装车卸车所需的工料消耗按第一个20m开炸运定额计算
1-1-15 机械打眼开炸石方	机械打眼开炸石方	分软石头、次坚石、坚石，按天然密实方以体积计，定额基价工程量单位为1 000m³。定额已包括开挖边沟的工、料、机消耗量，开挖边沟工程量应合并在其中
1-1-16 控制爆破石方	控制爆破石方	分软石头、次坚石、坚石，按天然密实方以体积计，定额基价工程量单位为1 000m³。预算时①定额已包括开挖边沟的工、料、机消耗量，开挖边沟工程量应合并在其中(如有)；②定额仅包括爆破石方第一个20m的清运，如有超运时，可按机械打眼开炸石方中的增运定额计算
1-1-17 抛坍爆破石方	抛坍爆破石方	按地面横坡在30°以下，30°～50°，50°以上，按天然密实方以体积计，定额基价工程量单位为1 000m³。预算时①定额已包括开挖边沟的工、料、机消耗量，开挖边沟工程量应合并在其中
1-1-18 机械碾压路基	填方路基 零填及挖方路基	分碾压土方、石方及高速公路，一级、二级、三级公路等，按压实方体积计，定额基价工程量单位为1 000m³。预算时：①定额系按自行式平地机整平土方编列，如采用推土机整平土方，可采用括号内数字并扣除定额中平地机的全部台班数量；②对铺设沥青混凝土或水泥混凝土路面的三级公路，零填及挖方地段的基底压实应采用二级公路定额；③如需洒水，其费用另行计算

续上表

定额表及目名称	子 目 名 称	工程量计算
1-1-19　渗水路堤及填石路堤	渗水路堤	按路堤体积计算，定额基价工程量单位为 1 000m^3。预算时：①定额中不包括填石上部的填土工作；②在地基易被冲刷地段，需设反滤层时，工、料另行计算；③渗水路堤系按无压力式渗水路堤编制，压力失渗水路堤如需在填石上部土质路堤部分加铺护坡时，工、料另行计算；④渗水路堤定额中的片石系数利用路基开炸石方，片石的价格按捡清片石计算
	填石路堤	
1-1-20　整修路基	整修路拱	按整修路拱面积计，定额基价工程量单位为 1 000m^2
	整修边坡	按整修边坡长度计，定额基价工程量单位为 1km
1-1-21　旧路刷坡、帮坡、改坡、检底	刷坡检底	分松土、普土、硬土，软石、次坚石、坚石，按体积计，定额基价工程量单位为 1 000m^3。预算时：①土质路基边坡厚 1m 以内，检底厚 0.5m 以内者，执行刷坡检底定额；②帮坡是指路基填筑宽度在 2m 以内，以利用方填筑的土方工程；若以借方填筑时，则应增加挖、运土方的工、料、机消耗；③石质改坡定额适用于改坡厚度在 1.5m 以内，检底厚度在 1m 以内的情况
	帮坡	
	改坡检底	
1-1-22　洒水汽车洒水	洒水汽车洒水	分洒水汽车容量，按洒水体积计，定额基价工程量单位为 1 000m^3。预算时：若水需要计费，则水费另行计算

2. 排水工程的工程量计算

1)工程量计算规则

(1)砌筑工程的工程量为砌体的实际体积(通常按设计尺寸计算体积)，包括构成砌体的砂浆体积。

(2)预制混凝土构件的工程量为预制构件的实际体积，不包括预制构件中空心部分的体积。

(3)挖截水沟、排水沟的工程量为设计水沟断面积乘以水沟长度与水沟圬工体积之和。

(4)路基盲沟的工程量为设计设置盲沟的长度。

(5)轻型井点降水定额按 50 根井管为一套，不足 50 根的按一套计算；井点使用天数按日历天数计算，使用时间按施工组织设计确定。

2)特定情况下的工程量计算

(1)边沟、排水沟、截水沟的挖基费用按人工挖截水沟、排水沟定额计算；其他排水工程的挖基费用按土、石方工程的相关定额计算。

(2)边沟、排水沟、截水沟、急流槽定额均未包括垫层的费用，需要时按有关定额另行计算。

(3)雨水箅子的规格与定额不同时，可按设计用量抽换定额中铁箅子的消耗。

3)定额子目的工程量计算

各子目的工程量计算如表 8-4-5 所示。

排水工程定额子目的工程量计算　　表 8-4-5

定额表及目名称	子 目 名 称	工程量计算
1-2-1　人工挖截水沟、排水沟	土质	分别土的类别，按天然密实方计，定额基价工程量单位为 1 000m^3
	石质	分别石的类别，按天然密实方计，定额基价工程量单位为 1 000m^3
1-2-2　路基盲沟	路基盲沟	分别盲沟的构成材料，断面尺寸，按长度计，定额基价工程量单位为 10m
1-2-3　石砌边沟、排水沟等	石砌边沟、排水沟、截水沟、急流槽	分别浆砌片石、块石，按实体体积计，定额基价工程量单位为 10m^3
1-2-4　混凝土边沟、排水沟等	混凝土边沟、排(截)水沟、急流槽	分别边沟、排(截)水沟、水沟盖板、急流槽，混凝土预制、铺砌、现浇，混凝土按体积计、钢筋按质量计；定额基价工程量单位混凝土为 10m^3，钢筋为 1t

续上表

定额表及目名称	子目名称	工程量计算
1-2-5 混凝土排水管铺设	混凝土排水管铺设	分别管径以长度计，定额基价工程量单位为100m
1-2-6 雨水井、检查井	钢筋混凝土井身	分别现浇、预制安装，按实体体积计，钢筋已包括在定额中；定额基价工程量单位为$10m^3$
	钢筋混凝土井盖	
	水箅子安放	水箅子安装按套计，定额基价工程量单位为10套
1-2-7 中央分隔带排水	横向排水管安装	按安装的排水管长度计，定额基价工程量单位为10m
	纵向排水管安装	
1-2-8 轻型井点排水	安装、拆除	按根计，定额基价工程量单位为10根；预算时：①遇有天然水源可利用时，不计水费；②适用于地下水位较高的轻亚黏土、砂性土或淤泥质土层地带
	使用	按每套使用的时间计，单位定额基价工程量为天/套

3.软基处理工程的工程量计量

1)工程量计算规则

(1)袋装砂井及塑料排水板处理软土地基，工程量为设计深度；定额材料消耗中已包括砂袋或塑料排水板的预留长度。

(2)挤密砂桩和石灰砂桩处理软土地基定额的工程量为设计桩断面积乘以设计桩长。

(3)粉体喷射搅拌桩和高压旋喷桩处理软土地基定额的工程量为设计桩长。

(4)土工布的铺设面积为锚固沟外边缘所包围的面积，包括锚固沟的底面积和侧面积，定额中不包括排水内容，需要时另行计算。

2)特定情况下的工程量计算

(1)振冲碎石桩定额中不包括污泥排放处理的费用，需要时另行计算。

(2)高压旋喷桩定额中的浆液系按普通水泥浆编制的，当设计采用添加剂或水泥用量与定额不同时，可按设计要求进行抽换。

(3)强夯定额适用于处理松、软的碎石、砂土、低饱和度的粉土与黏性土、湿陷性黄土、杂填土和素填土等地基。定额中已综合考虑夯坑的排水费用，使用定额时不得另行增加费用。夯击遍数应根据地基土的性质由设计确定，低能量满夯不作为夯击遍数计算。

(4)堆载预压定额中包括了堆载四面的放坡、沉降观测、修坡道增加的工料机消耗以及施工中的测量放线、定位的工、料消耗，使用定额时均不得另行计算。

3)定额子目的工程量计算

软基处理各定额子目的工程量计算如表8-4-6所示。

软基处理定额子目工程量计算 表8-4-6

定额表及目名称	子目名称	工程量计算
1-3-1 袋装砂井处理软土地基	带门架	按砂井深度(长度)计，定额基价工程量单位为1 000m砂井。预算时：定额按砂井直径7cm编制，如砂井直径不同时，可按砂井截面积的比例关系调整中(粗)砂的用量，其他消耗量不作调整
	不带门架	
1-3-2 塑料排水板处理软土地基	带门架	按塑料排水板的板长计，定额基价工程量单位为1 000m板长
	不带门架	

续上表

定额表及目名称	子目名称	工程量计算
1-3-3 石灰砂桩处理软土地基	石灰砂桩处理软土地基	分石灰砂桩直径，以石灰砂桩的体积计，定额基价工程量单位为 $10m^3$ 石灰砂桩
1-3-4 振冲碎石桩处理软土地基	振冲碎石桩处理软土地基	按振冲碎石桩长度计，定额基价工程量单位为 10m
1-3-5 挤密砂桩处理软土地基	挤密砂桩处理软土地基	挤密砂桩按体积计，定额基价工程量单位为 $10m^3$ 砂桩
1-3-6 粉体喷射搅拌桩处理软土地基	粉体喷射搅拌桩处理软土地基	按桩的长度计，定额基价工程量单位为 10m；在预算时：①定额按桩径 50cm 编制，当设计桩径不同时，桩径每增加 5cm，定额人工、机械增加 5%；②定额中的固化材料的掺入比是按水泥 5%、石灰 25%计算的，当掺入比不同或桩径不同时，可按公式 $Q=\frac{D^2\times m}{D_0^2\times m_0}\times Q_0$ 调整固化材料的消耗
1-3-7 高压旋喷桩处理软土地基	高压旋喷桩处理软土地基	按施工方法（单管法、二重管法、三重管法），以长度计，定额基价工程量单位为 10m。在预算时：①定额中水泥的消耗量应根据设计确定的有关参数计算，水泥浆按公式 $M_c=\frac{\rho_w\times d_c}{1+\alpha\times d_c}\times\frac{H}{v}\times q\times(1+\beta)$ 计算
1-3-8 CFG 桩处理软土地基	钻孔成桩	分桩径以体积计，定额基价工程量单位为 $10m^3$
	沉管沉桩	
1-3-9 土工合成材料处理软土地基	土工布处理	分软土、淤泥，按处理的面积计；定额基价工程量单位为 1 000m^2 处理面积
	土工格栅处理	
1-3-10 强夯处理软土地基	强夯软土	分软土土质、强夯遍数，按处理面积计；定额基价工程量单位为 1 000m^2 处理面积
	强夯片石	
1-3-11 抛石挤淤	抛石挤淤	按抛石挤淤设计抛石量计，定额基价工程量单位为 1 000m^3 设计抛石量
1-3-12 软土地基垫层	软土地基垫层	分垫层类别按体积计，定额基价工程量单位为 1 000m^3；在预算时：压实若需用水时，费用另行计算
1-3-13 堆载及真空预压	堆载预压	分预压荷载或预压期，按处理面积计，定额基价工程量单位为 1 000m^2 处理面积；预算时：定额中未包括堆载材料的运输，其运输应按相关定额另行计算
	真空预压	
1-3-14 路基填土掺灰	路基填土掺灰	分掺灰含量、施工机械，按压实体积计，定额基价工程量单位为 1 000m^2

软土地基处理工程量计算中，应注意的是当采用砂或碎（砾）石等材料作为软土路基垫层时，要核定设计图表中是否已扣减相应的路基填方数量，以免重复计算。

二、路面工程的工程量计算

路面工程的定额分为三节，包括路面基层及垫层、路面面层、路面附属工程。在路面工程定额中的工程量计算和计价中：

（1）各种类型路面以及路槽、路肩、垫层、基层等，除沥青混合料路面、厂拌基层稳定土混合料运输以 1 000m^3 路面实体为定额基价工程量单位外，其他均以 1 000m^2 为定额基价工程量单位。

（2）路面项目中的厚度均为压实厚度，培路肩厚度为净培路肩的夯实厚度。

(3)混合料系按最佳含水量编制,已包括养生用水并适当扣除材料天然含水量,但山西、青海、甘肃、宁夏、新疆、西藏等省、自治区,由于适度偏低,用水量可根据具体情况,在定额数量的基础上酌情增加。

(4)凡列有洒水汽车的子目,均按 5km 范围内洒水汽车在水源处自吸水编制,不计水费。如工地附近无天然水源可利用,必须采用供水部门(如自来水)时,可根据定额子目中洒水汽车的台班数量,按每台班 35m^3 计算定额用水量,乘以供水部门规定的水价增列水费。洒水汽车取水的平均运距超过 5km 时,可按路基工程的洒水汽车洒水定额中的增运定额增加洒水汽车的台班消耗,但增加的洒水汽车台班消耗量不得再计水费。

(5)水泥混凝土均已包括其拌和的费用,使用定额时不得再另行计算。

(6)压路机台班按行驶速度,即两轮光轮压路机为 2.0km/h、三轮光轮压路机为 2.5km/h、轮胎式压路机为 5.0km/h、振动压路机为 3.0km/h 进行编制。当运距超过第一个定额运距单位时,其运距尾数不足一个增运定额单位的半数时不计,等于或超过半数时按一个增运定额运距单位计算。

1. 路面基层及垫层的工程量计算

1)工程量计算规则

(1)各类稳定土基层、级配碎石、级配砾石基层的压实厚度在 15cm 以内,填隙碎石一层的压实厚度在 12cm 以内,垫层、其他种类的基层和底基层压实厚度在 20cm 以内,拖拉机、平地机和压路机的台班消耗按定额数量计算。如超过上述压实厚度进行分层拌和、碾压时,拖拉机、平地机和压路机的台班消耗按定额数量加倍计算,每 1 000m^2 增加 3 个工日。

(2)人工沿路翻拌和筛拌稳定土混合料中均已包括土的过筛工消耗,因此,土的预算价格中不应再计算过筛费用。

(3)土的预算价格,按材料采集及加工和材料运输定额中的有关项目计算。

(4)各类稳定土基层定额中的碎石土、砂砾土系指天然碎石土和天然砂砾土。

(5)各类稳定土底基层采用稳定土基层定额时,每 1 000m^2 路面减少 12~15t 光轮压路机 0.18 台班。

2)特定情况下的工程量计算

(1)各类稳定土基层定额中的材料消耗系按一定配合比编制的,当设计配合比与定额标明的配合比不同时,有关材料可按式(8-4-1)进行换算。

$$C_i = [C_d + B_d \times (H - H_0)] \times \frac{L_i}{L_d} \tag{8-4-1}$$

式中:C_i——按设计配合比换算后的材料数量;

C_d——定额中基本压实厚度的材料数量;

B_d——定额中压实厚度每增减 1cm 的材料数量;

H_0——定额的基本压实厚度;

H——设计的压实厚度;

L_d——定额中标明的材料百分率;

L_i——设计配合比的材料百分率。

【例 8-4-1】 石灰粉煤灰稳定碎石基层,定额标明的配合比为,石灰:粉煤灰:碎石=5:15:80,基本压实厚度为 15cm;设计配合比为,石灰:粉煤灰:碎石=4:11:85,设计压实厚度为 16cm。各种材料调整后的数量为:

$$生石灰：[15.829+1.055\times(16-15)]\times\frac{4}{5}=13.507(t)$$

$$粉煤灰：[63.31+4.22\times(16-15)]\times\frac{11}{15}=49.52(m^3)$$

$$碎石：[164.89+10.99\times(16-15)]\times\frac{85}{80}=186.87(m^3)$$

3)定额子目的工程量计算(表 8-4-7)

路面基层及垫层定额子目工程量计算 表 8-4-7

定额表及目名称	子 目 名 称	工程量计算
2-1-1 路面垫层	路面垫层	分人工铺料、机械铺料，按垫层面积计，定额基价工程量单位为 1 000m²
2-1-2 路拌法水泥稳定土基层	路拌法水泥稳定土基层	分拖拉机带铧犁拌和、稳定土拌和机拌和、拖拉机带铧犁原槽拌和，又分水泥土、水泥砂、水泥砂砾、水泥碎石、水泥石屑、水泥石碴、水泥砂砾土、水泥碎石土，按基层面积计，定额基价工程量单位为 1 000m²
2-1-3 路拌法石灰稳定土基层	路拌法石灰稳定土基层	分人工沿路拌和、拖拉机带铧犁拌和、稳定土拌和机拌和、拖拉机带铧犁原槽拌和，又分石灰土、石灰砂砾、石灰碎石、石灰砂砾土、石灰碎石土、石灰土砂砾、石灰土碎石，按基层面积计，定额基价工程量单位为 1 000m²
2-1-4 路拌法石灰、粉煤灰稳定土基层	路拌法石灰、粉煤灰稳定土基层	分人工沿路拌和、拖拉机带铧犁拌和、稳定土拌和机拌和，又分筛拌法、翻拌法、石灰煤渣、石灰煤渣土、石灰煤渣砂砾、石灰煤渣碎石、石灰煤渣矿渣、石灰煤渣碎石土，按基层面积计，定额基价工程量单位为 1 000m²
2-1-5 路拌法石灰、煤渣稳定土基层	路拌法石灰、煤渣稳定土基层	分人工沿路拌和、拖拉机带铧犁拌和、稳定土拌和机拌和，又分筛拌法、翻拌法、石灰煤渣、石灰煤渣土、石灰煤渣砂砾、石灰煤渣碎石、石灰煤渣矿渣、石灰煤渣碎石土，按基层面积计，定额基价工程量单位为 1 000m²
2-1-6 路拌法水泥、石灰稳定土基层	路拌法水泥、石灰稳定土基层	分人工沿路拌和、拖拉机带铧犁拌和、稳定土拌和机拌和，又分筛拌法、翻拌法、水泥石灰土、水泥石灰土砂、水泥石灰砂砾、水泥石灰碎石、水泥石灰砂砾土、水泥石灰碎石土，按基层面积计，定额基价工程量单位为 1 000m²
2-1-7 厂拌基层稳定土混合料	厂拌基层稳定土混合料	分水泥稳定类、石灰稳定类、石灰粉煤灰稳定类、石灰煤渣稳定类、水泥石灰稳定类，按基层面积计，定额基价工程量单位为 1 000m²。预算时，本定额是按拌和能力为 300t/h 的拌和设备编制的，若采有其他型号的拌和设备施工时，可按定额中“不同生产能力拌和设备定额消耗数量调整表”中的数据调整定额中人工、装载机和拌和设备的消耗数量
2-1-8 厂拌基层稳定土混合料运输	厂拌基层稳定土混合料运输	按体积计，定额基价工程量单位为 1 000m³
2-1-9 机械铺筑厂拌基层稳定土混合料	机械铺筑厂拌基层稳定土混合料	分平地机铺筑、摊铺机铺筑，按摊铺面积计，定额基价工程量单位为 1 000m²
2-1-10 基层稳定土厂拌设备安装、拆除	基层稳定土厂拌设备安装、拆除	按设备座数计，定额基价工程量单位为 1 座。预算时，未包括拌和厂的场地清理、平整、垫层、碾压、围栏等内容，需要时可按有关定额另行计算
2-1-11 泥灰结碎石基层	泥灰结碎石基层	分人工摊铺、机械摊铺，按基层面积计，定额基价工程量单位为 1 000m²
2-1-12 填隙碎石基层	填隙碎石基层	分人工铺料、机械铺料，按面积计，定额基价工程量单位为 1 000m²

2. 路面面层的工程量计算

1)工程量计算规则

(1)沥青碎石混合料、沥青混凝土和沥青碎石玛蹄脂混合料路面定额中,均已包括混合料拌和、运输、摊铺作业时的损耗因素,路面实体按路面设计面积乘以压实厚度计算。

(2)沥青路面定额中的乳化沥青和改性沥青,均按外购成品料进行编制;如在现场自行配制时,其配制费用计入材料预算价格中。

(3)在冬五区、冬六区采用层铺法施工沥青路面时,其沥青用量可按定额用量乘以下列系数:

沥青表面处治:1.05;沥青贯入式基层:1.02,面层:1.028;沥青上拌下贯式下贯部分:1.043。

(4)本定额系按一定的油石比编制的。当设计采用的油石比与定额不同时,可按设计油石比调整定额中的沥青用量。换算公式如式(8-4-2)所示。

$$S_i = S_d \times \frac{L_i}{L_d} \tag{8-4-2}$$

式中:S_i——按设计油石比换算后的沥青数量;

S_d——定额中的沥青数量;

L_d——定额中标明的油石比;

L_i——设计采用的油石比。

2)特定情况下的工程量计算

(1)泥结碎石、级配碎石、级配砾石、天然砂砾、粒料改善土壤路面面层的压实厚度在15cm以内,拖拉机、平地机和压路机的台班消耗按定额数量计算。如超过上述压实厚度进行分层拌和、碾压时,拖拉机、平地机和压路机的台班消耗按定额数量加倍计算,每1 000m^3 增加3个工日。

(2)泥结碎石及级配碎石、级配砾石面层定额中,均未包括磨耗层和保护层,需要时应按磨耗层和保护层定额另行计算。

(3)沥青表面处治路面、沥青贯入式路面和沥青上拌下贯式路面的下贯层以及透层、黏层、封层定额中已计入热化、熬制沥青用的锅、灶等设备的费用,使用定额时,不得另行计算。

(4)沥青路面定额中均未包括透层、黏层和封层,需要时可按有关定额另行计算。

(5)如沥青玛蹄脂碎石混合料设计采用的纤维稳定剂的掺加比例与定额不同时,可按设计用量调整定额中纤维稳定剂的消耗。沥青路面定额中,均未考虑为保证石料与沥青的黏附性而采用的抗剥离措施的费用,需要时,应根据石料的性质,按设计提出的抗剥离措施,计算其费用。

3)定额子目的工程量计算(表8-4-8)

路面面层定额子目工程量计算 表8-4-8

定额表及目名称	子目名称	工程量计算
2-2-1 泥结碎石路面	泥结碎石路面	分面层、基层,按面积计,定额基价工程量单位为1 000m^2
2-2-2 级配碎石路面	级配碎石路面	分面层、基层、底基层,按面积计,定额基价工程量单位为1 000m^2。在预算时:若石屑缺乏时,可将石屑用量的10%以细砂砾或粗砂代替

续上表

定额表及目名称	子目名称	工程量计算
2-2-3 级配砾石路面	级配砾石路面	分面层、基层、底基层，按面积计，定额基价工程量单位为 1 000m²
2-2-4 天然砂砾路面	天然砂砾路面	分人工摊铺、机械摊铺，按面积计，定额基价工程量单位为 1 000m²
2-2-5 粒料改善土壤路面	粒料改善土壤路面	分掺配材料，按面积计，定额基价工程量单位为 1 000m²
2-2-6 磨耗层及保护层	磨耗层及保护层	分铺料类别，按面积计，定额基价工程量单位为 1 000m²
2-2-7 沥青表面处治路面	沥青表面处治路面	分沥青类别、层数及处治厚度，按面积计，定额基价工程量单位为 1 000m²
2-2-8 沥青贯入式路面	沥青贯入式路面	分面层、基层或联结层、沥青类别及压实厚度，按面积计，定额基价工程量单位为 1 000m²
2-2-9 沥青上拌下贯式路面	沥青上拌下贯式路面	分沥青类别及压实厚度，按面积计，定额基价工程量单位为 1 000m²。在预算时：①压实厚度系指上拌下贯式路面的贯入层的压实厚度；②仅包括沥青上拌下贯式路面的下贯部分消耗量，其上拌部分实际用量可按压实厚度范围 2～4cm 计算工程量，按有关定额另行计算；③当拌和层与贯入部分不能连续施工，又要在短期内通行施工车辆时，每 1 000m² 路面增加人工 1.5 工日、石屑 2.5m³、6～8t 光轮压路机 0.14 台班
2-2-10 沥青碎石混合料拌和	沥青碎石混合料拌和	按沥青碎石混合料粒径粗细及沥青混合料拌和设备生产能力，以路面实体体积计，定额基价工程量单位为 1 000m³ 路面实体
2-2-11 沥青混凝土混合料拌和	沥青混凝土混合料拌和	按沥青混凝土混合料粒径粗细及沥青混合料拌和设备生产能力，以路面实体体积计，定额基价工程量单位为 1 000m³ 路面实体
2-2-12 沥青玛蹄脂碎石混合料拌和	沥青玛蹄脂碎石混合料拌和	按沥青混合料拌和设备生产能力，以路面实体体积计，定额基价工程量单位为 1 000m³ 路面实体
2-2-13 沥青混合料运输	沥青混合料运输	按路面实体体积计，定额基价工程量单位为 1 000m³ 路面实体
2-2-14 沥青混合料路面铺筑	沥青混合料路面铺筑	按人工摊铺、机械摊铺、沥青混合料拌和设备生产能力及混合料粒径粗细，以路面实体体积计，定额基价工程量单位为 1 000m³ 路面实体
2-2-15 沥青混合料拌和设备安装、拆除	沥青混合料拌和设备安装、拆除	按拌和设备生产能力，以拌和设备座数计，定额基价工程量单位为 1 座。在预算时：未包括拌和厂的场地清理、平整、垫层、碾压、围栏等内容，需要时可按有关定额另行计算
2-2-16 透层、黏层、封层	透层、黏层、封层	分石油沥青、乳化沥青，按面积计，定额基价工程量单位为 1 000m²。在预算时：粒料基层浇洒透层沥青后，不能及时铺筑面层并需开放施工车辆通行时，每 1 000m² 增加粗砂 0.83m³、6～8t 光轮压路机 0.12 台班；沥青用量乘以 1.1 的系数
2-2-17 水泥混凝土路面	水泥混凝土路面	当采用普通混凝土或钢纤维混凝土时，以路面面积计，定额基价工程量单位为 1 000m² 路面；当采用拉杆、传力杆及钢筋时，以钢筋质量计，定额基价工程量单位为 1t。在预算时：①未包括混凝土拌和站的安拆费用，需要时按有关定额另行计算；②人工铺筑定额仅适用于一般数量不大的水泥混凝土路面。二级及二级以上等级公路的水泥混凝土路面应套用摊铺机铺筑定额。摊铺机铺筑定额中仅包括第 1km 的水泥混凝土运输，如需要增运时，按有关定额另行增加

续上表

定额表及目名称	子目名称	工程量计算
2-2-18 碾压混凝土路面	碾压混凝土路面	按路面厚度，以路面面积计，定额基价工程量单位为 1 000m² 路面。在预算时，未包括混凝土拌和站的安拆费用，需要时按有关定额另行计算
2-2-19 自卸汽车运输水泥混凝土	自卸汽车运输水泥混凝土	以路面实体体积计，定额基价工程量单位为 1 000m³ 路面实体

3.路面附属工程的工程量计算

1)工程量计算规则

(1)整修和挖除旧路面按设计提出的需要整修的旧路面和需要挖除的旧路面体积计算。

(2)整修旧路面定额中，砂石路面均按整修厚度 6.5cm 计算，沥青表处面层按整修厚度 2cm 计算，沥青混凝土面层按整修厚度 4cm 计算，黑色路面基层的整修厚度均按 6.5cm 计算。

2)特定情况下的工程量计算

(1)硬路肩工程项目，根据其不同设计层次结构，分别采用不同的路面定额项目进行计算。

(2)铺砌水泥混凝土预制块人行道、路缘石、沥青路面镶边和土硬路肩加固定额中，均已包括水泥混凝土预制块的预制，使用定额时不得另行计算。

3)定额子目的工程量计算(表 8-4-9)

路面附属工程定额子目工程量计算 表 8-4-9

定额表及目名称	子目名称	工程量计算
2-3-1 整修旧路面	修整旧砂石路面	按修整面面积计，定额基价工程量单位为 1 000m² 修整面。在预算时：适用于每块修整面积 30m² 以内者，每块修整面积大于 30m² 者相应人工、机械乘以 0.8 的系数，其他不变
	修整旧黑色路面	
2-3-2 全部挖除旧路面	全部挖除旧路面	分路面基层、面层的类别，按体积计，定额基价工程量单位为 10m³。在预算时：①挖除的废渣如需远运时，另按路基土方运输定额计算；②废渣清除后，底层如需碾压，每 1 000m² 可增加 15t 以内振动压路机 0.18 台班
2-3-3 挖路槽、培路肩、修筑泄水槽	挖路槽	按面积计，定额基价工程量单位为 1 000m²。在预算时：①挖路槽按全挖路槽编制，当设计为半填半挖路槽时，人工工日乘以 0.8 的系数；挖除的土、石方如需远运时，另按路基土、石方运输定额计算；②培路肩的填方数量已计入路基填方内，使用定额时，不得再计填料的开挖、远运费用
	培路肩	
	修筑泄水槽	按泄水槽的长度计，计价单位为 10m
2-3-4 人行道及路牙(缘石)	现浇及预制混凝土	人行道按面积计，定额基价工程量单位为 1 000m²；路缘石按体积计，计价单位为 10m³
	人行道铺砌	
	沥青表面处治	
	路缘石安砌	
2-3-5 沥青路面镶边	混凝土	混凝土预制块预制、铺砌，干(浆)砌片(卵)石按体积计，定额基价工程量单位为 10m³；青(红)砖按单边长度计，计价单位为 1 000m
	镶边	
2-3-6 土路肩加固	现浇及预制混凝土	按体积计，定额基价工程量单位为 10m³
	混凝土预制块铺砌	
	浆砌片(卵)石	

三、隧道工程的工程量计算

隧道工程的定额分为四节，包括洞身工程、洞门工程、辅助坑道、通风及消防设施安装。本章定额是按照一般凿岩机钻爆法施工的开挖方法进行编制的，适用于新建隧道工程，改(扩)建及公路大中修工程可参照使用。在隧道工程定额中的工程量计算和计价中：

(1)按现行隧道设计、施工技术规范将围岩分为六级，即Ⅰ级～Ⅵ级。

(2)混凝土工程均未考虑拌和的费用，应按桥涵工程相关定额另行计算。

(3)开挖定额中已综合考虑超挖及预留变形因素。

(4)洞内出渣运输定额已综合洞门外 500m 运距，当洞门外运距超过此运距时，可按照路基工程自卸汽车运输土石方的增运定额加计增运部分的费用。

(5)均未包括混凝土及预制块的运输，需要时应按有关定额另行计算。

(6)未考虑地震、坍塌、溶洞及大量地下水处理，以及其他特殊情况所需的费用，需要时可根据设计另行计算。

(7)未考虑施工时所需进行的监控量测以及超前地质预报的费用，监控量测的费用已在《公路工程基本建设项目概算预算编制办法》(JTG B06—2007)的施工辅助费中综合考虑，使用定额时不得另行计算，超前地质预报的费用可根据需要另行计算。

(8)隧道工程项目采用其他章节定额的规定：

①洞门挖基、仰坡及天沟开挖、明洞明挖土石方等，应使用其他有关定额计算。

②洞内工程项目如需采用其他的有关项目时，所采用定额的人工工日、机械台班数量及小型机具使用费，应乘 1.26 的系数。

1.洞身工程的工程量计算

1)工程量计算规则

(1)隧道长度均指隧道进出口(不含与隧道相连的明洞)洞门端墙墙面之间的距离，即两端端墙面与路面的交线同路线中线交点间的距离。双线隧道按上、下行隧道长度的平均值计算。

(2)洞身开挖、出渣工程量按设计断面数量(成洞断面加衬砌断面)计算，包含洞身及所有附属洞室的数量，定额中已考虑超挖因素，不得将超挖数量计入工程量。

(3)现浇混凝土衬砌中浇筑、运输的工程数量，均按设计断面衬砌数量计算，包含洞身及所有附属洞室的衬砌数量。定额中已综合因超挖及预留变形需回填的混凝土数量，不得将上述因素的工程量计入计价工程量中。

(4)防水板、明洞防水层的工程数量按设计敷设面积计算。

(5)止水带(条)、盲沟、透水管的工程数量，均按设计数量计算。

(6)拱顶压浆的工程数量按设计数量计算，设计时可按每延长米 0.25m^3 综合考虑。

(7)喷射混凝土的工程量按设计厚度乘以喷射面积计算，喷射面积按设计外轮廓线计算。

(8)砂浆锚杆工程量为锚杆、垫板及螺母等材料质量之和；中空注浆锚杆、自进式锚杆的工程量按锚杆设计长度计算。

(9)格栅钢架、型钢钢架工程数量按钢架的设计质量计算，连接钢筋的数量不得作为工程量计算。

(10)管棚、小导管的工程量按设计钢管长度计算，当管径与定额不同时，可调整定额中钢管的消耗量。

(11)横向塑料排水管每处为单洞两侧的工程数量；纵向弹簧管按隧道纵向每侧铺设长度之和计算；环向盲沟按隧道横断面敷设长度计算。

(12)洞内通风、风水管及照明、管线路的工程量按隧道设计长度计算。

2)特定情况下的工程量计算

(1)人工开挖、机械开挖轻轨斗车运输项目系按上导洞、扩大、马口开挖编制的，也综合了下导洞扇形扩大开挖方法，并综合了木支撑和出渣、通风及临时管线的工料机消耗。

(2)正洞机械开挖自卸汽车运输定额系按开挖、出渣运输分别编制，不分工程部位(即拱部、边墙、仰拱、底板、沟槽、洞室)均使用本定额。施工通风及高压风水管和照明电线路单独编制定额项目。

(3)连拱隧道中导洞、侧导洞开挖和中隔墙衬砌是按连拱隧道施工方法编制的，除此以外的其他部位的开挖、衬砌、支护可套用其他定额。

(4)格栅钢架和型钢钢架均按永久性支护编制，如作为临时支护使用时，应按规定计取回收。定额中已综合连接钢筋的数量。

(5)喷射混凝土定额中已综合考虑混凝土的回弹量；钢纤维混凝土中钢纤维掺入量按喷射混凝土质量的3%掺入。当设计采用的钢纤维掺入量与本定额不同或采用其他材料时，可进行抽换。

(6)洞身衬砌项目按现浇混凝土衬砌，石料、混凝土预制块衬砌分别编制，不分工程部位(即拱部、边墙、仰拱、底板、沟槽、洞室)均使用本定额。定额中已综合考虑超挖回填因素，当设计采用的混凝土强度等级与定额采用的不符时或采用特殊混凝土时，可根据具体情况对混凝土配合比进行抽换。

(7)凡是按不同隧道长度编制的项目，均只编制到隧道长度在4 000m以内。当隧道长度超过4 000m时，应按以下规定计算：

①洞身开挖。以隧道长度4 000m以内定额为基础，与隧道长度4 000m以上每增加1 000m定额叠加使用。

②正洞出渣运输。通过隧道进出口开挖正洞，以换算隧道长度套用相应的出渣定额计算。换算隧道长度计算公式式(8-4-3)。

$$换算隧道长度 = 全隧长度 - 通过辅助坑道开挖正洞的长度 \quad (8\text{-}4\text{-}3)$$

当换算隧道长度超过4 000m时，以隧道长度4 000m以内定额为基础，与隧道长度4 000m以上每增加1 000m定额叠加使用。

通过斜井开挖正洞，出渣运输按正洞和斜井两段分别计算，二者叠加使用。

③通风、管线路定额，按正洞隧道长度综合编制，当隧道长度超过4 000m时，以隧道长度4 000m以内定额为基础，与隧道长度4 000m以上每增加1 000m定额叠加使用。

(8)混凝土运输定额仅适用于洞内混凝土运输，洞外运输应按桥涵工程有关定额计算。

(9)洞内排水定额仅适用于反坡排水的情况，排水量按$10m^3/h$以内编制，超过此排水量时，抽水机台班按表8-4-10中的系数调整。

调整系数表　　表8-4-10

涌水量(m^3/h)	10以内	15以内	20以内
调整系数	1.00	1.20	1.35

注：当排水量超过$20m^3/h$，根据采取治水措施后的排水量采用表中系数调整。

正洞内排水系按全隧道长度综合编制，当隧道长度超过4 000m时，以隧道长度4 000m以内定额为基础，与隧道长度4 000m以上每增加1 000m定额叠加使用。

(10)照明设施为隧道营运所需的洞内永久性设施。定额中的洞口段包括引入段、适应段、过渡段和出口段，其他段均为基本段。本定额中不包括洞外线路，需要时应另行计算。属于设备的变压器、发电设备等，其购置费用应列入预算第二部分“设备及工具、器具购置费”中。

3)定额子目的工程量计算(表 8-4-11)

洞身工程定额子目工程量计算　表 8-4-11

定额表及目名称	子目名称	工程量计算
3-1-1　人工开挖	人工开挖	分围岩级别，按自然密实土、石体积计，定额基价工程量单位为 100m³ 自然密实土、石
3-1-2　机械开挖轻轨斗车运输	机械开挖轻轨斗车运输	分围岩级别，按自然密实岩石体积计，定额基价工程量单位为 100m³ 自然密实岩石
3-1-3　正洞机械开挖自卸汽车运输	开挖	分隧道长度及围岩级别，按自然密实土、石体积计，定额基价工程量单位为 100m³ 自然密实土、石。在预算时，连拱隧道中(侧)导洞出渣套用正洞相应定额
	出渣	
3-1-4　半隧道开挖	半隧道开挖	按自然密实岩石体积计，定额基价工程量单位为 100m³ 自然密实岩石
3-1-5　钢支撑	钢支撑	按钢架质量计，定额基价工程量单位为 1t 钢架。在预算时，临时钢支撑应根据定额规定的周转次数编制预算；如由于工程规模或工期限制达不到规定的周转次数时，可按施工组织设计的工程量编制预算，并按定额规定的回收率计算回收金额。连拱隧道的中、侧导洞临时钢支撑可由设计单位按实际回收率计算回收金额
3-1-6　锚杆及金属网	砂浆锚杆	按钢材质量计，定额基价工程量单位为 1t 钢材
	金属网	
	中空及自钻式锚杆	按锚杆长度计，定额基价工程量单位为 100m
3-1-7　管棚、小导管	套拱混凝土	按混凝土体积计，定额基价工程量单位为 10m³
	套拱孔口管	按长度计，定额基价工程量单位为 10m
	管棚	
	超前小导管	按长度计，定额基价工程量单位为 100m
	注浆	按注浆体积计，定额基价工程量单位为 10m³
3-1-8　喷射混凝土	喷射混凝土	分混凝土和钢纤维混凝土，按喷射混凝土体积计，定额基价工程量单位为 10m³
3-1-9　现浇混凝土衬砌	模板台车浇筑混凝土	按浇筑混凝土体积计，定额基价工程量单位为 10m³
	模架浇筑混凝土	
	中隔墙混凝土浇筑	
	钢筋	按质量计，定额基价工程量单位为 1t
	混凝土运输	按运输混凝土体积计，定额基价工程量单位为 100m³
3-1-10　石料、混凝土预制块衬砌	石料、混凝土预制块衬砌	按实体体积计，定额基价工程量单位为 100m³ 实体
3-1-11　防水板与止水带(条)	防水板	按面积计，计价单位为 100m²
	橡胶止水带	按长度计，定额基价工程量单位为 10m
	橡胶止水条	按长度计，定额基价工程量单位为 100m
3-1-12　塑料排水管沟	塑料排水管沟	纵向排水沟按长度计，计价单位为 100 m；横向排水沟按位置计，定额基价工程量单位为 1 处；侧式排水沟按长度计，定额基价工程量单位为 100m
	环向无纺布	按长度计，定额基价工程量单位为 100m

续上表

定额表及目名称	子 目 名 称	工程量计算
3-1-13 混凝土沟槽	现浇沟槽混凝土	按体积计,定额基价工程量单位为 $10m^3$
	预制沟槽及盖板	
	钢筋	按质量计,定额基价工程量单位为 1t
3-1-14 拱顶压浆	拱顶压浆	分围岩级别,按压浆体积计,定额基价工程量计价单位为 $10m^3$
3-1-15 正洞通风	正洞通风	分隧道长度,按洞身长度计,定额基价工程量单位为每 100 延米洞身长。在预算时,对于隧道长度在 500m 以内的短隧道不计正洞通风费用
3-1-16 正洞高压风水管、照明、电线路	正洞高压风水管、照明、电线路	分隧道长度,按洞身长度计,定额基价工程量单位为每 100 延米洞身长
3-1-17 洞内施工排水	洞内施工排水	分隧道长度,按排水体积计,定额基价工程量单位为 $100m^3$ 水
3-1-18 明洞修筑	浆砌片(块)石	按体积计,定额基价工程量单位为 $10m^3$
	片石混凝土及混凝土	
	钢筋	按钢筋质量计,定额基价工程量单位为 1t
3-1-19 明洞回填	浆砌片石	按体积计,定额基价工程量单位为 $10m^3$
	干砌片石	
	填筑碎石	
	回填土石	
3-1-20 明洞防水层	隔水层	按体积计,定额基价工程量单位为 $10m^3$
	防水层	按面积计,定额基价工程量单位为 $10m^2$
3-1-21 洞内装饰	水磨石墙裙	按面积计,定额基价工程量单位为 $100m^2$
	镶贴马赛克	
	拱顶喷涂	
	吊顶	
3-1-22 洞内照明设施	洞内照明设施	分洞口段和基本段,按洞身长度计,定额基价工程量单位为 100m 洞身长

2.洞门工程的工程量计算

1)工程量计算规则

(1)洞门墙工程量为主墙和翼墙等圬工体积之和。仰坡、截水沟等应按有关定额另行计算。

(2)工程量均按设计工程数量计算。

2)特定情况下的工程量计算

隧道和明洞洞门,均采用本定额。

3)定额子目的工程量计算(表 8-4-12)

洞门工程定额子目工程量计算 表 8-4-12

定额表及目名称	子目名称	工程量计算
3-2-1 洞门墙砌筑	洞门墙砌筑	分砌筑材料，按砌筑实体体积计，定额基价工程量单位为 $10m^3$ 实体
3-2-2 现浇混凝土洞门墙	片石混凝土	按体积计，定额基价工程量单位为 $10m^3$
	混凝土	
	钢筋	按质量计，定额基价工程量单位为 1t
3-2-3 洞门墙装修	镶水刷石	按面积计，定额基价工程量单位为 $100m^2$
	镶贴瓷砖	

3. 辅助坑道的工程量计算

1）工程量计算规则

（1）开挖、出渣工程量按设计断面数量（成洞断面加衬砌断面）计算，定额中已考虑超挖因素，不得将超挖数量计入工程量。

（2）现浇混凝土衬砌工程数量均按设计断面衬砌数量计算。

（3）喷射混凝土工程量按设计厚度乘以喷射面积计算，喷射面积按设计外轮廓线计算。

（4）锚杆工程量为锚杆、垫板及螺母等材料质量之和。

（5）斜井洞内通风、风水管、照明及管线等的工程量按斜井设计长度计算。

2）特定情况下的工程量计算

（1）斜井项目按开挖、出渣、通风及管线路分别编制，竖井项目定额中已综合了出渣、通风及管线路。

（2）斜井相关定额项目系按斜井长度 800m 以内综合编制的，已含斜井建成后，通过斜井进行正洞作业时，斜井内通风及管线路的摊销部分。

（3）斜井支护按正洞相关定额计算。

3）定额子目的工程量计算（表 8-4-13）

辅助坑道定额子目工程量计算 表 8-4-13

定额表及目名称	子目名称	工程量计算
3-3-1 斜井开挖	斜井开挖	分围岩级别，按自然密实土、石体积计，定额基价工程量单位为 $100m^3$ 自然密实土、石
3-3-2 斜井出渣	斜井出渣	分围岩级别，按自然密实土、石体积计，定额基价工程量单位为 $100m^3$ 自然密实土、石
3-3-3 斜井衬砌	混凝土	分模筑混凝土、仰拱混凝土，按体积计，定额基价工程量单位为 $10m^3$
	钢筋	按质量计，计价单位为 1t
3-3-4 斜井通风及管线路	通风	分斜井长度，按斜井长度计，定额基价工程量单位为每 100 延米斜井长
	管线路	
3-3-5 竖井开挖	竖井开挖	分围岩级别，按自然密实土、石体积计，定额基价工程量单位为 $100m^3$ 自然密实土、石
3-3-6 竖井支护与衬砌	喷射混凝土	按体积计，定额基价工程量单位为 $10m^3$
	模筑混凝土	
	锚杆	按质量计，定额基价工程量单位为 1t
	钢筋	
3-3-7 斜井洞内施工排水	斜井洞内施工排水	分斜井长度，按排水体积计，定额基价工程量单位为 $100m^3$ 水

4.通风及消防设施安装的工程量计算

1)工程量计算规则

(1)定额中不含通风机、消火栓、消防水泵接合器、水流指示器、电气信号装置、气压水罐、泡沫比例混合器、自动报警系统装置、防火门等的购置费用,其费用应按规定列入预算第二部分“设备及工具、器具购置费”中。

(2)通风机预埋件按设计所示为完成通风机安装而需预埋的一切金属构件的质量计算工程数量,包括钢拱架、通风机拱部钢筋、通风机支座及各部分连接件等。

(3)洞内预埋件工程量按设计预埋件的敷设长度计算,定额中已综合了预留导线的数量。

2)定额子目的工程量计算(表 8-4-14)

通风及消防设施安装定额子目工程量计算 表 8-4-14

定额表及目名称	子目名称	工程量计算
3-4-1 通风设施安装	通风机预埋件	按预埋件质量计,定额基价工程量单位为 1t
	射流风机安装	按射流风机台数计,定额基价工程量单位为 1 台
3-4-2 离心风机安装	安装	分设备质量,按设备台数计,定额基价工程量单位为 1 台
	拆装检查	
3-4-3 轴流风机安装	安装	分设备质量,按设备台数计,定额基价工程量单位为 1 台
	拆装检查	
3-4-4 洞内预埋件	钢管	按长度计,定额基价工程量单位为 100m
	可挠性金属套管	
3-4-5 水泵安装	安装	分水泵形式和设备质量,按设备台数计,定额基价工程量单位为 1 台
	拼装检查	
3-4-6 消火栓安装	室内消火栓安装	按套数计,定额基价工程量单位为 10 套
	室外消火栓安装	
	水泵接合器安装	
3-4-7 消防系统组件安装	水流指示器安装	按个数计,定额基价工程量单位为 1 个
	水位标尺安装	按套数计,定额基价工程量单位为 1 套。在预算时,水位电气信号装置未包括水泵房电气控制设备,继电器安装及水泵房至水塔、水箱的管线敷设
	水位电气信号装置	
	气压水罐安装	按台数计,定额基价工程量单位为 1 台
	泡沫比例混合器安装	
3-4-8 探测器安装	探测器安装	感烟(温)、红外光束、火焰、可燃气体探测器按只数计,定额基价工程量单位为 1 只;线形探测器按长度计,定额基价工程量单位为 10m
3-4-9 报警控制器安装	报警控制器安装	分规格(点),按只数计,定额基价工程量单位为 1 只
3-4-10 联动控制器安装	联动控制器安装	分规格(点),按只数计,定额基价工程量单位为 1 只
3-4-11 报警联动一体机安装	报警联动一体机安装	分规格(点),按台数计,定额基价工程量单位为 1 台

续上表

定额表及目名称	子 目 名 称	工程量计算
3-4-12 重复显示器、警报装置、远程控制器安装	重复显示器、警报装置、远程控制器安装	重复显示器和远程遥控器按台数计，定额基价工程量单位为1台；警报装置及其他按只数计，定额基价工程量单位为1只
3-4-13 消防系统调试	消防系统调试	自动报警系统装置和水灭火系统控制装置，定额基价工程量单位为1系统；电动防火门控制系统装置、防火卷帘门控制系统装置和正压送风阀、排烟阀、防火阀控制系统装置，定额基价工程量单位为10处

四、桥涵工程的工程量计算

桥涵工程的定额分为十一节，包括开挖基坑，筑岛、围堰及沉井工程，打桩工程，灌注桩工程，砌筑工程，现浇混凝土及钢筋混凝土，预制、安装混凝土及钢筋混凝土构件，构件运输，拱盔、支架工程，钢结构工程，杂项工程等。

在桥涵工程定额的工程量计算和计价中：

(1)混凝土工程

①混凝土强度等级均按一般图纸选用，其施工方法除小型构件采用“人拌人捣”外，其他均按“机拌机捣”计算。

②混凝土工程除小型构件、大型预制构件底座、混凝土搅拌站安拆和钢桁架桥式码头项目中已考虑混凝土的拌和费用外，其他混凝土项目均未考虑混凝土的拌和费用，应按有关定额另行计算。

③混凝土均按露天养生考虑，如采用蒸汽养生时，应从有关定额中扣减人工1.5个工日及其他材料费4元，并按蒸汽养生有关定额计算。

④混凝土工程均已包括操作范围内的混凝土运输。现浇混凝土工程的混凝土平均运距超过50m时，可根据施工组织设计的混凝土平均运距，按杂项工程中混凝土运输定额增列混凝土运输。

⑤采用泵送混凝土的项目均已包括水平和向上垂直泵送所消耗的人工、机械；当水平泵送距离超过定额综合范围时，可按表8-4-15增列人工及机械消耗量；向上垂直泵送不得调整。

人工及机械消耗量增列数量 表8-4-15

项目		定额综合的水平泵送距离(m)	每100m³混凝土每增加水平距离50m增列数量	
			人工(工日)	混凝土输送泵(台班)
基础	灌注桩	100	1.55	0.27
	其他	100	1.27	0.18
上、下部构造		50	2.82	0.36
桥面铺装		250	2.82	0.36

⑥凡预埋在混凝土中的钢板、型钢、钢管等预埋件，均作为附属材料列入混凝土定额内；至于连接用的钢板、型钢等则包括在安装定额内。

⑦大体积混凝土项目必须采用埋设冷却管来降低混凝土水化热时，可根据实际需要另行计算。

⑧除另有说明外，混凝土定额中均已综合脚手架、上下架、爬梯及安全围护等搭拆及摊销费用，使用定额时不得另行计算。

(2)钢筋工程

①凡钢筋直径在10mm以上的接头，除注明为钢套筒连接外，均采用电弧搭接焊或电阻对接焊。

②钢筋按选用图纸分为光圆钢筋、带肋钢筋，如设计图纸的钢筋比例与定额有出入时，可调整钢筋品种的比例关系。

③钢筋是按一般定尺长度计算的，如设计提供的钢筋连接用钢套筒数量与定额有出入时，可按设计数量调整定额中的钢套筒消耗，其他消耗不调整。

(3)模板工程

①模板不单列项目。混凝土工程中所需的模板包括钢模板、组合钢模板、木模板，均按其周转摊销量计入混凝土定额中。

②模板均为常规模板，当设计或施工对混凝土结构的外观有特殊要求需要对模板进行特殊处理时，可根据定额中所列的混凝土模板接触面积增列相应的特殊模板材料的费用。

③钢模板材料指工厂加工的，适用于某种构件的定型钢模板，其质量包括立模所需的钢支撑及有关配件；组合钢模板材料指市场供应的各种型号的组合钢模板，其质量仅为组合钢模板的质量，不包括立模所需的支撑、拉杆等配件，定额中已计入所需配件材料的摊销量；木模板按工地制作编制，定额中将制作所需工、料、机械台班消耗按周转摊销量计算。

④定额中均已包括各种模板的维修、保养所需的工、料及费用。

(4)设备摊销费

设备摊销费的设备指属于固定资产的金属设备，包括万能杆件、装配式钢桥桁架及有关配件拼装的金属架桥设备。设备摊销费按设备质量每吨每月90元计算(除设备本身折旧费用，还包括设备的维修、保养等费用)。各项目中凡注明允许调整的，可按计划使用时间调整。

(5)工程量计算一般规则

①现浇混凝土、预制混凝土、构件安装的工程量为构筑物或预制构件的实际体积，不包括其中空心部分的体积，钢筋混凝土项目的工程量不扣除钢筋(钢丝、钢绞线)、预埋件和预留孔道所占的体积。

②构件安装定额中在括号内所列的构件体积数量，表示安装时需要制备的构件数量。

③钢筋工程量为钢筋的设计质量，定额中已计入施工操作损耗，一般钢筋因接长所需增加的钢筋质量已包括在定额中，不得将这部分质量计入钢筋设计质量内。但对于某些特殊的工程，必须在施工现场分段施工采用搭接接长时，其搭接长度的钢筋质量未包括在定额中，应在钢筋的设计质量内计算。

1. 开挖基坑的工程量计算

1)工程量计算规则

(1)基坑开挖工程量按基坑容积计算，如图8-4-1、图8-4-2所示，其计算公式如下：

$$V=\frac{h}{6}\times[ab+(a+a_1)(b+b_1)+a_1b_1]\text{(基坑为平截方锥时)} \quad (8\text{-}4\text{-}4)$$

$$V=\frac{\pi h}{3}\times(R^2+Rr+r^2)\text{(基坑为截头圆锥时)} \quad (8\text{-}4\text{-}5)$$

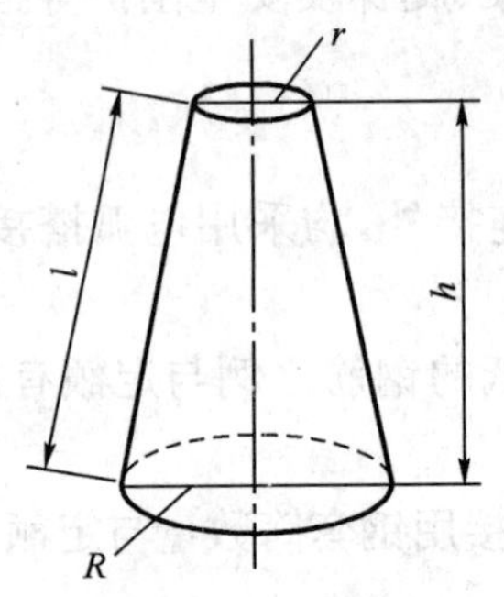

图 8-4-1 截头圆锥图示

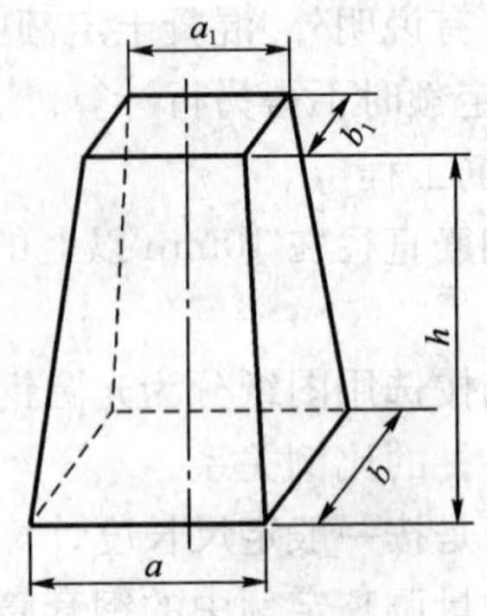

图 8-4-2 平截方锥图示

(2)基坑挡土板的支挡面积,按坑内需支挡的实际侧面积计算。

2)特定情况下的工程量计算

(1)干处挖基指开挖无地面水及地下水位以上部分的土壤,湿处挖基指开挖在施工水位以下部分的土壤。挖基坑石方、淤泥、流沙不分干处、湿处均采用同一定额。

(2)开挖基坑土、石方运输按弃土于坑外 10m 范围内考虑,如坑上水平运距超过 10m 时,另按路基土、石方增运定额计算。

(3)基坑深度为坑的顶面中心高程至底面的数值。在同一基坑内,不论开挖哪一深度均执行该基坑的全深度定额。

(4)电动卷扬机配抓斗及人工开挖配卷扬机吊运基坑土、石方定额中,已包括移动摇头扒杆用工,但摇头扒杆的配置数量应根据工程需要按吊装设备定额另行计算。

(5)开挖基坑定额中已综合了基底夯实、基坑回填及检平石质基底用工,湿处挖基还包括挖边沟、挖集水井及排水作业用工,使用定额时,不得另行计算。

(6)开挖基坑定额中不包括挡土板,需要时应据实按有关定额另行计算。

(7)机械挖基定额中已综合了基底高程以上 20cm 范围内采用人工开挖和基底修整用工。

(8)基坑开挖定额均按原土回填考虑,若采用取土回填时,应按路基工程有关定额另计取土费用。

(9)挖基定额中未包括水泵台班,挖基及基础、墩台修筑所需的水泵台班按表 8-4-16 基坑水泵台班消耗表的规定计算,并计入挖基项目中。

(10)基坑水泵台班消耗,可根据覆盖层土壤类别和施工水位高度采用表 8-4-16 列数值计算。

①墩(台)基坑水泵台班消耗=湿处挖基工程量×挖基水泵台班+墩(台)座数×修筑水泵台班。

②基坑水泵台班消耗表中水位高度栏中“地面水”适用于围堰内挖基,水位高度指施工水位至坑顶的高度,其水泵消耗台班已包括排除地下水所需台班数量,不得再按“地下水”加计水泵台班;“地下水”适用于岸滩湿处的挖基,水位高度指施工水位至坑底的高度,其工程量应为施工水位以下的湿处挖基工程数量,施工水位至坑顶部分的挖基,应按干处挖基对待,不计水泵台班。

③表列水泵台班均为 ϕ150mm 水泵。

基坑水泵台班消耗量表 表 8-4-16

覆盖层土壤类别		水位高度(m)		河中桥墩			靠岸墩台		
				挖基(10m³)	每座墩(台)修筑水泵台班		挖基(10m³)	每座墩(台)修筑水泵台班	
					基坑深 3m 以内	基坑深 6m 以内		基坑深 3m 以内	基坑深 6m 以内
I	1. 亚黏土 2. 粉砂土 3. 较密室的细砂土(0.10～0.25mm 颗粒含量占多数) 4. 松软的黄土 5. 有透水孔道的黏土	地面水	4 以内	0.19	7.58	10.83	0.12	4.88	7.04
			3 以内	0.15	5.96	8.67	0.10	3.79	5.42
			2 以内	0.12	5.42	7.58	0.08	3.52	4.88
			1 以内	0.11	4.88	7.04	0.07	3.25	4.33
		地下水	6 以内	0.08	—	5.42	0.05	—	3.79
			3 以内	0.07	3.79	3.79	0.04	2.71	2.71
II	1. 中类砂土(0.25～0.50mm 颗粒含量占多数) 2. 紧密的颗粒较细的砂砾石层 3. 有裂缝透水的岩层	地面水	4 以内	0.54	16.12	24.96	0.35	10.32	16.12
			3 以内	0.44	11.96	18.72	0.29	7.74	11.96
			2 以内	0.36	8.32	14.04	0.23	5.16	9.36
			1 以内	0.31	6.24	10.92	0.19	4.13	7.28
		地下水	6 以内	0.23	—	7.28	0.15	—	4.68
			3 以内	0.19	4.16	4.68	0.12	2.58	3.12
III	1. 粗粒砂(0.50～1.00mm 颗粒含量占多数) 2. 砂砾石层(砾石含量大于 50%) 3. 透水岩石并有泉眼	地面水	4 以内	1.04	30.76	47.14	0.68	19.85	30.76
			3 以内	0.84	22.33	35.73	0.55	14.39	23.32
			2 以内	0.69	16.37	26.79	0.45	10.42	17.37
			1 以内	0.59	11.91	21.34	0.39	7.94	13.89
		地下水	6 以内	0.44	—	10.92	0.29	—	6.95
			3 以内	0.35	4.96	5.46	0.23	3.47	3.47
IV	1. 砂卵石层(平均颗粒大于 50mm) 2. 漂石层有较大的透水孔道 3. 有溶洞、溶槽的岩石并有泉眼、涌水现象	地面水	4 以内	1.52	45.26	68.35	0.99	29.37	44.45
			3 以内	1.23	32.74	51.62	0.79	21.19	33.46
			2 以内	1.01	23.59	39.19	0.65	15.41	25.33
			1 以内	0.87	17.33	30.59	0.56	11.07	20.07
		地下水	6 以内	0.64	—	15.77	0.41	—	10.04
			3 以内	0.52	7.22	7.65	0.34	4.81	4.78

注：如钢板桩围堰打进覆盖层，则表列台班数量乘以 0.7 的系数。

3)定额子目的工程量计算(表 8-4-17)

开挖基坑定额子目工程量计算 表 8-4-17

定额表及目名称	子 目 名 称	工程量计算
4-1-1 人工挖基坑土、石方	人工挖基坑土、石方	分土方，淤泥、流沙、石方，按体积计，定额基价工程量单位为 1 000m³。在预算时，基坑挖深超过 6m 时，每加深 1m，按挖基 6m 以内干处递增 5%，湿处递增 10%
4-1-2 人工挖卷扬机吊运基坑土、石方	人工挖卷扬机吊运基坑土、石方	分土方、石方，按体积计，定额基价工程量单位为 1 000m³

续上表

定额表及目名称	子目名称	工程量计算
4-1-3　机械挖基坑土、石方	锚碇基坑非放坡开挖	分土方、石方，按体积计，定额基价工程量单位为 1 000m³。在预算时，锚碇基坑开挖土石方的坑外运输应按自卸汽车运路基土石方定额另行计算，除放坡方式开挖石方需另计装车费用外，其他均不得再计装车的费用
	锚碇基坑放坡开挖	
	其他基坑开挖	

2.筑岛、围堰及沉井工程的工程量计算

1)工程量计算规则

(1)草土、草(麻)袋、竹笼围堰长度按围堰中心长度计算，高度按施工水深加 0.5m 计算。木笼铁丝围堰实体为木笼所包围的体积。

(2)套箱围堰的工程量为套箱金属结构的质量。套箱整体下沉时悬吊平台的钢结构及套箱内支撑的钢结构均已综合在定额中，不得作为套箱工程量进行计算。

(3)沉井制作的工程量。重力式沉井为设计图纸井壁及隔墙混凝土数量；钢丝网水泥薄壁浮运沉井为刃脚及骨架钢材的质量，但不包括铁丝网的质量。钢壳沉井的工程量为钢材的总质量。

(4)沉井下沉定额的工程量按沉井刃脚外缘所包围的面积乘沉井刃脚下沉入土深度计算。沉井下沉按土、石所在的不同深度分别采用不同下沉深度的定额。定额中的下沉深度指沉井顶面到作业面的高度。定额中已综合了溢流(翻砂)的数量，不得另加工程量。

(5)沉井浮运、接高、定位落床定额的工程量为沉井刃脚外缘所包围的面积，分节施工的沉井接高的工程量应按各节沉井接高工程量之和计算。

(6)锚碇系统定额的工程量指锚碇的数量，按施工组织设计的需要量计算。

(7)地下连续导墙的工程量按设计需要设置的导墙的混凝土体积计算；成槽和墙体混凝土的工程量按地下连续墙设计长度、厚度和深度的乘积计算；锁口管吊拔和清底置换的工程量按地下连续墙的设计槽段数(指槽壁单元槽段)计算；内衬的工程量按设计需要的内衬混凝土体积计算。

2)特定情况下的工程量计算

(1)围堰定额适用于挖基围堰和筑岛围堰。

(2)草土、草(麻)袋、竹笼、木笼铁丝围堰定额中已包括 50m 以内人工挖运土方的工日数量，定额括号内所列“土”的数量不计价，仅限于取土运距超过 50m 时，按人工挖运土方的增运定额，增加运输用工。

(3)沉井制作分钢筋混凝土重力式沉井、钢丝网水泥薄壁浮运沉井、钢壳浮运沉井三种。沉井浮运、落床、下沉、填塞定额，均适用于以上三种沉井。

(4)沉井下沉用的工作台、三脚架、运土坡道、卷扬机工作台均已包括在定额中。井下爆破材料除硝铵炸药外，其他列入“其他材料费”中。

(5)沉井下水轨道的钢轨、枕木、铁件按周转摊销量计入定额中，定额还综合了轨道的基础及围堰等的工、料，使用定额时，不得另行计算。但轨道基础的开挖工作本定额中未计入，需要时按有关定额另行计算。

(6)沉井浮运定额仅适用于只有一节的沉井或多节沉井的底节，分节施工的沉井除底节外的其余各节的浮运、接高均应执行沉井接高定额。

(7)导向船、定位船船体本身加固所需的工、料、机消耗及沉井定位落床所需的锚绳均已综合在定额中，使用定额时，不得另行计算。

(8)无导向船定位落床定额已将所需的地笼、锚碇等的工、料、机消耗综合在定额中，使用定额时，不得另行计算。有导向船定位落床定额未综合锚碇系统，应根据施工组织设计的需要按有关定额另行计算。

(9)锚碇系统定额均已将锚链的消耗计入定额中，并已将抛锚、起锚所需的工、料、机消耗综合在定额中，使用定额时，不得随意进行抽换。

(10)钢壳沉井接高所需的吊装设备本定额中未计入，需要时应按金属设备吊装定额另行计算。

(11)钢壳沉井作双壁钢围堰使用时，应按施工组织设计计算回收，但回收部分的拆除所需的工、料、机消耗本定额未计入，需要时应根据实际情况按有关定额另行计算。

(12)沉井下沉定额中的软质岩石是指饱和单轴极限抗压强度在40MPa以下的各类松软的岩石，硬质岩石是指饱和单轴极限抗压强度在40MPa以上的各类较坚硬和坚硬的岩石。

(13)地下连续墙定额中未包括施工便道、挡水帷幕、注浆加固等，需要时应根据施工组织设计另行计算。挖除的土石方或凿铣的泥渣如需要外运时，应按路基工程中相关定额进行计算。

3)定额子目的工程量计算(表8-4-18)

筑岛、围堰及沉井工程定额子目工程量计算 表8-4-18

定额表及目名称	子目名称	工程量计算
4-2-1 草土围堰	草土围堰	分围堰高度，按围堰长度计，定额基价工程量单位为10m围堰。在预算时，围堰高度不同时，可内插计算
4-2-2 草、麻袋围堰	草、麻袋围堰	分围堰高度，按围堰长度计，定额基价工程量单位为10m围堰。在预算时，围堰高度不同时，可内插计算
4-2-3 竹笼围堰	竹笼围堰	分围堰高度，按围堰长度计，定额基价工程量单位为10m围堰。在预算时，围堰高度不同时，可内插计算
4-2-4 木笼铁丝围堰	木笼铁丝围堰	分围堰高度，按围堰长度计，定额基价工程量单位为10m围堰。在预算时，围堰高度不同时，可内插计算
4-2-5 筑岛	筑岛	分筑岛填芯材料，按筑岛尸体体积计，定额基价工程量单位为$10m^3$筑岛实体。在预算时，筑岛填芯所需土、砂均为附近挖运，如运距超过50m时，其超运部分另行计算
4-2-6 套箱围堰	套箱围堰	分有底模钢套箱和无底模钢套箱，按钢套箱质量计，定额基价工程量单位为10t钢套箱。在预算时，仅适用于水深在10m以内的单壁钢套箱围堰
4-2-7 沉井制作及拼装	沉井制作及拼装	重力式沉井制作，定额基价工程量单位为：混凝土$10m^3$，钢筋1t；钢丝网水泥薄壁浮运沉井，计价单位为：制作为$10m^2$底面积，刃脚及骨架钢材为1t钢材；钢壳沉井，计价单位为10t钢沉井；拼装船拼装、拆除，计价单位为1次。在预算时，①钢丝网水泥薄壁浮运沉井的制作包括平台、刃脚混凝土及砂浆抹面；②船坞拼装钢壳沉井的船坞开挖及排水工程应按相应定额另行计算

续上表

<table>
<tr><th>定额表及目名称</th><th>子 目 名 称</th><th>工程量计算</th></tr>
<tr><td rowspan="9">4-2-8 沉井浮运、定位落床</td><td>导向船连接梁</td><td>按质量计，定额基价工程量单位为 10t。在预算时，导向船连接梁设备摊销费是按施工期 4 个月编制的，如实际施工期与定额不同时，可按实际施工期进行调整</td></tr>
<tr><td>下水轨道</td><td rowspan="6">按沉井底面积计，定额基价工程量单位为 10m^2 沉井底面积</td></tr>
<tr><td>沉井下水</td></tr>
<tr><td>无导向船浮运</td></tr>
<tr><td>有导向船浮运</td></tr>
<tr><td>沉井接高</td></tr>
<tr><td>定位落床</td></tr>
<tr><td>锚碇系统</td><td>分锚体质量，按个数计，定额基价工程量单位为 1 个。在预算时，①钢筋混凝土锚碇自重与定额不同时，按相近锚体质量定额执行，可按锚体体积比例抽换定额中的水泥、中（粗）砂、碎石的数量，但其他数量均不得调整；②铁锚定额是按锚体质量为 5t 的锚碇并按每基础次使用 12 个月编制的，若锚碇的实际质量及使用期与定额不同时，可按实际数量予以调整等额中的设备摊销费</td></tr>
<tr><td>井壁混凝土</td><td>分非泵送和泵送，按混凝土体积计，定额基价工程量单位为 10m^3</td></tr>
<tr><td>4-2-9 沉井下沉</td><td>沉井下沉</td><td>分下沉深度和不同地质，按实体体积计，定额基价工程量单位为 10m^3 实体。在预算时，①沉井下沉应按土、石所在的不同深度分别采用不同的下沉深度定额，如沉井下沉在 5m 以内的土、石应采用下沉深度在 0～5m 的定额，当沉井继续下沉到 10m 以内时，对于超过 5m 的土、石应执行下沉深度 5～10m 的定额；②当下沉深度超过 40m 时，按每增加 10m 为一档，每增加一档按下沉深度 30～40m 定额的人工、机械分不同地质乘以下列系数进行计算：
<table><tr><td>地质分类</td><td>砂土、黏土</td><td>砂砾</td><td>砾（卵）石</td><td>软质岩石</td><td>硬质岩石</td></tr><tr><td>系数</td><td>1.5</td><td>1.5</td><td>1.5</td><td>1.3</td><td>1.2</td></tr></table></td></tr>
<tr><td>4-2-10 沉井填塞</td><td>沉井填塞</td><td>分封底、填芯和封顶，除封顶用钢筋按质量计，定额基价工程量单位为 1t 钢筋外，其余均按实体体积计，计价单位为 10m^3 实体</td></tr>
<tr><td rowspan="10">4-2-11 地下连续墙</td><td>导墙开挖</td><td rowspan="2">按实体体积计，计价单位为 10m^3 实体</td></tr>
<tr><td>导墙混凝土</td></tr>
<tr><td>挖土成槽</td><td>分槽深，按体积计，定额基价工程量单位为 10m^3</td></tr>
<tr><td>铣削成槽</td><td rowspan="2">按体积计，定额基价工程量单位为 100m^3</td></tr>
<tr><td>凿铣成槽</td></tr>
<tr><td>锁口管吊拔</td><td>分槽深，按段数计，定额基价工程量单位为 1 段</td></tr>
<tr><td>清底置换</td><td>按段数计，定额基价工程量单位为 1 段</td></tr>
<tr><td>内衬混凝土</td><td rowspan="2">按体积计，定额基价工程量单位为 10m^3</td></tr>
<tr><td>连续墙混凝土</td></tr>
<tr><td>钢筋</td><td>按质量计，定额基价工程量单位为 1t 钢筋</td></tr>
</table>

3.打桩工程的工程量计算

1)工程量计算规则

(1)打预制钢筋混凝土方桩和管桩的工程量,应根据设计尺寸及长度以体积计算(管桩的空心部分应予以扣除)。设计中规定凿去的桩头部分的数量,应计入设计工程量内。

(2)钢筋混凝土方桩的预制工程量,应为打桩定额中括号内的制备数量。

(3)拔桩工程量按实际需要数量计算。

(4)打钢板桩的工程量按设计需要的钢板桩质量计算。

(5)打桩用的工作平台的工程量,按施工组织设计所需的面积计算。

(6)船上打桩工作平台的工程量,根据施工组织设计,按一座桥梁实际需要打桩机的台数和每台打桩机需要的船上工作平台面积的总和计算。

2)特定情况下的工程量计算

(1)本定额适用于陆地上、打桩工作平台上、船上打桥涵墩台基础桩,以及其他基础工程和临时工程中的打桩工作。

(2)土质划分。打桩工程土壤分为I、II两组。

①I组土。较易穿过的土壤,如轻亚黏土、亚黏土、砂类土、腐殖土、湿的及松散的黄土等。

②II组土。较难穿过的土壤,如黏土、干的固结黄土、砂砾、砾石、卵石等。

当穿过两组土层时,如打入II组土各层厚度之和等于或大于土层总厚度的50%或打入II组土连续厚度大于1.5m时,按II组土计,不足上述厚度时,则按I组土计。

(3)打桩定额中,均按在已搭好的工作平台上操作,但未包括打桩用的工作平台的搭设和拆除等的工、料消耗,需要时应按打桩工作平台定额另行计算。

(4)打桩定额中已包括打导桩、打送桩及打桩架的安拆工作,并将打桩架、送桩、导桩及导桩夹木等的工、料按摊销方式计入定额中,编制预算时,不得另行计算。但定额中均未包括拔桩。破桩头工作,已计入承台定额中。

(5)打桩定额均为打直桩,如打斜桩时,机械乘1.20的系数,人工乘1.08的系数。

(6)利用打桩时搭设的工作平台拔桩时,不得另计搭设工作平台的工、料消耗。如需搭设工作平台时,可根据施工组织设计规定的面积,按打桩工作平台人工消耗的50%计算人工消耗,但各种材料一律不计。

(7)打每组钢板桩时,用的夹板材料及钢板桩的截头、连接(接头)、整形等的材料已按摊销方式,将其工、料计入定额中,使用定额时,不得另行计算。

(8)钢板桩木支撑的制作、试拼、安装的工、料消耗,均已计入打桩定额中,拆除的工、料消耗已计入拔桩定额中。

(9)打钢板桩、钢管桩定额中未包括钢板桩、钢管桩的防锈工作,如需进行防锈处理,另按相应定额计算。

(10)打钢管桩工程如设计钢管桩数量与本定额不相同时,可按设计数量抽换定额中的钢管桩消耗,但定额中的其他消耗量不变。

3)定额子目的工程量计算(表8-4-19)

4.灌注桩工程的工程量计算

1)工程量计算规则

(1)灌注桩成孔工程量按设计入土深度计算。定额中的孔深指护筒顶至桩底(设计高程)的深度。造孔定额中同一孔内的不同土质,不论其所在的深度如何,均采用总孔深定额。

打桩工程定额子目工程量计算 表 8-4-19

定额表及目名称	子 目 名 称	工程量计算
4-3-1 打钢筋混凝土方桩及接头	打钢筋混凝土方桩及接头	打桩按体积计，定额基价工程量单位为 $10m^3$；接头按个数计，计价单位为 10 个接头。在预算时，①本定额为不射水打桩，如为射水打桩时，按相应定额人工及机械台班消耗乘 0.98 系数，并按打桩机台班数量增加 5～6 级高压水泵台班，其余不变；②接头定额系指考虑在打桩时接桩，如在场地预先接桩时，应扣除打桩机台班，人工乘 0.5 系数；③接头有两种方式，只能根据具体情况选用其中一种
4-3-2 打钢筋混凝土管桩、接头及填芯	打钢筋混凝土管桩、接头及填芯	打管桩和管桩填芯均按体积计，定额基价工程量单位为 $10m^3$；管桩接头按个数计，计价单位为 10 个接头。在预算时：①本定额为不射水打桩，如为射水打桩时，按打桩机台班数量增加 5～6 级高压水泵台班，其余不变；②接头定额系指考虑在打桩时接桩，如在场地预先接桩时，应扣除打桩机台班，人工乘 0.5 的系数，其余不变；③接桩法兰盘包括在预制钢筋混凝土管桩中
4-3-3 打钢管桩、接头	打钢管桩、接头	打钢管桩按根数计，定额基价工程量单位为 10 根；钢管桩接头按个数计，定额基价工程量单位为 10 个接头
4-3-4 钢管桩填芯	钢管桩填芯	分填芯材料，按填芯材料体积计，定额基价工程量单位为 $10m^3$
4-3-5 打钢板桩	打钢板桩	打钢板桩按质量计，定额基价工程量单位为 10t；钢板桩接头按个数计，定额基价工程量单位为 10 个接头
4-3-6 拔钢板桩	拔钢板桩	分打桩工作平台，按质量计，定额基价工程量单位为 10t 钢板桩
4-3-7 打桩工作平台	打桩工作平台	分打桩机械，按面积计，定额基价工程量单位为 $100m^2$。在预算时：船上打桩工作平台所需驳船艘班，包括在打桩或拔桩的定额中

(2)人工挖孔的工程量按护筒(护壁)外缘所包围的面积乘设计孔深计算。

(3)浇筑水下混凝土的工程量按设计桩径横断面面积乘设计桩长计算，不得将扩孔因素计入工程量。

(4)灌注桩工作平台的工程量按施工组织设计需要的面积计算。

(5)钢护筒的工程量按护筒的设计质量计算。设计质量为加工后的成品质量，包括加劲肋及连接用法兰盘等全部钢材的质量。当设计提供不出钢护筒的质量时，可参考表 8-4-20 的质量进行计算，桩径不同时可内插计算。

钢 护 筒 质 量 表 8-4-20

桩径(cm)	100	120	150	200	250	300	350
护筒单位质量(kg/m)	170.2	238.2	289.3	499.1	612.6	907.5	1 259.2

2)特定情况下的工程量计算

(1)灌注桩造孔根据造孔的难易程度，将土质分为八种：

①砂土。粒径不大于 2mm 的砂类土，包括淤泥、轻亚黏土。

②黏土。亚黏土、黏土、黄土，包括土状风化。

③砂砾。粒径 2～20mm 的角砾、圆砾含量(指质量比，下同)小于或等于 50%，包括礓石及粒状风化。

④砾石。粒径 2～20mm 的角砾、圆砾含量大于 50%，有时还包括粒径 20～200mm 的碎石、卵石，其含量在 10%以内，包括块状风化。

⑤卵石。粒径 20～200mm 的碎石、卵石含量大于 10%，有时还包括块石、漂石，其含量在 10%以内，包括块状风化。

⑥软石。饱和单轴极限抗压强度在 40MPa 以下的各类松软的岩石，如盐岩，胶结不紧的砾岩、泥质页岩、砂岩，较坚实的泥灰岩、块石土及漂石土，软而节理较多的石灰岩等。

⑦次坚石。饱和单轴极限抗压强度在 40～100MPa 的各类较坚硬的岩石，如硅质页岩，硅质砂岩，白云岩，石灰岩，坚实的泥灰岩，软玄武岩、片麻岩、正长岩、花岗岩等。

⑧坚石。饱和单轴极限抗压强度在 100MPa 以上的各类较坚硬的岩石，如硬玄武岩，坚实的石灰岩、白云岩、大理岩、石英岩、闪长岩、粗粒花岗岩、正长岩等。

(2)灌注桩成孔定额分为人工挖孔、卷扬机带冲抓锥冲孔、卷扬机带冲击锥冲孔、冲击钻机冲孔、回旋钻机钻孔、潜水钻机钻孔等六种。定额中已按摊销方式计入钻架的制作、拼装、移位、拆除及钻头维修所耗用的工、料、机械台班数量，钻头的费用已计入设备摊销费中，使用本定额时，不得另行计算。

(3)灌注桩混凝土定额系按机械拌和、工作平台上导管灌注水下混凝土编制，定额中已包括混凝土灌注桩设备(如导管等)摊销的工、料费用及扩孔增加的混凝土数量，使用定额时，不得另行计算。

(4)钢护筒定额中，干处埋设按护筒设计质量的周转摊销量计入定额中，使用定额时，不得另行计算；水中埋设按护筒全部设计质量计入定额中，可根据设计确定的回收量按规定计算回收金额。

(5)护筒定额中，已包括陆地上埋设护筒用的黏土或水中埋设护筒定位用的导向架及钢质或钢筋混凝土护筒接头用的铁件、硫磺胶泥等埋设时用的材料、设备消耗，使用定额时，不得另行计算。

(6)浮箱工作平台定额中，每只浮箱的工作面积为 $3m\times6m=18m^2$。

(7)使用成孔定额时，应根据施工组织设计的需要合理选用定额子目，当不采用泥浆船的方式进行水中灌注桩施工时，除按 90kW 以内内燃拖轮数量的一半保留拖轮和驳船的数量外，其余拖轮和驳船的消耗应扣除。

(8)在河滩、水中采用筑岛方法施工时，应采用陆地上成孔定额计算。

(9)本定额是按一般黏土造浆进行编制的，如实际采用膨润土造浆时，其膨润土的用量可按定额中黏土用量乘系数进行计算。即：

$$Q = 0.095 \times V \times 1\,000 \tag{8-4-6}$$

式中：Q——膨润土的用量(kg)；

V——黏土的用量(m^3)。

(10)当设计桩径与定额采用桩径不同时，可按表 8-4-21 所列系数进行调整。

调 整 系 数 表 8-4-21

桩径(cm)	130	140	160	170	180	190	210	220	230	240
调整系数	0.94	0.97	0.70	0.79	0.89	0.95	0.93	0.94	0.96	0.98
计算基数	桩径 150cm 以内		桩径 200cm 以内				桩径 250cm 以内			

3)定额子目的工程量计算(表 8-4-22)

灌注桩工程定额子目工程量计算 表 8-4-22

定额表及目名称	子目名称	工程量计算
4-4-1 人工挖孔	挖孔	分土质,按体积计,定额基价工程量单位为 $10m^3$
	护壁	
4-4-2 卷扬机带冲抓锥冲孔	卷扬机带冲抓锥冲孔	分孔深和土质,按孔长度计,定额基价工程量单位为 10m
4-4-3 卷扬机带冲击锥冲孔	卷扬机带冲击锥冲孔	分桩径、孔深和土质,按孔长度计,定额基价工程量单位为 10m
4-4-4 冲击钻机冲孔	冲击钻机冲孔	分桩径、孔深和土质,按孔长度计,定额基价工程量单位为 10m
4-4-5 回旋钻机钻孔	回旋钻机钻孔	分钻孔平台、桩径、孔深和土质,按孔长度计,定额基价工程量单位为 10m
4-4-6 潜水钻机钻孔	潜水钻机钻孔	分钻孔平台、桩径、孔深和土质,按孔长度计,定额基价工程量单位为 10m
4-4-7 灌注桩混凝土	混凝土	分成孔方式,按实体体积计,定额基价工程量单位为 $10m^3$ 实体
	钢筋	按质量计,定额基价工程量单位为 1t
	检测管	
4-4-8 护筒制作、埋设、拆除	钢筋混凝土护筒预制	混凝土按体积计,定额基价工程量单位为 $10m^3$;钢筋按质量计,定额基价工程量单位为 1t
	护筒埋设	分埋设位置,钢筋混凝土护筒埋设按长度计,定额基价工程量单位为 10m;钢护筒埋设按质量计,定额基价工程量单位为 1t
4-4-9 灌注桩工作平台	桩基工作平台	按面积计,定额基价工程量单位为 $100m^2$。在预算时,桩基工作平台中的设备摊销费系按使用 4 个月编制的,如实际施工期与定额不同时,可予以调整
	双壁钢围堰上工作平台	
	浮箱工作平台	按只数计,定额基价工程量单位为 10 只。在预算时,浮箱工作平台中的浮箱质量为 5.321t/只,其设备摊销费系按使用一个月编制的,如浮箱质量和实际施工期与定额不同时,可予以调整

5.砌筑工程的工程量计算

1)工程量计算规则

(1)M5、M7.5、M12.5 水泥砂浆为砌筑用砂浆,M10、M15 水泥砂浆为勾缝用砂浆。

(2)砌筑工程的工程量为砌体的实际体积,包括构成砌体的砂浆体积。

2)特定情况下的工程量计算

(1)已按砌体的总高度配置了脚手架,高度在 10m 以内的配踏步,高度大于 10m 的配井字架,并计入搭、拆用工,其材料用量均以摊销方式计入定额中。

(2)浆砌混凝土预制块定额中,未包括预制块的预制,应按定额中括号内所列预制块数量,另按预制混凝土构件的有关定额计算。

(3)浆砌料石或混凝土预制块作镶面时,其内部应按填腹石定额计算。

(4)桥涵拱圈定额中,未包括拱盔和支架,需要时应按拱盔、支架工程中有关定额另行计算。

(5)定额中均未包括垫层及拱背、台背填料和砂浆抹面，需要时应按杂项工程中有关定额另行计算。

3)定额子目的工程量计算(表 8-4-23)

砌筑工程定额子目工程量计算

表 8-4-23

定额表及目名称	子 目 名 称	工程量计算
4-5-1 干砌片石、块石	干砌片石、块石	分砌筑部位，按砌体体积计，定额基价工程量单位为 $10m^3$
4-5-2 浆砌片石	浆砌片石	分砌筑部位，按砌体体积计，定额基价工程量单位为 $10m^3$
4-5-3 浆砌块石	浆砌块石	分砌筑部位，按砌体体积计，定额基价工程量单位为 $10m^3$
4-5-4 浆砌料石	浆砌料石	分砌筑部位，按砌体体积计，定额基价工程量单位为 $10m^3$
4-5-5 浆砌混凝土预制块	浆砌混凝土预制块	分砌筑部位，按砌体体积计，定额基价工程量单位为 $10m^3$
4-5-6 干、浆砌盖板石	干、浆砌盖板石	按砌体体积计，定额基价工程量单位为 $10m^3$
4-5-7 浆砌青(红)砖	浆砌青(红)砖	分砌筑部位，按砌体体积计，定额基价工程量单位为 $10m^3$

6.现浇混凝土及钢筋混凝土的工程量计算

1)工程量计算规则

(1)定额中片石混凝土中片石含量均按 15%计算。

(2)墩台高度为基础顶、承台顶或系梁底到盖梁顶、墩台帽顶或 0 号块件底的高度。

(3)索塔高度为基础顶、承台顶或系梁底到索塔顶的高度。当塔墩固接时，工程量为基础顶面或承台顶面以上至塔顶的全部数量；当塔墩分离时，工程量应为桥面顶部以上至塔顶的数量，桥面顶部以下部分的数量应按墩台定额计算。

(4)斜拉索锚固套筒定额中已综合加劲钢板和钢筋的数量，其工程量以混凝土箱梁中锚固套筒钢管的质量计算。

(5)斜拉索钢锚箱的工程量为钢锚箱钢板、剪力钉、定位件的质量之和，不包括钢管和型钢的质量。

(6)各种结构的模板接触面积如表 8-4-24 所示。

2)特定情况下的工程量计算

(1)定额中未包括现浇混凝土及钢筋混凝土上部构造所需的拱盔、支架，需要时应按有关定额另行计算。

(2)有底模承台适用于高桩承台施工。

(3)使用套箱围堰浇筑承台混凝土时，应采用无底模承台的定额。

(4)定额中均未包括扒杆、提升模架、拐脚门架、悬浇挂篮、移动模架等金属设备，需要时，应按有关定额另行计算。

(5)桥面铺装定额中，橡胶沥青混凝土仅适用于钢桥桥面铺装。

3)定额子目的工程量计算

定额子目的工程量计算如表 8-4-25 所示。

表 8-4-24

各种结构模板接触面积

项目		基础				支撑梁	承台		轻型墩台身			实体式墩台身			
		轻型墩台		实体式墩台			有底模	无底模	钢筋混凝土墩台	混凝土墩台		梁板桥		拱桥	
		跨径(m)		上部构造形式						跨径(m)		高度(m)		墩	台
		4 以内	8 以内	梁板式	拱式					4 以内	8 以内	10 以内	20 以内		
模板接触面积 (m²/10m³ 混凝土)	内模	—	—	—	—	—	—	—	—	—	—	—	—	—	—
	外模	28.36	20.24	10.50	6.69	100.10	12.12	6.21	51.02	38.26	29.94	24.75	15.99	11.90	15.60
	合计	28.36	20.24	10.50	6.69	100.10	12.12	6.21	51.02	38.26	29.94	24.75	15.99	11.90	15.60

项目		圆柱式墩台身		方柱式墩台身			框架式桥台	肋形埋置式桥台		空心墩					Y 形墩
		高度(m)						高度(m)							
		10 以内	20 以内	10 以内	20 以内	40 以内		8 以内	14 以内	20 以内	40 以内	70 以内	100 以内	100 以上	10 以内
模板接触面积 (m²/10m³ 混凝土)	内模	—	—	—	—	—	—	—	—	15.94	14.80	12.92	12.36	10.04	—
	外模	40.56	36.15	30.00	27.87	23.61	37.45	36.67	34.29	20.21	19.73	17.72	17.09	16.42	16.38
	合计	40.56	36.15	30.00	27.87	23.61	37.45	36.67	34.29	36.15	34.53	30.64	29.45	26.46	16.38

项目		Y 形墩	薄壁墩			支座垫石		墩台帽	拱座	盖梁	系梁		耳背墙	墩梁固结现浇段	索塔立柱
		高度(m)				盆式支座	板式支座				地面以下	地面以上			高度(m)
		20 以内	10 以内	20 以内	40 以内										50 以内
模板接触面积 (m²/10m³ 混凝土)	内模	—	—	—	—	—	—	—	—	—	—	—	—	49.37	7.11
	外模	13.47	25.09	17.82	11.55	51.65	66.38	32.25	19.74	32.19	25	28.33	89.64	12.34	16.58
	合计	13.47	25.09	17.82	11.55	51.65	66.38	32.25	19.74	32.19	25	28.33	89.64	61.71	23.69

项目		索塔立柱				索塔横梁		现浇 T 形梁	现浇箱梁	现浇箱涵			现浇板上部构造			悬浇箱梁			
		高度(m)				下横梁	中、上横梁			2.0×1.5～4.0×3.0	6.0×3.5～7.0×4.2	(3.0+7.0+3.0)×4.2	矩形板	实体连续板	空心连续板	T 形刚构等		连续刚构	
		100 以内	150 以内	200 以内	250 以内											0 号块	悬浇段	0 号块	悬浇段
模板接触面积 (m²/10m³ 混凝土)	内模	6.74	6.48	5.71	5.70	11.88	15.21	—	18.41	19.45	11.38	9.36	—	—	9.24	17.05	20.94	11.09	12.71
	外模	15.72	15.13	13.33	13.29	10.18	16.68	66.93	22.50	23.77	13.91	11.44	43.18	24.26	34.42	13.95	25.59	8.72	15.53
	合计	22.46	21.61	19.04	18.99	22.06	31.89	66.93	40.91	43.22	25.29	20.80	43.18	24.26	43.66	31.00	46.53	19.81	28.24

现浇混凝土及钢筋混凝土定额子目工程量计算 表 8-4-25

定额表及目名称	子目名称	工程量计算
4-6-1 基础、承台及支撑梁	基础、承台及支撑梁	混凝土按实体体积计，定额基价工程量单位为 $10m^3$ 实体；钢筋按质量计，单位定额基价工程量为 1t 钢筋
4-6-2 墩、台身	墩、台身	分墩、台形式，混凝土按实体体积计，定额基价工程量单位为 $10m^3$ 实体；钢筋按质量计，定额基价工程量单位为 1t 钢筋
4-6-3 墩、台帽及拱座	墩、台帽及拱座	混凝土按实体体积计，定额基价工程量单位为 $10m^3$ 实体；钢筋按质量计，定额基价工程量单位为 1t 钢筋
4-6-4 盖梁、系梁、耳背墙及墩顶固结	盖梁、系梁、耳背墙及墩顶固结	混凝土按实体体积计，定额基价工程量单位为 $10m^3$ 实体；钢筋按质量计，定额基价工程量单位为 1t 钢筋
4-6-5 索塔	索塔	现浇索塔立柱及横梁混凝土，按实体体积计，定额基价工程量单位为 $10m^3$ 实体；劲性骨架及钢筋，按质量计，定额基价工程量单位为 1t；安装附属结构，除避雷针定额基价工程量的计价单位为 1 处外，其余安装构件均按构件质量计，定额基价工程量为 1t 构件。在预算时，索鞍安装仅适用于山区钢索吊桥
4-6-6 现浇锚块	现浇锚块	混凝土按实体体积计，定额基价工程量单位为 $10m^3$ 实体；钢筋按质量计，定额基价工程量单位为 1t 钢筋
4-6-7 现浇箱涵	现浇箱涵	分箱涵净空(净宽 m×净高 m)，混凝土按实体体积计，定额基价工程量单位为 $10m^3$ 实体；钢筋按质量计，定额基价工程量单位为 1t 钢筋
4-6-8 现浇板上部构造	现浇板上部构造	分现浇板形式，混凝土按实体体积计，定额基价工程量单位为 $10m^3$ 实体；钢筋按质量计，定额基价工程量单位为 1t 钢筋
4-6-9 现浇 T 形梁上部构造	现浇 T 形梁上部构造	混凝土按实体体积计，定额基价工程量单位为 $10m^3$ 实体；钢筋按质量计，定额基价工程量单位为 1t 钢筋
4-6-10 现浇预应力箱梁上部构造	现浇预应力箱梁上部构造	混凝土按实体体积计，定额基价工程量单位为 $10m^3$ 实体；钢筋按质量计，定额基价工程量单位为 1t 钢筋
4-6-11 悬浇预应力箱梁上部构造	悬浇预应力箱梁上部构造	混凝土按实体体积计，定额基价工程量单位为 $10m^3$ 实体；钢筋和斜拉索锚固套筒按质量计，定额基价工程量单位为 1t 钢筋、钢管
4-6-12 现浇拱桥上部构造	现浇拱桥上部构造	分拱桥形式，混凝土按实体体积计，定额基价工程量单位为 $10m^3$ 实体；钢筋按质量计，定额基价工程量单位为 1t 钢筋
4-6-13 桥面铺装	桥面铺装	行车道铺装混凝土和人行道铺装，按实体体积计，定额基价工程量单位为 $10m^3$ 实体；行车道铺装钢筋按质量计，定额基价工程量单位为 1t 钢筋
4-6-14 现浇混凝土桥头搭板	现浇混凝土桥头搭板	混凝土按实体体积计，定额基价工程量单位为 $10m^3$ 实体；钢筋按质量计，定额基价工程量单位为 1t 钢筋。在预算时，未包括搭板垫层的费用，需要时按有关定额另行计算

7. 预制、安装混凝土及钢筋混凝土构件

1)工程量计算规则

(1)预制构件的工程量为构件的实际体积(不包括空心部分的体积)，但预应力构件的工程量为构件预制体积与构件端头封锚混凝土的数量之和；预制空心板的空心堵头混凝土已综合在预制定额内，计算工程量时不应再计列这部分混凝土的数量。

(2)使用定额时，构件的预制数量应为安装定额中括号内所列的构件备制数量。

(3)安装的工程量为安装构件的体积。

(4)构件安装时的现浇混凝土的工程量为现浇混凝土和砂浆的数量之和。但如在安装定额中已计列砂浆消耗的项目,则在工程量中不应再计列砂浆的数量。

(5)预制、悬拼预应力箱梁临时支座的工程量为临时支座中混凝土及硫磺砂浆的体积之和。

(6)移动模架的质量包括托架(牛腿)、主梁、鼻梁、横梁、吊架、工作平台及爬梯的质量,不包括液压构件和内外模板(含模板支撑系统)的质量。

(7)预应力钢绞线、预应力精轧螺纹粗钢筋及配锥形(弗氏)锚的预应力钢丝的工程量为锚固长度与工作长度的质量之和。

(8)配墩头锚的预应力钢丝的工程量为锚固长度的质量。

(9)先张法钢绞线质量为设计图纸质量,定额中已包括钢绞线损耗及预制场构件间的工作长度及张拉工作长度。

(10)缆索吊装的索跨指两塔架间的距离。

(11)各种结构的模板接触面积如表 8-4-26 所示。

各种结构的模板接触面积 表 8-4-26

项目		排架立柱	墩台管节	立交箱涵	钢筋混凝土板					钢筋混凝土T形梁	钢筋混凝土I形梁	预应力空心板	预应力混凝土T形梁	预应力混凝土I形梁	预应力组合箱梁	
					矩形板(跨径,m)		空心板	少筋微弯板	连续板						先张法	
					4以内	8以内									主梁	空心板
模板接触面积($m^2/10m^3$混凝土)	内模	—	76.47	11.97	—	—	67.14	—	62.85	—	—	55.76	—	—	71.89	87.61
	外模	94.34	96.86	4.02	38.85	30.95	25.61	34.57	42.24	88.33	82.68	48.24	73.72	65.43	48.66	44.17
	合计	94.34	173.33	15.99	38.85	30.95	92.75	34.57	105.09	88.33	82.68	104.00	73.72	65.43	120.55	131.78

项目		预应力组合箱梁		预应力箱梁			预应力桁架梁		桁架拱			刚架拱			箱形拱	
		后张法		预制安装	预制悬拼	预制顶推	桁架	桥面板	桁拱片	横向联系	微弯板	刚拱片	横向联系	微弯板	拱圈	立柱盖梁
		主梁	空心板													
模板接触面积($m^2/10m^3$混凝土)	内模	49.54	74.62	34.64	26.81	22.90	—	—	—	—	—	—	—	—	64.76	—
	外模	46.07	39.55	30.11	22.74	24.60	78.86	117.89	81.58	170.41	61.36	60.12	110.99	68.07	97.14	48.95
	合计	95.61	114.17	64.75	49.55	47.50	78.86	117.89	81.58	170.41	61.36	60.12	110.99	68.07	161.9	48.95

2)特定情况下的工程量计算

(1)预制钢筋混凝土上部构造中,矩形板、空心板、连续板、少筋微弯板、预应力桁架梁、顶推预应力连续梁、桁架拱、刚架拱均已包括底模板,其余系按配合底座(或台座)施工考虑。

(2)顶进立交箱涵、圆管涵的顶进靠背由于形式很多,宜根据不同的地形、地质情况设计,定额中未单独编列子目,需要时可根据施工图纸采用有关定额另行计算。

(3)顶进立交箱涵、圆管涵定额根据全部顶进的施工方法编制。顶进设备未包括在顶进定额中,应按顶进设备定额另行计算。"铁路线加固"定额除铁路线路的加固外,还包括临时信号灯、行车期间的线路维修和行车指挥等全部工作。

(4)预制立交箱涵、箱梁的内模、翼板的门式支架等工、料已包括在定额中。

(5)顶推预应力连续梁按多点顶推的施工工艺编制,顶推使用的滑道单独编列子目,其他滑块、拉杆、拉锚器及顶推用的机具、预制箱梁的工作平台均摊入顶推定额中。顶推用的导梁及工作平台底模顶升千斤顶以下的工程,本定额中未计入,应按有关定额另行计算。

(6)构件安装系指从架设孔起吊至安装就位,整体化完成的全部施工工序。本节定额中除安装矩形板、空心板及连续板等项目的现浇混凝土可套用桥面铺装定额计算外,其他安装上部构造定额中均单独编列有现浇混凝土子目。

(7)凡采用金属结构吊装设备和缆索吊装设备安装的项目,均未包括吊装设备的费用,应按有关定额另行计算。

(8)制作、张拉预应力钢筋、钢丝束定额,是按不同的锚头形式分别编制的,当每吨钢丝的束数或每吨钢筋的根数有变化时,可根据定额进行抽换。定额中的“××锚”是指金属加工部件的质量,锚头所用其他材料已分别列入定额中有关材料或其他材料费内。定额中的束长为一次张拉的长度。

(9)预应力钢筋、钢丝束及钢绞线定额中均已计入预应力管道及压浆的消耗量,使用定额时不得另行计算。墩头锚的锚具质量可按设计数量进行调整。

(10)对于钢绞线不同型号的锚具,使用定额时可按表 8-4-27 规定进行计算。

套用定额的锚具型号　　表 8-4-27

<table>
<tr><td>设计采用锚具型号(孔)</td><td>1</td><td>4</td><td>5</td><td>6</td><td>8</td><td>9</td><td>10</td><td>14</td><td>15</td><td>16</td><td>17</td><td>24</td></tr>
<tr><td>套用定额的锚具型号(孔)</td><td colspan="2">3</td><td colspan="4">7</td><td colspan="3">12</td><td colspan="2">19</td><td>22</td></tr>
</table>

(11)金属结构吊装设备定额是根据不同的安装方法划分子目的,如“单导梁”系指安装用的拐脚门架、蝴蝶架、导梁等全套设备。定额以 10t 设备质量为单位,并列有参考质量。实际质量与定额数量不同时,可根据实际质量计算,但设备质量不包括列入材料部分的铁件、钢丝绳、鱼尾板、道钉及列入“小型机具使用费”内的滑车等。

(12)预制场用龙门架、悬浇箱梁用墩顶拐脚门架,可套用高度 9m 以内的跨墩门架定额,但质量应根据实际计算。

(13)安装金属支座的工程量系指半成品钢板的质量(包括座板、齿板、垫板、辊轴等)。至于锚栓、梁上的钢筋网、铁件等均以材料数量综合在定额内。

3)定额子目的工程量计算(表 8-4-28)

预制、安装混凝土及钢筋混凝土定额子目工程量计算　　表 8-4-28

定额表及目名称	子 目 名 称	工程量计算
4-7-1　预制桩	预制桩	分桩的类别,混凝土按实体体积计,定额基价工程量单位为 $10m^3$ 实体;钢筋按质量计,定额基价工程量单位为 1t 钢筋
4-7-2　预制、安装排架立柱	预制	混凝土按实体体积计,定额基价工程量单位为 $10m^3$ 实体;钢筋按质量计,定额基价工程量单位为 1t 钢筋
	安装	按实体体积计,定额基价工程量单位为 $10m^3$ 实体
4-7-3　预制、安装柱式墩台管节	预制	混凝土按实体体积计,定额基价工程量单位为 $10m^3$ 实体;钢筋按质量计,定额基价工程量单位为 1t 钢筋
	安装	除管节混凝土填芯钢筋,按质量计,定额基价工程量单位为 1t 钢筋;其余均按实体体积计,定额基价工程量单位为 $10m^3$ 实体

续上表

定额表及目名称	子目名称	工程量计算
4-7-4 预制圆管涵	预制圆管涵	混凝土分管径，按实体体积计，定额基价工程量单位为 $10m^3$ 实体；钢筋分钢筋类别，按质量计，定额基价工程量单位为 1t 钢筋
4-7-5 安装圆管涵	安装圆管涵	分管径，按实体体积计，定额基价工程量单位为 $10m^3$ 实体
4-7-6 顶进圆管涵	顶进圆管涵	分管径，按长度计，定额基价工程量单位为 10m
4-7-7 预制立交箱涵	预制立交箱涵	混凝土按实体体积计，定额基价工程量单位为 $10m^3$ 实体；钢筋按质量计，定额基价工程量单位为 1t 钢筋
4-7-8 顶进立交箱涵	箱涵顶进	分箱涵自重，按长度计，定额基价工程量单位为 1m。在预算时，箱涵自重除本身质量外还包括顶进时必须拖带的设备质量
	挖运箱身土方	按体积计，定额基价工程量单位为 $100m^3$
	润滑隔离层	按面积计，定额基价工程量单位为 $100m^2$
	铁路线加固及防护	定额基价工程量单位为 1 米·股。在预算时，铁路线加固单位米·股，系指每股道的铁路加固长度。设备摊销费为铁路加固金属设备 1.5t 使用 3 个月的费用
4-7-9 预制矩形板、空心板、少筋微弯板	预制矩形板、空心板、少筋微弯板	混凝土按实体体积计，定额基价工程量单位为 $10m^3$ 实体；钢筋按质量计，定额基价工程量单位为 1t 钢筋
4-7-10 安装矩形板、空心板、少筋微弯板	安装矩形板、空心板、少筋微弯板	分安装方法，按构件体积计，定额基价工程量单位为 $10m^3$ 构件。在预算时，现浇企口混凝土及砂浆插缝采用桥面铺装定额计算
4-7-11 预制、安装连续板	预制	混凝土按实体体积计，定额基价工程量单位为 $10m^3$ 实体；钢筋按质量计，定额基价工程量单位为 1t 钢筋
	安装	分安装方法，按构件体积计，定额基价工程量单位为 $10m^3$ 构件
4-7-12 预制、安装 T 形梁、I 形梁	预制	混凝土按实体体积计，定额基价工程量单位为 $10m^3$ 实体；钢筋按质量计，定额基价工程量单位为 1t 钢筋
	安装	分安装方法，按实体体积计，定额基价工程量单位为 $10m^3$ 实体
4-7-13 预制、安装预应力空心板	预制	混凝土按实体体积计，定额基价工程量单位为 $10m^3$ 实体；钢筋按质量计，定额基价工程量单位为 1t 钢筋。在预算时，现浇企口混凝土可套用桥面铺装定额计算
	安装	分安装方法和跨径，按实体体积计，定额基价工程量单位为 $10m^3$ 实体
4-7-14 预制、安装预应力 T 形梁、I 形梁	预制	混凝土按实体体积计，计价单位为 $10m^3$ 实体；钢筋按质量计，计价单位为 1t 钢筋
	安装	分安装方法，按实体体积计，计价单位为 $10m^3$ 实体。在预算时，I 形梁现浇横隔板及桥面板的钢筋计入预制的钢筋数量内
4-7-15 预制、安装预应力组合箱梁	预制 安装	分主梁先张法和主梁后张法，预制混凝土和安装均按实体体积计，计价单位为 $10m^3$ 实体；预制钢筋按质量计，计价单位为 1t 钢筋
4-7-16 预制、安装预应力箱梁	预制 安装	预制混凝土和安装均按实体体积计，定额基价工程量单位为 $10m^3$ 实体；预制钢筋按质量计，定额基价工程量单位为 1t 钢筋

续上表

定额表及目名称	子 目 名 称	工程量计算
4-7-17 预制、悬拼预应力箱梁	预制	预制混凝土和悬拼均按实体体积计，定额基价工程量单位为 $10m^3$ 实体；预制钢筋按质量计，定额基价工程量单位为 1t 钢筋。在预算时，0 号块混凝土、钢筋以及箱梁内斜拉索锚固套筒采用悬浇预应力箱梁上部构造有关定额计算
	安装	
	安拆临时支座	按支座体积计，定额基价工程量单位为 $1m^3$ 支座
4-7-18 预制、悬拼预应力桁架梁	预制	分桁架和桥面板，混凝土按实体体积计，定额基价工程量单位为 $10m^3$ 实体；钢筋按质量计，定额基价工程量单位为 1t 钢筋
	安装	分桁架梁、现浇桁架梁接头混凝土和桥面板，按实体体积计，定额基价工程量单位为 $10m^3$ 实体
4-7-19 预制、顶推预应力连续梁	预制、顶推预应力连续梁	预制混凝土和顶推安装均按实体体积计，单位定额基价工程量为 $10m^3$ 实体；预制钢筋按质量计，定额基价工程量单位为 1t；不锈钢滑道按面积计，定额基价工程量单位为 $10m^2$
4-7-20 预应力钢筋、钢丝束及钢绞线	预应力钢筋和钢丝束制作、张拉	按质量计，定额基价工程量单位为 10t 预应力钢筋、钢丝束。在预算时，①锥形锚、预应力钢筋螺栓锚、墩头锚的锚具的消耗量已包括在制作、张拉定额内；②墩头锚连接器用量已包括在锚具中；③拆除临时预应力钢丝束定额的拆除材料的回收可根据设计要求计算；④锚具的单价中包括螺旋筋和锚垫板；⑤本定额按现场卷制波纹管考虑，若采用外购波纹管时，可根据需要对波纹管消耗进行抽换，并将波纹管卷制机台班消耗调整为 0，其他不变
	预应力钢筋和钢丝束拆除	
	预应力钢绞线制作、张拉	分束长和锚具型号，按质量计，定额基价工程量单位为 1t 钢绞线。在预算时，预应力钢绞线定额中的钢束长度指钢束的一次张拉长度。适用本定额若有连接器时，可将连接器作为锚具进行计算，这时锚具的单价应进行综合计算。例如，锚具 X 个，连接器 Y 个，其单价分别为 A、B，则锚具的综合单价为：$(A\times X+B\times Y)/(X+2\times Y)$
4-7-21 先张法预应力钢筋、钢丝及钢绞线	预应力钢筋和钢丝	按质量计，定额基价工程量单位为 1t
	预应力钢绞线	
4-7-22 预制双曲拱桥构件	预制双曲拱桥构件	混凝土分部位，按实体体积计，定额基价工程量单位为 $10m^3$ 实体；钢筋按质量计，定额基价工程量单位为 1t
4-7-23 安装双曲拱桥构件	安装双曲拱桥构件	分部位和安装方法，按构件体积计，定额基价工程量单位为 $10m^3$ 构件
4-7-24 预制、安装桁架拱桥构件	预制	分部位，混凝土按实体体积计，定额基价工程量单位为 $10m^3$ 实体；钢筋按质量计，定额基价工程量单位为 1t
	安装	分部位和安装方法，按实体体积计，定额基价工程量单位为 $10m^3$ 实体
4-7-25 预制、安装刚架拱桥构件	预制	分部位，混凝土和安装按实体体积计，单位定额基价工程量为 $10m^3$ 实体；钢筋按质量计，定额基价工程量单位为 1t 钢筋
	安装	
4-7-26 预制、安装箱形拱桥构件	预制	分部位，混凝土和安装按实体体积计，定额基价工程量单位为 $10m^3$ 实体；钢筋按质量计，定额基价工程量单位为 1t 钢筋
	安装	
4-7-27 预制、安装人行道构件	预制	混凝土和安装按实体体积计，定额基价工程量单位为 $10m^3$ 实体；钢筋按质量计，定额基价工程量单位为 1t 钢筋
	安装	

续上表

<table>
<tr><th>定额表及目名称</th><th>子 目 名 称</th><th>工程量计算</th></tr>
<tr><td>4-7-28 预制小型构件</td><td>预制小型构件</td><td>分构件类别和模板形式，混凝土按实体体积计，定额基价工程量单位为 $10m^3$ 实体；钢筋按质量计，定额基价工程量单位为 1t 钢筋</td></tr>
<tr><td>4-7-29 安装小型构件</td><td>安装小型构件</td><td>分构件类别，按构件体积计，定额基价工程量单位为 $10m^3$ 构件</td></tr>
<tr><td>4-7-30 安装支座</td><td>安装支座</td><td>分支座形式，普通钢支座按质量计，定额基价工程量单位为 1t 钢支座；板式橡胶支座按体积计，定额基价工程量单位为 $1dm^3$ 橡胶支座；钢盆式橡胶支座按个数计，定额基价工程量单位为 1 个钢盆式橡胶支座。在预算时，STU 支座指桥梁的限位支座</td></tr>
<tr><td>4-7-31 金属结构吊装设备</td><td>金属结构吊装设备</td><td>
分金属设备类别，按质量计，定额基价工程量单位为 10t 金属设备。在预算时：①各种金属结构安装设备全套参考质量（单位：t），如下列各表所示：

导梁全套设备质量表
<table>
<tr><td>标准跨径（m）</td><td>13</td><td>16</td><td>20</td><td>25</td><td>30</td><td>40</td><td>50</td></tr>
<tr><td>单导梁</td><td>43.5</td><td>46.2</td><td>53.1</td><td>—</td><td>—</td><td>—</td><td>—</td></tr>
<tr><td>双导梁</td><td>—</td><td>—</td><td>—</td><td>115.7</td><td>130.0</td><td>165.0</td><td>200.0</td></tr>
</table>

跨墩门架一套（二个）设备质量表
<table>
<tr><td colspan="2">门架高</td><td>9</td><td>12</td><td>16</td></tr>
<tr><td rowspan="2">跨径（m）</td><td>20</td><td>29.7</td><td>43.9</td><td>—</td></tr>
<tr><td>30</td><td>35.2</td><td>52.5</td><td>73.9</td></tr>
</table>

一个悬臂吊机及悬浇挂篮设备质量表
<table>
<tr><td>块件质量（t）</td><td>50</td><td>70</td><td>100</td><td>130</td><td>150</td><td>200</td></tr>
<tr><td>悬臂吊机</td><td>47.4</td><td>59.8</td><td>90.0</td><td>117.0</td><td>135.0</td><td>180.0</td></tr>
<tr><td>悬浇挂篮</td><td>—</td><td>—</td><td>55.5</td><td>63.3</td><td>105.0</td><td>140.0</td></tr>
<tr><td>0 号块托架</td><td colspan="6">按 0 号块顶面梁宽 7t/m 计算质量</td></tr>
</table>

提升模架及墩顶拐脚门架设备质量表
<table>
<tr><td rowspan="2">项目</td><td colspan="3">提升模架</td><td rowspan="3">墩顶拐脚门架</td></tr>
<tr><td>方柱式墩（间距 6.4m）</td><td>空心墩</td><td>索塔</td></tr>
<tr><td>断面尺寸</td><td>2 个×1.6m×1.8m 墩</td><td>8.6m×2.6m</td><td>2 个×2m×4m 塔柱间距 25m</td></tr>
<tr><td>全套设备质量（t）</td><td>9.7</td><td>11.0</td><td>60.0</td><td>36.0</td></tr>
</table>

②本定额中的设备摊销费按每 t 每月 90 元，并按使用 4 个月编制，如施工工期不同时，可以调整
</td></tr>
</table>

续上表

<table>
<tr><th>定额表及目名称</th><th>子 目 名 称</th><th>工程量计算</th></tr>
<tr><td>4-7-32 移动模架安装、拆除</td><td>移动模架安装、拆除</td><td>按质量计，定额基价工程量单位为10t金属设备。在预算时：设备摊销费按每t每月90元，并按使用4个月编制，如施工期不同时，可以调整。移动模架金属设备的参考质量如下：
<table>
<tr><td colspan="2">箱梁跨径(m)</td><td>30～40</td><td>40～50</td><td>50～60</td><td>60～65</td></tr>
<tr><td rowspan="2">移动模架设备质量(t)</td><td>上行式</td><td>500</td><td>660</td><td>900</td><td>1 400</td></tr>
<tr><td>下行式</td><td>450</td><td>600</td><td>800</td><td>1 100</td></tr>
</table></td></tr>
<tr><td>4-7-33 木结构吊装设备</td><td>木结构吊装设备</td><td>分吊装设备类别，按个数计，定额基价工程量单位为1个</td></tr>
<tr><td>4-7-34 缆索吊装设备</td><td>缆索吊装设备</td><td>分塔架、地锚和索道，木塔架和主索地锚按个数计，定额基价工程量单位为1个；钢塔架按质量计，定额基价工程量单位为10t金属设备；运输索道用塔架及地锚按套数计，定额基价工程量单位为1套；索道按长度计，定额基价工程量单位为10m索跨。在预算时：①钢塔架设备摊销费按每t每月90元，并按使用4个月编制，如施工工期不同时，可以调整；②金属塔架设备全套参考质量如下：
<table>
<tr><td>塔高(m)</td><td>12</td><td>20</td><td>30</td><td>40</td><td>50</td><td>60</td><td>70</td><td>80</td></tr>
<tr><td>设备质量(t)</td><td>59.03</td><td>98.38</td><td>119.34</td><td>134.52</td><td>157.72</td><td>178.32</td><td>204.92</td><td>223.38</td></tr>
</table></td></tr>
<tr><td>4-7-35 顶进设备</td><td>顶进设备</td><td>按质量计，顶进设备的定额基价工程量单位为10t金属设备；钢构件的定额基价工程量单位为1t钢构件。在预算时，①设备摊销费按每t每月90元，并分别按使用1、3、4个月编制，如施工期限不同时，可作调整；②全套顶进设备包括钢顶桩、钢横梁和钢顶块，不包括顶镐、拉镐等机具。全套设备参考质量如下：
<table>
<tr><td rowspan="2">项目</td><td rowspan="2">圆管涵</td><td colspan="3">立交箱涵自重(t)</td></tr>
<tr><td>1 000</td><td>2 000</td><td>3 000</td></tr>
<tr><td>设备质量(t)</td><td>2.8</td><td>19</td><td>34</td><td>51</td></tr>
</table></td></tr>
</table>

8.构件运输的工程量计算

1)工程量计算规则

(1)各种运输距离以10m、50m、1km为计算单位，不足第一个10m、50m、1km者，均按10m、50m、1km计；超过第一个定额运距单位时，其运距尾数不足一个增运定额单位的半数时不计，等于或超过半数时按一个定额运距单位计算。

(2)凡以手摇卷扬机和电动卷扬机配合运输的构件重载升坡时，第一个定额运距单位不增加人工及机械，每增加定额单位运距按以下规定乘换算系数。

①手推车运输每增运10m定额的人工，按表8-4-29乘换算系数。

手推车运输调整系数 表8-4-29

坡度(%)	1以内	5以内	10以内
系数	1.0	1.5	2.5

②垫滚子绞运每增运 10m 定额的人工和小型机具使用费，按表 8-4-30 乘换算系数。

绞 运 调 整 系 数　　表 8-4-30

坡度(%)	0.4 以内	0.7 以内	1.0 以内	1.5 以内	2.0 以内	2.5 以内
系数	1.0	1.1	1.3	1.9	2.5	3.0

③轻轨平车运输配电动卷扬机每增运 50m 定额的人工及电动卷扬机台班，按表 8-4-31 乘换算系数。

轻轨平车运输调整系数　　表 8-4-31

坡度(%)	0.7 以内	1.0 以内	1.5 以内	2.0 以内	3.0 以内
系数	1.00	1.05	1.10	1.15	1.25

2)特定情况下的工程量计算

(1)运输便道、轨道的铺设，栈桥码头、扒杆、龙门架、缆索的架设等，均未包括在定额内，应按有关定额另行计算。

(2)未单列构件出坑堆放的定额，如需出坑堆放，可按相应构件运输第一个运距单位定额计列。

3)定额子目的工程量计算(表 8-4-32)

构件运输定额子目工程量计算　　表 8-4-32

<table>
<tr><th>定额表及目名称</th><th>子目名称</th><th>工程量计算</th></tr>
<tr><td rowspan="2">4-8-1　手推车运及垫滚子绞运</td><td>手推车运</td><td rowspan="2">分构件质量，按实体体积计，定额基价工程量单位为 $10m^3$ 实体</td></tr>
<tr><td>垫滚子绞运</td></tr>
<tr><td rowspan="2">4-8-2　轨道平车运输</td><td>第一个 50m</td><td rowspan="2">分卷扬机牵引和轨道拖车斗牵引，并且分构件质量，按实体体积计，定额基价工程量单位为 $10m^3$ 实体</td></tr>
<tr><td>每增运 50m</td></tr>
<tr><td rowspan="2">4-8-3　载货汽车运输</td><td>第一个 1km</td><td rowspan="2">分载货汽车装载质量(t)，按实体体积计，定额基价工程量单位为 $100m^3$ 实体</td></tr>
<tr><td>每增运 0.5km</td></tr>
<tr><td rowspan="2">4-8-4　平板拖车运输</td><td>第一个 1km</td><td rowspan="2">分构件质量，按实体体积计，定额基价工程量单位为 $100m^3$ 实体</td></tr>
<tr><td>每增运 0.5km</td></tr>
<tr><td rowspan="2">4-8-5　驳船运输</td><td>第一个 50m 或 100m</td><td rowspan="2">分卷扬机牵引和拖轮牵引，并且分构件质量，按实体体积计，定额基价工程量单位为 $100m^3$ 实体。在预算时，仅适用于运距在 1km 以内的构件运输，当拖轮牵引运距在 5km 以内时，每增 500m 乘以下表系数计算，超过 5km 时按社会运输计算。
<table>
<tr><td>运距(m)</td><td>1 500 以内</td><td>2 000 以内</td><td>2 500 以内</td><td>3 000 以内</td><td>3 500 以内</td><td>4 000 以内</td><td>4 500 以内</td><td>5 000 以内</td></tr>
<tr><td>增运定额调整系数</td><td>0.982</td><td>0.961</td><td>0.94</td><td>0.925</td><td>0.909</td><td>0.892</td><td>0.874</td><td>0.856</td></tr>
</table></td></tr>
<tr><td>每增运 50m 或 100m</td></tr>
<tr><td rowspan="2">4-8-6　缆索运输</td><td>第一个 50m</td><td rowspan="2">分构件质量，按实体体积计，定额基价工程量单位为 $100m^3$ 实体</td></tr>
<tr><td>每增运 50m</td></tr>
</table>

9.拱盔、支架工程的工程量计算

1)工程量计算规则

(1)桥梁拱盔、木支架及简单支架均按有效宽度 8.5m 计，钢支架按有效宽度 12.0m 计，如实际宽度与定额不同时可按比例换算。

(2)所有拱盔均包括底模板及工作台的材料,但不包括现浇混凝土的侧模板。

(3)涵洞拱盔支架、板涵支架定额单位的水平投影面积为涵洞长度乘以净跨径。

(4)桥梁拱盔定额单位的立面积系指起拱线以上的弓形侧面积,其工程量按 $F=K\times$(净跨径)^2 和表 8-4-33 计算。

系 数 *K* 表 8-4-33

拱矢度	$\frac{1}{2}$	$\frac{1}{2.5}$	$\frac{1}{3}$	$\frac{1}{3.5}$	$\frac{1}{4}$	$\frac{1}{4.5}$	$\frac{1}{5}$	$\frac{1}{5.5}$
K	0.393	0.298	0.241	0.203	0.172	0.154	0.138	0.125

拱矢度	$\frac{1}{6}$	$\frac{1}{6.5}$	$\frac{1}{7}$	$\frac{1}{7.5}$	$\frac{1}{8}$	$\frac{1}{9}$	$\frac{1}{10}$
K	0.113	0.104	0.096	0.090	0.084	0.076	0.067

(5)桥梁支架定额单位的立面积为桥梁净跨径乘以高度,拱桥高度为起拱线以下至地面的高度,梁式桥高度为墩、台帽顶至地面的高度,这里的地面指支架地梁的底面。

(6)钢拱架的工程量为钢拱架及支座金属构件的质量之和,其设备摊销费按 4 个月计算,若实际使用期与定额不同时可予以调整。

(7)钢管支架定额指采用直径大于 30cm 的钢管作为立柱,在立柱上采用金属构件搭设水平支撑平台的支架,其中下部指立柱顶面以下部分,上部指立柱顶面以上部分。下部工程量按立柱质量计算,上部工程量按支架水平投影面积计算。

(8)支架预压的工程量按支架上现浇混凝土的体积计算。

2)特定情况下的工程量计算

(1)木结构制作按机械配合人工编制,配备的木工机械均已计入定额中。结构中的半圆木构件,用圆木对剖加工所需的工日及机械台班均已计入定额内。

(2)桁构式拱盔安装、拆除用的人字扒杆、地锚移动用工及拱盔缆风设备工料已计入定额,但不包括扒杆制作的工、料,扒杆数量根据施工组织设计另行计算。

(3)桁构式支架定额中已包括了墩台两旁支撑排架及中间拼装、拆除用支撑架,支撑架已加计了拱矢高度,并考虑了缆风设备。定额以孔为计量单位。

(4)木支架及轻型门式钢支架的帽梁和地梁已计入定额中,地梁以下的基础工程未计入定额中,如需要时应按有关定额另行计算。

(5) 简单支架定额适用于安装钢筋混凝土双曲拱桥拱肋及其他桥梁需增设的临时支架。稳定支架的缆风设施已计入定额内。

3)定额子目的工程量计算(表 8-4-34)

构件运输定额子目工程量计算 表 8-4-34

定额表及目名称	子 目 名 称	工程量计算
4-9-1 涵洞拱盔、支架	涵洞拱盔、支架	按水平投影面积计,定额基价工程量单位为 100m^2 水平投影面积
4-9-2 桥梁拱盔	木拱盔	分拱盔形式和跨径,按立面积计,定额基价工程量单位为 100m^2 立面积。在预算时,就地浇筑混凝土双曲拱桥采用本定额时,按相应项目乘以 0.73 系数

续上表

<table>
<tr><th>定额表及目名称</th><th>子 目 名 称</th><th>工程量计算</th></tr>
<tr><td>4-9-2 桥梁拱盔</td><td>钢拱架</td><td>按质量计，定额基价工程量单位为 10t。在预算时，①钢拱架安拆所需设备未包括在定额中，需要时另行计算；②钢拱架全套设备参考质量如下表：
<table>
<tr><td>标准跨径(m)</td><td colspan="2">30</td><td colspan="2">40</td><td colspan="2">50</td><td colspan="2">60</td></tr>
<tr><td>拱矢度</td><td>1/3</td><td>1/5</td><td>1/3</td><td>1/5</td><td>1/3</td><td>1/5</td><td>1/3</td><td>1/5</td></tr>
<tr><td>全套设备质量(t)</td><td>131.0</td><td>117.6</td><td>237.8</td><td>222.1</td><td>358.1</td><td>320.6</td><td>410.4</td><td>372.7</td></tr>
</table>
③设备摊销费按每 t 每月 90 元，并按使用 4 个月编制，如施工工期不同时，可以调整</td></tr>
<tr><td rowspan="2">4-9-3 桥梁支架</td><td>木支架</td><td>分墩台高度，满堂式按立面积计，定额基价工程量单位为 $10m^2$ 立面积，桁构式按孔计，定额基价工程量单位为 1 孔</td></tr>
<tr><td>钢支架</td><td>分墩台高度，满堂式按立面积计，定额基价工程量单位为 $10m^2$ 立面积</td></tr>
<tr><td>4-9-4 桥梁简单支架</td><td>桥梁简单支架</td><td>分支架高度(m)，按座计，定额基价工程量单位为 1 座。在预算时，当支架高度与定额不同时，可内插计算</td></tr>
<tr><td>4-9-5 钢管支架</td><td>钢管支架</td><td>下部按质量计，定额基价工程量单位为 10t；上部按面积计，定额基价工程量单位为 $100m^2$。在预算时，①上部定额中每 $100m^2$ 综合的金属设备质量为 18.4t，设备摊销费按每 t 每月 90 元，并按使用 4 个月编制，如施工工期不同时，可以调整；②下部定额中钢管桩消耗量为陆地上搭设管桩支架的消耗，若为水中搭设钢管桩支架或用于索塔横梁的现浇支架时，应将定额中的钢管桩消耗量调整为 3.467t，其余消耗量不变</td></tr>
<tr><td>4-9-6 支架预压</td><td>支架预压</td><td>按混凝土实体计，定额基价工程量单位为 $10m^3$ 混凝土实体</td></tr>
</table>

10. 钢结构工程的工程量计算

1)工程量计算规则

(1)定位钢支架质量为定位支架型钢、钢板、钢管质量之和，以 t 为单位计算。

(2)锚固拉杆质量为拉杆、连接器、螺母(包括锁紧和球面)、垫圈(包括锁紧和球面)质量之和，以 t 为单位计算。

(3)锚固体系环氧钢绞线质量以 t 为单位计算。本定额包括了钢绞线张拉的工作长度。

(4)塔顶门架质量为门架型钢质量，以 t 为单位计算。钢格栅以钢格栅和反力架质量之和计算，以 t 为单位。主索鞍质量包括承板、鞍体、安装板、挡块、槽盖、拉杆、隔板、锚梁、锌质填块的质量，以 t 为单位计算。散索鞍质量包括底板、底座、承板、鞍体、压紧梁、隔板、拉杆、锌质填块的质量，以 t 为单位计算。主索鞍定额按索鞍顶推 6 次计算，如顶推次数不同，则按人工每 10t·次 1.8 工日，顶推设备每 10t·次 0.18 台班进行增减。鞍罩为钢结构，以套为单位计算，1 个主索鞍处为 1 套。鞍罩的防腐和抽湿系统费用需另行计算。

(5)索引系统长度为牵引系统所需的单侧长度，以 m 为单位计算。

(6)猫道系统长度为猫道系统的单侧长度，以 m 为单位计算。

(7)索夹质量包括索夹主体、螺母、螺杆、防水螺母、球面垫圈质量，以 t 为单位计算。

(8)缠丝以主缆长度扣除锚跨区、塔顶区、索夹处无需缠丝的主缆长度后的单侧长度，以 m 为单位计算。

(9)缆套包括套体、锚碇处连接件、标准镀锌紧固件质量，以 t 为单位计算。

(10)钢箱梁质量为钢箱梁(包括钢箱梁内横隔板)、桥面板(包括横肋)、横梁、钢锚箱质量之和。

(11)钢拱肋的工程量以设计质量计算，包括拱肋钢管、横撑、腹板、拱脚处外侧钢板、拱脚接头钢板及各种加劲块，不包括支座和钢拱肋内的混凝土的质量。

2)特定情况下的工程量计算

(1)钢桁梁定额是按高强螺栓连接、连孔拖拉架设法编制的，钢索吊桥的加劲桁拼装定额也是按高强螺栓栓接编制的，如采用其他方法施工，应另行计算。

(2)钢桁架桥中的钢桁梁，施工用的导梁钢桁和连接及加固杆件，钢索吊桥中的钢桁、钢纵横梁、悬吊系统构件、套筒及拉杆构件均为半成品，使用定额时应按半成品价格计算。

(3)主索锚碇除套筒及拉杆、承托板以外，其他项目如锚洞开挖、衬砌、护索罩的预制、安装、检查井的砌筑等，应按其他有关定额计算。

(4)钢索吊桥定额中已综合了缆索吊装设备及钢桁油漆项目，使用定额时不得另行计算。

(5)抗风缆结构安装定额中未包括锚碇部分，使用定额时应按有关相应定额另行计算。

(6)安装金属栏杆的工程量系指钢管的质量。至于栏杆座钢板、插销等均以材料数量综合在定额内。

(7)定额中成品构件单价构成：工厂化生产，无需施工企业自行加工的产品为成品构件，以材料单价的形式进入定额。其材料单价为出场价格＋运输至施工场地的费用。

①平行钢丝拉索，吊杆、系杆、索股等以 t 为单位，以平行钢丝、钢丝绳或钢绞线质量计量，不包括锚头和 PE 或套管等防护料的质量，但锚头和 PE 或套管防护料的费用应含在成品单价中。

②钢绞线斜拉索的工程量以钢绞线的质量计算，其单价包括厂家现场编索和锚具费用。悬索桥锚固系统预应力环氧钢绞线单价中包括两端锚具费用。

③钢箱梁、索鞍、拱肋、钢纵横梁等以 t 为单位。钢箱梁和拱肋单价中包括工地现场焊接费用。

(8)施工电梯、施工塔式起重机未计入定额中。需要时根据施工组织设计另行计算其安拆及使用费。

(9)钢管拱桥定额中未计入钢塔架、扣塔、地锚、索道的费用，应根据施工组织设计套用相关定额另行计算。

(10)悬索桥的主缆、吊索、索夹、检修道定额未包括涂装防护，应另行计算。

(11)未含施工监控费用，需要时另行计算。

(12)未含施工期间航道占用费，需要时另行计算。

3)定额子目的工程量计算(表 8-4-35)

钢结构工程定额子目工程量计算 表 8-4-35

定额表及目名称	子目名称	工程量计算
4-10-1 高强螺栓栓接钢桁梁	高强螺栓栓接钢桁梁	分上承式和下承式，按质量计，定额基价工程量单位为 10t
4-10-2 钢桁梁拖拉架设法的连接及加固	钢桁梁拖拉架设法的连接及加固	分导梁和连接及加固杆件，按质量计，定额基价工程量单位为 10t。在预算时，设备摊销费是按 4 个月计算的，当实际工期不同时，可按每 t 每月 90 元进行调整

续上表

定额表及目名称	子目名称	工程量计算
4-10-3 钢桁梁纵移、横移、就位	钢桁梁纵移、横移、就位	钢梁纵移和钢梁横移，定额基价工程量单位为1000t·m；钢梁就位，定额基价工程量单位为1孔
4-10-4 钢桁梁施工用的滑道	钢桁梁施工用的滑道	分上滑道和下滑道，按长度计，定额基价工程量单位为10m
4-10-5 钢索吊桥上部结构	索吊部分	安装主索、悬吊系统构件、套筒及拉杆、抗风缆结构，按质量计，定额基价工程量单位为1t；套筒灌锌，定额基价工程量单位为10个
	桥面部分	加劲桁拼装、安装钢纵、横梁、木桥面板制作及铺设、承托板混凝土，按体积计，定额基价工程量单位为$10m^3$；承托板钢筋按质量计，定额基价工程量单位为1t
4-10-6 安装钢管金属栏杆	安装钢管金属栏杆	分柔性桥和刚性桥，按质量计，定额基价工程量单位为1t钢管
4-10-7 悬索桥锚碇锚固系统	定位钢支架	按质量计，定额基价工程量单位为1t
	环氧钢绞线钢束	
	锚固拉杆安装	
4-10-8 悬索桥索鞍	吊装门架	按质量计，定额基价工程量单位为10t。在预算时，①1个塔顶门架参考质量为23t；②如果水中塔可利用施工便桥将主索鞍运至塔底时，应按岸上塔主索鞍定额计算
	钢格栅	
	散索鞍	
	主索鞍	
	索鞍鞍罩	按个数计，定额基价工程量单位为1个。在预算时，鞍罩定额未包括防腐和抽湿系统，需要时另行计算
4-10-9 悬索桥牵引系统	悬索桥牵引系统	分塔顶平台和牵引系统，塔顶平台按质量计，定额基价工程量单位为10t；牵引系统分主跨跨径，按长度计，定额基价工程量单位为10m。在预算时，①1个塔顶平台参考质量为8t，定额中设备摊销费是按4个月编制，当实际工期不同时，可按每t每月90元进行调整；②未包括先导索过江航道管制费用，需要时另行计算
4-10-10 悬索桥猫道系统	悬索桥猫道系统	分主跨跨径，按猫道长度计，定额基价工程量单位为10m。在预算时，猫道宽度为4.0m，定额中未包括猫道承重索制作加工场地及张拉槽座的费用，需要时另行计算
4-10-11 悬索桥主缆	悬索桥主缆	分主跨跨径，按质量计，定额基价工程量单位为10t
4-10-12 悬索桥主缆紧缆	悬索桥主缆紧缆	分主缆直径，按主缆长度计，定额基价工程量单位为10m
4-10-13 悬索桥索夹及吊索	索夹	按质量计，定额基价工程量单位为10t
	吊索	
4-10-14 悬索桥主缆缠丝	悬索桥主缆缠丝	分主缆直径，按主缆长度计，定额基价工程量单位为10m
4-10-15 悬索桥主缆附属工程	缆套	按质量计，定额基价工程量单位为1t
	检修道	按长度计，定额基价工程量单位为10m

续上表

定额表及目名称	子目名称	工程量计算
4-10-16 平行钢丝斜拉索	平行钢丝斜拉索	分斜拉索长度,斜拉索安装按质量计,定额基价工程量单位为10t;减振器安装按个数计,定额基价工程量单位为1个
4-10-17 钢绞线斜拉索	钢绞线斜拉索	按质量计,定额基价工程量单位为10t
4-10-18 钢箱梁	0号块托架	按质量计,定额基价工程量单位为10t
	跨缆吊机吊装	
	悬臂吊机吊装	
	起重船吊装	
	滑移50m	
	顶推钢箱梁	
4-10-19 钢管拱	钢绞线扣索	按质量计,定额基价工程量单位为1t
	拱肋安装	按质量计,定额基价工程量单位为10t
	拱肋混凝土	按体积计,定额基价工程量单位为$10m^3$
	吊杆安装	按质量计,定额基价工程量单位为1t
	系杆安装	
	钢横梁安装	按质量计,定额基价工程量单位为1t
	混凝土纵、横梁预制	按体积计,定额基价工程量单位为$10m^3$
	钢筋	按质量计,定额基价工程量单位为1t
	混凝土纵、横梁安装	按体积计,定额基价工程量单位为$10m^3$

11.杂项工程的工程量计算

1)工程量计算规则

(1)杂项工程包括平整场地、锥坡填土、拱上填料及台背排水、土牛(拱)胎、防水层、基础垫层、水泥砂浆勾缝及抹面、伸缩缝及泄水管、混凝土构件蒸汽养生室建筑及蒸汽养生、预制构件底座、先张法预应力张拉台座、混凝土搅拌站、混凝土搅拌船及混凝土运输、钢桁架栈桥式码头、冷却管、施工电梯、塔吊安拆、拆除旧建筑物等项目,本定额适用于桥涵及其他构造物工程。

(2)大型预制构件底座定额分为平面底座和曲面底座两项。

平面底座定额适用于T形梁、I形梁、等截面箱梁,每根梁底座面积的工程量按式(8-4-7)计算。

$$底座面积=(梁长+2.00m)\times(梁宽+1.00m) \tag{8-4-7}$$

曲面底座定额适用于梁底为曲面的箱形梁(如T型钢构等),每块梁底座面积的工程量按式(8-4-8)计算。

$$底座面积=构件下弧长\times底座实际修建宽度 \tag{8-4-8}$$

平面底座的梁宽指预制梁的顶面宽度。

(3)蒸汽养生室面积按有效面积计算,其工程量按每一养生室安置两片梁,其梁间距离为0.8m,并按长度每端增加1.5m,宽度每边增加1.0m考虑。定额中已将其附属工程及设备,按摊销量计入定额中，编制预算时不得另行计算。

(4)混凝土搅拌站的材料，均已按桥次摊销列入定额中。

2)特定情况下的工程量计算

(1)模数式伸缩缝预留槽钢纤维混凝土中钢纤维的含量按水泥用量的1%计算，如设计钢纤维含量与定额不同时，可按设计用量抽换定额中钢纤维的消耗。

(2)钢桁架栈桥式码头定额适用于大型预制构件装船。码头上部为万能杆件及各类型钢加工的半成品和钢轨等，均已按摊销费计入定额中。

(3)施工塔式起重机和施工电梯所需安拆数量和使用时间按施工组织设计的进度安排进行计算。

3)定额子目的工程量计算(表8-4-36)

杂项工程定额子目工程量计算　　表8-4-36

定额表及目名称	子 目 名 称	工程量计算
4-11-1　平整场地	平整场地	分场地不碾压、场地需碾压和推土机平整场地，按面积计，定额基价工程量单位为1 000m^2。在预算时，平整场地填挖厚度超过30cm时，土石方开挖、平整、碾压按“路基工程”项目的有关定额计算
4-11-2　锥坡填土、拱上填料、台背排水	锥坡填土	按实体体积计，定额基价工程量单位为10m^3实体
	拱上填料	
	台背排水	
4-11-3　土牛(拱)胎	土牛(拱)胎	分涵洞和桥梁，涵洞分跨径，按水平投影面积计，定额基价工程量单位为100m^2水平投影面积；桥梁分拱桥和现浇混凝土板桥，按立面积计，定额基价工程量单位为10m^3立面积
4-11-4　防水层	防水层	胶泥、石灰土、石灰三合土按体积计，定额基价工程量单位为10m^3；沥青油毡和涂沥青按面积计，定额基价工程量单位为10m^2；防水剂按面积计，定额基价工程量单位为1 000m^2
4-11-5　基础垫层	砂砾(砂)、碎(砾)石、片石垫层	按实体体积计，定额基价工程量单位为10m^3实体
	三合土垫层	
	水泥砂浆灌片石垫层	
	混凝土垫层	
4-11-6　水泥砂浆勾缝及抹面	勾缝	按面积计，定额基价工程量单位为100m^2
	抹面	
4-11-7　伸缩缝及泄水管	毛勒伸缩缝	分伸缩量，按质量计，定额基价工程量单位为1t；预留槽混凝土按体积计，定额基价工程量单位为10m^3；预留槽钢筋按质量计，定额基价工程量单位为1t。在预算时，毛勒伸缩缝的质量是按每排伸缩量为80mm，每排每米质量按80kg计算
	其他伸缩缝	除沥青麻絮按面积计，定额基价工程量单位为1m^2外，其余均按长度计，定额基价工程量单位为1m。在预算时，①每米伸缩缝指桥面行车道的宽度，行车道以外的伸缩缝工、料、机消耗量已包括在定额中；②每平方米，指伸缩缝的接触面积
	泄水管	按个数计，定额基价工程量单位为10个

续上表

定额表及目名称	子目名称	工程量计算
4-11-8 蒸汽养生室建筑及蒸汽养生	蒸汽养生室建筑	按面积计，定额基价工程量单位为 $100m^2$
	蒸汽养生	按体积计，定额基价工程量单位为 $10m^3$。在预算时，未包括混凝土预制构件底座
4-11-9 大型预制构件底座	大型预制构件底座	分平面底座和曲面底座，按底座面积计，定额基价工程量单位为 $10m^2$ 底座面积
4-11-10 先张法预应力钢绞线、钢筋张拉、冷拉台座	张拉台座	按台座个数计，定额基价工程量单位为 1 个台座
	冷拉台座	
4-11-11 混凝土拌和及运输	混凝土搅拌机拌和	分容量(L)，按体积计，定额基价工程量单位为 $10m^3$
	混凝土搅拌站(楼)安装、拆除	分生产能力(m^3/h)，按座数计，定额基价工程量单位为 1 座
	混凝土搅拌站(楼)拌和	分生产能力(m^3/h)，按体积计，定额基价工程量单位为 $100m^3$。在预算时，搅拌站场地的清理、平整、碾压不包括在本定额内，需要时可按有关定额另行计算
	混凝土搅拌船拌和	
	混凝土运输	分运输方法，按体积计，定额基价工程量单位为 $100m^3$
4-11-12 冷却管	冷却管	按质量计，定额基价工程量单位为 1t
4-11-13 钢桁架栈桥式码头	钢桁架栈桥式码头	按跨河向长度计，定额基价工程量单位为跨河向 10m。在预算时，设备摊销费是按 4 个月编制的，如实际工期不同时，可按 90 元/(月·吨)进行调整
4-11-14 水上泥浆循环系统	水上泥浆循环系统	按套数计，定额基价工程量单位为 1 套
4-11-15 施工电梯	施工电梯	安拆分安装高度，按部数计，计价单位为 1 部；使用分施工电梯的规格、型号，计价单位为 1 台天。在预算时，当设计采用的施工电梯的规格、型号与定额不同时，可以按实际情况对定额进行抽换
4-11-16 施工塔式起重机	施工塔式起重机	安拆分安装高度，按部数计，定额基价工程量单位为 1 部；使用分塔式起重机的规格(起重质量:t)和安装高度，定额基价工程量单位为 1 台天。在预算时，当设计采用的塔式起重机的规格、型号与定额不同时，可以按实际情况对定额进行抽换
4-11-17 拆除旧建筑物	拆除旧建筑物	干砌圬工、浆砌圬工、凿除混凝土及钢筋混凝土、炸除混凝土及钢筋混凝土的拆除，按体积计，定额基价工程量单位为 $10m^3$；拆除简支梁木桥和拆除桁架木桥，按木桥长度计，定额基价工程量单位为 10m 木桥

五、防护工程的工程量计算

1. 工程量计算规则

(1)铺草皮工程量按所铺边坡的坡面面积计。

(2)护坡定额中以 $100m^2$ 或 1 $000m^2$ 为计量单位的子目的工程量，按设计需要防护的边坡坡面面积计算。

(3)木笼、竹笼、铁丝笼填石护坡的工程量按填石体积计算。

(4)砌筑工程的工程量为砌体的实际体积，包括构成砌体的砂浆体积。

(5)预制混凝土构件的工程量为预制构件的实际体积，不包括预制构件中空心部分的体积。

(6)预应力锚索的工程量为锚索(钢绞线)长度与工作长度的质量之和。

(7)抗滑桩挖孔工程量按护壁外缘所包围的面积乘设计孔深计算。

2. 特定情况下的工程量计算

(1)未列出的其他结构形式的砌石防护工程，需要时按“桥涵工程”项目的有关定额计算。

(2)除注明者外，均不包括挖基，基础垫层的工程内容，需要时按“桥涵工程”项目的有关定额计算。

(3)除注明者外，均已包括按设计要求需要设置的伸缩缝、沉降缝的费用。

(4)除注明者外，均已包括水泥混凝土的拌和费用。

(5)植草护坡定额中均已综合考虑黏结剂、保水剂、营养土、肥料、覆盖薄膜等的费用，使用定额时不得另行计算。

(6)现浇拱形骨架护坡可参考本定额中的现浇框格(架)式护坡进行计算。

(7)预应力锚索护坡定额中的脚手架系按钢管脚手架编制的，脚手架宽度按 2.5m 考虑。

3. 定额子目的工程量计算(表 8-4-37)

防护工程定额子目工程量计算 表 8-4-37

定额表及目名称	子目名称	工程量计算
5-1-1 人工铺草皮	人工铺草皮	分边坡高度，按面积计，定额基价工程量单位为 1 000m²。在预算时，采用叠铺草皮时，定额中人工工日和草皮数量加倍计算，其他材料费不变
5-1-2 植草护坡	挂网	土工格栅、三维植被网、铁丝网按面积计，定额基价工程量单位为 1 000m²；钢筋按质量计，定额基价工程量单位为 1t。在预算时，①挂铁丝网未包括锚固筋(或锚杆)的消耗，应按相应定额另行计算；②挂网定额中钢筋项目仅适用于挂铁丝网的钢筋框条
	人工植草	按面积计，定额基价工程量单位为 1 000m²。在预算时，植草项目可根据设计用量调整定额中的草籽或种子的消耗
	机械液压喷播植草	
	喷混、客土喷播植草	
5-1-3 编篱填石护坡	编篱填石护坡	分单双层和厚度，按面积计，定额基价工程量单位为 1 000m²。在预算时，①单双层厚度包括 10cm 砂砾垫层；②不包括坡脚铺填片石，需要时根据设计按有关定额另行计算
5-1-4 木笼、竹笼、铁丝笼填石护坡	木笼、竹笼、铁丝笼填石护坡	按体积计，定额基价工程量单位为 10m³
5-1-5 现浇混凝土护坡	满铺式	按面积计，定额基价工程量单位为 100m²
	框格(架)式	
5-1-6 预制混凝土护坡	预制	按体积计，定额基价工程量单位为 10m³
	钢筋	按质量计，定额基价工程量单位为 1t
	铺砌	按面积计，定额基价工程量单位为 100m²。在预算时，码砌菱形格护坡定额未包括框格间缝隙的填塞费用，需要时应另行计算
	码砌	
5-1-7 灰浆抹面护坡	灰浆抹面护坡	分灰浆材料和抹面厚度，按抹面面积计，定额基价工程量单位为 100m² 抹面面积

续上表

定额表及目名称	子目名称	工程量计算
5-1-8 喷射混凝土护坡	挂钢筋网或铁丝网	分边坡高度，按质量计，定额基价工程量单位为1t
	喷混凝土	分边坡高度，按体积计，定额基价工程量单位为$10m^3$
	锚杆	分边坡高度，按质量计，定额基价工程量单位为1t。在预算时，锚杆埋设仅适用于锚喷联合施工时的锚杆
5-1-9 预应力锚索护坡	脚手架	按面积计，定额基价工程量单位为$100m^2$
	地梁及锚座混凝土	按体积计，定额基价工程量单位为$10m^3$
	地梁及锚座钢筋	按质量计，定额基价工程量单位为1t
	预应力锚索成孔	分孔径、孔深和土质类别，按成孔长度计，定额基价工程量单位为10m
	预应力锚索	分束长和锚具型号，按质量计，定额基价工程量单位为1t钢绞线
	锚孔注浆	分孔径，按浆液体积计，定额基价工程量单位为$10m^3$浆液。在预算时，注浆定额中未包括外掺剂的费用，需要时另行计算
5-1-10 石砌护坡	石砌护坡	分干砌片石、浆砌片石、浆砌块石，按实体体积计，定额基价工程量单位为$10m^3$实体。在预算时，当采用骨架护坡时，人工工日乘1.3的系数
5-1-11 木桩填石护岸	木桩填石护岸	按木桩实体体积计，定额基价工程量单位为$10m^3$木桩实体
5-1-12 抛石防护	陆上抛填	按设计抛石量体积计，定额基价工程量单位为$100m^3$设计抛石量
	水上抛填	
5-1-13 防风固沙	植树、栽草、播草籽	植树按株树计，定额基价工程量单位为100株；栽草和播草籽按面积计，定额基价工程量单位为$1\,000m^2$。在预算时，备水费用另计
	黏土、砂砾压盖	按面积计，定额基价工程量单位为$1\,000m^2$。在预算时，草方格沙障定额中的其他材料费包括麦草600kg的费用
	草方格沙障	
	黏土埂挡风墙	按长度计，定额基价工程量单位为1 000m。在预算时，柳条笆防沙栏定额中的其他材料费包括柳条12 500kg的费用
	杂柴挡风墙	
	保护草方格栅铁丝网	
	柳条笆防沙栏	
	人工清运流沙	按体积计，定额基价工程量单位为$100m^3$
	黏土封闭路基	
	边坡和平整带卵石铺砌	按面积计，定额基价工程量单位为$1\,000m^2$
5-1-14 防雪、防沙设施	防雪、防沙设施	定额基价工程量单位为100延米
5-1-15 石砌挡土墙	石砌挡土墙	按实体体积计，定额基价工程量单位为$10m^3$实体
5-1-16 石砌护脚	石砌护脚	分干砌和浆砌，按实体体积计，定额基价工程量单位为$10m^3$实体
5-1-17 石砌护面墙	石砌护面墙	分墙高，按实体体积计，定额基价工程量单位为$10m^3$实体
5-1-18 现浇混凝土挡土墙	现浇混凝土挡土墙	片石混凝土和混凝土按实体体积计，定额基价工程量单位为$10m^3$实体；钢筋按质量计，定额基价工程量单位为1t钢筋

续上表

定额表及目名称	子 目 名 称	工程量计算
5-1-19　加筋土挡土墙	预制	混凝土按实体体积计，定额基价工程量单位为 $10m^3$ 实体；钢筋按质量计，定额基价工程量单位为 1t
	安装	基础垫板、面板、檐板，按实体体积计，定额基价工程量单位为 $10m^3$ 实体；塑料及聚丙烯编织拉筋带、钢及钢塑复合拉筋带，按质量计，定额基价工程量单位为 1t
5-1-20　预制、安装钢筋混凝土锚定板式挡土墙	预制	混凝土按实体体积计，定额基价工程量单位为 $10m^3$ 实体；钢筋按质量计，定额基价工程量单位为 1t
	安装	挡土板、锚定板、立柱，按实体体积计，定额基价工程量单位为 $10m^3$ 实体；拉杆按质量计，定额基价工程量单位为 1t
5-1-21　现浇钢筋混凝土锚定板式挡土墙	现浇、预制	混凝土按体积计，定额基价工程量单位为 $10m^3$；钢筋按质量计，定额基价工程量单位为 1t。在预算时，锚定板预制按使用木模计算，如采用钢模，按"预制、安装钢筋混凝土锚定板式挡土墙定额"计算
	拉杆制作及拉杆、锚定板安装	按拉杆长度计，定额基价工程量单位为 100m 拉杆
5-1-22　钢筋混凝土桩板式挡土墙	现浇桩柱混凝土	混凝土按实体体积计，定额基价工程量单位为 $10m^3$ 实体。在预算时，未包括地下部分桩(柱)的开挖，可参照抗滑桩开挖定额计算
	预制、安装混凝土挡土板	
	钢筋	按质量计，定额基价工程量单位为 1t
5-1-23　锚杆挡土墙	现浇、预制混凝土	按体积计，定额基价工程量单位为 $10m^3$
	安装肋柱、墙面板	
	钢筋	按质量计，计价单位为 1t
	钻孔及压浆	按长度计，计价单位为 100m
	锚杆	按质量计，计价单位为 1t
5-1-24　钢筋混凝土扶壁式、悬臂式挡土墙	现浇墙身混凝土	按实体体积计，定额基价工程量单位为 $10m^3$ 实体
	钢筋	按质量计，定额基价工程量单位为 1t
5-1-25　挡土墙防渗层、泄水层及填内芯	铺筑沥青防渗层	按面积计，定额基价工程量单位为 $1\,000m^2$
	铺筑砂砾泄水层	按体积计，定额基价工程量单位为 $100m^3$。在预算时，填内芯所需填料的挖运，按路基土方定额计算
	填内芯	
5-1-26　抗滑桩	挖孔	按实体体积计，定额基价工程量单位为 $10m^3$ 实体
	护壁、桩身混凝土	
	钢筋	按质量计，定额基价工程量单位为 1t。在预算时，采用钢轨作骨架时，应尽可能利用废旧钢轨

六、交通工程及沿线设施的工程量计算

交通工程及沿线设施的定额分为七节，包括安全设施，监控、收费系统，通信系统，供电、照明系统，光缆、电缆敷设，配管、配线及接地工程，绿化工程等。在交通工程及沿线设施定额中

的工程量计算和计价中：

(1)本定额中只列工程所需的主要材料用量，对次要、零星材料和小型施工机具均未一一列出，分别列入“其他材料费”和“小型机具使用费”内，以元计，编制预算即按此计算。

(2)本定额中均已包括混凝土的拌和费用。

(3)如有未包括的项目，可参照相关行业定额。

1.安全设施的工程量计算

1)工程量计算规则

(1)钢筋混凝土防撞护栏中铸铁柱与钢管栏杆按柱与栏杆的总质量计算，预埋螺栓、螺母及垫圈等附件已综合在定额内，使用定额时，不得另行计算。

(2)波形钢板护栏中钢管柱、型钢柱按柱的成品质量计算；波形钢板按波形钢板、端头板(包括端部稳定的锚定板、夹具、挡板)与撑架的总质量计算，柱帽、固定螺栓、连接螺栓、钢丝绳、螺母及垫圈等附件已综合在定额内，使用定额时，不得另行计算。

(3)隔离栅中钢管柱按钢管与网框型钢的总质量计算，型钢立柱按柱与斜撑的总质量计算，钢管柱定额中已综合了螺栓、螺母、垫圈及柱帽钢板的数量，型钢立柱定额中已综合了各种连接件及地锚钢筋的数量，使用定额时，不得另行计算。

钢板网面积按各网框外边缘所包围的净面积之和计算。

刺铁丝网按刺铁丝的总质量计算；铁丝编织网面积按网高(幅宽)乘以网长计算。

(4)中间带隔离墩上的钢管栏杆与防眩板分别按钢管与钢板的总质量计算。

(5)金属标志牌中立柱质量按立柱、横梁、法兰盘等的总质量计算；面板质量按面板、加固槽钢、抱箍、螺栓、滑块等的总质量计算。

(6)路面标线按画线的净面积计算。

(7)公共汽车停靠站防雨篷中钢结构防雨篷的长度按顺路方向防雨篷两端立柱中心间的长度计算；钢筋混凝土防雨篷的水泥混凝土体积按水泥混凝土垫层、基础、立柱及顶棚的体积之和计算，定额中已综合了浇筑立柱及篷顶混凝土所需的支架等，使用定额时，不得另行计算。

站台地坪按地坪铺砌的净面积计算，路缘石及地坪垫层已综合在定额中，使用定额时，不得另行计算。

2)特定情况下的工程量计算

(1)波形钢板、型钢立柱、钢管立柱、镀锌钢管、护栏、钢板网、钢板标志、铝合金板标志、柱式轮廓标、钢管防撞立柱、镀锌钢管栏杆、预埋钢管等均为成品，编制预算时按成品价格计算，其中标志牌单价中不含反光膜的费用。

(2)水泥混凝土构件的预制、安装定额中均包括了混凝土及构件运输的工程内容，使用定额时，不得另行计算。

3)定额子目的工程量计算(表 8-4-38)

安全设施定额子目工程量计算 表 8-4-38

定额表及目名称	子目名称	工程量计算
6-1-1 柱式护栏	柱式护栏	分设置部位，按根数计，定额基价工程量单位为 10 根
6-1-2 墙式护栏	石砌墙式护栏	分浆砌片石、浆砌块石，按实体体积计，定额基价工程量单位为 $10m^3$ 实体
	钢筋混凝土防撞护栏	混凝土按实体体积计，定额基价工程量单位为 $10m^3$ 实体；钢筋、铸铁柱及栏杆，按质量计，定额基价工程量单位为 1t

续上表

定额表及目名称	子目名称	工程量计算
6-1-3 波形钢板护栏	波形钢板护栏	分基础、钢管立柱、型钢立柱、波形钢板，其中基础混凝土按实体体积计，定额基价工程量单位为 $10m^3$ 实体；其余均按质量计，定额基价工程量单位为1t
6-1-4 隔离栅	钢筋混凝土立柱	混凝土按实体体积计，定额基价工程量单位为 $10m^3$ 实体；钢筋按质量计，定额基价工程量单位为1t。在预算时，混凝土基础可按"波形钢板护栏"的有关定额计算
	型钢立柱	按质量计，定额基价工程量单位为1t。在预算时，钢管桩中柱帽钢板的数量包括在铁件数量中
	钢板网	按面积计，定额基价工程量单位为 $100m^2$
	刺铁丝	按质量计，定额基价工程量单位为1t
	编织网	按面积计，定额基价工程量单位为 $100m^2$。在预算时，铁丝编织网中每 $100m^2$ 网面包括花篮螺丝1.9kg、6号钢丝29.8kg，其费用综合在铁丝编织网的预算价格内
6-1-5 中间带	中间带	分中间带和隔离墩，中间带按体积计，定额基价工程量单位为 $10m^3$；隔离墩除预制钢筋和钢管栏杆、防眩板的制作、安装按质量计，定额基价工程量单位为1t外，其余均按体积计，定额基价工程量单位为 $10m^3$。在预算时，①中间带的绿化，可按设计另行计算；填土如需远运时，可按"路基工程"项目的土方运输定额另行计算；②隔离墩上如不安装钢管栏杆或防眩板时，应在钢筋子目中扣除人工4.0工日，钢板0.081t，电焊条7.7kg，30kV·A交流电焊机2.30台班
6-1-6 车道分离块	车道分离块	预制混凝土和安装按实体体积计，定额基价工程量单位为 $10m^3$ 实体；预制钢筋按质量计，定额基价工程量单位为1t。在预算时，分离块的连接是按钢筋连接编制的，若采用钢管连接时，每 $10m^3$ 构件实体按钢管长度546m计算，并扣减安装定额中的钢筋数量
6-1-7 标志牌	钢筋混凝土标志牌	分标志牌形状，按块数计，定额基价工程量单位为10块
	金属标志牌	分金属标志牌基础、钢板标志、铝合金标志，除基础混凝土按实体体积计，定额基价工程量单位为 $10m^3$ 实体外，其他均按质量计，定额基价工程量单位为1t
6-1-8 轮廓标	柱式轮廓标	分钢板柱和玻璃钢柱，按根数计，定额基价工程量单位为100根
	栏式轮廓标	按块数计，定额基价工程量单位为100块。在预算时，栏式轮廓标如安装在波形钢板护栏上，应扣减定额中镀锌铁件的数量
6-1-9 路面标线	路面标线	分普通标线、热熔标线、反光路钮，普通标线和热熔标线按面积计，定额基价工程量单位为 $100m^2$；反光路钮按个数计，定额基价工程量单位为100个
6-1-10 机械铺筑拦水带	机械铺筑拦水带	分水泥混凝土和沥青混凝土，按体积计，定额基价工程量单位为 $10\ m^3$
6-1-11 里程碑、百米桩、界碑	里程碑、百米桩、界碑	按块数计，定额基价工程量单位为100块
6-1-12 公共汽车停靠站防雨篷	公共汽车停靠站防雨篷	钢结构防雨篷，按长度计，定额基价工程量单位为10m；钢筋混凝土防雨篷，混凝土按体积计，定额基价工程量单位为 $10m^3$，钢筋按质量计，计价单位为1t；站台地坪，按面积计，定额基价工程量单位为 $100m^2$

2. 监控、收费系统的工程量计算

本部分包括监控、收费系统中管理站、分中心、中心(计算机及网络设备,视频控制设备安装,附属配套设备),收费车道设备,外场管理设备(车辆检测设备安装、调试,环境监测设备安装、调试,信息显示设备安装、调试,视频监控与传输设备安装、调试),系统互联与调试,系统试运行,收费岛和人(手)孔等十二个项目。不包括以下工作内容:

(1)设备本身的功能性故障排除。

(2)制作缺件、配件。

(3)在特殊环境下的设备加固、防护。

(4)与计算机系统以外的外系统联试、校验或统调。

(5)设备基础和隐蔽管线施工。

(6)外场主干通信电缆和信号控制电缆的敷设施工及试运行。

(7)接地装置、避雷装置的制作与安装,以及安装调试设备必需的技术改造和修复施工。

1)工程量计算规则

(1)设备安装定额单位除 LED 显示屏以 m^2 计、系统试运行以系统·月计外,其余均以台或套计。

(2)计算机系统可靠性、稳定性运行按计算机系统 24h 连续计算确定,超过要求时,其费用另行计算。

(3)收费岛混凝土工程量按岛身、收费亭基础、收费岛敷设穿线钢管水泥混凝土垫层、防撞柱水泥混凝土基础、配电箱水泥混凝土基础和控制箱水泥混凝土基础体积之和计算。

(4)收费岛钢筋工程量按收费岛、收费亭基础的钢筋数量之和计算。

(5)设备基础混凝土工程量按设备水泥混凝土基础体积计算。

(6)镀锌防撞护栏的工程量按镀锌防撞护栏的质量计算。

(7)钢管防撞柱的工程量按钢管防撞立柱的质量计算。

(8)配电箱基础预埋 PVC 管的工程量按 PVC 管长度计算。

(9)敷设电线钢套管的工程量按敷设电线钢套管质量计算。

2)特定情况下的工程量计算

(1)收费岛上涂刷反光标志漆和粘贴反光膜的数量,已综合在收费岛混凝土定额中,使用定额时,均不得另行计算。

(2)防撞栏杆的预埋钢套管的数量已综合在定额中,使用定额时,不得另行计算。

(3)防撞立柱的预埋钢套管及立柱填充水泥混凝土、立柱与预埋钢套管之间灌填水泥砂浆的数量,均已综合在定额中,使用定额时,不得另行计算。

(4)设备基础混凝土定额中综合了预埋钢筋、地脚螺母、底座法兰盘等的数量,使用定额时,不得另行计算。

(5)敷设电线钢套管定额中综合了螺栓、螺母、镀锌管接头、钢管用塑料护口、醇酸防锈漆、裸铜线、钢锯条、溶剂汽油等的数量,使用定额时,不得另行计算。

(6)如设计采用的人(手)孔混凝土强度等级和数量与定额不同时,可调整定额用量。

3)定额子目的工程量计算(表 8-4-39)

3. 通信系统的工程量计算

1)工程量计算规则

(1)2.5Gb/s 系统的 ADM 分插复用器,分插支路是按 8 个 155Mb/s(或 140Mb/s)光口或电口考虑的，当支路数超过 8 个时，每增加 1 个 155Mb/s(或 140Mb/s)支路增加 2 个工日。

监控、收费系统定额子目工程量计算 表 8-4-39

定额表及目名称	子目名称	工程量计算
6-2-1 计算机及网络设备安装	计算机及网络设备安装	按套数或台数计，定额基价工程量单位为 1 套或 1 台
6-2-2 视频控制设备安装	视频控制设备安装	按套数或台数计，定额基价工程量单位为 1 套或 1 台
6-2-3 附属配套设备安装	附属配套设备安装	按套数或台数计，定额基价工程量单位为 1 套或 1 台
6-2-4 收费车道设备安装	收费车道设备安装	按套数计，定额基价工程量单位为 1 套
6-2-5 车辆检测设备的安装、调试	车辆检测设备的安装、调试	按套数、台数或端数计，定额基价工程量单位为 1 套、1 台或 1 端
6-2-6 环境监测设备安装、调试	环境监测设备安装、调试	按套数计，定额基价工程量单位为 1 套
6-2-7 信息显示设备安装、调试	信息显示设备安装、调试	按套数计，定额基价工程量单位为 1 套
6-2-8 视频监控与传输设备的安装、调试	视频监控与传输设备的安装、调试	按套数计，定额基价工程量单位为 1 套
6-2-9 系统互联与调试	系统互联与调试	按套数计，定额基价工程量单位为 1 套
6-2-10 系统试运行	系统试运行	定额基价工程量单位为 1 系统月
6-2-11 收费岛	收费岛	收费岛混凝土、设备基础混凝土按体积计，定额基价工程量单位为 $10m^3$；收费岛钢筋、镀锌钢管防撞护栏、钢管防撞栏、控制箱基础预埋镀锌钢管、敷设电线钢套管，按质量计，定额基价工程量单位为 1t；配电箱基础预埋 PVC 管按长度计，定额基价工程量单位为 10m
6-2-12 人(手)孔	人(手)孔	分现浇混凝土和砖混，按个数计，定额基价工程量单位为 1 个

(2)安装通信天线，不论有无操作平台均执行本定额；安装天线的高度均指天线底部距塔(杆)座的高度。

(3)敷设管道和管道包封的工程量均按管道(不含桥梁)长度计算。

2)特定情况下的工程量计算

(1)安装电缆走线架定额中，不包括通过沉降(伸缩)缝和要做特殊处理的内容，需要时按有关定额另行计算。

(2)布放电缆定额只适用于在电缆走道、槽道及机房内地槽中布放。

(3)通信铁塔的安装是按在正常的气象条件下施工确定的，定额中不包括铁塔基础施工、预埋件埋设及防雷接地工程等内容，需要时按有关定额另行计算。

(4)通信管道定额中不包括管道过桥时的托架和管箱等工程内容，应按相关定额另行计算；挖管沟本定额也未包括，应按“路基工程”项目人工挖运土方定额计算。

(5)硅芯管敷设定额中已综合标石的制作及埋放、人孔处的包封等，使用定额时，不得另行计算。

(6)镀锌钢管敷设定额中已综合接口处套管的切割、焊接、防锈处理等内容，使用定额时，不得另行计算。

3)定额子目的工程量计算(表 8-4-40)

监控、收费系统定额子目工程量计算 表 8-4-40

<table>
<tr><th>定额表及目名称</th><th>子 目 名 称</th><th>工程量计算</th></tr>
<tr><td rowspan="12">6-3-1 光电传输设备安装</td><td>安装光端机机架及分配架</td><td>安装光端机机架和数字分配架按架数计，定额基价工程量单位为 1 架；安装光分配架按个数计，定额基价工程量单位为 1 个</td></tr>
<tr><td>放绑软光纤</td><td>按条数计，定额基价工程量单位为 1 条</td></tr>
<tr><td>数字分配架布放跳线</td><td>按条数计，定额基价工程量单位为 100 条。在预算时，数字分配架跳线的规格数量由设计计算</td></tr>
<tr><td>安装调测系统</td><td>按站数计，定额基价工程量单位为 1 站</td></tr>
<tr><td>系统运行试验</td><td>数字公务系统运行试验，定额基价工程量单位为 1 系统/站；SDH 网管系统运行试验，按站数计，定额基价工程量单位为 1 站</td></tr>
<tr><td>制作安装抗振机座</td><td>按个数计，定额基价工程量单位为 1 个</td></tr>
<tr><td>放绑电缆</td><td>定额基价工程量单位为 100m 条</td></tr>
<tr><td>母线敷设</td><td>按长度计，定额基价工程量单位为 10m</td></tr>
<tr><td>安装音频保安配线箱</td><td>按个数计，定额基价工程量单位为 1 个</td></tr>
<tr><td>安装电缆走线架</td><td>按长度计，定额基价工程量单位为 1m。在预算时，①电缆走线架按成套供应考虑，适用于角钢、铝型材结构；②测试 2.5Gb/s 系统为 1+0 状态，当系统为 1+1 状态时，2.5Gb/s 系统终端复用器(TM)每端增加 2 个工日；分插复用器每端增加 4 个工日；③155Mb/s 系统终端复用器高速侧接光口，若接电口时，使用 2/155Mb/s 跳级复用子目</td></tr>
<tr><td>安装总配线架</td><td>按架数计，定额基价工程量单位为 1 架</td></tr>
<tr><td colspan="2" style="display:none"></td></tr>
<tr><td>6-3-2 程控交换机安装、调试</td><td>程控交换机安装、调试</td><td>分程控交换机规格(用户线)，按部数计，定额基价工程量单位为 1 部</td></tr>
<tr><td>6-3-3 中继线调试</td><td>中继线调试</td><td>按路数计，定额基价工程量单位为 30 路</td></tr>
<tr><td>6-3-4 外围设备安装、调试</td><td>外围设备安装、调试</td><td>按台数计，定额基价工程量单位为 1 台</td></tr>
<tr><td>6-3-5 紧急电话设备安装、调试</td><td>紧急电话设备安装、调试</td><td>紧急电话按部数计，定额基价工程量单位为 1 部；紧急电话控制中心、分线盒/接线箱按套数计，定额基价工程量单位为 1 套</td></tr>
<tr><td rowspan="6">6-3-6 有线广播设备安装</td><td>专用麦克风</td><td>按个数计，定额基价工程量单位为 1 个</td></tr>
<tr><td>功率放大器</td><td rowspan="4">按台数计，定额基价工程量单位为 1 台</td></tr>
<tr><td>卡座</td></tr>
<tr><td>扬声器</td></tr>
<tr><td>紧急广播主控设备安装调试</td></tr>
<tr><td>设备使用功能数</td><td>按个数计，定额基价工程量单位为 1 个</td></tr>
</table>

续上表

定额表及目名称	子目名称	工程量计算
6-3-7 会议专用设备安装	会议专用设备	按台数计，定额基价工程量单位为 1 台
	编程控制器、混音器	
	电子白板	按套数计，定额基价工程量单位为 1 套
	等离子显示屏	按台数计，定额基价工程量单位为 1 台
	流媒体课程直录/播机	按套数计，定额基价工程量单位为 1 套
	调音台	按台数计，定额基价工程量单位为 1 台
	音箱	
6-3-8 微波通信设备安装	机架安装	按套数计，定额基价工程量单位为 1 套
	微波设备安装	
	图像编(解)码器	
	中继站设备	
6-3-9 微波通信设备调试	微波通信设备调试	按套数计，定额基价工程量单位为 1 套
6-3-10 微波通信系统联调	微波通信系统联调	按站数计，定额基价工程量单位为 1 站
6-3-11 微波通信全电路稳定性能测试	微波通信全电路稳定性能测试	按站数计，定额基价工程量单位为 1 站
6-3-12 基站设备安装	中心站	按站数计，定额基价工程量单位为 1 站
	中继站	
	外围站	
6-3-13 基站设备调试	中心站	按站数计，定额基价工程量单位为 1 站
	中继站	
	外围站	
6-3-14 无线通信系统联调	无线通信系统联调	按站数计，定额基价工程量单位为 1 站
6-3-15 基站全电路稳定性能测试	基站稳定性能测试	按站数计，定额基价工程量单位为 1 站
6-3-16 通信铁塔架设	通信铁塔架设	分地面通信铁塔高度，按质量计，定额基价工程量单位为 1t。在预算时，铁塔的费用按设计列入设备购置费中
6-3-17 天线架设	天线架设	吊装，天线挂高和分瓣天线拼接，定额基价工程量单位为 1 副；天线加边加罩，定额基价工程量单位为 1 面。在预算时，天线配套件连同天线一并列入设备购置费中
6-3-18 馈线安装	馈线安装	按条数计，定额基价工程量单位为 1 条
6-3-19 天线、馈线调试	天线、馈线调试	天线调试按副数计，定额基价工程量单位为 1 副；馈线调试按条数计，定额基价工程量单位为 1 条

续上表

定额表及目名称	子 目 名 称	工程量计算
6-3-20 蓄电池安装	支架安装	按架数计,定额基价工程量单位为1架。在预算时:支架按成品随设备一起供货,列入设备购置费中
	蓄电池安装	按组数计,定额基价工程量单位为1组;安装蓄电池柜(小容量用)按个数计,定额基价工程量单位为1个;铺橡皮绝缘垫按面积计,定额基价工程量单位为$10m^2$
6-3-21 太阳能电池安装	安装方阵铁架	按面积计,定额基价工程量单位为$10m^2$
	安装太阳能电池	按组数计,定额基价工程量单位为1组
6-3-22 敷设通信管道	硅芯管	按长度计,定额基价工程量单位为1 000m。在预算时,子目中"$n\times m$":其中n为每层孔数;m为层数
	PVC管	
	镀锌钢管	
6-3-23 通信管道包封	通信管道包封	分钢管混凝土包封和硅芯管包封,按长度计,定额基价工程量单位为1 000m

4.供电、照明系统的工程量计算

1)工程量计算规则

(1)干式变压器如果带有保护外罩时,人工和机械乘以系数1.2。

(2)变压器油是按设备自带考虑的,但施工中变压器油的过滤损耗及操作损耗已包括在定额中。变压器安装过程中放注油、油过滤所使用的油罐,已摊入油过滤定额中。

(3)高压成套配电柜中断路器安装定额系综合考虑的,不分容量大小,也不包括母线配制及设备干燥。

(4)组合型成套箱式变电站主要是指10kV以下的箱式变电站,一般布置形式为变压器在箱的中间,箱的一端为高压开关位置,另一端为低压开关位置。

(5)3~10kV母线系统调试含一组电压互感器,1kV以下母线系统调试定额不含电压互感器,适用于低压配电装置的各种母线(包括软母线)的调试。

(6)各种灯架元器具件的配线,均已综合考虑在定额内,使用时不作调整。

(7)各种灯柱穿线均套相应的配管配线定额。

(8)室内照明灯具的安装高度,投光灯、碘钨灯和混光灯定额是按10m以下编制的,其他照明灯具安装高度均按5m以下编制的。

2)特定情况下的工程量计算

(1)控制设备安装未包括支架的制作和安装,需要时可按相关定额另行计算。

(2)送配电设备系统调试包括系统内的电缆试验、瓷瓶耐压等全套调试工作。供电桥回路中的断路器、母线分段断路器皆作为独立的供电系统计算,定额皆按一个系统一侧配一台断路器考虑,若两侧皆有断路器时,则按两个系统计算。如果分配电箱内只有刀开关、熔断器等不含调试元件的供电回路,则不再作为调试系统计算。

(3)灯具安装定额是按灯具类型分别编制的,对于灯具本身及异型光源,定额已综合了安装费,但未包括其本身的价值,应另行计算。

(4)本定额已包括利用仪表测量绝缘及一般灯具的试亮等工作内容,使用定额时,不得另行计算,但不包括全负荷试运行。

(5)本定额未包括电缆接头的制作及导线的焊压接线端子。

(6)普通吸顶灯、荧光灯、嵌入式灯、标志灯等成套灯具安装是按灯具出厂时达到安装条件编制的，其他成套灯具安装所需配线，定额中均已包括。

(7)立灯杆定额中未包括防雷及接地装置。

(8)25m 以上高杆灯安装，未包括杆内电缆敷设。

3)定额子目的工程量计算(表 8-4-41)

供电、照明系统定额子目工程量计算 表 8-4-41

定额表及目名称	子目名称	工程量计算
6-4-1 干式变压器安装	干式变压器安装	分变压器容量，按台数计，定额基价工程量单位为 1 台
6-4-2 电力变压器干燥	电力变压器干燥	分 10kV/电力变压器容量，按台数计，定额基价工程量单位为 1 台
6-4-3 杆上、地上安装变压器	杆上安装变压器	分变压器容量，按台数计，定额基价工程量单位为 1 台
	地上安装变压器	
6-4-4 组合型成套箱式变电站安装	组合型成套箱式变电站安装	分不带高压开关柜(变压器容量)，按台数计，定额基价工程量单位为 1 台。在预算时，不带高压开关柜的箱式变电站的高压侧进线一般采用负荷开关
6-4-5 控制、继电、模拟及配电屏安装	控制、继电、模拟及配电屏安装	按台数计，定额基价工程量单位为 1 台
	断路器安装	
	户内隔离开关、负荷开关安装	
	控制台、控制箱安装	
6-4-6 电力系统调整试验	送配电装置系统调试	按系统数计，定额基价工程量单位为 1 系统。在预算时，①不包括避雷器、自动装置、特殊保护装置和接地装置的调试；②当断路器为六氟化硫断路器时，定额乘以系数 1.3
	变压器系统调试	
	自动投入装置调试	按套数计，定额基价工程量单位为 1 套。在预算时，双侧电源自动重合闸是按同期考虑的
	交流同步电动机变频调速	按系统数计，定额基价工程量单位为 1 系统
	电力、电缆母线试验	电缆按次数计，定额基价工程量单位为 1 次；母线(段)按根数计，定额基价工程量单位为 1 根
6-4-7 柴油发电机组安装	柴油发电机组安装	分柴油发电机组功率，按组数计，定额基价工程量单位为 1 组。在预算时，未包括安装柴油发电机组所需的底座的费用，应根据设计图纸按有关定额另行计算
6-4-8 安装柴油发电机组体外排气系统	安装排气系统	按套数计，定额基价工程量单位为 1 套。在预算时，①未包括排配气系统所需排气管的费用，应根据设计数量按实计列；②安装与柴油发电机组在一体的燃油箱、机油箱均不得使用本定额
	安装燃油箱、机油箱	
6-4-9 其他配电设备安装	其他配电设备安装	按台数计，定额基价工程量单位为 1 台

续上表

定额表及目名称	子目名称	工程量计算
6-4-10 灯架安装	固定式灯盘安装	分灯火数(以内),按套数计,定额基价工程量单位为1套。在预算时,灯架作为设备列入设备购置费中
	升降式灯盘安装	
6-4-11 立灯杆	立灯杆	分灯杆高度,按根数计,定额基价工程量单位为1根。在预算时,灯杆作为设备列入设备购置费中
6-4-12 杆座安装	杆座安装	按只数计,定额基价工程量单位为10只。在预算时,灯座箱作为设备列入设备购置费中
6-4-13 高杆灯具安装	高杆灯具安装	按套数计,定额基价工程量单位为1套。在预算时,灯具挑臂及灯泡的费用应包含在照明灯具的预算价格中
6-4-14 照明灯具安装	照明器件安装	按套数计,定额基价工程量单位为100套。在预算时,电容器安装已包含在定额内
	荧光灯具安装	
6-4-15 标志、诱导装饰灯具	标志、诱导装饰灯具	按套数计,定额基价工程量单位为100套
6-4-16 其他灯具安装	其他灯具安装	分桥梁栏杆灯和地道涵洞灯,按套数计,定额基价工程量单位为100套

5.光缆、电缆敷设的工程量计算

1)工程量计算规则

(1)电缆敷设按单根延长米计算(如一个架上敷设3根各长100m的电缆,工程量应按300m计算,依此类推)。电缆附加及预留的长度是电缆敷设长度的组成部分,应计入电缆工程量之内。电缆进入建筑物预留长度按2m计算,电缆进入沟内或吊架预留长度按1.5m计算,电缆中间接头盒预留长度两端各按2m计算。

(2)电缆沟盖板揭、盖定额,按每揭、盖一次以延长米计算。如又揭又盖,则按两次计算。

(3)用于扩(改)建工程时,所用定额的人工工日乘以1.35系数;用于拆除工程时,所用定额的人工工日乘以0.25系数。施工单位为配合认证单位验收测试而发生的费用,按本定额验证测试子目的工日、仪器仪表台班总用量乘以0.30系数计取。

2)特定情况下的工程量计算

(1)本定额均包括准备工作、施工安全防护、搬运、开箱、检查、定位、安装、清理、接电源、接口正确性检查和调试、清理现场和办理交验手续等工作内容。

(2)本定额不包括设备本身的功能性故障排除,制作缺件、配件,在特殊环境下的设备加固、防护等工作内容。

(3)双绞线缆的敷设及跳线架和配线架的安装、打接定额消耗量是按五类非屏蔽布线系统编制的,高于五类的布线工程按定额人工工日消耗量增加10%、屏蔽系统增加20%计取。

3)定额子目的工程量计算(表8-4-42)

光缆、电缆敷设定额子目工程量计算 表 8-4-42

定额表及目名称	子目名称	工程量计算
6-5-1 室内光缆穿放、连接	光缆敷设	按长度计,定额基价工程量单位为 100m
	布放光缆护套	
	气流法布放光纤束	
	光纤连接	按芯数计,定额基价工程量单位为 10 芯。在预算时,凡大于 72 芯时,按照等数量的进档差值增加人工工日消耗
	布放尾纤	按根数计,定额基价工程量单位为 10 根
6-5-2 安装测试光缆终端盒	安装测试光缆终端盒	分光缆终端盒(芯),按个数计,定额基价工程量单位为 10 个
6-5-3 室外敷设管道光缆	室外辐射管道光缆	分敷设管道光缆(芯)和气流穿放管道光缆(芯),按长度计,定额基价工程量单位为 100m
6-5-4 光缆接续	光缆接续	分光缆接续(芯),按个数计,定额基价工程量单位为 10 个。在预算时,接头盒保护套的费用包含在接头盒的预算价格中
	光缆成端接头	按套数计,定额基价工程量单位为 10 套
6-5-5 光纤测试	光纤测试	定额基价工程量单位为 1 链路(芯)
6-5-6 人工敷设塑料子管	人工敷设塑料子管	分 1 孔和 3 孔,按长度计,定额基价工程量单位为 1 000m。在预算时,本定额系指钢管或 HDPE 双壁波纹管一孔内同时布放塑料子管(1 孔或 3 孔)
6-5-7 穿放、布放电话线	穿放、布放电话线	分对数,按长度计,定额基价工程量单位为 1000m
	电话组线箱安装	按台数计,定额基价工程量单位为 1 台
	电话线出口	按长度计,定额基价工程量单位为 1 000m
6-5-8 敷设双绞线缆	敷设双绞线缆	分对数,按长度计,定额基价工程量单位为 1 000m
	跳线制作	按条数计,定额基价工程量单位为 1 条
	跳线卡接	按对数计,定额基价工程量单位为 10 对
	插座安装	按个数计,定额基价工程量单位为 1 个
	双绞线缆测试	定额基价工程量单位为 1 链路(信息点)
6-5-9 跳线架、配线架安装	跳线架、配线架安装	跳线架安装打接、配线架安装打接按条数计,定额基价工程量单位为 1 条;线管理器安装按个数计,定额基价工程量单位 10 个
6-5-10 布放同轴电缆	布放同轴电缆	按长度计,定额基价工程量单位为 1 000m
	终端接头	按个数计,定额基价工程量单位 10 个
6-5-11 敷设多芯电缆	敷设多芯电缆	分电缆规格(芯),按长度计,定额基价工程量单位为 1 000m
6-5-12 安装线槽	安装金属线槽	分线槽宽度,按长度计,定额基价工程量单位为 1 000m。在预算时,线槽配件应综合在线槽的预算价格中
	安装塑料线槽	
6-5-13 开槽	开槽	分砖槽和混凝土槽,按长度计,定额基价工程量单位为 10m
6-5-14 电缆沟铺砂盖板、揭盖板、敷设顶管	铺砂盖板、揭盖板	按长度计,定额基价工程量单位为 1 000m
	敷设顶管	按根数计,定额基价工程量单位为 1 根。在预算时,顶管规格为:管径 100 以内、每根长 20m 以内

续上表

定额表及目名称	子目名称	工程量计算
6-5-15 铜芯电缆敷设	铜芯电缆敷设	分电缆截面积，按长度计，定额基价工程量单位为1 000m
6-5-16 热缩式电缆终端头、中间头制作安装	热缩式电缆终端头、中间头制作安装	分电缆截面积，按个数计，定额基价工程量单位为10个
6-5-17 控制电缆头制作安装	控制电缆头制作安装	分终端头和中间头，按个数计，定额基价工程量单位为10个。在预算时，本定额是按14芯以内控制电缆编制的
6-5-18 桥架、支架安装	桥架安装	按长度计，定额基价工程量单位为10m
	桥架支架安装	按质量计，定额基价工程量单位为1t

6.配管、配线及接地工程的工程量计算

1)工程量计算规则

(1)给水管道。室内外界线以建筑物外墙皮1.5m为界，入口处设阀门者以阀门为界；与市政管道界线以水表井为界，无水表井者，以与市政管道碰头点为界。

(2)配管的工程量计算不扣除管路中的接线箱(盒)、灯盒、开关盒所占的长度。

2)特定情况下的工程量计算

(1)镀锌钢管法兰连接定额中，管件是按成品、弯头两端是按短管焊法兰考虑的，包括了直管、管件、法兰等全部安装工序内容。

(2)接地装置是按变配电系统接地、车间接地和设备接地等工业设施接地编制的。定额中未包括接地电阻率高的土质换土和化学处理的土壤，及由此发生的接地电阻测试等费用，需要时应另行计算。接地装置换填土执行电缆沟挖填土相应子目。

(3)避雷针安装、避雷引下线的安装均已考虑了高空作业的因素。避雷针按成品件考虑。

3)定额子目的工程量计算(表8-4-43)

配管、配线及接地工程定额子目工程量计算 表8-4-43

定额表及目名称	子目名称	工程量计算
6-6-1 水灭火系统镀锌钢管安装	螺纹连接	分公称直径，按长度计，定额基价工程量单位为1 000m
	法兰连接	
	管道支吊架安装	按质量计，定额基价工程量单位为1t
6-6-2 给水管道安装	给水管和钢管套管	分公称直径，按长度计，定额基价工程量单位为1 000m
	承插式铸铁管	
	管道支架安装	按质量计，定额基价工程量单位为1t
	管道伸缩器安装	分公称直径，按个数计，定额基价工程量单位为1个
	管道压力试验	分公称直径，按长度计，定额基价工程量单位为1 000m
	阀门安装	分公称直径，按个数计，定额基价工程量单位为1个
	自动排气阀安装	按个数计，定额基价工程量单位为1个
6-6-3 钢管地埋敷设	钢管地埋敷设	分钢管公称直径，按长度计，定额基价工程量单位为1 000m

续上表

定额表及目名称	子目名称	工程量计算
6-6-4 钢管砖、混凝土结构暗配	钢管砖、混凝土结构暗配	分钢管公称直径，按长度计，定额基价工程量单位为 1 000m
6-6-5 钢管钢结构支架配管	钢管钢结构支架配管	分钢管公称直径，按长度计，定额基价工程量单位为 1 000m
6-6-6 PVC 阻燃塑料管敷设	明敷	分塑料管公称直径，按长度计，定额基价工程量单位为 1 000m
	暗敷	
6-6-7 母线、母线槽等安装	母线及引下线安装	分铜母线和铝母线，定额基价工程量单位为 10m/单相。在预算时，带形母线和引下线的规格为每相一片 800mm^2 以下
	插接式封闭母线槽安装	按长度计，定额基价工程量单位为 10m。在预算时，母线槽每节之间的接地连线设计规格不同时可进行抽换
	金属软管安装	
6-6-8 落地式控制箱安装	落地式控制箱安装	按套数计，定额基价工程量单位为 1 套
6-6-9 成套配电箱安装	成套配电箱	按台数计，定额基价工程量单位为 10 台
	配电箱(明装)	
	杆上配电箱	
6-6-10 接线箱、盒安装	接线箱	按个数计，定额基价工程量单位为 10 个
	接线盒	
6-6-11 接地装置	接地极制作安装	角钢接地极按根数计，定额基价工程量单位为 1 根；铜板接地极按块数计，定额基价工程量单位为 1 块
	接地母线敷设	按长度计，计价单位为 10m
	架设天线铁塔避雷装置	定额基价工程量单位为 1 处
6-6-12 避雷针及引下线安装	避雷针安装	独立避雷针安装按套数计，定额基价工程量单位为 1 套；天线铁塔避雷针安装，定额基价工程量单位为 1 处
	避雷引下线敷设	按高度计，定额基价工程量单位为 10m
6-6-13 防雷装置安装	天线铁塔消雷器安装	定额基价工程量单位 1 处
	接地模块安装	按个数计，定额基价工程量单位为 1 个
	漏电、浪涌保护器安装	
6-6-14 防雷接地装置测试	接地装置	接地装置按系统数计，定额基价工程量单位为 1 系统；避雷器按组数计，定额基价工程量单位为 1 组。在预算时，不包括特殊保护装置的调试，避雷器每三相为一组
	避雷器	

7.绿化工程的工程量计算

1)工程量计算规则

(1)当编制中央分隔带部分的绿化工程预算时，若中央分隔带内的填土没有计入该项工程预算，其填土可按路基土方有关定额子目计算，但应扣减树穴所占的体积。

(2)为了确保路基边坡的稳定而修建各种形式的网格植草或播种草籽等护坡，应并入防护工程内计算。

(3)胸径是指距地坪 1.30m 高处的树干直径；株高是指树顶端距地坪的高度；篱高是指绿

篱苗木顶端距地坪的高度。

2)特定情况下的工程量计算

(1)死苗补植在栽植子目中已包含,使用定额时不得更改。盆栽植物均按脱盆的规格套用相应的定额子目。

(2)苗木及地被植物的场内运输已在定额中综合考虑,使用定额时不得另行增加。

(3)清理场地,是指工程完工后将树穴余泥杂物清除并归堆,若有余泥杂物需外运时,其费用另按土石方有关定额子目计算。

(4)栽植子目中均按土可用的情况进行编制,若需要换土,则按有关子目进行计算。

(5)测量放样均指在场地平整好,达到设计要求后进行的,场地平整费用另按场地平整定额子目计算。

(6)运苗木子目仅适用于自运苗木的运输。

(7)本定额适用于公路沿线及管理服务区的绿化和公路交叉处(互通立交、平交)的美化绿化工程。

3)定额子目的工程量计算(表 8-4-44)

绿化工程定额子目工程量计算 表 8-4-44

定额表及目名称	子 目 名 称	工程量计算
6-7-1 挖树穴	挖树穴	分土质,按体积计,定额基价工程量单位为 $100m^3$
6-7-2 栽植乔木	栽植乔木	分带土球和裸根栽植,按株数计,定额基价工程量单位为 100 株
6-7-3 栽植灌木	栽植灌木	分带土球和裸根栽植,按株数计,定额基价工程量单位为 100 株
6-7-4 栽植绿篱	栽植绿篱	分篱高,按长度计,定额基价工程量单位为 100m
6-7-5 栽植(片植)地被	栽植(片植)地被	分铺草皮(毛毡式)和播种,按面积计,定额基价工程量单位为 $100m^2$
6-7-6 浇水	浇水	分运水、浇水方式,按株数计,定额基价工程量单位为 100 株。在预算时,①人工运水、浇水定额仅适用于取水运距在 200m 以内;②若水需计费时,其费用另行计算;需水泵辅助时台班消耗按路面洒水说明增计;③草坪、花草、绿篱浇水按路面洒水计算
6-7-7 松土除草、追肥	松土除草、追肥	松土除草和绿篱、地被的追肥,按面积计,定额基价工程量单位为 $100m^2$;乔木的追肥,分胸径,按株数计,定额基价工程量单位为 100 株。在预算时,灌木按"胸径 10cm 以下乔木"子目计算
6-7-8 绿化成活期保养	绿化成活期保养	乔木、灌木,定额基价工程量单位为 100 株·月;绿篱、地被,定额基价工程量单位为 $1\,000m^2$·月。在预算时,成活期保养期间发生的浇水、松土施肥、喷药除虫等费用按相关子目计算
6-7-9 苗木运输	苗木运输	带土球乔木、灌木,分土球直径(cm),按株数计,定额基价工程量单位为 10 000 株、1 000 株或 100 株;裸根乔木分胸径,按株数计,定额基价工程量单位为 1 000 株;裸根灌木分株高,按株数计,定额基价工程量单位为 10 000 株或 1 000 株;草皮(毛毡式)按面积计,定额基价工程量单位为 $1\,000m^2$。在预算时,胸径超过 8cm 的乔木运输,是以保留 1/3～1/2 树冠考虑;截干乔木的运输,按相应子目汽车运输台班的 70%计算

七、临时工程的工程量计算

临时工程的定额包括汽车便道，临时便桥，临时码头，轨道铺设，架设输电、电信线路，人工夯打小圆木桩共六个项目。

1.在临时工程定额中的工程量计算和计价

(1)汽车便道按路基宽度为7.0m和4.5m分别编制，便道路面宽度按6.0m和3.5m分别编制，路基宽度4.5m的定额中已包括错车道的设置。汽车便道项目中未包括便道使用期内养护所需的工、料、机数量，如便道使用期内需要养护，编制预算时，可根据施工期按表8-4-45增加数量。

汽车便道路基宽度增加数量 表8-4-45

序号	项目	单位	代号	汽车便道路基宽度(m)	
				7.0	4.5
1	人工	工日	1	3.0	2.0
2	天然级配	m^3	908	18.00	10.80
3	6～8t光轮压路机	台班	1075	2.20	1.32

(2)临时汽车便桥按桥面净宽4m、单孔跨径21m编制。

(3)重力式砌石码头定额中不包括拆除的工程内容，需要时可按"桥涵工程"项目的"拆除旧建筑物"定额另行计算。

(4)轨道铺设定额中轻轨(11kg/m,15kg/m)部分未考虑道碴，轨距为75cm，枕距为80cm，枕长为1.2m；重轨(32kg/m)部分轨距为1.435m，枕距为80cm，枕长为2.5m，岔枕长为3.35m，并考虑了道碴铺筑。

(5)人工夯打小圆木桩的土质划分及桩入土深度的计算方法与打桩工程相同。圆木桩的体积，根据设计桩长和梢径(小头直径)，按木材材积表计算。

(6)便桥，输电、电信线路的木料、电线的材料消耗均按一次使用量计列，编制预算时应按规定计算回收；其他各项定额分别不同情况，按其周转次数摊入材料数量。

2.定额子目的工程量计算(表8-4-46)

临时工程定额子目工程量计算 表8-4-46

定额表及目名称	子目名称	工程量计算
7-1-1 汽车便道	汽车便道	按长度计，定额基价工程量单位为1km
	天然砂砾路面	
7-1-2 临时便桥	临时便桥	钢便桥按长度计，定额基价工程量单位为10m；墩分桩长，按座数计，定额基价工程量单位为1座。在预算时，①设备摊销费按使用4个月编制的，若使用期不同时，可予以调整；②钢管桩为使用1年的消耗量，若使用期不同时，可予以调整
7-1-3 临时码头	重力式砌石码头	按长度计，定额基价工程量单位为10m
	装配式浮箱码头	浮箱按面积计，定额基价工程量单位为$100m^2$；钢筋混凝土锚按个数计，定额基价工程量单位为1个。在预算时，①浮箱码头定额中每$100m^2$码头平面面积的浮箱质量为25.365t(包括浮箱连接件)，其设备摊销费按每t每月90元，并按使用12个月编制，若浮箱实际质量和施工期不同时，可予以调整；②钢筋混凝土锚定额中已包括了栓锚钢丝绳及锚链的数量，使用定额时不得另行计算

续上表

定额表及目名称	子 目 名 称	工程量计算
7-1-4 轨道铺设	轨道铺设	分钢轨重(kg/m),按长度计,定额基价工程量单位为 100m。在预算时,①如需设置道岔时,每处道岔工、料按相应轨道铺设增加:轨重 11kg/m、15kg/m 的增加 16m,轨重 32kg/m 的增加 31m;②轨重 32kg/m 的道碴已考虑了周转使用,本定额按实际使用量的 30%计
7-1-5 架设输电、电信线路	架设输电、电信线路	按长度计,输电线路定额基价工程量单位为 100m,双线通信线路定额基价工程量单位为 1 000m。在预算时,设备摊销费为变压器的费用,按施工期 2 年计算,如施工期不同,可按比例调整
7-1-6 人工夯打小圆木桩	人工夯打小圆木桩	分入土深度和土质,按桩木体积计,定额基价工程量单位为 $10m^3$ 桩木

八、材料采集及加工的工程量计算

材料采集及加工的定额包括开挖盖山土、石,人工采集草皮,采筛土、黏土,采筛洗砂及机制砂,采砂砾、碎(砾)石土、砾石、卵石,开采片石、块石,人工开采料石、盖板石,人工捶碎石,机械轧碎石,采筛路面用石屑、煤渣、矿渣,人工洗碎(砾、卵)石,堆、码方共十二个项目。

1.在材料采集及加工定额中的工程量计算和计价

(1)材料计量单位标准,除有特别说明者外,土、黏土、砂、石屑、碎(砾)石、碎(砾)石土、煤渣、矿渣均按堆方计算;片石、块石、大卵石均按码方计算;料石、盖板石均按实方计算。

(2)开炸路基石方的片(块)石如需利用时,应按本定额捡清片(块)石项目计算。

(3)材料采集及加工定额中,已包括采、筛、洗、堆及加工等操作损耗在内。

2.定额子目的工程量计算(表 8-4-47)

材料采集及加工定额子目工程量计算 表 8-4-47

定额表及目名称	子 目 名 称	工程量计算
8-1-1 开挖盖山土、石	开挖盖山土、石	按天然密实土石体积计,定额基价工程量单位为 $100m^3$ 天然密实土石。在预算时,盖山土石厚度超过 1m 时,按"路基工程"项目开挖(炸)土、石方定额计算
8-1-2 人工采集草皮	人工采集草皮	按面积计,定额基价工程量单位为 $100m^2$
8-1-3 采筛土、黏土	采筛土、黏土	按堆方体积计,定额基价工程量单位为 $100m^3$ 堆方
8-1-4 采筛洗砂及机制砂	开采砂隧道 弃渣筛砂、机制砂	按堆方体积计,定额基价工程量单位为 $100m^3$ 堆方。在预算时,①需要清除表土及备水时,其工日另计(每 $1m^3$ 砂按 $0.5m^3$ 用水量计);②如人工采、筛、洗、堆联合作业时,按"采、筛、堆"及"洗、堆"工日之和扣减一次堆方,每 $100m^3$ 扣减 3 个工日计算,其中洗、堆定额中的砂不计价;③定额中的砂系自然砂

续上表

定额表及目名称	子目名称	工程量计算
8-1-5　采砂砾、碎(砾)石土、砾石、卵石	采砂砾、碎(砾)石土、砾石、卵石	按堆方及码方体积计，定额基价工程量单位为 $100m^3$ 堆方及码方。在预算时，如需备水洗石时，每 $1m^3$ 石料用水量按 $0.3m^3$ 计算，运水工另行计算
8-1-6　开采片石、块石	片石	按码方体积计，定额基价工程量单位为 $100m^3$ 码方
	捡清	
	块石	
	捡清	
8-1-7　人工开采料石、盖板石	人工开采料石、盖板石	按实方体积计，定额基价工程量单位为 $100m^3$ 实方
8-1-8　人工捶碎石	人工捶碎石	分碎石规格(最大粒径 cm)，按堆方体积计，定额基价工程量单位为 $100m^3$ 堆方
8-1-9　机械轧碎石	机械轧碎石	分碎石规格(最大粒径 cm)，按堆方体积计，定额基价工程量单位为 $100m^3$ 堆方
8-1-10　采筛路面用石屑、煤渣、矿渣	采筛路面用石屑、煤渣、矿渣	按堆方体积计，定额基价工程量单位为 $100m^3$ 堆方
8-1-11　人工洗碎(砾、卵)石	人工洗碎(砾、卵)石	按堆方或码方体积计，定额基价工程量单位为 $100m^3$ 堆方或码方。在预算时，如需备水时，每 $1m^3$ 碎(砾、卵)石用水量按 $0.3m^3$ 计算，运水工另行计算
8-1-12　堆、码方	堆、码方	按堆方或码方体积计，定额基价工程量单位为 $100m^3$ 堆方或码方

九、材料运输的工程量计算

材料运输的定额包括人工挑抬运输，手推车运输，机动翻斗车运输(配合人工装车)，手扶拖拉机运输(配合人工装车)，载货汽车运输(配合人工装卸)，自卸汽车运输(配合装载机装车)，人工装机动翻斗车，人工装卸手扶拖拉机，人工装卸汽车，装载机装汽车运等共十个项目。

1. 在材料运输定额中的工程量计算和计价

(1)汽车运输项目中因路基不平、土路松软、泥泞、急弯、陡坡而增加的时间消耗，定额内已予以考虑。

(2)人力装卸船舶可按人力挑抬运输、手推车运输相应项目定额计算。

(3)所有材料的运输及装卸定额中，均未包括堆、码方工日。

(4)未列名称的材料，可按下列规定执行，其中不是以质量计量的应按单位质量进行换算。

①水按运输沥青、油料定额乘以 0.85 系数计算。

②与碎石运输定额相同的材料有：天然级配、石碴、风化石。

③未列的其他材料，一律按水泥运输定额计算。

2. 定额子目的工程量计算(表 8-4-48)

材料运输定额子目工程量计算 表 8-4-48

定额表及目名称	子目名称	工程量计算
9-1-1 人工挑抬运输	人工挑抬运输	分运输材料，按体积或质量计，定额基价工程量单位为 $100m^3$ 或 100t。在预算时，遇有升降坡时，除按水平距离计算运距外，并按定额增加运距
9-1-2 手推车运输	手推车运输	分运输材料，按体积或质量计，定额基价工程量单位为 $100m^3$ 或 100t。在预算时，遇有升降坡时，除按水平距离计算运距外，并按定额增加运距
9-1-3 机动翻斗车运输（配合人工装车）	机动翻斗车运输（配合人工装车）	分运输材料，除生石灰按质量计，定额基价工程量单位为 100t 外，其余所列材料均按体积计，定额基价工程量单位为 $100m^3$
9-1-4 手扶拖拉机运输（配合人工装车）	手扶拖拉机运输（配合人工装车）	分运输材料，除生石灰按质量计，定额基价工程量单位为 100t 外，其余所列材料均按体积计，定额基价工程量单位为 $100m^3$
9-1-5 载货汽车运输（配合人工装卸）	载货汽车运输（配合人工装卸）	分载货汽车容量和运输材料，料石、盖板石按体积计，定额基价工程量单位为 $100m^3$；钢材、水泥、矿粉、爆破材料、沥青、油料按质量计，定额基价工程量单位为 100t
9-1-6 自卸汽车运输（配合装载机装车）	自卸汽车运输（配合装载机装车）	分自卸汽车容量和运输材料，除生石灰、煤按质量计，定额基价工程量单位为 100t 外，其余所列材料均按体积计，定额基价工程量单位为 $100m^3$
9-1-7 人工装机动翻斗车	人工装机动翻斗车	分运输材料，除生石灰按质量计，定额基价工程量单位为 100t 外，其余所列材料均按体积计，定额基价工程量单位为 $100m^3$
9-1-8 人工装卸手扶拖拉机	人工装卸手扶拖拉机	分运输材料，除生石灰按质量计，定额基价工程量单位为 100t 外，其余所列材料均按体积计，定额基价工程量单位为 $100m^3$
9-1-9 人工装卸汽车	人工装卸汽车	分运输材料，料石、盖板石、木材按体积计，定额基价工程量单位为 $100m^3$；钢材、水泥、矿粉、爆破材料、沥青、油料按质量计，定额基价工程量单位为 100t
9-1-10 装载机装汽车	装载机装汽车	分轮式装载机容量和运输材料，除生石灰、煤按质量计，定额基价工程量单位为 100t 外，其余所列材料均按体积计，定额基价工程量单位为 $100m^3$

第五章　施工结算的工程量计量

公路工程项目的施工，通常采用招投标的方式选择施工单位。为规范管理，中华人民共和国交通运输部发布了《公路工程标准施工招标文件》(2009 年版)。在《公路工程标准施工招标文件》第一卷中的第五章列有工程量清单；第三卷第七章"技术规范"中列有施工要求、质量标准、计量与支付(即施工结算细则)。

施工结算按工程量清单的项目、计量的工程量和支付细则的要求进行。施工期中的结算通常又称为工程进度款支付，工程交工后的结算为交工结算，缺陷责任期满后的结算为最终结清。

在工程量清单中，将整个工程的计量支付划分为总则，路基，路面，桥梁、涵洞，隧道，安全设施及预埋管线，绿化及环境保护设施等共七章。工程量计量应按计量细则中规定的方法和规则进行。

第一节　总则的工程量计量

一、通则

在"技术规范"中，编号为 101 节，其工程量计量规则如下：

(1)承包人按合同条款办理的建筑工程一切保险和第三方责任保险，按总额计量。合同条款中规定的建筑工程一切保险和第三方责任险的保险费，将根据保险公司的保单，经监理人签认后支付。如果由发包人统一与保险公司办理上述两项保险，则由发包人扣回。

(2)承包人应缴纳的所有税金(包括营业税、城市建设维护税和教育附加税)和工伤事故险保险费、人身意外伤害险保险费，以及施工设备险保险费，由承包人摊入各相关工程子目的单价和费率之中，不单独计量。

二、工程管理

编号为 102 节，其工程量计量规则如下：

(1)工程记录和竣工文件编制的工作内容，及与此有关的一切作业经监理人审查批准后，以总额计量。

(2)环境保护的工作内容包括施工场地砂石化、控制扬尘、降低噪声、合理排污等一切与此有关的作业，经监理人检查验收后，以总额计量。

(3)安全生产费用按投标价(不含安全生产费及建筑工程一切险及第三者责任险的保险费)的 1%(若招标人公布了投标控制价上限时，按投标控制价上限的 1%计)以固定金额形式计入工程量清单支付子目 102-3 中。所发生的施工安全生产费用，应用于施工安全防护用具及设施的采购和更新、安全施工措施的落实、安全生产条件的改善，不得挪作他用。施工安全设施费及与此有关的一切作业经监理人，对工程安全生产情况审查批准后，以总额计量。如承包人在此基础上增加安全生产费用以满足项目施工需要，则承包人应在本项目工程量清单其他相关子目的单价或总额价中予以考虑，发包人不再另行支付。

（4）工程管理软件按“技术规范”第102.01-4条要求安装运行，工程管理软件费用由发包人估定，以暂估价的形式按总额计入工程总价内。其费用包括系统操作人员的培训、劳务和计算机配置、维护、备份管理及网络构筑等一切与此相关的费用。

三、临时工程与设施

编号为103节，其工程量计算规则如下：

（1）临时道路、电信设施及供水与排污设施的修建、维修及拆除等临时工程，根据施工过程中已完成的经监理人现场验收合格，分别以总额计量。

（2）临时占地经监理人批准，以总额计量。

（3）临时供电设施的修建及拆除经监理人现场验收合格后以总额计量；临时供电设施的维修以月为单位计量。

（4）为完成上述各项设施所需的一切材料、机械设备、人员及其有关的一切作业费用均含入相关子目单价或总额价之中，不另行计量。

四、承包人驻地建设

编号为104节，其工程量计算规则为，驻地建设完成后，经监理人现场核实，以总额计量。

第二节　路基的工程量计量

一、通则

编号为201节，其工程量计量规则规定，本节工作内容均不作计量与支付，其所涉及的费用应包括在其相关工程子目的单价或费率之中。

二、场地清理

编号为202节，其工程量计量规则为：

（1）施工场地清理的计量应按监理人书面指定的范围（路基范围以外临时工程用地清场等除外）进行验收。现场实地测量的平面投影面积以m^2计量。现场清理包括路基范围内的所有垃圾、灌木、竹林及胸径小于100mm的树木、石头、废料、表土（腐殖土）、草皮的铲除与开挖；借土场的场地清理与拆除（包括临时工程）均应列入土石方单价之内，不另行计量。

（2）砍伐树木仅计胸径（即离地面1.3m高处的直径）大于100mm的树木，以棵计量。包括砍伐后的截锯、移运（移运至监理人指定的地点）、堆放等一切有关作业；挖除树根以棵计量，包括挖除、移运、堆放等一切有关的作业。

（3）挖除旧路面（包括路面基层）应按不同结构类型的路面以m^2计量；拆除原有公路结构物应分别按结构物的类型，依监理人现场指示范围和量测方法量测，以m^3计量。

（4）所有场地清理、拆除与挖掘工作的一切挖方、坑穴的回填、整平、压实，以及适用材料的移运、堆放和废料的移运处理等作业费用均含入相关子目单价之中，不另行计量。

三、挖方路基

编号为203节，其工程量计量规则为：

(1)路基土石方开挖数量包括边沟、排水沟、截水沟，应以经监理人校核批准的横断面地面线和土石分界的补充测量为基础，按路线中线长度乘以经监理人核准的横断面面积进行计算，以 m^3 计量。

(2)挖除路基范围内非适用材料及淤泥(不包括借土场)的数量，应以承包人测量，并经监理人审核批准的断面或实际范围为依据的计算数量，分别以 m^3 计量。

(3)除非监理人另有指示，凡超过图纸或监理人规定尺寸的开挖，均不予计量。

(4)石方爆破安全措施、弃方的运输和堆放、质量检验、临时道路和临时排水等均含入相关子目单价或费率之中，不另行计量，作为承包人应做的附属工作。

(5)在挖方路基的路床顶面以下，土方断面挖松深300mm再压实；石方断面应辅以人工凿平或填平压实，作为承包人应做的附属工作，均不另行计量。

(6)改河、改渠、改路的开挖工程按合同图纸施工，计量方法可按上述第(1)款进行。改路挖方线外工程的工作量计入203-2子目内。

四、填方路基

编号为204节，其工程量计量规则为：

(1)填筑路堤的土石方数量，应以承包人的施工测量和补充测量经监理人校核批准的横断面地面线为基础，以监理人批准的横断面为依据，由承包人按不同来源(包括利用土方、利用石方和借土等)分别计算，经监理人校核认可的工程数量作为计量的工程数量。

(2)零填挖路段的翻松、压实含入报价之中，不另计量。

(3)零填挖路段的换填土，按压实的体积，以 m^3 计量。计价中包括表面不良土的翻挖、运弃(不计运距)、换填好土的挖运、摊平、压实等一切与此有关作业的费用。

(4)利用土、石填方及土石混合填料的填方，按压实的体积，以 m^3 计量。计价中包括挖台阶、摊平、压实、整形等一切与此有关作业的费用。利用土、石方的开挖作业在第203节路基挖方中计量。承包人不得因为土石混填的工艺、压实标准及检测方法的变化要求增加额外的费用。

(5)借土填方，按压实后的体积，以 m^3 计量。计价中包括借土场(取土坑)中非适用材料的挖除、弃运及借土场的资源使用费、场地清理、地貌恢复、施工便道、便桥的修建与养护、临时排水与防护等及填方材料的开挖、运输、挖台阶、摊平、压实、整型等一切与此有关作业的费用。

(6)粉煤灰路堤按压实体积，以 m^3 计量，计价中包括材料储运(含储灰场建设)、摊铺、晾晒、土质护坡、压实、整形以及试验路段施工等一切与此有关的费用。土质包边土在支付子目号204-1-e中计量。

(7)结构物台背回填按压实体积，以 m^3 计量，计价中包括挖运、摊平、压实、整形等一切与此有关的作业费用。

(8)锥坡及台前溜坡填土，按图纸要求施工，经监理人验收的压实体积，以 m^3 计量。

(9)临时排水以及超出图纸要求以外的超填，均不计量。

(10)改造其他公路的路基土方填筑的计量方法同第(1)款。

五、特殊地区路基处理

编号为205节，其工程量计量规则为：工程完成、经验收后，由承包人计算监理人校核的数量作为计量的工程数量。

(1)挖除换填。挖除原路基一定深度及范围内的淤泥，以m^3计量，列入路基挖方相应的支付子目中；换填的填方，包括由于施工过程中地面下沉而增加的填方量，以m^3计量，列入路基填方相应的支付子目中。

(2)抛石挤淤。按图纸或验收的尺寸计算抛石体积的片石数量，以m^3计量，包括有关的一切作业。

(3)砂垫层、砂粒垫层及灰土垫层。按垫层类型分别以m^3计量，包括材料、机械及有关的一切作业。

(4)预压和超载预压。按图纸或监理人要求的预压宽度和高度，以m^3计量，包括材料、机械及有关的一切作业。

(5)真空预压、真空堆载联合预压。应以图纸或监理人所要求预压范围(宽度、高度、长度)经监理人验收合格，预压后体积以m^3为单位计量；计量中包括预压所用垫层材料、密封膜、滤管及密封沟与围堰等一切相关的材料、机械、人工费用。

(6)袋装砂井。按不同直径及深(长)度，分别以m计量；砂及砂袋不单独计量。

(7)塑料排水板。按规格及深(长)度，分别以m计量，不计伸入垫层内长度；包括材料、机械及有关的一切作业。

(8)砂桩、碎石桩、加固土桩、CFG桩。按不同桩径及桩深(长)度以图纸为依据经验收合格按m为单位计量，包括材料、机械及有关的一切作业。

(9)土工织物。铺设土工织物以图纸为依据，经监理人验收合格以设计图为依据计算单层净面积数量(不计搭接及反包边增加量)，包括材料、机械及与此有关的一切作业。

(10)滑坡处理。按实际发生的挖除及回填体积，经监理人验收合格后，以m^3计量。计价中包括施工中所采取的安全措施保护费、采取措施截断流向滑体的地表水、地下水及临时用水，以及采取措施封闭滑体上的裂隙等全部作业。滑坡处理采用抗滑支挡工程施工时所发生的工程量按不同工程项目，分别在相关支付子目下计量。

(11)岩溶洞。按实际填筑体积，经监理人验收合格后，按m^3计量。经批准采取其他处理措施时，经验收合格后，参照类似项目的规定进行计量。

(12)膨胀土路基。按图纸及监理人指示进行铺筑，经监理人验收合格，按不同厚度，以m^2计量，其内容仅指石灰土改良费用，包括石灰的购置、运输、消解、拌和及有关辅助作业等一切费用；土方的挖运、填筑及压实等作业含入第203节、第204节相关子目中。

(13)黄土陷穴。按实际开挖和回填体积，经监理人验收合格后，以m^3计量。

(14)采用强夯处理，以图纸为依据经监理人验收合格后，以m^2为单位计量，包括施工前的地表处理、拦截地表和地下水、强夯及强夯后的标准贯入、静力触探测试等相关作业。

(15)盐渍土路基处理换填，经监理人验收合格后按不同厚度，以m^2计量，其内容包括铲除过盐渍土、材料运输、分层填筑、分层压实等相关作业。

(16)风积沙填筑路基以图纸为依据，经验收合格以m^3为单位计量，包括材料、运输、摊平、碾压等相关作业。

(17)季节性冻土地区路基施工以图纸为依据，经验收合格按不同填料规格，以m^3计量，其内容包括清除软层、材料运输、分层填筑、分层压实等相关作业。

(18)工地沉降观测作为承包人应做的工作,不予计量与支付。

(19)临时排水与防护设施认为已包括在相关工程中,不另行计量。

六、路基整修

编号为206节,本节工作内容均不作计量与支付,其所涉及的费用应包括在与其相关的工程子目的单价或费率之中。

七、坡面排水

编号为207节,其工程量计算规则为:

(1)边沟、排水沟、截水沟的加固铺砌,按图纸施工经监理人验收合格的实际长度,分不同结构类型以m计量;由于边沟、排水沟、截水沟加固铺砌而需扩挖部分的开挖,均作为承包人应做的附属工作,不另计量与支付。

(2)改沟、改渠护坡铺砌按图纸施工,经监理人验收合格的不同圬工体积,以m^3计量。

(3)急流槽按图纸施工,经验收合格的断面尺寸计算体积(包括消力池、消力槛、抗滑台等附属设施),以m^3计量。

(4)路基盲沟按图纸施工,经验收合格的断面尺寸及所用材料,按长度以m计量。

(5)所有砂砾垫层或基础材料、填缝材料、钢筋以及地基平整夯实及回填等土方工程均含入相关子目单价之中,不另行计量与支付。

(6)土工合成材料的计量、支付按第205节规定执行。

(7)渗井、检查井、雨水井的计量、支付按第314节规定执行。

八、护坡、护面墙

编号为208节,其工程量计算规则为:

(1)干砌片石、浆砌片石护坡、护面墙等工程的计量,应以图纸所示和监理人的指示为依据,按实际完成并经验收的数量按不同的工程子目的不同砂浆砌体,分别以m^3计量。

(2)预制空心砖和拱形及方格骨架护坡,按其铺筑的实际体积以m^3计量。所有垫层、嵌缝材料、砂浆勾缝、泄水孔、滤水层、回填种植土以及基础的开挖和回填等有关作业,均作为承包人应做的附属工作,不另行计量与支付。

(3)种草、铺草皮、三维植被网、客土喷播等应以图纸要求和所示面积为依据实施,经监理人验收的实际面积以m^2计量。整修坡面、铺设表土、三维土工网、锚钉、客土、草种(灌木籽)、草皮、苗木、混合料、水、肥料、土壤稳定剂等(含运输)及其作业均作为承包人应做的附属工作,不另行计量。

(4)封面、捶面施工以图纸为依据,经监理人验收合格,以m^2为单位计量,该项支付包括了上述工作相关的工料机全部费用。

九、挡土墙

编号为209节,其工程量计量规则为:

(1)砌体挡土墙、干砌挡土墙和混凝土挡土墙工程应以图纸所示或监理人的指示为依据,按实际完成并经验收的数量,按砂浆强度等级及混凝土强度等级,分别以m^3计量。砂砾或碎石垫层按完成数量,以 m^3 计量。

(2)混凝土挡土墙的钢筋。按图纸所示经监理人验收后,以 kg 计量。

(3)嵌缝材料、砂浆勾缝、泄水孔及其滤水层,混凝土工程的脚手架、模板、浇筑和养生、表面修整,基础开挖、运输与回填等有关作业,均作为承包人应做的附属工作,不另行计量与支付。

十、锚杆、锚定板挡土墙

编号为 210 节,其工程量计量规则为:

(1)锚杆挡土墙、锚定板挡土墙工程计量应以图纸所示和监理人的指示为依据,按实际完成并经验收的数量,混凝土挡板和立柱以 m^3 为单位计量,钢筋及锚杆以 kg 为单位计量。

(2)锚孔的钻孔、锚杆的制作和安装、锚孔灌浆、钢筋混凝土立柱和挡土板的制作安装、墙背回填、防排水设置及锚杆的抗拔力试验等,以及一切未提及的相关工作均为完成锚杆挡土墙及锚定板挡土墙所必须的工作,均含入相关支付子目单价之中,不单独计量。

十一、加筋土挡土墙

编号为 211 节,其工程量计算规则为:

(1)加筋土挡墙的墙面板、钢筋混凝土带、混凝土基础以及混凝土帽石,经监理人验收合格,以 m^3 计量。浆砌片石基础以 m^3 计量。

(2)铺设聚丙烯土工带,按图纸及验收数量,以 kg 计量。

(3)基坑开挖与回填、墙顶抹平层、沉降缝的填塞、泄水管的设置及钢筋混凝土带的钢筋等,均作为承包人的附属工作,不另计量。

(4)加筋土挡墙的路堤填料按图纸的规定和要求,在填方路基中计量。

十二、喷射混凝土和喷浆边坡防护

编号为 212 节,其工程量计量规则为:

(1)锚杆按图纸或监理人指示为依据,经验收合格的实际数量,以 m 为单位计量。

(2)喷射混凝土和喷射水泥砂浆边坡防护的计量,应以图纸所示和监理人的指示为依据,按实际完成并经验收的数量,以 m^2 计量;钢筋网、铁丝网以 kg 计量;土工格栅以 m^2 计量。

(3)喷射前的岩面清理、锚孔钻孔、锚杆制作以及钢筋网和铁丝网编织及挂网土工格栅的安装铺设等工作,均为承包人为完成锚杆喷射混凝土和喷射砂浆边坡防护工程应做的附属工作,不另行计量与支付。

(4)土钉支护施工以图纸为依据,经监理人验收合格,分不同类型组合的工程项目按下列内容分别计量:

①土钉钻孔桩、击入桩分别按 m 为单位计量。

②含钢筋网或土工格栅网的喷射混凝土面层区分不同厚度按 m^2 为单位计量。

③钢筋、钢筋网以 kg 为单位计量。

④土工格栅以净面积为单位计量。

⑤网格梁、立柱、挡土板以 m^3 为单位计量。

⑥永久排水系统依结构形式参照第 207 节规定计量。

⑦土钉支护施工中的土方工程、临时排水工程以及未提及的其他工程均作为土钉支付施

工的附属工作，不予单独计量，其费用含入相关子目单价之中。

十三、预应力锚索边坡加固

编号为213节，其工程量计算规则为：

(1)预应力锚索长度按图纸要求，经监理人验收合格，以m为单位计量。

(2)混凝土锚固板按图纸要求，经监理人验收合格，以m^3为单位计量。

(3)钻孔、清孔、锚索安装、注浆、张拉、锚头、锚索护套、场地清理以及抗拔力试验等均为锚索的附属工作，不另行计量。

(4)混凝土的立模、浇筑、养生等为锚固板的附属工作，不另行计量。

十四、抗滑桩

编号为214节，其工程量计量规则为：

(1)抗滑桩按图纸规定尺寸及深度为依据，现场实际完成并验收合格的实际桩长以m计量；设置支撑和护壁、挖孔、清孔、通风、钎探、排水及浇筑混凝土以及无破损检验，均作为抗滑桩的附属工作，不另行计量。

(2)抗滑桩用钢筋按图纸规定及经监理人验收的实际数量，以kg计量。

(3)桩板式抗滑挡土墙应按图纸要求进行施工，经监理人验收合格，挡土板以m^3为单位计量。桩板式抗滑挡土墙施工中的挖孔桩按第1款规定计量。钻孔灌注桩、锚杆、锚索等项工作按实际发生参照相关规定进行计量。

(4)土方工程、临时排水等相关工作均作为辅助工作不予计量，费用含入相关工程报价中。

十五、河道防护

编号为215节，其工程量计量规则为：

(1)河床铺砌、顺坝、丁坝、调水坝及锥坡砌筑等工程及抛石防护，应分别按图纸尺寸和监理人的指示，按实际完成并经验收的数量，以m^3计量；砂砾(碎石)垫层以m^3计量。

(2)砌体的基础开挖、回填、夯实、砌体勾缝等工作，均作为承包人应做的附属工作，不另行计量与支付。

第三节　路面的工程量计算

一、通则

编号为301节，其工程量计量规则为：本节工作内容均不作计量与支付，其所涉及的费用应包括在与其相关的工程支付子目的单价或费率之中。

二、垫层

编号为302节，其工程量计量规则为：

(1)碎石、砂砾垫层应按图纸和监理人指示铺筑、经监理人验收合格的面积，按不同厚度以m^2计量。

(2)水泥稳定土、石灰稳定土垫层应按图纸和监理人指示铺筑、经监理人验收合格的面积，

按不同厚度以 m^2 计量。

(3)对个别特殊形状的面积,应采用适当的计算方法计量,并经监理人批准以 m^2 计量;除监理人另有指示外,超过图纸所规定的面积,均不予计量。

三、石灰稳定土底基层

编号为 303 节,其工程量计量规则为:

(1)石灰稳定土底基层应按图纸所示和监理人指示铺筑的平均面积,经监理人验收合格,按不同厚度以 m^2 计量。

(2)对个别特殊形状的面积,应采用监理人认可的计算方法计量。除监理人另有指示外,超过图纸所规定的计算面积或体积均不予计量。

(3)桥梁和明涵处的搭板、埋板下变截面石灰稳定土底基层按图纸所示和监理人的指示铺筑,经监理人验收合格后,以 m^3 计量。

四、水泥稳定土底基层、基层

编号为 304 节,其工程量计量规则为:

(1)水泥稳定土底基层、基层应按图纸所示和监理人指示铺筑,经监理人验收合格的平均面积,按不同厚度以 m^2 计量。

(2)对个别特殊形状的面积,应采用监理人认可的计算方法计量。除监理人另有指示外,超过图纸所规定的计算面积或体积均不予计量。

(3)桥梁和明涵处的搭板、埋板下变截面水泥稳定土底基层按图纸所示和监理人的指示铺筑,经监理人验收合格后,以 m^3 计量。

五、石灰粉煤灰稳定土底基层、基层

编号为 305 节,其工程量计量规则为:

(1)石灰粉煤灰稳定土基层和底基层,按图纸或监理人指示铺筑,并经验收的平均面积按不同厚度以 m^2 计量。任何地段的长度应沿路幅中线水平量测;对个别不规则形状,应采用经监理人批准的计算方法计量。

(2)桥梁和明涵处的搭板、埋板下变截面石灰粉煤灰稳定土底基层按图纸所示和监理人的指示铺筑,经监理人验收合格后,以 m^3 计量。

六、级配碎(砾)石底基层、基层

编号为 306 节,其工程量计量规则为:

(1)级配碎(砾)石底基层和基层,应按图纸所示和监理人指示铺筑的面积、经监理人验收合格后,按不同厚度以 m^2 计量。除监理人另有指示外,超过图纸所规定的面积,均不予计量。

(2)桥梁和明涵处的搭板、埋板下变截面级配碎(砾)石底基层按图纸所示和监理人指示铺筑,经监理人验收合格后,以 m^3 计量。

七、沥青稳定碎石基层(ATB)

编号为 307 节,其工程量计量规则为:

沥青稳定碎石混合料,按图纸所示或监理人指示的平均铺筑面积,经监理人验收合格,按

不同厚度分别以 m^2 计量。除监理人另有指示外,超过图纸所规定的面积均不予计量。

八、透层和黏层

编号为 308 节,其工程量计量规则为:

(1)透层和黏层按图纸规定的或监理人指示的喷洒面积,经监理人验收合格,以 m^2 计量。

(2)对个别特殊形状的面积,应采用适当计算方法计量。除监理人另有指示外,超过图纸所规定的面积,均不予计量。

九、热拌沥青混合料面层

编号为 309 节,其工程量计量规则为:

热铺沥青混凝土,应按图纸所示或监理人指示的平均铺筑面积,经监理人验收合格,按粗、中、细粒式沥青混凝土和不同厚度分别以 m^2 计量。除监理人另有指示外,超过图纸所规定的面积均不予计量。

十、沥青表面处治与封层

编号为 310 节,其工程量计量规则为:

(1)沥青表面处治按图纸所示或监理人指示铺筑,经监理人验收合格,按不同厚度以 m^2 计量。

(2)封层按图纸规定的或监理人指示的喷洒面积,经监理人验收合格,以 m^2 计量。

(3)表面处治除监理人另有指示外,超过图纸规定的面积均不予计量。

十一、改性沥青及改性沥青混合料

编号为 311 节,其工程量计量规则为:改性沥青混合料按图纸要求及监理人的指示按不同厚度及实际摊铺的面积以 m^2 计量。

十二、水泥混凝土面板

编号为 312 节,其工程量计量规则为:

(1)水泥混凝土面板按图纸和监理人指示铺筑的面积,经监理人验收合格,按不同厚度以 m^2 计量。除监理人另有指示外,任何超过图纸所规定的尺寸的计算面积,均不予计量。

(2)水泥混凝土路面的补强钢筋及拉杆、传力杆等钢筋按图纸要求设置,经监理人现场验收后以 kg 计量。因搭接而增加的钢筋不予计入。

(3)接缝材料等未列入支付子目中的其他材料均含入水泥混凝土路面单价之中,不单独计量与支付。

十三、培土路肩、中央分隔带回填土、土路肩加固及路缘石

编号为 313 节,其工程量计量规则为:

(1)培土路肩及中央分隔带回填土,按压实后并经验收的工程数量,分别以 m^3 为单位计量。现浇混凝土加固土路肩、混凝土预制块加固土路肩经验收的工程数量分别以延米为单位计量。

(2)水泥混凝土加固土路肩,经验收合格后,沿路肩表面量测其长度以延米为单位计量;加

固土路肩的混凝土立模、摊铺、振捣、养生、拆模，预制块预制铺砌，接缝材料等及其他有关加固土路肩的杂项工作均属承包人的附属工作，均不另行计量。

(3)路缘石，按图纸所示的长度进行现场量测，经验收合格以延米为单位计量；埋设缘石的基槽开挖与回填、夯实以及混凝土垫层或水泥砂浆垫层等有关杂项工作均属承包人的附属工作，不另行计量。

十四、路面及中央分隔带排水

编号为 314 节，其工程量计量规则为：

(1)中央分隔带处设置的排水设施，按图纸施工，经监理人验收合格的实际工程数量，分别按下列项目计量：

①排水管按不同材料、不同直径分别以 m 计量。

②纵向雨水沟(管)按长度以 m 计量。

③集水井按不同尺寸以座计量。

④渗沟按不同截面尺寸以延米计量。

⑤防水沥青油毡以 m^2 计量。

(2)路肩排水沟，经监理人验收合格的实际工程数量，分别按下列项目计量：

①混凝土路肩排水沟按长度以 m 计量。

②路肩排水沟砂砾垫层(路基填筑中已计量者除外)按 m^3 计量。

③土工布以 m^2 计量。

(3)排水管基础开挖和基础浇筑、胶泥隔水层及出水口预制混凝土垫块及混凝土包封等不另计量，包含在排水管单价中。

(4)渗沟上的土工布不另计量，包含在渗沟单价中。

(5)排、拦水带按长度以 m 计量。

第四节　桥梁、涵洞的工程量计算

一、通则

编号为 401 节，其工程量计量规则为：

(1)荷载试验费用由发包人估定，以暂估价的形式按总额计入工程总价内。

(2)地质钻探及取样试验按实际完成并经监理人验收后，分不同钻径以 m 计量。

(3)本节的其他工程子目，均不计量。

二、模板、拱架和支架

编号为 402 节，其工程量计量规则为：本节所涉及的工作，作为有关工程的附属工作，不予计量与支付。

三、钢筋

编号为 403 节，其工程量计量规则为：

(1)根据图纸所示及钢筋表(不包括固定、定位架立钢筋)所列，按实际安设并经监理人验收的钢筋以 kg 计量；其内容包括钢筋混凝土中的钢筋和预应力混凝土中的非预应力钢筋及混凝土桥面铺装中的钢筋。

(2)除图纸所示或监理人另有许可外，因搭接而增加的钢筋不予计入。

(3)钢筋及钢筋骨架用的铁丝、钢板、套筒(连接套)、焊接、钢筋垫块或其他固定、定位架立钢筋的材料，以及钢筋的防锈、截取、套丝、弯曲、场内运输、安装等，作为钢筋工程的附属工作，不另行计量。

四、基础挖方及回填

编号为 404 节，其工程量计量规则为：

(1)基础挖方应按下述规定，取用底、顶面间平均高度的棱柱体体积，分别按干处、水下及土、石，以 m^3 计量；干处挖方与水下挖方是以经监理人认可的施工期间实测的地下水位为界线，在地下水位以上开挖的为干处挖方，在地下水位以下开挖的为水下挖方。

基础底面、顶面及侧面的确定应符合下列规定：

①基础挖方底面。按图纸所示或监理人批准的基础(包括地基处理部分)的基底高程线计算。

②基础挖方顶面。按监理人批准的横断面上所标示的原地面线计算。

③基础挖方侧面。按顶面到底面，以超出基底周边 0.5m 的竖直面为界。

(2)当承包人遇到特殊或非常情况时，应及时通知监理人，由监理人定出特殊的基础挖方界线；凡未取得监理人批准，承包人以特殊情况为理由而完成的任何挖方将不予计量，其基坑超深开挖，应由承包人用砂砾或经监理人批准的回填材料予以回填压实。

(3)为完成基础挖方所作的地面排水及围堰、基坑支撑及抽水、基坑回填与压实、错台开挖及斜坡开挖等，作为挖基的附属工作，不另行计量。

(4)台后路基填筑及锥坡填土在填方路基内计量与支付。

(5)基坑土的运输作为挖基工程的附属工作，不另行计量与支付。

五、钻孔灌注桩

编号为 405 节，其工程量计量规则为：

(1)钻孔灌注桩以实际完成并经监理人验收后的数量，按不同桩径的桩长以 m 计量，计量应自图纸所示或监理人批准的桩底高程至承台底或系梁底；对于与桩连为一体的柱式墩台，如无承台或系梁时，则以桩位处地面线为分界线，地面线以下部分为灌注桩桩长；若图纸有标志的，按图纸标志为准。未经监理人批准，由于超钻而深于所需的桩长部分，将不予计量。

(2)开挖、钻孔、清孔、钻孔泥浆、护筒、混凝土、破桩头，以及必要时在水中填土筑岛、搭设工作台架及浮箱平台、栈桥等其他为完成工程的子目，作为钻孔灌注桩的附属工作，不另行计量。混凝土桩无破损检测及所预埋的钢管等材料，均作为混凝土桩的附属工作，不另行计量。

(3)钢筋在第 403 节内计量，列入 403-1 子目内。

(4)监理人要求钻取的芯样，经检验，如混凝土质量合格，钻取的芯样应予以计量，否则不予计量。混凝土取芯按取回的混凝土芯样的长度以 m 计量。

六、沉桩

编号为 406 节，其工程量计量规则为：

(1)钢筋混凝土或预应力混凝土沉桩以实际完成并经监理人验收后的数量，按不同桩径的桩身以 m 计量。桩身长度的计量应自图纸所示或监理人批准的桩尖高程至承台底或盖梁底。未经监理人批准，沉入深度超过图纸规定的桩长部分，将不予计量与支付。

(2)为完成沉桩工程而进行的钢筋混凝土桩浇筑预制、养生、移运、沉入、桩头处理等一切有关作业，均为沉桩工程所包括的工作内容，不另行计量与支付。

(3)试桩如系工程用桩，则该试桩按不同桩径分别列入支付子目中的钢筋混凝土沉桩子目内；如果试桩不作为工程用桩，则应按不同桩径以 m 为单位计量，列入支付子目中的试桩子目内。

(4)沉桩的无破损检验作为沉桩工程的附属工作，不另行计量。

(5)钢筋混凝土或预应力混凝土沉桩(包括试桩)所用钢筋在第 403 节内计量，列入 403-1 子目内，其余钢板及材料加工等均含在钢筋混凝土沉桩工程子目中，不另行计量与支付。

(6)制造预应力混凝土沉桩用预应力钢材在第 411 节内计量。制造预应力混凝土沉桩用法兰盘及其他钢材，除按上述规定在第 403 节钢筋、第 411 节预应力混凝土计量外的所有钢材均含入预应力沉桩工程子目中，不另行计量与支付。

(7)试桩的试验机具其提供、运输、安装、拆卸以及试验数据的分析和提供试验报告等，均系该试桩的附属工作，不另行计量与支付。

七、挖孔灌注桩

编号为 407 节，其工程量计量规则为：

(1)挖孔灌注桩以实际完成并经监理人验收后的数量，按不同桩径的桩长以 m 计量。计量应自图纸所示或监理人批准的桩底高程至承台底或系梁底；如无承台或系梁时，则从桩底至图纸所示的桩顶；当图纸未示出桩顶位置，或示有桩顶位置，但桩位处预先有夯填土时，由监理人根据情况确定。监理人认为由于超挖而深于所需的桩长部分，将不予计量。

(2)设置支撑和护壁、挖孔、清孔、通风、钎探、排水、混凝土、每桩的无破损检验，以及其他为完成此项工程进行的项目，均为挖孔灌注桩的附属工作，不另行计量。

(3)钢筋在第 403 节内计量，列入 403-1 子目内。

(4)监理人要求钻取的混凝土芯样检验，经钻取检验后，如混凝土质量合格，钻取的芯样应予以计量；否则不予计量。钻取芯样长度按取回的芯样以 m 计量。

八、桩的垂直静荷载试验

编号为 408 节，其工程量计量规则为：

(1)试桩不论是检验荷载或破坏荷载，均以经监理人验收或认可的单根试桩计量。计量包括压载、沉降观测、卸载、回弹观测、数据分析，以及为完成此项试验的其他工作子目。

(2)检验荷载试验桩如试验后作为工程结构的一部分，其工程量在第 405 节钻孔灌注桩及第 407 节挖孔灌注桩有关支付子目内计量与支付；破坏荷载试验用的试桩，将来不作为工程结构的一部分，其工程量在第 405 节钻孔灌注桩及第 407 节挖孔灌注桩的支付子目 407-3 内计量与支付。

九、沉井

编号为 409 节，其工程量计量规则为：

(1)沉井制作完成,符合图纸规定的要求,经监理人验收后,混凝土及钢筋按以下规则计量:

①沉井的混凝土,按就位或沉井顶面以下各不同部位(井壁、顶板、封底、填芯)和不同混凝土级别的体积以 m^3 为单位计量。

②沉井所用钢筋,列入基础钢筋支付子目内计量。

(2)沉井制作及下沉奠基,其中包括场地准备,围堰筑岛,模板、支撑的制作安装与拆除,沉井浇筑、接高,沉井下沉,空气幕助沉,井内挖土,基底处理等工作,均应视为完成沉井工程所必须的工作,不另行计量。

(3)沉井刃脚所用钢材,视作沉井的附属工程材料,不另行计量。

十、结构混凝土工程

编号为 410 节,其工程量计量规则为:

(1)以图纸所示或监理人指示为依据,按现场已完工并经验收的混凝土,分别以不同结构类型及混凝土等级,以 m^3 计量。

(2)直径小于 200mm 的管子、钢筋、锚固件、管道、泄水孔或桩所占混凝土体积不予扣除。作为砌体砂浆的小石子混凝土,不另行计量。

(3)桥面铺装混凝土在第 415 节内计量与支付;结构钢筋在第 403 节内计量。

(4)为完成结构物所用的施工缝连接钢筋、预制构件的预埋钢板、防护角钢或钢板、脚手架或支架及模板、排水设施、防水处理、基础碎石垫层、混凝土养生、混凝土表面修整及为完成结构物的其他杂项子目,以及混凝土预制构件的安装架设设备拼装、移运、拆除和为安装所需的临时性或永久性的固定扣件、钢板、焊接、螺栓等,均作为各项相应混凝土工程的附属工作,不另行计量。

十一、预应力混凝土工程

编号为 411 节,其工程量计量规则为:

(1)预应力混凝土结构物(包括现浇和预制预应力混凝土),以图纸尺寸或监理人指示为依据,按已完工并经验收合格的结构体积,以 m^3 计量。计量中包括悬臂浇筑、支架浇注及预制安装预应力混凝土梁、板的一切作业。

(2)完工并经验收的预应力混凝土结构的预应力钢材,按图纸所示和本条款规定相应长度计算,预应力钢材数量以 kg 计量。后张法预应力钢材的长度按两端锚具间的理论长度计算;先张法预应力钢材的长度按构件的长度计算。除上述计算长度以外的锚固长度及工作长度的预应力钢材含入相应预应力钢材报价之中,不另行计量。

(3)预应力混凝土结构中的非预应力钢筋,在第 403 节中计量与支付。

(4)预应力钢材的加工、锚具、管道、锚板及连接钢板、焊接、张拉、压浆、封锚等,作为预应力钢材的附属工作,不另行计量。预应力锚具包括锚圈、夹片、连接器、螺栓、垫板、喇叭管、螺旋钢筋等整套部件。

(5)后张法预应力混凝土梁封锚及端部加厚混凝土,计入相应梁段混凝土之中,不单独计量。

(6)预制板、梁的整体化现浇混凝土及其钢筋,分别在第 410 节及第 403 节计量。

(7)桥面铺装混凝土在第 415 节计量。

十二、预制构件的安装

编号为412节，其工程量计量规则为：

经验收的不同形式预制构件的安装，包括构件安装所需的临时性或永久性的固定扣件、钢板、焊接、螺栓等，其工作量包含在第410节及第411节相应预制混凝土构件或预应力混凝土构件的工程子目中，不另行计量与支付。

十三、砌石工程

编号为413节，其工程量计量规则为：

(1)以图纸所示或监理人指示为依据，按工地完成的，并经验收合格的各种石砌体或预制混凝土砌体，以 m^3 计量。

(2)计算体积时，所用尺寸应由图纸所标明或监理人书面规定的计价线或计价体积定之；相邻不同石砌体计量中，应各包括不同石砌体间灰缝体积的一半；镶面石突出部分超过外廓线者不予计量；泄水孔、排水管或其他面积小于 $0.02m^2$ 的孔眼不予扣除，削角或其他装饰的切削，其数量为所用石料的5%或少于5%者，不予扣除。

(3)砂浆或作为砂浆的小石子混凝土，作为砌体工程的附属工作，不另计量。

(4)砌体垫铺材料的提供和设置，拱架、支架及砌体的勾缝，作为砌体工程的附属工作，不另计量。

十四、小型钢构件

编号为414节，其工程量计量规则为：桥梁及其他公路构造物的钢构件，作为有关子目内的附属工作，不另计量与支付。

十五、桥面铺装

编号为415节，其工程量计量规则为：

(1)桥面铺装应按图纸所示的尺寸，或按实际完成并经监理人验收的数量，分别按不同材料、级别、厚度，以 m^2 计量。由于施工原因而超铺的桥面铺装，不予计量。

(2)桥面防水层按图纸要求施工，并经监理人验收的实际数量，以 m^2 计量。

(3)桥面泄水管及混凝土桥面铺装接缝等作为桥面铺装的附属工作，不另行计量。

(4)桥面铺装钢筋在第403节有关工程子目中计量，本节不另行计量。

十六、桥梁支座

编号为416节，其工程量计量规则为：

支座按图纸所示不同的类型，包括支座的提供和安装，以个计量。支座的质量检查、清洗、运输、起吊及安装支座所需的扣件、钢板、焊接、螺栓、黏结以及质量检测等，作为支座安装的附属工作，不另行计量。

十七、桥梁接缝和伸缩装置

编号为417节，其工程量计量规则为：

桥面伸缩装置按图纸要求安装并经监理人验收的数量，分不同结构形式以m计量。其内容包括伸缩装置的提供和安装等作业。

除伸缩装置外的其他接缝，如橡胶止水片、沥青类接缝填料等，作为有关工程的附属工作，不另行计量。

安装时切割和清除伸缩装置范围内沥青混凝土铺装或安装伸缩缝所需的部分水泥混凝土及临时性或永久性的扣件、钢板、钢筋、焊接、螺栓、黏结等，作为伸缩装置安装的附属工作，不另行计量。

十八、防水处理

编号为418节，其工程量计量规则为：沥青或油毛毡防水层，作为与其有关项目内的附属工作，不另行计量与支付。

十九、圆管涵及倒虹吸管涵

编号为419节，其工程量计量规则为：

(1)钢筋混凝土圆管涵或倒虹吸管涵，以图纸规定的洞身长度或监理人同意的现场沿涵洞中心线量测的进出洞口之间的洞身长度，分不同孔径及孔数，经监理人检查验收后以m计量；管节所用钢筋，不另计量。

(2)图纸中标明的基底垫层和基座，圆管的接缝材料、沉降缝的填缝与防水材料等，洞口建筑，包括八字墙、一字墙、帽石、锥坡、铺砌、跌水井以及基础挖方及运输、地基处理与回填等，均作为承包人应做的附属工作，不另计量与支付。

(3)洞口(包括倒虹吸管涵)建筑以外涵洞上下游沟渠的改沟铺砌、加固以及急流槽、消力坎的建造等均列入第207节相应子目内计量。

(4)建在软土、沼泽地区的圆管涵(含倒虹吸管涵)，按图纸要求特殊处理的基础工程量(如塑料排水板、袋装砂井、各种桩基、喷粉桩等)在第205节相关子目中计量与支付，本节不另行计量。

二十、盖板涵、箱涵

编号为420节，其工程量计量规则为：

(1)钢筋混凝土盖板涵(含梯坎涵、通道)、钢筋混凝土箱涵(含通道)，应以图纸规定的洞身长度或经监理人同意的现场沿涵洞中心线量测的进出洞口之间的洞身长度，经验收合格后，按不同孔径及孔数以m计量；盖板涵、箱涵所用钢筋，不另计量。

(2)所有垫层和基础，沉降缝的填缝与防水材料，洞口建筑，包括八字墙、一字墙、帽石、锥坡(含土方)、跌水井、洞口及洞身铺砌以及基础挖方、地基处理与回填土、沉降缝的填缝与防水材料等作为承包人应做的附属工作，均不单独计量。

(3)洞口建筑以外涵洞上下游沟渠的改沟铺砌、加固以及急流槽等均列入第207节有关子目计量。

(4)通道涵按下列原则进行计量与支付：

①通道涵洞身及洞口计量应符合上述第1款及第2款的规定。

②通道范围(进出口之间距离)以内的土石方及边沟、排水沟等均含入洞身报价之中不另行计量。

③通道范围以外的改路土石方及边沟、排水沟等在第200章(路基)相关章节中计量与

支付。

④通道路面(含通道范围内)分不同结构类型在第300章(路面)相关章节中计量与支付。

(5)建在软土、沼泽地区的盖板涵、箱涵(含通道),按图纸要求特殊处理的基础工程量(如塑料排水板、袋装砂井、各种桩基、喷粉桩等)在第205节相关子目中计量与支付,本节不另行计量。

二十一、拱涵

编号为421节,其工程量计量规则为:

(1)石砌和混凝土拱涵(含梯坎涵、通道)应以图纸规定的洞身长度或监理人同意的现场沿涵洞中心线量测的进出洞口之间的洞身长度,经验收合格后按不同孔径以m计量;钢筋不另计量。

(2)所有垫层和基础,沉降缝的填缝与防水材料等,洞口建筑,包括八字墙、一字墙、帽石、锥坡(含土方)、铺砌、跌水井、洞口及洞身铺砌以及基础挖方、地基处理与回填土等作为承包人应做的附属工作,均不单独计量。

(3)洞口建筑以外涵洞上下游沟渠的改沟、铺砌、加固以及急流槽等均可列入第207节有关子目中计量。

(4)通道涵按下列原则进行计量与支付:

①通道涵洞身及洞口计量应符合上述第1款及2款的规定。

②通道范围(进出口之间距离)以内的土石方及边沟、排水沟等均含入洞身报价之中不另行计量。

③通道范围以外的改路土石方及边沟、排水沟等在第200章(路基)相关章节中计量与支付。

④通道路面(含通道范围内)分不同结构类型在第300章(路面)相关章节中计量与支付。

(5)建在软土、沼泽地区的拱涵,按图纸要求特殊处理的基础工程量(如塑料排水板、袋装砂井、各种桩基、喷粉桩等)在第205节相关子目中计量与支付,本节不另行计量。

第五节　隧道的工程量计量

一、通则

编号为501节,其工程量计量规则为:

(1)本节所有准备工作和施工中采取的措施,均为以后各项工程的附属工作,不作单独计量与支付。

(2)图纸中列出的工程及材料数量,在各项工程支付子目表中凡未被列出的,其费用应认为均含在其相关的工程项目单价中,不再另行计量与支付。

二、洞口与明洞工程

编号为502节,其工程量计量规则为:

(1)各项工程,应按图纸所示和监理人指示为依据,按照实际完成并经验收的工程数量,进行计量。

(2)洞口路堑等开挖与明洞洞顶回填的土石方，不分土、石的种类，只区分为土方和石方，以 m^3 计量。

(3)弃方运距在图纸规定的弃土场内为免费运距，弃土超出规定弃土场的距离时(比如图纸规定的弃土场地不足要另外增加弃土场，或经监理人同意变更的弃土场)，其超出部分另计超运距运费，按 $m^3 \cdot km$ 计量；若未经监理人同意，承包人自行选弃土场时，则弃土运距无论远近，均为免费运距。

(4)隧道洞门的端墙、翼墙、明洞衬砌及遮光栅(板)的混凝土(钢筋混凝土)或石砌圬工，以 m^3 计量；钢筋以 kg 计量。

(5)截水沟(包括洞顶及端墙后截水沟)圬工，以 m^3 计量。

(6)防水材料(无纺布)铺设完毕经验收，以 m^2 计量；与相邻防水材料搭接部分不另计量。

(7)洞口坡面防护工程，按不同圬工类型分别汇总，以 m^3 计量，锚杆及钢筋网分别以 kg 计量；种植草皮以 m^2 计量。

(8)截水沟的土方开挖和砂砾垫层、隧道铭牌以及模板、支架的制作安装和拆卸等均包括在相应工程子目中，不单独计量。

(9)泄水孔、砂浆勾缝、抹平等的处理，以及图纸示出而支付子目表中未列出的零星工程和材料，均包括在相应工程子目单价中，不另行计量。

三、洞身开挖

编号为 503 节，其工程量计量规则为：

(1)洞内开挖土石方符合图纸所示(包括紧急停车带、车行横洞、人行横洞以及监控、消防和供配电设施等的洞室)或监理人指示，按隧道内轮廓线加允许超挖值[设计给出的允许超挖值或《公路隧道施工技术规范》(JTG F60—2009)按不同围岩级别给出的允许超挖值]后计算土石方。另外，当采用复合衬砌时，除给出的允许超挖值外，还应考虑加上预留变形量。按上述要求计得的土石方工程量，不分围岩类别，以 m^3 计量。开挖土石方的弃渣，其弃渣距离在图纸规定的弃渣场内为免费运距；弃渣超过规定的距离时(比如图纸规定的弃渣场地不足，要另外增加弃土场，或经监理人同意变更的弃渣场)，其超出部分另计超运距运费，按 $m^3 \cdot km$ 计量；若未经监理人同意，承包人自选弃渣场时，则弃渣运距不论远近，均为免费运距。

(2)不论承包人出于任何原因而造成的超过允许范围的超挖，和由于超挖所引起增加的工程量，均不予计量。

(3)支护的喷射混凝土按验收的受喷面积乘以厚度，以 m^3 计量；钢筋以 kg 计量。喷射混凝土其回弹率、钢纤维以及喷射前基面的清理工作均包含在工程子目单价之内，不另行计量。

(4)洞身超前支护所需的材料，按图纸所示或监理人指示，并经验收的各种规格的超前锚杆或小钢管、管棚、注浆小导管、锚杆以 m 计量；各种型钢以 kg 计量；连接钢板、螺栓、螺帽、拉杆、垫圈等作为钢支护的附属构件，不另行计量；木材以 m^3 计量。

(5)隧道开挖的钻孔爆破、弃渣的装渣作业均为土石方开挖工程的附属工作，不另行计量。

(6)隧道开挖过程中，洞内采取的施工防排水措施，其工作量应含在开挖土石方工程的报价之中。

四、洞身衬砌

编号为 504 节，其工程量计量规则为：

(1)洞身衬砌的拱部(含边墙),按实际完成并经验收的工程量,分别不同级别水泥混凝土和圬工,以 m^3 计量;洞内衬砌用钢筋,按图纸所示以 kg 计量。

(2)任何情况下,衬砌厚度超出图纸规定轮廓线的部分,均不予计量。

(3)按《公路隧道施工技术规范》(JTG F60—2009)第 503.03-1(6)款规定,允许个别欠挖的侵入衬砌厚度的岩石体积,计算衬砌数量时不予扣除。

(4)仰拱、铺底混凝土,应按图纸施工并经验收,以 m^3 计量。

(5)预制或就地浇筑混凝土边沟及电缆沟,按实际完成并经验收后的工程量,以 m^3 计量。

(6)洞内混凝土路面工程经验收合格,以 m^2 计量。

(7)各类洞门按图纸要求,经验收合格,以个计量;其中材料采备、加工制作、安装等均不另行计量。

(8)施工缝及沉降缝按图纸规定施工,其工作量包含在相关工程子目中,不另行计量。

五、防水与排水

编号为 505 节,其工程量计量规则为:

(1)洞内排水用的排水管,按不同类型、规格以 m 计量。

(2)压浆堵水按所用原材料(如水泥浆液、水泥水玻璃浆液),以 t 计量;压浆钻孔以 m 计量。

(3)防水层按所用材料(防水板、无纺布等),以 m^2 计量;止水带、止水条以 m 计量。

(4)为完成上述项目工程加工安装所有工、料、机具等均不另行计量。

(5)隧道洞身开挖时,洞内、外的临时防、排水工程应作为洞身开挖的附属工作,不另行计量与支付;为此,第 503 节洞身开挖支付子目的土方及石方工程报价时,应考虑本节支付子目外的其他施工时采取的防、排水措施的工作量。

六、洞内防火涂料和装饰工程

编号为 506 节,其工程量计量规则为:

本节完成的各项工程,应根据图纸要求,按实际完成并经监理人验收的数量,分别按以下工程子目进行计量:

1.喷涂防火涂料

按喷涂的面积,以 m^2 为单位计量。其工作内容包括材料的采备、供应、运输,支架、脚手架的制作、安装和拆除,基层表面处理,防火涂料喷涂后的养生,施工的照明、通风等一切与此有关的作业。

2.镶贴瓷砖

按镶贴瓷砖的面积,以 m^2 为单位计量。其工作内容包括材料的采备、供应、运输,混凝土边墙表面的处理,砂浆找平,施工的照明、通风等一切与此有关的作业;找平用的砂浆不另行计量。

3.喷涂混凝土专用漆

按喷涂混凝土专用漆的面积,以 m^2 为单位计量。其工作内容包括材料的采备、供应、运输,基层处理,施工的照明、通风等一切与此有关的作业。

七、风、水、电作业及通风防尘

编号为 507 节,其工程量计量规则为:风水电作业及通风防尘为隧道施工的不可缺少的附属工作，其工作量均含在有关支付子目的报价中，不予另行计量。

八、监控量测

编号为508节，其工程量计量规则为：监控量测是隧道安全施工必须采取的措施，监控量测除必测项目外，应根据具体情况确定选测项目，分别以总额报价及支付。

九、特殊地质地段的施工与地质预报

编号为509节，其工程量计量规则为：

隧道施工中遇到特殊地质地段时，承包人应采取的有关施工措施，不另行计量与支付。地质预报采用的方法、手段，应根据具体情况选用，以总额报价及支付。

十、洞内机电设施预埋件和消防设施

编号为510节，其工程量计量规则为：

(1)机电设施预埋件按图纸要求施工完毕，经监理人分别按其所属设施验收合格以kg为单位计量。

(2)供水钢管、铸铁管按图纸要求敷设完毕，经监理人验收合格后以m为单位计量。其工作内容包括焊接、法兰连接、防腐处理、开挖(回填)沟槽所需的人工和材料等，不另行计量。

(3)消防洞室防火门制作安装经验收合格以套为单位计量。

(4)集水池、蓄水池、泵房等按图纸要求施工完毕，经监理人验收合格分别以座为单位计量；消防设施的其他混凝土、砖石圬工工程以m^3为单位计量。

(5)消防系统中未列入清单中的附属设施其工作量含在相关子目中，不另行计量。

第六节　安全设施及预埋管线的工程量计量

一、通则

编号为601节，其工程量计量规则为：本节不作计量与支付。

二、护栏

编号为602节，其工程量计量规则为：

(1)设置在中央分隔带的混凝土护栏，应按图纸和监理人指示，经验收后其长度以m计量；混凝土基础以m^3计量。

(2)地基填筑、垫层材料、砌筑砂浆、嵌缝材料以及油漆涂料等均不另行计量。

(3)波形梁钢护栏(含立柱)为安装就位(包括明涵、通道、小桥部分)并经验收合格，其长度沿栏杆面(不包括起、终端段)量取，按m计量；钢护栏起、终端头以个计量。

(4)缆索护栏安装就位(包括明涵、通道、小桥、挡墙部分)并经验收合格，其长度按沿栏杆面量取的实际长度，以m为单位计量。

(5)中央分隔带开口处活动式钢护栏应拼装就位准确，经验收合格，以个计量。

(6)明涵、通道、小桥、挡墙部分缆索护栏的立柱插座、预埋构件作为上述构造物的附属工作，不另行计量。

三、隔离栅和防落网

编号为603节，其工程量计量规则为：

(1)隔离栅应安装就位并经验收，分别按铁丝编织网隔离栅、刺铁丝隔离栅、钢板网隔离栅、电焊网隔离栅等，从端柱外侧沿隔离栅中部丈量，以m计量。金属立柱及紧固件等均并入隔离栅计价中，不另行计量。

(2)桥上防护网以m计量，安设网片的支架、预埋件及紧固件等不另行计量。

(3)钢立柱及钢筋混凝土立柱安装就位并经验收，以根计量；钢筋及立柱斜撑不另行计量。

(4)所需的清场、挖根、土地平整和设置地线等工程均为安装隔离栅的附属工作，不另行计量。

四、道路交通标志

编号为604节，其工程量计量规则为：

(1)标志应按图纸规定提供、装好、埋设就位和经验收的不同种类、规格分别计量：

①所有各式交通标志(包括立柱、门架)均以个为单位计量。

②所有支撑结构、底座、硬件和为完成组装而需要的附件，均附属于各有关标志工程子目内，不另行计量。

(2)里程标和公路界碑等均应按埋设就位和验收的数量，以个为单位计量。

五、道路交通标线

编号为605节，其工程量计量规则为：

(1)路面标线应按图纸所示，经检查验收后，以热熔型涂料、溶剂常温涂料和溶剂加热涂料的涂敷实际面积，以m^2为单位计量；反光型的路面标线玻璃珠应包含在涂敷面积内，不另计量。

(2)突起路标安装就位，经检查验收后以个计量。

(3)轮廓标安装就位，经检查验收后以个计量。

(4)立面标记设置，经检查验收后以处计量。

(5)锥形交通路标安装就位经检查验收后以个数计量。

六、防眩设施

编号为606节，其工程量计量规则为：

(1)防眩板设置安装完成并经验收后以块计量。

(2)防眩网设置安装完成并经验收后以延米计量。

(3)为安装防眩板、防眩网设置的预埋件、连接件、立柱、基础混凝土以及钢构件的焊接等均作为防眩板、防眩网工程的附属工作，不另行计量。

七、通信和电力管道与预埋(预留)基础

编号为607节，其工程量计量规则为：

(1)人(手)孔应根据图纸的形式及不同尺寸，按个计量。

(2)紧急电话平台应按底座就位和验收的个数计量。

(3)预埋管道工程应按铺筑就位并验收的以 m 计量;计量是沿着单管和多管结构的管道中线进行。过桥管箱的制作、安装,以 m 计量;所有封缝料和牵引线及拉棒检验等,作为承包人的附属工作不另行计量。

(4)挖基及回填,压实及接地系统作为相关工程的附属工作,不另行计量。

(5)附属于桥梁、通道和跨线桥的预留管道及其他的电信设备应作为这些结构的一部分,在主体工程内计量,本节不单独计量。

(6)通信管道安装在桥上的托架作为制造、安装过桥管箱的附属工作,不另行计量。

八、收费设施及地下通道

编号为 608 节,其工程量计量规则为:

(1)收费亭按图纸的形式组装或修建,经监理人验收,分别按单人收费亭和双人收费亭,以个为单位计量。

(2)收费天棚按图纸组装架设、经监理人验收,以 m^2 为单位计量。

(3)收费岛浇筑按图纸形式及大小经监理人验收,分别按单向收费岛和双向收费岛,以个为单位计量。

(4)地下通道按图纸要求经监理人验收,其长度沿通道中心量测洞口间距离,以 m 为单位计量;计量中包含了装饰贴面工程及防、排水处理等内容。

(5)预埋及架设管线按图纸规定铺设就位经监理人验收,以 m 为单位计量。

(6)收费设施的预埋件为各有关工程子目的附属工作,均不另予计量。

(7)所有挖基、挖槽以及回填、压实等均为各相关工程子目的附属工作,不另予计量;凡未列入计量子目的零星工程,均含在相关工程子目内,不另予计量。

第七节　绿化及环境保护设施的工程量计量

一、通则

编号为 701 节,其工程量计量规则为:本节不作计量与支付。

二、铺设表土

编号为 702 节,其工程量计量规则为:

(1)表土铺设应按完成的铺设面积并经验收,以 m^3 为单位计量。

(2)铺设表土的准备工作(包括提供、运输等),为承包人应做的附属工作,不另予计量。

三、撒播草种和铺植草皮

编号为 703 节,其工程量计量规则为:

(1)撒播草种按经监理人验收的成活草种的面积,以 m^2 为单位计量。

(2)草种、水、肥料等,作为承包人撒播草种的附属工作,均不另行计量。

(3)铺草皮按经监理人验收的数量,以 m^2 为单位计量;密铺、间铺按不同支付子目计量、支付。

(4)需要铺设的表土,按表土的来源,在第 702 节相关支付子目内计量。

(5)绿地喷灌设施，按图纸所示敷设的喷灌管道，以 m 为单位计量；喷灌设施的闸阀、水表、洒水栓等均不另行计量。

四、种植乔木、灌木和攀缘植物

编号为 704 节，其工程量计量规则为：

(1)人工种植经监理人按成活数验收，乔木、灌木及人工种植攀缘植物均以棵计量。

(2)需要铺设的表土，按表土的来源，在第 702 节相关支付子目内计量。

(3)种植用水，设置水池储水，均作为承包人种植植物的附属工作，不另予计量。

五、植物养护和管理

编号为 705 节，其工程量计量规则为：种植物的养护及管理是承包人完成绿化工程的附属工作，不另计量与支付。

六、声屏障

编号为 706 节，其工程量计量规则为：

吸、隔声板声屏障应按图纸施工完成经监理人验收的现场量测的长度，以 m 为单位计量。吸声砖及砖墙声屏障，以 m^3 为单位计量。声屏障的基础开挖、基底夯实、基坑回填、立柱、横板安装等工作为砌筑吸声屏障及砌筑砖墙声屏障所必需的附属工作，均不另行计量。

第九篇　公路工程造价编制电算化

第一章　公路工程造价电算化程序简介

第一节　编制工程造价的计算机程序系统原理

一、概述

工程造价文件编制是一项政策性强、技术性要求高、造价文件编制质量关系重大而又非常繁复的工作。在编制工程造价文件的过程中，在明确了工程内容、施工组织等方面的基础上，对项目各工程内容按照定额进行套项，确定其工料机消耗数量，计算其工程费用；汇总工程总价；根据工程造价管理要求，对工程的工、料、机总消耗进行汇总，对分项工程的综合单价进行计算汇总，对工程造价进行分类统计等各种分析计算等。在这些工作中，需要进行大量的数据分析和计算，利用计算机编制工程造价是有效减轻造价编制劳动强度、提高数据的正确性与准确性、提高编制质量的重要保证。

二、工程造价编制系统的原理

工程造价编制的计算机程序系统的基本原理，是利用存储在计算机中的定额库等基本数据，根据工程内容、施工组织、确定的定额套项、分项工程数量、工料机单价等原始资料，自动按套项编号，查找定额；计算各分项工程的工料机消耗量；计算各分项工程费用；根据工程造价管理的需要，进行各种汇总分析。

三、工程造价系统的基本功能

工程造价系统的基本功能主要包括：

1.定额库及管理子系统

存储基本定额库资料和用户的增加定额/补充定额以及相应的数据库维护与管理程序。

2.基本数据输入及数据库管理子系统

根据造价编制人员的套项数据、工程数量、工料机单价等基本数据，输入系统，建立用户数据库以及对其数据进行修改、更新、删除、添加、检索等数据管理。

3.造价计算系统

根据套项数据(如定额编号)，调用定额库中的相应定额，乘以相应的工程数量，得到该细目的工料机消耗量；再由此消耗量乘以工料机单价，得到该细目的工料机合计费用；最后根据其相应费率，计算得到该细目的费用；并将这些基本计算结果数据保存。上述过程在公路工程造价编制中即形成“08 表”。根据工程造价管理需要，可对基本结果数据进行各种汇总、分析、统计等，得到工程造价文件的各种表格如公路项目的“03 表”、“02 表”、“01 表”等。

4.成果输出系统

打印输出造价文件的各种表格或生成电子表格。

在利用计算机编制工程造价中，可根据不同专业、不同定额，选用各种工程造价编制计算机程序系统。

第二节　常用公路工程造价电算化程序简介

一、概预算编制软件(XJTU程序)简介

(一)程序的设计依据

(1)《公路工程基本建设项目概算预算编制办法》(JTG B06—2007)

(2)《公路工程概算定额》(JTG/T B06-01—2007)

(3)《公路工程预算定额》(JTG/T B06-02—2007)

(4)《公路工程机械台班费用定额》(JTG/T B06-03—2007)

(5)《公路工程国内招标文件范本》(交公路发[2003]94号)

(二)系统的组成、装载

1.系统组成

系统组成为：

(1)"XJTW2008"系统安装光盘一张。

(2)"XJTW2008"系统用户手册一本。

(3)带USB接口的加密锁一把。

(4)用户服务卡一份。

2.系统装载

将"XJTW2008"系统安装光盘放入光驱，点击运行光盘根目录下的setup.exe文件。根据安装提示进行安装和注册。

系统提供了在菜单里直接卸载的功能，也可以打开控制面板—"添加/删除程序"窗口，找到"中交京纬造价软件"，点击"更改/删除"按钮，进行卸载。

(三)系统主要界面

"XJTW2008"系统的界面分为五个部分：菜单区、工具栏区、导航栏区、工作区及位于窗口下方的状态栏区，如图9-1-1所示。

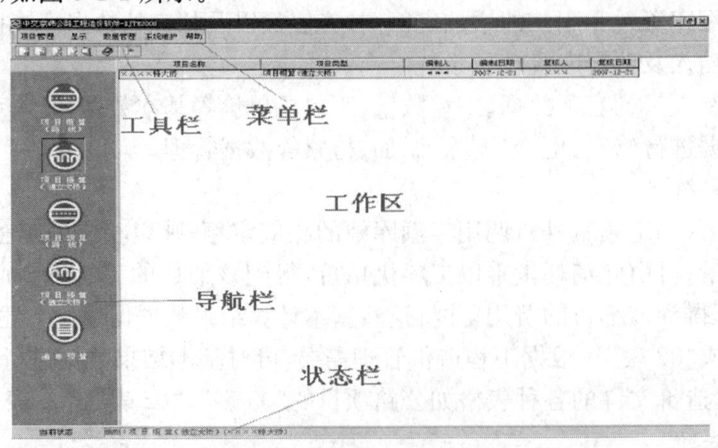

图9-1-1　系统主要界面

二、概预算编制软件(XJTU程序)的功能及使用方法

(一)系统主要功能

系统主要功能有:

(1)多项目管理功能。

(2)工料机预算价格计算功能。

(3)费率编制功能。

(4)补充定额输入、管理功能。

(5)项目分段造价编制功能。

(6)项目汇总功能。

(7)概预算审核功能。

(8)原始计算数据文本导入导出功能。

(9)原始计算数据 Excel 导入导出功能。

(10)报表打印输出功能。

(11)报表电子文档 Excel 输出功能。

(二)多项目管理

多项目管理系统主菜单包括:项目管理、显示(工具栏管理)、数据管理、系统维护、帮助等五部分。项目管理又分为:项目分类管理和项目文件管理。其中,项目管理的功能包括:新建项目、删除项目、项目属性、项目编辑;项目文件管理功能包括:新建文件、删除文件、文件属性、文件编辑。

系统以管理多种类型文件的方式,实现多项目的管理。

1. 项目管理

(1)新建项目

在项目分类管理界面导航栏中,选择项目类型。然后在项目管理菜单中选择“新建项目”或在工具栏中点击▢,系统弹出建设项目属性窗口。

在建设项目属性窗口中,“项目类型”显示的是用户在项目分类管理界面导航栏所选择的项目类型,不可以更改。

用户输入项目相关内容后,点击“保存”即可退出此界面。从而完成项目的新建过程。系统工作区的项目列表中将以项目摘要信息形式列出该新建项目(用户通过双击项目列表中所选定的项目,即可进入项目文件管理界面进行文件编辑)。

在新建项目、新建单价文件、新建费率文件、新建补充定额文件、新建项目分段文件等过程中,如果用户输入相关的信息有误时系统将有提示,以帮助用户正确输入相关参数。

(2)项目编辑

当需要编辑某个项目时,应首先在项目分类管理导航栏中选择项目所属类型。该系统设有以下五种项目类型:项目概算(路线);项目概算(独立大桥);项目预算(路线);项目预算(独立大桥);清单预算。

点击选定的项目类型,该类型的所有项目名称即被显示到右侧工作区的项目列表中。双击选定的项目名称(也可点击项目名称,然后点击工具栏中的▢),进入项目文件管理界面进行编辑。

在项目文件管理界面,左侧是导航栏,导航栏顶部显示的是当前编辑的项目类型,导航栏

包括:"项目单价"、"项目费率"、"补充定额"、"项目分段"、"项目汇总"等。通过对项目分类文件进行新建、属性编辑等操作来完成项目基本文件的建立与编辑。

2. 数据管理

数据管理菜单包括数据库压缩、导出 XJTW 项目、导入 XJTW 项目、导出文本文件、导入文本文件、概预算审核。

通过此菜单系统可以实现文件的导入或导出功能,用户可将系统中单价、费率、补充定额、项目分段数据文件等完整的导入或导出,生成系统数据包或全部原始计算数据的文本文件或 Excel 文件,提高了公路造价编制的工作效率。

系统的概预算审核模块为概(预)算审核项目提供了一个简单而实用的平台,可以对分段进行审核,也可以对汇总文件进行审核。注意项目汇总审核时,参与审核的汇总文件均应"汇总到细目",这样审核到"目"、"节"或"细目"的选择才有效。

3. 系统维护

系统维护菜单包括费率标准管理,养路费、车船使用税管理,材料预算价格计价系数管理。

费率标准管理模块的功能包括:新增标准、删除标准、更改名称、新增费率选项、删除费率选项、导出文件、导入文件、返回等。在系统主界面系统维护菜单中选择"费率标准管理",进入费率标准管理界面,点击相应的功能键即可实现上述功能。

养路费、车船使用税管理模块的功能包括:新增标准、删除标准、更改名称、导出文件、导入文件、返回等。

材料预算价格计价系数管理模块功能是对材料预算价格中的计价系数进行维护,它有修改保存各种计价系数和恢复模板数据的功能。

(三)项目文件管理

系统通过项目文件管理的新建文件、删除文件、文件属性、文件编辑等功能,实现以下文件管理:

①单价文件管理。

②费率文件管理。

③补充定额文件管理。

④分段文件管理。

⑤汇总文件管理。

1. 建立项目文件

当用户建立了一个新项目之后,就可以建立该项目的相应文件。

(1)建立项目单价文件

双击新建项目名称,进入项目文件管理界面,在导航栏中选择"项目单价",在工具栏上点击,系统弹出项目单价属性窗。

项目单价属性窗中需输入的信息有:项目单价名称,养路费、车船使用税标准,基本单价选择,如有自采材料或自办运输还需选择工程所在地的海拔高度、辅助生产间接费率和高原施工增加费率等。

如果选择基本单价,则系统弹出基本单价选择窗,列出系统所有的单价文件供选择。

新建单价文件完成后,系统将自动把该单价文件新增到单价文件编辑的列表中。

(2)建立项目费率文件

在项目文件管理界面导航栏中选择"项目费率",在工具栏上点击按钮,系统弹出项目费率属性窗。输入相应的项目费率名称、工程所在地、费率标准,点击“保存”完成建立费率文件,点击“返回”退出操作窗口。

(3)建立补充定额文件

在项目文件管理界面的导航栏中选择“补充定额”,在工具栏上点击按钮,系统弹出补充定额属性窗。输入相应的定额名称、单价文件、编制单位、编制日期、编制人、审核人以及说明,点击“保存”完成建立补充定额文件,点击“返回”退出操作窗口。

提示:定额名称、单价文件(选择该补充定额所用的单价文件)、编制日期、编制人、审核人不能为空。如果是概算项目“定额类型”栏可以选择“补充概算定额或补充预算定额”。如果是预算项目,则“定额类型”栏系统默认为“补充预算定额”,不能修改。

(4)建立项目分段文件

在项目文件管理界面的导航栏中选择“项目分段”,在工具栏上点击按钮,系统弹出项目分段属性窗口。

①路线项目界面(图 9-1-2)

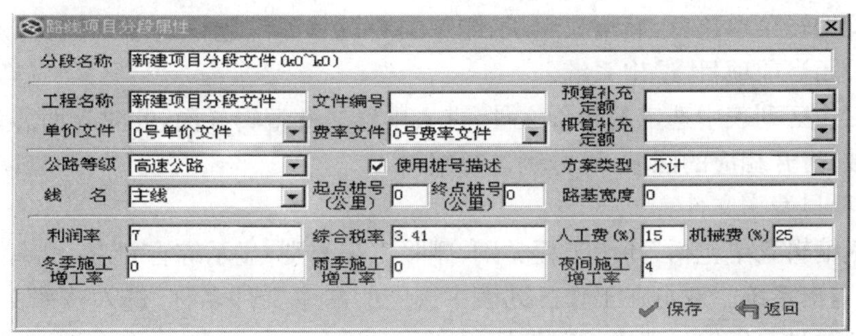

图 9-1-2　路线项目界面

②独立大桥项目界面(图 9-1-3)

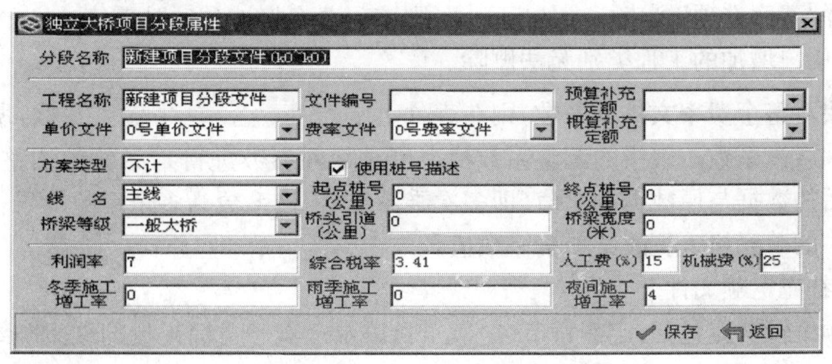

图 9-1-3　独立大桥项目界面

③清单项目界面(图 9-1-4)

在项目分段属性界面输入相应的信息。点击“保存”完成建立项目分段文件。

⑤建立项目汇总文件

在项目文件管理界面的导航栏中选择“项目分段”,在工具栏上点击按钮,系统弹出项目汇总属性窗,输入项目汇总名称。点击“保存”完成建立项目分段汇总文件。

提示:清单预算没有项目汇总功能。

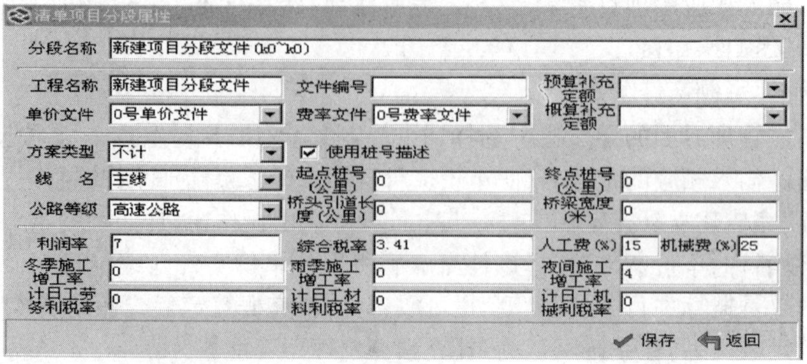

图 9-1-4　清单项目界面

2. 编辑项目文件

项目文件建立后即可进入相应的编辑界面进行编辑。

(1)编辑项目单价文件

项目单价编辑菜单包括:新增工料机、删除工料机、计算、起讫地点维护、打印工料机单价数据、返回、关闭当前项目、退出系统。

双击在工作区列表中选定的单价文件,进入单价文件编辑界面,此时界面分为人工、材料、机械三个区域,打开相应的区域,可分别进行编辑。

(2)编辑项目费率文件

项目费率编辑菜单包括:新增工程类别、删除工程类别、显示综合费率、费率保存、返回、关闭当前项目、退出系统。双击在工作区列表中选定的费率文件名称,进入费率文件编辑界面,工具栏亦将同时显示出项目费率编辑按钮组。

在“费率名称”列表栏,选定需编辑的费率名称,然后在弹出的“费率选项”列表栏中选择所需选项,与其对应的费率即会显示在界面的上半部分列表中。

如果选择“费率选项”列表栏中的“不计”,则该项费率将被自动赋零值。

提示:非用户增加的工程类别无法删除。

如果需要对整个费率文件乘系数,则在表外上端  系数: 0.9 框中输入系数,所有的项目费率值即自动乘以该系数。表中的调整系数栏也可对某列参数进行乘系数的调整,且该系数显示的是调整后的数据与原数据的比值(即多次乘系数后,该系数为多个系数的乘积),也可通过双击费率表中的单元格来更改某项费率数值。

(3)编辑补充定额文件

补充定额编辑功能包括:定额章节、定额子目以及定额子目消耗量的编辑与维护。系统的导航栏被隐去,在不同的区域中操作即可完成补充定额章节、定额子目以及定额子目消耗量的输入。

其中,补充定额的章次不需输入,用光标指定某章次后,在下面新增的节次编号中会自动编入指定章次号。补充定额的章次、节次、定额子目及定额子目消耗量与概(预)算定额中的章、节、定额子目的层次关系是一样的。

(4)编辑项目分段文件

在项目文件管理界面导航栏中,点击“项目分段”,右边工作区中显示的是该种类型的所有分段文件。双击所要编辑的分段文件或点击工具栏中的“文件编辑”,工作区中将显示出项目分段编辑界面如下，界面左侧是标准项、目、节模板，分为四个区域，即“第一部分”、“第二部分”、“第三部分”、“其他”。右侧是当前正在编辑的项目分段。

对于一个新建分段，编辑界面右侧默认显示到目，用户可切换显示到节、细目或全部展开。并选择是否自动按定额单位换算所输入的工程量。在查找框中输入需要查找的内容，点击“查找”按钮可以在分段中直接定位到被查找的内容。

3. 编辑清单分段文件

清单分段文件编辑界面和其他项目类型编辑界面有所不同，在项目文件管理界面导航栏中，点击“项目分段”，右边工作区中显示的是该种类型的所有分段文件。双击所要编辑的分段文件或点击工具栏中的“文件编辑”，工作区中将显示出项目分段编辑界面如下，界面左侧是标准项、目、节模板，分为四个区域，即“第一部分”、“第二部分”、“第三部分”、“其他”，右侧是当前正在编辑的项目分段。

清单项目分段中的其他操作内容，与编辑项目分段文件相同。

4. 建立文本文件

文本文件是系统为方便用户录入项目概预算数据而设计的，需要按规定的格式填写，系统方能识别、导入及运算。

5. Excel 文件格式说明

Excel 格式的项目文件主要由 3 个工作表构成，工作表的名称是固定的。第一次使用此功能的用户可以先将已有项目导出 Excel 文件，即可看到 Excel 格式的 3 个工作表。

（四）项目汇总

在项目文件管理界面导航栏中，点击“项目汇总”，然后在菜单中选择“新建文件”，或在工具栏中点击“新建”按钮，在随后弹出的对话框中选定需汇总的分段文件名即可。

系统自动将相同类型的概（预算）文件在项目列表中列出，例如：进行概算项目汇总时，项目列表中将列出所有概算项目（包括路线和桥独立大桥项目），用户可选择所需要汇总的分段文件进行汇总（即路线和独立大桥也可进行汇总）。

针对多个分段汇总时，可能存在各分段的路线长度叠加超出项目路线总长度的情况，软件设置了“不计分段长度”的选择。例如，某项目按路线、独立大桥和交通工程三个分段分别进行设计并编制概算，项目总长度为路线和独立大桥分段长度的和；交通工程分段是针对整个项目设计的，其路线长度也是项目总长度，因此，概算汇总时，可选择交通工程分段为“不计路线长度的分段”。

（五）报表输出

报表输出是系统主要的功能，它是根据《公路基本建设工程概算预算编制办法》中的报表格式要求来绘制和输出项目概算、预算、清单预算的所有报表（包括所有基础数据和计算成果）可直接打印也可导出 Excel 文件。

第十篇　公路工程造价审查与审计

公路建设项目一般是关系到国计民生的基础设施项目，其经济和社会影响巨大。公路工程造价审查(计)是固定资产投资审计的重要组成部分，对于促进建设单位遵守国家财经法纪，缩短建设工期，提高工程质量，降低工程造价，节约建设投资，提高经济效益等有着十分重要的意义和作用。

1.有利于控制固定资产投资规模

通过公路工程造价审计，坚决杜绝计划外项目，高套定额、重算多计的工程价款，制上高标准取费，严格控制建设规模和设计标准，使所有计划项目在不突破概算指标的前提下实现综合平衡。

2.有利于推动招标承包制的展开

工程概预算是编制标底、计算标价的基础。为了防止招标单位故意压低标价或投标企业哄抬造价，审计部门应代表政府机构实施标价公证审计，用行政手段维护建筑市场经济秩序，严格执行《中华人民共和国招标投标法》，促进建筑业招标承包的健康发展。

3.有利于提高设计文件及造价文件的编制质量

在工程建设前及时审查预算文件，强化审计事前监督职能，是由我国基本建设特点所决定的，以避免一旦动工即无法挽回的损失，改革“肥梁胖柱深基础”的传统设计方式，把费用支出控制在先，使基本建设事前审计发挥积极的监督作用。坚持对基建预算的日常审计，不断纠正编制过程中的错误，完善预算管理制度，端正经营思想，提高业务技术水平，将使预算编制更加准确、及时。

4.保证严格执行基本建设程序

审查国家基本建设方针、政策、法令和有关规章制度贯彻执行情况。保证严格执行基本建设程序，防止出现违反基本建设程序，违背科学决策程序的行为，防止搞边勘察、边设计、边施工的“三边工程”。从而规范建设程序及市场秩序、保证工程质量、发挥公路项目经济与社会效益。

5.保证建设资金的有效合理使用

审查承包合同、包干经济责任书和基本建设工程价款结算、工程费用支出的合法性和合理性，防止和揭露基本建设中的损失浪费，保证建设资金得到有效合理使用。审查工程竣工决算，督促及时办理竣工验收手续，交付使用投产。考核投资效果，评价经济效益。

6.维护财经纪律

审查基本建设经济活动中的各种弊端，揭露、处理基本建设中的各种经济违法犯罪行为，维护财经纪律，保护国家和人民财产的安全与完整。

第一章　公路工程造价审查

公路工程造价审查主要由定额站或委托工程造价咨询机构对工程造价文件在工程量计算、定额套用与抽换、费率计取等是否合理与准确进行审查。按《交通建设项目审计实施办法》(交审发[2000]64号),包括项目前期工作、概预算、工程结算、竣工决算等审查。

第一节　公路建设项目前期工作成果审查

一、工程可行性研究阶段的审查

根据原国家计委《关于建设项目进行可行性研究的试行管理办法的有关规定》,应对可行性研究报告进行审查。一般规定,大中型项目的可行性研究报告,由主管部、各省(市、自治区)或全国性专业咨询公司负责预审,报国家计委审批或国家计委委托有关单位审批;重大项目和特殊项目的可行性研究报告,由国家计委会同有关部门预审,报国务院审批;小型项目的可行性研究报告,按隶属关系由各主管部,各省(市、自治区)或各全国性专业公司审查。

审查的内容包括:项目建设的必要性与市场预测结论、项目的建设条件、项目采用的施工技术、项目的投资及财务、项目的国民经济效益、企业的经济效益、不确定性与风险性及可行性研究报告总评估。通过初审、复审,得出评估结论,该结论是项目立项审批的依据。

【例10-1-1】　关于AD高速公路二期工程可行性研究报告审查报告

交计发[20××]×号

××省交通厅:

AD公路建设项目我部已以(20××)交计字×号《关于AD公路新建工程设计任务书的批复》及(20××)交工字×号《关于国道310线AD段高速公路(新建半幅)初步设计的批复》完成了该项目的审批程序,并已开工建设。近又收到你厅交计(20××)×号《关于报送{310国道主干线AD高速公路二期工程可行性研究报告}的请示》,经审查,现将该建设项目的可行性研究报告批复如下:

一、党的十七大及国家实施西部大开发政策以来,沿线经济高速发展该路交通量迅速增长。根据重新预测的交通量:二〇××年AB段将达29000辆/日(折合小汽车);BD段将达23000多辆/日(折合小汽车)。已开工修建的半幅高速公路(一期工程)显然难以适应交通量发展的需求,同意提前实施建设AD高速公路二期工程。

二、路线起于D市东神岗,其走向与在建的一期工程一致,止于A市西东头庄,全长195.2公里。

三、按高速公路标准全幅修建[即在一期工程(半幅)的基础上,建另半幅],路基宽度平原微丘采用26.0m;山岭重丘区采用24.5m,其他技术指标应符合我部颁发的《公路工程技术标准》中规定值。

四、二期工程总投资控制在136 000万元以内。除我部用车购费安排投资23 400万元外，其余资金由你省通过各种筹资渠道(含国内、外贷款)解决。

五、二期工程与一期工程同步建成。希做好二期工程的初步设计工作，初设文件报部审批。

中华人民共和国交通运输部

二〇××年×月×日

二、对设计任务书的审批

设计任务书是以批准的可行性研究报告为依据编制的，按照分级管理的原则，要对设计任务书进行审查。应重点审查建设规模、技术标准、使用功能、配套项目、主要资源消耗、投资总额等技术经济指标。要特别注意配套项目和附属项目是否有遗漏或不全，建设规模是否与可行性研究报告相一致，投资总额是否控制在原批准值的范围内等方面问题，因为这些问题对今后造价管理工作成败影响很大。根据有关规定，大中型项目的设计任务书由国家计委审批，其中重大项目由国家计委提出审查意见后、报国务院审批；小型项目按隶属关系分别由主管部或者省(市、自治区)计委审批。

【例10-1-2】　关于SD公路新建工程设计任务书审查的批复

(20××)交计字×号

××省计划经济委员会、交通厅：

你们报来的×省计经交(20××)×号、×交计(20××)×号《关于报送国道310线SD段新建工程设计任务书的报告》收悉。经与国家计委审查研究，现批复如下：

SD公路为310国道和港口开放城市通向内地大通道的重要组成部分，地处中原腹地，是你省交通运输最繁忙的路段之一。但现有公路是在原大车道或古驿道的基础上逐步形成的，近几年虽经拓宽改造，但线形、桥涵载重标准等并未提高，加之穿城(镇)路段较多，阻车现象时有发生，不适应交通量日益发展的要求。为加强S、B、D三个主要城市的经济联系，增强中心城市的经济辐射能力，加快资源的开发利用，促进全省的经济发展，修建SD高等级公路是必要的。

一、路线走向和建设规模

新建SD公路，路线东西走向，位于陇海铁路以北，黄河以南的中间地带。路线起点为S市东的太岗集，经S市北郊的卜里寨、B市甲镇、乙乡、丙村，终点在D市古墓博物馆北的东头庄。全长194公里。

二、建设标准和技术指标

1. 太岗集至S市12.4公里采用二级路标准，路面宽12米。

2. S市至D市181.6公里，采用高速公路标准，考虑到近期交通量预测水平，一次性投资巨大，可分期实施。本期工程先修建半幅，待交通量增长到一定程度后再修建另半幅(在大城市出口和交通特别繁忙路段也可一次建成)。本期工程路基横断面布置、互通式立交的设置等要考虑与第二期工程的衔接。希在初步设计中做多方案比较，待初步设计审查时确定。

三、总投资及资金来源

本期工程总投资(不含耕地占用税)，控制在68 000万元之内。资金来源主要靠你省自筹，利用国内外贷款和多渠道集资解决。我部 2005 年前补助 3 800 万元，2005 年后补助方式及数额待定。

四、建设工期和其他

工程建设实行招标投标承包制。建设工期三年，20××年年底前竣工通车。希交通厅抓紧进行测量、设计工作，于今年年底前将初步设计文件报我部审批。

请你们征得省政府对该重点公路建设的领导，并在征地、拆迁、征税和建设资金筹措方面给予优惠政策。

中华人民共和国交通运输部

20××年 ×月 ×日

三、初步设计阶段的造价审查

初步设计是设计任务书的具体化，设计任务书中的设计意图和目标在初步设计中要得以实现，特别是概算值不应突破设计任务书中确定的投资限额，项目的使用功能不得随意降低。要对初步设计文件分别从初步设计图纸和设计概算两方面进行评审、审查，以确保初步设计文件质量。根据有关规定，设计评审工作由设计文件的审批单位主持，聘请有资格的咨询单位或设计单位的技术人员对设计文件进行全面评审，作出公正评价，提出评价报告，作为审批设计文件的依据。大中型项目的初步设计由国家计委审批，其中重大项目由国家计委提出审查意见后，报国务院审批。小型项目按隶属关系分别由主管部或省(市、自治区)计委审批。经批准的该项目设计概算值，是国家对该工程项目建设实施阶段造价管理和考核的依据。

根据财政部颁发的《财政性基本建设资金投资项目工程预、决算审查操作规程》的规定审查内容包括：

(1)根据项目初步设计或扩大初步设计图纸、概算定额和概算指标，各项费用定额、取费标准、建设地区自然、技术经济条件和设备预算价格等资料，审查项目设计概算，项目设计概算是否经国家有权部门批准。

(2)审查项目是否超规模、超标准或缺项漏项，审查项目有关手续是否完备。

(3)审查项目资金来源及落实情况。

(4)审查项目前期费用开支是否符合国家有关规定。对中央级部分基本建设项目，由财政部委托“财政部投资评审中心”或有能力和资格的社会中介机构进行审查。地方项目，由地方财政部门委托工程预、决算审查机构或有能力和资格的社会中介机构进行审查。

工程建设前期的各项工作成果，经有权机关审批后，不得随意更改、变更，如确实需要修改、调整时，要报原审批机关同意。

【例 10-1-3】 AD 高速路概算审查示例

1. AB 段(东段 84.907 公里)

(1)路面工程多计 16 000m^2，核减 2 222 300 元。

(2)管理及养护设施安装费用，审核作了较大调整，一、二期结合起来计算通信、供电、监控、道路信息及收费等分别按 28，8，9，7 及 30 万元/公里核减。

(3)波形梁钢护栏应由构造物Ⅰ费率改用钢桥上部费率。

(4)工程监理费应按 2.0%计取。

(5)勘察设计费按 10 万元/公里核定。

2. BD段(西段110.305公里)

(1)特殊路基处理碎(砾)石垫层应由构造物Ⅰ费率改用其他路面费率。

(2)漏计250米水泥混凝土路面15 840m²,核增2 059 200元。

(3)管理及养护设施安装费,同AD段一期标准作了调整。

(4)波形梁钢护栏立柱由Z形改为圆柱形,基费率由构造物Ⅰ费率改为钢桥上部费率。

(5)管理、养护及服务设施建筑面积核定如下:3处主线及9处匝道收费站,每处500m²,共6 000m²;养护工区8处,每处1 500m²,共12 000m²;服务区每处2 000m²,共8 000m²;管理处3处,每处3 000m²,共计9 000m²。

上述建设面积共计35 000m²。

(6)本段为外资贷款工程,工程监理费应由2.5%改为4%计列。

3. AD高速公路二期工程概算核定为1 339 263 905元(含建设期贷款利息52 460 000元),核减560万元。

第二节　公路建设项目设计阶段的造价审查

对设计阶段的造价审查主要通过基本建设程序、基本建设计划,对设计文件的审查、审批等方式来进行。初步设计经过审批,列入国家基本建设计划,即可进入项目的技术设计或施工图设计阶段。对技术设计或施工图设计文件,特别是概(预)算文件,要在设计评审的基础上,由国家有关机构进行审批。根据有关规定,大中型项目的概预算文件,分别由国家计委和地方计委组织审查,一般建设项目的概预算由建设项目的主管部门审查。

根据《财政性基本建设资金投资项目工程预、决算审查操作规程》的规定,对工程预算进行审查的内容包括建设项目工程预算是否控制在概算允许范围以内,工程量计算、定额套用与换算、费用和费率计取是否合理、准确。审查步骤为:

①收集建设单位提供的相关资料。

②根据项目技术特点和具体情况制订审查方案。

③组织初审,根据审查重点深入现场实地调查。

④复审并出具审查结论。

审查的依据有工程施工图,国家和地方统一制定的工程预算定额、费用定额、人工和材料价格、价格调整指数等相关取费规定,行业主管部门制定的相关专业定额等。

在概预算审查时,应重点审查以下事项:

(1)单项工程预算编制是否真实,主要包括:

①工程量计算是否符合规定的计算规则、计算方法,计算结果是否准确。

②分项工程概预算定额选用与套用是否符合规定,定额抽换是否正确。

③有关取费是否执行了《公路工程基本建设项目概算预算编制办法》中相应的计算基数和费率标准。

④设备、材料是否按国家定价或市场价计价。

⑤利润和税金的计算基数、利润率、税率是否符合规定。

(2)所列预算项目是否与设计图纸相符。

(3)多个单项工程构成一个工程项目时,要审查工程项目是否包含各个单项工程,费用内容是否正确、项目是否齐全等。

(4)预算是否控制在概算允许范围内。

【例 10-1-4】 国道××线 CS 至 FL 高速公路概算审查报告

一、工程概况及原概算情况

1. 工程概况

国道××线 CS 至 FL 高速公路(CF 路)起于 YC 高速公路终点 CS 桃花街互通式立交桥(K86+050),止于 FL 长江大桥北桥头(K118+941.35),全长 31.893 4 公里。其中 CS 境内长 11 公里,FL 境内长 20.893 4 公里。技术标准按山岭重丘高速公路设计,设计行车速度为 80 公里/小时,路基宽度整体式为 24.5 米、分离式为 12.5 米;隧道净宽 10.5 米,净高 5 米;桥梁桥面净宽 21.5 米,小桥涵设计与路基同宽;设计荷载汽车—超 20 级,验算荷载挂车—120,全线有隧道四座,互通式立交桥两座,大桥、特大桥共八座(概算将分离式单独计列为 10 座);路基土石方(含挖方、填方)约 1 114 万立方米;中桥 6 座,涵洞 89 道。

2. 原概算情况

(1)原设计单位所作的概算情况

原设计单位所作的概算,其概算总金额为 1,540,604,222 元(未包括安全设施、监控设施、通信设施、收费设施、服务设施、供电照明设施、房屋建筑等交通工程费用)。其中建筑安装工程费 972,152,999 元、设备及工器具购置费 3,130,556 元、工程建设其他费用 355,170,408 元、预留费用 210,150,259 元。

(2)C 市交通局批复的概算

C 市交通局 200×年×月×日批复(Y 交局[200×] ×号文)的概算总金额为 1,522,885,574 元(安全设施、监控设施、通信设施、收费设计、服务设施、供电照明设施、房屋建筑等交通工程费用另计)。其中建筑安装工程费 973,387,725 元、设备及工器具购置费 3,130,556 元、工程建设其他费用 353,654,064 元、预留费用 192,713,229元。

二、审核依据

审核依据主要有:

(1)定额。原交通部 (2007)第 33 号公告公布的《公路工程概算定额》(JTG/T B06-01—2007)、《公路工程预算定额》(JTG/T B06-02—2007),《公路工程机械台班费用定额》(JTG/T B06-03—2007)。

(2)费率。原交通部 (2007)第 33 号公告公布的《公路工程基本建设概算预算编制办法》(JTG B06—2007)。

(3)C 市交通局 Y 交局(2008)16 号《关于印发公路工程基本建设概算预算编制办法补充规定的通知》(C 市补充规定)。

三、审核范围和内容

1. 审核范围

审核范围为×省交通厅公路规划勘测设计院 200×年 12 月编制的《国道××线 CS 至 FL 高速公路(简称 CF 路)两阶段施工图设计概算文件》、C 市交通局文件(Y 交局[200×]×号文)《C 市交通局关于 CS 至 FL 高速公路一期工程初步设计概算的批复》的概算情况。以便确定合理的概算金额。

2.审核内容

(1)各种资源单价取值情况。

(2)定额运用情况。

(3)各项费率的取定情况。

(4)分项工程概算(08表计算)情况。

(5)建筑安装工程计算情况。

(6)设备及工具器具购置计算情况。

(7)工程建设其他费用计算情况。

(8)预留费用计算情况。

(9)概算总金额计算情况。

四、审核结果

经过对有关概算文件的认真、仔细审查,其结果如下:

(1)各种资源单价取值情况。各种资源单价取值,设计院编制概算中存在的主要材料单价偏低问题,在交通局批复文件中已得到调整。主要材料单价偏低,木材、钢材、中(粗)砂、块石等材料单价应作调整,如表所示(见表10-1-1)。

原材料单价调整情况 表10-1-1

材料名称	单位	原单价(元)	核定单价(元)
原木	m^3	1 200.65	1 350
Ⅰ级钢筋	t	4 250.59	4 320
Ⅱ级钢筋	t	4 290.65	4 358
钢材	t	4 280.65	4 320
中(粗)砂	m^3	70.15	72.85
块石	m^3	54.17	65.0
料石	m^3	135.00	120

(2)定额运用情况。根据所列分项工程及其定额选用情况,在定额运用方面基本正确,符合各分项工程特征。编制概算中借用预算定额部分,按规定调整了幅度差。

(3)分项工程概算(08表),定额调整误差,累计多算192 717元。

(4)预留费用多列53 463 375元。

(5)应不计供电贴费。

附:CS至FL高速公路初设土建概算汇总表(表10-1-2)。

CS至FL高速公路初设土建概算汇总表 表10-1-2

项次	工程项目或费用	原报概算(元)	审核概算(元)
	第一部分 建筑安装工程	972,152,999	973,387,725
一	临时工程	1,189,760	1,198,466
二	路基工程	205,034,635	204,332,500
三	路面工程	88,518,009	88,506,772
四	桥梁涵洞工程	252,508,571	254,566,188
五	交叉工程	37,761,313	37,977,367
六	隧道工程	300,469,052	300,004,375

续上表

项次	工程项目或费用	原报概算(元)	审核概算(元)
七	公路设施及预埋管线工程	32,678,140	32,715,756
八	绿化及环境保护工程	23,140,080	23,162,696
九	管理、养护及服务房屋工程	30,853,440	30,8S3,596
	第二部分　设备及工具器具购置费	3,120,556	3,130,556
一	设备购置费	2,700,000	2,700,000
三	办公及生活用具购置费	430,556	430,556
	第三部分　工程建设其他费用	355,170,408	353,654,064
一	土地征用及拆迁补偿费	111,948,480	111,948,480
二	建设项目管理费	22,409,431	22,392,369
1	建设单位(业主)管理费	4,811,157	4,814,628
2	工程质量监督费	1,284,936	1,286,206
3	工程监理费	13,705,980	13,719,526
4	工程定额测定费	1,456,260	1,457,700
5	设计文件审查费	428,312	428,735
6	竣(交)工验收试验检测费	722,786	685,675
四	建设项目前期工作费	27,874,173	27,874,173
七	供电贴费	1,500,000	0(不计)
八	联合试运转费	486,076	486,694
十一	建设期贷款利息	190,952,248	190,952,248
	第一、二、三部分费用合计	1,330,453,963	1,330,172,345
	预备费	210,150,259	192,713,229
	1.价差预备费	153,235,617	135,735,843
	2.基本预备费	56,914,643	56,977,386
	概算总金额	1,540,604,222	1,522,885,574

第三节　施工阶段工程造价的审查

公路工程定额站或造价咨询机构受国家有关主管部门或业主委托进行工程造价审查，依据部门法规，比如原交通部颁发的《公路工程施工招标投标管理办法》、《公路工程国内招标文件范本》、《公路工程施工监理办法》、《公路工程竣工验收办法》、《交通基本建设项目竣工决算编制办法》等来统一和规范公路行业在施工阶段的造价管理工作。对施工阶段工程造价进行客观、公正、独立的审查的主要内容包括：

一、招标标底审查

1.审查编制标底的依据

编制标底的依据为：

(1)经上级主管部门审批的设计概(预)算和投资计划等文件。

(2)施工图或初步设计图纸等资料。

(3)工程所在地的建筑安装工程等概算预算定额及其相配套的材料预算价格。

(4)工程所在地的各项取费标准及有关规定。

(5)根据工程技术复杂程度、施工现场条件和提前工期等项要求所必须采取的技术措施。

(6)已批准的招标文件。

应审查以上各个依据是否真实,内容是否准确、合规;审查标底的编制是否确实根据以上依据作出。

2. 审查标底的编制方法

标底的编制方法基本上与概算或预算的编制方法相同,所不同的是,它比概算或预算要求更为具体确切。如,根据不同的承包方式考虑不同的包干系数;需考虑现场具体情况,必要的工程特殊技术措施费;需考虑不同材料、设备的供应方式和差价的处理办法,并考虑各种差价及其计算条件,各种不同的材料、设备的数量和价格清单等。

当前,国内工程的标底编制基础有:以施工图预算为基础的标底;以初步设计概算为基础的标底和以单方造价包干为基础的标底三种。审查时,应针对编制标底的基础不同,确定不同的审查内容。

1)审计以施工图预算为基础的标底

(1)审查其计算工程量是否以施工图设计与说明,当地的预算定额的项目划分及其工程量计算规则为依据;是否正确套用定额,分部分项地逐项计算出工程量,经过校核,以确保其准确性。

(2)审查单价的确定是否正确,直接工程费、其他工程费的计算是否准确;间接费(规费、企业管理费)和计划利润、税金等的确定是否合规;其主要材料的种类和数量确定是否正确,是否根据有关定额的消耗量及工程量进行计算;包干费和工程特殊技术措施费的确定是否正确。

(3)审查标底总价的确定是否突破概算值,如有突破,是否按规定办理有关审批手续,并经上级主管部门批准后进行招标。

【例 10-1-5】 (标底审查)×省拟修建一座预应力混凝土连续刚构大桥,桥跨组合为:3×30m+60m+2×100m+60m+3×30m,桥梁全长 505.50m,桥梁宽度为12.50m。其中,30m 跨径为现浇预应力混凝土连续箱梁。基础为钻孔灌注桩,采用回旋钻机施工,连续刚构桥主墩(单墩)为每排 3 根,共 6 根;1.50m 的桩、过渡墩(单墩)为每排 2 根,共 4 根 1.20m 的桩,桥台及现浇箱梁段均为 2 根 1.20m 的桩,1.50m的桩平均设计桩长为 3.00m、1.20m 的桩平均设计桩长为 28m。主墩承台尺寸为 7.50m×11.50m×3m。除连续刚构主墩为水中施工(水深 5m 以内)外,其他均为干处施工。连续刚构上部构造用悬臂浇筑法施工,最大块件混凝土为 $50m^3$。混凝土均采用泵送施工,水上混凝土施工考虑搭便桥的方法,便桥费用不计入本工程造价中。连续刚构上部构造边跨现浇段长度均为 10.00m,两岸过渡墩高度均为10.00m,两岸桥台的高度均为 6.00m。本工程计划工期为 18 个月。工程造价编制年工程所在地的各项预算价格按现行《公路预算定额基价表》为准。项目工程数量见表 10-1-3。

项目工程数量表　　表 10-1-3

部位	标　　号	工 程 项 目 名 称	单　　位	各工程项目数量
基础	1	Φ1.50m 桩径钻孔深度		
	(1)	砂、黏土	m	69
	(2)	砂砾	m	871.4
	(3)	软石	m	175.5
	(4)	次坚石	m	26.9
	2	Φ1.20m 桩径钻孔深度		
	(1)	砂、黏土	m	66.8
	(2)	砂砾	m	333.2
	(3)	软石	m	160
	3	灌注桩混凝土	m^3	2 637.3
	4	灌注桩钢筋(I/II)	t	118.423
	5	承台封底混凝土	m^3	341
	6	承台混凝土	m^3	1 376.3
	7	承台钢筋(I/II)	t	34.067
上部	1	悬浇 100m 连续刚构		
	(1)	墩顶 0 号块混凝土	m^3	537
	(2)	0 号块钢筋	t	66.237
	(3)	箱梁混凝土	m^3	2 621.4
	(4)	箱梁钢筋	t	310.897
	2	现浇 30m 箱梁		
	(1)	箱梁混凝土	m^3	1 176.8
	(2)	箱梁钢筋	t	207.25
	3	钢绞线		
	(1)	束长 80m 内 19 孔锚具束数	t/束	91.097/76
	(2)	束长 40m 内 19 孔锚具束数	t/束	39.46/68
	(3)	束长 20m 内 3 孔 锚 具 束 数 (单锚)	t/束	14.64/338
	(4)	束长 20m 内 19 孔锚具束数	t/束	11.184/40
	4	预应力粗钢筋(660 根)	t	25.76
	5	人行道混凝土预制块	m^3	161
	6	人行道混凝土钢筋	t	12.411
	7	现浇搭板混凝土	m^3	96.3
	8	现浇搭板钢筋(I/II)	t	5.204

其他直接费、现场经费及间接费综合费率见表 10-1-4。

其他工程费、规费及企业管理费综合费率(%)　　表 10-1-4

项目	其他工程费费率	规费费率	企业管理费费率	项目	其他工程费费率	规费费率	企业管理费费率
构造物 I	7.56	40.2	5.42	构造物 II	8.74	40.2	5.62
构造物 III	14.21	40.2	11.8	技术复杂大桥	6.0	40.2	5.67

分析要点：

本例用于分析工程量清单价格的构成，各类工程类别综合费率选择，及桥梁工程附属设施的内容。

工程量清单价格=直接工程费+其他工程费+间接费+计划利润+税金

桥梁基础工程应考虑的附属设施包括:护筒、钻孔工作平台、套箱围堰。桥梁上部构造应考虑的附属设施包括:现浇支架、悬浇挂篮、0号块托架、墩顶龙门架。

根据有关规定清单价格为:

单价=[直接工程费×(1+其他工程费费率)×(1+企业管理费费率)×(1+计划利润率)+人工费×规费综合费率]×(1+综合税率)

原标底中,有几点应修正:

①上部结构钢筋应含0号块钢筋,不应计入预应力粗钢筋。

②桥头搭板混凝土和人行道应属于构造物Ⅰ,不应导构造物Ⅱ的综合费率。

③人行道未考虑构件运输费用。

④所有单价中未考虑计划利润、税金,作为标底应包含此费用。

⑤钢绞线定额抽换有误。

该桥梁工程中主要工程项目的工程量清单价格,清单格式及核定情况见表10-1-5。

第400章 桥梁、涵洞 表10-1-5

编号	细目名称	单位	标底工程数量	核定数量	标底单价	核定单价
404	钻孔灌注桩					
404-1	桩径120cm	m	560	560	1 538.62	1580.51
404-2	桩径150cm	m	1 134	1 134	2 203.64	2 437.23
406	钢筋					
406-1	基础钢筋	t	152.49	152.49	5 678.40	5 968.51
406-2	上部结构钢筋	t	523.351	589.588(含0#)	5 578.40	5 879.08
407	结构混凝土					
407-1	基础混凝土	m^3	1 717.3	1 717.3	378.89(构II)	372.51
407-2-1	箱梁混凝土	m^3	1 176.8	1 176.8	961.56	981.08
407-2-2	桥头搭板混凝土	m^3	96.3	96.3	350.11	378.57
408	预应力混凝土结构					
408-1	预应力钢材					
408-1-1	钢绞线	t	156.381	156.381	15 485.62	15 343.13
408-1-2	预应力粗钢筋	t	91.937	25.76(不含0#)	8 901.83	9 876.56
408-2	预应力混凝土连续刚构	m^3	3 158.4	3 158.4	921.22	989.34
416	人行道	m	505.5	505.5	312.79	352.68

2)审计以初设概算为基础的标底

采用以初设概算为基础的方法计算标底,其编制步骤与方法基本上与施工图预算为基础的标底相同。所不同之处主要有:采用的定额及其单价是概算定额,而非预算定额;在招标文件中必须附有由原设计单位提供的实物工程量清单。所以,在审计时还应审查其采用的定额及其单价是否是概算定额,在招标文件中是否附有由原设计单位提供的实物工程量清单。

3.审查标底文件内容

(1)招标工程综合说明。包括招标工程名称、规模与主要工程量、招标工程的设计概算或修正概算总金额、工程施工质量要求、计划工期天数、计划开、竣工日期等。

(2)招标工程工程量清单一览表。包括分部工程名称、工程量、结构类型、沿线设施与绿化工程等。工程量计算是否准确、合理,所列费用项目是否与招标文件或《公路工程国内招标文件范本》(2009 年版)的有关规定相一致,标段的划分是否合理等。

(3)标底价格。包括工程总造价、单方造价。定额套用与换算、费用和费率计取是否合理,有关费用的计算是否与招标文件规定的原则或方法相符等。

(4)招标工程总造价中所含各项费用的说明。包括包干系数或不可预见费用和工程特殊技术措施费等的说明。

应审查以上标底文件的各项内容是否真实,其内容中各项数字指标计算是否准确、合规。

二、工程价款结算审查

工程价款结算审查主要审查中期支付及其结账单(支付报表及其附件)、最终支付及其结账单(支付报表及其附件)。在具体审查前,应当获取如下的资料:

(1)工程项目批准建设文件,监理、质量验收等有关文件。

(2)概预算资料、招投标文件的单价资料及与支付有关的合同条款。

(3)合同或协议书。

(4)施工图或竣工图。

(5)工程量计算书。

(6)材料费用有关价格资料。

(7)取费资料。

(8)各种付款资料。

(9)有关证照,如企业资质与项目经理资质、施工许可证、爆破许可证等。

(10)施工组织设计资料。

(11)工程变更签证资料。

(12)隐蔽工程资料。

(13)工程结算(或决算)的财务资料。

(14)其他影响工程造价的有关资料。

工程价款的审查重点,应在预算审查相同事项基础上,还要重点审查工程实施过程中发生的设计变更和现场签证,工程材料和设备价格的变化情况,工程实施过程中的技术经济政策变化情况,补充合同或协议的内容。此外,还应审查:

(1)计量、支付程序,手续是否完善,工程量计量是否与工程进度相符,是否符合工程实际。

(2)采用单价或总额价是否与合同清单单价或总额价相一致。

(3)工程变更手续是否规范与完善、变更组价是否合理并符合合同文件规定。

(4)索赔依据是否成立,是否遵守索赔程序、索赔时效,审批的索赔金额是否合理。

(5)价格调整有没有依据合同文件的调价条款,各价格指数来源是否真实,各项参数取值是否合理并符合合同文件规定。

(6)是否存在乱收乱支行为等。

三、竣工决算审查

竣工决算审查主要审查:

(1)竣工决算资料是否齐全,编制依据是否符合国家规定等。

(2)项目是否按批准概算执行,有无提高建设标准和扩大规模等。

(3)主要材料取价、设备购置价格是否合理。

(4)费用计算是否符合行业或合同规定。

(5)重大设计变更是否合理,审批手续是否完备等。

(6)审核交付使用资产是否符合条件,资产价值是否准确等。

(7)核实项目结余资金,属于应上交财政部分应及时督促上交。

(8)清算基建收入和投资包干结余,属于应上交财政部分应及时督促上交。

(9)审核项目竣工财务决算报表的真实性、完整性等。

(10)审核项目从筹建到竣工、交付使用的全部费用,审定项目结算造价等。要重点审查工程项目概算执行情况,工程项目资金的来源、支出及结余等财务情况,合同工期执行情况和合同工程质量等级控制情况,交付使用资产情况。

此外,还应审查费用支出是否合法,有无混淆生产成本和建设成本的情况,报废工程是否经主管部门审批,有无隐匿、截留或拖延不交应交财政部门的包干结余、竣工结余及各项收入,收尾工程的预留款是否合理及建设情况等。

在工程结算和竣工决算审查过程中,必要时,定额站或咨询单位应会同建设单位、施工单位监理单位对以下项目进行现场查勘:

(1)分部或分项工程。

(2)实际施工用料偏离结算的工程项目。

(3)变更设计的工程项目。

(4)必须丈量的工程项目。

(5)交付使用的资产。

(6)预留的收尾工程。

(7)需要查勘的其他事项。

对涉及工程结算和决算的重要资料还要审查是否经过批准或是否有相应的签证。合同段竣工决算审查表见表 10-1-6。

××公路　合同段工程竣工决算审查表(样表)

第××章　　　　　　　　　第　页　共　页　　　　　　　　　表 10-1-6

<table>
<tr><th rowspan="3">项</th><th rowspan="3">目</th><th rowspan="3">次</th><th rowspan="3">细目名称</th><th rowspan="3">单位</th><th colspan="8">原决算</th><th colspan="3">审决算</th><th rowspan="3">核减或增总额</th></tr>
<tr><th colspan="3">签约合同价</th><th colspan="3">工程变更(+/-)</th><th colspan="2">实际支付合计</th><th rowspan="2">工程量</th><th rowspan="2">单价</th><th rowspan="2">金额</th></tr>
<tr><th>工程量</th><th>单价</th><th>金额</th><th>工程量</th><th>单价</th><th>金额</th><th>工程量</th><th>金额(元)</th></tr>
<tr><td></td><td></td><td></td><td></td><td></td><td></td><td></td><td></td><td></td><td></td><td></td><td></td><td></td><td></td><td></td><td></td><td></td></tr>
<tr><td></td><td></td><td></td><td></td><td></td><td></td><td></td><td></td><td></td><td></td><td></td><td></td><td></td><td></td><td></td><td></td><td></td></tr>
<tr><td></td><td></td><td></td><td></td><td></td><td></td><td></td><td></td><td></td><td></td><td></td><td></td><td></td><td></td><td></td><td></td><td></td></tr>
<tr><td></td><td></td><td></td><td></td><td></td><td></td><td></td><td></td><td></td><td></td><td></td><td></td><td></td><td></td><td></td><td></td><td></td></tr>
</table>

四、审查(核)报告

经过工程审查后,定额管理站或造价咨询单位出具相应的审查(计)报告,基本内容有:

(1)标题。标题规范为“基本建设工程预算审核报告”、“基本建设工程结算审核报告”、“基本建设工程决算审核报告”。

(2)收件人。收件人为审核(查)业务的委托人,审核报告应当载明收件人的全称。

(3)范围段。范围段应当说明审核的工程范围、被审核单位责任、审核单位责任、审核依据和已实施的审核程序。

(4)意见段。意见段应当明确说明审核意见。

(5)签章和咨询单位地址。

(6)报告日期。审核报告日期不应早于被审核单位确认和签署基本建设工程预算、结算及决算的日期。

(7)附件。基本建设工程预算审核报告附件包括“基本建设工程预算审核定案表”,基本建设结算审核报告附件包括“基本建设工程结算审核定案表”,如表 10-1-7 所示。基本建设工程决算审核报告附件包括“基本建设工程决算审核定案表”。

________工程结算审核定案表

编制单位:　　　　货币单位:　　　　表 10-1-7

工程项目名称	送审范围	送审金额	审增金额	审减金额	定案金额
建设单位(业主)意见:			施工单位(承包人)意见:		

复核:　　　　制表:　　　　日期:

第二章　公路工程造价审计

公路工程造价审计主要由国家审计机关对工程造价文件在工程量计算、定额套用与抽换、费率计取等是否合理与准确进行审计。按《交通建设项目审计实施办法》(交审发[2000]64号)，包括项目前期工作、概预算、工程结算、竣工决算等审计。

第一节　公路工程造价审计的一般程序

一、审计机关审计建设工程造价的一般程序

(1)审计机关根据上级审计机关和本级政府的要求，确定对造价审计工作的重点，编制年度审计计划。

(2)各级审计机关根据国家财政体制，按被审计单位的财政，财务隶属关系(指建设单位的财政，财务隶属关系)，确定建设项目名单，并通知该项目的建设单位.必要时，应同时通知相关的施工企业，设计单位，工程造价咨询和监理机构。

上级审计机关可以将其审计范围内的公路工程造价，授权下级审计机关进行审计；下级审计机关审计范围内的重大建设工程造价审计事项，上级审计机关可以直接进行审计。

社会审计组织接受建设单位委托，对工程造价审计，不受上述审计范围的限制。

(3)审计工作人员对公路工程施工合同，预(决)算文件，施工变更鉴证单等进行审计，并取得证明材料。

(4)审计小组对工程造价进行审计后，应当向所属的审计机关提出审计报告。审计报告应当征求被审计的建设单位和相关单位的意见，审计报告征求意见期为10天。

(5)审计机关收到审计报告征求意见稿后，作出审计结论和决定，通知建设单位和相关单位执行。

(6)建设单位不同意该审计结论和决定的，在收到审计结论和决定15天内，可向上一级审计机关提出申诉，申请复审。复审期间，原审计结论和决定继续执行。

(7)上一级审计机关作出复审结论和决定为终审结论和决定。审计署的审计结论和决定为终审结论和决定。

(8)建设单位对终审结论和决定不服的，可依法提起诉讼。

二、社会审计组织审计建设工程造价的一般程序

社会审计组织在遵守国家法律，维护国家利益和社会公共利益和前提下，为客户保守秘密，依法维护委托单位的合法权益。因此，有必要建立有效的管理机制，提高建设项目造价审计工作质量。造价审计工作程序是最基本的管理制度，一般程序如下：

1.审计委托

社会审计组织可以接受下列单位的委托，对建设工程造价进行审计。

(1)审计机关。将自身审计范围内的建设工程造价审计业务,委托审计。

(2)人民法院。将受理的建设工程案件,委托造价审计鉴证。

(3)定额管理部门。将受理的建设工程造价纠纷案件,委托审计鉴证。

(4)建设单位。以业主身份委托造价审计鉴证。

(5)施工企业。将本企业编制的建设工程造价预算书或决算书委托审计鉴证。

(6)其他单位。

2.调查了解

社会审计组织接到申请审计的要求后,应对建设项目情况进行调查了解,并填写公路工程施工基本情况调查表。

(1)建设项目立项情况。

(2)工程承发包情况。是否经过招标投标,标底编制单位,预算编制单位、承包方式等。

(3)施工企业情况。经济性质,项目经理等。

(4)施工进度情况。工程形象进度记录等。

(5)工程价款结算情况。已支付的工程价款数量,工程价款结算方式等。

(6)审计资料情况。审计资料是否齐全,现场管理制度,资料保管交接手续等。

(7)建筑材料供应情况。

(8)设备供应情况。标准设备询价,非标设备制作等。

(9)建设工程分包情况。建设单位指定分包单位和分包工程量。

(10)有关部门验证造价意见(报告)。

3.接受委托

社会审计组织在了解建设项目基本情况后,经分析研究,同意接受委托的话,应办理委托手续。

1)社会审计组织可以接受委托的条件

(1)符合社会审计组织营业范围。

(2)符合政府的有关政策法规。

(3)具备审计条件,主要是指审计资料比较完整,相关单位能够配合。

(4)社会审计组织对本项目有审计能力,包括审计人员数量,审计工作质量业务工具和手段。

2)签订业务委托合约

它是明确委托双方权利义务关系的文件。委托文件的主要内容包括项目概况,施工单位情况,收费办法。

4.组织审计小组,指定审计人员

社会审计组织按照内部管理程序,安排审计人员,规定如下:

(1)凡聘请特约审计人员,应填写有关协议书

协议书的格式示例见表10-2-1。

(2)安排本单位人员进行审计的可填写公路工程审计项目安排单。

5.搜集审计资料

建设工程造价审计小组或审计人员,应从委托单位及相关单位搜集审计资料。搜集资料范围:

(1)工程招标投标文件。

(2)工程承包合同,协议书及补充说明。

审计人员聘用协议书 表 10-2-1

聘请特约人员承办审计项目协议书	
按照双方协议要求，兹将__________工程预(决)算审计项目，委托__________完成	
①项目内容：	
②质量目标：	
③时间要求：	
④附件：	
审计师事务所(签章)	特约审计人员(签章)
	订协时间： 年 月 日

(3)工程施工图设计文件、竣工图。

(4)工程预算书、竣工决算书。

(5)工程设计，施工变更鉴证。

(6)分包单位名称，分包工程价款。

(7)甲供料结算清单。

(8)设备订货合同。

(9)其他。

6.制订公路工程造价审计项目实施计划

公路工程造价审计项目实施计划包括：

(1)建设单位的概况。

(2)审计人员的分工，主审人员名单。

(3)审计方式。

(4)审计内容，审计重点。

(5)审计范围。

(6)审计方法和步骤，包括完成审计的时间。

(7)审计目标。

(8)审计中请求配合的内容。

(9)审计中应注意的问题。

(10)主审人员签章。

7.编制审计工作底稿

审计人员将搜集的审计资料作为审计证据，并编制审计工作底稿。

1)审计证据

审计证据是审计报告的依据，用以说明事实真相。

(1)搜集审计证据的途径：

①由建设单位、施工企业、定额管理部门，材料设备供应部门，设计单位等提供。

②由审计人员进行现场丈量，数学计算，实地察看等取得。

(2)收集审计证据的方法：

①根据审计要求，有的放矢的搜集审计证据。

②采取调查取证、复印，照相等方法。

(3)建设工程造价的审计证据。

除上述已搜集的各种审计资料外，还包括建设单位，施工企业双方签证的下述资料：

①公路工程预算书中未包括新增加的项目。

②公路工程预算书中已包括，但未施工的项目。

③经现场实地测量的尺寸与施工图预算中不一致的地方。

④施工中用料品种规格，数量与原预(决)算书不一致的地方。

⑤各种变更签证资料文书。

⑥施工企业资质证书复印件。

⑦其他审计证据。

(4)对审计证据的鉴定 。审计证据应与审计的公路工程造价之间有必然的联系，证据所表示的事实必须真实可靠，取证手续符合规定。

2)编制审计工作底稿

审计人员对审计证据，审计资料归纳，分析和整理，并加以计算后，编制审计工作底稿。审计工作底稿包括：

(1)审计业务委托书。

(2)审计项目安排单。

(3)审计实施计划。

(4)各种审计表格。

(5)审计鉴证单。

(6)审计与建设单位、施工企业的会谈记录。

(7)被审计单位提供的证明。

(8)三方签证单。

8.审计验证报告

公路工程造价审计实施阶段结束后，要在建设单位，施工企业，社会审计组织三方签证的基础上编制审计验证报告，应包括以下几项内容(见表10-2-2)。

公路工程决算审计验证结果概况表 表10-2-2

委托单位			
审计项目			
委托日期	年 月 日	审计日期	年 月 日
原决算金额		审后金额	
核减金额		核减率	

主要问题：

1.工程量方面：

2.套用定额及单价方面：

3.采用费率方面：

4.耗用材料方面：

材料名称	原决算数	审后数	差异数
钢材(t)			
水泥(t)			
木材(m^3)			

5.施工单位经济性质和应采用定额名称：

主审人： 年 月 日

(1)工程项目名称,施工图号及设计单位。

(2)施工单位名称,施工日期和主要工程量。

(3)审计依据,程序和方法。

(4)原决算造价,现审定造价,核减金额,核减率。

(5)原决算漏项、漏计造价。

(6)核减造价的理由,漏项和漏计情况说明。

(7)改进建设工程造价管理的建议和意见。

(8)审计附件,包括审计表式和三方签证单等。

对施工企业拒绝签证的,社会审计组织应当维护双方合法权益,照常按期出具审计验证报告。

9. 审计收费

社会审计组织对工程造价审计实行有偿服务制度。各地对建设工程造价审计收费标准和方式不尽一致。较多地区实行按核减投资额的一定比例收取审计费的办法,有利于调动审计人员的积极性,按时保质保量地完成审计任务。

10. 结案归档

与建设工程造价审计相关的结论性和证明性材料等均应归档。

第二节　公路建设项目前期工作成果审计

公路建设项目前期工作,主要包括项目建议书、可行性研究、设计任务书和进行初步设计等四个方面。具体包括建设项目初步设计文件,编制依据、设计方案的论证和总概算的编制、审批及招标审计等内容,着重对项目建设方案的审计和设计概算的审计。

一、项目建设方案的审计

项目建设方案,是指公路建设项目决策后的建设方案。审计的重点主要是从技术经济的角度去审计建设方案是否经济、合理、可行。项目建设方案审计的内容主要包括:

(1)项目建设方案的指导思想是否符合国家或地区交通发展规划及有关政策。

(2)项目建设规模与当地国民经济水平、建设条件及目前行业的施工技术与管理水平是否协调适应,同时体现交通基础设施建设适当超前,而不是滞后或过度发展。

(3)资金来源及筹措方式是否可行、可靠,能保证项目所需的资金按时到位。

(4)项目施工设备及施工方案是否先进,生产技术经济指标是否合理。

(5)项目建设的费用和效益。公路项目应从国民经济发展角度对其社会效益进行经济评价,包括运输费用与运输时间节约、交通事故的减少、货损的减少、促进地区经济的发展等效益。对收费公路或集团投资建设的公路,除进行国民经济评价外,还要进行财务评价。

根据《建设项目经济评价方法与参数》(第三版)进行经济评价的指标一般包括:经济净现值ENPV、经济内部收益率EIRR、经济效益费用比R_{BC}等。财务评价指标一般包括:财务净现值FNPV、财务内部收益率FIRR、项目投资回收期P_t、总投资收益率ROI、偿债备付率DSCR等。此外,还应对工程成本、利税等经济数据和资料的可靠性进行审计。还要进行盈亏平衡分析、敏感性分析和风险分析。

对方案进行国民经济评价与财务评价后,对技术先进,经济与财务评价都可行的,应给予认可；对于技术先进、国民经济与财务评价都可行，但资金筹集等有一定困难的，建议给予贷款或融资优惠，尽可能创造条件上马；特殊项目，政治、经济和国防需要的，应予以支持；对于技术落后，经济不合理的公路项目，应予以否定；国民经济评价可行，而财务评价不可行的项目，应在税收或土地开发等方面给以优惠政策。

二、设计概算的审计

设计概算是初步设计阶段编制的工程造价文件，是公路建设项目投资的最高限额。对设计概算审计的主要内容有：

(1)编制依据是否符合国家规定。包括：

①审计设计概算是否按批准的设计任务书确定的建设规模和内容进行设计。

②审计是否按公路工程基本建设工程概算编制办法和概算定额来编制。

③审计采用的概算定额(或指标)是否适用于本公路项目；各费用项目和取费标准是否符合现行规定。

(2)有无重算、漏算或自行增减项目等情况。防止高估冒算、预留投资缺口等现象。

(3)建安工程费用的计算是否真实准确。主要审计是否按规定的概算定额计算，套用的定额单价是否符合工程项目所在地的建设条件，必要时对工程量的计算进行复查。对设备安装工程费用，要着重审计概算所列设备是否与需要安装的设备数量相符，有无需要安装的设备漏列安装费或不需要安装设备错列安装费的现象。

(4)设备、工器具购置费的计算是否真实、准确。设备、工器具购置费由数量和预算单价两个因素决定。对数量的审计，应与设计文件的设备清单所列的种类、数量、规格、型号完全相符，防止多列或错列。对设备价格的审计，标准设备应着重审计是否符合主管部门规定的出厂价格；非标准设备主要审计估价的依据是否合规，有无高估加工费用、运输费用及材料消耗的情况。对进口设备需要的外汇，应注意是否随汇率的变化调整概算。

(5)工程建设其他费用的计算是否真实正确。首先审计所列费用项目是否符合现行《公路工程基本建设项目概算预算编制办法》的规定，有无随意分摊随意取费的情况；其次审计计费依据和取费标准是否符合规定，有无高套多算的现象。

(6)审计计划列项的预备费用是否正确。预备费用是指设计变更所增加的费用，设备与材料发生的价差，自然灾害防治费用，隐蔽工程修复费用和工程保险费用等五部分。应审计估算的依据和计算基数是否正确，费率是否符合《公路工程基本建设项目概算预算编制办法》或有关规定，有无计算错误。

【例 10-2-1】　　SD 公路(新建半幅)初步设计概算审计示例

省交通厅高速公路建设管理局：

200×年×月×日至 ×月×日，我厅对 SD 公路(新建半幅)初步设计概算进行了审计。根据《中华人民共和国审计法》第四十条和有关财经法规，现提出如下审计意见：

(1)S 市甲镇—B 市柳林和 D 市东铺至西牛庄两段中的工作台座的费用，因已编入概算定额中去，不能重复计算，原列入大中桥及互通式立交概算中的冷拉钢筋台座费，全部剔除。

(2)初步设计概算中均未考虑税金，按照国家有关规定税金不能减免。核增施工企业营业税、城市建设维护税和教育费附加三项共 11 534 612 元。

(3)S 市和 B 市两段中钢筋混凝土箱涵的洞身和洞口，漏算了人工费，已予分别补入。

(4)大件互通式立交,其16m跨径的装配式预应力空心板上部构造,每$10m^3$混凝土用钢量7.257t,高出定额很多,复查现浇16m预应力空心板上部构造,除列了高强钢丝外,构造钢筋也未列出。两种结构的钢材,应分别计算。总的看来钢材用量偏大,且现浇预应力空心板未列支架费用,施工图设计时,应认真考虑。

本互通式立交总概算表上漏列收费站的费用,应核增880 952元。

(5)玉岗互通立交

①总概算表上较分项概算多列54 595元,已予剔除。

②收费站分项概算数为308 618元,而总概算表上为25 874元,应核增282 744元。

(6)东铺—西牛庄水泥混凝土路面的简易拌和站费用,同样予以剔除。W县境缘石费用核增38 869元(设计的断面尺寸大于定额的尺寸)。

(7)圃河箱形拱方案较T梁方案高出约230万元,经研究确定采用T梁方案。混凝土拌和站费用,已摊入了定额,原列64 408元已予剔除,并核减两个方案的差价1 786 920元。

(8)A市东林—Q县段

①东水河大桥,设计推荐B线方案,采用9-16m预应力空心板桥,但概算是按10-16m设计的,已核减孔费用100 412元。

②桥梁上部结构造额中包括了伸缩缝的费用,是按镀锌铁皮沥青麻絮伸缩缝制定的,按定额计算后,不应再算橡胶伸缩缝的费用,原概算两样都算,显然重复。鉴于其他段落同类结构均未设计橡胶伸缩缝,因此已将各桥橡胶伸缩缝费用全部剔除。

③Q县境内三座隧道工程,其他工程费费率为4.53%,误用为7.56%,已核减226 673元。

④核增隧道照明及设备费68万元。

(9)Q县先灵镇—D市东铺段

①结构物采用商品混凝土发生的费用,不作为其他工程费和间接费的计算基数。

②路缘石的费用应随设计断面尺寸的不同而相应调整定额。

(10)物价年上涨率原用2.5%偏低,现改按5%进行调整。

(11)全线所需主要材料。原木20 945m^3;锯材29 148m^3;钢材39 039t(其中高强钢丝2 820t);水泥460 526t;沥青3 062t。

经审计,全线核定总概算为1 269 798 056元。

××省审计厅

××××年×月×日

第三节　公路工程概算预算审计

一、公路工程概算预算审计步骤

(1)收集有关资料。应收集整理可行性研究报告,计划任务书、初步设计和概算,施工图设计与施工图预算,设计图纸及说明,概(预)算定额、指标、费用标准等有关文件资料,为审计工作做好必要的准备。

(2)熟悉情况,掌握数据。审阅设计图纸和说明书,弄清建设内容、建设规模、设计能力、工艺流程和各项技术经济指标,熟悉概(预)算的组成内容、费用构成、编制的依据与方法,以及各概(预)算表与设计文字说明之间的关系。

(3)深入现场,调查研究。审计人员要深入实际,踏勘现场,做到心中有数。广泛进行调查研究,多向设计、建设等单位的有关人员了解情况,以便对有关问题的认识更深刻、更符合实际。

(4)制订方案,着手审查。在调查摸底,掌握情况的基础上,制订方案,确定重点,然后着手进行审计工作。

二、概算预算编制依据审计

概、预算编制依据的审计虽然比较简单,但却十分重要。因为,设计、概预算依据的错误比工程计算差错造成的损失要大得多。而且,一旦合同文件形成,将是无法弥补的。因此,这一阶段的审计必须认真、全面,不能随意省略。

概、预算编制依据的审计一般分两步进行:

(1)根据上述三个标准,确定概预算是否按照《公路工程基本建设项目概算预算编制办法》及各省厅局制定的标准编制,取费标准是否准确,定额基价是否合理。

(2)编制所需要的批准文件是否齐全。批准文件一般有:项目建议书及批复,工程可行性研究报告及其批准文件等,初步设计、委托及批复文件,施工图设计文件等。

三、建设项目概算审计的主要内容

1.审查概算编制的依据

审查设计概算是否按照经过批准的计划任务书规定的建设规模和内容编制;编制概算所采用的概算定额、概算指标、材料价格、通用设备价格、非标准设备制作价格以及费用项目和取费标准是否符合现行规定;没有具体规定的费用项目,是否有合理的测算或参照依据。

2.审查概算文件的组成内容

概算文件应该全面、完整地反映设计的内容和要求。概算投资包括建设项目从筹建到竣工验收所需的全部建设费用。应审查设计文件内的工程项目有无漏项,并注意有无将设计外的工程项目列入概算。

3.审查总图规划

主要审查设计总图的布局,是否根据生产工艺要求作了全面合理的规划,力求在满足设计要求的前提下,多用当地材料,减少运输费用,避免迂回反复和超运距运输。分期建设的公路工程项目,是否根据长远规划留有发展空间。占地面积是否符合规定指标,有无多征多用,多征少用,征而不用,分期建设有无早征迟用等浪费土地资源的现象。

4.审查投资效益

应从宏观和微观两方面,对建设项目的投资效益进行综合审查,全面评价路网布局是否符合地区路网规划、项目的市场前景、建设周期、社会效益和投资回收期等各项经济指标,及其投资的财务效益。并注意审查有无盲目建设,重复建设等问题。

5.审查概算的费用构成

(1)建筑安装工程费用的审查

①审查工程量计算是否符合计算规则,有无多算少算,重算漏算。

②审查概算定额的套用是否正确，有无高套、低套、错套问题，是否按照原交通部《公路工程概算定额》编制。

③审查各种费用是否按照《公路工程基本建设项目概算预算编制办法》或各省的补充规定计取，有无多计或少计的现象。

(2)设备及工器具购置费的审查

①审核概算中设备的种类、规格、型号和数量，是否与初步设计文件中的设备清单和工艺流程图完全相符。

②审查设备单价是否按合理的设备原价及运杂费进行编制。着重审查标准设备的原价是否与主管部门和物价部门核定的出厂价相符；非标准设备的估价是否合理、合规，有无多计材料消耗和加工费用。

③审查设备、工器具、办公及生活家具购置费的计取是否符合规定，有无加大或降低取费基础，多计或少计费用的现象。

(3)工程建设其他费用的审查

此项费用应严格按照规定的计算程序以及国家和各省、市、自治区规定的费用项目和费率计取。一般不应增加新的费用项目，项目所包含的内容也不可随意增加。对其中个别费用项目在本地区、本部门不发生的不应计列。审查其他费用中的土地征用及拆迁补偿费，建设项目管理费，研究试验费，建设项目前期工作费，专项评价费，施工机构迁移费，联合试运转费，生产人员培训费，建设期贷款利息等是否列入概算。注意审查各种取费名称、取费基础、费率是否符合规定，有无乱摊派、乱收费现象，有无多算、少算、漏算其他费用的情况。

(4)预备费的审查

主要从取费基数和费率两个方面进行审查。按照规定，预备费包括价差预备费和基本预备费。应注意审查在计取预备费的同时是否又计取了施工图预算包干费，而重复计算预备费。

四、施工图预算审计

施工图预算审计的方法按审查的广度分为抽查、重点审计、全面审计三种。

施工图预算审计内容与建设项目费用直接相关，它决定于建安工程费用组成。从施工图预算的组成看，重点应放在工程量计算、定额或单位估价表的套用、未计价材料费计算及计取费用、调整预算等四个方面。

1. 工程量的审计

工程量计算的审计是最为繁琐、最易出错的，也是影响工程费用的主要部分。因此，无论审查何类施工图预算，也无论选用什么样的方法，都必须将其作为审计重点。审查工程量是否严格按照《公路工程预算定额》的工程量计算规则、依据图纸分部分项的计算，是否清楚和准确。

2. 定额或单位估价表套用的审计

公路工程施工图预算，单价的套用是否正确，对工程造价的影响极大，应该作为审计施工图预算的重要内容。

(1)审查工程预算定额的选套是否符合设计要求。选套定额，应根据设计要求和施工组织设计等资料进行。审查时要注意有无错套、高套或重复选套定额的情况。要划清定额与定额之间、一种定额册与另一种定额册之间的界线，正确判断、审查施工图预算定额套用。

(2)审查单价的换算是否和定额规定相符。为了简化定额的表现形式，扩大定额的适用范围，定额对一些设计中变化较多的分项工程，作了允许换算的规定。审查单价的换算是否与定额规定相符，首先，要审查换算是否是定额规定允许的，凡定额规定不允许换算的，不得擅自换算；其次，要审核换算的计算方法是否正确，计算结果是否准确。如换算定额中的施工机械台班是按正常合理的机械配备和大多数施工企业机械化程度综合取定的。实际与定额不一致时，除另有说明外，一般均不作调整。

(3)审查补充定额的合理性。在现时大型的建设项目中，新材料、新机械、新工艺等不断出现，而定额的修订调整不够及时，所以每一项工程都或多或少地需要一些补充定额。因此也要加强补充定额的审计检查。审查补充定额时要审查其编制依据及数据的准确性、充分性，防止出现乱编乱造的现象。

3.费用定额计取的审查

公路工程定额水平虽全国或各省、市、区一样；但其中主要材料价格各地差异较大，所以必须严格审查，有无高套、乱套现审查费用时，首先查看采用费用定额与套用的基价定额是否相符。在此基础上再对费用逐项进行核查。

(1)其他工程费用的审查

①冬雨季施工增加费一般是由施工单位包干使用，包括除特殊技术措施费外的冬雨季施工增加的一切费用。

②夜间施工增加费指按照施工技术规范或设计要求部门要求，必须连续施工或为确保工期需要在夜间连续施工而发生的照明及设施摊销费、夜餐补助及劳动效率降低等费用，但不包括施工企业自行安排夜间施工而发生的上述费用。不同地区、不同额对其有不同的规定，有的包干使用，有的按实计取，但工程在抢建期内，计取抢建费的不再计取此项费用，审计时应注意是否重复计算。

(2)间接费的审查

间接费的内容由规费和企业管理费组成。规费一般由各省、自治区、直辖市负责制订、审批、管理。因此，各地规费取费标准不尽相同。取费标准由于国家政策性调整、工资变化等原因，不同年度也在发生着变化。在审查间接费时首先应检查其计算基础是否正确，是否漏项，是否按国家或地方政府规定进行了调整。

(3)利润的审查

计划利润是由计算基础和利润率两个因素确定的。应分别审查这两个方面是否严格执行国家的有关规定。

(4)代收税金的审查

税金的审查要检查其税率是否按照项目所在地域及地方政府补充规定来确定。

4.施工图预算调整的审查

公路建设项目施工周期长，涉及面广，现场施工不可预见的因素多。同时，有的公路建设项目不严格按基本建设程序执行，如边设计边施工。所以造成预算调整，有三类情况：

①在施工未开始之前发生的设计变更、材料代用、施工方法改变等，从而引起预算调整和补充。

②在设计时无法预见，而在施工现场活动中发生的，如开挖地基后发现地下古墓或障碍物、管道、电缆等，由甲方代表决定的零星小修小改等。

③施工合同规定及调差系数的变动，亦称政策性调整。在审计中也应分类进行核查，看它的合理性、真实性、准确性，即通过审查它的各种记录或手续的完整性、可靠性，从而作出结论。

【例 10-2-2】 关于 AD 高速公路 B 市至 Q 县段施工图设计及施工图预算的审计意见

×省审计(200×)×号

省高等级公路建设指挥部、省交通规划勘察设计院：

根据交通部(200×)交工字×号文批初步设计文件要求，对主要副食品补贴增加按省政府政(200×)×号文调整，征地拆迁按省政府 G 政(200×) ×号调整，工程监理费按部工程司(20××工公子×号文调整，对砂石材料要补充料场及料场单价，对不符合预算定额及《公路工程基本建设项目概算预算编制办法》的部分费用按规定调整(见预算核定表)等。

经过工地核对和设计审核后，对国道 319 线 AD 高速公路(半幅)B 市至 Q 县段施工图预算核定值为 33 756 万元，其中预备费按有关规定管理。

××省审计厅

××××年 ×月 ×日

附件(见表 10-2-3、表 10-2-4、表 10-2-5)

AD 公路××中桥施工图预算(建安费部分)审核表(样表)

建设名称：××中桥　　第　页　共　页　　表 10-2-3

项	目	次	细目名称	单位	原建安费预算			审后预算			核减总额
					工程量	单价	金额	数量	单价	金额	
			总合计	元	72.20		1 644 383				
一			围堰	m	58	62.71	3 637				
二			天然基础	座	3	81 480	244 440				
三			桥台	m^3	1 168.7	801.2	936 401				
四			桥墩	m^3	377.4	237.2	89 501				
五			上部构造	桥长米	72.20	2 390	172 571				
六			人行道系	桥长米	72.20	1 310	9 460				
七			拱盔支架	桥长米	72.20	1 430	103 223				

国道 319 线 AD 高速公路(半幅)B 市至 Q 县段施工图预算审计核定表(一)

表 10-2-4

项	目	节	工程或费用名称	单位	原预算		审预算		核减总额
					数量	金额	数量	金额	
1	2	3	4	5	6	7	8	9	10
			第一部分：建安工程费					214 493 580	
一			临时工程	公路公里			36.372	3 051 380	
二			路基工程	km			32.752	50 451 760	
			其中：挖(填)方	m^3			5 342 356	36 289 306	
三			路面工程	km			32.852	26 480 735	
	1		水泥混凝土路面	m^2			405 472	20 522 772	

续上表

项	目	节	工程或费用名称	单位	原预算		审预算		核减总额
					数量	金额	数量	金额	
	2		沥青混凝土路面	m^2			183 822	7344 866	
四			桥梁涵洞工程	km			2.012	31 046 013	
	1		大桥	m/座			1 277.58/8	16 826 034	
	2		中桥	m/座			450.76/6	4 303 463	
	3		小桥	m/座			76.85/12	4 752 820	
	4		涵洞	道			166	5 163 696	
五			交叉工程	处			72	71 847 752	
	1		互通式立交	处			7	49 281 473	
	2		分离式立交	处			16	4 706 190	
	3		通道	处			39	4 349 936	
	4		人行天桥	处			10	1 614 961	
六			隧道工程	m/座			1 608/3	16 397 811	
七			公路设施及预埋管线工程	公路公里			36.372	1 051 263	
	1		收费站	处			5	1 051 263	
九			管理、养护及服务房屋工程	m^2/处			18 546/3	11 993 210	
			第二部分:设备及工器具购置费	公路公里			36.372	6 139 689	
			第三部分:工程建设其他费用	公路公里			36.372	50 077 015	

国道319线AD高速公路(半幅)B市至Q县段施工图预算审计核定表(二)

表10-2-5

项	目	节	工程或费用名称	单位	原预算		审预算		核减总额
					数量	金额	数量	金额	
1	2	3	4	5	6	7	8	9	10
一			土地征用及拆迁补偿费					37 564 495	
二			建设项目管理费					1 276 110	
三			研究试验费					501 057	
四			建设项目前期工作费					6 442 443	
五			专项评估费					1 049 631	
七			供电贴费			540 846		不计	
十一			建设期贷款利息					3 243 279	
			一、二、三部分费用合计					270 710 284	
			预备费					66 845 873	
			1.差价预备费					58 724 565	
			2.基本预备费					8 121 308	
			预算总值					337 556 157	

第四节　公路项目建设期中造价审计

一、需收集的资料

为了做好公路工程建设期间造价审计工作，需要事先收集各种基础资料，作为审计工作的依据和标准。

(1)概预算文件、建设计划和合同文件。经批准的工程投资概算和经审定的施工图预算等资料；现行定额取费标准、上级批准的建设项目计划任务书和年度基本建设财务收支计划；与施工企业、勘察设计院、监理公司等签订的各种经济合同文件及计量支付合同条款。

(2)施工进度计划和工程计量证书。包括合同工期；年度、季度施工进度计划；已完工程计量证书。

(3)工程变更资料。在项目建设过程中，地质基础、设计标准等的变化将引起施工图设计的修改和施工结算的调整，这部分变更资料包括结算双方同意的有关设计变更文件、洽商记录、施工签证账单、会议纪要、工程量增减记录以及其他资料、图表等。

(4)财务文件。包括规定的工程价款支付及结算办法、预付款项账单、已完工程量报表、预付工程备料款账单等。

二、建设期中造价审计的主要内容

对已掌握的原始资料，要联系被审计项目的实际情况认真分析，分类整理。在此基础上，主要审计以下几项内容：

(1)概算调整、设计变更、建设内容变更等事项，是否按照规定报有关单位审查批准。

(2)工程计量与费用支付审计。

公路项目承包合同的执行，核心问题是工程计量与费用支付。不论是进度控制，还是质量的全面管理与监控，都与计量和支付密切相关。因为，承包人工程质量不合格，监理工程师不签字认证验收，业主就不予付款；如工程进度拖延，工程不能按期完工，经过监理工程师检查证明，业主可以扣回承包人的拖期损失赔偿金。因此，工程计量与费用支付是合同双方都非常关心的问题，也是发生合同争议的焦点问题。FIDIC 合同条款中有一半以上的条款都与费用支付的经济问题有关，主要指导思想是以支付为核心的控制手段，通过工程计量与费用支付的有效控制，有效保证工程合同的全面履行。所以，对工程计量与费用支付的审计，就充分体现了审计监督工程合同执行，保证工程质量和工程进度，确保建设资金安全的职能。一般情况下，审计监督也按计量与支付次数相应确定。工期一年以内的，可半年审计一次；工期一年以上的，可一年审计一次。

①对工程计量程序、方法和内容，及工程费用支付程序、支付项目与内容是否科学、是否符合合同规定，计量与支付项目是否一致等进行审计。

②审查工程价款结算方式是否合理。

审查时，可查阅工程合同书和工程价款结算账单凭证，审查所采用的结算方式是否符合国家规定的工程价款结算办法，在合同执行过程中有无随意改变结算方式的情况。审计的目的是监督建设单位按照合同规定的方法办理结算手续，保证施工企业及时收到工程价款，同时，督促施工企业保质保量地完成建筑安装工程任务。

③审核工程结算价款的数额。

按照施工图纸、实际完工计量证书、合同单价，审核工程价款结算和有关统计报表是否真实、合法，是否严格按合同规定付款，已完工程的费用计算是否正确。审核时应注意套用的单价与图纸的工程内容是否相符，计算有无错误。对计算结果要进行逐项复核，或对主要项目进行抽查。对高套定额，随意调价，以及计算上的错误，都应进行调整和纠正。

(3)根据施工建设中发生的设计变更，材料代用等工程结算资料，查证调整后的工程结算价款的计算是否正确。

①查询由于设计变更而增加的工作量，因施工过程中地质情况变化，以及受自然条件影响等原因而发生的预算外增加的费用，是否已计入工程结算价款总额内，有无虚列多计或漏列少计等情况。

②查明在施工过程中，由于材料品种、规格、质量与设计要求不符，征得建设单位同意后代用的材料，与设计规定材料的价格之差，是否在结算工程价款时，在工程合同价的基础上如数进行了调整。

③查明国家调整材料预算价格后，由施工单位代替建设单位供料部分发生的材料价差，是否在结算工程价款时，在工程合同价的基础上如数进行了调整。

(4)审查建设单位、施工单位是否有拖延工程款结算、虚报冒领情况。

工程招投标双方必须遵守结算纪律，不准虚报冒领，不准相互拖欠。对无故拖欠工程款的单位，应督促拖欠单位及时清偿。对于承包单位冒领、多领的工程款，应采取措施扣回，并追究有关责任人的责任。

(5)审查投标单位是否将工程转包、分包。

为保证工程质量，按规定禁止任何转包行为，应严格控制分包，工程分包单位，必须具有与建设规模和标准相应的资质，经省级以上交通主管部门资信登记，并办理有关手续和具有相应的业绩和能力，且主体工程不得分包。可从施工单位提供的结算账单计算的工程价款中审查是否有分包、转包业务发生。

(6)其他事项。

①建设资金使用是否合规，有无转移、侵占、挪用建设资金和损失浪费等问题。

②建设项目成本是否严格按照概算口径及有关制度正确归集，基建收入来源是否真实、合法，往来款项是否真实，税、费是否按照国家规定及时、足额计提和缴纳，财务年度报表是否真实、准确，表内、表间逻辑是否正确。

③设备、材料等物资是否按设计要求和合同规定进行采购，物资的验收、保管、使用与维护是否合规、有效。

④建设项目的进度是否按计划完成，项目投资完成额是否真实、准确，有无虚报和将应结转本年完成的工程量挂账的现象。

⑤建设项目施工、设计各环节是否执行国家有关环境保护的法律法规和政策，环境治理项目是否与项目建设同步进行。

【例 10-2-3】　　SD 公路工程概算执行情况审核报告

1.建设审批程序

SD 高速公路项目经由 SC 省交通厅×交基(20××)××号文批复同意初设路线全长45.1公里，起于 S 市桃花街立交桥，止于 D 市乌江大桥。CHQ 市直辖后，CHQ 市交通局以 Y 交局(200×)×号文对重新初步设计进行了批复，同意一期工程路线全长 31.89 公里(实际施工为 32.8 公里),起于 S 市桃花街互通式立交桥,止于 D 市长江大桥北桥头,二期工程为 D 市长江大桥南桥头至乌江 319 国道,已暂缓建设。20××年 CHQ 市交通局以 CHQ 交局(20××)×号文对初步设计概算进行了批复,一期工程初设概算暂核定为 1 636 587 802 元。经 CHQ 市交通局批准的该项目开工日期为:20××年×月×日,计划竣工日期为 20××年×月×日,计划工期为 48 个月。

2. 工程进度及合同执行情况

(1)工程进度

截至 20××年×月×日一期工程实现初通,基本完成年度计划;二期工程施工已全面展开,工程进度为 67%。

截至 20××年×月×日,全线路基土石方挖方累计完成 582 万立方米,占计划的 100%;填方完成 433 万立方米,占计划的 85%;防护工程完成 15 万立方米,占计划的 57%;涵洞开工 4 601 延米/100 道,完成 4 320 延米/91 道,占计划的 91%;互通式立交桥开工 2 座、已完工李渡互通式立交一座。特大桥、大桥开工 9 座,已完工 2 座;中桥开工 12 座,已完工 6 座;隧道开工 4 座,已完工 1 座。截止 20××年×月×日 SD 高速公路总的工程进度为 77%(不含路面、交通工程、机电工程)。

(2)合同计量支付执行情况

通过对 SD 高速公路 25 个合同段工程计量支付月报表中相应项目单价、工程计量、工程变更、设计变更等的抽查核实,部分合同段工程计量虽与计量支付月报表中的工程量有一定差异,但工程总量最终按工程监理认可的实际发生量进行控制。全线形象进度大于计量支付进度。该项目二期工程变更量较大,主要原因是原设计的地质勘察结果与实际情况有较大差异,以及原设计不完善引起的工程变更。在审核过程中,我们已分别与 SD 高速公路监理部、高速公路建设有限公司有关部门交换了意见,要求严格按合同规定进行计量支付,工程变更应按制定的工程管理办法完善审批程序,加强工程变更管理,以提高投资效益。

截至 20××年×月底,SD 高速公路主体工程原合同金额为 781 748 032 元,变更工程增加的合同金额为 101 641 663 元,变更后合同金额为 883 389 695 元,累计支付额 476 123 149 元,占变更后合同总金额的53.90%。临时工程原合同金额为 11 586 502 元,变更增加合同金额 1 387 678 元,变更后的合同金额为 12 974 180 元,累计支付金额为 12 162 111 元,占变更后合同金额的 93.74%。

3. 概算执行情况

本次审核,是根据《关于 SD 高速公路一期工程初步设计概算的批复》(Y 交局×号)中概算总金额暂核定为 1 636 587 802 元(含建设贷款利息)进行的。具体执行情况如下:

(1)截至 20××年×月×日,建筑安装工程概算执行情况见下表(表 10-2-6)。

建筑安装工程概算执行情况 表 10-2-6

序号	工程项目	变更后的合同金额(元)(未含合同内的暂定金额)	经审核批复的概算金额(元)	备注
1	建筑安装工程	780 108 465	973 387 725	未含交通工程、隧道照明
2	设备及工具购置费	6 307 624	3 130 556	
3	交通工程	9 572 057	95 680 200	
	合计	795 988 146	1 072 198 481	

(2)截至20××年×月×日,工程建设及其他费用(待摊投资)概算执行情况见下表(表10-2-7)。

工程建设及其他费用(待摊投资)概算执行情况表 表10-2-7

序号	项目名称	实际已发生的支出金额(元)	经审核批复的概算金额(元)	备注
一	土地征用及拆迁补偿费	86 979 064	111 948 480	实际支付金额中79 984 584元来源于SD路征地拆迁专项审计报告
二	建设项目管理费	24 174 748	21 706 795	
	其中:1.建设单位管理费	8 310 156	4 814 628	
	2.工程质量监督费及工程监理费	15 864 593	15 005 732	工程监理费合同价18 210 220元
	3.工程定额测定费	业主财务未单列	1 457 700	
	4.设计文件审查费	业主财务未单列	428 735	费用不完整
三	建设项目前期工作费	4 553 001	27 874 173	前期资料未移交,设计费用不完整
四	专项评估费	3 293 496	1 500 000	
五	建设期贷款利息	69 383 663	190 952 248	
	合计	188 383 972	353 981 696	

(3)工程预留费用。经CHQ市交通局审核批复的金额为210 407 627元,根据国家发展计划委员会文件计投资(20××)×号文件精神,该部分费用需要重新调整。

(4)截至20××年×月×日,SD高速公路工程变更后合同价和待摊投资实际支付额共计984 372 118元,占概算总金额的60.15%(CHQ市交通局Y交局[20××]×号文审核批复的概算总金额1 636 587 802元)。

4.建设资金筹集及支出情况

(1)经审核,20××年×月×日至20××年×月×日,各种渠道筹集资金计1 434 803 952元。见下表(表10-2-8)。

SD公路资金来源与使用情况表(例10-2-3) 表10-2-8

筹集资金	金额(元)	投资支出	金额(元)
1.基建拨款	168 713 000	1.建筑安装工程投资	502 753 832
①交通部补助款	87 000 000	①主体工程投资	479 420 995
②市财政返还税款	9 213 000	②交通工程投资	20 250
③交通局自筹——养路费	17 500 000	③线外工程投资	320 000
④交通局自筹——机场路转让费	35 000 000	④机电工程投资	3 958 220
⑤交通局自筹——重点建设资金	10 000 000	⑤临时工程投资	19 034 367
⑥交通局自筹——车购费	10 000 000	2.待摊投资	188 383 972
2.基建借款	1 266 090 952	①建设项目管理费	8 310 156
①国家开发银行重庆市分行借款	700 000 000	②土地征用及拆迁补偿费	86 979 064

续上表

筹集资金	金额（元）	投资支出	金额（元）
②中国建设银行重庆市分行借款	320 000 000	③建设项目前期工作费	4 553 001
③交通相关部委贷	70 000 000	④临时设施费	2 803 749
④地方国债转贷资金	170 000 000	⑤贷款利息	69 383 663
⑤D区政府筹资	6 090 952	⑥合同公证与工程保险费	15 864 593
		⑦其他	489 746
合计	1 434 803 952	合计	691 137 804

(2)经审核，20××年×月×日至20××年×月×日，该项工程投资支出691 137 804元。

5.建设成本审核情况

我们对贵公司于20××年×月×日接管后支付的工程款项进行审核，并就此发表审核意见。

(1)贵公司在财务核算中，原按"国有建设单位会计制度"规定进行财务核算，由于贵公司体制的变更，自20××年×月×日起，按《公路经营企业会计制度》进行购务核算，更改后的会计制度对基本建设项目成本无影响。

(2)在审计中我们发现，建设单位管理费概算批复数为4 814 628元，截至20××年×月×日已实际支付8 310 156元，实际支付数与概算数相比，超支3 495 527元，超支比率为72.80%，超支原因待竣工决算审核时一并反映。

(3)经对20××年×月×日至20××年×月×日的建设成本支出审核，需调整如下会计科目：

①"待摊基建支出-临时设施"科目中列支的临时工程款计19 034 367元，应调减本科目的"临时设施"明细；同时调增"基建工程支出-临时工程"明细计19 034 367元。

②"待摊基建支出-临时设施"科目中列支的"土地征用及拆迁补偿费用"计2 372 218元，应调减本科目的"临时设施"明细，同时调增本科目的"土地征用及拆迁补偿费"计2 372 218元。

6.有关事项说明

(1)初步设计阶段由于CHQ市与SC办理SD高速公路工作交接时资料未移交，有关设计单位情况及费用支付情况无法进行核实。

(2)由公司负责管理的二期工程，因该项目提供的招标文件、标底等资料不完整，我们仅根据公司提供的部分资料进行核实。

(3)D—LW、R合同段未进行竞争性招标，采用议标形式，合同价参照相应合同段SD—A、D以及渝长高速公路路面合同签订。

(4)该项目中以下三个合同段存在分包：

①H合同段中由于施工承包单位(中铁××局)不能满足，合同工期要求，由贵公司指定分包给中国人民武装警察部队第××总队施工。

②B合同段由贵公司指定分包给CHQ××工程总公司施工，分包手续至今未完善。

③G合同段属一期工程，由SC省高速公路指挥部指定分包给××基础公司，但

贵公司没有提供相关资料，使我们无法核实。

(5)CHQ市交通局批复概算未执行国家发展改革委员会文件计投资(20××)×文件内容。根据该文件精神，概算中的价差预备费需要核定。

(6)截至20××年×月×日一期工程已竣工部分合同段结算尚未办理。

审计单位：

××××年×月×日

第五节　公路建设项目竣工决算审计

一、竣工决算审计的意义

按照审计署、国家计委、中国人民建设银行关于基本建设项目竣工决算审计的规定，我国从1991年起在较大范围内推广，建立建设项目竣工决算审计制度。这项制度，具有下列意义：

(1)有利于节约建设资金，减少损失浪费，促进固定资产投资效益的不断提高。

(2)有利于加强建设项目管理，完善内部控制度，正确核定新增固定资产的价值。

(3)有利于贯彻建设项目财经法纪，堵塞漏洞，端正建设行业风气。

(4)有利于实现建设项目审计的法规化、制度化、规范化，建立具有中国特色的建设项目竣工决算审计制度。

二、竣工决算审计范围

按审计署、国家计委、中国人民建设银行关于《基本建设竣工决算审计试行办法》规定，竣工决算审计的范围是指新建，扩建的基本建设项目。现在各地基本上已扩大到各级各类固定资产投资项目。

三、竣工决算审计时间

建设项目按设计规定的内容全部建成，竣工决算文件编制完成一个月内，出具审计报告。

四、建设单位应报送的审计资料

(1)立项文件。包括项目建议书、可行性研究报告、投资计划等。

(2)合同文件。包括工程承(发)包合同、材料设备订购合同与勘察设计院、监理公司等签订的各种经济合同以及变更资料，在建设过程中，地质基础、设计标准等的变化将引起施工图设计的修改和施工结算的调整，这部分变更资料包括结算双方同意的有关设计变更文件、洽商记录、施工签证账单、会议纪要、工程量增减记录以及其他资料、图表等。

(3)招投标文件。包括招标说明，投标文件，标底等。

(4)设计文件。包括初步设计，技术设计和施工图设计文件等。

(5)竣工决算文件。包括技术、经济各类文件。

(6)其他资料。

五、竣工决算审计内容

1.竣工决算编制依据

(1)审查建设单位提供的各种决算依据资料与手续是否完备,竣工决算报表是否在办理验收后规定时间报送。

(2)审查竣工决算编制依据是否符合国家规定。

(3)审查是否留有遗留问题。

2.固定资产投资计划

(1)审查建设项目是否突破投资计划。核实报表中有关概算数和计划数是否与批准的概算数和计划数相一致。

(2)审查项目概算执行情况,如建设标准,计划外项目,概算投资节余和投资包干节余。

(3)审查公路建设项目工程质量情况,以及有无造成损失浪费现象。

3.交付使用财产

(1)审查交付使用财产成本计算是否正确。

(2)审查交付使用财产的交付条件和手续。项目交付使用财产明细审计表(见表10-2-9)。

建设项目交付使用财产明细审计表 表10-2-9

工程项目名称	单位	建筑工程		设备、工具、器具						核定价值
		结构	价值	名称	规格型号	单位	数量	账面价值	设备安装费用	
一.交付给生产与使用或管理单位的财产										
……										
二.交付给其他单位的财产										
……										
合计										

4.尾工工程

(1)审查尾工工程的实际工程量计算是否正确。

(2)审查尾工工程款的预留是否正确,有无转移投资。

尾工工程支付估算审计表(见表10-2-10)。

收尾工程项目支付估算审计表 表10-2-10

项目名称	估算尚需支付金额(元)	备注	核定金额(元)
一.土建及沿线设施	21 519 275		18 763 560
……			
二.交通工程	95 092 832		94 888 765
……			
三.设备购置	1 415 622		1 255 780
……			
四.建设项目管理费与利息	3 924 395		3 924 395
合计	121 952 124		118 832 500

5.不计算交付使用财产的投资

(1)审查转出投资。

(2)审查应核销投资。

(3)审查应核销其他支出。

待核销投资及转出投资审核表(见表10-2-11)。

待核销投资及转出投资审核表 表10-2-11

项　目	金　额	内　容	批准单位	文　号	备　注	核定金额
一.核销基建支出	598万元					598万元
1.耕地占用税	598万元	占用土地征收占用税	省交通厅	交财×号文		598万元
2.						
二.非经营项目转出投资					转入单位	
1.						
2.						

6.结余资金

在进行竣工决算审计时,必须十分重视竣工结余资金的审计。竣工结余资金与年终财务决算中的结余资金是不完全相同的,因为建设项目竣工后,不再需要占用储备资金,其数额应当越少越好。主要审计以下内容:

(1)审查竣工结余资金的真实性

包括库存设备数量、价格;核实库存材料数量、价格;核实债权债务的真实性。

①可根据“设备、材料明细表”和“应收、应付款明细表”通过设备材料的盘点和账簿的核查,落实竣工结余资金的数额。重点审查是否在应付款中隐瞒资金。

②审查待处理的设备、材料中有无损毁的物资,待处理设备、材料的作价是否合理。

③应收、应付款中有无无法收回和支付的款项。

④有无虚列工程成本转移资金。

根据以上审查情况,核实结余资金的计算是否正确,并作出相应的评价。

(2)竣工结余资金的处理合法性、合规性的审计

①审查竣工结余资金的处理是否在国家规定期限内处理完毕。

②审查处理物资的作价是否合理,有关人员有无私分物资和营私舞弊的行为。

③审查需要报废的物资损失和坏账损失的审批手续是否齐备,是否经过有关部门的批准。

④审查竣工结余资金是否按规定进行分配。

7.基建收入

据财政部《基本建设财务管理若干规定》(财基字[1998]第4号)第29条“基建收入是指在基本建设过程中形成的各种工程建设副产品变价净收入、负荷试车和试运行收入以及其他收入”。基建收入审查的内容包括:

(1)审查基建收入的来源渠道。

(2)审查基建收入的分成情况。

(3)审查基建收入的缴纳“两金”金额。

8. 投资包干节余

(1)审查投资包干方式。

(2)审查投资包干范围。

(3)审查投资包干节余分配。

9. 竣工决算报表

(1)审查报表的完整性。竣工决算各种报表是否填列齐全，有无漏报缺报，各表中项目的填列是否正确完整。

(2)审查报表的准确性。各表之间具有相关关系的数字是否相符。如“交付使用财产表”的合计数应与“竣工财务决算表”中的“交付使用财产”数额相符；“交付使用财产明细表”中的合计数应与“交付使用财产总表”的数字相符；“设备、材料明细表”中设备价值和材料价值应分别与“竣工财务决算表”中的“设备”金额和“材料”金额相符；“应收、应付款明细表”中的应收款合计数和应付款合计数应分别与“竣工财务决算表”中的“预付及应收款”金额和“应付款”及“未交款项”的金额相符。竣工决算部分报表审核(见表 10-2-12，表 10-2-13，表 10-2-14，表 10-2-15)。

财务总决算审计表

单位：万元　　　　表 10-2-12

资金占用	行次	决算金额	审定金额	资金来源	行次	决算金额	审定金额
一、基本建设支出合计		305 693		一、基建拨款合计		178 400	
1. 已交付使用资产		305 095		1. 交通部车购费拨款		63 700	
2. 在建工程				2. 省养路费拨款		82 200	
3. 应核销投资		598		3. 省客运附加费拨款		6 500	
4. 应核销其他支出				4. 省货运附加费拨款		2 000	
5. 转出投资				5. 通行费拨款		10 000	
				6. 车购费省分成		14 000	
				二、基建借款合计		141 894	
				1. 招商银行贷款		30 000	
二、基建结余资金		−4 206		2. 省能交基金贷款		4 700	
1. 库存策略				3. 厅转其他商业银行贷款		35 000	
2. 库存设备				4. 发行公路债券		10 000	
3. 待处理器材损失		8		5.			
4. 货币资金		718		6.			
5. 预付及应收款（减应付款）		−4 932		…			
				9. 利用外资借款		62 194	
				折合外币		7 512	
三、专项资产		18 807		平均汇率		8.278	
				三、专用基金			
总计		320 294		总计		320 294	

××公路　工程竣工决算审核汇总表(样表)

货币单位:人民币元　　　　第__页　共__页　　　　表10-2-13

编号	费用名称	原决算					审决算		核减总额	备注
		签约合同价	计量支付(不含变更)	工程变更(+/-)	工程索赔	实际支付合计	取费标准	合计		
	总合计									
1	土地征用及拆迁补偿费									
2	建设项目管理费									
3	建设项目前期工作费									
4	专项评估费									
5	联合试运转费									
6	建设期贷款利息									
7	一合同段工作量									
8	二合同段工作量									

编制:　　　　复核:　　　　主审:　　　　年　月　日

××公路　合同段工程竣工决算审核表(样表)

货币单位:人民币元　　　　第__页　共__页　　　　表10-2-14

编号	费用名称	原决算					审决算		核减总额	备注
		签约合同价	计量支付(不含变更)	工程变更(+/-)	工程索赔	实际支付合计	取费标准	合计		
	总合计					90 580 136			675 000	
1	第100章　总则					2 668 000			85 000	
2	第200章　路基					18 635 370			220 000	
3	第300章　路面					11 854 750			70 000	
4	第400章　桥梁、涵洞					25 873 280			250 000	
5	第500章　隧道					18 976 520			190 000	
6	第600章　安全设施及预埋管线					8 347 650			0	
7	第700章　绿化及环境保护					967 980			−60 000	
8	工程索赔					3 256 586			−80 000	

编制:　　　　复核:　　　　主审:　　　　年　月　日

10.投资效益评价

审计部门应对建设项目投资效益进行评审,评审的主要内容包括:

(1)建设工期对投资效益的影响。

(2)分析工程造价。

(3)据新增生产能力(如昼夜设计交通量能力)测算投资回收期(动态、静态)、净现值等技术经济指标;内部收益率。

(4)据项目收益分析贷款偿还能力,评价建设项目的经济效益、社会效益、环境效益等。

××公路　合同段工程竣工决算审核表(样表)

第200章　　　　第__页　共__页　　　　表10-2-15

项	目	次	细目名称	单位	原决算								审决算			核减总额
					签约合同价			工程变更(+/-)			实际支付合计					
					工程量	单价	金额	工程量	单价	金额	工程量	金额(元)	数量	单价	金额	
			总合计	元												
一			清理与掘除	m^2												
二			挖除旧路面													
	a		水泥混凝土路面	m^2												
	b		沥青混凝土路面	m^2												
	c		碎石路面	m^2												
三			拆除结构物													
	a		钢筋混凝土结构	m^3												
四			路基挖方													
	a		土方	m^3												
	b		石方	m^3												
	c		挖非适用材料	m^3												
五			改河挖方													
六			路基填筑													
七			软土地基处理													
八			…级砂浆片石边沟	m												
九			…级砂浆片石护坡													
十			挡土墙													
	a		…级砂浆片(块)石	m^3												
	b		…级混凝土	m^3												
	c		钢筋	kg												
十一			…级浆砌片石锥坡	m^3												
…	…		…	…	…	…	…	…	…	…	…	…	…	…	…	…

六、竣工决算审计处理

(1)超概算投资由建设单位投资包干节余、自有资金或上级拨款解决。原审批部门未批准的计划外工程由建设单位自有资金支付,并处以投资额5%以下的罚款。

(2)隐匿结余资金、私分基建投资、虚列尾工工程款、截留基建收入等均作调账处理,并可处以违纪金额20%以下的罚款,罚款由自有资金支付,其规定见“建设项目审计处理暂行规定”。

【例10-2-4】　AD公路建设项目竣工决算审计案例

1.项目概况

AD高速公路全长201.4km,是某省第一条高标准、服务设施完善的现代化高速公路。一期工程为半幅高速公路，建设期3年。省交通厅、计经委分别以×省交计(1990)143文和×省计经交498号文《关于报送国道310线AD高速公路新建工程设计任务书的报告》上报交通部。交通部以(1990)交计字××号文《关于国道310线AD高速公路新建工程设计任务书的批复》批准了AD高速公路新建工程设计任务书。经过勘察、设计，省交通厅以交计(1990)523号《关于报送国道310线AD高速公路工程初步设计文件的报告》上报，交通部以(1991)交公字××号文对上述初步设计进行了批复。并核定概算769 796 033元。其中AB段为国内筹资建设，先期与1993年开工；BD段，部分投资由世界银行贷款，于1994年开工。

在半幅建设过程中，沿线交通量迅速增长，到2000年AD段交通量将达到28 500辆/昼夜，已开始建设的半幅高速公路，难以适应交通量发展的需要，省交通厅省交计(1994)××号文上报二期工程提前可行性研究报告上报交通部，交通部以(1994)交公字××号文对AD高速公路二期工程可行性研究报告进行了批复，并以(1994)交公路发××号文对AD高速公路二期工程初步设计进行了批复，核定概算1 339 263 905元。至此，AD高速公路全幅核定概算为2 109 059 938元。

工程开工后，由于物价上涨，原核定的概算不适应需要，建设单位对概算作了调整，调整概算为320 884万元。并将其中××万元(扣除总概算中建贷利息，××万元)作为承包基数，确定由筹建处承包使用。

一期工程于1993年3月正式开工，1996年12月交工。二期工程1996年1月开工，1998年12月交工。截至1999年4月底，实际到位资金××万元，经审计核定，该工程累计完成投资××万元，交付使用资产××万元，未完工程××万元。

2.审计中发现的问题

1)概算执行问题

(1)增加建设内容，多投资550万元。

①一期工程建设过程中，筹建处未经批准，增建管理房屋一幢，面积650m^2，多投资50万元。

②一期工程建设过程中，筹建处未经有权部门批准，增购管理微机系统及大屏幕显示屏1台，多投资500万元。

(2)扩大建设规模，增加投资130万元。

①一期工程建设过程中，某合同基地分局办公楼批准建筑面积为3 600m^2，电厂筹建处未经有权部门批准，实建房屋4 400m^2，多建800m^2，增加投资70万元。

②一期工程建设过程中，初步设计批准服务区征地面积为270亩，服务区施工用地租改征面积为300亩，合计批准570亩，筹建处实际征地466亩，施工租用133亩，合计599亩。多征29亩，增加投资60万元。

2)项目资金来源、使用及管理问题

(1)建设资金不到位10 500万元。工程计划到位资金320 884万元，实际到位资金310 384万元，未到位资金10 500万元。

(2)多付设计费23.62万元。筹建处根据有关调整勘察设计费规定，共付设计单位调增设计费138.82万元。经审计，应付115.2万元，多付23.62万元。

(3)其他费用超概算1 450万元。

①建设单位管理费超概算1 000万元。

②生产人员培训费超概算400万元。

③办公及生活用具、工器具、生产家具购置费超概算50万元。

(4)多计建设成本170万元。筹建处将一期工程指挥部改造款、招待所改造款、培训楼及多功能厅装修费170万元列入"建安工程投资"科目,挤占建设成本。

3)交付使用资产及尾工工程问题

(1)多留尾工工程投资1 100万元。工程竣工决算中,预留交通管理用车购置费、建干训中心、宿舍等六项尾工工程投资1 100万元。经审计,上述项目为概算外内容,不应预算,决算多留投资1 100万元。

(2)少留尾工工程投资480万元。按照批准的初步设计,一期工程应建电子监控室五处共3 000m^2,实际建设过程中,未建上述项目,应预留投资。因此,少留尾工工程投资480万元。

4)关于试运行收入审计

经审查,该公路项目一期工程试运行期间,实现过路费收入5 000万元,根据国税发[1994]132号文规定,应补交所得税。

5)投资包干节余问题

多计投资包干结余190万元。一期工程竣工决算中将建设期贷款利息结余190万元计入项目包干结余,经审计,建设期贷款利息不在项目投资包干范围以内,多计投资包干结余190万元。

3.投资效益评价

该工程至2002年12月,通行费收入79 731万元,实现利润××万元,缴纳各种税款××万元,2001年还贷4 000万元,取得了良好的经济效益和社会效益。

通过测算,该公路工程总体经济效益较好,按目前水平计算,仅需十五年时间可收回全部投资,大大超出原定的×年收回投资本息的计划。

××省审计厅

年　月　日

注:被审计项目单位应当按照审计机关规定的期限和要求,如实提供以下资料:

①项目批准建设的有关文件、设计文件、历次调整概算文件。

②初步竣工验收报告。

③承包合同及结算资料,建设单位自行采购设备,主要材料合同、清单及出入库资料,重大设计变更资料。

④自项目建设之日起的工程进度报表和财务报表,公路工程竣工决算报表,以及其他与财务收支有关的资料。

附录1

公路建设项目工程决算编制办法

交公路发[2004]507

第一条 为加强公路建设项目投资管理，严格控制建设成本，提高投资效益，根据国家有关法律、法规，结合公路建设实际，制定本办法。

第二条 本办法适用于由政府或国有经济组织投资的公路工程新建和改建项目(以下简称建设项目)。其他公路建设项目可参照执行。

第三条 公路建设项目工程决算(以下简称工程决算)是指项目实际完成的工程量、采用的单价和费用支出，以及与批准的概(预)算对比情况。

第四条 工程决算是建设项目竣工验收工作的重要组成部分。未编制工程决算的建设项目，不得组织竣工验收。

第五条 建设项目法人应加强建设项目投资管理工作，配备具有相应资格的公路工程造价人员，做好工程决算资料的收集、整理和分析工作，工程决算文件的编制应真实、准确和完整。

第六条 工程决算根据下列资料进行编制：

(一)经交通主管部门批准的设计文件，以及批准的概(预)算或调整概(预)算文件；

(二)招标文件、标底(如果有)及与各有关单位签订的合同文件；

(三)建设过程中的文件及有关支付凭证；

(四)竣工图纸；

(五)其他有关文件、资料、凭证等。

第七条 工程决算总费用由建设安装工程费，设备、工具及器具购置费，工程建设其他费用三部分构成。对于概(预)算编制办法规定的项目及批准概(预)算文件中未列明且不能列入第一、二部分的费用列入第三部分。

第八条 工程决算通过工程决算表(见附件1)进行计算，各表格的相互关系见附件2，有关问题说明见附件3。

第九条 工程决算文件由项目法人在交工验收后负责组织编制，竣工验收前编制完成，并将工程决算文件及工程决算数据软盘各1份上报交通主管部门，同时抄送工程造价管理部门。

第十条 工程决算文件应简明扼要、字迹清晰、数据真实、计算正确、符合规定。

第十一条 工程决算文件包括工程决算编制说明和工程决算表。

第十二条 工程决算编制说明应包括以下内容：

(一)工程决算概况；

(二)工程概(预)算执行情况说明，并说明招标方式、结果及重大设计变更情况；

（三）设备、工具、器具购置情况的说明；

（四）工程建设其他费用使用情况的说明（包括征地拆迁费、建设单位管理费、监理费等）；

（五）预留费用使用情况的说明；

（六）工程决算编制中有关问题处理的说明；

（七）造价控制的经验与教训总结；

（八）工程遗留问题；

（九）其他需要说明的事项。

第十三条 工程决算表（注：本书未列具体表格样式）包括：

（一）建设项目概况表（01 表）

（二）投资控制情况比较表（02 表）

（三）工程数量情况比较表（03 表）

（四）概（预）算分析表（04 表）

（五）标底及合同费用分析表（05 表）

（六）项目总决算（分析）表（06 表）

（七）建安工程决算汇总表（07 表）

（八）设备、工具及器具购置费用支出汇总表（08 表）

（九）工程建设其他费用支出汇总表（09 表）

第十四条 工程决算数据软盘包括工程决算文件和基础数据表。基础数据表（注：本书未列具体表格样式）包括以下内容：

（一）合同段工程决算表（10 表）

（二）工程全同登记表（11 表）

（三）变更设计登记表（12 表）

（四）变更引起调整金额登记表（13 表）

（五）工程项目调价登记表（14 表）

（六）工程项目索赔登记表（15 表）

（七）计日工支出金额登记表（16 表）

（八）收尾工程登记表（17 表）

（九）报废工程登记表（18 表）

（十）工程支付情况登记表（19 表）

第十五条 工程决算表应按照规定的填表说明编制，基础数据应在工程实施的过程中随时填写，使工程决算与工程管理紧密结合，保证基础资料的完整性，提高管理工作的规范性。

第十六条 《公路工程竣（交）工验收办法》规定的交工验收和竣工验收合并进行的小型项目可参照执行。

第十七条 本办法由交通部负责解释。

第十八条 本办法自 2004 年 10 月 1 日起执行。

附录 2

交通建设项目审计实施办法

（交通部于 2000 年 2 月 12 日以交审发[2000]64 号文印发）

第一章　总　　则

第一条　为了规范对交通行业基本建设项目和技术改造项目（以下称建设项目）审计监督，保障建设资金合理、合法使用，促进管理，提高投资效益，根据《中华人民共和国审计法》和《交通行业内部审计工作规定》等有关法规，结合交通系统的实际情况，制定本实施办法。

第二条　本实施办法所称建设项目是指列入交通主管部门和交通企事业单位基本建设计划的拨款、贷款自筹和融资新建、改扩建、迁建、技术改造的工程项目。

第三条　交通行业凡有基本建设活动的单位，以及利用各种资金建设的建设项目，必须依照本实施办法接受审计监督。

第四条　交通审计部门或审计机构（以下简称审计部门）依据国家有关法规，对审计范围内的建设项目及其经济活动的真实性、合法性、效益性进行审计监督。

第五条　建设项目审计实行建设前期、建设期间、竣工决算审计制度。

建设项目未经审计，不得付清工程尾款，不得办理竣工验收手续，不得报批竣工决算。

第六条　实施建设项目审计时，建设单位应向审计部门提供必要的文件、报表、合同等资料，并对所提供资料的真实、合法和完整性负责。

第二章　建设前期审计

第七条　建设前期审计是指对建设项目开工前的立项、招投标及经济合同等内容进行的审计。

第八条　建设前期审计的主要内容包括：

（一）建设项目的立项、初步设计、概算、规划、土地征用和环保等文件是否经有权部门审查批准；

（二）建设项目是否列入年度基本建设计划，资金来源是否合规、合法、落实；

（三）建设项目的招投标是否按规定程序进行，确定的标底是否真实、合理；

（四）施工设计是否超越初步设计的标准；工程预算是否按规定的定额编制，工程计价是否合规、合法、准确；

（五）建设项目的设计、勘察、施工、监理等事项是否按规定签订合同，有关单位的资格是否合法，资质是否符合项目建设要求；

（六）建设项目（建设单位）的内部控制制度是否建立健全，是否得到有效执行；

(七)前期费用收支是否合规,有无违反国家财经纪律等情况;

(八)其他需要审计的事项。

第三章 建设期间审计

第九条 建设期间审计是指从项目开工建设至项目竣工决算编报之前,审计部门对建设项目有关的经济活动的财务收支的真实、合法进行的审计。

第十条 建设期间审计的主要内容包括:

(一)概算调整、设计变更、建设内容变更等事项,是否按照规定程序报有权机关审查批准;

(二)建设资金使用是否合规,有无转移、侵占、挪用建设资金和损失浪费等问题;

(三)工程价款结算和有关统计报表是否真实、合法,是否严格按合同规定付款;

(四)施工单位有无违规转包行为;

(五)设备、材料等物资是否按设计要求和合同规定进行采购,物资的验收、保管、使用与维护是否合规、有效;

(六)建设项目的进度是否按计划完成,项目投资完成额是否真实、准确,有无虚报和将应结转本年完成的工程量挂账的现象;

(七)建设项目成本是否严格按照概算口径及有关制度正确归集,基建收入来源是否真实、合法,往来款项是否真实,税、费是否按照国家规定及时、足额计提和缴纳,财务年度报表是否真实、准确,表内、表间勾稽关系是否正确;

(八)建设项目施工、设计各环节是否执行国家有关环境保护的法律法规和政策,环境治理项目是否与项目建设同步进行;

(九)其他需要审计的项目。

第四章 竣工决算审计

第十一条 竣工决算审计是指建设项目正式竣工验收前,审计部门对竣工决算的真实性、合规性、效益性进行的审计。

第十二条 建设项目竣工决算审计的主要内容包括:

(一)概(预)算执行情况。有无计划外建设,自行扩大投资规模和提高建设标准的情况。

(二)资金来源、支出及结余等财务情况,各项费用支出是否合法,基建拨款数额和结余资金是否真实、准确,投资包干结余分配是否合规。

(三)工程合同执行情况和合同质量等级控制情况。

(四)交付使用资产情况。交付的固定资产是否真实,是否办理验收手续;移交的流动资产、无形资产及递延资产是否真实、合法。

(五)收尾工程的未完工程量及所需要的投资情况。

(六)竣工工程概况表、竣工财务决算表及说明书、交付使用资产总表及明细表。

第十三条 审计部门应对收尾工程的收支情况进行审计。

第十四条 审计部门应对建设项目投资效益进行评审,评审的主要内容包括:

(一)建设工期对投资效益的影响;

(二)分析工程造价;

(三)测算投资回收期(动态、静态)、净现值、内部收益率等技术经济指标;

(四)分析贷款偿还能力,评价建设项目的经济效益、社会效益、环境效益。

第五章　审计分工及程序

第十五条　建设项目审计按照谁投资、谁审计、分级负责的原则组织实施，具体分工如下：

（一）有交通部投资的建设项目，部审计办可实施审计。

（二）有地方交通主管部门投资的建设项目，地方交通主管部门的审计机构可实施审计。

（三）有交通企事业单位投资的建设项目，企事业单位的内部审计机构可实施审计。

（四）上级审计机构根据工作安排，可组织下级审计机构进行审计，下级审计机构应对上级审计机构负责并报告审计结果。

（五）上级审计机构有权对下级审计机构分工范围内的建设项目实施审计。

（六）上、下级审计机构安排建设项目审计计划时，应相互协商，避免重复审计。

第十六条　经主管审计工作的单位领导批准，建设项目审计可以由经审计部门认定的、具有相应资质的社会审计组织实施。

第十七条　建设项目审计按照《交通行业内部审计工作规定》第二十一条规定的程序组织实施。

第六章　附　　则

第十八条　建设项目审计中查出的各类违纪违规问题，按照审计署等六部委印发的《建设项目审计处理暂行规定》（审投发［1996］105 号）等有关法规处理。

第十九条　本实施办法由交通部负责解释。

第二十条　本实施办法自发布之日起执行。

附录3

固定资产投资项目开工前审计暂行办法

（1992年2月26日，审计署、国家计委、建设部）

第一条 为加强固定资产投资项目管理，控制投资规模，提高投资效益，根据国务院国发[1991]43号《关于继续严格控制固定资产投资新开工项目的通知》，特制定本办法。

第二条 固定资产投资项目实行开工前审计制度。大中型建设项目和总投资3 000万元以上的楼堂馆所项目（不包括技术改造项目，下同）的开工报告，须先经审计机关审计，方可向有权审批机关报批。小型建设项目和3 000万元以下的楼堂馆所项目开工前，须先经审计机关审计，方可向有权审批开工的机关办理项目开工手续。

第三条 项目开工前审计程序是由建设单位向审计机关提出审计申请并报送有关资料，审计机关受理项目开工前审计申请后，在30天内提出审计意见通知书或审计结论，发送建设单位和审批项目开工的机关。

第四条 建设单位在申请开工前审计时，需提供下列资料：

1.批准的项目建议书，可行性研究报告、初步设计、年度计划等文件；

2.建设项目资金来源及前期财务支出等有关财务资料；

3.审计机关根据建设项目具体情况确定的其他资料。

第五条 审计的主要内容

1.建设项目总投资来源是否合规，当年资金是否落实。银行贷款须提供银行贷款承诺书或合同；利用外资须提供经主管部门批准的协议书，年度自筹基建资金须提供银行存款证明；预算内资金须确已落实；

2.建设项目开工前的各项审批手续是否完备、合法，建设项目及投资是否纳入国家年度投资计划。需由国家计委报请国务院批准开工的大中型建设项目，先审计，经批准后下达项目计划；

3.设计编定的建设规模和建设标准是否与可行性研究报告文件相符，有无超规模、超标准问题，项目概算对固定资产投资方向调节税、利率等因素是否作了综合考虑；

4.建设项目征地拆迁、三通一平工作是否完成；

5.是否符合国家的产业政策，是否存在违反国家政策的其他有关问题。

第六条 审计分工

1.北京地区大中型建设项目和3 000万元以上的楼堂馆所项目及中央部委机关的楼堂馆所项目由审计署审计；

2.北京地区中央单位小型建设项目由审计署驻部门审计机关审计；未设署驻部门审计机关的，可由部门（包括部级公司）内审机构审计；未设内审机构的由审计署审计；北京市小型建设项目由北京市审计局审计；

3. 北京地区以外的中央项目由审计署驻各地特派员办事处审计；未设特派员办事处的，审计署授权各省；自治区、直辖市和计划单列市审计局审计（不另发授权通知书），审计结果报审计署备案；

4. 地方建设项目由地方审计机关审计；经审计署授权的省级及以下各专业银行、保险公司、邮电、气象、石油销售、地（市）县级烟草公司（含三级批发站）的项目由地方审计机关审计。

5. 国内合资建设项目、异地建设项目以项目隶属关系按上述分工进行审计；跨省区建设项目由建设单位所在地审计机关按上述分工进行审计。

第七条 处理原则

1. 申请开工前审计的建设项目，凡符合国家有关建设项目开工的规定并具备开工条件的，审计机关应出具同意办理开工手续的意见；否则审计机关应出具不同意办理开工手续的意见；对未提供完整资料的建设项目，审计机关可不受理审计申请。

2. 未经审计和经审计不同意办理开工手续的建设项目，审批项目开工机关不予办理批准开工手续，建设部门不予核发施工执照，银行不予拨付工程用款。

3. 未经审计开工的建设项目，除责令建设单位停工立即补办开工前审计手续外，并处以建设单位项目总投资1%以下（含1%）的罚款，罚款从自有资金中支付；没有自有资金的，由主管部门代付；对直接责任人和主管负责人处以相当于本人三个月基本工资以下的罚款；在开工前审计中发现的其他问题，按国家有关规定处理。

第八条 各省、自治区、直辖市和计划单列市审计局，署各派出机构于每年六月底和十一月底向审计署填报一次《新开（复）工建设项目审计汇总表》（见附表）。

第九条 停缓建后恢复建设的项目须有计划部门同意建设项目复工的意见。建设单位方可向审计机关提出复工前审计申请，审计办法按以上条款进行。

第十条 各省、自治区、直辖市审计局和署派出机构可根据上述原则制定适合本地区本部门实际情况的固定资产投资项目开工前审计实施细则，报审计署备案。

第十一条 本暂行办法由审计署负责解释。

第十二条 本暂行办法自一九九二年五月一日起执行。审计署、国家计委审基（89）419通知同时废止。

参 考 文 献

[1] 中华人民共和国行业标准. JTG/T B06-02—2007 公路工程预算定额[S]. 北京:人民交通出版社,2007.

[2] 中华人民共和国行业标准. JTG B06—2007 公路工程基本建设项目概算预算编制办法[S]. 北京:人民交通出版社,2007.

[3] 中华人民共和国行业标准. JTG/T B06-01—2007 公路工程概算定额[S]. 北京:人民交通出版社,2007.

[4] 中华人民共和国行业标准. JTG/T B06-03—2007 公路工程机械费用定额[S]. 北京:人民交通出版社,2007.

[5] 交通公路工程定额站. 公路工程施工定额[S]. 北京:人民交通出版社,2009.

[6] 《公路桥涵设计手册》编写组. 公路设计手册(桥涵基本资料)[M],北京:人民交通出版社,1976.

[7] 张丽华. 公路工程概(预)算编制指南(第二版)[M]. 北京:人民交通出版社,2008.

[8] 蔡传炳. 公路工程审计[M]. 北京:中国审计出版社,2001.

[9] 郭康玺. 基本建设造价审计[M]. 上海:同济大学出版社,1994.

[10] 韩冰. 河南开封至洛阳高速公路竣工验收[M]. 北京:人民交通出版社,2002.

[11] 谭德精,杜晓玲,吴宇红. 工程造价确定与控制[M]. 重庆:重庆大学出版社,2001.

[12] 王德元. 中国建设项目审计指南[M]. 北京:中国计划出版社,1997.

[13] 梁世连. 工程项目管理学[M]. 大连:东北财经大学出版社,2001.

[14] 原交通部公路司. 公路工程施工监理手册[M]. 北京:人民交通出版社,2001.

[15] 陈传德. 公路项目建设管理手册[M]. 北京:人民交通出版社,2002.

[16] 邢凤岐,徐连铭. 公路工程定额应用与概、预算编制示例[M]. 北京:人民交通出版社,2008.

[17] 交通公路工程定额站. 公路工程造价编制与项目经济评价[M]. 北京:人民交通出版社,2007.

[18] 交通公路工程定额站. 公路工程招投标与计量[M]. 北京:人民交通出版社,2007.

[19] 中华人民共和国交通运输部. 公路工程标准施工招标文件(2009 年版)[S]. 北京:人民交通出版社,2009.